Studien des Leibniz-Instituts Hessische Stiftung Friedens- und Konfliktforschung

In der Schriftenreihe werden grundlegende Forschungsergebnisse aus dem Institut, Beiträge zum friedens- und sicherheitspolitischen Diskurs sowie Begleitpublikationen zu den wissenschaftlichen Tagungen der HSFK veröffentlicht. Die Studien unterliegen einem externen Gutachterverfahren. Die Reihe wird herausgegeben vom Leibniz-Institut Hessische Stiftung Friedens- und Konfliktforschung (HSFK/PRIF), Frankfurt am Main.

The series publishes elementary research findings from the Institute, contributions to the peace and security discourse and accompanying publications to PRIF's scientific conferences. The studies are subject to an external review procedure. The series is published by Peace Research Institute Frankfurt (PRIF/HSFK), Frankfurt am Main.

Samantha Ruppel

Lokal verankerte Zivile Konfliktbearbeitung zwischen Partnerschaft und Machtungleichgewicht

Springer VS

Samantha Ruppel
German Institute of Development
and Sustainability (IDOS)
Bonn, Deutschland

Hessische Stiftung Friedens
Konfliktforschung (HSFK)
Frankfurt, Deutschland

ISSN 2662-3544 ISSN 2662-3552 (electronic)
Studien des Leibniz-Instituts Hessische Stiftung Friedens- und Konfliktforschung
ISBN 978-3-658-41692-8 ISBN 978-3-658-41693-5 (eBook)
https://doi.org/10.1007/978-3-658-41693-5

Die Deutsche Nationalbibliothek verzeichnet diese Publikation in der Deutschen Nationalbibliografie; detaillierte bibliografische Daten sind im Internet über http://dnb.d-nb.de abrufbar.

Planung/Lektorat: Stefanie Probst
Springer VS ist ein Imprint der eingetragenen Gesellschaft Springer Fachmedien Wiesbaden GmbH und ist ein Teil von Springer Nature.
Die Anschrift der Gesellschaft ist: Abraham-Lincoln-Str. 46, 65189 Wiesbaden, Germany

Inhaltsverzeichnis

Abkürzungsverzeichnis

AA	Auswärtiges Amt
AFRC	Armed Forces Revolutionary Council
AGDF	Aktionsgemeinschaft Dienst für den Frieden
AGIAMONDO	Personaldienst der deutschen Katholik*innen für internationale Zusammenarbeit (früher Arbeitsgemeinschaft für Entwicklungshilfe e. V./AGEH)
APC	All People's Congress
AU	Afrikanische Union
BfdW	Brot für die Welt
BMZ	Bundesministerium für wirtschaftliche Zusammenarbeit und Entwicklung
CPA	Accra Comprehensive Peace Agreement
CPS	Ziviler Friedensdienst/Civil Peace Service
CSOs	Zivilgesellschaftliche Organisationen/Civil Society Organisations
DAC	Ausschuss für Entwicklungshilfe der OECD/OECD's Development Assistance Committee
DDRR	Entwaffnung, Demobilisierung, Rehabilitation und Reintegration/Disarmament, Demobilization, Rehabilitation and Reintegration
DED	Deutscher Entwicklungsdienst
ECOMOG	Überwachungsgruppe der Wirtschaftsgemeinschaft Westafrikanischer Staaten/ Economic Community of West African States Monitoring Group
ECOWAS	Wirtschaftsgemeinschaft Westafrikanischer Staaten/Economic Community of West African States

EED	Evangelischer Entwicklungsdienst
EIRENE	Internationaler Christlicher Friedensdienst
FGM	Weibliche Genitalverstümmelung/Female Genital Mutilation
forumZFD	Forum Ziviler Friedensdienst
FuK	Friedens- und Konfliktforschung
GIZ	Deutsche Gesellschaft für Internationale Zusammenarbeit
IDPs	Intern Vertriebene/Internally Displaced People
IStGH	Internationaler Strafgerichtshof
KURVE	KURVE Wustrow, Bildungs- und Begegnungsstätte für gewaltfreie Aktion e. V.
LGBTQIA+	Lesbische, schwule, bisexuelle, transgender, queere, intergeschlechtliche, asexuelle Personen/lesbian, gay, bisexual, transgender, queer, intersex, asexual persons
LURD	Vereinigte Liberianer*innen für Aussöhnung und Demokratie/Liberians United for Reconciliation and Democracy
MODEL	Bewegung für Demokratie in Liberia/Movement for Democracy in Liberia
NGOs	Nichtregierungsorganisationen/Non-Governmental Organisations
NPFL	Nationale Patriotische Front von Liberia/National Patriotic Front of Liberia
ODM	Orange Demokratische Bewegung/Orange Democratic Movement
OECD	Organisation für wirtschaftliche Zusammenarbeit und Entwicklung/Organisation for Economic Co-operation and Development
pbi	Peace Brigades International/Internationale Friedensbrigaden
PBO Act	Public Benefits Organizations Act
PM&E	Planung, Monitoring & Evaluation/Planning-Monitoring & Evaluation
PNU	Partei der Nationalen Einheit/Party of National Unity
R&R	„Ruhe und Erholung"/„Rest and Recuperation"
RUF	Revolutionäre Vereinigte Front/Revolutionary United Front
SLPP	Sierra Leone People's Party
TLS	Trägerübergreifende Länderstrategiepapiere
UN	United Nations
UNAMSIL	Mission der Vereinten Nationen in Sierra Leone/United Nations Mission in Sierra Leone

UNMIL	Mission der Vereinten Nationen in Liberia/United Nations Mission in Liberia
VN	Vereinte Nationen
WFD	Weltfriedensdienst
ZFD	Ziviler Friedensdienst
ZKB	Zivile Konfliktbearbeitung

Einleitung

1

„Es ist ein kleines Büro und es ist viel los, es passiert zwischen Tür und Angel, aber die Absprachen funktionieren und es ist eine so tolle Stimmung", (Forschungstagebuch Kenia, 17.10.2019). Mit diesem Eintrag in mein Forschungstagebuch habe ich meine persönliche Reflexion eines Besuchs in einem Büro einer lokalen Organisation begonnen, die an verschiedenen Projekten zur Friedensförderung arbeitet. Das Zitat ist sinnbildlich für den Tag, den ich dort erlebt habe.

Als ich an dem Gebäudekomplex angekommen bin, in dem die Organisation arbeitet, die ich besuchen möchte, fällt mir direkt auf, wie viele verschiedene Sitzmöglichkeiten es gibt – in Büros, in der Cafeteria und im Freien, es gibt viel Raum und viel Platz. Doch dieser erste Eindruck ist trügerisch. Als ich nach etwas Suchen in dem Gebäude schließlich die Büroräume der Organisation finde, ist von viel Platz keine Rede mehr. In einem Büroraum sind verschiedene Schreibtische aufgestellt, die alle mit Computer oder Laptop ausgestattet sind. An jedem Platz sitzt eine Person und arbeitet. Dabei handelt es sich um den*die Leiter*in der Organisation, einige angestellte Personen, ein*e Praktikant*in und eine deutsche Friedensfachkraft. Für mich wird ein Stuhl zwischen zwei der Schreibtische gestellt und nach einer kurzen Begrüßung gehen alle wieder ihrer Arbeit nach. Ich führe ein paar Gespräche über die Arbeit, um zu verstehen, was die Organisation macht, wie sie aufgebaut ist und wie sie arbeitet. Aber vor allem bekomme ich einen Einblick in die gemeinsame Arbeit der verschiedenen Personen in diesem Büro und – wie ich im Verlauf des Tages feststellen konnte – in noch zwei weiteren Büroräumen in einem Nebengebäude. Eine Person telefoniert, eine Person schreibt einen Werbetext am Computer, zwei Personen tauschen sich über eine vergangene Veranstaltung aus – alles in einem Raum. Auf meine Frage, ob sie sich nicht manchmal gegenseitig stören, erhalte ich die Antwort, dass dies schon

S. Ruppel, *Lokal verankerte Zivile Konfliktbearbeitung zwischen Partnerschaft und Machtungleichgewicht*, Studien des Leibniz-Instituts Hessische Stiftung Friedens- und Konfliktforschung,
https://doi.org/10.1007/978-3-658-41693-5_1

mal vorkommen und es auch anstrengend sein kann. Aber dass es andere Rückzugsorte gebe, das gemeinsame Beisammensein auch die Kreativität fördere und man so immer wüsste, wer an was arbeitet. Während ich auf dem Stuhl zwischen den Schreibtischen sitze, kann ich diese Absprachen gut beobachten: eine Person nimmt ein Telefonat an, aus dem sich eine Rückfrage für die deutsche Friedensfachkraft entwickelt. Diese bekommt das mit und kann direkt die Antwort an den Nachbarschreibtisch weitergeben. In einer anderen Situation druckt die deutsche Friedensfachkraft etwas aus, das von dem*der Leiter*in unterschrieben werden muss, das Dokument wird einfach zwei Schreibtische weitergereicht und schon ist die Unterschrift da. Kurz bevor es Zeit für die Mittagspause wird, kommen nochmal alle Personen gedanklich zusammen, es wird gemeinsam über verschiedene Pläne für Aktivitäten und zu verteilende Aufgaben gesprochen. Dabei moderiert eine Person das Gespräch und jede Person, egal ob Organisationsleitung, Praktikant*in oder Friedensfachkraft aus Deutschland, bekommt die Möglichkeit, ihre Meinung zu dem Thema zu sagen und es wird geschaut, welche Person mit welchen Kompetenzen an welcher Stelle unterstützen kann.

Als ich später am Tag das Büro verlasse, um mit der deutschen Friedensfachkraft noch ein Projekt zu besuchen, mit dem die Organisation zusammenarbeitet, denke ich darüber nach, wie gut die Absprachen im Büro laufen, wie gleichberechtigt alle diskutieren und wie auch mit komplexeren Themen umgegangen wird. Ich überlege, wie gut eine solche Zusammenarbeit zwischen lokalen und externen Friedensfachkräften funktionieren kann und frage mich, woran genau es liegt, dass sie in diesem Team so gut klappt.

Diese Geschichte schildert eine von vielen Situationen, die ich in meiner Forschung erlebt habe. Dabei ist die am Ende formulierte Frage, warum diese Zusammenarbeit so gut klappt, ein Teil der Forschungsfrage, die mich immer wieder beschäftigt hat und die nun im Folgenden hergeleitet wird.

1.1 Das Argument in Kürze: lokale Friedensarbeit und partnerschaftliche Zusammenarbeit

Schaut man sich Friedensprozesse der letzten Jahre an, zeigt die Analyse, dass diese nur dann erfolgreich sein können, wenn lokale Akteur*innen[1] aktiv einbezogen werden und sie den „Fahrer*innensitz“ des Friedensprozesses innehaben.

[1] Die vorliegende Forschung möchte die binären Begriffe des Lokalen und des Internationalen transzendieren, sieht sich aber durch die uns zur Verfügung stehende Sprache eingeschränkt. Sie verwendet daher weiterhin die Begriffe „lokal“ und „international“, aber im Wissen, dass diese Begriffe enorme Variationen beinhalten.

„A core value, and strategy, of peace programming is enabling and supporting people in building their own peace. Real solutions only grow from and are firmly anchored in the communities affected" (Anderson & Olson, 2003, S. 33). Es werden zunehmend ein umfassender Ansatz für die Zusammenarbeit mit lokalen Akteure*innen gefordert sowie Konzepte, die den lokalen Akteur*innen keine westlichen Vorstellungen aufzwingen, sondern sie als aktiven Teil des gesamten Prozesses betrachten (Reich, 2005, S. 475).

Durch dieses Wissen entwickelten sich in den vergangenen Jahren auch theoretische Diskussionen darüber, wie die lokale Bevölkerung in die Friedensarbeit und Konflikttransformation eingebunden werden kann. Friedensarbeit wird hier in Anlehnung an das folgende Zitat definiert: „We adopt a broad definition of peacebuilding as the range of efforts – engaging with a variety of actors – aimed at political, institutional, social and economic transformations in post-war societies for the purpose of a sustainable and positive peace" (Björkdahl et al., 2016b, S. 3). Mit dieser weit gefassten Definition fokussiert diese empirische Forschung auf friedensfördernde Aktivitäten in der Zivilen Konfliktbearbeitung sowie auf internationale und international unterstützte Aktivitäten.

Zunächst ist festzustellen, dass diese Konzepte, welche verstärkt eine lokale Einbeziehung in Friedensprozesse fordern, aus einer kritischen Diskussion des liberalen Friedens entstanden sind. Dabei nehmen liberale Ansätze an, dass externe Akteur*innen über das Wissen verfügen, um Frieden zu schaffen und einen Staat wiederherzustellen, der nach den Regeln guter Regierungsführung funktioniert. Diese Annahme wird besonders in der kritischen Friedensforschung hinterfragt. So werden gerade in der kritischen Debatte die Einbeziehung lokaler Akteur*innen in diese Prozesse und ein reflektierter Ansatz zur Friedensförderung gefordert. Im *Local Turn* wird angenommen, dass lokaler Frieden mehr erfordert als nur die Umsetzung liberaler Werte und die Abwesenheit von Krieg. Es wird vielmehr von einem kontinuierlichen Prozess ausgegangen, der Beziehungen, Verhaltensweisen, Einstellungen und Strukturen vom negativen hin zu einem positiven Frieden verändert. Die Rolle externer Akteur*innen wird zunächst darin gesehen, lokale Akteur*innen in ihrem Handeln zu unterstützen (Paffenholz, 2015, S. 858). Unter Berücksichtigung von poststrukturalistischen und postkolonialen Theorien zielt der *Local Turn* darauf ab, dass lokale Akteur*innen der Ausgangspunkt für jede friedensfördernde Maßnahme sein sollten (Mac Ginty & Richmond, 2013, S. 772). Folglich ist es in der Praxis wichtig, lokale Akteur*innen von Beginn an einzubeziehen und ihre Ideen und Sichtweisen in der Friedensförderung widerzuspiegeln.

Dabei ist es jedoch auch wichtig, die Beziehungen der beteiligten Akteur*innen zueinander im Blick zu haben, und genau dies macht das Konzept des hybriden Friedens. Hier wird der Handlungsspielraum lokaler Akteur*innen hervorgehoben und der daraus resultierende Nutzen für den gesamten Prozess der Friedensförderung aufgezeigt. Dennoch darf Hybridität nicht so verstanden werden, als würden zwei Gruppen von Akteur*innen zu einer dritten hybriden Einheit verschmelzen, denn sie bestehen stattdessen selbst in einer hybriden Form weiter. Dies geschieht meist langsam in alltäglichen Aushandlungsprozessen (Mac Ginty, 2011, S. 72), die nie abgeschlossen sind, sondern sich in einem Zustand ständiger Veränderung befinden (Mac Ginty, 2011, 8 f.). Mit einem erweiterten Blick auf die konkreten Wechselwirkungen kann das *Friction*-Konzept helfen, diese Fragen zu reflektieren. Der Fokus liegt hierbei weniger auf dem Ergebnis von friedensfördernden Maßnahmen als auf dem Prozess selbst. *Frictions* werden als „the unexpected and unstable aspects of global interaction" (Tsing, 2005, S. xi) verstanden und damit als ein Prozess, der durch das Zusammenspiel von Global und Lokal entsteht. Dieser Prozess sollte nicht zwangsläufig als negativ angesehen werden, da er die Analyse der Friedensförderung um Komplexität, Unsicherheit und Unbestimmtheit erweitert. In der Praxis sollte auftretende Reibung als ein analytisches Werkzeug betrachtet werden, das die Interpretation der Ergebnisse von Interaktionen in komplexen Post-Konfliktgesellschaften erleichtert (Björkdahl et al., 2016b, 1 f.). Zusammenfassend ist es wichtig, das Konzept der Friedensförderung neu so zu fassen, dass darunter ein interaktiver Prozess zwischen verschiedenen Akteuren*innen (Bernhard, 2013, S. 10) auf der Grundlage ihrer Beziehungen und Verhandlungen zu verstehen ist.

Doch gerade in diesem interaktiven Prozess, der sich in der Praxis größtenteils zwischen Akteur*innen aus dem Globalen Norden und aus dem Globalen Süden[2] vollzieht und der von Machtungleichgewicht und Abhängigkeiten geprägt

---

[2] Es werden immer wieder Begriffe wie „Globaler Norden", „Globaler Süden", „Westen", „internationale Gemeinschaft", „Geber*innen" oder „Empfänger*innen" verwendet. Dabei liegt die Annahme zugrunde, dass es sich bei den jeweiligen Worten um Konstrukte handelt, die historisch gewachsen sind und nicht eindimensional gesehen werden dürfen, sondern vielmehr eine Vielzahl von Variationen haben. Eine entsprechende Reflexion findet an verschiedenen Stellen im Text statt. Es wird davon ausgegangen, dass angelehnt an Halls Definition des „Westens" (Hall 1994, S. 138), der Globale Norden ein historisches und kein geografisches Konstrukt ist. Vielmehr sind also ein bestimmter Gesellschaftstyp, bestimmte Handlungsmuster und liberale Modelle gemeint, welche historisch zu einem Konzept herangewachsen sind. Ebenso wird davon ausgegangen, dass der Begriff des Globalen Südens historisch gewachsen ist und im Sinne der Debatte um *Othering* (Said 1978) zur Abgrenzung enstanden ist. Beide Begriffe umfassen dabei viele Variationen und sind nicht als starre Konstrukte zu verstehen.

ist, ist es wichtig, sich die Ausgestaltung von Partnerschaftlichkeit[3] und Zusammenarbeit genauer anzuschauen (siehe zum Beispiel: Björkdahl et al., 2016c). Dabei gibt es in bisherigen Forschungen Autor*innen, die in Interaktionsanalysen herausarbeiten, wie internationale Akteur*innen lokale Strukturen am besten unterstützen können (siehe zum Beispiel: Hoksbergen, 2005; Lederach, 1997; van Leeuwen, 2009), wie die Koordination zwischen internationalen und lokalen Akteur*innen ablaufen kann (siehe zum Beispiel: Campbell, 2018; Cooley & Ron, 2002; Hellmüller, 2020; van Leeuwen, 2009), welche unterschiedlichen Verständnisse lokale und internationale zivilgesellschaftliche Organisationen von *Peacebuilding* haben (siehe zum Beispiel: Dibley, 2014) oder wie sich internationale Akteur*innen auf lokaler Ebene in der Friedensarbeit engagieren (siehe zum Beispiel: Autesserre, 2010, 2014). Viele weitere Studien und empirische Beispiele aus der Friedens- und Konfliktforschung lassen sich in dem analytischen Konzept des *Local Turn* (siehe zum Beispiel: Hughes et al., 2015; Lundqvist & Öjendal, 2018; Mac Ginty & Richmond, 2013; Randazzo, 2017; Simangan, 2017) oder des hybriden Friedens (siehe zum Beispiel: Bernhard, 2013; Boege, 2015; Mac Ginty, 2010; Tom, 2013) finden oder in Untersuchungen, die sich mit *Frictions* (siehe zum Beispiel: Björkdahl & Höglund, 2013; Millar, 2016b; Schia & Karlsrud, 2013) auseinandersetzten. Dabei liegt ein großer Fokus jedoch auf der Beziehung zwischen lokalen Akteur*innen und den Vereinten Nationen oder anderen militärischen Interventionen (siehe zum Beispiel: Hellmüller, 2016; Philipsen, 2016; van der Lijn, 2016). Des Weiteren gibt es eine Vielzahl von Studien aus der Entwicklungsforschung, die aufzeigen, dass es einen Widerspruch zwischen der Botschaft der Partnerschaft und den Selbstbildern der Geber*innen und Entwicklungshelfer*innen als „Partner*innen" gibt (siehe zum Beispiel: Baaz, 2008; Kontinen, 2003; Pickard, 2010). In der Literatur über die Zusammenarbeit von zivilgesellschaftlichen Organisationen/*Civil Society Organisations* (CSOs) wird der partnerschaftliche Ansatz der Zusammenarbeit zwischen internationalen und lokalen CSOs somit meist nicht explizit diskutiert „indeed, there is a distinct lack of systematic analysis of any approach to partnership" (Dibley, 2014, S. 92). Somit fehlen bisher vertiefte wissenschaftliche Studien, die sich mit der zivilen, partnerschaftlich gedachten Friedens-Zusammenarbeit zwischen lokalen und internationalen Akteur*innen befassen, also einer Art der Friedensarbeit, welche von Beginn an auf Kooperation und Partnerschaft ausgelegt ist. Auch wird in der wissenschaftlichen Diskussion um die Einbeziehung von lokalen Akteur*innen

[3] Der Begriff der Partnerschaft wird nicht gegendert, da das Wort „Partner*innenschaft" eine andere Bedeutung innehat. Dadurch, dass von Partner*innen gesprochen wird, werden bei dem Wort der Partnerschaft alle Geschlechter mit einbezogen. Gleiches gilt für den Begriff der Partnerorganisationen.

und vor allem von lokalen zivilgesellschaftlichen Organisationen gefordert, mehr dazu zu forschen, inwieweit lokale und globale Akteur*innen in der Friedensarbeit gemeinsam (dialogisch oder partnerschaftlich) in hybriden Räumen arbeiten und dazu, diese nicht zu sehr als binäre Optionen zu sehen (Boege & Rinck, 2019, S. 236; Brigg, 2016; Paffenholz, 2016b, S. 221; Reimann, 2007). Die vorliegende Forschung adressiert diese Lücke, indem sie am Beispiel ziviler, partnerschaftlich gedachter Friedensarbeit untersucht, inwieweit diese Zusammenarbeit tatsächlich partnerschaftlich stattfindet. Zudem betrachtet sie die Interaktion zwischen den Akteur*innen in Bezug auf Herausforderungen und Chancen in dieser Zusammenarbeit. Um diese Zusammenarbeit genauer zu untersuchen und einzugrenzen, wird sich die Arbeit besonders der Zivilen Konfliktbearbeitung (ZKB) widmen und geht der Frage nach: Inwiefern liegt im Kontext der Zivilen Konfliktbearbeitung eine gleichberechtigte Partnerschaft der Akteur*innen vor? Als zweite Fragestellung untersucht die Arbeit die Frage: Inwiefern ist die Zusammenarbeit in der Zivilen Konfliktbearbeitung von Machtasymmetrien geprägt?

Dieser Fokus wurde ausgewählt, da ZKB die partnerschaftliche Zusammenarbeit in den Fokus rückt und sie im Vergleich zu Konfliktbearbeitung im Sinne von zum Beispiel UN-Missionen in ihren Ansätzen von Grund auf partizipierend gestaltet ist. So wurde in bisherigen Forschungen festgestellt, dass das lokale Handeln in Friedensprozessen nicht immer richtig angehört wird, da viele internationale Akteur*innen, die in den Friedensprozess involviert sind, nicht über die richtigen Mechanismen verfügen, um Zugang zu diesen lokalen Dynamiken zu erhalten und sie aufzudecken (Galvanek, 2013, S. 7). Die ZKB geht jedoch davon aus, dass sie über Mechanismen verfügt, die das lokale Handeln anhören und einbeziehen können. ZKB lässt sich definieren als „die Bearbeitung von Konflikten ohne den Einsatz von direkter Gewalt mit dem Ziel, eine Regelung oder Lösung zu finden, die die Interessen aller Konfliktparteien berücksichtigt" (Schweitzer, 2004, 512 f.). In der Regel wird ZKB von CSOs durchgeführt. Dabei ist die Akzeptanz der ZKB-Methode im Kontext von Konfliktprävention, Friedensschaffung und Post-Konfliktarbeit gestiegen (Fischer, 2011, S. 288). Eine weitere Eingrenzung wurde vorgenommen, indem die ZKB in Deutschland untersucht wurde. Dies geschah, da hier ZKB in besonders institutionalisierter Art und Weise stattfindet und somit einen geeigneten Untersuchungsraum darstellt. Zivile Konfliktbearbeitung durch deutsche CSOs wird hauptsächlich durch den Zivilen Friedensdienst (ZFD) umgesetzt, der in einem Konsortium bestehend aus zivilgesellschaftlichen und staatlichen Akteur*innen zusammenarbeitet. Der ZFD setzt auf die Zusammenarbeit mit lokalen Partner*innen und fördert einen „Frieden der Menschen vor Ort" (Paffenholz, 2011, S. 11). Gleichzeitig versteht sich der ZFD als ein Mittel der Personalentsendung, denn es werden Fachkräfte aus

Deutschland vermittelt, um gemeinsam mit lokalen Partner*innen in verschiedenen Ländern zu arbeiten (Gemeinschaftswerk ZFD, 2014c, S. 2). Da hier also klar die Zusammenarbeit zwischen verschiedenen Akteur*innen im Zentrum steht, eignet sich der ZFD besonders gut, um die Fragestellung zu untersuchen.

Diese Fragestellung wird mit empirischen Daten beantwortet, die zum einen im Rahmen des ZFD in Deutschland erhoben wurden, zum anderen in Fallstudien aus afrikanischen Ländern. Dieser Schwerpunkt ist für die Forschung besonders interessant, da die Arbeit des Bundesministeriums für wirtschaftliche Zusammenarbeit und Entwicklung (BMZ) einen besonderen Schwerpunkt auf den afrikanischen Kontinent legt (BMZ, 2017a). Dieser Schwerpunkt findet sich auch im ZFD wieder. So arbeitet ein Drittel des vom ZFD entsandten Personals in afrikanischen Ländern. 2022 waren dies 120 von 370 eingesetzten Friedensfachkräften (ZFD, 2022, S. 1). Somit kann die Beantwortung der Fragestellung nicht nur zu theoretischen Diskursen beitragen, sondern auch für Akteur*innen der ZKB von Interesse sein. Durch diese neue Perspektive auf Prozesse und Dynamiken in dem Zusammenspiel lokaler und externe Akteur*innen in der Friedensarbeit leistet diese Forschung einen wertvollen Beitrag zur wissenschaftlichen Debatte der kritischen Friedensforschung und insbesondere zur Diskussion um Hybridität und *Frictions*. Sie untersucht, wie Diskurse über Zusammenarbeit von lokalen und externen Akteur*innen in der Friedensarbeit ausgehandelt werden und wie eine Zusammenarbeit in der Friedensarbeit aussehen kann. Des Weiteren wird reflektiert, wie Macht als eigener Diskurs in diese diskursiven Räume und praktischen Aushandlungsprozesse einfließt, denn Macht zwischen verschiedenen zivilgesellschaftlichen Akteur*innen kann einen großen Einfluss auf die Friedensarbeit haben (Dibley, 2014). Somit ist die vorliegende Arbeit relevant, da sie den theoretischen Diskurs zur Einbeziehung lokaler Akteur*innen um Hybridität und *Frictions* bereichert. Gleichzeitig spricht diese Forschung auch die praktische Arbeit der ZKB an. Denn auch wenn bekannt ist, dass der Friedensprozess nachhaltiger gestaltet ist, wenn die lokalen Akteur*innen an allen Phasen eines Prozesses der Friedensarbeit beteiligt sind – von der Konzeption der Idee über die Planung bis hin zur Durchführung und abschließenden Evaluierung –, gibt es ein generelles Problem bei der Einbeziehung lokaler Partner*innen und Akteur*innen in Friedensprozesse. Oft findet diese nur unzureichend oder gar nicht statt (Anderson & Olson, 2003; Autesserre, 2014; CDA, 2004; Richmond, 2015; Wilén, 2009). Durch die Erforschung der Friedensförderung als Interaktion zwischen Akteur*innen trägt diese Forschung dazu bei, „the banal, everyday activities that actually make up the bulk of the work of peacebuilding" (Autesserre, 2014, S. 8) zu untersuchen. Indem sich die Arbeit auf die Chancen und Herausforderungen der Zusammenarbeit konzentriert, statt auf die Ergebnisse der Friedensprozesse, gelingt es, die Handlungen zu analysieren. Die vorliegende Arbeit wird somit

1) herausarbeiten, wie Theorien der kritischen Friedensforschung in Wissenschaft und Praxis zu verstehen und anzuwenden sind;
2) Zivile Konfliktbearbeitung und insbesondere die Arbeit des ZFD auf Aspekte der partnerschaftlichen Zusammenarbeit hin untersuchen und daraus Implikationen für die Friedensarbeit ableiten;
3) das Wechselspiel zwischen dem Lokalen und dem Internationalen/Globalen – repräsentiert durch externe Akteur*innen in der zivilen Friedensarbeit – entschlüsseln, indem Reibungen zwischen Ideen, Akteur*innen und Praktiken analysiert werden;
4) analysieren, ob und wenn ja, wie angesichts der bestehenden Machtdynamiken eine lokal verankerte und partnerschaftliche Friedenskonsolidierung möglich ist;
5) einen wichtigen Beitrag zur Dekolonisierung von Friedenskonsolidierung leisten;
6) 23 Handlungsempfehlungen entwickeln, wie eine lokal verankerte und partnerschaftliche Friedenskonsolidierung gestaltet werden kann.

Somit trägt die Arbeit sowohl zu wissenschaftlichen Debatten bei, leistet aber auch einen Beitrag zur direkten Arbeit von Akteur*innen in der Friedenskonsolidierung. Sie ist somit sowohl für wissenschaftliches Fachpublikum als auch für Praktiker*innen geschrieben und ebnet den Weg für eine verstärkt dialogische Friedensarbeit, „that is culturally sensitive, more self-reflective and locally connected and that works with the difference and sameness of culture – instead of seeing difference as a hindrance and bending sameness towards – Western – universalism" (Boege & Rinck, 2019, S. 236).

1.2 Zivile Konfliktbearbeitung und lokale Akteur*innen

Die Kernelemente dieser Forschung bilden der ZFD, ZKB und lokale und internationale Akteur*innen im Sinne von Friedensfachkräften. Da diese Konzepte von Beginn an für die vorliegende Arbeit relevant sind und sie das Grundgerüst und zugleich den Untersuchungsgegenstand darstellen, werden sie einleitend betrachtet. Bevor diese Betrachtung stattfindet, ist es relevant, auf die Begriffe des „Lokalen" und des „Internationalen" beziehungsweise „Externen" zu schauen. Im Sinne des *Local Turn*, welcher „das Lokale nicht länger als eine *Black*

Box betrachtet, sondern sein historisches Gewachsensein und seine intrinsischen Eigenschaften berücksichtigt" (Buckley-Zistel, 2021, S. 24), ist es wichtig, sich von den oft dichotom dargestellten Ebenen des Globalen und Lokalen zu lösen und sich mehr mit der Mikroebene und mit Fragen zu Themen wie Identität, Macht und Wandel auseinanderzusetzen (Solomon & Steele, 2017, S. 269).

Zunächst werden die ZKB und der ZFD kurz vorgestellt, bevor auf die lokalen Akteur*innen eingegangen wird. Eine vertiefte Beschreibung der Akteur*innen findet in Kapitel 4 statt. Die verkürzte Beschreibung an dieser Stelle ist jedoch hilfreich, um die Arbeit besser einordnen zu können. Der Begriff „Zivile Konfliktbearbeitung" (ZKB) bezieht sich auf einen gesellschaftlichen Wandel, der auf strukturelle Veränderungen abzielt, aber auch Einstellungen und Perspektiven zu verändert versucht (Reich, 2005, S. 485). Diese Veränderungen können entweder in Form von Veränderungen des Settings oder der Werte bzw. der Wahrnehmungen von Individuen (individuelle/persönliche Ebene) oder in Bezug auf politische Prozesse und wirtschaftliche, rechtliche und andere Institutionen (auf der soziopolitischen Ebene) dargestellt werden (Anderson & Olson 2003, S. 49). Die Krisenprävention im Vorfeld, Konfliktlösungen und generell der Abbau von Gewalt- und Konfliktursachen stehen in der ZKB dabei im Zentrum (Nachtwei 2008, 1). Dabei lässt sich die Diskussion um ZKB in eine friedenstheoretische, eine sicherheitspolitische und eine entwicklungspolitische Debatte unterteilen (Weller & Kirschner, 2005, S. 13). Die friedenstheoretische Debatte hat vor allem zum Ziel, Gewaltursachen und Friedensbedingungen zu verstehen (Calließ & Weller, 2004) und betrachtet Konflikte als Bestandteil des gesellschaftlichen Zusammenlebens (Weller & Kirschner, 2005, 13 ff.). Die sicherheitspolitische Debatte rückt das Individuum in das Zentrum eines erweiterten Sicherheitsbegriffs (Daase & Moltmann, 1991). In der entwicklungspolitischen Debatte werden die Einflüsse von gesellschaftlicher und wirtschaftlicher Entwicklung in einem Land auf Konflikte betrachtet (Weller & Kirschner, 2005, 17 ff.). In der Praxis der ZKB verschmelzen diese einzelnen Ansätze oftmals, da die Akteur*innen im Vordergrund der Arbeit stehen. Zivile Konfliktbearbeitung durch deutsche Akteur*innen ist nicht nur durch die Beteiligung staatlicher Akteur*innen, sondern auch durch zahlreiche nicht staatliche und religiöse Organisationen gekennzeichnet (Auer-Frege, 2010b, S. 15). Eine Besonderheit der Zivilen Konfliktbearbeitung in Deutschland seit den 1990er Jahren ist der Zivile Friedensdienst, der 1999 vom BMZ als Instrument der Zivilen Konfliktbearbeitung institutionalisiert wurde.[4]

---

[4] Köhler (2005) gibt Beispiele für die Zivile Konfliktbearbeitung Deutschlands vor der Etablierung des ZFD. Ebenfalls sei darauf hingewiesen, dass es in Deutschland auch weitere

Die Idee für einen Zivilen Friedensdienst entstand in Deutschland in religiösen und zivilgesellschaftlichen Kreisen, als die Jugoslawienkriege in den 1990er Jahren Europa erschütterten. Ab 1993 gründete sich ein Diskussionsforum „Ziviler Friedensdienst“. Es arbeitete an dem Konzept einer professionellen Friedensarbeit nach dem Vorbild der Entwicklungsdienste, bei dem erfahrene Personen aus Deutschland in verschiedene Länder reisten, um dortige Projekte mit ihrem Wissen zu unterstützen (Erl, 2000, S. 16). Bereits im Jahr 1995 wurde mit politischer Lobbyarbeit begonnen, um das Konzept zu institutionalisieren und zu finanzieren. 1997 unterzeichnete eine Vielzahl an Persönlichkeiten die „Berliner Erklärung für einen Zivilen Friedensdienst in Deutschland“ (Schimmelpfenning, 2019). Etwa zur gleichen Zeit wurde unter dem Namen „Arbeitsgemeinschaft Ziviler Friedensdienst“ ein Qualifizierungsprogramm für Friedensfachkräfte initiiert, und es fand ein regelmäßiger Austausch von Erfahrungen und Ideen zwischen den beteiligten Friedensakteur*innen und den anerkannten Entwicklungsdiensten statt. Doch erst nach dem Regierungswechsel im Jahr 1998 begann die konkrete Umsetzung des Friedensdienstes (Autesserre, 2014, S. 2; Evers, 2006, S. 2). Eine Arbeitsgemeinschaft von deutschen Friedens- und Entwicklungsorganisationen und dem BMZ wurde ins Leben gerufen (Bohnet, 2004, S. 134). Diese Arbeitsgemeinschaft, bestehend aus den Trägerorganisationen[5], existiert bis heute in Form des Konsortiums ZFD. Es entwickelte sich von einem Forum für den Ideenaustausch zu einer operativen Plattform für die Arbeit des ZFD. Heute kann der ZFD als ein gemeinsames Projekt staatlicher und nicht staatlicher Institutionen gesehen werden, das im Rahmen einer gemeinsamen Agenda als Entsendeprogramm agiert und gemäß seiner Konzeption einen wirksamen Beitrag zur Zivilen Konfliktbearbeitung und zum internationalen Frieden leisten will (Gemeinschaftswerk ZFD, 2014c, S. 2). Seine Arbeit steht im Einklang mit dem Leitbild der Bundesregierung zur Konflikttransformation. Es beinhaltet Themen wie die Verantwortung Deutschlands für Frieden, Freiheit, Entwicklung, Rechtsstaatlichkeit und Sicherheit, betont partnerschaftliche Arbeit und inklusive Friedensprozesse (Die Bundesregierung, 2017, 44 f.) und basiert auf den „Handlungsprinzipien des BMZ zur Gestaltung der Zusammenarbeit für Frieden und Sicherheit“ (Die Bundesregierung, 2014, S. 1). Das Ziel des ZFD ist es, die Grundlagen für einen nachhaltigen Frieden zu schaffen. Generell gehören zu den Zielen des ZFD: 1.

Akteur*innen gibt, die sich mit Friedensförderung/ZKB beschäftigen oder sich auf politischer Ebene mit dem Thema auseinandersetzen, zum Beispiel das Zentrum für Internationale Friedenseinsätze, die Gruppe Friedensförderung/FriEnt, das Projekt Zivik des Instituts für Auslandsbeziehungen oder die Plattform Zivile Konfliktbearbeitung.

[5] Der Begriff Trägerorganisationen wird nicht gegendert, da es sich hierbei um die Bezeichnung von Organisationen handelt.

der Aufbau von Kooperations- und Dialogplattformen, um sichere Treffpunkte für Konfliktparteien zu schaffen; 2. die Stärkung von Informations- und Kommunikationsstrukturen zur Unterstützung besonders gefährdeter Gruppen und zur Förderung der sozialen Integration besonders betroffener Menschen; 3. die Förderung von Methoden und Konzepten der Zivilen Konfliktbearbeitung sowie die friedenspädagogische Beratung und Ausbildung und 4. die Stärkung der Rechtssicherheit und die Förderung der Menschenrechte (BMZ, n.d.). Der ZFD wendet in seiner Arbeit das Konzept der konstruktiven Konflikttransformation an, das von Adam (Curle, 1994), Johan (Galtung, 1996) und Jean Paul (Lederach, 1997) gefördert wurde. Konstruktive Konflikttransformation bezieht sich auf einen fortlaufenden Prozess der Veränderung von Beziehungen, Verhalten, Einstellungen und Strukturen von negativ zu positiv.

Die Idee des ZFD ist vor allem die Unterstützung von lokalen Partnerorganisationen in Krisenregionen durch ZFD-Fachkräfte. Somit ist der ZFD ein Instrument der Personalentsendung (Gemeinschaftswerk ZFD, 2014a). Diese Personalentsendung und damit die Umsetzung des ZFD findet durch die staatlich anerkannten Entwicklungsdienste statt. Diese neun Organisationen[6] arbeiten nach den Programmrichtlinien des ZFD, welche sich stark in dem „Reformdokument" wiederfinden (Gemeinschaftswerk ZFD, 2014a), aber auch nach ihren eigenen Statuten und mit unterschiedlichen Ansätzen. Alle entsandten Mitarbeitenden arbeiten nach dem deutschen Entwicklungshilfegesetz (Gemeinschaftswerk ZFD, 2014a). Dabei findet die Entsendung in der Regel mit zwei unterschiedlichen Modellen statt. So gibt es zum einen integriert arbeitende Fachkräfte, die direkt in einer lokalen Partnerorganisation tätig sind. Zum anderen gibt es nicht integrierte Fachkräfte, welche zum Beispiel in Regionalbüros tätig sind, die mit mehreren lokalen Partnerorganisationen zusammenarbeiten. Die Strukturen unterscheiden sich je nach Situation vor Ort und eine einzelne Organisation kann auch innerhalb eines Landes mit unterschiedlichen Ansätzen arbeiten. Der Hauptunterschied besteht darin, dass einige Organisationen primär mit integriertem entsandtem Personal direkt in einer Partnerorganisation arbeiten, während andere Organisationen mit entsandtem Personal arbeiten, welches in lokalen Länderbüros tätig ist, und verschiedene lokale Partner*innen unterstützen. Auf diese sogenannten lokalen Partner*innen schaut der folgende Abschnitt.

[6] Dies sind: Aktionsgemeinschaft Dienst für den Frieden (AGDF), AGIAMONDO – der Personaldienst der deutschen Katholik*innen für internationale Zusammenarbeit (früher Arbeitsgemeinschaft für Entwicklungshilfe e. V./ AGEH), Brot für die Welt (BfdW), Deutsche Gesellschaft für Internationale Zusammenarbeit (GIZ), EIRENE – Internationaler Christlicher Friedensdienst, Forum Ziviler Friedensdienst (forumZFD), KURVE Wustrow, Peace Brigades International (pbi), Weltfriedensdienst (WFD).

Diese beschriebenen Ziele und Wirkungen sollen durch die Arbeit der ZFD-Fachkräfte in Kooperation mit den lokalen Partner*innen durchgeführt werden und für die lokale Bevölkerung erfolgen. Nun stellt sich natürlich die Frage, wer oder was unter dem Begriff „lokal" zu verstehen ist. Generell erfolgt die Identifizierung von lokalen Partner*innen hauptsächlich durch die deutschen Organisationen. Gerade in den ersten Jahren des ZFD wurden oft bereits bestehende langjährige Kooperationen in ZFD-Projekte umgewandelt. In den letzten Jahren hat sich ein positiver Trend abgezeichnet, der den Zugang für neue lokale Organisationen erleichtert hat. Allgemein sind Partner*innen im ZFD zivilgesellschaftliche Akteur*innen (Vereine, Verbände oder Initiativen), kirchliche Akteur*innen oder öffentliche Institutionen (Ämter, Universitäten oder Ministerien) (Gemeinschaftswerk ZFD 2014, Abschn. 5.5 S. 1 f.). Dennoch wird in den Beschreibungen des ZFD nicht klar, was unter dem Begriff „lokal" zu verstehen ist. Zwar wird in den folgenden Kapiteln nochmal darauf eingegangen, was dies für den ZFD bedeutet, doch sollen zusätzlich an dieser Stelle noch einige einführende Worte zu dem Begriff des „Lokalen" gegeben werden. Wenn man sich beispielsweise die Definitionen von verschiedenen internationalen Akteur*innen anschaut, wird schnell deutlich, wie groß die Unterschiede sind. So kann das Lokale in Form von „local governments" (United Nations, 2018, S. 2), lokalen staatlichen und nicht staatlichen Akteur*innen oder Implementierungspartner*innen (Auswärtiges Amt/ Die Bundesregierung, 2017, 117 f.) oder mit einem Schwerpunkt auf lokalen Autoritäten als „public institutions with legal personality, component of the State structure, below the level of central government and accountable to citizens" (European Commission, 2013, S. 2) definiert werden. Um von diesen allgemeinen Zuschreibungen wegzukommen, ist es wichtig, den Begriff genauer zu betrachten.

Das „Lokale" kann hier als ein emanzipatorischer Prozess betrachtet werden. Und zwar im Sinne eines prozessorientierten Verständnisses von Lokalisierung, nach dem das lokale Handeln verstanden wird als „situated in time and space and subject to constant transformation" (Kappler, 2015, S. 875). Mit Blick auf postkoloniale Theorien ist es wichtig, dass das „Lokale" nicht räumlich an einen geografischen Ort gebunden ist, sondern dass es sich als die Summe alltäglicher Handlungen und Praktiken einer Pluralität von Akteur*innen definiert (Reich, 2006, S. 21). Es ist wichtig, eine breite Definition des Lokalen zu verwenden.

> „By 'local' we mean the range of locally based agencies present within a conflict and post-conflict environment, some of which are aimed at identifying and creating the

necessary processes for peace, perhaps with or without international help, and framed in a way in which legitimacy in local and international terms converges" (Mac Ginty & Richmond, 2013, S. 769).

Dabei ist zu beachten, dass das Lokale in seiner Komplexität oft nicht wahrgenommen wird (Paffenholz, 2015, S. 862). Trotz zunehmender Bedeutung lokaler Akteur*innen finden wissenschaftliche Debatten meist rund um das Thema externe Akteur*innen statt (Matthies, 2002). Wenn es einen Diskurs über das „Lokale" gibt, wird seine Bedeutung typischerweise in konzeptionellen Überlegungen betont, ohne Klarheit über die Akteur*innen selbst zu schaffen (Reich, 2005; Tongeren van, 1998). Obwohl es in Wissenschaft und Praxis inzwischen weitgehend verankert ist, dass alles Lokale komplex, wandelbar und heterogen ist, kommt es immer noch vor, dass das „Lokale" als vollständig verstanden, romantisiert oder ebenso homogen betrachtet wird. Ein weiteres Problem bei der Definition von dem „Lokalen" ist, dass „lokal" oft gleichbedeutend mit Tradition ist. Es scheint nur als Gegenkategorie zu Begriffen wie „modern" oder „international" zu existieren und damit die globalen Machtungleichgewichte zu verstärken. Hier werden Fragen der Repräsentation wichtig. „Representations of the local are conflictingly produced by scholars, participants, and government officials, telling about the true, the good, and the bad local, empowering some and disempowering other actors, institutions, and practices" (Hirblinger & Simons, 2015, S. 422). In der lokalen Konfliktlösung gibt es einige Mechanismen, die seit Langem in Gebrauch sind und in diesem Zeitraum als traditionell angesehen werden könnten. Aber dies sollte nicht ihr einziger legitimierender Grund sein und sie sind auch deshalb nicht automatisch erfolgreich (Mac Ginty, 2011, S. 49). Wenn externe Akteur*innen solchen Interpretationen folgen, laufen sie Gefahr, das „Lokale" und seine Traditionen zu romantisieren. Dies kann z. B. in einer Post-Konfliktsituation geschehen, in der ein*e lokale*r Akteur*in eine bestimmte friedensfördernde Maßnahme initiiert, die in der Gegenwart konstruiert, dann aber von externen Akteur*innen in eine bestimmte Vergangenheit zurückprojiziert wird. Die Initiative funktioniert dabei als historische Fiktion. Dies führt zu einer „Erfindung der Tradition". Der von Eric Hobsbawm und Terence Ranger (Hobsbawm & Ranger, 2013, S. 1) eingeführte Begriff „erfundene Tradition" beschreibt ein Phänomen, das Antworten auf bestimmte (neue) Verhaltensweisen gibt, wobei die Antworten durch die Schaffung einer vermeintlichen Kontinuität gegeben werden, die auf einer künstlich geformten oder angepassten historischen Vergangenheit beruht. „The 'tradition' may then be defined as simply the legacy of the past, including the changes and transformations that this past may have gone through" (Osaghe, 2000, S. 204). Wenn diese „Erfindung der Tradition" von innen heraus geschieht, kann dies durchaus positive Auswirkungen haben. So etwa die Entwicklung einer kollektiven Identität und eine gesellschaftliche Legitimation bestimmter Normen und Strukturen gegen den aktuellen Veränderungsdruck. Kommt dieser Prozess jedoch wie beschrieben von außen, muss er negativ bewertet und als romantisierend definiert werden. Um das Lokale bei friedensfördernden Maßnahmen ernst zu nehmen, muss eine Loslösung von der Romantisierung der Tradition stattfinden.

Wie hier dargestellt wurde, hat der ZFD den Anspruch mit lokalen Akteur*innen zusammenzuarbeiten. So verfolgt der ZFD den Ansatz, partnerschaftlich zu arbeiten, lokale Prozesse ernstzunehmen und nicht top-down zu arbeiten und gibt an, anders als der Mainstream der Friedensarbeit zu funktionieren. Dieser Mainstream kann beschrieben werden als „'Peace, Inc.': the conventional way to end wars. In this approach, foreign peacebuilders run the show. But they don't get immersed in complicated local issues or develop in-depth knowledge of the history, politics, and cultures of the countries in which they work" (Autesserre 2021, S. 5). Doch inwieweit der ZFD durch seine partnerschaftliche Arbeit tatsächlich anders funktioniert und wie die hier geschilderten Elemente dazu beitragen, wird empirisch untersucht und dargestellt. Um genauer zu untersuchen, wie diese Zusammenarbeit aussieht und ausgestaltet wird, ist es deswegen wichtig, sich nicht nur auf theoretischer Ebene damit auseinanderzusetzten, sondern mit den Akteur*innen selbst in Kontakt zu treten und die Interaktionen zu erleben und nachvollziehen zu können. Deswegen habe ich einen qualitativen, reflexiven Forschungsansatz gewählt, der im Folgenden erläutert wird.

1.3 Ein reflexiver Forschungsansatz

Zur Bearbeitung der Fragestellungen *(Inwiefern liegt im Kontext der Zivilen Konfliktbearbeitung eine gleichberechtigte Partnerschaft der Akteur*innen vor? Inwiefern ist die Zusammenarbeit in der Zivilen Konfliktbearbeitung durch Machtasymmetrien geprägt?)* habe ich verschiedene empirische Forschungsschritte durchgeführt. Dabei standen immer die „everyday-practices, habits and narratives" (Autesserre 2014, S. 253) im Vordergrund der Forschung, um dadurch die täglichen Interaktionen, Handlungen und Geschichten von externen und lokalen Friedensakteur*innen in der gemeinsamen Zusammenarbeit untersuchen zu können. Dadurch, dass das Alltägliche (*Everyday*) in den Fokus rückt, können wichtige Schlüsselbegriffe der internationalen Beziehungen und Ideen von Macht, Legitimität und Verantwortung untersucht werden (Mac Ginty, 2014, S. 550).

Die verschiedenen Forschungsschritte sind: 1. Expert*inneninterviews in Deutschland; 2. teilnehmende Beobachtung bei Vorbereitungsseminaren für ausreisende ZFD-Fachkräfte; 3. teilnehmende Beobachtung in ZFD-Projekten in Kenia, Liberia und Sierra Leone und 4. eine quantitative Umfrage unter ZFD-Fachkräften und lokalen Partner*innen in verschiedenen Ländern der Welt. Dabei wurde besonders in den Schritten eins bis drei ein bewusst offener, qualitativer und reflexiver Forschungsansatz gewählt, welcher im Folgenden kurz dargestellt und in Kapitel 5 vertieft beschrieben wird.

Für die gesamte Forschung wählte ich einen reflexiven Forschungsansatz. Dieser liegt zum einen in der Natur der teilnehmenden Beobachtung, spielt jedoch im Kontext der Nord-Süd-Forschung nochmals eine besondere Rolle, da nicht nur die Rolle der forschenden Person, sondern auch eine Reflexion allgemeiner gesellschaftlich konstruierter Machtgefälle und ethischer und praktischer Herausforderungen notwendig ist. Im Allgemeinen gibt es zwei Machtverhältnisse, die im Feld anzutreffen sind (Ackerly & True, 2008b): eines zwischen der forschenden Person und den Akteur*innen im Feld und eines zwischen den Akteur*innen im Feld selbst. Insbesondere das Machtverhältnis zwischen mir als forschender Person und den Akteur*innen variierte sehr stark in der Forschung. In den Expert*inneninterviews in Deutschland würde ich die Personen, die ich interviewt habe, und mich als gleichermaßen mächtig beschreiben. Trotzdem bleibt die Asymmetrie bestehen, denn als Forscherin hatte und habe ich die Deutungshoheit und die wissenschaftliche Entscheidungsgewalt. Ich war mir der asymmetrischen Machtverteilung auch in den Seminaren und während der Forschung in den drei Ländern durchaus bewusst. Ich habe das Feld identifiziert und definiert, die methodischen Ansätze festgelegt und die Daten ausgewertet. Neben der Reflexion von Macht ist es auch wichtig, meine eigene Positionalität zu reflektieren und sie auf postkoloniale Debatten zurückzubinden. Denn sie prägt die Art der Beziehung zu den Akteur*innen im Feld und die Art und Weise, wie ich die Daten analysiere (Kacen & Chaitin, 2006). Da ich mir dieser Tatsache bewusst bin, sehe ich es als meine Verantwortung als Forscherin, ethische Ansätze in der Forschung zu berücksichtigen und zu reflektieren und die Machtstrukturen im Feld als analytisches Instrument für die empirische Forschung zu nutzen. Ich sehe mich jedoch nicht in der Rolle, Machtstrukturen zu durchbrechen oder als Fürsprecherin für bestimmte Akteur*innen aufzutreten. Vielmehr kann ich durch meine Forschung auf bestimmte Themen und Probleme aufmerksam machen, Dialoge zwischen den Akteur*innen anstoßen und Handlungsempfehlungen geben. Wie genau dies in den einzelnen Forschungsschritten geschehen ist, werde ich im kommenden Absatz thematisieren.

Um die Hintergründe, Strukturen und Vorgehensweisen einzelner Organisationen, die ZFD-Projekte durchführen, zu verstehen, habe ich in einem ersten Schritt zunächst sieben Expert*inneninterviews mit dem BMZ sowie mit den Programmverantwortlichen der ZFD-Trägerorganisationen durchgeführt. Um den Interviewpartner*innen möglichst viel Spielraum für ihre Antworten zu geben, wurden qualitative Interviews mit offenen Leitfragen durchgeführt. In einem zweiten Schritt habe ich die Perspektive der ZFD-Fachkräfte genauer untersucht, um die Arbeit in den ZFD-Projekten besser zu verstehen. Dazu hatte ich die Möglichkeit, an fünf Seminaren teilzunehmen, in denen ZFD-Fachkräfte geschult und auf ihren Einsatz vorbereitet werden. Diese Seminare wurden von der Deutschen Gesellschaft für Internationale Zusammenarbeit (GIZ), der Akademie für Konflikttransformation/Forum ZFD und von AGIAMONDO, dem Personaldienst der deutschen Katholik*innen für internationale Zusammenarbeit durchgeführt. Während dieser Seminare habe ich eine teilnehmende Beobachtung durchgeführt, und es fanden offene Gespräche mit den ZFD-Fachkräften und Trainer*innen statt. Der dritte Forschungsschritt war jeweils ein Forschungsaufenthalt in ZFD-Projekten in Kenia, Liberia und Sierra Leone, um die Arbeit des ZFD in der Praxis zu verstehen und in direkten Kontakt mit den verschiedenen beteiligten Akteur*innen zu treten. Die Forschung in Sierra Leone und Liberia fand von Januar bis Ende April 2019 und die Forschung in Kenia von September bis Dezember 2019 statt. Anwendung fand die qualitative Methode der teilnehmenden Beobachtung. Die teilnehmende Beobachtung eignet sich besonders gut für die Forschungsfrage, da mit ihr die natürlichen Interaktionen (reale Situationen) beobachtet und komplexe Zusammenhänge wahrgenommen werden können. Sie ist eine lebensnahe Art der Datenerhebung, deren Ziel es ist, die konkrete Praxis des Zusammenlebens möglichst ganzheitlich zu erfassen und in ihren Prozessen und mit ihren Strukturen zu analysieren (Friedrichs, 1982, S. 270). Somit handelt es sich um eine geplante Beobachtung des Verhaltens von Menschen in ihrer natürlichen Umgebung beziehungsweise um die Beobachtung des Alltäglichen durch eine*n Beobachter*in, der*die auch an den Interaktionen teilnimmt und von den Personen im Feld als Teil ihres Umfelds betrachtet wird. Dabei soll der Alltag der zu Beobachtenden durch die Forschung so wenig wie möglich beeinflusst werden, damit ein Ausschnitt von „Realität" untersucht und in Aussagen transformiert werden kann. Somit findet eine Re-Konstruktion von Wirklichkeit statt (Pfadenhauer, 2017, S. 6). Um diese Realitäten im Alltag besser zu verstehen, konnte die Forschung durch offene Interviews ergänzt werden, die mit den ZFD-Fachkräften und Mitarbeitenden der lokalen Organisationen geführt wurden. Abschließend fand Schritt vier der empirischen Forschung statt, in dem eine quantitative Umfrage unter ZFD-Fachkräften und lokalen Mitarbeitenden aller ZFD-Organisationen in allen ZFD-Ländern durchgeführt wurde. Sie diente dazu, einige Forschungsergebnisse nochmals in einem globaleren Kontext zu betrachten.

1.4 Der Aufbau der Arbeit

Das vorliegende Werk umfasst neun Kapitel. Nach dieser Einleitung geht Kapitel 2 auf die für die Arbeit zentralen Begriffe von Partnerschaft und Macht ein. Es wurde den anderen Kapiteln vorangestellt, um den Blick der Leser*innen für weitere in der Arbeit aufkommende Konzepte und Diskussionen über die Grundannahmen zu schärfen. Mithilfe einer Geschichte aus der Forschung wird das Erlebte mit verschiedenen machtkritischen Theorien und Diskursen in Verbindung gebracht. So wird ein Fundament für die weiteren Geschichten gelegt, welche erzählt werden.

Im anschließenden Kapitel 3 wird der konzeptionelle Rahmen der Arbeit diskutiert. In diesem Kapitel werden verschiedene theoretische Überlegungen zur Einbeziehung lokaler Akteur*innen in Friedenskonsolidierung beleuchtet. Dabei wird in einem ersten Schritt auf das Konzept von *Peacebuilding* beziehungsweise Friedenskonsolidierung eingegangen und es werden die damit einhergehenden liberalen Machtstrukturen diskutiert, welche lange Zeit in der Friedensarbeit vorherrschten. Diese Diskussion findet vor allem unter Berücksichtigung des theoretischen Konzepts des liberalen Friedens statt. Da diese Diskussion aus einem analytisch-kritischen Blickwinkel geführt wird, werden im Folgenden Konzepte eingeführt, welche sich kritisch mit dem liberalen Frieden auseinandersetzen und neue Konzepte für *Peacebuilding* beziehungsweise Friedenskonsolidierung einbringen. Zunächst findet eine Diskussion des Konzepts der Hybridität statt, welches den Fokus stark auf die Vermischung von lokalen und internationalen Ansätzen in der Friedensarbeit legt. Daran anschließend wird der sogenannte *Local Turn* in der Friedensarbeit diskutiert, welcher sich für eine stärkere Einbeziehung lokaler Akteur*innen ausspricht. Abschließend wird das Konzept der globalen *Frictions* eingeführt, welches Reibungen und Spannungen in der Friedensarbeit als produktiven Prozess betrachtet. Besonders die Konzepte des *Local Turn* und der *Frictions* dienen dabei als konzeptioneller Rahmen für die empirische Ausarbeitung der Fragestellung. Somit sind die dargestellten Konzepte im Sinne des qualitativen Charakters der Arbeit als Werkzeugkasten zu verstehen, mit deren Hilfe anschließend dargestellt werden kann, wie die theoretische, normative Ebene in der Praxis aussieht. Am Ende des Kapitels werden offene Fragen an die theoretischen Konzepte gestellt: Wer sind die lokalen Akteur*innen? Was ist als „lokal“ zu verstehen? Wie lässt sich Prozesshaftigkeit darstellen und wann kann sie wirklich helfen, etwas in der Praxis zu verändern? Welche Eigenschaften von *Frictions* bestimmen das Ergebnis? Welche Rolle spielen Machtdynamiken (beziehungsweise Machtasymmetrien) in Friedensprozessen? Diese offenen Fragen werden im Verlauf der Arbeit beantwortet.

Im Anschluss an den konzeptionellen Rahmen wird in Kapitel 4 in die Zivile Konfliktbearbeitung allgemein und den Zivilen Friedensdienst im Speziellen eingeführt. Um den ZFD in seiner Arbeit verstehen zu können, ist es wichtig, zunächst die dahinterstehenden Konzepte zu verstehen. Deswegen findet zunächst eine allgemeine Einführung und Begriffsklärung in Friedenskonsolidierung und Zivile Konfliktbearbeitung statt. Darauf aufbauend wird die Rolle von zivilgesellschaftlichen Organisationen in der Friedensarbeit betrachtet. Diese Darstellung ist an dieser Stelle besonders hilfreich, da sich die weitere Arbeit explizit mit zivilgesellschaftlichen Organisationen befasst und somit eine Eingrenzung der großen Akteur*innenlandschaft in der Konfliktbearbeitung vorgenommen werden kann. Nach diesen allgemeineren Darstellungen wird detailliert auf den ZFD eingegangen. Dieser wird zunächst in seiner Entstehung betrachtet und historisch eingeordnet. Um im weiteren Verlauf der Arbeit den ZFD in seinen Handlungen besser verstehen zu können, findet in dem Kapitel ebenfalls eine detaillierte Darstellung der Strukturen, der verschiedenen Akteur*innen, der Netzwerkarbeit und der Evaluationen und des Monitorings von Projekten statt. Dies sind alles Punkte, welche sich besonders im empirischen Teil der Arbeit wiederfinden, sie liefern somit den Hintergrund der Untersuchung. Abschließend wird auf Herausforderungen in der Arbeit des ZFD eingegangen, welche im empirischen Teil der Arbeit mit Forschungsergebnissen unterfüttert werden.

Kapitel 5 geht schließlich auf die in der Forschung angewendeten Methoden ein. Für diese Forschung werden vor allem die teilnehmende Beobachtung und Interviews als ethnografische Methoden verwendet. In dem Kapitel wird zunächst verstärkt auf die teilnehmende Beobachtung eingegangen. Als Erstes findet eine allgemeine Einführung in die teilnehmende Beobachtung als Methode statt. Diese Einführung geht sowohl auf die methodische Herkunft als auch auf einzelne Forschungsstrategien und mögliche Phasen und Vorgehensweisen im Feld ein. Daran anschließend findet eine Übertragung der allgemeinen methodischen Ausführungen in die Politikwissenschaft und die Friedens- und Konfliktforschung statt. Hier werden aktuelle und herausragende Forschungen aus den Disziplinen kritisch diskutiert und besondere Aspekte der teilnehmenden Beobachtung allgemein herausgearbeitet. In einem Zwischenfazit findet eine Diskussion der Methode hinsichtlich ihrer Machbarkeit und Durchführbarkeit statt, bevor auf

Expert*inneninterviews als ergänzende Methode eingegangen wird. In dem zweiten größeren Block des Kapitels wird der Fokus auf die ethische Betrachtung der Methode der teilnehmenden Beobachtung gelegt. Dabei wird zunächst darauf eingegangen, warum forschungsethische Überlegungen wichtig sind. Daran anschließend wird konkret darauf eingegangen, wo Forschung möglich ist und welche Rolle machtkritische Fragen und Fragen der Wissensproduktion mit besonderem Fokus auf Forschung im Nord-Süd-Kontext haben. Um die einzelnen Ausführungen in dem Kapitel anschaulicher zu gestalten, findet im Anschluss an jedes Unterkapitel eine Reflexion der durchgeführten Forschung statt. Das Kapitel schließt mit einer Zusammenfassung der wichtigsten ethischen Fragen während der Forschung und gibt Antworten darauf, wie diese konkret beantwortet wurden und wie mit ihnen umgegangen wurde.

Nachdem somit theoretische, methodische und inhaltliche Grundlagen gelegt wurden, werden in Kapitel 6 erste empirische Ergebnisse vorgestellt. Dafür werden empirische Daten von Expert*inneninterviews in Deutschland und Daten verwendet, die im Rahmen der Teilnahme an Vorbereitungsseminaren für Fachkräfte vor ihrer Ausreise gewonnen wurden. In einem ersten Schritt wird zunächst der ZFD aus Sicht der durchführenden Trägerorganisationen beleuchtet. Somit wird ein tieferer Einblick in Strukturen und Prozesse ermöglicht. Danach wird detailliert auf die Vorbereitung der Fachkräfte sowie auf die verschiedenen Seminarinhalte, Ziele und Seminarmethoden eingegangen. Danach werden vier Themen genauer betrachtet, welche in den Seminaren immer wiederkehrend waren. Dies sind: 1) Verortung des ZFD in der Friedensarbeit; 2) die Rolle und Aufgabe der Fachkräfte; 3) die Rolle und Aufgabe der Partner*innen und 4) die Zusammenarbeit. Diese Themen werden kritisch betrachtet und die Wahrnehmungen der Fachkräfte werden in das Zentrum der Ausführungen gestellt, welche wiederum mit den bisherigen theoretischen Überlegungen und den Ausführungen zu ZKB und zum ZFD verknüpft werden. Das Kapitel schließt mit einer Auflistung von Implikationen dieser ersten Forschungsergebnisse für die weitere Arbeit.

In Kapitel 7 wird die Fallauswahl für die in der weiteren Arbeit untersuchten Länder (Kenia, Liberia und Sierra Leone) hergeleitet. In der Fallauswahl wird vor allem auf die Relevanz der deutschen Afrikapolitik und die starke Präsenz des ZFD auf dem afrikanischen Kontinent eingegangen. Es wird aufgezeigt, welche besondere Rolle die drei ausgewählten Länder für den ZFD spielen. So ist Kenia beispielsweise das Land mit den meisten entsandten Fachkräften und auch Sierra Leone und Liberia haben eine Vielzahl an Fachkräften, arbeiten jedoch auch länderübergreifend zusammen. Im Anschluss daran findet eine genaue Betrachtung der drei ausgewählten Länder statt. Zunächst wird eine allgemeine Einführung in das jeweilige Land mithilfe zum Beispiel demografischer Daten gegeben. Anschließend folgt eine Darstellung vergangener, größerer Konflikte und verschiedener Konfliktlinien. Diese werden auf die aktuelle Lage in dem jeweiligen Land bezogen, und es werden die aktuellen Konfliktlinien, welche besonders im ZFD bearbeitet werden, herausgearbeitet. Da in den ausgewählten Ländern nicht die Konflikte an sich der Untersuchungsgegenstand sind, sondern CSOs, welche in, an und mit diesen Konflikten arbeiten, wird in dem Kapitel ebenfalls für jedes der drei Länder die Situation der Zivilgesellschaft und insbesondere der CSOs dargestellt. An diese Darstellung knüpft die Einordnung des ZFD in die drei Länder an.

Kapitel 8 schließt an die Fallauswahl an und stellt die empirischen Ergebnisse der Forschung mit einem Schwerpunkt auf den Ergebnissen aus Kenia, Liberia und Sierra Leone vor. Das Kapitel ist dabei in verschiedene Unterkapitel unterteilt, welche die Forschung thematisch gliedern. Das erste Unterkapitel geht auf das Thema der Friedenssicherung durch gemeinschaftliches Arbeiten ein. Es thematisiert zuerst die in der Arbeit des ZFD eingesetzten trägerübergreifenden Landesstrategiepapiere und das Verständnis der Arbeit des ZFD. Darauf aufbauend wird das Verständnis von Friedensarbeit mit einem Schwerpunkt auf der Neutralität von Fachkräften besprochen. Ebenfalls werden die für den ZFD wichtigen Themen Legitimität, Netzwerkarbeit und administrative Komponenten der Zusammenarbeit diskutiert. Nach diesen allgemeineren Grundlagen widmet sich das folgende Unterkapitel der Rolle der Fachkräfte im ZFD. Zunächst werden allgemeine Erwartungen an Fachkräfte – von sich selbst, von den lokalen Partner*innen und von den Trägerorganisationen – herausgearbeitet. Dabei wird aufgezeigt, wie unterschiedlich diese sein können und wie diese unterschiedlichen Erwartungen auch zu unterschiedlichen Rollenverständnissen und zu einem positiven oder negativen Einfluss oder Effekt führen. Darauf folgt ein Unterkapitel, welches sich der Rolle der lokalen Partner*innen widmet. Dieses geht vor allem auf den erwarteten und den tatsächlichen Aufbau von lokalen Organisationen ein und betrachtet die vielfältigen Aufgaben der lokalen Partner*innen. Das kommende Unterkapitel bündelt das Thema Fachkräfte und lokale Partner*innen und beleuchtet detailliert verschiedene Rollenverständnisse, die Frage der gemeinsamen Zusammenarbeit, Kündigungsgründe im ZFD und die Rolle von Hierarchien und *Ownership* in der Arbeit. Darauf folgen zwei weitere Unterkapitel, die sich mit Trainings, Weiterbildungen und der Vorbereitung für Fachkräfte, aber auch für lokale Partner*innen und mit Fragen der Effektivität, Nachhaltigkeit und des Monitorings und der Evaluation befassen. Jedes Unterkapitel beginnt mit einer ethnografischen Geschichte aus der Feldforschung. Diese ermöglicht einen direkten Einblick in die Geschehnisse vor Ort. Es folgt eine Reflektion der Geschichte und eine Rückkoppelung an theoretische Bezüge, den ZFD und lokal verankerte Friedensarbeit allgemein.

Die Arbeit schließt mit Kapitel 9, dem Fazit der Arbeit. Neben einer Zusammenfassung der wichtigsten Inhalte werden hier nochmals genauer die Teilfragestellungen der Arbeit beantwortet. Diese Antworten finden sowohl auf einer theoretischen als auch vor allem auf einer empirischen Ebene statt. Aus diesen Antworten werden Implikationen für die Praxis des ZFD und der Friedensarbeit generell herausgearbeitet und in Form von 23 Handlungsempfehlungen dargestellt.

Über Partnerschaft und Macht

2

Diese Forschung konzentriert sich weder auf die lokalen Konfigurationen von Friedensmaßnahmen noch rein auf externe oder internationale Interventionen, sondern darauf, wie diese aufeinandertreffen, interagieren und unerwartete positive und negative Ergebnisse hervorbringen. Da somit das Element der Partnerschaft in der Zusammenarbeit von Akteur*innen der Friedensarbeit untersucht wird, wird zunächst dargestellt, was über partnerschaftliche Zusammenarbeit zwischen lokalen und internationalen beziehungsweise externen Akteur*innen in der Friedensarbeit bekannt ist. Darüber hinaus wird davon ausgegangen, dass dort, wo verschiedene Akteur*innen aufeinandertreffen, Macht und Machtungleichgewicht zum Tragen kommen. Mithilfe einer Geschichte aus der Forschung zum ZFD (unter einem partnerschaftlichen und machtkritischen Blickwinkel) wird zunächst ethnografisch und praxisnah auch dieses Thema beleuchtet und anschließend in den Diskurs um Macht eingeführt.

2.1 Was wir über Partnerschaft in der Friedensarbeit wissen

Zunächst ist festzustellen, dass zahlreiche Forschungen bereits aufgezeigt haben, dass eine partnerschaftliche Zusammenarbeit (wie auch immer diese definiert sein mag) positive und negative Auswirkungen auf Friedensprozesse haben kann (Hellmüller, 2018). So wird davon ausgegangen, dass eine Beziehung zwischen lokalen und internationalen/externen Akteur*innen zu einem effektiveren und nachhaltigeren Frieden führen kann, wenn sie gut gemanagt und gestaltet wird, da Konflikte in der Regel sowohl nationale als auch internationale Reichweite haben (Bernhard, 2013, S. 11; Labonte, 2008, S. 2).

S. Ruppel, *Lokal verankerte Zivile Konfliktbearbeitung zwischen Partnerschaft und Machtungleichgewicht*, Studien des Leibniz-Instituts Hessische Stiftung Friedens- und Konfliktforschung,
https://doi.org/10.1007/978-3-658-41693-5_2

Auch wenn dieser positive Effekt bekannt ist und als grundlegend für die friedensfördernde Praxis gesehen wird (Smillie, 2001), bleibt doch oftmals unklar, was genau mit Partnerschaft gemeint ist. Aus diesem Grund wird sich nun einer Definition des Begriffs Partnerschaft genähert. Diese basiert in der Regel auf der Gegenüberstellung und/oder Zusammenführung der binären Akteur*innenbegriffe des Lokalen und des Globalen, Externen oder Internationalen. Dabei sei der Begriffsdiskussion vorangestellt, dass Diskussionen über die Interaktion zwischen dem Globalen/Externen und dem Lokalen in der Friedensarbeit immer komplex sind. So bin ich mir der potenziellen Probleme bei der Verwendung der Begriffe „global", „extern" und „lokal" durchaus bewusst. Der Bezug auf das Globale wird in der wissenschaftlichen Literatur oft so gesehen, dass dieser Begriff auch für universelle moralische Rahmenbedingungen, kosmopolitisches Bewusstsein und die Fähigkeit, sich über Grenzen hinweg zu bewegen, steht. Die Konnotationen für das Lokale sind im Gegensatz dazu tendenziell Besonderheiten, Authentizität, Kontextualität und ein Mangel an Mobilität. In diesem Zusammenhang ist es ist wichtig zu verstehen, dass globale Diskurse, Politiken und Praktiken nicht universell sind, aber Universalität beanspruchen (Björkdahl et al., 2016b, S. 4). Auch wenn das Globale/Externe und das Lokale vielfach als binäre Optionen dargestellt werden und sie dies in der Praxis der Friedensarbeit auch oft sind, ist es wichtig, die Dynamiken zwischen den entsprechenden Akteur*innen als sozial konstruiert, kontinuierlich verhandelt und aktiv interagierend zu verstehen. Diese Dynamiken mit möglichen Auseinandersetzungen, Reibungen (*Frictions*) und Herausforderungen stehen also im Zentrum dieser Analyse. Dieser Fokus auf Reibungen als dynamischer Prozess erlaubt es auch, ein Schlüsselmerkmal der friedensfördernden Interaktion zu erforschen, nämlich dass sie kein vorherbestimmtes Ergebnis hat; sie ist unvorhersehbar (Björkdahl et al., 2016b, S. 5). Somit sind die Worte „placeholders for what are more complicated collections of actors with varying interests and levels of influence" (Millar, 2016b, S. 32).

Nach diesen Vorbemerkungen wird nun auf die möglichen Definitionen des Begriffs geschaut. Dabei lassen sich in der Literatur verschiedene Definitionen von Partnerschaft finden. Zum einen gibt es Definitionen, welche Machtbeziehungen außer acht lassen. Bei diesen Beziehungen wird Partnerschaft wie folgt verstanden:

> „Partnerschaft wird verstanden als freiwillige Beziehung ‚auf gleicher Augenhöhe' von häufig heterogenen Organisationen oder Einzelpersonen, die allen Seiten Vorteile bringt. Bei strategischen Partnerschaften handelt es sich also um ein Netzwerk, das bereits eine gewisse Verbindlichkeit und ein zumindest kurz- oder mittelfristiges gemeinsames Ziel aufweist" (Borries von, 2007, S. 194).

Hier zeigen schon die Anführungszeichen um den Begriff der gleichen Augenhöhe, dass diese Definition sehr idealtypisch ist und sich so in der Praxis nicht immer finden lässt. Auch bei Definitionen aus der Praxis wird deutlich, dass diese ebenfalls im Begriff „Partnerschaft" eine Beziehung zwischen zwei oder mehr Parteien sehen, die auf Merkmalen wie Solidarität, Gleichheit, Inklusivität, gegenseitigem Vertrauen und Verständnis sowie auf gemeinsamen Zielen beruht (United Nations, 2015b, S. 2).

Diese Definitionen stimmen teilweise mit dem überein, was in der friedens- und entwicklungswissenschaftlichen Literatur als „ideale Partnerschaft" bezeichnet wird (Kontinen, 2003; Mohiddin, 1998). Wie Harrison betont, ist der Begriff „Partnerschaft" ein wertgeladener Begriff mit starken normativen Untertönen darüber, welche Form eine Beziehung zwischen Partner*innen annehmen sollte (Harrison, 2007, S. 389). Deswegen fügen Wissenschaftler*innen wie Lynn Hately dieser idealen Art von Partnerschaft den Begriff der Reziprozität hinzu, der auf Gleichheit, Horizontalität und Solidarität zwischen den Partner*innen beruht (Hately, 1997). Auch Fowlers Definition einer idealen Partnerschaft ist eine „authentische", die eine Gleichheit in der Arbeitsweise und Gegenseitigkeit in Bezug auf Identität, Position und Rolle für jede*n der beteiligten Partner*innen sein soll (Fowler, 1998, S. 141). Damit ist Fowler nicht allein, und es lassen sich in verschiedenen Handbüchern zur Friedensarbeit auch viele dieser idealtypischen Definitionen finden und Partnerschaft wird oftmals als gemeinsames *Empowerment* verstanden Jedoch wird im wissenschaftlichen Diskurs immer wieder darauf aufmerksam gemacht, dass zwischen diesem Ideal einer Partnerschaft und der wahrgenommenen Realität für die meisten Nord-Süd-Partnerschaften im Kontext der Friedensarbeit eine Lücke besteht und diese vermeintliche Partnerschaft eine ungleiche ist (Lister, 2000; Mohiddin, 1998; Pickard, 2010).

> „A major challenge to the discourse and practice of partnerships is how to address unequal relations between partners. Inequality may be based on differences in a range of dimensions such as access to resources, power relations, knowledge, capacities and capabilities. Partners may also have different assumptions, perspectives/world views, agendas and expectations" (Johnson & Wilson, 2006, S. 71).

Ein erstes Argument für diese Ungleichheit ist, dass der Großteil der gegenwärtigen internationalen Friedensarbeit auf einem einseitigen Nord-Süd-Geldfluss beruht (Kontinen, 2003; Lister, 2000). Ein zweites lautet, dass die Länder des Globalen Nordens ihrem südlichen Gegenüber immer wieder ihre Vision von Frieden aufzwingen (Mac Ginty, 2008). Daraus resultieren Machtasymmetrien, die den nördlichen Geber*innen eine dominierende Rolle zuweist. Deswegen wird oftmals von einer „rhetorischen Partnerschaft" gesprochen (Crawford, 2003; Menashy, 2019). Die Nutzung von Partnerschaft wird als *Buzzword* hervorgehoben (Cornwall & Eade, 2010), welches die inhärenten Machtasymmetrien unter dem Deckmantel der Gleichberechtigung versteckt (Hately 1997, 22). Einige Forschungen über partnerschaftliche Friedensarbeit gehen davon aus, dass diese Machtasymmetrien relativ leicht überwunden werden können, indem zum Beispiel die lokalen Akteur*innen mehr in die Programmgestaltung einbezogen werden: „They can, however, help shift greater control in programme design and implementation to their local partners and thereby create greater power symmetry in shaping the means and ends of their peacebuilding" (Cohen, 2014, S. 79). Dass diese Argumentation jedoch zu kurz gegriffen ist und es dadurch nicht zu einer Verschiebung und einem Aufbrechen der Machtasymmetrien kommt, wird in den vorliegenden Forschungsergebnissen dargestellt. Zusammenfassend lässt sich also feststellen, dass in der Forschung CSOs aus dem Globalen Süden oftmals als das unterste Glied in der Hierarchie der Institutionen betrachtet werden, die die internationale Friedensindustrie ausmachen. Sie werden als abhängig von und häufig getrieben durch Geber*innenmittel, als verletzlich oder opportunistisch dargestellt. Partnerschaften zwischen südlichen und nördlichen CSOs werden als Orte der Ausbeutung gesehen. Dabei sind diese CSOs aktive Akteur*innen in ihren Beziehungen zu internationalen CSOs, selbst in den Formen einer Partnerschaft, die der lokalen Beteiligung am wenigsten förderlich zu sein scheinen (Dibley, 2014, S. 3). Südliche CSOs, die in der Regel auf ihre nördlichen „Partner" angewiesen sind, um an der Friedensförderung teilzunehmen, verhandeln dennoch täglich die Machtdynamik dieser Partnerschaften. Diese Verhandlungen können wichtige Auswirkungen nicht nur auf die Ergebnisse von Friedensförderungsprojekten haben, sondern auch auf das Verständnis und die Anwendung von Friedensförderungsideen durch lokale Aktivist*innen und Gemeinden – und in einigen Fällen auch durch internationale Organisationen selbst.

Wie bereits angemerkt, ist der Begriff Partnerschaft sehr komplex. Es kommt immer auf die jeweilige Situation, den jeweiligen Kontext und die involvierten Akteur*innen an, wie sie genau ausbuchstabiert wird. Dabei hat dieses Ausbuchstabieren erheblichen Einfluss auf den Friedensprozess: „Whether a relationship between actors is constructed as top-down or dialogical in nature can have tremendous implications for the motivation and quality of the collaboration and, thus, for the result of the peacebuilding process" (Bernhard, 2013, S. 7). Es kann diese Beziehung sowohl als aktive als auch als abhängige Partnerschaft ausgestaltet werden. Eine aktive Partnerschaft beinhaltet strategische, technische und verwaltungstechnische Planung und Unterstützung, die mit lokalem Input und lokalen Entscheidungsstrukturen entwickelt werden. Solche

Partnerschaften werden durch bewusste, kooperative und andauernde Prozesse aufgebaut, die Verhandlungen, das Aushalten von Konflikten und gemeinsames Lernen beinhalten (Lewis, 1998, S. 504). Abhängige Partnerschaften hingegen berücksichtigen oft kein lokales Wissen, nutzen stattdessen Konzepte und Ideen über Friedensförderung, die größtenteils aus dem Globalen Norden stammen, und werden als „Blaupausencharakter" charakterisiert und entlang starrer Annahmen umgesetzt (Lewis, 1998, S. 504). In der Friedenspraxis lassen sich beide Arten von Partnerschaft finden. Beide haben ihre Daseinsberechtigung, haben Vor- und Nachteile und hängen von verschiedensten (äußeren und inneren) Einflussfaktoren ab (Labonte, 2008, S. 3). Eine weitere Möglichkeit, diese Partnerschaften zu unterscheiden, ist es, die Art der Beziehungen zwischen den Partner*innen anzuschauen. (M. Barnett & Zürcher, 2010) schlagen vier Arten von Beziehungen zwischen Akteur*innen in der Friedensarbeit vor: In der kooperativen Friedensförderungsbeziehung (*cooperate*) akzeptieren die lokalen Eliten das Friedensförderungsprogramm und kooperieren mit externen Organisation. Die konsensorientierte (*compromised*) Beziehung ist gekennzeichnet durch die Aushandlung eines Friedensförderungsprogramms, das die Wünsche aller beteiligten Akteur*innen widerspiegelt. In einer befangenen (*captured*) Beziehung lenken die lokalen Eliten die Verteilung der Hilfe so um, dass sie ihren Interessen entspricht. In der konfliktträchtigen (*conflictiv*) Friedensförderungsbeziehung schließlich bedroht eine der Akteursgruppen die anderen oder setzt Zwangsmittel ein, um ihre Ziele zu erreichen. Neben dieser Unterscheidung von Partnerschaft lassen sich in der Literatur noch weitere Unterscheidungen finden. Es ist jedoch festzustellen, dass in vielen wissenschaftlichen Studien der Begriff Partnerschaft verwendet wird, ohne diesen genauer auszudifferenzieren. Im Folgenden werden drei Überlegungen zu den verschiedenen Arten von Partnerschaften erläutert.

Laut Bodo von (Borries von, 2007) gibt es in der Friedensarbeit vier mögliche Formen der Partnerschaft. Dies sind 1) eine Lernpartnerschaft, bei der Zugang zu externem Wissen für alle Mitglieder dieser Partnerschaft geschaffen oder aufgearbeitet werden soll. Des Weiteren gibt es operative Partnerschaften, bei denen vor allem ein bestimmtes Projekt im Vordergrund steht, welches meist in gemeinsamer Träger*innenschaft durchgeführt wird. Außerdem gibt es 2) politische Partnerschaften, bei denen es verstärkt darum geht, Themen in den öffentlichen Diskurs einzubetten und politische Entscheidungsprozesse gemeinsam zu beeinflussen. Auch gibt es 3) strategische Partnerschaften, welche oftmals auch aus Interaktionen heraus entstehen und gemeinsam an einem Ziel arbeiten. Möglichkeit 4) sind sogenannte „natürliche" Partner*innen. Dies sind zum Beispiel kirchliche Organisationen aus dem Globalen Norden und im Globalen Süden, die dort mit den gleichen Strukturen operieren. Bei staatlichen Akteur*innen aus dem Globalen Norden sind diese „natürlichen" Partner*innen im Globalen Süden zum Beispiel die Regierungen oder Regierungsorganisationen des jeweiligen Landes. Hierbei werden meist andere Akteur*innen zu den „Partner*innen", die bestimmte Projekte oder Ideen umsetzten. Sie werden somit zu implementierenden (Treiber, 2014) Partner*innen im Sinne einer Auftragsnahme im Programm oder Projekt. In der Realität ist meist eine Mischform der verschiedenen Arten von Partnerschaft zu finden (Borries von, 2007, 194.).

Eine andere Unterscheidung ist bei Thushara Dibley (Dibley, 2014) zu finden, welche zwischen einer Vertragspartnerschaft, einer partnerschaftlich orientierten Beziehung und einer Netzwerkbeziehung unterscheidet. Im Rahmen der Vertragspartnerschaft wurde die Beauftragung von CSOs aus dem Globalen Süden in den frühen 1990er Jahren bei CSOs aus dem Globalen Norden populär. CSOs wurden als Partner*innen geschätzt, weil sie flexibel und wertorientiert waren und über spezialisierte Fähigkeiten verfügten, die weder der öffentliche noch der private Sektor bieten konnte (Dibley, 2014, S. 60). Die Sprache, die zu dieser Zeit aufkam, um Partnerschaften zwischen CSOs aus dem Globalen Norden und dem Globalen Süden zu beschreiben, suggerierte, dass dieser neue Ansatz kooperativ und partizipativ sein würde und beide Partner*innen auf gleicher Augenhöhe stünden. In der Praxis spiegelten viele Partnerschaften jedoch nicht diese „authentische" Form wider, sondern ähnelten eher einem Geber*innen-Patron-„Vertrags"-Modell, bei dem eine definierte Aufgabe in einem festgelegten Zeitraum erledigt werden muss, meist als Teil einer „Fee-for-Service"-Vereinbarung (Dibley, 2014, S. 63; Fowler, 1998, S. 137). Die immer wieder aufgezeigte Kritik an dieser Art von Partnerschaft ist, dass ihre Finanzierungsstrukturen den Betrieb und die Nachhaltigkeit der südlichen CSOs behindern, dass die kurzfristige Finanzierung die Legitimität und Rechenschaftspflicht der Süd-CSOs gegenüber ihren eigenen Gemeinschaften untergräbt und dass solche *Output*-orientierten Partnerschaften nicht in der Lage sind, tiefgreifenden und dauerhaften Wandel zu bewirken (Dibley, 2014, S. 60). Partnerschaftlich orientierte Beziehungen lassen sich definieren als „partnergesteuert". Die internationalen CSOs führten nicht direkt Programme durch, sondern arbeiteten mit lokalen CSOs-Partner*innen zusammen, die ähnliche Ziele verfolgten. Sie versorgten ihre Partner*innen auch mit Mitteln für organisatorische Overhead-Kosten, stellten ein Budget für die Umsetzung der Aktivitäten und unterstützten sie bei Bedarf mit technischer Hilfe und Schulungen. Hier haben die lokalen CSOs ein relativ hohes Maß an Kontrolle darüber, was sie in ihrer Eigenschaft als lokale Partner*innen machen (Dibley, 2014, S. 92). Jedoch handelt es sich hierbei oftmals um die bereits beschriebene „ideale" Partnerschaft, bei der sich in der Praxis zeigt, dass ihre Umsetzung schwierig ist, denn nichtsdestotrotz sind auch hier die internationalen CSOs in der Lage zu kontrollieren, mit wem eine Zusammenarbeit stattfindet (Dibley, 2014, 151 f.). Netzwerkbeziehungen können als ein Netz von persönlichen Beziehungen zwischen den am Netzwerk beteiligten Personen gesehen werden, welches dabei hilft, die Zusammenarbeit zwischen den Organisationen zu gestalten und zu steuern (Dibley, 2014, S. 122). Diese Zusammenarbeit kann in einer mehr oder weniger institutionalisierten Form stattfinden. Besonders die Finanzierung dieser Netzwerke stellt einen wichtigen Aspekt in der Forschungsliteratur dar. Oftmals werden solche Netzwerke nur wenig finanziert, weil ihre Ergebnisse kaum zu messen sind und ihre diffuse Natur es erschwert, sie zur Rechenschaft zu ziehen (Verkoren, 2006). Wenn Mittel zur Verfügung stehen, kann dies zu Ungleichgewichten innerhalb des Netzwerks führen, zumal die nördlichen Mitglieder des Netzwerks häufig den Großteil der Mittel erhalten. In anderen Fällen können Differenzen zwischen den Perspektiven der Geber*innen und der Mitglieder des Netzwerks darüber, wie die Mittel ausgegeben werden sollten, zu Spaltungen innerhalb der Netzwerke führen, insbesondere in Fällen, in denen nördliche und südliche Mitglieder des Netzwerks unterschiedliche Prioritäten haben (Rohrschneider & Dalton, 2002).

Eine weitere Ausdifferenzierung dieser Arten der Partnerschaft, welche sich noch mehr auf die Interaktionen bezieht, lässt sich bei Sung Yong (Lee, 2019, 53 ff.) finden. Hier werden drei Arten von Beziehungen in der Friedensarbeit benannt. Dies sind: vertragsbasierte Beziehungen, partnerschaftlich orientierte Partnerschaften und die Schaffung von *Advocacy* in einer integrierten Struktur. Erstens und wahrscheinlich am häufigsten unterhalten lokale Akteur*innen in unterschiedlichem Maße vertragsbasierte Beziehungen zu externen Geldgeber*innen. Bei dieser Art von Partnerschaft wählen internationale Organisationen oder internationale zivilgesellschaftliche Organisationen lokale Akteur*innen aus, um bestimmte Projekte für einen bestimmten Zeitraum zu implementieren, und entwickeln kurzfristige Vereinbarungen im Rahmen bestimmter Dienstleistungen. Einige Geberorganisationen haben in diesem Prozess offene Ausschreibungen zur Einreichung von Vorschlägen. Sie vergeben die Mittel an die ausgewählten Akteur*innen, während andere im Voraus festgelegte Programme haben und auf potenzielle lokale Partner*innen zugehen, die sie umsetzen können. Die Werte und die Agenda der Geber*innen werden bei der Auswahl der Vorschläge oder bei der anfänglichen Entwicklung von Arbeitspartnerschaften hervorgehoben. Häufig werden die lokalen Partner*innen unter Druck gesetzt, diese während des Umsetzungsprozesses zu berücksichtigen. Geber*innen, die an dieser Art von Partnerschaften beteiligt sind, bevorzugen oft lokale Akteur*innen, die eher wie westliche Organisationen strukturiert sind, bereits positive Ergebnisse in ihrer Arbeit vorweisen können und effektiv arbeiten. Oftmals wird nicht auf die Bedingungen geachtet, unter denen die lokalen Partner*innen die Programme durchführen (Lee, 2019, S. 53). Zweitens gibt es die partnerschaftlich orientierte Partnerschaft. In solchen Fällen behalten die lokalen Akteur*innen ihren unabhängigen Status, erhalten aber umfassende Unterstützung von externen Akteur*innen. Die internationalen Akteur*innen streben eine stärkere Zusammenarbeit mit ihren lokalen Partner*innen an als bei vertragsbasierten Modellen. Oftmals findet durch die Geber*innen eine Grundfinanzierung zur Deckung der organisatorischen und administrativen Kosten statt. Auch wird versucht, regelmäßige Treffen abzuhalten, um die Richtung der von ihnen finanzierten Programme zu diskutieren und zu bestimmen. In dieser Art von Partnerschaft jeodch wird die Agenda der Geber*innen häufig durch diese ständige Interaktion vermittelt und verinnerlicht. Regelmäßige Besuche von Geber*innenvertretern zu Diskussionen und gezielte Schulungen der lokalen Akteur*innen werden häufig genutzt, um gemeinsame Visionen für die Arbeit zu entwickeln. Darüber hinaus besteht die Gefahr, dass solche Beziehungen ungleich sind und sich aufdrängen, wenn die Befürwortenden die lokalen Partner*innen als die Akteur*innen betrachten, die ihre Visionen umsetzen (Lee, 2019, S. 54). Drittens gibt es lokale Friedensförderungsorganisationen, die als Untereinheiten oder Projektstandorte von internationalen Organisationen oder internationalen CSOs gegründet wurden und betrieben werden, um der Schaffung von *Advocacy* in einer integrierten Struktur zu dienen. Der Grad der Autonomie dieser Zweigstellen oder Büros variiert in Abhängigkeit von den Prinzipien ihrer übergeordneten Organisation (Lee, 2019, S. 55).

Gerade die Orientierung von Lee (2019) an den Interaktionen in der Partnerschaft und die Definition einer aktiven Partnerschaft als fortlaufende Prozesse der Verhandlung (Lewis, 1998) werden für die vorliegende Arbeit als Grundlage gesehen, da auch hier die konkreten Interaktionen in einer Zusammenarbeit untersucht werden. Die Art dieser Interaktionen in der Zusammenarbeit und in der Partnerschaft definiert letztendlich die Art und Weise, wie Akteur*innen innerhalb des jeweiligen Kontext ihre Arbeit ausgestalten und prägt somit den Friedensprozess. Denn „local and international actors […] are rarely able to act autonomously. Instead, all actors are compelled to operate in an environment shaped in some way by others" (Mac Ginty, 2010, S. 392). Somit spielen die jeweiligen Personen und Kontexte eine entscheidende Rolle für die Zusammenarbeit. Ein Großteil der Literatur, die sich mit dem Einfluss von Einzelpersonen auf Partnerschaften beschäftigt, hebt hervor, wie Einzelpersonen die Macht haben, Partnerschaften zu beeinflussen, da sie unvorhersehbare Dynamiken von Beziehungen basierend auf individuellen Kontakten und Persönlichkeiten hervorrufen können (Brehm, 2004, S. 160).

2.2 Es war einmal... – ein Ausschnitt meiner Forschung

Ich sitze als Beifahrerin in einem Auto und fahre durch Kenia, aus den Boxen dröhnt die Musik von Rammstein und einer anderen deutschen Rockband. Ich sitze im Auto einer deutschen CSO (*Civil Society Organization*), welche den ZFD in Kenia umsetzt, und fahre mit dem Fahrer der CSO einmal quer durch Kenia. Sobald wir irgendwo halten müssen, ist die Musik durch die offenen Fenster auch außerhalb zu hören und einige Personen schauen zu uns ins Auto. Die Landschaft zieht vorbei, grüne Bäume und viele Felder, denn wir fahren durch eine der fruchtbarsten Regionen Kenias. Als ich den Fahrer darauf anspreche, ob er gerne Bands wie Rammstein hört, antwortet er mir, dass die CD bereits im Auto war, als er es von einer der ehemaligen deutschen Friedensfachkräfte übernommen hat. Er habe sich einfach daran gewöhnt, höre es nun und denke dabei auch gerne an die Fahrten mit seinem ehemaligen Kollegen zurück.

So fahren wir weiter, bis wir am späten Nachmittag an unserem Zielort ankommen. Hier werde ich zum Hotel gebracht und soll dort auf die Kolleg*innen der kenianischen Partnerorganisation warten. Der Fahrer wohnt in einem anderen Hotel und die*der Kolleg*in aus dem Büro der deutschen Organisation (eine lokale Person) wiederum in einem anderen Hotel. Warum dies so ist, hat sich mir bis zum Ende nicht ganz erschlossen. Hat aber nach Aussage der jeweiligen Personen einfach etwas mit persönlichen Präferenzen zu tun, da zum Beispiel ein Hotel bevorzugt wurde, in dem man selbst eine Küche hat. Die anderen Personen sind nicht mit uns im Auto gefahren, obwohl sie auch aus Nairobi kommen, wo der Fahrer losgefahren ist – sie sind geflogen. Solange ich warte, schaue ich mich im Hotel etwas um. Laut Bewertungsportalen ist es „one of the best places in town". Auch wenn ich wenig andere Hotels vor Ort besucht habe, kann ich dieser Aussage zustimmen. Es gibt mehrere Restaurants, eine große Bar und einen Pool. An der Bar wird mir erzählt, dass hier auch oft Regierungsbeamt*innen wohnen, wenn sie in der Region auf Promotions-Tour sind oder Gemeinden besuchen. Wie der Kellner mir sagt, verbringen einige von ihnen die Zeit lieber an der Bar und im Pool. Dies sollte ich nach einigen Tagen in dem Hotel selbst erleben, als Offiziere und weiteres militärisches Personal einchecken. Ich lerne abends noch kurz die Kolleg*innen der Partnerorganisation kennen und auch die Begleitung, da eine Person mit Kind und Betreuungsperson angereist ist. Wir gehen an dem Abend früh schlafen, da wir am nächsten Tag früh starten wollen.

Nach einem Frühstück geht am nächsten Tag unsere Reise los. Wir werden in den kommenden Tagen unterschiedliche Dörfer in der Umgebung (ein bis zwei Stunden Fahrt) besuchen. Dort werden wir an verschiedenen Programmen und Veranstaltungen teilnehmen, die der lokalen Konfliktlösung und Rechtsprechung dienen sollen. Wir fahren also über unbefestigte Straßen in den ersten Ort. Sobald wir die Stadt verlassen haben und Kindern begegnen, die mich im Auto entdecken, werde ich mit „*Mzungu*" (weiße Person) begrüßt. Ein*e Kolleg*in meint scherzhaft, dass sie schon oft hier waren und ja eigentlich schon wegen dem tollen Auto auffallen, aber dass sich die Leute hier wohl daran gewöhnt haben, ich sie jetzt aber wieder zu einer Attraktion mache. Vor Ort angekommen stehen wir nun also da, eine Gruppe von Personen, die eigentlich in Nairobi lebt und ich als Forscherin. Einige tragen High Heels und Kostüme, andere Hemd. Und die Personen vor Ort? Dies sind überwiegend Personen, die von der Landwirtschaft leben. Einige kommen in ihrer Arbeitskleidung direkt von den Feldern, andere tragen ebenfalls Hemd (teilweise mit Gummistiefeln aufgrund des sehr matschigen Bodens). Nachdem sich alle begrüßt haben und ich mich vorgestellt und meine Rolle erklärt habe, sitzen wir in einem Gebäude aus Lehm, in dem noch schnell ein Banner angebracht wurde, auf dem das Thema des Tages geschrieben steht und die Logos der Organisationen abgebildet sind. Die Veranstaltung läuft bereits, wir sind etwas zu spät gekommen, da die Straße aufgrund des Regens so matschig war. In den vergangenen Monaten hatte die lokale CSO aus Kenia im Rahmen des ZFD zusammen mit einer Fachkraft hier Workshops zur Ausbildung von Personen gegeben, die im Rahmen eines bestimmten thematischen Programmes ehrenamtlich arbeiten wollen. Einige Veranstaltungen hatten daraufhin schon stattgefunden und nun sind wir hier, um uns anzuschauen, wie diese laufen. Nach unserer Ankunft werden die Leitenden des Programmes vor Ort zur Seite genommen. Ihnen wird in einem Gespräch nochmal der Ablauf einer solchen Veranstaltung geschildert, welche Rolle Sprache in dem Prozess hat und dass sie in ihrer Rolle neutral handeln müssen. Die Hinweise werden nicht weiter diskutiert, sondern bejaht. Die Mitarbeitenden der CSO halten sich während des Programms im Hintergrund und geben zum Beispiel in den Pausen Feedback und Ratschläge. Allgemein sind sie sehr zufrieden damit, wie es gelaufen ist und sehen ihre Anwesenheit als Möglichkeit, die Personen und die Arbeit vor Ort zu überprüfen und zu schauen, ob die vorherigen Trainings erfolgreich in der Praxis umgesetzt werden können. In der Mittagspause wird ein Essensbuffet aufgebaut. Wir hatten am Morgen, bevor wir losgefahren sind, an einem Restaurant gehalten und jede Menge Essen und Getränke eingepackt. Auch wird in der Mittagspause etwas Geld an alle Anwesenden verteilt, als Kompensation, dass sie an dem Treffen teilnehmen (was ein sehr übliches Vorgehen ist). Teilnehmendenlisten werden ausgefüllt, was einige Personen vor Herausforderungen stellt, da nicht alle lesen und schreiben können. Diese Liste ist in vielen ZFD-Projekten Pflicht für die Mittelnachweise und wurde hier pragmatisch lokal angepasst. So können Personen einen Fingerabdruck anstelle der Unterschrift hinterlassen. Gerade in den informellen Gesprächen während des Essens können die CSO-Mitarbeitenden nochmal verstärkt mit den ehrenamtlichen Leitenden des Programms vor Ort sprechen und über die Möglichkeiten der Umsetzung debattieren. Besonders in unseren Gesprächen auf der Rückfahrt im Auto wird deutlich, dass die verschiedenen Personen der CSO unterschiedliche Blickwinkel auf das Erlebte haben. So schätzen es einige als sehr gut ein, wohingegen andere noch mehr Schulungs- und Handlungsbedarf sehen. Wieder andere sind der Meinung, dass es gut sei, dass es lokal etwas adaptiert wurde. Diese Adaption vollzog sich laut Aussagen der CSO-Mitarbeitenden neben der Fingerabdruck-Unterschrift zum Beispiel derart, dass andere Fälle als eigentlich vorgesehen besprochen wurden, da diese vor Ort anders priorisiert wurden. Oder dass Vorgespräche ausführlicher als vorher angedacht stattgefunden hatten.

So verlaufen die Tage und die einzelnen Programmpunkte im Großen und Ganzen wie geplant. Dabei gibt es immer wieder Absprachen zwischen den lokalen Verantwortlichen, den Mitarbeitenden der lokalen ZFD-Partnerorganisation aus Nairobi und der ZFD-Fachkraft. Auch bei den anderen Aktivitäten wie zum Beispiel einem Treffen zwischen der lokalen Polizei und den wichtigsten Vertreter*innen aus verschiedenen umliegenden Dörfern gibt es einen regen Austausch zwischen allen Beteiligten. Da ich sprachlich nicht immer ganz folgen kann, wird für mich zusammenfassend übersetzt und der Austausch wird von den lokalen Personen, die sich in dem Bereich engagieren, als sehr wichtig erachtet. Hier ist mir eine Situation besonders in Erinnerung geblieben. Wir saßen vor dem Haus des Polizeichefs der Region und warteten noch auf einige Personen – wir waren schon zwei Stunden zu spät, doch das war nicht so schlimm. Wir hatten Plastikwasserflaschen dabei und ein Kind näherte sich unserem Fahrer. Er gab dem Kind die Flasche, woraufhin es sie direkt als Spielmaterial nutzte. Da wir mehrere leere Flaschen im Auto hatten, verteilten wir sie unter den Kindern. So würden wir immerhin schon den Kindern positiv in Erinnerung bleiben, meinte eine der Personen aus der CSO. Für uns, als Gäste aus Nairobi, den Polizeichef und einige wichtige Personen standen Stühle und ein Tisch bereit. Die anderen Personen versammelten sich, enger aneinandergesetzt, auf Bänken. So saßen wir zusammen, Personen berichteten und es fand ein reger Austausch statt. Danach wurden noch Gruppenfotos gemacht und einige Personen wollten extra Bilder mit mir aufnehmen. Darauf merkte die ZFD-Fachkraft scherzhaft an, dass sie mich oder andere weiße Kolleg*innen wohl öfter mitnehmen sollten, damit für das Programm noch mehr Werbung gemacht wird. Danach fuhren wir aus den Dörfern wieder zurück, ohne eine klare Absprache mit den Verantwortlichen getroffen zu haben, wie genau es weitergeht oder was die nächsten Schritte sind. Aber nach

Aussage der CSO-Mitarbeiter*innen wäre schon alles geklärt und sie wüssten, was zu tun sei. Danach ging es direkt in eine größere Stadt, um einen wichtigen Politiker zu treffen. Hier mussten wir sehr lange in seinem Vorzimmer warten, da er noch in einer anderen Besprechung war. Unsere Mägen knurrten, da wir alle nur gefrühstückt hatten. Die Mitarbeitenden der CSO sprachen darüber, dass sie es zwar anstrengend finden, in einer solchen Situation zu warten, dass sie dies aber sehr gerne machen und es als Teil ihrer Arbeit begreifen. Sie betonten, dass dies nichts mit Unhöflichkeit ihnen gegenüber zu tun habe, sondern eine so wichtige Person nun mal sehr beschäftigt ist und es dafür viel Verständnis gibt. Bei dem Treffen wurden T-Shirts übergeben, welche für das Programm der CSO werben sollen mit der Bitte, dass diese an bestimmte Personen verteilt werden. Die Beziehung zu dem Politiker ist wohl persönlich und aufgrund der langen Zusammenarbeit sehr gut. Der Karton mit den T-Shirts wurde jedoch erstmal in eine Kammer mit anderen Kartons gestellt.

Danach gab es dann endlich etwas zu essen: in einem Restaurant, in dem es das beste Hühnchen der Region gibt, denn die Hühnchen auf dem Land schmecken nach einstimmiger Aussage der Personen, mit denen ich unterwegs war, einfach besser als die Hühnchen, die es in Nairobi zu kaufen gibt. Dies war nicht das einzige Essen, das wir geteilt haben. So haben wir auch im Hotel zusammen gegessen und uns nach den Arbeitstagen an der Bar getroffen, um uns zu unterhalten. Vereinzelt sind Personen auch noch in der Stadt feiern gewesen. Auch den Pool haben wir nach Feierabend oder am Morgen, bevor es in die Dörfer ging, ausgiebig genutzt. Eine zugegebenermaßen willkommene Erfrischung (auch wenn es relativ kühl werden kann), aber vor allem auch eine schöne Ablenkung.

Diese Erlebnisse fanden ungefähr in der Mitte meines Forschungsaufenthaltes statt. Auch wenn ich mich bereits vorher mit Fragen zur Macht – in Bezug auf meine Rolle als Forscherin, zwischen den Akteur*innen und in einem globaleren Kontext – auseinandergesetzt habe, waren es doch immer wieder Situationen wie diese, welche mich erneut zum Nachdenken angeregt haben. An den vielen einzelnen Beispielen, an denen das Thema der Macht in seiner Vielschichtigkeit deutlich geworden ist, zeigt sich auch, wie wichtig es ist, ein Verständnis davon zu haben, was unter Macht zu fassen ist. Dies wird im folgenden Kapitel erläutert.

2.3 Machttheorien und Diskurse

Diese Geschichte zeigt ein paar der Situationen, wie ich sie während meiner Forschung oft erlebt habe. Sie zeigt das Spannungsverhältnis, in dem ich als Forscherin stehe. Es ist ein Spannungsverhältnis zwischen Freizeit und Arbeit, zwischen verschiedenen Themen und Rollen, aber auch zwischen Fremdsein und sich angenommen fühlen. Diese Spannungen sind auf die inhärente und nicht ausgeglichene Machtbeziehung zwischen Forschenden und Akteur*innen im Feld zurückzuführen (Cronin-Furman & Lake, 2018, S. 610). Dieses asymmetrische Ungleichgewicht (Knott, 2019, S. 144) liegt darin begründet, dass die forschende Person die Macht über das Feld hat: indem zum Beispiel von Beginn an eine Forschungsfrage identifiziert, das Feld festgelegt, methodische und theoretische Zugänge gewählt und mit bestimmten Verfahren die Daten ausgewertet werden (Engwicht et al., 2019, S. 2; Malejacq & Mukhopadhyay, 2016, S. 1013; Menzel, 2015, S. 60). Diese Spannungsverhältnisse sind in der Arbeit einer forschenden Person normal. Es ist jedoch wichtig, sie im Forschungsprozess zu reflektieren, da sie Einfluss auf die Forschung und die Ergebnisse haben können. Dabei ist es wichtig, dass eine Reflexion mehr ist als das bloße Benennen einer Problematik, mehr als das bloße Bewusstwerden über eine Problematik. Eine Reflexion ist vielmehr ein fortlaufender Prozess, welcher vor, während und nach der Forschung stattfindet. Im Idealfall führt er zu direkten Handlungen und hat Auswirkungen auf das eigene Verhalten im Feld und auf den Forschungsprozess. „Critical reflection is the researcher's ongoing assessment of how the research is unfolding in terms of research goals, strategies, design, and any modifications the researcher has made along the way“ (Fujii, 2015b, S. 1148). In diesem Fall der Forschung spielt noch eine weitere Machtkomponente eine wichtige Rolle: denn es handelt sich um die Forschung einer weißen Forscherin aus dem Globalen Norden in einem Land des Globalen Südens. Hierbei muss die Nord-Süd-Forschung besonders mit „Hinblick auf bestimmte sozial-konstruierte Machtgefälle sowie ethische und praktische Herausforderungen“ (Ruppel & Sander, 2019, S. 19) hinterfragt werden. Es ist wichtig, sich seiner eigenen Rolle, der eigenen Positionierung, seines eigenen Einflusses auf das Feld und der Mächtigkeit der eigenen Rolle bewusst zu werden und zu verstehen, welche Auswirkungen diese Aspekte auf die Forschung haben. Allein schon die Möglichkeit, dass ich als Person aus einem anderen Land Forschung betreiben und mich frei bewegen kann, zeigt die Macht, welche meine Rolle innehat. Aber gerade auch die Szenen aus der Forschungsgeschichte, in denen ich in einem guten, teuren Hotel mit Pool lebe, welches in einem krassen Gegensatz zu dem steht, wie die Menschen vor Ort leben, bei denen wir zu Besuch waren, beschreiben sehr eindeutig meine privilegierte Position. Ebenso tun dies die Beispiele, in denen Personen Fotos mit mir machen möchten oder mich die Friedensfachkräfte als Attraktion beschreiben, welche eventuell auch einen Nutzen für die Arbeit haben kann. Hier ist es meine Aufgabe, mich als Forscherin in dem bestehenden Machtgefälle zu platzieren und meine Rolle in Relation zu postkolonialen Bezügen und Machtstrukturen zu reflektieren. Dazu ist ein Blick auf die epistemische Gewalt, also das Wissen, welches ich als Forscherin produziere, ebenfalls wichtig (Brunner, 2020). Eine genaue Auseinandersetzung mit diesen Spannungsverhältnissen und der damit einhergehenden Rolle von Macht findet unter Bezugnahme auf die folgenden machttheoretischen Darstellungen immer wieder statt.

Die Geschichte zeigt aber auch die Arbeit von ZFD-Fachkräften (egal ob sie aus Deutschland kommen oder eine der wenigen lokalen Fachkräfte sind) und der lokalen Partner*innen und die Spannungsverhältnisse, in denen sie arbeiten: zwischen arm und reich, urban und rural, persönlicher und professioneller Meinung, zwischen verschiedenen Ansichten, zwischen lokaler Organisation und geldgebender Organisation. Auch in diesen Spannungsverhältnissen spielt Macht eine besondere Rolle. Deswegen wird im Folgenden vertieft auf Macht und diese Konstruktion eingegangen.

Dazu eignet sich besonders ein postkolonialer Blick auf die Situation, da er die Reproduktionen kolonialer Dynamiken und Hierarchien in der Friedensarbeit betrachten kann (Fernández & Guerra, 2020, S. 1) und zunächst selbstverständlich wirkende Aussagen oder Handlungen genauer betrachtet und hinterfragt (Engels, 2014, S. 132). Dabei spielt die Betrachtung von Macht eine entscheidende Rolle. Macht ist divers und zeigt sich in verschiedenen Bereichen. Aram Ziai fasst die theoretische Diskussion um Macht mit postkolonialen Bezügen dabei sehr gut zusammen. Laut Ziai gibt es bestimmte Exlusionsprozesse, Machtgefälle oder Gewaltverhältnisse, die aus weiterhin bestehenden westlich-kolonialen Narrativen entstehen. Diese lassen sich wie folgt unterteilen und werden in dem folgenden Kapitel immer wieder aufgenommen: „1) *Naturalization*, 2) *Othering*, 3) *Legitimization*, 4) *Hierarchization*, 5) *Depolitization*, 6) *Appropriation*“ (Ziai, 2015, S. 8).

Um eine Diskussionsgrundlage zu schaffen, ist es jedoch wichtig, den Begriff Macht zu definieren. Dazu eignet sich besonders der Machtbegriff von Foucault für die Untersuchung von Macht in CSO. Denn dort wird Macht auch über andere Kanäle gesteuert als zum Beispiel bei internationalen Organisationen oder in militärischen Einsätzen und oft funktioniert sie viel indirekter. Dennoch, auch in lokal verankerten Friedensprozessen, die extern begleitet oder unterstützt werden, gibt es Herausforderungen und Probleme, welche besonders das Thema Macht hervorrufen, denn auch in dieser Zusammenarbeit streben CSOs danach, das Verhalten anderer zu kontrollieren und bedienen sich zu diesem Zweck symbolischer und normativer Techniken (Barnett & Weiss, 2008, S. 40). „Although humanitarianism is frequently presented as devoid of power, this claim represents both a comfortable myth that aid workers tell themselves and simultaneously helps manufacture their power, which rests on their authority“ (Barnett & Weiss,

2008, S. 38). Geber*inneninstitutionen und zivilgesellschaftliche Organisationen benötigen oft andere Betrachtungsmechanismen, da sie anders aufgebaut sind und anders funktionieren. Um sich den Fragen der Macht in der ZKB und den handelnden Organisationen und Akteur*innen zu nähern, ist es wichtig, die Aufmerksamkeit auf die Handlungen und die sozialen Auswirkungen zu richten. Um sie zu verstehen und zu bewerten, wird ein theoretisches Instrument benötigt, das sich auf die Realitäten von CSOs als Institutionen stützt und die verschiedenen Beziehungen von der lokalen bis zur globalen Ebene untersucht (Schuller, 2012, S. 181). Dies kann durch eine Konzeptualisierung und Betrachtung von Macht mit dem Konzept Foucaults geschehen.

Im Sinne Foucaults ist es wichtig, drei Arten von Macht zu unterscheiden: souveräne, disziplinarische und staatliche (Regierungsgewalt) (Foucault, 1980). Während demnach souveräne Macht durch Repression und Gesetze wirkt, wirkt disziplinarische Macht durch wiederholte Praktiken und Konditionierung. Regierungsgewalt bezieht sich auf die Verhaltensweise und betont damit den freien Willen des Individuums als Objekt der Machtverhältnisse. Nach Foucault wird Macht im Allgemeinen durch die Produktion von Wissen und durch die Strukturierung möglicher Handlungsfelder ausgeübt (Foucault, 1982, 785 f.). Macht bedeutet in dieser Sichtweise nicht notwendigerweise die Fähigkeit, jemanden zu etwas zu zwingen. Denn Macht ist auch dort vorhanden, wo individuelle Entscheidungen freiwillig in einem Handlungsfeld getroffen werden, das in einer bestimmten Weise strukturiert ist, oder wo ein Diskurs nur bestimmte Möglichkeiten der Konstruktion sozialer Wirklichkeit bietet (Foucault, 1982). Generell unterscheidet Macht im Verständnis Foucaults nicht zwischen Herrschenden und Beherrschten, auch bündelt sich Macht nicht im (weberianischen) Staatsapparat, sondern formt und konstituiert alle gesellschaftlichen Beziehungen (Foucault & Ewald, 1978, S. 39). Somit wird mit Foucault Macht außerhalb der klassischen Weber'schen „Macht über die Entscheidungen eines anderen" (Weber, 1921) als eine Frage der Macht über oder innerhalb der Strukturen definiert, die die soziale Existenz ausmachen. Nach dieser Definition ist Macht allgegenwärtig und omnipräsent (Foucault, 1982). Macht soll hier also definiert werden als die Strukturierung oder Umstrukturierung von Handlungsfeldern im politischen, wirtschaftlichen, sozialen oder ökologischen Bereich. Sie zielt auf die Veränderung der Praktiken von Individuen ab und kann ausgeübt werden durch souveräne, disziplinarische oder staatliche Mechanismen (Ziai, 2009, S. 185). Dabei schließt Macht nicht nur bestimmte Handlungen oder Informationen aus, sondern kann auch produktiv eingesetzt oder verstanden werden, indem sie bestimmte Verhaltens- oder Wissensweisen schafft. In ihrer negativen oder repressiven Form wird Macht als eine Kraft verstanden, die begrenzt, kontrolliert, verbietet, maskiert, sich zurückzieht, bestraft, ausschließt und unterdrückt. Nach Foucaults Argumentation ist jedoch davon auszugehen, dass Macht in erster Linie positiv und produktiv ist und nicht restriktiv, sie allgegenwärtig und nicht lokalisiert ist (DuBois, 1991, S. 5). Das Besondere an Foucaults Konzeptualisierung von Macht ist die Behauptung, dass Macht eine positive oder produktive Kraft ist (DuBois, 1991, S. 5). Wie dieser Ansatz in der Friedensarbeit genutzt werden kann, wird in Kapitel 8 und in dem Konzept von *Frictions* (als positive Spannungen oder Reibungen in der Zusammenarbeit) in Abschnitt 3.4 erläutert.

Der Aspekt der Macht wurde in der kritischen Friedensforschung eingefordert (Debiel & Rinck, 2016, S. 250) und verstärkt in der Entwicklungsforschung diskutiert. Hier gibt es schon lange Debatten, die Entwicklungszusammenarbeit zu dekolonialisieren (Leach, 2018, S. 6) und diese müssen nun auch für die Friedensarbeit wichtig gemacht werden. Dabei ist vor allem der Aspekt wichtig, dass die Länder des Globalen Südens lange Zeit als sogenannte „Dritte Welt" beschrieben wurden, welche sich *entwickeln* müssen, um mit der sogenannten „Ersten Welt" mitzuhalten. Die Länder werden dabei in dem Sinne als *unterentwickelt* beschrieben, als dass sie alles verkörpern würden, was der Globale Norden nicht ist: machtlos, passiv, arm, unwissend, dunkel, ungebildet (Escobar, 2012 [1995], S. 8), deswegen sei eine Entwicklung mithilfe des Globalen Nordens notwendig. Auch in der Friedensarbeit spielt, wie die Kapitel 3 und 4 zeigen, die Anpassung an Vorstellungen des Globalen Nordens im Sinne eines liberalen Friedens eine wichtige Rolle. Durch diese verschiedenen Konzepte und Aussagen sind bestimmte Diskurse entstanden, die Europa in Abgrenzung zu „den Anderen" beschreiben. Diese Entstehung von „Anderen" in Abgrenzung zum Globalen Norden zeigt sich immer wieder dadurch, dass diese als entmachtete oder hilfsbedürftige Akteur*innen dargestellt werden und postkoloniale Forscher*innen zu Recht fragen, ob diese überhaupt Gehör finden (Spivak, 2008). Dabei kommt es zum „*Othering*" (Ziai, 2015, S. 9), zu einer Konstruktion eines „guten", westlichen „wir" und eines „hilfsbedürftigen" Anderen. Gleichzeitig stellt das „*Othering*" die Basis der Legitimation (Ziai, 2015, S. 10) dar. Da es gilt, die „Anderen" zu befrieden oder zu entwickeln und dies nur durch eine externe Einwirkung geschehen kann, entsteht Legitimation für das Handeln. Gleichzeitig wird dadurch davon ausgegangen, dass das vor Ort vorhandene Wissen nicht ausreicht, um zum Beispiel eine Befriedung zu erreichen und dass das extern hineingetragene Wissen das „richtige" ist, um zum Wohle der lokalen Personen zu handeln, oft unabhängig von den jeweiligen Situationen vor Ort („*Hierachization*" und „*Depolitization*") (Ziai, 2015, S. 12). Besonders mit Bezug auf Wissen wird die epistemische Gewalt wichtig (Brunner, 2020; Foucault, 2015). Dieser Begriff bezeichnet allgemein Gewaltformen und damit auch Macht und Herrschaft, welche mit Wissen zu tun haben. Es wird also auf die Selbstverständlichkeit geschaut, mit der Wissen genutzt und reproduziert wird, wie durch Wissen Normen und Handlungen geschaffen werden. Dadurch kann eine Verbindung zwischen verschiedenen Formen von Gewalt stattfinden. „Epistemische Gewalt ist also nicht einfach eine unter vielen, nebeneinander existierenden, Formen von Gewalt. Sie ist jener immer noch imperialen Weltordnung, in der sich Gewalt auch heute ereignet, zugrunde gelegt" (Brunner, 2020, S. 17). Dabei kann sowohl das Wissen gemeint sein, welches ich als Forscherin im Forschungsprozess gewinne und wie ich es weitergebe (Brunner, 2020, S. 9), aber auch Wissen, welches im ZFD Anwendung findet.

Um sich dem Thema Macht in der ZKB zu nähern, ist es zunächst von Bedeutung, dass der Prozess der Konfliktbearbeitung stärker als Diskus geführt wird. So können die Bedeutungen und Machtgefälle, welche sich im Forschungsfeld präsentieren, besser erfasst werden. „Ein Diskurs ist eine Gruppe von Aussagen, die eine Sprechweise zur Verfügung stellen, um über etwas zu sprechen – z. B. eine Art der Repräsentation –, eine besondere Art von Wissen über einen Gegenstand" (Hall, 1994, S. 150). Wichtig ist dabei, dass es keine konventionelle „Unterscheidung zwischen Denken und Handeln, Sprache und Praxis" (Hall, 1994, S. 150) gibt, sondern eine diskursive Praxis produziert wird, welche sich in allen sozialen Handlungen finden lässt. Dadurch ist ein Diskurs mehr als nur Sprache und geht in Handlungen, Praktiken und Denken über. Somit wird im Fall von Escobars Ausführungen, welche auf Entwicklung zugeschnitten sind, aber auch auf Friedensarbeit übertragbar sind, ein Diskurs, als „sets the rules that must be followed for this or that problem, theory or object to be named, analyzed and eventually transformed into a policy or a plan" (Escobar, 2012 [1995], S. 41) definiert. Ähnliche Definitionen sehen Diskurse als „ensemble[s] of ideas, concepts, and categories through which meaning is given to phenomena" (Gasper & Apthorpe, 1996, S. 2) oder auch als „more or less coherent sets of references that frame the way we understand and act upon the world around us" (Hilhorst, 2003, S. 8). Der Diskurs ist also eine kollektive Praxis der Ordnung und des *Framings* in den Köpfen der Akteur*innen, die versuchen, komplexe Themen zu organisieren und Sinn für ihre Erfahrungen zu gewinnen. Doch gerade durch diese Vereinfachung der Komplexität können wichtige Teile der Realität verloren gehen oder es kann die Aufmerksamkeit von ihnen abgelenkt werden. Vereinfachung impliziert immer ein gewisses Maß an Ausgrenzung und führt tendenziell dazu, dass die eigentliche Komplexität, die ihr zugrunde liegt, in den Hintergrund rückt (Mol & Law, 2006). Wichtig ist jedoch, dass der Diskurs nicht nur ein systematisierter Wissensbestand, eine Art, über unsere Welt zu sprechen ist, sondern

Diskurse Auswirkungen auf die Welt haben (van Leeuwen, 2009, S. 9). Somit wird der Diskurs zu einer sozialen Praxis, die durch alltägliche Bedingungen und Aktivitäten produziert wird und somit ständig Veränderungen unterworfen ist (Gardner, 1997). Darüber hinaus gibt es eine Dualität des Diskurses: Auch wenn Diskurse auferlegt oder strategisch eingesetzt werden, erhalten sie lokale Bedeutung (Hilhorst, 2003, S. 100). Dies zeigt das eingangs angeführte Beispiel schon recht anschaulich, wenn man die Handlungen der ZFD-Fachkräfte und lokalen und internationalen Organisationen betrachtet. Alle Personen im ZFD agieren unter bestimmten Handlungsmaximen, welche in Deutschland zum Teil gemeinsam mit den Partner*innen erarbeitet wurden und durch das BMZ, das Auswärtige Amt (AA), das Konsortium ZFD, die Organisationen und Landesstrategien festgeschrieben wurde – so zumindest die Idealvorstellung. In der Praxis zeigt sich immer wieder, dass es Ausnahmen, Abweichungen und Anpassungen gibt. Diese Festschreibungen sind zunächst auf Grundlage von bestimmten Diskursen entstanden – zum Beispiel dem Diskurs um das Verständnis von Frieden oder dem Diskurs um lokale Verankerung der Friedensarbeit. Dabei sind sie jedoch in ihrer Umsetzung nicht hermetisch, sondern lassen Raum für Dissens und Aushandlungen. Diese abstrakten Regeln werden durch ihre Umsetzung in den ZFD-Projekten dadurch auferlegt, dass sich die Projekte an bestimmte Richtlinien und Vorgaben halten müssen und dadurch lokal Bedeutung erhalten. Diese Bedeutung entsteht oftmals in den Handlungen und wird dabei produziert, wie das Beispiel der Teilnehmendenliste gezeigt hat (Ziai, 2015, S. 15). Infolgedessen kann ein Diskurs eine bestimmte politische Ordnung legitimieren, bestehende Machtverhältnisse aufrechterhalten und Ungleichheiten verewigen (Fairclough, 2010, S. 107).

Ein Diskurs konstituiert immer Macht, indem er bestimmte Arten, die Welt zu verstehen, in den Mittelpunkt stellt (Grillo, 1997, S. 12; van Leeuwen, 2009, S. 9). Allgemein heben konstitutive Effekte die soziale Konstruktion der Wirklichkeit hervor; zeigen, wie Diskurse und Handlungsfelder die Aktivität erleichtern und einschränken; bestimmen, wie das Mögliche und Unmögliche definiert werden; formen, was als normal und natürlich gilt (Ziai, 2015, S. 8); definieren, welche Kategorien von Handlungen als wünschenswert gelten; beeinflussen, um bestimmte Ziele zu erreichen und bestimmen, was als zu lösendes Problem gewertet wird und wer es am besten lösen kann (Hayward, 2000, 30 ff.). Da diese Diskurse es ermöglichen, auf die eine oder andere Weise zu denken und zu handeln, und da sie einige Akteur*innen privilegieren und andere entmachten, haben sie unterschiedliche und höchst unausgewogene Auswirkungen. In dieser Sichtweise konstituiert sich der Humanitarismus, in dem viele CSOs in der ZKB arbeiten, sowohl durch den zugrundeliegenden Diskurs als auch durch konstitutive Effekte, die soziale Realität schaffen, definieren und abbilden (Barnett & Weiss, 2008, S. 41; Hayward, 2000, 30 ff.). Ein Großteil der Diskurstheorie befasst sich mit der Frage, wie bestimmte Darstellungen der Welt hegemonial und dominant werden, wenn es darum geht, die Art und Weise zu gestalten, wie die Realität vorgestellt und umgesetzt wird, während andere Denkweisen überschattet oder sogar disqualifiziert werden. Verschiedene Autor*innen haben diese Vorstellung von dominanten Diskursen jedoch relativiert und argumentieren, dass es immer mehrere Diskurse gibt, deren relative Bedeutung sich verändert und ständig neu verhandelt wird (Chiapello & Fairclough, 2002; Gardner, 1997; Grillo, 1997; Hilhorst, 2003). Zwar wurde diese Kritik bereits in den 1990ern geäußert, doch zeigt sich in der Praxis auch, dass bestimmte Diskurse gerade in der Entwicklungs- und Friedensarbeit immer noch existieren und zumindest Teile der gegenwärtigen Nord-Süd-Beziehungen dominieren. Dies ist zum Beispiel die Vorstellung, dass Personen aus dem Globalen Norden mit ihrem Wissen und ihrem Handeln Akteur*innen in Ländern des Globalen Südens unterstützen können (auch wenn dies vermeintlich partnerschaftlich geschehen soll). Hier zeigt sich eine Art von Gewalt, welche über Diskurse auch im ZFD zu finden ist. Dies liegt auch daran, dass die grundlegende Architektur des Diskurses unangetastet bleibt, solange sich Geber*innen aus dem Globalen Norden weiterhin berechtigt fühlen, ihre Vorstellungen im Globalen Süden umzusetzen. Dies liegt daran, dass Diskurse durch die unbeabsichtigten, nicht reflektierten Folgen alltäglicher Routinepraktiken reproduziert werden können (Fairclough, 2010). „Diese Universalisierung der partikularen eurozentrischen Perspektive tendiert aus epistemologischen und politischen Gründen dazu, (post-)koloniale Hierarchien zu reproduzieren und gewaltdurchdrungene Normalitäten von Macht und Wissen zu bestätigen" (Brunner, 2018, S. 30). Eingebettet in historische und soziale Prozesse, die den Wenigen auf Kosten der Vielen materiell zugutegekommen sind, verfügen sie über eine Realität, die über „Diskurse und Praktiken" (Escobar, 1991, S. 659) hinausgeht und politische, wirtschaftliche und soziale Konsequenzen für Individuen hat. Wenn sich sowohl Wissenschaftler*innen als auch Praktiker*innen nicht vertieft der Analyse ebendieser Diskurse widmen und Verantwortung dafür übernehmen, dass die eigene Arbeit auch auf einer Macht- und Privilegienposition beruht, die die Ergebnisse und Vorstellungen prägt (Escobar, 1991, S. 662), kann die Vorstellung von einer *partnerschaftlichen Arbeit auf Augenhöhe* immer weiter als bloßes Konstrukt bestehen bleiben.

Die Macht ist gleichzeitig überall und nirgendwo (Schuller, 2012, S. 182) und das macht es so schwierig, sie zu fassen und zu analysieren. Dies gilt insbesondere dort, wo in Friedensprozessen *partnerschaftlich* zwischen lokalen und internationalen Akteur*innen zusammengearbeitet wird. Wie in dem Beispiel aus Kenia geschildert, sind dabei in den Friedensprozessen verschiedene Partnerschaften möglich: zwischen dem ZFD und den lokalen Organisationen, zwischen den verschiedenen Fachkräften, zwischen den lokalen Organisationen und Menschen, mit denen sie arbeiten, zwischen dem ZFD und den Menschen, mit denen sie arbeiten, aber auch zwischen dem ZFD und den lokalen Organisationen und externen Akteur*innen, wie zum Beispiel bei Politiker*innen. Hier gibt es so viele verschiedene Ebenen von Macht, die eine klare Abbildung schwierig machen, da sie nicht nur von allgemeinen Diskursen, sondern auch von persönlichem Handeln, was durch die Diskurse geprägt ist, abhängig sind. Das Handeln von CSOs ist überaus ambivalent. So drängen sie einerseits auf Wandel und Veränderungen in den Regionen und den globalen Verhältnissen, doch gleichzeitig erzeugt ihr eigenes Handeln oft das Gegenteil, nämlich die Stabilisierung der Dominanz des Globalen Nordens (Gebauer, 2007, S. 205). Dies zeigt sich auch in dem eingangs geschilderten Beispiel. So ist das Ziel des Programmes, dass vor Ort ein Wandel stattfindet, ein Wandel im Sinne von Verhaltensänderungen. Gleichzeitig ist das System jedoch so ausgelegt, dass dafür vorher Trainings und Ausbildung in den Regionen stattfinden müssen, welche von internationalen CSOs durchgeführt werden. Viele Initiativen zur Unterstützung der friedensfördernden Arbeit lokaler Organisationen basieren auf einer idealistischen Wahrnehmung der Zivilgesellschaft. Die Zivilgesellschaft wird oft als überparteilich dargestellt, als a-politische Kraft, die versucht, die Konfliktparteien zu versöhnen. Dabei wird übersehen, dass die Praktiken der Friedenskonsolidierung nicht nur ein Ergebnis der Politik sind, sondern sich auch aus den Organisationspraktiken von Menschen innerhalb einer Organisation entwickeln (van Leeuwen, 2009, S. 5). Foucaults Schriften fordern, Aufmerksamkeit genau auf jene Prozesse und Aktivitäten zu richten, die als *neutral* und *unabhängig* dargestellt werden, um aufzudecken, wie Macht durch solche Praktiken verschleiert oder nicht beachtet wird (Foucault, 1980).

Die Machtdynamik zwischen lokalen und internationalen Akteur*innen ist nach wie vor ungleich. Von den Beschränkungen hinsichtlich der Mittelverwendung für Entscheidungen über die Ausbildung bis hin zum Zeitpunkt und zur Strategie des Ausstiegs – lokale Akteur*innen hatten bisher wenig bis gar keine Stimme in Entscheidungsprozessen (Leach, 2018, S. 4). Auch in dem geschilderten Beispiel Kenia war es der ZFD als Gesamtorganisation, welcher sich dem übergeordneten Thema genähert hat, sodass die Handlungen nun in diese Gesamtstrategie passen müssen. Zwar ist das in dem oben geschilderten Fall gut möglich, da die lokale CSO ebenfalls auf das Thema spezialisiert ist, jedoch gibt es, wie die Empirie in Kapitel 8 zeigt, auch andere Beispiele. Auch wird dieses Machtungleichgewicht weiter bestärkt von dem Faktor, dass die Mitarbeitenden der lokalen CSOs und des ZFD dies hauptberuflich machen und dafür Geld erhalten. Die lokalen Personen vor Ort machen dies jedoch ehrenamtlich. Ein Thema, welches bei einem der Treffen vor Ort stark diskutiert und in Frage gestellt wurde – nicht so sehr von den Ehrenamtlichen selbst, sondern von anderen anwesenden Personen. So bleibt die „dualistische Grundstruktur des kolonialen Diskurses [...] trotz Wegfall des offen rassistischen Elements enthalten“ (Ziai, 2013, S. 17). Die Teilung in *zivilisiert/unzivilisiert* wird ersetzt durch *entwickelt/unterentwickelt* oder auch durch *friedlich/unfriedlich*. Dies wird ebenfalls deutlich, wenn man sich das Werk „Die Verdammten dieser Erde“ von Frantz (Fanon, 1981) anschaut, der aus einer panafrikanischen, antikolonialen Perspektive schreibt. Dabei geht er auf die koloniale Gewalt, koloniale Handlungen und die Beziehung zwischen Kolonialisierenden und den Kolonisierten ein, die sich in gewalttätiger Unterdrückung zeigt. „The feeling of inferiority of the colonized is the correlative to the European's feeling of superiority. Let us have the courage to say it outright: It is the racist who creates his inferior“ (Fanon 1967, 69). Auch in der heutigen internationalen Zusammenarbeit und Friedensarbeit lassen sich Elemente dieser Unterdrückung und Selbstentfremdung finden. Friedenskonsolidierung kann so interpretiert werden, dass sie von einer kolonialen Rationalität angetrieben wird, bei der der Imperativ zu regieren der Praxis vor Ort vorausgeht und diese beeinflusst. Dies ermöglicht unter Verwendung von Hybrid- und *Agency*-Ansätzen eine Differenzierung: einerseits die koloniale Rationalität, die den Regierungspotenzialen externer Interventionen Vorrang einräumt, und andererseits eine postkoloniale Rationalität, die ihren Diskurs aus der postkolonialen Internationale ableitet und damit der Politik der Selbstbestimmung Vorrang einräumt (Jabri, 2013, S. 3). Die Hegemonie der *Friedenskonsolidierung* manifestiert sich also institutionell und als *Norm*, sie manifestiert sich als wissenschaftliches Forschungsprogramm.

Im Zuge der Diskussion um Macht, Diskurse und Akteur*innen in der Friedensarbeit ist es auch wichtig, das Konzept des Paternalismus zu diskutieren, welches hier als Teil einer postkolonialen Diskussion verstanden wird. Paternalismus ist „the interference with a person's liberty of action justified by reasons referring exclusively to the welfare, good, happiness, needs, interests or values of the person being coerced“ (Dworkin, 1972, S. xx). Dabei ist es wichtig, die Definition von Seana Shiffrins mitzudenken, die nicht die Einmischung in die Interessen eines oder einer anderen Akteur*in betont, sondern vielmehr die Einmischung in den eigentlichen Autonomie- und Beurteilungsbereich eines oder einer anderen Akteur*in (Shiffrin, 2000). Dabei sind folgende Punkte relevant, gerade um Paternalismus zu beobachten und zu erforschen: Erstens ist eine notwendige Bedingung, dass die Motivation ganz oder teilweise durch Mitgefühl, Fürsorge und Wohlwollen getragen ist. Zweitens gibt es die zugrunde liegende Annahme, dass das Objekt der Bevormundung nicht in der Lage ist, eine informierte Entscheidung zu treffen. Drittens wird geschlussfolgert, dass das Urteil eines Akteurs oder einer Akteurin besser ist als das der Betroffenen. Viertens hat der oder die Paternalist*in oft, aber nicht immer das Gefühl, dass er oder sie eine bestehende Pflicht oder Verantwortung zu tragen hat (Barnett, 2015, S. 221). So kommt es häufig vor, dass diejenigen, die sich als solidarisch mit anderen bekennen, beschuldigt werden, in Paternalismus abzugleiten. Sie haben es demnach versäumt, den Ansichten derer, denen sie helfen wollen, richtig zuzuhören und stattdessen einseitig ihr eigenes Urteil an die Stelle des Urteils der anderen gesetzt, da sie davon ausgehen, dass sie die Interessen derer kennen, denen sie helfen wollen, ohne jemals danach zu fragen.

> „The paternalistic aspect consists in the claim that it is legitimate for private and public institutions to attempt to influence people's choices and preferences, even when third-party effects are absent. [...] In our understanding, a policy therefore counts as 'paternalistic' if it attempts to influence the choices of affected parties in a way that will make choosers better off" (Sunstein & Thaler, S. 1162).

Auch hier lässt sich wieder auf das eingangs erläuterte Beispiel zurückkommen. Dadurch, dass Konflikte, welche in einem bestimmten Ort stattfinden, nun mit von internationalen und lokalen CSOs vermittelten Konfliktlösungsmechanismen behoben werden, findet eine Einmischung in Autonomiebereiche der jeweiligen lokalen Strukturen statt, in denen oft die Ältesten das Organ der Rechtsprechung stellen oder polizeiliche Strukturen vorhanden sind. Dabei wird Paternalismus nochmal deutlicher, wenn man bedenkt, dass nicht nur ein erfolgreich gelöster Konflikt als erfolgreicher Ausgang gesehen wird. Vielmehr wird Erfolg auch an den Standards gemessen, welche durch die Trainings der CSOs vorgegeben werden und von den Akteur*innen vor Ort mithilfe der lokalen und internationalen CSOs umgesetzt und zum Teil verinnerlicht wurden. Wie einer der Mitwirkenden vor Ort in der Reflexion des Prozesses sagte: Es ist beeindruckend, wie professionell die CSOs aus Nairobi in diesem Verfahren arbeiten und welche Materialien und Ressourcen sie zu uns bringen.

2.4 … und sie lebten glücklich und zufrieden – Übertragung der Machttheorien auf ein Beispiel meiner Forschung

Nachdem nun die Geschichte erzählt wurde und eine Einführung in die theoretischen Diskussionen um Macht stattgefunden hat, wird beides zusammengeführt. Es sei anzumerken, dass an dieser Stelle nur eine erste Zusammenführung stattfindet und noch keine tiefergreifende Interpretation. Diese findet in dem empirischen Teil der Arbeit in Kapitel 8 statt.

Zum einen gibt es Situationen, in denen die ZFD-Mitarbeitenden als Personen aus der Stadt auftreten, die für oder mit einer internationalen CSO arbeiten und eine bestimmte Rolle innehaben, welche eine gewisse autoritäre und disziplinarische Macht mit sich bringt. Dies sind Situationen wie zum Beispiel die Anreise per Flugzeug, begleitet vom Tragen bestimmter Kleidung (High Heels und Kostüm), das Wohnen in einem sehr guten Hotel oder das Verteilen von Plastikflaschen an die Kinder. Diese Handlungen heben die ZFD-Fachkraft, aber auch die lokalen Partner*innen in eine mächtigere Position als die Menschen vor Ort, mit denen sie arbeiten. Durch eine Wiederholung dieser Handlungen manifestiert sich dieses Bild. Gleichzeitig wird die Asymmetrie der Beziehung weiter verdeutlicht, wenn der Fakt bedacht wird, dass die Personen vor Ort ihre Arbeit ehrenamtlich machen beziehungsweise ein Mittagessen und eine Aufwandsentschädigung dafür erhalten, während die Personen aus Nairobi dafür bezahlt werden. Dass dieses asymmetrische Machtgefälle auch bewusst genutzt wird, zeigt sich zum Beispiel an der Flaschensituation – die Flaschen werden auch verteilt, um in guter Erinnerung zu bleiben – oder in den Situationen, in denen es immer wieder Hinweise gab, dass sie durch meine Anwesenheit als weiße Person mehr Aufmerksamkeit erhalten und dies als gut bewertet wurde. Sicherlich wurden diese Aussagen aus einer bestimmten Situation heraus halb scherzhaft getroffen. Dennoch zeigen die Situationen, wie Diskurse in Handlungen übergehen. Und auch wenn Macht hier nicht bewusst als Instrument eingesetzt wird, so geschieht dies zumindest unterbewusst in Handlungen oder Aussagen, welche durch das Arbeiten und Leben in einem bestimmten System verinnerlicht wurden. Handlungen, welche aus diesem System heraus entstehen, lassen sich auch finden, wenn den ehrenamtlich Leitenden vor Ort Ratschläge gegeben werden, obwohl das Programm bereits begonnen und sie selbstständig Vorarbeit geleistet haben, und die ZFD-Mitarbeitenden generell zur Überprüfung des Vorgehens anwesend sind. Dies zeigt eine Bevormundung der Personen vor Ort und eine Einmischung in lokale Autonomiebereiche. Daran sind nicht die Personen schuld, die für den ZFD arbeiten, beziehungsweise kann ihnen nicht die Schuld daran gegeben werden. Vielmehr ist es das System des ZFD oder der Entwicklungshilfe oder Friedensarbeit generell, welches so funktioniert. So wird die Weiterführung der Kolonialität von Macht, Wissen und Sein sehr deutlich (Brunner, 2020, S. 42). Wie bereits geschildert, zeigt sich im ganzen Programm zur lokalen Konfliktlösung deutlich, dass bestimmte Vorstellungen und Ideen, welche von außen hineingetragen wurden, nun lokal implementiert werden und ein Wandel hin in eine bestimmte Richtung bewirkt werden soll. Dabei finden Überprüfungen statt. Dies hat auch etwas mit disziplinarischer Macht zu tun. Es werden bestimmte finanzielle Mittel ausgegeben, um vor Ort etwas zu ermöglichen. Dies wird von den Geber*innen überwacht und nachvollziehbar gemacht und drängt die Personen, die es lokal implementieren, in eine Rolle der Nicht-Mächtigen über den Prozess. Dass Macht jedoch auch bewusster und disziplinarisch eingesetzt wird, zeigt sich zum Beispiel daran, dass Teilnehmendenlisten unterschrieben werden müssen und es Pflicht ist, bei der Veranstaltung ein entsprechendes Banner aufzuhängen, das gut auf Fotos sichtbar ist.

Neben diesen Situationen gibt es noch weitere Momente, in denen Macht deutlich wird – die Friedensfachkraft, die nur deutsche Musik hört, das Zuspätkommen zur Verhandlung und das gleichzeitige lange warten auf einen Politiker, die Aussage, dass Hühnchen auf dem Land besser schmeckt etc. Allein diese Situationen zeigen, wie komplex das Thema Macht in der Friedensarbeit ist, wie es sich teilweise sehr offen und wo es sich aber auch versteckt zeigt. Auch wurde deutlich, dass es Macht auf verschiedenen Ebenen gibt und dass Akteur*innen in der Friedensarbeit teilweise selbst nur ein Rädchen in einem großen System sind, in dem sie ihre Rolle spielen. All diese einzelnen Momente bedürfen einer genaueren und tiefgreifenden Interpretation. So zum Beispiel hinsichtlich postkolonialer Bezüge und bei der Verortung des Lokalen oder beim Agendasetting. Doch bevor diese Interpretation stattfinden kann, ist es wichtig, einige Grundelemente der Zivilen Konfliktbearbeitung, der Situation in Kenia, der lokal verankerten Friedensarbeit und des ZFD zu verstehen und immer wieder auf Aspekte der Macht hin zu überprüfen. Da es in dieser Forschung um die Zusammenarbeit zwischen lokalen und externen Akteur*innen geht, welche, wie hier gezeigt wurde, mit Machtdynamiken durchzogen ist, ist es wichtig, diese Zusammenarbeit und die Beziehungen der Akteur*innen zueinander unter dem Blickwinkel der Macht zu analysieren beziehungsweise einen Fokus darauf zu legen. Insbesondere ein größeres Verständnis der Manifestationen von Macht in der Friedensarbeit und in den Partnerschaften zwischen Akteur*innen aus dem Globalen Norden und dem Globalen Süden kann dabei helfen zu verstehen, was in der Zusammenarbeit gut funktioniert und was nicht. Dies erfolgt in den folgenden Kapiteln anhand von konzeptionellen Überlegungen und empirischen Beispielen.

Doch es ist nicht nur wichtig, die Macht zwischen den verschiedenen Akteur*innen im ZFD zu betrachten, sondern auch meine eigene Rolle als Forscherin machtkritisch zu reflektieren. Wie das Beispiel aus der Forschung gezeigt hat, wohnte auch ich in einem guten Hotel, habe im Feld interagiert und damit Einfluss genommen. Ich wurde, ohne etwas zu leisten, als wichtige Person wahrgenommen (ich habe einen Tisch und Stuhl bekommen, während andere Personen auf einer Bank saßen) und konnte teilnehmen, ohne immer die Sprache zu verstehen, da teilweise für mich übersetzt wurde. Diese Situationen zeigen deutlich, dass ich mich als Forscherin aus dem Globalen Norden in einer mächtigeren Rolle befinde. Sicherlich hätte ich die Möglichkeit gehabt, vor Ort in einem anderen Hotel zu wohnen, mich auf die Bank zu setzten oder auf eine Übersetzung zu verzichten, dies wäre jedoch möglicherweise nicht gut angekommen und als Affront gegen die Gastfreundschaft verstanden worden. Auch wäre es möglich gewesen, dass ich dadurch in meiner Rolle als Forscherin nicht ernst genommen werde. Alternativ hätte es jedoch auch sein können, dass ich gerade deswegen noch bessere Zugänge erhalten hätte. Der Ausweg bleibt reine Spekulation. Als Forscherin kann man Situationen, in denen die machtvolle Stellung deutlich wird, nicht immer entkommen, da man selber in diese eingebettet ist. Deswegen ist es wichtig, solche Situationen zu hinterfragen. Außerdem ist zu prüfen, warum eine bestimmte Machtdynamik in einer Situation besteht und inwieweit diese durch die Anwesenheit der forschenden Person noch beeinflusst wird. Für die hier geschilderte Situation kann ich reflektierend feststellen, dass ich mich im gleichen Rahmen bewegt habe wie die ZFD-Fachkräfte und mich ihrem Verhalten angepasst habe. Dies habe ich gemacht, da auch sie die Rolle von außenstehenden Personen haben, jedoch mit der Umgebung vertraut sind. Dennoch bin ich mir des Privilegs als Forscherin bewusst, in den jeweiligen Situationen anwesend zu sein. Diese Reflektionen der eigenen Macht und der eigenen Rolle werden in den folgenden Kapiteln immer wieder vorgenommen. So wird beispielsweise in der methodischen Beschreibung der Arbeit genau darauf eingegangen, welche Rolle Macht für die Forschung spielt, welche Machtdynamiken zwischen mir und den Akteur*innen im Feld bestehen und wie diese auch die Forschung beeinflussen.

Konzeptioneller Rahmen 3

Zwar bestehen verschiedene praxisnahe und theoretische Überlegungen zu *Peacebuilding* und der Zivilen Konfliktbearbeitung. Aber es gibt keine explizite Theorie für beide Konzepte und nur wenig umfassende und kritische Diskussionen dazu. Die Verwendung der Begriffe unterscheidet sich erheblich und je nach dem Kontext, in dem sie verwendet und diskutiert werden.

Dieses Kapitel erarbeitet einen konzeptionellen Rahmen, indem es verschiedene theoretische Überlegungen zu *Peacebuilding* und insbesondere zur Einbeziehung lokaler Akteur*innen diskutiert. Die hier dargestellten theoretischen Konzepte sind im Sinne der Methode als Werkzeugkasten zu verstehen, um anschließend darstellen zu können, wie die theoretische, normative Ebene in der Praxis aussieht. Generell gelten die theoretischen Konzepte als Erwartungshorizont, der den Blick für die eigentliche Forschung schärft.

3.1 Liberaler Frieden – von der Entstehung zur Kritik

Das konzeptionelle, theoretische Argument dieser Arbeit basiert weitestgehend auf der kritischen Betrachtung des liberalen Friedens. Dieser wird zwar überwiegend von den Vereinten Nationen (VN) verfolgt (Paris, 2010), kommt aber trotz großer Kritik auch bei anderen Akteur*innen zur Anwendung. Mit seiner neoliberalen Agenda stellt er eine Art allgemeines *Framework* für Friedensarbeit dar. Um zu verstehen, warum es immer wieder zu einer Kritik dieses Ansatzes kommt, ist es wichtig, ihn zunächst zu verstehen. Dazu werden in einem ersten Schritt klassische liberale Ansätze diskutiert. In einem zweiten Schritt werden Bezüge zu liberalen Friedensansätzen hergestellt, um dahinterliegende Mechanismen und Ansätze zu verstehen.

S. Ruppel, *Lokal verankerte Zivile Konfliktbearbeitung zwischen Partnerschaft und Machtungleichgewicht*, Studien des Leibniz-Instituts Hessische Stiftung Friedens- und Konfliktforschung,
https://doi.org/10.1007/978-3-658-41693-5_3

3.1.1 Die Ursprünge des liberalen Friedens

Spätestens mit dem Ende des Ost-West-Konflikts, der Eindämmung des Kommunismus und damit einhergehend mit dem Wegfall möglicher Alternativen zum westlichen Liberalismus hat das liberale Denkmodell auch in Friedensmissionen Einzug gehalten (Paris, 1997, 62 ff.). Der Ansatz beruht auf der Annahme, dass Frieden in und zwischen Staaten durch Demokratie[1] (mit liberaler Regierung) und durch ein an der Marktwirtschaft ausgerichtetes Verhalten bewahrt werden kann.

Diesem liberalen Denkmodel, und damit auch dem liberalen Frieden, liegt das sogenannte Theorem des demokratischen Friedens zugrunde. Demnach führen liberale Demokratien gegeneinander keine Kriege, und sie werden grundsätzlich sowohl nach innen als auch nach außen als ein Garant für Sicherheit angesehen. Diese Idee des demokratischen Friedens geht zurück auf Immanuel Kants Werk „Zum ewigen Frieden" (Kant, 2005). Dabei geht Kant davon aus, dass Staaten mit einer am Republikanismus ausgerichteten Verfassung, welche der eines heutigen repräsentativ-demokratischen Rechtsstaats gleichkommt, friedlich miteinander umgehen.[2] Dabei begründet Kant die Friedlichkeit von Demokratien unter Abwägung der Kosten und Nutzen von Kriegen. So sieht Kant zwar die Möglichkeit, dass Kriege zum Beispiel im Interesse von politischen Machthaber*innen sind, welche keiner Rechtfertigungspflicht unterliegen, nicht jedoch im Interesse der Staatsbürger*innen. Dies führt Kant darauf zurück, dass die Staatsbürger*innen, sprich die Bevölkerung, hohe Kosten wie zum Beispiel ihr Eigentum oder ihr Leben in einem Krieg riskieren (Kant, 2005, 12 f.). Da in einer Demokratie die Macht beim Volk liegt, lässt sich daraus schlussfolgern, dass aus dem reinen Eigeninteresse der Bürger*innen heraus keine Kriege geführt werden und eine friedliche, kriegsvermeidende Politik geführt wird (Habermas, 1997, S. 120). Kant benennt also das Interesse der Bürger*innen und ihrer repräsentativen, gewählten Vertretung als Friedensursache. Er identifiziert den demokratisch-republikanischen Entscheidungsprozess als den Mechanismus, der dieses Prinzip schließlich in außenpolitische Entscheidungen einfließen lässt

---

[1] Demokratie wird im Folgenden nach Schumpeter (1950, S. 269) als „institutional arrangement for arriving at political decisions in which individuals acquire the power to decide by means of a competitive struggle for the people's vote" verstanden.

[2] Kant war nicht der erste Philosoph, der diese Annahme formulierte. Schon Machiavelli führte eine generelle Friedlichkeit von Republiken aus und führte dies auf eine gleiche Verteilung zurück. Auch Montesquieu definierte Frieden als Element einer Republik (Czempiel (1996).

(Czempiel, 1996, S. 80). Außerdem sieht Kant die Steigerung des eigenen Wohlstands als wichtige Priorität von Akteur*innen, die sich in Handelsbeziehungen zu anderen Akteur*innen befinden. Nach Kant können jedoch Krieg und Handel nicht gemeinsam bestehen, was ihm zufolge den Wunsch der Bevölkerung erneut bestätigt, Kriege zu verhindern (Kant, 2005, S. 33).

Zusätzlich betont Kant als wichtige Bedingung für Frieden einen Friedensbund, bei Kant *Foedus Pacificum* (Kant, 2005, 18 f.), welchen er als eine Art permanentes, zwischenstaatliches Vertragssystem der republikanischen Staaten sieht.[3]

> „Für Staaten im Verhältnisse untereinander kann es nach der Vernunft keine andere Art geben, aus dem gesetzlosen Zustand, der lauter Krieg enthält, herauszukommen, als dass sie ebenso wie einzelne Menschen ihre wilde (gesetzlose) Freiheit aufgeben, sich zu öffentlichen Zwangsgesetzen bequemen und so einen (freilich immer wachsenden) Völkerstaat (*civitas gentium*), der zuletzt alle Völker der Erde befassen würde, bilden" (Kant, 2005, S. 20).

Dieser Friedensbund kann dadurch funktionieren, dass eine Republik andere Staaten dazu anregt, ihr politisches System auf die gleiche Art und Weise zu organisieren. Kant hatte somit schon 1795 den Idealtypus einer internationalen Organisation begründet, welche 1919 als Völkerbund und 1945 in Form der Vereinten Nationen schließlich Realität wurde (Höffe, 1995). Dieser Zusammenschluss kann dabei helfen, die Sicherheit zwischen Staaten allgemein zu erhöhen. Dies ist auf den institutionalisierten Kontakt zwischen den Staaten, verbunden mit einem Gewaltverbot, und die damit einhergehende gegenseitige Existenzgarantie zurückzuführen (Czempiel, 1996, S. 96). Zusammenfassend lässt sich feststellen, dass Kants Demokratie-Frieden-Theorem auf drei Pfeilern basiert: Demokratie, wirtschaftlicher Handel und eine internationale Institution, welche (Russett & Oneal, 2001, S. 35) in einem Friedensdreieck zusammenfassen.

Es ist weitgehend akzeptiert, dass Demokratien friedlich zueinanderstehen, weniger in Kriege verwickelt sind (Benoit, 2016; Czempiel, 1996; Rummel, 1997), seltener zwischenstaatliche Konflikte initiieren und sich für friedliche Konfliktlösungen engagieren (Russett & Oneal, 2001, 95 f.). Dennoch ist es fraglich, ob sie auch generell als friedlicher gelten können, oder ob es nicht auch einen demokratischen Krieg geben kann (Brock, 2006, 2018 ff.; Geis et al., 2006).

[3] Diese Idee geht zurück auf Abbé Castel de Saint-Pierre (1712), welcher über einen europäischen Bund, bestehend aus unabhängigen Staaten, basierend auf dem Prinzip der kollektiven Selbstverteidigung schrieb.

Betrachtet man demokratische Staaten und ihr Verhalten in Kriegen, ist festzustellen, dass die Anzahl von bewaffneten Konflikten zwischen Demokratien seit dem Jahr 1816 statistisch gesehen gegen Null geht (Doyle, 1986, 1153 ff.; Russett, 1993) und es eine Art liberale Friedenszone gibt. Diese Beobachtung führt erneut zu Kant und den Demokratisierungstheorien. Sie basieren auf der Annahme, dass die Herausbildung und Förderung der Demokratie als außenpolitisches, friedensbringendes Mittel genutzt werden kann, wenn Demokratien keine Kriege gegeneinander führen. Diesen theoretischen Annahmen steht der empirische Befund gegenüber, dass Demokratien auch Kriege führen und sogar beginnen, meist gegen nicht demokratische Staaten (Brock, 2006, S. 205; Exo, 2017, S. 92; Geis, 2001, S. 282). Aus den Feststellungen ergeben sich zwei Strömungen in der Debatte um den demokratischen Frieden. So gehen die monadischen Ansätze von einer kompletten Friedfertigkeit von Demokratien aus. Der monadische Ansatz hat jedoch nur wenige Vertreter*innen. Dyadische Ansätze hingegen gehen davon aus, dass der Frieden nur untereinander besteht und nicht automatisch für nicht demokratische Saaten gilt (Russett & Oneal, 2001, S. 46).

Die Frage, woher dieses „paradoxe" Verhalten von Demokratien, diese Antinomien[4] kommen, also warum es diesen „Doppelbefund" (Geis, 2001) gibt, lässt sich durch strukturelle, normative und sozialkonstruktivistische Erklärungsansätze beantworten. Dabei gehen strukturelle Erklärungsansätze davon aus, dass die Entscheidungsfindungsprozesse in demokratischen Staaten eine schnelle Eskalation von Konflikten verzögern und es ebenfalls Vorbehalte der Entscheidungsträger*innen gegenüber einem Krieg gibt, da sie für ihn verantwortlich gemacht werden können (Schwehm, 2010, S. 284). Dieser Erklärungsansatz bezieht auch die Kant'sche Erklärung mit ein, dass eine politische Partizipation der Bürger*innen, welche sich in der Regel gegen einen Krieg entscheiden, eskalationsverzögernd wirken kann (Mesquita et al., 1999). Ein weiterer Erklärungsansatz liefert die schon von Kant eingeführte Abwägung von Kosten und Nutzen eines Krieges (Rauch, 2005, S. 31). Die Wichtigkeit dieses Ansatzes zeigt sich schon darin, dass demokratische Staaten offen in gesellschaftlichen

[4] „Unter Antinomie verstehe ich in diesem Zusammenhang das […] Weiterbestehen kontingenter Entwicklungsmöglichkeiten, deren Ergebnisse zu den Behauptungen der Hypothese der jeweiligen Theorie im Gegensatz stehen, mit den Grundannahmen der Theorie gleichwohl vereinbar sind. […] Antinomien mögen sich daraus ergeben, dass die vorausgesetzten Annahmen der Theorie andere als den in der Hypothese angegebenen Kausalitätspfad zulassen; es mag sich daraus ergeben, dass der angegebene Pfad gegensätzliche Ergebnisse hervorbringen kann. […] Antinomien bestehen demgemäß in gegensätzlichen Aussagen über politische Handlungen in derselben Situation, die im Lichte der angewandten beide plausibel sind" (Müller (2002, 50 f.).

Diskursen über diese Kosten und Nutzen diskutieren (Layne, 1994, S. 9). Normative Erklärungsansätze gehen davon aus, dass für eine Demokratie die eigenen demokratischen Normen von so inhärenter Bedeutung sind, dass diese externalisiert werden und dadurch anderen (demokratischen) Staaten mit Vertrauen und Respekt begegnet wird. Die inneren Handlungen werden nach außen übertragen (Dixon & Paul, 2002; Owen, 1994; Risse-Kappen, 1995, S. 501) und eine wechselseitige Friedfertigkeit (Müller 2002) herrscht vor. Es wird davon ausgegangen, dass die gleichen demokratischen Normen und Vorstellungen vorliegen und somit Konflikte eher mit Nicht-Demokratien vorzufinden sind (Maoz & Russett, 1993, S. 625). Sozialkonstruktivistische Erklärungen gehen davon aus, dass die Friedlichkeit zwischen Demokratien nicht auf die demokratische Qualität eines Staates oder die vorhandenen Normen zurückzuführen ist, sondern darauf, dass sich Demokratien als gleichartig wahrnehmen und es eine Art kollektive Identität gibt (Risse-Kappen, 1995).

Neben diesen Erklärungsansätzen gibt es auch theoretische Debatten, welche den demokratischen Frieden stark kritisieren. Diese stützen sich auf die Annahme, dass historisch betrachtet auch Demokratien Kriege miteinander geführt haben. Sie argumentieren, dass Statistiken zu Krieg und Frieden immer auch Interpretationssache sind und zum Beispiel von Definitionen wie Demokratie und Krieg abhängen (Spiro, 1994, 203 ff.). Weitere Kritikpunkte sind, dass der demokratische Frieden in der Regel nicht in Bezug zu anderen friedlichen Staatsformen betrachtet wird (Gowa, 1994; Mansfield & Snyder, 1995) und dass es keinen kausalen Zusammenhang zwischen Demokratie, Krieg und Frieden gibt und dieser sich nicht systematisch erklären lässt (Daase, 2004, S. 54; Small & Singer, 1976).

Diese Forschung nimmt in der Debatte um den demokratischen Frieden eine kritische, sozialkonstruktivistische Haltung ein. Damit einhergehend ist ein Machtgefälle zwischen den Staaten zu beobachten, welches für die weitere Darstellung relevant ist. Nicht demokratische Staaten werden oft als eine Bedrohung für die Demokratie wahrgenommen (Müller, 2008, 42 f.). Diese imaginäre Grenzziehung zwischen den „friedliebenden Demokratien" und den nicht friedlichen anderen Staatsformen bietet in der Praxis oftmals eine Rechtfertigung für potenzielle Gewaltanwendung (Müller, 2004, S. 39), aber auch für friedenskonsolidierende Einsätze, um die Länder zu befrieden und um eine demokratische Transformation einzuleiten. Somit legitimiert der von meist westlichen Staaten angestrebte demokratische Staatsaufbau in Post-Konfliktgesellschaften unter Einbezug des Begriffs *Peacebuilding* militärische und humanitäre Interventionen. Diese Eingriffe werden im Folgenden betrachtet.

3.1.2 Die (praktische) Umsetzung des liberalen Friedens

> „Democracy promotes cooperation and peaceful conflict resolution internationally through (1) its domestic legitimacy and a accountability, (2) institutional checks and balances, (3) the transparency that emerges from free communication and political competition, (4) the credibility of its international agreements, and (5) its sensitivity to the human and material costs of violent conflict" (Russett & Oneal, 2001, S. 79).

Diese Annahme des demokratischen Friedens hat einzelne Staaten, aber insbesondere auch die Staatengemeinschaft und die UN (United Nations) dazu veranlasst, Demokratie als friedensfördernde Maßnahme einzusetzen. Der Trend begann mit dem Ende des Ost-West-Konflikts, dem dadurch aufkommenden Siegeszug der Demokratie und der Entstehung eines neuen Idealtypus (Paris, 2002, S. 638). Spätestens durch Boutros-Ghali's *Agenda for Democratization* (Boutros-Ghali, 1996) und die damit einhergehende Übernahme von Verantwortung für Demokratisierung durch die UN, um internationalen Frieden zu bewahren, wurde der Trend nochmals verstärkt und in der Praxis vermehrt umgesetzt. Somit wurden die *Peacebuilding*-Einsätze der UN ab den 1990er Jahren vermehrt unter dem Paradigma des liberalen Friedens durchgeführt. Sie verfolgten das Ziel, Frieden durch politische und wirtschaftliche Liberalisierung zu erreichen (Paris, 1997, S. 63). Eine Konzeptualisierung dieses Handelns und eine Legitimationsgrundlage wurde durch die *Agenda for Peace* (United Nations, 1992) geschaffen. Sie umfasst einen breiten Aufgaben- und Anwendungskatalog, legte jedoch den Fokus immer wieder auf Demokratisierungsprozesse: „There is an obvious connection between democratic practices [...] and the achievement of true peace and security in any new and stable political order. These elements of good governance need to be promoted at all levels of international and national political communities" (United Nations, 1992).

Um diesen Trend besser einordnen zu können, ist es zunächst wichtig, sich verschiedene Ansätze (in der Literatur auch oft Säulen genannt) von *Peacebuilding* anzuschauen, welche sich im Idealfall wechselseitig verstärken und gegenseitig fördern sollen. Dies sind erstens sicherheitspolitische Aspekte wie etwa Maßnahmen zur Abrüstung, Demobilisierung oder eine Reform des Sicherheitssektors. Zweitens politische Aspekte wie zum Beispiel die Förderung von Rechtsstaatlichkeit, Änderungen in der Verfassung oder die Förderung von Menschenrechten. Drittens sozio-ökonomische Aspekte, die in der Regel zum Wiederaufbau im Sinne der Infrastruktur, aber auch der Wirtschaft und des Bildungssektors beitragen und viertens psycho-soziale Aspekte, welche beispielsweise Versöhnungsprozesse und die Reintegration von Kindersoldat*innen beinhalten (Barnett et al., 2007; Ferdowsi & Matthies, 2003; Matthies, 2002;

Schneckener, 2005; Smith, 2004). Dabei zeigt die Praxis, dass die verschiedenen Säulen oft nicht trennscharf zu betrachten sind und es zu einer Gleichzeitigkeit der Säulen kommen kann (Schneckener, 2005). Auch lässt sich feststellen, dass ein gewisser Konkurrenzkampf der einzelnen Ausprägungen stattfindet, da Ressourcen und Mittel knapp bemessen sind. In allen Säulen handelt es sich dabei um Reformprozesse in den verschiedenen Bereichen, welche auf Grundlage einer bestimmten Strategie verfolgt werden. Hinter dieser Strategie stehen bestimmte Annahmen über den Konflikt, die beteiligten Parteien, den Nutzen und den Anwendungsbereich des *Peacebuilding*. Diese Annahmen gehen von dem*der jeweiligen eingreifenden beziehungsweise externen, durchführenden Akteur*in aus. Dabei lassen sich die Säulen verschiedenen Strategien zuordnen, welche die unterschiedlichen Prioritäten der *Peacebuilding*-Einsätze aufzeigen (Schneckener, 2005, 23 ff.). Dies sind 1. die *Liberalization-first*-Strategie, welche Wahlen und Wirtschaftsreformen in den Vordergrund stellt, 2. die *Security-first*-Strategie, welche den Fokus auf Reformen des Sicherheitssektors und Reintegration legt, 3. die *Institutionalization-first*-Strategie mit einem Schwerpunkt auf den Aufbau staatlicher Institutionen und 4. die *Civil-society-first*-Strategie, bei der die Förderung zum Beispiel von CSOs im Zentrum steht. Da das implizite Ziel der meisten *Peacebuilding*-Missionen allerdings „die Schaffung marktwirtschaftlich organisierter liberaler Demokratien nach dem Vorbild der OECD-Welt" (Schneckener, 2005, S. 22) ist, wird deutlich, dass ein Schwerpunkt klar auf der *Liberalization-first*-Strategie liegt. Dabei ist diese Strategie als „the dominant form of peacemaking and peacebuilding favored by leading states, international organizations and international financial institutions" (Mac Ginty, 2010, S. 391) zu bezeichnen.

Die in der Praxis oft in den Vordergrund gestellte *Liberalization-first*-Strategie ist theoretisch im *Liberal Peace* zu verorten und zeigt sich immer wieder in der praktischen Umsetzung von Friedensarbeit. „Underpinned by specific interpretations of liberal ideas, the liberal peace is the ‘software’ that drives the ‘hardware’ of many international organizations, states and international nongovernmental organizations" (Mac Ginty, 2010, S. 396). Ein Hauptargument des sogenannten liberalen Friedens ist dabei, dass demokratische Veränderungen des politischen Systems und transnationaler Handel zur Befriedung beitragen können (Paris, 2004, S. 41). Unter dem Postulat des liberalen Friedens lassen sich verschiedene Handlungen und Mechanismen zusammenfassen, welche meist von externen Akteur*innen aus dem Globalen Norden durchgeführt werden, und die langfristig zu einem demokratischen Frieden in Post-Konfliktgesellschaften führen sollen. Der Frieden soll dabei durch vordefinierte Ziele erreicht werden. Dazu zählen in der Regel eine Reform des Sicherheitssektors, die Schaffung einer konstitutionellen Demokratie, die Förderung der Menschenrechte, die Schaffung von Rechtsstaatlichkeit, eine liberale Entwicklung der Wirtschaft (Etablierung einer freien Marktwirtschaft) und die Förderung einer lebhaften Zivilgesellschaft (Richmond, 2015; Wolff, 2011, S. 228).

Besonders aus dem Blickwinkel des liberalen Friedens bietet das Ende eines Konfliktes somit für das jeweilige betroffene Land die Möglichkeit, sich komplett zu verändern und Reformen auch in der Gesellschaft durchzusetzen. Dabei ist ebendiese Transformation oft das Hauptziel von externen Friedenseinsätzen. Somit werden die beschriebenen Ziele des liberalen Friedens zu den Zielen der einzelnen *Peacebuilding*-Missionen, welche in der Praxis als *Top-down*-Prozess umgesetzt werden. Dabei ist der liberale Frieden als Durchsetzungsinstrument in der Praxis nicht als neutraler Prozess, sondern vielmehr als ein hoch politisierter Prozess zu verstehen (Richmond, 2011b, S. 45) und mit der Ausübung von Macht verbunden. Durch diese Ausübung von Macht ist der liberale Frieden als ein Siegesfrieden zu definieren. Zwar hat er durch Reformprozesse auch institutionellen und zivilgesellschaftlichen Frieden zum Ziel, jedoch muss dafür erst die Voraussetzung des Siegesfriedens erfüllt sein (Richmond, 2006b, S. 295). Als Legitimationsgrundlage dienen dabei die Durchsetzung von Menschenrechten, Rechtsstaatlichkeit, Demokratisierung und eine globale Stabilisierung, die durch die „Schaffung marktwirtschaftlicher, (neo-)liberaler, demokratischer Staaten" (Exo, 2017, S. 93) erreicht werden soll.

Diese Legitimationsgrundlagen sind gerade für die Handlungen von externen Akteur*innen im Sinne eines liberalen Friedens wichtig. Wenn die an der Konstruktion des Friedens beteiligten Akteur*innen, wie zum Beispiel Staaten, Institutionen oder CSOs, eine vermeintlich gemeinsame oder ähnliche Vorgehensweise, Werkzeuge und Expertisen nutzen, entsteht aus ihren Handlungen heraus eine erneute Legitimation. Richmond geht davon aus, dass aus dem liberalen Frieden ein *Peacebuilding Consensus* (Richmond, 2006b, S. 298) hervorgeht, wenn dies gegeben ist und der liberale Frieden für alle in den zentralen Ausprägungen die gleiche Sache darstellt, gemeinsam an ihm gearbeitet wird und er sich dadurch legitimiert. Als Voraussetzung gilt allerdings, dass dies nur möglich ist „where like-minded liberal states coexist in a western-oriented international society" (Richmond, 2006b, S. 298).

Auf Grundlage dieser Annahmen entwickelt Richmond verschiedene Typen liberaler Friedensbemühungen und stellt diese mithilfe verschiedener Abstufungen vor. Dabei zeigt er, dass alle Abstufungen des liberalen Friedens eine Art omnipräsente dritte Partei einschließen, welche in die Lage versetzt wird oder sich selbst in die Lage versetzt, externe Friedensvorstellungen in Konfliktgesellschaften einzubringen und gegebenenfalls auch umzusetzen. Der liberale Frieden basiert demnach maßgeblich auf Intervention und benötigt eine Ausbalancierung von Zustimmung und Zwang. Die beschriebenen Abstufungen lassen sich idealtypisch in vier Kategorien einordnen (Richmond, 2006b, 300 ff.), wodurch verschiedene Thematiken erfasst werden können und unterschiedliche Akteur*innen involviert sind. Zunächst befasst sich Richmond mit hyper-konservativen Ansätzen. Also Ansätzen von Frieden, in denen die staatlichen oder militärischen Akteur*innen die Kontrolle nicht aus der Hand geben und ihren eigenen Interessen folgend Frieden herstellen möchten. Dabei kann dies auch mithilfe von Zwangsmaßnahmen durchgesetzt werden. Frieden kann hierbei nur in einem sehr kleinen Gebiet erreicht werden. Daran knüpfen die konservativen Ansätze an, bei denen zwar auch staatliche und militärische Akteur*innen die zentrale Rolle spielen, diese jedoch zusätzlich Diplomatie einsetzen. Mithilfe dieser Maßnahmen kann zum Beispiel ein Waffenstillstand erreicht oder ein Mediationsprozess eingeleitet werden, welcher auf gemeinsamen Normen basiert. Des Weiteren diskutiert Richmond orthodoxe Ansätze, welche als *Top-down* zu verstehen sind, jedoch mit der Möglichkeit, *Bottum-up*-Maßnahmen umzusetzen. Dies funktioniert insbesondere im konstitutionellen und institutionellen Bereich. Hierbei wird die Akteur*innenkategorie zum Beispiel durch Akteur*innen aus dem Bereich der CSOs und internationaler Organisationen erweitert. Dies kann zu mehr Nachhaltigkeit und zu einer größeren geografischen Reichweite des Friedens führen. Schließlich werden emanzipatorische Ansätze eingeführt. Diese verstehen sich als eine Mischung aus *Bottum-up-* und *Top-down*-Ansätzen und stellen einen universellen Anspruch an ihre geografische Reichweite. Die Akteur*innen gleichen denen aus dem orthodoxen Ansatz, jedoch liegt ein größerer Fokus auf lokalen Organisationen und einer Durchmischung der Akteur*innen in der eigentlichen Arbeit. Hier kann es auf Grundlage sozialer Bewegungen und Kommunikation zu einem zivilen Frieden kommen. Richmond belegt diese verschiedenen Ansätze mit Beispielen, findet jedoch zu der emanzipatorischen Kategorie kein Beispiel (Richmond, 2006b, S. 303). Als Grund ist zu nennen, dass, um einen emanzipatorischen Ansatz durchzuführen, alle internationalen Akteur*innen einen zivilen Frieden mit klarem Fokus auf sozialen Bewegungen, sozialen und lokalen Akteur*innen und auf einen Sozial- und Rechtsstaat ohne größere externe Einflüsse befürworten müssten. Diese Feststellung stellt eine zentrale Kritik an dem Konzept des liberalen Friedens dar, denn liberaler Frieden „often claim[s] to be emancipatory, though there are no empirical examples" (Richmond, 2006b, S. 305).

Diese Annahmen spiegeln sich in vielen Friedensmissionen auch in der Praxis wider, die hauptsächlich von externen Akteur*innen angeleitet und *Top-down* durchgeführt werden (Richmond, 2009b, S. 568) und nach einem bestimmten Schema ablaufen. „The liberal peace is operationalized in highly standardized formats. It becomes a peace from IKEA; a flat-pack peace made from standardized component" (Mac Ginty, 2008, 144 f.). Gerade in der Praxis fokussieren sich die internationalen Akteur*innen und Organisationen besonders auf die Bereiche der Demokratisierung, des Staatsaufbaus und auch auf den Aufbau von Institutionen, freier Marktwirtschaft und die Herstellung von Sicherheit (Richmond, 2009b, S. 560). Oft vernachlässigen sie die sozialen und zivilen Komponenten und damit die Einbeziehung verschiedener Akteur*innen. „It [liberal peace] reflects the ideological and practical interests of leading states in the global north, leading international organizations, and the international financial institutions" (Mac Ginty, 2011, S. 20). Goodhand und Hulme (1999) bezeichnen liberale Friedenskonsolidierung sogar als eine sehr komplexe und eklektische Herangehensweise im Sinne eines intervenierenden *Peacebuilding*. Und auch (Rupesinghe, 1995, S. 316) nennt diese Übernahme „conflict management imperialism", welche zu einer Marginalisierung der lokalen Akteur*innen und langfristig zu nicht nachhaltigen Lösungen führen kann. Gerade durch diese strukturelle Macht in Form von finanziellen Kapazitäten und Ressourcen können die internationalen Akteur*innen ihren zum Teil rein wirtschaftlichen Interessen (Brock, 2006, S. 214) nachgehen und ihre vermeintlich universalen Werte in den Friedenskonsolidierungsprozess einfließen lassen (Mac Ginty & Richmond, 2013, S. 778). Dies sind nur einige der Argumente, welche zu einer immer stärker werdenden Kritik am liberalen Frieden führen.

3.1.3 Kritische Betrachtungen

Diese Art der externen Einmischung und das Konzept des liberalen *Peacebuilding* werden von vielen Seiten immer wieder kritisiert und hinterfragt. Es wird immer deutlicher, dass es zwischen globalen Ansprüchen und lokalen Bedürfnissen große Unterschiede geben kann. Dabei steht nicht nur die Art der Einmischung in der Kritik, sondern auch deren Ergebnisse und deren Legitimität (Pugh et al., 2008; Richmond, 2010) und das Konzept des liberalen Friedens an sich (Selby, 2013, S. 57; Zaum, 2012). So führt Paris aus: „[liberal peace] have been more difficult and unpredictable than initially expected, in some cases producing destabilising side effects" (Paris, 2010, S. 337).

Einer der Hauptkritikpunkte ist, dass im liberalen Frieden davon ausgegangen wird, dass die Menschen in den Post-Konfliktländern die westlichen Werte und Handlungen der externen Akteur*innen als unproblematisch sehen, sie akzeptieren, annehmen und diese übernehmen. Die externen Akteur*innen gehen davon aus, dass sie das Wissen haben, was es braucht, um Frieden zu schaffen und einen

Staat nach den Regeln der guten Regierungsführung wiederherzustellen (Curle, 1994; Mac Ginty, 2011, S. 34; Pugh, 2005; Richmond, 2008, S. 108). Daran schließt ein moralischer Diskurs um den liberalen Frieden an. Richmond kritisiert zum Beispiel, dass internationale Akteur*innen und Geldgeber*innen das ihnen Bekannte, also eine liberale Demokratie, oft romantisieren und deswegen versuchen, diese Vorstellungen auf die lokalen Gegebenheiten in Post-Konfliktländern zu übertragen (Richmond, 2011a, S. 74). Somit ist eine Neutralität der externen Akteur*innen nicht gewähreistet. „Rather than being a technical and neutral process, liberal peacebuilding is inherently political and any promotion of rule of law is likely to be politically contested" (Richmond, 2011a, S. 45). Die Kritik richtet sich dabei nicht nur generell gegen die Einmischung der meist westlichen Staaten, sondern auch dagegen, dass diese Einmischung in der Regel nicht unter Einbeziehung der lokalen Akteur*innen stattfindet (Richmond, 2008) und dass *Policy making* der meist westlichen Institutionen in der Regel auf einer abstrakten Ebene stattfindet (Richmond, 2011a). „The ‚liberal peace', as a rhetorical construct, appeared to be for someone or some purpose, but not that of the local community or its peacebuilding plan" (Cubitt, 2012, S. 163). Daran schließt sich Mac Gintys Argumentation an, die aufzeigt, dass die oft hegemonialen Ambitionen des Konzepts des liberalen Friedens die bestehenden lokalen alternativen Mechanismen von Frieden und Entwicklung von vornherein ausschließen und gerade dadurch die Wahrnehmung fördern, dass diese Alternativen illegitim und nicht liberal seien (Mac Ginty, 2010, S. 403).

Betrachtet man diese Argumentation aus einer postkolonialen Sicht, wird schnell deutlich, dass die Nicht-Einbeziehung der lokalen Akteur*innen erst durch die vorherrschende asymmetrische Machtbeziehung zwischen internationalen und lokalen Akteure*innen möglich wird und dass mit einer „colonial rationality" (Jabri, 2016, S. 155) vorgegangen wird. Der Postkolonialismus bezeichnet ein breites Spektrum an theoretischen Zugängen. Sie werden von Diskurstheorien, Dekonstruktion, emanzipatorischen und zum Teil ideologiekritischen Diskursen beeinflusst und haben eine kritische Auseinandersetzung mit historischen, aber auch gegenwärtigen Machtverhältnissen zum Ausgangspunkt. Dabei hat die postkoloniale Theorie vier zentrale Anliegen. Dies sind 1. der Prozess des *Othering*, der Selbst- und Fremdzuschreibung in binären Oppositionen (Amos & Parmar 1984; Said 1978). 2. Machtkonstellationen und Hierarchien, welche mithilfe kultureller Repräsentation und politischer Kontrolle bewahrt bleiben (Bhabha 1994; Spivak 2008). 3. Die (historische) Analyse von Kolonialisierung und der fortwährenden Kolonialisierung (Hooks, 1994). 4. Die Wandlung von kolonialen Machtkonzepten mit ohnmächtigen Subjekten zu handlungsfähigen Objekten (Bhabha 1994; Spivak 2008). Der so wichtige postkoloniale

Blick auf den liberalen Frieden wird in der theoretischen Diskussion oft vernachlässigt, ist jedoch von Bedeutung, wenn man seine Kritik auf die Praxis übertragen möchte. Diese Machtbeziehungen sind eine Entwicklung, welche insbesondere durch die Kolonialzeit geprägt wurde und die sich bis heute fortsetzt. Schon damals wurden „traditionelle Formen der Konfliktbearbeitung verdrängt, ohne flächendeckend durch moderne Formen ersetzt zu werden" (Brock, 2006, S. 213). Heute finden Machtunterschiede ihre Fortsetzung in unterschiedlichen Hierarchien und Machtpositionen innerhalb der internationalen Gemeinschaft, zwischen lokalen und externen Akteur*innen. Bei der Diskussion der unterschiedlichen Machtpositionen ist Spivaks postkolonialer Ansatz zu nennen, in dem sie der Frage nachgeht, „wie das Subjekt der Dritten Welt innerhalb des westlichen Diskurses repräsentiert wird" (Spivak, 2008, S. 19). Dazu analysiert sie die Situation von marginalisierten Personengruppen[5] und arbeitet heraus, dass diese Personengruppen durch die westliche, intellektuelle Wissensproduktion am Sprechen gehindert werden. Dies ist laut Spivak darauf zurückzuführen, dass zum Beispiel lokale Akteur*innen angesichts des übermächtigen Herrschaftssystems sprachlos sind und zur Sprache nicht ermächtigt werden, also ihre Versuche, ihre Bedürfnisse zum Ausdruck zu bringen, ungehört und unverstanden bleiben. Dieses Grundproblem ist nach Spivak kaum aufzulösen (Spivak, 2008, S. 103), eine Annäherung kann jedoch gelingen, wenn das dahinterliegende System der Privilegien durch eine kritische Reflexion der eigenen Positionen, der eigenen Glaubenssätze und Vorurteile geöffnet wird.

Zusammenfassend lässt sich also festhalten, dass das Konzept des liberalen Friedens den „Empfangenden" durch die intervenierenden, meist westlichen Akteur*innen auferlegt wird und nicht als „Ergebnis einer selbstbestimmten Entscheidung oder Aushandlung" (Exo, 2017, S. 91) gesehen werden kann. Auf Grundlage dieses bestehenden Machtgefälles wird oft eine Trennung zwischen demokratischen und nicht demokratischen Staaten vorgenommen. Im Zuge dieser Trennung werden demokratische Staaten in der Regel positiv und andere Staatsformen meist negativ konnotiert. Diese Trennung lässt sich zurückführen auf die Konstruktion von einem guten „Wir" und einem schlechten „Anderen" (Müller, 2008, S. 42). Diese Trennung, in der es zu einer Schaffung von kolonialen Subjekten als „das Andere" kommt, ist nach Spivak als epistemische Gewalt (Spivak, 2008, S. 42) zu definieren, also einer Art von Gewalt, die tief im allgemeinen Wissen verankert ist. Diese tiefen Verankerungen sind unter anderem mit der Theorie des Orientalismus, begründet von Edward Said, zu erklären. In Saids

[5] Subaltern eigentlich: „Untergeordnete" oder „An-den-Rand-Gedrängte" (Spivak 2008, S. 47).

Theorie werden die Menschen im Orient als ein Gegenbild zu den Menschen in Europa dargestellt und somit als „Anderes" konstruiert. Durch diese explizite Darstellung des „Anderen" und des „Andersseins" wird zum einen das europäische Selbstbild positiv besetzt und zum anderen wird mit dem Begriff des Orients eine heterogene Gruppe homogenisiert (Said, 1978, 3 ff., 45). Dies geschieht auf Grundlage eines eurozentristischen, westlichen Weltbildes und eines vermeintlichen Überlegenheitsgefühls. Gerade durch die Schaffung dieser Trennung und die Grenzziehung zwischen Orient und Okzident, welche über Jahrhunderte aufgebaut wurde, wird der Effekt des „zum Anderen machen" noch verstärkt. Said argumentiert, dass europäisches Denken davon geprägt ist, Definitionen über Gegensätze abzuleiten (Said, 1978, S. 227). Durch dieses vermeintliche Herrschaftswissen sehen sich nach Said westliche Personen in der Lage, Situationen und Menschen des Orients zu definieren. Damit wird den Menschen vor Ort ihr Selbstbestimmungsrecht genommen. Dieser Prozess der Schaffung eines „Anderen" ist als *Othering* zu bezeichnen (Said, 1978, S. 21). Das Konzept des *Othering* beschreibt also einen Prozess, in dem sich Akteur*innen von anderen abgrenzen, indem sie andere Akteur*innen als andersartig und fremd definieren. Dabei liegt der definitorische Schwerpunkt klar auf der Betonung von Unterschieden und es findet eine Distanzierung von „den Anderen" statt. Diese Konstruktion des „Anderen", die Konstruktion einer Trennung entlang der Linie demokratischer Staaten und nicht demokratischer Staaten, bildet eine der Grundlagen im Diskurs um den liberalen Frieden.

Wichtig ist zu betonen, dass sich die Kritik am Konzept des liberalen Friedens nicht gegen Demokratisierung an sich richtet, sondern sich vielmehr auf die Umsetzung des Konzeptes in der Praxis bezieht. Wie schon Kant in seinem Werk (Kant, 2005, 12 ff.) festgestellt hat, ist eines der wichtigsten Elemente auf dem Weg zum Frieden die demokratische Selbstbestimmung durch die Bevölkerung. Tritt jedoch der Fall ein, dass diese Selbstbestimmung durch einen externen Demokratisierungsprozess übergangen wird, entsteht ein Selbstwiderspruch und demokratische Entwicklungen werden erschwert (Wolff, 2011, 240 f.). Ein Staat, der durch eine aufgezwungene Demokratisierung zwar per se erstmal demokratisch ist, wird folglich nicht automatisch friedlicher sein. Dies ist dadurch zu begründen, dass die Friedfertigkeit von Staaten nicht von deren Regierungsform abhängig ist, sondern von den Normen, Werten und der Beschaffenheit der Gesellschaft. Außerdem muss beachtet werden, dass für den Aufbau und den Erhalt von Frieden noch weitere Elemente eine wichtige Rolle spielen. Dies können zum Beispiel Beziehungen zu anderen Ländern, die außenpolitische Wirkung, die Mitgliedschaft in internationalen oder regionalen Organisationen und nicht zuletzt die Sozialisation der Bevölkerung sein. Folglich müssen sich Maßnahmen der Friedenskonsolidierung nicht von der Idee lösen, Demokratisierung zu fördern, sondern von der Vorstellung, wie dies geschieht. Es ist essenziell, dass in den Maßnahmen nicht die Bevölkerung vor Ort nach westlichen Maßstäben transformiert werden soll, sondern vielmehr sollten vor allem *Bottom-up*-Maßnahmen, die bei der Zivilgesellschaft ansetzen und die Bevölkerung und deren Selbstbestimmung in den Mittelpunkt stellen, in den Vordergrund gerückt werden (Exo, 2017, S. 94; Tadjbakhsh, 2011). Dabei ist es grundlegend, die Gegebenheiten vor Ort und die Bevölkerung auf verschiedenen Ebenen aktiv in den Prozess einzubeziehen.

Zusammenfassend lässt sich sagen, dass eines der Hauptprobleme am liberalen Frieden ist, dass es sich um ein zweidimensionales Modell handelt, in dem es die mächtigen internationalen Akteur*innen und die geschwächten lokalen Akteur*innen gibt. In der Friedens- und Konfliktarbeit ist ein Paradox entstanden, denn externe Akteur*innen sehen sich selbst und werden von anderen in der Lage gesehen, Techniken zu kennen, welche Friedensprozesse auf einem lokalen Level nutzen können (Fuest, 2014, S. 44). Es lässt sich feststellen, dass dieser Ansatz zu kurz greift. Es bedarf eines weitreichenderen und umfassenderen Ansatzes, welcher eine größere Anzahl an Akteur*innen, Aktivitäten, Gesellschaftsschichten und die Beziehungen zwischen diesen einbezieht (Mac Ginty, 2011; Paffenholz, 2015; Philpott, 2010; Richmond, 2009b). Legt man die Annahme zugrunde, dass Konflikte innerhalb von Gesellschaften stattfinden und ausgetragen werden, erscheint es nur logisch, dass die Lösungsansätze auch innerhalb der gleichen gesellschaftlichen Strukturen zu suchen sind und friedenskonsolidierende Maßnahmen dort verankert sein müssen (Reich, 2006, S. 5). Durch diese Annahme kommt es zu einer verstärkten Hinwendung zu der *Civil-society-first*-Strategie (Schneckener, 2005, 23 ff.). So wird auch in der Forschung zu lokalen Akteur*innen in der zivilen Konfliktbearbeitung davon ausgegangen, dass die in der Friedens- und Konfliktforschung meist vorherrschenden Ansätze, die auf dem Konzept des liberalen Friedens basieren, nicht zwingend die richtigen sind, um einen Konflikt unter Einbeziehung von lokalen Partner*innen zu lösen. Durch diese Forderungen und die immer wieder geübte Kritik am Konzept des liberalen Friedens fand auf theoretischer Ebene schließlich eine Erweiterung des Konzeptes statt. Als geeignetere Theorien bieten sich demnach die Konzepte des hybriden Friedens, das des sich daraus entwickelnden *Local Turns* und das der *Frictions* an, welche im Folgenden dargestellt und diskutiert werden.

3.2 Das Konzept des hybriden Friedens

Als Konsequenz der beschriebenen Kritik am liberalen Frieden und verschiedener lokaler Widerstandsformen gegen dessen praktische Ausführung hat sich ein reflektierter Ansatz im *Peacebuilding* herausgebildet. Das Plädoyer für eine Ausweitung von „critical policies for a post-liberal peace" (Richmond, 2009b, S. 578) mit emanzipatorischen Elementen lässt sich im Konzept des hybriden Friedens finden. Dieser theoretische Ansatz möchte insbesondere die Handlungsmöglichkeiten der lokalen Akteur*innen hervorheben und die daraus resultierenden Vorteile für den gesamten Prozess der Friedenskonsolidierung darstellen. Dabei kann das Konzept einen Beitrag dazu leisten, zu untersuchen, wie internationale Friedenseinsätze mit lokalen Akteur*innen, Strukturen und Normen interagieren. Das wichtigste Ziel des hybriden Friedens ist es, im Sinne eines postkolonialen Diskurses, gemeinsame Lösungsansätze zu erarbeiten und nicht allein westliche oder lokale Praktiken und Handlungen in den Vordergrund zu stellen (Richmond, 2015). Deswegen ist in Friedensprozessen der Standpunkt „one size doesn't fit all" (Mac Ginty, 2016a, S. 1) nicht länger zu vertreten.

3.2.1 Hybridität – eine Begriffsdefinition

Der Terminus der Hybridität wurde zunächst in den Kulturwissenschaften verwendet und später von Bhabha (1994), Hall (1994) und Spivak (2008) auf postkoloniale Studien übertragen. Dabei prägte besonders Homi Bhabha die Diskussion um Hybridität, welche heute für das Konzept des *Peacebuilding* wichtig ist. Er schlägt ein subversives Konzept von Hybridität vor und beleuchtet, wie das Konzept die kolonialen Diskurse untergräbt und verändert. Bhabha bezieht den postkolonialen Diskurs auf das Politische und entwickelt daraus das Model eines „dritten Raumes". Dieser kann immer dann entstehen, wenn Personen mit unterschiedlichem Wissen oder aus verschiedenen kulturellen Hintergründen zusammentreffen und über Bedeutungen und Differenzen in Aushandlung treten. Somit wird eine postkoloniale Identität nicht über Homogenisierung geschaffen, welche lokale Werte und Traditionen aufrechterhält, sondern durch eben diesen „dritten Raum". Dieser dritte Raum, „which constitutes the discursive conditions of enunciation that ensure that the meaning and symbols of culture have no primordial unity or fixing; that even the same signs can be appropriated, translated, rehistoricized and read anew" (Bhabha, 1994, S. 37), wird dabei zum Zwischenraum, zu einem symbolischen Ort der Hybridität. Bhabha versteht unter

Hybridität die Zurückweisung eines essentialistischen oder nomothetischen Diskurses des Politischen und lässt sich durch Heterogenität und Durchlässigkeit definieren (Bhabha, 1994, S. 217). So geht Bhabha davon aus, dass es zu einer generellen Veränderung von allen Beteiligten und einer Verschiebung der kolonialen Gefälle kommt, wenn ein*e Akteur*in zum Beispiel Wissen, Normen oder Gegenstände von anderen Akteur*innen annimmt.

Um das Konzept des hybriden Friedens zu verstehen, ist es zunächst wichtig zu definieren, was unter Hybridität verstanden wird. Im theoretischen Diskurs darf Hybridität nicht so verstanden werden, dass es zwei Einheiten von Gruppierungen oder Akteur*innen gibt, die zu einer dritten hybriden Einheit verschmelzen, sondern dass sie weiter in einer je in sich hybriden Form bestehen. Denn es ist davon auszugehen, dass die zwei Einheiten von der anderen Seite beeinflusst wurden und sich zum Teil schon verändert, sich „hybridisiert" haben, bevor ein Zusammentreffen stattgefunden hat. Dies geschieht meist in schleichenden alltäglichen Aushandlungsprozessen (Mac Ginty, 2011, S. 72), welche nie abgeschlossen sind, sondern sich in ständiger Veränderung befinden (Mac Ginty, 2011, 8 f.). Hybridität wird zu einem konstanten, multi-sphärischen Prozess (Mac Ginty, 2011, S. 73).

3.2.2 Hybridität und *Peacebuilding* – theoretische Überlegungen

Auch wenn Bhabhas Fokus im postkolonialen Bereich liegt, lässt sich sein Konzept auf internationale Friedenseinsätze übertragen. Der Begriff an sich ist heute weit verbreitet und wird zum Beispiel für hybride Friedenstribunale (Dougherty, 2004; Katzenstein, 2003), hybrides *Peacekeeping* (Othieno & Samasuwo, 2007) und vor allem für das Konzept des *Hybrid Peace* (Mac Ginty, 2010, 2011; Richmond, 2009b, 2015) verwendet. Dabei wird Hybridität verstanden als eine Komposition von unterschiedlichen Denkweisen, Handlungen, Praktiken und als Resultat der Interaktionen von verschiedenen lokalen sowie externen Akteur*innen und deren Vorstellungen. Nach (Mac Ginty, 2011, S. 65) kommt es in einer Post-Konflikt-Situation zu ebendieser Hybridität, in der lokale und externe Ansätze verbunden werden und koexistieren. Hybridität entsteht in Friedensprozessen durch eine Kreuzung verschiedener Akteur*innenebenen und verschiedener Standpunkte. Björkdahl und Höglund fassen zusammen: „Hybrid spaces denote situations in which the meeting between international and local norms, actors and practices create new arrangements, which display hybrid features where for instance liberal and illiberal norms co-exist“ (Björkdahl & Höglund, 2013, S. 290).

Das Konzept von Hybridität in Friedensprozessen kommt auf verschiedenen Ebenen zu tragen. Auf der Mikroebene beschreibt es den Umgang von Individuen miteinander in dem neuen Gefüge des Nachkriegssystems. Auf der Mesoebene umfasst es die Interaktionen zwischen zivilgesellschaftlichen Gruppierungen und dem Staat. Auf der Makroebene bedeutet es die Interaktion zwischen dem Nachkriegsstaat und der internationalen Gemeinschaft (Mac Ginty, 2011, S. 74). Eine andere Aufteilung der Ebenen nimmt Gearoid Millar (Millar, 2014a, 504 ff.) vor. Er geht davon aus, dass Hybridität auf vier Ebenen stattfindet. Dabei ist die institutionelle Ebene in der Regel von internationaler Seite strukturiert und versucht, lokale und internationale Herangehensweisen und Prozesse zu verbinden. Die praktische Ebene der Hybridität entsteht durch tägliche und natürliche Interaktionen und kann sowohl durch lokale als auch durch internationale Akteur*innen beeinflusst werden. Die rituelle Hybridität, welche aus postkolonialer Sicht am kritischsten zu betrachten ist, geht davon aus, dass Symbole und traditionelle Handlungen vermischt werden können, um neue Friedensmaßnahmen zu schaffen. Zuletzt geht die konzeptuelle Ebene davon aus, dass auf individueller Ebene ohne weitere Einflüsse eine ständige unbewusste Vermischung von Annahmen und Ideen über die Welt stattfindet. Auf allen Ebenen werden von den unterschiedlichen Akteur*innen dabei verschiedene Standpunkte eingenommen. So stehen beispielsweise für die internationalen Akteur*innen mögliche Zwangsmaßnahmen und Anreizmechanismen des liberalen Friedens den Möglichkeiten lokaler Akteur*innen zum Widerstand gegen diese Maßnahmen gegenüber (Mac Ginty, 2016b, S. 90). Durch diese unterschiedlichen Positionen kommt es im hybriden Frieden zu einer Dynamik, welche ausdrücklich Austausch, Zusammenarbeit und gegenseitiges Verständnis von lokalen und internationalen Akteur*innen fördert und Machtasymmetrien hinterfragt. Wichtig ist dabei, dass der hybride Frieden Normen und Werte, welche von einem westlichen, liberalen Denkmodell des *Peacebuilding* abweichen, einbezieht und mit denen der internationalen Akteur*innen kombiniert (Yamashita, 2014, S. 1). Durch diese dynamischen Prozesse und internen Spannungsfelder ist hybrider Frieden in ständiger Bewegung, Veränderung unterworfen und schwankt zwischen „cooperation and contestation“ (Mac Ginty, 2010, S. 403). Im Zuge dieser Dynamiken und Aushandlungsprozesse kann es immer wieder zu Divergenzen und unterschiedlichen Ansichten kommen (Mac Ginty, 2016b, S. 56), doch gerade diese können im Prozess der Friedenskonsolidierung auch zielführend sein. Darin liegt die eigentliche Innovationsstärke des theoretischen Konzepts. Erst durch diese dynamischen

Interaktionen zwischen lokalen und internationalen (externen) Akteur*innen, welche jedes Mal anders aussehen, können neue und passgenauere Ansätze in der Friedensarbeit entwickelt werden. In diesen Interaktionen wird das theoretische Zusammenspiel von Macht und Widerstand im hybriden Frieden deutlich und lässt sich auf Foucaults Überlegungen dazu zurückführen. „Where there is power, there is resistance, and yet, or rather consequently, this resistance is never in a position of exteriority in relation to power" (Foucault, 1981, S. 95).

Hybrider Frieden kann zusammenfassend also als das Ergebnis einer Auseinandersetzung und eines Aushandlungsprozesses (welcher auch Widerstände aushalten kann) zwischen lokalen und internationalen Akteur*innen mit dem vorherrschenden Konzept des liberalen Friedens und den daraus resultierenden alternativen Möglichkeiten für neue Friedenskonzepte definiert werden. Der hybride Frieden als theoretisches Konzept schließt dabei den ökonomischen, rechtlichen und institutionellen (Wieder-)Aufbau des Landes nicht aus. Er dient vielmehr als Hilfestellung für die Akteur*innen, die Perspektive zu wechseln und hebt hervor, dass Austausch und Zusammenarbeit zwischen lokalen und internationalen Akteur*innen auf allen Ebenen der Friedenkonsolidierung konstitutiv sind. Dabei verlaufen die angesprochenen Dynamiken und Perspektivwechsel in jedem Einzelfall anders und entlang unterschiedlicher Aushandlungslinien. Somit ist es möglich, dass je nach Situation vor Ort immer unterschiedliche Lösungen gefunden werden. Daraus ergeben sich zwei große Vorteile des hybriden *Peacebuilding*: seine Flexibilität und Anpassungsfähigkeit. Abschließend ist hybrider Frieden als ein emanzipatorisches Konzept zu verstehen, welches auf theoretischer Ebene das Konzept der liberalen Friedenskonsolidierung weiterentwickelt und dabei lokalen Akteur*innen und deren Praktiken und Werten mehr Raum gibt.

3.2.3 Hybridität und *Peacebuidling* – praxisnahe Überlegungen

Die theoretischen Überlegungen münden in der Praxis in der Unterstützung und Förderung lokaler Akteur*innen zu einer aktiveren Teilhabe im Friedensprozess, welcher durch internationale Akteur*innen begleitet und mitgestaltet wird. Es soll zur Übernahme an Verantwortung durch lokale Akteur*innen kommen. Die Kooperation von lokalen und internationalen Akteur*innen soll gestärkt werden und gleichzeitig der Respekt gegenüber lokalen Maßnahmen und Werten durch internationale Akteur*innen gefördert werden (Richmond, 2015). Das Konzept des hybriden Friedens ist der Versuch, das asymmetrische Verhältnis des liberalen

Friedens und dessen überwiegend internationalen *Top-down*-Ansatzes einem lokalen *Bottom-up*-Ansatz anzugleichen. Wie solch eine Vermischung von externen und internen Ansätzen funktionieren kann, erläutert Mac Ginty:

> „The hybrid peace is the result of the interplay of the following factors: the ability of liberal peace agents, networks, and structures to enforce compliance with their will; the incentivizing powers of liberal peace agents, networks, and structures; the ability of local actors to resist, ignore, or adapt liberal peace interventions; and the ability to local actors, networks, and structures to present and maintain alternative forms of peacemaking" (Mac Ginty, 2011, S. 69).

Der wichtigste Ansatz in der Theorie des hybriden Friedens ist die Einbeziehung des Lokalen, welche auf unterschiedliche Art und Weise und in unterschiedlichem Maße stattfindet. Für eben diese Hybridität, für eine Vermischung von lokalen und externen Ansätzen, lassen sich in der Praxis einige Beispiele finden.[6] Der Terminus findet Anwendung bei internationalen Tribunalen (Dougherty, 2004), bei *Peacekeeping*-Missionen (St. Pierre, 2007) und wurde in politische Systemen übernommen (Clements et al., 2017). Als konkrete Beispiele lassen sich der *Nahe-Biti*-Mediationsprozess in Osttimor oder das traditionellen ruandischen Rechtssystems der *Gacaca* (Friedensgerichte) nennen, welche sich aus lokal verorteten Praktiken der Konfliktbearbeitung zusammensetzten und gleichzeitig durch Akteur*innen der internationalen Gemeinschaft Unterstützung fanden (Mac Ginty, 2010, 404 ff.). Auch lassen sich Beispiele finden, in denen lokale Akteur*innen dazu beigetragen haben, eine internationale *Peacebuilding*-Agenda zu verändern, wie im Fall von Bougainville (Boege, 2015, S. 116). Ein weiteres Beispiel führt (Kent, 2015) an, wenn sie auf hybride Formen von *Transitional Justice* eingeht, bei denen Elemente westlicher Rechtsprechung mit lokalen Praktiken der Rechtsprechung kombiniert werden. Diese hybriden Tribunale wurden als Antwort auf die kritischen Reaktionen am Internationalen Strafgerichtshof für das ehemalige Jugoslawien und für Ruanda initiiert, um bei der Rechtsprechung sowohl die VN als auch die betroffenen Staaten einzubeziehen (Katzenstein, 2003, 435 f.). Als Beispiele für solche Tribunale sind Kambodscha, Osttimor oder Sierra Leone zu nennen. Die beschriebene Kombination von lokalen mit internationalen Ansätzen wird besonders in der Wissenschaft kritisch diskutiert. Einerseits wird davon ausgegangen, dass die Rechtsprechung als effektiv gilt, um das lokale Rechtssystem wiederaufzubauen, dass sie bedeutsamer für die Opfer vor Ort ist (Katzenstein, 2003, S. 246) und zugleich die Legitimität vor Ort erhöht

[6] Die Aufzählung stellt keinen Anspruch auf Vollständigkeit, sondern dient lediglich zur Darstellung einiger Beispiele.

(Dickinson, 2003). Andererseits wird kritisch argumentiert, dass hybride Tribunale sogar Konflikte erneut anschüren können. Die hybriden *Top-down*-Ansätze wie zum Beispiel in Sierra Leone könnten sogar fehlschlagen, da sie nicht positiv von der Bevölkerung bewertet werden (Millar, 2014a) oder durch einen vorhandenen Bias von lokalen Autoritäten verfälscht werden können (Human Rights Watch, 2000).

Generell ist jedoch davon auszugehen, dass unter Berücksichtigung dieses hybriden Ansatzes Friedenskonsolidierung nachhaltiger gestaltet werden kann. Durch die stückweise Übergabe der Verantwortung von externen an lokale Akteur*innen, die Vermischung von Handlungen und Ansätzen und die Möglichkeit, eigene Projekte der Friedenskonsolidierung zu initiieren, sind die lokalen Akteur*innen stärker für die Entwicklungen vor Ort verantwortlich. Dadurch, dass es eine Einbeziehung in politische Entscheidungsprozesse auf allen Ebenen gibt und lokale Akteur*innen von Beginn an Verantwortung übernehmen und nicht erst zum Ende des Konsolidierungsprozesses, wenn die externen Akteur*innen das Feld verlassen und die Aufgaben an die lokalen Akteur*innen übertragen, ist davon auszugehen, dass die durchgeführten Maßnahmen nachhaltigere Wirkung zeigen (Wilén & Chapaux, 2011, S. 534). So wird auch das politische und wirtschaftliche System, welches in der Regel verändert wiederaufgebaut wird, als legitimer angesehen und der Wandel akzeptiert. (Schrader, 2016, S. 6) Gleichzeitig kommt es zu einer höheren Legitimität der durchgeführten Maßnahmen. Durch die Potenziale des hybriden Friedens kommt es zu einer stärkeren Anerkennung lokaler Akteur*innen und Partizipation vor Ort. Durch eine partnerschaftlichere Zusammenarbeit und die Zunahme an langfristigen lokalen Projekten im kulturspezifischen Kontext kommt es nicht nur auf lokaler Ebene, sondern auch auf internationaler Ebene zu einem Legitimationsanstieg. Da der Schwerpunkt des hybriden Friedens auf „consensus decision-making, a restoration of the human/resource balance, and compensation or gift exchange“ (Mac Ginty, 2008, S. 149) liegt und lokales Wissen und lokale Handlungen genutzt werden, hat der hybride Frieden das Potenzial „to achieve a grass-roots legitimacy“ (Mac Ginty, 2008, S. 155). Lokale Akteur*innen haben in der Regel vor Ort ein höheres Ansehen als externe Akteur*innen. Sie können die Gegebenheiten aufgrund der eigenen Kultur und der erlebten Geschichte und auch die Nachkriegssituation an sich besser nachempfinden (Wilén & Chapaux, 2011, S. 548). Generell ist davon auszugehen, dass die Einbeziehung lokaler, zivilgesellschaftlicher Akteur*innen in die Friedenskonsolidierung sowohl auf direkte als auch auf indirekte Weise die Legitimation der Konsolidierung erhöht und einen Gegenpol zu externen, oft sehr militärischen oder politisierten Ansätzen darstellt (Zanker, 2018, S. 207). Besonders hohe Legitimität erreichen Friedensprozesse durch offene Austausch- und Interaktionsformate, in denen auch die ortsansässige Bevölkerung ihre Probleme, Anliegen und Wünsche anbringen kann und sich dadurch (internationales) Gehör verschaffen kann (Zanker, 2018, 207 f.). Beispielhaft dafür sind die *Open Forums* (Zanker, 2018) in Kenia und Liberia zu nennen. Durch die Öffnung des Diskurses und die vielfältigen Sichtweisen wird der gesamte Prozess der Friedenskonsolidierung nachvollziehbarer und transparenter für alle Beteiligten. Da es zu einer Zunahme an Legitimität kommt, kann der hybride Frieden mit einigen Kritikpunkten am liberalen Frieden aufräumen und eine Reflexion der Legitimation von Friedensprozessen anregen.

3.2.4 Kritische Betrachtungen

Generell gilt das Konzept des hybriden Friedens als „under-theorized and variably applied by scholars" (Millar, 2014a, S. 501). Die Kritiker*innen äußern Bedenken hinsichtlich der Nützlichkeit des Konzepts für Theorie, Politik und Praxis der Friedensarbeit. Am problematischsten ist, dass einige Wissenschaftler*innen Hybridität deskriptiv verwenden, um die Vermischung von internationalen und lokalen Institutionen, Praktiken und Konzepten zu beschreiben und andere Hybridität präskriptiv verwenden und dadurch davon ausgehen, dass internationale Akteur*innen Hybridität planen und vorhersagen können (Millar, 2014a, S. 501).

Der Mehrwert des Konzepts liegt darin, dass die Grenzen zwischen scheinbar festgelegten Kategorien wie zum Beispiel staatlich/nicht staatlich, formal/informell, traditionell/modern oder lokal/global sich beginnen aufzulösen (Dinnen & Kent, 2015, S. 2) und Räume für Reflexion, Kooperationen, Aushandlungs- und Lernprozesse geschaffen werden. Trotz dieser vielversprechenden Ansätze des hybriden Friedens bleibt das Problem, dass bestimmte Maßnahmen, Normen und Einsätze von externen Akteur*innen hineingetragen werden. Noch immer wird entlang der Maxime gehandelt, dass die lokalen Akteur*innen die Ansätze der externen Akteur*innen übernehmen und lokal ausführen sollen.[7] Dabei bleibt meist unbeachtet, wie mit dadurch entstehenden Konflikten umgegangen werden kann (Björkdahl & Höglund, 2013, S. 294). Auch die Frage, wer Frieden definiert, wessen Frieden es ist, der implementiert werden soll und wie dieser

---

[7] Siehe dazu das Konzept der Lokalisierung, definiert von Acharya (2004, S. 245) als „the active construction (through discourse, framing, grafting, and cultural selection) of foreign ideas by local actors, [which] may result in the former developing significant congruence with local beliefs and practices."

durch Projektarbeit erreicht wird, bleibt offen (Mac Ginty, 2011, 60 ff.). Richmonds Ansicht nach gibt es „the need for a pluralist reflection on who peace is for, and what it means“ (Richmond, 2009b, S. 558). Diese Reflexion muss im hybriden Frieden als dynamischer Prozess immer mitgedacht werden. Dann kann ein hybrider Ansatz dazu beitragen, die lokale Zivilgesellschaft zu stärken und Möglichkeiten bieten, den Austausch zwischen den externen Akteur*innen mit einer komplexen lokalen Begebenheit zu stärken und Verantwortlichkeiten neu zu verteilen. Durch den hybriden Frieden wird es somit möglich, Situationen nicht aus der Perspektive eines*einer Außenstehenden, sondern aus einer lokalen Perspektive zu betrachten. Kulturelle Begebenheiten und gesellschaftlich gewachsene Strukturen und Prozesse können in Friedensprozessen eine entscheidende Rolle spielen. Sie können in besonderem Maße einen Beitrag zu nachhaltig erfolgreichen und legitimen friedenskonsolidierenden Maßnahmen leisten.

Dieser Ansatz kann jedoch nur funktionieren, wenn ein Umfeld geschaffen wird, in dem lokale Akteur*innen und Gemeinschaften als gleichberechtigte Partner*innen angesehen werden, sie mit Respekt behandelt werden und alle Prozesse transparent ablaufen (Erasmus, 2001, S. 250). Denn nicht alle lokalen Akteur*innen haben von Grund auf die Möglichkeit, überhaupt einen solchen hybriden Prozess zu gestalten, da zu große Asymmetrien vorliegen (Peterson, 2012, S. 17). Die Erfahrungen in lokalen Projekten haben gezeigt, dass die Umsetzung eines solchen Ansatzes nicht erfolgreich ist, wenn er von den externen Akteur*innen konzeptualisiert und lokal implementiert wird. Vielmehr müssen die lokalen Akteur*innen schon in die Entwicklung und die Entscheidungsfindung des Projektes einbezogen werden (Reich, 2006, S. 6). Ist dies gegeben, lassen sich die im Friedensprozess vorherrschenden Machtverhältnisse weitaus genauer analysieren, denn Hybridität „enables a broadening of the conventional focus on state to the full spectrum of actors, institutions and practices [...] involved in peacebuilding“ (Bose et al., 2015, S. 1). Durch die Möglichkeit der Verschiebung von Machtstrukturen entsteht ein großes innovatives Potenzial (Boege et al., 2008, S. 16), welches eine flexiblere Handhabung von komplexen Situationen ermöglicht. Dies ist von besonderer Relevanz, da es in der Friedenskonsolidierung keine Patentlösungen gibt, sondern jedes Projekt, jeder Friedenseinsatz und jede Region eine eigene maßgeschneiderte Lösung benötigt.

Auch bleibt trotz der Einbeziehung von lokalen Akteur*innen das Problem bestehen, dass bestimmte Maßnahmen, Normen und Einsätze von außen, vom Westen hineingetragen werden. Somit gilt, dass „a liberal peace-induced intervention triggered the condition of hybridisation“ (Öjendal & Ou, 2013, S. 367). In der Praxis bestehen Machtasymmetrien zugunsten der internationalen Organisationen und Geldgeber*innen, welche sich oft im *Agenda-Setting* widerspiegeln, die abhängige Rolle der lokalen Akteur*innen betonten (Nadarajah & Rampton, 2015) und das *Toolbox*-Denken der internationalen Organisationen fortsetzen (Kreikemeyer, 2018, S. 307). Generell ist das Risiko gegeben, dass in der Praxis durch eine oft sehr ergebnis- und projektorientierte Sichtweise Schwerpunkte gesetzt werden, die nicht im Sinne von lokalen Akteur*innen und nachhaltiger Friedensarbeit stehen. Es bleibt offen, wie Macht verteilt wird und wie die Aushandlungsprozesse wirklich gleichberechtigt stattfinden können (Peterson, 2012, 17 ff.). Obwohl der hybride Frieden aus einer Kritik an dem Konzept des liberalen Friedens entstanden ist, stützt er sich zu großen Teilen weiterhin auf die klassischen liberalen Ansätze. So besteht die Gefahr, dass hybride Aushandlungsprozesse bereits existierende lokale Strukturen in ihren eigenen Prozessen stören. „The question of whether hybrid structures provide real agency for the majority of local people in their everyday lives remains, at best, unclear" (Paffenholz, 2015, S. 863). Externe Akteur*innen bleiben somit ein Stück weit in dem kritisierten *Top-down*-Ansatz gefangen und das Lokale wird nicht näher bestimmt (Kreikemeyer, 2018, S. 306). Deswegen ist der hybride Frieden nicht als eine Alternative zu liberalen Friedensansätzen zu sehen, sondern als dessen Erweiterung. Der hybride Frieden ist zusammenfassend immer noch ein eher *Top-down* ausgerichteter Ansatz, welcher jedoch versucht, lokale Komponenten zu berücksichtigen. Die Forderungen nach einer Stärkung dieser lokalen Komponente werden in der Praxis und in der Wissenschaft jedoch immer größer und werden im folgenden Kapitel beschrieben.

3.3 Der *Local Turn*

Die Neuerungen, die das Konzept des hybriden Friedens mit sich bringt, gehen einigen Kritiker*innen des liberalen Friedens noch nicht weit genug, da sich das Konzept wie beschrieben noch immer in liberalen Ansätzen verortet. Deswegen ist es wichtig, die Kritik an hybriden Ansätzen nochmals unter der konzeptionellen Brille des *Local Turn* zu betrachten. Er begann in den 1990er Jahren mit der Arbeit von John Paul (Lederach, 1997) und wurde in den vergangenen Jahren vor allem von (Mac Ginty & Richmond, 2013) erneut aufgenommen und weitergedacht. Der *Local Turn* richtet den Fokus weg von internationalen Akteur*innen hin zu lokalen Akteur*innen als entscheidende Friedensfaktoren (Paffenholz, 2015, S. 868).

3.3.1 Die Konzepte von *Local Ownership* und *Capacitybuilding*

Für den theoretischen Ansatz des *Local Turn* bilden die Konzepte von *Local Ownership* und *Capacitybuilding* eine wichtige Grundlage. Der Begriff *Local Ownership* wird als der Grad der Einbeziehung von lokalen Akteur*innen im Aktivitätengefüge verstanden (Donais, 2012, S. 1). Dabei möchte das Konzept von *Local Ownership* sicherstellen, dass lokale Interessen den Mittelpunkt der Friedensprozesse bilden, da sie lokalen Gegebenheiten näherstehen und Prozesse nachhaltig und langfristig weitergeführt werden können. Grundsätzlich ist es wichtig, dass von Beginn an lokale Akteur*innen in die Zieldefinitionen der Prozesse, der Aktivitäten und Maßnahmen eingebunden sind und eigenverantwortlich handeln, es also zu *Ownership* kommt. Zwar ist der Inhalt des Konzeptes weitgehend definiert, doch gibt es in der Praxis keine einheitliche Definition des Begriffs. *Capacitybuilding* hingegen wird als ein konzeptioneller Begriff verstanden und findet dann Anwendung, wenn durch Maßnahmen die Kapazitäten von lokalen Akteur*innen aufgebaut werden (Schneckener, 2005, S. 21). Im Diskurs um Friedensprozesse tritt *Capacitybuilding* seit den 1990er Jahren immer wieder in den Vordergrund und hat sich regelrecht zu einem *Buzzword* (Eade, 2007, S. 632) entwickelt. Der Begriff *Capacitybuilding* kann auf sämtliche politischen Disziplinen bezogen werden (Schneckener, 2005, S. 21). Dies führt dazu, dass es bislang keine einheitliche Definition gibt.

Wenn in der Praxis in Post-Konflikt-Gesellschaften Friedensprozesse initiiert werden und diese im Sinne des *Local Ownership* durch lokale Akteur*innen übernommen werden sollen, benötigen die lokalen Akteur*innen oft gewisse Voraussetzungen und Kapazitäten (Wilén, 2009, S. 341). Grundsätzlich ist die Wichtigkeit von *Local Ownership* für erfolgreiche Maßnahmen des *Capacitybuilding* in Friedensprozessen zwar anerkannt und beide Konzepte werden oft miteinander in Verbindung gebracht (Wilén, 2009, S. 341). Doch bedeutet dies im Umkehrschluss nicht, dass *Capacitybuilding*-Maßnahmen zwangsläufig die lokale Mitbestimmung in den einzelnen Maßnahmen fördern. Ob sich durch diesen Umstand auch Schwierigkeiten in der Praxis herausbilden, ist abhängig von den lokalen Gegebenheiten sowie der individuellen Konzeptualisierung, der beteiligten Akteur*innen und der Durchführung der jeweiligen Maßnahme. Trotz dieser Kritikpunkte ist es wichtig, die beiden Begriffe im Diskurs um Friedensprozesse immer zusammenzudenken.

Dabei ist anzumerken, das *Local Ownership* keinen Rückzug der internationalen Akteur*innen und eine komplette Autonomie der lokalen Akteur*innen fordert, sondern vielmehr eine Übertragung von Verantwortung (Donais, 2012,

S. 7) und dadurch auch eine Verschiebung von Macht. Denn *Local Ownership* bedeutet auch „the degree of control that domestic actors wield over domestic political processes“ (Donais, 2012, S. 1). Also eben nicht nur, dass lokale Akteur*innen angehört werden, Informationen gesammelt werden und sie partizipieren, sondern dass eine Machtumverteilung stattfindet. Lokale Akteur*innen treffen die Entscheidungen über die Projektziele, den Projektverlauf, Strategien und Ergebnisse und entscheiden, wer den Nutzen des Projektes trägt. Doch dieser Gedanke findet in der Praxis nicht immer so Anwendung: „There is much talk of ownership, but often this is not much more than lip service; in effect, locals are supposed to 'own' what outsiders tell them to – 'local ownership clearly means 'their' ownership of 'our' ideas“ (Boege et al., 2009, S. 611). Sollen diese angesprochenen strukturellen Probleme aufgelöst oder zumindest abgeschwächt werden, ist es wichtig, dass Konzepte wie *Local Ownership* und *Capacitybuilding* ernst genommen werden und auf allen Stufen des Friedensprozesses umgesetzt werden, begonnen bei der Planung hin zur Durchführung und Evaluation. Dabei kann es hilfreich sein, nicht so sehr die Konzepte an sich in den Mittelpunkt von Maßnahmen zu stellen, sondern vielmehr an der Beziehung zwischen lokalen und externen Akteur*innen zu arbeiten, unabhängig von den speziellen Projektzielen (Reich, 2006, S. 7). „It is within this relationship that power is or is not shared, and that the equality of the partners may or may not be realized“ (Reich, 2006, S. 4). Dazu ist es wichtig, dass internationale Organisationen und Geldgeber*innen von der Idee einer *Output*-orientierten und kurzfristigen Planung abrücken. Sie müssen sich den beiden Konzepten in ihrer Tiefe annehmen (Jansen, 2008, S. 39), die eigene Position und die aus dieser Rolle entstehenden Machtasymmetrien kritisch hinterfragen, im Arbeitsalltag berücksichtigen und die lokalen Stimmen tatsächlich ernst nehmen.

3.3.2 Der erste *Local Turn*

Der *Local Turn* geht auf einer theoretischen Ebene von einer Umsetzung der Konzepte des *Local Ownership* und von *Capacitybuilding* aus und baut weiter darauf auf. Dadurch kommt es zu einer erneuten Verschiebung der kritisierten Machtverhältnisse, einer Verschiebung hin zu noch mehr *Ownership, Capacity* und nachhaltigen Friedensprozessen. In der theoretischen Diskussion wird zwischen zwei *Local Turns* unterschieden. Diese Diskussion wird durch die Einführung des bestehenden Konzepts von *Friction* als drittem *Local Turn* erweitert.

Die verschiedenen Akteur*innenebenen und Bearbeitungsmöglichkeiten von Konflikten prägen den in der Wissenschaft sogenannten ersten *Local Turn*. Dieser basiert unter anderem auf Friedens- und Konflikttheorien von Azar (1990)[8], Curle (1994), Fisher und Kelman (2003), Freire (1990)[9] und Galtung (1969). Zunächst ist er als starke Kritik an liberalen Ansätzen und auch als Reaktion auf die Fehler der *Peacebuilding*-Missionen der 1990er Jahre zu sehen. Es wird davon ausgegangen, dass geplante und umgesetzte Friedenseinsätze in der Praxis nicht gut funktionieren können, da auf lokale Bedürfnisse und schon lokal vorhandene Strukturen oder Ideen nicht eingegangen wird. Vielmehr wird dafür appelliert, dass ein nachhaltiger Frieden nur von innen entstehen kann und deswegen lokale Akteur*innen eine maßgebliche Rolle spielen. Dabei wird davon ausgegangen, dass lokaler Frieden mehr als Sicherheit und die Abwesenheit von Krieg benötigt. Es braucht viel mehr einen positiven Frieden (Galtung, 1969), dieser ist jedoch in der Regel nicht durch Reformen von Externen zu erreichen. Diese sind stattdessen zum Beispiel durch Mediation, nicht offizielle Diplomatie, Friedensprozesse durch die Bevölkerung (Curle, 1994), durch Beziehungsarbeit und problemorientierte Workshops (Fisher & Kelman, 2003, S. 333) oder Versöhnungsarbeit (Paffenholz, 2015, S. 859) zu erreichen. Somit wird *Peacebuilding* als ein langwieriger Transformationsprozess verstanden. Der erste *Local Turn* geht also davon aus, dass externe Akteur*innen benötigt werden, um Frieden lokal zu initiieren und die externen Akteur*innen die Ziele definieren und anleitend handeln.

Auf diesen Annahmen aufbauend basiert der erste *Local Turn* auf der Konflikttransformationstheorie von Lederach, der Problematisierung von *Top-down*-Ansätzen und seiner Akteur*innenpyramide. Er kann als ein holistischer und facettenreicher Ansatz gesehen werden, um einen Konflikt in seinen verschiedenen Phasen zu bearbeiten. Dabei geht Lederach davon aus, dass friedensfördernde Maßnahmen immer in den entsprechenden lokalen Kontext eingebunden sein müssen. Er geht von einem fortlaufenden Prozess aus, welcher Beziehungen, Verhalten, Einstellungen und Strukturen von negativ zu positiv verändert. Um diesen Prozess zu ermöglichen, ist eine Schwerpunktlegung auf die Wiederherstellung und den Wiederaufbau von Beziehungen zu legen. Daher geht Lederach

---

[8] Konflikte, welche für den *Local Turn* relevant sind, werden hier als „protected social conflict" (Azar 1990, S. 2) definiert, also als Konflikte, die einen Fokus auf religiöser, kultureller oder ethnischer Identität haben und die Erfüllung bestimmter Bedürfnisse, wie zum Beispiel Sicherheit, zur Grundlage haben.

[9] Aus dem pädagogischen Werk, welches sich nicht auf Friedensprozesse an sich bezieht, ist für den *Local Turn* besonders wichtig, dass durch Kommunikation ein reflexiver Prozess angestoßen werden kann, der wiederum zu Bewusstseinsbildung führt (Freire 1990, S. 25).

davon aus, dass es nachhaltiger ist, wenn Friedensabkommen von den Personen, Initiativen und Organisationen geschlossen werden, die ein nachhaltiges Interesse an einer konstruktiven Konflikttransformation und einem Ende des Konflikts haben. Dafür bedarf es einer großen sozialen Partizipation (Lederach, 1997, S. 94) auf verschiedenen Akteur*innenebenen. Gerade durch die Einbeziehung der Bevölkerung vor Ort werden Abhängigkeiten reduziert und der Konflikt schon auf der *Grassroot*-Ebene angegangen. Deshalb sollte sie so früh wie möglich geschehen und als andauerndes Faktum in dem Prozess beibehalten werden (Erasmus, 2001, S. 249). Auch schreibt Lederach nicht nur der *Grassroot*-Ebene eine entscheidende Rolle in friedensfördernden Prozessen zu. Sondern auch den in seiner Akteur*innenpyramide in der Mitte stehenden Akteur*innen wie zum Beispiel lokalen CSOs oder zivilgesellschaftlichen Organisationen (Lederach, 1997, S. 60). Er appelliert an externe Akteur*innen, die Zusammenarbeit mit diesen zu stärken (Lederach, 1997, S. 52). Damit dies funktionieren kann, ist der Dialog zwischen den lokalen und externen Akteur*innen wichtig. Gleichzeitig müssen Strukturen geschaffen werden, welche es der lokalen Gesellschaft ermöglichen, sich in Planung, Management, Implementation, Supervision, Monitoring und Evaluation einzubringen. Ebenfalls sollten bestehende Ressourcen in der Gesellschaft ausgebaut werden und *Community Ownership* gefördert werden (Erasmus, 2001, 249 f.). Diese Punkte können nur erfüllt werden, wenn ein Umfeld geschaffen wird, in dem lokale Akteur*innen als gleichberechtigte Partner*innen angesehen werden, sie mit Respekt behandelt werden und alle Prozesse transparent ablaufen. Doch diese Punkte werden in dem ersten *Local Turn* nur stückweise erfüllt und ansatzweise diskutiert.

Zwar gelten der erste *Local Turn* und insbesondere Lederachs Ansatz als die ersten Theorien, welche sich aktiv für mehr Einbezug von lokalen Akteur*innen im *Peacebuilding* aussprechen und gleichzeitig auch von vielen internationalen *Peacebuilding*-Maßnahmen in Teilen übernommen wurden (Paffenholz, 2013, S. 19). Zu kritisieren ist dennoch, dass theoretisch kaum eine Reflexion darüber stattfindet, wer die lokalen Akteur*innen sind oder was unter dem Konzept „lokal" zu verstehen ist (Paffenholz, 2010a, 53 ff.). So eröffnet die Akteur*innenkategorie meist mehr Fragen, als sie löst.

Des Weiteren ist es in der Praxis in vielen Konzepten oft nicht vorgesehen, dass die Zivilbevölkerung aktiv wird und eigene Vorstellungen zum Asdruck bringt oder umsetzt. Stattdessen wird sie auf oft paternalistische Weise von den externen Akteur*innen nach deren Ideen und Vorstellungen belehrt (Exo, 2017, S. 365) und Handlungen nach deren Vorstellungen umgesetzt. Durch diese Praxis werden lokale Akteur*innen noch immer als Empfänger*innen von westlichem Wissen gesehen, was sie dann zwar selbstständig, jedoch nach externer Vorgabe umsetzen. Denn die Rolle der externen Akteur*innen wird zunächst darin gesehen, die lokalen Akteur*innen in ihren Handlungen zu unterstützen (Paffenholz, 2015, S. 858). Somit sind die lokalen Akteur*innen noch immer von liberalen Denkmustern des *Peacebuilding* abhängig und sollen lernen, diesen Denkmustern zu folgen (Mac Ginty, 2010). Durch diese ungleiche Beziehung kommt es schnell zu einer Patron-Klienten-Beziehung, welche ein partnerschaftliches Arbeiten schwierig macht. Genau an diesem Punkt ist der erste *Local Turn* zu kritisieren. Denn hier steht der*die internationale Akteur*in noch immer in einer übergeordneten Rolle, da er*sie zum Beispiel die Trainings und Infrastruktur für die Umsetzung der lokalen Ideen bereitstellt und erst durch seine Denkanstöße die lokalen Kapazitäten zutage kommen und gefördert werden (Paffenholz, 2015, S. 860). Es findet in der theoretischen Diskussion keine Reflexion über Macht(-ungleichgewicht) (Fetherston, 2000, 206 f.; Scheye, 2008, 59 f.) und unterschiedliche lokale und kulturelle Kontexte (Bendaña, 1996, S. 75) statt. Außerdem wird wenig über die Prozesshaftigkeit von *Peacebuilding* reflektiert (Miall, 2004, S. 7). Um diese Beziehung aufzulösen ist es wichtig, sie zu reflektieren und offenzulegen. „Existing power imbalance should not be covered up by merely upholding an image of equal partnership. Rather, the awareness of imbalance allows for the implementation of space for its transformation“ (Reich, 2006, S. 22).

3.3.3 Der zweite *Local Turn*

An diese Kritik knüpft der in der Literatur sogenannte zweite *Local Turn* an. Er entstand als kritische Reaktion auf gescheiterte und situationsverschlechternde, liberale *Peacebuilding*-Maßnahmen in Afghanistan und dem Irak (Chandler, 2010) und sieht den liberalen Frieden als endgültig gescheitert an (Belloni, 2012). Auf theoretischer Ebene ist die Diskussion in post-strukturalistischen und postkolonialen Theorien verankert und bezieht sich auf Autor*innen, die kritische Friedensforschung betreiben. Sie finden ihre theoretischen Grundlagen zum Beispiel bei (Foucault, 1980) Theorie um Macht und Wissen, welche er als zwei eng miteinander verflochtene Konzepte betrachtet. Auch bei Bhabhas Fragen der transformatorischen Veränderungen abseits von Prinzipien wie Klasse oder Nation (Bhabha, 1994, 42 ff.) und bei (Scott, 1985), der sich mit lokalen Formen des Widerstandes beschäftigt. Seit den vergangenen fünfzehn Jahren wird die Diskussion maßgeblich von Roger (Mac Ginty & Richmond, 2013) geführt und vorangetrieben.

Die im Zentrum stehende Kritik am liberalen Frieden lässt sich dabei in die von moderaten Kritiker*innen und in Fundamentalkritik unterteilen. Zu den moderaten Kritiker*innen zählt vor allem Roland Paris. Dieser argumentiert zurückgehend auf (Huntington, 1968), dass negative Effekte von (liberalem) *Peacebuilding* durch den Prozess der Liberalisierung an sich und nicht durch das Ziel der Marktdemokratie hervorgerufen und verursacht werden (Paris, 1997, 2010). Vielmehr kritisiert Paris die Vorgehensweisen in der Praxis, welche er als „shock therapy" (Paris, 2010, S. 361) bezeichnet, da *Peacebuilding*-Maßnahmen oft zu schnell und nicht gut koordiniert stattfinden. So schlägt Paris zusammen mit anderen moderaten Kritiker*innen vor, dass *Peacebuilding*-Maßnahmen über einen längeren Zeitraum stattfinden sollten. Danach müssen von Beginn an nationale Strukturen gestärkt werden, um langfristig souveräne, lokale Regierungen herauszubilden und erst in einem zweiten Schritt wirtschaftliche und politische Liberalisierung zu fördern (Paris, 2010). Demgegenüber stehen fundamentale Kritiker*innen, welche den liberalen Frieden an sich kritisieren, als neokolonial einstufen und diesen dekonstruieren. Diese Kritik wurde bereits in Abschnitt 3.1.3 dargestellt. Zusammenfassend sieht sie liberales *Peacebuilding* als Teil eines größeren Machtapparates (Fetherston, 2000, S. 200), der eine neoliberale Agenda verfolgt, Frieden mit Staatsaufbau gleichsetzt, Institutionen in den Mittelpunkt rückt (Richmond, 2011a) und das Lokale, wenn es überhaupt betrachtet wird, romantisiert (Pugh, 2013, S. 14).

Aufbauend auf dieser Kritik geht der zweite *Local Turn* davon aus, dass das Lokale der Startpunkt für jede friedenskonsolidierende Maßnahme sein sollte (Mac Ginty & Richmond, 2013, S. 772). Sein Ziel ist die Analyse von Machtstrukturen, Akteur*innen und lokalen Formen des Widerstandes, um einen post-liberalen Frieden zu schaffen, welcher das Lokale ernst nimmt (Chandler, 2015). Der *Local Turn* argumentiert für die Inklusion der lokalen Akteur*innen in die Prozesse, um bisher gemachte Fehler wie zum Beispiel das Aufoktroyieren von Normen zu verhindern. Dabei ist der *Local Turn* als „an important opportunity in the conceptualisation and making of peace" (Mac Ginty & Richmond, 2013, S. 780) zu sehen, welcher gelingen kann, wenn *Peacebuilding* emanzipierend wirkt und lokale Gegebenheiten berücksichtigt und einbezogen werden. Der Fokus liegt hierbei klar auf den lokalen Personen und den lokalen Friedensprozessen und rückt den „alltäglichen Frieden", den *Everyday-Peace,* in den Vordergrund. „By focusing on everyday peace, or the coping mechanisms deployed by so-called ordinary people, we can confront the dominant narrative that associates peacebuilding expertise with outsiders and essentialism 'locals' as insular and passive" (Mac Ginty, 2014, S. 551). Er gibt Einblicke in lokale Strategien des Widerstandes und der Solidarität und betrachtet die immer stärker hybrid werdenden lokalen-internationalen Gefüge (Acharya, 2004). Das Alltägliche wird zum Ort des Handelns und zum Medium, durch das beispielsweise die Verantwortungsübernahme nicht durch den Staat oder die Institutionen, sondern eben durch das tägliche Leben ermöglicht wird (Agamben, 1998; Sylvester, 2006). Friedensprozesse werden damit auf die Mikroebene gerückt. Jedoch ist es in der Praxis nicht immer einfach zu verstehen, was *Everyday* für die jeweiligen Personen und den jeweiligen Kontext meint und wie dieses umgesetzt und ausgelebt wird (Richmond, 2009a, S. 332).

Damit richtet sich der *Local Turn* gegen liberale Friedensprozesse, welche theoretisch, praktisch und normativ lange die Diskussion bestimmten. Stattdessen rückt der *Local Turn* das Lokale in den Vordergrund und verabschiedet sich von liberalen Normen. Im *Local Turn* ist das Lokale als Ansammlung oder auch Zusammenspiel verschiedener Akteur*innen zu verstehen, welche lokal vor Ort in dem Konflikt und in der Post-Konfliktgesellschaft verankert und aktiv sind und sich unabhängig und konträr von internationaler Unterstützung für Friedensprozesse einsetzten und dabei vor Ort Legitimität erfahren. „Many indigenous and traditional practices rest on the moral authority of respected community figures such as village elders or other sources of counsel" (Mac Ginty, 2011, S. 54). Dieser lokal verankerte Friedensprozess kann von politischen Dynamiken, formellen Friedensabkommen und weiteren Akteur*innen beeinflusst werden, bleibt jedoch lokal verankert und folgt dabei nicht zwangsläufig nationalen oder internationalen Vorgaben (Mac Ginty & Richmond, 2013, S. 769).

3.3.4 Praxisnahe Überlegungen zum *Local Turn*

Mac Ginty und Richmond erklären diese Entwicklung praxisnah auf verschiedenen Ebenen. „It should not be forgotten that the Local Turn is grounded in real-world events" (Mac Ginty & Richmond, 2013, S. 766). Zum einen heben sie die Bedeutung von unzureichenden beziehungsweise nicht erfolgreichen *Peacebuilding*-Missionen hervor (Mac Ginty & Richmond, 2013, S. 774). Zum anderen betonen sie, dass die Forderungen nach mehr Selbstbestimmung im Kontext der Friedensbemühungen durch Akteur*innen aus dem Globalen Süden immer mehr zunehmen (Mac Ginty & Richmond, 2013, S. 775).

Die Friedenseinsätze der 1990er Jahre haben zu einer größer angelegten Debatte um die Einbeziehung von *Local Ownership* in der Entwicklung und Implementierung von Reformmaßnahmen in Post-Konfliktkontexten geführt (Jansen, 2008, S. 39). Die Wende kam unter anderem auch daher, dass nach Ende des Kalten Krieges die allgemeine Wende von *Peacekeeping* zu *Peacebuilding* stattfand, eine größere Kooperation zwischen den verschiedenen Akteur*innen gefördert wurde und eine eher liberale Friedensagenda angelegt wurde (Roberts, 2011, 9 ff.). Diese Neuausrichtung geschah unter anderem aufgrund der Anerkennung der Tatsache, dass Friedensprozesse nachhaltiger sind, wenn sie lokal verankert, unterstützt und getragen sind (Wandel aus Prinzip). So kam der Begriff des *Local Ownership* schnell in *Policy*-Dokumente, fand Einzug in internationale Organisationen und wurde Voraussetzung zur Durchführung von Projekten. Dies zeigt sich zum Beispiel dadurch, dass wichtige Organisationen die konzeptionelle oder praktische Arbeit zum Thema Friedenssicherung durchführen. So haben etwa die Vereinten Nationen, die Europäische Union oder die Weltbank das Konzept von *Local Ownership* in ihre jeweiligen Agenden zur Sicherung und Wiederherstellung von Frieden eingebettet und dem Konzept eine bedeutsame Rolle zugeschrieben (Leonardsson & Rudd, 2018, S. 14). Außerdem erfolgten als Reaktion auf diese Entwicklungen auch konkrete Veränderungen von UN-Strategien. So zum Beispiel die Gründung des *Permanent Forum on Indigenous Peoples* im Jahr 2000, die Verabschiedung der Resolution 1325 des UN-Sicherheitsrates, welche Frauen*[10] gleichberechtigt in Friedensverhandlungen einbezieht oder die seit 2018 bestehenden *Pathways for Peace* (The Word Bank, 2018), welche Friedensprozesse inklusiver gestalten. Dies sind nur einige Beispiele für die Verschiebung hin zu mehr *Buttom-up*-Prozessen.

Somit gibt es auf politischer Ebene zwar Anerkennung dafür, dass das Prinzip des *Local Ownership* wichtig ist, jedoch gibt es große Herausforderungen in der Implementierung (Randazzo, 2017, S. 202), da jede*r Akteur*in mit anderen Schwerpunkten und Definitionen arbeitet. Jede*r Akteur*in hat dabei die Freiheit, das Konzept von *Local Ownership* nach seinem eigenen Verständnis, eigenen Positionen, Interessen und Schwerpunktsetzungen auszugestalten. Insgesamt wurde wenig dazu gearbeitet, wie diese Kooperationen genau aussehen sollen, wie lokale Einbeziehung nachhaltig gestaltet werden kann und wie Autorität nach einem Konflikt übertragen werden kann (Jansen, 2008, S. 39). Trotzdem nimmt *Local Ownership* in dem Diskurs einen hohen Stellenwert ein. „'Local ownership' is the current phrase on the lips of all agencies for development cooperation, purporting to reflect a reorientation of approach that more highly values the need for home-grown solutions to conflict problems and for partnerships to be locally driven" (Reich, 2006, S. 3). Allerdings zeigt sich immer wieder, dass durch die fehlende Konzeptualisierung auch Verunsicherungen für

[10] Das Sternchen hinter dem Begriff „Frauen" und im Folgenden auch hinter dem Begriff „Männer" verdeutlichen, dass es sich um soziale konstruierte Begriffe handelt.

die Personen, die in den Prozessen arbeiten, entstehen. So bestätigen beispielsweise Mitarbeiter*innen der UN in Interviews, dass die Unsicherheit gegenüber dem Konzept von *Capacitybuilding* und der Einbeziehung lokaler Akteur*innen ihre Friedensarbeit hemme. So fasste ein *Senior-UN-Officer* diese Auffassung zusammen: „Capacity Building, what does that mean […]? It is completely undefined […] it is very frustrating not to have clear guidelines […]. There is no standard approach so it is impossible" (Wilén, 2009, S. 342).

Dennoch ist davon auszugehen, dass bei einer guten Ausgestaltung der Einbeziehung lokaler Akteur*innen und vor allem in Form von lokal initiierten Projekten ein angemesseneres kontextspezifisches Handeln in Friedensprozessen sichergestellt werden kann. Lokale Ansätze in der Friedensarbeit dürfen dabei nicht als marginal betrachtet werden, sondern müssen in ihrer vollen Komplexität, ihrer Mischung aus Ritualen, lokalem Wissen und Methoden anerkannt werden. Die so lokal imitierten Prozesse dürfen dabei nicht nur formaler Gestalt sein, sondern können auch informell gestaltet werden (Richmond, 2010, S. 690). Ein großer Vorteil ist, dass die lokalen Akteur*innen vor Ort verankert sind und Wissen über lokale Lebensgewohnheiten, Werte und Konflikte mitbringen, Themen, die sich die externen, internationalen Akteur*innen in dem Maße vor Beginn eines Friedensprozesses nicht tiefgreifend aneignen können (Osaghe, 2000, 201 f.).

Dabei liegt die Aufgabe der internationalen Akteur*innen „in allowing space and time for local positions to develop and in facilitating consensus-building by furthering representativeness and transparency" (Jansen, 2008, S. 51). Eine Balance zwischen Unterstützung, Abhängigkeit und Machbarkeit muss gefunden werden, welche in der Praxis nicht immer einfach umzusetzen ist. Dabei ist ein reflexiver Prozess besonders wichtig.

> „At the heart of the local turn are notions of particularism and local variation that confront universalist ideas and practices, as well as the 'natural' historical progressiveness that places the North/West at the top of the current international epistemic hierarchy, simultaneously absolved from blame for colonialism and inequality" (Mac Ginty & Richmond, 2013, S. 772).

Betrachtet man das theoretische Konzept des *Local Turn,* ist es also wichtig, sich die involvierten Akteur*innen und deren Beziehungen zueinander anzuschauen. Auch wenn auf theoretischer Ebene der zweite *Local Turn* mehr als Widerstandsform betrachtet wird, so findet in der Praxis doch immer wieder eine Zusammenarbeit der Akteur*innen wie im ersten *Local Turn* statt. Im

Mittelpunkt steht somit meist die Zusammenarbeit von internationalen und lokalen Akteur*innen. Dabei sollte eine partnerschaftliche Arbeit im Fokus stehen, welche die lokalen Praktiken ernst nimmt und lokales Wissen in den Vordergrund stellt. Da Kompetenzen im Bereich der lokalen Friedensarbeit durch lokale Akteur*innen anerkannt werden (Mac Ginty, 2010, S. 408), kommt es zu einer Hinwendung zu einer stärkeren Betonung der lokalen Interessen und zu einem Rückzug der hegemonialen Stellung der internationalen Akteur*innen. An dieser Verschiebung ist besonders wichtig, dass lokale Akteur*innen ernst genommen werden, was oft auf Grundlage einer gegenseitigen Kooperation, gegenseitigen Vertrauens und eines guten Informationsflusses geschieht (Herman & Martin-Ortega, 2011). Um diese vertrauensvolle Arbeit durchzuführen, ist es ebenfalls wichtig, für externe und lokale Akteur*innen die passenden Partner*innen zu identifizieren. Um dies in der Praxis funktional zu machen, bedarf es eines empathischen Umgangs miteinander (Roberts, 2011, S. 90), einer Akzeptanz der Limitation der Handlungsfähigkeit von externen Akteur*innen und einer zunehmenden lokalen Verantwortung. Bei der Partner*innenauswahl können folgende Kriterien wichtig sein: Effizienz, der Grad der Legitimation der Partner*innen, das internationale Ansehen, die lokale Unterstützung der Partner*innen, das Kapital und die Kapazitäten der Partner*innen (Jansen, 2008, 43 f.). Im Zuge dessen ist es wichtig, dass zwischen den externen und den lokalen Partner*innen eine Vereinbarung über die Zusammenarbeit geschlossen wird, in der die Rollen, Zuständigkeiten, Ziele und Verantwortungen festgelegt werden. Einen sehr großen Vorteil bietet der Ansatz des zweiten *Local Turn* somit auch im Hinblick auf die Nachhaltigkeit der Friedensmaßnahmen.

Nachhaltig *Ownership* zu schaffen und lokale Strukturen zu fördern, benötigt Zeit. Denn die Maßnahmen vor Ort verlaufen nicht linear und können deshalb vorab nur schwer in einen fixen zeitlichen Rahmen gebettet werden. Daraus ergibt sich eine zeitliche Ambivalenz: „Reform processes are long-term endeavors that marry short-term crisis management tasks with the long-term development of institutions, capacity and culture" (Jansen, 2008, S. 39). Im 2015 erschienenen VN-Bericht *Challenge of sustaining peace* werden diese vorgesehenen, oft engen Zeitrahmen für gegenwärtige Friedensmissionen der VN kritisiert und die damit einhergehende Erwartungshaltung als „completely unrealistic" (United Nations, 2015a, S. 18) eingestuft. Die oft zeitlich zu knapp gefassten Projekte führen zu einer sehr *Output*-orientierten Ergebnishaltung durch die involvierten Geldgeber*innen und internationalen Organisationen. Sie begrenzen zeitintensivere, deliberative Methoden, die tatsächlich zu einer Etablierung von Zusammenarbeit führen können und die die Interessenslage aller Akteur*innen berücksichtigen.

Durch diese engen Zeitfenster und Limitationen in den zur Verfügung stehenden Ressourcen, zum Beispiel im finanziellen Bereich, wird deutlich, dass friedenskonsolidierende Maßnahmen trotz Ansprüchen wie *Local Ownserhip* und *Capacitybuidling* immer noch zu großen Teilen abhängig von dem einseitigen Ressourcentransfer von Nord nach Süd (Girgis, 2007, S. 354) sind. Dies bedeutet zwangsläufig, dass die Arbeit am Friedensprozess nach einer gewissen Zeit an die Bevölkerung vor Ort übertragen wird. In vielen Fällen stellt sich dies schwierig dar. Denn es kann gerade bei langer externer Unterstützung einerseits zu einer Abhängigkeit des Staates von externer Hilfe kommen. Andererseits kann bei zu kurzer externer Unterstützung kein stabiler Aufbau an Friedensmaßnahmen stattfinden (Wilén & Chapaux, 2011, 543 ff.). Auch spielt dabei eine große Rolle, an welche Akteur*innen die Prozesse übergeben werden. „Including the right people into the decisionmaking process can constitute a significant contribution to building peace“ (Paffenholz, 2001b, S. 537). Grundsätzlich besteht ein hohes Restrisiko für einen Rückfall in eine Krisensituation und für einen Kollaps des bisher Aufgebauten. Um dem entgegenzuwirken, muss darauf geachtet werden, dass die Verteilung der Macht und der Aufgaben nicht nur virtuell, pro forma oder oberflächlich geschieht (Mac Ginty, 2011, S. 59). Die Übergabe von Verantwortung an lokale Partner*innen von Beginn an und durch einen *Bottum-up*-Prozess ermöglicht hingegen einen leichteren Ausstieg der internationalen Akteur*innen aus dem Friedensprozess. Darum ist es wichtig, lokale Partner*innen von Anfang an als gleichberechtigt zu betrachten und ihre Legitimation vor Ort zum Vorteil zu nutzen und weiter zu stärken (Jansen, 2008, S. 44). Lokale Akteur*innen sollen nicht länger als eine Art Juniorpartner*innen verstanden werden. So stellt Czempiel zu Recht fest, dass diese präventiven und emanzipatorischen Ansätze kostengünstiger und schlussendlich dem Ziel des positiven Friedens näher sind als Methoden, die als *conservative* oder gar *hyper-conservative* einzustufen sind (Czempiel, 2000, S. 160). Dies geht mit der Hypothese einher, dass ein nachhaltiger Frieden wahrscheinlicher ist, wenn die Zivilbevölkerung aktiv in den Friedensprozess eingebunden ist. „Only a peace that emanates from the everyday […] will legitimate and sustain postconflict peacebuilding internally“ (Roberts, 2011, S. 90).

3.3.5 Kritische Betrachtungen

Dennoch kann es auch im *Local Turn* zu unterschiedlichen Machtverteilungen kommen. Denn nach der derzeitigen theoretischen Konzeption kann das Lokale nur in Bezug zu Kategorien wie „national“ oder „international“ bestehen (Mac

Ginty & Richmond, 2013, S. 770). Dies liegt auch daran, dass die Konstruktion und schwache Konzeptualisierung der beiden Akteur*innenkategorien „lokal" und „international" als binäre Oppositionen im *Local Turn* nur unzureichend stattfinden und das Lokale kaum definiert (Bräuchler, 2017) beziehungsweise zum Objekt gemacht wird (Randazzo, 2017, S. 202).

> „The Local Turn is hampered by a binary and essentialist understanding of the local and the international, which are presented as the only relevant locations of power or resistance. This leads to an ignorance of local elites, provides a romanticised interpretation of hybrid peace governance structures, overstates local resistance and presents an ambivalent relationship to practice" (Paffenholz, 2015, S. 857).

Diese Konstruktion geht auch davon aus, dass sich beide Kategorien eventuell nicht miteinander vereinbaren lassen oder aber zumindest immer konträr sind. Einen möglichen Lösungsansatz bieten die Delokalisierung der beiden Begriffe (Kappler, 2015) und die Einführung der Begriffe *Insider* und *Outsider* (CDA, 2004, S. 22). Diese können der starren Konstruktion und Reproduktion von Machtungleichgewichten entgegenwirken. Der Begriff *Outsider* steht dabei für Akteur*innen, welche Finanzmittel, Expertise oder internationale Verbindungen bereitstellen, während der Begriff *Insider* für Akteur*innen steht, welche direkt von dem Konflikt betroffen sind und in der Konfliktregion leben. *Outsider* entscheiden sich dafür, in die Konflikttransformation eingebunden zu werden, wohingegen *Insider* notgedrungen involviert sind. Die Begriffe *Insider* und *Outsider* sind offener für unterschiedliche Perspektiven (Anderson & Olson, 2003, 37 ff.) und eine durchlässigere Definition der Akteur*innenkategorie.

Durch diese Einführung von neuen Begrifflichkeiten kann einem der größten Kritikpunkte am *Local Turn* entgegengewirkt werden. Dennoch müssen die zunehmende internationale Akzeptanz und Förderung von lokal verankerten Friedensprozessen auch kritisch betrachtet werden. Es ist wichtig, dass die lokalen Akteur*innen reflexiv betrachtet werden, sowohl von innen als auch von außen. Dabei sollte immer der mögliche ambivalente Charakter lokaler Ansätze reflektiert werden, denn nicht alle lokal verankerten Projekte sind automatisch „gut" und „nachhaltig". Auch in lokalen Ansätzen der Friedensarbeit kann es zu Machtungleichgewicht, Diskriminierung oder unfairen Verteilungen zwischen den lokalen Akteur*innen kommen. Eine Wahrnehmung des Lokalen als nur „gut" und als Allheilmittel für Friedensprozesse ist eine fälschliche Romantisierung des Lokalen an sich (Mac Ginty & Richmond, 2013, S. 770). Ebenso ist auch in lokalen Friedensprozessen eine Auflösung von Machtstrukturen und Hierarchien nicht komplett möglich, diese bestehen auf lokaler Ebene weiter. So üben oft Personen aus dem *Top-level* mehr Macht aus und vertreten ihre eigenen Interessen und Vorstellungen und nicht die der gesamten Bevölkerung. „Any universal peace system is therefore open to being hijacked by hegemonic actors" (Richmond, 2006a, S. 390).

Dennoch bleiben gerade in der Praxis die Kategorien lokal und international als zwei sich gegenüberstehende Akteur*innenkategorien bestehen und selbst die Auflösung in *Insider* und *Outsider* beschreibt zwei Akteur*innenkategorien und eine Intervention von außen (Randazzo, 2017, S. 205). Zu kritisieren ist dabei nicht nur die Auflösung in zwei Kategorien, sondern vielmehr, dass nicht beachtet wird, wie Prozesse und Interaktionen zwischen lokalen und internationalen Akteur*innen stattfinden und wie diese einer gemeinsamen Transformation unterliegen. Wie bereits in Abschnitt 3.2 dargestellt, kommt es in Friedensprozessen zu Aushandlungsräumen zwischen lokalen und internationalen Akteur*innen. Die so beschriebene Hybridität in Friedensprozessen wird in der Regel verwendet, um die Vermischung von lokalen und globalen Strukturen und Praktiken und die Beziehung zwischen den Akteur*innen (formal und informell) darzustellen. Dabei geht das Konzept von Hybridität mehr auf das Ergebnis als auf den Prozess und die Interaktionen an sich ein (Björkdahl et al., 2016b, S. 8). Hybridität an sich ist nicht unfähig, diese Rolle zu übernehmen. Jedoch wurde es in der Praxis als Konzept als etwas abgetan, was noch geplant und in die Agenda und *Policies* aufgenommen werden muss. Dahingegen ist das Konzept der *Frictions* resistenter, da es den gesamten, komplexen Prozess umfasst (Millar, 2016b, S. 42). *Frictions* sind als Weiterentwicklung von Hybridität zu sehen und können somit noch stärker auf die Komplexität und Unvorhersehbarkeit eingehen. Besonders die Unvorhersehbarkeit stellt die Forscher*innen vor eine große Herausforderung, da sie „new arrangements that display hybrid features, where for instance, liberal and illiberal norms co-exist" (Björkdahl et al., 2016b, S. 8) hervorrufen kann.

3.4 Hybridität und der *Local Turn* neu gedacht – das Konzept von *Frictions*

In den letzten Jahren haben sich internationale Akteur*innen verstärkt für hybride Friedensprozesse und die Abgabe von *Ownership* ausgesprochen. Doch sind diese Schlagworte oft zu neuen *Toolboxen* geworden, welche in Interventionen geplant und administrativ verwaltet werden (Björkdahl et al., 2016b, S. 2). Auch wird hier in der Praxis und in den theoretischen Überlegungen der Fakt ausgelassen, wie dabei die Interaktionen zwischen lokalen und internationalen Akteur*innen ablaufen. Obwohl das Konzept der Hybridität auf dem Ergebnis der Interaktion basiert, geht es nicht auf den hybriden Prozess und die Interaktionen selbst ein (Björkdahl et al., 2016b, S. 8). Aus diesem Grund ist es wichtig, das Konzept von *Frictions* zu betrachten, um die Interaktionen in die theoretische Diskussion einzubeziehen. Durch die Komplexität von Post-Konfliktsituationen, welche oft durch verschiedene parallel laufende friedenskonsolidierende Prozesse gekennzeichnet sind, wird es notwendig, analytische Konzepte anzuwenden, welche sowohl die Komplexität als auch die Unvorhersehbarkeit einbeziehen können (Millar et al., 2013, S. 142). Das *Friction*-Konzept wird in der Friedens- und Konfliktforschung erst seit einigen Jahren vertieft diskutiert und versteht besonders die Interaktion und gegenseitige Einflussname als Ressource. „It is in the interaction between the actors involved in post-conflict intervention that friction occurs“ (Björkdahl et al., 2016b, S. 2).

Bezogen auf einen anderen Kontext ging Carl von Clausewitz davon aus, dass *Friction* in Bezug auf Konflikte ein zu überkommendes Hindernis darstellt und dazu führen kann, dass Pläne nicht durchgeführt werden können (Clausewitz, 1832, 44 f.). Somit wird *Friction* als etwas verstanden, was geschieht, wenn es einen Widerspruch zwischen dem Geplanten und der Umsetzung gibt. *Friction* kann demnach als eine Kraft betrachtet werden, die ein Vorankommen verringert und verlangsamt, da sie unabhängig von der Richtung, in die ein Prozess verläuft, in die Gegenrichtung steuert. Die heutige post-liberale Friedens- und Konfliktforschung orientiert sich dagegen an dem von der Ethnografin Anna Lowenhaupt (Tsing, 2005) eingeführten Begriff *Friction*, der eine positivere Konnotation hat. Demnach wird *Friction* nicht als Verlangsamung eines Prozesses, sondern als produktive Kraft verstanden, und es wird die aufkommende und unerwartete Natur unbeabsichtigter und ungeplanter Konsequenzen betont. Der Begriff ist dabei aus Interaktionen und der Prozesshaftigkeit heraus als „the unexpected and unstable aspects of global interaction“ (Tsing, 2005, S. xi) definiert. Dadurch wird *Friction* als eine Möglichkeit verstanden, wie liberale Ansätze von globalen Akteur*innen in der Praxis in Post-Konfliktgesellschaften aufgeladen und verändert werden. Die in den Veränderungen entstehenden Reibungen bringen dabei zum Ausdruck, wie die globalen Akteur*innen, ihre Ideen und ihre Praktiken sich mit der lokalen Realität auseinandersetzten. Somit wird *Friction* als ein Prozess der Reibung verstanden, welcher durch (konflikthafte) Begegnungen entsteht. Dabei muss das Ergebnis dieser Reibung nicht zwangsläufig negativ sein. Tsing vergleicht diesen Prozess mit dem Anzünden eines Feuers: „Rubbing two sticks together produces heat and light; one stick alone is just a stick“ (Tsing, 2005, S. 5).

Generell ist *Friction* als ein analytisches Tool und als konzeptuelle Linse (Björkdahl & Höglund, 2013, S. 294) zu sehen, welches eine Interpretation der Ergebnisse der Interaktion in komplexen Post-Konfliktgesellschaften zulässt. Daher kommen auch viele Annahmen für das Konzept direkt aus empirischen Untersuchungen.[11] Durch eine Beachtung dieses analytischen Konzepts ist es möglich, die komplexen Dynamiken in der Friedensarbeit besser zu verstehen. „It puts the focus on how peacebuilding processes can produce both contestation and cooperation and, in this sense, serves either to preserve or challenge the status quo" (Björkdahl et al., 2016a, S. 204). Insgesamt wird der Fokus weniger auf das Ergebnis der friedenskonsolidierenden Maßnahmen als vielmehr auf den Prozess an sich gelegt. Welches Ergebnis am Ende des Prozesses steht, ist offen und für die Betrachtung an sich nicht von Relevanz. Es geht vielmehr um die ungeplanten, neuen Ergebnisse, welche in der Prozesshaftigkeit entstehen. Da dies ungeplant und in einem kreativen Prozess geschieht, kann von einem „akward engagement" (Tsing, 2005, S. xi) gesprochen werden. Hier lassen sich sechs verschiedene Möglichkeiten der Prozesshaftigkeit festhalten: Konformität (erzwungene Befolgung oder Unterwerfung unter globale/externe Diskurse und Praktiken zwischen Akteur*innen), Annahme (Übernahme von globalen/externen Normen und Praktiken auf lokaler Ebene), Anpassung (Anpassung und Kontextualisierung von globalen/externen Normen und Praktiken an lokale Besonderheiten), Kooptierung (Strategische Übernahme des Globalen/Externen ins Lokale als Mittel zur Abwendung von Druck), Widerstand (Dominanz lokaler Merkmale, begrenzte Übernahme globaler/externer Normen und Praktiken) und Ablehnung (Ausschluss von globalen/externen Normen und Praktiken aus dem Lokalen) (Björkdahl & Höglund, 2013, S. 297). Diese Möglichkeiten kreieren jeweils neue Realitäten, indem sie Machtbeziehungen hinterfragen und transformieren. Außerdem wird deutlich, dass keine Vorhersagen über den Ausgang einer *Peacebuilding*-Maßnahme gemacht werden können, da diese von unvorhersehbaren Interaktionen abhängig sind. Dabei darf *Friction* nicht als ein weiteres Element auf der *Peacebuilding*-Agenda verstanden werden oder als eine Verkomplizierung des Prozesses, sondern muss als individueller Prozess betrachtet werden, welcher durch regelmäßiges *Feedback* aufgefangen und gemeinsam bearbeitet werden kann (Björkdahl et al., 2016a, 211 f.). Dies ist besonders wichtig, da ein Konzept, welches in einem Kontext funktioniert, in einem anderen Kontext nicht funktionieren muss und sogar schädlich sein kann. Dies geschieht nach Tsing in sogenannten *Travelling Packages,* vermeintlich universellen Konzepten,

[11] Siehe etwa: Björkdahl et al. (2016b); Abu-Lughod (2002); Millar (2013); Schia und Karlsrud (2013); Öjendal und Ou (2013).

welche von internationalen Akteur*innen an verschiedenen Orten eingesetzt und vor Ort lokal übersetzt werden. „[They] travel when they are translated in such a way as to form a significant intervention in a local scene“ (Tsing, 2005, S. 237).

Dabei gilt *Friction* als eine Beschreibung für Phänomene der kreativen „Reibung“ zwischen dem Geplanten und der tatsächlichen Realität (Björkdahl & Höglund, 2013, S. 290). Sie darf nicht verstanden werden als ein Widerspruch oder eine Konfrontation zwischen verschiedenen Ideen und Akteur*innen im *Peacekeeping,* sondern vielmehr als „uneven, unexpeced and uncertain process in which global and local confluence to mediate and negotiate difference and affinity“ (Björkdahl & Höglund, 2013, S. 294). Somit reagiert das Konzept auf die Dysfunktionalität des liberalen Friedens in der Praxis, auf paternalistische Vorwürfe, eine unzureichende Betrachtung der lokalen *Agency* und geht auf die im liberalen Ansatz oft ausgelassene Betrachtung von globalen und lokalen Ungleichheiten ein. Das Konzept erlaubt es auf theoretischer und analytischer Ebene, die meist zu wenig theoretisierten Machtbeziehungen zu analysieren und kritisieren, welche die Interaktionen in *Peacebuilding*-Diskursen und der Praxis prägen. Indem alle Interaktionen, Beziehungen und Artikulationen zwischen den verschiedenen Akteur*innen mit den unterschiedlichen Ideen und Pratiken in ihrer Unvollkommenheit sichtbar gemacht werden und genauer betrachtet wird, wie die friedenskonsolidierenden Prozesse ablaufen und wo es Überschneidungen und Reibungspunkte gibt, wird deutlich gemacht, dass gerade diese Reibungspunkte (*Frictions*) als Katalysator für Veränderungen dienen können, unvorhergesehene Wirkungen entfalten und als ein produktiver Moment und dadurch nicht negativ zu betrachten sind (Björkdahl et al., 2016b, S. 9). Vielmehr wird dadurch im Vergleich zu anderen theoretischen Ansätzen die Realität der Interaktionen im *Peacebuilding* besser abgebildet. Dies ist auch möglich, da die in der Praxis oft unüberschaubare Vielzahl von durchgeführten Maßnahmen mit ihrer Prozesshaftigkeit durch das von (Millar, 2013, S. 200) eingeführte Konzept der *Compound Friction* erfasst werden kann. Dadurch wird es möglich aufzuzeigen, wie die Ziele und Prozeduren verschiedener, gleichzeitig stattfindender Prozesse miteinander verwoben sind. Die Prozesshaftigkeit der Interaktionen bildet die Komplexität, Unsicherheit und Unbestimmtheit der friedenskonsolidierenden Maßnahmen mit möglichen Reibungspunkten ab und bewertet diese positiv. Um diese zu erfassen, kann zum Beispiel das Konzept der Resilienz hilfreich sein: „Resilience approaches seek to work through understanding the concrete context in which social practices and everyday ‘tactics’ produce problematic consequences“ (Chandler, 2015, S. 31). Somit geht das *Friction*-Konzept weiter als das der Hybridität, welches „is most tangible at the peak of the intervention and is a catalyst for triggering the ensuing hybridisation, which is a process still at work" (Öjendal & Ou, 2013, S. 367).

Überträgt man das Konzept auf die Praxis, wird deutlich, dass das Lokale nicht als homogene Gruppe betrachtet und behandelt werden kann und dass lokale Akteur*innen in ihrer Komplexität wahrgenommen werden müssen (Björkdahl et al., 2016a, S. 210). Durch den Begriff wird es möglich, die heterogene und oft ungleiche Begegnung zwischen Akteur*innen des sogenannten globalen und des sogenannten lokalen Levels zu beschreiben und die Dynamiken, welche sich in den *Peacebuilding*-Prozessen abspielen, genauer zu betrachten. Es wird die komplexe Geben-und-Nehmen-Beziehung der Akteur*innen untersucht, welche sowohl die lokalen Gegebenheiten als auch die globalen Gegebenheiten verändert. Hier wird versucht, die unvorhersehbare und ungewisse Natur der Interaktion zwischen internationalen und lokalen Akteur*innen zu analysieren. Es ist also wichtig, den Fokus mehr auf die Art der Beziehung zu legen, welche zwischen externen und lokalen Akteur*innen stattfindet, und sich die Interaktionen genau anzuschauen (Sending, 2011, S. 56). Das Globale und das Lokale existieren dabei nicht als zwei getrennte Sphären, sondern es wird davon ausgegangen, dass Akteur*innen auf allen Ebenen, also (inter-)national, regional und lokal verschiedene Kapazitäten besitzen und in Friedensprozessen auf unterschiedliche Weise eingebunden werden können. Somit werden lokale Akteur*innen nicht mehr als hilflose Opfer verstanden, sondern als Akteur*innen, die eine aktive Rolle in dem Prozess einnehmen (Schia & Karlsrud, 2013, S. 234). Es wird deutlich, dass *Peacebuilding* aus einer Vielzahl von lokalen und globalen Prozessen besteht, welche parallel stattfinden. „Peacebuilding is not found in a given space [...] but at the intersection where the universal and the particular interact" (Björkdahl et al., 2016a, S. 209). Somit wird deutlich, dass das Lokale und das Globale nicht losgelöst voneinander betrachtet werden können. Sie interagieren vielmehr in einem geteilten Raum und es müssen alle involvierten Akteur*innen mit ihren Kapazitäten wahrgenommen werden. Generell beeinflussen sich alle Akteur*innen gegenseitig und lassen etwas Neues im Prozess entstehen (Buckley-Zistel, 2016, 24 f.). „Frictional interaction between the global actors, discourses and practices and the local counterparts at peacebuilding sites produce new realities comprising global and local elements" (Björkdahl & Höglund, 2013, S. 292). Somit kann es zu einer globalen Konstruktion des Lokalen, aber auch zu einer lokalen Konstruktion des Globalen kommen (Massey, 2007, S. 12). In der Folge stehen das Globale und das Lokale in ständiger Konfrontation zueinander, beeinflussen sich gegenseitig und die oft vorherrschende Dichotomie zwischen Global und Lokal (Björkdahl & Höglund, 2013) wird verändert. Durch diese

Interaktionen in diesem Prozess können vermeintlich universell gültige internationale Normen und Praktiken in Aushandlungsprozessen lokal verankert und neu interpretiert werden. Diese Aushandlungsprozesse sind nicht als leere Räume zu verstehenund die lokalen Akteur*innen nicht als „unwillige" Objekte der *Peacebuilding*-Agenda (Björkdahl et al., 2016b, S. 9), sondern als entscheidende Kraft in dem Prozess. Denn sie haben Zugang zu beispielsweise Patronage-Networks, traditionellen Autoritäten, anderen Wirtschaftszweigen und verfügen über Hintergrundinformationen, welche vor, während und nach dem Konflikt existieren. Dabei ist das Lokale nicht als Produkt oder Opfer des Globalen zu sehen, sondern als aktiver Part in dem Austauschprozess, welcher das Globale formt (Buckley-Zistel, 2016, S. 26). Dies führt zu einer Zunahme an *Agency* und transformativer Kapazität. Somit werden Veränderungen der Machtgefälle zugelassen und Möglichkeiten des *Empowerment* eröffnet. *Friction* „is less open to appropriation by the agents of global power in the drive to influence post-conflict societies" (Millar, 2016b, S. 33). Der Ansatz führt weg von dem oft zu einfachem Bild des Lokalen (Opfer und Produkt des Globalen) und hin zu einer Beeinflussung der globalen Ebene durch das Lokale (Buckley-Zistel, 2016, S. 26). Dabei schließt das *Friction*-Konzept ebenfalls an die Debatte der *Local Agency* an und kritisiert damit die Romantisierung des Lokalen und den liberalen Frieden.

Abschließend lässt sich feststellen, dass Debatten über Reibungen bisher oft als unintendierte Nebenwirkung aufkommen. Somit muss sich das theoretische *Friction*-Konzept noch weiter aufstellen, um nicht zu einer unintendierten Nebenwirkung zu werden. Zusammenfassend ist *Friction* also als ein unsicherer Prozess zu verstehen, in dem globale und lokale Akteur*innen miteinander in Diskurs treten, gemeinsam interagieren und aushandeln. Neu an dem Konzept ist, dass der Fokus auf die Komplexität der Interaktionen gelegt wird. „It is this multiplicity that gives friction its unpredictable and contingent nature" (Björkdahl et al., 2016b, S. 7). Das Ziel von *Friction* ist es also aufzuzeigen, dass der Prozess wichtig ist. Durch die im Prozess entstehenden Reibungen kann gezeigt werden, dass lokale Akteur*innen eingebunden sind und dass diese den Friedensprozess vorantreiben.

3.5 Offene Fragen

Die kritische Diskussion hat gezeigt, dass es eine massive Kritik am liberalen Friedensansatz gibt. Das Konzept des liberalen Friedens gilt als nicht zu retten, wenn er in seinen gegenwärtigen Strukturen bleibt und die lokalen Perspektiven einbezogen werden sollen. Deshalb muss der Begriff der Friedensförderung neu definiert werden und sollte „encompass an interactive process between different actors [...] objectives are negotiated for the purpose of building peace. It is based on relations between different actors, and shaped by their interactions" (Bernhard, 2013, S. 10). Mit den in diesem Kapitel dargestellten theoretischen Ansätzen soll eine Übertragung des politischen Raums in die Eigenverantwortung lokaler Akteur*innen stattfinden. Einhergehend damit entstehen Chancen für alternative Formen der Selbstorganisation lokaler Akteur*innen, welches zu einer höheren Legitimität führt (Darby, 2009, S. 709). Doch auch das Konzept des *Local Turn*, welches kritisch und kultursensibel sein möchte, hat Schwächen. Auch der *Local Turn* ist von paternalistischen Sichtweisen und fehlender Kenntnis lokaler Strukturen und Prozesse gekennzeichnet. Dies führt zum einen zu einer Romantisierung der lokalen Akteur*innen, setzt zum anderen aber auch die Reproduktion globaler Ungleichheitsverhältnisse fort. Eine radikale Einstellung sämtlicher Zusammenarbeit von externen Akteur*innen mit Akteur*innen im globalen Süden ist in einer globalisierten Welt jedoch mehr als fragwürdig, wenn nicht sogar unmöglich. Klar ist, dass sich die bestehenden Strukturen nicht kurzfristig ändern lassen. Dennoch ist die Friedensforschung auf dem Weg, liberale Ansätze hinter sich zu lassen und durch eine fortlaufende, kritische Reflexion der bestehenden Machtverhältnisse ihre eigene Kritik aufzubrechen. Um diese Veränderungen weiterhin zu ermöglichen, ist es auch wichtig, akademisches Wissen und Erfahrungen aus der Praxis, welche im Globalen Süden produziert werden, stärker in den Fokus zu rücken. Die Notwendigkeit hierfür ergibt sich mehr aus wissenschaftlicher Perspektive als aus der Praxis, denn der beschriebene Diskurs wird vor allem von westlichen Wissenschaftler*innen geführt, denen es auch aufgrund von Strukturen nicht immer möglich ist, aus westlichen Forschungsperspektiven ausbrechen (Exo, 2017, S. 390).

Noch immer versuchen die neuen Ansätze wie Hybridität, *Local Turn* und das *Friction*-Konzept auf Kritiker*innen zu reagieren und das Lokale ernster zu nehmen. Aber wie die Diskussion gezeigt hat, gibt es auch zu diesen Ansätzen einige Kritikpunkte. Generell bleiben einige wichtige Fragen insbesondere im Hinblick auf die (partnerschaftliche) Zusammenarbeit von verschiedenen Akteur*innen unbeantwortet. Offen bleibt, wer Frieden „bringt" beziehungsweise wer an dem Frieden mitarbeitet. Wer sind die richtigen Personen? Werden externe Personen oder Fachkräfte benötigt oder können dies die Menschen in den jeweiligen Ländern auch ohne Hilfe? Werden Inhalte und Konzepte aufgezwungen oder lokale Konzepte verwendet? Auch besteht die Frage, ob Abhängigkeiten zum Beispiel durch externe Gelder entstehen und wie mit diesen Abhängigkeiten umgegangen wird. Dabei spielt auch die Frage von Macht eine wichtige Rolle. Wer sind die mächtigen Akteur*innen, wer hat Deutungshoheit? Welche Rolle spielt

Macht in der Zusammenarbeit? Die offenen Fragen zeigen deutlich, dass es eine theoretische Lücke gibt und die theoretischen Antworten zur Friedensförderung zwar normativ, aber nicht erklärend sind. Diese theoretischen Erklärungsdefizite können nur auf der empirischen Ebene beantwortet werden. Anhand der in der vorliegenden Forschung dargestellten empirischen Beispiele wird somit die empirische Blackbox für lokale Theorien der Friedensförderung bearbeitet.

4 Zivile Konfliktbearbeitung und Ziviler Friedensdienst

Konfliktbearbeitung ist in der Wissenschaft und in der Praxis ein weites und viel diskutiertes Feld. Dabei gibt es sowohl zivile als auch militärische Maßnahmen der Konfliktbearbeitung. Diese Forschung geht davon aus, dass besonders Zivile Konfliktbearbeitung (ZKB) erfolgreich zu Frieden beitragen kann, da sie oftmals auf einer lokalen Ebene arbeitet und lokale Akteur*innen in die Prozesse einbezieht. Somit kann die lokal verankerte ZKB eine Antwort geben auf die in wissenschaftlichen Debatten verlangte Einbindung lokaler Akteur*innen in die Friedensarbeit und Konfliktbearbeitung (Reich, 2005). Zudem kann sie einen umfassenden Ansatz der Zusammenarbeit und Konzepte liefern, die zumindest theoretisch den lokalen Partner*innen keine westlichen Vorstellungen aufzwingen, sondern sie als aktiven Teil des Gesamtprozesses betrachten. Im Rahmen dieser Forschung, wird eine besondere Form der ZKB betrachtet, nämlich der in Deutschland verbreitete Zivile Friedensdienst (ZFD). Dieser ist als Untersuchungsgegenstand der Forschung definiert.

In diesem Kapitel erfolgt zunächst eine allgemeine Einführung und Begriffsklärung zur Friedenskonsolidierung und für Zivile Konfliktbearbeitung im Speziellen. Daran anschließend wird die besondere Rolle von zivilgesellschaftlichen Organisationen in der Friedensarbeit betrachtet. Dies ist eine erste Darstellung, welche dazu dient, den ZFD, der von zivilgesellschaftlichen Organisationen durchgeführt wird, besser verorten zu können. Darauf folgt eine Vorstellung des ZFD im Detail. Diese ausführliche Darstellung ist hilfreich, um den empirischen Teil, welcher Fallstudien des ZFD beinhaltet, besser einordnen und verstehen zu können. Generell findet in allen Kapiteln auch eine machtkritische Betrachtung von ZKB, der Arbeit von zivilgesellschaftlichen Organisationen (Zivilgesellschaftliche Organisationen/Civil Society Organizations – CSOs) und des ZFD unter dem in Kapitel 2 definierten Begriff von Macht statt. Diese Betrachtung

S. Ruppel, *Lokal verankerte Zivile Konfliktbearbeitung zwischen Partnerschaft und Machtungleichgewicht*, Studien des Leibniz-Instituts Hessische Stiftung Friedens- und Konfliktforschung,
https://doi.org/10.1007/978-3-658-41693-5_4

ist besonders relevant, da oftmals die Machtaspekte in der Friedensarbeit nicht genügend beleuchtet werden (Ropers, 1998). Auch wenn diese Machtungleichgewichte nicht immer thematisiert werden, so sind sie zwischen Geber*innen, Empfängerländern und zivilgesellschaftlichen Gruppen nach wie vor klar und deutlich zu erkennen (Duckworth, 2016, S. 8) und setzen sich auch in ZKB oder gewaltfreier Intervention fort (Wanie & Hartmann, 2000, S. 92).

4.1 Eine Begriffsklärung: Friedenskonsolidierung

Da die Zivile Konfliktbearbeitung und damit auch der ZFD Elemente der Konfliktbearbeitung und Friedenskonsolidierung sind, ist es wichtig, zunächst diese Begriffe zu betrachten. In diesem Kapitel wird verstärkt auf Begrifflichkeiten eingegangen, begonnen mit der Konflikttransformation und der Friedenskonsolidierung.

Da die Zivile Konfliktbearbeitung eine Möglichkeit der Konfliktbearbeitung und insbesondere der Konflikttransformation darstellt, wird zunächst auf diesen Begriff eingegangen. Dabei wird Frieden verstanden als ein epochenübergreifender Prozess, in dessen Mittelpunkt die Überwindung von Krieg, also die Transformation steht (Brock, 1990, S. 71). Somit bezieht sich der Begriff auf die friedliche Transformation und nicht auf die Abschaffung von Konflikten.

> „Konflikttransformation bezeichnet Aktivitäten, die auf die grundsätzliche Überwindung von strukturellen Ursachen, aber auch von Einstellungen und Verhaltensweisen der Konfliktparteien in Gewaltkonflikten abzielen und zur Stärkung von konstruktiven Konfliktbearbeitungskapazitäten beitragen. Konflikttransformation geht einher mit einer Veränderung der Handlungskoordinaten, bzw. der Problemwahrnehmung der Akteur*innen, derart, dass der Konflikt entdramatisiert und einer Regelung zugänglich gemacht wird“ (Zunzer, 2004, S. 165).

Bei der Transformation ist eine an die lokalen Verhältnisse angepasste Zukunftsversion unabdingbar. Transformationsprojekte, welche mit Qualifizierungsprogrammen und Strategieentwicklung arbeiten und bei der Implementierung auf die Zusammenarbeit mit den lokalen Akteur*innen setzen, brauchen in der Regel mehr als zwei und maximal zehn Jahre, um nachhaltig wirksam sein zu können. Sozialer Wandel in Gesellschaften ist eine langfristige Angelegenheit. Daraus lassen sich Zeithorizonte für Präventionsmaßnahmen der Konflikttransformation ableiten (Zunzer, 2004, S. 165). Konflikttransformation möchte zur Überwindung der Konfliktursachen beitragen und die Konfliktparteien dabei unterstützen, sich mit den Möglichkeiten der Streitbeilegung auseinanderzusetzen und zum Aufbau konstruktiver Schlichtungs- und Regelungsmechanismen beitragen (Zunzer, 2004, S. 166).

> „Der Ansatz [der Konflikttransformation] beruht darauf, zentrale Akteure auf allen gesellschaftlichen Ebenen und solche, die zwischen gesellschaftlichen Ebenen vermitteln können, mit einzubeziehen und ihre Kapazitäten zur Transformation von Konflikten sowie zur Entwicklung von Friedensstrategien zu stärken" (Zunzer, 2004, S. 168).

Dabei können Konflikte als etwas Gutes angesehen werden. Denn sie tragen dazu bei, dass bisher tabuisierte Themen angesprochen werden und Veränderungen stattfinden. Damit diese Veränderungen stattfinden können, sind Reibungen nötig, welche konstruktiv genutzt werden können (Ries, 2012, S. 1). Konflikte sind somit der Motor für Wandel und Veränderung. Dies ist eine wichtige Aussage und der Ausgangspunkt für Zivile Konfliktbearbeitung, welche in Abschnitt 4.3 beschrieben wird. Somit geht es darum, Konflikte positiv nutzbar für eine Gesellschaft zu machen, denn Konflikte an sich sollen nicht vermieden werden, sondern deren gewaltsame Austragung (Köhler, 2005, 32 f.).

Um den Begriff der Friedenskonsolidierung zu verstehen, ist es wichtig, den Begriff des *Peacebuilding*[1] zu verstehen und den Begriff „Frieden" in diesem Kontext zu erläutern. Einer der wichtigsten Vertreter der Debatte und die Person, auf die der Begriff des *Peacebuilding* zurückgeht, ist Johan (Galtung, 1976). Er beschreibt, dass durch *Peacebuilding* (Friedenskonsolidierung) adäquate Strukturen identifiziert werden, welche die Gründe für Konflikte und Kriege beseitigen können und Alternativen aufzeigen. Dabei unterscheidet Galtung zwischen negativem und positivem Frieden. Auch wenn diese Unterscheidung von Galtung schon sehr alt ist und vielfach als zu breit kritisiert wurde (siehe zum Beispiel Boulding, 1978; Rapoport, 1992), wird sie dennoch für die Diskussion genutzt, da auch der ZFD mit dieser arbeitet (Gemeinschaftswerk ZFD, 2014a, Abschn. 4.1 S. 3). Außerdem zeigt sich, dass neuere Debatten um den Begriff des Friedens wieder verstärkt an das Konzept des positiven Friedens anknüpfen.[2] Die Debatten werden nach der allgemeinen Einführung in Galtungs Konzept kurz dargestellt. Negativer Frieden beschreibt nach Galtung Frieden als die bloße

[1] ZKB ist dem *Peacebuilding* zuzuordnen. Es gibt jedoch auch Debatten über ziviles *Peacekeeping*. Dieses lässt sich definieren als: „The prevention of direct violence through influence or control of the behaviour of potential perpetrators by unarmed civilians who are deployed on the ground" (Schweitzer 2010, S. 9).

[2] Für eine genaue Diskussion der Entwicklung der Friedensbegriffe siehe: Leib (2020, Kapitel 2).

Abwesenheit von Krieg oder direkter physischer Gewalt. Negativer Frieden ist somit gleichbedeutend mit der Abwesenheit direkter Gewalt und einer Einstellung der bewaffneten Feindseligkeiten und umfasst Maßnahmen wie Waffenstillstände oder das Auseinanderhalten der Konfliktparteien. Er impliziert daher ungleiche Chancen für Ressourcen wie politische Macht, Bildung, Unterkunft, Gesundheitsversorgung oder Handel (Galtung, 1969). Im Gegensatz dazu hält der positive Frieden auch an der Abwesenheit jeglicher Form von struktureller Gewalt fest und ist auf Ideen wie Harmonie, Kooperation und Integration aufgebaut. Positiver Frieden beinhaltet auch die Steigerung sozialer Gerechtigkeit und die Schaffung einer Friedenskultur zwischen Menschen. Der positive Friedenbegriff bezieht dabei Faktoren wie Marginalisierung, Armut, Diskriminierung und Mangel an Beschäftigungsmöglichkeiten und Wohnraum mit ein (Galtung, 1969). Galtung führt weiter aus, dass *Peacebuilding* folgendes Element beinhalten sollte: Erlangung des Friedens durch friedliche Mittel in Verbindung mit sozioökonomischer Entwicklung. Dabei sollen diese Prozesse die grundlegenden Konfliktursachen bekämpfen, um die Nachhaltigkeit des Friedens zu gewährleisten (Galtung, 1996, S. 112). Für Galtung sind Frieden und Gewalt in einem kontinuierlichen Zustand miteinander verbunden, was impliziert, dass Frieden als Abwesenheit von Gewalt betrachtet werden kann. Frieden zu definieren, ohne sich auf Gewalt zu beziehen, ist daher nicht möglich. Nach Galtung kann Frieden als Abwesenheit von Gewalt angesehen werden (Galtung, 1969, S. 168). Gewalt kann direkt und persönlich sein, was bedeutet, dass Menschen physisch verletzt oder getötet werden. Oder sie kann indirekt und strukturell sein, wobei in diesem Fall die Gewalt in die Struktur eingebettet ist und sich als ungleiche Macht und folglich als ungleiche Lebenschancen zeigt (Galtung, 1969, S. 171). Nach dieser Definition rückt Frieden jedoch in einen utopischen Bereich und wäre eine Art Endzustand der Geschichte (Heinemann-Grüder & Bauer, 2013a, S. 38). Auch der Begriff des positiven Friedens, als Transformationsfrieden, spiegelt in seiner Endgültigkeit einen Endzustand wider.

Wie bereits angesprochen, wurde nach einer Kritik an dem Konzept der Begriff des „Friedens" immer weiter diskutiert. Heute beziehen sich Debatten wieder auf Elemente des positiven Friedens. Hier sind beispielsweise Peter Wallensteen und die Diskussion um „quality peace" zu nennen. Darunter ist zu verstehen „the creation of postwar conditions that make the inhabitants of a society (be it an area, a country, a region, a continent, or a planet) secure in life and dignity now, and for the foreseeable future" (Wallensteen, 2015, S. 6). Somit sollte der Frieden auch eine Wiederholung des Krieges verhindern. In einem Versuch, Wallensteens Definition von Qualitätsfrieden, welche eine sehr theoretische Diskussion darstellt, zu operationalisieren, nutzen neuere Studien sein Konzept als Unterbau und erarbeiten darauf aufbauend Maßnahmen, die es ermöglichen sollten, Frieden direkt zu untersuchen und nicht nur in Verbindung mit Krieg (Davenport et al., 2018; Goertz et al., 2016). Generell muss Frieden als Konzept immer mehr in seiner Komplexität verstanden werden. „Peace is a state between specific social and political collectives characterized by the absence of direct violence and in which the possible use of violence by one against another in the discourse between the collectives has no place" (Müller, 2005, S. 62).

Diese komplexe Begriffsauslegung ist auch für die praktische Anwendung des Begriffs in der Ausdifferenzierung von *Peacebuilding* hilfreich. Hier soll mit einer breiten Definition gearbeitet werden: „We adopt a broad definition of peacebuilding as the range of efforts – engaging with a variety of actors – aimed at political, institutional, social and economic transformations in post-war societies for the purpose of a sustainable and positive peace" (Björkdahl et al., 2016b, S. 3). Dabei wird nachhaltig im Sinne von Lederachs Konzept des „nachhaltigen Friedens" verstanden, welches Mechanismen einschließt, die die gesamte Gesellschaft miteinbeziehen, um Gerechtigkeit zu fördern und die Grundursachen der Feindschaft anzugehen (Lederach, 1997, S. 9).

Peacebuilding wurde allgemein gebräuchlich, nachdem Boutros Boutros-Ghali, der damalige Generalsekretär der Vereinten Nationen, 1992 seine Agenda für den Frieden (Boutros-Ghali, 1992) verkündete. Seither wird der Begriff in vielerlei Hinsicht verwendet und umfasst alle Aktivitäten, die sich mit dem Wiederaufbau nach Konflikten befassen. (Boutros-Ghali, 1992) beschrieb *Peacebuilding* als nachhaltige, kooperative Arbeit zur Bewältigung grundlegender wirtschaftlicher, sozialer, kultureller und humanitärer Probleme. Dabei gehören zum *Peacebuilding* auch „action[s] to identify and support structures which tend to strengthen and solidify peace to avoid relapse into conflict" (Boutros-Ghali, 1992, No.27). Die Erklärung des Generalsekretärs für den Begriff war jedoch sehr weit gefasst. Die Herausforderung besteht in der Praxis darin, dass der Begriff *Peacebuilding* in Post-Konflikt-Kontexten als ein Potpourri aller Konfliktinterventionsmechanismen angewandt wird und es dabei schwer ist, seine Grenzen und Dimensionen zu definieren (Paris, 1997, S. 55). Der Begriff wird jedoch meist so verwendet, dass er nicht auf die Handlungsweisen an sich abzielt, sondern auf die Intention der Handlungen (Dan Smith, 2003, S. 5). Um den Begriff in seiner Komplexität zu verstehen, ist es wichtig, dass *Peacebuilding* je nach Akteur*in und Situation anders verstanden werden kann. Dabei kann *Peacebuilding* sowohl als eine gezielte Aktivität verstanden werden, wie zum Beispiel die Organisation einer Friedenskonferenz. Es kann jedoch auch als Diskurs verstanden werden, in dem die Zusammenhänge von verschiedenen Maßnahmen und Interventionen über die Jahre in einem Zusammenhang betrachtet werden. *Peacebuilding* kann auch ein Label sein, welches als Legitimation verwendet und dadurch Teil eines Programms wird (van Leeuwen, 2009, S. 168). Gerade im Kontext der lokalen Friedensarbeit wird auch von „regional peacebuilding" gesprochen. Hierbei stellt sich die Frage, inwieweit und wann *Peacebuilding* wirklich nur regional stattfinden kann, da es immer durch verschiedene Akteur*innen stattfindet und Akteur*innen an unterschiedlichen Orten zu gleichen Themen oder an einem Ort mit verschiedenen Ansätzen arbeiten. Deswegen soll die folgende Definition verwendet werden:

> „'regional peacebuilding' [is defined] as peacebuilding that engages regionally to transform the regional conflict system in a way that promotes interlinkages between actors and draws from national and grassroots efforts and people across relevant countries and spheres, encompassing their participation" (Kamatsiko, 2017, 57f.).

Damit dies erfolgreich funktionieren kann ist es wichtig, dass Transformationsprozesse regional gewünscht sind, regionale Konfliktanalysen stattfinden, Aktivitäten an regionale Dynamiken angepasst werden, Netzwerke zwischen Akteur*innen der verschiedenen Regionen hergestellt werden, zwischen nationalen, subnationalen und *Grassroot*-Initiativen vermittelt wird, betroffene Personen in den Prozess eingebunden werden und konfliktsensitiv gearbeitet wird (Kamatsiko, 2017, S. 57). Bislang gibt es keine explizite Theorie der Friedenskonsolidierung und kein wissenschaftliches und praktisches Verständnis der Begriffe in Bezug auf die verwendeten Ansätze oder den Umfang der Aktivitäten. Das übergeordnete Ziel der Friedenskonsolidierung ist es also, das Risiko eines wiederkehrenden bewaffneten Konflikts zu minimieren, während gleichzeitig der Weg für die Aufrechterhaltung des Friedens geebnet wird und Entwicklung stattfinden kann.

4.2 Die Rolle von zivilgesellschaftlichen Akteur*innen in der Konfliktbearbeitung

Friedenskonsolidierung kann von staatlichen Institutionen oder internationalen Organisationen, aber auch von zivilgesellschaftlichen Organisationen durchgeführt werden. In den letzten Jahren hat die Zahl der nicht staatlichen, zivilgesellschaftlichen Organisationen (Civil Society Organizations – CSOs), die im Rahmen der Entwicklungsarbeit, der humanitären Hilfe oder der Menschenrechte tätig sind, stetig zugenommen und ist allgemein anerkannt. Immer mehr CSOs, welche vorher in der humanitären Hilfe oder der Entwicklungszusammenarbeit tätig waren, sind auch in den Bereichen Konfliktprävention, Friedensschaffung und Post-Konfliktarbeit aktiv. Dies liegt auch an der Erkenntnis aus der Praxis, dass diese Themen sich oft gegenseitig beeinflussen (Fischer, 2011, S. 288; van Leeuwen, 2009, 29 ff.). Besonders seit dem Ende des Ost-West-Konflikts hat die Bedeutung der privaten Akteur*innen in der humanitären Hilfe und der Entwicklungszusammenarbeit zugenommen. Sie haben vielfach neue, zum Teil staatliche Aufgaben in bestimmten Ländern übernommen (Debiel & Sticht, 2007, S. 165; Irrera, 2011, S. 90; van Leeuwen, 2009, S. 3), wurden als Antreiber für positive Veränderungen verstanden (van Leeuwen, 2009, S. 38) und bekamen vermehrt Gelder zur Verfügung gestellt (K. D. Reimann, 2005, S. 38). Gerade in der Friedens- und Entwicklungsarbeit gelten CSOs seit den 1980er Jahren als die wichtigsten Akteur*innen. Teilweise werden sie als effektiver als staatlich Handelnde angesehen, da sie näher an den Menschen arbeiten können (Crowther, 2001; Pearce, 2005). Dabei haben Untersuchungen gezeigt, dass die Ergebnisse nachhaltiger waren, je intensiver die Zivilgesellschaft im *Peacebuilding* involviert war (Paffenholz & Spurk, 2018, S. 39). Gerade durch CSOs ist die ZKB in ihrer Entwicklung vorangetrieben worden (Köhler, 2005, S. 41), und es kam zu einer verstärkten Einbeziehung von Akteur*innen auf einem lokalen Level (Ramsbotham et al., 2016, S. 214; van Leeuwen, 2009, S. 4). Da der ZFD, welcher Untersuchungsgegenstand dieser Forschung ist, selbst ein zivilgesellschaftlicher Akteur ist und mit CSOs zusammenarbeitet, wird im Folgenden zunächst dargestellt, was unter CSOs zu verstehen ist. Danach wird auf die verschiedenen Rollen eingegangen, welche CSOs in der Konfliktbearbeitung einnehmen können und im Anschluss wird beleuchtet, welche Aufgaben sie übernehmen und welchen Beitrag sie mit ihrer Arbeit leisten können.

Spricht man von nicht staatlichen Akteur*innen in der Friedensarbeit, wird in der Regel von Nichtregierungsorganisationen (NGOs) gesprochen. NGOs werden verstanden als „eine nicht profitorientierte, nicht gouvernementale Organisation […], die Menschen repräsentiert, formal organisiert ist (also keinen ad hoc-Zusammenschluss darstellt) und ein eigenes konstitutionelles Arrangement besitzt" (Brühl, 1999, S. 106). Dabei liefert die Forschung von NGOs jedoch keine einheitliche Definition. Sie sagt mehr darüber aus, was NGOs nicht sind, nämlich nicht staatliche Akteur*innen, als darüber, was NGOs sind (D. Brown & Korten, 1991, S. 91). Jedoch sind die vorhandenen Definitionen für die Arbeit von Organisationen in der Friedensarbeit oft zu kurz gedacht, da auch andere Akteur*innen wichtige Rollen übernehmen können (Ryerson, 2013, S. 53).

„The narrow view of NGOs holds that they only represent non-profit, service, and advocacy organizations in public affairs. Non-state actors (e.g., for-profit corporations or non-profit trade associations) and nationalist groups (e.g., violent terrorists and revolutionary cells) are excluded from this definition. An opposite conception of NGOs includes any association, liberal and civil or illiberal and uncivil, that is not part of the government but influences society (excludes states and parties)" (Carey, 2012, S. 10).

In Anlehnung an diese Definition wird ein erweitertes Akteur*innenverständnis verwendet. So werden alle nicht staatlichen Akteur*innen, sowohl Nichtregierungsorganisationen als auch gemeinnützige Organisationen und kirchliche Organisationen, welche in einer mehr oder weniger organisierten Form handeln, Position beziehen und zusammengeschlossen sind, als CSOs bezeichnet. Es sei jedoch angemerkt, dass gerade in den Interviews die Begriffe NGO und CSO von den interviewten Personen synonym verwendet werden. Generell kann die Friedensarbeit von CSOs definiert werden als: „multi-dimensional approaches to conflict resolution that aims at restoring broken relationships, instituting just societal structures and achieving provision of basic needs" (Opongo, 2011, S. 17). Weiterhin ist anzumerken, dass die Rolle von CSOs in der Friedenskonsolidierung aus sehr unterschiedlichen Blickwinkeln betrachtet werden kann und es durchaus verschiedene Realitäten in der Praxis gibt, die koexistieren können und es dabei auch kein einheitliches Verständnis von Begriffen wie zum Beispiel Friedenskonsolidierung gibt (van Leeuwen, 2009, S. 3).

In den 1990er Jahren hat eine verstärkte Professionalisierung der CSOs stattgefunden. Begonnen wurde ein gewisses *Mainstreaming* im Sinne einer Vereinheitlichung der Arbeit und einer Ausrichtung an ähnlichen Zielen und der Verwendung ähnlicher Methoden in der Umsetzung der Arbeit. Kooperationen und Leitlinien werden verwendet (Reimann, 2007, S. 97) und auch in internationalen Organisationen wurde die Rolle von CSOs gestärkt und vermehrt mit ihnen zusammengearbeitet (van Leeuwen, 2009, S. 38). Heute decken CSOs ein breites Themenfeld ab und lassen sich nach ihren Aufgaben und Rollen unterteilen. Dabei findet diese Unterteilung je nach Autor*innen in einer recht unterschiedlichen Weise statt. Eine allgemeine Einteilung lässt sich anhand der Ausrichtung ihrer Art der Arbeit vornehmen. So gibt es einige CSOs, welche verstärkt als Lobby-Organisationen fungieren, während andere eine Dienstleistungsfunktion einnehmen, auch wenn es immer wieder zu Überschneidungen kommt (Reimann, 2007, S. 97). Auch eine Unterteilung nach der Art der Mitglieder der CSOs ist möglich. So gibt es CSOs, welche die Konfliktparteien repräsentieren, CSOs, zu deren Mitgliedern mehrere Konfliktparteien gehören, und CSOs, die ausdrücklich das Ziel der Konfliktbearbeitung haben (Ropers, 2000b, 74 f.). Auch die Rollen, die CSOs in der Konfliktbearbeitung spielen können, sind vielfältig und in ihrer Einteilung oft auf Identitätsmerkmale zurückzuführen. So gibt es erstens CSOs, die als sogenannte Wilson'sche Organisationen zu bezeichnen sind. Sie sind benannt nach den Ideen des amerikanischen Präsidenten Woodrow Wilson, die an den Prinzipien der Zusammenarbeit und des Multilateralismus festhalten (Stoddard, 2003). In der Friedensarbeit werden diese oft als pragmatische Organisationen bewertet, welche auch in hoch politisierten Missionen arbeiten (Irrera, 2011, S. 91). Außerdem gibt es zweitens die dunantistischen Organisationen, benannt nach dem Gründer des Roten Kreuzes und Sozialaktivisten Henry Dunant, die sich an die Prinzipien der Unparteilichkeit, Neutralität und Unabhängigkeit halten (Stoddard, 2003). In der Friedensarbeit gelten diese CSOs als die prinzipienzentriertesten, da sie sich nachdrücklich dafür einsetzten, dass die Konfliktbewältigung die Grundprinzipien des Humanitarismus respektieren soll (Irrera, 2011, S. 91). Drittens gibt es CSOs, welche auf Glauben basieren, die im Einklang mit religiösen Prinzipien handeln und bei denen Nächstenliebe und Mitgefühl im Vordergrund stehen (Irrera, 2011, S. 91; Stoddard, 2003). Viertens gibt es solidarische Organisationen, welche sich auf die Lösung der Grundursachen von Konflikten konzentrieren und sich generell stärker mit dem Verhalten von Akteur*innen auseinandersetzen (Irrera, 2011, S. 91). Diese unterschiedliche Ausrichtung zeigt sich auch in den unterschiedlichen Herangehensweisen von europäischen und US-amerikanischen CSOs. So können die Handlungen europäischer CSOs in der Tradition von Gramsci (Gramsci & Meinert, 2012) und Habermas (1989) verortet werden. Aus deren Sichtweise nimmt die Zivilgesellschaft eine transformierende Rolle ein, die daher mehr auf emanzipatorische Ansätze Wert legt und Themen wie politische Gleichheit und Gerechtigkeit in den Vordergrund rückt (Howell & Pearce, 2001). Dadurch ist ihre Unterstützung der lokalen Bevölkerung und in der Zusammenarbeit mit lokalen CSOs eher solidarisch, sie sieht die lokale Bevölkerung als richtungsweisend, unterstützt auch marginalisierte Gruppen und ist für einen politischen und gesellschaftlichen Wandel (Verkoren & van Leeuwen, 2013, S. 161). Die US-amerikanische Tradition ist mehr an den Ansätzen von De Tocqueville (Tocqueville, 1996/ 1864) und (Putnam, 1993) orientiert. Sie fokussiert mehr auf den Erhalt oder die Wiederherstellung von friedlichen sozialen Beziehungen, die Herstellung von demokratischen Strukturen und die Einbeziehung von Interessen der Bevölkerung (Verkoren & van Leeuwen, 2013, S. 161). Trotz dieser unterschiedlichen Ausrichtungen hat sich die US-amerikanische Denk- und Handlungsweise auch in Europa und in vielen internationalen Institutionen durchgesetzt. Dadurch ist die Ausrichtung der Arbeit mehr in Richtung der Dienstleistungen, politischen

Aktivitäten und der Sicherstellung von Regierungsleistungen gerückt und weg von emanzipatorischen, sozialen Bewegungen. Gerade durch die Unterstützung und Ausrichtung auf politische Themen ist jedoch die Neutralität der CSOs fragwürdig geworden (Verkoren & van Leeuwen, 2013, S. 161).

In Friedensprozessen ist die Rolle von CSOs oft nicht klar genug definiert und wird als Dichotomie zu staatlichen Akteur*innen dargestellt (Davis, 2009; Stiles, 2000). Dabei haben CSOs wichtige Funktionen und gerade in ihrem gemeinsamen Handeln können sie viel erreichen. Besonders lokale CSOs haben die Möglichkeit, an Themen zu arbeiten, an denen andere Akteur*innen oft nicht arbeiten können und sie können die betroffenen Personen besser erreichen (Tom, 2013, S. 250). So haben CSOs im Vergleich zu anderen Akteur*innen die Möglichkeit zu arbeiten, ohne durch enge außenpolitische Mandate eingeschränkt zu sein. Sie können Zugang zu Gebieten erlangen, die für offizielle Akteur*innen unzugänglich sind und dort Netzwerke aufbauen, mit mehreren Parteien sprechen, ohne die eigene Glaubwürdigkeit zu verlieren. Sie sind in der Lage, direkt mit der Bevölkerung an der Basis zu arbeiten (dies gilt auch für Konfliktgebiete) und tätig zu sein, ohne von zu einschneidenden parlamentarischen oder öffentlichen Kontrollen eingeschränkt zu werden (Tongeren van, 1998, S. 23). Dabei können sie staatliche Aufgaben übernehmen, müssen hierbei jedoch nicht immer in Konkurrenz zu dem Staat und seinen Aufgaben stehen, vielmehr können sie, müssen aber keine Ergänzung bilden (Irrera, 2011, S. 87). CSOs sind oft die innovativen Treiber*innen bei der Lösung von Konflikten. Ihr Beitrag zur Konfliktbearbeitung reicht von Bemühungen zur Unterstützung individueller Anliegen und Projekte hin zur Entwicklung von Standards in lokalen Gemeinschaften, die zur Bewältigung von Konflikten beitragen. „Ultimately, a widespread, inclusive and vibrant engagement within civic life can be the incubator for the institutions and habits needed to resolve conflict peacefully and generate more responsive and better governance needed to make peace sustainable" (Barnes, 2018, S. 35). Jedoch können CSOs auch zum Hindernis in der Lösung von Konflikten werden, da sie beispielsweise selbst eine Konfliktpartei sind oder andere Interessen verfolgen (Assal, 2016, S. 2; Autesserre, 2014, 65 f.; Mahoney, 2007, 287 f.; van Leeuwen, 2009, S. 41).

Für einige Autor*innen ist die größte Stärke, die CSOs in die Friedensarbeit einbringen, ihre Fähigkeit, Veränderungen in der Art und Weise zu unterstützen, wie Menschen sich in Konflikten verhalten und auf Konflikte reagieren. Auch können sie die zugrundeliegenden Konfliktursachen bearbeiten und langfristig einen positiven Frieden unterstützen (Barnes, 2009, S. 134). Dabei können die Organisationen unterschiedliche Schwerpunkte setzen und verschiedene Aufgaben übernehmen. Generell werden in der Literatur folgende

Arbeitsfelder für CSOs in Friedensprozessen genannt: Aufgabe des Schutzes, Frühwarnsysteme, Monitoring, *Lobby*- und *Advocacy*-Arbeit, Sozialisierung und Entwicklung einer friedlichen Gesellschaft im Sinne einer Veränderung von Verhalten (*Culture of Peace*), die Vernetzung von sich gegenüberstehenden Gruppierungen, die Unterstützung von Dialogen, Vermittlung zwischen Konfliktparteien, Mediation, Unterstützung bei Verhandlungen, Auf- und Ausbau von Kooperationsplattformen, Vernetzung und Entwicklung von Friedensallianzen, *Empowerment* von marginalisierten Gruppen, Konfliktanalysen und Früherkennung von Gewaltkonflikten, Sicherheitssektorreform, Sensibilisierungsprogramme für konflikt-sensitive Medien, Ausarbeitung und Definition der Friedensagenda, Mobilisierung für den Frieden, Gewalt reduzieren und Stabilität fördern, Friedensverhandlungen, Friedensstiftung und Konfliktlösung, Arbeit auf Gemeindeebene, Aufbau von Friedenskulturen, Menschenrechtsarbeit, Friedenspädagogik, Traumaarbeit, Menschenrechtsbeobachtung, Begleitung und Schutz von Aktivist*innen, Versöhnungsarbeit, Vergangenheitsaufarbeitung, Wissensbereitsteller*innen und Wissensvermittler*innen, Qualifizierung in den Bereichen Konfliktsensitivität, Austauschplattformen bieten und Konfliktbearbeitung (Barnes, 2009, 134 ff., 2018, S. 26; Irrera, 2011, 99 f.; Paffenholz, 2010a, 57 f., 2010b; Paffenholz & Spurk, 2018, S. 38; Reimann, 2007, 93 f.). Diese Arbeitsschwerpunkte sind auch abhängig von der jeweiligen Konfliktphase. So können externe Akteur*innen in einer Phase vor offiziellen Verhandlungen oder bevor die Konfliktparteien miteinander sprechen, die Rolle eine*r Vermittler*in einnehmen, verschiedene Lösungsmöglichkeiten vorschlagen, beschwichtigend oder vereinigend wirken, Gespräche anstoßen und verschiedene Interessen beleuchten. Im Verlauf konkreter Gespräche oder Friedensverhandlungen kann eine vermittelnde Rolle eingenommen werden – es können neue Ideen, Theorien, Ansätze und Meinungen als visionäre Denkanstöße eingebracht werden, es kann für die Weiterführung und Nachhaltigkeit eingestanden werden und eine legitimierende Rolle eingenommen werden. In der Post-Konfliktphase beziehungsweise nach Verhandlungen oder Gesprächen kann die Rolle in der Überprüfung der Umsetzung und Einhaltung liegen, aber auch direkt in der Implementierung oder in der Versöhnung (Mitchell, 2006). Im Rahmen der Krisenprävention können dabei insbesondere Aufgaben im Bereich der Konfliktfrüherkennung (*Early Warning*), der Förderung von Kommunikation zwischen Konfliktparteien, Versöhnung, Vertrauensbildung, Wahlbeobachtung, Minderheitenschutz und Stärkung der Justiz stattfinden (Auer-Frege, 2003, 34 ff.). In der Phase der Eskalation und Deeskalation eines Konfliktes sind CSOs und Zivile Konfliktbearbeitung nur in geringerem Maße präsent und aktiv. Zum Ende der Deeskalation und zu Beginn der Konsolidierung nehmen sie jedoch eine wichtige Rolle in der Vermittlung, Mediation,

Versöhnung, Transformation und Beratung ein (Auer-Frege, 2003, 42 ff.). Dabei führt ihr Handeln in Friedensprozessen in der Regel zu einem nachhaltigeren Frieden (Nilsson, 2012, S. 262). Kritisch ist bei diesen Themen anzumerken, dass die Grundannahmen der Friedensförderung über den Frieden selten Gegenstand von Diskussionen sind, da die Zielgruppen nur konsultiert werden, um die Modalitäten der Projektumsetzung festzulegen. Friedensförderung verbreitet somit einheitliche und formalisierte Arten von technischem Wissen, die sich lokalisiert gegenüberstehen, sowie kontextualisierte und empirische Arten von populärem Wissen über Konflikttransformation (Goetschel & Hagmann, 2009, S. 65).

Die Arbeit von CSOs findet auf verschiedenen Ebenen statt, hat jedoch das Ziel, für Menschen etwas auf lokaler Ebene zu verändern. Friedensförderung und Friedensarbeit können hier Konflikte verhindern, sie eindämmen und dadurch auf auch die Makroebene einwirken, da Stabilität auf der lokalen Ebene geschaffen wird (Barnes, 2018, S. 32). CSOs gehen oftmals in ihrer Arbeit davon aus, dass es wichtig ist, auf der Graswurzelebene anzusetzen, um Veränderungen zu erreichen (Irrera, 2011, S. 90). „A core value, and strategy, of peace programming is enabling and supporting people in building their own peace. Real solutions only grow from and are firmly anchored in the communities affected" (Anderson & Olson, 2003, S. 33). Menschen, die in einer Gesellschaft leben, sind oft am besten in der Lage, die Gründe für einen Konflikt zu identifizieren, die Motivationen hinter Taten und Handlungen zu verstehen und konkrete Aktionen vorzuschlagen, die sie in eine friedlichere Richtung lenken könnten. Somit können lokale CSOs als wichtige Inputgeber*innen gesehen werden (Barnes, 2018, 28 f.). Sie können als Vermittler*innen wirken, an Friedensverhandlungen teilnehmen und Kommunikationskanäle zwischen verschiedenen Konfliktparteien öffnen (Barnes, 2018, S. 30). Dies geschieht erfolgreich, da sie in allen Bereichen Zugangsmöglichkeiten haben und „soft approaches" nutzen (Hofmann, 2006, S. 396). Dies gelingt, da sie oft mit einem Ansatz arbeiten, der auf dem Wandel von Werten, Normen und Handlungen beruht und langfristig angelegt ist (Barnes, 2018, S. 34). Große Vorteile von CSOs in der Friedensarbeit sind der Kontakt zu lokalen Akteur*innen, eine erhöhte Sensibilität für bestimmte Themen und Situationen und die Möglichkeit der *Bottum-up*-Arbeit (Werthes, 2017, S. 458). Deswegen ist es wichtig, lokale CSOs und ihre entscheidende Rolle bei der längerfristigen Förderung eines friedlichen Strukturwandels und bei der Bewältigung anhaltender Konflikte nochmals genauer zu betrachten (Barnes, 2018, S. 33; Paffenholz, 2010a, S. 59). Sie können Rollen und Aufgaben übernehmen, in denen internationale oder staatliche Organisationen versagen, da sie näher an den Menschen arbeiten können. Auch sind sie in ihrer Arbeit so effektiv, da sie Prozesse von einer Makroebene auf eine

Mikroebene bringen können (Barnes, 2009, S. 140). Diese Beobachtungen finden auch immer mehr in der Praxis Einzug und so geht der Trend hin zu einer Ausbildung und einem Training der Menschen vor Ort, um diese in ihrem Handeln zu bestärken (Ramsbotham et al., 2016, S. 215). Lokalen CSOs kommt die Rolle einer Semi-Elite zu. Sie vermitteln zwischen den Geber*innen aus dem Globalen Norden und den lokalen Gemeinschaften vor Ort (Schuller, 2012, S. 179). Zwar ist es weitgehend akzeptiert und anerkannt, dass lokale CSOs eine entscheidende Rolle in Friedensprozessen spielen, jedoch sind diese noch immer von bürokratischem Denken und ebensolchen Handlungen bestimmt. „Intervening actors nonetheless have largely been unable to let go of these discourses and their accompanying intervention models" (Verkoren & van Leeuwen, 2013, S. 160). Oft werden lokale CSO in der Arbeit von westlichen CSOs akzeptiert, ihre Arbeit wird jedoch oftmals von deren Vorgaben beeinflusst und sie finden Inspiration in westlichen Ansätzen. Dies geschieht auch durch eine inhaltliche Unterstützung und/oder die Bereitstellung von Ressourcen durch externe Geber*innen und die Förderung lokaler CSOs durch global agierende CSOs, somit werden diese auch Teil der kosmopolitischen, aktiven Zivilgesellschaft (Barnes, 2009; Fahrenhorst, 2007, S. 71; Kaldor, 2003).

Das zunächst sehr positiv erscheinende Bild der Arbeit von CSOs bedarf dennoch einer kritischen Prüfung, was in der wissenschaftlichen Debatte um *Peacebuilding* oft zu wenig geschieht (Ryerson, 2013, S. 4). Die Zivilgesellschaft beziehungsweise CSOs dürfen nicht idealisiert werden (Paffenholz, 2010a). Ein entscheidender Punkt in der Arbeit von internationalen, aber auch von lokalen CSOs ist ihre Legitimation (Duffield, 2003; Edwards & Hulme, 1997; Slim, 1997; Smilie, 1995). Die Arbeit von CSOs ist immer auch politisch. Gerade wenn es in einer bestimmten Region eine Krise gibt, wird der Ruf nach Hilfe durch CSOs schnell laut. Ihre Einmischung in innerstaatliche Angelegenheiten wird oftmals nicht so kritisch betrachtet, wie die durch andere Staaten. Dabei verfolgen auch CSOs eine bestimmte Agenda. Doch werden sie zusätzlich auf einer anderen Ebene politisiert: Vor allem in der Nothilfe können sie durch bestimmte Parteien instrumentalisiert werden oder Hilfeleistungen werden vor Ort missbraucht (Debiel & Sticht, 2007, S. 170). „Zivilgesellschaftliche Legitimität wird in der sozialen und politischen Interaktion zwischen NGOs und ihrer sozialen Umgebung generiert" (Schrader, 2007, S. 4). Generell haben Friedensprozesse eine besonders hohe Legitimität durch offene Plattformen für Austausch und Interaktion, in denen auch die lokale Bevölkerung ihre Beschwerden, Anliegen und Wünsche einbringen kann und so (international) Gehör findet (Zanker, 2018, 207 f.). Dabei sind die entscheidenden Fragen, wer über die Legitimität entscheidet und wem gegenüber sie zu verantworten ist (Clark, 2003, S. 92). Um

Legitimität zu erreichen, ist es wichtig, die vor Ort unmittelbar betroffenen Personen und Akteur*innen in alle Schritte (Vorbereitung, Umsetzung und Evaluation) eines Prozesses einzubeziehen (Schrader, 2007, S. 3). Dabei lässt sich die Legitimität von zivilgesellschaftlichen Akteur*innen und demnach auch von CSOs auf drei Ebenen konzipieren. Dies ist erstens die empirische, tatsächlich vorhandene Anerkennung ihres Handelns durch Mitglieder des Feldes, in dem sie sich einbringen. Dabei beruht der Legitimitätsglaube in weiten Teilen darauf, dass die betroffenen Akteur*innen auf Erfahrungen und Expertise zurückgreifen und darauf vertrauen, dass die Handlungen im Rahmen bestimmter Normen und Maßstäbe stattfinden (Mandt, 1998, S. 383; Schrader, 2007, S. 3). Zweitens kann Legitimität auf Grundlage von Zugang und Zugehörigkeit zu bestimmten (zivilgesellschaftlichen) Netzwerken erfolgen, in denen sie durch ihre Handlungen einen Beitrag zu den Zielen und Zwecken des Netzwerkes beitragen und es auch zu geteilten Ressourcen kommen kann (Bourdieu, 1985, S. 248; Schrader, 2007, S. 3). Drittens kann die Legitimität aus der Bereitstellung oder dem Verfügen über bestimmte Ressourcen wie zum Beispiel Wissen, Beziehungen, Unterstützung oder Anerkennung resultieren. Somit werden Macht- und Legitimitätsressourcen von außen eingebracht (Schrader, 2007, S. 3). Daraus ergibt sich, dass Vernetzung mit den Zielgruppen und der Öffentlichkeit, mit anderen CSOs und Netzwerken, aber auch mit einflussreichen Akteur*innen sinnvoll ist, um Legitimität zu erfahren (Schrader, 2007, S. 3). Oft sind die CSOs, die die höchste lokale Legitimität erfahren, die CSOs, welche nicht die größten Gemeinsamkeiten mit westlichen Normen haben. Internationale Legitimität wird erreicht, wenn internationale Normen und Werte eingehalten werden (Verkoren & van Leeuwen, 2013, S. 164). Deswegen ist es wichtig, dass Handlungen von CSOs immer intern reflektiert werden, da sie das Bild nach außen hin prägen, in Spannungsverhältnissen stehen können und nicht nur die eigene Legitimität, sondern die eines ganzen Sektors beeinflussen können (Schrader, 2007, S. 5). Dazu gehört auch die Entscheidung, mit welchen CSOs bestimmte Organisationen zusammenarbeiten oder kooperieren. Hierbei lässt sich beobachten, dass sich internationale CSOs für die lokalen Kooperationspartner*innen entscheiden, welche sich mehr nach einer internationalen Legitimität ausrichten und nach westlichen Normen und Standards arbeiten, also „organizations, that resemble themselves“ (Verkoren & van Leeuwen, 2013, S. 164). Dadurch bevorzugen diese CSOs Akteur*innen, mit denen sie vermeintlich am einfachsten zusammenarbeiten können und nicht unbedingt die, die am besten in der Lage sind, in einem lokalen Kontext sinnvolle Arbeit zu leisten (Leach, 2018, S. 23). Die Frage der Legitimität geht auch mit der Frage der Finanzierung einher. So gibt es einige komplett unabhängige CSOs, *Donor-created*-CSOs und staatliche geförderte Quasi-CSOs. Gerade bei CSOs aus dem

Globalen Norden, welche Spenden akquirieren, stellt sich auch die Frage, inwieweit das Elend von anderen medial ausgeschlachtet wird, um daraus Profit zu schlagen (Debiel & Sticht, 2007, S. 168), und ob auch sie bestimmte Interessen verfolgen (Carey, 2012, S. 10).

Neben Fragen der Legitimität gibt es noch weitere immer wiederkehrende Kritikpunkte an der Arbeit von CSOs. 1. sind diese, dass CSOs nicht automatisch und per se immer völlig unabhängig sind; 2. die Anforderungen der Gebermärkte die Arbeit der CSOs vor Ort nicht immer in positiver Weise beeinflussen und 3. in vielen Ländern internationale CSOs mit westlichem Hintergrund dominant sind und dazu neigen, ihre Konzepte zu exportieren und durchzusetzen (Debiel & Sticht, 2005, 2007; Duffield, 2000; Fischer, 2011; Reimann, 2005). Dabei spielt für die Forschung besonders der letzte Kritikpunkt eine wichtige Rolle, da es um die Zusammenarbeit von unterschiedlichen CSOs geht. Denn in der Wissenschaft wurde noch zu wenig über die Zusammenarbeit und besonders über lokale CSOs-Arbeit diskutiert und geforscht (van Leeuwen, 2009, S. 5). An diesen Punkt schließt die Kritik an, dass die Arbeit von CSOs gerade durch die finanzielle Unterstützung durch externe Geber*innen zu einer Förderung von Eliten führen und damit die Kluft in einem Land weiter auseinandertreiben und zu weiterer Instabilität führen kann (Leonhardt, 2001, S. 239). Diese sind zum einen Türöffner*innen für internationale CSOs, aber auch oft Kooperationspartner*innen in der Arbeit oder sie gründen eigene CSOs (Carey, 2012, S. 26). Doch die Entscheidungsfindung innerhalb großer CSOs wird oft, wenn auch nicht ausschließlich, von der Führung in den Zentralen gelenkt. Das bedeutet, dass Organisationen oft eine Führung von oben nach unten demonstrieren, in der Eliten aus den lokalen Gemeinschaften entfernt werden. Dies wird auf lokaler Ebene noch verschärft, wo CSOs oft charismatische Führungen haben. Es ist zwar nicht überraschend, dass CSOs um Einzelpersonen mit außergewöhnlicher Tatkraft und Entschlossenheit heranwachsen. Aber dies untergräbt die Fähigkeit solcher Gruppen, als Vorbild für liberaldemokratisches Verhalten zu dienen (Ryerson, 2013, S. 60). Es gibt einige CSOs, die vor Ort lokal gegründet werden mit dem Ziel, sich von internationalen Geber*innen fördern zu lassen, damit die Organisation wachsen und an Bedeutung gewinnen kann. Dies wird von einigen Personen schon regelrecht professionell durchgeführt, wie Schuller am Beispiel von Haiti zeigt (Schuller, 2012, S. 121): Personen, die dort CSOs gründen oder dort arbeiten, profitieren davon auch materiell (Lofredo, 1995).

„Geldbeziehungen sind immer auch Machtbeziehungen" (wfd, 1999, S. 19). Viele CSOs sind von dem Geld der Geber*innen abhängig und unterwerfen sich deswegen deren Kriterien. Das Problem der Abhängigkeit wird jedoch verschärft, da die meisten Finanzierungen nur projektgebunden sind (Fahrenhorst, 2007,

S. 84). Es wird allgemein festgestellt, dass CSOs oft nicht auf lokale Bedürfnisse und Wünsche eingehen; stattdessen folgen ihre Aktivitäten häufiger den Interessen der Geldgeber*innen oder den persönlichen Interessen (Frangonikolopoulos, 2005, S. 57). Durch diese finanziellen Unterstützungen hat sich besonders in den Ländern des Globalen Südens zwischen lokalen CSOs, aber auch im Globalen Norden zwischen den Geber*innenorganisationen eine gewisse Konkurrenz in der *Peace-Industry* gebildet (Fisher & Zimina, 2009, 25 f.; Schuller, 2012, S. 110; Weller & Kirschner, 2005, S. 25). Frieden ist regelrecht zu einem kommerziellen Gut geworden (Fahrenhorst, 2007, 83 f.), sodass lokale CSOs um das Wohlwollen der externen Geber*innen werben. Es ist zu einer Marktplatzsituation im CSO-Bereich gekommen, in der verschiedene Services abgerufen werden können. Dabei ist dieser Marktplatz kaum an den Akteur*innen im Globalen Süden orientiert, sondern mehr an den Akteur*innen im Globalen Norden, bei denen die wirtschaftliche Macht liegt (Ropers, 2001, S. 525). Auch kommt es dazu, dass lokale CSOs sich in ihrer Arbeit und ihrer Sprache immer mehr dem anpassen, was die Geber*innen aus dem Globalen Norden hören möchten oder wodurch mithilfe bestimmter *Buzz-Words* die Chancen auf eine Förderung besonders hoch sind. Hier lässt sich ein Vergleich zu den Schriften von Franz Fanon ziehen (Fanon, 1967, 17 ff.), der mit Bezug auf die Kolonialzeit beschreibt, wie sich Sprache von lokalen Personen durch bestimmte Erwartungen der Kolonialisten verändert. Diese Sprachveränderungen finden nun nicht mehr in einer kolonialen, sondern zum Beispiel in einer post-kolonialen Abhängigkeit statt.

Zusammenfassend lässt sich feststellen, dass internationale CSOs durch ihre Arbeit auch Abhängigkeiten geschaffen haben (Brannan, 2003; Marchetti & Tocci, 2009; Roy, 2008), welche wie in Kapitel 2 dargestellt duch interne und externe Machtfaktoren bedingt werden. Diese Abhängigkeiten und Rivalitäten zwischen CSOs führen nicht unbedingt dazu, dass das eigentliche Ziel der Arbeit, nämlich Frieden zu schaffen oder zu erhalten, schneller erreicht wird. Im Gegensatz zu den emanzipatorischen Bedeutungen von Frieden, wie sie von der kritischen Friedensforschung propagiert werden, ist der Geberfrieden in hohem Maße präskriptiv und instrumentalistisch (Goetschel & Hagmann, 2009, S. 64). Friedensförderung reproduziert eine Arbeitsteilung, bei der der Globale Norden – repräsentiert durch internationale Organisationen, Geberagenturen und CSOs – Frieden definiert und finanziert, während von den Gemeinschaften, CSOs und Regierungen des Globalen Südens erwartet wird, dass sie diese Friedensideen und -projekte aufnehmen und umsetzen. Die Friedenskonsolidierung widerspricht ihrem eigenen Credo über die Notwendigkeit, lokale Akteur*innen zu ermächtigen. Vielmehr zwingen die Durchführungsorganisationen den Empfängerländern und Zielgruppen ihre Vorstellungen für den Wiederaufbau nach Konflikten auf

(Goetschel & Hagmann, 2009, 64 f.). Wenn CSOs dazu beitragen wollen, die Friedenspotenziale in den betroffenen Gesellschaften zu mobilisieren und zu stärken, müssten die Spaltungen und Rivalitäten zwischen den Geber*innen und innerhalb der Kooperationssysteme überwunden werden. Doch davon ist das derzeitige System noch sehr weit entfernt (Kayser, 2018, S. 10). Außerdem werden durch die Arbeit oftmals Abhängigkeiten geschaffen und aus einer kritischen Perspektive ist festzustellen, dass „the NGO community consists of heterogeneous actors who do not strive for universally admired principles, but rather promote particular interests" (Gereke & Brühl, 2019, S. 870). Auf diese kritischen Punkte, besonders mit Bezug zu Themen wie Macht, Dominanz und Abhängigkeiten wird im Folgenden und aus empirischer Sicht in Kapitel 8 eingegangen.

4.3 Zivile Konfliktbearbeitung

Das folgende Kapitel führt in die Zivile Konfliktbearbeitung (ZKB) ein und legt damit die inhaltliche Grundlage für den ZFD fest. Dabei liegt dem Kapitel die Annahme zugrunde, dass ZKB schon in ihren Ursprüngen als nicht militärisch anzusehen ist (Paffenholz, 2001a, S. 15) und lokal verankert gut funktionieren kann. Entsprechend ist auch die Struktur des Kapitels aufgebaut. So wird zunächst knapp die historische Entwicklung der ZKB aufgezeigt und in verschiedene Debatten eingeführt. Dabei erfolgt die Diskussion mit einem besonderen Fokus auf den deutschen Debatten der ZKB, da diese für den ZFD und demnach für die empirische Untersuchung besonders wichtig sind.

ZKB hat historisch verschiedene Ursprünge. Einige Autor*innen verfolgen die Anfänge bis zur Antike zurück (Paffenholz, 2001a, S. 16). Lange blieb ZKB ein Mittel zur Vermittlung zwischen Staaten, was sich jedoch im 20. Jahrhundert veränderte. Einer der historisch bedeutendsten Ursprünge für das heutige Verständnis von ZKB ist der gewaltfreie Widerstand von Mohandas K. Gandhi – genannt Mahatma –, der in den 1920ern zusammen mit seinen Anhänger*innen gewaltfreien Widerstand in drei Stufen einteilt. Dies ist erstens die „Gegeninvasion" gegen den oder die Aggressor*in mit Freundlichkeit, positivem Geist und Gutwillen. Sollte dies nicht erfolgreich sein, folgt zweitens die unbewaffnete Gegenüberstellung einer Gruppierung von Freiwilligen gegenüber dem oder der Aggressor*in. Sollte es dennoch zu einer Invasion kommen, ist eine Nichtzusammenarbeit das dritte Mittel des gewaltfreien Widerstandes (Berndt, 2006, S. 5). Dabei ist das Entscheidende an dem Ansatz der Konfliktbearbeitung, dass die Akteur*innen, welche gewaltfreie Methoden einsetzten, selbst eine der Konfliktparteien sein können (Köhler, 2005, S. 18). Auch bildeten sich weltweit durch unterschiedliche Initiativen sogenannte „Friedensbrigaden" heraus, welche sich zum Beispiel aus Kriegsdienstverweigerern, Freiwilligen, medizinischen Hilfeleistenden oder christlichen Personen zusammensetzten. So gab es parallel schon im Ersten Weltkrieg Friedensorganisationen, welche sich gewaltfrei engagierten (Büttner, 1995, S. 17). Dies geschah besonders in der Versöhnungsarbeit, beim Wiederaufbau und in der humanitären Hilfe (Berndt, 2006, S. 5). Nach dem Ersten Weltkrieg verstärkte sich diese Arbeit und wurde vor allem durch den Austausch zwischen Nationen und Freiwilligenarbeit vorangetrieben. Diese Ansätze wurden im Laufe der Zeit von vielen weiteren Personen und Organisationen nutzbar gemacht und in ihrer eigenen Arbeit umgesetzt. Vor allem auch nach dem Zweiten Weltkrieg wurde diese zivile Arbeit verstärkt. Es gab in verschiedenen Regionen der Welt Menschen, die sich mit dem Gedanken der zivilen Konfliktbearbeitung befassten. Dazu zählten unter anderem Theodor Ebert in Deutschland, Gene Sharp in den Vereinigten Staaten oder Jaques Semelin in Frankreich. Sie beschäftigten sich mit dem Gedanken, wie gewaltfreies Handeln politisch wirkungsvoll sein und wie Gewaltfreiheit als Instrument in Machtkonflikten wirken kann (Berndt 2006, 5). Diese Art der zivilen Arbeit und der gewaltfreien Aktionen wurden ab den 1960er Jahren verstärkt, wenn auch eher stiefmütterlich in der Wissenschaft behandelt und lange Zeit gab es ein regelrechtes Forschungsdefizit (Brühl, 1999, S. 105). Zwar hat die Forschung über ZKB zugenommen, was jedoch nicht zu einer Präzisierung geführt hat, sondern die Vielfalt der unterschiedlichen Verständnisse aufzeigt (Gulowski & Weller, 2017, S. 386). Besonders nach dem Ende des Ost-West-Konflikts erhielt ZKB größere Aufmerksamkeit. In den Mittelpunkt von Konfliktbearbeitung rückten nun nicht mehr nur zwischenstaatliche, sondern auch verstärkt innerstaatliche Konflikte (Weller & Kirschner, 2005, S. 12). Dabei wurde die Rolle von ZKB immer anerkannter, da verstärkt die nicht militärischen Ursachen von Konflikten beobachtet wurden, innerstaatliche Konflikte sowie wirtschafte, politische, ökologische und militärische Interdependenzen weltweit zunahmen und es zu einer Anerkennung der Problematik von militärischen Interventionen kam (Truger, 2001c, S. 9). Dabei setzte die Agenda für den Frieden (Boutros-Ghali, 1992) ein wichtiges Zeichen, da hier auch Friedenssicherung und die Bedeutung von Friedenskonsolidierung betont wurden. Dabei wurde ein Paket mit vier Komponenten diskutiert. Diese beinhalten: präventive Diplomatie, *Peacemaking*, *Peacekeeping* und *Peacebuilding*. Diese Debatte wurde in der UN 2001 durch die geforderte „Kultur der Prävention" in dem Bericht „Prevention of Armed Conflict" (United Nations, 2001) erneut bestätigt. In Europa wurden die *Development Assistance Committee* (DAC) *Guidelines on Conflict, Peace and Development Cooperation* im Jahr 1997 (OECD, 1997) und die DAC *Guidelines Helping Prevent Conflict Violence* in 2001 verabschiedetet (OECD, 2001), die das Konzept der ZKB unterstreichen. Auch in Deutschland wurden entsprechende Dokumente verabschiedet. Auf diese wird auf den folgenden Seiten, und zwar im Abschnitt 4.4.1. „Historische Entwicklung und Ziele des ZFD" genauer eingegangen.

Dieser kurze geschichtliche Abriss und die dabei wichtigen Akteur*innen deuten bereits an, dass ZKB von staatlichen, aber auch von nicht staatlichen Akteur*innen eingesetzt werden kann. Auch kann es sich bei ZKB um eine Bearbeitung von Konflikten durch die Konfliktparteien selbst handeln, aber auch um Interventionen von Externen in den Konflikten (Schweitzer et al., 2004, S. 510).

> „Zivile Konfliktbearbeitung umfasst die Gesamtheit der staatlichen und nichtstaatlichen Ansätze und Instrumente, die darauf zielen, sozio-politische Konflikte gewaltfrei zu bearbeiten. Der Anwendung von Gewalt soll vorgebeugt, sie soll beendet oder ihre Wiederkehr verhindert werden. Interessen, Beziehungen und Kommunikationsmuster sollen in weniger eskalationsträchtige Zustände überführt werden, um tiefere Ursachen und längerfristige Folgen des Konfliktes bearbeiten zu können. Zivile Konfliktbearbeitung beschäftigt sich mit sozio-politischen Konflikten, die gewaltförmig ausgetragen werden, oder zumindest ein hohes Gewaltpotential besitzen. Dabei ist sie besonders dort bedeutsam, wo es keine angemessenen Regelungsinstanzen gibt" (Heinemann-Grüder & Bauer, 2013b, S. 19).

Trotz oder gerade wegen dieser langen Tradition der ZKB und der unterschiedlichen Akteur*innen gibt es jedoch keine einheitliche Definition des Begriffs. Generell kann der Begriff der zivilen Konfliktbearbeitung als ein gesellschaftlicher Wandel verstanden werden, der einerseits auf strukturelle Veränderungen abzielt, andererseits aber auch Einstellungen und Perspektiven untersucht (Reich, 2005, S. 485). Legt man ein breites Verständnis von ZKB an, bedeutet dies „Normen und Institutionen zu besitzen oder zu entwickeln, die bei aktuellen und zukünftigen Konflikten Gewaltanwendung verhindern" (Weller & Kirschner, 2005, S. 10). Der Begriff und das dahinterstehende Konzept haben sich in den 1990er Jahren herausgebildet (Köhler, 2005, S. 31). Es gibt jedoch keine festgelegte, allgemeingültige Definition des Begriffs. Allgemein ist ZKB „die Bearbeitung von Konflikten ohne den Einsatz von direkter Gewalt mit dem Ziel, eine Regelung oder Lösung zu finden, die die Interessen aller Konfliktparteien berücksichtigt" (Schweitzer et al., 2004, 512 f.). Dabei ist wichtig, dass in der Arbeit der ZKB das Prozesshafte eines Konfliktes betont wird (Rieche, 2006a, S. 14). Zivil steht dabei für alle Mittel, die im weiteren Sinne nicht militärisch oder zwanghaft sind. Somit grenzt sich der Begriff ZKB von gewaltfreier Konfliktbearbeitung ab (Köhler, 2005, S. 32). In einem engeren Sinne ist das „Zivile" im Begriff ZKB jedoch im Sinne von Zivilgesellschaft gemeint, also nicht staatliche Akteur*innen und Handlungen (Rieche, 2006a, S. 14). ZKB in der definitorischen Debatte gliedert sich in eine friedenstheoretische, eine sicherheitspolitische und eine entwicklungspolitische Debatte (Weller & Kirschner, 2005, S. 13). Die friedenstheoretische Debatte hat dabei zum Ziel, zu einem besseren Verständnis von Gewaltursachen und Friedensbedingungen beizutragen. Sie fragt insbesondere nach verallgemeinerbaren Bedingungen für Gewaltvermeidung in der Konfliktbearbeitung (Calließ & Weller, 2004). Ferner ist die Debatte stark darin verortet, dass Konflikte nicht notwendigerweise etwas Schlechtes, sondern Bestandteil des gesellschaftlichen Zusammenlebens sind und positiv genutzt werden können (Weller & Kirschner, 2005, 13 ff.). Die sicherheitspolitische Debatte entstand vor allem aus der Erkenntnis, dass globale Bedrohungen nicht nur militärisch gelöst werden können und es zu einem erweiterten Sicherheitsbegriff gekommen ist. Da der Staat in puncto Sicherheit nicht mehr alleine im Zentrum steht, sondern mit ihm auch die menschliche Sicherheit, wird das Individuum in den Mittelpunkt gerückt (Daase & Moltmann, 1991). Die entwicklungspolitische Debatte ist vor allem darauf gegründet, dass Konflikte die gesellschaftliche und wirtschaftliche Entwicklung in einem Land behindern und gleichzeitig entwicklungspolitische Maßnahmen auch Einfluss auf vorhandene Konfliktlagen nehmen. Deswegen rückt hier die Konfliktsensibilisierung in den Vordergrund der Debatte (Weller & Kirschner, 2005, 17 ff.). Außerdem integriert diese Debatte die ZKB in die Entwicklungszusammenarbeit, um konfliktsensibler vorzugehen (Quack, 2009, S. 51). Diese Integration geschieht in der Praxis in der Regel in den Bereichen *Governance*, Wirtschaft, Sicherheit und bei soziokulturellen Ansätzen (Leonhardt, 2001, S. 243).

Ein von diesen wissenschaftlichen Definitionen ausgehender Blick in die Praxis zeigt, dass die verschiedenen Definitionsversuche nicht allzu weit auseinanderliegen. Die Bundesregierung definiert Zivile Krisenprävention wie folgt:

> „Vorbeugende und zivile Maßnahmen genießen Priorität vor der militärischen Reaktion. Dazu soll eine Kultur der Prävention und des Dialogs gefördert werden. Dem Handeln der Bundesregierung liegt ein erweiterter Sicherheitsbegriff zugrunde, der politische, ökonomische, ökologische und soziale Stabilität umfasst. In diesem Rahmen ist es die Aufgabe der Entwicklungspolitik, in den betroffenen Partnerländern durch Verbesserung der wirtschaftlichen, sozialen, ökologischen und politischen Verhältnisse zur Verhinderung und zum Abbau struktureller Ursachen von Konflikten sowie zur Förderung von Mechanismen gewaltfreier Konfliktbearbeitung beizutragen" (Die Bundesregierung, 2004, S. 8).

Dabei zielt ZKB nicht nur auf die Bearbeitung von Konflikten in sogenannten „Konfliktgebieten" ab, sondern ist auf alle Gesellschaften bezogen.

> „Gewaltanwendung auszuschließen, obwohl sich soziale Konflikte nicht verhindern lassen und notwendig für gesellschaftlichen Wandel sind, ist das übergeordnete Ziel ziviler Konfliktbearbeitung. Dafür haben sich in modernen Gesellschaften die unterschiedlichsten Methoden, Instrumente und Verfahren herausgebildet. Hierzu gehören die gesellschaftliche Anerkennung von Regeln, Gesetzen und Gerichtsurteilen, die Etablierung eines staatlichen Gewaltmonopols sowie demokratische Verfahren, in denen frei gewählte Repräsentantinnen und Repräsentanten Mehrheitsentscheidungen herbeiführen" (Weller & Kirschner, 2005, S. 10).

Dabei bedeutet ZKB nicht das direkte Ende eines Konfliktes, sondern seine kontinuierliche, gewaltfreie Austragung, welche mit der Entstehung von Institutionen und Normen einhergeht, die wiederum bei den aktuellen, aber auch bei potenziell zukünftigen Konflikten für einen gewaltfreien Umgang sorgen (Weller & Kirschner, 2005, S. 10). Somit erfolgt Krisenprävention im Vorfeld, Konfliktlösungen und generell der Abbau von Gewalt- und Konfliktursachen stehen hingegen im Zentrum der ZKB (Nachtwei, 2008, S. 1). Jedoch muss die ZKB auf ihre Wirksamkeit hin auch in globaleren Strukturen gedacht werden, denn

> „[...] solange eine ungerechte Weltwirtschaftsordnung gewaltsame Konflikte befördert, kann zivile Konfliktbearbeitung nur eingeschränkt erfolgreich sein und sie muss aufpassen, dass sie nicht bestehende ungerechte Strukturen festigt, indem sie soziale Konflikte verschleiert und eine konstruktive Austragung verhindert" (Rieche, 2006a, S. 20).

Die Definitionen zeigen bereits, dass in der ZKB die Handlungen der Akteur*innen im Vordergrund stehen. Eines der Hauptziele der zivilen Konfliktbearbeitung ist der Ausschluss von Gewalt, auch wenn es ein konfliktreiches Umfeld gibt. Dies kann durch eine Entwicklung von Normen und Handlungen funktionieren, die ein friedliches Zusammenleben fördern (Weller & Kirschner, 2005, S. 10). Im Fokus steht dabei die Herausbildung von Maßnahmen zum „Management von strukturell vertieften gewalttätigen Konflikten durch zivile Organisationen" (Zunzer, 2004, S. 164). Dabei ist mit Ziviler Konfliktbearbeitung immer ein Beitrag zum Aufbau oder zum Erhalt von Frieden im Sinne eines positiven beziehungsweise nachhaltigen Friedens gemeint (Rieche, 2006a, S. 14). Dabei arbeitet die zivile Friedensarbeit gegen strukturelle, kulturelle und personelle Gewalt, wie sie im Konfliktdreieck von Galtung beschrieben wird (Galtung, 1996). Diese finden durch Interessen, Annahmen, Handlungen und Verhalten ihren Ausdruck und können entweder sichtbar/manifest oder unsichtbar/latent sein. Da sich alle drei Ebenen in diesem Dreieck beeinflussen, bleibt anzumerken, dass die zivile Friedensarbeit nur erfolgreich sein kann, wenn alle drei Ebenen mitgedacht werden und auf allen Ebenen Gewaltminderung erreicht werden kann.

Auch wenn sie zum Beispiel in einem Projekt nur auf einer Ebene ansetzen kann, sollten in der Analyse und Planung die anderen Ebenen mitgedacht und berücksichtigt werden (Rieche, 2006a, S. 15). Gerade im Sinne des nachhaltigen Friedens ist es wichtig, dass sich nicht nur Einstellungen und Verhalten verändern, sondern auch strukturelle Gewalt überwunden wird (Senghaas, 1997, 560 ff.). Dabei geht die ZKB in einer liberalen Tradition davon aus, dass Konflikte in jeder Gesellschaft vorhanden und notwendig sind. Diese gilt es nicht zu verhindern oder zu lösen, sondern gewaltfrei auszutragen und Wandel anzustreben (Quack, 2009, S. 51). Dabei stehen die Veränderung von Handlungsmustern und der Aufbau einer Infrastruktur für die Konfliktbearbeitung im Vordergrund (Heinemann-Grüder & Bauer, 2013b, S. 20). Diese Veränderungen, welche schon in Abschnitt 4.2 angesprochen wurden, gehen einher mit der Theorie des Wandels, welche die Ursache-Wirkungslogik eines Projektes beschreibt. Dabei gibt es verschiedene Möglichkeiten, diesen Wandel aufzuzeigen. In der ZKB wird Frieden als ein Mehrebenenprozess gesehen und die Idee der *Multi-track-Diplomacy* (Diamond & McDonald, 1996) verfolgt. Im Rahmen des ZFD ist es sinnvoll, Frieden als positiven Frieden im Sinne eines Transformationsprozesses hin zu ziviler, also nicht militärischer Konfliktaustragung zu definieren. Im ZFD werden Konflikte als Bestandteil einer jeden Gesellschaft angesehen (Quack, 2009, S. 33). Diese Möglichkeiten werden in diesem Kapitel beschrieben, wenn es um die Wirkungen des ZFD geht. Der Ausgangspunkt für die Zivile Konfliktbearbeitung ist dabei nicht der Konflikt an sich, sondern die Kapazitäten, welche es in einer Gesellschaft gibt, um Frieden zu schaffen (Kayser, 2018, S. 9). Die Ziele der ZKB sind es, Gewalt zu mindern oder schon vorher zu verhindern, Konfliktinhalte zu bearbeiten und dem Konflikt zugrunde liegende Strukturen beziehungsweise Denk- oder Verhaltensmuster zu verändern (Schweitzer, 2004, S. 512). Dabei stehen jedoch immer die Vermittlung zwischen „konfligierenden Interessen, die Generalisierung von Werten und Handlungsnormen und die Regelung von Austragungsformen" (Heinemann-Grüder & Bauer, 2013b, S. 20) im Zentrum der Arbeit, um friedensorientierte Kräfte vor Ort zu fördern und zu unterstützen (Ropers, 2000a, S. 68). Dabei umfassen die Maßnahmen der ZKB in der Regel folgendes: 1. Aktivitäten zur Prävention der Gewalteskalation; 2. reaktives Krisenmanagement, Mediation und präventive Konfliktvermittlung, 3. Friedenskonsolidierung, 4. Maßnahmen zum Kapazitätsaufbau (Heinemann-Grüder & Bauer, 2013a, 41 ff.; Zunzer, 2004, S. 163). Dabei kann ZKB am erfolgreichsten angewendet werden, wenn keine massive Gewalt im Konflikt Anwendung findet Somit ist ZKB zu Beginn eines Konfliktes (Deeskalation) und nach einem gewaltsamen Konflikt (Friedenskonsolidierung und der Begleitung des Friedensprozesses) oftmals am erfolgreichsten (Dudouet, 2006). Außerdem haben Projekte Ziviler Konfliktbearbeitung immer dann gute Aussichten auf Erfolg, wenn eine Art Machtgleichgewicht oder eine Pattsituation in politischer und militärischer Hinsicht zwischen den Konfliktparteien gegeben ist. In einem solchen Moment sind die Parteien bereiter, ihre Handlungen einer Prüfung zu unterziehen (Zunzer, 2004, S. 170).

Durch die unterschiedlichen Definitionen und verschiedenen Akteur*innen gibt es in der wissenschaftlichen Diskussion keine einheitliche Klassifizierung oder Einordnung der ZKB in größere Konzepte. Vielmehr ist diese stark von den jeweiligen Autor*innen abhängig. Zu Beginn der Forschung zu ZKB spielte vor allem die Forschung um gewaltfreien Widerstand eine wichtige Rolle. Dieser wurde in drei Eskalationsstufen eingeteilt. Dies sind zunächst Proteste (Demonstrationen, Mahnwachen), als zweite Stufe Formen der legalen Nichtzusammenarbeit (Boykotts, Hungerstreik, Verweigerung) und als dritte Stufe der zivile Ungehorsam (kalkulierte Regelverletzung, Verweigerung) (Ebert & Benedict, 1968, 10 ff.). Dabei wird davon ausgegangen, dass durch den zivilen Ungehorsam die Verteidigung eines Landes ermöglicht wird. Gerade dieser Gedanke hat auch die Friedensbewegung bis in das 20. Jahrhundert geprägt (Köhler, 2005, S. 21). In späteren Debatten wurde und wird ZKB als Friedenssicherung (*Peacekeeping*) verstanden, welche darauf abzielt, mögliche Konflikte durch Beobachtungen vor Ort frühzeitig zu erkennen und Möglichkeiten zum Eingreifen anzubieten. Dies kann in gewaltfreier Weise zum Beispiel durch Beobachtungsmissionen, Pufferzonen, Dialog oder Begleitung stattfinden (Ribeiro Andres et al., 2005, S. 10). Eine weitere Möglichkeit ist die Friedensschaffung (*Peacemaking*). Hierzu zählen Methoden der stillen Diplomatie (Herstellung von indirektem Kontakt zwischen Konfliktparteien), Mediation, Konsultation und Vermittlung zwischen Konfliktparteien (Ribeiro Andres et al., 2005, 10 f.). Auch die Friedenskonsolidierung (*Peacebuilding*) stellt eine Möglichkeit dar, welche auf die Bewahrung des Friedens nach einem Konflikt abzielt. Hierzu zählen der Aufbau von demokratischen und rechtlichen Strukturen, Hilfeleistungen zur Stabilisierung des Friedens und die Stärkung der Zivilgesellschaft (Ribeiro Andres et al., 2005, S. 11). Zu den Instrumenten zählen der Aufbau von Frühwarnsystemen, Tatsachenermittlung, Monitoring, Schutz von gefährdeten Personen, Kontaktvermittlung, Mediation, Konsultation, Stärkung von Konfliktbearbeitungskompetenzen, Schiedsgerichtsbarkeit, Sanktionen, Unterstützung bei der Friedenserhaltung (Köhler, 2005, 35 ff.). Andere Autor*innen sehen von der Einteilung in diese Kategorien ab und unterscheiden lediglich nach den involvierten Akteur*innen. So kann in der Regel zwischen zwei Arten unterschieden werden, wie ZKB durchgeführt werden kann. Zum einen können sich die Konfliktparteien in einem direkten, nicht gewalttätigen Austausch untereinander einigen. Zum anderen können die Konfliktparteien mithilfe externer Akteur*innen den Konflikt bearbeiten, wobei dies als zivile Intervention bezeichnet werden kann (Klotz, 2008, S. 14).

Wie schon beschrieben, können in der ZKB sowohl externe als auch lokale Akteur*innen arbeiten. Arbeiten in der ZKB externe Akteur*innen, können diese zur Erkenntnis und Generalisierung von Handlungslogiken und -normen, zum Kapazitätsaufbau in der Konfliktbearbeitung und zur öffentlichen Meinungs- und Willensbildung beitragen. Gleichzeitig können sie durch ihre Anwesenheit Sicherheit schaffen und vor Ort solidarisch handeln und unterstützen (Heinemann-Grüder & Bauer, 2013b, S. 17). Besonders bei externen Akteur*innen stellt sich die Frage, welche Werte durch ZKB vermittelt werden und welche Werte hinter der Arbeit stehen. Wichtig ist auch die ethische Frage, was mit der Arbeit erreicht werden soll und warum sich bestimmte Personen in der Arbeit engagieren (Heinemann-Grüder, 2013, S. 63). Es lässt sich feststellen, dass besonders die Menschenwürde und die Menschenrechte im Zentrum der ZKB durch externe Akteur*innen stehen (Nipkow, 2013, 56 ff.) und die Linderung von Leid, Not und Angst (Heinemann-Grüder, 2013, S. 62). Dabei liegen dieser ethischen Fragestellung jedoch noch tiefergreifende Aspekte zugrunde. Warum das Engagement für diese Themen besonders groß ist, lässt sich zum Beispiel durch intrinsische Motivation, eine christliche Friedensethik oder diskurstheoretische Ansätze, welche die Übernahme einer Wir-Perspektive fordern, erklären (Heinemann-Grüder, 2013). Jedoch stellt sich immer noch die Frage, wie diese Einsätze legitimiert werden. Dies ist sicherlich von der Art des Einsatzes und den jeweiligen Akteur*innen abhängig. Wichtig ist jedoch, dass in Fragen der Legitimation davon ausgegangen werden sollte, dass „die moralische Autorität der externen Akteure und ihrer Handlungen […] im Mindesten darauf basieren [muss], dass die Grundsätze selbst praktiziert werden, die man unter den Konfliktparteien verbreiten will" (Heinemann-Grüder, 2013, S. 83). Die externen Akteur*innen brauchen immer eine mittelfristige Ausstiegsstrategie, um den Prozess auf lange Sicht lokal gestaltbar zu machen (Zunzer 2004: 175). Es ist wichtig, dass die Projekte nachhaltig gestaltet werden, dafür reichen zwei bis drei Jahre Projektlaufzeit nicht. Vielmehr müssen sie so angelegt werden, dass sie danach mit intern verfügbaren Ressourcen weitergeführt werden können (Ropers, 2000a, S. 74). Im Sinne von Nachhaltigkeit ist ebenfalls ein konfliktsensibler Umgang sehr wichtig. Dazu wird sich an den Kriterien für humanitäre Hilfe und Entwicklungszusammenarbeit nach Mary Anderson im Sinne des *Do-no-Harm*-Ansatzes orientiert (Anderson, 1999). Im Zuge dessen ist es immer wieder wichtig, sich zu fragen, was die Rolle der Organisation ist, in der man tätig ist, und von wem man das Mandat zum Handeln erhalten hat (Djateng et al., 2009b, S. 17). Denn auch CSOs können durch ihr Handeln unintendierte, negative Effekte auf einen Konflikt haben, indem zum Beispiel durch Hilfslieferungen Konfliktparteien unterstützt werden, eine bestimmte Konfliktpartei bevorzugt behandelt wird oder bestimmte Werte vertreten werden (Schade, 2007). Auf diese Fragen wird vertieft in Abschn. 8.2.3 eingegangen.

Lokale Akteur*innen spielen in der ZKB eine enorm wichtige Rolle. Eine zunehmende Anzahl von Konflikten findet innerhalb bestehender Staaten statt, deswegen ist es umso wichtiger, dass in der Konflikttransformation politische Akteur*innen und gesellschaftliche, lokale Kräfte aus den Krisenregionen eingebunden werden. Es bedarf einer inklusiven Lösung, bei der die Interessen aller Beteiligten berücksichtigt werden (Ropers, 2000a, S. 68). Es ist wichtig, dass in der Konfliktregion ein weites Netz an politischen und gesellschaftlichen Kräften unterstützt wird, welche aktiv an der Konflikttransformation mitarbeiten. Diese können ein Gegengewicht zu solchen Kräften darstellen, die von dem Konflikt profitiert haben oder dies noch tun. Dabei ist es besonders wichtig, alle gesellschaftlichen Ebenen zu mobilisieren (Ropers, 2000a, S. 70). Bei der Unterstützung von internen Akteur*innen ist es bedeutsam, dass sich die Formen und Mechanismen nahe an den Möglichkeiten und Bedürfnissen vor Ort ausrichten. Dabei ist es wichtig, in besonderem Maße auch rurale, kleinere, gemeinwohlorientierte Organisationen einzubeziehen (Ropers, 2000a, S. 74). Dahinter steht der Grundsatz, dass Frieden nicht von außen kommen kann, sondern von innen wachsen muss (AGEH & Brot für die Welt, 2014, S. 8).

Trotz allem hat auch die ZKB ihre Grenzen und kann kritisiert werden. Bringen zum Beispiel die Menschen vor Ort keinen Willen mit, etwas zu ändern und am Frieden mitzuarbeiten, gerät ZKB schnell an ihre Grenzen, da Frieden nicht erzwungen werden kann. Auch ist es wichtig, dass ZKB rechtzeitig und langfristig ansetzt, um erfolgreich zu sein. Dazu ist es essenziell, dass vor Ort schon bestimmte Dinge vorhanden sind, die zum Beispiel elementare Überlebensbedürfnisse stillen. Deswegen ist es sinnvoll, wenn ZKB mit humanitärer Hilfe, Entwicklungszusammenarbeit und dem Aufbau von Infrastruktur einhergeht. Auch benötigen sowohl die lokalen als auch die internationalen Akteur*innen genügend Ressourcen. Sind diese nicht vorhanden, werden Grenzen schnell erreicht (Rieche, 2006a, S. 20). Doch nicht nur in diesen ganz praktischen Punkten erreicht ZKB ihre Grenzen, auch werden Punkte aus der kritischen Nord-Süd-Zusammenarbeit wichtig, zum Beispiel die Frage nach Repräsentanz, Wissen, Abhängigkeiten oder Partizipation. Auch wenn ZKB oft selbst die Ansprüche hat, mit diesen Punkten reflektierter umzugehen als andere Akteur*innen in der Konfliktbearbeitung, so ist auch ZKB nicht davon befreit.

Denn auch hier werden Abhängigkeiten geschaffen, auch hier vermitteln oftmals Personen aus dem Globalen Norden ihr Wissen und auch hier muss genau geschaut werden, wie eine Zusammenarbeit aussieht. Diese kritischen Punkte werden in den folgenden Kapiteln am Beispiel des ZFD aufgegriffen und beleuchtet.

4.4 Der Zivile Friedensdienst

Eine Besonderheit der zivilen Friedensarbeit in Deutschland ist seit den 1990er Jahren der Zivile Friedensdienst (ZFD).[3] Er wurde 1999 vom Bundesministerium für wirtschaftliche Zusammenarbeit und Entwicklung (BMZ) institutionalisiert (Bricke et al., 2006, S. 2), das damit ein Instrument der Zivilen Konfliktbearbeitung geschaffen hat.[4] Der ZFD gilt bis heute als „das wichtigste friedenspolitische Instrument zur Förderung von Friedenspotenzialen der Zivilgesellschaft" (Die Bundesregierung, 2004, S. 45). Er zeichnet sich nicht nur durch die Einbindung staatlicher Akteure, sondern auch durch zahlreiche zivilgesellschaftliche, kirchliche Organisationen und Institutionen aus (Auer-Frege, 2010a, S. 15). Diese CSOs in der Umsetzung des ZFD sind staatlich anerkannte Entwicklungsdienste[5], die sich mit neun Organisationen zum Konsortium Ziviler Friedensdienst zusammengeschlossen haben. In der Umsetzung nutzen die CSOs die Ideen und Mittel der ZKB, dabei mobilisiert der ZFD „bewusst die zivilen Kräfte einer Gesellschaft, um Gewalt zu verhindern, zu vermindern oder zu beenden und langfristig Frieden

[3] Es sei darauf hingewiesen, dass zivile Konflikttransformation schon vorher in verschiedenen Formen und von verschiedenen Akteur*innen stattgefunden hat. Beispiele hierfür lassen sich bei Köhler (2005) finden.

[4] Zu beachten ist, dass in Deutschland nicht nur der ZFD als Akteur der Zivilen Friedensarbeit/Zivilen Konfliktbearbeitung tätig ist bzw. sich mit der Thematik befasst. Es gibt z. B. das Zentrum für Internationale Friedenseinsätze, die Gruppe Friedensförderung/ Arbeitsgemeinschaft Frieden und Entwicklung, das Projekt Zivik (Zivile Konfliktbearbeitung) des Instituts für Auslandsbeziehungen, den Beirat Zivile Krisenprävention oder die Plattform Zivile Konfliktbearbeitung. Auch wenn der ZFD eine deutsche Institution ist, so findet dennoch Vernetzung auf internationaler Ebene wie zum Beispiel mit dem European Network for Civil Peace Services, der Organisation Nonviolent Peaceforce oder dem Europäischen Peacebuilding Liaison Office in Brüssel statt.

[5] Dies sind: Aktionsgemeinschaft Dienst für den Frieden (AGDF), AGIAMONDO – der Personaldienst der deutschen Katholik*innen für internationale Zusammenarbeit (früher Arbeitsgemeinschaft für Entwicklungshilfe e. V./ AGEH), Brot für die Welt (BfdW), Deutsche Gesellschaft für Internationale Zusammenarbeit (GIZ), EIRENE – Internationaler Christlicher Friedensdienst, Forum Ziviler Friedensdienst (forumZFD), KURVE Wustrow, Peace Brigades International (pbi), Weltfriedensdienst (WFD).

zu fördern“ (Burba & Stanzel, 2015a, S. 8). Um den ZFD, welcher den Untersuchungsgegenstand darstellt, zu analysieren, wird im Folgenden auf verschiedene Aspekte eingegangen. Zunächst zeigt das Kapitel die historische Entwicklung auf und verbindet diese mit der historischen Entwicklung der ZKB. Anschließend geht das Kapitel auf die Struktur des ZFD und die entsprechenden Akteur*innen ein, wobei besonders zwischen den Fachkräften und den lokalen Partner*innen unterschieden wird. Außerdem untersucht das Kapitel die Netzwerkarbeit des ZFD, welche eine entscheidende Rolle in der Arbeit spielt. Danach schaut das Kapitel auf Evaluationen des ZFD und auf Evaluations- und Monitoringprozesse im ZFD. Abschließend werden verschiedene Herausforderungen in der Arbeit des ZFD beleuchtet. Generell ist zu diesem Kapitel anzumerken, dass ein Großteil der Literatur von Akteur*innen des ZFD, Mitarbeitenden oder ehemaligen Mitarbeitenden verfasst wurde und auch die Wissenschaftler*innen, welche zum ZFD forschen, oftmals in die Politikberatung zum ZFD einbezogen werden. So gibt es beispielsweise viele Sammelbände, welche aus praktischen Beispielen des ZFD berichten (Auer-Frege, 2010a), aus denen sich jedoch auch spannende wissenschaftliche Rückschlüsse ziehen lassen. Damit fließen in dieses Kapitel sowohl Darstellungen aus wissenschaftlichen Debatten als auch Perspektiven und Meinungen aus der Praxis ein.

4.4.1 Historische Entwicklung und Ziele des ZFD

„Der Zivile Friedensdienst ist alt und neu zugleich: Alt insofern, als er auf jahrzehntelangen Traditionen der nicht staatlichen Friedensarbeit aufbaut; zugleich aber neu, weil er einen nächsten Schritt der Professionalisierung hinzufügt“ (Evers, 2007, S. 142). Auch wenn dieses Zitat bereits über fünfzehn Jahre alt ist, so ist es dennoch aktuell, denn der ZFD entwickelt sich stetig weiter, wird professioneller und verändert sich.

Die Geschichte des ZFD ist eng verwoben mit der Geschichte der ZKB in Deutschland. Der Gedanke der Versöhnung wurde besonders nach dem Zweiten Weltkrieg wieder verstärkt von Organisationen aufgenommen. Wie in dem Kapitel um ZKB dargestellt ist, ist dabei der Gedanke der „Friedensarmee“ (Sanskrit: Shanti Sena) schon bedeutend älter und geht auf Mahatma Gandhi zurück. Auch in Deutschland hoffte man, dass die Einführung eines Zivilen Friedensdienstes nach dem Konzept der sozialen Verteidigung in Zusammenarbeit mit Zivildienstleistenden dem Militär die Legitimation stückweise entzöge (Berndt, 2006, S. 5). Bereits kurz nach Ausbruch des Ersten Weltkrieges wurde der Internationale Versöhnungsbund und 1921 das „Deutsche Friedenskartell“, welches ein Zusammenschluss auf Verbänden war, gegründet (Köhler, 2005, S. 54). In Deutschland wurden diese friedlichen Bestrebungen im Zweiten Weltkrieg sehr eingedämmt. Hier erfolgte nach Kriegsende ein Neustart, unter anderem durch viele konfessionsgebundene Organisationen. So wurden 1947 die Christlichen Friedensdienste, 1948 die deutsche Sektion von Pax Christi und 1949 der Internationale Freundschaftsdienst gegründet (Köhler, 2005, S. 55). Zudem wandte sich im Jahr 1957 der Generalsekretär des Ökumenischen Rates der Kirchen an die engagierten Organisationen mit der Idee der Gründung eines Dienstes für Versöhnung zwischen den Völkern, welcher weltweit agieren kann. Daraus entstand der Internationale Christliche Friedensdienst EIRENE, welcher schon bald mit der Entsendung von Freiwilligen auf den afrikanischen Kontinent begann (Berndt, 2006, S. 6). Durch die Arbeit von EIRENE wurde die bis dahin in Deutschland in der Friedensarbeit lange vernachlässigte Komponente der Nord-Süd-Arbeit in den Fokus gerückt. „Die soziale Frage im Süden, der humanitäre Einsatz in Krisen und entwicklungspolitische Fragestellungen verband EIRENE mit einer christlich motivierten Gewaltfreiheit" (Berndt, 2006, S. 6). Dieser Gedanke wurde nach den beiden Weltkriegen durch eine Zunahme an Kriegsdienstverweigerern und den organisierten Austausch für Versöhnung im Rahmen von Freiwilligendiensten weitergetragen (Köhler, 2005, S. 55).

In den 1960er Jahren folgte eine regelrechte Welle an Gründungen von Organisationen im Bereich der Friedens-, Entwicklungs- und Freiwilligendienste (Köhler, 2005, S. 56). Ein weiterer Meilenstein in Deutschland wurde gelegt, als im Jahr 1969 auf Drängen von entwicklungspolitischen Organisationen das Entwicklungshelfer*innengesetz verabschiedet wurde. Damit wurde erstmals die Möglichkeit geschaffen, bezahltes Fachpersonal (nicht nur auf Spendenbasis) zu entsenden. Hier waren es die AGEH (heute AGIAMODO), die kirchlichen Organisationen, Dienste in Übersee (später evangelischer Entwicklungsdienst [EED] und heute BfdW), EIRENE, der WFD und Christliche Fachkräfte International, welche diese Aufgaben übernahmen (Berndt, 2006, S. 6). Hierbei wurden die Fachkräfte für einen zeitlich begrenzten Rahmen in technische und soziale Projekte entsendet. Der Fokus lag jedoch nicht nur auf der Friedensarbeit. Oftmals wurden Fachkräfte bewusst nicht in ein konfliktives Umfeld entsendet (Berndt, 2006, S. 6). Politisch spielte dabei die generelle entwicklungspolitische Wende der 1960er Jahre eine wichtige Rolle, bei der die Beteiligung der Menschen vor Ort immer wichtiger wurde (Auer-Frege, 2003, S. 15). Durch die Friedensbewegung[6] der 1980er Jahre bekam auch die Zivile Konfliktbearbeitung

[6] Bei der Friedensbewegung handelt es sich um eine soziale Bewegung, welche keinen einheitlichen Zusammenhang darstellt. Vielmehr umfasst sie ein breites Spektrum an

größere Aufmerksamkeit in Deutschland, sodass sie in den 1990er Jahren zunehmend vernetzter und professioneller wurde. Hierbei spielten der Jugoslawienkrieg (Evers, 2006, S. 2), das militärische Verhalten Deutschlands dabei (Köhler, 2005, S. 7) und das Ende des Ost-West-Konflikts (Quack, 2009, S. 50) eine wichtige Rolle. Eine Reihe von Organisationen gründete das *Balkan-Peace-Team*, welches als Gemeinschaftsprojekt in verschiedenen Ländern auf dem Balkan im Bereich der Menschenrechte und der Friedensarbeit aktiv war und mediale Präsenz mit politischer Wirkung erzielte (Berndt, 2006, S. 7). Es gilt somit als einer der Wegbereiter für die heutige ZKB (Köhler, 2005, 42 ff.). Auch auf politischer, parlamentarischer Ebene wurde der Diskurs um die Zivile Konfliktbearbeitung ab 1992 geführt und von dem SPD-Abgeordneten Hans Wallow maßgeblich vorangetrieben, welcher ein Konzept für den Einsatz von Friedenskorps in Katastropheneinsätzen vorsah (Auer-Frege, 2003, S. 21). Besonders die Idee zu Beginn der 1990er der Evangelischen Kirche Berlin-Brandenburg für einen Zivilen Friedensdienst, der als Dienst sowohl im In- als auch im Ausland gedacht war, bei dem sich Frauen* und Männer* freiwillig melden konnten und der vom Wehrdienst befreien sollte, gilt als ein wichtiger Schritt bei der Gründung des heutigen ZFD (Köhler, 2005, S. 58). Um eine breite Öffentlichkeit zu erreichen, schrieb der zuständige Bischof damals viele Friedensorganisationen in Deutschland an. Der schon damals bestehende Dachverband Aktionsgemeinschaft Dienste für den Frieden (AGDF) reagierte zunächst skeptisch auf die starke staatliche Beteiligung in dem vorgelegten Konzept (Köhler, 2005, S. 59). Auch der Politologe Theodor Ebert und der Bund für soziale Verteidigung, dessen Vorsitzender Ebert war, entwickelten im Jahr 1994 ein ähnliches Konzept. Das Konzept erinnerte sehr an das der Evangelischen Kirche Berlin-Brandenburg, jedoch sollte hier die Träger*innenschaft in einem Bündnis von gesellschaftlichen Gruppen

---

Akteur*innen zum Beispiel aus Gewerkschaften, den Sozialdemokraten, kirchlichen Gruppen, Künstler*innen, Intellektuellen und verschiedenen Subkulturen (Fahrenhorst 2007, 69 f.). In Deutschland setzt sich die Friedensbewegung seit 1945 aus sehr diversen Gruppierungen zusammen, welche eigenständige Ziele verfolgten. Dabei lassen sich verschiedene Wirkungsphasen beobachten. Zunächst ging es um einen Widerstand gegen die Wiederbewaffnung, dann wurden die Proteste gegen Atomwaffen immer wichtiger. Hinzu kamen die Ostermarsch-Bewegung und die Kampagne für Demokratie und Abrüstung sowie die Kampagne gegen den NATO-Doppelbeschluss. Das Ende des Ost-West-Konflikts brachte im Zuge der Abrüstung das Thema Friedensbewegung immer mehr auf die politische Agenda, zudem waren die Kriege am Golf und auf dem Balkan zu Beginn der 1990er Jahre ein wichtiger Punkt, da hier Akteur*innen aktiv grenzüberschreitend tätig wurden. Zuletzt sei noch die interventionistische Orientierung Deutschlands zu nennen, welche für viel Diskussion sorgte (Buro 2006, 132 ff.). Ergänzt wird diese Darstellung nun durch die Phase der politischen Ausrichtung auf Zivile Konfliktbearbeitung (Die Bundesregierung 2004).

liegen und das Konzept rückte in die Nähe bereits bestehender Friedens- und Entwicklungsdienste (Büttner, 1995, S. 67; Erl, 2000, S. 16; Köhler, 2005, S. 54; Trittmann, 2000, S. 146).

Aus den beiden Konzepten ergab sich eine immer stärker stattfindende Lobbyarbeit, welche schließlich zu einem Zusammenschluss verschiedener Organisationen führte und in der Gründung des Forum Ziviler Friedensdienst (forumZFD) im Jahr 1996 führte (Trittmann, 2000, S. 148); Berndt 2006, S. 7). Dies entwickelte sich schnell zu einer politikfähigen Organisation (Köhler, 2005, S. 60). Hier lag der Fokus der Lobbyarbeit auf einer Professionalisierung und Anerkennung der Dienste, welche mit der Ausbildung der Friedensfachkräfte einhergingen. Es gab zwar in Deutschland seit den 1960ern die Möglichkeit für Friedensfachkräfte, an Ausbildungsprogrammen von verschiedenen Zentren und Organisationen teilzunehmen. Diese waren jedoch in der Regel nicht staatlich anerkannt und das Problem, dass Mittel für die Ausbildung und Vorbereitung der Fachkräfte fehlte, war sehr deutlich spürbar. Auch waren die einzelnen Trainings in der Regel an die jeweiligen Organisationen gebunden und nicht gebündelt. Schließlich fügten die KURVE (KURVE Wustrow, Bildungs- und Begegnungsstätte für gewaltfreie Aktion e. V.) und der Ökumenische Dienst im konziliaren Prozess[7] ihre Konzepte zusammen und legten ein Konzept zur Grundausbildung in gewaltfreier Konfliktbearbeitung vor (Berndt, 2006, S. 7). Nach seiner Gründung hatte es das forumZFD nicht einfach.

Der Regierungswechsel im Jahr 1998, welcher generell eine Neuausrichtung von Militäreinsätzen und der deutschen Außenpolitik sowie humanitäre Interventionen mit sich brachte, bot den Organisationen nun die Möglichkeit, durch die langjährige Lobbyarbeit den Zivilen Friedensdienst zu institutionalisieren (Berndt, 2006, S. 8). Vorher waren entsprechende Anträge wie zum Beispiel im Jahr 1995 an Gegenstimmen aus Reihen der Christlich Demokratischen Union Deutschland und der Freien Demokratischen Partei gescheitert (Auer-Frege, 2003, S. 21). Untersuchungen haben gezeigt, dass für die Einführung des ZFD weiterhin die Denkweisen und Wertvorstellungen der an die Macht gekommenen Parteien begünstigend waren und sich einige der Bundestagsabgeordneten der Parteien bereits in der Zivilen Konfliktbearbeitung engagiert hatten (Quack, 2002, S. 6). Diese Neuausrichtung ging mit der Koalitionsvereinbarung über den Einsatz für Menschenrechte als Querschnittsaufgabe in der Politik einher (Ribeiro Andres et al., 2005, S. 7). So gelang durch den Einsatz der Entwicklungs- und Friedensdienste im Jahr 1999 die Einrichtung des Zivilen Friedensdienstes (ZFD)

---

[7] Bezeichnung für den gemeinsamen Lernweg der christlichen Kirchen zu Frieden, Gerechtigkeit und Bewahrung der Schöpfung.

als Gemeinschaftswerk von staatlichen Institutionen und zivilgesellschaftlichen Organisationen (Berndt, 2006, S. 8). Die Gründung erforderte jedoch einige Kompromisse wie zum Beispiel die Zustimmung des Auswärtigen Amtes (AA) zum Einsatz in bestimmten Ländern oder die Entsendung über das Entwicklungshelfer*innengesetz (Köhler, 2005, S. 62). Auch war zwar das BMZ mit der Umsetzung beauftragt, wollte die Durchführung jedoch an den Deutschen Entwicklungsdienst (DED) abgeben. Erst nach langen Verhandlungen erließ das BMZ ein Rahmenkonzept, welches den DED nicht alleine mit der Organisation des ZFD beauftragte. Die organisatorische Abwicklung wurde dem DED übertragen und auch die Mittel werden von ihm an andere Träger*innen weiterverteilt (Erl, 2000, S. 16). Im Zuge dessen wurde auch das Konsortium ZFD als Zusammenschluss der verschiedenen Akteure gegründet. Die Idee dazu ging maßgeblich auf den damaligen Geschäftsführer des DED zurück, welcher damit aufkommenden Unstimmigkeiten frühzeitig entgegenwirkte (Evers, 2006, S. 3). An der Gründung und Konzeption waren maßgeblich 20 Repräsentant*innen aus politischen Stiftungen, CSOs aus der Entwicklungs- und Friedensarbeit und den christlichen Kirchen beteiligt (Ribeiro Andres et al., 2005, S. 7), zudem fanden Anhörungen des Konsortiums durch das BMZ statt (Evers, 2006, S. 3). Der nun gegründete ZFD ermöglichte die Finanzierung einer Vorbereitung der Fachkräfte, eine Entsendung für zwei bis vier Jahre nach Entwicklungshelfer*innengesetz (und ist somit ein Instrument der Personalentsendung) sowie die Begleitung und Betreuung der Fachkräfte (Berndt, 2006, S. 8). Seit 1999 reisen nun Fachkräfte in verschiedene Länder (Burba & Stanzel, 2015a, S. 6) und schon ein Jahr nach der Gründung waren über 60 Fachkräfte im Ausland (Evers, 2006, S. 3). Doch durch diese schnelle Umsetzung gab es auch einige Probleme. So wurden die Projekte in der Anfangszeit oft eher zufällig oder aufgrund bereits bestehender Kontakte ausgewählt. Auch gab es in einzelnen Organisationen Schwierigkeiten, den ZFD von anderen Projekten abzugrenzen, da sie als Entwicklungsdienst auch schon am Thema Frieden gearbeitet hatten (Evers, 2006, S. 4). Dies ist nicht nur ein Problem, welches im ZFD zu beobachten ist, sondern ein generelles Phänomen dieser Zeit, in der Friedensarbeit in die Entwicklungsarbeit Einzug hielt und andersherum (van Leeuwen, 2009, S. 36).

Mittlerweile hat sich der ZFD von einem Modellversuch hin zu einem anerkannten Instrument der Friedenspolitik entwickelt (Konsortium Ziviler Friedensdienst, 2016, S. 10). Dazu haben vor allem die 2005 verabschiedeten „Standards für den ZFD“ beigetragen, welche im Laufe der Jahre immer weiterentwickelt wurden und in einen Reformprozess mündeten, welcher 2014 beendet wurde (Gemeinschaftswerk ZFD, 2008, 2014a, 2014c). Hierbei ging es um das

Selbstverständnis, die Strategieentwicklung, Programmsteuerung, das Wirkungsverständnis und um Qualitätsstandards. Dieser Reformprozess wurde aufgrund der Empfehlungen der Evaluation des ZFD im Jahr 2011 angestoßen (Gemeinschaftswerk ZFD, 2014c, S. 2). Auf diese Dokumente wird im weiteren Verlauf immer wieder verwiesen, da sie die Rahmenbedingungen zur Umsetzung des ZFD schaffen. Auch haben sie die Aufgabenverteilung im Gemeinschaftswerk klar geregelt. Die Aufgaben des Gemeinschaftswerkes sind dabei, Vereinbarungen über Zielsetzungen, Konzepte, Standards, Monitoring und Umsetzung zu treffen, den ZFD in politische Konzepte zu integrieren, trägerübergreifende Länderstrategiepapiere (TLS) zu erstellen und Öffentlichkeitsarbeit zu betreiben. Das BMZ, insbesondere das Referat Frieden und Sicherheit ist Zuwendungsgeber und Entscheider über die Bewilligung, aber auch für die Vertretung des ZFD im Ministerium und gegenüber anderen Akteur*innen und für die Auftragserteilung gegenüber Engagement Global – dem Service für Entwicklungsinitiativen zuständig (Gemeinschaftswerk ZFD, 2014a, Abschn. 2.2. S. 1). Die Aufgaben des Konsortiums und demnach auch der Träger*innen sind die Entwicklung von Projekten und deren Durchführung mit den Partner*innen. Hier sei angemerkt, dass in dem Punkt Entwicklung nicht ausdrücklich auf die Partner*innenbeteiligung hingewiesen wird und somit der Schwerpunkt des ZFD sehr auf die Fachkräfte gelegt wird. Außerdem zählen die Steuerung der trägerübergreifenden Zusammenarbeit in den jeweiligen Ländern, die Sicherung der Zielerreichung mit den Partner*innen und generell die Einbeziehung der Kompetenzen aus den jeweiligen Ländern, Öffentlichkeitsarbeit und Wissensmanagement in den Projekten und Lobbyarbeit zu den Aufgaben des Konsortiums (Gemeinschaftswerk ZFD, 2014a, Abschn. 2.2. S. 2).

Auch wenn der ZFD in einem eigenständigen Handlungsfeld arbeitet, ist er ein Teil des BMZ. Somit ist es wichtig, die generelle friedenspolitische Ausrichtung der Bundesregierung und des BMZ zu verstehen, bevor auf die genauen Ziele und Aufgaben des ZFD geschaut werden kann. Im Jahr 2000 hat die Bundesregierung das „Gesamtkonzept Zivile Krisenprävention, Konfliktlösung und Friedenskonsolidierung“ (Die Bundesregierung, 2000) verabschiedet. Seit 2004 arbeitet die Bundesregierung mit dem „Aktionsplan ‚Zivile Krisenprävention‘, Konfliktlösung und Friedenskonsolidierung‘“ (Die Bundesregierung, 2004), welcher ein weltweit einmaliges Instrument darstellt und internationalen Vorbildcharakter besitz (Brinkmann, 2014, S. 2; Stengel & Weller, 2008, S. 1). Dieser umfasst thematisch alle nicht militärischen Maßnahmen im Bereich der Friedensarbeit und dient seither als strategische Ausrichtung. Dazu zählen zum Beispiel auch Handlungen in den UN im Rahmen der Abtrüstung, Nichtverbreitung und Rüstungs(export)kontrolle, Sanktionen oder der globalen Partnerschaften

(Die Bundesregierung, 2004). Die strategischen Ansatzpunkte der Krisenprävention sind der Aufbau verlässlicher staatlicher Strukturen (Rechtssicherheit, Demokratie, Menschenrechte, Sicherheit), die Förderung von Friedenspotenzialen (Zivilgesellschaft, Medien, Kultur und Bildung) und die Sicherung von Lebenschancen (Wirtschaft und Soziales, Umwelt und Ressourcen) (Die Bundesregierung, 2004, S. 36). Hier wird auch die wichtige Rolle der Partnerschaft betont, die immer in den Dialogprozessen berücksichtigt werden muss (Die Bundesregierung, 2004, S. 8). Dabei wird im Sinne eines liberalen Friedens die Schaffung von staatlichen Strukturen, Demokratie, Rechtsstaatlichkeit, Sicherheit sowie die Wahrung von Menschenrechten als erfolgreiche Grundlage gesehen (Die Bundesregierung, 2004, 36 ff.). Jedoch wird auch die Förderung der Zivilgesellschaft, von Medien, Kultur und Bildung als Friedenspotenzial identifiziert (Die Bundesregierung 2004, 43 ff.). Gleiches gilt für die Sicherung von Lebenschancen, indem Wirtschaft, Soziales, Umwelt und Ressourcen gefördert werden (Die Bundesregierung, 2004, 50 ff.) Der ZFD gilt als wichtigstes Element zur Förderung der Friedenspotenziale in der Zivilgesellschaft. Als Hauptaufgabe wird jedoch „die Ausbildung und der Einsatz von deutschen Friedensfachkräften vor Ort“ (Die Bundesregierung, 2004, S. 45) definiert. Generell bleibt die Beschreibung des ZFD sehr knapp und zudem fehlen die Ressourcen, um diese ambitionierten Ziele umzusetzen (Brinkmann, 2014, S. 2; Weller, 2004). Dies haben auch zivilgesellschaftliche Träger*innen kritisiert, die sich von einer besseren Finanzierung eine erhöhte Planungssicherheit erhoffen.

Doch reichen die Kritikpunkte und Forderungen aus der Zivilgesellschaft noch weiter. So wird beispielsweise gefordert, dass die Bundesregierung sich mehr für die Durchsetzung und Implementierung der ZKB auf europäischer Ebene einsetzt (forumZFD, 2019; Initiativkreis Plattform Zivile Konfliktbearbeitung e. V., 2003). Außerdem betonen zivilgesellschaftliche Akteur*innen, dass sich der Aktionsplan nur auf Maßnahmen im Ausland bezieht, ZKB jedoch auch in Deutschland eine Rolle spielt (Nachtwei, 2004; Plattform Zivile Konfliktbearbeitung & Evangelisch, 2020; Plattform Zivile Konfliktbearbeitung & Evangelische Akademie Loccum, 2020). Im Bericht über die Umsetzung des Aktionsplanes nach zehn Jahren aber nimmt der ZFD eine wichtigere Rolle ein. Generell wird der Aktionsplan rückblickend als Paradigmenwechsel im Umgang mit Konflikten bezeichnet. Es wird betont, dass die Zivile Krisenprävention einen deutlich höheren Stellenwert als noch vor zehn Jahren einnimmt (Die Bundesregierung, 2014, S. 1). Dies zeigt sich unter anderem an der Bereitstellung von mehr Geld für den ZFD, an seiner in Aussicht gestellten weiteren erhöhten Finanzierung und an einer Bezugnahme auf die ZFD-Evaluierung. Denn diese sieht den Schwerpunkt des ZFD klar bei ziviler Friedensförderung und bei der Förderung zivilgesellschaftlicher Dialog- und

Versöhnungskapazitäten, was somit gut in das „Instrumentenrepertoire" der Bundesregierung passt (Die Bundesregierung, 2014, S. 10). Generell darf jedoch nicht vergessen werden, dass auch der ZFD ein Instrument der Bundesregierung ist, die Folgendes klar formuliert: „Die Politik der zivilen Krisenprävention ist geleitet von den Interessen und Zielen Deutschlands bei der Erhaltung von Frieden und Sicherheit weltweit" (Die Bundesregierung, 2014, S. 1). Heute gehen die Zivile Konfliktbearbeitung in Deutschland mit den Leitlinien der Bundesregierung zur Konfliktbearbeitung Hand in Hand. Dies zeigt, dass Deutschland Verantwortung für Frieden, Freiheit, Entwicklung sowie Rechtsstaatlichkeit und Sicherheit tragen will und Interesse an einem nachhaltigen und stabilen Frieden hat. Dazu gehören partnerschaftliches Arbeiten und inklusiv wirkende Friedensprozesse (Auswärtiges Amt/Die Bundesregierung, 2017, 44 ff.). Auch die lokalen Mitarbeiter*innen in den Büros und Projekten vor Ort gelten als unverzichtbar, denn sie fungieren als Mittler*innen zwischen den Kulturen (Auswärtiges Amt/Die Bundesregierung, 2017, 44 ff.). Es wird betont, dass die „Rahmenbedingungen für alle Personengruppen angemessen auszugestalten und wo notwendig zu verbessern" (Auswärtiges Amt/Die Bundesregierung, 2017, 44 ff.) sind. Was jedoch genau unter angemessen zu verstehen ist, bleibt gerade auch in Bezug auf lokale Mitarbeitende sehr ungenau definiert.

Die Arbeit des ZFD orientiert sich an diesen Rahmenbedingungen und an den BMZ-Handlungsprinzipien zur Gestaltung der Zusammenarbeit für Frieden und Sicherheit. Gemäß den Prinzipien ist es wichtig, dass: 1. das Engagement kontextbezogen und auf die lokalen Bedürfnisse zugeschnitten ist; 2. Zielkonflikte bekannt sind und offen ausgetragen werden; 3. verlässliche Ziele für die Zusammenarbeit formuliert werden, so dass auch kleine Erfolge von Relevanz sind; 4. Risiken bekannt sind und der Umgang mit diesen stetig verbessert wird; 5. das *Do-no-Harm*-Konzept zur Anwendung kommt; 6. die Strategien auf die lokalen Strukturen zugeschnitten sind und 7. schnelle Projekterfolge mit langfristigen Perspektiven ermöglicht werden (BMZ, 2013, 16 ff.). Diesen Leitlinien des ZFD liegt ein allgemeiner *Do-no-Harm*-Ansatz zugrunde. Er wurde von (Anderson, 1999) als Ansatz entwickelt, um eine Aufrechterhaltung struktureller oder kultureller Gewalt zu vermeiden. Seither wird er in der Friedens- und Entwicklungsarbeit von vielen Organisationen angewendet. Um (ungewolltes) unethisches oder negatives Handeln von CSOs zu verhindern, ist es wichtig, dass CSOs das Umfeld und die Akteur*innen in dem Feld, in dem sie arbeiten, verstehen und ein spezieller Fokus auf mögliche Dilemmata der Arbeit gelegt wird (Anderson, 1999). Diese Analyse ist nicht nur für die Arbeit relevant, sondern auch für das persönliche und das generelle Umfeld, in dem internationale Akteur*innen arbeiten. Die Relevanz soll an einem kurzen Beispiel erläutert werden: Um professionelles Personal zu halten, benötigen Organisationen der Zivilgesellschaft wettbewerbsfähige Gehaltspakete, um sicherzustellen, dass die Mitarbeiter*innen bereit sind, weiterhin im Globalen Süden zu arbeiten, anstatt ihre Arbeit im Globalen Norden fortzusetzen. Dies hat jedoch zur Folge, dass die Löhne von internationalen Fachkräften weit über den Gehältern von Mitarbeitenden aus der lokalen Bevölkerung und auch der lokalen Bevölkerungen allgemein liegen (Ryerson, 2013, S. 56). Die Anwesenheit von internationalen Fachkräften wirkt sich auch auf generelle Strukturen vor Ort aus. So kann zum Beispiel die Kaufkraft der CSOs-Beschäftigten wirtschaftliche Kapazitäten vor Ort freisetzen, Beschäftigungen im privaten Umfeld schaffen (Sicherheitspersonal, Hausangestellte) und durch die Nachfrage nach bestimmten Gütern und Dienstleistungen den Markt bestimmen. Das Ergebnis ist, dass die Präsenz der internationalen Fachkräfte zum Beispiel den Zugang zu Immobilien für die lokale Bevölkerung erschwert und dass Nahrung und Wasser knapp oder teurer sein können (Ryerson, 2013, S. 57). Die Analyse umfasst die folgenden Schritte: 1. Verstehen des Konfliktkontextes; 2. Analysieren von *Dividers* und Spannungen; 3. Analysieren von *Connectors* und lokalen Friedenskapazitäten; 4.Analysieren des Programms; 5. Analysieren der Auswirkungen des Programms auf *Dividers* und *Connectors* im Konflikt; 6. Prüfen (und Generieren) von Programmoptionen; 7. Testen von Programmoptionen und Anpassungen im Programm (CDA, 2004, 3 ff.). Dabei geht es im *Do-no-Harm* darum, negativen Einfluss zu minimieren und positiven Einfluss zu maximieren. Zudem ist darauf zu achten, dass konfliktsensibel gehandelt wird und Ergebnisse und Lerneffekte dokumentiert werden. Die Anregung des *Do-no-Harm*-Ansatzes zur Selbstreflexion der eigenen Arbeit brachte auch in Deutschland ein neues Selbstverständnis der Friedensarbeit mit sich. Man kann sogar von einem Paradigmenwechsel sprechen, der auch von der Bundesregierung mitgetragen wurde und bei den verschiedenen Nichtregierungsorganisationen in die Arbeit einfließt. Dabei geht es bei konfliktsensibler Arbeit darum, dass die Organisationen den Kontext verstehen, in dem sie arbeiten. Dass sie die Interaktionen in diesem Kontext und die Interventionen begreifen und dass sie ihr Handeln nach diesem Verständnis ausrichten, so dass sich keine negativen Effekte auf das Umfeld auswirken. Auch wenn das Konzept nach dem Genozid in Ruanda entwickelt wurde (Anderson, 1999), seit den 2000er Jahren ein großes politisches Interesse an dem Thema signalisiert wurde und es Einzug in CSOs, internationale Organisationen und *Policy*-Dokumente fand, setzen es dennoch die meisten Organisationen, die in dem Bereich arbeiten, nicht in vollem Maße um (Paffenholz, 2016a, 6 f.). Dies lässt sich damit erklären, dass kein richtiges *Mainstreaming* des Konzeptes stattfand und es so nicht in die Handlungen im Feld eingebunden wurde. Außerdem gab es im Rahmen des Konzeptes immer wieder einen starken Fokus auf Toolboxes. Diese haben jedoch nicht dazu geführt, das Konzept als Instrument in den Projekten und Programmen zu implementieren (Paffenholz, 2016a, 7 f.).

Aus diesem Handlungsrahmen ergeben sich die Ziele für die Arbeit des ZFD. So möchte der ZFD den Ausbruch von Gewalt im Vorfeld verhindern (Krisenprävention), Gewalt in Konflikten verringern und nach einem Konflikt Strukturen und Institutionen aufbauen, die den Frieden langfristig sichern (Konfliktlösung und Friedenskonsolidierung). Außerdem zielt der ZFD darauf ab, den gewaltfreien Umgang mit Konflikten und Konfliktpotenzialen zu fördern(Konsortium Ziviler Friedensdienst, 2010, S. 9). Der ZFD arbeitet mit dem Konzept der konstruktiven Konfliktbearbeitung, das von Adam Curle (1994), Johan Galtung (1969) und Jean Paul Lederach (1997) gefördert wurde. Der Begriff bezieht sich auf einen fortlaufenden Prozess der Veränderung von Beziehungen, Verhalten, Einstellungen und Strukturen von negativ zu positiv (Lederach, 1997). Diese Herangehensweise hat damit zu tun, dass im ZFD Konflikte als Bestandteil einer jeden Gesellschaft angesehen werden und sich die Arbeit des ZFD nicht auf die komplette Konfliktvermeidung oder Konfliktlösung bezieht, sondern auf die Art der Bearbeitung (Quack, 2009, S. 33). So ist im Strategiedokument des ZFD folgendes Ziel definiert:

> „Konflikte werden von allen gesellschaftlichen Akteuren als notwendiger Bestandteil von Entwicklung wahrgenommen und gewaltfrei bearbeitet. Werte und Mechanismen gewaltfreier Konflikttransformation finden ihren Ausdruck gleichermaßen auf individueller, kollektiver und institutioneller Ebene" (Gemeinschaftswerk ZFD, 2014c, S. 3).

Der Bundesregierung zufolge kann Zivile Konfliktbearbeitung dazu dienen, einem Aufkommen von Gewalt und/oder Konflikten entgegenzuwirken, diesen vorzubeugen und an der Wurzel der Ursachen zu arbeiten. Im Sinne der präventiven Politik ist es deswegen sinnvoll, wenn ziviler Einsatz möglichst früh beginnt (BMZ, 2010, S. 15). Dabei wird im ZFD mit einem positiven Friedensbegriff gearbeitet, welcher „die Stärkung partizipativer und inklusiver Strukturen, die dem Ausbruch physischer Gewalt langfristig vorbeugen, umfasst" (Quack, 2009, S. 20). Um an diesen allgemeinen, größeren Zielen zu arbeiten, setzt der ZFD verschiedene Mittel ein: Dazu gehören Kooperations- und Dialogplattformen zur Schaffung sicherer Begegnungsstätten für die Konfliktparteien; die Stärkung von Informations- und Kommunikationsstrukturen zur Unterstützung besonders verletzlicher Gruppen und zur Förderung der sozialen Integration besonders betroffener Menschen; die Förderung von Methoden und Konzepten der Zivilen Konfliktbearbeitung sowie die Beratung und Ausbildung in Friedenspädagogik und die Stärkung der Rechtssicherheit und die Förderung der Menschenrechte (BMZ, n.d.). Dabei steht – wie im Strategiedokument festgehalten – immer die Sicherheit an oberster Stelle:

> „Bedürfnisse nach menschlicher Sicherheit können befriedigt werden. Sie werden von jeder Gesellschaft entsprechend ihres sozio-kulturellen Kontexts lokal unterschiedlich definiert, doch immer auf die Würde des Menschen bezogen. Sicherheit beschränkt sich nicht auf die Abwesenheit manifester Gewalt, sondern bedeutet die Möglichkeit, frei von Angst und Not das eigene Leben gestalten zu können“ (Gemeinschaftswerk ZFD, 2014c, S. 3).

Auch das Konsortium hat sich gemeinsame, übergeordnete Ziele gesetzt. Dazu gehört, dass Konflikte als Bestandteil von Entwicklung und Veränderung wahrgenommen und gewaltfrei bearbeitet werden. Dies geschieht auf individueller, kollektiver und institutioneller Ebene. Sicherheit wird im ZFD immer im jeweiligen lokalen Kontext definiert, bietet jedoch die Möglichkeit, ein Leben ohne Angst und Not zu führen. Themen wie soziale, Geschlechter- oder Verteilungsgerechtigkeit, aber auch politische Teilhabe, Menschenrechte und kulturelle Entfaltung sind vor Ort in den jeweiligen Strukturen verankert. Sie sind entwicklungsfähig und zugleich verhaltensweisend (Konsortium Ziviler Friedensdienst, 2016, S. 15). Allgemein ist Gerechtigkeit ein der Zivilen Konfliktbearbeitung zugrundeliegendes Ziel. Denn wenn Frieden ohne Gerechtigkeit erlangt wird, werden strukturelle Ungleichheiten gefestigt (Rieche, 2006a, S. 18).

> „Soziale Gerechtigkeit, Geschlechter- und Verteilungsgerechtigkeit, das Recht auf gesellschaftlich-politische Teilhabe und kulturelle Entfaltung sowie die Menschenrechte sind in Sozialstrukturen und Institutionen nachhaltig verankert. Diese sind stabil und entwicklungsfähig und halten gewaltfördernden Diskursen und Verhaltensweisen stand“ (Gemeinschaftswerk ZFD, 2014c, S. 3).

Es ist Aufgabe des ZFD, Reibungen in Konflikten vor Ort positiv zu nutzen und dadurch zu Veränderungen beizutragen. Wichtig dabei ist es jedoch im Blick zu haben, wie es danach weitergeht und welche Lernerfahrungen gemacht wurden, die vor Ort für ein weiteres, friedliches Zusammenleben genutzt werden können. Um dies umzusetzen, wird die Zusammenarbeit mit lokalen Partner*innen als ein wichtiger Teil der Projekte und des Friedensprozesses angesehen. Nur so kann das Ziel eines gesellschaftlichen Wandels (BMZ, n.d.) erreicht werden. Dabei ist es die Aufgabe des ZFD, die Menschen vor Ort in diesen Prozessen zu begleiten und mit ihnen Veränderungen von Verhaltensweisen zu reflektieren (Ries, 2012, S. 1). Durch dieses Herangehen wird der ZFD als „basisnahe[s] Instrument […], welches die friedenspolitische Lücke zur Intervention auf nationaler Ebene schließen kann“ (Ries, 2012, S. 1) gesehen. Auer-Frege führte 2007 eine Studie durch, in der sie über 40 deutsche Organisationen befragte, die im In- und Ausland in der Zivilen Konfliktbearbeitung arbeiten. Wie sich herausstellte, betonten alle Organisationen, dass sie mit den Projekten nur begleiten und unterstützen wollen. Sie sind allparteiliche, unterstützende Institutionen, welche möglichst wenig in die Friedensprozesse eingreifen wollen. Sie schaffen vielmehr ein konstruktives Umfeld (*Environment for Peace*), stärken positive Elemente (*Connectors*) im Konflikt und grenzen gleichzeitig die negativen Faktoren aus (*Dividers/Spoilers*) (Auer-Frege 2010, 25). Jedoch war es allen Organisationen im gleichen Maße bewusst, dass die Projekte auch dazu führen können, Dinge vor Ort zu verändern. „Nur wenn die Betroffenen die Inhalte und Ziele der Projekte annehmen und sich mit diesen so weit identifizieren, dass sie selbst aktiv und engagiert handeln, kann die Projektarbeit tatsächlich zu persönlichen und gesellschaftlichen Veränderungen führen“ (Auer-Frege, 2010b, S. 25). Dies hat zur Folge, dass Projekte in der Regel eine lange Planungszeit benötigen. In dieser Zeit müssen die Bedürfnisse vor Ort und die Konflikthintergründe und Akteur*innenkonstellationen im Konflikt genau analysiert werden.

Da im ZFD die Einbindung der lokalen Partner*innen einen so wichtigen Stellenwert einnimmt, ist es wichtig, diese gesondert zu betrachten. An dieser Stelle findet eine allgemeinere Einordnung der Arbeit mit den lokalen Partner*innen statt, bevor im folgenden Kapitel auf die Akteur*innen genauer eingegangen wird. Der ZFD setzt auf die Zusammenarbeit mit lokalen Partner*innen, fördert einen „Frieden der Menschen vor Ort“ (Paffenholz, 2011, S. 11) und versteht sich dabei nicht als schnelle Eingreiftruppe, sondern setzt auf langfristige und nachhaltige Beziehungen mit lokalen Akteur*innen (Neumann, 2016, S. 12). Dieser lokal verankerte Ansatz geht Hand in Hand mit einem allgemeinen Trend der 1990er Jahre, Friedensarbeit nicht nur mit der *Top-down-Methode* durchzuführen, sondern auf lokaler Basis zu beginnen. Generell erhöht die direkte und indirekte Einbindung lokaler zivilgesellschaftlicher Akteur*innen in die Friedensförderung die Legitimität der Konsolidierung und bildet ein Gegengewicht zu externen, oft stark militarisierten oder politisierten Ansätzen (Zanker, 2018, S. 207). Dabei werden die lokalen Akteur*innen als ein Schlüssel zur Zivilen Konfliktbearbeitung angesehen (Ropers, 2000a). Es geht im ZFD nicht darum, von außen Strategien und Lösungen vor Ort zu implementieren, sondern vielmehr darum, lokale Partner*innen zu befähigen zu handeln, sich zu positionieren und weiterzuentwickeln.

Die lokalen Partner*innen werden als Verantwortliche der Arbeit im ZFD gesehen und werden damit zu den Auftraggeber*innen für die ZFD-Organisationen (AGEH & Brot für die Welt, 2014, S. 9). Es ist die Idee des ZFD, dass die lokalen Akteur*innen die Konflikte selbst lösen und in diesem Prozess Begleitung durch Fachkräfte erfahren (Neumann, 2016, S. 12). Ebenso ist die Verantwortung für die Umsetzung der Programme des ZFD zwischen den verschiedenen Akteur*innen geteilt. Dieser Ansatz findet sich theoretisch in den Konzepten des *Local Ownership*, des *Local Turn* und des *Everyday-Peace,* wie in Kapitel 3 dargestellt. Dabei hat sich der ZFD partnerschaftliche Zusammenarbeit als eines seiner Grundprinzipien gesetzt. So wie Partnerschaft im ZFD in der Regel verstanden wird, stellt der Begriff der Partnerschaft ein bewusstes Auswählen und aktives Zugehen auf Partner*innen dar, was strategisch genutzt werden kann. Dabei wird davon ausgegangen, dass die Partnerschaft freiwillig und auf Augenhöhe stattfindet und allen Seiten einen Vorteil bringt. Der ZFD kann somit auch als strategische Partnerschaft beschrieben werden. „Bei strategischen Partnerschaften handelt es sich also um ein Netzwerk, das bereits eine gewisse Verbindlichkeit und ein zumindest kurz- oder mittelfristiges gemeinsames Ziel aufweist“ (Borries von 2007, S. 194). Dabei handelt es sich im ZFD sowohl um eine Lernpartnerschaft (gemeinsames Wissen wird erarbeitet, Austausch ist wichtig) als auch um eine operative Partnerschaft (gemeinsame Planung, Durchführung und Aufgabenbearbeitung) und um eine politische Partnerschaft (*Advocacy*-Arbeit für Partner*innen und deren Themen) (Borries von, 2007, 194 f.). Dies alles sind Ebenen einer Partnerschaft, die im ZFD nicht immer für alle Akteur*innen in gleichem Maße im Vordergrund steht.

Und auch wenn auf der To-do-Liste von vielen externen Friedensfachkräften die Schlagworte „Partnerschaft“ und „Zusammenarbeit“ stehen, werden diese oft nicht ernst genommen und die Begriffe müssen kritisch hinterfragt werden. Oft wird die lokale Bevölkerung oder auch die lokalen Mitarbeiter*innen und Partner*innen mehr als Dienstleister*innen wahrgenommen und nicht an Entscheidungsprozessen beteiligt (Barnett, 2016, S. 23). Um diese Machtbeziehungen zwischen den Akteur*innen zu verstehen, ist es wichtig, sich das Wort Partnerschaft in der Zusammenarbeit genauer anzuschauen. Zwar wird dieser Begriff immer wieder verwendet, um aufzuzeigen, dass eine Arbeit auf Augenhöhe in einem solidarischen Kontext stattfindet. In der Realität aber bestehen weiterhin Ungleichheit und Machtverhältnisse fort, die eine wirkliche Partnerschaft nahezu unmöglich machen (glokal e. V., 2016). Dazu wird auf Literatur der kritischen Entwicklungsforschung zurückgegriffen, da dort die Diskussion stärker als in der Friedensforschung geführt wird. Partnerschaft ist auch ein Kernelement der VN-Ziele für nachhaltige Entwicklung (SDGs). Ziel 17 zielt darauf ab, die Ziele der SDGs in einer partnerschaftlichen Zusammenarbeit umzusetzen, Partner*innenschaft allgemein zu beleben und eine globale Partnerschaft für nachhaltige Entwicklung zu etablieren (United Nations, 2015a). Der Begriff der Partnerschaft ist dabei jedoch immer als ein wertbeladener Begriff mit starken normativen Obertönen darüber zu verstehen, wie eine Beziehung zwischen Partner*innen aussehen sollte (Harrison, 2007). Das Verständnis der SDGs vom Begriff der Partnerschaft impliziert in der Tat eine Beziehung zwischen zwei oder mehr Parteien, die auf Merkmalen wie Gleichheit, Inklusivität, gegenseitigem Vertrauen und Verständnis sowie auf gemeinsamen Zielen beruht (Harrison, 2007). Diese Definition stimmt teilweise mit dem überein, was in der entwicklungswissenschaftlichen Literatur überwiegend als „ideale Partnerschaft" bezeichnet wird (Kontinen, 2003; Mohiddin, 1998). Jedoch wird dieser ideale Begriff in der wissenschaftlichen Debatte ergänzt. So kann beispielswiese der Begriff der Gegenseitigkeit hinzugenommen werden, der auf Gleichheit, Horizontalität und Solidarität zwischen den Partner*innen beruht (Hately, 1997). Jedoch bleibt dieser ideale Partner*innenbegriff eine Idealvorstellung, denn er geht von einer Gleichheit in der Arbeitsweise und Gegenseitigkeit in Bezug auf Position und Rolle aus (Fowler, 1998, S. 141). Tatsächlich herrscht eine Kluft zwischen diesem Ideal einer Entwicklungspartnerschaft und der tatsächlichen Realität der meisten Nord-Süd-Partnerschaften (Borries von, 2007; Lister, 2000; Mohiddin, 1998; Pickard, 2010). Anstatt dass sich CSOs ihrer Rolle in Bezug auf ein koloniales Erbe stellen, wird weiterhin der Blickwinkel auf das vermeintlich „passive Mündel" eingenommen, also die angeblich selbstverschuldeten Opfer im Globalen Süden. Daran angelehnt

> „[...] kommt vermeintlich neutralen, weil aufgeklärten Dritten der historische Auftrag zu, die Entwicklung einer bis dato nicht ausreichend fortgeschrittenen Gesellschaft zu fördern und dafür den Umfang der Gewaltanwendung in der Austragung gesellschaftlicher Konflikte zu reduzieren bzw. eine solche zu verhindern" (Gulowski & Weller, 2017, S. 391).

Auch wie *Local Ownership* definiert wird, ist im ZFD unzureichend:

> „Das lokale Ownership drückt sich u.a. in einer Kooperationsanfrage an einen ZFD-Träger aus und begründet das Mandat für die mitarbeitenden ZFD-Fachkräfte oder die Finanzierung von Aktivitäten vor Ort. [...] Für projektübergreifendes lokales Ownership im Bereich Friedensförderung strebt der ZFD die Stärkung bestehender örtlicher Friedensnetzwerke an" (Gemeinschaftswerk ZFD, 2014a, Abschn. 5.5 S.1).

Oftmals bestehen die Mandate, mit denen Organisationen vor Ort arbeiten, zur reinen Selbsterfüllung (Winter, 2001, S. 32). Viele hilfsorientierte Organisationen arbeiten mit einer Definition von Humanität, die sich auf die unparteiische, unabhängige und neutrale Bereitstellung von Hilfe beschränkt, was sie nach ihrem Urteil unpolitisch macht. Dennoch steht der Humanitarismus kaum außerhalb der Politik. Tatsächlich fühlen sich viele Helfer*innen gerade deshalb zum Humanitarismus hingezogen, weil er in einer Welt, in der so viele unnötig geopfert werden, eine klare politische Aussage macht (Barnett & Weiss, 2008, S. 37). Auf diese Weise leben sie die Mahnung Michel Foucaults, dass das Unglück der Menschen niemals das stille Überbleibsel der Politik sein darf (Foucault, 2016). Doch nicht nur die Begriffe der Partnerschaft und des *Local Ownership* müssen im ZFD kritisch betrachtet werden. Vielmehr ergeben sich daraus auch Fragen der Abhängigkeiten, die geschaffen werden, des Machtungleichgewichts und der Deutungshoheit. Obwohl sich die Akteur*innen im ZFD als Partner*innen der lokalen Organisationen sehen, deren Friedensförderungsarbeit sie unterstützen, stellt sich wie in vielen Friedensprozessen die Frage, inwieweit lokale Organisationen ihre eigenen Handlungen konzipieren oder die friedensfördernden Agenden ihrer Geber*innen übernehmen (Pearce 2005). Weitere allgemeinere Kritikpunkte am ZFD, die unter anderem auch eine Evaluation ergeben hat, sind seine Profilschwäche, seine nicht optimale Steuerungsfunktion durch das BMZ, ein Identitätsproblem (staatlich finanziertes Gemeinschaftswerk), sehr unterschiedliche Effektivität und Nachhaltigkeit der einzelnen Projekte, keine konstante Bedürfnisorientierung an den Partner*innen und Probleme bei der Thematisierung von Genderfragen in den Projekten (Paffenholz, 2011, 5 f.). Zwar wurde einigen dieser Kritikpunkte mit dem Reformprozess entgegengewirkt, doch spielen viele Aspekte noch heute eine wichtige Rolle, die kritisch betrachtet werden muss. Diese Fragen werden in den folgenden Kapiteln immer wieder aufgegriffen und empirisch betrachtet.

4.4.2 Struktur und Akteur*innen im ZFD

Wie bereits im Kapitel über die historische Entwicklung des ZFD klar wurde, ist der ZFD ein gemeinsames Projekt von staatlichen und nicht staatlichen Institutionen und wird als Gemeinschaftswerk definiert. Dabei ist es hilfreich, auf die genaue Struktur und Arbeit im Gemeinschaftswerk zu schauen. Wie in Abbildung 4.1 deutlich wird, ist der ZFD in seiner Umsetzung und Struktur sehr komplex.

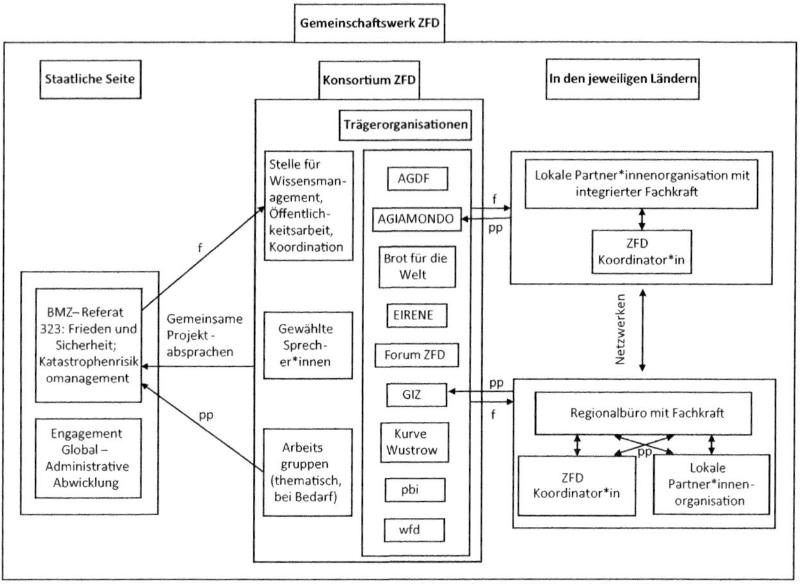

Abbildung 4.1 Struktur des ZFD. Die Beispiele von AGIAMONDO und GIZ sind exemplarisch ausgewählt und können im Einzelfall auch anders aussehen. f = Finanzierung; pp = Projektproposal (Abbildung der Autorin)

Als gemeinsames staatliches und zivilgesellschaftliches Programm leistet laut eigenen Aussagen der ZFD einen wirksamen Beitrag zur Zivilen Konfliktbearbeitung. Seinem Selbstverständnis nach trägt er weltweit zum Frieden bei (Gemeinschaftswerk ZFD, 2014c, S. 2). „Das BMZ fördert den ZFD im Sinne einer subsidiären Umsetzung der Ziele deutscher Entwicklungs-, Friedens- und Außenpolitik" (Gemeinschaftswerk ZFD, 2014c, S. 2). In dem Zusammenschluss aus BMZ und Konsortium erfolgt die inhaltliche Ausrichtung, Steuerung, das Festlegen von Standards, Verfahren, Wissensmanagement und Öffentlichkeitsarbeit in einem einvernehmlichen Prozess (Gemeinschaftswerk ZFD, 2014c, S. 2; Ries, 2012, S. 1). Das BMZ wird dabei von Engagement Global bei der Umsetzung der Antragsverfahren, der Antragsbearbeitung, bei Weiterleitungsverträgen, Zuwendungen, Qualitätssicherung, Mittelprüfung und Verwaltungsverfahren unterstützt (Gemeinschaftswerk ZFD, 2014c, S. 4). Die zivilgesellschaftliche Seite ist im Konsortium Ziviler Friedensdienst zusammengeschlossen. Dieser Zusammenschluss zivilgesellschaftlicher Träger*innen hat den großen Vorteil, dass alle

Träger*innen bestimmte Konflikte und Regionen gemeinsam im Blick haben und gemeinsam entscheiden können, wer mit welchen Partner*innen vor Ort am besten welche Themen bearbeitet (Ries, 2012, S. 2) und welche unterschiedlichen Zugänge es vor Ort gibt (Konsortium Ziviler Friedensdienst, 2016, S. 10). Dabei ist die Entscheidung, wer wo arbeitet und wer welche Arbeitsschwerpunkte hat, nicht immer einfach. Manche Prozesse sind historisch gewachsen. Wie zum Beispiel, dass die Träger*innen der kirchlichen Organisationen vermehrt mit christlichen Partnerorganisationen oder in kirchlichen Strukturen vor Ort arbeiten oder dass die GIZ auch mit staatlichen Partner*innen arbeitet. Einige Organisationen sind in bestimmten Regionen historisch stärker gewachsen, beispielsweise das forumZFD oder die Kurve Wustrow in europäischen Ländern. Auch einige Themenschwerpunkte haben sich im Laufe der Zeit herausgebildet, wie zum Beispiel das Thema Menschenrechte bei pbi (Peace Brigades International/Internationale Friedensbrigaden). Jedoch gibt es auch Themen, Regionen und Partner*innen, die nicht einer bestimmten Organisation zuzuordnen sind. Hier müssen die Organisationen miteinander in Verhandlung gehen. Im Konsortium finden auch die Abstimmungen mit dem BMZ und dem AA statt, dafür tagt der sogenannte Programmausschuss (Erl, 2000, S. 16). Durch diese engen Abstimmungen und Themensetzungen, welche auch gemeinsam erfolgen, stellt sich die Frage, inwieweit CSOs tatsächlich unabhängig sind, da sie auch von staatlichen Finanzierungen abhängen (Spurk, 2010, S. 17). Hier müssen die einzelnen Abstimmungsprozesse im ZFD genauer betrachtet werden, um eine genaue Einschätzung für den ZFD abgeben zu können. Dies geschieht in diesem Kapitel, wenn es um Evaluationen geht, und wird in Abschn. 8.6.1 auf dem Weg der Empirie erneut aufgegriffen.

Dem Konsortium sitzen zwei Sprecher*innen aus der Zivilgesellschaft vor. Ihre Sitze rotieren zwischen den einzelnen Organisationen. Trotz dieses Verständnisses als Gemeinschaftswerk hat der ZFD ein ambivalentes Verhältnis zum Staat. Zum einen wird auf die eigene Unabhängigkeit viel Wert gelegt, teilweise wird auf Distanz gegangen, und es soll keine Instrumentalisierung stattfinden. Zum anderen lassen sich die Organisationen von der öffentlichen Hand jedoch unterstützen (aus Überzeugung des Subsidiaritätsprinzips), sei dies finanziell, durch Steuerbegünstigungen oder durch die Anerkennung ihrer Gemeinnützigkeit (Erl, 2000, S. 19).

> „Leider ist die Bundesregierung auch mehr als zehn Jahre nach der Verabschiedung des ‚Aktionsplanes Zivile Krisenprävention‘ noch ebenso weit von einer kohärenten Friedenspolitik entfernt wie vom geforderten Primat des Zivilen. Das zeigt sich nicht zuletzt an den neuesten Haushaltszahlen“ (Strohscheidt et al., 2017, S. 5).

So lagen 2016 erstmals die Ausgaben für Entwicklungszusammenarbeit, unter die die Zivile Konfliktbearbeitung fällt, bei 0,7 % des Bruttoinlandsproduktes (Strohscheidt et al., 2017, S. 5), auch wenn diese Zahl nur erreicht wurde, da viele Maßnahmen im Inland für Geflüchtete aus diesen Töpfen finanziert wurden (BMZ, 2017b; Verband Entwicklungspolitik deutscher Nichtregierungsorganisationen, 2017, 7 ff.). Zwar steigt die Finanzierung des ZFD, jedoch gibt es mehr Bedarfe. Von 1999 bis 2015 betrug die Finanzierung des ZFD durch das BMZ insgesamt 330 Mio. Euro. Für das Jahr 2015 waren es 39 Mio. Euro und 42 Mio. Euro für das Jahr 2016 (Konsortium Ziviler Friedensdienst, 2016, S. 10). Im Jahr 2019 wurde für den ZFD ein Jahreshaushalt von 55 Mio. Euro zur Verfügung gestellt. Dieser Betrag blieb zunächst konstant und stieg 2023 auf 60 Mio. an (ZFD, 2023).

In der Umsetzung des ZFD gibt es ein Projektlevel, auf dem die Partnerorganisationen, die lokalen und internationalen Fachkräfte (wobei diese integriert und nicht integriert arbeiten können) und die Koordinator*innen arbeiten. Hierbei steht die Partnerschaft im Vordergrund. Außerdem gibt es das Programmlevel. In diesem arbeiten die Programmverantwortlichen der einzelnen Organisationen, die Koordinator*innen und das BMZ.[8] Das Besondere am ZFD ist, dass die Projekte und Aktivitäten auf der Grundlage entwicklungspolitischer Kriterien stattfinden. Dazu zählen unter anderem das Subsidiaritätsprinzip, der Grundsatz der Selbsthilfe und das Prinzip des kleinstmöglichen Eingreifens (Bohnet, 2004, S. 134). Die Projekte werden dabei grundsätzlich durch die ZFD-Trägerorganisationen in Zusammenarbeit mit ihren Partner*innen konzipiert. Ist die Konzipierung gelungen, bringt die ZFD-Trägerorganisation das entsprechende Projekt im Austausch mit dem BMZ ein, das dann als Zuwendungsgeber entscheidet (Gemeinschaftswerk ZFD, 2014c, S. 2). Sollte die Bewilligung gelingen, führen die ZFD-Trägerorganisationen die Projekte gemeinsam mit den lokalen Partner*innen in Eigenverantwortung durch. Es geht darum, positive Veränderungsimpulse zu setzen, die in einen Wandel des Konfliktverhaltens und schließlich in eine langfristige Transformation münden können, die wiederum Raum für Begegnung und Verhandlung schafft (Burba & Stanzel, 2015a, S. 6). Dabei beruhen die Aufgaben des ZFD auf bestimmten Arbeitsansätzen. Diese werden zunächst auf der Ebene der TLS benannt und in ihrer Wirkungslogik auf Projektebene dargestellt. Dabei ist es wichtig, dass es sich bei den Arbeitsansätzen nicht um Überthemen wie zum Beispiel „Umweltkonflikte" handelt, sondern konkretere Themen definiert werden, der Friedensbedarf benannt werden kann

[8] In einigen Organisationen werden diese Ebenen anders beschrieben. Dies ist jedoch die meist gängige Variante.

und entschieden wird, wo in der Arbeit angesetzt werden soll. Dieser Arbeitsansatz wird dann durch bestimmte Methoden operationalisierbar gemacht, was sehr trägerspezifisch geschieht (Gemeinschaftswerk ZFD, 2014a, Abschn. 5.1 S. 1).

Alle Organisationen arbeiten nach den Programmrichtlinien des ZFD, aber auch nach ihren eigenen Statuten. Generell ist der Stellenwert des ZFD in den einzelnen Trägerorganisationen sehr unterschiedlich (Quack, 2009, S. 65). So vielfältig wie der ZFD ist, so vielfältig sind auch seine Organisationen. So kommen einige Organisationen direkt aus der Friedensbewegung, die zum ZFD geführt hat, wobei andere Organisationen schon länger in der Entwicklungszusammenarbeit tätig waren. Hier soll kurz auf zwei besondere Formen der Organisationen eingegangen werden. So spielt die GIZ als einzige staatliche Träger*in eine besondere Rolle. Sie versteht als Herzstück ihrer Zusammenarbeit das *Capacitybuilding* im Rahmen der deutschen Entwicklungszusammenarbeit (giz, 2015, S. 3). Auch arbeitet die GIZ in den Ländern nicht nur mit nicht staatlichen, sondern auch mit staatlichen Partner*innen zusammen und kann den Dialog zwischen ihnen fördern (Ries, 2012, S. 1). So wird es auch der GIZ möglich, abseits von Regierungsverhandlungen oder bestimmten Sektorschwerpunkten am Thema Frieden zu arbeiten (Ries, 2012, S. 2). Die GIZ ist im ZFD vor allem in Ländern engagiert, in denen Deutschland aufgrund der eigenen Geschichte von der internationalen Gemeinschaft als authentisch und kompetent wahrgenommen wird. So zum Beispiel bei der Vergangenheitsaufarbeitung, bei Versöhnungs- und Dialogprozessen oder im Bereich der Menschenrechte (Burba & Stanzel, 2015a, S. 10). Auch die christlichen Organisationen spielen in der Art ihrer Arbeit und Motivation eine Sonderrolle. Sie sehen es als Grundaufgabe der Kirche, sich für den Frieden einzusetzen und betrachten den ZFD als Möglichkeit, ihr eigenes Engagement für den Frieden zu verstärken, wobei dieser das generelle Engagement verstärkt und komplementär zu betrachten ist (AGEH & Brot für die Welt, 2014, S. 4). Dabei handeln AGIAMONDO und BfdW stellvertretend für die Kirchen und die Partnerorganisationen im In- und Ausland und repräsentieren die kirchlichen Entwicklungsdienste. Die Arbeit basiert dabei auf einer christlichen Wertebasis und auf der Idee eines christlichen Menschenbildes und des gerechten Friedens[9] (Die deutschen Bischöfe, 2013; Evangelischen Kirche in Deutschland

[9] Dieser Terminus wurde von den deutschen Bischöfen erstmals 1983 in der Veröffentlichung „Gemeinsamer Hirtenbrief der katholischen Bischöfe in der DDR zum Weltfriedenstag" verwendet und in den 2000er Jahren nochmals überarbeitet (Die deutschen Bischöfe (2013). Auch die evangelischen Kirchen in Deutschland befassen sich mit dem Thema des gerechten Friedens (Evangelischen Kirche in Deutschland (2007). Dabei geht die Idee, dass durch Gerechtigkeit Frieden geschaffen wird, schon auf alttestamentliche Überlegungen zurück

[EKD], 2007), der sich an biblischen Quellen orientiert. Die christliche Friedensarbeit ist dabei stark in der christlichen Soziallehre verankert und betont die ganzheitliche Arbeit für den Frieden. Dazu gehört es auch, die eigene Rolle als christliche*r Akteur*in in einem Konflikt zu reflektieren und zu hinterfragen, da sie auch zu Konflikttreibern zählen können (AGEH & Brot für die Welt, 2014, S. 5). Elementar für die christliche Friedensarbeit sind die Aspekte der Vergebung und der Versöhnung, von denen sowohl Opfer als auch Täter*innen und deren Positionen in den Blick genommen werden und der Prozess der Versöhnung als ein spiritueller betrachtet wird. Des Weiteren ist es für die christliche Friedensarbeit elementar, dass kirchliche Strukturen weltweit vorhanden und somit die Akteur*innen gut lokal verankert und vernetzt sind (AGEH & Brot für die Welt, 2014, S. 7). Allgemein wird die Rolle von religionsbasierten Akteur*innen erfolgreich bewertet. Denn sie verfügen in der Regel über Fachkompetenzen, bringen in der Region oder in dem Konflikt eine gewisse Glaubwürdigkeit mit und weisen eine Nähe zum Konflikt auf. Oft genießen sie einen gewissen Vertrauensvorschuss (Weingardt, 2007, S. 47).

4.4.2.1 Verständnis, Rolle und Aufgaben der Fachkräfte

Der ZFD arbeitet sowohl mit internen Akteur*innen, welche die Konflikte kennen und eine intrinsische Motivation zur Konfliktbeilegung mitbringen, als auch mit externen Akteur*innen, die als Außenstehende neue Sichtweisen einbringen und über zusätzliche Ressourcen und Wissen verfügen (Rieche, 2006a, S. 17). Der ZFD ist ein Mittel der Personalentsendung, möchte jedoch lokale Partner*innen ernst nehmen. Dass dies strukturell nicht immer der Fall ist, zeigt schon ein Blick in das aktuelle Konzeptpapier des ZFD. Dort heißt es: „Die ZFD-Fachkraft stellt das Alleinstellungsmerkmal dar, das den ZFD von allen anderen Instrumenten oder Programmen der gewaltfreien Konflikttransformation unterscheidet" (Gemeinschaftswerk ZFD, 2014a, Abschn. 5.2. S. 3). Deswegen werden an dieser Stelle ausführlich die Rollen und Aufgaben der Fachkräfte beleuchtet.

Auch wenn der ZFD in einem eigenständigen Handlungsfeld arbeitet, wird er jedoch durch seine Ansiedlung im BMZ wie die Entwicklungszusammenarbeit reguliert (Heinemann-Grüder & Bauer, 2013b, S. 18). Dabei werden die Fachkräfte nach dem Entwicklungshelfer*innengesetz behandelt und der ZFD als Instrument der Personalentsendung verstanden. „Der ZFD ist im Grundsatz konzipiert als zeitlich befristeter Dienst von qualifizierten Fachkräften, durch den Menschen und Organisationen in Konfliktländern in ihrem Einsatz für den

---

und wird in den Schriften auf aktuelle Kontexte übertragen (Die deutschen Bischöfe 2013; EKD 2007).

Frieden gestärkt werden“ (Gemeinschaftswerk ZFD, 2014c, S. 2). Im Rahmen der Personalentsendung sollten die Fachkräfte die in den jeweiligen Ländern erworbenen Fähigkeiten und das erworbene Wissen in die deutsche Gesellschaft einbringen (Konsortium Ziviler Friedensdienst, 2016, S. 15). Sie sollen fachliche Qualifikationen und Ressourcen beisteuern, welche vor Ort nicht oder nur unzureichend vorhanden sind. Da Frieden jedoch nicht von außen hereingetragen werden kann, sollen die Fachkräfte immer eine beratende, unterstützende und begleitende Rolle der lokalen Partner*innen einnehmen (Willmutz, 2005, S. 2). „Fachkräfte arbeiten nicht im Alleingang, sondern stellen ihre Fähigkeiten und ihr Wissen für Lösungsprozesse zur Verfügung, die von Akteuren vor Ort getragen und verantwortet werden“ (AGEH & Brot für die Welt, 2014, S. 9). Somit verschiebt sich auch das klassische Modell, das im Rahmen des Entwicklungshelfer*innengesetzes geschaffen wurde, von Macher*innen hin zu Berater*innen (DEval, 2015, 24 ff.). Den Entwicklungsdiensten, die den ZFD durchführen, ist es durch diese Abgrenzung gelungen, sich in der Praxis von dem Vorwurf zu befreien, dass sie sich nun einfach auch als Friedensdienste präsentieren und ihre Programme nur unter einem neuen Namen fortführen wollen. Es sei betont, dass der Frieden zwar auch in der Entwicklungszusammenarbeit eine Rolle spielt, jedoch nicht ihr eigentliches Ziel ist (Erl 2000, 16). Der große Unterschied ist, dass die Friedensfachkräfte andere Aufgaben erfüllen als die bisherigen Entwicklungshelfer*innen. Dazu zählen: 1. Unterstützung zu leisten bei der Heilung von seelischen Wunden, die durch Einwirken von Gewalt entstanden sind; 2. Gewalt vorbeugen und verhindern; 3. Erarbeitung und Vermittlung von Möglichkeiten des gewaltfreien Umgangs mit Konflikten; 4. Schlichtungsaufgaben in Konflikten zwischen Einzelnen, Interessengruppen, Ethnien und Religionen; 5. Friedenspotenziale verstärken und 6. Versöhnung voranbringen (Erl 2000, 17). Es gilt, die Arbeit und die gegebenen organisatorischen und strukturellen Kontexte mit Leben zu füllen und an die Realitäten vor Ort anzupassen (AGEH und Brot für die Welt 2014, 11).

Dabei ist eine zentrale Aufgabe, den Partner*innen vor Ort Handlungsmöglichkeiten in scheinbar ausweglosen Situationen aufzuzeigen. Dies wird durch eine Begleitung mithilfe von Konzepten, Instrumenten und Handlungen ermöglicht. Dadurch können bei den Partner*innen Fähigkeiten entwickelt und neue Perspektiven gestaltet werden (Ries 2012, 2). Dabei sind die Friedensfachkräfte als Katalysatoren zu sehen, die unter anderem durch ihre Präsenz vor Ort Lernprozesse und Gespräche zwischen den Konfliktparteien ermöglichen (Evers, 2000, S. 18). Es geht dabei nicht darum, dass die Fachkräfte als „Friedensengel“ aus Deutschland (Djateng et al., 2009b, S. 16) in ein anderes Land reisen und dort ein vorgefertigtes Paket Friedensarbeit abliefern. Vielmehr geht es darum, dass die

Aufgaben und Inhalte der Organisationen vor Ort ernst genommen werden. Denn Frieden kann nicht nur von einer Person erreicht werden, sondern bedarf der Zusammenarbeit von verschiedenen Akteur*innen (Djateng et al., 2009b, S. 16). Dadurch kommt es in der Arbeit auch zu bewussten Musterunterbrechungen. Dies bedeutet, zuerst bestimmte Muster zu erkennen, diese zu hinterfragen und zu reflektieren und dann Schritt für Schritt mit bestimmten Techniken und Methoden zu durchbrechen (Ries 2012, 2). Durch das Konsortium ZFD werden folgende Handlungsfelder für die Fachkräfte des ZFD beschrieben:

- "Aufbau von Kooperations- und Dialogstrukturen über Konfliktlinien hinweg (einschließlich Stärkung traditioneller Schlichtungsinstanzen)
- Schaffung von Anlaufstellen und gesicherten Räumen für Unterstützung und Begegnung von Konfliktparteien
- Stärkung von Informations- und Kommunikationsstrukturen zum Thema ‚Ursachen und Auswirkungen gewaltsamer Konflikte' (u. a. Friedensjournalismus, Vernetzung, Monitoring von Konfliktverläufen)
- Reintegration und Rehabilitation der von Gewalt besonders betroffenen Gruppen (einschließlich Maßnahmen der psychosozialen Unterstützung/ Traumabearbeitung)
- Beratung und Trainingsmaßnahmen zu Instrumenten und Konzepten ziviler Konfliktbearbeitung, sowie beim Aufbau von Strukturen
- Friedenspädagogik (einschließlich Bildungsmaßnahmen zum Abbau von Feindbildern)
- Stärkung der lokalen Rechtssicherheit (Beobachtung der Menschenrechtssituation, Schutz vor Menschenrechtsverletzungen, Aufbau und Stärkung lokaler Institutionen)" (Gemeinschaftswerk ZFD 2008, 3).

Es ist anzumerken, dass die hier aufgeführte Idee der Handlungsfelder im Zuge des ZFD-Reformprozesses aktualisiert wurde. Nun steht vielmehr der Begriff des Arbeitseinsatzes im Vordergrund. Hier findet die Operationalisierung der Arbeit einer ZFD-Fachkraft nicht mehr mithilfe bestimmter Themen statt, sondern stattdessen entlang bestimmter Methoden und durchgeführter Aktivitäten. Dadurch wird die Arbeit mehr auf die Projektebene heruntergebrochen und kann von jeder Organisation an die eigenen Stärken angepasst und umgesetzt werden (Gemeinschaftswerk ZFD, 2014a, Abschn. 5.1. S. 1). Dabei arbeiten die Fachkräfte entweder als integrierte Fachkräfte und sitzen somit direkt in den Büros der lokalen Organisationen oder sie arbeiten von Büros der deutschen Organisationen vor Ort aus und unterstützen dann in der Regel mehrere lokale

Organisationen und sind somit nicht integriert. Diese unterschiedlichen Herangehensweisen haben auch etwas damit zu tun, wie die einzelnen Organisationen mit dem Thema Allparteilichkeit umgehen. So gibt es beispielsweise einige Träger*innen, die bewusst darauf achten, dass die Fachkräfte nicht nur mit einer Partnerorganisation zusammenarbeiten und sich mit einer einzelnen Organisation identifizieren. Hier wird vielmehr mit verschiedenen Organisationen zusammengearbeitet. Dadurch soll möglichst viel Glaubwürdigkeit und Handlungsspielraum vor Ort entstehen. Der ZFD ist so als eine Art dritte Partei vor Ort tätig und hat eine eigene Parteilichkeit, welche auf den ZFD-Grundsätzen beruht. Hier gibt es in der Regel ein eigenes Projektbüro vor Ort, wodurch die Fachkräfte eine sehr aktive Rolle einnehmen, da sie Konfliktparteien für die Zusammenarbeit identifizieren und die Regeln der Zusammenarbeit festlegen. Dadurch werden nicht integrierte Fachkräfte zwar eher allparteiisch gesehen als integrierte, aber auch sie stehen vor Herausforderungen. Denn am Ende arbeiten sie trotzdem eng mit Organisationen zusammen und leben vor Ort. Gerade durch diese Form der partnerschaftlichen Arbeit kann es schwierig für die Fachkräfte sein, immer neutral zu handeln. Gerade wenn sie Verträge mit lokalen Partner*innen abschließen, entsteht automatisch eine Verbundenheit und auch Loyalität (Quack, 2006, 18). Andere Organisationen hingegen setzen auf integrierte Fachkräfte, wodurch diese Allparteilichkeit etwas in den Hintergrund rückt. Diese arbeiten direkt bei den Partnerorganisationen, sind dort angestellt und der Leitung der lokalen Organisation unterstellt. Bezahlt aber werden sie von den Organisationen aus Deutschland. Hier liegt der Schwerpunkt der Arbeit stärker auf der Herausbildung von *Ownership* durch die gezielte Unterstützung einer Organisation (Quack, 2006, 18). Bei einigen Organisationen gibt es auch beide Modelle, somit kann je nach Thema entschieden werden, welches Modell passender ist. Dabei ist die hier dargestellte Struktur des ZFD nur exemplarisch zu sehen. Verschiedene Organisationen haben unterschiedliche Möglichkeiten, vor Ort zu kooperieren und Fachkräfte zu entsenden. So gibt es beispielsweise Projekte der GIZ, die anders arbeiten. „There are several different cooperation models available at GIZ CPS: 1) a CPS expert advises a PO from within that PO; 2) a CPS expert advises several POs on one topic; 3) a CPS expert advises networks or interest groups directly. Models 1) to 3) can be employees in tandem with a local expert or national personnel; 4) a PO receives local subsidies without a direct connection to a CPS expert“ (giz, 2017, S. 17).[10] Es lässt sich also feststellen, dass die Fachkräfte im Spannungsverhältnis zwischen Allparteilichkeit und *Ownership* arbeiten. Einerseits arbeiten Fachkräfte an vertrauensstiftenden Maßnahmen, dem Abbau von Vorurteilen, sie

[10] CPS – Civil Peace Service (Englisch für Ziviler Friedensdienst – ZFD).

vermitteln in Konflikten und arbeiten an der Versöhnung zwischen Konfliktparteien. Dies sind alles Aufgaben, bei denen Allparteilichkeit eine wichtige Rolle spielt. Andererseits arbeiten die Fachkräfte mit den Grundlagen entwicklungspolitischer Arbeit, wie etwa Subsidiarität oder Hilfe zur Selbsthilfe, und tun dies vor einem bestimmten Hintergrund beziehungsweise mit einem bestimmten Ziel, das sie verfolgen (Quack, 2006, 18). Dieses bestimmte Ziel kann je nach Person oder Organisation sehr individuell sein. Denn externe Fachkräfte neigen dazu, bestimmte Bilder von dem, was sie über Konflikte wissen zu verwenden, die im Einklang mit ihren Erfahrungen und Ideologien stehen (van Leeuwen, 2009, S. 3). Gleichzeitig arbeiten sie in und an den Konflikten und werden somit selbst ein Teil davon, was eine Allparteilichkeit oder Neutralität erschwert (Ropers, 2001, S. 524). Dieser Gedanke der Allparteilichkeit ist also nicht immer einfach umzusetzen. Denn ZKB generell – und somit auch der ZFD – ergreifen Partei für Werte wie Menschenrechte, Rechtsstaatlichkeit und Demokratie. Gleichzeitig wird versucht, Zugang zu allen Konfliktparteien zu haben und alle Sichtweisen einzubeziehen (Heinemann-Grüder & Bauer, 2013b, S. 18). Somit sind sie „allparteilich gegenüber Gruppen, dabei aber parteilich für Prinzipien“ (Evers, 2007, S. 158).

In dieser Diskussion spielt auch das allgemeine Credo der Neutralität eine wichtige Rolle, das seit dem Beginn des humanitären Völkerrechts als wichtiges Element gilt (Schade, 2007, S. 179). Auch die Bundesregierung versteht die Rolle von externen Akteur*innen in Konflikten als Unterstützung und Begleitung für subsidiäre, friedenserhaltende oder friedensschaffende Prozesse. Geprägt soll diese Rolle sein durch Nichtparteieinnahme und kulturelle Sensibilität (Die Bundesregierung, 2004, S. 10). Dabei wird davon ausgegangen, dass die Fachkräfte eine produktive Fremdheit mit in ihre Arbeit einbringen (Gemeinschaftswerk ZFD, 2014c, S. 5). Sie werden zum Teil auch als „objektive Insider“ bezeichnet (Meintjes, 2006, S. 12). Dadurch kann es gelingen, alle Seiten in einem Konflikt in gleichem Maße anzuhören und zu berücksichtigen. Doch ist dies nicht einfach, da es gerade in einem konfliktiven Umfeld oft nur natürlich scheint, mit einer Seite zu sympathisieren (Luithlen, 2014, S. 8). Produktive Fremdheit bedeutet jedoch nicht, dass die Fachkräfte auch immer neutral sind. Der Annahme kann also nicht zugestimmt werden, dass die Fachkräfte in der Ausbildung „entnationalisiert“ werden und „beim Einsatz keine Namen mehr, keine Psychologie [mehr haben]. […] Sie sind Beauftragte einer höheren Macht, die eine humanitäre Mission zu erfüllen hat“ (Erl, 2000, S. 20). Viel mehr beziehen sie schon durch ihre Anwesenheit in bestimmten Organisationen oder ihre Arbeit an bestimmten Themen politisch Stellung (Méndes, 2011, S. 7). Somit sind Fachkräfte als fremde Akteur*innen vor Ort, sie sind jedoch keine Partei, können aber Partei ergreifen

(Luithlen, 2014, S. 8). Diese Zuschreibungen von Innen- und Außenseitertum haben damit zu tun, wie die Akteur*innen wahrgenommen werden und wie sie sich selbst wahrnehmen. Je nach Position einer Person kann eine Fachkraft ein *Insider* sein, während er oder sie aus der Perspektive einer anderen Person als Außenseiter*in gesehen wird. Wie im Fall von Identitäten können sich die Wahrnehmungen je nach Kontext, Position und Perspektive ändern (Bernhard, 2013, S. 9). Einige Akteur*innen können (Dunning, 2004; Nustad, 2001) gleichzeitig *Insider*- und Außenseiterpositionen innehaben, was mit dem Kontext zu tun hat, in dem gearbeitet wird (Reimann, 2007, S. 104).

In einigen Organisationen wird davon ausgegangen, dass die Fachkräfte vor Ort auf Augenhöhe arbeiten und Beziehungen zu den Personen vor Ort aufbauen (Gemeinschaftswerk ZFD, 2014a, Abschn. 5.2. S. 3). Diese Augenhöhe ist jedoch nicht immer leicht zu erreichen und teilweise auch ein regelrechter Trugschluss. So berichtet eine ehemalige Friedensfachkraft in einem Artikel, dass all ihre Handlungen von ihren westlichen Vorstellungen geprägt sind und sie sich immer wieder fragte: „Wie finden wir eine Verbindung zu dieser Welt und zu den Menschen, mit denen wir hier leben und arbeiten? Wie können wir da wirksam werden als Friedensarbeiter?" (Richter, 2010, S. 20). Dort, wo Ressourcen in größerem Maße transferiert werden, ist die Partnerschaft auf Augenhöhe fragwürdig (Borries von, 2007, S. 199). Folglich argumentieren einige Wissenschaftler*innen, aber genauso Personen aus dem ZFD, dass Partnerschaft eher „Rhetorik" (Brinkerhoff, 2002; Crawford, 2003; Menashy, 2019), ein „Schlagwort" (Ashman, 2001; Cornwall & Brock, 2005; Mohiddin, 1998) oder ein „Etwas-Nichts-Wort" (Malhotra, 1997) sei, das das Ungleichgewicht der Macht mit einer Sprache der Gleichheit verschleiert (Hately, 1997, S. 22).

Fachkräfte sind auch Repräsentant*innen und haben eine symbolisch-moralische Macht. „Damit einher gehen Zuschreibungen von politischer und wirtschaftlicher Macht (die trotz minimaler Ressourcen real sein kann, im Verhältnis zu einem daniederliegenden Umfeld)" (Evers, 2007, S. 155). Dies kann schon auf eine zunächst banal verschiedene Art und Weise geschehen, die bei genauerer Betrachtung jedoch tiefergreifende Mechanismen von struktureller Macht offenlegt: Es kommt immer wieder vor, dass ein europäischer Pass oder eine weiße Hautfarbe und Sozialisierung die Arbeit und Zugänge vor Ort vereinfacht und die Herkunft von Fachkräften sie mit einer „quasi natürlichen Autorität und Expertise" (Ziai, 2013, S. 18) ausstattet und somit der Gedanke der Allparteilichkeit nochmal schwieriger wird. Mit dieser Grundannahme, dass Fachkräfte in bestimmten Situationen überlegen sind, arbeitet auch der ZFD.

> „ZFD-Fachkräfte sind zwar durch ihre Tätigkeit in vielen Fällen auch in den Konflikt involviert, verfügen aber als Ausländer bzw. Ausländerinnen über eine spezifische Rolle. Sie können dadurch Mittler zwischen Menschen sein und Brücken zu Wegen bauen, die den einheimischen Kollegen und Kolleginnen möglicherweise verstellt sind. ZFD-Fachkräfte leisten durch ihre Herkunft und Kontakte wertvolle Beiträge zur Vernetzung, besonders international" (Gemeinschaftswerk ZFD, 2014a, Abschn. 5.2. 1).

Damit diese Arbeit dennoch gelingen kann, ist es wichtig, dass die spezifischen (friedens-)fachlichen, aber auch persönlichen Kompetenzen mit in die Arbeit eingebracht werden und vor Ort Vertrauen aufgebaut werden kann. Denn gerade durch das Einbringen der eigenen Persönlichkeit wird es möglich, dass Werte transportiert werden, ein anderer Arbeitsstil eingebracht wird und Vorbildfunktionen zum Beispiel in Bezug auf Gender-Rollen übernommen werden können (Evers, 2007, S. 155). Dazu sind eine solidarische Grundhaltung, Werteorientierung und ein angemessener Lebensstil (welcher jedoch nicht genauer definiert wird) vorausgesetzt (Gemeinschaftswerk ZFD, 2014a, Abschn. 5.2. S. 1 f.). Aber auch Kompetenzen wie Flexibilität, Selbstreflexion, Belastbarkeit, Empathie, Geduld, Engagement, Selbstmotivation, Offenheit und Erfahrungen im Umgang mit Angst und Bedrohung sind hilfreich (Evers, 2007, S. 145; Kramer, 2001, S. 359). Die weiteren fachlichen Kompetenzen sind von den jeweiligen Projekten abhängig (Gemeinschaftswerk ZFD, 2014a, Abschn. 5.2. S. 1 f.). Oftmals wird schon in den Stellenausschreibungen betont, dass es als Fachkraft wichtig ist, sich den Gegebenheiten vor Ort anzupassen und die lokale Sprache zu lernen. Sicherlich sehr hilfreiche Hinweise und Dinge, die den Alltag, aber auch die Arbeit vereinfachen. Jedoch macht dies die Fachkräfte nicht zu „Lokalen" und „die verbleibenden Unterschiede zu verleugnen, hieße aber, den Aufbau ehrlicher Beziehungen von Beginn an zu verhindern" (Kurschat, 2000, S. 65). Außerdem ist eine wichtige Voraussetzung nicht zuletzt die Bereitschaft, in einem risikoreichen und konfliktiven Umfeld zu arbeiten, Risiken vor Ort zu erkennen und sich selbst flexibel anzupassen (Eguren, 2001, S. 33). Besonders in diesem Punkt zeigt sich die sehr machtvolle Stellung von Friedensfachkräften. Allein die Tatsache, dass Friedensfachkräfte sich aus freiem Willen dazu entschieden haben, in einem konfliktiven Umfeld zu leben und zu arbeiten, und das Wissen haben, jederzeit wieder ausreisen zu können, verleiht ihnen Macht (Kurschat, 2000, S. 65). Im Falle einer Gefahr werden die ausländischen Mitarbeitenden evakuiert, die lokalen Mitarbeitenden bleiben vor Ort und sind der Gefahr ausgesetzt (Köhler, 2005, S. 90). Dabei stellt sich auch die Frage, was Personen dazu motiviert, im Globalen Süden in der Friedensarbeit zu arbeiten. Dies können zum einen idealistische Faktoren sein (Frieden und eine gerechte Welt zu schaffen), aber auch individuell-lebensbezogene Faktoren (Selbsterkenntnisse, Abenteuerlust, Familie oder Freundschaft), kulturelle, politische oder historische Faktoren (politische Überzeugung, interkulturelle Neugierde), ökonomische Faktoren (guter Lebensstil in dem entsprechenden Land, Karriere machen) und der Faktor der Sucht (Suche nach dem „Kick“) (Kramer, 2001, 354 f.). Somit agiert der ZFD auf dem schmalen Grat zwischen einer freiwilligen Entscheidung, sich in einen Konflikt zu begeben und der Situation, dem Konflikt ausgesetzt zu sein.

Generell stellt sich immer die Frage, ob die fachliche oder die persönliche Kompetenz einer Fachkraft wichtiger für eine erfolgreiche Arbeit ist (Kruhonja, 2001, S. 22). In ihrer Forschung über *Peacebuilding*-Akteur*innen in der Demokratischen Republik Kongo hat Séverine Autesserre gezeigt, dass oftmals lokale Akteur*innen das technische oder methodische Wissen von Externen mehr schätzen als deren Wissen über das jeweilige Land (Autesserre, 2014, S. 75). Und auch Barnett geht davon aus, dass generell in modernen Gesellschaften Wissen und Kenntnisse, die sich de facto nachweisen lassen – wie zum Beispiel durch formale Bildung oder Zertifikate –, das Wissen übertrumpfen, das nicht durch formale Bildung erworben wurde (Barnett, 2012). Diese Kenntnisse werden gerade für externe Fachkräfte durch zielgerichtete Trainings vermittelt, welche universelle Tools und Techniken beinhalten (Autesserre, 2014, S. 77). Dabei stellt sich immer auch die Frage, was die externen Fachkräfte zu Expert*innen macht. Alleine schon der Terminus des oder der Expert*in bringt Autorität mit sich (Barnett, 2012, S. 508), spricht gleichzeitig lokalen Akteur*innen ihr Wissen ab und stellt eine Hierarchie auf (Barnett, 2016, S. 29). „Expertise often creates a distance and power differential between those who hold it and those who do not“ (Autesserre, 2014, S. 76). Auch bei diesen Problemen und Fragen gibt es keine einheitliche Antwort und kein einheitliches Vorgehen der Organisationen. Dabei ist der berufliche Hintergrund der Fachkräfte sehr unterschiedlich und richtet sich nach den jeweiligen Projekten. So gibt es Sozialarbeiter*innen, Jurist*innen, Kommunikations- und Medienwissenschaftler*innen, Geistes-, Sozial- und Gesellschaftswissenschaftler*innen. Ein Problem bei Personen, die direkt von der Universität kommen, ist jedoch oft, dass die geforderte Berufserfahrung fehlt. Neben diesem fachlichen Wissen werden aber auch Erfahrungen im Projektmanagement, in der Mittelakquise und im internationalen Kontext gefordert (Burba & Stanzel, 2015b, S. 218). Welche Fähigkeiten die Fachkräfte mit in den Beruf bringen sollten, hängt sehr stark von dem jeweiligen Projekt und den Vorstellungen der lokalen Partner*innen ab. Wichtig ist jedoch ein gutes Selbstmanagement, grundlegende friedensfachliche Kompetenzen und die ideelle Motivation für den „Dienst am Gemeinwohl“ (Gemeinschaftswerk ZFD, 2014c, S. 5). Dabei ist auch der Bewerbungs- und

Auswahlprozess je nach Organisation sehr unterschiedlich. Zwar werden alle Fachkräfte nach dem Entwicklungshelfer*innengesetz entsendet. Aber es gibt in den Organisationen zum Teil Assessment-Center, während andere den Schwerpunkt auf persönliche Gespräche legen. Auch hier ist es sehr unterschiedlich, inwieweit die lokalen Partner*innen einbezogen werden. Zum Teil bekommen diese einen Lebenslauf zugesendet und werden um Zustimmung gebeten, in anderen Fällen nehmen sie digital an Auswahlverfahren statt, wenn bereits eine Vorauswahl getroffen wurde. Einige Projektpartner*innen des ZFD berichten offen gegenüber den Organisationen, dass sie enttäuscht sind, nicht am Auswahlprozess der Fachkräfte beteiligt zu sein, obwohl sie dies explizit wünschen (Meintjes, 2006, S. 12). Generell können die Auswahlverfahren jedoch relativ lange dauern. Zwar ist positiv anzumerken, dass es in einem solchen Kontext sinnvoll ist, diesen Prozess möglichst umfassend und ausführlich durchzuführen (Kruhonja, 2001, S. 22). Aber es kann von der Antragsidee bis zur Entsendung der Fachkraft, der eine Vorbereitung vorausgeht, in der Regel ein bis zwei Jahre dauern. Das ist problematisch, da sich in dieser Zeit vor Ort Dinge und Situationen verändern.

Die Ursachen und Formen von Konflikten werden immer vielschichtiger, also müssen auch die Formen der Bearbeitung vielschichtiger werden. Die Fachkräfte werden durch eine mehrmonatige Ausbildung, zusätzliche Sprachkurse und eine Einführung in die Gegebenheiten der jeweiligen Gebietes vorbereitet (Evers, 2000, S. 17). Das allgemeine Ziel ist es dabei, sie auf ihren Einsatz vorzubereiten und die Differenz zwischen dem erforderlichen und dem vorhandenen Wissen zu verringern (Truger, 2001a, S. 337). Dabei ist ein Schwerpunkt die Sensibilisierung für die Arbeit in einem interkulturellen, konfliktiven Umfeld. Auch geht es um die eigene psychische Gesundheit und Traumaarbeit, um Fragen von Distanz und Nähe. Generell gibt es zwei verschiedene Philosophien in der Vorbereitung (Evers, 2007, S. 145). Grundsätzlich gelten für die Vorbereitungen im ZFD allgemeine thematische Ausrichtungen, die auch in anderen Trainings für Friedensfachkräfte Anwendung finden. Dazu zählen zum Beispiel: Mediation, humanitäre Unterstützung, Monitoring, Administration, Rollenverständnis der Akteur*innen vor Ort, Konflikt-*Mappings*, Empowerment, Kontext- und Methodenwissen, aber auch Informationen über die Reintegration nach dem Einsatz (Truger, 2001b). Dies ist ein eher normativ-prozessorientierter Ansatz in der Ausbildung, der eher in den Organisationen der Friedensbewegung zu finden ist. Außerdem gibt eseinen mehr pragmatisch-ergebnisorientierter Ansatz, welcher eher bei den größeren Entwicklungsdiensten zu finden ist (Evers, 2007, S. 145). Einige Trägerorganisationen führen die Ausbildungen komplett eigenständig durch, während andere ihre Fachkräfte in die Ausbildungsinhalte von anderen Organisationen einbuchen (Evers, 2007, S. 147). Jedoch stößt auch die Vorbereitung an ihre Grenzen. Zwar werden Notfallpläne für bestimmte Szenarien entwickelt, aber gerade in einem Notfall kann es doch auch anders kommen (Neumann, 2016, S. 14). Deswegen ist es wichtig, dass die Fachkräfte vor Ort nicht alleine gelassen werden. Darauf achten vor Ort die lokalen Partner*innen und Koordinator*innen, aber es erfolgt auch durch die Rückbindung an die entsprechenden Personen in den Organisationen in Deutschland. Während der Zeit in den Projekten vor Ort haben die Fachkräfte die Möglichkeit zur Supervision und Coaching (Gemeinschaftswerk ZFD, 2014c, S. 5; Neumann, 2016, S. 14).

Generell sind die Themen Mitarbeiterfürsorge und Selbstfürsorge in den vergangenen Jahren im ZFD immer wichtiger geworden. Diese sehen bei jeder Organisation etwas anders aus. Sie können Elemente von individuellem Coaching, *Peergroup-Meetings*, Kurse in Deutschland nach einer bestimmten Zeit im Land, individuelle oder Gruppencoachings, Strategien, die schon in der Vorbereitung erkannt werden oder virtuelle Meetings enthalten (Gemeinschaftswerk ZFD, 2014a, Abschn. 9.2 S. 5 f.). Diese sind in der Regel jedoch nur für die Fachkräfte verfügbar. Daraus ergibt sich auch die Frage, was mit den lokalen Partner*innen ist und welche Rolle in Bezug auf die Themen auch die lokalen Partner*innen spielen. Können sie Elemente davon bereitstellen oder benötigen sie selbst Unterstützung (Rieder, 2019, S. 66)? Jedoch hat eine Umfrage in einigen ZFD-Projekten ergeben, dass diese Elemente nicht immer von allen ernstgenommen und umgesetzt werden. Gerade in den einzelnen Organisationen fehlen oftmals Raum und Platz für offene Dialoge und Reflexion (Rieder, 2019, S. 70). Eine Studie aus dem Jahr 2015 hat ergeben, dass die größten Stressfaktoren für Personen, welche in der Friedensarbeit arbeiten, entweder auf organisatorische Faktoren, Beziehungen im Team, hohe Arbeitsbelastung, schlechte Führung, Ressourcenprobleme oder Management-Faktoren (Bürokratie, Entscheidungsprozesse) zurückzuführen sind und nicht auf das konfliktive Umfeld an sich (Wiesenthal & Rößler, 2015). Diese Prozesse der Begleitung sollten vor, während und nach dem Einsatz stattfinden (Ribeiro Andres et al., 2005, S. 46). Es ist hilfreich für die Fachkräfte, wenn in der Mitarbeiter- und Selbstfürsorge die folgenden Themen enthalten sind: psychosoziale Vorbereitung und Begleitung, begleitende Workshops, Thematisierung von organisationsinternen Konflikten, Selbstevaluierung mit Feedbackmechanismus, Thematisierung von Stressauslösern, Sensibilisierung für stressauslösende Faktoren, Unterstützung nach dem Einsatz (Ribeiro Andres et al., 2005, S. 47). Dazu können während des Einsatzes auch Auszeiten von der Arbeit gehören (Ribeiro Andres et al., 2005, S. 49). Es gibt in der Vorbereitung bestimmte Themen, die für alle Fachkräfte, die im Rahmen des Entwicklungshelfer*innengesetzes entsendet werden, von

Bedeutung sind. Dazu gehören das Trägersystem, Verfahren, Sprachkompetenz, interkulturelle Kommunikation, Sicherheit, Stressbewältigung und Landeskunde. Des Weiteren gibt es Inhalte, die speziell für ZFD-Fachkräfte wichtig sind. Dazu zählen Informationen über den ZFD, Verfahren im ZFD sowie fachliche und methodische Kompetenzen für die jeweiligen Projekte (Gemeinschaftswerk ZFD, 2014a, Abschn. 9.1 S. 4). Auch vor Ort geht die Vorbereitung noch weiter. Zu Beginn des Einsatzes sind die Fachkräfte einem *Reality-Check* (Burba & Stanzel, 2015b, S. 219) ausgesetzt, der Zeit braucht. So ist es bei einigen Organisationen durchaus üblich, dass die ersten drei Monate im Land als komplette Orientierung verstanden werden und die Fachkräfte sich alles anschauen und begleiten, während bei anderen Organisationen diese Zeit viel kürzer ist.

Eine besondere Art der Fachkraft stellt dabei die Rolle eine*r Koordinator*in dar.

> „Zu ihren Aufgaben gehören die strategische Weiterentwicklung des ZFD-Engagements, die Verantwortung für operative Steuerung oder Begleitung des ZFD-Projektes, Beiträge zu Lobbyarbeit und Öffentlichkeitsarbeit des Trägers, die Unterstützung von Fachkräften und Partnern, die finanzielle und administrative Abwicklung des Projektes sowie die Personalverantwortung und -führung gegenüber internationalen und lokalen Mitarbeitern und Mitarbeiterinnen“ (Gemeinschaftswerk ZFD, 2014c, S. 4).

Jedoch ist die genaue Ausdifferenzierung der Aufgaben je nach Organisation unterschiedlich. In der Evaluation 2011 wurde festgestellt, dass sie oft zu wenig Managementfunktion haben und ihre Rolle gestärkt werden muss (Paffenholz, 2011, S. 8). Daraus folgte eine Schärfung der Rolle der Koordinator*innen. So haben diese nun konzeptionelle Aufgaben wie zum Beispiel die Dienst- und Fachaufsicht (wenn diese nicht bei den Partnerorganisationen liegt), Strategieentwicklung, Projektweiterentwicklung, Identifikation von neuen Partnerorganisationen und sind Schnittstelle zu anderen Trägerorganisationen (Gemeinschaftswerk ZFD, 2014a, Abschn. 5.4 S. 1). Generell ist es auch möglich, dass eine trägerübergreifende Koordination eingesetzt wird, dies geschieht durch ein Mandat des Konsortiums (Gemeinschaftswerk ZFD, 2014a, Abschn. 5.4 S. 2). Besonders auf trägerbezogene Koordinator*innen kommen folgende Aufgaben zu: strategische Weiterentwicklung des ZFD-Landesprogramms, operative Steuerung, Fachberatung und Begleitung der Fachkräfte und Partner*innen, Begleitung des Planning-Monitoring- & Evaluationprozesses, Steuerung des Wissensmanagements, ggf. Personal- und Führungsverantwortung, Unterstützung der Fachkräfte und von deren Familien zum Beispiel in den Bereichen Gesundheit, Wohnen, Aufenthalts- und Arbeitserlaubnis, finanzielle und administrative Abwicklung des

ZFD vor Ort, Lobby- und Öffentlichkeitsarbeit, Organisation von Austauschmöglichkeiten (Gemeinschaftswerk ZFD, 2014a, Abschn. 5.2.2 f.). Trägerübergreifende Ansprechpersonen (nicht mehr Koordinator*innen genannt) hingegen haben kein Weisungsrecht gegenüber Fachkräften von anderen Träger*innen. Vielmehr ist ihre Aufgabe der Informations- und Erfahrungsaustausch, die Vernetzung des ZFD im Land, aber auch über die ZFD-Strukturen hinaus (Gemeinschaftswerk ZFD, 2014a, Abschn. 5.4. S. 3).

Neben der Entsendung der Fachkräfte gibt es auch die Möglichkeit für weitere Personalressourcen, um flexibel agieren zu können. Dies sind zum Beispiel Kurzzeitfachkräfte oder Berater*innen auf Zeit (Gemeinschaftswerk ZFD, 2014a, Abschn. 5.3. S. 1). Jedoch können auch lokale Projektmitarbeiter*innen friedensfachliche, technische oder administrative Aufgaben übernehmen. Hier steht auch der Kompetenztransfer von der ZFD-Fachkraft zur lokalen Fachkraft im Fokus. Wie lokales Projektpersonal angestellt wird, ist je nach Träger*in sehr unterschiedlich. In der Regel wird davon ausgegangen, dass bei integrierten Fachkräften vor Ort die jeweilige Organisation ihr eigenes Personal hat. Hier sind eher ergänzende Förderungen angedacht, die dabei unterstützen können, die vereinbarten Ziele zu erreichen und das Projekt durchführbar zu machen. Bei Fachkräften, welche zum Beispiel in einem eigenen Projektbüro arbeiten, kann lokales Personal angestellt werden, um ein Team zusammenzustellen und administrativ das Büro zu unterstützen. Dies ist auch bei Partnerorganisationen möglich (Gemeinschaftswerk ZFD, 2014a, Abschn 5.3 S. 2). Damit einher geht jedoch ein Problem, das durch viele CSOs aus dem Globalen Norden erzeugt wird, die in den jeweiligen Projektländern lokale Fachkräfte einstellen. Da die internationalen CSOs vor Ort in der Regel besser zahlen als lokale CSOs, wandern viele Mitarbeitende aus lokalen CSOs ab und es kommt zu einem starken Wissensverlust (Fahrenhorst, 2007, S. 84). Auch lässt sich oftmals eine Veränderung von Mitarbeitenden bei internationalen CSOs gegenüber anderen lokalen Akteur*innen feststellen, die als Hochnäsigkeit beschrieben wird (Leach, 2018, S. 11). Und auch die Möglichkeit, dass lokale Kontakte und Mitarbeiter*innen als Vermittler*innen zwischen wohlhabenden Geber*innen und Gemeinschaften fungieren können, fügt den Machtungleichgewichten komplexe Schichten hinzu, die die Gebergemeinschaft noch nicht erfolgreich bewältigt hat (Leach, 2018, S. 11).

Trotz formeller Vorgaben seitens des ZFD gibt es gerade in der Praxis weiterhin Unklarheiten in Bezug auf die Definition und Erwartungen der Rolle der Fachkräfte. Dies kann unterschiedliche, auch negative Auswirkungen auf den Einsatz als Fachkraft haben und wird oft als das größte Hindernis für eine erfolgreiche Intervention angesehen (Ameln, 2006, S. 92; Pastoors, 2017, S. 436;

Wenzler-Cremer & Cremer, 2006). Um diese Rolle als nicht zu starr und vorgegeben zu betrachten, ist es wichtig, dass sich die Friedensfachkräfte vor Ort auch verändern lassen. Dass sie sich auf Neues einlassen, sich und ihre Arbeit infrage stellen, so die eigene Wahrnehmung und Arbeit besser reflektieren und sich neu auf die Partner*innen und Situationen vor Ort einlassen können (Richter, 2010, S. 21). In vielen Konfliktanalysen, die im Rahmen des ZFD angefertigt werden, wird die eigene Rolle und wie diese das Geschehen verändert, nicht weit genug einbezogen. Sicherlich ist dies vorher nicht genau vorhersehbar, jedoch können verschiedene Vermutungen angestellt werden. Daraus kann dann herausgearbeitet werden, wie diese Beeinflussung positiv für alle Beteiligten genutzt werden kann (Bächtold et al. 2013,9).

Auch wenn die Fachkräfte eine der wichtigsten Rollen in der Arbeit des ZFD einnehmen, ist ihre Arbeit kritisch zu betrachten. Durch diese ständige Überlegenheit, in der die Friedensfachkräfte leben, und den Status, den sie innehaben, wird automatisch ihr Verhalten geprägt. Es wird möglich, dass sie „ihre strukturelle Macht und ihr Fachwissen gegenüber den Menschen vor Ort zu ihrem eigenen Vorteil einsetzen und ausleben" (wfd, 1999, S. 5). Was bedeutet es, viel oder wenig situationsbezogene Macht zu haben (Latham, 2001, S. 83)? Mächtig zu sein, bedeutet in diesem Zusammenhang, flexibel und beherrscht zu sein. Es bedeutet, die Fähigkeit zu haben, hochspezialisiert zu bleiben und bereit zu sein, die Ströme von Ressourcen, Bedeutungen und Körpern in und aus einer „Situation" gemäß der von ihr definierten Logik zu kanalisieren (Latham, 2001, S. 83). Zum einen ist deutlich geworden, dass es einheitliche Standards und Regelungen für die Auswahl und Vorbereitung der Fachkräfte gibt. Je nach Organisation können sie jedoch mit Spielraum ausgelegt werden. Dies kann den Vorteil haben, dass jede Organisation dies an die eigenen Organisationsziele anpassen kann. Allerdings kann es auch Nachteile mit sich bringen, da es so zu einem fragmentierten Bild der Fachkräfte in den jeweiligen Einsatzländern kommt. Diese Fragmentierung wird durch die unterschiedlichen Entsendungskonzepte von integrierten und nicht integrierten Fachkräften noch verstärkt. Doch auch die Rolle und Arbeit der Fachkräfte in den Ländern vor Ort sind kritisch zu betrachten. So ist es in der Arbeit immer entscheidend, wie die jeweilige Fachkraft vor Ort arbeitet. Auch die jeweilige Persönlichkeit spielt eine nicht zu unterschätzende Rolle, denn letztendlich sind es Individuen, die zusammenarbeiten. Von Bedeutung ist auch das Verhalten der Fachkraft in Bezug auf Handlungen vor Ort. Und zwar in dem Spannungsfeld zwischen neutrale*m Expert*in, Berater*in, Wissensvermittler*in und entsendeter Friedensfachkraft nach Entwicklungshelfer*innengesetz. Gerade die Entsendung per Entwicklungshelfer*innengesetz schafft weitere Ungleichheiten. So sind davon zum Beispiel Personen ausgenommen, die keinen europäischen

Pass haben. Hier zeigen sich klare Machtstrukturen und Rassismen in der „Zusammenarbeit" (wfd, 1999, S. 5), die in Form eines strukturellen Rassismus tief in der Alltagskultur und der Arbeitspraxis verankert sind. Daraus resultieren Fragen zur partnerschaftlichen Arbeit, zu Macht und Abhängigkeit. Diese werden in Kapitel 8 empirisch bearbeitet und belegt.

4.4.2.2 Verständnis, Rolle und Aufgaben der lokalen Partner*innen

Auch wenn der ZFD ein Instrument der Personalentsendung ist und somit formell die Fachkräfte im Fokus sind, steht der ZFD in seiner Arbeit für Partnerorientierung und für „basisnahe Fachlichkeit" (Ries, 2012, S. 1). Die Fachkräfte arbeiten dabei im Gleichschritt mit den lokalen Partner*innen (Burba & Stanzel, 2015a, S. 6) und laut Selbstverständnis des ZFD auf Augenhöhe (Gemeinschaftswerk ZFD, 2014b, S. 4). Das Konsortium geht davon aus, dass allein durch diese gemeinsame Umsetzung *Ownership* erwächst. „Dieser Grundsatz [dass Projekte gemeinsam mit den Partner*innen durchgeführt werden] gewährleistet lokales Ownership in Bezug auf die Urheberschaft von Projektzielen und Arbeitsansätzen sowie auf die Nachhaltigkeit und Breitenwirksamkeit der durch das Projekt aufgebauten neuen Strukturen oder Kompetenzen" (Gemeinschaftswerk ZFD, 2014c, S. 4). Dass dies differenzierter betrachtet werden muss, wird die empirische Untersuchung in Kapitel 8 zeigen. Deswegen ist es zunächst wichtig, darauf zu schauen, was dies in der Umsetzung des ZFD bedeutet. Die unterschiedlichen ZFD-Organisationen arbeiten in Programmen in verschiedenen Ländern. Dabei werden unterschiedliche Projekte mit lokalen Partner*innen durchgeführt. Wie dies genau aussieht, ist aber je nach ZFD-Trägerorganisation unterschiedlich.

Auffällig ist, dass in dem aktuellen Dokument, das die Standards des ZFD festlegt, nur eine halbe Seite dazu verfasst wurde, wer als „einheimische" Partner*innen verstanden wird. Lokale Akteur*innen sollten in Bezug auf regionale Verteilung und Themen möglichst plural sein. Die Partner*innen sind zivilgesellschaftliche Akteur*innen wie etwa Vereine, Verbände oder Initiativen, kirchliche Partner*innen oder auch öffentliche Institutionen wie zum Beispiel Ämter, Universitäten oder Ministerien (Gemeinschaftswerk ZFD, 2014a, Abschn. 5.5. S. 1 f.). Etwa 80 % der Partner*innen sind zivilgesellschaftliche Organisationen und 20 % sind staatliche oder teilstaatliche Institutionen (Burba & Stanzel, 2015b, S. 216). Die einzelnen Kriterien zur Auswahl der Partner*innen sind dabei den jeweiligen ZFD-Trägerorganisationen überlassen. Im Rahmen des ZFD sollten jedoch keine reinen *Implementing Partners* gesucht werden, die bestimmte Maßnahmen umsetzen können. Vielmehr sollten die Partner*innen gewählt werden, die vor Ort einen Wandel erreichen können (Borries von, 2007, S. 199).

Dabei ist es wünschenswert, auch gezielt mit anderen Akteur*innen (wie zum Beispiel Konfliktparteien oder Akteur*innen ohne klare juristische Verfasstheit) zusammenzuarbeiten. Es wird gefordert, dass sich die politische Ausrichtung Deutschlands für noch mehr und diversere Akteur*innen öffnet (Strohscheidt et al., 2017, S. 4). Es gibt bestimmte Kriterien, die erfüllt sein sollten, damit gut mit einer lokalen Organisation zusammengearbeitet werden kann. Es sollten die internen Strukturen, Prozesse und Arbeitsansätze konfliktsensibel ausgerichtet sein. Dazu sollten die Mitarbeiter*innen methodische Kompetenzen mitbringen, die in der Konfliktbearbeitung hilfreich sein können. Falls diese nicht vorhanden sind, sollte die Bereitschaft bestehen, sie zu erlernen. Auch sollte die Mitarbeitendenstruktur möglichst divers sein und die thematische Ausrichtung zu der externen Organisation passen (FriEnt, 2005, S. 2). Dabei können die Partner*innen vor Ort in verschiedene Kategorien eingeteilt werden. So gibt es direkte Partner*innen: „Direct Partners are those women and men, groups or organisations the project interacts with directly to effect change and they are women and men who have opportunities to influence others. The project engages with Direct Partners and fosters mutual learning“ (Kuijstermans, 2019, S. 100). Es gibt auch strategische Partner*innen: „Strategic Partners are women and men, groups or organisations who contribute to the project but the project does not seek to change their behaviour“ (Kuijstermans, 2019, S. 100) und indirekte Partner*innen: „Indirect Partners are women and men the project hopes to influence in the long-term via the project and its Direct Partners“ (Kuijstermans, 2019, S. 100). In einigen Fällen gibt es die Möglichkeit, dass auch personelle Ressourcen für lokale Mitarbeiter*innen eingesetzt werden können. Dazu gibt es unterschiedliche Ansätze je nach ZFD-Trägerorganisation (Gemeinschaftswerk ZFD, 2014c, S. 6). Zudem besteht die Möglichkeit, dass die lokale Organisation im Sinne der Partnerschaft komplementär gefördert wird. Dies kann geschehen, um bestimmte Voraussetzungen in einer Organisation zu schaffen. Dazu zählen beispielsweise die Bereitstellung von Infrastruktur, Workshops, Weiterbildungen, Maßnahmen zur Projektplanung, -entwicklung und -sicherung (Gemeinschaftswerk ZFD, 2014c, S. 6).

Diese Prozesse müssen jedoch gerade mit Blick auf das Thema Macht in einem globaleren und kritischeren Zusammenhang betrachtet werden. Der Großteil der heutigen internationalen Entwicklungszusammenarbeit und der Friedensarbeit besteht nach wie vor aus einer Nord-Süd-Beziehung zwischen Geber*innen aus dem Norden und Empfänger*innen aus dem Süden. Dabei werden die Partner*innen sehr unterschiedlich gewählt. So sind es bei kirchlichen Organisationen oft Partner*innen aus den kirchlichen Strukturen vor Ort („natürliche“

Partner*innen). In der staatlichen Zusammenarbeit sind es in der Regel auch „natürliche" Partner*innen, wenn es um die anderen staatlichen Akteur*innen geht. Diese werden oft als formale Partner*innen gesehen. Die CSOs hingegen, die die Arbeit in der Praxis umsetzen, gelten als Implementierungspartner*innen (Borries von, 2007, S. 198). Hier lässt sich feststellen, dass das Verhältnis zwischen Geber*innen aus dem Norden und Empfänger*innen aus dem Süden aus mehreren Gründen ungleichgewichtig ist: Erstens wird argumentiert, dass der Großteil der gegenwärtigen internationalen Entwicklungszusammenarbeit auf einen einseitigen Geldfluss von Nord nach Süd angewiesen ist (Kontinen, 2003; Lister, 2000; Menashy, 2019) und es einen „donor-driven peace" (Duckworth, 2016, S. 5) gibt. Zweitens heißt es, dass der Norden seinen südlichen Partner*innen weiterhin seine Vision von Entwicklung aufzwingt (Lister, 2000; Menashy, 2019). Drittens wird angeführt, dass die wenigsten Partnerschaften nachhaltig und langfristig angelegt sind (Borries von, 2007). Daraus ergeben sich Machtasymmetrien, die es den Geber*innen aus dem Norden ermöglichen, den Empfänger*innen bestimmte Entwicklungspolitiken oder ein bestimmtes Verständnis von Frieden (meist im Sinne eines liberalen Friedens – siehe Abschn. 3.1.) aufzuzwingen. Oder die es ihnen erlauben, das letzte Wort über die Projektauswahl sowie über die Bedingungen zu haben, die die Empfänger*innen erfüllen müssen, um Zugang zu Finanzmitteln zu erhalten (Menashy, 2018, 2019). Oft sind in der Praxis lokale Bedarfserwägungen zunehmend irrelevant geworden, da CSOs dem „Projekt"-Zyklus folgen und genau das tun müssen, was ihnen gesagt wird. Sie müssen also die Prioritäten der Geber*innen umsetzen oder sie riskieren, dass ihnen die Mittel entzogen werden (Schuller, 2012, S. 175). Auch wenn im ZFD diese Projektanträge und Zyklen gemeinsam ausgearbeitet werden, ist es dennoch der Fall, dass sie bestimmte Richtlinien und Vorgaben von BMZ, AA und TLS erfüllen müssen.

An dieser Stelle soll ein genereller kritischer Blick auf die Entstehung von CSOs in Ländern des Globalen Südens geworfen werden. Auch wenn diese Aussagen eher allgemein gehalten sind, so gelten sie auch für einige ZFD-Partnerorganisationen. In vielen Ländern des Globalen Südens wurden in der Vergangenheit lokale CSOs in ihrem Aufbau von globalen CSOs unterstützt und gefördert. Dies geschah besonders in der Entwicklungszusammenarbeit, um vor Ort mehr Dynamiken zu erzeugen und um ein Gegengewicht zu staatlichen Interessen zu schaffen. Dabei wurden die CSOs in der Regel nach euro-amerikanischem Vorbild organisiert und aufgebaut, damit sie in die global vorherrschenden Strukturen passen. Dies hat in einigen Fällen sehr erfolgreich funktioniert. In anderen Fällen wurden so jedoch bereits vorhandene lokale Strukturen zerstört (Fahrenhorst, 2007, S. 71). Hier kann von sogenannten

Donor-created CSOs gesprochen werden. Oder von Quasi-CSOs, wenn sie von staatlicher Förderung abhängig sind (Carey, 2012, S. 10). Durch umfangreiche Förderungen wurden hier jedoch auch Fassaden aufgebaut und Organisationen aus reinem Selbsterhaltungszweck gegründet (Fahrenhorst, 2007, S. 71). Oftmals werden nun als einzige mögliche Kooperationspartner*innen für internationale CSOs solche Organisationen angesehen, die nach westlichem Vorbild aufgebaut sind und funktionieren (Carey, 2012, S. 27). Auch ist festzustellen, dass CSOs, die ihren Sitz in urbanen Zentren und somit eine gewisse Nähe zu Geber*innen haben, in der Regel mehr finanzielle Unterstützung von externen Geber*innen erhalten (Fahrenhorst, 2007, S. 78). Je mächtiger eine CSO wird, desto mehr gilt ihre Arbeit der Selbsterhaltung mit Mitarbeiter*innensicherung und weniger einer kritischen Diskussion der eigenen Arbeit (Ropers, 2001, S. 525). Diese Art von CSOs sind für internationale Geldgeber*innen attraktiv, weil sie eine lokale Basis haben und einen relativ einfachen und kostengünstigen Kanal für die Verteilung von Geldern bieten können. Aus einem rein pragmatischen und möglicherweise zynischen Blickwinkel betrachtet stellen CSOs einen alternativen Kanal zu Strukturen dar, die zuvor versagt haben oder sich als nicht vertrauenswürdig erwiesen haben. Es ist leicht, Menschen zur Gründung neuer CSOs zu ermutigen. Ein gescheitertes Projekt kann der Inkompetenz von CSOs zugeschrieben werden, wobei den Mitarbeiter*innen eines*einer Geldgeber*in oder den eigenen Systemen nur minimale Schuld angelastet werden kann (Crowther, 2001, S. 10).

Für das Verständnis, wer lokale Partner*innen sein können, und für die Bearbeitung von Konflikten auf einer lokalen Ebene wird im ZFD die Akteur*innenpyramide von Lederach (Abbildung 4.2) relevant, da sie im ZFD Anwendung findet (Brinkmann, 2000, S. 39; forumZFD/Akademie für Konflikttransformation, 2017, S. 28; Schrader, 2008, S. 16). Dabei werden die lokalen Akteur*innen in die Kategorien (Level) *Top Leadership*, *Middle-Range Leadership* und *Grassroots Leadership* einsortiert (Lederach, 2001, S. 146). Level 1 sind die Akteur*innen der Kategorie *Top Leadership*. Dies sind die höchsten politischen, militärischen oder oppositionellen Führer*innen (oder definieren sich selbst als solche). Hierbei herrscht oft hierarchische Macht vor, die in sich nochmals verschiedene Abstufungen aufweist. Die Akteur*innen auf Level 2 zählen zum sogenannten *Middle-Range Leadership*. Auf diesem Level bewegen sich Personen in Führungspositionen, die nicht unbedingt von der (politischen) Autorität kontrolliert werden oder an die formale Regierungsordnung gebunden sind. Hierbei handelt es sich meist um in der Bevölkerung respektierte Ämter. Auch gibt es verschiedene inhaltliche Netzwerke (CSOs, Religionen, Akademiker, etc.), die individuelle, prominente Führer*innen haben. Jedoch können dies auch Personen sein, die einer Gruppe vorstehen, welche sich über ihre Identität zusammensetzt (ethnische Gruppen, geografische Gruppen). Das Besondere an diesem Level ist, dass die Akteur*innen sowohl zu den politischen Führer*innen (Level 1) als auch zu der lokalen Ebene (Level 3) gute Kontakte pflegen und in beide Richtungen Verbindungen haben. Ihr Status gründet sich auf ihre Beziehungen und Fähigkeiten, nicht aber auf politische oder militärische Macht. Dies erlaubt ihnen größere Flexibilität. Auch bestehen meist Beziehungen zu verschiedenen Konfliktparteien. „Middle-rang actors are far more numerous than are top-level leaders and are connected through networks of many influential people across the human and physical geography of the conflict" (Lederach, 2001, S. 148). Die schon angesprochenen Akteur*innen auf Level 3 sind die des *Grassroots Leadership*. Zu diesen Akteuren gehören zum Beispiel Mitglieder von lokal verorteten CSOs, Führungspersönlichkeiten auf lokaler Ebene, wie zum Beispiel im Gesundheitswesen, oder lokale Autoritäten. Auf dieser Ebene gibt es neben dem großen, übergreifenden Konflikt auch viele kleine Konflikte, die oft aus dem bloßen Überlebenskampf entstehen. Oft ist dieses Level als eine Art Mikrokosmos des Konfliktes zu betrachten. Generell ist festzuhalten, dass die meisten Konflikte in der Pyramide nicht vertikal, sondern horizontal verlaufen (Lederach, 2001, S. 149). Dies liegt daran, dass die meisten Führungspersönlichkeiten Kontakte auf den verschiedenen Leveln haben und eine Verbindung zu „ihrer Bevölkerung" besteht. Auch gibt es Verbindungen, wie zum Beispiel Religion oder Ethnizität, in denen sich Personen aus allen Leveln wiederfinden. Dies sind in der Regel die identitätsstiftenden Merkmale. Auf der oberen Ebene können Entscheidungen getroffen werden, die alle betreffen, da Informationen über das komplette Bild des Konflikts vorliegen. Auf der unteren Ebene ist dies nicht möglich, jedoch werden hier die Entscheidungen direkter spürbar. Dies wirft dann ein gewisses Dilemma auf und birgt gleichzeitig großes Potenzial (wenn es richtig genutzt wird), wenn es darum geht, Konfliktlösungsmechanismen zu entwerfen.

Abbildung 4.2 Akteur*innen und Ansätze in der Friedenskonsolidierung (Lederach, 2001)

Im Zuge dessen führt Lederach verschiedene Möglichkeiten an, einen Konflikt auf den unterschiedlichen Leveln zu bearbeiten. Generell werden die lokalen Akteur*innen als konstruktiv und unterstützend in den Friedensprozessen gesehen. Dabei ist die Beziehung zwischen den lokalen und internationalen Akteur*innen kooperativ. Auf Level 1 finden sogenannte *Top-Level-Approaches* statt. Dies sind *Top-down*-Ansätze in den Friedensprozessen. Die Personen auf dieser Ebene werden oft als Mediator*innen gesehen, welche ein öffentliches Profil haben und als einzelne Person agieren. In der Regel werden sie von der Regierung oder von internationalen Organisationen unterstützt. In Konflikten sind sie oft Verhandlungspartner*innen und arbeiten als vermittelnde Partei. Im Falle des ZFD sind dies zum Beispiel gemeinsame Aktionen oder Verhandlungen mit der VN. Auf Level 2 finden *Middle-Range-Approaches* statt. Dies ist ein *Middle-out*-Ansatz im *Peacebuilding*. Hier sind Akteur*innen verortet, welche führen können, eine klare Position einnehmen und „Who, if integrated properly, might provide the key to creating an infrastructure for achieving and sustaining peace" (Lederach, 2001, S. 150). Dieser Ansatz kann dabei helfen, eine auf Beziehungen und Wissen basierende Infrastruktur aufzubauen, welche zu nachhaltigen Friedenprozessen führen kann. Die Grundannahme dieses Ansatzes ist, dass Führungspersonen auf dieser Ebene die zentrale vermittelnde Rolle spielen und sie als Persönlichkeit im Vordergrund stehen. Im ZFD betrifft dies zum Beispiel die

Mitarbeit in Friedens- und Versöhnungskommissionen oder Trainings zur Konfliktbearbeitung. Auf Level 3 finden die *Grassroot-Approaches* Anwendung. Hier kann eine Vielzahl von Menschen erreicht werden und es ist lohnenswert, Strategien direkt auf den lokalen Ebenen anzuwenden. Ansätze, die hier entstehen, sind meist als praxisnah zu sehen und als *Bottum-up* zu bezeichnen. In diesem Bereich lassen sich sehr viele Beispiele im ZFD finden. Dies sind unter anderem psychosoziale Beratung, Bildungs- und Alphabetisierungsprogramme oder Mediationsprozesse. Schon hier wird deutlich, dass immer wieder die Begriffe Workshops oder Trainings für lokale Partner*innen auftauchen. In vielen Ländern des Globalen Südens kommt es durch das große Workshopangebot vonseiten der unterschiedlichen CSOs zu einem regelrechten Workshop-Shopping von Personen vor Ort. Dabei sollte immer kritisch hinterfragt werden, wer welches Wissen bei solchen Trainings und Workshops vermittelt. Duffield geht soweit, dass er vorschlägt, den Begriff Training durch den der Indoktrination zu ersetzen (Duffield, 1997). Externe Trainer*innen haben oft kein Kontextwissen, was es schwer macht, das erlernte Wissen in der Praxis umzusetzen. So werden die lokalen Organisationen daran gehindert, durch die Umsetzung eigener Maßnahmen einen Lernprozess zu erleben und sich selbst nachhaltig weiterzuentwickeln (Fahrenhorst, 2007, S. 80).

Auch wenn im ZFD diese Pyramide noch Anwendung findet, hat sich in der wissenschaftlichen Debatte, die auch aus der Praxis inspiriert wurde, gezeigt, dass sie nicht frei von Kritik ist. Einer der größten Kritikpunkte ist, dass nicht definiert wird, was unter „lokal" zu verstehen ist (Paffenholz, 2001c). Ein weiterer Kritikpunkt ist, dass vertikale Arbeit zwischen den einzelnen Ebenen im Modell zwar mitgedacht wird, sie in der Praxis jedoch völlig unterentwickelt bleibt. Oftmals findet diese Zusammenarbeit nur statt, wenn die *Grassroot*-Ebene von der *Leadership*-Ebene benötigt wird. Demnach ist ein organisches System von Beziehungen über die verschiedenen Ebenen hinweg notwendig, in dem alle Akteur*innen mit ihren Aktivitäten gleichermaßen respektiert werden (Graf, 2001, S. 49). Ebenfalls haben Studien gezeigt, dass der *Middle-out*-Ansatz in der Praxis oftmals nicht der effektivste ist (Paffenholz, 2013) und dass es wichtig ist, alle Ebenen zu erreichen, um einen Konflikt zu bearbeiten (Rieche, 2006a, S. 20). Dabei ist zu beachten, dass die einzelnen Handlungen auch an den jeweiligen Konflikttyp anzupassen sind. In einem latenten, politischen Konflikt etwa werden anderen Handlungen benötigt als zum Beispiel in der Konfliktbeendigung oder in der Nachkriegszeit. Entsprechend wäre es zum Beispiel wichtig, auch das jeweilige politische System mit in die Darstellung einzubeziehen (Miall, 2004). Ein weiterer Kritikpunkt ist, dass die Darstellung externe Akteur*innen nicht einbezieht, die in der Praxis jedoch mit den einzelnen Ebenen zusammenwirken (Paffenholz, 2001c). Die Pyramide von Lederach kann als zu statisch kritisiert werden. Daher ist es wichtig zu bedenken, dass die lokalen Akteur*innen aufgrund der alltäglichen Interaktionen selbst fließende Identitätskategorien schaffen. Sie sind transversal, flexibel und beweglich, und die Akteure können zwischen den Kategorien wechseln und sich selbst neu positionieren (Kappler, 2015, S. 876).

4.4.3 Netzwerkarbeit

Für eine erfolgreiche Zusammenarbeit ist es wichtig, gemeinsam Konzepte zu erarbeiten, Begriffe zu definieren, Sichtweisen auf Themen und Methoden zu besprechen und einen gemeinsamen Nenner für diese zu erarbeiten. Ebenfalls ist gegenseitiges institutionelles Vertrauen ein Kernbestandteil guter und transparenter Zusammenarbeit. Auch ist es wichtig, dass die Verantwortung für die Prozesse und Wirkungen, welche durch die Arbeit angestoßen werden, gemeinsam getragen wird (Méndes 2011, S. 7) und zu prüfen, ob der ZFD in der jeweiligen Situation vor Ort arbeiten kann. Es ist wichtig, dass es vor Ort schon eine aktive Zivilgesellschaft und Handlungsspielraum für den ZFD gibt (Evers, 2011, S. 1). Dabei ist gerade für die praktische Umsetzung der theoretischen Konzepte eine Konzeptualisierung hilfreich. Um dieses Gesamtbild zu nutzen, arbeitet der ZFD nicht nur an einzelnen Projekten bestimmter CSOs, sondern fungiert darüber hinaus als Netzwerk in den einzelnen Ländern. Dieses Netzwerk arbeitet vertikal und horizontal. Denn es bildet ein Bindeglied zwischen verschiedenen Akteur*innen über hierarchische Ebenen der Gesellschaft (vertikal) und über wahrgenommene Konfliktlinien (horizontal) hinweg (Reich, 2005, S. 477). Es stellt sich oft heraus, dass die Bildung dieser Netzwerke sehr schwierig ist. Deshalb wird davon ausgegangen, dass eine dritte Partei zur Initiierung und Unterstützung sehr hilfreich sein kann (Scotto, 2002). Im ZFD werden die Netzwerke nicht als starre Konstrukte verstanden, sondern als Plattform für CSOs, um sich gegenseitig zu unterstützen und die Arbeit gemeinsam sichtbarer zu machen. Dabei gehen die Netzwerke im Idealfall über eine Trägerorganisation hinaus (Djateng et al., 2009b, S. 75). Jede CSO, die in einen Konflikt eingreift, ist ein*e Akteur*in in einem komplexen Gefüge von Akteur*innenkonstellationen, die aus staatlichen und nicht staatlichen, lokalen und internationalen Akteur*innen bestehen, welche vor Ort tätig sind und ein transnationales Akteur*innennetzwerk bilden (Schrader, 2007, S. 2). Gerade dieser Netzwerkcharakter ist sehr positiv zu bewerten, wenn es um nachhaltige Friedensarbeit geht. „For genuine peacebuilding to take place, we need to challenge the idea that each organisation is an island seeking its own independent wellbeing, and begin to share information and resources systematically" (Simon Fisher & Zimina, 2009).

> „Unter Vernetzung versteht der ZFD das beständige Bemühen auf unterschiedlichen Ebenen um die Gestaltung institutioneller und persönlicher Beziehungen, die auf der Grundlage von Vertrauen und Wertschätzung beruht und die kurz- und längerfristige Zusammenarbeit unabhängiger Akteure zu lokalen oder übergreifenden Anliegen ermöglicht" (Gemeinschaftswerk ZFD, 2014c, S. 9).

Ein gutes Beispiel für eine Netzwerkveranstaltung mit Bezug auf diese Arbeit ist die *Regional Africa Conference* im Jahr 2018. Sie wurde in Kenia durch die GIZ organisiert und involvierte Partner*innen und Fachkräfte aus Kenia, Uganda, Äthiopien, Ruanda, Burundi, Niger, Burkina Faso, der Demokratischen Republik Kongo und Benin. Es wurden Personen aus Deutschland eingeladen und sie fand nicht nur exklusiv für GIZ-Projekte, sondern auch für andere Organisationen des ZFD statt. Ihr Thema war die praktische Arbeit des ZFD, das mittels einer offenen Workshop- und Diskussionsmethode behandelt wurde (giz Kenya, 2019, S. II). Dies ist bereits ein Beispiel für die Umsetzung und Durchführung des ZFD, auf welche im folgenden Kapitel eingegangen werden soll.

4.4.4 Evaluation und Monitoring

Evaluierung und Monitoring spielen im ZFD eine wichtige Rolle, denn auch die Organisationen und Mitarbeiter*innen im ZFD fragen sich immer wieder, inwieweit er funktioniert und wirksam ist. Deswegen geht dieses Kapitel zunächst darauf ein, wie im ZFD allgemein evaluiert wird, bevor es sich mit der konkreten Umsetzung der Evaluierungen in den einzelnen Ländern und Projekten befasst.

Eine allgemeine Evaluation mit einem 2011 veröffentlichten Kurzergebnis (Paffenholz, 2011, S. 3) hat gezeigt, dass der ZFD ein sehr nützliches Instrument ist, das weitergeführt werden soll. Auch hat die Evaluation gezeigt, dass die durchgeführten Projekte, insbesondere auf lokaler Ebene, zu einer Vielzahl positiver Veränderungen führen können. Es lässt sich feststellen, dass Projekte erfolgreicher sind, wenn mehr Personen von ihnen profitieren können. Und wenn es ihnen gelingt, ihre Reichweite über den lokalen Kontext hinaus auszudehnen, sich auf Schlüsselakteur*innen für Veränderungen zu konzentrieren und gewaltfreie Ansätze im Alltag umzusetzen (Paffenholz, 2011, S. 5). Auch die Studie von Martin Quack (2009) kommt zu dem Schluss, dass die Wirkung des ZFD eindeutig positiv ist und Schlüsselakteur*innen sowie mehr Menschen in die Lage versetzt, auf verschiedenen Ebenen (aber mit unterschiedlichen Auswirkungen) zu arbeiten (Quack, 2009). Dies kann jedoch nur dann auf nachhaltige Weise erreicht werden, wenn die Bedürfnisse der lokalen Partner*innen wirksam berücksichtigt und mit den Fähigkeiten und Kompetenzen des ZFD verknüpft worden sind. Dieses nachhaltige Engagement erfordert eine Einbettung der Aktivitäten in ein Gesamtkonzept der konstruktiven Konflikttransformation, in dem die lokalen Partner*innen als richtungsweisende Akteur*innen des sozialen Wandels anerkannt werden (Reich, 2005, S. 473). Es werden jedoch auch Schwächen des ZFD aufgezeigt. So wird berichtet, dass zum einen die Steuerung durch das BMZ verstärkt werden muss und dass der ZFD selbst die Projekte klarer ausgestalten muss, um die Umsetzung zu verbessern. Erst dann können die Potenziale voll ausgeschöpft werden und es kann dem ZFD als Akteur der deutschen Friedens- und Entwicklungspolitik eine größere Bedeutung zukommen (Paffenholz, 2011, S. 4). Generell wird in dem Evaluierungsbericht von einer Profilschwäche gesprochen. So bleibt beispielsweise unklar, ob es sich um eine Institution, ein Netzwerk, ein Instrument oder einen Fond mit gemeinsamen Standards handelt. Auch Schwächen im Bereich der Evaluierung werden aufgezeigt, zum Beispiel, dass sie nicht einheitlich stattfindet. Ein weiterer Kritikpunkt ist, dass vor Ort oft der Fokus auf der Förderung des sozialen Zusammenhaltes liegt. Hier sollte profilschärfend vorgegangen werden. Die unmittelbaren Friedensbedürfnisse der Bevölkerung sollten stärker in den Fokus gerückt, die Bedürfnisse der Partner*innen besser mit dem ZFD verknüpft werden und es sollte mehr auf die Nachhaltigkeit der Projekte geachtet werden (Paffenholz, 2011, S. 6). Die Reaktionen aus der Zivilgesellschaft auf den Bericht stimmten vor allem in dem Punkt überein, dass sie die Potenziale des ZFD als noch nicht ausgeschöpft beschreiben (forumZFD, 2011, S. 1). Positiv wurde angemerkt, dass einige Empfehlungen des Berichts wie zum Beispiel die TLS, Regionalkoordinator*innen oder Teams von Fachkräften bereits in der Vergangenheit von den zivilgesellschaftlichen Träger*innen angeregt worden waren (forumZFD, 2011, S. 1) und dass der ZFD allgemein positiv evaluiert wurde (Konsortium Ziviler Friedensdienst, 2011). So wurde von zivilgesellschaftlicher Seite gefordert, dass die Bundesregierung eine friedenssichernde politische Gesamtstrategie über den ZFD hinaus entwickelt (forumZFD, 2011, S. 1). Der ZFD sollte demnach weiter ausgebaut und reformiert werden. Als Wünsche für die Reform (neben einer Mittelerhöhung) wurde formuliert, dass das Denken in einzelnen Projekten überwunden werden möge und vielmehr über längerfristige Zeiträume nachgedacht werde, die in längerfristigen Programmen dargestellt werden können (forumZFD, 2011, S. 1).

Auch der ZFD selbst unterzieht sich in den Programmen und Projekten immer wieder Evaluationen und Monitoring-Prozessen. Diese haben besonders durch den Reformprozess nochmals an Bedeutung gewonnen. Dabei geht der ZFD davon aus, dass effektive Veränderungen eines bestimmten Zustandes, von Verhalten, von Strukturen oder Einstellungen beobachtbar sein können (Gemeinschaftswerk ZFD, 2014c, S. 6). Eine direkte Wirkung kann nur mit spezifischen Ressourcen, Projekten oder Aktivitäten erzielt werden. Diese Ergebnisse können nicht immer beiläufig erzielt werden, sondern sind nur bei Betrachtung des Gesamtkontextes erkennbar. Dabei bezieht sich der ZFD auch auf bereits in der Entwicklungs- und Friedensarbeit vorhandene Wirkungskonzepte und -verständnisse. Demnach lassen sich die Wirkungen in Form von Veränderungen entweder der Werte, Einstellungen und Wahrnehmungen von Individuen (individuelle/persönliche Ebene) oder in politischen Prozessen und in Wirtschafts-, Justiz- und anderen Institutionen (sozio-politische Ebene) darstellen (Anderson & Olson, 2003, S. 49). Nach diesem Verständnis von Friedensarbeit entwickelten Mary Anderson und Lara Olson eine Matrix (Abbildung 4.3), in die sich die Arbeit des ZFD einfügt. Der ZFD kann entweder bestimmte Personen oder eine große Zahl von Menschen erreichen (horizontale Achse). Aufgrund seiner Flexibilität kann die Arbeit auch entweder auf der persönlichen/individuellen Ebene oder auf der gesellschaftspolitischen Ebene (vertikale Achse) stattfinden. Hierbei hat sich besonders ein Zusammenhang zwischen der individuellen und der sozio-politischen Ebene erwiesen. Somit müssen Projekte, die für Frieden zum Beispiel zwischen Nachbar*innen angelegt sind, auch gesellschaftliche und politische Strukturen beachten, um nachhaltig zu wirken. Ebenfalls ist es wichtig zu beachten, dass Projekte meist erfolglos sind, wenn sie zwar mit vielen Menschen arbeiten, jedoch die Schlüsselpersonen nicht mit einbeziehen; gleiches gilt auch andersherum. Somit müssen nach Möglichkeit immer alle Ebenen berücksichtigt werden. Die Evaluierung des ZFD von 2011 hat gezeigt, dass Projekte dann effektiv sind, wenn sie eine große Anzahl an Begünstigten vor Ort erreichen (Paffenholz, 2011, S. 5).

Individuelle Ebene – Für Frieden ist der Wandel von Menschen entscheidend, es geht um Haltungen und Werte.	ZFD: Durch Aufklärungsarbeit wenden sich mehr Familien gegen weibliche Genitalverstümmelung bei ihren Töchtern.	ZFD: Durch Dialoge mit lokalen Chiefs über die Bedürfnisse von Personen in prekären Situationen wird Verständnis geschaffen und Handeln verändert.
Soziopolitische Ebene – Für Frieden ist ein Wandel sowohl in Institutionen als auch im System nötig.	ZFD: Es wird ehemaligen kriminellen Jugendlichen ermöglicht, die Schule zu besuchen.	ZFD: Vor Ort werden Mechanismen der alternativen Rechtsprechung umgesetzt und von lokalen Autoritäten akzeptiert.
	Viele Menschen – Frieden kann dann erreicht werden, wenn viele Menschen engagiert sind.	**Schlüsselpersonen** – Frieden ist erreichbar, wenn Entscheidungsträger*innen für die Sache gewonnen werden und sich ihrer annehmen.

Abbildung 4.3 Erfolgskriterien und Impact in der Friedensarbeit, mit eigenen Beispielen aus dem ZFD (Anderson & Olson, 2003, S. 48; Rieche, 2006a, S. 16)

Diese Matrix bietet einen Hintergrund für das allgemeine Verständnis von Auswirkungen der ZFD-Arbeit. Um jedoch die Auswirkungen der Praxis vor Ort vollständig zu verstehen, ist es wichtig, die Matrix zu öffnen und verschiedene Möglichkeiten an Wirkungen zu betrachten. Dabei werden Wirkungen vom Konsortium ZFD wie folgt definiert:

> „Wirkungen sind Veränderungen eines Zustandes, von Strukturen, von Verhalten oder von Haltungen. Sie sind zu unterscheiden von Handlungen und Aktivitäten, von Produkten und Dienstleistungen in einem Projekt. Anders als diese können sie nicht direkt getan oder erstellt werden. Sie ergeben sich immer nur mittelbar aus dem komplexen Zusammenspiel verschiedener Impulse wie Handlungen oder Ereignissen. Auftretende Wirkungen können intendiert oder nicht intendiert sein. Der ZFD wirkt über den Einsatz einer oder mehrerer seiner Ressourcen. Welchen Beitrag die ZFD-Ressourcen zur Erzielung einer bestimmten Wirkung geleistet haben, lässt sich in aller Regel nicht kausal ableiten, sondern ist mit Blick auf den Gesamtkontext des Projektes plausibel zu begründen. Auch die Stabilisierung eines Zustandes bzw. die Verhinderung seiner Verschlechterung kann im Rahmen des ZFD als Wirkung bezeichnet werden“ (Gemeinschaftswerk ZFD, 2014c, S. 6) (Abbildung 4.4).

Somit werden unter Auswirkungen langfristige Veränderungen verstanden, in vielen Fällen beobachtbare Veränderungen, in einigen Fällen aber auch die Aufrechterhaltung friedensfördernder Aspekte. Der ZFD erwartet eine indirekte

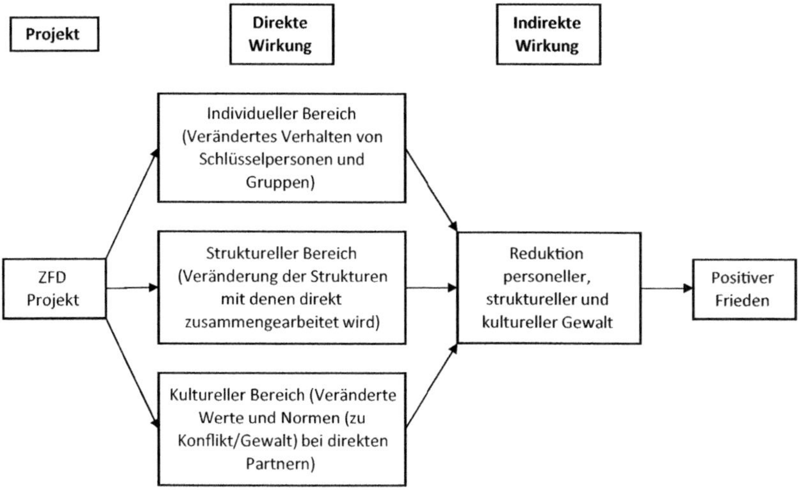

Abbildung 4.4 Wirkungsverständnis des ZFD. Eigene Abbildung nach: Gemeinschaftswerk ZFD 2014, Abschn. 4.1. S. 3

Wirkung auf die Strukturbildung, Wirkungen auf gesellschaftspolitischer Ebene und damit Nachhaltigkeit. Innerhalb dieser Kategorisierung können die Auswirkungen des ZFD geplant oder ungeplant, positiv oder negativ, kurz- oder langfristig, konfliktrelevant oder nicht konfliktrelevant sein (Quack, 2009, 100 f.). Dabei definiert der ZFD Wirkungen im individuellen Bereich als

> „Veränderungen bei Einstellungen, Verhalten und Beziehungen von Schlüsselpersonen und Gruppen, mit denen ein ZFD-Projekt direkt und unmittelbar zusammenarbeitet. Hierzu zählen beispielsweise die Anwendung von Methoden konstruktiver Konfliktbearbeitung, Kontaktaufnahme mit gegnerischen Gruppen oder Personen sowie Offenheit und Transparenz bezüglich Gefühlen und Sichtweisen" (Gemeinschaftswerk ZFD, 2014a, Abschn. 4.1 S.1).

Als direkte strukturelle Wirkungen werden Veränderungen bei Institutionen und Strukturen, mit denen im Projektkontext zusammengearbeitet wurde, gesehen.

> „Als indirekte Wirkungen leistet der ZFD Beiträge zur Veränderung sozialer Bedingungen wie zum Beispiel Ungleichheit, Ungerechtigkeit und Benachteiligung […],

> zur Gestaltung gesellschaftlicher Prozesse hin zu Transparenz, Gleichheit und Fairness sowie zur Veränderung auf der Ebene von Institutionen" (Gemeinschaftswerk ZFD, 2014a, Abschn. 4.1 S.2).

Direkte Wirkungen im kulturellen Bereich sind Veränderungen bei Werten, Normen und Diskursen bei den direkten Zielgruppen. Wenn zum Beispiel Gewalt nicht mehr als Mittel der Konfliktaustragung gesehen wird (Gemeinschaftswerk ZFD, 2014a, Abschn. 4.1 S. 2). Dieses Verständnis geht Hand in Hand mit den theoretischen Vorstellungen des *Local Turn*, da das Hauptziel eines positiven, nachhaltigen Friedens nur erreicht werden kann, wenn auf verschiedenen Konfliktebenen unter Einbeziehung verschiedener Akteur*innen gearbeitet und auf eine prozessorientierte Veränderung hingearbeitet wird.

Um die Effektivität des ZFD zu messen, wenden die Akteur*innen im ZFD verschiedene Methoden und Verständnisse an, die jedoch alle auf dem Reformdokument basieren. Auch der Bundesregierung ist es wichtig, dass Projekte der Zivilen Konfliktbearbeitung nachhaltig sind und einen positiven Effekt haben: „Es hat sich gezeigt, dass zu kurzfristig angelegte Projekte verpuffen oder gar konfliktverschärfend wirken können. Friedensfördernde Projekte und Programme müssen daher langfristig ausgerichtet und an Konfliktursachen orientiert sein" (Die Bundesregierung, 2004, S. 9). An dieser Stelle sollen zwei verschiedene Möglichkeiten vorgestellt werden. Eine Möglichkeit ist das *Outcome-Mapping,* wie es zum Beispiel von AGIAMONDO genutzt wird.

> „Outcome Mapping defines outcomes as behavioral change among groups or individuals who work together on a given project […]. Sustainable change only takes place when women and men start behaving differently in one way or another so as to have a positive impact on conflict" (Kuijstermans, 2019, S. 2).

Dabei wurde die Methode des *Outcome-Mapping* vor rund 20 Jahren von dem *International Development Research Centre* erstmals eingeführt. Sie wird seitdem von vielen Organisationen in der Friedens- und Entwicklungsarbeit verwendet und zum Beispiel im Fall vom ZFD an die jeweiligen institutionellen Kontexte angepasst (Kuijstermans, 2019, S. 4). Bei AGIAMONDO wird diese Methode seit 2007 aktiv verwendet. Durch *Outcome-Mapping* werden Veränderungen im Verhalten, Aktivitäten von Personen und Interaktionen in das Zentrum der Wirkung gestellt (Kuijstermans, 2019, S. 5). Generell finden Evaluierungen statt, da die Organisationen davon überzeugt sind, dadurch noch produktiver und nachhaltiger zu arbeiten. Dennoch sind sich die Organisationen auch bewusst, dass der Fokus auf die *Outcome*-Orientierung die Partner*innen vor Probleme stellen kann. Dazu zählen zum Beispiel Fragen der Kapazitäten oder Finanzierung, der

Umsetzung, das Wissen über die Durchführung, die Zielsetzung und Umsetzung, die Vielzahl an verfügbaren Methoden oder eine Ausrichtung der Projektziele an Zielen der Geber*innen, aber nicht an den Realitäten vor Ort. Deswegen kann es helfen, wenn sich alle im Projekt Beteiligten über die *Outcomes* verständigen und mit einer gemeinsamen Methode auf diese hinarbeiten. Auch wenn dadurch nicht alle Hindernisse und Probleme überwunden werden können, so hat es doch einen generell positiv zu bewertenden Effekt, sowohl in der direkten Arbeit als auch für die Projekte und deren nachhaltige Veränderungen (Kuijstermans, 2019, S. 2). Diese Veränderungen sind wichtig, passen oft jedoch nicht in die weitgehend monopolistische Finanzierung und zu den Erwartungen, dass die Friedensarbeit in bestimmte Projekte passen und sich nach bestimmten Zielen richten muss. So ist eine gewisse Kultur der Vorsicht entstanden. Es wird vermehrt über Erfolge berichtet, obwohl Misserfolge unvermeidlich häufig vorkommen und oft die fruchtbarste Arena für Lernprozesse sind. Die Abhängigkeit vom allgegenwärtigen *Logframe* bedeutet auch, dass die Umsetzer*innen oft nicht in der Lage sind, auf sich entfaltende Ereignisse zu reagieren, da sie diese zu Beginn nicht vorhergesehen haben. Sicherlich kann ein wiederkehrender Monitoring-Prozess dabei helfen, dies zu ändern und flexibler zu reagieren (Fisher & Zimina, 2009, 24,) Doch auch dies ist nur in einem bestimmten Rahmen möglich, da Monitoring-Prozesse nie alles abdecken können. Auf diese Weise wird aus einem nützlichen Planungsinstrument oft ein Mechanismus, bei dem jedes Thema separat behandelt wird. So besteht die Gefahr, dass es in dem sich entwickelnden Bild eines Konflikts seine Bedeutung verliert (Fisher & Zimina, 2009, S. 24). Dem soll durch das Verfahren von AGIAMONDO entgegengewirkt werden. Dabei wird ein Projektzyklus zur Analyse angewendet. Zunächst steht an erster Stelle die Analyse. Dabei werden zentrale Themen herausgearbeitet, eine Konflikt-, Organisations- und Kapazitätenanalyse erstellt und es wird sich mit dem Thema persönliche Kooperationen und deren Mehrwert befasst. In einem zweiten Schritt beginnt die Programmplanung. Hierbei stehen Projekt, Vision[11], Mission[12] und Partnerlandschaft[13] am Anfang. Es folgen erwartete und gewünschte *Outcome*s und Prozessmarker, eine Strategieentwicklung und die Verteilung von Aufgaben und Zuständigkeiten. Daran schließt das Thema Monitoring an. Hierzu wird ein Monitoring-Plan entwickelt. Es werden mögliche *Outcome*s

---

[11] „The Project Vision describes the improved human, social and environmental well-being the project is committed to" Kuijstermans (2019, S. 100).

[12] „The Project Mission is the specific part of the Project Vision that the project will focus on" Kuijstermans (2019, S. 100).

[13] „The Partner Landscape identifies the Direct Partners, Strategic Partners and Indirect Partners that are part of the Project Planning" Kuijstermans (2019, S. 100).

und Strategien konkreter geplant und mit Aktivitäten verknüpft und das Thema Reflexion und Monitoring wird besprochen. Danach findet eine stetige Rückbindung und Überprüfung des zweiten Schritts statt, die Projektplanung. Am Ende steht der Schritt der Selbstevaluation, welcher einen Leitfaden und Reflexionsplan beinhaltet. Danach beginnt der Kreislauf wieder von vorne mit den Analysen (Kuijstermans, 2019, S. 11). Dabei wird in den Projekten mit verschiedenen Fortschrittsmarkern gearbeitet. Dies ist eine Reihe von Aussagen, die ein Fortschreiten von Verhaltensänderungen beschreiben, die von direkten Partner*innen erwartet werden. Sie beschreiben Veränderungen in Aktionen, Beziehungen und Interaktionen, die zum erwünschten Ergebnis führen. Um diese Veränderungen zu sehen, gibt es einen Monitoring-Plan, welcher auch *Outcome*- und Strategie-Monitoring umfasst. Dabei legt der erste Teil des Monitoring-Plans fest, was überprüft werden soll und mit welchen Tools dies geschieht, wohingegen der zweite den eigentlichen Prozess beschreibt (Kuijstermans, 2019, S. 100). Gerade diese Vielzahl von Analyseschritten zeigt deutlich, dass sich die Friedensarbeit professionalisiert hat. So wurde vor knapp 20 Jahren noch bemängelt, dass viele Organisationen nur unzureichende Analysen durchführen und sich dabei selbst nicht ausreichend verorten (Anderson, 1999).

Auch bei der GIZ steht der Gedanke der Veränderung im Vordergrund, welche durch narrative Diskurse aufgezeigt werden kann (giz, 2017, S. 3). Dabei werden Narrative als besondere Art der Erzählung verstanden. Sie können Einfluss auf die Wahrnehmung haben, da sie Gefühle und eigene Perspektiven vermitteln (giz, 2017, S. 71). Um Ergebnisse von Friedensprozessen zu verstehen, müssen Reflektionen über die folgenden Komponenten mit einbezogen werden: Konfliktanalyse, Konfliktdynamiken, Annahmen über die durch die Arbeit zu erwartenden Veränderungen, vermutete *Outcomes* (also die gewollten oder ungewollten Veränderungen in Konfliktdynamiken), Prozessindikatoren mit Bezug zu bestimmten Zielen, Friedensziele, die unterschiedlichen Ebenen, auf denen der ZFD arbeitet – vom Konsortium bis hin zu den Projekten –, Ressourcen und Ansätze der Arbeit des ZFD, *Outputs* (die Services oder Produkte, welche durch ZFD-Aktivitäten entstehen, normative Punkte wie Konfliktsensibilität, Gendergerechtigkeit und menschenrechtsbasierte Ansätze) (giz, 2017, 4 ff.). Dabei können generell durch einen bestimmten Input, welcher als Ressource verstanden wird, Aktivitäten entstehen, die zu *Outputs* führen, die wiederum in *Outcomes* münden und *Impact* erzeugen (giz, 2017, S. 9). In einem Projekt kann es beispielsweise ein großes übergeordnetes Ziel geben. Dies kann durch Veränderungen auf unterschiedlichen Leveln wie zum Beispiel auf individueller/persönlicher Ebene und auf gesellschaftlicher Ebene erreicht werden. Somit kann es verschiedene *Outcomes* geben, die dazu dienen, den größeren *Impact* zu erreichen (giz,

2017, S. 11). In der Praxis ist es wichtig, dass Planning-Monitoring & Evaluation (PM&E) als ein gesamter Prozess betrachtet wird. Dieser findet immer auf drei unterschiedlichen Ebenen statt: in dem Projekt, in dem Programm und im Konsortium. ZFD-Projekte dauern in der Regel drei Jahre. So soll im ersten Jahr auf dem Projektlevel ein Planungsworkshop stattfinden, daraus folgt die Planung der Operationalisierung und das Festlegen der Projektindikatoren und der erwarteten *Outcomes*. Auf dem Programmlevel werden in dieser Zeit die Programm-*Outcomes* und Prozessindikatoren festgelegt. Im zweiten Jahr findet auf Projektlevel der Monitoring-Prozess der Implementierung statt, es erfolgt eine erneute Planung der Operationalisierung und das erneute Festlegen der Projektindikatoren und erwarteten *Outcomes*. Auch auf Programmlevel findet eine Neuidentifikation der *Outcomes* und Indikatoren statt. Im dritten Jahr erfolgt auf Projektlevel das gleiche Vorgehen wie im zweiten Jahr, wobei der Schwerpunkt nicht mehr so sehr auf der Implementierung liegt. Auf Programmlevel findet zusätzlich die Programmevaluation statt. Über die gesamten drei Jahre hinweg findet durch das Konsortium ZFD das Monitoring der trägerübergreifenden Landesstrategie statt und der Frage, wie sie in den Programmen und Projekten umgesetzt wird (giz, 2017, 16 ff.).

Auer-Frege führte 2007 eine Studie durch, in der sie über 40 deutsche Organisationen befragte, welche im In- und Ausland in der Zivilen Konfliktbearbeitung arbeiten. Dabei stellte sich heraus, dass alle Organisationen betonten, die Projekte nur begleiten und unterstützen zu wollen. Sie sind allparteiliche, unterstützende Institutionen, welche möglichst wenig in die Friedensprozesse eingreifen wollen. Vielmehr schaffen sie ein konstruktives Umfeld (*Environment for Peace*), stärken positive Elemente (*Connectors*) im Konflikt und grenzen gleichzeitig die negativen Faktoren aus (*Dividers/Spoilers*) (Auer-Frege 2010, S. 25). Jedoch war es allen Organisationen im gleichen Maße bewusst, dass die Projekte auch dazu führen können, dass Dinge vor Ort ersetzt werden könnten. Es wird davon ausgegangen, dass die Projektarbeit nur zu persönlichen und gesellschaftlichen Veränderungen führen kann, wenn die Personen, die von den Projekten profitieren sollen, deren Ziele und Inhalte annehmen, sich mit ihnen identifizieren und selbst aktiv handeln. Dies hat zur Folge, dass Projekte in der Regel eine lange Planungs- und Vorlaufzeit benötigen. Eine Zeit, in der die Bedürfnisse vor Ort und die Konflikthintergründe und Konstellationen von Akteur*innen im Konflikt zu analysieren sind. Inwieweit dies in der Praxis in den drei Jahren eines Projektes möglich ist, obwohl in der Regel zehn Jahre für eine sinnvolle Umsetzung von Friedensprojekten gefordert werden (Reimann, 2007, S. 104), wird die empirische Analyse in den Kapiteln 6 und 8 zeigen. Drei Kalenderjahre sind dabei oft zu kurz bemessen (Auer-Frege, 2010a, S. 26) und führen zu einem „hit and run peacebuilding“ (Bächtold et al., 2013, S. 10).

Der PM&E-Prozess soll im Sinne einer Wirkungsorientierung erfolgen und wird schon im Antrags- und Berichtswesen einheitlich abgebildet (Gemeinschaftswerk ZFD, 2014c, S. 7). Es gelten für die PM&E-Prozesse die durch das Konsortium vereinbarten Darstellungen zur Wirkungslogik. Wie diese umgesetzt werden, ist den einzelnen Träger*innen jedoch überlassen (Gemeinschaftswerk ZFD, 2014c, S. 7). In den PM&E-Prozessen, die wie erwähnt, auch auf der Projektebene stattfinden, ist es deswegen wichtig, dass sie als partizipativer Prozess gestaltet werden. Dass alle Akteur*innen mit einbezogen werden, sie aus einer neutralen Perspektive und transparent stattfinden, komplementär sind, in einem bestimmten zeitlichen Abstand durchgeführt werden und kontextspezifisch sind. Generell sollten jedoch im Sinne der Wirkungslogik zunächst zentrale, direkte Wirkungen formuliert werden. Dabei ist es wichtig, dass die direkten Ziele und Wirkungen eines Projektes im Prozess der Antragsbewilligung zwischen dem BMZ und den ZFD-Trägerorganisationen verbindlich vereinbart werden. Dann wird zu jeder direkten Wirkung die aktuelle Ausgangssituation beschrieben und es werden Prozessindikatoren festgelegt. Diese definieren klare Beobachtungsfelder und beschreiben angenommene Situationen. Dabei dienen sie nicht als Messlatte, sondern vielmehr der Reflexion des Projektes. Diese weiteren Schritte können im Prozess immer wieder angepasst werden. Außerdem werden Annahmen über wichtige Wirkungszusammenhänge formuliert, welche dann die Summe der Wirkungslogik des Projektes ergeben (Gemeinschaftswerk ZFD, 2014c, S. 8). Um Nachhaltigkeit für Projekte in der Friedensarbeit zu gewährleisten, ist es auch wichtig, das Projektende und einen möglichen Ausstieg der Geber*innen mitzudenken. Ein erfolgreicher Ausstieg kann von einem erfolgreichen Einstieg abhängig sein, da die Art und Weise, wie Beziehungen beginnen, Einfluss darauf haben, wie diese Beziehungen enden. CSOs, Spender*innen und Empfänger*innen sollten zusammenarbeiten und von Anfang an einen Ausstiegsplan erstellen (Leach, 2018, S. 4). Dabei ist es für die PM&E-Prozesse wichtig, dass diese auch ohne linear-kausale Bezüge die Wirkungslogik eines Projektes beschreiben können, sie vom Umfang her nicht zu komplex und gut umsetzbar sind, dass Anpassungen im Projektverlauf vorgenommen werden können, nicht intendierte Wirkungen möglich sind und ein Dialog über den Prozess zwischen BMZ und ZFD-Träger*innen geführt wird (Gemeinschaftswerk ZFD, 2014c, 7 ff.). Dieser Prozess zeigt deutlich, dass PM&E zwar ein wichtiger Prozess ist und Partner*innen vor Ort eingebunden werden. Dass jedoch durch den Prozess an sich bestimmte inhaltliche Vorhaben und Vorgaben der Geber*innen gesetzt werden, sei es inhaltlich, thematisch oder methodisch, an die sich die lokalen

Partner*innen anpassen. Oft auch, um möglichst schnell *Output* zu produzieren (Barnes, 2009, S. 144).

Auch wenn diese Prozesse je nach Organisation anders ablaufen, so gibt es doch neben den oben bereits genannten gemeinsamen Definitionen von Wirkungen auch bestimmte Elemente, die organisationsübergreifend vorhanden sind und eine Rolle spielen. Dies sind zum einen die trägerübergreifenden Landesstrategiepapiere (TLS), welche 2011 in der Evaluierung empfohlen (Paffenholz, 2011, S. 7) und im Zuge des Reformprozesses eingeführt wurden (Gemeinschaftswerk ZFD, 2014c, S. 7). Sie dienen dem ZFD vor Ort als Strategien und sollen seine Relevanz und Wirksamkeit erhöhen und sein Profil in den einzelnen Ländern stärken (Gemeinschaftswerk ZFD, 2014c, S. 7). Dabei kann die gemeinsame Erstellung einer TLS sehr herausfordernd sein. Denn jede Organisation bringt für sich schon bestimmte Strategien mit und die Organisationen in einem Land können sehr unterschiedliche thematische und regionale Schwerpunkte haben, die nicht immer einfach zu vereinen sind (Tahirou & Eberlein, 2019, S. 26). Diese Diversität stellt jedoch gleichzeitig eine der großen Stärken des ZFD dar. Die TLS sollen diese Vielfalt nicht in ein Raster pressen oder in einem ZFD-Landesprojekt vereinen und uniformieren, sondern einen Mehrwert für alle Beteiligten darstellen (Goedeking, 2014, S. 23). Ein TLS wird in verschiedenen Schritten vor Ort erstellt. Es findet eine Analyse des Kontextes statt, *Peace-Needs* werden identifiziert und gemeinsame Ziele festgelegt. Dies sind zum einen langfristige Ziele und Ergebnisse, die alle Beteiligten gemeinsam erreichen wollen und sie sind als Wirkungen (*Impacts*) zu verstehen. Zum anderen sind dies Ziele und Ergebnisse, die die ZFD-Organisationen gemeinsam über einen Dreijahreszeitraum erreichen wollen. Dazu werden Methoden und Herangehensweisen identifiziert (Goedeking, 2014, 24 f.). Es findet also zuerst eine systemische Kontext- und Relevanzanalyse statt, dann die Strategiebildung und dann die Festlegung der Querschnittsthemen (Gemeinschaftswerk ZFD, 2014a, Abschn. 3.1. S. 2 f.). Dabei muss jede TLS die folgende Struktur aufweisen: Einleitung, Kontext- und Relevanzanalyse, Ziele des ZFD-Engagements im Sinne trägerübergreifender angestrebter Wirkungen, Arbeitsansätze, Kooperationen und Synergien, Wissensmanagement und Wirkungsbeobachtung, Sicherheitslage (Gemeinschaftswerk ZFD, 2014a, Abschn. 3.1. S. 3 f.). In diesen Prozess sind alle Fachkräfte, Organisationen und Partner*innen eingebunden, die *Ownership* soll also vor Ort liegen. Dazu finden Planungsworkshops statt. Hierbei ist es wichtig, gemeinsame Ziele zu setzten und die Notwendigkeit zu erklären, da nicht alle Beteiligten die gleichen Prioritäten in den TLS sehen (Goedeking, 2014, S. 24). Außerdem gibt es eine Rückkoppelung zu den Büros der Organisationen in Deutschland, wenn gewünscht unter Beteiligung der deutschen Botschaften vor Ort und dann wiederum auch zum

AA und BMZ, die sie letztlich genehmigen müssen und prüfen, ob die TLS mit der generellen Außenpolitik kompatibel sind (Gemeinschaftswerk ZFD, 2014c, S. 7; Goedeking, 2014, 23 f.). Die TLS sind ein Ergebnis der Evaluation und des anschließenden Reformprozesses von 2011 bis 2013. So wurden zu Beginn dieses Prozesses im Jahr 2012 zunächst im Konsortium bestimmte Rahmenbedingungen und *Terms of Reference* für die TLS festgelegt. Anschließend wurden sie in Kolumbien, der Demokratischen Republik Kongo, den Palästinensischen Autonomiegebieten, in Israel und auf den Philippinen getestet (Gemeinschaftswerk ZFD, 2014c, S. 7; Goedeking, 2014, 23 f.). Die TLS dienen zum einen als Steuerungselement in den jeweiligen Ländern, aber auch als Referenzdokument und Dialog über die Arbeit des ZFD. Die TLS werden auf der jeweiligen Landesebene regelmäßig evaluiert, dies muss mindestens einmal im Jahr stattfinden. Alle drei Jahre wird gemeinsam mit dem BMZ evaluiert, ob eine Anpassung des Dreijahresplans notwendig ist (Gemeinschaftswerk ZFD, 2014c, S. 7; Goedeking, 2014, 23 f.).

Ein weiteres gemeinsames Element ist das Wissensmanagement. Dies hat besonders in den vergangenen Jahren an Bedeutung gewonnen. Im ZFD sind es die Menschen, die das Wissen haben und es weitergeben. Da der ZFD jedoch ein dynamisches Arbeitsfeld ist, kann Wissen durch Personalwechsel verlorengehen. Wissensmanagement soll dem entgegenwirken. Außerdem trägt es zur Vernetzung und zum Austausch bei (Kohls, 2019, S. 78). Dabei wurden für das Wissensmanagement im ZFD folgende Ziele durch das Konsortium festgelegt: Der Austausch von Wissen und Erfahrungen muss in allen Bereichen des ZFD intensiviert und systematisiert werden, damit gemeinsames Lernen stattfinden kann. Es soll ein gemeinsames Informations- und Managementsystem für Dokumente geben, in dem Methoden und Erfahrungen ausgetauscht werden können. Dadurch soll auch eine Vernetzung von verschiedenen, professionellen Diskursen stattfinden (Kohls, 2019, 78 f.). Um dies zu erreichen, wird der *Face-to-Face*-Austausch gefördert, der Austausch zwischen Organisationen unterstützt und die technische Plattform „CPS KnowledgeNet“ (in verschiedenen Sprachen) zur Verfügung gestellt (Kohls, 2019, 79 f.). Das Wissensmanagement steht jedoch noch vor einigen Herausforderungen. So hat sich zwar eine Vielzahl von Personen im System angemeldet, ist dort jedoch nicht so aktiv wie gewünscht. Auch ist das System bei Fachkräften bekannter als bei den lokalen Partner*innen. Ferner haben viele ZFD-Organisationen ihre eigenen Managementsysteme für Wissen und oft ist unklar, ob diese nun parallel genutzt werden. Zudem wird Wissen als wichtige Ressource angesehen und es gibt Hemmungen, einige Informationen zu teilen (Kohls, 2019, 79 f.).

Friedensarbeit nach ihrer Wirkung zu beurteilen ist sinnvoll, jedoch ist es schwierig, allgemeingültige und vergleichbare Kriterien aufzustellen, da jedes Projekt anders ist (Auer-Frege, 2010a, 26 f.). Deswegen ist es ist hilfreich, dass sich die Organisationen selbst als Lernende verstehen (Meintjes, 2006, S. 12) und eine ständige Reflexion der eigenen Arbeit und Ansätze stattfindet (giz, 2015, S. 3). Ebenfalls ist es wichtig, dass auf den jeweiligen Kontext zugeschnittene und spezifische Messwerte angelegt werden (giz, 2015, S. 7). Wirkungen folgen keinem linearen Ursache-Wirkungs-Prinzip (Burba & Stanzel, 2015a, S. 6). „Wenn die Friedensarbeit erfolgreich war, herrscht Frieden. Könnte man meinen. Aber Frieden ist weniger ein Zustand als vielmehr ein Weg“ (Konsortium Ziviler Friedensdienst, 2012, S. 1). Es ist wichtig, immer wieder zu beachten, dass Friedensarbeit einen langen Atem braucht (Konsortium Ziviler Friedensdienst, 2012, S. 1). In der Friedensarbeit wird mit festgelegten Standards gearbeitet. Dies gilt auch für die Ziele der Arbeit, welche auf Resultate ausgelegt sein sollen. Sicherlich ist es in der Praxis hilfreich, eine Zielsetzung und einen Fokus in der Arbeit zu haben, um sich daran orientieren zu können. Dennoch kann eine klare *Impact*-Messung sehr schwierig sein und verschiedene Herausforderungen mit sich bringen (Bächtold et al., 2013, S. 6). Bei der Erarbeitung von Zielen und Messinstrumenten, wie die Ziele erreicht werden sollen, ist es hilfreich, wenn Geber*innen, durchführende Organisationen und lokale und internationale Akteur*innen gemeinsam entscheiden (Bächtold et al., 2013, S. 6). Konfliktive Situationen sind sehr dynamisch, komplex, auf verschiedenen Ebenen miteinander verbunden und werden schnell von verschiedenen Faktoren beeinflusst. Dies macht sozialen oder gesellschaftlichen Wandel oft zu einem nicht linearen Prozess. Sie treten vielmehr oft nicht vorhersehbar oder planbar auf (Bächtold et al., 2013, 7 f.; FriEnt, 2013, S. 12). Auch sind jeder Konflikt und jeder Kontext anders, so dass es schwer ist, ein Set von Evaluationen oder ein bestimmtes Messinstrument an alle Szenarien anzulegen. Auch in einem Projekt kann das Ergebnis zwischen verschiedenen Personen oder Akteur*innen unterschiedlich ausfallen, da die Akteur*innenlandschaft oft sehr divers ist. Bei solchen Maßnahmen müssen zudem immer die möglicherweise (unbeabsichtigten) negativen Auswirkungen durch die externen Akteur*innen mitberücksichtigt werden (Bächtold et al., 2013, 7 f.). Es ist wichtig, den Fokus auf die einzelnen Projekte zu legen und nicht auf den Frieden, beispielsweise auf einer nationalen Ebene (Bächtold et al., 2013, S. 8). Generell sind Veränderungen grundsätzlich besser zu beurteilen, wenn es eine Vorabstudie gibt. Diese Daten sind jedoch nicht immer in ausreichender Qualität und Quantität vorhanden (Bächtold et al., 2013, S. 8). Das *Reflecting on Peace Practice Project* (CDA, 2004), das erste größer angelegte Projekt über Erkenntnisse der Wirksamkeit von Friedensförderung, hat aufgezeigt, dass effektive Friedensarbeit eine gute Konfliktanalyse als Basis benötigt (CDA, 2004). Seitdem werden Konfliktanalysen nicht mehr nur als Analyse angesehen, um ein Projekt zu starten, sondern schon als erstes Ergebnis in einem Projekt (Bächtold et al., 2013, S. 9). Es ist wichtig, dass Zielformulierungen realistisch bleiben. So ist es nicht hilfreich, wenn *Empowerment* oder Versöhnung als Ziele gesetzt werden, ohne dass sie genau spezifiziert werden. Sie sind zunächst Worthüllen und müssen genauer beschrieben und definiter werden (Bächtold et al., 2013, S. 9). „Entwicklungspolitische Friedensarbeit ist kein Puzzle, bei dem man ‚nur' die richtigen Teile an die richtige Stelle platzieren muss, um zu Lösungen zu gelangen" (FriEnt, 2013, S. 12).

4.5 Zivile Konfliktbearbeitung und Ziviler Friedensdienst – ein Zwischenfazit

Zivile Konfliktbearbeitung ist, wie das vorherige Kapitel gezeigt hat, ein schon lange verwendetes Konzept, welches jedoch in seiner Umsetzung stark variieren kann. Gerade durch das große Engagement von CSOs in der ZKB kann lokal angesetzt und auf unterschiedlichen Ebenen in der Gesellschaft gearbeitet werden. Dieses Vorgehen verfolgt auch der ZFD. Als Instrument der Personalentsendung des BMZ arbeiten Fachkräfte in verschiedenen Ländern entweder in oder mit Partnerorganisationen. Dabei nutzen sie das Instrument der ZKB, um langfristig positiven Frieden zu erreichen. Dabei ist der ZFD jedoch nicht nur in die Strukturen vor Ort eingebunden. Auch seine organisatorische Dimension muss betrachtet werden. Durch historisch gewachsene Strukturen in Deutschland ist der ZFD heute ein Gemeinschaftswerk zwischen staatlichen und zivilgesellschaftlichen Akteur*innen. Dabei hat sich der ZFD in den letzten Jahren immer weiter professionalisiert und wurde evaluiert. Elemente wie Evaluationen, Monitoring oder trägerübergreifende Strategien gehören mittlerweile auf allen Ebenen des ZFD zur Arbeit.

Organisationen setzen sich aus Menschen mit unterschiedlichen Identitäten zusammen und im Leben der Beteiligten erfüllen diese Organisationen verschiedene Rollen. Menschen, die sich an einer friedensfördernden Organisation beteiligen, können engagierte Friedensaktivist*innen sein. Sie können aber auch nur deshalb in einer Organisation arbeiten, um ihr Einkommen zu sichern. Solche multiplen Identitäten werden in einer Organisation reproduziert, denn Organisationen sind ein Raum, in dem sich Menschen treffen, von dem aus sie ihren sozialen Status und ihren Lebensunterhalt erwerben (van Leeuwen,

2009, S. 172). Durch diese auch sehr persönlichen Arbeitsaspekte im ZFD und die vielen verschiedenen Themen, Herangehensweisen und Rollenverständnisse kann es zwischen den Fachkräften und den lokalen Partner*innen zu Spannungen und Meinungsverschiedenheiten kommen. Ein gutes Beispiel hierfür bietet die Verwaltung der finanziellen Mittel. Je nach Organisation ist eine Fachkraft in unterschiedlichem Maße für die Prüfung der Finanzen zuständig. Einige tragen die komplette Verantwortung, einige teilen sie mit den Partner*innen und bei wieder anderen liegt die Verantwortung komplett bei den Partner*innen. Gerade wenn die Fachkraft eigentlich integriert, also als Mitarbeiter*in in der Organisation tätig ist, aber gleichzeitig die Finanzverantwortung trägt, kann dies zu einer schwierigen Doppelrolle führen (Meintjes, 2006, S. 12). Besonders in der Arbeit in fragilen Kontexten ergeben sich Herausforderungen im Bereich der Zusammenarbeit mit lokalen Akteur*innen und im *Capacitybuilding* (giz, 2015, S. 3). Problematisch ist zum einen, wie externe Akteur*innen lokale Akteur*innen unterstützen und wie sie *Capacity* aufbauen können, ohne dass sie dies in einem *Top-down*-Prozess tun, lokale Ideen übergehen und Abhängigkeiten schaffen. Dies kann gelingen, indem Programme und Angebote gezielt auf lokale Begebenheiten und Bedarfe zugeschnitten werden und in interkulturellen und interdisziplinären Teams gearbeitet wird. Außerdem helfen dabei Dialog und eine über einen längeren Zeitraum bestehende Zusammenarbeit (giz, 2015, S. 11). Eine weitere Herausforderung kann es sein, dass in einem bestimmten Gebiet oder zu einem bestimmten Thema schnell Unterstützung erfolgt und es akuten Handlungsbedarf gibt, gleichzeitig aber nicht das eigentliche Ziel der systematischen und nachhaltigen Unterstützung von lokalen Akteur*innen vernachlässigt werden darf. Hier ist es wichtig, immer wieder klar die eigentliche Aufgabe und das eigentliche Ziel zu kommunizieren. Auch wenn schnelle Nothilfe keine ZFD-Aufgabe ist, können zum Beispiel im Rahmen der Organisationsentwicklungen Strategien erarbeitet werden, wie Nothilfesituationen zu erkennen sind, wie ihnen langfristig entgegengewirkt werden kann oder wo entsprechende externe Unterstützung beantragt werden kann (giz, 2015, S. 16). Auch kann es eine Herausforderung sein, mit sich verändernden Umständen umzugehen, wenn zum Beispiel geplante Aktivitäten oder Frameworks nicht mehr zur Situation vor Ort passen. Hierbei ist es zunächst wichtig zu verstehen, dass dies gerade in fragilen Kontexten normal ist, da diese oft sehr dynamisch sind. Es kann hilfreich sein, die allgemeine Projektvision und die allgemeinen Projektziele möglichst breit zu fassen und so bei der Umsetzung flexibel zu bleiben (giz, 2015, S. 28). Die Aufgabe der Fachkräfte ist es, durch einen frischen, externen Blick von außen neue Impulse zu geben (FriEnt, 2013, S. 16) und so von innen zur Lösung bestimmter Probleme beizutragen (Gemeinschaftswerk ZFD, 2014c, S. 5). Dabei ist es wichtig, mögliche Probleme produktiv zu nutzen. Zudem können ein interkultureller, offener und ehrlicher Dialog sowie vertieftes Wissen um Aufgaben und Engagement hilfreich sein (Méndes, 2011, S. 7). Jedoch kann es auch helfen, nochmals auf das Verständnis von Partnerschaft zu schauen. Die Art, wie Partnerschaft derzeit oftmals verstanden wird, ist strategisch und idealtypisch. Die Art der Partnerschaft zu reflektieren und zuzulassen, dass es sich oftmals in der Praxis bereits um andere Partnerschaftsformen handelt, kann in der Friedensförderung zu einem Paradigmenwechsel führen. Es besteht im Kontext der Friedensarbeit eine Lücke zwischen dem Ideal einer Partnerschaft und der für die meisten Nord-Süd-Partnerschaften wahrgenommenen Realität. Diese vermeintliche Partnerschaft ist eine ungleiche Partnerschaft. In einer Partnerschaft sollten keine Implementierungspartner*innen gesucht werden, die ein zu bearbeitendes Problemfeld, das vom Globalen Norden definiert wird, bearbeiten können. Vielmehr sollte zuerst entschieden werden, welche Akteur*innen vor Ort Potenzial für den gewünschten Wandel haben und diesen nachhaltig herbeiführen können, um dann gemeinsam Strategien zu entwickeln (Borries von, 2007, S. 199). Oft sind die Kriterien zur Auswahl von Partner*innen nicht transparent. Dies wäre jedoch ein hilfreicher Schritt, sowohl zur besseren Abstimmung zwischen Nord-Organisationen als auch für klarere Verfahren für die Akteur*innen vor Ort. Rein theoretisch könnte die Partner*innenwahl auch von Organisationen des Globalen Südens ausgehen. Dies stellt sich in der Praxis jedoch als große Herausforderung dar. Oft gelingt dies nur bereits erfahrenen und gut vernetzten Organisationen, welche englischsprachige Mitarbeitende haben und zentral gelegen sind (Borries von, 2007, S. 199).

Trotz der positiven Darstellung von ZKB, der Arbeit von CSOs und der Arbeit des ZFD müssen die einzelnen Punkte auch kritisch betrachtet werden. Dies darf nicht nur auf einer normativen, wissenschaftlichen Ebene geschehen. Diese Reflexion muss auch von den CSOs in der Praxis erfolgen. CSOs können nur erfolgreich arbeiten, wenn sie ihre bisherigen Entscheidungen und ihre bisherige Arbeit kritisch reflektieren (Carey, 2012, S. 23). Alle Organisationen und Akteur*innen in der ZKB und demnach auch im ZFD sollten angehalten sein, sich zu fragen, inwieweit sich ihre Praktiken und die Ansätze, mit denen sie arbeiten, durch die anhaltenden Debatten, die Reformbemühungen und Vorgaben schon verselbstständigt haben oder ob tatsächlich Veränderungen und Anpassungen stattfinden (Duckworth 2016, S. 5). Dazu müssen Organisationen in verschiedenen Bereichen bereit sein, zu lernen. Dies geschieht in einem partizipativen Lernprozess im Feld, aber auch auf Projekt- und Programmebene, auf *Policy*-Ebene und im Bereich *Advocacy*. Daraus lassen sich generelle und neue Positionen finden und ableiten (Brabant van 2001, S. 185). Dabei ist es wichtig, eigene Annahmen, Pläne, Modelle und Theorien immer wieder einem Realitätscheck zu unterziehen und diese zu reflektieren (Brabant van 2001, S. 187). Wie Friedensförderung in der Politik und in den Strategien von Organisationen formuliert wird, kann sich jedoch sehr von dem unterscheiden, was sie in der Praxis bei der Umsetzung tun. Dieses Spannungsverhältnis wird durch (inhärente) Machtasymmetrien oftmals noch verstärkt und auch das unreflektierte Verhalten über die eigene Rolle (Duffield 1997) bleibt problematisch. Oftmals wird kritisiert, dass die westlichen CSOs Konflikte, welche sie selber hervorrufen oder Konflikte zum Beispiel mit Partner*innen oder anderen Organisationen vor Ort nicht hinreichend reflektieren und aufarbeiten. Es werden in der Analyse der Konflikte oftmals nur interne Faktoren betrachtet und versucht zu bearbeiten. Nicht berücksichtigt aber werden globalere Faktoren wie Abhängigkeiten, Kolonialismus, erzwungene Staatenbildung oder eine Integration in den Weltmarkt. Wie sich dies auf die praktische Arbeit von CSOs auswirkt, wird in den Kapiteln 6 und 8 anhand empirischer Beispiele betrachtet.

Appell für die Nutzung ethnografischer Methoden

5

Die Friedens- und Konfliktforschung (FuK) befasst sich klassischerweise mit bestimmten Ländern (vor, während oder nach einem Konflikt), mit Personengruppen, Projekten, Ereignissen und Problemen und rückt oftmals einzelne Fälle, aber auch Prozesse in den Vordergrund. So auch die vorliegende Arbeit, welche genau auf Interaktionen von Personen und auf Projekte in Post-Konfliktgesellschaften schaut. Diese können mit quantitativen oder qualitativen Methoden untersucht werden und dabei unterschiedliche Schwerpunkte setzen. Besonders in der qualitativen Forschung der FuK wird sich mit dem Lokalen auf kritische Weise auseinandergesetzt. Dies erfolgt über Themen wie *Local Ownership*, *Agency*, Identität, Geschlecht oder soziale Gerechtigkeit. Dabei bedienen sich Wissenschaftler*innen in den Bereichen oft der kritischen Theorie, postkolonialen, poststrukturalistischen und feministischen Herangehensweisen (Richmond, 2018, S. 480) und entwickeln darüber Legitimation und ein institutionalisiertes Wissensfeld (Denskus & Kosmatopoulos, 2015, S. 219). So verortet sich auch diese Forschung methodisch in der qualitativen Forschung mit Bezug zu postkolonialen Herangehensweisen. Gerade bei der Herangehensweise an ethnografische Forschung ist zu beachten, dass die Methode an sich postkolonial angewendet werden sollte. Dabei ist es jedoch wichtig, sich als Forschende*r den folgenden Punkt immer wieder in Erinnerung zu rufen: „From the vantage point of the colonized, a position from which I write, and choose to privilege, the term 'research' is inextricably linked to European imperialism and colonialism. The word

---

Ergänzende Information Die elektronische Version dieses Kapitels enthält Zusatzmaterial, auf das über folgenden Link zugegriffen werden kann https://doi.org/10.1007/978-3-658-41693-5_5.

S. Ruppel, *Lokal verankerte Zivile Konfliktbearbeitung zwischen Partnerschaft und Machtungleichgewicht*, Studien des Leibniz-Instituts Hessische Stiftung Friedens- und Konfliktforschung,
https://doi.org/10.1007/978-3-658-41693-5_5

itself, 'research', is probably one of the dirtiest words in the indigenous world's vocabulary" (Smith, 2012, S. xi).

Dieses Mitdenken des Postkolonialen und der inhärenten Strukturen kann besonders gut mithilfe von ethnografischen Methoden geschehen. Denn diese stellen die Reflexion der eigenen Situation und die der Forschung an sich stark in den Vordergrund. Dabei bietet vor allem die teilnehmende Beobachtung die Möglichkeit, bestimmte Fälle, Gegebenheiten vor Ort und Prozesse genauer zu betrachten und ein tieferes Verständnis dafür zu gewinnen. Sie kann so dort genutzt werden, wo andere Methoden gerade auch in einer postkolonialen Reflexion an ihre Grenzen stoßen (MacKay & Levin, 2015, S. 164). Besonders eigenen sich ethnografische Methoden zur Untersuchung von lokalen Prozessen in der Friedensarbeit, von Machtstrukturen und von lokalem Wissen (Millar, 2018a, 2018b, 2018c) und von emanzipatorischen Prozessen in der Friedensarbeit (Klein, 2018, S. 67). Eine stärkere Fokussierung auf ethnografische Methoden kann in der FuK dabei helfen, solche Themen und Fragestellungen besser zu bearbeiten, die Disziplin weiterzuentwickeln und der FuK eine methodologische[1] Legitimation in der kritischen Forschung zu geben.

In diese methodische Diskussion reiht sich auch diese Forschung ein und bietet ein Praxisbespiel für die Anwendung ethnografischer Methoden und insbesondere der teilnehmenden Beobachtung. Hier sei anzumerken, dass Ethnografie und teilnehmende Beobachtung Methoden sind, welche im Feld, also als Feldforschung durchgeführt werden können. Dabei ist Feldforschung an sich nicht als Methode zu verstehen. Vielmehr bezeichnet der Begriff Feldforschung die qualitative oder quantitative Forschung einer Person, welche in einem bestimmten Feld durchgeführt wird. Dabei steht unabhängig von der Methode bei der Feldforschung im Zentrum, dass Daten über soziale Interaktionen mit den entsprechenden Akteur*innen vor Ort, in ihrem Setting stattfinden (Wood, 2007). Wird in einer Feldforschung eine Ethnografie erstellt oder werden ethnografische Methoden angewendet, sind diese zu verstehen als „a family of methods involving direct and sustained social contact with agents, and of richly writing up the encounter, respecting, recording, and representing at least partly in its own terms, the irreducibility of human experience" (Willis & Trondman, 2016, S. 5). Somit wird Ethnografie zu mehr als bloß einer Methode: Sie wird zu einer Methodologie, welche eine bestimmte Logik verfolgt (Schwartz-Shea & Yanow, 2013). Diese kann in der teilnehmenden Beobachtung abgebildet werden. So wird es

[1] Methodologie wird in Abgrenzung zu Methoden als etwas verstanden, was über die Bedingungen der Möglichkeit wissenschaftlicher Erkenntnisse aufklärt, also danach fragt, welches planmäßige Vorgehen sich mit welcher Begründung für das eignet, was in Erfahrung gebracht werden soll.

ermöglicht, beispielsweise Interaktionen (reale Situationen) zu beobachten und komplexe Zusammenhänge wahrzunehmen. Die teilnehmende Beobachtung ist eine „geplante Wahrnehmung des Verhaltens von Personen in ihrer natürlichen Umgebung durch einen Beobachter, der an den Interaktionen teilnimmt und von den anderen Personen als Teil ihres Handlungsfeldes angesehen wird" (Friedrichs, 1982, S. 270). Durch diese Forschungsmethode kann ein Ausschnitt von „Realität" untersucht und in Aussagen transformiert werden, somit findet eine Re-Konstruktion von Wirklichkeit statt (Pfadenhauer, 2017, S. 6).

Die teilnehmende Beobachtung ist ein qualitatives, interpretativ-verstehendes Verfahren. Es geht um die Betrachtung und Abbildung gesellschaftlicher Vielfalt, von Wahrnehmungen und Meinungen, die von Menschen geäußert werden oder in ihre Handlungen einfließen. Dabei ist die Datenerhebung nicht oder nur gering standardisiert und es ergibt sich eine zunächst kaum strukturierte Datenfülle. Es wird eine Auswertung mit interpretativen Verfahren durchgeführt. Dabei gibt es keine Repräsentativität im statistischen Sinn. Stattdessen eignen sich die Methoden zum Beispiel für eine differenzierte Untersuchung eines Einzelfalles oder einer Besonderheit, über die detaillierte Auskünfte und Meinungen erhoben werden sollen (Reuber & Pfaffenbach, 2005, S. 35). Die Methode distanziert sich von Statistiken und Zahlen und wendet sich hin zu Texten und Kontexten. „Die Rahmenbedingungen, in denen Wahrnehmungen, Meinungen und Handlungen von Menschen entstehen und geäußert werden, stehen hier im Vordergrund" (Reuber & Pfaffenbach, 2005, S. 107). Die Methode ist dabei untrennbar mit der Person des oder der Forschenden verbunden und deswegen als eine höchst individuelle Methode zu betrachten (Häberlein, 2014, S. 117).

Global[2] betrachtet wurde und wird die Methode der teilnehmenden Beobachtung von der FuK methodisch und theoretisch in sehr unterschiedlichem Maße angewendet und konzeptualisiert, insgesamt wurde sie jedoch immer beliebter (Forrest, 2017, S. 111). Um dies einzuordnen, ist die generelle qualitative Einordnung der deutschen FuK hilfreich. Qualitative Forschung war in der deutschen FuK schon immer ein wichtiger Bestandteil. Seit den 1970ern aber fand sie verstärkt Anwendung und wurde seit den 1980ern von einigen Wissenschaftler*innen schon als neuer Königsweg beschrieben (Küchler, 1983). In den 1990er Jahren kam es schließlich zu einer qualitativen Wende und es fand „eine tiefgreifende Veränderung der Sozialwissenschaften in diesem Jahrhundert" (Mayring, 2000, S. 1) statt. Dadurch zogen auch in die deutsche politikwissenschaftliche Forschung immer mehr qualitative Methoden ein. In den letzten Jahren sind

---

[2] Hierbei ist die weltweite Friedens- und Konfliktforschung in ihren unterschiedlichen Ausprägungen gemeint.

jedoch immer wieder Hinwendungen zu quantitativen Methoden (Reichertz, 2009, Abs. 13) und damit eine Anknüpfung an die US-amerikanische Forschung zu finden (Schwank et al., 2013, 32 ff.; Wissenschaftsrat, 2020, 36 f.). Diese Forschung orientiert sich an der (frühen) kritischen und heute postkolonialen deutschen FuK. Im Zuge der Hinwendung zu qualitativen Methoden gibt es auch in der Politikwissenschaft und der FuK einige Autor*innen, die sich ethnografischer Methoden bedienen. Doch gibt es keine klar strukturierte Anleitung, wie eine solche Forschung aussehen kann (Millar, 2014b, S. 5). Jedoch ist es durchaus Praxis und kann sehr hilfreich sein, sich an soziologischen oder ethnologischen Debatten zu orientieren (Lottholz, 2018, S. 698). Als positives Beispiel einer strukturierten Anleitung kann das Buch „An Ethnographic Approach to Peacebuilding" von Gearoid (Millar, 2014b) herangezogen werden. Er gibt Handlungsempfehlungen und unterfüttert diese mit Beispielen aus seiner eigenen Arbeit über Sierra Leone. Die schwache Verbreitung der Methode merkten schon (Aleman & Tönnesmann, 1995) an, die fünf Jahrgänge der *Politischen Vierteljahreszeitschrift* auswerteten, wobei keiner der dort publizierten empirischen Artikel die Methode der Beobachtung nutzte. Zwar haben sich seitdem die Vielfalt der Methoden und ihre Anwendung verändert und weiterentwickelt, jedoch sind es noch immer nur wenige Forschungen, welche auf die Methode der teilnehmenden Beobachtung zurückgreifen. Zwar gibt es einige Forschungen, welche mithilfe von Feldforschung durchgeführt wurden (Menzel, 2014, S. 264), jedoch impliziert Feldforschung nicht die teilnehmende Beobachtung. Dabei kann die Methode dem oder der Forschenden Einblicke in Zusammenhänge eröffnen, die durch andere Methoden verschlossen bleiben. Genau diese Möglichkeiten werden im Folgenden nach einem methodischen Exkurs aufgezeigt.

Trotz ihrer vielen Vorteile steht die teilnehmende Beobachtung auch in der Kritik. Besonders ihre Überprüfbarkeit und Repräsentativität werden hinterfragt. Auch ihr koloniales Erbe und ihr ursprünglicher Anspruch, das „Fremde" und „Exotische" zu untersuchen, und somit ihr Beitrag zur Generierung von Herrschaftswissen (Menzel, 2014, S. 271), werden oft kritisiert. Auf diese und weitere Kritikpunkte wird in den jeweiligen thematischen Absätzen eingegangen. Dies geschieht dabei lösungs- und praxisorientiert.

Das folgende Kapitel führt zunächst in die teilnehmende Beobachtung als Methode ein. Dabei wird zunächst auf die methodische Herkunft eingegangen. Dann werden einzelne Forschungsstrategien und das Vorgehen im Feld genauer beschrieben. Der Forschungsprozess wird in verschiedene Phasen unterteilt und immer wieder kritisch hinterfragt. Anschließend findet eine Übertragung der Methode in die Politikwissenschaft und die FuK statt. Unter Berücksichtigung dieser Disziplinen wird die Methode anschließend mit besonderer

Berücksichtigung ihrer Machbarkeit und Durchführbarkeit analysiert, bevor auf Expert*inneninterviews als ergänzende Methode eingegangen wird. Abschließend findet eine ethische Betrachtung der Methode der teilnehmenden Beobachtung statt. Zusätzlich wird nach jedem Unterkapitel eine Reflexion meiner eigenen Forschung durchgeführt und es wird beschrieben, wie ich in der Forschung vorgegangen bin. Dabei wird über meine eigene Forschung bereits ethnografisch geschrieben, was bedeutet, dass der Ansatz des Geschichtenerzählens, des verständlichen und nicht zu abstrakten Schreibens berücksichtigt wird (van Maanen, 1995, S. 2). Somit verbindet das Kapitel generelle methodische Überlegungen mit meiner eigenen Umsetzung während der Forschung und meiner eigenen Forschungsreflexion. Über eigene Erfahrungen, Wahrnehmungen und positive und negative Erlebnisse im Feld zu berichten, kommt in der akademischen Literatur oft zu kurz, ist jedoch sehr wichtig, da es die Daten beeinflusst (Thomson et al., 2013, S. 1).

5.1 Charakteristika der teilnehmenden Beobachtung und historische Betrachtung

Da die teilnehmende Beobachtung in der FuK oft nicht in ihrer vollen Ausführlichkeit dargestellt wird, dies aber für die Anwendung der Methode und auch für die vorliegende Forschungsarbeit notwendig ist, findet an dieser Stelle eine methodische Einführung statt.

Allgemein ist die teilnehmende Beobachtung eine lebensnahe Forschung aus dem qualitativen Methodenspektrum.

> „Unter teilnehmender Beobachtung [...] verstehe ich das in der Ethnologie übliche Forschungsverfahren, bei dem der Forschende für eine längere Zeit in der Gruppe, die er untersucht, lebt, ihre Sprache spricht und an ihren Aktivitäten mehr oder weniger intensiv teilnimmt“ (Spittler, 2001, S. 2).

Das Ziel der Feldforschung ist es, „überschaubare Einheiten menschlichen Zusammenlebens möglichst ganzheitlich zu erfassen bzw. zu dokumentieren und in ihren Strukturen und Prozessen zu analysieren“ (Friedrichs, 1982, S. 270). Der Alltag der zu Beobachtenden soll durch die Forschung so wenig wie möglich beeinflusst werden. Dabei sind die empirischen Methoden der teilnehmenden Beobachtung und des Feldgesprächs besonders wichtig. Die in der Regel gewollt offen gewählte Form der Beobachtung ermöglicht es, flexibel auf das Geschehen einzugehen. Dies ist sehr wichtig, da Beobachtungen nicht nur zu einem bestimmten Zeitpunkt erfolgen, sondern sich bei jeder Gelegenheit eine interessante Situation entwickeln kann (Fujii, 2015a, S. 527). Bei dieser Art der Forschung wird davon ausgegangen, dass die soziale Wirklichkeit kommunikativ bedingt ist und konstruiert wird (Glasfeld, 1992, 33 ff.; Heinze, 1987, S. 13). Der Forschungsprozess ist dadurch als kommunikativer Prozess anzusehen. Die Forschenden stehen mit der zu erforschenden Gruppe aktiv im Austausch und sind miteinander verwoben. Diese persönliche Teilnahme ermöglicht gleichzeitig Selbsterfahrungen für die Forschenden, welche ihm oder ihr dabei helfen, die Forschung und die eigene Rolle darin zu reflektieren.[3] Somit ist es das Ziel der Forschenden, ein Teil des Alltags vor Ort zu werden und so lange an dem Leben vor Ort teilzunehmen, bis sie dessen Kontexte verstehen und sie interpretieren können (Girtler, 1989, 104 ff.). Dabei geht die Feldforschung von Beginn an nicht von einer genauen Anzahl an Personen aus, die es zu beobachten und zu interviewen gilt. Vielmehr ist es also das Ziel, Teil des Feldes zu werden und ein gutes Verständnis des Feldes zu erlangen. Dabei kann nur die*der Forschende den Zeitpunkt bestimmen, wann dies der Fall ist.

Um die Methode der teilnehmenden Beobachtung in ihrer Entstehung und Anwendung einordnen zu können, ist eine Betrachtung der historischen Entwicklung der Methode hilfreich. Schon Ende des 19. Jahrhunderts begannen Wissenschaftler*innen, in fremde Länder zu reisen und dort längere Zeit mit den Menschen vor Ort zu leben, die Sprache zu lernen und zu beobachten. Somit sollten die Probleme umgangen werden, welche durch die sogenannte Lehnstuhlethnologie und die damit verbundenen Informanten und Fragebögen, welche in die Kolonialgebiete versendet wurden, entstanden und die nur oberflächliche Antworten (aus zweiter und dritter Hand) lieferten (Beuchling, 2015, 7 f.). Die erste Person, die eine – wie wir sie heute bezeichnen würden – teilnehmende Beobachtung durchführte und diese auch so benannte, war wohl Frank Hamilton Cushing. Er lebte bei den *Native Americans* in den USA, um dort Nachforschungen anzustellen (Musante, 2014, S. 241). Doch erst Malinowski popularisierte und systematisierte die Methode. Auch Margaret Mead, welche etwa zeitgleich mit Malinowski forschte, brach zu ihrer Forschung nach Samoa auf, wohl ohne von der nun systematisierten Methode gelesen zu haben. Auch sie wendete die teilnehmende Beobachtung in Form von Mitleben an (Mead, 1930).

[3] Die Debatte um die Selbstreflexion wurde in den 1980ern durch die Arbeiten von Clifford und Marcus (1986) angestoßen und wird immer wieder in diesem Kapitel aufgegriffen. Es lassen sich jedoch schon frühere Veröffentlichungen finden, die auf verschiedene Rollenmuster in der Forschung eingehen, wie zum Beispiel bei: Henry (1966).

Malinowski hatte sich das komplette „Eintauchen" in eine andere Kultur zur Aufgabe gemacht, wofür Forschungsaufenthalte von über einem Jahr nötig waren. Er forderte:

> „Der Anthropologe muss seine bequeme Position im Liegestuhl auf der Veranda [...] aufgeben, wo er [...] gewöhnt war, Berichte von Informanten zu sammeln, Geschichten niederzuschreiben und viele Seiten mit Texten der Primitiven zu füllen. Er muss hinaus in die Dörfer gehen [...]. Die Information muss ihm, gewürzt mit eignen Beobachtungen über das Leben des Primitiven, zukommen, und darf nicht tropfenweise aus widerwilligen Informanten herausgequetscht werden. Anthropologie im Freien ist im Gegensatz zu Notizen vom Hörensagen harte Arbeit, aber sie macht auch großen Spaß" (Malinowski, 1973, 128 f.).

Malinowski selbst forschte unter Anwendung der Methoden ab dem Jahr 1914 für dreieinhalb Jahre auf den Trobriand-Inseln und veröffentlichte 1922 sein Buch *Argonauts of the Western Pacific.* Doch spätestens mit den posthum veröffentlichten Tagebüchern (Malinowski, 1967) wurde das von ihm begründete methodologische Paradigma der Feldforschung infrage gestellt. Es wurde zunehmend deutlich, dass der Feldforschende immer vor großen Problemen wie zum Beispiel dem der Authentizität steht. Ebenfalls zeigte sich ein deutlich anderes Bild von Malinowskis Persönlichkeit, als dies noch in den ersten Veröffentlichungen der Fall war. Er offenbarte sich als verzweifelte Person, nahm Drogen, musste sich zur Arbeit zwingen und handelte im Widerspruch zu seiner eigenen Forderung, sich voll auf die andere Kultur einzulassen. Somit gilt er als einer der Akteur*innen (jedoch nicht als Verursacher) der Krise, die die ethnografische Repräsentation daraufhin erlebte.

Etwa um 1920 kam auch die Bezeichnung der teilnehmenden Beobachtung durch (Lindeman, 1924) auf. Dabei bezog sie sich allerdings noch auf eine Person, den *Participant Observer,* die als Mitglied der zu untersuchenden Gruppe dem oder der Forschenden berichtet. Ebenfalls spielten auch die Chicagoer Schule der 1920er und 1930er Jahre und besonders die Forschung *Street Corner Society* von William Foot (Whyte, 1981 [1943] eine wichtige Rolle in der Entwicklung der Methode der teilnehmenden Beobachtung. Hier wurden die soziale Bedeutung und Funktionsweisen von urbanen Milieus und Subkulturen mithilfe der teilnehmenden Beobachtung (Alltagsbeobachtungen) untersucht. Dabei wurde auf Grundlage des symbolischen Interaktionismus davon ausgegangen, dass das Verhalten von Menschen mehr von subjektiven Bedeutungen, die die Menschen Objekten und Personen in ihrer Umgebung zuweisen, beeinflusst ist und weniger von vermeintlich objektiven Umweltmerkmalen. Verhaltenswirksame Bedeutungen entstehen dabei durch soziale Interaktionen. Sie werden durch einen interpretativen Prozess erst verhaltenswirksam gehandhabt und verändert (Bortz & Döring, 2006, 394 f.). Um dies zu erfassen, wurde immer stärker mit Beobachtungen gearbeitet. In den 1950er Jahren verstetigte sich die Methode und es wurden besonders in den Vereinigten Staaten Fachartikel veröffentlicht (Becker & Geer, 1957; Bruyn, 1963; Gold, 1958; Schwartz & Schwartz, 1955; Vidich, 1955; Whyte, 1951).

Nachdem in den USA durch die Chicagoer Schule schon früh mit diesen methodischen Ansätzen außerhalb der Ethnologie gearbeitet wurde, war es in Deutschland außerhalb der Ethnologie in den 1970er Jahren maßgeblich die Arbeitsgruppe von Bielefelder Soziolog*innen, welche sich der Methode widmete. Mit der „qualitativen Wende“ (Beuchling, 2015, S. 9) gab es zunehmendes Interesse an der Methode. In den 1980ern erschienen die ersten Lehrbücher wie „Methoden der qualitativen Sozialforschung: Anleitung zur Feldarbeit“ (Girtler, 1989). Seitdem spielt die teilnehmende Beobachtung je nach Disziplin eine unterschiedlich wichtige Rolle (Knoblauch, 2001, S. 123). Methodisch ist anzumerken, dass sich die teilnehmende Beobachtung als Methode seitdem kaum verändert hat. Das Vorgehen im Feld ist nahezu identisch geblieben. Und so schrieb John van Maanen noch 1995 von der guten alten Zeit, in der es wenig methodische Vorgaben gab und die Ethnografie „seemed to provide a wonderfull excuse for having an adventourous good time while operating under the pretext of doing serious intellectual work“ (van Maanen, 1995, S. 2). Jedoch findet seitdem eine größere Reflexion und kritische Auseinandersetzung mit der Methode statt, welche durch verschiedene Denkschulen und Disziplinen beeinflusst wird. Methodenkritik wurde ernstgenommen und umgesetzt.[4] So kam es zwar nicht zu einer Veränderung in der Durchführung der Methode an sich, jedoch zu Prozessen rund um die Beobachtung. Diese werden in den folgenden Kapiteln dargestellt.

[4] Oft ergaben sich in der Geschichte der ethnografischen Forschung und der teilnehmenden Beobachtung Veränderungen aus der Selbstreflexion oder der Kritik heraus. Aus jüngster Vergangenheit sei hier das Werk „On the Run. Fugitive Life in an American City“ von Alice Goffman (2015) zu nennen. Alice Goffman lebte sechs Jahre in einem Viertel von Philadelphia (mit überwiegend Schwarzer Bevölkerung), in dem Drogen, Waffen, Armut, Bandenkriege, Polizeigewalt und Gefängnisstrafen zu der Lebenswirklichkeit der Menschen zählen. Ihr Werk gibt einen sehr umfassenden Einblick in (Familien-)Strukturen und gesellschaftliche Normen. In Kritik geraten ist Alice Goffmann jedoch, da ihr Buch die Frage aufwirft „Wer spricht für wen?“ Mit welchem Recht spricht Goffman für überwiegend schwarze, junge Männer*? Ein weiterer Punkt, welcher an Goffmans Werk kritisch anzumerken ist, ist, dass sie nicht über ihre eigene Rolle als wohlhabende weiße, junge Frau reflektiert, die das Feld jederzeit wieder verlassen kann.

5.2 Übertragung in die Politikwissenschaft und die Friedens- und Konfliktforschung

Da diese Forschung in der FuK verortet ist, wird nun die Anwendung der Methode in der Disziplin beschrieben. Generell ist die teilnehmende Beobachtung besonders geeignet für offen sichtbare Handlungsweisen und Situationen, in denen ein persönlicher Kontakt wichtig ist (Reuber & Pfaffenbach, 2005, S. 125) und die als Forschungsfeld durch den „practice turn" (Adler & Pouliot, 2011) nochmals wichtiger geworden sind. Dieser ethnografische Ansatz hat den großen Vorteil, direkt vor Ort und lokal anwendbar zu sein. „I argue that an ethnographic approach should be seen not as an extension of anthropology but as a tool for any discipline, or, as in my own case, any interdisciplinary scholar of peace, conflict, and post-conflict peace-building" (Millar, 2014b, S. 6). Als Teildisziplin der Politikwissenschaft hat die FuK (Czempiel, 1986, S. 250)[5] kein analytisches Werkzeug, welchem dies in gleichem Maße gelingt. Deswegen kann es nur von Vorteil sein, wenn sich Forschende methodischer Werkzeuge aus anderen Disziplinen bedienen. An diese Argumentation schließt sich zum einen (de Sardan, 2005) an, der dies ebenfalls für die Entwicklungsländerforschung fordert. Zum anderen im starken Maße auch (Millar, 2014b), der in seinem Buch *An Ethnographic approach to Peacebuilding* argumentiert, dass ein ethnografischer Ansatz mehr in den Mittelpunkt gerückt werden muss, insbesondere wenn es um Themen wie die Evaluation von *Peacebuilding*-Einsätzen und die Einbeziehung des Lokalen geht. Dieser Appell lässt sich auch auf andere Forschungsbereiche übertragen. Um dies möglich zu machen, werden interdisziplinäres Arbeiten, eine Kombination aus Friedens- und Konfliktforschung, Regionalstudien und Ethnologie benötigt (Schierenbeck, 2015, S. 1023). Dabei ist dieses Kapitel für die praktische Arbeit mit der Methode ausgelegt. Es führt keine theoretische Diskussion, in der Fragen nachgegangen wird, wie zum Beispiel nach der Beziehung zu anderen Methoden oder danach, was bessere Forschung ist oder welche Fragen mit der Methode bearbeitet werden können.

5.2.1 Teilnehmende Beobachtung in der Politikwissenschaft

Forschende werden immer mehr mit Lebenswelten, sozialen Kontexten und Fragen konfrontiert, „[…] dass ihre klassischen deduktiven Methodologien […]

[5] Andere Wissenschaftler*innen sehen die Friedens- und Konfliktforschung nicht als Teildisziplin der Politikwissenschaften. Siehe zur Diskussion: Bonacker (2011, 65 f.).

an der Differenziertheit der Gegenstände vorbeizielen" (Flick, 1999, S. 10). Dadurch ist auch die politikwissenschaftliche Forschung immer mehr auf induktive Vorgehensweisen angewiesen. Somit kann nicht nur von Theorien und deren Überprüfung ausgegangen werden, sondern es bedarf einer Annäherung an die zu untersuchenden Zusammenhänge mithilfe von sensibilisierten Konzepten. Dadurch können zum Beispiel politische und politisierte Prozesse, welche sonst nicht zugänglich sind, unter Bezugnahme auf die Akteur*innen im Feld erforscht werden (Hagene, 2018, S. 306). Dazu eignen sich je nach Forschungsfrage unterschiedliche qualitative Methoden, welche in der Politikwissenschaft gerade in Deutschland viel genutzt werden. Um jedoch die angesprochenen sensiblen Konzepte und Inhalte zu erforschen, eignet sich besonders die teilnehmende Beobachtung, welche vergleichsweise noch wenig Anwendung findet. Die ethnografische Forschung kann in der Politikwissenschaft Praktiken herausarbeiten, mit denen bestimmte Akteur*innen soziopolitische Entscheidungen treffen. Durch diese Entscheidungen können Prozesse der Veränderung, des Widerstandes oder der Aushandlung aufgezeigt werden. Die Forschungsprozesse können inhärente Annahmen demystifizieren, verdeckte Praktiken aufdecken und hinterfragen und dadurch zur praktischen und theoretischen Weiterentwicklung beitragen (Forrest, 2017, S. 111).

Es können in der politikwissenschaftlichen Forschung drei grundsätzliche Positionen unterschieden werden, bei denen die Methode der teilnehmenden Beobachtung angewendet werden kann: 1. Zurückgehend auf den symbolischen Interaktionismus Fragen nach subjektiver Bedeutung und Sinnzuschreibung (Schöne, 2005, S. 172), 2. Die Ethnomethodologie, also Methoden, „mit denen im Alltag sozialer Prozesse Wirklichkeit konstruiert wird" (Schöne, 2005, S. 173) und 3. Forschungen, die einen strukturalistischen Ansatz vertreten, „also von kulturellen Sinnsystemen ausgehen, welche die subjektive Wahrnehmung und die Herstellung sozialer Wirklichkeit prägen" (Schöne, 2005, S. 173). Besonders geeignet ist die Methode, wenn ein neues Thema erforscht werden soll (erst wenig über ein Phänomen bekannt ist) oder der Zugang über Sprache nur beschränkt möglich ist (Dinge, die leichter zu beobachten als zu verbalisieren sind), wenn alltägliche Erfahrungsräume und Lebenswirklichkeiten im Mittelpunkt stehen oder wenn von einem Unterschied zwischen der Binnen- und der Außenperspektive auszugehen ist und wenn das Thema ein gewisses Level von Vertrauen voraussetzt (Beuchling, 2015, S. 10).

Eine erste größere, dokumentierte und methodisch reflektierte teilnehmende Beobachtung in den Politikwissenschaften führte (Fenno, 1978) durch, indem er für eine Studie über Wahlkreismitarbeiter*innen der Mitglieder des US-Repräsentantenhauses ebendiese beobachtete. Seine Tätigkeit beschreibt er mit

„soaking and poking – or just hanging around“ (Fenno, 1978, S. 249), also ein sehr offener Forschungsansatz. Abschließend stellt (Fenno, 1978) methodisch fest, dass die teilnehmende Beobachtung eine für die Politikwissenschaft sehr geeignete Methode ist und beschreibt sie als *Interactive Observation*, um deutlich zu machen, dass es um methodische Vielfalt im Beobachtungsprozess geht, also um eine Kombination aus Beobachten, Reden, Zuhören, Interviewen, Reflektieren und Dokumentieren. Generell ist anzumerken, dass politikwissenschaftliche Feldforschung im Allgemeinen meist in reicheren Regionen der Welt oder in großen Städten stattfindet (Kapiszewski et al., 2015, S. 56).

Auch wenn die Methode mehr und mehr Anwendung in der Politikwissenschaft findet, gibt es verglichen mit der Soziologie oder der Ethnologie wenig Literatur zu dem Thema (Kapiszewski et al., 2015). Die teilnehmende Beobachtung eignet sich besonders, wenn es darum geht, alltägliche Praxis oder alltägliche politische Prozesse zu analysieren. Die Methode ermöglicht auch, Dynamiken und Eigenheiten von Prozessen aufzuzeigen, welche in Interviews oder der Dokumentenauswertung nicht erfasst werden können (Pritzlaff, 2006, S. 125). Die ethnografische Methode der Feldforschung als mehrmonatiger Prozess wird in der Politikwissenschaft etwas angepasst, da die Politikwissenschaft „unter konzeptionellen Gesichtspunkten wesentlich öfter mit Fragestellungen zu tun [hat], die sich auf zeitlich und thematisch eingegrenzte Prozesse beziehen“ (Pritzlaff, 2006, S. 126). Somit hat sich die Methode in eine Richtung entwickelt, die von einigen Wissenschaftler*innen als fokussierte Ethnografie (Knoblauch, 2001) oder als thematische Ethnografie (Nullmeier et al., 2003) beschrieben wird. Der Fokus liegt also nicht unbedingt auf einer Person oder einem Ort innerhalb eines längeren Zeitraums, sondern auf einer inhaltlichen Fragestellung und einer thematisch orientierten Beobachtungsphase. Daraus abgeleitet sind besonders in der Entwicklungsforschung Erhebungsmethoden wie *Rapid Rural Appraisal* und *Participatory Rapid Rural Appraisal* (Schönhuth & Kievelitz, 1993) bekannt geworden, die die Feldforschung auf wenige Tage oder Wochen beschränken. Auch in den *Cultural Studies* wird aufgrund der Kritik an der langen ethnologischen Feldforschung für eine theoretisch orientierte Kurzzeitforschung (Willis, 1997) plädiert.

Einen ähnlichen Ansatz wählen Forschende, die *Participatory Action Research* durchführen. Diese beinhaltet für die Forschung relevante Elemente wie die Einordnung der Forschenden im Feld. *Participatory Action Research* geht auf den Sozialpsychologen (Lewin, 1968) zurück, welcher gemeinsame Problemforschung betrieb. Sie versteht sich als Methode, die demokratisch, gerecht, befreiend und verbessernd ist und besonders auf die Rolle der Forschenden eingeht (Gibbon, 2002, S. 547). Der oder die Forschende sieht sich dabei immer in Relation zu anderen im Feld und die Akteur*innen im Feld werden *empowered*, eine Veränderung hervorzurufen. Das Ziel ist dabei nicht nur die Sammlung und Auswertung von Daten. Es ist auch notwendig, in Aktion zu treten, soziale Veränderungen hervorzurufen und praktisches Wissen zu gewinnen (Gillis & Jackson, 2002, S. 264). Dazu müssen Forschende sehr nah an den zu erforschenden Akteur*innen sein, damit dieser Prozess gemeinsam stattfinden kann. Denn die Forschung ist als „dynamic educative process" (MacDonald, 2012, S. 36) zu sehen. Akteure im Feld werden so nicht als bloße Objekte, sondern als soziale Wesen in den jeweiligen Kontext eingebettet betrachtet. Sicherlich ist *Participatory Action Research* nicht für jede Forschungsfrage oder jeden Forschungsprozess geeignet, gerade weil sie eine Einbindung von Akteur*innen im Feld in das Forschungsteam beinhaltet, Abhängigkeiten geschaffen werden und die Reflexion nicht immer wie vorgesehen stattfindet. Jedoch sollten sich Forschende immer mit den in dieser Methode so wichtigen Elementen befassen: die Auseinandersetzung mit der eigenen Rolle, die Selbstreflexion und der Dialog mit den Akteur*innen im Feld.

5.2.2 Teilnehmende Beobachtung in der Friedens- und Konfliktforschung

In der deutschen FuK nehmen die teilnehmende Beobachtung und ethnologische Expertise an Bedeutung zu (Mannitz, 2009, S. 12; Menzel, 2014, S. 264) und werden immer beliebter. Erste Überlegungen zum Nutzen von anthropologischen und ethnografischen Methoden in der Disziplin allgemein lassen sich schon in einer frühen Ausgabe des *Journal on Conflict Resolutio*n (LeVine, 1961) finden. Sie arbeitet besonders das Wissen um Kultur als wichtigsten Aspekt für die FuK heraus. Diese Bedeutung der Kultur aber wurde von großen Teilen der Forschenden nicht vertieft in den methodisch-theoretischen Kanon der Disziplin aufgenommen (Denskus & Kosmatopoulos, 2015, S. 221). Spätestens nach Ende des Kalten Krieges und mit der Erforschung von ethnischen Konflikten wurde das Thema in der FuK wichtig. Kultur wurde damit zum analytischen Tool und es wurde sich zunehmend ethnografischer Methoden zur Erklärung bedient (Leenders, 2007, S. 966). Diese Zunahme der Bedeutung ethnologischer Methoden ist auch darauf zurückzuführen, dass das Forschungsinteresse an (vermeintlich) ethnischen Konflikten gewachsen ist und es galt, Fachwissen von Ethnolog*innen einzuholen (Mannitz, 2009, S. 12). Eine erneute Steigerung des Nutzens der Methoden und des Verständnisses für die Bedeutung von Wissen über kulturelle Kontexte kam mit dem *War on Terror* nach 9/11 auf. Nicht nur wissenschaftlich, sondern auch in der praktischen Arbeit – zum Beispiel vom Militär – kamen sie zur Anwendung (Sterpka, 2007), was durchaus kontrovers diskutiert wird. Generell lässt sich ein Trend feststellen, dass immer mehr Themen auf einer Mikrobene erforscht und zunehmend Fragestellungen bearbeitet werden, welche keinen *Top-down*-Ansatz erfordern (Ratelle, 2013, S. 162). Zudem nimmt die Erforschung von lokal verankerten Friedensprozessen im Rahmen des *Local Turn* zu (Bräuchler, 2018; Millar, 2018a, 2018b). Jedoch gibt es auch trotz dieser Zunahme keine klare Übereinstimmung über die Anwendung der Methode (MacKay & Levin, 2015, S. 164).

In der FuK gibt es viele Forschende, welche sich über einen längeren Zeitraum im Feld aufhalten und detailliert mit dem Feld auseinandersetzen. Die jedoch keine explizite teilnehmende Beobachtung durchführen, sondern ihren Schwerpunkt zum Beispiel auf Interviews oder Befragungen legen. So kommt es beispielsweise oft vor, dass die Forschung in Form von Interviews durchgeführt wurde. Die Personen im Feld wurden jedoch nicht explizit beobachtet, obwohl die forschende Person in das Feld selbst einbezogen oder sogar teilweise integriert war. Doch lassen sich darunter auch Forschungen finden, bei denen die Forschenden in engem Kontakt mit Akteur*innen im Feld stehen und zu einem Teil des Feldes geworden sind. Dennoch nutzen sie diesen Feldzugang nicht gezielt für Beobachtungen und eine Reflexion darüber, sondern stellen andere Methoden in den Vordergrund. Dies liegt mit Sicherheit auch daran, dass die Institute für FuK oft politikwissenschaftlich dominiert sind und an der Schnittstelle von Grundlagenforschung und Politikberatung handeln (Mannitz, 2009, S. 12), was sich natürlich auch auf die methodische Ausbildung auswirkt. Als Beispiel sei hier eine inhaltlich sehr gute Arbeit von (Koddenbrock, 2016) angeführt. Sein Fokus im Feld lag klar auf den Interviews, auch wenn Koddenbrock gleichzeitig in Kontakt mit den Personen außerhalb der Interviews stand.

> „During my two stays in Goma of about two months each, I went to parties […]. They varied in their intensity but generally added to the addictive mix of beautiful young people from all over the world, great locations often by the lake and the touch of danger when being taken home" (Koddenbrock, 2016, S. 84).

Auch Teresa Beck Koloma (2012) beschreibt in ihrer Arbeit über Angola die Wichtigkeit der Fragen, die auf Alltagshandlungen in Konflikten abzielen, und dass deren Beantwortung nicht durch Interviews möglich ist. Vielmehr wird dazu Feldforschung benötigt, also ein Einleben der*des Forschenden in das Forschungsumfeld. Allerdings geht Beck trotz des naheliegenden methodischen Zusammenhangs nicht auf die Methode der teilnehmenden Beobachtung ein.

Vielmehr wird der Feldaufenthalt genutzt, um am Alltagsleben teilzunehmen, dadurch Interviews zu führen und das Leben vor Ort besser einordnen zu können. Ein weiteres Beispiel ist die Arbeit von (Cohen, 2016), welche neben einer quantitativen Erhebung zu Vergewaltigungen in Kriegsgeschehen auch Interviews in drei Ländern durchführte. Mit ihrer Erhebung möchte sie zwar Ereignisse festhalten, welche in der Vergangenheit liegen, wobei eine teilnehmende Beobachtung in dem Fall ausgeschlossen ist. Jedoch kommt sie in ihren Interviews den Personen auf einer emotionaleren Ebene sehr nahe, „whom I interviewed for the research in this book and who have entrusted me with the painful details of their most difficult days" (Cohen, 2016, S. xi). Gerade bei solchen sehr persönlichen und emotionalen Themen können Elemente der teilnehmenden Beobachtung dabei helfen, Vertrauen aufzubauen und einen gemeinsamen Weg für den Umgang mit solchen sensiblen Themen zu finden. Wie die sehr gute Reflexion der Arbeit im Feld, welche leider auf den Anhang verschoben wurde (Cohen, 2016, S. 201), zeigt, hat Cohen bestimmte Elemente wie zum Beispiel den Vertrauensaufbau auch genutzt. Sie hat diese Handlungen jedoch nicht methodisch benannt. Selbst wenn keine teilnehmende Beobachtung im methodischen Fokus stehen soll, würde doch die Chance bestehen, diese Beobachtungen, das Mitleben, die „accidental ethnogaphy" (Fujii, 2015a, S. 525) nutzbar zu machen, um komplexe Zusammenhänge vor Ort noch besser zu verstehen. Dies kann geschehen, indem Momente, welche nicht geplant sind und die sich zum Beispiel vor oder nach einem Interview oder einer Befragung ereignen, verstärkt systematisch betrachtet werden. Eine weitere Möglichkeit, während einer Feldforschung nicht nur Interviews zu führen, sondern noch tiefer einzutauchen, ist die Anwendung der *Participatory Action Research*. Diese wurde beispielsweise von Susanne (Buckley-Zistel, 2008) für ihre Forschung in Uganda angewendet. Durch diesen interaktiven und partizipativen Prozess war es ihr möglich, neben den Interviews den Fokus auf lokales Wissen zu legen, den untersuchten Konflikt in seine sozialen, politischen und kulturellen Kontexte einzuordnen und ihn besser zu verstehen.

Gerade in den letzten Jahren mehrten sich die Forschungen, die nicht nur einen Feldaufenthalt zum Zweck der Interviews und zum Kennenlernen des Feldes umfassten, sondern explizit auch eine teilnehmende Beobachtung und ethnografische Forschung. Dabei gelingt es den Forschenden, die normative Konnotation von Begriffen wie Frieden oder Konflikt zu dekonstruieren und sie für lokale Konzepte zu öffnen (Bräuchler, 2018, S. 37). So wird die Methode immer beliebter und es kann von einem regelrechten „ethnographic turn" (Richmond, 2018, S. 480) gesprochen werden. Dieser geht mehr auf lokalen und *Bottum-up*-Frieden ein und legt nicht wie die klassische IB-Forschung einen starken Fokus auf realistische, liberale, methodologische und epistemologische Annahmen (Richmond, 2018, S. 483). Laut Anne Menzel (2014, 266 f.) ist dieser Boom in der Feldforschung auch darauf zurückzuführen, dass Forschende immer mehr bestrebt sind, Wissen zu generieren, das dazu beitragen kann, etwas zu verbessern.

Mittlerweile gibt es unzählige Werke, die explizit teilnehmende Beobachtung als Methode verwenden (auch wenn dies mit unterschiedlicher Intensität geschieht). Die hier genannten Autor*innen sind lediglich exemplarische Beispiele. Als wohl bekanntestes Werk ist das von (Autesserre, 2014) zu nennen. Sie führte eine über ein Jahr andauernde ethnografische Feldforschung in der Demokratischen Republik Kongo durch, mit einem Fokus auf Interviews und teilnehmender Beobachtung. Sie führt zwar in der Einleitung des Buches in die Methodologie ein, liefert jedoch keine genaue methodische Beschreibung. An einzelnen Stellen in ihrem Buch betont sie immer wieder die Forschung und wichtig es ist, auch das Alltägliche zu erfassen. Dies ist ein in der wissenschaftlichen Literatur häufig auftretendes Phänomen. So gibt es in Dissertationen oft ausführliche Methodenbeschreibungen und Reflexionen, die für Publikationen gekürzt werden und in wissenschaftlichen Artikeln oftmals fehlen (Häberlein, 2014, S. 118). Auch Marcel Baumann (2008) führte in verschiedenen Ländern ergänzend zu Interviews eine teilnehmende Beobachtung durch, um Friedensprozesse zu vergleichen. Auf theoretischer Ebene geht Baumann zwar auf die intersubjektive Nachvollziehbarkeit der Analyse ein. Doch reflektiert er in der weiteren Analyse diese und die eigene Rolle im Feld jedoch nur sehr knapp. Elisabeth Jean Wood (2000) führte eine insgesamt 26-monatige Feldforschung mit Interviews und Beobachtungen während des Bürgerkrieges in El Salvador durch. Sie reflektiert vor allem ihre Rolle als Forscherin in einem solchen Setting und geht auf ethische Fragen ein. In ihrem Sammelband beleuchten Greenhouse et al. (2002), wie ethnografische Forschung in sich verändernden politischen Kontexten funktionieren kann. Im Fokus der Betrachtungen stehen hierbei klar die Akteur*innen im Feld. Die Beiträge gehen auch auf die Rolle von Konstruktionen erster und zweiter Ordnung in sich verändernden und insbesondere auch in sich verschlechternden politischen Situationen ein. Eine Rolle, die für Forschende oft noch schwerer zu fassen ist. Dabei wird besonders in der Zusammenfassung von Elizabeth Mertz (2002, S. 359) die Rolle der Reflexivität betont. Es geht nicht nur darum, die eigene Rolle, die eigenen Konzepte und kulturellen Annahmen zu hinterfragen. Sondern darum, dies zusammen mit den Akteur*innen im Feld zu machen, also die eigenen Konstitutionen in Bezug auf Gesellschaft, *Agency* oder Akteur*innen zu untersuchen. Besonders in einer *Multi-sited-Ethnography* sind die immer wieder herzustellenden Bezüge zur Rolle wichtig, da sich diese durchaus ändern kann. Allgemein lässt sich feststellen, dass die Werke, welche gezielt mit ethnografischen Methoden oder der teilnehmenden Beobachtung arbeiten, oft nicht in vollem Umfang auf die methodischen Implikationen und die eigene Reflexion eingehen. Dies geschieht eher in Sammelbänden oder Zeitschriften, die sich speziell mit der Thematik beschäftigen. Die Bedeutung ethnografischer Feldforschung allgemein, der Teilnahme am alltäglichen Leben und des Schreibens über die Methode stellt Anne Menzel (2015) in den Vordergrund. Während ihrer Feldforschung in Sierra Leone führte sie verschiedene Interviews und informelle Gespräche. Sie nahm am alltäglichen Leben teil, um die daraus resultierenden Beobachtungen später zu reflektieren und in die Forschungsergebnisse einzubetten. Sie selbst beschreibt diese Methode als konfrontativen Forschungsansatz (Menzel, 2015, S. 33). Dabei reflektiert Menzel ihre Rolle im Feld, auch in Bezug auf die Ergebnisse und beschreibt ihre Erfahrungen, die sie auch außerhalb konkreter Forschungssituationen gemacht hat. Zusätzlich schildert Menzel ausführlich die verschiedenen Schritte ihrer Feldforschung, um Hinweise auf konkrete Vorgehensweisen aufzuzeigen.

Es ist anzumerken, dass es natürlich auch andere Disziplinen gibt, in der Forschende sich mit Fragen der FuK befassen, und zwar mittels ethnografischer Methoden. Wie Hermann Amborn treffend feststellt, tun sie dies mit großer Wirkung. Gerade wenn es um sensible Fragestellungen oder darum geht, zum Beispiel indigene Konzepte der Konfliktbearbeitung zu erforschen (Amborn, 2009, 3 ff.). Dies geschieht nicht erst seit einigen Jahren, sondern hat beispielsweise in der Ethnologie eine lange Tradition. Ein bekanntes Beispiel ist Evan-Pritchards Forschung bei den Nur in den 1930ern (Evans-Pritchard, 1940). Auch in den 1990ern sind Sammelbände dazu erschienen, die bis heute oft rezeptierte Inhalte erfassen. Besonders erwähnenswert ist hier der Sammelband „Fieldwork under Fire“ von (Nordstrom & Robben, 1995). Gerade die anthropologischen und ethnologischen Werke liefern häufig vertiefte Einblicke in lokale und kulturelle Gegebenheiten vor Ort. Daher muss die Kritik der Anthropologin Birgitt Bräuchler an dem „cultural turn“ (Bräuchler, 2018, S. 23) erwähnt werden. Dass nämlich politikwissenschaftliche Friedens- und Konfliktforscher*innen diese Forschung ohne tieferes Wissen über kulturelle Implikationen und lokale Gegebenheiten durchführen und sie in der Anwendung ethnografischer Methoden nicht ausgebildet sind. Umgekehrt gilt die Kritik auch der Tatsache, dass ethnologische Beobachtungen ohne großes Vorwissen über theoretische Implikationen der Thematik und ohne Reflexion von aktuellen gefährlichen Situationen erfolgen (Avruch, 2001, S. 641). Ich kann mich als Forscherin in der glücklichen Lage schätzen, sowohl Ethnologin als auch politikwissenschaftliche Friedens- und

Konfliktforscherin zu sein, da ich in beiden Bereichen eine wissenschaftliche Ausbildung genossen habe. Ein Faktum, was mir in meiner Forschung immer wieder zugutekommt.

Auch gibt es Fälle, in denen ein geplanter Aufenthalt für Interviews rein zufällig durch Umstände vor Ort zur teilnehmenden Beobachtung an Protesten wird, wie zum Beispiel während des Aufenthalts von Kang in Südkorea (Kang, 2017). Auch Frank Pieke (1995) geriet ungeplant in Proteste und beschreibt dies schon passend im Titel seiner Arbeit als „accidental anthropology" (Pieke, 1995, S. 65). Ähnliches findet sich in der Forschung von Neiburg in Haiti: „[...] even though I was no expert in the area and even though I originally had no intention of taking this topic as my locus of inquiry" (Neiburg, 2017, S. 172). Auch Maureen Hays-Mitchell (2001) kam eher unfreiwillig zur Forschung über einen Konflikt. Sie wurde während ihrer Forschung in Peru in einen Konflikt hineingezogen, den sie letztendlich auch erforschte. In ihrer Selbstreflexion aber gesteht sie Fehler gegenüber dem Feld ein. Auch Christopher Charles Taylor (1999) überraschte der Gewaltausbruch im Ruanda-Konflikt im Land.

Alle Arbeiten haben gemein, dass Frieden und Konflikt Kategorien und soziale Phänomene sind, welche sich nur schwer vom eigenen Schreibtisch aus erschließen lassen. Wie schon zu Zeiten Malinowskis und der Lehnstuhlethnolog*innen gilt es nun, eine Lehnstuhl-Friedens-und-Konfliktforschung zu vermeiden. Um die aktuellen Forschungsfragen zu beantworten, sie aber vor allem zu verstehen, ist es wichtig, dass der Forschende sich selbst ein Bild dazu macht. Feldforschung eignet sich besonders, um „[...] das jeweilige Forschungsthema gründlich zu erschließen und tatsächlich zu verstehen, nicht nur an der Oberfläche zu verharren, sondern in Kontakt zu den Menschen zu treten, um deren Realität es in der Friedens- und Konfliktforschung geht" (Menzel, 2014, S. 265). Dadurch wird es möglich, in der Forschung das Alltägliche zu erleben, lokale Bedeutungen zu verstehen und die Menschen vor Ort partizipativer in die Forschung einzubinden (Krause, 2021, 4).

Gerade durch die besonderen Bedingungen in einem konfliktiven Umfeld können in der FuK auch weiter gefasste ethnografische Ansätze verwendet werden. Hier sollen zwei Ansätze kurz vorgestellt werden, die für die FuK besonders geeignet sind. Neben der klassischen teilnehmenden Beobachtung hat sich zum Beispiel die komparative Ethnografie herausgebildet. Sie geht auf die Gleichartigkeit unterschiedlicher Welten ein und betont strukturelle Ähnlichkeiten (Erickson, 1988). Einer der Begründer*innen dieses Ansatzes, Radcliffe-Brown, stellt ein stark universalistisches Forschungsansatzprogramm in den Vordergrund. Den Nutzen komparativer Methoden fasst er zusammen als „[...] to explore the varieties of forms of social life as a basis for the theoretical study of human social phenomena“ (Radcliffe-Brown, 1951, S. 15). Dabei können verschiedene Einheiten verglichen werden wie zum Beispiel materielle Objekte, soziale Phänomene oder Institutionen. Daraus ergibt sich eine sehr unterschiedliche Variabilität. Als weiteres Konzept ist die fokussierte Ethnografie (Knoblauch, 2001) zu nennen. Sie zeichnet sich dadurch aus, dass sie über einen kurzen Zeitraum anwendbar ist und gleichzeitig viele Daten hervorbringen kann, in der Regel Video- und Tonaufnahmen. Diese Daten ermöglichen zum Beispiel eine Auswertung in Forschungsgruppen und begegnen damit dem Problem der Intersubjektivität. In der fokussierten Ethnografie liegt der Fokus auf einem bestimmten Problem. Interaktion und Aktivität stehen im Mittelpunkt (Kommunikation), Handlungszusammenhänge werden untersucht. Dabei steht immer der Einsatz von technischen Aufzeichnungen im Fokus der Methode. „Die fokussierte Ethnografie beruht nur am Rande auf den subjektiven Erfahrungen und deren literarisierten Fassungen. Vielmehr hat sie es meistens mit der Analyse von *Strukturen und Mustern von Interaktionen, Kommunikation und Situationen* zu tun“ (Knoblauch, 2001, S. 132). So rückt diese Herangehensweise in die Nähe einer textwissenschaftlichen Vorgehensweise. Die fokussierte Ethnografie erfasst Routine-Elemente alltäglicher Interaktionen und betont strukturelle Aspekte in ihrer Auswertung. Im Gegenzug zur klassischen ethnologischen Ethnografie, welche einen kulturell subjektiven Wissensvorrat rekonstruieren möchte, geht es vielmehr um das Hintergrundwissen in Bezug auf den Ausschnitt, den die erhobenen Daten abdecken. Diese Fokussierung ist so gut möglich, da in dem Feld nichts Fremdes vorherrscht. Die Forschenden kennen das Feld bereits. Die fokussierte Ethnografie versteht sich selbst als konstruktivistisch, da sie die Wissens- und Erfahrungsstrukturen der Beteiligten rekonstruiert und zugleich versucht, in der Detailanalyse „die situative Konstruktion der Wirklichkeit in den beobachteten Handlungen nachzuzeichnen“ (Knoblauch, 2001, S. 135). Es handelt sich sozusagen um eine „Mikroethnografie“, es geht um den technischen Aspekt (Mikrophon) und um den Mikro-Ausschnitt einer sozialen Wirklichkeit, die untersucht wird.

5.3 Forschungsstrategien und das Vorgehen im Feld

Die teilnehmende Beobachtung ist als Methode in verschiedene Phasen zu unterteilen, welche im Folgenden beschrieben werden. Dabei führe ich Autor*innen aus verschiedenen Disziplinen wie zum Beispiel der Soziologie, der Politikwissenschaft und der Ethnologie zusammen. Sie alle befassen sich mit verschiedenen Phasen in der Forschung oder allgemein der teilnehmenden Beobachtung. Dabei ist es mir gelungen, diese einzelnen Beobachtungen, Empfehlungen und Handlungsoptionen zusammenzuführen. So habe ich für Forschende allgemein, aber auch für mich in meiner Forschung eine bessere Vorstellung von der Forschung als Prozess erhalten. Dieser Prozess beschreibt die verschiedenen Phasen der teilnehmenden Beobachtung, welche nicht starr oder als idealtypisch zu sehen sind. Vielmehr kommt es in der Forschung zu einer Vermischung der einzelnen Phasen und es kann vorkommen, dass Forschende zwischen einzelnen Phasen hin und her springen. Somit ist die Feldforschung als dynamischer Prozess zu verstehen, in dem die Forschenden auch mal improvisieren (Dequirez & Hersant, 2013; Malkki, 2007) oder „off script" (Posner, 2020) handeln müssen, wenn es die jeweilige Situation erfordert. Dabei kann es auch dazu kommen, dass die Forschung komplett scheitert oder in starken Zügen verändert werden muss. Dies sollte jedoch nicht als Versagen, sondern als neue Möglichkeit der Aushandlungen im Feld angesehen werden (Kušić & Záhora, 2020). Somit geht es bei der Forschung immer auch um Wahrnehmung. Sie ist eine Mischung aus Wahrnehmung und Beobachtung, es werden Merkmale „entdeckt", welche anschließend überprüft werden. Es handelt sich also um ein Wechselspiel zwischen Umherschweifen und einer gezielten Suche. Somit handelt es sich bei der teilnehmenden Beobachtung immer um ein Wechselspiel zwischen theoretischem Vorwissen und empirischem Gegenstand (Merkens, 1989, S. 11). Dabei bestimmt die Interpretation den eigentlichen Vorgang des Beobachtens.

Ebenfalls ist es wichtig, schon vor dem eigentlichen Feldaufenthalt das Feld zu bestimmen. Dabei ist das Feld als ein natürliches Setting (Knoblauch, 2001, S. 130) zu verstehen, welches menschengemacht ist. In diesem menschengemachten Raum haben die Forschenden eine zentrale Rolle, indem sie das Feld definieren und in gewisser Weise auch konstruieren. Somit ist „[...] die selbstreferenzielle Einsicht, dass Forschende der sozialen Welt, die sie untersuchen, nicht entkommen können, und mit ihren Ergebnissen an deren Konstruktion beteiligt sind, [...] ein Kernbestandteil der ethnografischen Haltung" (Pfadenhauer, 2017, S. 5). Das Feld ist dabei als relativ autonom zu bezeichnen, es existiert im Kontext anderer Felder, welche sich gegenseitig beeinflussen und dadurch dynamisch werden (Leander, 2008, S. 16).

5.3.1 Vor der teilnehmenden Beobachtung

Vor der Feldphase steht die Konzeption der Forschung. Eine Phase also, in der theoretische Vorüberlegungen getroffen werden, die die Datenerhebung beeinflussen (Spittler, 2001, S. 12). Sie wird auch als „Vor-Feld" (Menzel, 2015, S. 62) bezeichnet. So werden theoretisch informierte Leitfragen entwickelt oder Typologien gebildet, die im Feld erprobt werden sollen. Hierbei geht es nicht darum, Leitfragen zu entwickeln, welche im Feld gestellt werden oder Typologien in Form von Hypothesen zu bilden. Vielmehr geht es darum, dass sich die Forschenden auf das Feld vorbereiten und sich mithilfe von Fragen und Typologien dem Feld in einem ersten Schritt nähern. Hierbei ist es hilfreich, den theoretischen Rahmen so weit auszuformulieren, dass die Beobachtungen im Feld mithilfe dieses Rahmens systematisiert werden können. Jedoch muss der Forschungsprozess noch so offen und flexibel gehalten werden, dass er nicht die reine Bestätigung von vorgefertigten Annahmen zum Ziel hat. Auch sind eine ständige Überprüfung und wenn nötig auch Anpassungen ein wichtiger Teil des Forschungsprozesses (Mayer, 2002, S. 28). Dabei geht es jedoch explizit nicht um die Bildung von Hypothesen, welche mögliche Zusammenhänge von Variablen aufzeigen oder Kausalitäten herstellen sollen. Bei der Bildung von Hypothesen geht es in der Regel um das Erklären (zum Beispiel eines bestimmten Verhaltens). Bei den Vorüberlegungen zur teilnehmenden Beobachtung geht es jedoch um das Verstehen (zum Beispiel warum ein bestimmtes Verhalten an den Tag gelegt wird). Das Ziel der theoretischen Vorüberlegungen ist demnach ein anderes (Reuber & Pfaffenbach, 2005, S. 117). Diese Unterscheidung hat einen regelrechten Methodenstreit entfacht. Schon 1860 begann Wilhem Dilthey Grundlagen zu liefern, welche die Geisteswissenschaften von den Naturwissenschaften abgrenzen (Dilthey, 1924). Später stand auf der einen Seite die Einführung des Verstehens durch Max Webers Definition der sozialwissenschaftlichen Methodik als „[…] eine Wissenschaft, welche soziales Handeln deutend verstehen und dadurch in seinem Ablauf und seinen Wirkungen ursächlich sein will“ (Weber, 1921, S. 542). Auf der anderen Seite kam es zu einer eher naturwissenschaftlichen, erklärenden Herangehensweise an sozialwissenschaftliche Fragen. Die Debatte spitzte sich in den 1960ern mit Beiträgen von Theodor W. Adorno und Karl Popper erneut zu (Adorno et al., 1972). Diese Debatte flachte ab und reduziert sich auf die Auseinandersetzung um den Unterschied zwischen quantitativen und qualitativen Methoden (Hammersley, 1992, S. 165). Verstehende qualitative Forschung hat wie der Begriff schon sagt, zunächst den Anspruch zu verstehen, um ein besseres Verständnis für bestimmte Probleme oder Themen zu gewinnen. Das Ziel der qualitativen Forschung und damit der teilnehmenden Beobachtung ist es also, die Bedeutung hinter den Forschungsergebnissen zu verstehen: „[…] the goal is to understand the ‘how’, ‘what’ and ‘why’“ (Steward-Withers et al., 2003, S. 61). Die hier vorliegende Arbeit verfolgt als Ziel mit ihrer methodischen Ausrichtung, das Warum hinter bestimmten Dingen zu verstehen. Es geht also nicht darum,

Hypothesen aufzustellen, sondern darum, Fragen zu stellen. Um diese Vorüberlegungen einzubetten, ist eine gründliche Recherche über das zu beforschende Feld wichtig. Zudem sollte man sich mit den Gegebenheiten vor Ort bereits im Vorfeld bestmöglich vertraut machen.

Auch einige forschungsstrategische Überlegungen sind im Vorfeld anzustellen. So sollte der oder die Forschende bereits vor Beginn überlegen, welche Art der Beobachtung durchgeführt werden soll. Nach (Gold, 1958) gibt es folgende Typologien: 1. Eine vollständige Teilnahme (Integration, kaum zu erkennende Beobachter*innenrolle, eventuell verdeckt, Forschende sind nicht mehr sie selbst), 2. Die Situation der oder des Teilnehmenden als Beobachter*in (weitgehende Integration, eine erkennbare Beobachter*innenrolle), 3. Eine*n Beobachter*in als Teilnehmende (geringe Integration, die Beobachtung dominiert, bleibt jedoch oft an der Oberfläche oder findet nur kurzeitig statt) und 4. Die vollständige Beobachtung (Integration und Interaktion sind nicht vorhanden). James Spradley (1980) hingegen formuliert eine andere Rollenunterteilung und geht dabei von der Intensität der Teilnahme aus. Eine Wissensgewinnung durch „Nicht-Teilnahme“ ist für Spradley zum Beispiel durch Lesen oder Fernsehen möglich. Eine „moderate Teilnahme“ erfolgt, wenn der oder die Forschende vor Ort anwesend ist, jedoch nicht aktiv oder nur teilweise teilnimmt. „Aktive Teilnahme“ hingegen bedeutet demnach, dass der oder die Forschende alles erlernen möchte, was es zu dem Ort zu erlernen gibt. Erst bei der „kompletten Teilnahme“ wird der oder die Forschende schließlich zu einem Teil des Feldes oder war schon vorher ein Teil dessen. (Adler & Adler, 1987) hingegen beschreiben diese Kategorien der Teilnahme als periphere, aktive oder komplette Mitgliedschaft. Politikwissenschaftler*innen nehmen typischerweise die von Gold als zweite benannte Rolle ein, welche als ethnografisches Basisverfahren bezeichnet werden kann. Diese bewegt sich nach Spradley zwischen einer aktiven und einer moderaten Teilnahme. Jedoch kommt es innerhalb der Forschung auch immer wieder zu Rollenwechseln (Jones, 2014, 243 f.; Schöne, 2005, S. 187; Weißköppel, 2005, S. 60). Es ist wichtig, diese immer wieder zu reflektieren und zu beachten, welche möglichen Rollenzuweisungen aus dem Feld erwachsen (Bachmann, 2009, S. 254; Robson, 1997, S. 52) und diese gegebenenfalls auch anzunehmen. Dies geschieht insbesondere zwischen teilnehmender Beobachtung und beobachtender Teilnahme. Es kommt also zu einem Zwischenstadium, einem „managing marginality“ (Hammersley & Atkinson, 2007, S. 109), einem Wandel zwischen interner und externer Perspektive (Breidenstein et al., 2013, S. 68). Hierbei unterscheidet sich zum einen die Intention. Bei der teilnehmenden Beobachtung geht es mehr um die Produktion von Erlebensdaten und bei der beobachtenden Teilnahme mehr um Beobachtungsdaten. Sie werden durch eine existenzielle Innensicht, durch ein subjektives Erleben beziehungsweise durch eine distanziertere Außensicht gewonnen. Generell wird in allen Szenarien zwischen unstrukturierter (der*die Forschende hat einen weitgefassten Rahmen, Perspektiven können im Laufe des Prozesses verändert und Beobachtungen neu interpretiert werden) und strukturierter (von Beginn an selektiv auf wenige Aspekte ausgelegt) Beobachtung unterschieden. Jürgen Friedrichs (1982, S. 272) unterscheidet sogar zwischen fünf Dimensionen: 1. Verdeckt oder offen, 2. Nicht teilnehmend oder teilnehmend, 3. Systematisch oder unsystematisch, 4. Natürlich oder künstlich und 5. Selbst oder fremd. In der Politikwissenschaft ist die Beobachtung meist offen, in natürlicher Umgebung und als Fremdbeobachtung einzustufen (Schöne, 2005, S. 171). Die unstrukturierte Beobachtung ist als wissenschaftliche Beobachtung jedoch nie unsystematisch, also nicht der reinen Willkür überlassen (Reuber & Pfaffenbach, 2005, 124 f.).

Ein wichtiger Faktor, den es in der Forschung zu berücksichtigen gilt, ist die zeitliche und räumliche Komponente. In zeitlicher Hinsicht kann Feldforschung unterschiedlich lange dauern. Kürzere Phasen der Feldforschung und der teilnehmenden Beobachtung sind oft bei methodenpluralen Forschungsprojekten üblich. Ebenfalls kann es üblich sein, mehrmals in einem Feld zu forschen und so über einen längeren Zeitraum verschiedene Eindrücke zu gewinnen. Teilnehmende Beobachtung steht auch vor der Frage, wie weit der Raum gefasst werden soll, den es zu beobachten gilt (Beuchling, 2015, S. 12), wie die Forschenden also das Feld definieren. Darüber sollte im Vorfeld der Forschung entschieden werden. Die Zeit, die für die Forschung aufgewendet wird, steht dabei in Relation zu der Fragestellung und dem Ziel der teilnehmenden Beobachtung.

Für mich waren diese Überlegungen vor dem Einstieg in das Feld besonders wichtig. Mein Forschungsthema stand fest, ich hatte mich in Methoden, Theorien und Konzepte eingelesen und ging nun den ersten Schritt zur Planung und Verbreitung der teilnehmenden Beobachtung. Dabei ging es zunächst darum, das Feld festzulegen. Hierbei wähle ich bewusst den Begriff Feld. Dieser wird besonders in der englischsprachigen Ethnologie immer wieder kritisch hinterfragt (Amit, 2000; Fog Olwig & Hastrup, 1997). Der Begriff *Field* wird oft von der Bezeichnung *Site* abgelöst, welcher eine breitere Definition zulässt und betont, dass zum Beispiel die Kultur, die erforscht wird, nicht auf einen Ort festgelegt ist. Auch Mobilität und Interaktivität werden betont (Gupta & Ferguson, 1997; Kapiszewski et al., 2015; Weißköppel, 2005). Es findet somit eine Loslösung von dem klassischen Begriff Feld statt, „[that] draws on mental images of a distinct place with an inside and outside, reached by practices of physical movement" (Clifford, 1997, S. 54). Ich verwende demnach den deutschen Begriff Feld mit der Bedeutung des englischen Begriffs *Site* unter besonderer Berücksichtigung der ständigen Konstruktion des Feldes. Somit beschreibe ich das Feld nicht als geografischen Ort im klassischen Sinn, sondern vielmehr als etwas durch die Forschenden Konstruiertes (Amit, 2000). Als Feld habe ich für meine Forschung den gesamten ZFD festgelegt, wodurch das Feld eine sozio-politische Einheit darstellt (Scheyvens & McLennan, 2014, 14). Da ein Teil der Forschung in Deutschland und ein anderer Teil der Forschung im Ausland stattgefunden hat, ist das Feld also nicht als geografischer Ort zu sehen. Dies zieht nach sich, dass zum Beispiel Feldzugänge mehrmals erfolgten und auch über unterschiedliche Herausforderungen in der Forschung reflektiert werden muss. So können bei dieser Forschung verschiedene Arbeitsphasen unterschieden werden, welche alle im Feld des ZFD stattgefunden haben. Eine erste Arbeitsphase beinhaltete das Führen von Expert*inneninterviews mit Programmverantwortlichen der Organisationen in Deutschland. Eine zweite Arbeitsphase die Teilnahme an Seminaren zur Vorbereitung von Fachkräften und eine dritte Arbeitsphase umfasste die Forschung in ZFD-Projekten in Kenia, Liberia und Sierra Leone. Somit hat das Feld verschiedene geografische Orte (welche im Rahmen des ZFD noch erweiterbar wären) und auch die Forschung findet an verschiedenen Orten statt.

Dadurch handelt es sich nicht im Malinowskischen Sinne um stationäre Feldforschung, sondern vielmehr um eine *Multi-sited-Ethnography*. Diese Forschungsweise wird schon seit längerer Zeit praktiziert, wurde jedoch erst in den 1990ern durch George E. Marcus (1995) mit Rückbezug zu Überlegungen aus dem Werk *Writing Culture* (Clifford & Marcus, 1986) bilanziert und methodisch zusammengefasst. Dies geschah vor dem Hintergrund, die kulturell vernetzte Welt mit komplexen Machtverhältnissen sinnvoll in ethnografische Forschung einzubetten, globale und lokale Ebenen aufzubrechen und Verbindungen in den Vordergrund zu stellen. Auch im deutschsprachigen Raum findet diese Art der Feldforschung eine methodische Beschreibung mit den Begriffen der multilokalen oder mobilen Forschung (Schlee, 1985, S. 204; Werthmann et al., 2004, S. 327). Durch die Fokussierung auf Zusammenhänge und Verbindungen wird somit die forschende Person als eine Art Spurensucher*in (Geertz, 1997) gesehen. Auch ich kann mich in meiner Forschung als solche bezeichnen. Ich möchte Spuren in meinem Feld, Verbindungen zwischen Akteur*innen, aber zum Beispiel auch fehlende Verbindungen aufzeigen. Dabei ist dieser Forschungsansatz nicht als „Reiseforschung" (Clifford, 1997; Spittler, 2001) zu verstehen. Es geht also nicht darum, an möglichst vielen Orten zu forschen, sondern der Gegenstand, über den geforscht wird, gilt als Antreiber*in des Prozesses. Dies können Personen, Dinge, Themen/Metaphern, Geschichten, Lebensgeschichten, bestimmte Konfliktfälle oder Knotenpunkte sein (Marcus, 1995, 106 ff.). Es gilt „follow the plot, story, allegory“ (Marcus, 1995, S. 109). Es sei noch anzumerken, dass bei einer solchen *Multi-sited-Ethnography,* wie ich sie durchgeführt habe, die verschiedenen Phasen im Feld mehrmals stattfinden. Der Einstieg in das größere Feld ZFD mag zu einem bestimmten Zeitpunkt gelungen sein, jedoch muss dieser zum Beispiel erneut im Feld ZFD-Liberia erfolgen.

> „Die Herausforderung der *multi-sited-ethnography*, sich in viel kurzfristigeren und sporadischen Aufenthalten Fremden und Fremdem zu nähern, also von dem bewahrten ethnografischen Habitus des sukzessiven *going native* [...] loszulassen und Neues auszuprobieren, ist daher wohl mit besonderen Verunsicherungen verbunden“ (Weißköppel, 2005, S. 58).

Diese Herausforderung kann jedoch auch eine große Chance für die Forschung darstellen. Wie diese genutzt werden kann, wird immer wieder Teil dieses Kapitels sein. Generell gelten die folgenden Überlegungen, welche einzelne Phasen beschreiben, nicht als starr, sondern ganz im Sinne einer *Multi-sited-Ethnography.*

Nachdem also das Feld für mich klar definiert war, habe ich mir überlegt, welche Rolle ich als Forscherin einnehmen möchte. So habe ich im Vorfeld meine Rolle als Teilnehmerin, als Beobachterin definiert. Ich habe mir zum Ziel gesetzt, dass ich weitgehend in das Feld integriert sein werde, dabei jedoch eine erkennbare Beobachterinnenrolle einnehmen werde. Dabei habe ich mich an den von (Spradley, 1980) festgelegten Kategorien moderat und aktiv orientiert, da diese für mein Empfinden sehr gut zu dieser Rolle passen. Trotz dieser Überlegungen war ich mir von Beginn an bewusst, dass es zu den schon angesprochenen Rollenwechseln kommen kann. So bin ich nicht mit einer starren Rollenhaltung in das Feld gegangen. Nach Jürgen Friedrichs (1982) habe ich meine teilnehmende Beobachtung als offen, teilnehmend, systematisch und unsystematisch, natürlich und als Fremdbeobachtung geplant.

Generell habe ich mich auf die verschiedenen Arbeitsphasen während der Forschung nochmals einzeln vorbereitet. Die Expert*inneninterviews in Deutschland fanden relativ zu Beginn meiner Forschung statt. Sie waren keine teilnehmende Beobachtung, sondern reine Interviews. Da ich sie jedoch als einen wichtigen Teil des gesamten Forschungsprozesses sehe, werden sie hier ebenfalls beleuchtet. Da es sich hierbei um meinen ersten Kontakt mit meinem Forschungsfeld handeln sollte, waren für mich das Aneignen von Expertise und das Erstellen von theoretisch informierten Leitfragen besonders wichtig. Bei der Teilnahme an den verschiedenen Seminaren in Deutschland war es für mich von Bedeutung, erste Ergebnisse aus den Expert*inneninterviews mit in die informierten Leitfragen zu integrieren und somit meinen eigenen Horizont nochmals zu erweitern.

Vor den Forschungen in Kenia, Liberia und Sierra Leone stand für mich in der inhaltlichen Vorbereitung vor allem die Ausformulierung des theoretischen Rahmens und der Kenntnisse über die jeweiligen Länder im Vordergrund, damit die große zu erwartende Anzahl an Beobachtungen im Feld mithilfe dieses Rahmens systematisiert werden kann. Für diese Arbeitsphase der Forschung waren außerdem noch größere logistische Vorbereitungen zu treffen, welche ebenfalls nicht zu vernachlässigen sind. Die Vorbereitungen auf eine Feldforschung, besonders im Globalen Süden, sind immer sehr unterschiedlich und kommen sowohl auf das Feld, auf die bestehenden Kontakte, aber auch auf die Vorerfahrung des oder der Forschenden an (Evans et al., 1997, S. 7). Für mich war der Forschungsaufenthalt nicht der erste Aufenthalt in einem Land des Globalen Südens oder auf dem afrikanischen Kontinent. Ich konnte in der Vorbereitung auf eine Vielzahl an Erfahrungen aus Aufenthalten in verschiedenen Ländern des afrikanischen Kontinents, in Kontexten von interkulturellen Jugendbegegnungen, Forschungsreisen oder Reisen für außeruniversitäre Arbeitsstellen zurückgreifen. Ich möchte betonen, dass mich dies nicht zu einer Expertin für ein Land, geschweige denn für einen ganzen Kontinent macht. Dennoch habe ich mich in den praktischen Vorbereitungen der Reise – beispielsweise bezüglich der erforderlichen Impfungen oder des essenziellen Gepäcks – gut vorbereitet gefühlt. Für alle drei Länder galt es in der Vorbereitung Forschungsvisa zu erhalten. Dies geschah in Sierra Leone und Liberia über die Botschaft in Deutschland und für Kenia über ein spezielles Online-Portal. Mit der Ausnahme, dass mein Pass auf dem Weg zur Liberianischen Botschaft verloren ging und ich diesen somit erst vier Tage vor Abflug wiederbekam, verliefen die Prozesse relativ reibungslos.[6] Ebenso habe ich mich besonders auf mein Forschungsland Kenia auch kulturell sehr gut vorbereitet gefühlt, da ich zuvor bereits neun Mal für Zeiträume zwischen einem und drei Monaten in dem Land war. Hier habe ich beispielsweise in der persönlichen Vorbereitung auf Land und Leute für Liberia und Sierra Leone gemerkt, dass obwohl ich bereits einige Male in Westafrika war, ich doch mit einer etwas größeren Unsicherheit ins Feld gegangen bin, da ich noch nicht so genau wusste, was mich erwarten wird. Doch gerade dieses offene Ins-Feld-Gehen ist auch das, was Feldforschung ausmacht.

[6] Für alle drei Länder benötigte ich eine Einladung oder eine Partnerschaft mit einer Universität vor Ort. An dieser Stelle möchte ich mich bei der *Catholic University of East Africa* (Kenia), der *Cuttingtion University* (Liberia) und der *Njala University* (Sierra Leone) für die großartige Unterstützung bedanken.

5.3.2 Einstiegsphase

Die Einstiegsphase ist durch die ersten Kontakte, Bewegungen und Beobachtungen im Feld gekennzeichnet und birgt eine Konfrontation mit den tatsächlichen Realitäten (Tittensor, 2016, S. 218). Hierbei gilt es zum einen, die forschungsstrategischen Vorüberlegungen auf ihre Durchführbarkeit hin zu überprüfen, zum anderen, einen Zugang zum Feld zu finden. Hierfür gibt es verschiedene Möglichkeiten eines Zugangs. Dabei gilt, dass das, was für eine Person im Feld funktioniert hat, nicht automatisch auch für eine andere Person funktionieren muss (Gusterson, 2008, S. 96). Olaf Beuchling (2015, 14 ff.) unterscheidet dabei, ob der oder die Forschende bereits Teil des Forschungsfeldes ist, das Forschungsfeld sich erst durch bestimmte Umstände eröffnet, der oder die Forschende sich den Zugang erarbeitet oder ob der Zugang verwehrt bleibt. Hierbei ist bis auf den Fall, dass kein Zugang möglich ist, immer eine gewisse Integration in das Feld wichtig. Der Feldzugang ist dabei als ein anhaltender Prozess zu verstehen, bei dem zwischen akzeptierter Präsenz (*getting in*) und zugestandener Teilhabe (*getting on*) unterschieden werden kann. Dabei ist es wichtig, dass es immer um die Zugänglichkeit zu dem gesamten Feld geht, nämlich „people, places, and pursuits“ (*Learning Science in Informal Environments*, 2009).

Bei dem Feldzugang wird besonders deutlich, dass die teilnehmende Beobachtung immer auch Beziehungsarbeit ist. Denn es ist eine gewisse Vertrauensbasis nötig, um beobachten zu können und es kommt durchaus vor, dass aus Forschenden und Personen im Feld Freunde werden (Howell, 1973, 392 ff.). Dies geschieht zum einen rein aus freundschaftlichen Gründen, zum anderen aber auch als „research friendships“ (Glesne, 1989, S. 50), da Personen im Feld bestimmte Schlüsselpositionen innehaben oder die oder den Forschende*n als „tribe“ (Malejacq & Mukhopadhyay, 2016) im Feld schützen. Beides ist aus meiner Sicht ethisch fragwürdig, da Personen so leicht für etwas bestimmtes ausgenutzt oder instrumentalisiert werden können. Somit beruht Feldforschung immer auch auf sozialen Beziehungen. Dazu kann es sehr hilfreich sein, wenn der oder die Forschende sein oder ihr Vorhaben den Menschen im Feld gegenüber klar kontextualisiert, die Ziele deutlich formuliert und die eigene Anwesenheit plausibel erklärt (Lueger, 2000, S. 59). Dies kann zu regelrechten Selbsterläuterungszwängen führen, also zu wiederholtem, möglichst genauem Erklären des eigenen Vorhabens (Bachmann, 2009, 251 f.; Grenz, 2017, S. 193). Es ist in der Wissenschaft bekannt, dass Personen, die sich beobachtet fühlen, ihre Handlungen verändern, sie für die Forschung anpassen oder schon Interpretationen liefern. Dies ist als der sogenannte Haworth-Effekt bekannt (Roethlisberger & Dickson, 1970 [1939]). Deswegen ist es bei der Feldforschung so wichtig, dass eine Vertrauensbasis geschaffen wird, Beobachtungen in natürlichen Umgebungen stattfinden und die Personen nicht das Gefühl haben, beobachtet zu werden. Dazu zählt auch, über einen möglichen Nutzen der Forschung für die Akteur*innen im Feld zu sprechen, da auch sie von den Ergebnissen profitieren können und die Forschung nicht allein der Wissenschaft dient (Howard, 2018). Dies kann im Zuge der kollaborativen, ethnografischen Forschung sogar als eigentliches Ziel der Forschung verstanden werden. Dabei begibt sich der oder die Forschende in eine Art Dienstleistungsfunktion gegenüber den Akteur*innen im Feld (Barnett & Watson, 2018). Diese Annahme ist als eine Art moralischer Imperativ zu sehen. „Thus, researchers have the moral obligation to reciprocate by taking time and effort to inform the local actors of their research results" (Michelitch, 2018, S. 544). Generell gilt, dass die ersten Begegnungen mit den Personen im Feld für den weiteren Zugang zum Feld besonders entscheidend sein können. „Leider lässt sich die durch den konkreten Feldeinstieg ausgelöste Dynamik kaum prognostizieren und man findet keine eindeutigen oder besten Lösungen" (Lueger, 2000, S. 60). Deswegen ist eine ständige Reflexion des Prozesses und der eigenen Position besonders wichtig (Dahlberg et al., 2002; Steier, 1995). Reflexion wird dabei verstanden als „[...] being transparent about possible impacts of researcher's values, worldview, and ideas on her particular knowledge claims" (Mukhtarov et al., 2017, S. 619). Außerdem beinhaltet die Reflexion Elemente des Dialoges mit sich selbst, die kritische Selbsthinterfragung (Berger, 2015), und kann auch als „explicit self-aware meta-analysis" (Finlay, 2016, S. 209) gesehen werden. Dies kann zum Beispiel durch das Führen eines Feldtagebuches geschehen, worauf im späteren Verlauf noch genauer eingegangen wird. Das Festhalten von Gedanken und Erlebnissen kann dabei helfen, Beobachtungen später zu interpretieren und die eigene Rolle im Feld besser zu verstehen. Es kann die Forschenden in ihrer Reflexivität unterstützen, indem es unterschwellige Tatsachen aufdeckt (Motari, 2015, S. 2). Dabei ist es wichtig, dass sich Forschende gegebenenfalls schon in der Vorbereitung bestimmte Reflexionsstrategien überlegen. Reflexion ist nicht unbedingt als ein natürlicher Prozess zu sehen und bedarf der Übung (Motari, 2015, S. 2).

Es kann jedoch auch geschehen, dass der oder die Forschende im Feldeinstieg oder auch während der Forschung (multiple) Verschlossenheit erlebt. Diese kann räumlich, jedoch auch sozial bedingt sein, durch die Akteur*innen im Feld oder durch bestimmte Eigenschaften des oder der Forschenden oder nicht zuletzt auch rein formale Verschlossenheit sein. Als positive Eigenschaften des oder der Forschenden werden zum Beispiel Selbstständigkeit und Eigenverantwortung, aber auch konfliktsensitives Handeln und Reflexions- und Lernfähigkeit genannt (Koltermann, 2013, S. 135). Dabei wird in der Forschung davon ausgegangen, dass gerade Organisationen, insbesondere Unternehmen, eine besondere Herausforderung für Forschende darstellen, wenn es um Zugänge geht. „Organisationen und insbesondere Unternehmen stellen ethnografisch riskante, mithin systematisch verschlossene Felder dar" (Wolff, 2007, S. 339).

Gerade in der Einstiegsphase ist der oder die Forschende fremd im Feld. Diese Fremdheit wird auch im weiteren Forschungsprozess nicht komplett abgelegt, da nicht in jeder Forschung der oder die Forschende zu einhundert Prozent Teil des Feldes wird. Doch gerade zu Beginn spielt Fremdheit eine viel größere Rolle. Ein Blick in die Literatur zeigt, dass diese gefühlte und tatsächliche Fremdheit immer wieder anders bewertet wird. So spricht (Honer, 1993, S. 47) beispielsweise von einer professionellen Schizophrenie, (Schütz, 2011 [1942] klassisch von dem Fremden, (Christmann, 2007, S. 92) von einem kulturellen Zwitter, womit er*sie auf eine Zerrissenheit der Forschenden aufmerksam macht, (Agar, 1980) von einer bzw. einem professionellen Fremden, was auf die berufliche Rolle der Forschenden abzielt, und wieder andere von „(experimental) marginal man/native" (Freilich, 1970; Park & Hughes, 1950 [1928]). Also von Personen, welche am Rand zweier Kulturen oder Gesellschaften agieren und in keiner ihren Platz finden. All diese Beschreibungen zielen darauf ab, aufzuzeigen, wie schwer der Wandel zwischen zwei Welten für die Forschenden sein kann und dass er oder sie sich immer zwischen einem Angenommensein und einem teilweise auch bewussten Fremdsein befinden. Da Forschung als Prozess zu verstehen ist, kann davon ausgegangen werden, dass dieses Fremdheitsgefühl immer wieder neu auftauchen kann (Schütz, 2011 [1942], 82 f.).

In meiner Forschung erfolgte der Feldzugang gleich mehrere Male. Der erste und für mich schwierigste Zugang erfolgt in der ersten Arbeitsphase, bei den Expert*inneninterviews. Hier habe ich zunächst alle Organisationen, die im ZFD involviert sind, kontaktiert und nach Interviews gefragt. Dies ist gerade bei Expert*inneninterviews ein normales Vorgehen. Viele der beschriebenen Faktoren für einen Feldzugang sind hier nicht so relevant, da man physisch das Feld nach dem Interview direkt wieder verlässt. Trotzdem haben die Interviews für mich eine Art *Gatekeeper*-Funktion. Nachdem ich alle Organisationen kontaktiert hatte, habe ich von fast allen eine Zusage für das Interview bekommen. Somit konnte ich sieben Interviews führen. Die Interviews stellten somit meinen ersten Zugang zu dem größeren Feld des ZFD dar. Sie dienten für mich dazu, vertiefte Informationen über den ZFD zu erhalten, aber auch dazu, mich in dem Feld zu etablieren, um in dem Feld anzukommen. Da ich die Interviews mit Personen geführt habe, die in den jeweiligen Organisationen in einer für den ZFD relevanten Position tätig sind, war es hier besonders wichtig, mich und meine

Forschung zu positionieren und vorzustellen und meine Ziele klar zu verdeutlichen. Dies war wichtig, um Vertrauen zu mir und meiner Forschung aufzubauen. Dadurch hatte ich die Hoffnung, dass mir durch diese Personen in Schlüsselpositionen anschließend Zugänge zu den Seminaren und Akteur*innen in den drei Ländern ermöglicht werden können.

Diese Hoffnung von mir wurde für meine zweite Arbeitsphase bestätigt. In Deutschland konnte ich an insgesamt fünf Seminaren von AGIAMONDO, dem forumZFD/der Akademie für Konflikttransformation und der GIZ teilnehmen. Hierbei fanden einige Seminare auch in Kooperation statt. Für mein Empfinden war ich somit an dieser Stelle Teil des Forschungsfeldes ZFD geworden. Die Zugänge zu den einzelnen Seminaren erfolgten, indem ich am Ende der Expert*inneninterviews oder in einer anschließenden E-Mail gezielt nach der Möglichkeit einer Teilnahme gefragt habe. Gemeinsam mit den entsprechenden Verantwortlichen habe ich geschaut, welche Seminare für mich interessant sein könnten. Generell dauerte die Vorbereitung der Seminare mehrere Wochen oder sogar Monate. Hier war es nicht möglich und auch nicht im Forschungsinteresse, an der gesamten Zeitspanne teilzunehmen. Vielmehr habe ich punktuell bei bestimmten Themenblöcken teilgenommen. Somit erfolgte der Feldzugang bei jedem einzelnen Seminar erneut. Es war jedes Mal eine andere ZFD-Organisation, eine andere Gruppe an Fachkräften oder ein*e andere*r Trainer*in. Hier habe ich im Vorfeld mit den jeweiligen Trainer*innen Rücksprache gehalten und meine Motivation und mein Forschungsinteresse geklärt. Gleiches habe ich zu Beginn der Seminare gegenüber den Teilnehmenden geäußert. Da ich als normale Teilnehmerin in den Seminaren war, mit dem Unterschied, dass ich mich nicht auf eine Ausreise als Fachkraft vorbereitet habe, erfolgte der Zugang sehr einfach. Es wurden von den Teilnehmenden keine Bedenken geäußert. Vielmehr war es zweimal der Fall, dass die Trainer*innen Bedenken geäußert hatten, wie die Fachkräfte auf mich reagieren würden. Diese wurden jedoch abgebaut und die Fachkräfte haben bei den Trainer*innen eine noch tiefere Integration meiner Person in die Seminararbeit eingefordert. Je nach Seminargruppe ist es ohnehin der Fall, dass die einzelnen Inhalte in unterschiedlicher Zusammensetzung der Teilnehmenden stattfinden, was sicherlich auch zu einem reibungslosen Feldeinstieg beigetragen hat.

Die Feldzugänge in Kenia, Sierra Leone und Liberia erfolgten über die Organisationen in Deutschland. Insgesamt sind in den drei Ländern fünf der neun deutschen Organisationen vertreten. Ich habe die entsprechenden Interviewpartner*innen von mir mit der Bitte kontaktiert, mir Kontakte in den jeweiligen Ländern zukommen zu lassen. Wie dies genau aussah, war von Organisation zu Organisation unterschiedlich. Einige Organisationen haben mir die E-Mail-Adressen der Koordinator*innen oder Schlüsselpersonen vor Ort weitergeleitet, damit ich direkt mit diesen in Verbindung treten kann, um das weitere Vorgehen zu klären. Andere Organisationen wiederum haben eine von mir geschriebene Kurzbeschreibung meines Forschungsvorhabens an die Koordinator*innen oder Schlüsselpersonen vor Ort gesendet und diesen freigestellt, sich bei mir zu melden. Auf beiden Wegen bin ich mit gutem Erfolg mit den entsprechenden Personen in Kontakt gekommen und konnte Termine für ein erstes Treffen ausmachen. Dabei war es natürlich auch wichtig, Kontakte zu den Fachkräften vor Ort und den lokalen Partner*innen zu erhalten. Auch hier erfolgte der Umgang damit sehr unterschiedlich. Einige ließen mir komplette Adresslisten von allen Akteur*innen zukommen, einige nur von den deutschen Fachkräften, andere leiteten eine von mir geschriebene E-Mail an die Akteur*innen weiter. Teilweise wurde ich auch direkt zu Veranstaltungen eingeladen, um alle kennenzulernen. Unabhängig davon, welcher Weg gewählt wurde, konnte ich auch hier mit allen ins Gespräch kommen. Dies hat unterschiedlich lange gedauert, aber das ist eben die Dynamik des Feldes. Dies konnte während der Forschung, auch wenn es immer erfolgreich war, manchmal frustrierend sein. „Die ganzen Terminabsprachen sind manchmal schwierig und es ist eben nicht so wie in Deutschland, wo man einen Monat vorher eine Mail schreibt und dann einen Zeitplan bekommt. Dennoch ist dies ein wichtiger Teil der Forschung und Teil der Erfahrung.“ (Forschungstagebuch Sierra Leone, 26.02.2019). Insgesamt fanden somit zu den allgemeinen Beobachtungen in Kenia 50 Interviews und 30 konkrete Teilnahmen an Aktivitäten satt. In Liberia waren dies 22 Interviews und 23 konkrete Teilnahmen an Aktivitäten und in Sierra Leone 23 Interviews und 18 konkrete Teilnahmen an Aktivitäten[7]. Die Kommunikation erfolgte hierbei über E-Mail und zu einem gleichen Teil über WhatsApp oder Anrufe.

Die Treffen vor Ort mit den jeweiligen Personen, welche in den lokalen Organisationen entweder als deutsche Fachkraft oder als lokale*r Mitarbeiter*in arbeiten, begannen mit einer Vorstellung von mir, meinem Forschungsinteresse und einer Thematisierung, was mit den Daten geschieht und wie diese auch für die Akteur*innen im Feld nutzbar sein sollen. Doch nicht nur in diesen Gesprächen erfolgte ein Zugang in das Feld, sondern auch bei Aktivitäten, bei denen ich von den jeweiligen Organisationen mitgenommen wurde. Hier trat ich zusammen mit den Personen aus der jeweiligen Organisation auf, habe mich, meine Forschung und meine Rolle jedoch jedes Mal gegenüber den Teilnehmenden

[7] Im elektronischen Zusatzmaterial ist eine genauere Auflistung der geführten Interviews zu finden.

thematisiert, um nicht Gefahr zu laufen, dass eine Person gegen seinen oder ihren Willen Teil der Forschung wird. Hier wurden mir in allen Situationen große Offenheit und Interesse entgegengebracht. Dies mag jedoch auch daran liegen, dass ich als weiße Frau vor Ort geforscht habe und gemeinsam mit der Organisation aufgetreten bin. Gleichzeitig hatte dies aber auch immer etwas sehr Wertschätzendes zwischen den Mitarbeitenden der Organisation und den Personen im Projekt. „Wir wurden in dem Ort total lieb willkommen geheißen und man merkt richtig, wie gut die Zusammenarbeit klappt und die Wertschätzung da ist“ (Forschungstagebuch Kenia, 01.10.2019). Auf dieses Faktum wird genauer in Abschnitt 5.6 – Forschungsethische Überlegungen – eingegangen. Generell ist anzumerken, dass ich mich, je öfter ich diese kleinen Feldzugänge bei den jeweiligen Aktivitäten erlebt habe, immer wohler in der Situation gefühlt habe. So mag ich mich bei den ersten Malen noch etwas fremd oder fehl am Platz gefühlt haben. Ich schrieb bei der ersten größeren Veranstaltung, die ich in Kenia besucht habe, ohne schon viele Personen zu kennen, in mein Tagebuch: „Ich war tatsächlich etwas aufgeregt und habe mich zu Beginn etwas fehl am Platz gefühlt, da sich alle kennen“ (Forschungstagebuch Kenia, 20.09.2019). So habe ich mich bei den weiteren Treffen genau richtig am Platz gefühlt und zu einem Zeitpunkt in der Mitte der Forschung in mein Forschungstagebuch geschrieben: „Es war schön, zu merken, dass ich in der CPS-Family doch schon angekommen bin“ (Forschungstagebuch Liberia, 05.04.2019).

Diese Bemerkungen zu Feldzugängen gelten für alle drei Länder. Es ist jedoch wichtig, noch genauer auf mögliche Spezifika der einzelnen Länder zu schauen. In Sierra Leone und Liberia war ich gleichzeitig mit meiner Kollegin Julia Leib vor Ort, welche jedoch zu anderen Themen forschte. Sicherlich vereinfachte dies einiges für den privaten Einstieg ins Feld. So war man beispielsweise die ersten Tage nicht alleine und konnte sich gemeinsam orientieren. Hierbei ist nicht das Forschungsfeld ZFD gemeint, sondern die allgemeine Orientierung in einem Land und Fragen etwa nach dem Transport und nach Einkaufsmöglichkeiten. Auf der Forschungsebene bemühten wir uns, uns gegenseitig Kontakte zuzuspielen, wenn jemand eine für die andere relevante Person oder Organisation kennengelernt hatte. Die Beziehung im Feld kann als gegenseitige Begleitung im Feld fungieren, die zum Beispiel moralisch oder auch fachlich unterstützen kann. Sie kann jedoch nicht bei der Datensammlung im Feld helfen. Ich sehe darin gerade auf einer persönlichen Ebene durchaus Vorteile, hätte mir diese Forschungsbegleitung jedoch nicht von einer Person vorstellen können, die nicht auch zur Forschung vor Ort ist. In beiden Ländern sind wir zunächst in der Hauptstadt untergekommen und haben in einem Airbnb-Apartment gewohnt. Hier hatten wir das große

Glück, dass beide Male vor Ort sehr nette und hilfsbereite Gastgeber*innen gelebt haben.

Ein weiterer Teil des Feldzuganges ist eine Forschungserlaubnis. Wenn wir uns in anderen Städten aufgehalten haben, welche durchaus kleiner waren, standen wir in engem Austausch mit Partnerorganisationen des ZFD oder mit Fachkräften, welche uns bei alltäglichen Fragen unterstützen konnten, oder mit Ansprechpersonen der örtlichen Universitäten. Für beide Länder hatten wir vorab eine entsprechende Erlaubnis der Botschaften in Deutschland erhalten. Vor Ort mussten wir jedoch in beiden Ländern feststellen, dass diese nicht akzeptiert werden, beziehungsweise nur der Einreise dienen. In Sierra Leone wurde uns dank unseres Airbnb-Gastgebers ein Kontakt im entsprechenden Ministerium vermittelt und es wurde uns dort eine Arbeitserlaubnis ausgestellt. „Auch hier wären wir ohne Hilfe mal wieder total aufgeschmissen gewesen" (Forschungstagebuch Sierra Leone, 24.01.2019). Diese kostete zwar Geld, jedoch konnten wir sie dank der guten Kontakte besonders schnell erhalten. In Liberia standen wir vor dem Problem, dass die entsprechenden Dokumente bei der Einreise nur kürzer gestempelt wurden, als der Aufenthalt dauern sollte. Ein Problem, das vielen Personen bei der Einreise widerfährt. Durch schnelle und unbürokratische Hilfe der Deutschen Botschaft konnte dies mit einem Behördengang geregelt werden.

Die Forschung in Kenia habe ich ohne Begleitung durchgeführt. Auch hier habe ich zunächst in der Hauptstadt in einem Airbnb-Apartment gewohnt und hatte das große Glück, einen sehr netten und hilfsbereiten Gastgeber zu haben. Da ich jedoch schon einige Male in Kenia war, habe ich hier nicht so viel Hilfe bei logistischen Fragen benötigt. Vielmehr fühlte es sich ein Stück weit an wie nach Hause zu kommen. So schrieb ich in mein Tagebuch: „Ich habe nicht wie im Urlaub den Drang, ständig etwas zu machen oder zu erleben. Ich denke, das ist ein Zeichen, dass ich angekommen bin" (Forschungstagebuch Kenia, 27.10.2019). In vielen Städten, in denen ich in Kenia ZFD-Projekte besucht habe, hatte ich bereits Freund*innen und Bekannte von früheren Aufenthalten, was soziale Interaktionen unabhängig vom Feld vereinfachte. In den Orten, wo diese nicht vorhanden waren, war ich in der Regel in Kontakt mit den ZFD-Akteur*innen. Auch für Kenia musste eine Forschungserlaubnis beantragt werden. Hier ist der Prozess sehr viel formalisierter als in den anderen beiden Ländern und es erfolgte bereits online von Deutschland aus. Ich benötigte eine Partneruniversität (*Catholic University of East Africa*), welche mir bei der Zusammenstellung der Unterlagen behilflich war. Bei meiner Ankunft in Kenia war meine Erlaubnis noch nicht fertig. So wartete ich zunächst eine Woche, ohne schon zu viele Schritte in der Forschung zu wagen. Schließlich habe ich das entsprechende Ministerium aufgesucht, um nachzufragen. Dort stellte sich heraus, dass ich noch einen kleineren

Geldbetrag nachzuzahlen hatte. Dies erscheint mit bis heute nicht ganz logisch, da die Angaben im Internet anders waren, doch habe ich mich dazu entschieden, den Betrag zu zahlen, da ich eine Quittung erhalten habe.

5.3.3 Hauptphase

Ist der Zugang zum Feld gelungen, kann die eigentliche teilnehmende Beobachtung stattfinden. Dabei wird die Beobachtung auf für die Fragestellung wichtige Herausforderungen, Prozesse und Akteur*innen gelenkt. Die Beobachtungen sind besonders hilfreich, da sich manche Sachverhalte nicht sprachlich ausdrücken lassen, sie tabuisiert sind oder komplexe Sachverhalte sich einfacher „durch einen Blick" erfassen lassen als durch ein Gespräch (Spittler, 2001, S. 8).

Während des Beobachtens muss sich die oder der Forschende immer den Problemen des *Going-native*, der eigenen Subjektivität und der Authentizität bewusst sein. Diese methodischen Kritikpunkte lassen sich nicht einfach ausräumen. Jedoch kann die oder der Forschende durch eine ständige Reflexion die Gefahren möglichst geringhalten. Dabei helfen verschiedene Methoden und Herangehensweisen, dazu haben verschiedene Autor*innen die für sie im Feld hilfreichen Handlungsempfehlungen zusammengetragen. In meiner Arbeit stütze ich mich dabei vor allem auf die von (Girtler, 2009) formulierten ‚Zehn Gebote für Feldforschende'. Diese sind einerseits derart offen formuliert, dass sie auf die verschiedensten Forschungen angewendet werden können, aber auf der anderen Seite spezifisch genug, um tatsächlich angewendet werden zu können. Girtler hat dabei aus seinen eigenen Forschungserfahrungen Gebote formuliert, welche den Forschenden dabei helfen sollen, sich vor Ort anzupassen (1., 4. und 5. Gebot), die Forschung unvoreingenommen durchzuführen (2., 3. und 6. Gebot), Authentizität zu bewahren (7. Gebot, ebenfalls in allen anderen Geboten enthalten) und vor Ort einzutauchen und gleichzeitig Distanz zu wahren (8., 9. und 10. Gebot). Besonders das 7. Gebot zeigt nochmals deutlich die Abgrenzung zu anderen Methoden. Darin wird ein ero-episches, freies Gespräch gefordert, welches darauf beruht, dass sich im Forschungsgespräch sowohl die Person, die befragt wird als auch die oder der Forschende öffnen und in das Gespräch einbringen. „Die Menschen dürfen nicht als bloße Datenlieferanten gesehen werden. Mit ihnen ist so zu sprechen, dass sie sich geachtet fühlen. Man muss sich selbst als Mensch einbringen und darf sich nicht aufzwingen" (Girtler, 2009, S. 4). Doch auch andere Autor*innen haben Leitsätze und Merkmale formuliert, welche den Forschenden im Feld helfen sollen. Nach Patricia Adler und Peter Adler (1994, S. 378) hat die qualitative Beobachtung (welche in diesem Fall synonym zur teilnehmenden Beobachtung zu sehen ist) folgende Merkmale: Die Beobachtung findet in einem natürlichen Lebensumfeld statt, ohne eine Störung des Alltagslebens; der oder die Forschende führt eine aktive Teilnahme am Geschehen durch, es kommt zu Interaktionen und einer Aufhebung der Trennung zwischen Objekt und Subjekt; es werden keine einzelnen Variablen, sondern größere Verhaltensmuster und Systeme gemessen; es gibt kein festgelegtes Beobachtungsschema, sondern eine Offenheit für neue Einsichten und Beobachtungen. Dies kann nur geschehen durch eine ständige, professionelle Reflexion der Forschenden über sich selbst und die eigene Rolle im Feld. Dies ist „[...] the only road to limit the bias entailed in looking at the world from one's own perspective" (Leander, 2008, S. 25) und dem *Reflexive Turn* (Emerson, 2001, 20 ff.) in der qualitativen Forschung zuzurechnen. Zu dieser Reflexion haben (DeWalt & DeWalt, 2002, 248 ff.) sieben Charakteristika für Forschende formuliert, welche aus den Erfahrungen ihrer eigenen Forschung gewonnen wurden. Sie formulieren, dass es für Forschende hilfreich ist, offen zu sein, Interesse zu bekunden, verwirrende Gefühle zuzulassen, sich eines möglichen Kulturschocks bewusst zu sein (Scheyvens & McLennan, 2014), achtsam in der Forschung und dafür offen zu sein, sich an neue und unerwartete Situationen anzupassen (DeWalt et al., 2000, 266 f.).

Besonders in dieser Phase der fokussierten Beobachtung können zusätzlich auch Interviews geführt werden, da diese ergänzende Informationen liefern können (Agar, 1980). „Teilnehmende Beobachtung ist eine Feldstrategie, die gleichzeitige Dokumentenanalyse, Interviews mit Interviewpartnern und Informanten, direkte Teilnahme und Beobachtung sowie Introspektion kombiniert" (Flick, 1995, S. 157). Gerade bei den Gesprächen gibt es eine Vielzahl methodischer Möglichkeiten. Dies können die von (Spradley, 1979) eingeführte Feldbefragung als informelle Befragung von natürlichen Gruppen im Forschungskontext, offene Gruppendiskussionen über ein vorgegebenes Thema (Mangold, 1959) oder auch Fokusgruppen-Diskussionen sein (Banerjee, 2005, S. 194). Besonders zu Beginn der Forschung kann es vorkommen, dass Beobachten und Fragen, die beiläufig gestellt werden, parallel geschehen (Alltagsgespräche). Dazu eignen sich besonders deskriptive Fragen. Generell stellen Interviews immer eine künstliche Situation dar. Auch die Entwicklung von qualitativen Verfahren ändert an dieser Situation nichts. Gerade in anderen Kulturen gehen mit einem Interview auch ein bestimmtes Machtgefälle und Autorität einher (Spittler, 2001, S. 7). Hier kann die teilnehmende Beobachtung helfen, da es stärker um natürliche Gesprächssituationen geht, welche aus einer günstigen Gelegenheit heraus entstehen können. Auch kann mit der Kombination aus Gesprächen und Beobachtung festgestellt werden, inwieweit sich Aussagen und Beobachtungen ähneln oder ob Handlungen und Meinungen auseinandergehen beziehungsweise Aussagen sich nicht immer in Handlungen widerspiegeln (Hagene, 2018, S. 310; Leander, 2008, S. 18). Eine Abweichung könnte darin liegen, dass die Befragten nicht über spezifisches Wissen zu der Thematik verfügen, Wünsche als Realität ausdrücken oder Abweichungen von einer Norm, über die gesprochen wird, nicht berücksichtigt werden. Deswegen ist es wichtig, Aussagen mit Beobachtungen zu ergänzen (Spittler, 2001, S. 16).

Für die Auswertung der Forschung nimmt die Dokumentation der Feldtätigkeit eine besonders wichtige Rolle ein. So ist es hilfreich, Feldnotizen, Interviewtranskripte und Beobachtungsprotokolle anzufertigen, aber zum Beispiel auch Gegenstände oder Artikel zu sammeln. Um die wesentlichen Ereignisse und Informationen in Form von Feldnotizen festzuhalten, eignet sich besonders ein Feldtagebuch. Dies enthält Gefühle und Gedanken zu den einzelnen Tagen im Feld, zu Beobachtungen und zu Beteiligten aus dem Feld. Diese Einträge helfen später bei der Auswertung, Interpretation und vor allem der Reflexion und sind zum Teil auch zur Veröffentlichung gedacht (Banerjee, 2005, S. 185). Es ist wichtig, die äußeren Umstände genau zu beschreiben und diese nicht mit subjektiven Empfindungen zu vermischen. Es gibt verschiedene Arten, das Beobachtbare zu dokumentieren, sie alle sollen den Forschenden dabei helfen, die Fähigkeit des Beobachtens zu schärfen und zu systematisieren (Fujii, 2015a, S. 536). Dabei ist es wichtig, dass Forschende die für sich und das Feld passende Methode wählen (Emerson et al., 1995, S. 20). Dies können zum Beispiel *Headnotes* (das bloße Memorieren), *Jottings* oder *Scratchnotes* (noch etwas unstrukturierte Feldnotizen, welche dann in *„proper" Fieldnotes* umgewandelt werden), Beobachtungsprotokolle, Feldforschungstagebücher, Memos, Aufnahmen, Briefe oder Transkripte sein (Sanjek, 1990).[8] Dabei kann es durchaus üblich sein, während der Beobachtungen im Feld erste Notizen zu machen und diese hinterher genauer zu verschriftlichen. Es empfiehlt sich jedoch, dies möglichst zeitnah zu machen, da dann Gedanken und Gefühle noch frisch sind (Emerson et al., 1995, 39 ff.). Auch Helmar Schöne (2005, S. 190) plädiert für die bei der teilnehmenden Beobachtung eigentlich untypische Art, schon während der Beobachtung Notizen zu machen, auch wenn die Anwesenden dies sehen. Er argumentiert damit, dass nur so mögliche Lücken geschlossen werden können und keine Details verloren gehen. Dieser Ansatz wird jedoch sehr kritisch diskutiert (DeWalt et al., 2000, 274 f.). Aus dieser Diskussion ergibt sich der wichtige Punkt, dass jede Person in der Forschung seinen oder ihren eigenen Stil entwickeln muss. Er muss

[8] Beispiele, wie diese aussehen können, lassen sich im Anschluss an das Kapitel von Sanjek in dem Sammelband „Fieldnotes. The Making of Anthropology" (Sanjek (1990) finden. Weitere Beispiele lassen sich in dem Werk „Writing Ethnographic Fieldnotes" (Emerson et al. (1995) finden.

zum Feld und zu der eigenen Persönlichkeit passen. Dennoch ist es wichtig, dass die erstellten Beobachtungsprotokolle eine ähnliche, wenn nicht sogar gleiche Struktur aufweisen, um die spätere Auswertung zu erleichtern. Dabei ist es der oder dem Forschenden selbst überlassen, wann und wie diese angefertigt werden. Wichtig ist jedoch, dass sie regelmäßig angefertigt werden, um sicherzustellen, dass keine Beobachtungen verlorengehen.

Auch die Hauptphase der Forschung lässt sich wieder den einzelnen Arbeitsphasen zuordnen. Hier stehen zu Beginn wieder die Expert*inneninterviews. Die einzelnen Interviews an sich, da sie keine teilnehmende Beobachtung darstellen, passen nicht so sehr in dieses Schema, jedoch alle Interviews zusammengenommen. So kann ich durchaus sagen, dass ich, nachdem ich einige Interviews geführt habe, mich noch mehr in dem Feld angekommen gefühlt habe.

Besonders bei der Teilnahme an den Seminaren und der Forschung in den drei Ländern habe ich mich an (P. Adler & Adler, 1994, S. 378) orientiert. So habe ich mich immer in einer natürlichen Lebensumwelt beziehungsweise dem Umfeld, welches in dem Moment für die Akteur*innen als natürlich galt, bewegt und bin aktiv in Interaktion getreten. Generell fand hier eine Fokussierung auf die Fragestellung, Prozesse und Personen statt. Dennoch gab es kein festgelegtes Forschungsschema, da jede Interaktion individuell und persönlich war. So konnte ich mir die Offenheit für Beobachtungen bewahren. Letzteres war nicht immer einfach, gerade wenn ich in einem Seminar den gleichen Inhalt zum wiederholten Male gehört habe oder in den drei Ländern an immer wiederkehrenden Situationen wie zum Beispiel Teammeetings teilgenommen habe. Doch ist mir dies gelungen, indem ich mir immer wieder bewusst gemacht habe, wie wichtig es ist, vorurteilsfrei und ohne Vorannahmen und direkte Interpretationen zu beobachten (2., 3. und 6. Gebot der Zehn Gebote der Feldforschung) (Girtler, 2009). Doch auch die anderen von Girtler aufgestellten Gebote waren für mich besonders in dieser Hauptphase leitend. So war es mir besonders wichtig, Authentizität zu bewahren (7. Gebot). Rückblickend betrachtet ist mir dies sehr gut gelungen. Ich habe mich gegenüber den verschiedenen Akteur*innen nicht verstellt und konnte ich selbst sein. Dies liegt mit Sicherheit auch daran, dass die Personen, welche ich im ZFD getroffen habe, sehr divers sind und viele Personen die Möglichkeit nutzen, sich frei zu entfalten. Somit hatte ich nicht das Gefühl, mich in irgendeiner Situation verstellen zu müssen und die Anpassung vor Ort erfolgte ebenfalls einfach. Sicherlich war diese Anpassung in den Seminaren einfacher, da ich bedingt durch außeruniversitäre berufliche Tätigkeiten schon viel Zeit in Seminaren verbracht habe und von mir sagen kann, dass ich bestimmte wiederkehrende Verhaltensmuster von Gruppen bei Seminaren (Gruppendynamiken) kenne und einordnen kann. Die Anpassung im Feld Sierra Leone,

Kenia und Liberia war sicherlich eine andere. Hier war es nicht das Ziel, mich im Sinne eines *Going-native* anzupassen, sondern mich im Feld ZFD anzupassen. Dies bedeutet zum Beispiel, eine bestimmte Fachsprache zu erlernen und anzuwenden (wobei mir besonders die Expert*inneninterviews in Deutschland zugutegekommen sind), bestimmte Orte aufzusuchen oder an bestimmten Aktivitäten teilzunehmen. Somit war es möglich, in die Seminare und in den ZFD in den drei Ländern einzutauchen. Wie von Roland Girtler (2009) weiterhin beschrieben, ist es ebenfalls wichtig, Distanz zu wahren. Dies ist mir auf den Seminaren besser gelungen als in den drei Ländern, was mit Sicherheit auch an der Kürze der Zeit liegt; hierzu an späterer Stelle in Kapitel 6 mehr.

Mit diesem Wissen über mich als Forscherin im Feld soll nun ein vertiefter Blick auf die Hauptphasen, insbesondere auf Handlungen und Reflexionen im Kontext der Seminare und in den drei Ländern geworfen werden. In Deutschland konnte ich insgesamt an fünf Seminaren teilnehmen von AGIAMONDO, dem forumZFD/der Akademie für Konflikttransformation und der GIZ. Hierbei fanden einige Seminare auch in Kooperation statt. Sie alle sind ein Teil des Curriculums zur Vorbereitung der Fachkräfte, wie in Abschnitt 4.4.2.1. beschrieben. Die Seminare wurden von einer*m bis zwei Trainer*innen durchgeführt und fanden alle im Raum Köln/Bonn statt. Zum Großteil handelte es sich um deutsche Fachkräfte, welche sich in der Vorbereitung befanden. Vereinzelt waren auch mitausreisende Partner*innen vor Ort und in einem Kurs auch anderweitig interessierte und lokale Fachkräfte oder Mitarbeitende aus den Ländern vor Ort. Die Teilnehmendenzahl schwankte dabei zwischen drei und knapp 20. Folgende Themen wurden behandelt: *Constructive third-party Intervention* (Mediation, Dialog); verschiedene Möglichkeiten, in Konflikten zu intervenieren und Konflikte zu analysieren; der Ablauf von Friedensprozessen; Beziehungsgeflechte vor Ort (*Akteurs-Mapping*); Einführung in die Arbeitsweisen, Ziele und Struktur des ZFD; die Wichtigkeit der Partnerorientierung im ZFD (ebenfalls mit Betrachtung vertraglicher Verflechtungen); Verortungen der jeweiligen Organisationen im ZFD; katholische Friedensarbeit und trägerübergreifendes Wissensmanagement im ZFD. Generell ist mir bei den Inhalten mein Vorwissen aus den Interviews, aber auch von einer Weiterbildung zum Thema Konfliktbearbeitung zugutegekommen. Ich habe die Lernatmosphäre immer als sehr wertschätzend und praxisorientiert erlebt. Da meine Teilnahme an den Seminaren in Deutschland relativ kurz war, kann sie auch als „quick and dirty ethnography" (Hughes et al., 1994, S. 432) bezeichnet werden. Sie ist den „brief ethnographic studies" (Hughes et al., 1994) zugehörig und dient dazu, ein erstes, allgemeines Gespür für ein Feld zu entwickeln.

Anders sah dies bei der Forschung in Kenia, Sierra Leone und Liberia aus. In Kenia dauerte der Forschungsaufenthalt drei Monate, in Sierra Leone und Liberia jeweils sieben Wochen. Dieser kürzere Zeitraum wurde gewählt, da in den beiden Ländern weniger ZFD-Projekte stattfinden als in Kenia. Gerade in der Hauptphase der Forschung fand eine Begleitung von in dem Feld aktiven Akteur*innen bei ihrer Arbeit statt, da in diesen alltäglichen Situationen natürliche Daten gewonnen werden können. Dabei wurden nach Möglichkeit verschiedene Interaktionen beobachtet. Dies geschah unter anderem mit einer angepassten, sensibleren Form der „over the shoulder technique" (Grenz, 2017, S. 188). Dabei geht es jedoch nicht um ein unauffälliges Zuschauen während der Arbeit in einem abgeschlossenen Büroraum, sondern vielmehr um Beobachtungen bei Routinen im Arbeitsalltag. Es wurden Relevanzen und Strategien beobachtet, welche zum Teil konstant blieben und sich zum Teil wandelten. Dabei ist die Ethnografie an Prozessen orientiert und als begleitende Forschung zu sehen. Diese wurde ergänzt durch explorative Expert*inneninterviews und lockere Feldgespräche. Damit wird die Forschung zu einer *Go-along*-Forschung (Kusenbach, 2003), also einem Mitgehen, Zusammengehen und sich unterhalten. Es geht um die Teilnahme an natürlichen Interaktionen und Aktivitäten, welche auch von den Forschenden ausgehen können. Es geht um das Fragenstellen auch in Form von Interviews, das Beobachten und Zuhören in gemeinsamen Interaktionen.[9] Durch diese gezielten Beobachtungen kann von einer fokussierten Ethnografie gesprochen werden. Es erfolgte eine Konzentration auf bestimmte Tätigkeitsfelder und spezifische Handlungen und nicht auf einen allgemeinen, subjektiven Wissensvorrat (Knoblauch, 2001, 132 f.).

Diese Beobachtungen geschahen bei ganz unterschiedlichen Situationen, Möglichkeiten und Orten. In allen drei Ländern haben die meisten Organisationen ihren Sitz in den Hauptstädten, was zur Folge hatte, dass hier am meisten Zeit verbracht wurde. In Sierra Leone sind jedoch auch in Makeni und Bo Organisationen anwesend. Hier verbrachte ich jeweils etwa zehn Tage. In Liberia findet viel

---

[9] Kusenbach sieht den *Go-along*-Ansatz in Abgrenzung zu klassischer teilnehmender Beobachtung. „What makes the go-along technique unique is that ethnographers are able to observe their informants' spatial practices *in situ* while accessing their experiences and interpretations at the same time" (Kusenbach 2003, S. 463). Ich stimme mit Kusenbach nur bedingt überein. Nimmt man einen sehr klassischen Zugang zur teilnehmenden Beobachtung, wie er etwa von Malinowski gewählt wurde, mögen die Annahmen stimmen. Doch zeigen neue Arbeiten, welche sich mit teilnehmender Beobachtung beschäftigen, oft, dass die Ansätze, welche Kusenbach beschreibt, schon verwendet werden. Dennoch ist die Kontextualisierung durch Kusenbach für methodische Überlegungen hilfreich, da sie Handlungen, welche in der Praxis stattfinden, in einem Ansatz beschreibt. Dieser Ansatz kann in und zusammen mit teilnehmender Beobachtung stattfinden.

Arbeit auch außerhalb von Monrovia statt. Doch geschieht dies oft von Monrovia aus, beziehungsweise mit Fahrten in die entsprechenden Gegenden. Eine Ausnahme stellt Gbarnga dar, wo auch Organisationen angesiedelt sind. Hier habe ich eine knappe Woche verbracht und wollte eigentlich nochmals dahin zurückkehren. Da ich eine Verletzung hatte, wurde mir dies von meinem behandelnden Arzt jedoch untersagt. Auch in Kenia haben die meisten Organisationen in der Hauptstadt Nairobi ihren Sitz und agieren von hier aus auch in anderen Landesteilen. Doch auch in anderen Städten wie Mombasa, Kisumu, Nanyuki oder Nyeri haben Organisationen ihren Sitz. In Kenia bin ich etwas zwischen den einzelnen Orten hin- und hergependelt. So habe ich bei den Organisationen angefragt, ob es möglich ist, das Büro zu besuchen. Hier habe ich teilweise an Teammeetings teilgenommen oder einfach einige Zeit im Büro verbracht. Ich habe den Personen bei ihrer Arbeit zugeschaut, mich locker mit den Mitarbeitenden unterhalten und an gemeinsamen Pausen teilgenommen. Zudem fragte ich – gerade in dieser Hauptphase – verschiedene Akteur*innen, ob sie während meines Aufenthaltes Workshops, Seminare oder Veranstaltungen im Rahmen des ZFD durchführen, welche für mich interessant sein können. In der Regel erhielt ich ein positives Feedback. Einige Organisationen haben während der Zeit meines Aufenthaltes eine Vielzahl von Veranstaltungen durchgeführt, so dass ich keinen Einblick in alle Formate gewinnen konnte. Daher habe ich mich bei der Auswahl der jeweiligen Aktivität auf die Partner*innen vor Ort verlassen. Dies hat für mich auch etwas damit zu tun, die Akteur*innen im Feld ernst zu nehmen und es nicht besser zu wissen als sie. Andere Organisationen hatten keine Veranstaltungen. Hier hatte ich teilweise das Gefühl, dass diese Information mit einem schlechten Gewissen an mich herangetragen wurde, wozu es gar keinen Anlass gab. Denn in einem Projektzyklus des ZFD finden nicht immer Aktivitäten statt.

Es fanden auch Veranstaltungen statt, zu denen ich nicht gehen konnte, da es zeitliche Überschneidungen gab oder zu denen ich gerne gegangen wäre, von ihnen jedoch zu spät erfahren habe. Dabei gehe ich davon aus, dass ich nicht mit Absicht nicht eingeladen wurde (es gab durchaus Aktivitäten, die zu sensibel waren, um teilzunehmen, dies wurde jedoch individuell kommuniziert), sondern vielmehr einfach nicht daran gedacht wurde. Dies ist für mich verständlich, da ich für die Personen im Feld keine Priorität hatte. Die Aktivitäten, an denen ich teilgenommen habe, waren zum Beispiel Diskussionsrunden, Weiterbildungen für bestimmte Personengruppen, Besuche von Projekten, Konferenzen, Meetings mit anderen Organisationen oder Evaluationstreffen. Auf diese wird inhaltlich genauer in der Analyse der Daten in den Kapiteln 6 und 8 eingegangen. Hierbei habe ich wie schon beschrieben den Personen bei ihrer Arbeit über die Schulter geschaut. Ich habe mich dazugesetzt und alles beobachtet. Dabei fanden immer wieder Interaktionen statt, in denen lokale Sprachen verwendet wurden. In allen drei Ländern ist Englisch die Amtssprache. Gerade in Sierra Leone und Liberia wird jedoch Krio, eine auf Englisch basierende Kreolsprache gesprochen. Besonders in ländlichen Gegenden fanden die Interaktionen oftmals in dieser Sprache statt. Ich habe mich bemüht, einige einfache Worte zu erlernen und mich mit der Zeit in die Sprache hineingehört. Da sie an das Englische angelehnt ist und eine Nähe zu nigerianischem Pidgin-Englisch besteht, das ich in Ansätzen verstehe, konnte ich zumindest Sinnzusammenhänge begreifen. In Kenia wird neben Englisch auch Swahili gesprochen und es gibt insgesamt 61 verschiedene Sprachen (Githiora, 2018). Auch wenn ich einfache Sätze in Swahili verstehe und mich zum Beispiel vorstellen kann, war es mir nicht möglich, alle notwendigen Sprachen zu erlernen. Die meisten Veranstaltungen fanden auf Englisch statt. Aktivitäten in ländlichen Gegenden, bei denen verschiedene ethnische Gruppen zusammenkamen, fanden auf Swahili statt. Veranstaltungen in ländlichen Gegenden mit einer vorherrschenden ethnischen Gruppe wiederum in deren lokaler Sprache. Für alle drei Länder gilt, dass die anwesenden Fachkräfte auch in sehr unterschiedlichem Maße die jeweilige Sprache verstanden und sprechen konnten. So wurde größtenteils versucht, für die Fachkräfte und mich zu übersetzen. Dies geschah meist nicht simultan, sondern zusammenfassend nach einzelnen Teilen der Veranstaltung oder auch an deren Ende. Auch wenn ich manchmal nicht alles verstand, konnte ich Interaktionen beobachten und darüber hinterher mit den jeweiligen Personen vor Ort in Dialog treten. Dies geschah zum Teil auch, wenn ich gebeten wurde, etwas zu einem Workshop beizutragen. So wurde ich beispielsweise bei einem Meeting in der Region Lunsar in Sierra Leone von *Mining* und Landraub betroffenen Personen gebeten, meine Meinung zu dem Thema zu äußern. Dies habe ich gerne gemacht und die Verantwortlichen vor Ort haben übersetzt. Mein Input wurde übersetzt, es wurde immer etwas unterfüttert und dazugesagt, wenn ich das richtig mitbekommen habe. „Finde ich aber okay, so wird es besser verständlich" (Forschungstagebuch Sierra Leone, 12.02.2019). Ich habe ihm*ihr insofern vertraut, dass nicht der Inhalt verändert, sondern zum Beispiel durch Ergänzungen für die Personen besser verständlich wird. In der wissenschaftlichen Literatur wird immer wieder herausgestellt, wie wichtig ist es ist, die richtige Person zum Übersetzen auszuwählen und viele Absprachen mit ihm oder ihr zu treffen (Leck, 2014, 61 f.). Ich habe mich jedoch in allen drei Ländern bewusst gegen die Begleitung einer Person entschieden, die dauerhaft für mich übersetzt. Dies hätte mich meiner Meinung nach stärker in den Fokus gerückt und meine Sonderstellung noch deutlicher gemacht.

Besonders in der Hauptphase der teilnehmenden Beobachtung kann es – wie in den methodischen Ausführungen bereits geschildert – zu Rollenwechseln der forschenden Person kommen. Es kann auch vorkommen, dass einem Rollen zugeschrieben werden. Diese Rollenzuschreibungen beziehen sich zum einen auf offensichtliche Faktoren wie Geschlecht, Religion, Alter, Herkunft und zum anderen auf verhandelbare Faktoren. Dazu zählen Aspekte wie zum Beispiel wie man sich im Feld bewegt, wo man im Feld lebt und wie man sich vorstellt (Robson, 1997, S. 52). Auch bei mir gab es diese Rollenwechsel auf verschiedene Art und Weise. In Workshops zum Beispiel war es Personen nicht immer klar, dass ich eine unabhängige Forscherin bin und nicht zu einer bestimmten Organisation gehöre. Trotz Erklärungen auch auf lokaler Sprache zu Beginn der Workshops kann ich mir nicht sicher sein, dass dies immer verstanden wurde. Ich wurde jedes Mal herzlich empfangen, doch gerade in sehr armen oder ländlichen Strukturen habe ich durch meine Anwesenheit auch Erwartungen geschürt. Als Beispiel soll hierfür eine Situation aus Kenia geschildert werden: Ich war vor Ort mit einer lokalen Partnerorganisation und einer lokalen Friedensfachkraft, welche als *Poolperson* im Büro der deutschen Organisation arbeitet. Diese Personen begleiten in ländlichen Gebieten Mechanismen der alternativen Rechtsprechung. In der Regel ist hier keine weiße Person mit dabei. Schon auf der Fahrt wurde uns von vielen Kindern das Wort *Mzungu* (Bezeichnung für eine weiße Person) hinterhergerufen. Dies führte im Auto zu einigen Lachern und der Aussage einer der Mitfahrenden, dass sie sonst nie so viel Aufmerksamkeit erhalten. Vor Ort wurde mir schnell deutlich, dass wir alle eine Sonderrolle einnehmen. Es wurden für uns bessere Stühle bereitgestellt als für die anderen Personen vor Ort, was durchaus üblich ist und für Gäste (unabhängig davon, ob sie weiß sind oder nicht) nach Möglichkeit immer gemacht wird. Wir hatten (wie bereits in der Einleitung geschildert) Plastikflaschen zum Trinken dabei. Als sie leer waren, wurden sie von den Kindern eingesammelt, um damit zu spielen. Erwachsene nutzen sie zum Abfüllen von Öl. Hier wurde deutlich, dass es auch einen Unterschied zwischen den Mitarbeitenden der Organisation und den Menschen vor Ort gibt. Jedoch war dieser bei mir noch größer. So wurden am Ende der Veranstaltung viele Fotos mit mir gemacht. Dies geschieht, laut Aussage der Personen, die ich begleitet habe, sonst nicht so exzessiv. Persönlich fand ich es durchaus nett und wertschätzend, eine Erinnerung zu kreieren. Jedoch hat mein kurzer Besuch bei einigen Personen auch bestimmte Erwartungen geweckt, und ich wurde beispielsweise nach Geld oder einem Stipendium gefragt. Ich werfe diese Erwartungshaltung den Menschen vor Ort nicht vor. Schließlich ist es ein Fakt, dass ich als weiße Person aus Deutschland bestimmte Privilegien besitze. Dennoch fällt es schwer, diese Erwartungshaltung enttäuschen zu müssen. Ein Thema, das ich auch in meinem Tagebuch mehrfach festgehalten habe: „Die Leute aus den Dörfern, mit denen ich nun drei Tage zusammen war, haben große Erwartungen an mich und ich hoffe, dass sie nicht zu sehr enttäuscht sind, da ich diese nicht erfüllen kann" (Forschungstagebuch Kenia, 03.10.2019). Diese Erwartungen kamen auf, obwohl ich mich zu Beginn vorgestellt hatte. „Conversations with white women carrying notebooks can generate certain expectations, and being mistakenly associated with aid agencies and service providers works to the researchers' advantage" (Cronin-Furman & Lake, 2018, S. 609). Dies liegt an systematisierter Macht, welche in Abschnitt 5.6 genauer betrachtet wird.

Rollenwechsel gab es auch auf einer anderen Ebene, wo ich von einer teilnehmenden Beobachterin zur beobachtenden Teilnehmerin wurde. An einigen Workshops habe ich teilgenommen und aktiv mitgearbeitet: „Ich wurde von den Jugendlichen als Teilnehmerin weitgehend akzeptiert" (Forschungstagebuch Kenia, 10.10.2019). In anderen Situationen übernahm ich stärker eine leitende Rolle. Diese Wechsel lagen unter anderem daran, dass Akteur*innen im Feld zum Beispiel etwas einforderten und sich gezielt mit Bitten an mich richteten, in einem bestimmten Bereich aktiv zu werden. Um dies zu verdeutlichen, kann ein Beispiel aus Sierra Leone dienen: Ich hatte mit der Fachkraft, welche integriert in einer Organisation arbeitet, meine Teilnahme an einem mehrtägigen Workshop besprochen. Dieser hatte die Programmplanung der Organisation zum Inhalt. In dem Gespräch kamen wir auf Methoden zu sprechen und diskutierten, mit welchen Methoden was möglich ist. Als ich zu meiner eigenen Erfahrung mit Methoden befragt wurde, kam die Idee auf, dass ich einen Teil des Workshops inhaltlich vorbereiten und moderieren könnte. Gerne sagte ich zu, weil ich mich in der Rolle als Workshopgeberin bereits in der Vergangenheit sehr wohl gefühlt habe. Zu einem anderen Zeitpunkt hat in Sierra Leone in Absprache mit dem*der Projektpartner*in ein weiterer halbtägiger Workshop unter gemeinsamer Anleitung für Jugendliche stattgefunden, der sehr gut angekommen ist.

> „Alles in allem lief es aber gut. Ich habe mich danach nur selbst etwas nach der Nachhaltigkeit gefragt, aber so ist es eben bei externen Referenten und als solche nehme ich mich hier wahr. Man kommt in eine fremde Gruppe, macht etwas und geht wieder und hofft, dass man einen Effekt hinterlässt" (Forschungstagebuch Sierra Leone, 09.02.2019).

Mir war es wichtig, mich in solchen Situationen nicht aufzudrängen, aber solche Anfragen wenn möglich gerne anzunehmen und sie umzusetzen. Die Akteur*innen im Feld sind bereit, sich mir zu öffnen, damit ich von ihnen profitieren kann. Daher bin auch ich bereit, mich zu öffnen, damit sie von mir profitieren können. Dies ist in der Forschung nicht als hinderlich anzusehen. Denn im Idealfall ist Forschung ein Geben und Nehmen. Gerade das natürliche Bewegen im

Feld in einem international arbeitenden Kontext führt zu weiteren Vernetzungen und zur Nutzung von vorhandenen Ressourcen (Tittensor, 2016, S. 225).

Ergänzt wurden diese Beobachtungen durch viele Gespräche und gezielte Interviews. Eine genaue Auflistung der Gespräche ist im elektronischen Zusatzmaterial zu finden. Dabei habe ich die Gespräche als vertiefte Einblicke in das Feld verstanden und als Möglichkeit, Dinge nachzufragen. Für die Interviews gab es einen Leitfaden.[10] Dieser wurde auf Grundlage des bereits vor dem Aufenthalt in den drei Ländern generierten Wissens erstellt. Mir war dabei wichtig, die Fragen möglichst offen zu halten und den Personen die Chance zu geben, ins Erzählen zu kommen. Und auch wenn sich bei mir nach vielen geführten Interviews ein gewisser Automatismus eingestellt hat („Ich habe nun schon so viele Interviews geführt, dass das schon total der Automatismus für mich ist" [Forschungstagebuch Kenia, 13.11.2019]), war es mir wichtig, ihn die anderen Personen nicht zu sehr spüren zu lassen. Deswegen habe ich in die Interviews immer auch Fragen eingebaut, die sich auf gemeinsame Erlebnisse bezogen haben. Gerade wenn ich zum Beispiel in einem Projekt Spannung festgestellt habe, war es mir wichtig, in einem Gespräch darauf nochmal einzugehen, um die verschiedenen Meinungen dazu zu hören. „Es hat sich in den Gesprächen für mich gezeigt, wie wichtig es ist, gute Fragen zu stellen, damit die Leute nicht immer nur positiv antworten. Dazu braucht es auch ein kulturelles und sprachliches Feingefühl" (Forschungstagebuch Liberia, 17.04.2020). Dies ist vor allem bei sensiblen Themen von besonderer Bedeutung. Es war mir immer wichtig, die Personen nicht als bloße Datenlieferant*innen zu betrachten, sondern sie auf eine wertschätzende Art und Weise zu behandeln. Da ich immer sehr herzlich verabschiedet wurde, wir nach den Gesprächen noch zusammen essen waren und ich auch nach meiner eigenen Meinung gefragt wurde, gehe ich davon aus, dass mir dies gelungen ist.

Auch auf einer persönlichen Ebene fühlte ich mich in dieser Hauptphase im Feld angekommen: Wenn ich zum Beispiel von einem mehrtägigen Aufenthalt in einer ländlicheren Gegend an einen der Standorte zurückkehrte, hatte ich das Gefühl, nach Hause zu kommen. „Ich habe richtig gemerkt […], dass ich ein richtiges Nachhausekommen-Gefühl habe" (Forschungstagebuch Liberia, 04.04.2019). So habe ich mich auch unabhängig von gezielten Terminen in den Organisationen mit einigen Personen getroffen. Etwa, um etwas essen zu gehen, einen Ausflug zu machen oder ich wurde zu ihnen nach Hause eingeladen. Dies war häufiger mit deutschen Fachkräften der Fall als mit lokalen

[10] Die Leitfäden sowohl für die Interviews in Deutschland als auch für die Interviews in den jeweiligen Ländern befinden sich im elektronischen Zusatzmaterial.

Mitarbeitenden. Gleichzeitig habe ich mich auch mit Personen unabhängig von dem Feld ZFD getroffen. Diese Personen habe ich in Liberia und Sierra Leone vor allem über meine Airbnb-Gastgeber*innen kennengelernt. In Kenia geschah dies überwiegend durch bereits vorhandene Kontakte. Gerade dieser freundschaftliche Austausch über Themen, die auch mal keinen unmittelbaren Bezug zu meiner Forschung hatten, hat mir persönlich sehr gutgetan. Auf diese Weise durfte ich indirekt viel über das Land lernen und mitnehmen. So schrieb ich nach der Teilnahme an einem Gottesdienst und freier Zeit mit Priestern einer Diözese in mein Forschungstagebuch: „[Es] waren total die netten Gespräche und auch so ganz informell habe ich mal wieder viel zum Beispiel über die Politik hier gelernt" (Forschungstagebuch Liberia, 31.03.2019). Oder ein anderes Mal nach einem Gespräch mit meinem Mitbewohner: „So lernt man, finde ich, am meisten" (Forschungstagebuch Liberia, 18.03.2019) oder auch „Auf solche Gespräche kommt es an, um ein Gefühl für das Land zu bekommen" (Forschungstagebuch Sierra Leone, 24.01.2019). Trotzdem gab es in der Forschung auch Momente, in denen ich den Austausch mit engen Freund*innen und über bestimmte persönliche Erlebnisse vermisst habe. Dies war vor allem dann der Fall, wenn etwas schief ging oder nicht wie geplant funktioniert hat „An solchen Tagen vermisse ich auf jeden Fall den regelmäßigen Austausch mit Freund*innen. Hier ist vieles an der Oberfläche und es liegt zum Teil aber auch daran, dass ich in Gedanken immer zu Hause bin" (Forschungstagebuch Kenia, 07.10.2019). Und obwohl ich bereits mehrmals in Kenia und in anderen afrikanischen Ländern war und mich als reiseerfahren beschreiben würde, hat auch mich der Kulturschock eingeholt.

> „Ich bin im Kulturschock angekommen und das, obwohl ich interkulturell doch eigentlich so fit bin. Ich vermisse bestimmtes Essen oder zu mindestens die Möglichkeit, selbst zu kochen, Nonsens-Gespräche zu führen und mich so richtig wohl zu fühlen. In Freetown war das anders. Da muss ich in den kommenden Tagen auf jeden Fall dran arbeiten. Das Ganze gehört eben auch dazu" (Forschungstagebuch Sierra Leone, 19.02.2019).

Ich betrachte dies als natürlichen Teil der Forschung, der zum Forschungsprozess dazugehört. Besonders in Sierra Leone und Liberia war es immer wieder der Fall, dass ich auch bei Freizeitaktivitäten ungeplant auf Personen aus dem ZFD getroffen bin. Dies geschah zum Beispiel an einem Wochenende am Strand oder an touristischen Zielen. Hierbei war der Umgang immer sehr freundschaftlich und es fand ein lockerer und netter Austausch statt. Generell habe ich mich sehr wohl gefühlt und fand diese Situationen nie merkwürdig.

Gerade in der Hauptphase ist es wichtig, die Gesprächs- und Beobachtungsdaten festzuhalten. Ich habe bei geplanten Interviews mitgeschrieben und mir

Notizen gemacht. Bei lockeren, offenen Gesprächen habe ich nicht mitgeschrieben. Ich habe mir, wenn es passend war, nach dem Gespräch kurz Notizen mit meinem Handy gemacht und diese abends in mein Gesprächs-Dokumentations-Buch übertragen. Bei Beobachtungen habe ich je nach Situation entschieden, ob ich mitschreibe oder nicht. Da diese jedoch in der Regel bei Meetings oder Workshops stattfanden und es dort normal für alle Beteiligen ist, sich Notizen zu machen, habe ich mich in der Regel dafür entschieden. Am Abend bin ich diese Notizen immer nochmals durchgegangen und habe sie ergänzt. Dabei habe ich in den Beobachtungsnotizen Datum, Ort, beteiligte Personen, den Verlauf, offene Fragen und weitere Gedanken (Grenz, 2017, S. 199) festgehalten. Ebenfalls führte ich jeden Abend oder bei einer sehr späten Veranstaltung am nächsten Morgen mein Feldtagebuch. Hier habe ich persönliche Notizen gemacht, Situationen reflektiert, meine eigene Rolle hinterfragt und Momente festgehalten, die mich besonders bewegt haben.

5.3.4 Abschlussphase

Die Abschlussphase erfolgt, wenn der oder die Forschende zu dem Ergebnis gekommen ist, die Beobachtung abgeschlossen zu haben. Dabei sei angemerkt, dass keine Beobachtung alles erfassen kann. Aber es geht um die persönliche Einschätzung der oder des Forschenden. Auch beeinflusst die Dauer, die der oder die Forschende im Feld verbracht hat, die Ergebnisse. Je länger ein Feldaufenthalt andauerte, desto detaillierter sind Beobachtungen und desto tiefer kann das Verständnis des Feldes sein. Dabei ist allerdings nicht ausgeschlossen, dass auch ein kürzerer Feldaufenthalt sehr detaillierte Informationen hervorbringen kann. In der Regel erfolgen die Abschlussphase und der Abschied aus dem Feld also, wenn die Daten gesammelt sind. Oder teilweise auch dann, wenn zum Beispiel eine Forschungsförderung ausläuft oder im schwierigsten Fall, falls der oder die Forschende aus dem Feld ausgeschlossen wird (Kindon & Cupples, 2014, 220 f.). In dieser Phase ist es besonders wichtig, dass eine Loslösung vom Feld stattfindet und wieder Distanz gewonnen werden kann. Dies kann je nach Grad der Integration der oder des Forschenden in das Feld durchaus schwierig sein. Denn es können enge Bindungen bestehen und nach der Forschung wird gerade durch soziale Medien der Austausch erleichtert (Alber, 2013; Treiber, 2014). Somit hat der Rückzug aus dem Feld immer ethische, emotionale, professionelle, persönliche und praktische Komponenten, die beachtet werden müssen (Kindon & Cupples, 2014, S. 223). Es gilt, den Rückzug möglichst in Absprache und Reflexion mit den Personen im Feld vorzunehmen (Girtler, 2001, S. 129). Des Weiteren ist es wichtig, Rückmeldungen an das Feld zu geben und die Ergebnisse der Forschung mit den Beteiligten aus dem Feld zu teilen. So kann es zum Beispiel hilfreich sein, mit den Beteiligten einen *Follow-up*-Plan zu erstellen.

Die Abschlussphase stellt für mich ebenfalls einen wichtigen Teil des Forschungsprozesses dar. Bei den Interviews war es von vornherein klar, dass die Forschung auf das Interview begrenzt ist. Jedoch bin ich mit den Personen in weiterem Kontakt geblieben. Einerseits, um Absprachen über meine weitere Forschung zu treffen und andererseits, um die Personen über die Ergebnisse der Forschung zu informieren, wenn in den Interviews besprochen wurde, dass Interesse an den Forschungsergebnissen besteht. Da es sich bei den Seminaren zur Fachkräftevorbereitung um zeitlich begrenzte Felder im ZFD handelte, war auch hier die Abschlussphase relativ leicht zu gestalten. In der Regel fand sie mit der Seminarreflexion gemeinsam in der Gruppe statt.

Generell stellt sich die Frage, wann eine solche Abschlussphase beginnt. Bei mir war von Anfang an klar, dass der Aufenthalt, unter anderem auch aus finanziellen Gründen, auf einen bestimmten Zeitraum festgelegt ist. Somit war das Ende der Forschung schon vor ihrem eigentlichen Beginn definiert. Ob diese Zeit ausreichend war, ist schwer zu beantworten. So schrieb ich schon zu Beginn der Forschung: „Ich habe das Gefühl, dass die Zeit eigentlich viel zu kurz ist und ich, um richtig reinzukommen, schon drei Monate in Freetown bleiben könnte" (Forschungstagebuch Sierra Leone, 28.01.2019). Jedoch kann ich rückblickend sagen, dass die Zeit ausgereicht hat, um das Feld kennenzulernen und meine Forschungsfrage zufriedenstellend zu beantworten. Die Abschlussphase in den drei Ländern gestaltete sich jedoch schwieriger und immer etwas anders. Allen Ländern ist jedoch gemein, dass ich verschiedene Abschiede und Abschlussphasen erlebt habe. Wenn ich beispielsweise in einem bestimmten Dorf an einer Aktivität einer ZFD-Organisation teilgenommen habe, war ich eben nur für diese Aktivität in dem Dorf und habe dort alle Phasen an einem Tag durchlebt. Ebenfalls war ich in einigen Städten nur für eine bestimmte Zeit und musste mich dort von den Akteur*innen verabschieden, als ich in die nächste Stadt gefahren bin, da nicht immer klar war, ob wir uns zum Beispiel bei Veranstaltungen in der Hauptstadt nochmal wiedersehen. Allgemein wurde als *Follow-up* festgehalten, dass ich die Personen über die Ergebnisse meiner Forschung auf dem Laufenden halte. In allen drei Ländern habe ich auch außerhalb des Feldes gute Freunde gewonnen. Auch hier mussten Abschiede stattfinden, in der Regel mit einem gemeinsamen Abendessen und es gab kein *Follow-up* im wissenschaftlichen, sondern in einem freundschaftlichen Sinn. Der Abschied in Sierra Leone erfolgte in der Regel persönlich. Hier hatte ich das Glück, die meisten Personen aus dem Feld ZFD, aber gerade die Personen, mit denen ich mehr Zeit verbracht hatte, nochmal persönlich zu sehen und mich verabschieden zu können. Bei anderen Personen verabschiedete ich mich bei unseren letzten Treffen, auch wenn diese vor dem Forschungsende lagen oder auch per Handy. Der Abschied in Liberia verlief etwas turbulenter. Aufgrund einer sich immer weiter verschlimmernden Verletzung schickte mein behandelnder Arzt mich nach Hause. Dies geschah eine Woche vor meiner geplanten Abreise. Somit konnte ich mich nur digital von meinen Kontakten verabschieden. Hier wurden mir jedoch große Sympathie und Verständnis entgegengebracht. Trotzdem stellte dieser plötzliche Abbruch für mich keine gute Situation dar, da es sich nach einem Abschied ohne Abschluss anfühlte.

Da in Kenia an so viel verschiedenen Orten ZFD-Projekte stattfinden, kam es zu verschiedenen Abschieden. Diese gab es in der Regel dann, wenn ich und ein*e Akteur*in das Gefühl hatten, das wir uns zum letzten Mal sehen werden. Dennoch „[habe ich] ein schlechtes Gewissen, dass ich den ganzen lieben Leuten hier in meiner restlichen Zeit gar nicht mehr gerecht werden kann“ (Forschungstagebuch Kenia, 17.11.2019). Zwar hat eine Loslösung vom Feld beziehungsweise von den einzelnen Orten des Feldes stattgefunden. Aber dennoch befinde ich mich in einem weiteren Austausch mit einer Vielzahl der Akteur*innen im Feld. Dies liegt unter anderem auch daran, dass weitere Projekte entstanden sind, dass Akteur*innen in die Reflexion der Daten einbezogen wurden und sich zum Teil Freundschaften entwickelt haben, die unabhängig von Feld oder Forschung weiterbestehen.

Auch wenn für mich die physische Abschlussphase aus den drei Ländern stattgefunden hatte, bedeutete dies für mich noch nicht den finalen Abschluss der Forschung oder das komplette Verlassen des Feldes. Denn ich habe noch auf anderen Wegen weiterhin Daten erhoben. Um die Daten aus den drei Ländern zu ergänzen, wurde im Anschluss an die Aufenthalte noch eine Umfrage mit einem quantitativen Fragebogen durchgeführt. Diese fand zeitlich nach dem Aufenthalt in Kenia statt und der Fragebogen wurde an deutsche und lokale Fachkräfte und Organisationen digital versendet. Doch wurde er nicht nur an diese drei Länder versendet. Meine Intention war es, einen etwas größeren Überblick zu gewinnen. Somit wurde er an die Personen geschickt, mit denen ich in Deutschland Interviews geführt hatte, und zwar mit der Bitte, ihn an alle ZFD-Fachkräfte und Partnerorganisationen weltweit weiterzuleiten. Insgesamt haben 83 Personen den Fragebogen ausgefüllt. Eine genaue Rücklaufquote kann nicht errechnet werden, da unklar ist, wie viele Personen der Fragebogen erreicht hat. Auch gibt es keine genauen Statistiken über die Anzahl der Projektpartner*innen und Mitarbeitenden vor Ort. Es waren zum Zeitpunkt der Versendung des Fragebogens 350 externe Fachkräfte über die deutschen Organisationen im Ausland tätig. Von den Personen, die an der Umfrage teilgenommen haben, gaben 38 Personen an, externe Fachkräfte zu sein. Somit haben 10,85 % der internationalen Fachkräfte den Fragebogen ausgefüllt. Generell weisen Online-Fragebögen eine eher geringe Rücklaufquote auf. Gerade bei Organisationsbefragungen liegt diese oft nur bei etwa 11 % (Manfreda et al., 2008, 90 ff.). In diesem Fragebogen wurden Annahmen abgefragt, die ich aus Interpretationen meiner Felddaten gewonnen hatte. Dadurch wollte ich zum einen meine Interpretationen ein Stück weit überprüfen und zum anderen Daten aus anderen Teilen der Welt gewinnen. Die meisten Rückmeldungen gab es jedoch aus den drei Ländern, in denen ich auch meine Forschung durchgeführt habe.

5.3.5 Datenauswertung und Reflexion

Sobald im Feld die Beobachtungen abgeschlossen sind und der Ausstieg aus dem Feld gelungen ist, folgt die Phase der Auswertung. Bei der Datenauswertung spielt besonders die Interpretation der Daten eine bedeutende Rolle, in die die Erkenntnisse aus den vorherigen Kontakten aus dem Feld und die Kenntnisse der sozialen Zusammenhänge einfließen (Girtler, 1989, S. 106). Während der Interpretationsleistung kann die Reflexion dabei helfen, Konsequenzen der jeweiligen Forschungsentscheidung darzustellen. Besprochen werden darin Chancen, Grenzen, Probleme und Fehler des Forschungsprozesses.

Bevor auf die Auswertung des Materials weiter eingegangen werden kann, werden zunächst noch einige Überlegungen zur Gewinnung von Wissen in der ethnografischen Forschung allgemein angestellt. Dazu kann auf das soziologische, verstehende Konzept von Schütz zurückgegriffen werden. Er beschreibt darin, wie ein*e wissenschaftlich beobachtende*r Forschende*r den subjektiven Sinn hinter Handlungen von Akteur*innen erfassen kann. Dabei geht (Schütz, 1971) nicht davon aus, dass den Akteur*innen selbst der Sinn zugänglicher ist als dem oder der Wissenschaftler*in. Vielmehr setzt Schütz bei den handelnden Akteur*innen selbst an und fragt danach, wie die Akteur*innen selbst Sinn erzeugen und diesen in ihrer Lebenswelt erfahren. Durch diese Reflexion wird deutlich, dass einer Person, die wissenschaftlich beobachtet, selbst nie der subjektive Sinn wie einem oder einer Akteur*in zugänglich ist und diese Person somit ein anderes Verständnis gewinnen wird (Schütz, 1971). Somit wird nochmals die Wichtigkeit der Interpretation hervorgehoben. Dabei wird deutlich, dass aus dem Konzept der Lebenswelt, die Schütz als „Gesamtzusammenhang der Lebenssphäre" (Schütz, 1971, S. 284) beschreibt, in einer für Akteur*innen intersubjektiv sinnhaften Welt durch alltägliche Handlungen Wissen erzeugt wird und somit Realität. Aus dieser Annahme heraus begründen (Berger & Luckmann, 1966) ihr Konzept von Wissen, mit dem im Folgenden gearbeitet wird. Wissen wird für sie in sozialen Kontexten hergestellt. Es ist daher immer veränderbar und kein autonomer Prozess, der losgelöst von etwas betrachtet werden kann und immer als sozial konstruiert gelten muss (Berger & Luckmann, 1966, S. 13). Dies spiegelt sich darin wider, welche Art von Wissen mit ethnografischer Forschung erworben werden soll: „The knowledge with which people live rather than the knowledge with which Western intellectuals make sense of life“ (Jackson, 1996, S. 4). Wissen ist somit immer in einen subjektiven Kontext eingebettet. Gemeint ist die lebensweltliche Realität als alltägliches Wissen, welche nicht personenabhängig sein muss, sondern von Generation zu Generation weitergegeben werden kann (Berger & Luckmann, 1966, S. 56). Dies geschieht besonders durch die Reflexion von Wissen. „Whereas objective knowledge claims to be un-situated – true any time and any place – reflexive knowledge is situated and includes a recognition of the multiple translation strategies that bring it into being“ (Hardy et al., 2001, S. 554). (Simons, 1996, S. 43) merkt an, dass Ergebnisse, die in Konfliktkontexten entstehen, oft das Ergebnis der oder des Forschenden sind, welche*r versucht hat, konfuse und bedrohende Erlebnisse sinnvoll zu ordnen. Wie schon angemerkt, ist deswegen eine Reflexion des Feldes und der eigenen Rolle immer wichtig. Deswegen ist es essenziell, in der Datenauswertung immer zu fragen, wie Wissen entstanden ist, wie es beschrieben wird und wie es intersubjektiv nachvollziehbar gemacht werden kann. Wird Wissen also wissenschaftlich generiert, kommt es dabei immer zu einem Wissen über Wissen und zu einer Konstruktion zweiter Ordnung (Schütz, 1971, S. 68). Somit ist Wissen, welches durch ethnografische Forschung erworben wird, immer ein Wissen zweiter Ordnung, welches auf dem konstruierten Wissen und auf den konstruierten Realitäten der Personen im Feld beruht.

Durch diese Konstruktion stellt sich die Frage nach der Objektivität der Daten. Allgemein sind die in der quantitativen Forschung verwendeten Begriffe Objektivität und Reliabilität in der Forschung, die die teilnehmende Beobachtung anwendet, eher ungebräuchlich. Stattdessen wird von verschiedenen Kriterien der Validität gesprochen (Bortz & Döring, 2006, S. 326). Objektivität im quantitativen Sinne kann demnach nie gegeben sein (Öksüzoglu-Güven, 2016, S. 55). Diese Annahmen lassen sich auch auf die grundlegende Frage zurückführen, was Begriffe wie Objektivität oder Validität überhaupt aussagen können. „I recognize that we can never know with certainty whether (or the extent to which) an account is true; for the obvious reason that we have no independent, immediate and utterly reliable access to reality" (Hammersley, 1992, S. 69). Deswegen sollten Daten danach bewertet werden, was vorliegt und erklärbar ist. Zunächst ist bei der Methode der teilnehmenden Beobachtung davon auszugehen, dass Menschen durch die gesellschaftlichen Strukturen ihr Handeln ständig neu schaffen und in der Interaktion die Art ihrer Beziehung immer wieder neu definiert und bestimmt wird. Dabei interpretieren Menschen immer aufgrund ihres Vorwissens die beobachtete Wirklichkeit. Somit liegt ein dialog-konsenstheoretisches Wahrheitskriterium vor. Dies besagt, dass sich der oder die Forscher*in der Wahrheit durch einen Diskurs annähern kann. Realität ist also nicht als konstante Wirklichkeit zu verstehen, sondern entwickelt sich immer im Diskurs. Dieses Verständnis von Wahrheit ist Grundlage für den offenen und flexiblen Charakter der teilnehmenden Beobachtung, also der Wechselwirkung zwischen den erhobenen Daten und dem theoretischen Vorverständnis (Mayer, 2002, S. 22).

Für die Auswertung der Materialien gelten die üblichen Regeln einer qualitativen Forschung, zu welcher die teilnehmende Beobachtung gehört (Bortz & Döring, 2006, S. 341). Gleichzeitig gilt, dass es keine einheitliche oder eindeutige Methode zur Transformation von Daten zu Aussagen und Ergebnissen gibt (Merkens, 1992, S. 217). Dabei spielt besonders die Glaubwürdigkeit (authentisch und ehrlich) der Befragungspersonen und der Beobachtungsprotokolle (bilden sie das Geschehen realistisch ab und sind sie unvoreingenommen) eine wichtige Rolle. Sie sind Daten und Analyse zugleich (DeWalt et al., 2000, S. 271). Aus diesem Grund müssen sie kritisch hinterfragt werden, da sie lediglich das Erinnerte und selektiv Wahrgenommene enthalten (Lüders, 2000, S. 396; Reuber & Pfaffenbach, 2005, 127 f.). Jede*r Forschende, der oder die eine teilnehmende Beobachtung durchführt, steht vor dem Problem der Authentizität und der Interpretation der Forschungsergebnisse. Forschende müssen sich bewusst sein, „[...] dass nie ganz authentisch die Perspektive der Erforschten eingenommen und dann textlich wiedergegeben werden kann" (Menzel, 2015, S. 60). Die erhobenen Daten werden oft kritisiert, nicht objektiv und validierbar zu sein und dem Bias der Forschenden zu unterliegen (Bryman & Bell, 2015; Kirk & Miller, 1986). Deswegen ist es hilfreich, dass schon bei der Dokumentation die Eindrücke zu intersubjektiven, nachvollziehbaren Daten umgewandelt werden. Dieser Prozess ist eingebettet in die doppelte Intersubjektivität der oder des Forschenden. Er entsteht durch Beobachten und Schreiben (Dellwing & Prus, 2012) und findet zwischen dem Feld (Fragen stellen, Daten zusammenfassen, neue Fragen entwickeln) und dem Schreibtisch (Darstellung, Datenanalyse und Datensicherung) statt. Hierbei erfolgt eine Trennung von Wertung und Beschreibung (Beuchling, 2015, S. 11). „Der Sozialforscher hat demnach nach den Definitionen bzw. den Interpretationen, wie sie in der jeweiligen Alltagswelt geschaffen werden, sich zu erkundigen, um auf diesen seine Interpretationen zu erzeugen" (Girtler, 1989, S. 107). Dies sind die sogenannten Konstrukte zweiter Ordnung (Schütz, 1971). Um die Interpretation der Notizen nachvollziehbar zu machen, muss sie ausführlich dargestellt werden. Um wiederum den Interpretationen Gültigkeit zu verleihen, sollte jede Interpretation dahingehend überprüft werden, welche alternativen Deutungen möglich sind. Erfolgt dies, sind der oder die Forschende und sein oder ihr Einfluss auf das Feld jedoch nicht mehr als Störfaktor, sondern als weitere Erkenntnisquelle zu verstehen (Flick et al., 2000, 22 ff.). Bei der Validierung der Daten ist es deswegen wichtig, unterschiedliche Teile desselben Materials immer wieder zu vergleichen, Vergleiche zwischen Personen anzustellen und Hintergrundinformationen von Expert*innen und aus der Literatur heranzuziehen. Wird dies konsequent und gewissenhaft durchgeführt, unterscheiden sich die Auswertung und Bewertung der Daten kaum von anderen qualitativen Verfahren. Besonders Reflexion (Hertz, 1997, VII f.) und Transparenz spielen in der Datenauswertung eine wichtige Rolle. Transparent machen bedeutet dabei die komplette Offenlegung von Daten auch in einem nicht paraphrasierten und interpretierten Zustand. Transparenz bedeutet hier die genaue Darstellung von Erhebungs- und Analyseschritten, die Begründung der damit verbundenen Entscheidungs- und Selektionsprozesse und eine Sichtbarmachung des Verhältnisses von theoretisch-methodologischer (An-)Leitung und empirisch-analytischer Eigenständigkeit. Also die Deskription und Legitimation von Forschungsentscheidungen (Eisewicht & Grenz, 2018, S. 369). Dadurch können in der Reflexion die Konsequenzen der methodischen, theoretischen und forschungspragmatischen Entscheidungen aufgezeigt werden und es werden mögliche blinde Flecken deutlich. „Ziel des Forschungsprozesses ist jedoch nicht eine möglichst erschöpfende Deskription, sondern eine schlüssige Interpretation" (Pritzlaff, 2006, S. 127). Andere Vorschläge, die jedoch nicht in jedem Forschungszusammenhang umsetzbar sind, sind zum Beispiel die Idee, dass Personen im Feld die erhobenen Daten validieren (Bryman 2012) oder mit mehreren Personen gemeinsam geforscht wird (Emerson, 1981). Doch auch hier stellen sich Fragen, wie zum Beispiel, wie objektiv Personen im Feld ausgesucht werden können, oder wer die oder den zweiten Forschende*n auswählt. Reflektiert werden muss aber auch die Situation, wenn Personen im Feld schon von Beginn an in den Forschungsprozess eingebunden sind und dies möglicherweise zu einer Verfälschung von Handlungen beiträgt.

Für die Auswertung gilt weiterhin, dass zwar für die Daten eine grobe Kodierung vorgenommen werden kann (Schöne, 2005, S. 192) und Programme wie MAXQDA Anwendung finden können. Doch ersetzt dies nicht den so wichtigen Schritt der Interpretation und kann dadurch als Unterstützung, aber nicht als

Auswertung im Forschungsprozess gesehen werden. Dabei sind die Kodierungen und Klassifizierungen höchst individuell, da es wichtig ist, dass sie gut zu der jeweiligen Forschung passen (Madden, 2010, S. 142).[11] Die Auswertung und damit die Interpretation an sich können nur durch den oder die Forschende*n unter Zuhilfenahme des gewonnenen Wissens und der Erfahrungen aus dem Feld durchgeführt werden (Pritzlaff, 2006, S. 128). Hierbei wird auch die vor dem Feldaufenthalt entwickelte theoretische Grundstruktur schrittweise überprüft und modifiziert. Daher ist es wichtig, sich die Offenheit bis zur Datenauswertung zu bewahren. Dabei werden Stück für Stück die Bedeutungen und Interpretationen durch das Kodieren und Klassifizieren deutlich. So ist es durchaus üblich, mit größeren Themen zu starten, welche dann immer konkreter werden. Es geht darum, „to unlocking what meaning the fieldnotes will have for your particular project" (Madden, 2010, S. 142). „Der Anspruch der ethnografischen Politikforschung zielt vor allem darauf, eine schlüssige Einzelfallstudie zu liefern. Generalisierungen werden nur in begrenztem Umfang angestrebt" (Pritzlaff, 2006, S. 130). Dennoch sollen die Ergebnisse aus der Forschung eine über die Einzelfallstudie hinausgehende deutliche Relevanz aufzeigen (Hammersley, 1992, S. 85). Unter bestimmten Umständen können sie auch vergleichbar gemacht werden (Scheffer & Niewöhner, 2010, 7 ff.).

In der ethnografischen Forschung ist der Schritt von der Kodierung und Klassifizierung zur Interpretation wichtig. Interpretation ist dabei zu verstehen als „a systematic synthesis between the disciplinary intellectual frames that begat the ethnographer […] and the ethnographic experience that further initiated and remade the ethnographer" (Madden, 2010, S. 148). Es geht also um einen Prozess, der damit beginnt, Muster in den erhobenen Daten zu beschreiben, dann Verbindungen zwischen diesen Mustern zu erkennen, bis hin dazu, Strukturen aufzuzeigen. Auch für Clifford Geertz (1973) liegt die Bedeutung der Forschung in der Interpretation und im Schreibprozess. Die Frage der Repräsentation beantwortet Geertz mit dem Konzept der dichten Beschreibung. Dabei geht es nicht nur – wie zum Beispiel noch bei Malinowski – um das Beobachten, sondern vielmehr um die Interpretation. Hier ergibt sich die dichte Beschreibung aus dem Beschreiben, dem Schreiben und dem im Feld gewonnen Vorwissen und eben aus der Interpretation. Geertz erhebt den Schritt der Interpretation zu dem zentralen Schritt in der Forschung. Für ihn bildet er die Ergänzung und Korrektur des Paradigmas der teilnehmenden Beobachtung. Diese Art der dichten Ethnografie eignet sich besonders, um Besonderheiten der je zu untersuchenden

---

[11] Ein Beispiel, wie eine Kodierung aussehen kann, lässt sich in dem Werk „Writing Ethnographic Fieldnotes" (Emerson et al. (1995)) finden.

Welt herauszuarbeiten und Einzelfallspezifika darzustellen. Durch diese Interpretationsprozesse kommt es jedoch zu einer gewissen Autorität der Forschenden (Clifford & Marcus, 1986). Die in dem Buch *Writing Culture* (Clifford & Marcus, 1986) vorgeworfene „monologische Autorität" der Forschenden gibt Aufschluss darüber, dass die oder der Forschende nie nur Berichterstattende*r sein kann. Vielmehr definiert er oder sie auch, was es zu berichten gibt und kann somit nicht komplett neutral sein. „Research, like any other form of intervention, occurs within an intensely political environment and is unlikely to be viewed by local actors as neutral or altruistic" (Goodhand, 2000, S. 12). Somit ist der oder die Forschende immer aufgefordert, die eigene Doppelrolle zu reflektieren, sich seiner oder ihrer Grenzen bewusst zu sein und die Repräsentation der Forschung zu hinterfragen. Für diese kritische Selbstevaluation können einige Fragen hilfreich sein, die schon im Feld immer wieder gestellt werden können. Solche Fragen können lauten: „Wie habe ich das Feld beeinflusst?", „Was habe ich in eine Situation hineininterpretiert, und was habe ich wirklich beobachtet?", „Zu welchem Grad beeinflussen meine Emotionen oder Gefühle gegenüber dem Feld, dem Thema oder Personen im Feld die Fragen, die ich stelle?", „Verändere ich mein Verhalten im Feld?" (Roller, 2014, S. 1). Diese Fragen müssen sicherlich je nach Kontext, Feld und forschender Person angepasst werden, können jedoch zur allgemeinen Orientierung dienen.

Diesen Fragen, gerade in Zusammenhang mit Kategorien wie Wissen und Macht, werde ich genauer in Abschnitt 5.6 nachgehen. An dieser Stelle seien jedoch noch einige Worte zu meiner Subjektivität als Forscherin gesagt. Für mich ist diese Subjektivität von Forschenden ein wichtiger Bestandteil von Forschung mit teilnehmender Beobachtung. Sie ist für den Erkenntnisprozess besonders relevant (Unger von, 2014, S. 22) und kann als „produktives Erkenntnisfenster" (Breuer et al., 2002, Absatz 4) gesehen werden. Diese Subjektivität kann jedoch nur produktiv genutzt werden, wenn sich Forschende ihrer bewusst sind. So habe ich beispielsweise in meinen Forschungsaufzeichnungen immer Dinge festgehalten, die ich wirklich beobachten konnte. Dinge, die ich zum Beispiel hineininterpretiert habe, habe ich getrennt festgehalten. Als erläuterndes, allgemeines Beispiel nehme ich folgende Szene bei einem Workshop. Ich kann während des Workshops beobachten, dass eine Person gähnt. Warum dies geschieht, kann ich nur interpretieren. Vielleicht aufgrund von Müdigkeit, Langeweile oder Sauerstoffmangel oder vielleicht ist es auch als ironische Handlung gedacht. Hier wird deutlich, wie wichtig Interpretation, aber auch die Reflexion der Daten ist. Reflexion ist in dem gesamten Forschungsprozess von immenser Bedeutung. Sie findet fortlaufend statt und besonders intensiv zum Ende der Forschung bei der Datenauswertung. Es werden die Subjektivität der Forschenden, die eigene

Positionierung im Feld und zu den Akteur*innen, der Einfluss auf das Feld und generell das eigene Handeln und die eigene Wahrnehmung reflektiert (Unger von, 2014, S. 23). Dabei gilt die Reflexion „im untersuchten Feld als ein wesentlicher Teil der Erkenntnis und nicht als eine zu kontrollierende bzw. auszuschaltende Störquelle“ (Flick et al., 2000, S. 23). Ich selbst ordne mich und meine Art zu reflektieren der kritischen Reflexion zu. In Abgrenzung zu pragmatischen, hermeneutischen oder phänomenologischen Ansätzen (Motari, 2015, 4 ff.) schließt die kritische Perspektive Komponenten wie Macht mit ein. Sie nimmt größere Zusammenhänge in den Blick und zielt darauf ab, Zusammenhänge aufzuzeigen. Die kritische Perspektive basiert unter anderem auf den Ansätzen von Michel Foucault (‚1980). Ergänzt wird sie von einer technischen und praktischen Reflexion über die Umsetzung der Forschung (van Manen, 1977). Diese kritische Reflexion wird auch in den vier Säulen von Gearoid Millar (2014b) gefordert. Die dritte Säule „appraisal of one's own implicit assumption“ (Millar, 2014b, S. 23) beinhaltet, dass die oder der Forschende ihre bzw. seine westlichen Definitionen, Konzepte und Sichtweisen hinterfragt und reflektiert. Um dies durchzuführen, kann es helfen, eine postkoloniale Perspektive einzunehmen, die den oder die Forschende*n leitet. Dabei spielt auch die Selbstreflexion eine besonders wichtige Rolle. Denn „[…] die eigene Betroffenheit und eine unkritische Identifikation mit den Akteuren im Feld (*«going native»*) können zu einer verkürzten Sichtweise führen“ (Bortz & Döring, 2006, S. 340). Andererseits kann ein *Going Native*, also ein komplettes Eintauchen in das Feld, auch zu einer größeren Fülle an Daten führen und die Qualität der Daten steigern (Öksüzoglu-Güven, 2016, S. 55). Diese besondere Art zu reflektieren wird sich in Abschnitt 5.6, in dem es um forschungsethische Überlegungen geht, verstärkt wiederfinden.

Auch meine in Tagebüchern, Protokollen und Feldnotizen gesammelten Daten wurden zur weiteren Interpretation kodiert, und zwar für die Daten aus allen Arbeitsphasen. Da ich mich wie bereits beschrieben als Spurensucherin im Sinne einer *Multi-sighted-Ethnography* verstehe, konnten an allen Orten, die zu meinem Feld gehören, bestimmte „Fährten“ gefunden werden (Weißköppel, 2005, S. 61). Diese Fährten sind gewisse Themen, die immer wiederkehren. Finden konnte ich sie bereits erstmals bei den Expert*inneninterviews und den Vorbereitungsseminaren in Deutschland. Sie tauchten in den drei Ländern wieder auf, jedoch ergänzt durch weitere Fährten.

Für die Datenauswertung und Reflexion ist nach meiner Forschung eine Vielzahl an Material vorhanden. In Deutschland wurden insgesamt sieben Personen interviewt. Es handelte sich um Personen, die in den jeweiligen Organisationen für den ZFD als Programm verantwortlich sind. Es wurde an fünf Seminaren teilgenommen. Genaue Beobachtungen in den drei Ländern lassen sich nicht genau beziffern, da in einem Feld eigentlich immer und überall beobachtet wird. Jedoch fanden wie erwähnt zu den allgemeinen Beobachtungen Interviews statt. Die Interviews mit den Mitarbeitenden in Deutschland wurden aufgenommen. Alle weiteren Gespräche wurden nicht aufgezeichnet, sondern nur verschriftlicht. Dies wurde entschieden, um es in den jeweiligen Ländern für alle Interviewpartner*innen gleich zu gestalten. Generell ist festzuhalten, dass sich in den ersten Gesprächen zunächst noch häufig an das Feld und an Kommunikationsstrukturen herangetastet wurde. Dies erfolgte in Anlehnung an (Fujii, 2010) und (Cohen, 2016), die bereits gute Erfahrungen damit sammeln konnten. Sie beschreiben, dass sie auf diese Art und Weise in den Gesprächen die Person sein konnten, die sie wirklich sind.

Der generelle Umgang mit Daten lässt sich in verschiedene Aufgabenbereiche teilen. Zunächst geht es um das Schreiben von Feldnotizen. Dies kann in Feldtagebüchern und Beobachtungsprotokollen geschehen (*Writing-down*) und es handelt sich dabei um Beschreibungen. Als nächstes folgt das *Writing-out*, in dem es darum geht, die Daten zu organisieren, zu kodieren und zu strukturieren, sie also zu analysieren und zu interpretieren. Anschließend folgt das *Writing-up*. Das gilt als die Interpretation der gesamten Forschung und bezeichnet das Schreiben der ethnografischen Geschichte (Madden, 2010, 117 ff.).

Das *Writing-down* fand wie erwähnt in verschiedenen Formen statt. Für die Auswertung der Daten und insbesondere den Prozess des *Writing-out* wird mit einer offenen Kodierung gearbeitet. Es werden an den generierten Daten feldnahe Schlagwörter (welche als erweiterte Feldnotizen verstanden werden können) verwendet. Sie werden zunehmend zu abstrakteren Themen, die dann auf theoretische und praktische Vorüberlegungen zurückgeführt werden können (Strauss & Corbin, 1998, 55 ff.). Dabei ist es wichtig anzumerken, dass durch die Schlagwörter oder die Kodierung keine künstliche Fragmentierung der Daten erfolgen soll. Also keine Quasi-Objektivierung der Konstruktionen zweiter Ordnung. Vielmehr können stattdessen Sinnzusammenhänge zwischen Handlungen hergestellt und fokussierter dargestellt werden (Grenz, 2017, S. 200). Hierbei sei angemerkt, dass es für jede Situation auch verschiedene Lesarten geben kann. Somit geht es in der Auswertung auch darum, das „[…] alltagsübliche kategoriale ‚Schnell-Sortieren' von (vermeintlich ‚klaren') Sachverhalten [zu] problematisieren [und] sozusagen reflexive ‚Schwellen' in Deutungsprozesse ein[zu]bauen" (Hitzler, 2000, S. 27). Der Prozess des *Writing-up* erfolgte auf Grundlage der vorhandenen Kodierungen und der allgemeinen ethischen und reflexiven Überlegungen zum Feld. Das Ergebnis dieses Prozesses lässt sich vor allem in den Kapiteln 6 und 8 finden.

5.4 Zwischenfazit

Zusammenfassend lässt sich sagen, dass mit der teilnehmenden Beobachtung zunächst ein Ausschnitt der Realität gewählt wird, welcher die zu behandelnde Problem- und Fragestellung darstellt. Diese wird im Anschluss wissenschaftlich formuliert. Dabei lässt sich dir Forschung grob in Phasen unterteilen, welche in der Realität jeoch oft ver-schwimmen (Abbildung 5.1). Von der Problemstellung ausgehend wird das Konzept zur Untersuchung entwickelt. Dies kann durch ein Literaturstudium oder Expert*innengespräche geschehen und gleicht einer zielgerichteten Suche nach der Erkenntnis (Exploration). Dann folgen die Definition von relevanten Begriffen und die dimensionale Analyse (Konzeptualisierung). Im nächsten Schritt findet die Auswahl der Erhebungsmethode statt und theoretische Vorstellungen über den Untersuchungsgegenstand werden mit in die Forschung eingebracht (Mayer, 2002, 29 ff.).

Wie schon beschrieben, wird bei der teilnehmenden Beobachtung, aber auch in qualitativen Methoden generell davon ausgegangen, dass jede Interaktion ein interpretativer Prozess ist. Ein Prozess mit Handlungen, die sich aufeinander beziehen und dadurch Bedeutung erhalten. Soziale Wirklichkeit entsteht somit durch Handlungs- und Kommunikationsprozesse und deren Interpretation (Reuber & Pfaffenbach, 2005, S. 110). „Wann immer also interpretatives Verstehen den Weg der wissenschaftlichen Auseinandersetzung bildet, kann das Ergebnis nur eine kontextabhängige Wirklichkeit sein, eine subjektiv gefärbte ‚Re-Konstruktion' des Verfassers" (Reuber & Pfaffenbach, 2005, S. 116). Deswegen ist es für Forschende wichtig, schon im Vorfeld ein Theoriekonzept erarbeitet zu haben. Theorie ist dabei zu verstehen als vorläufige Versionen und Perspektiven auf die Welt (Mayer, 2002, S. 23). Nicht jedoch als festgelegtes Weltbild oder festgelegte Überlegungen über das Feld oder als normatives Framework. Denn es gilt, dass „[...] an ethnographer who goes to an unfamiliar human group with expectations informed by an extraneous normative system is likely to be disappointed" (Ezeh, 2003, S. 203).

Dieses Theoriekonzept bildet die „Interpretationsanleitung" für die Nachvollziehbarkeit der subjektiven Rekonstruktion der Forschenden. Dabei ist der transparente Umgang des oder der Forschenden mit den Daten besonders wichtig. Es geht in dieser „Interpretationsanleitung" darum, einen „audit trail" (Rodgers & Cowles, 1993, S. 219) oder eine deskriptive Analyse (Rocco, 2010) für die Lesenden zu hinterlassen. Um bei der Auswertung der Daten als Forschende nicht den Überblick zu verlieren, ist es umso wichtiger, schon vorher eine Konkretisierung der Problemstellung vorzunehmen. Wichtig ist dabei, dass Forschende eine klare Vorstellung über die Fragestellung entwickeln und dabei für neue und auch überraschende Erkenntnisse offen bleiben (Flick, 1999, S. 63). Erst dadurch kann in der Forschungsauswertung eine Bedeutung nicht bloß als reine Alltagsdeutung zugewiesen werden. Sie wird vielmehr so für Dritte nachvollziehbar und in einen theoretischen und konzeptionellen Rahmen eingebettet. Da bei der Feldforschung in der Regel die Menschen und ihre Handlungen im Vordergrund stehen und ein enger Kontakt stattfindet, ist es wichtig, dass die oder der Forschende sich dem Feld möglichst unbeeinflusst, also auch ohne Hypothesen nähert. Somit wird die nötige Flexibilität gewahrt (Girtler, 2009, S. 8).

Zum Schluss bleibt noch die Frage, was die teilnehmende Beobachtung zu einer wissenschaftlichen Methode macht und was sie von alltäglichen Beobachtungen, die jeder Mensch täglich vornimmt, abgrenzt. Zunächst unterscheidet sich bei einer wissenschaftlichen, teilnehmenden Beobachtung die Intention von der alltäglichen Beobachtung. Wissenschaftliches Beobachten geschieht geplant, zielgerichtet, aufmerksam[12] und systematisch (Merkens, 1992, S. 218), um eine bestimmte Fragestellung zu beantworten oder einen bestimmten Sachverhalt zu erfassen. Hierbei steht die „längerfristige Gewinnung intersubjektiv nachvollziehbarer Erkenntnis“ (Beuchling, 2015, S. 11) im Vordergrund. Dies geschieht im Einklang mit dem, was wir allgemein unter „Verstehen“ definieren. Es geht jedoch noch weiter, da eine intensive Reflexion stattfindet. Somit kann ethnografisches Forschen auch als „the scientific study of gossip“ (Hagene, 2018, S. 322) beschrieben werden. Weiterhin erfolgt das wissenschaftliche Beobachten regelgeleitet, systematisch und wird dokumentiert. Eine Wahrnehmung wird demnach erst dann zur Beobachtung, wenn sie die folgenden Kriterien erfüllt: Absicht, Selektion und Auswertung. Sie wird dann wissenschaftlich, wenn sie zur Überprüfung bestimmter Annahmen (nicht einer Hypothese) herangezogen wird, die Ergebnisse reproduzierbar und intersubjektiv nachvollziehbar sind (Schöne, 2005, S. 171) und eine Reflexion des Forschungsprozesses stattfindet (Steinke, 2012).

[12] „Explicit consciousness“ (Burawoy 1998, S. 6).

Phase	Beobachtung	Ziele	Durchführung	Tipps/entscheidend ist
Einstiegsphase/ Orientierungsphase	Deskriptive Beobachtung	Zugang finden; Rahmenbedingungen hinsichtlich des Erkenntnisinteresses formieren; Erweiterung des Horizonts; Orientierung im Feld	Unspezifische Beschreibungen; Fragen konkretisieren; Komplexität reduzieren; Anwesenheit erklären; Beziehungsarbeit; Suche von Kontaktpersonen; Vertrauen gewinnen	Die Beharrlichkeit der*s Forschenden an den ersten Tagen ist entscheidend. Folgende Kompetenzen sollte die*der Forschende mitbringen: Offenheit, soziale Kompetenz, Achtsamkeit, Detailfreude, Memorierungsfähigkeit und Schreibstil. Vermittlungspersonen nutzen; Sinn und Zweck erklären; Professionalität zeigen; Sprache beherrschen.
Hauptphase der teilnehmenden Beobachtung	Fokussierte Beobachtung	Erhebung; Strukturierung der Forschung; Integration	Beobachtung wird auf für die Fragestellung wichtige Probleme, Personen und Prozesse gelenkt; ggf. Interviews; Reflexion; Erweiterung des Personenkreises	Es ist wichtig, durch Beziehungsarbeit die Vertrauensbasis zu festigen. Teilnahme ist nun mehr als Beobachten, dazu zählen: Dabeisein, Mitmachen, Beteiligen, Teilnehmen am alltäglichen Leben. Das Verhältnis von Teilnehmen und Beobachten kann sich immer wieder ändern (verschiedene Phasen der Teilnahme).
Abschlussphase	Selektive Beobachtung	Verlassen des Feldes	Weitere Belege für vorherige Beobachtungen können gezielt gesucht werden; Schlussphase; Rückzug	Distanz vom Feld gewinnen; vertiefte Reflexion beginnen

Abbildung 5.1 Phasen der Feldforschung. Darstellung der Autorin auf Grundlage von: (Beuchling, 2015; Fischer, 1992; Girtler, 2001; Lueger, 2000; Reuber & Pfaffenbach, 2005; Schöne, 2005; Spradley, 1980)

5.5 Expert*inneninterviews als Teil der ethnografischen Friedens- und Konfliktforschung

Wie bereits beschrieben, können Interviews und insbesondere qualitative Expert*inneninterviews eine sehr gute methodische Ergänzung darstellen und ein Teil ethnografischer Forschung und teilnehmender Beobachtung sein. Für ergänzende Interviews in einer ethnografischen Feldforschung eignen sich besonders qualitative Interviewformen, da sie zwei Grundelemente der qualitativen Forschung vereinen: die Offenheit und das Prinzip der Kommunikation (Flick, 1995, 28 ff.). Zudem sind sie geeignet, da sie – wie für qualitative Forschung typisch – den zu untersuchenden „Gegenstand" als Bezugspunkt sehen (Flick, 1995). Dadurch können sie den Zugang zu einem sozialen Feld eröffnen (Lamnek & Krell, 2016, S. 313). Quantitative Interviews hingegen sind besser für standardisierte Verfahren geeignet. „Die Besonderheit qualitativer Befragungstechniken liegt darin, dass der Gesprächsverlauf weniger vom Interviewer und dafür stärker von Interviewten gesteuert und gestaltet wird" (Bortz & Döring, 2006, S. 308). Qualitative Interviews sind also eine für die spezielle Erhebungssituation angepasste Kommunikation, die nicht in Form eines standardisierten Fragebogens erfolgt. Sie haben also das Ziel, nicht etwa reine quantitative Daten zu erheben, sondern vielmehr Text zu generieren, welcher hinterher interpretiert werden kann. Gerade wenn Interviews in sensiblen Settings – beispielsweise in Post-Konflikt-Gefügen – stattfinden und ein möglicher Gesichtsverlust droht, muss die Information der Befragten kritisch hinterfragt werden (Fujii, 2010; Wood, 2007). Es kann auch davon ausgegangen werden, wenn Personen zu Erfahrungen in einem möglicherweise traumatisierenden Kontext befragt werden, dass dieses Wissen nicht mehr klar abrufbar ist (Wood, 2003). Bei Interviews in einem konfliktiven Umfeld kann der von Mason (2003) entwickelte Mechanismus helfen. Es gilt, zuerst den eigenen Bias möglichst gering zu halten und dies so zu vermitteln. In einem zweiten Schritt gilt es, Vertrauen und Transparenz aufzubauen und anschließend die Sicherheit der zu interviewenden Person zu gewährleisten. Anschließend ist eine Konfliktanalyse für das gesamte Feld zu erstellen.

Besonders in der explorativen Phase eignet sich das Expert*inneninterview zur Wissensgenerierung. Auch können Expert*inneninterviews aufwendige Beobachtungsprozesse abkürzen. Denn bei einer Vielzahl von befragten Personen kann trotzdem Insiderwissen generiert werden (Bogner & Menz, 2005, S. 7). Die Interviews sind dabei als Tiefeninterviews zu sehen mit dem Ziel, eine (persönliche) Erfahrung oder Meinung von Akteur*innen zu verstehen. Dabei sind sie auf ein bestimmtes Thema ausgerichtet, welches der oder die Forschende anhand von leitenden Fragen vorgibt (Given, 2008). Da in dieser Forschung besonders ergänzende Expert*inneninterviews geführt wurden, werden diese methodisch genauer betrachtet.

„Als Experte gilt jemand, der auf einem begrenzten Gebiet über ein klares und abrufbares Wissen verfügt" (Mayer, 2002, S. 40). Dabei ist die Person, die befragt wird, weniger als Person an sich, sondern in seiner oder ihrer Funktion als Expert*in für bestimmte Handlungsfelder wichtig. Somit gilt als Expert*in eine Person, welche in irgendeiner Weise Verantwortung trägt, die für die Kontrolle oder Implementierung einer Problembearbeitung zuständig ist oder aber einen besonderen Zugang zu Informationen über bestimmte Gruppen oder Prozesse hat (Meuser & Nagel, 1991, S. 443). Demnach soll folgende Definition gelten:

> „Experten lassen sich als Personen verstehen, die sich – ausgehend von einem spezifischen Praxis- oder Erfahrungswissen, das sich auf einen klar begrenzbaren Problemkreis bezieht – die Möglichkeit geschaffen haben, mit ihren Deutungen das konkrete Handlungsfeld sinnhaft und handlungsleitend für Andere zu strukturieren" (Bogner et al., 2014, S. 13).

Wenn – wie in dieser Forschung – Organisationsstrukturen analysiert werden, ist es sinnvoll, Personen in verschiedenen Hierarchien zu befragen und unterschiedliche Abteilungen auszuwählen. Denn so können unterschiedliche Standpunkte berücksichtigt werden. Dabei sind in Organisationen die Expert*innen oft nicht auf der obersten Ebene, sondern auf der zweiten oder dritten Ebene zu finden, weil hier die Entscheidungen getroffen werden (Meuser & Nagel, 1991, S. 441). In Expert*inneninterviews kann besonderes Spezialwissen erfasst werden. Es kann darüber hinaus auch ein Problemlösungswissen sein und den Zugang zu diesen Problemlösungen liefern. Ebenso stehen Prozesswissen (Einsichten in Handlungsabläufe, organisationale Konstellationen, Ereignisse) und Deutungswissen (Interpretationen, Sichtweisen, Erklärungsmuster, normative Dispositionen) im Zentrum des Interviews. Es kann aber auch technisches Wissen (Daten, Fakten, Informationen mit privilegiertem Zugang) erfragt werden (Bogner et al., 2014, 17 ff.). Expert*innen kennen also einen für ihr Fachgebiet typischen Wissensbestand und haben einen guten Überblick über Sonderwissen, zu dem sonst kein Zugang vorliegt (Pfadenhauer, 2009, 101 f.). Da ich gezielt Personen für Interviews anfrage, mache ich als Forscherin diese Personen zu Expert*innen, konstituiere sie also in ihrer Rolle (Bogner et al., 2014, S. 11). Dabei bezieht sich das Expert*inneninterview „[…] auf einen klar definierten Wirklichkeitsausschnitt. Auch wird der Befragte nicht als Einzelfall, sondern als Repräsentant einer Gruppe in die Untersuchung einbezogen" (Mayer, 2002, S. 37). Bei

Expert*inneninterviews ist es nicht möglich, alle Elemente einer Grundgesamtheit zu befragen, also alle Expert*innen zu befragen, welche etwas zu der Thematik zu sagen hätten. Deswegen wird eine sogenannte Stichprobe durchgeführt (Mayer, 2002, S. 37). Bei der Auswahl der Stichprobe ist die Relevanz für das Thema leitend, also die inhaltliche Repräsentation (Flick, 1999, S. 57). Dabei kann es eine Vorab-Festlegung geben (Festlegung der Stichprobe vor Untersuchungsbeginn) oder ein theoretisches Sampling (hierbei wird die Stichprobe im Laufe der Untersuchung, abhängig vom Erkenntnisstand, immer wieder angepasst und erweitert). Bei der Vorab-Festlegung ergeben sich die Kriterien zur Bildung der Stichprobe aus der Fragestellung, den theoretischen Vorüberlegungen und dem Vorwissen (Mayer, 2002, S. 38).

Expert*inneninterviews können mit verschiedenen Interviewtechniken durchgeführt werden. Die gängigsten Methoden sind das narrative Interview (Schütz, 1977), das episodische Interview (Flick, 1995), das problemzentrierte Interview (Witzel, 1982), das fokussierte Interview (Merton & Kendall, 1956), das Tiefen- oder Intensivinterview (Koolwijk von, 1974), das rezeptive Interview (Kleining, 1988), das situationsflexible Interview (Hoffmann-Riem, 1980), Expert*inneninterviews (Meuser & Nagel, 1991), und das ero-epische Gespräch (Girtler, 2001). In meiner Forschung wurden – wie bereits erläutert – im alltäglichen Umgang mit verschiedenen Akteur*innen oft ero-epische Gespräche geführt, jedoch fanden auch vorher geplante Interviews statt. Dazu wurden Leitfadeninterviews geführt. Ein Leitfaden kann dabei die relevanten Themen als Gesprächsthemen hervorheben und dient dazu, das Interview gleichzeitig auf diese Themen zu fokussieren (Meuser & Nagel, 1991). Einem Leitfadeninterview liegen offen formulierte Fragestellungen zugrunde. Dies nützt zum einen der Struktur des Interviews, zum anderen der Vergleichbarkeit von verschiedenen Interviews (wenn der Fragebogen konsequent genutzt wird). Der Leitfaden ist immer als Orientierung zu sehen, muss jedoch nicht in der festgelegten Reihenfolge abgearbeitet werden. Er orientiert sich an der Offenheit der qualitativen Methode. Ebenfalls hat der Interviewer die Möglichkeit zu entscheiden, wann nochmal nachgefragt wird (Mayer, 2002, S. 36). Der Leitfaden sollte verschiedene Themenkomplexe beinhalten, denen jeweils Nachfrage-Themen zugeordnet sind (Mayer, 2002, S. 44). Dadurch kann in dem Interview dem oder der Befragten Raum für eigene Themen gegeben werden. Gerade bei meinen Interviews war es mir wichtig, mich auf die Gesprächspartner*innen zu konzentrieren und ihnen die Gesprächsführung zu überlassen. Dies ist gelungen, indem ich zwar einen Leitfaden verwendet habe, die Interviews jedoch auch in Form eines narrativen Interviews geführt habe.

> „Steht der Verlauf des einzelnen Falls und der Kontext von Erfahrungen im Vordergrund der Fragestellung, so sind meist Erzählverfahren wie z. B. das narrative Interview dem Leitfadeninterview vorzuziehen. Sind konkrete Aussagen über einen Gegenstand Ziel der Datenerhebung, so ist ein Leitfadeninterview der ökonomischere Weg" (Mayer, 2002, S. 36).

Ich habe die Befragten also gebeten, zu erzählen und habe ihnen dazu entsprechende Leitfragen gestellt. Durch diese freien Erzählungen werden bestimmte Handlungsmuster und eigene Interpretationen retrospektivisch deutlich (Schütz, 1977, S. 1). Dabei habe ich meine eigene Rolle als Impulsgeberin gesehen. Die Interviews ließ ich in einer non-autoritären, kollegial-freundschaftlichen und vertrauensvollen Atmosphäre stattfinden (Lamnek & Krell, 2016, S. 342).

Die Interviews können entweder mitgeschrieben oder mitgeschnitten werden, dies liegt an den Personen, die befragt werden und auch an der Präferenz der forschenden Person. So kann es für einige Fragestellungen wichtig sein, detaillierte Transkripte zu erstellen. Hingegen für andere Forschungsfragen kann es ausreichen, Mitschriften auszuwerten. Gemein ist den Daten jedoch, dass sie zur Auswertung dienen. Bei Expert*inneninterviews kann davon ausgegangen werden, dass die forschende Person Vorwissen mit in das Gespräch bringt. Dadurch handelt es sich auch um gemeinsam geteiltes Wissen. Dadurch werden „[...] aufwendige Notationssysteme, wie sie bei narrativen Interviews oder konversationsanalytischen Auswertungen unvermeidlich sind [...] überflüssig" (Meuser & Nagel, 1991, S. 445). Claus Mühlfeld (1981) schlägt ein sechsstufiges Verfahren zur Auswertung der Interviews vor. Dabei werden zunächst im Text alle Textstellen markiert, welche zu Interviewfragen passen (nicht immer sind die Antworten notgedungen direkt bei den Fragen zu finden). In einem nächsten Schritt wird der Text in ein vorher angefertigtes Themenschema (zum Vergleich) eingeordnet. Nachdem das Interview nun zergliedert ist, gilt es eine Logik zwischen den Einzelinformationen herzustellen. Diese innere Logik wird in der nächsten Stufe verschriftlicht. In den folgenden zwei Schritten werden erst die einzelnen Interviewausschnitte thematisch verkürzt und anschließend zu einem Bericht zusammengefasst. Eine weitere Möglichkeit der Analyse ist die von (Meuser & Nagel, 1991). Dabei werden die Interviews paraphrasiert, um sie dann thematisch zu ordnen. Nach dieser Ordnung findet ein thematischer Vergleich statt. Danach erfolgt die Konzeptualisierung. Hier werden Gemeinsamkeiten und Differenzen formuliert und bereits vorhandene Annahmen einbezogen (Mayer, 2002, 49 f.). Generell können in der Auswertung Themensysteme entweder induktiv aus dem Material oder deduktiv, also theoriegeleitet aus Material gewonnen werden. In der Praxis ist eine Mischform am häufigsten (Bortz & Döring, 2006, S. 330).

Unabhängig davon, in welcher Art und Weise das Datenmaterial kodiert oder sortiert wurde, ist die Interpretation der wichtige Schritt. Da hier die Interviews als Teil des ethnografischen Kanons gesehen werden, gelten schon hier die beschriebenen Regeln der Interpretation. Es sind jedoch noch einige Zusatzbemerkungen zu machen. Das Ziel einer qualitativen Analyse der Interviews ist es, „[...] die manifesten und latenten Inhalte des Materials in ihrem sozialen Kontext und Bedeutungsfeld zu interpretieren, wobei vor allem die Perspektive der Akteure herausgearbeitet wird" (Bortz & Döring, 2006, S. 329). Dabei muss die Interpretation immer inhaltlich möglichst erschöpfend und intersubjektiv nachvollziehbar sein. Um Interpretationen Gültigkeit zu verleihen, sollte jede daraufhin überprüft werden, welche alternativen Deutungen sie zulässt. Die Generalisierbarkeit der Interpretationen wird dadurch erreicht, dass Einzelfallbeschreibungen als repräsentativ gelten, sie also als typische Vertreter*innen verwendet werden. Das Prinzip der Offenheit der Forschung schlägt sich auch während der Untersuchung nieder. So ist es durchaus möglich, dass weitere Fälle hinzugezogen oder bestimmte Fälle ausgeschlossen werden (Bortz & Döring, 2006, S. 335). Wichtig ist jedoch, dass jedes Interview einer Anzahl von Interpretationsmöglichkeiten gegenübersteht. Somit muss nicht nur darauf geachtet werden, was gesagt wird, sondern auch darauf, was eventuell nicht gesagt wird oder was zwischen den Zeilen mitklingt. Deswegen ist es wichtig, dass es zusätzlich eine genaue Betrachtung der oder des Befragten und ihrer bzw. seiner Äußerungen gibt. Es müssen der gesellschaftliche Kontext berücksichtigt und jede Äußerung sorgfältig interpretiert werden (Mayer, 2002, S. 24). Bei der Interpretation sind auch die eigenen Vorannahmen und Theorien zu berücksichtigen, denn kein*e Forscher*in kommt „innocent" (Okely, 2010, S. 29) in das Feld.

An Expert*inneninterviews wird auch Kritik geübt. So kann es vorkommen, dass ein*e Forscher*in das Interview in eine bestimmte Richtung lenkt, um für die Forschungsannahmen passende Ergebnisse zu erhalten (Boyce & Neale, 2006). Ebenfalls wird kritisiert, dass sie in der Auswertung sehr zeitaufwendig sind. Doch gerade dieser Zeitaufwand, welcher schon durch das Interview an sich gegeben ist, hilft den Forschenden, mit den Akteur*innen im Feld vertrauter zu werden und eine persönliche Bindung und Vertrauen aufzubauen. Dies ist für eine ethnografische Forschung sehr wichtig.

Es werden Interviews und Beobachtungen also als Methodenplural (Lamont & Swidler, 2014, S. 165) verstanden. Beide haben ihre Vor- und Nachteile und es muss von Fall zu Fall entschieden werden, welche Methode passender ist. Ich kann mich nicht dem Methodenstreit anschließen, der vor einigen Jahren vor allem in den Vereinigten Staaten ausgefochten wurde und bei dem die Aussage „action speaks louder than words" (Jerolmack & Khan, 2014, S. 179) getroffen wurde. Zwar gibt es einen Unterschied zwischen *Talk and Action* und *Talk about Action*. Doch ist dieser nicht negativ zu bewerten. Äußerungen von Personen dürfen nicht mit ihren Handlungen gleichgesetzt werden und zwischen Darstellungs- und Handlungsdaten muss unterschieden werden (Honer, 1993, S. 43).

5.6 Forschungsethische Überlegungen

Ethnografische Forschung ist wie jede andere Forschung nicht von methodologischen Schwierigkeiten befreit. Auch wenn sie den Anspruch hat, vergleichsweise informiert und reflektiert zu sein, ist auch sie kein Wundermittel für diese Probleme (Hammersley, 1992, S. 132). Auch als Forschung bleibt sie eine Intervention. Deswegen ist es wichtig, auch ethnografische Forschung unter forschungsethischen Überlegungen zu betrachten. Dabei stellt der sogenannte (Belmont Report, 1979) den Ausgangspunkt der Debatte um ethische Fragen in der Feldforschung dar. Dieser geht von drei ethischen Prinzipien aus: 1) Respekt für Personen; 2) die Schutzverantwortung gegenüber den Personen im Feld und 3) eine gerechte Verteilung der Belastungen, aber auch der Nutzen im Feld. Betrachtet man die Forschung als einen Prozess, geht es bei ethischen Fragen um Antizipation, Reflexion und Beeinflussung der sozialen, rechtlichen und weiteren Konsequenzen von Forschung. Letztendlich geht es also um Schadensvermeidung. Diese Schadensvermeidung nimmt das schon angesprochen *Do-no-Harm*-Prinzip nochmals genauer in den Blick. Dabei unterscheidet sich Ethik von der Moral. Ethik ist als die Reflexion der Moral zu verstehen (Unger von, 2014, S. 22).

> „Unter dem Stichwort ‚Forschungsethik' werden in den Sozialwissenschaften im Allgemeinen all jene ethischen Prinzipien und Regeln zusammengefasst, in denen mehr oder minder verbindlich und mehr oder minder konsensuell bestimmt wird, in welcher Weise die Beziehungen zwischen den Forschenden auf der einen Seite und den in sozialwissenschaftliche Untersuchungen einbezogenen Personen auf der anderen Seite zu gestalten sind" (Hopf, 2004, 589 f.).

Ethische Überlegungen sind dabei nie rein methodologisch. Denn es geht immer auch um das Leben von Personen, die in die Forschung involviert sind. Dies ist gerade bei der Forschung in Konfliktkontexten nochmals von einer höheren Bedeutung (Avruch, 2001, S. 641). Nimmt der oder die Forschende eine forschungsethische Reflexivität ein, geht es darum zu erläutern, wieso ein bestimmtes Handeln im Forschungsprozess vertretbar oder auch nicht vertretbar ist. Somit sind ethische Ansprüche und die Reflexion des Forschungsprozesses und der Rolle des oder der Forschenden untrennbar miteinander verknüpft. Denn

Reflexivität ist zu sehen als „[...] a process whereby researchers place themselves and their practices under scrutiny, acknowledging the ethical dilemmas that permeate the research process" (McGraw et al., 2000, S. 68). Damit bewegen sich die Fragen immer zwischen (rechtlichen) Fragen des Datenschutzes, theoretischen Fragen zur Position der oder des Forschenden und handlungsleitenden Fragen bezüglich der Selbstreflexivität des oder der Forschenden (Unger von et al., 2014, S. 2).

Ethnografische Forschung in der Friedens- und Konfliktforschung bringt einige ethische Fragestellungen mit sich. Es gibt einige Feinheiten und Besonderheiten, die gerade in (Post-)Konfliktkontexten zu beachten sind. Deswegen ist es umso wichtiger, dass die folgenden Kapitel vertieft auf ethische Herausforderungen eingehen und dabei auch Diskussionen aus anderen Disziplinen berücksichtigen. Da die Forschung in einem Nord-Süd-Kontext stattfindet und dies besondere ethische Herausforderungen mit sich bringt, wird besonders auf diese eingegangen. Dabei werden verschiedene Punkte konzeptionell diskutiert und zunächst allgemein formuliert, wie die Forschung durchgeführt werden kann. Die Ergebnisse werden auf meine eigene Arbeit übertragen.

5.6.1 Wo ist Forschung möglich?

Feldforschung in der Friedens- und Konfliktforschung zeichnet sich dadurch aus, dass sie in einem höchst konfliktiven Umfeld stattfindet, was in der Natur der Sache liegt. Dies kann bei der teilnehmenden Beobachtung Auswirkungen auf den Zugang zum Feld, auf die Forschungsmöglichkeiten und den Zugang zu Personen haben. In der Regel wird aus diesem Grund in einem geschützten Raum von latenten Konflikten oder in Nachkriegsgesellschaften geforscht und nicht, wie beispielsweise (Nordstrom & Robben, 1995, S. 12) es fordern, direkt in Kriegsgebieten. „If researchers and analysts are not prepared to engage until the guns fall silent, knowledge and understanding tend to be stuck at the pre-war level" (Goodhand, 2000, S. 12). Feldforschung ermöglicht einen anderen Blick auf den jeweiligen Fall, eine differenzierte Wahrnehmung und Analyse und ein tieferes Verständnis für die Situation – Forschende werden somit zu Augenzeug*innen (Faier, 2002, S. 196). Auch können Informationen aus dem Land (wie zum Beispiel Zeitungsartikel oder CSO-Berichte) besser dem Kontext zugeordnet werden. Somit verbessert sich das faktische Wissen (Buckley-Zistel, 2012, 318 f.). „By living among different local communities that are experiencing armed conflict or its effects, a researcher can collect information informally and more comprehensively through observation and indirect questions" (Barakat et al., 2002, S. 997).

Dabei bedarf es eines proaktiveren Ansatzes in der Konfliktforschung, wodurch es zu einer Platzierung des oder der Forschenden im Konflikt kommt, die sie oder ihn auch verletzbar machen kann.

Doch auch in direkten Konflikt- oder Kriegssituationen kann Forschung – unter besonderen Sicherheitsvorkehrungen – möglich sein und dabei helfen, ein vertieftes Verständnis von einem Konflikt zu gewinnen (Ratelle, 2013, S. 160). Dies kann durchaus sinnvoll sein, um die Komplexität eines Konfliktes zu erfassen. Denn wenn Forschung erst nach dem Konflikt erfolgt, können die Ebenen vor und während eines Konflikts nie voll erfasst werden (Goodhand, 2000). In (Post-) Konfliktsituationen herrscht daher hohe Komplexität: „This enhanced complexity has resulted in the conventional academic view that serious quantitative field research has to wait until the fighting stops" (Haer & Becher, 2012, S. 1). Laut Haer und Becher ist Forschung jedoch auch in hoch konfliktösen Umfeldern möglich. Allerdings bedarf es dafür einer gewissen methodischen Flexibilität und erhöhter Selbstreflexion, wie auch (Malejacq & Mukhopadhyay, 2016, S. 1012) betonen. „There are risks inherent in research conducted in combat zones. But we have reached appoint where those risks are necessary" (Hoffman, 2003, S. 9). Dass bisher in der Literatur noch wenig auf die Forschungsmöglichkeiten in Konfliktgebieten eingegangen wurde, liegt unter anderem daran, dass die dort vorherrschende Sicherheitslage die Forschenden bei der Datensammlung einschränkt (Haer & Becher, 2012, S. 1). Um die Situation in einem Konflikt besser einschätzen zu können, empfiehlt (Mertus, 2009), eine Bedrohungs- und Vulnerabilitätsanalyse durchzuführen. Dabei sollte hinterfragt werden, warum zum Beispiel ein Terroranschlag oder Angriff stattfinden könnte, von wem Gefahr ausgeht, welche Ziele wahrscheinlich sind oder wie Anschläge ausgeübt werden könnten, welche Orte unsicher sind und wer am vulnerabelsten ist (Mertus, 2009, S. 172; Sluka, 1990). Generell ist ein Aufenthalt in einer Konfliktzone ohne Teilnahme gar nicht möglich. Gerade in Konflikten, in denen Gewalttaten stattfanden oder stattfinden, ist es schwer für die Forschenden, objektiv und unparteiisch ins Feld zu gehen (Mertz, 2002, S. 359). Es darf durch eine mögliche Unparteilichkeit nicht dazu kommen, dass Tatsachen geleugnet werden. Die Definition des Feldes verändert sich in einem Konflikt. Das Feld ist nicht mehr nur ein geografischer Ort. Vielmehr spielt nun die Mobilität der Akteur*innen eine Rolle, und es kommt zu einem *Multi-sited Fieldwork*. „Anthropologists working in frontline zones are therefore in a crucial position to bear witness to the complex dynamics of that space, and to incorporate into that 'witnessing' a knowledge of cause and implication unavailable to a less integrated observer" (Hoffman, 2003, S. 10).

5.6.2 Machtkritische Überlegungen

In der Regel kann in einer Forschung von zwei Machtbeziehungen im Feld ausgegangen werden (Ackerly & True, 2008a, S. 694): Zum einen zwischen der forschenden Person und den Akteur*innen im Feld und zum anderen zwischen den Akteur*innen im Feld selbst.

Die Machtbeziehung zwischen Forschenden und Akteur*innen im Feld ist dabei nicht ausgeglichen (Cronin-Furman & Lake, 2018, S. 610). Sie ist vielmehr asymmetrisch (Knott, 2019, S. 144) und wurde in der Ethnologie erstmals in der *Action Anthropology* als implizites Herrschaftsgefälle thematisiert (Tax, 1965, 1975). Dieses Ungleichgewicht liegt daran, dass die forschende Person die Macht über das Feld hat. Diese Macht zeigt sich darin, dass sie oder er eine Forschungsfrage identifiziert, das Feld festlegt, methodische und theoretische Zugänge wählt und nicht zuletzt von ihr oder ihm entschieden wird, wie Daten ausgewertet und präsentiert werden (Engwicht et al., 2019, S. 2; Malejacq & Mukhopadhyay, 2016, S. 1013; A. Menzel, 2015, S. 60). Wie James L. Peacock es treffend zusammenfasst, geht es um die „[…] hegemony of privileged ethnographers over those whose lives they represent" (Peacock, 2005, S. 99). Dies ist nicht unbedingt hierarchische Macht, sondern Macht, auf der Wissenschaft an sich basiert (Bourdieu, 1993) und die als Herrschaftswissen (Goodhand, 2000, S. 12) bezeichnet werden kann. Andere Wissenschaftler*innen gehen umgekehrt davon aus, dass die Personen im Feld mehr Macht über die Forschenden haben, da sie zum Beispiel Zugänge eröffnen, entscheiden, was die Forschenden sehen und was nicht (Wax, 1982) oder die Kooperation verweigern (Cotterill, 1992; Fisher, 2011). Ich schließe mich jedoch der ersten Denkschule an. Weil gerade in einem globalen Kontext und auch nach der Forschung, die Macht im Umgang mit den Daten bei den Forschenden größer ist. An dieser Stelle stellt sich die Frage des *Ownership* und der Repräsentation (Hage, 2017, S. 60), welche bereits im Forschungsprozess gestellt werden sollte. Dadurch kann der Forschungsprozess zu einem aktiven werden. Besonders wichtig wird diese Frage, wenn man das Ziel einer wissenschaftlichen Arbeit betrachtet. Findet die Forschung eher für die Wissenschaft statt, was in der Politikwissenschaft meist der Fall ist (Michelitch, 2018, S. 543). Oder findet sie für die Menschen vor Ort statt? Oder soll sie zur Lösung von tatsächlichen Problemen und Fragestellungen aus dem echten Leben beitragen und sich an eine *Policy*-orientierte Leser*innenschaft wenden (Cunha, 2017)? Auch ist die Machtbeziehung zwischen Forschenden und den Akteur*innen im Feld besonders im Globalen Süden nicht immer ausgeglichen. Denn oft findet ein „studying down" (Gerholm, 1985, 25 f.; Wolf, 1992) statt, die forschende Person hat eine bessere Ausbildung genossen, bessere Zugangschancen und mehr Geld. So schreibt (Wolf, 1992, S. 134): „The inequalities of power that exist when first-world anthropologists work in third-world countries must be recognized as playing a major role in our research results.“ Hier kann es hilfreich sein, sich in der Forschung immer wieder zu verdeutlichen, dass die Forschung nicht über die Akteur*innen, sondern mit ihnen und für sie stattfindet (Stanley & Wise, 1993, S. 200). Daran schließt sich die Frage nach der Verantwortung der oder des Forschenden für das erworbene Wissen und für den Umgang mit den Akteur*innen im Feld an (Tax, 1965, 1975). Aber auch die Frage, wie über das Feld geschrieben wird. Denn nicht zuletzt durch das Machtgefälle und die asymmetrischen Repräsentationsformen kann auch der Prozess des ethnografischen Schreibens dazu führen, dass ein „the Other“ entsteht (Fabian, 1983, 87 f.). Dies geschieht jedoch auch direkt, wenn Forschende nach Hilfe gefragt werden. Sie sind oft in einer Position, in der sie die Wünsche erfüllen könnten, wenn sie zum Beispiel nach Geld gefragt werden. Doch die Frage, ob dies forschungsethisch korrekt ist, ist schwierig zu beantworten. Personen sollen nicht an der Forschung teilnehmen, weil sie dafür Geld bekommen. Aber andererseits ist es auf einer persönlichen Ebene zum Teil schwer, Nein zu sagen. Gerade der Prozess des Schreibens und des Veröffentlichens der Ergebnisse ist auch von der Frage geprägt, inwieweit den Personen aus dem Feld ein Zugang zu den Ergebnissen (in ihrer Muttersprache) ermöglicht werden kann oder inwieweit sie über den Prozess informiert werden.

Doch auch die Machtbeziehungen zwischen den Akteur*innen im Feld sind nicht weniger bedeutend. Sie sind ein elementarer Bestandteil der kritischen Friedens- und Konfliktforschung (Paffenholz, 2014, S. 43). Diese Beziehung ist immer abhängig davon, welche Akteur*innen in die Forschung involviert sind und wie sie unabhängig von der Forschung zueinanderstehen. Dabei ist davon auszugehen, dass sich diese Macht nicht immer auf den ersten Blick zeigt. Sie kann vielmehr in symbolischen Handlungen verborgen sein (Bourdieu, 1992) und muss nicht immer mit Hierarchien einhergehen (Bourdieu, 1993). Diese Machtbeziehungen ergeben sich aus dem Feld an sich, dem inhärenten Verhalten der Akteur*innen und aus den Handlungen im Feld (Leander, 2008, S. 19). Sie können jedoch auch durch die Anwesenheit von Forschenden beeinflusst werden (Auyero, 2012, S. 122), indem zum Beispiel eine gefühlte oder tatsächliche Bevorzugung von bestimmten Akteur*innen stattfindet (Bourgois, 1990). Diese drei Aspekte müssen daher immer mitgedacht werden. Für die Reflexion dieser Machtbeziehung durch den oder die Forschende*n ist es deshalb wichtig, die Akteur*innen und ihre Beziehungen zueinander zu kennen. Dies kann beispielsweise durch eine Netzwerk- und Akteur*innenanalyse geschehen.

Diese ethnografische Methode ermöglicht es, „[…] die soziale Organisation einer Gruppe als Ganzes und die soziale Einbettung von Akteuren im Einzelnen präzise zu erfassen“ (Schnegg & Lang, 2001, S. 3). Hier wird zunächst festgehalten, welche Arten von Akteur*innen und welche Arten von Beziehungen untersucht werden sollen. Ist dies geschehen, wird festgestellt, mit welchen Methoden die Untersuchung erfolgt. Dies kann mithilfe von Karten, Matrizen, Tabellen oder Graphen, aber auch mithilfe von Zeichnungen geschehen, in denen auf unterschiedliche Weise die Beziehungen zueinander aufgezeigt werden können. Auch wenn der oder die Forschende kein Teil dieser Akteur*innenwelt ist, ist es trotzdem wichtig, ihn oder sie in diesem *Mapping* zu verorten. Obwohl Forschende als *Outsider* in das Feld gehen, werden sie doch Teil des Feldes. In der Regel können sie mit allen Akteur*innen sprechen und nehmen eine Rolle außerhalb der Machtbeziehungen zwischen den Akteur*innen ein. Dies kann sich im Forschungsprozess jedoch auch ändern. Akteur*innen können versuchen, einen Nutzen aus dem oder der Forschenden zu ziehen und ihn oder sie zu instrumentalisieren, was nicht als verwerflich betrachtet werden darf. Hier ist es wichtig, dass der oder die Forschende im gesamten Forschungsprozess transparent bleibt, auf mögliche Bitten und Fragen der Akteur*innen ehrlich eingeht und eine Indikation des Forschungsprozesses stattfindet (Fagerholm, 2014, S. 161; Steinke, 2012).

Es ist nicht möglich, das Feld und alle darin vorhandenen Machtbeziehungen schon vor der Forschung komplett zu operationalisieren (Leander, 2008, S. 20). „Wir sind keine losgelösten Beobachter*innen, sondern bringen unsere eigene Positionalität und Identität in einer von Macht strukturierten Gesellschaft mit“ (Engwicht et al., 2019, S. 23). Jedoch kann es hilfreich sein, vorher bereits festzulegen, wie das Feld einzugrenzen ist, mit welchen Akteur*innen auf welcher Ebene interagiert wird, um ihr Handeln zu verstehen, und wie die Forschung eingegrenzt werden kann. Dies kann zum Beispiel geschehen, indem der empirische Fokus eng gesetzt oder es formuliert wird, an welchen Machtbeziehungen die Forschung genau interessiert ist. Gleichzeitig dürfen diese nicht so eng formuliert sein, dass der Blick für mögliche andere wichtige Aspekte verschlossen bleibt. Gerade im Zuge der Reflexion der eigenen Rolle im Feld wird die Machtbeziehung zu den Akteur*innen im Feld deutlich. Es wird klar, dass es keine komplett neutralen Forschenden geben kann. Deswegen ist die Reflexion des eigenen Bias und des eigenen Einflusses auf das Feld ein Teil dieses Prozesses und muss transparent erfolgen (Bansal & Corley, 2011; Cohen, 2016; Meyrick, 2006; Omar, 2012). Zu dieser Transparenz gehört es auch, mögliche kulturelle oder soziale Unterschiede zwischen der oder dem Forschenden und den Akteur*innen im Feld zu reflektieren und diese vor Ort mit den Akteur*innen zu besprechen und zu reflektieren.

Gerade die Machtbeziehung zwischen mir und den Akteur*innen im Feld ist je nach Arbeitsphase sehr unterschiedlich. Bei den Expert*inneninterviews in Deutschland würde ich die Personen, welche ich interviewt habe, als mächtige Personen beschreiben, da sie Inhalte und Zugänge ermöglichen. Jedoch bleibt eine Asymmetrie bestehen, da ich als Forscherin die Deutungshoheit habe und wissenschaftliche Entscheidungen treffe. Auch bei den Seminaren und den Forschungen in den drei Ländern bin ich mir der asymmetrischen Machtverteilung, die bei den Seminaren noch etwas geringer war, sehr bewusst. Ich habe das Feld identifiziert und definiert, habe die methodischen Zugänge festgelegt und die Daten ausgewertet. Da ich mir dieser Tatsachen bewusst bin, sehe ich meine Verantwortung als Wissenschaftlerin darin, die Machtstrukturen im Feld immer wieder aufzuzeigen. Zudem ist es meine Verantwortung, die Forschungsergebnisse mit den Personen im Feld zu teilen, und zwar in einer für sie gut zugänglichen und verständlichen Form. Dies geschah bereits und geschieht weiterhin durch die Veröffentlichung von englischsprachigen Fachartikeln und durch Rückmeldungen an die verschiedenen Organisationen. Auch bin ich dafür verantwortlich, dass das *Do-no-Harm-Prinzip* in allen Forschungsbereichen eingehalten wird. Dies gilt insbesondere für Aussagen von internationalen und lokalen Mitarbeitenden, da für sie mit bestimmten Aussagen zum Beispiel eine Gefährdung der eigenen Stelle einhergehen könnte. Berichtet mir ein*e Akteur*in beispielsweise, dass sie oder er nicht hinter dem Konzept des ZFD steht und dort nur arbeitet, weil es Geld bringt, könnte ich seine oder ihre Arbeitsstelle gefährden, wenn ich diese Information offen kommuniziere. Ich sehe mich jedoch nicht in der Rolle, Machtstrukturen zu durchbrechen oder für bestimmte Akteur*innen einen Kampf auszutragen. Vielmehr will ich durch meine Forschung Dinge aufzeigen, Dialoge zwischen den Akteur*innen anstoßen und Probleme möglichst wertneutral beschreiben. Gleiches gilt für die Machtbeziehung zwischen den Akteur*innen im Feld, die in meinem Fall auch asymmetrisch ist. So gibt es gerade in den drei Ländern Organisationen aus Deutschland, die Geld und Expertise mitbringen, wovon die lokalen Akteur*innen ein Stück weit abhängig sind. Diese Strukturen kann ich nicht aufbrechen, jedoch durch Analysen darstellen und im Prozess der Datenauswertung einem breiteren Publikum aufzeigen. Somit ist meine Rolle eher die einer externen Beraterin. Denn es geht nicht immer um eine Verbesserung der Kooperationen, sondern darum, Denkanstöße zu geben.

5.6.3 Machtkritische Überlegungen im Kontext der Nord-Süd-Forschung

Viele Konflikte, die ethnografisch erforscht werden, treten in Ländern des Globalen Südens auf. Daher sind hier weitere forschungsethische Überlegungen zu treffen, weil einige Herausforderungen und Merkmale der Forschung dadurch verkompliziert werden können. Jedes Land und jeder Kontext weist eigene Spezifitäten auf und der Globale Süden und Konfliktregionen sind nicht als homogene Konstruktionen zu betrachten. Daher ist es wichtig, auf besondere Herausforderungen hinzuweisen: So zum Beispiel auf interkulturelle Kommunikation oder soziokulturelle Selbstreflexion „[...] von Nord-Süd-Forschungen, insbesondere mit Hinblick auf bestimmte sozial-konstruierte Machtgefälle sowie ethische und praktische Herausforderungen“ (Ruppel & Sander, 2019, S. 19).

Die wissenschaftliche Literatur beschäftigt sich bereits mit Feldforschung im Globalen Süden. Ein kleiner Teil der Veröffentlichungen handelt dabei eher von praktischen Fragen. Wie zum Beispiel von allgemeinen administrativen oder logistischen Herausforderungen (Binns, 2006, 16 ff.). Oder die Veröffentlichungen klären Fragen zu Versicherungen oder Visaangelegenheiten (Evans et al., 1997) oder zu gesundheitlichen Aspekten (Borovnik et al., 2003, 109 ff.). Die meisten Hinweise sind dabei mehr als allgemeingültige Ratschläge für Forschungen im Ausland zu verstehen. Sie gehen zum Beispiel drauf ein, wie man sich im Feld die Zeit einteilen oder ein Heim schaffen kann (Devereux & Hoddinott, 1992). Ein größerer Teil der Literatur behandelt die ethisch verantwortungsvolle Forschung im Globalen Süden. Es sollen mögliche Folgen für die Menschen vor Ort berücksichtigt werden. Es muss zum Beispiel beachtet werden, dass die Forschung deren politische oder gesellschaftliche Stellung bedrohen kann (Buckley-Zistel, 2012, 320 f.; Mertz, 2002, S. 373). Im Vorfeld ist es wichtig, für jedes der ausgewählten Felder eine genaue Analyse durchzuführen. Nur so können das Post-Konflikt-Gefüge verstanden und die Kooperationsebenen analysiert werden. Dabei sind die folgenden Fragen leitend (Baker, 2010, 4 f.): Was waren die zentralen Elemente des Konfliktes? Wer war involviert und wer betroffen? Wer sind die Konfliktparteien? Welche Konsequenzen werden aus dem Konflikt gezogen?

Hier empfiehlt Jonathan Goodhand (2000), eine sogenannte *Do-no-Harm*-Analyse durchzuführen. Dies ist ein Ansatz, der darauf abzielt, strukturelle oder kulturelle Gewalt zu vermeiden. Er wurde von Mary Anderson (1999) für die Friedens- und Nothilfearbeit entwickelt. Seitdem wird er von vielen Organisationen in ihrer Arbeit verwendet. Die Analyse umfasst die folgenden Schritte: 1. den Kontext des Konflikts verstehen; 2. Analyse der trennenden Faktoren und der

Spannungsquellen; 3. Analyse der verbindenden Faktoren und lokaler Kapazitäten; 4. Analyse des Projektes; 5. Analyse der Auswirkungen des Projekts auf den Konflikt; 6. Projektoptionen generieren, um herauszufinden, wie negative Wirkungen vermieden und positive Wirkungen verstärkt werden können und 7. Testen der Optionen und Projektanpassung (Anderson, 1999, 70 ff.). Etwas angepasst können diese Fragen helfen, auch in der Feldforschung und bei teilnehmender Beobachtung mit einem *Do-no-Harm*-Ansatz zu arbeiten. Es ist wichtig, dass sich die oder der Forschende vor Beginn der Forschung ethische Standpunkte überlegt, um sicherzustellen, dass *Do-no-Harm, Do-some-Good* oder annähernde Neutralität gewährleistet werden kann. Wie bereits beschrieben, beginnt dies mit einer Analyse vor der eigentlichen Forschung.

Auch Gearoid Millar (2014b), der einen ethnografischen Ansatz in den Mittelpunkt von *Peacebuilding*-Evaluationen rückt, stellt diese Analyse in den Vordergrund. Millar baut seinen ethnografischen Ansatz auf vier Säulen auf. Dabei geht die zweite Säule auf die ethnografische Vorbereitung ein. Diese beinhaltet, dass die oder der Forschende vor dem Forschungsaufenthalt ethnologische Literatur studiert, um über die lokalen Gegebenheiten und die Kultur vor Ort informiert zu sein (Millar, 2014b, 20 f.). Denn es kann keinen generalisierenden Ansatz geben, sondern nur Fall-zu-Fall-Betrachtungen. „Interpretive social science does not have to foreswear generalizations or causal explanations and that ethnographic methods can be used in the service of establishing them" (Wedeen, 2010, S. 257). Diese Analysemuss in den ethno-historischen Kontext eingebettet werden. Daraus lassen sich höchstens Empfehlungen ableiten, aber kein *Toolkit* (Obarrio, 2011, S. 25). Des Weiteren ist sehr wichtig, dass zu Beginn das Forschungsziel deutlich erklärt wird, um zu verhindern, dass Hoffnungen bei der Bevölkerung vor Ort geweckt werden, die der oder die Forschende nicht erfüllen kann (Goodhand, 2000, S. 14). Um negativen Einfluss zu vermeiden (*Do-no-Harm*), sind folgende Punkte wichtig: dass im Vorfeld sensibel mit dem Feld umgegangen wird (Kubik, 2009; Schatz, 2009), die oder der Forschende gut auf das Feld vorbereitet ist (zum Beispiel Sprache und Gepflogenheiten kennt) und Mechanismen entwickelt, sich auch selbst vor Gefahren im Feld zu schützen (Lee, 1995), ethische Grundsätze eingehalten werden, implizite Signale, welche von der Forschung oder den Forschenden ausgehen, reflektiert werden und eine Analyse stattfindet, wie die oder der Forschende und die Forschung auf den Konflikt wirken. Wichtig ist, dass die oder der Forschende sich den Gegebenheiten vor Ort anpasst, keine Aufmerksamkeit auf sich zieht, die Sicherheitslage ständig im Blick behält und evaluiert, das Machtgefälle zwischen Forschenden und Beforschten reflektiert, die Ziele der Forschung deutlich erklärt, methodisch flexibel bleibt, improvisieren kann (Bachmann, 2009, S. 261) und gegebenenfalls auch einen klaren Schlussstrich ziehen kann. Vor allem im Bereich der Friedens- und Konfliktforschung sollten Forschende immer bedenken, dass der Forschungsprozess für alle beteiligten sehr zufriedenstellend verlaufen kann, wenn der *Do-no-Harm*-Ansatz wirklich verfolgt wird. Dass jedoch tatsächlich ein *Do-some-Good* geschieht, ist in den meisten Fällen unwahrscheinlich. Es ist auch schwierig, da es mit der Neutralität der Forschenden nicht immer vereinbar ist (Goodhand, 2000, S. 14).

Um den *Do-no-Harm*-Ansatz bestmöglich zu verfolgen, ist es hilfreich, die Akteur*innen, mit denen Interaktionen im Feld stattfanden, zu anonymisieren. Gerade wenn davon ausgegangen werden kann, dass es sich um ein relativ kleines Feld handelt und zwischen Akteur*innen im Feld ein Machtungleichgewicht herrscht, wird dies umso wichtiger, um bestimmte Akteur*innen zu schützen. Diese Anonymität muss mit den Personen im Feld ebenfalls besprochen werden, denn es kann auch den expliziten Wunsch geben, namentlich genannt zu werden. Dies stellt Forschende vor ein Dilemma: Soll man sich ethisch korrekt verhalten in dem Sinne, dass Personen im Feld geschützt werden oder ethisch korrekt in dem Sinne, dass die Wünsche der Personen im Feld ernst genommen werden (Wood, 2007, S. 218)? Generell ist in der Forschung zwischen voller und teilweiser Anonymität zu unterscheiden (Given, 2008, S. 16). Von voller Anonymität kann ausgegangen werden, wenn der oder die Forschende die Identitäten der Forschungsteilnehmenden nicht kennt und diese ihre eigenen Antworten in den Forschungsergebnissen nicht identifizieren können. Dies ist bei ethnografischen Arbeiten aufgrund der Herangehensweise nicht möglich. Deswegen wird in der Regel mit einer teilweisen Anonymisierung gearbeitet. Diese kann zum Beispiel durch Pseudonyme oder Kodierungen von Personen erreicht werden (Gusterson, 2008, S. 110). Wobei sich jedoch die ethische Frage stellt, welche Pseudonyme angemessen sind. Eine weitere Möglichkeit besteht darin, dass zum Beispiel Organisationen, bei denen Personen arbeiten, nicht mit Aussagen direkt in Verbindung gebracht werden. Des Weiteren kann es hilfreich sein, zu abstrahieren oder Einheiten zu vergröbern und zum Beispiel von einer Person in leitender Funktion, anstatt von der Geschäftsführung zu sprechen. Letztendlich bleibt dieser Prozess immer Abwägungssache des oder der Forschenden. Er oder sie bewegt sich auf dem Grat zwischen so viel wie nötig (wie hoch sind die antizipierbaren Risiken) und so wenig wie möglich (Einbußen von Genauigkeit). Hier müssen der Situation und dem Gegenstand angemessene Anonymisierungsstrategien gefunden werden.

Besonders die Forschung, welche von einer Person aus dem Globalen Norden im Globalen Süden durchgeführt wird, muss die mitschwingenden Machtdynamiken berücksichtigen, welche auch als „social science as imperialism" (Ake, 1979,

124 ff.) beschrieben werden. Dies liegt zum Beispiel an der Tatsache, dass Forschende vergleichsweise leicht Zugang zu Personen in hohen politischen Ämtern bekommen und ihre Herkunft als Türöffner dienen kann (Cronin-Furman & Lake, 2018, S. 610). Oftmals wird dabei von vielen Forschenden der folgende wichtige Hinweis vergessen: „To enter another's world as a researcher is a privilege, not a right" (Fujii, 2012, S. 722). In der Forschung können sich für Forschende auch Möglichkeiten eröffnen, welche im Globalen Norden nicht immer möglich sind. Dies ist sehr kritisch zu betrachten. Forschende, die diese für mich moralische Grenze übertreten, sollten ihr Verhalten zumindest sehr gut erklären. Sie sollten nicht nur die Konsequenzen für die eigene Arbeit, sondern auch für die betroffenen Personen reflektieren. Diese Grenzen beziehen sich zum Beispiel darauf, mit Gewaltopfern zu sprechen, ohne ihnen psychologische Hilfe anzubieten (beispielsweise sind solche Gespräche in den USA ohne Vor- und Nacharbeit mit den betroffenen Personen nicht möglich, damit keine Retraumatisierung stattfindet), an sensible Daten von Personen ohne Probleme heranzukommen, die in Europa unter den Datenschutz fallen würden oder Personen für Forschungszwecke einzustellen, welche deutlich unterbezahlt werden (Cronin-Furman & Lake, 2018, 607 ff.). Somit liegt nur ein schmaler Grat zwischen der Ausnutzung von Akteur*innen im Feld und dem Profit der Forschenden. Deswegen ist es wichtig, die eigene Rolle in Bezug auf (Post-)Kolonialismus und strukturelle Macht zu hinterfragen (Kahlenberg, 2014, 288 ff.). Auch im Umfeld von zum Beispiel CSOs, die oft mit westlichen Akteur*innen zusammenarbeiten, spielt dies eine große Rolle. Denn Forschende können mit Zugängen zu internationalen Netzwerken verbunden werden und es ist nicht immer klar, in welchem Zusammenhang sie zu den Organisationen stehen (Cronin-Furman & Lake, 2018, S. 610).

Sobald sich der oder die Forschende eingesteht, dass aufgrund einer bestimmten Region, eines bestimmten Themas oder bestimmter involvierter Personen oder auch wegen der eigenen Persönlichkeit Macht zu einer ethischen Frage in der Forschung wird, ist es immer wichtig, die Machtbeziehungen in der Forschung zu analysieren. Dabei kann erneut eine Betrachtung aus einer postkolonialen Perspektive helfen. Hier ist insbesondere die schon dargestellte Perspektive des „wir" und „die" gemeint, die sich in „westliche" und „restliche" Welt aufteilt und auf die Konstruktion von Beziehungen eingeht. Dabei geht es um Machtbeziehungen, welche auf Unterdrückung und Ausbeutung beruhen und eine patriarchale Struktur aufweisen. Nehmen Forschende diese Machtgefüge aus einem postkolonialen Blickwinkel wahr und reflektieren sie im gesamten Forschungsprozess, müssen die Beziehungen im Feld berücksichtigt werden und auch die Frage, aus welchen moralischen Vorstellungen heraus welche Entscheidungen getroffen werden (Preissle & Han, 2012, S. 586). Dabei sollte es das Ziel sein, Machtbeziehungen aufzuzeigen und sie zu dekonstruieren. Dies spiegelt sich auch in der anschließenden Darstellung der Arbeit wider. Wie wird über das Feld und die Akteur*innen im Feld geschrieben? Wie wird mit Bildern und Sprache umgegangen? Wichtig ist hierbei, dass der Umgang sensibel und unter Berücksichtigung einer Reflexion machtkritischer, postkolonialer, rassistischer und stereotyper Aspekte stattfindet (Kahlenberg, 2014, S. 292).

Wie bereits im vorangegangenen Kapitel erwähnt, kommt es in meiner Forschung insbesondere durch die Tatsache, dass die Kooperationen zwischen lokalen Organisationen und Organisationen aus Deutschland untersucht werden, zu einer besonderen Bedeutung von Macht im Nord-Süd-Gefälle. Auch wenn der ZFD an sich den Anspruch hat, dieses Machtgefälle ein Stück weit aufzubrechen und dies in einigen Fällen gerade in der integrierten Arbeit auch gelingt, ist er dennoch in ein größeres Machtkonstrukt eingewoben. Im Fall des ZFD liegt die finanzielle Macht bei den deutschen Organisationen und hier besteht auch gleichzeitig eine diskursive Machtposition. Diese besteht nicht nur daraus, die Schwerpunkte und Ausrichtungen der Arbeit zu bestimmen, sondern bedeutet auch, Organisationen in gewisse Richtungen zu beeinflussen. Bei potenziellen Debatten um Unstimmigkeiten hat die Stimme der Geber*in ein schwereres Gewicht. Die Mehrheit der lokalen Organisationen ist finanziell zumindest zum Teil von den deutschen Organisationen abhängig. Sowohl die lokalen als auch die internationalen Mitarbeitenden und gut ausgebildete Personen und/oder Personen, welche aufgrund ihrer langjährigen Arbeitserfahrung großen Respekt in ihrem jeweiligen Arbeitsfeld erfahren, arbeiten in den jeweiligen CSOs und stehen damit oftmals im Gegensatz zu den Personen, mit denen sie in den Projekten arbeiten. Um mich als Forscherin in diesem bestehenden Machtdiskurs zurechtfinden zu können, ist es hilfreich, die Organisationsethnografie heranzuziehen. Denn die Machtstrukturen können sich in einer partnerschaftlichen Zusammenarbeit von internationalen und lokalen Organisationen und von lokalen und internationalen, zumeist deutschen Fachkräften manifestieren. Im Rahmen dieser Forschung werden unter Organisationen zivilgesellschaftliche Organisationen verstanden. Zwar findet vom Forschungsablauf her keine klassische Organisationsethnografie statt, dennoch werden einige Ziele aus diesem Forschungszweig übernommen. So soll es darum gehen, Mitglieder der Organisationen, ihre formalen und informellen Rollen, ihre Entscheidungsbefugnisse und die Arbeitsverteilung zu verstehen (Grenz, 2017, S. 187). Dabei geht es auch um das Zusammenwirken von verschiedenen Akteur*innen und um marginale Ebenen in Organisationen (Hong & Lao, 2006). So wird es ermöglicht, Einblicke sowohl aus einer *Grassroot-* als auch aus einer *Top-down*-Perspektive zu gewinnen (Klein, 2018, S. 68). Durch eine genaue Betrachtung von Organisationen und den in ihr wirkenden Akteur*innen können bestimmte Punkte herausgefunden werden, die für die Akteur*innen relevant sind (M. Klein, 2018, S. 67). Zudem kann die Organisationsethnografie es leisten, Machtbeziehungen darzustellen (Smith, 2005, S. 10). Gerade mit dem Bezug zu Machtstrukturen wurde diese Art der ethnografischen Forschung durch Dorothy Smith und ihre feministische Perspektive (Smith, 1990; Smith, 2005) bekannt. Marjorie DeVault (2006, 2013) hat sie systematisiert. In der Friedens- und Konfliktforschung fand sie immer wieder Anwendung, wie zum Beispiel bei: Campbell und Gregor (2004), Klein (2016), Nichols (2014) oder Pence (2001). Generell hat diese Art zu forschen auch immer einen großen Praxisbezug (M. Klein, 2018, S. 70). Für meine Art zu forschen ist die Möglichkeit entscheidend, Machtdynamiken aufzuzeigen. Dies soll angelehnt an die Beschreibung von Dorothy Smith erfolgen: „[It] builds knowledges of how the relations of ruling operate from the standpoint of the people participating in them“ (Smith, 2005, xif.).

Durch diese Herangehensweise wird es möglich, mich als Forscherin in dem bestehenden Machtgefälle zu platzieren und meine Rolle in Relation zu postkolonialen Bezügen und Machtstrukturen zu reflektieren. Hier sollen einige Punkte genannt werden, welche besonders für meine Forschung entscheidend waren. Der Globale Süden ist in meiner Forschung nicht als eine homogene Einheit zu verstehen. Kenia, Liberia und Sierra Leone stellen sehr unterschiedliche Länder dar. Besonders mit Bezug zum ZFD gibt es unterschiedliche Herangehensweisen und Projekte, die umgesetzt werden. Dennoch haben sich einige Situationen identifizieren lassen, in welchen für mich ein Machtgefälle besonders spürbar wurde. So habe ich beispielsweise sehr einfach Zugang zu Organisationen erhalten. Zwar wurde den lokalen Organisationen vor Ort freigestellt, ob sie mit mir zusammenarbeiten möchten oder nicht. Doch es ist davon auszugehen, dass ein implizierter Druck herrscht, wenn diese Bitte aus dem regionalen Koordinierungsbüro kommt. Gleiches gilt für die deutschen Fachkräfte, die meine Bitte in ähnlicher Weise erreicht hat. Auch gab es Fälle, in denen ich zuerst mit deutschen Fachkräften in Kontakt war, die meine Bitte dann an die lokalen Partner*innen herangetragen haben. Und auch wenn diese vor Ort integriert sind und eine partnerschaftliche Arbeit stattfindet, kann ich rückblickend sagen, dass nicht alle Organisationen gegenüber den Fachkräften ein Nein geäußert hätten, wenn es ihnen nicht recht gewesen wäre. Somit hatte ich aufgrund meiner Herkunft und meines Kontakts zu den deutschen Organisationen einen leichten Feldzugang, der zum Beispiel lokalen Forscher*innen nicht so ermöglicht worden wäre. Auch war es für mich relativ einfach, Treffen mit Personen außerhalb des ZFD zu vereinbaren. So habe ich ohne lange Wartezeiten Termine mit Professor*innen an Universitäten oder Mitarbeitenden der Vereinten Nationen erhalten. Wie mir Doktoranden an der

Universität in Kenia und in Liberia berichteten, haben sie dabei größere Schwierigkeiten und müssen länger auf diese Termine warten. Somit wurde ich als *weiße* Person aus dem Globalen Norden bevorzugt. Und auch in täglichen Interaktionen in den Ländern, welche außerhalb des ZFD stattfanden, wurde dieses Machtungleichgewicht, in dem ich und die Fachkräfte sich bewegen, immer wieder deutlich. So habe ich beispielsweise in Bo in Sierra Leone in einem Hotel mit Pool gewohnt. Sicherlich hätte ich mir auch eine einfachere Unterkunft suchen können, jedoch war ich für die Arbeit auf Internet angewiesen und mir war es auch wichtig, eine sichere Unterkunft zu haben. Dennoch ist mir jedes Mal, wenn ich aus einer ländlichen Region in das Hotel zurückgekehrt bin, die Absurdität dieser krassen Unterschiede aufgefallen. „Total perverse Unterschiede, aber man bewegt sich irgendwie zwischen den beiden Welten, muss das eine verarbeiten und reflektieren, darf sich aber auch nicht zu sehr runterziehen lassen" (Forschungstagebuch Sierra Leone, 13.02.2019). Auch war ich beispielsweise an einem Tag mit den in Liberia lebenden Deutschen und deutschsprachigen Personen bei dem monatlichen Stammtisch. Dieser fand in einem der teuersten Hotels der Stadt in einem Restaurant an einem Pool statt. Auf dem Weg dorthin sah ich einen verletzten Menschen auf der Straße. Ich konnte ihm, auch um mich selbst nicht zu gefährden, da es schon dunkel war und es keine Möglichkeit für Rettungswagen gibt, nicht helfen. Dieser krasse *Clash* zwischen den Welten hat mich auch noch einige Tage später immer wieder berührt und ich habe diesen immer wieder hinterfragt. In solchen Momenten ist es besonders wichtig, dass die Forschenden auch Achtsamkeit gegenüber sich selbst üben und Folgen für die eigene Person in Betracht ziehen. Gerade bei einer Forschung in Krisen- oder Konfliktregionen werden Forschende mit unter Umständen emotional schwierigen Situationen konfrontiert. Es kann zu Einsamkeit kommen und Gefühle wie Angst, Wut, Entsetzen, Trauer und Mitleid können hervorgerufen werden und es können sogar Traumata entstehen (Chatzifotiou, 2000; Wood, 2007, S. 220). Dabei ist es zunächst wichtig, diese Gefühle zuzulassen und sie in den Forschungsprozess einzubeziehen und Handlungsstrategien für solche Momente zu haben. Für diesen Prozess gibt es keine allgemeingültige Anleitung (Ratelle, 2013, S. 171), vielmehr erfolgt er auf persönlicher Ebene. Es darf jedoch nicht als Schwäche der Forschenden interpretiert werden, wenn solche Gefühle auftreten und offen darüber gesprochen wird (Kleinman, 1991, S. 194).

5.6.4 Ethische Fragen zur Wissensproduktion

Im Anschluss an jede Forschung, also im Reflexionsprozess ist es notwendig, die festgestellten Machtdynamiken erneut vertieft zu betrachten, zu evaluieren und zu reflektieren (Knott, 2019, S. 140). Dies gilt auch für die Veröffentlichungen von Forschungsergebnissen und das dabei produzierte Wissen. Dass auch hier und nach der Veröffentlichung eine weitere Reflexion stattfindet, ist ebenso wichtig, denn „[…] ethnography can be said to have two lives. A first life consists of fieldwork. […] A second life entails writing“ (Fassin, 2015, S. 594). Also gilt es auch für den Prozess der Veröffentlichung und die sich daran anschließenden öffentlichen Diskussionen. Gerade in diesem Teil der ethnografischen Arbeit müssen Forschende oft noch reflektierter werden und auch diesen Prozess mit den Akteur*innen im Feld rückkoppeln (Howard, 2018). Denn ist eine Arbeit erstmal veröffentlicht, haben die Forschenden keine Kontrolle mehr darüber, was mit ihr passiert, wie sie (aus-)genutzt und verbreitet wird (Fujii, 2009; Malejacq & Mukhopadhyay, 2016). Aus diesem Grund hat (Wood, 2000) mit der Publikation ihrer Ergebnisse der Forschung über den Bürgerkrieg in El Salvador fast ein Jahrzehnt gewartet, um sicherzustellen, dass sie sich, aber auch Personen im Feld nicht gefährdet. Gerade bei einer Veröffentlichung mit *Policy*-Relevanz haben Forschende keinen Einfluss darauf, wie ihre Empfehlungen interpretiert und umgesetzt werden (Paris, 2011, S. 60; Waldman et al., 2014, S. 8).

Im Zuge dessen sollte auch hinterfragt werden, ob das durch die Forschung erlangte Wissen die bestehenden Machtverhältnisse bestärkt oder sie zu durchbrechen versucht (Madge, 1997, S. 121). Anknüpfend an diese Frage steht die Einbeziehung der Akteur*innen im Feld in die Forschung. Zunächst sollte dies immer freiwillig und möglichst informiert geschehen (Wood, 2003). So gibt es Möglichkeiten, die Akteur*innen direkt an dem Forschungsdesign teilhaben zu lassen, Ergebnisse vor der Veröffentlichung mit ihnen zu besprechen oder sie schon vor der Forschung in Ideen einzubeziehen. All diese Möglichkeiten bringen gewisse Vor- und Nachteile mit sich, die sich auf die Ergebnisse der jeweiligen Studie auswirken. Somit ist es keine Frage, ob die lokalen Akteur*innen involviert werden, sondern vielmehr wann und in welchem Umfang (Bracic, 2018, S. 552). Wie wichtig dies ist, zeigt sich beispielsweise in der Forschung von (Daniel, 1997): Er beschreibt sehr ausführlich, dass eine Person im Feld gesehen hat, wie der eigene Vater auf brutale Weise umgebracht wurde. In einem Gespräch mit Valentine Daniel bestärkt die Person ihn darin, das zu veröffentlichen und in einer anderen Situation lehnt sie eine Veröffentlichung ab. Hier wird eine geteilte Verantwortung deutlich, die gegenüber den Daten und die gegenüber den Personen im Feld.

Um die ethischen Fragen zur Wissensproduktion im und nach dem Forschungsprozess beantworten zu können, können folgende Leitfragen hilfreich sein: „Wer profitiert von unserer Arbeit: Wir oder die betroffenen Menschen?“ (Buckley-Zistel, 2012, S. 322); “Who controls the process and whose voice counts?” (Fagerholm, 2014, S. 161); „‘Who should be involved?’ not ‘What are we going to do?’“ (Kraybill, 2001, S. 174) oder „Whose research is it? Who owns it? Whose interests does it serve? Who will benefit from it? Who has designed its questions and framedits scope? Who will carry it out? Who will write it up? How will its results be disseminated?“ (Smith, 2012, S. 10). Es ist wichtig, diese Fragen über den gesamten Verlauf der Forschung im Blick zu behalten, die eigene Rolle und Position im Feld zu reflektieren (Simons, 1996, S. 43), auch über die eigene Person zu schreiben (Krause, 2021, 10) und sich die schon angesprochene methodische Flexibilität zu bewahren (Goodhand, 2000, S. 14).

Für mich ist besonders die Reflexion über das gewonnene Wissen sehr wichtig. So habe ich alle Akteur*innen, mit denen ich im Feld ZFD Kontakt hatte, darüber informiert, was mit den Daten geschehen soll, habe ihr Einverständnis eingeholt und sichergestellt, dass ihre Anonymität gewahrt bleibt. Auch wenn hier die Ergebnisse in deutscher Sprache dargestellt sind, wurden und werden die entscheidenden Ergebnisse noch in Artikeln in englischer Sprache veröffentlicht, damit sie allen Personen im Feld zugänglich gemacht werden können. Im Schreibprozess stand ich zudem mit einigen Akteur*innen im Feld in Kontakt, stellte an einigen Stellen Nachfragen zu Interpretationen und hielt die Personen über den Fortschritt meiner Forschung auf dem Laufenden.

Gerade die Frage, was mit den Daten geschieht und wer eigentlich von dem Wissen profitiert, ist für eine an einem so praktischen Thema ausgerichtete Forschung besonders wichtig. Dabei möchte sich die vorliegende Arbeit nicht nur an ein wissenschaftliches Fachpublikum, sondern auch (soweit sprachlich möglich) an Akteur*innen im Feld wenden und zu einem *Policy*-orientierten Publikum sprechen, was typisch für ethnografische Forschungen ist (Spitulnik & Peterson, 2012, S. 267). Für diese forschungsorientierte Schreibweise ist es typisch, dass auch in einer erzählenden Form geschrieben wird (Fujii, 2015a). Dies macht den Schreibprozess an sich komplexer (Hamdy, 2017). Insofern ist die Schreibweise nicht immer klassisch-wissenschaftlich und es wird zum Beispiel auch die „Ich-Form“ verwendet (siehe beispielsweise den Sammelband von Didier Fassin, (2017). Dies kann wiederum die Forschung legitimieren (Hammersley, 1992, S. 123). Wie Millar argumentiert, eignen sich ethnografische Ansätze besonders gut, um *Policy*-relevante Studien gerade in der Friedens- und Konfliktforschung zu verfassen. Denn sie können eine dichte Beschreibung liefern, Erfahrungen und Reflexivität einbeziehen, Einblicke in kulturelle Gefüge geben, Dinge besser in den lokalen Kontext einbetten und weil es in der Methode selbst schon verankert ist, auch für ein nicht wissenschaftliches Publikum geschrieben werden (Millar, 2018a, S. 262). Dabei ist die Forschung an sich nicht politikgesteuert oder taktisch. Denn dies hätte den konträren Effekt (Bessiere, 2017, S. 152). Sie soll aber dennoch politische beziehungsweise praktische Auswirkungen haben. Besonders in den Vereinigten Staaten von Amerika hat die praxisorientierte ethnografische Forschung eine lange Tradition (Eddy & Partridge, 1978; van Willigen, 1986). Allerdings nimmt sie auch in anderen Ländern stetig zu. Obwohl sie teilweise konträr zu den Erwartungen der relevanten *Policy*-Akteur*innen steht, können die Ergebnisse durch die ethnografische Sensibilisierung für die Thematik besondere Wirkungen erzielen, da Kontexte, Komplexität und Prozesse dargestellt werden (Cunha, 2017, S. 111). Dabei ist *Policy*-orientierte Forschung nicht weniger wissenschaftlich oder kritisch als andere Forschung. Sie entspricht nicht einer *Policy*-Definition, welche davon ausgeht, dass die Forschung „[...] in the service of a goal defined by a client" (Burawoy, 2005, S. 9) stehen muss. Vielmehr geht es darum, dass Forschende ihre eigenen Fragen und Interessen formulieren und *Policy* als einen Teil der „Forschungsobjekte" verstehen (Dubois, 2017, S. 185). „Peace research must meet the needs of the decision-makers" (Schmid, 1968, S. 229) war schon zu Beginn der Friedens- und Konfliktforschung ein wichtiger Ansatzpunkt in der Forschung und ist es heute noch (Millar, 2018a, S. 260). Dabei steht die Forschung vor der Herausforderung, wie sie *Policy*-relevant und trotzdem kritisch sein kann. Gerade die Vergangenheit hat gezeigt, dass die praktische Umsetzung kritischer Forschung oft schwierig ist und dass heute noch die gleichen Fragen gestellt werden wie in den 1960er Jahren (Paffenholz, 2014, S. 44). Ein Umsetzungsproblem liegt sicherlich auch darin begründet, dass die Subalternen nur durch die Forschenden sprechen und es somit wieder nur zu einer Teilemanzipation kommt. Dadurch kommt erneut das Thema Macht ins Spiel. Denn die Forschenden entscheiden darüber, welches Wissen verwendet wird, um *Policy*-Entscheidende zu informieren oder zu beeinflussen (Mack, 2002). Doch nicht nur an diesem Aspekt lassen sich Schwierigkeiten der Übertragbarkeit festmachen. Vielmehr weist Gearoid (Millar, 2018a, S. 260) die Friedens- und Konfliktforschung darauf hin, Forschungsergebnisse an ein nicht wissenschaftliches Publikum zu adressieren. Er attestiert den *Policy*-Macher*innen einen ideologischen Bias und das Problem der Simplifizierung. Generell muss man sich als Forschende, die auch einen beratenden Anspruch hat, immer der damit einhergehenden sozialen Verantwortung bewusst sein. „Das heißt: Schlüsse, die wir ziehen, was wir äußern oder empfehlen [...] kann das Leben unserer Mitmenschen beeinflussen, und zwar auch nachteilig" (Mannitz,

2009, S. 13). Somit ist es wichtig, sich schon im Vorfeld Gedanken über mögliche positive als auch negative Wirkungen zu machen. Was in einer bestimmten Situation dann jedoch gut oder falsch ist, fällt schwer zu beurteilen. *Policy*-orientiert, akademisch und auch für die Menschen im Feld zu sprechen, ist eine große Herausforderung (Jones, 2014, S. 241). Durch diese Ausrichtung der Forschung hoffe ich, dass auch die Akteur*innen im Feld von der Forschung profitieren können und sich das durch die Forschung entstandene Wissen zu eigen machen können.

5.6.5 Ethische Fragen zur Wissensproduktion im Kontext der Nord-Süd-Forschung

Bei den forschungsethischen Überlegungen ist erneut die Rolle von Wissen als Konstrukt bedeutungsvoll, da es als ungleich verteilt angesehen werden muss (Bessiere, 2017). Diese ungleiche Verteilung besteht auch heute. Dass sich Personen aus dem Globalen Norden für Expert*innen für ein Feld im Globalen Süden halten und vermeintlich über das größte Wissen über dieses Feld verfügen, zeigt immer wieder die in der wissenschaftlichen Struktur inhärenten Hierarchien (Sabaratnam, 2013, S. 262). Wissen, welches von Wissenschaftler*innen aus dem Globalen Norden über Personen oder Situationen des Globalen Südens erworben wurde, wird seit den 1980ern in postkolonialen Diskursen immer stärker hinterfragt. Auch ethnografische methodische Überlegungen begannen, diesen Aspekt zu beleuchten. Hier ist besonders die Arbeit von John und Jean Comaroff zu nennen, die schon in den 1990ern untersuchten, wie Forschungspraxis und Hegemonie die Strukturen von Macht und Handlungsfähigkeit beeinflussen (Comaroff & Comaroff, 1992). Allgemein geschieht dies besonders unter Berücksichtigung der Konstruktion der sogenannten „Dritten Welt“ und der Debatte um Entwicklung (Escobar, 2012 [1995]; Hall, 1992; Said, 1978), bei der Bezüge zu Foucaults Diskurstheorie hergestellt werden. Dadurch, dass Wissen nicht als etwas Feststehendes betrachtet werden kann, stellt sich die Frage, wie es zu einem gemeinsamen Wissen kommen kann. Dies geschieht nach Michel Foucault über den Diskurs. Dieser ist als sprachlich produzierter Sinnzusammenhang zu verstehen und entsteht aus einer Reihe von Konzepten, die sich auf den gleichen Gegenstand beziehen und dadurch eine bestimmte Art von Wissen vermitteln (Foucault, 1980). Ein Diskurs kann dabei ein Thema auf eine bestimmte Art und Weise präsentieren. So kann eine Wahrheit darüber konstruiert werden, die, wenn sie innerhalb eines dominanten Diskurses konstruiert wird, schließlich zur Wahrheit, zur Norm oder eben zu Wissen wird (Foucault, 1980).

Dadurch spielt Macht in der Wissensproduktion eine wichtige Rolle. Wer oder was den Diskurs bestimmt, verfügt über die Macht, Wissen festzulegen. Dies wird in der Debatte um sogenannte Unterentwicklung und die eurozentristisch, sozial konstruierte „Dritte Welt" besonders deutlich. Durch diesen Diskurs wurde eine ohnmächtige, passive und arme Welt geschaffen, die im Gegensatz zu der westlichen Welt steht (Escobar, 2012 [1995]. Bis heute werden durch ein (Weiter-)Führen dieser Debatte bestimmte Machtbeziehungen immer wieder thematisiert. Irgendwann werden sie zu einer Norm, zu gültigem Wissen. Auch wenn diese Forschung sich nicht mit der Entwicklungszusammenarbeit an sich befasst, geht es doch auch in der Friedensarbeit um bestimmte Konstruktionen. So zum Beispiel um die Romantisierung lokaler Akteur*innen (Wiegnik, 2018, S. 138) oder wie erwähnt, um die Schaffung einer friedlichen, liberalen Welt. Diskursive und machtkritische Überlegungen sind somit, gerade dann, wenn die Arbeit von einer westlichen Person verfasst wird, immer zusammen mit forschungsethischen Fragen zu denken. Daran schließt sich die Frage an, warum Forschende sich dafür interessieren, in einem Konfliktland zu forschen. Ist es wissenschaftliches Interesse, ein voyeuristisches Interesse (Das, 1990), eine gewisse „sexiness" (Mahmood, 2001, S. 524) und Perversion (Taussig, 1987), die womöglich mit der Forschung in solchen Gebieten verbunden sind, oder ist es eine vermeintliche Solidarität mit den Menschen vor Ort?

Für mich ist hierbei vor allem entscheidend, dass ich als weiße Person aus dem Globalen Norden über Personen im Globalen Süden schreibe. Dabei geht es mir jedoch nicht darum, ihr Wissen darzustellen und es als meines auszugeben, sondern vielmehr darum, bestimmte Verhaltensmuster zwischen verschiedenen Akteur*innen aufzuzeigen. Es geht also um Normen und um ein Wissen, das sich erst im Diskurs zwischen verschiedenen Akteur*innen entwickelt. Somit ist die Forschung an sich schon machtkritisch ausgelegt.

5.6.6 Rahmenbedingungen ethischer Forschung

Jede Forschung ist anders und jede Forschung steht deswegen vor anderen ethischen Herausforderungen. In einigen Ländern, wie zum Beispiel Australien, Kanada, Großbritannien oder den Vereinigen Staaten, ist es Voraussetzung vor einer Forschung, dass *Ethic-Boards* sie genehmigen. Auch im deutschsprachigen Raum werden Diskussionen um ethische Themen immer wichtiger (Unger von et al., 2016, 1 f.). Hier soll besonders auf die eingegangen werden, welche bei ethnografischer Forschung in Ländern des Globalen Südens wichtig werden.

Dabei bewegt sich die Anwendung der Regeln der *Ethic-Boards* zwischen Ablehnung, da Institutionalisierung für qualitative Methoden und damit auch für die teilnehmende Beobachtung als schwierig angesehen wird (Dingwall, 2008) und der Perspektive, dass Richtlinien gut sind, aber immer wieder angepasst werden müssen (Roth, 2005). Aus diesem Grund werden formalisierte Standards wie zum Beispiel die von *Ethic-Boards* als Startpunkt für die eigene Auseinandersetzung mit ethischen Fragen gesehen, nicht jedoch als Lösung oder Endprodukt. Vielmehr bewegen sich Forschende zwischen diesen Vorgaben und der eigenen Umsetzung (Mukhtarov et al., 2017, S. 626). Oft müssen im Feld ethische Entscheidungen ad-hoc getroffen werden und es besteht nicht die Möglichkeit, vorher zum Beispiel Handbücher dazu heranzuziehen (Cronin-Furman & Lake, 2018, S. 607), die teilweise auf Kontexte gerade in Krisenregionen gar nicht anzuwenden sind. So ist es beispielsweise schwer vorzustellen, von einem*r Menschenrechtsaktivist*in in einem Land, in dem er oder sie verfolgt wird, eine schriftliche Genehmigung zu erhalten, dass er oder sie Teil einer Forschung ist. Denn diese Person könnte wiederum von der Regierung verfolgt werden, in erhebliche Schwierigkeiten geraten (Parkinson, 2015; Wood, 2007) und sich selbst dadurch in Gefahr begeben (Skinner, 2014). Gerade in einem Feld, in dem auch freundschaftliche und informelle Kontakte entstehen, kann sich das Einholen einer schriftlichen Genehmigung für die Methode durchaus störend auswirken (Tittensor, 2016). Ebenso kann gerade in der teilnehmenden Beobachtung dieses schriftliche Einverständnis konträr zu dem eigentlichen Forschungsprozess laufen, da soziale Handlungen und Interaktionen unterbrochen werden müssen (unabhängig davon, ob die Forschung verdeckt stattfindet oder nicht). Findet eine Forschung zum Beispiel auf einem Marktplatz statt und es werden die Handlungen dort beobachtet, kann es schwierig sein, alle Personen, die sich auf dem Platz befinden, schriftlich zu befragen und ein informiertes Einverständnis einzuholen. Es könnte auch sein, dass die entsprechenden Personen nicht lesen oder schreiben können und sie somit bloßgestellt würden (Thomson, 2013; Wood, 2003). Somit müssen neue Wege des informierten Einverständnisses gesucht und begangen werden. Schlüsselpersonen kommt in diesem Zusammenhang eine besondere Rolle zu. Es ist nicht unüblich, dass diese ein Einverständnis für mehrere Personen aussprechen (Unger von, 2014, S. 27). Dabei stellt sich natürlich die Frage, ob diese Ungleichbehandlung forschungsethisch korrekt ist. Dies muss jede*r Forschende in dem eigenen Kontext für sich beantworten. Wichtig ist dabei die Freiwilligkeit der Teilnahme. Meiner Meinung nach kann sie in vielen Fällen viel besser durch ein aufklärendes Gespräch erreicht werden als durch die Unterzeichnung eines formalisierten Dokuments. Ich habe mich beispielsweise dazu entschieden, in Deutschland, gerade bei den Seminaren, entsprechende Dokumente unterschreiben zu lassen, da dies teilweise auch von den Organisationen so gewollt war. In den drei Ländern vor Ort hatte ich entsprechende Dokumente zwar dabei, jedoch sind sie nicht zum Einsatz gekommen. Vielmehr habe ich auf mündliche Absprachen und Erklärungen gesetzt und mich viel mit Schlüsselpersonen ausgetauscht.

Solche forschungsethischen Überlegungen werden in Ethik-Kodexen dargestellt und es werden Handlungsempfehlungen gegeben. Ein Versuch, auf diese Kritikpunkte zu reagieren, wird von einigen, aber nicht von allen Wissenschaftler*innen unternommen. Und zwar, indem mit Gütekriterien für ethnografische und qualitative Forschung gearbeitet wird. Diese Kriterien sind jedoch kein Allheilmittel. Vielmehr geht es darum, dass Forschende sie in ihrer eigenen Arbeit reflektieren und den für sich und das Feld passenden Weg finden. Denn Ethik-Kodexe und Gütekriterien „[do] not guarantee more ethical research or more ethical behaviour on the part of researchers“ (Fujii 2008, S. 3). Sie werden mit guten Absichten auf einer theoretischen Ebene erarbeitet, müssen jedoch in der Praxis von ihrer Idealisierung abrücken und an die jeweilige Situation angepasst werden (Lunn, 2014, S. 1). Damit unterstützt diese Forschung nicht den Ansatz einer Forderung von ansatzübergreifenden Standards und Gütekriterien, wie er zum Beispiel von (Strübing et al., 2018) verfolgt wird. Diese unterscheiden zwischen allgemeinen Leistungsmerkmalen, qualitätssichernden Maßnahmen und Gütekriterien. Vielmehr muss jede*r Forschende sich selbst in seinen oder ihren eigenen Kriterien wiederfinden. Jedoch wird das Ziel, welches dadurch erreicht werden soll, nämlich die Explikation, ebenso als wichtig angesehen (Strübing et al., 2018, 85 ff.). Allgemein wird unterschieden zwischen erstens paradigmatisch-operationalisierenden Gütekriterien, also der Frage, was im Zuge der Forschung getan oder auch nicht getan wird und wie das Ergebnis zu beurteilen ist. Und zweitens den rhetorisch-performierenden Gütekriterien, die der Frage nachgehen, warum, wie und mit welchen (voraussichtlichen oder bekannten) Folgen geforscht wird (Eisewicht & Grenz, 2018, 371 f.). An dieser Stelle soll kurz auf zwei Kodexe eingegangen werden, die von den zwei Vereinigungen herausgegeben wurden, die mir fachlich nahe sind. Einer ist der Ethik-Kodex der Deutschen Vereinigung für Politikwissenschaft (Deutsche Vereinigung für Politikwissenschaft [DGVN], 2017). Dieser sieht zum Beispiel folgende Punkte vor, welche für den Forschungsprozess wichtig sind: Integrität und Objektivität, Rechte der Untersuchten, Publikationen und Begutachtungen. Besonders in Bezug auf die Akteur*innen in der Forschung wird darauf eingegangen, dass die Teilnahme freiwillig erfolgt, dass ausführlich über Ziele und Methoden informiert wird, potenzielle Vertrauensverletzungen vorhergesehen werden und Informationen immer vertraulich behandelt werden (DGVN, 2017, S. 3). Da diese Forschung sich mit ethnografischen Methoden befasst, lohnt sich auch ein Blick in die Ethikerklärung der Deutschen Gesellschaft für Sozial- und Kulturanthropologie/Völkerkunde (Deutsche Gesellschaft für Völkerkunde [DGV], 2008). Diese geht gezielt darauf ein, dass sich ethnografische Forschende immer zwischen „[...] einem unauflösbaren Widerspruch zwischen dem universellen Geltungsanspruch ihrer eigenen kulturspezifischen Normen und der Anerkennung anderer Wertvorstellungen" (DGV, 2008, S. 2) befinden. Diese Erklärung rät dazu, dass die Forschenden offen, aktiv und selbstkritisch mit diesem Zwiespalt umgehen und Konsequenzen der Forschung mit Blick auf lokale und globale Machtbeziehungen hin erklären. Hier wird deutlich gemacht, dass es in einer solchen Erklärung nicht darum gehen kann, universelle, ethische Normen festzulegen, sondern vielmehr darum, dass die Forschenden zu einer ethischen Urteilskraft befähigt werden, was wiederum nur mithilfe einer selbstverpflichtenden Erklärung geschehen könne. Dabei wurden ethische Fragen des ethnografischen Arbeitens herausgearbeitet (DGV, 2008, S. 3), die als Orientierung dienen.

Die Ethik-Kodexe werden für diese Forschung also nicht als Rahmenbedingungen, sondern vielmehr als Richtlinien verstanden, die in Kombination mit den anderen kritischen Ausführungen und reflexiven Gedanken weiterentwickelt werden können. Denn jede Forschung ist anders und jede*r Forschende muss ethische Standards entwickeln, die zu dem Feld und dem jeweiligen Kontext passen (Fujii, 2008, S. 3). Dies liegt zum einen daran, dass bei einer Forschung in konfliktiven Umgebungen schnelle Handlungen oder Anpassungen möglich sind und eine besondere Sensibilität für ethische Fragen erforderlich ist. Es liegt aber auch daran, dass bei ethnografischer Forschung der*die Forscher*in in der jeweiligen Umgebung anwesend ist und immer Einfluss auf das Feld hat. Dieses Bewusstsein und diese Flexibilität lassen sich gerade in der ethnografischen Friedens- und Konfliktforschung auch in der Forschungpraxis finden: „[...] ethical challenges may lead researchers to adopt limited and/or uneven immersion in their field site, not as failed or flawed ethnography but as an ethical research strategy that incorporates ethnografic sensibility to a varying extent" (Krause, 2021, 1). Das Ziel ethischer Überlegungen ist somit eine lokalisierte Ethik (Kovats-Bernat, 2002, S. 214). Diese kann zum Beispiel durch flexible, interdisziplinäre Ethik-Gremien befördert werden, die vor allem einen Fokus auf den offenen Austausch legen (Krause & Williams, 2020). Aber auch dadurch, dass sich über forschungsethische Vorschriften in den jeweiligen Ländern informiert wird. So musste ich für meine Forschung beispielsweise bei der *National Commission for Science, Technology and Innovation* zur Beantragung der Forschungserlaubnis auch eine ethische Unbedenklichkeitserklärung erwerben.

Aus diesen Überlegungen und aus den Fragen an Forschende, welche in den einzelnen Kapiteln gestellt wurden, wurden Fragen entwickelt, die als forschungsleitend gesehen werden können.

Vor der Forschung ist es wichtig, dass eine genaue Auseinandersetzung mit dem Feld und in der FuK auch mit dem Konflikt selbst stattfindet. Dabei sollten folgende Fragen leitend sein: Wie definiere ich mein Feld? Wer sind wichtige Akteur*innen in dem Feld? Was waren die zentralen Elemente des Konfliktes? Wer war involviert und wer betroffen? Wer sind die Konfliktparteien? Welche Konsequenzen werden aus dem Konflikt gezogen? Dabei können auch die schon angesprochenen Schritte der *Do-no-Harm*-Analyse helfen. Sie werden hier nochmals wiederholt und an die Feldforschung angepasst: 1. Kontext des Konflikts und des Feldes verstehen; 2. Analyse der trennenden Faktoren und der Spannungsquellen, bezogen auf den Konflikt, aber auch auf eventuell konfliktive Akteur*innen im Feld; 3. Analyse der verbindenden Faktoren und lokaler Kapazitäten im Konflikt und für Akteur*innen im Feld; 4. Analyse des Feldes in Bezug auf verschiedene Elemente; 5. Analyse der Auswirkungen der Forschung auf das Feld; 6. Projektoptionen generieren, um herauszufinden wie negative Wirkungen vermieden und positive Wirkungen verstärkt werden können und 7. Testen der Optionen und Projektanpassung.

Nachdem diese Schritte erfolgt sind und die eigentliche empirische Forschung beginnt, ist es wichtig, sich immer wieder Fragen zu stellen. Dies kann beispielsweise bei der täglichen Reflexion im Forschungstagebuch geschehen. Diese Fragen können auch wieder in die verschiedenen Phasen der Forschung eingebettet werden (Cronin-Furman & Lake, 2018, S. 612). Denn ethische Fragen sind in allen Forschungsphasen von Bedeutung (Lunn, 2014, S. 1). Allerdings können zu bestimmten Zeitpunkten der Forschung jeweils verschiedene Fragen wichtig werden. Die folgenden Fragen wurden von mir mithilfe der bisher angestellten Überlegungen entwickelt und auf meine eigene Forschung angewendet. Diese Fragen bilden den Rahmen für die in der Arbeit bereits oft angesprochene Reflexion des oder der Forschenden.

Vor der teilnehmenden Beobachtung:

- Welche Analysen müssen vor der Forschung durchgeführt werden?
- Wie kann man die Forschung partizipativ gestalten und mit und nicht über Akteur*innen im Feld forschen?

- Wer formuliert die Forschungsfrage, die Theorie der Arbeit und legt die Forschungsmethode fest?

In der Einstiegsphase:

- Wie gut ist man als forschende Person mit dem Kontext vor Ort bereits vertraut?
- Was sind Lösungsstrategien für mögliche Probleme?
- Wie verortet man sich selbst im Feld?
- Welche Rolle möchte man als forschende Person einnehmen?

In der Hauptphase:

- Agiert man im Feld anders als außerhalb des Feldes?
- Wer hatte den Forschungsprozess inne, die forschende Person oder die Menschen im Feld?
- Würden alle Personen, mit denen im Feld agiert wurde, auch unter ethischen Gesichtspunkten so in meinem Heimatland in der Forschung behandelt werden?
- Gab es Probleme dabei, das Forschungsvorhaben oder die eigene Rolle zu vermitteln und haben es alle Beteiligten verstanden?
- Zu welchen Bedingungen wurden Personen vor Ort für die Forschung angestellt?

In der Abschlussphase:

- Wie haben meine Anwesenheit und meine Forschung das Feld beeinflusst?
- Inwieweit haben meine eigenen Gefühle oder Vorannahmen das Thema oder Personen im Feld beeinflusst?
- Fand eine ausreichende Reflexion der eigenen Rolle im Feld und der eigenen wissenschaftlichen Herangehensweise statt?

In der Datenauswertung und Reflexion (nach der Forschung):

- Was wurde wirklich beobachtet und was in Situationen hineininterpretiert?
- Wem nutzt das erworbene Wissen, den Forschenden oder den Menschen im Feld?
- Wer erhält Zugang zu den Forschungsergebnissen und wer erlangt durch die Ergebnisse Vorteile?
- Sind die Beteiligten mit der Art und Weise einverstanden, wie über sie berichtet wird?

- Wie wird die Sicherheit der Personen im Feld weiterhin garantiert?
- Gibt es mögliche Versprechungen, die gemacht wurden, welche eingehalten werden müssen?
- Soll Kontakt zu Personen im Feld gehalten werden oder nicht?

5.7 Reflexion des Forschungsansatzes

Die teilnehmende Beobachtung erfreut sich immer größerer Beliebtheit und steht vor einer regelrechten „Wiederbelebung", insbesondere außerhalb der Ethnologie. Dies liegt nicht zuletzt daran, dass sich die Methode weiterentwickelt hat und vermehrt unterschiedliche, in der Regel qualitative Methoden zum Einsatz kommen. Quantitative Methoden stehen vor dem Problem, dass sie keine symbolischen Bedeutungen, also den tieferen Sinn von etwas erfassen können. Dies jedoch kann die teilnehmende Beobachtung leisten, da sie immer eine Interpretation des Sinnes miteinschließen muss (Spittler 2001, S. 10). Wie bereits beschrieben, ist teilnehmende Beobachtung nicht theorielos. Sie ist vielmehr problemzentriert und bleibt der Theorie gegenüber skeptisch. Und zwar in dem Sinne, dass sie bereit ist, diese zu revidieren und sich so ihren eigenen reduktionistischen Charakter stetig bewusst macht.

Die teilnehmende Beobachtung während der Feldforschung kann in der Friedens- und Konfliktforschung helfen, ein besseres Verständnis für bestimmte Fragestellungen zu entwickeln. Ethnografische Forschung erlaubt eine tiefere, reflektierte und sensiblere Diskussion von Themen (Richmond, 2018, S. 483). Wie erwähnt, ist die teilnehmende Beobachtung keine einfache, schnelle und kritikfreie Methode. Neben der oftmals langen Zeit im Feld bringt sie auch viel Vor- und Nachbereitungszeit mit sich. „[Participant Observation] involves great costs – physical, psychological and financial" (Banerjee, 2005, S. 184). Dennoch ist der Mehrgewinn an Informationen den vermeintlichen Mehraufwand wert. Richtig angewendet kann teilnehmende Beobachtung den Alltag, die Handlungen und die Prozesse der Menschen, die im Fokus ihrer Untersuchungen stehen, verstehen und nachvollziehen. Es ist möglich, durch Teilhabe die Lebenswirklichkeit des sozialen Handelns und die (kulturellen) Bedeutungen zu analysieren und zu reflektieren. Denn der soziale Sinn von Handlungen konstruiert sich erst im Alltagshandeln und in jeder Gesellschaft gibt es Typisierungen, die erst im Alltag zum Vorschein kommen. Nur durch die teilnehmende Beobachtung ist es letztendlich möglich, beobachtete oder im Gespräch erfahrene Handlungen, Symbole und Geschehen von innen heraus zu verstehen, sie einem größeren Kontext zuzuordnen, die Prozesshaftigkeit zu erfassen und sie zu interpretieren.

> „Die Zumutung an den Politikwissenschaftler als Beobachter, sich ständig in neuen, unbekannten Kontexten bewegen zu müssen und seinen Untersuchungsgegenstand nur episodisch, in unregelmäßigen Intervallen beobachten zu können, schärft das Verständnis für die Verlaufsformen politischer Prozesse" (Schöne, 2005, S. 178).

Und nur, wenn die Friedens- und Konfliktforschenden sich dieser „Zumutung" annehmen, wird es auf Dauer möglich sein, Prozesse von Krieg und Frieden in ihrer Komplexität von innen heraus zu verstehen und nicht Gefahr zu laufen, zu einer Lehnstuhlwissenschaft zu werden.

Genau das ist auch das Ziel dieser Forschung. Diese Forschung versteht sich als selbstreflektiert und geht auf die soziale Verantwortung ein, die für mich als Forschende mit den Machtbeziehungen im Feld einhergeht. Das Ziel dieser Arbeit ist es nicht, verallgemeinernde Aussagen darüber zu treffen, wie lokale und internationale Mitarbeitende des ZFD arbeiten. Sie will vielmehr auf bestimmte Strukturen hinweisen und diese auf theoretische Annahmen zurückführen. Somit liegt die Validität dieser Forschung nicht in der Generalisierung von Phänomenen. Sondern darin, zu bestehenden Debatten beizutragen, theoretische Diskussionen mit Beispielen zu unterfüttern und dadurch die Debatte voranzutreiben und aus einem anderen Blickwinkel zu betrachten. Dabei verstehe ich meine Forschung als Prozess, der mit theoretischer, methodischer und interkultureller Vorbereitung beginnt, einen Feldaufenthalt beinhaltet und schließlich in die Reflexion und Datenauswertung mündet. Da die Forschung im Feld verortet ist, wurde die Arbeit von Literatur und Theorie inspiriert, welche sich im Feld entfalten konnten. Besonders die Verortung in den Methoden half mir, mich während der Forschung in bestimmte Themen einzuordnen und die Leitfragen halfen mir, mich selbst auf bestimmte Themen zurückzubesinnen.

Abschließend wird zusammenfassend dargestellt, wie ich mit den zuvor aufgeworfenen ethischen Fragen umgegangen bin (Abbildung 5.2). Diese Fragen sind wie beschrieben durch die Reflexion meiner Forschung entstanden. Da Reflexion nicht nur als das bloße Bewusstsein von einem Thema verstanden wird, sondern davon ausgegangen wird, dass einer Reflexion auch immer eine Handlung im Forschungsprozess folgen muss, kann hier von einer *Reflaction* gesprochen werden. Der von mir aus – *Reflection* und *Action* – zusammengesetzte Begriff *Reflaction* fasst zusammen, dass in einer Forschung immer eine Reflexion der eigenen Handlungen, der eigenen Positionalität und des eigenen Einflusses auf das Feld (auch in Relation zu Machtdynamiken) stattfinden muss. Dass diese Reflexion jedoch nicht damit endet, diese Punkte zu benennen, sondern ihr Handlungen (*Actions*) folgen. Diese *Reflaction* wird nun am Beispiel der ethischen Forschungsfragen dargestellt.

Vor der teilnehmenden Beobachtung	
Welche Analysen müssen vor der Forschung durchgeführt werden?	• Konfliktgeschehen und Post-Konfliktsituation in den Ländern • Akteur*innen-*Mapping* für die Akteur*innen in Deutschland und in den Ländern • *Do-no-Harm*-Analyse • Analyse der eigenen Annahmen und Motivationen
Wie kann man die Forschung partizipativ gestalten und mit und nicht über Akteur*innen im Feld forschen?	• Offene Feldzugänge wählen und ohne Vorannahmen in das Feld gehen • In Gesprächen die Akteur*innen die Themen auswählen lassen • Umfragen und Fragebögen gemeinsam gestalten • Die Akteur*innen auswählen lassen, an welchen Veranstaltungen teilgenommen wird
Wer formuliert die Forschungsfrage, die Theorie der Arbeit und legt die Forschungsmethode fest?	• Im Fall meiner Forschung habe ich dies alles gemacht. • Die genaue Art der teilnehmenden Beobachtung und meine Rolle als Forschende wurde jedoch von den Akteur*innen im Feld bestimmt, da ich mich offen darauf eingelassen habe.
In der Einstiegsphase	
Wie gut bin ich mit dem Kontext vor Ort bereits vertraut?	• Bei den ersten Expert*inneninterviews war ich noch weniger gut mit dem Kontext ZFD vertraut als bei späteren Interviews oder den Seminaren. • Mit den Kontexten in Liberia und Sierra Leone war ich durch Selbststudium zumindest theoretisch vertraut. • Mit den Kontexten in Kenia war ich, unabhängig vom ZFD, bereits durch Vorerfahrungen vertraut.
Was sind Lösungsstrategien für mögliche Probleme?	• Für mich war die größte Lösungsstrategie immer das kultursensible, offene Ansprechen von Problemen und Fragen. • Für Probleme in medizinischer Sicht oder aus Sicherheitsgründen habe ich mir vorher einen Notfallplan erstellt und diesen mit Personen außerhalb des ZFD vor Ort geteilt.
Wie verortet man sich selbst im Feld?	• Ich habe weder die Position der deutschen Fachkräfte oder Organisationen noch die der lokalen Fachkräfte oder Organisationen übernommen oder bevorzugt. • Als Forscherin, die klar ihre Forschung vorstellt

Abbildung 5.2 Übersicht zum Umgang mit ethischen Herausforderungen in der Forschung (Abbildung der Autorin)

Welche Rolle möchte man als forschende Person einnehmen?	• Als teilnehmende Beobachterin, die auch zur beobachtenden Teilnehmerin wurde • Ich habe bewusst Rollenwechsel zugelassen, da somit Macht auch an die Personen im Feld übergeben werden kann. • Zwischen moderat und aktiv
In der Hauptphase	
Agiere ich anders im Feld als außerhalb des Feldes?	• Ich habe mich im Feld nie verstellt und bin immer offen und ehrlich geblieben. • In Interaktionen hat es sich jedoch auch um professionelle Kontakte gehandelt, dort habe ich anders agiert als beispielsweise mit Freunden. Dies mache ich jedoch auch in Deutschland so und es liegt nicht an dem Feld an sich.
Wer hatte den Forschungsprozess inne, die forschende Person oder die Menschen im Feld?	• In der Forschung in Deutschland hatte ich den Prozess stärker inne als in den Ländern. • In Sierra Leone, Kenia und Liberia hatten diesen in einzelnen Teilen auch die Personen vor Ort inne, indem sie entschieden haben, wo ich teilnehmen kann und wo nicht. Hier sind jedoch Machtaspekte zwischen lokalen und deutschen Akteur*innen zu betrachten. • Den gesamten Prozess der Forschung hatte ich jedoch inne, da ich die Daten am Ende auch interpretiere.
Würden alle Personen, mit denen im Feld agiert wurde, auch unter ethischen Gesichtspunkten so in meinem Heimatland in der Forschung behandelt werden?	• Diese Frage kann klar mit ja beantwortet werden. • Es gab keine Interaktionen, die so nicht auch in Deutschland möglich gewesen wären. • Der einzige Unterschied bestand darin, dass mir Zugänge vor Ort einfacher ermöglicht wurden, als dies beispielsweise in Deutschland der Fall gewesen wäre. Dies lag jedoch an den Entscheidungen der Akteur*innen (was auch auf systematische Machtstrukturen zurückzuführen ist).
Gab es Probleme dabei, das Forschungsvorhaben oder die eigene Rolle zu vermitteln und haben es alle Beteiligten verstanden?	• Während der Forschung in Deutschland gab es keine Probleme bei der Vermittlung. Einige Teilnehmende an dem Seminar haben nicht genau verstanden, was ich erforschen möchte, dies konnte jedoch hoffentlich in vertiefenden Gesprächen durch Nachfragen geklärt werden.

Abbildung 5.2 (Fortsetzung)

	• Die Akteur*innen des ZFD in den drei Ländern vor Ort hatten neben meinen Erklärungen die Möglichkeit, jederzeit Rückfragen zu stellen, somit gehe ich davon aus, dass das Forschungsvorhaben verstanden wurde. • In den drei Ländern vor Ort erfolgten Erklärungen mehrmals und zum Teil auf lokaler Sprache. Inwieweit Personen in den Programmen der ZFD-Organisationen dies jedoch verstanden haben, kann ich nicht beurteilen. Hier habe ich mich auf ein positives Feedback von den Akteur*innen des ZFD verlassen.
Zu welchen Bedingungen wurden Personen vor Ort für meine Forschung angestellt?	• Angestellt wurden die Personen, welche vor Ort die quantitativen Umfragen erstellt haben. • Hier geschah die Bezahlung in Absprache mit den jeweiligen Universitäten vor Ort und auf Grundlage ihrer Empfehlungen.
In der Abschlussphase	
Wie haben meine Anwesenheit und meine Forschung das Feld beeinflusst?	• Das Ziel war es, das Feld nicht zu beeinflussen bzw. dies mit den Forschungsergebnissen nach dem Forschungsprozess zu tun. • Ich habe die Rückmeldung von verschiedenen Personen erhalten, dass durch Gespräche und Interviews jedoch ein Prozess der Selbstreflexion angestoßen wurde, was zu persönlichen Veränderungen führen kann. • Dort, wo ich zur beobachtenden Teilnehmerin wurde und mehr einen aktiven Part eingenommen habe, habe ich durch meinen Input im Feld auf Wunsch der Akteur*innen vor Ort neue Impulse gesetzt.
Inwieweit haben meine eigenen Gefühle oder Vorannahmen das Thema oder Personen im Feld beeinflusst?	• Ich bin mit positiven Gefühlen in das Feld ZFD gegangen. • Vorannahmen und Gefühle habe ich in meinem Tagebuch reflektiert und deren Einfluss auf die Ergebnisse möglichst gering gehalten. • Wurde mir beispielsweise negativ über eine Person berichtet, die ich noch treffen sollte, habe ich versucht, mich nicht davon beeinflussen zu lassen – dies ist in der Praxis nicht immer so einfach, jedoch haben sich nach persönlichen Begegnungen immer andere Eindrücke ergeben als jene, welche mir vorher vermittelt wurden.

Abbildung 5.2 (Fortsetzung)

Fand eine ausreichend Reflexion der eigenen Rolle im Feld und der eigenen wissenschaftlichen Herangehensweise statt?	• Ich habe jeden Tag der Forschung im Feld und auch nach Ende der Forschung nochmals reflektiert. • Ich bin der Ansicht, dass man nie genug reflektieren kann, da man immer neue Ansichten gewinnen kann, jedoch fand ausreichend Reflexion statt.
In der Datenauswertung und Reflexion (nach der Forschung)	
Was habe ich wirklich beobachtet und was in Situationen hineininterpretiert?	• Beobachtungen und Interpretationen wurden schon in den Aufzeichnungen während der Forschung getrennt. • Es wurde verhaltensnah beobachtet. • Die Interpretation vor Ort fand – so weit möglich – bewusst statt und wurde in der Datenauswertung überprüft.
Wem nutzt das erworbene Wissen, den Forschenden oder den Menschen im Feld?	• Das Wissen nutzt mir für meine akademische Weiterbildung. • Das Wissen nutzt anderen Wissenschaftler*innen und der Weiterentwicklung der FuK. • Durch die *Policy*-Relevanz der Arbeit wird es jedoch auch den Akteur*innen im Feld nutzbar gemacht.
Wer erhält Zugang zu den Forschungsergebnissen und wer erzielt durch die Ergebnisse Vorteile?	• Alle Akteure*innen im Feld erhalten Zugang zu den Ergebnissen (zum Teil nicht zu dieser ausführlichen Arbeit, aber zu empirischen Artikeln). • Die ZFD-Organisationen und das BMZ erhalten Zugang und können die Ergebnisse für ihre Arbeit nutzen. Dies kann entweder in Richtung Selbstverbesserung geschehen oder in die Richtung, dass die Arbeit als Werbung für den ZFD genutzt wird.
Sind die Beteiligten mit der Art und Weise einverstanden, wie über sie berichtet wird?	• Die Absprachen, wie über die Forschung berichtet wird, erfolgten im Vorfeld. • Es wurde sich für den Schutz der Akteur*innen und damit für eine anonymisierte Darstellung entschieden.
Wie wird die Sicherheit der Personen im Feld weiterhin sichergestellt?	• Durch meine Forschung wurden die Akteur*innen nicht direkt in eine gefährliche Lage gebracht. • Mögliche Äußerungen, die Personen in Schwierigkeiten mit dem ZFD bringen könnten, wurden vorher mit den Personen besprochen und anonymisiert dargestellt.

Abbildung 5.2 (Fortsetzung)

Gibt es mögliche Versprechungen, die gemacht wurden, welche eingehalten werden müssen?	• Es wurde nur das Versprechen gegeben, die Arbeit zu publizieren und zugänglich zu machen. Dieses Versprechen wird eingehalten. • Andere Wünsche, von denen ich bereits wusste, sie nicht erfüllen zu können, wurden direkt vor Ort besprochen.
Soll Kontakt zu Personen im Feld gehalten werden oder nicht?	• Ich habe dies den Personen überlassen. • Alle Personen des ZFD haben meine Kontaktdaten und auch einige Personen, welche an einzelnen Projekten teilgenommen haben. • Mit einigen Personen stehe ich in regelmäßigem, persönlichen Kontakt, mit anderen weniger oder in einem professionellen Kontext und mit anderen gar nicht.

Abbildung 5.2 (Fortsetzung)

Innenansichten aus dem ZFD – empirische Ergebnisse aus der Forschung in Deutschland

6

Die vergangenen Kapitel haben sowohl den ZFD an sich als auch das Konzept der ZKB vorgestellt und dabei immer wieder das Thema Macht reflektiert und kritisch hinterfragt. An dieser Stelle wird nun vertieft in die ZFD-Landschaft eingeführt. Es werden empirische Ergebnisse vorgestellt, welche in Expert*inneninterviews in Deutschland und durch die Teilnahme an Vorbereitungsseminaren für Fachkräfte vor ihrer Ausreise gewonnen werden konnten. Durch dieses Kapitel können vertiefte Einsichten in den ZFD gewonnen werden. Zudem wird die Grundlage für die weitere empirische Forschung und das weitere Verständnis gelegt. Dabei wird zunächst der ZFD aus Sicht der durchführenden Organisationen dargestellt. Anschließend wird beantwortet, wer die lokalen Partner*innen sind.

6.1 Der ZFD aus Sicht der durchführenden Trägerorganisationen

Um die Hintergründe, Strukturen und Ansätze der einzelnen Organisationen, die die ZFD-Projekte durchführen, zu verstehen und das erworbene Wissen und die theoretischen Konzepte überprüfen zu können, führte ich Expert*inneneninterviews mit dem BMZ und mit den Programmverantwortlichen von sechs Organisationen[1], die Projekte des ZFD durchführen. Damit die Befragten möglichst viel Freiraum für ihre Antworten hatten, wurden qualitative Interviews mit offenen Leitfragen durchgeführt. Die Ergebnisse dieser Interviews lassen sich in Bezug auf das Selbstverständnis der Organisationen,

[1] Dies sind AGDF, AGIAMONDO, Brot für die Welt, Forum ZFD, GIZ und pbi. Die anderen Organisationen standen nicht für ein Interview bereit.

S. Ruppel, *Lokal verankerte Zivile Konfliktbearbeitung zwischen Partnerschaft und Machtungleichgewicht*, Studien des Leibniz-Instituts Hessische Stiftung Friedens- und Konfliktforschung,
https://doi.org/10.1007/978-3-658-41693-5_6

die Ziele des ZFD, die Wahrnehmung der Zusammenarbeit mit lokalen Partner*innen und allgemeine Herausforderungen, die in der Arbeit – gerade in Deutschland – auftreten, einordnen.

Schon in der allgemeinen Darstellung des ZFD in Abschnitt 4.4 ist deutlich geworden, dass die verschiedenen Durchführungsorganisationen unterschiedliche Herangehensweisen an ihre Arbeit haben, welche auch auf die unterschiedlichen Selbstverständnisse zurückzuführen sind. Hier wurde von den Interviewpartner*innen angemerkt, dass dies sehr positiv zu sehen ist. Der ZFD als Gemeinschaftswerk gibt den einzelnen Organisationen Raum, sich zu entfalten und Arbeit nach eigenen Richtlinien und eigenen Schwerpunkten durchzuführen, dies jedoch in gemeinsamen Strukturen und mit gemeinsamen Grundgedanken. So konnte in den Interviews festgestellt werden, dass das eigene Selbstverständnis grundsätzlich mit dem offiziellen ZFD-Verständnis einhergeht. Dieser Punkt ist sehr wichtig, da er die Grundlage für die Zusammenarbeit im Konsortium bildet und die Basis des ZFD darstellt. Sicherlich ist dies zum einen darauf zurückzuführen, dass der ZFD ein historisch gewachsenes Konstrukt ist, aber auch darauf, dass dieses Konstrukt schon immer von dem Austausch zwischen Organisationen gelebt hat. Dabei wurden von den Interviewten die folgenden Punkte als wichtigste Elemente dieses Selbstverständnisses identifiziert: die enge Zusammenarbeit und Partnerschaft mit den lokalen Partner*innen, die Motivation, mit zivilen Methoden der Konflikttransformation zu arbeiten, die Fähigkeit, an Konflikten zu arbeiten, und die Rolle, als externe*r, eher neutrale*r Akteur*in zu handeln. Im Zuge dieses Blicks auf das Selbstverständnis der Organisationen im ZFD ist es ebenfalls wichtig zu schauen, welchen Stellenwert der ZFD in den einzelnen Organisationen hat. Einige Interviewpartner*innen betonten, dass der ZFD zusammen mit anderen Projekten der Friedens- und Entwicklungsarbeit durchgeführt wird, und zwar in etwa zu gleichem Maße oder mit einem geringen Anteil. Lediglich zwei Interviewpartner*innen gaben an, dass der ZFD mehr eine Randnotiz in der Organisation ist, auch wenn er an sich ernstgenommen und geschätzt wird. Dies läge zum einen daran, dass der ZFD kein Schwerpunkt der Organisation sei, da es noch so viele weitere Förderprogramme gebe, aber auch daran, dass der ZFD nur ein sehr geringes Finanzvolumen mit sich bringt. Dabei wurde ebenfalls von vielen Interviewpartner*innen betont, dass der ZFD in seiner Struktur und Zuwendungsform oft anders funktioniert als andere Programme, was für die jeweiligen Organisationen einen gewissen Mehraufwand mit sich bringt. Andere Organisationen hingegen, die einen größeren internen Schwerpunkt auf den ZFD gesetzt haben, betonten diesen Mehraufwand nicht.

Diese Besonderheiten zeigen sich auch in der Frage, wer die lokalen Partner*innen sind. Im Allgemeinen hat jede ZFD-Trägerorganisation die Freiheit, lokale Partnerorganisationen auszuwählen. Bei einigen handelt es sich um langjährige Partner*innen, die bereits in früheren Projekten zusammengearbeitet haben. Andere sind völlig neue Akteur*innen, die durch persönliche Kontakte oder Netzwerktreffen vom ZFD erfahren haben. In einigen besonderen Fällen gibt es auch Partner*innen, die auf Bitten des BMZ oder der Botschaft in den jeweiligen Ländern aufgenommen werden. Dabei werden bei der Auswahl je nach Organisation verschiedene Kriterien angelegt. Immer jedoch werden Partner*innenverträge oder ein *Memorandum of Understanding* unterzeichnet. Einige Interviewpartner*innen betonten auch, dass sie grade bei neuen Partner*innen vorher eine Analyse durchführen und schauen, inwieweit CSOs vor Ort aktiv sind, wie sie kooperieren, wer Fürsprecher*innen sind oder wer ähnliche Arbeiten durchführt, und dass sie sich dann die für sich passende*n Partner*innen heraussuchen. Dies wird in der Regel immer in neuen Projektländern gemacht. In bestehenden Projektländern aber ist dies kein bei allen Organisationen gängiges Vorgehen. Einige der Befragten erwähnten ein grundsätzliches Problem im Zusammenhang mit den Möglichkeiten, mit bestimmten lokalen Akteur*innen zusammenzuarbeiten. Es hieß, dass die Projektpartner*innen vor Ort eine bestimmte Verfasstheit haben müssten. Gemäß den ZFD-Standards ist es wichtig, dass es sich bei den lokalen Partner*innen um gemeinnützige, zivilgesellschaftliche Akteur*innen, kirchliche Organisationen oder öffentliche Institutionen handelt. Die genauen Kriterien sind spezifisch und werden von jeder einzelnen Organisation festgelegt (Gemeinschaftswerk ZFD 2014, S. 4). So sind zum Beispiel lokale Autoritäten, die nicht über eine solche Verfassung verfügen, keine realistischen Projektpartner*innen. „Es ist auf jeden Fall manchmal hinderlich, dass die Partnerorganisation eine gewisse Verfasstheit braucht. Zum Beispiel ist es schon dann hinderlich, wenn die Organisation aus politischen Gründen keinen Status bekommt" (Interview pbi). Hierbei wurde von den Interviewpartner*innen jedoch auch betont, dass dies nicht an den Akteur*innen vor Ort liegt, sondern an der Verfasstheit des ZFD an sich. Diese Verfasstheit sollte jedoch keinen Druck für lokale Akteur*innen bedeuten, sich einen bestimmten rechtlichen Status zuzulegen, sondern eher eine Aufforderung an den Zuwendungsgeber, also das BMZ sein, flexiblere Fördermodelle zu entwickeln. Andere Interviewpartner*innen wiederum betonten, dass eine gewisse Verfasstheit der lokalen Partner*innen auch Vorteile mit sich bringt, da es dann nicht zu Überschneidungen von Personengruppen kommen kann. So könnten beispielsweise Personen, die im ZFD arbeiten, gleichzeitig nicht auch die Rolle einer lokalen Autorität in ihrer Gemeinde übernehmen, was zu Interessenskonflikten führen könnte. Auch müsse bedacht werden, dass einige Akteur*innen vor Ort eventuell selbst Konfliktpartei sein können. Das Risiko hierfür ist höher, wenn sie vor Ort nicht als CSO registriert sind.

Darüber hinaus zeigte sich, dass die Zusammenarbeit auch stark von der Einbeziehung der Partner*innen in die gesamte Projektgestaltung abhängt. Bei Brot für die Welt zum Beispiel liegt diese ganz bei den Partnerorganisationen, mit denen Brot für die Welt vor Ort zusammenarbeitet:

> „Für uns war immer völlig klar, dass wir selbst keine *Ownership* die Entwicklungs- oder Friedensarbeit vor Ort betreffend, also über die Arbeit in den Projekten haben. Unsere Arbeit dient dazu, die Partnerorganisationen zu stärken oder bei ihrer Vernetzung zu unterstützen, die die Entwicklungs- und Friedensarbeit machen und verantworten" (Interview Brot für die Welt).

Dies zeigt sich in der Umsetzung beispielsweise auch daran, dass die Koordinator*innen vor Ort in der Regel lokale Personen aus den Partnerorganisationen sind. Generell war allen Interviewpartner*innen gemein, dass sie die *Ownership* immer bei den Partner*innen vor Ort sehen. In der Praxis sieht die Umsetzung jedoch nicht immer so aus wie bei Brot für die Welt. So sind zum Beispiel beim forumZFD oder bei der GIZ die Mechanismen andere, da sie in den jeweiligen Ländern eigene Projektbüros haben und oftmals von dort aus über die Zusammenarbeit mit lokalen Partner*innen entscheiden. Dennoch gilt auch hier:

> „Um zu verhindern, dass wir Prozesse initiieren, die gar nicht mitgetragen werden [...], muss vieles von innen heraus entstehen. Wenn wir da nicht sehr genau drauf achten, dass unser externer Impuls, der sich gegebenenfalls auch sehr deutlich unterscheidet von dem, was Partner beschreiben, irgendwo Nährboden findet und auf Personen trifft, die das weitertragen, agieren wir losgekoppelt von lokalen Bemühungen und lokalen Interessen" (Anonymes Interview mit ZFD-Organisation).

In Bezug auf die lokalen Partner*innen ist es wichtig zu erwähnen, dass etwa die Hälfte der Interviewpartner*innen in ihren Erklärungen die Lederach Pyramide (Lederach, 2001) erwähnte, welche in Abschnitt 4.4.2.2. diskutiert wurde, wenn sie von lokalen Partner*innen sprachen. Es wurde deutlich, dass es das erklärte Ziel aller Organisationen ist, die Basis der Pyramide, die Graswurzelebene, zu stärken und zu unterstützen, dies aber auch durch die Arbeit auf den anderen Ebenen erfolgt. Die Strategien zur Erreichung der ZFD-Ziele sind somit sehr unterschiedlich. Einige Organisationen arbeiten auf allen Ebenen, andere nur auf bestimmten.

> „Ich würde die primären Zielgruppen der pbi-Arbeit in der Lederach-Pyramide ganz unten einordnen, aber das ist ja ein Grundansatz von pbi, wir versuchen eine Brücke zu bauen zwischen Graswurzelaktivisten, deren Stimme sonst oft überhört wird, zu internationalen NGOs, zu den nationalen Behörden, das heißt dann eher Track-Zwei-Level" (Interview pbi).

Es gibt jedoch auch spezielle Projekte, die an der Spitze der Pyramide arbeiten (*Top-Leadership*), zum Beispiel GIZ-Projekte, die mit Regierungsvertreter*innen zusammenarbeiten. Auch hier bietet der ZFD in seinen flexiblen Auslegungen verschiedene Möglichkeiten, um mit unterschiedlichen Akteur*innen zu kooperieren. Wie bereits in Abschnitt 4.4.2.2. angemerkt, ist ein Nachteil der Lederach-Pyramide, dass sie zu statisch ist. Darüber hinaus haben viele ZFD-Projekte gezeigt, dass es eine Verknüpfung zwischen den verschiedenen Ebenen geben muss, um die beabsichtigten Inputs und Ergebnisse zu erreichen. Es ist daher wichtig zu bedenken, dass die lokalen Akteur*innen als Ergebnis der alltäglichen Interaktionen selbst auf fließende Weise Identitätskategorien schaffen. Sie sind transversal, flexibel und fließend, und die Akteur*innen können die Kategorien wechseln und sich selbst neu positionieren (Kappler, 2015, S. 876).

> „Wenn ich von der Lederach Pyramide ausgehe, ist die schon ziemlich alt und drückt eine Selbstverständlichkeit aus, dass ich auf allen Leveln arbeiten muss. Wenn ich nur einen Fokus habe, dann verliere ich das Andere. Von daher muss ich mit den verschiedenen Multiplikatoren und Ebenen arbeiten und die Arbeit entsprechend ausrichten. Somit ist der *Local Turn* nicht wirklich eine neue Erkenntnis, die in der Praxis nicht schon angewendet wird. In meiner Beschränktheit als ein Akteur bin ich jedoch nicht ständig auf allen Ebenen aktiv. Wenn ich an der einen Stelle arbeite, muss ich schauen, wie habe ich die anderen im Blick oder weiß, dass da andere sind, mit denen ich vernetzt bin oder denen ich zuarbeiten kann" (Interview AGDF).

Alle Interviews haben gezeigt, wie wichtig die Interviewten die Partner*innen schätzen und wertschätzen. Oftmals besteht die Zusammenarbeit bereits über einen sehr langen Zeitraum. Alle Organisationen halten es für sehr wichtig, die Partner*innen vor Ort ernst zu nehmen und sie in ihrer Arbeit zu unterstützen.

> „Es können Lösungen nur aus dem lokalen Kontext kommen. Ob jetzt die Nachfrage nach diesen Lösungen aus dem lokalen Kontext unmittelbar kommt oder ob man sie stimuliert, indem man Angebote macht, das ist eine andere Frage. Also es gibt sicher Situationen, in denen wir mit einem gewissen Analysevorsprung im Sinne des Blicks von außen und mit einem gewissen Angebot an Dienstleistungen auf Partner zugehen und diese lokale *Ownership* stimulieren, nicht simulieren. Sie muss dann allerdings irgendwann genuin sein und manchmal wird sie es auch erst später, manchmal gehen solche Versuche in die Irre; das muss man dann anerkennen und abbrechen. Wenn

> ein Anstoß von außen kommt, der zunächst überhaupt erstmal dazu führt, dass lokale Nachfrage entsteht und artikuliert wird, finde ich das jetzt nicht problematisch. Problematisch finde ich, wenn man so tut, als gäbe es genuines lokales Interesse, macht aber trotzdem in der Praxis sein eigenes Ding“ (Interview GIZ).

Auch um das Thema *Ownership* zu fördern, spielt besonders die Vernetzung der einzelnen ZFD-Projekte und Organisationen in den Ländern eine wichtige Rolle. Aber auch überregionale, thematische Vernetzung wird gefördert. Dies können Treffen zum reinen Austausch, zur Vernetzung oder für Weiterbildungen und Workshops sein oder die Zusammenarbeit an inhaltlichen Themen. Einige Organisationen führen auch spezielle Fachkräfte- und Partner*innentreffen durch, um die beiden Gruppen getrennt voneinander zusammenzubringen. Oder, um Raum zu schaffen, um sensible Themen anzusprechen und über die eigene Arbeit zu reflektieren. Inwieweit diese Themen dann jedoch tatsächlich mit der jeweils anderen Gruppe rückgekoppelt werden, bleibt offen. Vor allem dienen laut Aussagen der Interviewpartner*innen diese Treffen aber auch dazu, den ZFD-Zusammenhalt zu stärken und kollegialen Austausch über Organisationsgrenzen hinweg zu fördern. Jedoch ist auch anzumerken, dass diese Vernetzung je nach Land sehr unterschiedlich stark ausfällt und es auch Länder gibt, in denen laut Interviewpartner*innen kaum Vernetzung stattfindet. Ein Thema, welches im Zuge der Vernetzung auch wichtig wird, ist der Süd-Süd-Austausch. Dieser findet in einigen Organisationen regionsübergreifend in thematischen Workshops statt. Allerdings wurde mehrmals in den Interviews betont, dass dieser Austausch noch stärker gefördert werden könnte, dazu aber die finanziellen Mittel fehlen würden. Im Zuge der Vernetzung könnten auch die ZFD-Organisationen, die in Deutschland aktiv sind, vom Wissen der Süd-Partner*innen profitieren. Doch auch dafür stehen kaum finanzielle Möglichkeiten zur Verfügung, so die Interviewpartner*innen.

Gerade wenn es um das Thema *Ownership* geht, gewinnt die Rolle der Fachkräfte an Bedeutung. Wie in Abschnitt 4.4. beschrieben, gibt es einige Organisationen, die mit integrierten Fachkräften arbeiten, in denen also die Fachkraft im Büro der Partnerorganisation mitarbeitet. Aber es gibt auch Organisationen, die nicht mit integrierten Fachkräften arbeiten. Außerdem gibt es Organisationen, die mit beiden Modellen arbeiten.

> „Es gibt sehr gute Gründe für beide Herangehensweisen [die der integrierten und die der nicht integrierten Fachkräfte]. Die eine Position ist zu sagen, der Partner muss klar den Hut aufhaben. Auf der anderen Seite kann ich meine Rolle als Externer, wenn ich nicht in einer parteilichen Organisation eingebunden bin, anders ins Spiel bringen“ (Interview AGDF).

Alle Interviewpartner*innen betonten, dass beide Varianten Vor- und Nachteile haben. Bei integrierten Fachkräften existiert eine starke Bindung an und in die Partnerorganisationen. Das heißt, die Dienst- und Fachaufsicht der Fachkräfte liegt bei der Partnerorganisation und diese klärt auch, welche Ziele in und mit der Arbeit erreicht werden sollen. Hierbei erfolgt den Interviewpartner*innen zufolge ein kontinuierlicher Dialog. Für einige Interviewpartner*innen wird dadurch die Partnerorganisationen sozusagen zur Säule des ZFD in den jeweiligen Ländern. Es wurde betont, dass es ein ganz anderes Arbeiten ist, wenn eine Fachkraft in der Organisation vor Ort integriert ist, als wenn jemand von außen immer mal wieder mit der Organisation arbeitet: Anders in Bezug darauf, was die Fachkraft erfährt, wie sie sich damit identifiziert und wie sie diese Organisation beraten kann, weil sie sie besser versteht und tiefere Einblicke gewinnt. Als größter Nachteil der integrierten Fachkräfte wurde genannt, dass es schwer ist, die Distanz zu wahren. Denn es gebe so keine richtige Außensicht mehr, wodurch es schwierig werde, nicht selbst Teil von Konflikten zu werden. Dieser Nachteil, so einige Interviewpartner*innen, sei wiederum ein Vorteil für nicht integrierte Fachkräfte. Sie könnten unabhängiger arbeiten und brächten eine klarere Außensicht mit. Als Nachteil der nicht integrierten Fachkräfte wurde aufgeführt, dass sie oft an alte und konventionelle Praktiken und Rollenverständnisse der Friedens- und Entwicklungsarbeit anknüpfen. Dass also Entwicklungshelfer*innen in einer Organisation vor Ort mitarbeiten, um diese mit ihrem Wissen zu bereichern und ihr Wissen weiterzugeben, das ihrer Ansicht nach über dem lokalen Wissen steht. Die Frage der Neutralität war generell ein kontroverser Punkt in den Interviews. Einige Interviewpartner*innen gaben an, nicht an das Neutralitätsgebot zu glauben, da eine Fachkraft immer auch eine Position vertritt und ein Mensch an sich einfach nicht neutral sein kann. Angesichts dieser Aspekte gewinnt erneut die Frage nach der Rolle der Fachkräfte vor Ort und nach ihrer Legitimation an Bedeutung. Auch wenn es einen formalen Vertrag im ZFD gibt, stellt sich, wie ein*e Interviewpartner*in betonte, dennoch immer die Frage, auf welcher Ebene Legitimation hergestellt wird. Dabei kann es helfen, die folgenden Fragen zu reflektieren, um die eigene Rolle als Fachkraft zu klären: Wer hat mich geschickt? Bin ich willkommen, weil ich Geld oder Beziehungen mitbringen? Warum wird das Externe eingekauft? Laut diesem*dieser Interviewpartner*in muss ein Teil dieser Rollenklärung auch eine Antwort zum Eigeninteresse beinhalten. So kann es auch legitim sein zu sagen, dass man als Fachkraft ein Interesse an Konfliktregionen hat, weil sie Arbeitsplätze schaffen. Dabei sollte man nicht vergessen, die Abhängigkeiten zu reflektieren, von denen man als Fachkraft profitiert. Einigen Interviewpartner*innen zufolge muss man sich der moralischen und durch historische Verflechtungen gewachsenen Abhängigkeiten bewusst sein und sich in der

Folge der eigenen Verantwortlichkeit stellen. „Zu sagen, es betrifft mich, ist der eine Schritt und dann zu schauen, wie kann ich mit den Leuten vor Ort verhandeln und klar machen, warum ich persönlich ein Interesse an dem Konflikt habe, ist der andere Schritt" (Anonymes Interview mit ZFD-Organisation). Ein Punkt, der im Zuge von *Ownership* und Legitimität im ZFD immer wieder diskutiert wird, ist das eigene Rollenverständnis als Geber*in oder als Partner*in. Der Großteil der Interviewpartner*innen betonte, dass sie sich klar als Partner*innen und nicht als klassische Geberorganisationen sehen. Jedoch wurde auch angemerkt, dass diese Perspektive nicht immer leicht einzunehmen ist. Es kann durchaus vorkommen, dass der ZFD eher als klassische Geberorganisation wahrgenommen wird. Laut eine*r Interviewpartner*in richten die Partner*innen vor Ort ihre Interessen nach dem aus, was gerade gewünscht wird. Zudem spielt es laut der Interviewpartner*innen eine Rolle, dass viele lokale Organisationen Geld benötigen, um überleben zu können: „Also viele Partner wollen zunächst mal Geld. Zur Unterstützung ihrer Ziele. Ich will das jetzt gar nicht anrüchig darstellen, natürlich braucht eine NGO Geld" (Anonymes Interview mit ZFD-Organisation). Es wurde hervorgehoben, dass diese andere, gewünschte Perspektive und Zusammenarbeit Zeit benötigt. Es sei erkennbar, dass die Idee des ZFD, je länger er in einem Land und je besser er vernetzt ist, umso schneller auf der Arbeitsebene umgesetzt wird. Aber auch die meist zu Beginn eines Programms stattfindenden Workshops, Gespräche und gemeinsam erarbeiteten Dokumente sollen den Partner*innen helfen, besser zu verstehen, dass der ZFD keine Geberfinanzierung, sondern eine personelle Unterstützung zum Ziel hat. Hier wurde in den Interviews jedoch deutlich, dass es für die Partner*innen keine langwierige oder intensive Vorbereitung auf den ZFD und die ZFD-Fachkraft gibt. Es wurde betont, dass dies zum Teil nicht nötig ist, da eine Zusammenarbeit schon lange besteht, die Aufgaben bei den Koordinator*innen vor Ort liegen oder die Vorbereitung verkürzt in kleineren Workshops stattfindet. Einige Interviewpartner*innen äußerten aber auch, dass eine bessere Partner*innenvorbereitung wünschenswert wäre.

Diese Vielfalt im ZFD, mit seinen unterschiedlichen Möglichkeiten der Zusammenarbeit mit den lokalen Partnern*innen, machen ihn so interessant für die Debatte über die Einbeziehung lokaler Akteur*innen in die Friedensarbeit. Alle Organisationen haben das gleiche Ziel und arbeiten nach den gleichen Leitprinzipien, nutzen aber unterschiedliche Formen und Ansätze der Zusammenarbeit. Als Ergebnis dieser unterschiedlichen Ansätze zeigt sich offensichtlich, dass vielfältige Herausforderungen auftreten können. Dabei sind die Herausforderungen in den ZFD-Ländern zum einen mit den Themen verknüpft, an denen die Organisationen arbeiten, aber auch damit, wie die deutschen Fachkräfte arbeiten (integriert oder nicht integriert). Dennoch wurden einige Herausforderungen häufig genannt. So zum Beispiel, dass Partner*innen vor Ort unter schwierigen Bedingungen leben und arbeiten. So gibt es Situationen, in denen lokale Akteur*innen Verpflichtungen gegenüber anderen Geberorganisationen haben oder noch einer anderen Arbeit nachgehen, um ihren Lebensunterhalt sichern zu können. Darüber hinaus wurden logistische und bürokratische Herausforderungen erwähnt, wie zum Beispiel, dass einige Partner*innen schwer zu erreichen sind oder Prozesse vor Ort einfach länger dauern. Gerade dieses „Länger dauern" wurde immer wieder betont. Einige Interviewpartner*innen gaben an, dass dies im Globalen Süden „eben so sei". Andere differenzierten, warum dies der Fall ist; zum Beispiel aufgrund von schlechtem Internet oder durch Mehrfachbelastungen der Partner*innen. Jedoch kamen die Interviewpartner*innen zu dem Schluss, dass die in den Ländern tätigen Fachkräfte und die lokalen Partner*innen diese Herausforderungen besser verstehen, einordnen und bewältigen können.

Eine weitere Herausforderung, die die Interviewpartner*innen ebenfalls für die Arbeit des ZFD in Deutschland identifizierten, betrifft das Projektmonitoring und die -evaluation (PM&E). Einige betonten, dass dies zwar eine Herausforderung sei, sie daran jedoch als Organisation gewachsen sind und die Qualität der Arbeit zugenommen hat. Es wurde oft erwähnt, dass das PM&E nach den neuen ZFD-Richtlinien für einige Akteur*innen relativ neu ist und in einigen Projekten erstmals umgesetzt wird. Diese Richtlinien wurden auch zu dem Zweck geschaffen, näher an den Realitäten des ZFD arbeiten zu können und Wirkungen nicht allzu abstrakt erfassen zu müssen.

> „Ich glaube, wenn man die Anträge nur liest und vor Ort nichts kennt, fragt man sich sehr oft, was passiert da. Es sollen und müssen in den Anträgen keine konkreten Aktivitäten benannt sein, was auch nicht sinnvoll wäre in fragilen Kontexten, denn die zur Zielerreichung nötigen Aktivitäten können sich ändern; da muss ein Träger nicht exakt sagen, ‚wir machen zum Beispiel drei Workshops', das ist überholt. Wir arbeiten heute mit einer anderen Wirkungslogik. Die Wirkungen, die erreicht werden sollen, werden hier benannt, und dann wird uns hinterher berichtet, welche erreicht wurden. Es ist nicht quantitativ unterlegt, weil es qualitative Wirkungen sind und sie möglichst exakt beschrieben werden" (Interview BMZ).

Dennoch wurde von anderen Interviewpartner*innen betont, dass die Pflicht, das PM&E umzusetzen, oft dazu führt, dass der Prozess nicht auf natürliche *Bottum-up*-Weise umgesetzt wird. Vielmehr ginge es darum, irgendwelche Wirkungen nachweisen zu müssen. Von einigen Interviewpartner*innen wurde sich mehr Freiheit schon in der Projektplanung gewünscht, die dann natürlich die Wirkungen beeinflussen soll. Aus der Freiheit, eine Organisation oder eine Person in einer neuen Idee zu unterstützen, die vielleicht auch schiefgeht, könnte beispielsweise eine neue Idee entstehen. Eine weitere Herausforderung scheint es zu sein, die Ergebnisse der PM&E in andere Arbeitsprozesse einzubeziehen. Hier liegt laut einer Interviewpartner*in die Schwierigkeit auch darin, dass in einem Projektantrag bestimmte Wirkungen formuliert werden und mit einem bestimmten Budget geplant wird. Dass aber das tatsächlich bewilligte Budget oftmals geringer ist. Somit können oft nicht alle zu Beginn erwünschten oder geplanten Wirkungen erzielt werden.

Ferner gaben die Interviewpartner*innen an, dass die Koordination der ZFD-Arbeit in den Ländern recht gut funktioniert, die Koordination des ZFD in Deutschland jedoch verbesserungsfähig sei. Generell galt das Konsortium ZFD als die ideale Plattform, um Aktivitäten zu diskutieren und zu koordinieren. Laut Aussagen der Interviewpartner*innen kann dies aufgrund fehlender Kapazitäten und hoher Arbeitsbelastung jedoch nicht in dem Maße erfolgen, wie es die meisten Organisationen wünschen. Generell wurde die hohe Arbeitsbelastung durch die Bürokratie und die Erschließung neuer Themen, die mit verbleibenden personellen Kapazitäten in den Organisationen in Deutschland umgesetzt werden müssen, als ernstes Dilemma identifiziert. Gerade mit Blick auf den bürokratischen Aufwand des ZFD wurde von den Interviewpartner*innen die Rolle des BMZ angesprochen. Mehrfach wurde beispielsweise betont, dass die Prozesse der Antragsstellung oft zu lange dauern. Dies sei besonders bei neuen Partner*innen oder neuen Projekten der Fall. Erst wenn eine ZFD-Organisation in einem Land Partner*innen vor Ort gefunden und die verschiedenen Wege im Antragsverfahren durchlaufen hat, kann es zur Auswahl der Fachkräfte kommen. Dafür vergehen zum Teil bis zu zwei Jahre. Das ist oftmals zu lang, da sich in der Zwischenzeit Bedarfe ändern können. Darüber hinaus wurden weitere bürokratische Hürden identifiziert: zum Beispiel das Belegverfahren für Ausgaben (Dokumentation, Führen von Listen) oder das Einholen von verschiedenen Angeboten in den Projektländern für größere Anschaffungen (ab einer gewissen Auftragssumme müssen drei verschiedene Angebote eingeholt werden). Generell wurde festgestellt, dass seit der ZFD-Reform deutlich mehr Verwaltungsaufwand anfällt. Dass aber der ZFD gleichzeitig eine Flexibilität in der Umsetzung ermöglicht, die sonst wenige staatlich geförderte Programme bieten. Vor allem in Bezug auf Planungssicherheit für die Organisationen in Deutschland, aber auch für die Personen in den jeweiligen Ländern, wurde als zusätzliche große Herausforderung die Projektlaufzeit bemängelt, die in der Regel auf drei Jahre festgelegt ist. Diese Laufzeit führt zum einen dazu, dass oftmals schon an den nächsten

Antrag oder einen Folgeantrag gedacht werden muss, während noch die eigentliche Arbeit läuft. Andererseits bewirkt sie auch, dass vor Ort keine nachhaltige Arbeit geplant werden kann.

6.2 Vorbereitung von Fachkräften

Die Fachkräfte des ZFD, der ein Instrument der Personalentsendung ist, sind sein Herzstück und werden sowohl in den ZFD-Leitlinien als auch in den einzelnen Organisationen immer wieder in den Vordergrund gerückt (siehe Abschnitt 4.4.2.1.). Um die Fachkräfte und ihre Arbeit besser begreifen zu können, ist es deswegen wichtig, ihre Perspektiven zu verstehen. Dies bezieht sich in meiner Forschung nicht nur auf die Projekte selbst in Liberia, Kenia und Sierra Leone, sondern beginnt bereits einen Schritt vorher bei den Vorbereitungsseminaren vor der Ausreise. Dies ist wichtig, da es bislang vergleichsweise wenig Forschungsliteratur zur Vorbereitung von Fachkräften gibt. Somit führt die vorliegende Arbeit diese Vorbereitung systematisch ein, unterfüttert sie mit empirischen Daten aus Deutschland und greift deren Bedeutung für die Fachkräfte, wenn sie im Ausland arbeiten, an späterer Stelle (siehe Abschnitt 8.5.) erneut auf. Zudem ist es für die vorliegende Arbeit wichtig, die Vorbereitungen zu beleuchten, weil für die Arbeit im Ausland schon in der Vorbereitung bestimmte Weichen gestellt werden. So wird zum Beispiel thematisiert, wie Partnerschaftlichkeit verstanden wird oder wie eine Verortung im Projekt stattfindet. Themen, die die Arbeit der Fachkräfte prägen und für den empirischen Teil in Kapitel 8 von Relevanz sind. Zusätzlich werden in der Vorbereitung bereits Machtdynamiken deutlich. Wie in Kapitel 2 beschrieben wurde, entsteht Macht über Diskurse. Auch die Fachkräfte sind in diese Diskurse eingebettet und die Vorbereitung ist ein wichtiger Teil davon. Alleine dadurch, dass die Vorbereitung nicht für Partner*innen aus den jeweiligen Ländern stattfindet, der überwiegende Teil der Trainer*innen aus Deutschland kommt und durch die Art und Weise, wie Themen behandelt werden (zum Beispiel die eigene Positionierung in Bezug zum Projekt), zeigen sich Machtdynamiken im Diskurs und können sich manifestieren. Um diese verschiedenen Punkte zu beleuchten, werden im Folgenden zunächst die generellen Ideen und Inhalte einer Vorbereitung beschrieben. Schließlich werden die empirischen Ergebnisse der teilnehmenden Beobachtung während verschiedener Vorbereitungsseminare dargestellt.

Die Auswahl der Fachkräfte erfolgt nach den Standards der jeweiligen Organisation, aber im Einklang mit dem deutschen Entwicklungshelfer*innengesetz. Neben ihrer Auswahl spielt auch die Vorbereitung der Fachkräfte eine wichtige

Rolle. Hier verfolgt jede Organisation ihre eigene Aus- und Fortbildungsstrategie, die jedoch nach einem bestimmten gemeinsamen Verständnis erfolgt. Die Organisationen haben mittlerweile ihr Angebot zur Ausbildung von Fachkräften, aber auch von Trainer*innen aufeinander abgestimmt (Rieche, 2006b, S. 35). So können Fachkräfte einer Organisation auch an den Trainings einer anderen Organisation teilnehmen. Dennoch gibt es keine einheitlichen Standards, wie in Gesprächen mit den Trainer*innen und den ZFD-Organisationen betont wurde.

Die Ausbildung umfasst eine Vielzahl von Themen. Alle Organisationen bieten dem jeweiligen Kontext angepasste Kurse zur Vorbereitung der Fachkräfte an. Sie finden teilweise intern, manchmal aber auch extern statt. Die Dauer hängt von der Organisation und den Vorkenntnissen der Fachkräfte ab. Sie kann nur einige Wochen, aber auch bis zu sechs Monate dauern. Bei den meisten Organisationen gilt das Prinzip der individuellen Vorbereitung. Dies bedeutet, dass genau darauf geachtet wird, an welchen Stellen eine Fachkraft noch Aus- und Weiterbildungsbedarf hat. Und zwar sowohl auf fachlicher Ebene, aber zum Beispiel auch in Form von Sprachkursen. Zu den so identifizierten Bereichen werden dann spezielle Trainings angeboten. Gleichzeitig gibt es auch einige Komponenten, die trotz individueller Vorbereitung immer angeboten werden. Dazu zählen zum Beispiel Grundlagen des ZFD oder der jeweiligen Organisation, aber auch Landeskunde und Sicherheitstrainings. Jedoch haben einige Mitarbeiter*innen von ZFD-Organisationen in den Interviews betont, dass die spezielle ZFD-Vorbereitung oft etwas zu kurz kommt und es keine so großen Unterschiede zu anderen Vorbereitungsformaten für Fachkräfte gebe, die ausreisen.

Dabei ist nicht nur eine gute interkulturelle Vorbereitung der Fachkräfte wichtig, sondern auch, dass sie Mechanismen und Diskurse von Macht und Herrschaft kennenlernen und dass sie diese in den Kontext einordnen können, in dem sie arbeiten werden (Reich, 2005, S. 482). Das ist zumindest die konzeptionelle Idee einiger Trägerorganisationen. Dass diese Themen in der Vorbereitung behandelt werden, ist für die Fachkräfte sehr relevant. Es wird immer wieder bemängelt, dass sie aber in vielen Vorbereitungen für Friedensfachkräfte fehlen: „It has also been criticized that often [international] NGOs lack an understanding of the broader social or economic context in given conflict zones where they engage as outsiders. In fact, very few civil society actors have the necessary knowledge, means and power" (Fischer, 2011, S. 297). Mit den Trainings will der ZFD genau dieser Kritik durch eine intensive Vorbereitung der Fachkräfte entgegenwirken. Für die Vorbereitung gilt vor allem, dass es dabei nicht nur um die Vermittlung von Fähigkeiten geht, sondern auch um einen Prozess der Wissensentwicklung (Reich, 2005, S. 484), der Reflexion und der Arbeit an Ambiguitätstoleranz. Doch wie die kommenden Darstellungen und auch Kapitel 8 zeigen werden, findet dies auf sehr unterschiedliche Art und Weise statt. Bei jeder Fachkraft herrscht ein anderer Umgang mit dieser Thematik.

Um diese Vorbereitung genauer zu untersuchen, habe ich als teilnehmende Beobachterin an verschiedenen Seminaren teilgenommen. Dies waren das Seminar „Konzepte, Rollen und Realitäten – Ziviler Friedensdienst der AGEH" (heute AGIAMONDO), das Seminar „Training zur katholischen Friedenslehre. Kirche und Konflikt – Teil des Problems, oder Teil der Lösung?" von AGIAMONDO; Teile des Seminars „Wer, weshalb, wozu und wie? Rahmenbedingungen Personeller Entwicklungszusammenarbeit" der AGIAMONDO; Teile des Seminars „Constructive third-party Intervention" an der Akademie für Konflikttransformation und Teile des ZFD-*Inhouse*-Kurses der GIZ. Es wird nun zunächst kurz auf die Kontexte und Inhalte der einzelnen Seminare eingegangen, bevor dann eine zusammenfassende Analyse stattfindet.

Das Seminar „Konzepte, Rollen und Realitäten – Ziviler Friedensdienst der AGEH" (heute AGIAMONDO) ist ein zweieinhalbtägiger Kurs, der sich an Fachkräfte von AGIAMONDO richtet, welche über den ZFD ausreisen. Während meiner Teilnahme haben drei Fachkräfte an dem Kurs teilgenommen. Alle lebten zu dieser Zeit auf dem Gelände von AGIAMONDO. Das ist durchaus üblich, da dort viele Vorbereitungskurse stattfinden. Sie hatten bereits an einigen anderen Kursen zur Vorbereitung teilgenommen. Der Kurs wird sowohl von Referent*innen von AGIAMONDO als auch von externen Expert*innen durchgeführt. Dieser Kurs beginnt mit einer Einführung in das Gemeinschaftswerk ZFD. Er informiert über die Entstehung des ZFD, die Struktur des Gemeinschaftswerks und die Rolle der verschiedenen Akteur*innen und die zentralen Grundlagen als eine gemeinsame Basis der einzelnen ZFD-Träger*innen. Außerdem geht der Kurs auf den ZFD bei AGIAMONDO ein. Er stellt die internen Strukturen sowie die Rolle der ZFD-Koordinator*innen vor und diskutiert das Selbstverständnis der Arbeit „Mehrwert Mensch und Partnerorientierung" mit einer Verbindung zum *Outcome-Mapping* von AGIAMONDO (siehe Abschnitt 4.4.4.). Auch setzt der Kurs den ZFD in den Kontext einer katholischen Trägerorganisation. Hier wurde sowohl der Handlungsrahmen der Arbeit besprochen als auch auf die Bedeutung der „Justitia-et-Pax"-Strukturen für den ZFD von AGIAMONDO eingegangen. Nach diesen Grundlagen ging es auch um die Verortung der eigenen Rolle im Kontext des Projektes, des Landesprogramms und der trägerübergreifenden Länderstrategie. Nicht zuletzt wurde auch das Wissensmanagement des Konsortium ZFD behandelt.

Das Seminar „Training zur katholischen Friedenslehre. Kirche und Konflikt – Teil des Problems, oder Teil der Lösung?" richtet sich nicht nur an

ZFD-Fachkräfte, sondern generell an Fachkräfte, die über AGIAMONDO ausreisen. Es wird über zwei Tage in Kooperation mit externen Trainer*innen[2] durchgeführt. Hier geht es darum, die katholische Friedenslehre kennenzulernen und sich mit Themen wie dem Leitbild des „gerechten Friedens" zu beschäftigen. Auch findet eine Auseinandersetzung mit der eigenen Beziehung zur katholischen Kirche und zu Begriffen wie Krieg und Frieden statt. Generell geht es also darum, die Kirche als Friedensakteurin kennenzulernen, aber auch kritisch (im Sinne von „Teil des Problems oder Teil der Lösung") zu reflektieren.

Das dritte Seminar von AGIAMONDO, an dem ich teilgenommen habe, war „Wer, weshalb, wozu und wie? Rahmenbedingungen Personeller Entwicklungszusammenarbeit". Dieser Kurs dauert zwei Wochen (angelehnt an Arbeitswochen und -zeiten) und richtet sich an alle Fachkräfte und deren mitausreisende Partner*innen, die über AGIAMONDO ausreisen. An diesem Kurs haben vier ZFD-Fachkräfte teilgenommen. Der Kurs wird von einer oder einem externen Trainer*in in Kooperation mit weiteren Trainer*innen geleitet. Da hier zum Teil auch sehr persönliche und vertrauliche Inhalte besprochen wurden, habe ich nicht die kompletten zwei Wochen, sondern nur punktuell teilnehmen können. Der Kurs beginnt mit allgemeinen Grundlagen und Informationen zu AGIAMONDO als Organisation, zu der personellen Entwicklungszusammenarbeit und zur Fachkräfteentsendung. Inhaltlich geht der Kurs dann auf interkulturelle Kommunikation ein und diskutiert mit praxisnahen Methoden Wert- und Normvorstellungen, Hierarchieverständnis und Kommunikations-Fallen. Danach wird der Kurs konkreter und richtet sich immer gezielter auf die Arbeit und die Situationen, die die Fachkräfte vor Ort zu erwarten haben. So findet eine Auseinandersetzung mit dem Beziehungsgeflecht der Vertragspartner*innen statt und die Fachkräfte ermitteln praxisnah die Rollen, Kompetenzen und Verantwortlichkeiten, die in ihrem Projekt eine Rolle spielen werden (auch in Bezug auf die katholische Kirche und katholische Sozialethik). Außerdem wird der Blick darauf gerichtet, welche Akteur*innen in welchem Bezug und mit welchen Interessen zueinanderstehen. Auch über mögliche Erwartungen an die Fachkraft und ihr Selbstverständnis wird gesprochen. Praktische Aspekte der Arbeit spielen gleichfalls eine Rolle, so zum Beispiel das Vertragswesen, Technik, die Ausreise und die Rückkehr sowie Finanzen und Korruption.

Der Kurs „Constructive third-party Intervention" an der Akademie für Konflikttransformation dauert eine Woche. Dieser Kurs ist buchbar für verschiedene

[2] Die Personen, die die Trainings durchführen, treten nicht in erster Linie als Referierende auf und es geht nicht um eine reine Wissensvermittlung, sondern vielmehr um die Ermutigung zur Handlung, um Verstehen und die Anwendung praxisnaher Methoden (Rieche 2006b, S. 34).

Personengruppen und eine offene Anmeldung konnte über die Website vorgenommen werden. Einige Personen hatten den Kurs als Weiterbildung oder Vertiefung gebucht und einige Fachkräfte waren dabei, die von anderen Organisationen entsendet wurden. Jedoch gab es auch eine festere Seminargruppe, die in der Akademie für Konflikttransformation eine zehnwöchige Weiterbildung besuchte. Für diese letztgenannte Gruppe war dieser Kurs ein Teil des längeren Kurses. Einige Personen, die den kompletten Kurs besuchten, waren ZFD-Fachkräfte von unterschiedlichen Organisationen. Auch einige Personen aus Ländern des Globalen Südens nahmen an dem Kurs teil. Dies war im Vergleich zu den anderen Kursen eine Besonderheit. Der zehnwöchige Kurs wird von einer Person geleitet, die mit unterschiedlichen Trainer*innen zusammenarbeitet. Ich konnte zwei Tage an dem Kurs teilnehmen. In dieser Woche wurde vor allem auf verschiedene Möglichkeiten der Konfliktintervention eingegangen. Es wurden verschiedene Interventionsformen besprochen, ausprobiert und reflektiert.

Der ZFD-*Inhouse*-Kurs der GIZ dauert insgesamt zwei Wochen und richtet sich speziell an ZFD-Fachkräfte. Er ist Teil verschiedener Kurse, die die Fachkräfte zur Vorbereitung besuchen. Ich konnte den Kurs und die sechs Fachkräfte einige Tage begleiten. Der Kurs befasst sich zu Beginn mit dem ZFD in der GIZ, dem Aufbau und den Strukturen. Dabei geht der Kurs auf die Rolle und mögliche Rollenverständnisse in der Arbeit und in den Projekten vor Ort ein. Außerdem werden die Fachkräfte mit dem PM&E-System der GIZ (siehe Abschnitt 4.4.4.) vertraut gemacht. Da ZFD-Fachkräfte in konfliktiven Umfeldern arbeiten, fokussiert der Kurs außerdem die Erstellung von Konfliktanalysen. Dazu werden verschiedene Analysemethoden bearbeitet, ausprobiert und auf unterschiedliche, reale Kontexte übertragen. Hierbei spielen neben den Analysemethoden auch die Themen *Do-no-Harm* und *Reflecting-on-Peace-Practices* eine wichtige Rolle in der Vorbereitung.

Diese ausführlichen Beschreibungen der Kurse konnten gut aufzeigen, in welchen Bereichen die ZFD-Fachkräfte vorbereitet werden. Sie reichen von allgemeinen Informationen rund um den ZFD (inklusive Finanzierung und Monitoring) über trägerspezifische Informationen hin zu Konfliktanalysen, Rollenklärungen und praktischen Handlungsempfehlungen. Dabei fand die Vermittlung der Inhalte anhand verschiedener Methoden statt und erfolgte in der Regel partizipativ. Die Beobachtungen von Karl Ernst (Nipkow, 2013, 54 f.) zeigen, dass in den Trainingsseminaren allgemein sowohl praktische Fertigkeiten wie Konfliktanalyse, Projektmonitoring oder Methoden der Mediation vermittelt werden, um gut vorbereitet zu sein. Dass aber auch eine Reflexion der Arbeit relevant ist, also zum Beispiel der Werte und Bedeutungen, die der Arbeit zugrunde liegen. Diese Elemente lassen sich im ZFD wiederfinden, jedoch nicht auf Effektivität oder Nutzen hin vereinheitlichen. Denn letztendlich ist der Umgang der Fachkräfte mit ihrem erlernten Wissen jeweils ein anderer.

Auch wenn die Vorbereitung individuelle Elemente beinhaltet, die Umsetzung und Verarbeitung der Themen bei jeder Fachkraft anders aussehen und die Träger*in unterschiedliche Schwerpunkte setzen, konnten durch die teilnehmende Beobachtung in den oben angeführten Seminaren und in informellen Diskussionen mit den Trainer*innen, aber auch mit den Teilnehmenden, Ergebnisse zu folgenden Themen erarbeitet werden: 1) Verortung des ZFD in der Friedensarbeit; 2) die Rolle und Aufgabe der Fachkräfte; 3) die Rollen und Aufgabe der Partner*innen und 4) die Zusammenarbeit. Außerdem konnten die allgemeinen Informationen zum ZFD herausgearbeitet werden. Auf sie wird an dieser Stelle jedoch nicht weiter eingegangen, da sie mit den Beschreibungen in Abschnitt 4.4. deckungsgleich sind. Diese Themen sind unstrittig und haben während der Seminarteilnahme vor allem mir als Wissenschaftlerin geholfen, mein Wissen über den ZFD zu vertiefen und zu überprüfen. Dies stellt nur einen Ausschnitt aus einem vielfältigen Angebot an Vorbereitungskursen dar und erhebt keinen Anspruch auf ein vollständiges Bild. Die Ergebnisse können aber als Ergänzung zu den allgemeineren Ausführungen über die ZFD-Arbeit und die Rollen der Fachkräfte und Partner*innen gesehen werden, so wie sie in Abschnitt 4.4.2. beschrieben wurden. Sie dienen dazu, allgemeine Aussagen über den ZFD in der Praxis zu vertiefen.

In allen Seminaren spielte 1) die Verortung des ZFD in der Friedensarbeit eine wichtige Rolle. Diese Verortung erfolgte mit Blick darauf, mit welcher Konfliktdefinition im ZFD gearbeitet wird, was allgemein unter Friedensarbeit zu verstehen ist und wie ihre Umsetzung konkret mithilfe von bestimmten Methoden aussehen kann. Es fiel auf, dass überwiegend mit Definitionen und Theorien von Praktiker*innen und Wissenschaftler*innen aus dem Globalen Norden gearbeitet wurde. Diskurse und Themen, welche im Globalen Süden diskutiert werden, fanden keinen Platz. Allgemein lässt sich feststellen, dass Konflikte als ein konstruktiver Bestandteil einer Gesellschaft betrachtet werden. Insofern wird eine Konfliktdefinition nach Galtung vorgenommen (Galtung, 1969, 1976; Gemeinschaftswerk ZFD, 2014a, S. 3). In Anlehnung an diese Definition wird auch Friedensarbeit als etwas Produktives verstanden. Die Aufgabe des ZFD und auch die Aufgabe der Fachkräfte wurde vor Ort in den Seminaren so vermittelt, dass davon auszugehen ist, dass die Fachkräfte direkt in und an Friedensprozessen arbeiten. Dabei kann diese Arbeit in verschiedene Kategorien eingeteilt werden. Zum einen gibt es die Kategorie des *Working-in-Conflict*: Handeln im Bewusstsein der Wechselwirkung zwischen Entwicklungszusammenarbeit und Konflikt und zur Vermeidung oder Minderung negativer Wirkungen beitragen (Mindestanforderung des ZFD). Außerdem gibt es die Kategorie des *Working-on-Conflict*: Lösungen von Konflikten oder/und Konsolidierung von Friedensprozessen als erklärtes Ziel (dies macht den ZFD aus, allerdings als Fernziel in Zusammenarbeit mit den Partner*innen). Dann folgt die Kategorie des *Working-around-Conflict*: Konfliktthema wird vermieden/ausgeblendet (ZFD-Fachkraft kann Impulse geben). Zwar sind diese Ansätze alle im ZFD vertreten und werden von den verschiedenen Organisationen umgesetzt. Doch es ist deutlich geworden, dass sie durch die plurale Träger*innen- und Partner*innenstruktur je nach Organisation, aber auch je nach Fachkraft und Projekt unterschiedlich umgesetzt werden. Die Aufgabe des ZFD wurde betont, wonach die Erschließung von Friedenspotenzialen und die Stärkung von Friedenskapazitäten auf allen gesellschaftlichen Ebenen ein Ziel ist. Ein Ziel, das durch die Zusammenarbeit mit lokalen Strukturen und Partner*innen erreicht werden kann. Diese Aufgabe findet sich ebenfalls in den offiziellen Dokumenten des ZFD zu seiner Aufgabenbeschreibung (siehe Abschnitt 4.4.) (BMZ, n. d.; Gemeinschaftswerk ZFD, 2014a). Dabei wurde kritisch hinterfragt, inwieweit der ZFD durch diese Arbeit in Strukturen vor Ort eingreift und sie verändert. Dies zeigt, dass sich die Trainer*innen und Träger*innen bewusst sind, dass der ZFD durch die herrschenden Machtdynamiken, die sich im Programm wiederfinden und durch die Fachkräfte katalysiert werden, unbewusst und bewusst Veränderungen vor Ort schaffen kann. Die Fachkräfte waren sich in den Diskussionen einig, dass ihre Anwesenheit Veränderungen bewirken kann und soll. Dass aber der ZFD nur eine ergänzende Dynamik sei und nicht den Prozess bestimmen sollte. Gerade durch diese Zusammenarbeit mit den Partner*innen vor Ort wird der ZFD legitimiert, ein Punkt, der während der Seminare vielfach diskutiert wurde. Einige betrachten diese Legitimation als gegeben, während andere von einer Art politischer Intervention sprechen. Besonders in den Seminarpausen wurde über diese Themen diskutiert und machtkritisch hinterfragt, inwieweit der ZFD Teil einer größeren Friedensindustrie ist. Diese machtkritische Diskussion zur Vertiefung der Themen Neutralität oder Legitimität wäre eine gute Ergänzung der Seminarinhalte gewesen. So könnten die Rollen und inhärenten Machtstrukturen, die für die Arbeit der Fachkräfte entscheidend sind, vertieft bearbeitet werden.

In den Seminaren wurden verschiedene Methoden besprochen, wie Friedensarbeit im ZFD funktionieren kann. Als wichtigste Voraussetzung wurde immer der *Do-no-Harm*-Ansatz zugrunde gelegt (BMZ, 2013, 16 ff.). Die Arbeit wurde als eine ethische Herausforderung diskutiert. Im ZFD ist es wichtig, in den jeweiligen Ländern und Projekten zu Beginn der Arbeit, aber auch immer wieder im Prozess gemeinsam mit Personen vor Ort eine Konfliktanalyse anzufertigen. Sie gilt als Grundlage für jegliche Arbeit vor Ort und ist ein Teil des partnerschaftlichen

Arbeitens und der erste Schritt der Intervention (giz, 2017, 4 ff.; Kuijstermans, 2019, S. 11). Konfliktanalysen sollen dabei Folgendes beinhalten: a) die Überprüfung, ob es sich tatsächlich um einen Konflikt handelt; b) die Bestimmung der Grenzen des Konfliktsystems, mit der Möglichkeit, diese später zu revidieren; c) die Verwendung von Konfliktanalysewerkzeugen, um sich auf bestimmte Aspekte des Konflikts zu konzentrieren. Dabei wurden folgende Methoden und Tools vorgestellt: Konfliktdreiecke nach Galtung, Konfliktzwiebel, Konflikteisberg, Glasls Eskalationsstufen eines Konflikts, Herangehensweise der Analyse nach Diana Chigas, *Conflict-Mapping*, Konfliktbaum, *Mind-Map*-Prozessebene und die Drei-Boxen-Analyse. Dies alles sind in der Friedensarbeit lang erprobte und bekannte Methoden. Auch diese vorgestellten Methoden wurden von Personen aus dem Globalen Norden in der Praxis und Wissenschaft verschriftlicht. Angewendet aber werden sie meist im Globalen Süden von Personen aus dem Globalen Süden. Es blieb außen vor, sich mit Meinungen, Stimmen oder alternativen Ansätzen zu diesen Methoden zu befassen. Gleichfalls wurden keine Stimmen aus dem Globalen Süden oder konkrete Methoden von Partner*innen einbezogen, die für die Arbeit der Fachkräfte in den jeweiligen Ländern hilfreich sind. Dies zeigt, wie stark die Trainer*innen und auch der ZFD in den Diskursen des Globalen Norden verortet sind und sich nicht für andere Diskurse öffnen. Da auf diese Weise nur eine bestimmte Art von Wissen vermittelt wird, kommt es zu einer Verfestigung von Machtstrukturen in der Denkweise der Fachkräfte. Je nach Seminar wurden zwar auch praktische Übungen mit den vorgestellten Methoden zur Konfliktanalyse kombiniert, doch auch sie konnten das Problem nicht beheben. In den Seminaren, die dies nur sehr verkürzt anboten, beklagten insbesondere die Fachkräfte mit geringer Erfahrung in diesem Bereich, dass sie sich nicht gut vorbereitet fühlten. In den Seminaren, in denen Konfliktanalysen für die jeweiligen Einsatzländer und Projekte angefertigt wurden, waren die Fachkräfte in sehr unterschiedlicher Art und Weise damit zufrieden. Einige waren mit der Situation vor Ort schon sehr gut vertraut und fanden es hilfreich. Andere, denen nur die Projektinformationen vorlagen, konnten nach eigenen Angaben die Übung nicht sehr vertieft durchführen und blieben mit vielen Fragen zurück. Neben Methoden der Konfliktanalyse wurden auch Methoden der Konfliktintervention besprochen. Dabei wurde darauf hingewiesen, dass es wichtig ist, in unterschiedlichen Konfliktphasen unterschiedliche Methoden anwenden zu können und dass zwischen *Facilitation*, *Mediation*, *Negotiation* und *Dialogue* unterschieden werden kann. Die Fachkräfte bemängelten, dass keine Definitionen dieser Begriffe geliefert wurden. Vielmehr wurde sich den Begriffen in praktischen Übungen genähert. Geübt wurde in verschiedenen Rollenspielen in Kleingruppen und es gab die Möglichkeit zur persönlichen Reflexion der eigenen Handlungen. Dabei wurden die eigene Rolle und die Aufgabe des ZFD kritisch hinterfragt. Es wurde festgestellt, dass es für Außenstehende schwer sein kann, in einem Konflikt zu vermitteln, da sie als Fachkräfte den Konflikt, die Menschen oder die Kultur beispielsweise nicht komplett verstehen. Viele Fachkräfte fühlten sich deswegen mit dem Gedanken wohler, Kapazitäten aufzubauen, um Mediation und Strukturen unterstützen zu können. Diese Selbsteinschätzung findet sich auch in der Grundidee des ZFD wieder. Sie besagt, dass die Fachkräfte Menschen und Organisationen in den Konfliktländern durch ihren Einsatz stärken und unterstützen (Gemeinschaftswerk ZFD, 2014c, S. 2). Wie grundlegend sich diese Idee jedoch von der Praxis unterscheiden kann, wird in Kapitel 8 mit Fallbeispielen aus Liberia, Kenia und Sierra Leone deutlich werden.

Wie in den bisherigen Ausführungen deutlich geworden ist, spielen die Fachkräfte eine entscheidende Rolle im ZFD. Deswegen ist es wichtig auf 2) die Rolle und Aufgabe der Fachkräfte etwas genauer einzugehen. Generell wurden die Fachkräfte mit vertraglichen Details vertraut gemacht. Gerade bei einigen der integrierten Fachkräfte (die direkt in einer Partnerorganisation arbeiten) wurde nochmals hervorgehoben, dass die Fachkraft Dienstnehmer*in gegenüber der deutschen Trägerorganisation ist. Dass von beiden Seiten Leistungen und Verpflichtungen zur Vertragserfüllung bestehen und die Fachkräfte jedoch weisungsgebunden vor Ort bei der lokalen Partnerorganisation sind. Dies ist eine Situation, die sich viele Fachkräfte bei ihrer Ausreise noch nicht richtig vorstellen konnten. Hierbei wurde nicht weiter diskutiert, welche Implikationen dies für ihre Rolle vor Ort hat und inwieweit dies zu Herausforderungen führen kann. Im Zuge dessen wurde auch auf die Begleitung der Fachkraft im Ausland eingegangen. Als Ansprechpersonen vor Ort wurden die Koordinator*innen benannt. Gleichfalls wurden Angebote für persönliches Coaching besprochen. Diese Punkte wurden sehr detailliert beleuchtet, um eine engmaschige Begleitung sicherstellen zu können. Umso erstaunlicher ist es, dass in allen Seminaren nicht genau auf die Arbeit der Fachkraft eingegangen wurde. Beziehungsweise darauf, wie diese Arbeit im Detail aussehen wird. Denn es wird der Ansatz verfolgt, dass die Fachkräfte über Rollen und Aufgaben gemeinsam mit den Partner*innen entscheiden und ein entsprechender Planungsworkshop vor Ort abgehalten wird, der ein fester Bestandteil im ZFD ist (Gemeinschaftswerk ZFD, 2014c, S. 6). Hier ist es fraglich, warum dies erst vor Ort stattfinden soll und warum die Partner*innen nicht zum Beispiel in die Vorbereitung eingebunden werden, um diese Rollenklärung gemeinsam zu erarbeiten. So reisen die Fachkräfte mit bestimmten Vorstellungen in das Land und in die Organisation, die eventuell weit von der Realität abweichen. Eine Trainerin bezeichnete die Fachkräfte auch als „Spürnasen“, die sich vor Ort oft erst Aufgaben suchen müssen. Diese Bezeichnung war für die Fachkräfte sicherlich motivierend gemeint. Aber aus einer machtkritischen und partnerschaftlichen

Perspektive heraus ist dies eine sehr fragliche Aussage. Denn sie vernachlässigt komplett die Rolle der Partner*innen vor Ort, die in der Regel viele Aufgaben und Ideen haben. Besonders neue Fachkräfte betonten, dass diese Ungewissheit für sie schwierig ist. Sie würden gerne mehr Details kennen, um eine Vorstellung davon zu haben, was auf sie zukommt. Bei einigen der Organisationen wird auch ganz bewusst darauf hingewiesen, dass die Fachkräfte die ersten Monate vor Ort eigentlich noch gar keine Aufgaben übernehmen. Sie sollen vielmehr die Zeit nutzen, um Fragen zu stellen, Beziehungsarbeit zu leisten und gegenseitiges Vertrauen aufzubauen. Sie sollen sich also als Lernende verstehen. Dies ist generell ein immer weiter verbreiteter Ansatz in der Friedensarbeit (Meintjes, 2006, S. 12). Laut Aussage der Trainerin würde dies auch dazu beitragen, postkoloniale Linien abzubauen. Wie genau dies aussehen soll, blieb jedoch ungeklärt, was symbolisch dafür steht, dass Machtkritik oder postkoloniale Diskurse zwar immer wieder gestreift, jedoch nicht vertieft behandelt wurden.

Diskutiert aber wurde im Zuge der Aufgabenfindung im Themenblock über die eigene Rollenfindung, inwieweit eine Fachkraft vor Ort neutral sein kann. Denn zum einen arbeitet sie mit den Menschen zusammen und taucht tief ein, und zum anderen soll sie eine externe Perspektive einbringen. Ein immer wieder gefordertes Credo (Die Bundesregierung, 2004, S. 10), das aber in der Praxis oft schwer umzusetzen ist. Insbesondere dann, wenn die Fachkräfte vor Ort leben und arbeiten (Quack, 2006, 18; Ropers, 2001, S. 524). Die sogenannte produktive Fremdheit, die im ZFD bei einigen Organisationen als gegeben empfunden wird (Gemeinschaftswerk ZFD, 2014c, S. 5), wurde nicht von allen Fachkräften überzeugend wahrgenommen. Denn sie betonten einerseits, dass sie nicht neutral sein können, wenn sie vor Ort integriert leben und arbeiten. Andererseits wären sie als Personen aus dem Globalen Süden immer in einer privilegierten Sonderrolle. Über dieses Dilemma wurde viel gesprochen. Auch wenn es dazu keine direkten Übungen gab, wurde in Übungen zur Konfliktvermittlung deutlich, welche unterschiedlichen Effekte Nähe oder Ferne einer Fachkraft auf eine Mediation oder ähnliches haben können. Es wurde festgehalten, dass es wichtig für die Fachkräfte ist, ihre Rolle zu reflektieren, sich treu zu bleiben, aber auch offen darüber zu kommunizieren, Emotionen zuzulassen und die eigene Rolle immer wieder kritisch zu hinterfragen. Gerade dieser kritische Blick auf die eigene Rolle verdeutlicht das Spannungsfeld, in dem die Fachkräfte leben und arbeiten und das stark von Machtdynamiken geprägt ist. So wurden zum Beispiel Fälle besprochen, in denen die Fachkräfte zwar an einem Konflikt arbeiten, aber das Land verlassen, wenn dieser eskaliert. Zum einen wurde das schlechte Gewissen betont, die Partner*innen in dieser Situation alleine zu lassen, zum anderen aber auch, dass dies eine Entlastung für die Partner*innen sein kann. Generell wurde an solchen

Beispielen immer wieder deutlich, dass es in der Arbeit ein Machtgefälle gibt und integrierte Fachkräfte nie wirklich integriert oder gleich sind. Doch es wurden kaum Handlungsmöglichkeiten besprochen. Auch wurde dieses Machtgefälle in keinen größeren Kontext eingebettet. Eine Fachkraft empfahl als Denkansatz für diese Herausforderung und deren Reflexion in einem Training einen systemischen Blick auf die Rolle und auf die Arbeit der Fachkraft. Demnach sollte die Fachkraft vor Ort als Störung angesehen werden und sowohl das System vor Ort als auch die Fachkraft sollten sich ändern, damit die Fachkraft hineinpasst. Diese Empfehlung blieb jedoch eher ein abstraktes Gedankenspiel, als dass den Fachkräften klar wurde, wie dies in der Praxis aussehen kann.

Als weiterer wichtiger Punkt wurden 3) die Rollen und Aufgaben der Partner*innen immer wieder besprochen. Hier ist gleich zu Beginn anzumerken, dass dies meist in direktem Zusammenhang mit der Rolle und Arbeit der Fachkräfte erfolgte. Gleichzeitig wurde sehr intensiv über die Partner*innen gesprochen, aber in keinster Weise mit ihnen in einem partnerschaftlichen Sinn. In den Seminaren wurde nur hervorgehoben, dass die Partner*innen den Fachkräften das Mandat, die Beauftragung und Verpflichtungen im Rahmen ihrer Tätigkeit zuweisen und vor allem bei integrierten Fachkräften auch zu Dienstgeber*innen werden. Interessanterweise kamen die konkreten Aufgaben der Partner*innen wenig zur Sprache. Es hieß, dass mit ihnen zusammengearbeitet werde und sie in der Regel sehr erfahrene Personen seien, die mit ähnlichen Modellen arbeiteten, wie sie in den Seminaren vermittelt werden. Fraglich bleibt, warum die Partner*innen nicht selbst zu Wort kommen. Dies wäre zum Beispiel über einen virtuellen Austausch möglich. So könnten viele offene Fragen der Fachkräfte besser geklärt werden. Es wurde auch nicht klar definiert, wer Partner*innen sein können. Diese Beobachtung deckt sich mit den sehr wenigen schwammigen Aussagen über lokale Partner*innen in den Dokumenten des ZFD (Gemeinschaftswerk ZFD, 2014a, Abschn. 5.5. S. 1 f.). Eingegangen wurde aber auf die Einordnung der Partner*innen in die Lederach-Pyramide. Eine Zuordnung, die trotz vielfacher Kritik immer wieder im ZFD zu finden ist (Brinkmann, 2000, S. 39; forumZFD/ Akademie für Konflikttransformation, 2017, S. 28; Schrader, 2008, S. 16). Allgemein blieben Partner*innen oft eher in einem Subjektstatus. Dies ist aus einer partnerschaftlichen Sicht, wie sie der ZFD verfolgt, sehr kritisch und kontraproduktiv zu sehen. Daran zeigt sich, dass die Partner*innen deutlich weniger Handlungsmacht haben und in der Partnerschaft keine gleiche Augenhöhe herrscht. In Diskussionen wurde darauf eingegangen, dass die Partnerschaft und die vermeintliche Arbeit auf Augenhöhe immer einem Aushandlungsprozess unterliegen. Es bliebe stets die Frage, wer welchem oder welcher Akteur*in Bezeichnungen überstülpt oder sie festlegt. Nicht detailliert besprochen wurde, ob es eine Arbeit auf Augenhöhe überhaupt wirklich geben kann und wie sie angesichts der herrschenden Ungleichheit und Machtverhältnisse aussehen könnte (glokal e. V., 2016). Vielmehr wurden Fragen diskutiert wie: Wie wird eine gute und wie eine schlechte Organisation definiert? Warum sind diese Zuschreibungen wichtig, was bringen sie? Über welche Akteur*innen wird geredet und über welche nicht? Allgemein blieben die Begriffe der Partnerschaft und der lokalen Akteur*innen jedoch sehr abstrakt. Weitestgehend blieb es den Fachkräften überlassen, sie für sich zu definieren.

Genähert wurde sich den Partner*innen in den meisten Seminaren über ein *Mapping*, das auf Basis von Projektunterlagen erfolgte. Auch hier gab es keine Einbeziehung der Partner*innen. Das *Mapping* bestand rein aus Projektanträgen, Unterlagen, die von den Trägern*innen aus Deutschland zur Verfügung gestellt wurden und aus einer Internetrecherche. Es sollte helfen, die Situation vor Ort mit den unterschiedlichen Akteur*innen und 4) die Zusammenarbeit zwischen den verschiedenen Akteur*innen darzustellen. So wurde zum Beispiel bei der Übung „Beziehungsgeflecht der Vertragspartner*innen" von der eigenen Rolle ausgegangen. Die anderen Rollen und Einflüsse wurden darum herum gebaut. Darüber hinaus wurden ihre persönlichen Kontakte und mögliche neue Kontakte hinzugefügt. Diese Kontakte standen (laut Antrag) nicht unbedingt in direktem Zusammenhang mit dem Projekt, können aber dennoch eine wichtige Rolle spielen. So wurde die Vielzahl der Akteur*innen deutlich. Sichtbar wurden vor allem die unterschiedlichen Aufgaben und die Verteilung der Arbeit mit und um die Partner*innen vor Ort. Allerdings basierte dies nur auf einer hypothetischen Grundlage, die die Fachkräfte erstellten und die aber oftmals mit der Realität vor Ort nicht übereinstimmt, wie Kapitel 8 zeigt. Diese Kartierung ist nicht nur wichtig, um die einzelnen Akteur*innen und ihre eigene Rolle neu zu definieren. Sie dient auch der Vorbereitung der Arbeit selbst. Wie Zivile Konfliktbearbeitung definiert und angewendet wird, hängt von den bestehenden (sozialen) Strukturen, dem Konfliktgegenstand, den bestehenden Eskalationsebenen und den Konfliktparteien ab (Weller & Kirschner, 2005, S. 14). Gefolgt wurde hier einem Modell, welches Sinngebung, Partizipation, Autonomie und Kompetenz in den Fokus nimmt und folgenden gedanklichen Anregungen, die auf einen Idealzustand abzielen: Ich fühle mich in meinem Team gut eingebunden, ich kann das, was ich gut kann, hier am Arbeitsplatz auch einbringen, ich kann innerhalb meines Aufgabenbereichs selbst entscheiden, ich kann meine Arbeit so durchführen, wie ich sie sinnvoll finde, ich bin in die Ausarbeitung meiner Arbeitsziele eingebunden. Beispielsweise haben die entsandten Mitarbeiter*innen für ihr Projekt ein Akteur*innen-*Mapping* durchgeführt. Darin wurden die wichtigsten Akteur*innen in Deutschland, im Projektland und für das Projekt vorgestellt. In dieser Übung haben einige Seminarteilnehmende Machtdynamiken identifiziert, die sich zum Beispiel durch Geldflüsse abzeichneten. Auch wenn die Diskussionen zeigten, dass das Verständnis in allen Fällen sehr kooperativ und solidarisch war, hängt die Umsetzung in den ZFD Projekten jedoch immer von dem genauen Kontext und insbesondere vom Integrationsstand des entsandten Personals ab.

Neben dem *Mapping* und den Einflüssen der Akteur*innen wurden auch Konfliktlinien herausgearbeitet. Es wurde betont, dass es zum Beispiel vor Ort zu Konflikten kommen kann, wenn die Fachkraft strukturell arbeiten soll, aber eigentlich eine operative Arbeitskraft gewünscht ist. Hier wurde geraten, darauf zu achten, wer welche Interessen hat und warum. Der Machtaspekt aber blieb davon ausgeklammert. Verwunderlich ist jedoch, dass generell im ZFD Konflikte als etwas Produktives wahrgenommen werden. Dass aber auf die Konflikte, die in der Zusammenarbeit entstehen könnten, nicht als etwas Produktives eingegangen wurde. Hier zeigt sich schon in der Vorbereitung, dass Potenzial verloren geht, diese Konflikte im Sinne des *Friction*-Konzepts nutzbar zu machen. Zudem war es interessant, zu beobachten, dass von der Fachkraft als Mittelpunkt ausgegangen wurde. In den Übungen zu den Konfliktanalysen aber wurde die Rolle der Fachkraft meist vollkommen ausgeblendet und kaum kritisch diskutiert. Mit Blick auf diese beiden Punkte stellt sich die Frage, ob der ZFD bestimmte Leitgedanken zwar für die Akteur*innen und für die Arbeit vor Ort anwendet, nicht aber für die Arbeit der Fachkräfte. Generell ist festzuhalten, dass die Vorbereitung der Fachkräfte eine wichtige Rolle spielt und sie viele relevante Elemente umfasst. Wie hilfreich diese Elemente tatsächlich für die Arbeit im ZFD sind, wird in Abschnitt 8.5. genauer betrachtet. Dieses Kapitel hat gezeigt, dass die Potenziale von Stimmen aus dem Globalen Süden, und vor allem die der Partner*innen, nicht in die Vorbereitung eingebunden werden. Machtdynamiken werden in der Vorbereitung nicht vertieft behandelt, obwohl sie immer wieder auftauchen und angesprochen werden.

6.3 Implikationen für die weitere Forschung

Die hier dargestellten Ergebnisse beruhen auf empirischen Erhebungen, die zu Forschungsbeginn um das Forschungsfeld ZFD stattgefunden haben. Zum einen dienten sie dazu, den ZFD und seine verschiedenen Akteur*innen besser einordnen zu können. Zum anderen aber dazu, bestimmte wiederkehrende Themen herauszuarbeiten. Ersteres war besonders wichtig, um mit einem klaren Verständnis des ZFD nach Kenia, Sierra Leone und Liberia reisen zu können. Der zweite

Punkt war einerseits wichtig, um den Forschungsstand und den konzeptionellen Rahmen zu überprüfen und ein Stück weit zusammenzuführen. Andererseits aber auch, um erste Themen für die weitere Forschung, die in Kapitel 8 dargestellt wird, herausarbeiten zu können. Bei diesen Themen gilt es zu beachten, dass Spannungsverhältnisse und Gegensätze deutlich wurden. Wie erwähnt, kommen in Seminaren Themen zur Sprache, zu denen die Fachkräfte eine andere Meinung haben, sich unsicher fühlen oder die aus postkolonialer Sicht nicht ausreichend diskutiert wurden.

Zusammengefasst geht es um die folgenden Themen:

- Selbstverständnis der ZFD-Organisationen;
- Verortung des ZFD in der Friedensarbeit;
- die Rolle und Aufgabe der Fachkräfte;
- die Rollen und Aufgaben der Partner*innen;
- die Bedeutung der Vorbereitung für die Arbeit der Fachkräfte und Partner*innen vor Ort;
- *Ownership* und Legitimität im ZFD;
- die Ausgestaltung der Zusammenarbeit (inklusive Herausforderungen);
- Machtdynamiken in der Zusammenarbeit und den Strukturen des ZFD.

7 Fallauswahl

Die wissenschaftliche Debatte über die Einbindung lokaler Akteur*innen in die Friedensarbeit verlangt zunehmend nach einem umfassenden Ansatz für die Zusammenarbeit mit lokalen Akteur*innen und nach Konzepten, die den lokalen Partner*innen keine westlichen Vorstellungen aufzwingen, sondern sie als aktiven Teil des Gesamtprozesses betrachten (Reich, 2005, S. 475). Antworten auf Fragen in diesem Zusammenhang geben – wie in Kapitel 4 dargestellt – die Praxis der zivilen Konfliktbearbeitung und insbesondere der Zivile Friedensdienst (ZFD). Dabei ist die zivile Friedensarbeit in Deutschland nicht nur durch das Engagement staatlicher Akteur*innen, sondern auch durch zahlreiche zivilgesellschaftliche und kirchliche Organisationen und Institutionen gekennzeichnet (Auer-Frege, 2010b, S. 15), die im ZFD besonderen Ausdruck finden. Die Umsetzung des ZFD in den jeweiligen Ländern kann also als Beispiel dafür dienen, wie Friedensarbeit aussehen kann. Gleichzeitig muss sie kritisch betrachtet werden, um aus Herausforderungen und Problemen lernen zu können. Dazu richtet diese Forschung den Blick auf den ZFD in drei Ländern. In diesem Kapitel wird zunächst die Fallauswahl der drei Länder Kenia, Liberia und Sierra Leone beleuchtet. Anschließend folgt ein kurzer allgemeiner Überblick über diese Länder, der kurz auf vergangene Konfliktlinien eingeht und auf solche Konflikte, die während der Forschung relevant waren. Dabei ist anzumerken, dass alle Konflikte und derzeitigen Konfliktlinien multipel sind. In der Literatur gibt es dazu unterschiedliche und widersprüchliche Darstellungen. Daher wird darauf nur verkürzt eingegangen, da diese Aspekte für die eigentliche Fragestellung der Arbeit nicht relevant sind. Vielmehr geht es darum, sie in den Rahmen einordnen zu können, in dem der ZFD agiert. Abschließend wird die Situation der Zivilgesellschaft und insbesondere der *Civil Society Organizations* (CSOs) geschildert. In diese Darstellungen der CSOs wird die Arbeit des ZFD in den jeweiligen Ländern

S. Ruppel, *Lokal verankerte Zivile Konfliktbearbeitung zwischen Partnerschaft und Machtungleichgewicht*, Studien des Leibniz-Instituts Hessische Stiftung Friedens- und Konfliktforschung,
https://doi.org/10.1007/978-3-658-41693-5_7

eingeordnet. Dies ist als eine erste allgemeine Zuordnung zu verstehen. Durch diese unterschiedlichen Darstellungen kann der Kontext aufgezeigt werden, in dem der ZFD arbeitet und in dem die internationalen und lokalen Fachkräfte zusammenarbeiten.

7.1 Begründungen der Fallauswahl

Um den ZFD auch in der Praxis erforschen zu können, ist Feldforschung in den Projekten vor Ort ein elementarer Forschungsbestandteil. Nur so können ein Austausch mit den lokalen Partner*innen und den ZFD-Mitarbeiter*innen stattfinden, das bereits gewonnene Wissen in der Praxis überprüft und neue Ergebnisse gewonnen werden. Mit dem Hintergrundwissen über die Kooperation im ZFD fand eine Fallauswahl statt.

Es sind in Deutschland neun staatlich anerkannte Entwicklungsdienste mit der Erfüllung des ZFD beauftragt. In der vorliegenden Forschung wird der Fokus auf deren Projekte in afrikanischen Ländern gelegt. Die Auswahl wird damit begründet, dass der afrikanische Kontinent in den vergangenen Jahren eine besondere Rolle in der Deutschen Friedens- und Entwicklungsarbeit gespielt hat. Im Zuge der Agenda 2030 wurden 2014 mit dem Strategiepapier zur neuen Afrika-Politik des BMZ und mit dem 2017 in Kraft getretenen „Marshallplan mit Afrika" die Grundlagen für die dortige zukünftige Arbeit gelegt (BMZ, 2014). Der Begriff Marshallplan ist eine rhetorische Anlehnung an den Plan, der nach dem Zweiten Weltkrieg Europa und insbesondere Deutschland zum Wiederaufbau verhelfen sollte (Poulet, 2017). Der „Marshallplan mit Afrika" setzt besondere Schwerpunkte und wird als „Paradigmenwechsel" (BMZ, 2017a, S. 13) bezeichnet, da er sich von gängigen Entwicklungsstrategien abgrenzt (Freytag & Fricke, 2017). Dieser Marshallplan legt den Fokus auf Wirtschaft, Reformwilligkeit, afrikanische Eigeninitiative, Armutsbekämpfung, Ausbau der Infrastruktur und Modernisierung (BMZ, 2017a). Klar benennt er die Probleme auf dem Kontinent und der bisherigen Politik (Kappel, 2017, S. 2). Dennoch gibt es zum Marshallplan auch kritische Stimmen. Aus postkolonialer Sicht etwa kann die starke sprachliche Anlehnung an den ursprünglichen Marshallplan kritisiert werden. Insbesondere, weil die Namensähnlichkeit impliziert, dass die Erfolgschancen beider Pläne gleich sind (Wachter & Howe, 2017, S. 18). Kritisiert wird auch seine unklare Darlegung der explizierten und implizierten Wertepolitik, die nur sehr schwammig formuliert wird (Kappel, 2017, S. 8). Ein weiterer Kritikpunkt ist, dass der Plan trotz guter Ambitionen hauptsächlich den sogenannten Geber*innen von Entwicklungszusammenarbeit dient (Klaus, 2017; Poulet, 2017). Beispielsweise kann sein starker Fokus auf die Wirtschaft und auf den Einsatz von privatwirtschaftlichen Investitionen aus Deutschland mit einer „neoliberalen Ausrichtung" (Klaus, 2017, S. 7) des Plans in Verbindung gebracht werden. Des Weiteren ist zu kritisieren, dass trotz der Betonung einer gleichwertigen Partnerschaft und der Forderung nach Eigeninitiative der afrikanischen Staaten kein afrikanisches Land in die Konzeption des Planes eingebunden wurde (Kappel, 2017, S. 1). Ob und inwieweit der im Marshallplan angesprochene „Paradigmenwechsel" (BMZ, 2017a, S. 13) also tatsächlich stattfindet, ist fraglich. Diese afrikapolitische Ausrichtung Deutschlands beeinflusste stark die Forschungsergebnisse, da die Ausrichtung des ZFD sich an dieser Strategie orientierte. Mit dem Wechsel der Bundesregierung 2021 und der in der Folge eingeläuteten „Zeitenwende" nimmt auch das BMZ in seiner Arbeit immer mehr Abstand von diesem Marshallplan und setzt zum Beispiel mit einer feministischen Entwicklungspolitik oder der neuen Afrika-Strategie neue Schwerpunkte. Es bleibt abzuwarten, wie sie sich auf die direkte Umsetzung der Arbeit auf dem afrikanischen Kontinent auswirken werden.

Somit trägt diese Forschung auch zur Deutschen-Afrikapolitik (BMZ, 2014; Verband Entwicklungspolitik deutscher Nichtregierungsorganisationen, 2010) bei. Diese wurde viel gelobt, aber auch kritisiert. Beispielsweise wegen ihrer Nicht-Einbindung lokaler Akteur*innen (Dreher & Langlotz, 2017, S. 13), der Idealisierung Deutschlands als Helfernation (Kappel, 2017, S. 2), des Bezugs zwischen postkolonialer Praktiken und der Entwicklungszusammenarbeit (Danielzik & Bendix, 2016, S. 283; Ziai, 2010, 2016) und wegen ihrer vorrangig wirtschaftlichen Eigeninteressen (Ziai, 2010, 2016). Weil auch der Fookus im ZFD auf dem afrikanischen Kontinent liegt, wurde dieser als Forschungsfeld gewählt. Im ZFD werden die meisten Fachkräfte in afrikanische Länder entsendet. 2019, im Jahr dieser Forschung, waren rund 110 der 330 ZFD-Fachkräfte in afrikanischen Ländern im Einsatz (ZFD, 2022). 2022 waren es 120 von 370 Fachkräften (ZFD, 2022). Im Vergleich dazu waren 2022in Lateinamerika und Asien je 70 Fachkräfte, im Nahen Osten 65 und in Europa 50 Fachkräfte im Einsatz (ZFD, 2022). Ein Blick auf die aktuellen Projekte auf dem afrikanischen Kontinent zeigt, dass 2022 29 Projekte in 17 afrikanischen Ländern stattfinden. Das Land mit den meisten Projekten ist Kenia mit fünf Projekten, gefolgt von der Demokratischen Republik Kongo, Burundi und Ruanda mit jeweils vier Projekten. Es folgen Große Seen (länderübergreifend – Ruanda, Burundi, der Demokratische Republik Kongo und Uganda) und Kamerun mit jeweils drei Projekten, Äthiopien, Burkina Faso, Liberia, Niger, Sahel (länderübergreifend), Sierra Leone und Uganda mit jeweils zwei Projekten und Guinea, Guinea-Bissau, Mali, Simbabwe, Sudan, Südsudan und die Zentralafrikanische Republik mit je einem Projekt (ZFD, n. d.).

Zu Beginn meiner Recherchen im Jahre 2016 sahen die Verteilungszahlen noch anders aus. Es fanden damals 32 Projekte in 18 afrikanischen Ländern statt. Die Länder mit den meisten Projekten waren Kenia und Burundi mit jeweils fünf Projekten, die DR Kongo mit vier Projekten und Simbabwe, Ruanda, Liberia, Sierra Leone, Kamerun, Burkina Faso und Niger mit jeweils drei Projekten. Im Jahr 2022/ 2023 ist die Anzahl der Organisationen, die auf dem Kontinent arbeiten, von sechs auf sieben Organisationen angestiegen. Dabei führt die Arbeitsgemeinschaft für Entwicklungshilfe (AGIAMONDO) acht Projekte durch, die Deutsche Gesellschaft für Internationale Zusammenarbeit (GIZ) sieben Projekte, der Weltfriedensdienst (WFD) fünf Projekte, Brot für die Welt drei Projekte, EIRENE Internationaler Christlicher Friedensdienst zwei Projekte, peace brigades international (pbi) und KURVE Wustrow jeweils ein Projekt (ZFD, n. d.). Hier gab es also eine leichte Verschiebung. 2016 gab es bei der GIZ zehn Projekte, bei der AGIAMONDO neun, im WFD fünf, bei Brot für die Welt vier, bei EIRENE drei Projekte und bei pbi ein Projekt. Die einzelnen in der Projektübersicht dargestellten Projekte haben in der Regel weitere Unterprojekte und arbeiten mit verschiedenen Organisationen zusammen. Daher sind die einzelnen Projekte inhaltlich mehr als übergeordnete Themen zu verstehen. Sie alle sind sowohl finanziell als auch personell unterschiedlich aufgestellt. Dennoch bieten sie einen guten Überblick über allgemeine Verteilungen.

Für die genaue Fallauswahl wurden alle Länder in Betracht gezogen, in denen mindestens drei Projekte stattfinden und mindestens zwei Akteur*innen aktiv sind. Diese Punkte sind besonders wichtig. Denn die verschiedenen ZFD-Organisationen haben jeweils ein anderes Verständnis von Partnerschaft und definieren ihre Rollen und Funktionen verschieden (Quack, 2009, S. 435). Die in Frage kommenden Länder sind Kenia, die Demokratische Republik Kongo, Burundi, Kamerun, Ruanda, Sierra Leone und Liberia. Es konnten für einen Forschungsaufenthalt die Länder ausgeschlossen werden, in denen aufgrund der Sicherheitslage (Demokratische Republik Kongo, Burundi, Kamerun, Süd Sudan, Zentralafrikanische Republik, Mali) oder wegen fehlender Sprachkenntnisse (Demokratische Republik Kongo, Burundi, Kamerun, Ruanda, Burkina Faso, Benin, Mali, Guinea-Bissau, Guinea) keine Forschung durchführbar war. So blieben Kenia, Uganda, Sierra Leone und Liberia übrig. Sierra Leone und Liberia sind Nachbarländer und arbeiten im ZFD in Projekten des Mano-Rivers zusammen. Deshalb wurden diese zwei für die Fallstudie ausgewählt. Als drittes Land wurde Kenia ausgesucht, da es sowohl 2016 als auch 2019 zu den Ländern mit den meisten Projekten zählte. Generell wurden in den drei einzelnen Ländern keine Projekte ausgeschlossen, sondern es wurde offen für alle Projekte ins Feld gegangen.

7.2 Fallbeschreibung Kenia

Kenia ist eines der Länder der Welt mit den größten Unterschieden in der Gesellschaft, was die Differenz zwischen Arm und Reich angeht, zwischen urbaner und ruraler Bevölkerung, zwischen Regionen, ethnischen Gruppen und zwischen den Geschlechtern (Owiti, 2014). Zurückzuführen ist dies zum Teil auf lange bestehende tatsächliche oder gefühlte Benachteiligungen und die Marginalisierung einiger Regionen des Landes. Diese Unterschiede führen zu Frustration, zu Konflikten über Ressourcen, zu Gewaltausbrüchen oder Streitigkeiten um Lebensraum. Im Folgenden werden einige der Themen beschrieben, die der ZFD behandelt und die für die Ungleichheiten in Kenia exemplarisch sind.

Ein Ereignis, bei dem sich sämtliche Ungleichheiten immer wieder manifestieren und auch zu Gewalt führen, sind Wahlen. Kenia galt lange Zeit als friedliche Vorzeigedemokratie und stabilisierende Kraft in der Region. Dies änderte sich durch die Präsidentschaftswahlen vom 27.12.2007, als es zu einer Explosion von Gewalt im Land kam. Lokale und internationale Wahlbeobachter*innen stellten fest, dass die Wahlen nicht frei und fair verlaufen waren und es zu Unregelmäßigkeiten bei den Stimmauszählungen gekommen war (Crisis Group, 2008, S. 6; Schulze, 2010, S. 80). Trotz dieser Unstimmigkeiten über die Wahlergebnisse wurde Staatspräsident Mwai Kibaki für seine zweite Amtszeit vereidigt. Daraufhin beschuldigte die Opposition um Raila Odinga die Regierung von Präsident Kibaki, die Wahl und ihr Ergebnis gefälscht zu haben. Dies führte im Land zu einem Ausbruch meist ethnisch begründeter Gewalt[1]. Am 23.01.2008 begann schließlich eine von der Afrikanischen Union (AU) initiierte Vermittlungsinitiative unter der Führung Kofi Annans. Sie unternahm den Versuch, den Konflikt zu

---

[1] Ethnizität ist in diesem Zusammenhang als soziale Konstruktion zu sehen. Ethnizität ist keine überhistorische und quasi-natürliche Gruppenzugehörigkeit, sondern eine in spezifischen historisch-politischen Konstellationen konstruierte soziale Identität (Lenz (1995, S. 118). Man darf eine Ethnie nicht auf eine kulturell-identifikatorische Dimension reduzieren und Ethnien nicht als ursprüngliche, kulturelle Einheiten betrachten. So lassen sich keine Differenzierungsprozesse analysieren. Ethnizität muss gefasst werden als umfassendes soziales Phänomen, als ein Resultat sozialer Klassifikationsprozesse (Dittrich und Lentz 1994, S. 24). „Ethnische Identitäten in Afrika können dabei als eine Variante von ‚Wir-Gruppen'-Bindungen beschrieben werden, die aus der diskursiven und selektiven Re-Interpretation von gemeinschaftlich gehaltenen, sozialen, politischen und kulturellen Wertvorstellungen, insbesondere auch der lokalen Geschichte hervorgeht" (Eckert (2000, S. 5). Diese geschaffene Ethnizität ist heute eine schillernde, vieldeutige und zugleich deskriptive Kategorie, die längst in vielen afrikanischen Ländern zum handlungsrelevanten Wortschatz von Politiker*innen und sozialen Bewegungen gehört. So auch im Fall der Luo und Kikuyu. Sie agieren nicht gegeneinander, eben weil sie Luo und Kikuyu sind, vielmehr stecken hinter den Auseinandersetzungen verschiedene politische und gesellschaftliche Handlungsebenen.

entschärfen und eine Übergangslösung zur Stabilisierung des Landes zu finden (Kopsieker, 2008, S. 4). Nach 41 Tagen[2] wurde sich auf eine Koalitionsregierung geeinigt, ein sogenanntes *Power-shared-Agreement* (Branch, 2011, S. 278). Dies geschah so schnell und so erfolgreich, da der internationale und lokale Druck sehr hoch waren. Alle Konfliktparteien waren an einer Lösung interessiert und die Konflikte wurden durch die AU und Mediator*innen aus afrikanischen Ländern gelöst (Juma, 2009, S. 407). Zudem sollte Kibaki durch eine politische Lösung Präsident bleiben, Odinga das neu geschaffene Amt eines einflussreichen Premierministers bekommen und die Kabinettsposten sollten entsprechend der Stärke der Parteien im Parlament verteilt werden. Tatsächlich aber fand die Machtübertragung vom Präsidenten auf den Premierminister nur teilweise beziehungsweise erst später statt.[3] Seitdem hält ganz Kenia und auch die internationale Gemeinschaft die Luft an, wenn in Kenia Wahlen auf nationaler Ebene stattfinden. Kenias politisches System ist auf ethnisch-regionale Allianzen aufgebaut und auf eine gemeinsame Ideologie, die in diesen herrscht. Diese ethnisch-regionale Patronage ist mit der Kontrolle von Institutionen, mit Macht und Entscheidungsgewalt verbunden (Levitsky & Way, 2012). Sowohl bei den Wahlen 2017 als auch 2022 kam es zu Konflikten im Land. Im Vorfeld der Wahlen 2017 wurde von exzessiver Polizeigewalt gegenüber Demonstrant*innen und gegen Oppositionsanhänger*innen berichtet (Human Rights Watch, 2017). Insbesondere Medien und soziale Netzwerke wurden als Plattform für ethnopolitische Stimmungsmache verwendet (Tully, 2014, S. 47). Jedoch konnten in beiden Wahlen (2017 und 2022) die Spannungen und Konflikte sowohl durch politische Bündnisse als auch durch zivilgesellschaftliche Arbeit und eine neue Verfassung gemildert werden (International Institute for Strategic Studies [HORN], 2018; Schwarz & Ruppel, 2022).

Unruhen bei Wahlen bringen immer wieder tiefer reichende Spannungen zum Vorschein: so zum Beispiel die ethnische Disparität im Land (Harneit-Sievers, 2008; Oucho, 2002, S. xv), das Problem von Landverteilung und die Ungleichheit im Land. Entscheidend für Landkonflikte sind zunächst die Verknappung des nutzbaren Landes an sich. Etwa durch Dürre, Wohnungsbau, Ressourcenfunde

---

[2] Für einen genauen Ablauf der Mediation siehe: Snodgrass und Achieng (2019, 191 f.)

[3] 2010 trat eine neue Verfassung in Kraft. Mit dieser haben viele Kenianer*innen die Hoffnung auf Veränderungen in sozialpolitischen Maßnahmen und auf eine Umverteilung gesellschaftlicher Ressourcen verbunden (Greste 2010). Die Verfassungsänderungen im Bereich der Dezentralisierung, der Gewaltenteilung und der Landreform mit einer gleichzeitigen Schaffung von entsprechenden demokratischen Institutionen und einer Stärkung der Grundrechte ließ die Hoffnung auf verbesserte rechtstaatliche Strukturen steigen (Kramon und Posner 2011, S. 97 f.).

und deren Abbau sowie durch den Ausbau von Naturschutzgebieten, durch Infrastrukturprojekte und die Zunahme von Großfarmen (Galvin, 2009; Greiner et al., 2011, S. 79). Zwar gibt es bei den Landkonflikten in Kenia verschiedene Faktoren, jedoch handelt es sich in der Regel um interne Konflikte, an denen nicht gezwungenermaßen externe Akteur*innen beteiligt sind. Besonders die Konflikte um Land werden durch zunehmende Ressourcenknappheit infolge von Dürren und Umweltproblemen noch verschärft. Auch Konflikte zwischen verschiedenen Pastoralist*innengruppierungen nehmen zu. Die Konflikte gehen zudem oft mit dem gewaltsamen Diebstahl von Vieh einher. Dies führt wiederum zu Vergeltungsschlägen in Form von Diebstahl oder Gewalt an Personen (Mkutu, 2019, S. 5). Zusätzlich birgt der Fakt Konfliktpotenzial, dass einige Pastoralist*innen – gerade aus den Grenzregionen zu Kenias Nachbarländern – nicht immer Klarheit über ihr Herkunftsland haben. So kommt es zu konfliktreichen Beziehungen mit den jeweiligen Regierungen, wenn zum Beispiel Pässe oder Dokumente beantragt werden (Frank, 2002, S. 72). Diese Unklarheiten sind historisch gewachsen und gehen vor allem von staatlichen Gesetzen aus, weil die Systeme aus der Kolonialzeit entlang ethno-politischer Lager übernommen wurden (Boone, 2012, S. 77). Die neue Verfassung aus dem Jahr 2010 versucht, diese Probleme aufzulösen. Infolge der Verfassungsänderung wurden der *Land Act* (National Council for Law Reporting, 2012a), der *National Land Commission Act* (National Council for Law Reporting, 2016), der *National Land Community Act* (Government of Kenya, 2016) und der *Land Registration Act* (National Council for Law Reporting, 2012b) verabschiedet. Sie sollen für Landumverteilung, Rückführungen und klarere und faire Strukturen sorgen (Cernicky, 2017, S. 6). Jedoch verläuft die Umsetzung dieser Gesetze sehr schleppend. Wieder einmal profitieren politische Eliten, bereichern sich Politiker*innen (Cernicky, 2017, S. 1) und die Gesetze anzuwenden ist nicht einfach. Eine wichtige Rolle spielt zudem die zunehmende illegale, auch politische Landaneignung (Günther Schlee, 2011).

Religiöse Konflikte und religiöse Radikalisierung stellen ebenfalls ein zunehmendes Problem dar (Rink & Sharma, 2018, S. 1230). In Kenia ist die Mehrheit der Bevölkerung christlich (85,5 %), gefolgt von Menschen islamischen Glaubens (11 %) (Kenya National Bureu of Statistics, 2019, S. 12), wobei dies je nach Region unterschiedlich ist. Religiöse Konflikte müssen übrigens nicht immer die Religion an sich zum Streitpunkt haben. Auch andere Konflikte wie zum Beispiel der Zugang zu Bildung oder zu Ressourcen können sich über die Religion äußern (Moywaywa, 2018, S. 131). Als Konflikttreiber können dabei Ressourcenfragen und lokale, politische Praktiken wirken, die als unfair bewertet werden (Moywaywa, 2018, 131 ff.). An der Küste gibt es eine lange Geschichte der ethnisch-regionalen Identitäten und der sozio-ökonomischen Marginalisierung der Region. Dies hat über viele Jahre hinweg zu einer Benachteiligung der Region geführt (Khisa Caleb & Oesterdekhoff, 2012, S. 10). Aktuell kommt es zu Nachbarschaftskonflikten, wenn sich zum Beispiel Personen, in der Region niederlassen oder Land kaufen, die nicht aus der Küstenregion stammen (Khisa Caleb & Oesterdekhoff, 2012, S. 25).

Ein großer Konfliktfaktor sind außerdem extremistisch motivierte Taten und die gestiegenen Rekrutierungsquoten der Al-Shabaab, die aktivste terroristische Gruppe im Land (Counter Extremism Project, o. J.). Extremistisch motivierte Taten sind vor allem in der nordöstlichen Region des Landes, an der Grenze zu Somalia, in Nairobi und an der Küste im Südosten des Landes ein großes Problem. Dabei haben die Fragilität und Konflikte in Somalia einen *Spillover*-Effekt in Kenia verursacht. Sie haben sich negativ auf die Lage in bestimmten Regionen ausgewirkt (Lind et al., 2017, S. 119) und zu verschiedenen terroristischen Anschlägen geführt (Rink & Sharma, 2018, S. 1231). Oftmals sind es junge Menschen, die sich den für die Anschläge verantwortlichen Gruppierungen anschließen. Häufig genannte Motivationsgründe, sich terroristischen oder extremistischen Gruppierungen anzuschließen, sind intergenerationale Auseinandersetzungen, religiöser Extremismus, bestehende Ungleichheiten, die hohe Arbeitslosigkeit und eine damit einhergehende kriminelle Aktivität perspektivloser junger Menschen (Rift Valley Forum, 2017, 2 ff.). Dies zeigt sich unter anderem auch an der Ausbreitung krimineller Gangs in den Großstädten (Elfversson & Höglund, 2019, S. 356). Besonders junge Menschen, die den Großteil der Bevölkerung ausmachen, zählen dazu. Gerade die junge Generation in Kenia ist politisch interessiert und oft auch politisch aktiv. Doch sie lässt sich auch schnell politisch mobilisieren, was sowohl positive als auch negative Effekte haben kann (Elfversson & Höglund, 2019, S. 355). Gleichzeitig werden die jungen Menschen marginalisiert und in der Öffentlichkeit oft als gewaltbereite Risikogruppe dargestellt (Khisa Caleb & Oesterdekhoff, 2012, S. 19).

Besonders durch ethnische Konflikte und Ressourcenkonflikte haben viele Menschen in Kenia ihre Heimat verloren oder verlassen und sind zu IDPs (Internally Displaced People) geworden (UNOCHA, 2012). Dies waren alleine 250.000 nach den Wahlen 2007/2008 (UNHCR, 2008). Zudem haben in Kenia Hunderttausende Menschen aus anderen Ländern Zuflucht gesucht. Kenia beherbergt zwei der größten Flüchtlingslager der Welt, Dadaab und Bidi Bidi (UNHCR Kenya o. J.). Viele der Aufnahmegemeinden in Kenia sind überlastet und die Menschen, die dort leben, fühlen sich in ihrer Existenz bedroht. Hier entstehen schnell Konflikte, welche oft gewaltsam ausgetragen werden (Klopp et al., 2010, S. 11). Es gab in Kenia lange Zeit keine klare Gesetzgrundlage für IDPs. Erst 2012 wurde durch den sogenannten *IDP Act* (National Council for Law Reporting, 2012c) ein Rechtsrahmen geschaffen. Er ist jedoch bei den betroffenen Personen oft kaum bekannt. Daher liefert er ein gutes Beispiel dafür, wie schwer es sein kann, Gesetze von nationaler Ebene auf lokaler Ebene umzusetzen (Klopp et al., 2010, S. 2). Dennoch sind viele IDPs in Kenia – gerade Menschen, die 2007/2008 geflüchtet sind und nun wieder in ihre Heimatregion zurückkehren möchten – von vielen staatlichen Hilfsangeboten ausgeschlossen, da sie nie als Geflüchtete oder IDPs anerkannt wurden und sich dies durch die neue Gesetzeslage auch nicht verändert hat (Klopp et al., 2010, S. 14). So bleibt eine große Anzahl von traumatisierten und vertriebenen Menschen zurück, die systematisch ausgeschlossen werden (Mwiandi, 2008). Dies kann zu wieder aufflammenden Konflikten führen (Klopp et al., 2010, S. 3). Selbst da, wo eine Rückkehr gelingt, ist das Leben für ehemalige IDPs nicht einfach. Oft sind sie wirtschaftlich benachteiligt (Klopp et al., 2010, S. 3), haben traumatische Erfahrungen oft nicht richtig verarbeitet, was einen Nährboden für neue Konflikte oder das Wiederaufflammen alter Konflikte schafft (Humanitarian Policy Group [HPG], 2008, S. 1).

Entlang dieser Konfliktlinien arbeitet der ZFD in Kenia. In der Arbeit und in den Projekten sind vor allem folgende Themen wichtig: Vergangenheitsaufarbeitung, (alternative) Rechtsprechung, Aufklärung über Rechte von IDPs, Mediation, Ressourcenverteilung und -management, Identität, konstruktive Konflikttransformation, Vertrauensbildung, politischer, ethnischer und (inter-)religiöser Dialog, konfliktsensibler Journalismus, Aufbau lokaler Netzwerke, friedliches Zusammenleben, Methodenentwicklung in Konfliktbearbeitung, *Capacity Development*, Schutz von Menschenrechtsaktivist*innen und der Schutz von Menschenrechten an sich, *Adovacy*-Arbeit, psychosoziale Unterstützung, Organisationsentwicklung und Kapazitätsaufbau in zivilgesellschaftlichen Organisationen.

7.2.1 Die Lage der Zivilgesellschaft

Der ZFD in Kenia arbeitet mit verschiedenen zivilgesellschaftlichen Organisationen zusammen. Deswegen wird an dieser Stelle auf die aktuelle Situation der Zivilgesellschaft[4] in Kenia eingegangen. Dabei liegt der Fokus auf den Partnerorganisationen des ZFD, welche in der Regel die institutionalisierte Zivilgesellschaft in Form von CSOs darstellen.

[4] Generelle Überlegungen zu Zivilgesellschaft und CSOs in Post-Konfliktländern lassen sich in Abschnitt 4.2. finden.

Zunächst wird ein Blick auf die Anzahl der in Kenia aktiven CSOs geworfen. Dazu ist der Bericht hilfreich, welcher vom *NGO-Board*[5] in Kenia herausgegeben wurde. Die Zahl der CSOs und NGOs (die in Statistiken oftmals synonym verwendet werden), die sich registrieren lassen, hat seit 2011 erheblich zugenommen (NGO Board Kenya 2019, S. 15). In den Jahren 2018/2019 wurden insgesamt 98 NGOs registriert, womit die Anzahl der NGOs bis zum 30. Juni 2019 auf 11.262 anstieg (NGO Board Kenya, 2019, S. 15). Die meisten der neu registrierten Organisationen waren in den Bereichen Bildung, Nothilfe und Gesundheit tätig (NGO Board Kenya, 2019, S. 15). CSOs in Kenia müssen sich registrieren lassen, und zwar nach dem *NGO-Coordination-Act*, dem *Companies Act*, dem *Societies Act,* nach Kapitel 164 der kenianischen Verfassung (USAID, 2019, S. 104). Die meisten CSOs lassen sich nach dem *NGO-Coordination–Act* registrieren, da die anderen Möglichkeiten oft erschwert werden oder nicht bekannt sind (USAID, 2019, S. 104). Zwar sind die Voraussetzungen für die Registrierung als NGO klar geregelt, jedoch kommt es immer wieder zu Vorfällen, bei denen zusätzliche Anforderungen erhoben werden. Das kann dazu führen, dass der Registrierungsprozess mehr als zwei Jahre dauert. Einige Gruppen entscheiden sich für eine Registrierung als sogenannte „residential associations“. Dieses Registrierungsverfahren ist einfacher, auch wenn die Gruppe dadurch möglicherweise nur in dem Bezirk arbeiten kann, in dem sie registriert ist (Allison, 2016; USAID, 2019, S. 104).

88 Prozent der Mittel, die CSOs zur Verfügung stehen, stammen aus Quellen außerhalb Kenias (NGO Board Kenya, 2019, S. 15). Dies schafft eine Abhängigkeit von externen Geber*innen, bedroht die Nachhaltigkeit der Arbeit (NGO Board Kenya, 2019, S. 16) und gibt dem Globalen Norden große Einflussmöglichkeiten auf die Politik im Land. Der Großteil der Projektausgaben wurde in den Bereichen Gesundheit, HIV/AIDS, Bildung und Nothilfe/ Katastrophenmanagement getätigt (NGO Board Kenya, 2019, S. 15). Das Engagement der CSOs in den Bereichen der Friedensarbeit ist besonders vor und während wichtiger Wahlen sehr hoch. Dies hat bisher aber kein nachhaltiges Engagement von zivilgesellschaftlichen Organisationen in der Friedensförderung ermöglicht. Denn meist sind die Organisationen in den Perioden zwischen den Wahlen auf sich alleine gestellt (Ernstorfer, 2018, S. 4). So führt die Arbeit der sogenannten „peacepreneurs“ oft zu einer größeren Fragmentierung der Zivilgesellschaft (Njogu, 2018, S. 15). Auf subnationaler Ebene konzentrierten sich die

[5] „The Non-Governmental Organizations Co-ordination Board […] is a State corporation established under Section 3 of the Non-Governmental Organizations Co-ordination Act. Broadly, the Board has the responsibility of regulating and facilitating the NGO sector in Kenya to complement government development efforts“ (NGO Board Kenya 2019, S. 16).

CSOs auf soziale Fragen wie Bildung und Gesundheitsfürsorge. Sie arbeiteten mit lokalen Regierungen zusammen, um die Erbringung von Dienstleistungen durch Bewusstseinsbildung und Kapazitätsaufbau zu verbessern (Orvis, 2003, S. 247). Hier wird deutlich, dass diese Arbeit in Bezirken einfacher ist, in denen Regierungsbeamt*innen die Rolle der CSOs schätzen (USAID, 2019, S. 107). Viele CSOs arbeiten mit Gemeinden zusammen, um Mechanismen der sozialen Rechenschaftspflicht zu entwickeln und um benachteiligte Gegenden zu fördern (USAID, 2019, S. 108). Die meisten Organisationen führten Projekte in Gebieten mit guter Infrastruktur durch. Dazu zählen Nairobi, Kisumu, Nakuru und andere urbanen Zentren (NGO Board Kenya, 2019, S. 15). Die gesammelten Daten zeigen, dass der CSO-Sektor bedeutende Beiträge bei der Ergänzung der Entwicklungsmaßnahmen der Regierung leistet. Gleiches gilt für die Erreichung der Ziele für nachhaltige Entwicklung (SDGs) und der Kenia Vision 2030 (NGO Board Kenya, 2019, S. 15). Darüber hinaus bieten CSOs und NGOs vielen Kenianer*innen eine bezahlte Beschäftigungsmöglichkeit. 2019 waren 39.109 Kenianer*innen bei einer NGO angestellt. Davon waren 32.868 in Kenia und 6.241 in anderen Ländern stationiert. Zusätzlich engagierten die CSOs und NGOs insgesamt 37.401 kenianische Freiwillige und Praktikant*innen (NGO Board Kenya, 2019, S. 16). Die meisten CSOs in Kenia sind auf die Finanzierung von Projekten angewiesen. Das kann es für sie erschweren, festes Personal anzustellen. Viele Mitarbeiter*innen mit Fachkenntnissen in Bereichen wie der dezentralen Regierungsführung wurden von internationalen CSOs und Bezirksregierungen eingestellt. Dies führte zu einer Abwanderung von Fachkräften aus diesem Sektor (USAID, 2019, S. 106). In der Regel haben 50 % der Mitarbeitenden in CSOs zumindest einen Bachelor-Abschluss (Osito Odiyo, 2013). Daraus ist zu schließen, dass auch viele Personen mit Praxiserfahrung in CSOs arbeiten. Hinsichtlich der Organisation von CSOs stellte der Bericht des *NGO-Board* fest, dass die meisten keine starken Verwaltungsstrukturen haben und oft nur eine mangelnde Rechenschaftspflicht (NGO Board Kenya, 2019, S. 16). In der Folge haben Koalitionen von CSOs oft Schwierigkeiten bei der Umsetzung. Es ist zudem ein Rückgang von Koalitionen und Netzwerken zu verzeichnen, der auf unzureichende Finanzierung und Wettbewerb zwischen den CSOs zurückzuführen ist (USAID, 2019, S. 109). Jedoch lassen sich in dem Bereich der CSOs-Friedensarbeit verschiedene *Multi-Stakeholder*-Bemühungen und Netzwerke zur Friedensförderung finden. Sie werden von unterschiedlichen Gruppen (Regierung, Zivilgesellschaft, Privatsektor, interreligiöse Organisationen) koordiniert (Ernstorfer, 2018, S. 4).

Trotz dieser großen CSOs-Landschaft in Kenia und trotz der vielen internationalen Kooperationen und Geber*innen stehen die Zivilgesellschaft und CSOs vor Herausforderungen. Die kenianische CSO-Szene gilt als eine der vokalsten, durchsetzungsfähigsten und kreativsten auf dem afrikanischen Kontinent. Lange Zeit hatte sie Vorbildcharakter (Allison, 2016). Nach den Wahlen 2013 änderte sich die bis dahin sehr aufstrebende und positive Situation von CSOs in Kenia. Im Vergleich zu früheren Jahren hat die Zivilgesellschaft Kenias in den letzten Jahren von ihrer themen- und diskursbestimmenden Funktion und generell von ihrer Handlungsfreiheit eingebüßt. Sie erlebt seit etwa zehn Jahren die stärksten Restriktionen, die es jemals in dem Land gab (Amnesty International, 2016, S. 217; Njogu, 2018, S. 15; Smidt, 2018, S. 6). Bereits im Wahlkampf 2013 und 2017 machte Uhuru Kenyatta das Versprechen, mehr Regulierung im Bereich der CSOs vorzunehmen, um eine klarere Trennung zu Regierungsthemen vorzunehmen. Noch im Wahljahr wurde dieses Versprechen in die Tat umgesetzt. Bei CSOs besteht ein breiter Konsens darüber, dass dieser Schritt der neuen Regierung bestimmte Organisationen in ihrer Handlungsfähigkeit eindämmen sollte, weil sie als bedrohlich empfunden wurden. Dies traf besonders CSOs, die weitgehend aus dem Ausland finanziert werden oder im Bereich der Menschenrechte und Regierungsführung aktiv waren (Baldus et al., 2019, S. 9). Auch wurde sich bisher von jeder Regierung dagegen ausgesprochen, den schon seit 2013 angestoßenen und verabschiedeten *Public Benefits Organizations Act* (PBO *Act*) zu implementieren, welcher von CSOs unterstützt wird (Niyiragira, 2015, S. 2). Dieser sollte die rechtlichen Rahmenbedingungen für CSOs verbessern und ihnen größere Handlungsfreiheit bieten. Stattdessen aber fügte die neue Regierung dem PBO *Act* eine Reihe von Ergänzungen hinzu, die vor allem die Finanzierung durch internationale CSOs erheblich einschränken sollten (Baldus et al., 2019, S. 10; Niyiragira, 2015, S. 2). Im Zuge dessen wurden von der kenianischen Regierung 540 CSOs verboten. Sie galten nicht mehr als verfassungskonform und es wurden ihnen zum Teil Misswirtschaft oder Verbindungen zu terroristischen Gruppen vorgeworfen (Niyiragira, 2015, S. 4). Wegen dieser Verbote, der Angst vor weiteren Verboten und da ein Großteil der kenianischen CSOs von externen Geldern abhängig ist, hat sich die Zivilgesellschaft organisiert und Strategien entwickelt, gegen diese Entscheidungen der Regierung vorzugehen (Baldus et al., 2019, S. 11). Auch die internationalen Organisationen äußerten sich sehr kritisch gegenüber den Plänen der kenianischen Regierung. Sie machten deutlich, dass die Regierung damit gegen bestimmte Abkommen verstoßen würde. Sie betonten, dass die Umsetzung Gefahren für die eigene Bevölkerung bergen würde, weil zum Beispiel Bildung und Gesundheit nicht mehr in allen Regionen in Kenia gewährleistet werden könnten (United Nations Office of the High Commissioner for Human Rights [OHCHR], 2013). Die zivilgesellschaftliche Geber*innengemeinschaft in Kenia blieb verhältnismäßig ruhig und zurückhaltend (Baldus et al., 2019, S. 12). Letztendlich konnte vor allem durch die starken lokalen CSOs gegen die geplanten Ergänzungen des PBO *Acts* gemeinsam vorgegangen werden (Baldus et al., 2019, S. 13).

Insgesamt kommt es in Kenia zu einem *Shrinking Space*[6]. So gibt es etwa Zugangsbeschränkungen für CSOs. Sie zeigen sich bei unbegründeten oder nur unzureichend begründeten Ablehnungen ihrer Registrierung, oder darin, dass es keine festen Fristen für die obligatorische Überprüfung der Registrierung gibt. Auch für die Aktivitäten von CSOs gibt es Hindernisse. Sie müssen sich mit dem NGO *Coordination Board* über ihre Aktivitäten abstimmen, bevor sie ihre Arbeit aufnehmen können. Auch müssen sie sich mit dem Koordinationsausschuss über eine Reihe von Leitfragen einigen, bevor sie ihre Aktivitäten aufnehmen. Dabei hat der oder die Registrator*in einen großen Ermessensspielraum für die Untersuchung, Verhaftung und Durchsuchung einer CSO und von deren Mitarbeitenden. CSOs in Kenia sahen sich in den letzten zehn Jahren vor verschiedene Hindernisse gestellt. Dazu zählten wiederholte Versuche der Regierung, Hunderte von Organisationen wegen angeblicher finanzieller Verstöße nicht mehr zu genehmigen (Freedom House, 2020a). Im *Freedom House Index* wird Kenia als „teilweise frei" mit 48 von 100 Punkten eingestuft (Freedom House, 2020a). Der *Freedom House Index* berichtet: „The country's media and civil society sectors are vibrant, even as journalists and human rights defenders remain vulnerable to restrictive laws and intimidation" (Freedom House, 2020a). Auch im Bereich der Versammlungsfreiheit, die für CSOs sehr wichtig ist, gibt es in Kenia Einschränkungen. In dieser Hinsicht wird das Land mit zwei von vier Punkten auf der Skala eingestuft. Die Verfassung garantiert zwar die Versammlungsfreiheit, welche durch regelmäßige Verbote bei der Anmeldung jedoch oft umgangen wird. In der Praxis hat die Polizei regelmäßig Versammlungen aus Sicherheits- oder anderen Gründen verboten. Sie hat Versammlungen gewaltsam aufgelöst, die sie nicht ausdrücklich verboten hatte. Auch bei genehmigten Versammlungen kommt es immer wieder zu Polizeigewalt und Auseinandersetzungen (Freedom House, 2020a; Smidt, 2018, S. 6). Insbesondere kommt es zu Ausschreitungen, wenn es sich um Proteste oder Kundgebungen handelt, die sich kritisch gegenüber der Regierung oder Wahlen äußern (Abdi, 2017). Abschließend lässt sich feststellen: „Civil society in Kenya is on its knees, but it is not altogether dead" (Smidt, 2018, S. 6).

---

[6] Als *Shrinking Space* wird die zunehmende Einschränkung von Handlungen der CSOs und anderen zivilgesellschaftlichen Akteuren verstanden. Dazu zählt zum Beispiel die Einschränkung von Rechten wie die Versammlungs-, Vereinigungs- oder Meinungsäußerungsfreiheit, aber auch, dass Akteur*innen aus der Zivilgesellschaft in ihrer Arbeit bedroht oder eingeschüchtert werden. Wichtig ist dabei, dass vorhandene Handlungsspielräume immer kleiner werden (Carothers und Brechenmacher 2014; Dupuy et al. 2016).

In dieser diversen und herausfordernden zivilgesellschaftlichen Landschaft Kenias arbeitet der ZFD an den oben beschriebenen Konfliktfeldern. Diese Arbeit erfolgt jeweils in verschiedenen Projekten, die wiederum in viele Einzelprojekte aufgeteilt sind. Dabei sind in Kenia sowohl AGIAMONDO, die GIZ, pbi und der WFD tätig. Jede Organisation arbeitet mit einer Vielzahl von verschiedenen Partner*innen zusammen. Unter den größten in Kenia registrierten CSOs sind keine Partner*innen des ZFD aufgeführt (NGO Board Kenya, 2019, 27 f.). Die lokalen Partner*innen in Kenia sind divers. Dabei kann es auch immer wieder zu Wechseln zwischen den Partner*innen kommen, oder dass einige ausscheiden und neue dazukommen. Generell ist anzumerken, dass das BMZ, das den ZFD finanziert, Kenia in seiner Neuausrichtung der Agenda 2030 weiterhin als bilateralen Partner aufführt, mit dem langfristige gemeinsame Entwicklungsziele verfolgt werden (BMZ, 2020, S. 7).

7.3 Fallbeschreibung Liberia

Noch heute sind die Folgen der Bürgerkriege in Liberia zu spüren und tragen in hohem Maße zu den aktuellen Konfliktlinien bei. Die in Liberia schon vor den Bürgerkriegen herrschende politische und wirtschaftliche Unsicherheit wurde durch den Zusammenbruch des sozialen Gefüges und der politischen Strukturen bei einem gleichzeitigen Anstieg von bewaffneten Gruppierungen verschärft. Deswegen ist es wichtig, zunächst die Bürgerkriege etwas zu umreißen, bevor auf die aktuellen Konfliktlinien eingegangen wird.

Das heutige Liberia wurde 1821 als eine neue Heimat ohne Sklaverei für befreite Sklav*innen aus Afrika gegründet. Lange Zeit wurde es von Amerikanisch-Liberianer*innen im Stil einer kolonialen/imperialen Regierung geführt (Richards, 2005, S. 573). Dieser Stil wird auch als „Schwarzer Imperialismus“ (Gershoni, 1985) bezeichnet. Diese Vorherrschaft endete 1980, als Samuel K. Doe einen Staatsstreich verübte (Pham, 2004, S. 81). Nachdem Doe zunächst Unterstützung in der Bevölkerung gewann, kam es unter ihm erneut zu Unterdrückung, und die Marginalisierungen im Land wurden fortgesetzt (Bekoe, 2008, S. 95; Farrall, 2013, S. 120). Der erste Bürgerkrieg in Liberia begann am Heiligabend 1989, als die Rebellengruppe *National Patriotic Front of Liberia* (NPFL) unter Führung von Charles Taylor eine Rebellion gegen die Regierung auslöste (Ellis, 1999, S. 74). Diese Phase des Krieges war gekennzeichnet von Gräueltaten gegen die Zivilbevölkerung, Gewalt entlang ethnischer Linien und vom Einsatz von Kindersoldat*innen (Carter Center, 1997). Sie mündete in einen kompletten

Staatskollaps. Im Juli 1990 akzeptierte Doe ein von der Wirtschaftsgemeinschaft Westafrikanischer Staaten (*Economic Community of West African States*/ ECOWAS) vermitteltes Friedensabkommen. Es sah einen Waffenstillstand, die Entsendung einer Friedenstruppe (die ECOWAS-Überwachungsgruppe in Liberia, *Economic Community of West African States Monitoring Group*, ECOMOG) sowie die Bildung einer Regierung der nationalen Einheit vor (Mgbeoji, 2003, S. 22). Am 11. September 1990 wurde Doe von einem von Taylors engen Mitarbeitern der NPFL ermordet. Im Laufe der nächsten Jahre dauerte der Konflikt zwischen verschiedenen Gruppierungen im Land an. Taylor konnte die militärische Kontrolle über den größten Teil Liberias aufrechterhalten. 1993 etablierte die UN eine *Observer-Mission* (United Nations, 1993), um ECOWAS zu unterstützen und Verhandlungen voranzutreiben. Diese führten zur Gründung einer Übergangsregierung im Jahr 1994. Der erste liberianische Bürgerkrieg endete offiziell 1996 mit dem Abkommen von Abuja-II und der Wahl von Charles Taylor zum Präsidenten im Jahr 1997 (Bekoe, 2008, S. 95). Der Frieden in Liberia währte jedoch nicht lange, da noch verbliebene Rebell*innen- und Milizengruppen einen prekären Sicherheitskontext schufen (Dowd & Clionadh, 2012, S. 13). Dieser mündete 1999 in den zweiten Bürgerkrieg, als die neue Rebellengruppe *Liberians United for Reconciliation and Democracy* (LURD) Angriffe im Nordwesten Liberias startete. LURD war besonders in der Grenzregion zu Sierra Leone aktiv. So sollte verhindert werden, dass die Rebellengruppe *Revolutionary United Front* (RUF) Taylor unterstützend zu Seite stehen konnte (International Crisis Group, 2003). Im Jahr 2002 verhängte Taylor den Ausnahmezustand, als sich die LURD-Kämpfer*innen Monrovia näherten und im Südosten eine zweite Rebellengruppe entstand, die *Movement for Democracy in Liberia* (MODEL). Dies führte zu einer weiteren Eskalation. Anfang bis Mitte 2003 hatten beide Rebellengruppen die Kontrolle über weite Teile Liberias erlangt (International Crisis Group, 2003, S. 5). Unterdessen fanden in Accra (Ghana) Friedensgespräche statt, die von der ECOWAS vorangetrieben wurden. Etwa zeitgleich erfolgte die Anklageerhebung gegen Charles Taylor durch den Sondergerichtshof für Sierra Leone. Dadurch wurde er sowohl im Inland als auch international delegitimiert. Er trat daraufhin vom Präsidentenamt zurück. Am 18. August 2003 unterzeichneten die drei wichtigsten Parteien des liberianischen Bürgerkriegs (die liberianische Regierung, LURD und MODEL) das umfassende Friedensabkommen von Accra, *Accra Comprehensive Peace Agreement* (CPA) (United Nations, 2003). Das Abkommen beinhaltete die Entsendung einer UN-Mission nach Kapitel VII der Charta der Vereinten Nationen zur Überwachung des Waffenstillstands und zur Unterstützung der Umsetzung des Friedensprozesses. Somit entstand die Mission der

Vereinten Nationen in Liberia (*United Nations Mission in Liberia*, UNMIL) (United Nations, 2003). Der Friedensprozess fand 2018 ein offizielles Ende, als die UNMIL ihren Rückzug aus Liberia abschloss. Doch noch heute sind die VN in Liberia aktiv und arbeiten im Bereich des *Peacebuilding* (Forti & Lesley, 2018).

Viele der aktuellen Konfliktlinien sind auf eine allgemeine fragile Ausgangslage zurückzuführen. Ein latenter Konflikttreiber ist die Gewalterfahrung während des Krieges, die wiederum eine starke Gewaltbereitschaft in Liberia nach sich gezogen hat. Die Gesellschaft ist von einem hohen Grad an Traumatisierung geprägt und davon, dass kein *Transitional Justice* oder Heilungsprozess stattgefunden haben (Abramowitz, 2010; Catholic Relief Services, 2016, S. 9). Nur sehr wenige Liberianer*innen hatten oder haben Zugang zu psychosozialen Diensten und Therapien (Jaye, 2009, S. 16). Die Empfehlungen der Wahrheits- und Versöhnungskommission, wie zum Beispiel die Einrichtung eines liberianischen Kriegsverbrechertribunals, die Verfolgung von Kriegsverbrecher*innen und deren Ausschluss von offiziellen Funktionen, sind bisher nicht umgesetzt worden (International Crisis Group, 2011, S. 11). Strafrechtliche Mechanismen zur Verfolgung von Kriegsverbrechen in Liberia sind nach wie vor mangelhaft. Einschlägige Politiken wie die Agenda für Transformation, bestimmte Verfassungsreformen, die Landkommission (Beevers, 2016, S. 323; United Nations Office for Project Services [UNOPS], 2010, S. 23)oder die nationalen Versöhnungsprozesse müssen noch umgesetzt werden (Sireleaf, 2009). Hier sind besonders in den letzten Jahren die Rufe der Bevölkerung nach Umsetzung immer lauter geworden (Front Page Africa, 2019a). Sie richten sich aufgrund des mangelhaften Rechtssystems Liberias (Yelloway, 2020) an die internationale Gemeinschaft (Front Page Africa, 2019b). Das mangelhafte Rechtssystem ist in Liberia jedoch nicht nur in Bezug auf *Transitional Justice* ein Problem. Generell ist der Zugang zur Justiz für die Mehrheit der Bevölkerung nicht gewährleistet und das Justizsystem ist schwach (Mulbah & Dennis, 2017, S. 19). Rituelle Tötungen (Sendolo, 2019) und Selbstjustiz stehen in Liberia an der Tagesordnung (als *Mob-Violence* bekannt) und nehmen immer mehr zu (CountryWatch, 2019, S. 86; Divon & Bøas, 2016, S. 1386; UNMIL o. J.). Dies ist in Post-Konfliktländern mit einem instabilen Rechtssystem ein verbreitetes Phänomen (Huyse, 1995). In Liberia herrscht ein massives Gewaltproblem. Viele Probleme sind darauf zurückzuführen, dass es in Liberia zwar einen Prozess des *Disarmament*, der *Demobilization, Reintegration and Rehabilitation* (DDRR) gab, der vielfach als erfolgreich bewertet wird (Pugel, 2007, S. 6). Doch war er nicht in allen Bereichen gleichermaßen erfolgreich (United Nations, 2007). So wird davon ausgegangen, dass sich noch immer Waffen aus dem Bürgerkrieg im Land befinden, Gewalt auf den DDRR-Prozess zurückzuführen ist (Okoli et al., 2019, S. 60) und einige der ehemaligen Kämpfer*innen bis heute nicht rehabilitiert sind.

Zu den größten Konfliktfaktoren in Liberia zählen die wirtschaftliche Situation, die stetig wachsende Armut in der Bevölkerung und das zunehmende gesellschaftliche Ungleichgewicht (UNDP, 2019, S. 18). Diese Unterschiede manifestieren sich insbesondere in Konflikten um Landraub. Sie haben eine hohe Brisanz, weil einerseits die grundlegenden Sozial- und Umweltstandards von Investor*innen nicht eingehalten werden und andererseits durch das sogenannte *Landgrabbing*, das als einer der größten Konfliktfaktoren bewertet wird (Hahn, 2013; Mulbah & Dennis, 2017, S. 16; UNOPS, 2010, S. 21). Oft sind dies Handlungen und Situationen, von denen die liberianische Elite profitiert. In der Folge kommt es zu einem regelrechten *Elite-Capture* (Fortune & Bloh, 2012, S. 26; UNOPS, 2010, S. 21). Die liberianische Wirtschaft ist in hohem Maße vom Weltmarkt für Rohstoffe abhängig (Beevers, 2016, S. 325). Schon während der Kriegsjahre und unter Taylor zeigte sich, dass Liberia ein Spielfeld für internationale Investor*innen war. Sie waren auch durch Krieg und Korruption nicht abzuschrecken (Beevers, 2019, S. 75). Diese Abhängigkeit vom Weltmarkt besteht bis heute. Gerade der Handel mit Holz und Kautschuk, Eisenerz und Diamanten dominiert die Wirtschaft (Cheng, 2018). Transnationale Unternehmen, aber auch externe Investor*innen haben weite Landstriche aufgekauft. Sie üben durch ihre dominante Stellung im Eisenerz- und Palmölgeschäft des Landes einen erheblichen Einfluss aus (Christensen et al., 2020; Economywatch, 2012). Der Bürgerkrieg und in jüngster Zeit die unregulierte Landausbeutung durch transnationale Konzerne haben enorme ökologische Schäden verursacht und sind eine große Herausforderung. Zudem gefährden sie natürliche Lebensräume und betroffene Gemeinschaften, was zu lokalen Konflikten, unklaren Landverteilungsfragen und Ressourcenproblemen führt (Beevers, 2016, S. 323; Mulbah & Dennis, 2017, S. 18). Zu erwähnen sind besonders die Konflikte zwischen Investor*innen (oftmals transnationale Konzerne) und lokalen Arbeitskräften sowie mit den betroffenen Gemeinden. Aufgrund von Verstößen gegen Umwelt- und Arbeitsrecht (United Nations, 2020, S. 3) und fehlenden Entschädigungen auf Plantagen, in Bergwerken und Konzessionsgebieten kommt es immer wieder zu Auseinandersetzungen (Green Advocates International, 2017; Ponsford, 2016). Fälle von Landnahme durch Investor*innen, die von Behörden unterstützt werden, und die anschließende Umsiedlung der betroffenen Gemeinden verschärfen diese Konflikte noch (Bunzel & Topoar, 2013, S. 16; Mulbah & Dennis, 2017, S. 18).

Mit besonderem Blick auf die Einhaltung der Menschenrechte in Liberia ist die Situation von Frauen* und Kindern zu nennen. Während des Krieges wurde eine Vielzahl von Frauen* und Mädchen* missbraucht. Vergewaltigung wurde als Kriegsmittel eingesetzt (Cummings, 2011, S. 233) und viele Opfer leiden bis heute unter den Folgen (Inclusive Peace and Transiation Initative, 2018, S. 2). Dennoch sind die Frauen* Liberias mit ihrem zivilgesellschaftlichen Engagement im Krieg, das im Friedensprozess eine entscheidende Rolle gespielt hat, sehr relevante Akteur*innen (Alaga, 2011, 10 ff.). Frauen*, Kinder und Jugendliche sind nach wie vor die am stärksten benachteiligten Gruppen in der Gesellschaft. Sie haben kaum Zugang zu sozialen Diensten und wenig Möglichkeiten der Selbstbestimmung (Theobald, 2012, S. 85). Verbrechen gegen Frauen* und Mädchen* werden in den meisten Fällen nicht strafrechtlich verfolgt. Oder sie werden in einer Vereinbarung zwischen der Familie und den Täter*innen auf kommunaler Ebene gelöst. Vergewaltigung wurde erst 2017 zu einer strafbaren Handlung erklärt (Cummings, 2011, S. 242; Front Page Africa, 2017). Das *Empowerment* von Frauen* und Mädchen* ist ein erklärtes Ziel der Regierung. Aber Frauen* und Kinder werden weiterhin in der Bildung, auf dem Arbeitsmarkt und in der Politik diskriminiert. Und zwar in urbanen und ruralen Räumen jeweils unterschiedlich (Catholic Relief Services, 2016, 31 f.). Die Raten sexueller und geschlechtsspezifischer Gewalt sind hoch (Theobald, 2012, S. 86). Fälle von Zwangsheiraten, Zwangsprostitution und Menschenhandel wurden gemeldet (United Nations, 2020, S. 5). Immer noch werden zudem illegale traditionelle Praktiken wie die rituelle Entführung von Kindern und die Genitalverstümmelung von Frauen* praktiziert (Fuest, 2010, S. 12). Frauen* und Mädchen* sind besonders stark von sexuell übertragbaren Krankheiten und von mangelnder gesundheitlicher, sozioökonomischer und juristischer Betreuung betroffen (United Nations, 2020, 6 f.).

Jugendliche sind durch fehlende oder mangelhafte Bildung besonders gefährdet, in dem ohnehin wirtschaftlich schwachen Land keine Beschäftigung zu finden, was in Perspektivlosigkeit mündet (Mulbah & Dennis, 2017, S. 16). Dadurch bringt die Gesellschaft junge, enttäuschte, aggressive und gewaltbereite Liberianer*innen ohne sinnvolle Beschäftigung hervor (Walker G. et al., 2009, S. 6). Etwa vier von fünf Liberianer*innen arbeiten im informellen Sektor und leben unterhalb der Armutsgrenze (UNDP, 2019, S. 18). Armut gilt weiterhin – wie schon vor dem Bürgerkrieg – als vorherrschende Konfliktursache. Dies liegt auch an den Problemen im Bildungssektor: Primär- und Sekundärschulen, aber auch Hochschulen mangelt es an Quantität und Qualität (United Nations, 2020, S. 7). Die Ausstattung der Schulen erfüllt meist nicht die minimalen Anforderungen. Oft sind die Lehrer*innen zu wenig und schlecht ausgebildet (United

Nations, 2020, S. 7). „*Sex for Grades*" ist besonders mit jungen Frauen* und Mädchen* weit verbreitet (Atwood et al., 2011; Parnarouskis et al., 2017). Das Versagen des Bildungssektors führt zu wirtschaftlichen Schwierigkeiten für junge Menschen und oft zu Arbeitslosigkeit. Der Mangel an Berufsausbildung und einer sinnvollen Beschäftigung bringt junge Menschen in existenzielle Nöte und Ängste. Besonders diese jungen Menschen sind empfänglich für Manipulation und politische oder religiöse Radikalisierung. Vor allem männliche Jugendliche sind anfällig für Gewalttätigkeiten, mit Tendenz zur Bandenkriminalität. Oftmals wird sie in Zusammenhang mit Motorradtaxi-Fahrern* gebracht (Mulbah & Dennis, 2017, S. 21).

Der ZFD in Liberia arbeitet entlang dieser Konfliktlinien. In der Arbeit und in den Projekten sind vor allem folgende Themen wichtig: Arbeit mit marginalisierten Gruppen, um die Zersplitterung der Gesellschaft zu stoppen, Management natürlicher Ressourcen, *Advocacy*-Arbeit im Bereich der Landrechte, Vergangenheitsaufarbeitung, Stärkung der demokratischen Beteiligung und des Menschenrechtsbewusstseins, Methoden der friedlichen Konfliktbearbeitung, Rechtsprechung, Forschung und Konfliktanalysen.

7.3.1 Die Lage der Zivilgesellschaft

Da der ZFD in Liberia mit verschiedenen zivilgesellschaftlichen Organisationen zusammenarbeitet, ist es wichtig, die aktuelle Situation der Zivilgesellschaft in Liberia allgemein zu betrachten. Hier liegt der Fokus nur auf der institutionalisierten Zivilgesellschaft, weil sie als Partnerorganisationen für den ZFD fungieren.

Im Jahr 2018 waren in Liberia 400 CSOs/NGOs akkreditiert. Davon waren 66 internationale CSO. Hinzu kommen geschätzt 1.500 CSOs, die nicht akkreditiert sind (Republic of Liberia, 2018, S. 6). Den Gesetzen in Liberia zufolge müssen sich CSOs vor Aufnahme ihrer Tätigkeit im liberianischen Unternehmensregister eintragen lassen. Sie müssen eine Akkreditierung bei der Koordinierungsstelle im entsprechenden Ministerium einholen und sich bei den Regierungsministerien oder -behörden registrieren lassen, die für die Bereiche, in denen sie arbeiten werden, zuständig sind. CSOs müssen ihre Akkreditierungen jedes Jahr erneuern (USAID, 2019, S. 112). Dazu sind bestimmte Unterlagen wie zum Beispiel ein *Mission*-Statement notwendig, Büroräume müssen vorgehalten werden und mindestens eine Person muss in Vollzeit angestellt sein (Krawczyk, 2018). In den letzten Jahren kam es aufgrund von Engpässen zu Verzögerungen bei den Registrierungen. Die Einrichtung von Servicezentren im ganzen Land in den

Jahren 2017 und 2018, die ein Teil des nationalen Plans zur Dezentralisierung der Regierung war, sollte den Registrierungsprozess erleichtern. Die meisten dieser Zentren sind jedoch entweder außer Betrieb oder arbeiteten nicht mit voller Kapazität (USAID, 2019, S. 112). Besonders betroffen von Problemen mit der Registrierung sind CSOs, die im Bereich LGBTQIA + (lesbian, gay, bisexual, transgender, queer, intersex, asexual) arbeiten. Ihnen wird die Registrierung in der Regel komplett verwehrt (Currier & Cruz, 2017; USAID, 2019, S. 112).

Viele der lokalen CSOs sind kleine, gemeindebasierte Organisationen, die einen starken Dienstleistungsfokus haben und oft an Nischenprojekten auf Gemeindeebene arbeiten. Einige wenige größere Organisationen sind auf Sektorebene in den Bereichen Regierungsführung und Rechenschaftspflicht aktiv (EU, 2017, S. 1) und arbeiten auf der Graswurzelebene (Krawczyk, 2018). Die CSOs legen ihre Aufgaben in ihren Statuten klar fest. Allerdings orientieren sich viele CSOs auch an den Prioritäten der Geber*innen. Im Jahr 2018 konzentrierten sich die meisten Geber*innen beispielsweise auf Entwicklungsprojekte. Dies veranlasste die lokalen CSOs dazu, ihre Aktivitäten neu in diese Richtung auszurichten (USAID, 2019, S. 113). Weil aber starke staatliche Institutionen fehlen, bleiben die CSOs in Liberia Schlüsselakteur*innen bei der Bereitstellung von Dienstleistungen im Bildungs- und Gesundheitsbereich, in der Nothilfe, im Umweltschutz, bei der Wasserver- und Abwasserentsorgung sowie in den Bereichen landwirtschaftliche Beratung und Ernährungssicherheit (USAID, 2019, S. 116). Es gelingt den CSOs, staatliche Lücken zu schließen. Und zwar besonders in Regionen, die weit entfernt von der Hauptstadt liegen (EU, 2017, S. 2). Dennoch ist auch für CSOs der erschwerte Zugang zu manchen Regionen des Landes ein Arbeitshindernis und sie können nicht in vollem Maße effektiv arbeiten (Krawczyk, 2018). Ihr Engagement als *Governance*-Akteur*innen ist jedoch nach wie vor in einem frühen Entwicklungsstadium (EU, 2017, S. 2). Dennoch vermitteln CSOs immer wieder zwischen der Regierung und der lokalen Bevölkerung (Krawczyk, 2018). Es zeichnet sich noch ein weiteres Themenfeld ab, in dem CSOs immer stärker arbeiten: die Frauen*förderung und die aktive Arbeit mit der Zielgruppe Jugendliche (EU, 2017, S. 1). Auch diese Themensetzung wurde von internationalen Geber*innen beeinflusst. Der Fokus entstand durch die Vielzahl der im Land angebotenen Workshops und Weiterbildungen zu Themen wie Frauen*- und Menschenrechte, Gender und Friedensförderung (USAID, 2019, S. 118). Es ist aber nicht verwunderlich, dass der Fokus auf Frauen*förderung in Liberia gut angenommen wird. In Liberia beteiligen sich traditionell sehr viele Frauen* aktiv an CSOs (Svensoon, 2008, S. 179). CSOs in Liberia sind somit von liberalen Ansätzen internationaler Geber*innen und Organisationen geprägt (Fuest, 2010, S. 7). Infolge dieser Abhängigkeiten kam es zu einer Instabilität des Umfeldes der lokalen CSOs (Krawczyk, 2018). Gleichzeitig nahmen die Workshops und Trainings[7] zu, die in der Regel gebildete CSO-Mitarbeitende aus einem urbanen Kontext für eine bestimmte Zielgruppe anbieten (Fuest, 2010, S. 9). Die durch diese starke Themensetzung von Geber*innen und durch projektbezogene Mittel für lokale CSOs entstandene Abhängigkeit, zeigt sich vor allem in der Mitarbeiter*innenbindung. Die meisten Organisationen verfügen aufgrund begrenzter finanzieller Mittel nicht über fest angestelltes, bezahltes Personal. Die Mehrheit der Mitarbeiter*innen wird befristet eingestellt. Generell ist festzustellen, dass in Liberia oft Personen in CSOs beschäftigt werden, die aufgrund des schlechten Bildungssystems im Land nicht ausreichend für die Arbeit qualifiziert sind (Krawczyk, 2018). Auch hindern Finanzierungsbeschränkungen viele CSOs daran, Mitarbeiter*innen mit ausreichender Erfahrung einzustellen oder dem Stammpersonal Ausbildungsmöglichkeiten anzubieten (USAID, 2019, S. 114). Diese Abhängigkeiten und eine starke Fragmentierung der Akteur*innenlandschaft führen dazu, dass es zwischen CSOs immer wieder zu Konkurrenz kommt (Republic of Liberia, 2018, S. 16). Zwar gibt es einige CSO-Netzwerke im Land, die versuchen, dem entgegenzuwirken, doch geschieht dies oft nicht formalisiert genug. Auch gibt es einige Gesetze, die die Arbeit von CSOs unterstützen und formalisieren sollen, wie zum Beispiel die *National Policy on Non-Governmental Organisations in Liberia* (Republic of Liberia, 2018, S. 7). Doch die rechtliche Situation für CSOs ist fragmentiert und Zuständigkeiten sind unklar (EU, 2017, S. 2). Aus diesen Gründen wäre eine Stärkung von Dachorganisationen oder ähnlichen Koordinierungsgremien auf verschiedenen Ebenen sinnvoll (EU, 2017, S. 2).

Auch wenn die CSOs in Liberia viele staatliche Aufgaben zum Teil übernehmen und unterstützend wirken, ist die Beziehung zwischen CSOs und Regierung nicht immer einfach. Die Regierung scheint sich manchmal auf die CSOs im Land zu verlassen, wenn es in ihrem Interesse liegt. Ansonsten aber erachtet sie weder die Organisationen an sich noch deren Informationen als glaubwürdig (USAID, 2019, S. 118). Zwar gibt es sowohl auf lokaler als auch auf zentraler Ebene direkte Kommunikationswege zwischen CSOs und politischen Entscheidungsträger*innen. Allerdings führen diese nicht zu einer wirklichen Beteiligung der CSOs an Entscheidungsprozessen der Regierung (USAID, 2019, S. 115). Es fehlt eine klarere Definition des Mandates von CSOs und ihrer Rollen in Bezug auf Regierungsaktivitäten und auf den nationalen Entwicklungsplan (EU, 2017, S. 1). Es gibt Spannungen und kaum oder wenig Vertrauen zwischen der Regierung und der Zivilgesellschaft (Lucey & Kumalo, 2017, S. 5). Einige Vertreter*innen von

---

[7] Auf dieses Phänomen wurde bereits allgemein in Abschnitt 4.2. eingegangen.

CSOs nehmen ambivalente Rollen ein. Schon seit den Verhandlungen zum CPA treten sie in der Rolle der Legislative und Exekutive auf. Sie sehen ihre Aufgabe darin, die Demokratie Liberias auch von innen mit aufzubauen (Sayndee, 2009, S. 174). Im Allgemeinen werden Organisationen, die sich mit kontroversen Themen wie Korruption befassen, als problematisch angesehen. Während diejenigen, die in der Dienstleistungserbringung tätig sind, wohlwollend betrachtet werden. Es wird davon ausgegangen, dass sie zur Arbeit der Regierung beitragen (USAID, 2019, S. 118).

Allgemein werden in Liberia CSOs und besonders Organisationen, die im Bereich Menschenrechte oder *Governance* arbeiten, mit einer drei auf einer Skala von vier eingestuft (Freedom House, 2020b), was ihre Freiheit, zu arbeiten betrifft. So berichtet der *Freedom House Index*, dass es in Liberia viele Menschenrechtsorganisationen gibt. Dass aber die Gruppen, die sich auf LGBTQIA + -Themen konzentrieren, dazu neigen, sich aus Angst vor Vergeltung und Einschränkungen in ihrer Arbeit etwas zurückzunehmen (Freedom House, 2020b). Generell wird Liberia im *Freedom House Index* mit 60 von 100 Punkten als „teilweise frei" eingestuft (Freedom House, 2020b). Die für CSOs wichtige Versammlungsfreiheit wird in Liberia mit zwei von vier Punkten angegeben. Versammlungsfreiheit ist in Liberia zwar verfassungsmäßig garantiert und immer wieder werden Kundgebungen friedlich abgehalten, jedoch kommt es regelmäßig zu Zwischenfällen (Freedom House, 2020b). Mitte 2019 wurde zum Beispiel bei einer großen Kundgebung in Monrovia zum noch ausstehenden *Transitional-Justice*-Prozess zwar keine Gewalt angewandt. Doch die Regierung blockierte unter Berufung auf Sicherheitsbedenken teilweise den Zugang zu sozialen Mediennetzwerken und Nachrichtendiensten (Dopoe, 2019; Freedom House, 2020b).

In dieser diversen, sehr stark an Geber*innen orientierten zivilgesellschaftlichen Landschaft Liberias arbeitet der ZFD an den oben beschriebenen Konfliktfeldern. Auch hier wird jeweils in verschiedenen Projekten gearbeitet, die wiederum in viele einzelne Projekte untergliedert sind. Da manche Projekte länderübergreifend konzipiert sind, bestehen zum Teil enge Verflechtungen mit Projekten in Sierra Leone. In Liberia sind sowohl AGIAMONDO als auch BfdW tätig und sie arbeiten mit vielen lokalen Partner*innen. Immer wieder kann es zu Wechseln zwischen den Partner*innen kommen, einige scheiden aus oder es kommen neue hinzu. Im Rahmen der BMZ-Neuausrichtung und der Agenda 2030 wird Liberia als Entwicklungsland aufgeführt. Es wird im Rahmen einer multilateralen, europäischen und nicht staatlichen Zusammenarbeit mit Zivilgesellschaft und Wirtschaft unterstützt (BMZ, 2020, S. 8), jedoch nicht (mehr) als bilateraler Partner eingestuft.

7.4 Fallbeschreibung Sierra Leone

Sierra Leone erlangte 1961 die Unabhängigkeit. Bald darauf begann eine instabile Periode, die von einem Machtkampf zwischen politischen Parteien gekennzeichnet war. Als nach der Unabhängigkeit das zweite Mal Wahlen stattgefunden hatten und im Jahr 1967 ein Militärputsch erfolgte, ging der *All People's Congress* (APC) als Sieger aus diesem Machtkampf hervor. Der APC schränkte die politische Opposition ein und nutzte die Einnahmen aus dem Abbau von Diamanten und anderen Mineralien, „[...] to consolidate political alliances instead of investing them into the development of the country" (Ottendörfer, 2014, S. 17). Die Unterdrückung der politischen Opposition gipfelte 1978 in der Verabschiedung einer neuen Verfassung, mit der ein Einparteienstaat unter der Herrschaft des APC gegründet wurde. Als Folge dieser Politik verschärfte sich die schwierige wirtschaftliche Situation. Fragmentierungen des „national spirit" (TRC Sierra Leone, 2004, S. 6) nahmen zu und wurden durch den APC verschärft. Sie können somit als eine der wichtigsten Konfliktursachen bezeichnet werden (TRC Sierra Leone, 2004, S. 6). Im März 1991 brach ein Bürgerkrieg aus, als die Rebellengruppe *Revolutionary United Front* (RUF) unter Führung des ehemaligen Armeekorporals Foday Sankoh aus dem Nachbarland Liberia ins Land eindrang. Während die RUF ursprünglich für die Befreiung Sierra Leones von seiner korrupten Einparteiendiktatur kämpfte, begann die Bewegung bald populärer zu werden, vor allem unter jungen Menschen (Richards, 2005). Sie begannen die Bevölkerung zu terrorisieren und ihre Herrschaft auszuweiten, indem sie Diamantenminen und Dörfer plünderten und Kinder in ihre Streitkräfte zwangen (Gberie, 2005; Keen, 2005, S. 39). Die RUF besetzte schnell strategisch wichtige Punkte im Land und sicherte sich die Diamantenminen im Osten des Landes. Lokale Milizen begannen bald, die Rebellen mit traditioneller Kriegsführung zu bekämpfen. Auch sie rekrutierten Kinder in ihre Streitkräfte und begingen Gräueltaten an der Zivilbevölkerung (Gberie, 2005, S. 81). Durch diese Gruppierungen wurde der Krieg noch unübersichtlicher und breitete sich auch in sehr entlegene Regionen aus (Abdullah, 2004, S. 168).

1992 gelang es dem Offizier Valentine Strasser, den damaligen Präsidenten Joseph Saidu Momoh abzusetzen und sich zum Staatschef zu erklären. Dies führte jedoch nicht zu einem Ende der Kämpfe (Abdullah, 2004, S. 105). 1996 kam es zu einem erneuten Putsch durch den damaligen Verteidigungsminister und General Julius Maada Bio (Menzel, 2015, S. 155). Dieser ließ die ersten freien Wahlen im Land seit 1967 durchführen. Die RUF versuchte, die Wahlen zu verhindern, was zu erneuten Gräueltaten führte. Sie fanden dennoch statt und Ahmad

Tejan Kabbah von der *Sierra Leones People's Party* SLPP wurde zum Präsidenten gewählt (Abdullah, 2004, S. 105). Ende 1996 blieb daraufhin der RUF keine andere Möglichkeit, als ein Friedensabkommen mit der amtierenden Regierung zu unterzeichnen (United Nations, 1996). 1997 ergriff eine andere Gruppierung die Macht: der *Armed Forces Revolutionary Council* (AFRC) unter Johnny Paul Koroma, der sich mit der RUF verbündete. Internationale Verhandlungsbemühungen unter der Führung der VN drängten die Konfliktparteien dazu, im Juli 1999 das Friedensabkommen von Lomé (United Nations, 1999a) zu unterzeichnen. Es gewährte dem RUF-Führer Sankoh die Vizepräsidentschaft, die Kontrolle über die Diamantenminen Sierra Leones sowie eine Amnestie für RUF-Kämpfende. Als es mit diesem Abkommen schließlich nicht gelang, die Gewalt zu beenden, richtete die VN im Oktober 1999 die Mission der Vereinten Nationen in Sierra Leone (United Nations Mission in Sierra Leone, UNAMSIL) als Eingreiftruppe ein (United Nations, 1999b). 2006 wurde die Mission für beendet erklärt und durch das *United Nations Integrated Office for Sierra Leone* ersetzt. Sie half bis 2010 in Sierra Leone bei der Unterstützung der Menschenrechte, dem Wiederaufbau und der Entwicklung (Ochoche, 2009; United Nations, 2005). Der Bürgerkrieg in Sierra Leone war im Januar 2002 durch den Präsidenten offiziell für beendet erklärt worden (Abdullah, 2004, S. 221).

Sierra Leone leidet bis heute unter den Folgen des Bürgerkrieges. Der Wiederaufbau und die Aufarbeitung sind trotz vieler Bemühungen nicht abgeschlossen und die Konfliktursachen nicht alle beseitigt. Somit sind auch die aktuellen Konfliktlinien noch immer von dem Bürgerkrieg und dessen Folgen geprägt. Ein struktureller Faktor ist die wirtschaftliche Lage des Landes. In den Jahren vor der Ebola-Krise erlebte Sierra Leone eine rasche Expansion der ausländischen Direktinvestitionen in den Bereichen Infrastruktur, Landwirtschaft und im Mineraliensektor. So kam es zu einem positiven wirtschaftlichen Trend (Millar, 2016a). Ebola aber stoppte diesen Trend. Das Wirtschaftswachstum verlangsamte sich und erholt sich nun langsam. Im Jahr 2000 wurde eine Antikorruptionsbehörde gegründet. Seit 2008 kann in einem von der Regierung und Justiz unabhängigen Verfahren Anklage erhoben werden. In der Praxis sind dieses Verfahren und die Behörde jedoch nicht vollkommen von der Regierung unabhängig (Kanu, 2016). Die schlechte wirtschaftliche Situation wirkt sich auch auf die Armut in der Bevölkerung aus (Bertelsman Stiftung, 2018, S. 16). Ein großer Teil der Bevölkerung ist von Armut und Perspektivlosigkeit betroffen. So liegt die Arbeitslosenquote unter Jugendlichen bei rund 60 Prozent (Alemu, 2016, S. 16). Diese Perspektivlosigkeit wird auch dadurch verstärkt, dass viele Menschen weder lesen noch schreiben können. Bestimmten Gruppen bleibt der Zugang zu Bildung verwehrt. Von diesen Problemen sind insbesondere Jugendliche und Frauen* betroffen (Novelli & Higgins, 2017, S. 38; UNFPA o. J.). Ein 2018 verabschiedeter *Education Sector Plan* sollte diese Probleme beheben. So wurde beispielsweise Schulbildung in weiten Teilen kostenlos (Government of Sierra Leone, 2018). Die Evaluation des Prozesses bleibt abzuwarten, der auch noch nicht überall voll umgesetzt werden konnte (Thomas, 2020).

Marginalisierte und schutzbedürftige Gruppen wie zum Beispiel Menschen mit Behinderung, Jugendliche und Frauen* fühlen sich nach wie vor von der Regierung benachteiligt und von der gesellschaftlichen Teilhabe ausgeschlossen (Deutsche UNESCO-Kommission, 2010, S. 10). Dem Bericht der Wahrheits- und Versöhnungskommission zufolge war die Marginalisierung der Jugend ein führender Faktor in dem Bürgerkrieg (Richards, 2005). Auch heute noch spielen junge Menschen eine wichtige Rolle bei Konflikten im Land. Gerade in den Städten werden junge, arbeitslose Menschen oft mit Kriminalität assoziiert (Menzel, 2015, 242 ff.). Dies lässt sich unter anderem auch darauf zurückführen, dass der Reintegrationsprozess von Ex-Kombinat*innen nicht vollständig erfolgreich war (Menzel, 2015; Sola'-Martín, 2009, 297 ff.). Sie werden auch nach dem Ende des Bürgerkrieges häufig mit Konflikten assoziiert, auch wenn sie nicht wieder zu den Waffen greifen (Mitton, 2013, S. 326). Die Gesellschaft in Sierra Leone ist hierarchisch aufgebaut, mit einer klaren Aufteilung von Macht und Autorität zwischen Jugendlichen und Älteren, zwischen traditionellen Autoritäten und Jüngeren (Tom, 2014). Jugendliche und junge Erwachsene haben häufig weniger Teilhabe in bestimmten Bereichen und weniger Mitspracherechte in gemeinschaftlichen Entscheidungsstrukturen. Gepaart mit der Perspektivlosigkeit, in der viele Jugendliche stecken, kommt es zu Enttäuschungen und Konflikten (Bangura, 2016).

Die strukturelle Benachteiligung wird auch für Frauen* besonders deutlich. Es gibt zwar Gesetze, welche der Frauen*förderung dienen, doch werden sie nur sehr zaghaft umgesetzt (Bertelsman Stiftung, 2018, S. 13). Ebenso sieht es bei den Gesetzen und Mechanismen zum Schutz, insbesondere zum Recht auf körperliche Unversehrtheit aus. Trotz der Existenz dieser Strukturen ist geschlechtsspezifische Gewalt gegen Frauen* und Mädchen* ein weit verbreitetes und zunehmendes Problem (Amnesty International, 2020; Amnetsy International, 2019; Shour et al., 2020). Um dem entgegenzuwirken, wurde schon 1999 eine Familienunterstützungseinheit innerhalb der Polizei geschaffen. Ihr Ziel ist es, Fälle von Missbrauch und Misshandlung zu bearbeiten und Frauen* eine Anlaufstelle zu bieten (Davies, 2017). Die Einheiten konnten bereits erfolgreich agieren (Davies, 2017). Allerdings sind sie nicht in allen Regionen des Landes vorhanden und zugänglich. Es gibt zu wenig Ressourcen und immer wieder Vorbehalte, ein privates Thema an die Polizei heranzutragen (Denney & Ibrahim,

2012, 13 ff.). Besonders in den letzten Jahren ist ein enormer Anstieg an Vergewaltigungen und sexuellem Missbrauch zu verzeichnen, selbst an sehr jungen Mädchen* und Kleinkindern schon im Alter von drei Jahren (Amnesty International, 2020; Mules, 2019). Im Februar 2019 wurde deswegen der Notstand ausgerufen. Präsident Julius Bio versprach, verstärkt mit polizeilichen und rechtlichen Schritten dagegen vorzugehen, sich um Opfer zu kümmern und kostenlose, sichere Anlaufstellen zu schaffen (Bio, 2019). Schon kurz nach dieser Erklärung waren erste positive Rückmeldungen zu verzeichnen, dennoch hat Sierra Leone noch einen langen Weg vor sich.

Themen wie Land, Zugang zu natürlichen Ressourcen und der Abbau von Rohstoffen sind weitere größere Konfliktfaktoren, die schon während des Bürgerkrieges relevant waren. Sierra Leone ist reich an Bodenschätzen. Oft werden sie von ausländischen Firmen abgebaut und gehören ausländischen Investor*innen, sodass von einem regelrechten Ressourcenfluch gesprochen wird (Bah, 2016; Jackson, 2017). Durch das 2004 eingeführte Investitionsförderungsgesetz, das das System marktliberaler gestalten sollte, wurden gezielt Privatpersonen mit vorzugsweise ausländischem Kapital angezogen. Sie sollten in den Rohstoffsektor, aber auch in die Landwirtschaft, in den Tourismus oder ins Bankwesen investieren. Besonders das Problem des *Landgrabbing* (Tzouvala, 2019) verschärft vorhandene Konfliktlinien und führt zu einer zunehmenden Verarmung der Landbevölkerung. So werden Konzessionen, zum Beispiel zum Abbau von Bodenschätzen, oft an ausländische Investor*innen vergeben. Bis heute profitiert die Mehrheit der Bevölkerung Sierra Leones nicht wesentlich von diesen Bodenschätzen. Das liegt daran, dass ein Großteil der Konzessionen an (ausländische) Unternehmen geht und die Einnahmen dieser Unternehmen im Land nicht ausreichend versteuert beziehungsweise nicht ausreichend überwacht und reguliert werden (Beevers, 2019, S. 190). Es fehlt in Sierra Leone an Transparenz und Mechanismen der Rechenschaftspflicht in Bezug auf Entscheidungen über die Zuteilung natürlicher Ressourcen und die Landnutzung (Beevers, 2019, S. 188). Dies ist gepaart mit einem breiten Ermessensspielraum von Politiker*innen, Regierungsbeamt*innen und *Chiefs**, der oft in Korruption mündet (Transparency International, 2019b) und Möglichkeiten schafft, mit den Einnahmen aus natürlichen Ressourcen illegale und unerlaubte Aktivitäten zu finanzieren. Auch in den Gebieten, wo die Ressourcen abgebaut werden, kommt es immer wieder zu Problemen und Konflikten. Beispielsweise sind die Arbeitsbedingungen für die Menschen vor Ort problematisch und es kommt noch immer zum Einsatz von Kinderarbeit (Nilsson, 2017; Thomas, 2019). Zudem stellen sich generell Fragen zur Landnutzung und zum Landrecht. So werden oftmals Verhandlungen mit

Investor*innen geführt, in denen die lokale Bevölkerung in weiten Teilen übergangen und ausgenutzt wird (Wilson, 2012, S. 193). Lokale Farmer*innen haben oft nur über CSOs oder selbstgegründete Verbünde Zugang zu einer unabhängigen rechtlichen Beratung, die ihnen hilft, für ihre Interessen einzutreten und sie generell über ihre Rechte aufklärt (FAO, o. J.; Marfurt et al., 2016). Konflikte treten auch deshalb auf, weil Gemeinschaften umgesiedelt werden müssen, sie keinen Zugang mehr zu Wasser oder keinen einfachen Zugang mehr zur Infrastruktur haben und in einem abgeriegelten System leben (Transparency International, 2019a; Wilson, 2019). Hier schieben sich verschiedene politische Ebenen die Verantwortung zu. Letztendlich wird der lokalen Bevölkerung versprochen, dass sie auch von den Veränderungen profitieren werden. Große Firmen und Investor*innen zum Beispiel sagen kostenlose Schulbildung oder die Versorgung mit Lebensmitteln zu. Allerdings ist das Bewusstsein darüber, wie viel der Bevölkerung tatsächlich zustehen würde, nicht besonders ausgeprägt (Transparency International, 2019a).

Der ZFD in Sierra Leone arbeitet entlang dieser Konfliktlinien. Bei der Arbeit und in den Projekten sind dabei folgende Themen wichtig: Stärkung und (Aus-) Bildung von marginalisierten und gefährdeten Gruppen, Beratung von Frauen*, Jugendlichen und marginalisierten Gruppen, Traumatherapie, rechtliche Beratung, Zugang zu Rechtsprechung erleichtern, Dialogprozesse anregen, Unterstützung von Mediations- und Schlichtungsprozessen, Konfliktanalysen und Forschungsarbeit, *Advocacy*-Arbeit gerade bei Landfragen und Strategieentwicklung (AGEH & Brot für die Welt, 2014; ZFD, 2019a, 2019b, 2019c).

7.4.1 Die Lage der Zivilgesellschaft

Auch in Sierra Leone arbeitet der ZFD mit verschiedenen institutionalisierten zivilgesellschaftlichen Organisationen zusammen. Deswegen wird auch hier die aktuelle Situation der Zivilgesellschaft in Sierra Leone betrachtet.

Für Sierra Leone gibt es keine aktuelle Statistik über die Anzahl der CSOs im Land. Ein Bericht von 2014 zeigt jedoch, dass damals 327 CSOs/NGOs und davon 96 internationale CSOs/NGOs im Land registriert waren (Statistics Sierra Leone, 2014, S. vi). Obwohl die Anzahl der registrierten CSOs offiziell zunimmt, sprechen Berichte für das Jahr 2018 von 274 bis 292 registrierten internationalen und nationalen CSOs (USAID, 2019, S. 195). In Sierra Leone gibt es kein übergreifendes Gesetz für CSOs und sie können ohne Registrierung frei arbeiten. Eine Registrierung ist erst notwendig, um einen Rechtsstatus zu erlangen und um formell mit anderen Organisationen zu interagieren (USAID, 2019, S. 195). CSOs können sich bei einer Vielzahl von Regierungsstellen registrieren lassen. Aufgrund der Einfachheit ihrer Registrierungsverfahren registrieren sich die meisten CSOs bei der *Corporate Affairs Commission*, die seit 2017 keine jährlichen Registrierungsverlängerungen mehr verlangt (USAID, 2019, S. 195). Dennoch ist auch bei Gemeinderäten und Ministerien eine Registrierung möglich. Dort erfolgen sie jedoch seltener, weil sie schwieriger zu erhalten sind und beim Ministerium eine jährliche Verlängerung beantragt werden muss (USAID, 2019, S. 195). 2018 dann wurden sämtliche Registrierungen und Registrierungsverlängerungen komplizierter. Denn eine im Rahmen der neuen NGO-Politik eingeführte Regelung sieht vor, dass CSOs Bescheinigungsschreiben von Fachministerien und Abteilungen erhalten müssen, die für ihre Arbeitsbereiche zuständig sind. Diese Verordnung führte zu Verzögerungen bei der Bearbeitung von Registrierungen und Verlängerungen (Freedom House, 2020c; USAID, 2019, S. 195). Auch das Gesetz, dass CSOs ihre Arbeit an Themen der Regierung ausrichten müssen und sie zu den Entwicklungszielen der Regierung passen muss, schränkt die CSOs in Sierra Leone ein (Amnesty International, 2019, S. 16). Die Vorschrift wird von Politiker*innen so begründet: „The expectation of government is that instead of NGOs spreading out their activities, which limits visible impacts, [NGOs] should concentrate on few lines of activities in a demarcated manner in order to create meaningful impact“ (Bockari, 2015). CSOs-Akteur*innen befürchten jedoch, dass diese Vorgabe das Spektrum ihrer Aktivitäten und Themen begrenzen kann und Einfluss darauf hat, wo und wie sie arbeiten dürfen. Dies sehen sie als Angriff auf ihre Unabhängigkeit. In der Folge kam es wiederholt zu Forderungen aus der Zivilgesellschaft, diese Vorschriften und Regulierungen wieder zu ändern, damit die Organisationen ihre Arbeit einfacher und freier gestalten können (APA News, 2019).

Die registrierten CSOs sind vor allem im Bereich Gesundheit aktiv, gefolgt von Bildung, Landwirtschaft, Mikrofinanzen, Streitschlichtung und gute Regierungsführung. Generell sind die Aktivitäten so ausgelegt, dass sie eine Verbesserung für die Zielgruppen in den einzelnen Bereichen erreichen wollen. Dies ist sehr positiv zu bewerten. Zudem ist es eine Vorgabe der Regierung, dass der Großteil der Gelder einer CSO für ihre Zielgruppen verwendet wird (Abdulai, 2020). CSOs arbeiten auch zu Themen wie Kommunalverwaltung oder sie unterstützen Wahlen, da sie in diesen Bereichen in der Regel über ein hohes Maß an organisatorischer und technischer Kompetenz verfügen (USAID, 2019, S. 199). Viele CSOs befördern mit ihrer Arbeit in diesen Bereichen auch den anhaltenden Frieden im Land (Bindi & Tufekci, 2018). Dabei gibt es CSOs, die *Community-based* arbeiten und entsprechend ausgerichtet sind. Andere CSOs richten sich an nationalen Programmen aus und haben internationale Verbindungen und Partner*innen (Lawrence, 2014, S. 5). Im Jahr 2014 waren 15.472 Personen für nationale oder internationale CSOs angestellt, davon waren 11,9 % internationale Mitarbeitende (Statistics Sierra Leone, 2014, vi f.). Die Personalrekrutierung erfolgt bei den meisten Organisationen ad hoc und informell. Es werden auch Mitarbeitende mit nur wenig beruflichem Fachwissen angestellt. Denn die meisten CSOs sind finanziell nicht in der Lage, hochkarätige Mitarbeitende einzustellen oder Mitarbeitende über das Ende von Projekten hinaus zu beschäftigen (USAID, 2019, S. 197). Anderen Studien zufolge, ist die Möglichkeit, in einer CSO mitzuarbeiten, eine sehr gute Chance, um Berufserfahrung zu sammeln (Bolten, 2014, 43 ff.).

Auch in Sierra Leone ist eine starke Abhängigkeit von internationalen Geber*innen festzustellen. Sie ist historisch gewachsen, und es wurden zum Beispiel nach dem Krieg 80 % des Bruttoinlandsproduktes durch externe Geber*innen gestellt (Kanyako, 2011, S. 8). Es gibt nur wenige CSOs, die nicht *Donor-driven* sind (Cubitt, 2012, S. 139). Dies hat dazu geführt, dass viele CSOs in der Verwendung und Einwerbung von Mitteln sehr kreativ geworden sind (Kanyako, 2011, S. 9). Besonders der Mangel an (finanziellen) Ressourcen hat zur Folge, dass einige CSOs in einem sehr breiten Themenfeld arbeiten. Sie können so möglichst viele Geldgeber*innen ansprechen, obwohl sie in dem Bereich über kein vertieftes Wissen verfügen (Badasi Sesay, 2012, 6 f.). „There is rampant tribalism, nepotism, regionalism and an emphasis on ‘who you know’ rather than ‘what you know'“ (Badasi Sesay, 2012, S. 7). Durch diese Abhängigkeit von Geldern, die in der Regel projektgebunden sind, ist die CSO-Landschaft zu einer regelrechten „Projektgesellschaft“ geworden. Dies kann als dysfunktionales Ergebnis der CSO-isierung gesehen werden. Gemeint ist damit ein regelrechter Prozess der Formalisierung und Bürokratisierung von CSOs in Sierra Leone, um sie zu kontrollieren, aber nicht, um Ressourcen umzuverteilen oder Strukturen zu ändern (Szántó, 2016, S. 133). Infolgedessen sind einige CSOs zu regelrechten *Top-down*-Organisationen mit Sitz in Freetown geworden. Dort haben die meisten CSOs ihren Sitz und lokale Organisationen sind somit den Geber*innen näher (Pham, 2004). So wird aber gefördert, dass die Mehrheit der CSOs in Sierra Leone zu einem gewissen Grad politisch ausgerichtet, wenn nicht sogar ganz kooptiert sind.

Weil eindeutige Gesetze über die Tätigkeit von CSOs fehlen, können staatliche Stellen deren Aktivitäten willkürlich einschränken und ihr Versammlungsrecht verletzen. Versammlungsfreiheit ist für CSOs ein sehr wichtiges Element und sie wird für Sierra Leone mit zwei von vier Punkten bewertet (Freedom House, 2020c). Obwohl die Versammlungsfreiheit verfassungsmäßig garantiert ist, hat sich die Polizei wiederholt geweigert, Organisator*innen, die Proteste planen, eine Genehmigung zu erteilen. Eine Reihe friedlicher Demonstrationen wurde in den letzten Jahren gewaltsam aufgelöst (Freedom House, 2020c). Einzelne Regierungsstellen verfügen über Ad-hoc-Bestimmungen und jede*r Staatsbeamte*in kann sich auf verschiedene Gesetze berufen, um gegen CSOs vorzugehen (USAID, 2019, S. 195). 2018 herrschte eine gemischte Sicht der Regierung auf die CSOs. Während die Mitglieder der CSOs die Regierung unter Druck setzten, transparenter und reaktionsfähiger zu sein, warfen Regierungsbeamt*innen einzelnen CSOs vor, parteiisch zu sein oder der Opposition zu dienen (USAID, 2019, S. 201). Die angespannte Lage hat sich durch die erwähnten Veränderungen hinsichtlich einer jährlichen Erneuerung von Registrierungen und der notwendigen Projektgenehmigung durch Ministerien verfestigt. Obwohl die SLPP-Regierung zunächst ihre Bereitschaft signalisiert hatte, die neuen Bestimmungen zu überdenken, hielt sie nach einer Überprüfung im Jahr 2018 schließlich doch an dieser Politik fest. Viele CSOs äußerten ihre Unzufriedenheit mit der mangelnden Transparenz der Überprüfung und ihre Besorgnis über einen *Shrinking Space* für die Zivilgesellschaft (Freedom House, 2020c).

Auch in den freiheitlichen Rechten sind CSOs in Sierra Leone eingeschränkt. Die Freiheit der zivilgesellschaftlichen Akteur*innen und insbesondere derer, die sich für Menschenrechte oder im Bereich *Governance* engagieren, wird mit zwei von vier Punkten bewertet (Freedom House, 2020c). Immer mehr CSOs fühlen sich in ihrer Arbeit behindert oder bedroht und können sie nicht mehr unabhängig ausführen (International Center for Human Rights, 2019). Im Freedom House Index wird Sierra Leone als „teilweise frei" mit 65 von 100 Punkten eingestuft (Freedom House, 2020c).

Generell lässt sich für Sierra Leone von einem *Shrinking Space* sprechen (Edwin, o. J., S. 9). Es gibt einige Zugangsbarrieren für CSOs. So benötigt eine CSO mindestens fünf Mitarbeitende, Büroräume, Beschilderung und ähnliches, um sich registrieren zu lassen. Im Registrierungsverfahren muss eine Vereinbarung mit der Regierung unterzeichnet werden. CSOs müssen sich möglicherweise Verifizierungsbesuchen vor Ort und persönlichen Interviews unterziehen. Außerdem gibt es Einschränkungen für die Aktivitäten der CSO. Darunter fallen zum Beispiel Abkommen mit der Regierung über Aktivitäten, strenge und detaillierte Berichterstattungsanforderungen und die Möglichkeit, einem nationalen Überwachungsausschuss unterstellt zu werden.

Auch wenn sich die CSO-Landschaft in Sierra Leone von der in Liberia unterscheidet, ist der ZFD in beiden Ländern sehr ähnlich aufgebaut. Das ist nicht zuletzt auf die zum Teil länderübergreifenden Projekte zurückzuführen. So sind auch in Sierra Leone sowohl AGIAMONDO als auch BfdW tätig. Es ist anzumerken, dass es auch immer wieder zu Wechseln zwischen den Partner*innen kommen kann, einige ausscheiden oder neue dazukommen. Die Darstellung stellt somit eine Momentaufnahme dar. In der BMZ-Neuausrichtung und in der Agenda 2030 wird Sierra Leone zunächst wie Liberia als Entwicklungsland aufgeführt, das im Rahmen einer multilateralen, europäischen und nicht staatlichen Zusammenarbeit mit Zivilgesellschaft und Wirtschaft unterstützt wird (BMZ, 2020, S. 8). Allerdings besagt das Dokument ebenfalls, dass das BMZ aus Ländern „aussteigt", in denen es als Akteur im Vergleich zu anderen nur in geringem Umfang tätig war. Davon ist auch Sierra Leone betroffen (BMZ, 2020, S. 6). Was genau dies für den ZFD und die CSOs vor Ort heißen wird, bleibt abzuwarten. Derzeit gilt Sierra Leone weiterhin als bilaterales Partnerland.

8 Partnerschaftlichkeit und Machtdynamiken in der personellen Zusammenarbeit – Ergebnisse der Feldforschung

Der Zivile Friedensdienst (ZFD) ist eines der wichtigsten, wenn nicht das wichtigste Instrument Deutschlands zur zivilen Bearbeitung von Konflikten weltweit. Diese erfolgt besonders vor dem Hintergrund der Einbeziehung und der Idee einer partnerschaftlichen Zusammenarbeit mit lokalen Akteur*innen. Deswegen ist es wichtig, sich diese Zusammenarbeit genauer anzuschauen. Dieses Kapitel wirft einen kritischen, analytischen Blick auf genau diese Zusammenarbeit und analysiert Herausforderungen, mit denen der ZFD konfrontiert wird. Insbesondere wird diese empirische Analyse deutlich machen, dass Organisationen wie der ZFD die lokalen Akteur*innen in der Zusammenarbeit ernst nehmen wollen und einen (vermeintlich) partnerschaftlichen Ansatz in ihrer Arbeit verfolgen. Sie werden jedoch mit inhärenten Machtstrukturen konfrontiert, die ihre Bemühungen um Partnerschaft, lokale Eigenverantwortung und horizontales Engagement systematisch behindern.

Die folgende empirische Diskussion basiert darauf, dass kritische Diskussionen zur Friedenskonsolidierung gezeigt haben, dass sie nur dann erfolgreich sein kann, wenn lokale Akteur*innen aktiv einbezogen werden und sie im *Driverseat* des Friedensprozesses sitzen. „A core value, and strategy, of peace programming is enabling and supporting people in building their own peace. Real solutions only grow from and are firmly anchored in the communities affected" (Anderson & Olson, 2003, S. 33). Dabei wird als Basis für die Analyse besonders die theoretische Diskussion um den *Local Turn*, um hybriden Frieden und das *Friction*-Konzept verwendet (siehe besonders Kapitel 3). In der wissenschaftlichen Debatte um die Einbindung lokaler Akteur*innen in die Friedensförderung wird zunehmend ein umfassender Ansatz für die Zusammenarbeit mit lokalen Akteur*innen gefordert. Außerdem Konzepte, die den lokalen Akteur*innen keine westlichen Vorstellungen aufzwingen, sondern sie als aktiven Teil des gesamten

S. Ruppel, *Lokal verankerte Zivile Konfliktbearbeitung zwischen Partnerschaft und Machtungleichgewicht*, Studien des Leibniz-Instituts Hessische Stiftung Friedens- und Konfliktforschung,
https://doi.org/10.1007/978-3-658-41693-5_8

Prozesses betrachten (Reich, 2005, S. 475). Antworten auf diese Forderungen, insbesondere im Bereich der Friedensförderung, die sich mit internationalen Aktivitäten im Bereich der Zusammenarbeit befasst, liefert die Praxis der Zivilen Konfliktbearbeitung (siehe Abschnitt 4.3.). Diese lässt sich definieren als „[...] die Bearbeitung von Konflikten ohne den Einsatz von direkter Gewalt mit dem Ziel, eine Regelung oder Lösung zu finden, die die Interessen aller Konfliktparteien berücksichtigt" (Schweitzer, 2004, 512 f.). In den letzten Jahren ist die Zahl der zivilgesellschaftlichen Organisationen (CSOs) gestiegen, die diese weithin akzeptierte Methode im Kontext von Konfliktprävention, Friedensschaffung und Post-Konflikt-Arbeit anwenden (Fischer, 2011, S. 288).

Zivile Konfliktbearbeitung durch deutsche CSOs wird hauptsächlich vom Zivilen Friedensdienst (ZFD) umgesetzt. Dieser ist die Grundlage dieser empirischen Analyse. Für die Umsetzung sorgen in Deutschland neun Trägerorganisationen. Der ZFD setzt auf die Zusammenarbeit zwischen entsandten ZFD-Fachkräften aus Deutschland mit lokalen Partner*innen beziehungsweise lokalen Organisationen. Er fördert einen „Frieden der Menschen vor Ort" (Paffenholz, 2011, S. 11). Der ZFD hat zu einer enormen Professionalisierung der deutschen Zivilen Konfliktbearbeitung beigetragen, und zwar mit klarem Fokus auf der Interaktion mit lokalen Partner*innen. Zuletzt erfolgte dies mit einem umfassenden Reformprozess zwischen 2011 und 2013 (Gemeinschaftswerk ZFD, 2014a, S. 2). Gerade diese Professionalisierung und die damit einhergehenden Veränderungen und Voraussetzungen für die praktische Arbeit im ZFD (wie in Abschnitt 4.4. vorgestellt) werden in dieser Analyse berücksichtigt.

Die empirische Diskussion erfolgt mittels einer machtkritischen Perspektive (Kapitel 2). Sie legt einen besonderen Schwerpunkt auf die vermeintlich partnerschaftliche Arbeit von lokalen und internationalen Friedensfachkräften, denn „[...] more research is necessary to obtain more reliable and convincing results on the interaction of different actors and levels" (Fischer, 2011, 306 f.). Um vertieft auf diese Beziehungen eingehen zu können, wurde der ZFD zunächst in Deutschland untersucht. So kann ein Grundverständnis für Akteur*innen und Handlungen gewonnen werden (auf theoretischer Ebene in Kapitel 4). Darauf aufbauend werden empirische Ergebnisse aus der Datenerhebung in Deutschland vorgestellt (Kapitel 6). Diese empirischen Ergebnisse zeigen Themen innerhalb des ZFD, in denen Spannungsverhältnisse und Gegensätze deutlich wurden. Diese Themen wurden als Ausgangspunkt für die Analyseperspektive verwendet, mit denen dann in drei Ländern – Kenia, Sierra Leone und Liberia (Kapitel 7)[1] – mithilfe ethnografischer Methoden (Kapitel 5) geforscht wurde. Diese als *Multi-sighted-Ethnography* einzuordnende Forschung ermöglicht, den Forschungsprozess als kommunikativen Prozess zu gestalten, in dem ich als Forschende mit den Mitarbeitenden und Partner*innen im ZFD aktiv im Austausch stand. Im Anschluss an die Forschung wurde zudem eine quantitative Umfrage unter Fachkräften und Partner*innen durchgeführt. Sie dient dazu, einige Ergebnisse nochmals in einem globaleren Kontext zu betrachten (Abschnitt 5.3.3.)[2].

Themen, welche im Rahmen der empirischen Datenerhebung in Deutschland immer wieder relevant wurden, die aber auch während des Literaturstudiums zum ZFD allgemein und in der Theorie immer wieder aufgekommen sind, dienen in der ethnografischen Forschung klassischerweise der Vorbereitung auf die Datenerhebung im Feld. Sie schärfen den Blick und helfen, systematisierter zu beobachten. Gleichzeitig muss der Forschungsprozess so offen und flexibel gehalten werden, dass er keine reine Bestätigung von vorgefertigten Annahmen zum Ziel hat und Anpassungen möglich bleiben. Ständige Überprüfungen, und wenn nötig, Anpassungen des Modells sind ein wichtiger Teil des qualitativen Forschungsprozesses (Mayer, 2002, S. 28). Diese Themen helfen den Forschenden

---

[1] Für die Fallstudien wurden afrikanische Länder ausgewählt, da die Arbeit des BMZ einen besonderen Schwerpunkt auf dem afrikanischen Kontinent hat (BMZ 2017a). Dieser Schwerpunkt zeigt sich auch im ZFD. So arbeitet ein Drittel der im ZFD entsendeten Fachkräfte in afrikanischen Ländern (2022).

[2] An der Umfrage haben insgesamt 83 Personen teilgenommen. Damit erhebt die Umfrage keinen Anspruch, repräsentativ zu sein, sondern dient lediglich dazu, einen Einblick in verschiedene Meinungen und Positionen zu geben. Von den Befragten gaben 48 % an, weiblich zu sein, 49 % gaben an, männlich zu sein, 3 % machten die Angabe: divers. 43 % der Befragten sind zwischen 25 und 35 Jahre alt, 30 % zwischen 36 und 45 Jahren, 12 % zwischen 56 und 65 Jahren und 3 % älter als 65 Jahre. Regional verteilen sich die Befragten auf alle Kontinente. Dabei sind die am häufigsten vorkommenden Länder: Israel mit 8 %, Kenia mit 27 %, Libanon mit 10 %, Liberia mit 8 %, Palästina mit 10 %, Philippinen mit 8 %, Sierra Leone mit 19 % und die Ukraine mit 7 %. Diese Schwerpunkte lassen sich durch zwei Faktoren erklären: Zum einen sind dies die Länder, in denen ich meine Forschung durchgeführt habe, sodass durch den persönlichen Kontakt eine größere Bereitschaft zur Teilnahme zu erwarten war. Zum anderen sind es Länder, in denen Organisationen tätig sind, welche eine hohe Fragebogenbeteiligung haben. So sind 30 % bei AGIAMONDO, 11 % bei BfdW, 44 % beim forumZFD, 20 % bei der GIZ, 4 % bei der Kurve Wustrow, 1 % bei pbi und 1 % beim WFD tätig. Von der AGDF und EIRENE hat niemand an der Umfrage teilgenommen. 47 % der Befragten hat weniger als drei Jahre Berufserfahrung im ZFD, 20 % zwischen drei und fünf Jahren, 24 % zwischen sechs und zehn Jahren und 9 % über zehn Jahre. 45 % identifizierten sich als lokale Fachkraft oder Mitglied einer Partnerorganisation und 54 % als Mitarbeiter*in aus Deutschland oder (ehemalige) Fachkraft.

bei der Spurensuche (Geertz, 1997) nach Zusammenhängen und Verbindungen im Feld. In Vorbereitung auf die Feldforschung habe ich diese Themen in verschiedenen Arbeitsschritten herausgearbeitet. Durch das Literaturstudium zu Partnerschaftlichkeit in der Friedensarbeit, zu Machtdynamiken, lokalem *Peacebuilding* und zum ZFD konnte ich bereits herausfiltern, welche Themen immer wieder genannt werden. Diese habe ich in meinen Forschungsnotizen vermerkt. Mit diesem Wissen und einem gleichzeitig offenen Blick für weitere Themen bin ich in die empirische Datenerhebung in Deutschland gegangen. Dort habe ich – wie in Abschnitt 5.5. gezeigt – Interviews geführt und an Seminaren zur Vorbereitung von Fachkräften teilgenommen. In der Datenauswertung tauchten folgende Themen immer wieder auf: Selbstverständnis der ZFD-Organisationen; Verortung des ZFD in der Friedensarbeit; die Rolle und Aufgabe der Fachkräfte; die Rolle und Aufgabe der Partner*innen; die Bedeutung der Vorbereitung für die Arbeit der Fachkräfte und Partner*innen vor Ort; *Ownership* und Legitimität im ZFD; die Ausgestaltung der Zusammenarbeit (inklusive Herausforderungen) und Machtdynamiken in der Zusammenarbeit und den Strukturen des ZFD. Diese Themen sollten in Kenia, Sierra Leone und Liberia helfen, die Spurensuche in der Forschung zu vereinfachen und die Forschung zu strukturieren. Während der Forschung selbst wurden verschiedene Aufzeichnungen angefertigt (*Writing-down*)[3]. Dies erfolgte unsystematisch und erst in der Phase nach der Forschung in den jeweiligen Ländern. In der als *Writing-out* bezeichneten Phase wurden die Daten organisiert, codiert und strukturiert. Diese Strukturierung geschah zunächst auf Basis der Themen, die für die Spurensuche im Feld galten und durch das Thema „Effektivität der Arbeit" ergänzt wurden. Für die Arbeit wurde eine induktive Herangehensweise gewählt. Den einzelnen Überthemen wurden die einzelnen Mitschriften aus der Feldforschung zugeordnet. Da ich während der Forschung mit handschriftlichen Notizen gearbeitet hatte, wurden sie auf die verschiedenen Themen hin durchgelesen und digitalisiert. Auf diese Weise entstand zu jedem Thema ein digitales Dokument. Diese Dokumente wurden dann wie bei einer Inhaltsanalyse üblich bearbeitet, sie wurden gelesen und die einzelnen Aussagen codiert. Die codierten Elemente wurden mit theoretischen und praktischen Vorüberlegungen verknüpft (Strauss & Corbin, 1998, 55 ff.) und in der Phase des *Writing-up* interpretiert (Madden, 2010, 117 ff.).

In diesem Kapitel werden genau diese allgemeinen Vorüberlegungen über den ZFD, die theoretischen Überlegungen zur kritischen Friedensforschung und die

[3] Das Konzept von *Writing-down, Writing-out* und *Writing-up* geht dabei auf Madden (2010) zurück, wurde jedoch auch von anderen Autor*innen ähnlich beschrieben. Auf die verschiedenen Prozesse des Schreibens wird in Abschnitt 5.3.5. eingegangen.

Forschungsergebnisse über den ZFD in Deutschland zusammentragen. Die Struktur des folgenden Kapitels orientiert sich an aus der Forschung gewonnenen Themen, die durch genaue Situationsbetrachtungen verdeutlicht werden. Aus den codierten Elementen und Forschungsmitschriften wurden verschiedene Themen für Unterkapitel herausgearbeitet und mit passenden Erlebnissen (Geschichten) aus der Forschung verknüpft. Jedes Unterkapitel beginnt mit einer ethnografischen Geschichte aus der Feldforschung. Sie gibt einen direkten Einblick in die Geschehnisse vor Ort und beschreibt ausgewählte Aspekte, die in den Codierungen der Felddaten immer wiederauftauchten. Die einzelnen Geschichten erheben keinen Anspruch darauf, alle Aspekte des jeweiligen Kapitels oder Themas zu beleuchten. Sie sollen vielmehr den Leser*innen einen Eindruck vermitteln und den Weg für weitere Ausführungen und andere Situationen und Beschreibungen bereiten. Die Geschichten und Themen präsentieren nicht die Gesamtheit aller Fälle (im positiven Sinne), die im Feld vorkommen, sondern eine Auswahl. Diese Geschichten wecken Verständnis für den konkreten Kontext, indem soziale Praktiken und alltägliche Erlebnisse kritisch hinterfragt werden und aufgezeigt wird, wie diese problematische Konsequenzen nach sich ziehen können. Die Geschichten wurden weitestgehend anonymisiert, um Personen vor Ort zu schützen. Die einzelnen Beschreibungen sind möglichst verhaltensnah und frei von Interpretationen durch mich als Forschende. Die Geschichten verdeutlichen, wo in den Partnerschaften Herausforderungen oder Chancen liegen oder wo Machtdynamiken greifen. Sie werden aufgrund des ethnografischen Charakters der Geschichten jedoch noch nicht klar benannt. Dies folgt in der anschließenden Reflexion, Analyse und Interpretation. Die Situationen werden aus meiner Sicht als Forscherin reflektiert. Denn es ist wichtig, Implikationen in die Interpretation einzubeziehen. Dies wird schließlich vor einem erweiterten Hintergrund in theoretische Bezüge, den ZFD und lokal verankerte Friedensarbeit allgemein eingebettet, und zwar in den jeweiligen Unterkapiteln „Analyse und Interpretation der Geschichte". Dazugezogen werden außerdem die Daten aus der quantitativen Umfrage, die mit Fachkräften und Partner*innen aus aller Welt durchgeführt wurde. Diese Situationsanalyse auf der mikrosoziologischen Ebene mit anthropologischer Perspektive und empirischen Beispielen wirft einen genaueren Blick auf die Beziehungen, Macht(un)gleichgewichte und verschiedene Arten der Verbindung zwischen diesen Akteur*innen und schließt mit einer kritischen Diskussion ab. Macht als Thema findet sich in allen Kapiteln wieder und spielt überall eine Rolle. Sie durchzieht die Forschung wie ein roter Faden. Die Geschichten ermöglichen ein Verständnis dafür, wie sich eine Nord-Süd-Partnerschaft in der Friedensarbeit gestaltet. In diesen Geschichten von Partnerschaft und Nicht-Partnerschaft wird dargestellt, was in der partnerschaftlichen Zusammenarbeit funktioniert und was problematisch ist. Dies hat wichtige Auswirkungen auf eine Verbesserung der Beziehungen und die Koordination zwischen internationalen, nationalen und lokalen Akteur*innen, die auf gemeinsame Friedensprozesse hinarbeiten.

8.1 Friedenssicherung durch gemeinschaftliches Arbeiten

Das folgende Kapitel stellt den ZFD als Instrument der Friedensarbeit in den Fokus der Analyse und schafft somit einige Grundlagen für die Arbeit des ZFD allgemein. Die einzelnen Unterkapitel orientieren sich an den bereits in Abschnitt 6.3. eingeführten Themen: das Selbstverständnis der ZFD-Organisationen und die Verortung des ZFD in der Friedensarbeit. Sie beschreiben also generell die ZFD-Arbeit. Die einzelnen Unterkapitel beginnen eher allgemein und werden dann immer spezifischer. Das erste Unterkapitel 8.1.1. geht auf die Umsetzung der trägerübergreifenden Landesstrategiepapiere (TLS) ein. Sie wurden ausgewählt, weil sie die Grundlage der ZFD-Arbeit in Sierra Leone, Liberia und Kenia sind. Die Geschichte aus der Feldforschung kann deutlich zeigen, welchen Aushandlunsgprozess die Arbeit mit den TLS beansprucht. In Abschnitt 8.1.2. wird das jeweils unterschiedliche Verständnis von ZFD-Friedensarbeit in den drei Ländern vorgestellt und analysiert. Dieses Thema wurde ausgewählt, da das Verständnis von Frieden und Friedensarbeit die Grundlage der partnerschaftlichen Arbeit ist. Zudem wird in dem Kapitel aufgezeigt, wie unterschiedliche Ansätze und Realitäten aufeinandertreffen. Es wird nicht davon ausgegangen, dass es ein idealtypisches Verständnis gibt. Vielmehr werden verschiedene für den jeweiligen lokalen Kontext passende Verständnisformen diskutiert. Unterkapitel 8.1.3. behandelt die Legitimität des ZFD. Denn in der Friedensarbeit ist Legitimität, besonders durch externes Eingreifen, – wie in Kapitel 3 bereits theoretisch diskutiert –, immer ein wichtiger Faktor in der Arbeit. Sie wurde in den Interviews und Gesprächen während der Forschung stets als bedeutend geschildert. Abschließend werden in Abschnitt 8.1.4. und 8.1.5. zwei weitere praktische Themen aus der gemeinschaftlichen ZFD-Arbeit diskutiert: Die Netzwerkarbeit, die eine wichtige Grundlage für den ZFD ist und der ich während meiner Forschung in vielen Situationen der praktischen Umsetzung begegnete. Und die administrative Komponente der Zusammenarbeit. Sie nimmt oft einen großen Teil des Arbeitsalltags ein. Zudem schafft sie – wie beim Codieren herausgearbeitet werden konnte – mit am meisten Probleme und Herausforderungen im ZFD.

8.1.1 Trägerübergreifende Landesstrategiepapiere und Verständnis des ZFD

Die Geschichte

Der Morgen im Konferenzgebäude startet mit Tee, Kaffee und Snacks zum Frühstück. Nach und nach treffen alle Fachkräfte und alle Partner*innen einer deutschen ZFD-Trägerorganisation ein. Am heutigen Tag findet ein Treffen statt, bei dem sich alle Beteiligten auf den neusten Stand der Arbeit bringen und aktuelle Termine und gemeinsame Projekte besprechen. Bei dem heutigen Treffen liegt ein besonderer Fokus auf der trägerinternen Landesstrategie. Sie ist die Grundlage der Arbeit des ZFD-Trägers in dem Land. Hintergründe für Konflikte werden dargestellt und Ziele für die Arbeit des ZFD formuliert. Zwar gibt es für das Land schon eine trägerübergreifende Landesstrategie (TLS), doch soll mit einer eigenen Strategie der Fokus nochmal stärker auf die eigene Arbeit gelegt werden. TLS sind als Hintergrundpapiere für die Arbeit des ZFD zu verstehen. Sie definieren die Strategien für den ZFD vor Ort, schärfen das Profil des ZFD und gehen auf die Ziele der Arbeit des ZFD ein. Für die Personen, die noch relativ neu im ZFD sind, wird nochmals kurz der Prozess der Erarbeitung der TLS beschrieben. Dieser hat bereits vor einigen Jahren begonnen und fand in Zusammenarbeit mit einer*einem externen Consultant, der anderen deutschen ZFD-Trägerorganisation und deren Partner*innen statt und wird seitdem in den Programmen und Projekten angewendet und regelmäßig evaluiert. In der Diskussion wird von den Partner*innen betont, dass der Prozess des TLS dabei sehr *Top-down* war, stark von Deutschland aus gesteuert wurde und sie sich nicht gut eingebunden gefühlt haben. Auch wenn sie verstehen, dass er für das BMZ eine entsprechende Relevanz hat. Dies steht im starken Gegensatz zur eigentlichen Herangehensweise des ZFD, die sich als sehr partnerschaftlich versteht. Gleichzeitig wird betont, dass durch die TLS die Arbeit eingeschränkter ist und dass die Aktivitäten nun in ein bestimmtes Raster an Aufgaben und Zielen passen müssen (auch wenn dies weit formuliert ist). Deswegen wird in dem Treffen die bestehende TLS in Kleingruppen gelesen und daraufhin analysiert, was in einer trägereigenen Landesstrategie geändert oder anders hervorgehoben werden müsste. Dabei wird besonders der Wunsch gegenüber der*dem Koordinator*in geäußert, dass die einzelnen Arbeitsschwerpunkte deutlicher hervorgehoben werden sollten und klarer formuliert werden muss, wie diese erreicht und umgesetzt werden können. Um diesen Prozess möglichst inklusiv und unter Einbeziehung aller zu gestalten, wird von den Partner*innen der Wunsch geäußert, dass in den kommenden Monaten weitere Treffen stattfinden, um gemeinsam an der Strategie zu arbeiten. Auch wenn das laut Koordinator*in so eigentlich nicht vorgesehen war, wird der Vorschlag sehr begrüßt und angenommen, auch um die Initiative der Partner*innen zu fördern und zu unterstützen.

Meine Rolle als Forscherin
Ich war als Gast zu dem Treffen eingeladen. Wie alle anderen Anwesenden auch saß ich in dem Stuhlkreis, habe mir verschiedene Beiträge angehört und auch in den Pausen mit den Anwesenden sowohl über Inhaltliches als auch über Persönliches gesprochen. Das Treffen fand etwa nach der Hälfte meines Forschungsaufenthaltes statt und ich hatte bereits alle Partner*innen und Fachkräfte persönlich kennengelernt. Dennoch wurden vorher alle gefragt, ob ich an dem Tag dabei sein kann – alle stimmten zu. Zwar kann ich nicht ausschließen, dass meine Anwesenheit als weiße Person aus dem Globalen Norden und als eine für den ZFD und das Projekt externe Person gar keinen Einfluss auf den Prozess hatte. Jedoch ist davon auszugehen, dass es zumindest kein negativer Einfluss war. Wenn es allgemeine Diskussionsrunden gab, habe ich daran nicht teilgenommen. Doch zum Beispiel in der Begrüßungsrunde habe ich zu Beginn, in der alle ein Update über ihre Arbeit gegeben haben, auch etwas berichtet. Wenn Zeit für Fragen war, habe ich Verständnisfragen gestellt, dabei jedoch darauf geachtet, mit den Fragen keine neuen Themen oder Inhalte anzuschneiden.

Reflexion und kritische Diskussion
Die hier beschriebene Situation zeigt viele Facetten im Hinblick auf das Verständnis des ZFD. Sie zeigt deutlich, dass es eine TLS gibt und mit dieser gearbeitet wird, dass diese jedoch in der Praxis nicht vollständig praktikabel ist. Hier zeigt sich eine klare Machtdynamik, nämlich die, dass die TLS vom BMZ in Deutschland als Vorgabe in den ZFD gegeben werden, diese zwar vor Ort erarbeitet werden, aber nicht immer passend sind und trotzdem genutzt werden müssen. So haben ZFD-Träger*innen Wege gefunden, um die Strategie passender zu machen und ihre eigene Position zu stärken: Mit einer eigenen Strategie soll der Fokus stärker auf organisationseigene Schwerpunkte gelegt werden. Diese Schwerpunkte werden zum Teil als wichtiger für die Arbeit als die TLS gesehen. Die TLS wird sogar als einschränkend für die eigene Arbeit empfunden, da die Arbeit in bestimmte vorformulierte Bereiche passen muss. Auch der Prozess der Entstehung der TLS wurde kritisiert, da dieser als zu *Top-down* empfunden wurde. Auch hier zeigt sich die Machtdynamik im ZFD. Der als *Top-down* empfundene Prozess wurde überwiegend von Personen aus dem Globalen Norden initiiert und gesteuert. Die Personen aus dem Globalen Süden konnten (in Teilen) mit ihrem Wissen dazu beitragen. Hier wird deutlich, dass solche Prozesse mit

einer gewissen Selbstverständlichkeit ablaufen und die Handlungs- und Entscheidungsmacht nicht bei den Akteur*innen im Globalen Süden liegt, sondern diese vielmehr als Ressource für den Prozess verstanden werden. Es lässt sich demnach festhalten, dass die Einstellung gegenüber der TLS kritisch und eher negativ ist. Die Relevanz kommt mehr aus der Verpflichtung, mit der TLS zu arbeiten. So wird versucht, sich die TLS zu eigen zu machen (was Ziai (2015) „approptiation" nennt) und den Diskurs selbst ein Stück weit auszugestalten. Dadurch wird sich erhofft, dass die trägereigene Landesstrategie nun besser zu der Arbeit vor Ort passt und der Prozess inklusiver gestaltet wird. Dass die*der Koordinator*in dem Wunsch der Partner*innen nachkommt, diesen Prozess inklusiv zu gestalten und dafür Zeit und Raum im Rahmen von weiteren Treffen einplant, zeigt, dass dieser Prozess von allen Beteiligten ernst genommen und gemeinsam angegangen wird.

Analyse und Interpretation der Geschichte

Die trägerübergreifenden Landesstrategiepapiere (TLS) wurden bei der Evaluierung des ZFD im Jahr 2011 empfohlen (Paffenholz, 2011, S. 7) und im Zuge des Reformprozesses eingeführt (Gemeinschaftswerk ZFD, 2014c, S. 7). Detaillierte Informationen zu den TLS finden sich in Abschnitt 4.4.4. (Evaluation und Monitoring). Sie sollen die Relevanz und Wirksamkeit des ZFD erhöhen, dienen als Strategien für den ZFD vor Ort und sollen das Profil des ZFD in den einzelnen Ländern stärken (Gemeinschaftswerk ZFD, 2014c, S. 7). Seit dem Reformprozess sind einige Jahre vergangen. Auch wenn die Umsetzung der TLS noch andauert, sind sie in der Praxis des ZFD angekommen. Dies zeigt das Ergebnis einer von mir durchgeführten Befragung verschiedener Akteur*innen im ZFD. Der Aussage, dass sie die Landesstrategie und die erwarteten Ergebnisse (*Outcomes*) kennen, stimmen 47 % komplett zu, 50 % stimmen zu und 3 % lehnen die Aussage weder ab noch stimmen sie ihr zu. Doch die alleinige Kenntnis der TLS sagt nichts über ihre tatsächliche Umsetzung oder Akzeptanz aus. Der Einblick aus der obigen Geschichte zeigt, dass es eine Vielfalt an Meinungen und Themen gibt, die sich in den TLS nicht immer wiederfinden. Es wird berichtet, dass die angestrebte gemeinsame Erstellung einer TLS sehr herausfordernd sein kann, da jede Organisation für sich schon bestimmte Strategien mitbringt und es unterschiedliche thematische und regionale Schwerpunkte geben kann (Tahirou & Eberlein, 2019, S. 26) und nicht alle Beteiligten die gleichen Prioritäten in den TLS sehen (Goedeking, 2014, S. 24). Deswegen wird in anderen Publikationen betont, dass die TLS diese Vielfalt nicht in ein Raster pressen oder den ZFD uniformieren wollen, sondern die Vielfalt als Mehrwert zu sehen ist (Goedeking, 2014, S. 23).

Um diese Vielfalt in den TLS abzubilden, wird bei ihrer Erstellung zunächst eine systemische Kontext- und Relevanzanalyse vorgenommen, dann folgen die Strategiebildung und abschließend die Festlegung der Querschnittsthemen (Gemeinschaftswerk ZFD, 2014a, Abschn. 3.1. S. 2 f.). Diese Analyse basiert oftmals auf Konfliktanalysen, die für jedes Land durchgeführt werden. Eine solche solide Analyse sollte Folgendes berücksichtigen: die Zusammensetzung und Charakteristika der Zivilgesellschaft in einem bestimmten Länderkontext und die spezifischen Funktionen der Zivilgesellschaft zur Unterstützung der Friedenskonsolidierung in einer bestimmten Phase des Konflikts oder der Friedenskonsolidierung (Paffenholz & Spurk 2018, S. 40). Um die vielfältigen Perspektiven abzubilden und *Ownership* herzustellen, sollen alle Fachkräfte, Organisationen und Partner*innen in den Prozess eingebunden werden. Dies geschieht idealerweise nicht nur zu Beginn des Prozesses, also bei der Erstellung der TLS, sondern auch immer wieder in Planungs- und Evaluationsworkshops (Gemeinschaftswerk ZFD, 2014c, S. 7; Goedeking, 2014, 23 f.). Somit kommt es im Sinne eines hybriden Friedens im ZFD zur Übernahme an Verantwortung durch lokale Akteur*innen. Auch die Kooperation von lokalen und internationalen Akteur*innen wird gestärkt und das Ansehen lokaler Maßnahmen und Ideen durch internationale Akteur*innen wird gefördert (Richmond, 2015). Es muss im Einzelnen kritisch geprüft werden, inwieweit jede*r einzelne beteiligte Akteur*in tatsächlich in den Prozess eingebunden war und Verantwortung übernehmen konnte oder wollte. So lässt sich deutlich erkennen, bei wem die Handlungsmacht in der Erstellung der TLS liegt. Wie in meinen Interviews in Deutschland mit den ZFD-Programmverantwortlichen berichtet wurde, ist dieser Prozess sowohl positiv als auch kritisch zu sehen. Demnach gibt es Organisationen vor Ort mit Strategien, die sie vorrangig in die TLS einspeisen beziehungsweise die sich in ihrer Arbeit nur auf diese Punkte in den TLS konzentrieren. Andere Organisationen hingegen stimmen den Interviews zufolge ihre eigene Strategie und Ausrichtung komplett mit dem TLS ab und richten sie darauf aus. „Der Einbezug geschah in unterschiedlichem Maße. Ich denke es ist schon in unterschiedlicher Tiefe der Fall, dass Themen der Partner mit dabei sind. Da muss man aber im Einzelnen schauen, wie es gelaufen ist“ (anonymes Interview mit ZFD-Organisation in Deutschland). Es ist jedoch fraglich, inwieweit es tatsächlich dieses *Ownership* über die TLS gibt. Denn nicht alle lokalen Organisationen wurden in gleichem Maße einbezogen und die Arbeit mit dem TLS ist nicht freiwillig. Sie ist vielmehr eine fixe Vorgabe, die das BMZ aus seiner mächtigen Position heraus durchgesetzt hat. Zwar war das Konsortium daran beteiligt, doch waren es nicht die einzelnen Organisationen in den jeweiligen Ländern, die schlussendlich mit den

TLS arbeiten. Wie die eingangs geschilderte Geschichte zeigt, gibt es auch Kritik an den TLS. Gerade neue Organisationen können oftmals gar nicht mehr an dem Prozess beteiligt werden, sondern müssen die vorhandenen TLS akzeptieren. Während meiner weiteren Forschung wurden die TLS immer wieder thematisiert. Wie sich zeigte, gibt es sowohl Personen und Organisationen, die der Aussage zustimmen, dass die Entstehung der TLS ein integrativer und konsultativer Prozess war. Allerdings gibt es auch Personen, die anderer Meinung sind. So wurde mir in einem Interview folgende Wahrnehmung in Bezug auf den Entstehungsprozess der TLS berichtet: „The country strategy was pushed a lot from the office in Germany and the job of the Consultant was it to write it all together what is their main work, that everybody can find her or his own organization in it“ (anonymes Interview mit ZFD-Organisation in Liberia). Hier wird die mächtigere Stellung in der vermeintlich partnerschaftlichen Zusammenarbeit der Akteur*innen aus dem Globalen Norden deutlich und wie selbstverständlich mit ihr gearbeitet wird. Es wird von Beginn an davon ausgegangen, dass die Prozesse (in diesem Fall die TLS) vor Ort angenommen werden und an ihnen mitgearbeitet wird. Es wurde von Personen vor Ort berichtet, dass sie als Organisation nur an der Entstehung der TLS mitgewirkt haben, weil dies für den ZFD verpflichtend ist. Diese Verpflichtung spielt sicherlich für alle Beteiligten eine wichtige Rolle. Denn letzen Endes dienen die TLS auch dazu,

> „[...] gegenüber Partnerorganisationen, Regierungen und NGOS zu sagen, der ZFD will in diesem Land das und das erreichen, und um dazu beizutragen, möchten wir Projekte durchführen und da passt ihr in unser Partnerspektrum, oder wir könnten uns vorstellen, wie wir gemeinsam das erreichen können“ (anonymes Interview mit ZFD-Organisation in Deutschland).

Gerade dieser Nutzen der TLS, als Leitfaden und als Mandat zu fungieren, wird von einigen Partner*innen in den Ländern als Zwang dazu empfunden, in einem bestimmten Bereich oder zu einem bestimmten Thema zu arbeiten. So berichtete ein*e Mitarbeiter*in einer lokalen ZFD-Organisation: „The CPS network is forced by the mandate and country strategy or work in the same area“ (anonymes Interview mit ZFD-Organisation in Kenia). Somit können die TLS sehr einschränkend auf die Arbeit der lokalen Organisationen wirken. Die vermeintliche Legitimation der Arbeit, welche durch die TLS entstehen soll, wird somit zu einer Herausforderung in der Implementierung.

Die TLS dienen in den einzelnen Ländern auch dazu, die Arbeit zwischen den verschiedenen Organisationen und Träger*innen abzustimmen. In den Interviews in Deutschland wird betont, dass dies den Vorteil hat, dass man sich gegenseitig auch als ZFD-Organisationen kennenlernt. Neben der strategischen Planung könnten auch andere Synergien, die auf niedrigeren Leveln liegen, genutzt werden. Es könnten gemeinsame Aktivitäten geplant, gemeinsame Analysen erstellt und gemeinsam reflektiert werden, was funktioniert und was nicht.

> „Spannend ist jetzt nochmal, was bei inhaltlicher Zusammenarbeit durch die trägerübergreifenden Länderstrategiepapiere (TLS) passiert ist. Das war ein energischer gemeinsamer Prozess, der ist, glaube ich, auch eine neue Qualität der Vernetzung vor Ort und der Akteure. Regional bezogene Vernetzung der Träger wird nochmal auf einer anderen Ebene vorangebracht" (anonymes Interview mit ZFD-Organisation in Deutschland).

Wie das eingangs geschilderte Beispiel zeigt, wird diese Synergie jedoch nicht immer genutzt beziehungsweise durch trägereigene Strategiepapiere wieder aufgebrochen. Dies kommt zum einen daher, dass Organisationen unterschiedliche Arbeitsschwerpunkte und Bedürfnisse haben und dass sie Themen aus den TLS nochmals genauer ausdifferenzieren. Zum anderen aber auch daher, dass sich Organisationen den Prozess mehr zu eigen machen wollen, um handlungsfähiger zu sein. Während der Interviews in Kenia, Liberia und Sierra Leone wurde besonders deutlich, dass dies für die Organisationen vor Ort relevant ist. So wurde berichtet, dass die eigene Strategie der jeweiligen deutschen Trägerorganisation „[…] in the end is more important for working than the cross country strategy" (anonymes Interview mit ZFD-Organisation in Liberia). In den Interviews in Deutschland, aber auch mit den Koordinator*innen vor Ort wurde darüber hinaus betont, dass die trägereigenen Strategiepapiere auch deshalb verfasst werden, weil man – auch wenn für den ZFD gearbeitet wird – eine starke Loyalität der eigenen Organisation und deren Themen gegenüber hat. Zudem weil es bestimmte Vorgaben für Themen und Strukturen gibt, die sich auch auf die Organisationen vor Ort übertragen können. Das kann dazu führen, dass TLS mit den Strategien einer Organisation nicht ganz kompatibel sind. „Das ist eine häufig schwierige Vermittlungsleistung, die da zu erbringen ist" (anonymes Interview mit ZFD-Organisation in Deutschland).

Diese Geschichte und die weiteren Ausführungen zeigen sehr gut – gerade wenn sie in Bezug zum Verständnis und zur Entstehung der TLS gesetzt werden – wie unterschiedlich Prozesse wahrgenommen werden. Und dass die Realitäten in den jeweiligen Ländern und die Vorstellungen der ZFD-Mitarbeitenden und des BMZ in Deutschland oftmals unterschiedlich sind und ebenso unterschiedlich funktionieren. Dieser Unterschied wurde noch in weiteren Situationen und Gesprächen über das Grundverständnis des ZFD deutlich, von dem die TLS nur einen Teil darstellen. Die Geschichte hat sehr gut gezeigt, wie durch Programmvorgaben und Prozesse in der Entstehung der TLS die mächtigere Rolle der ZFD-Akteur*innen aus dem oder im Globalen Norden genutzt wird, um Prozesse durchzusetzen und zu gestalten, und vor allem mit welcher Selbstverständlichkeit dies geschieht.

8.1.2 Verständnis von Friedensarbeit

Die Geschichte

Zwei Personen schauen ein Fußballspiel und feuern jeweils ihr Team an. Sie sind euphorisch und bejubeln ihr Team und reden schlecht über das jeweilige andere Team und dessen Spieler*innen. Eine dritte Person kommt hinzu, identifiziert sich ebenfalls als Fan eines der Teams und schließt sich mit dem anderen Fan zusammen. Diese Beschreibung klingt erstmal wie ein ganz normales Sportevent, das zu Hause oder in einer Bar stattfinden könnte. Doch die Situation ist eine andere, wir befinden uns in einem Seminarhaus, in einem *Peacebuilding*-Training für Fachkräfte und Mitarbeitende der lokalen Organisationen. Das Fußballspiel findet nur imaginär statt und es handelt sich dabei um eine Übung, die von den kenianischen Trainer*innen angeleitet wurde. Sie haben zwei der Trainingsteilnehmenden gebeten, sich ein imaginäres Fußballspiel anzuschauen und dabei jeweils unterschiedliche Teams anzufeuern. Ihnen wurde weiter vorgegeben, dass nach einiger Zeit eine neutrale Person zu dem imaginären Spiel dazukommen würde, um die Situation zu beurteilen. Diese Person wurde jedoch instruiert, nicht neutral zu sein und sich einer Seite anzuschließen. Nachdem die Diskussion relativ hitzig wird, lösen die Trainer*innen die Übung auf und eine Reflexion beginnt. In dieser Reflexion kommt heraus, dass sich die Person, welche nun alleine ein Team angefeuert hat, von der vermeintlich neutralen Person im Stich gelassen und übergangen gefühlt hat. Während die andere Person, welche das Fußballteam nun nicht mehr alleine angefeuert hat, sich in den eigenen Ansichten bestätigt und unterstützt gefühlt hat. Die Trainer*innen weisen darauf hin, dass diese Übung gut zeigen kann, wie wichtig die Neutralität einer Person in einem Konflikt ist und dass ein Blick von außen auf eine Situation hilfreich sein kann. Eine Annahme, die auch viele ZFD-Träger*innen in ihrer Arbeit vertreten. Gleichzeitig wird darauf hingewiesen, wie schwierig es sowohl für die Fachkräfte als auch für die Partner*innen manchmal sein kann, mit einer solchen Neutralität zu arbeiten. Denn alle Menschen haben bestimmte Vorannahmen und Werte, die sie vertreten. Dabei wird hervorgehoben, wie wichtig es ist, diese zu reflektieren und dass es helfen kann, eine Position zwischen den Konfliktparteien einzunehmen, auch wenn sie nicht komplett neutral ist. Die Übung schließt mit einer Sammlung von Beispielen der Teilnehmenden, in denen sie selbst vor herausfordernden Situationen standen.

Meine Rolle als Forscherin

Das Training fand über mehrere Tage statt, an denen ich durchgängig anwesend war. Da es noch relativ zu Beginn meiner Forschungszeit stattfand, kannte ich noch nicht alle anwesenden Personen und Trainer*innen persönlich. Daher wurde vorab über die*den Koordinator*in das Einverständnis für meine Teilnahme eingeholt. In der beschriebenen Übung, aber auch in anderen Übungen während des Trainings, habe ich zwar wie alle anderen teilgenommen, jedoch darauf geachtet, mich nicht als Freiwillige zur Übernahme von Aufgaben zu melden. Dies hätte mich in eine sehr präsente Rolle gebracht, in der ich Themen und das Geschehen hätte beeinflussen können. In Gruppendiskussionen wurde auch ich in Kleingruppen eingeteilt und habe mich entschlossen, dort mitzudiskutieren. Also wirklich teilzunehmen und nicht nur zu beobachten. Dadurch kam es in einigen Situationen mit Sicherheit zu einer Beeinflussung durch mich. In der beschriebenen Übung habe ich jedoch nur beobachtet.

Reflexion und kritische Diskussion

Die Trainer*innen wollten mit der Übung zum Fußballspiel nebst Fans aufzeigen, wie wichtig die Neutralität einer Person in einem Konflikt ist. Gleichzeitig wollten sie darauf aufmerksam machen, dass ein Blick von außen in einer konfliktiven Situation wertvoll sein kann. Schon hier wurde in der Diskussion deutlich, dass diese Neutralität nicht immer einfach ist, da alle Personen bestimmte Vorannahmen und Werte haben, die sie vertreten. Dieser Punkt wurde immer wieder von den Fachkräften und den anderen Anwesenden betont und in Bezug auf ihre eigene, vermeintliche Neutralität hin reflektiert. Diese Diskussion zeigte deutlich, dass sich einige Fachkräfte der inhärenten Machtdynamiken, die mit ihrer Anwesenheit und ihrer Rolle vor Ort einhergehen, bewusst sind und dass sie sich auf eine mögliche Neutralität auswirken. In der abschließenden Diskussion wurde zwar festgehalten, dass es wichtig ist, über Neutralität und den Blick von außen zu reflektieren, doch wurden keine konkreten Werkzeuge an die Hand gegeben. Interessanterweise wurde auch nicht darüber gesprochen, was diese vermeintliche Neutralität für die Arbeit des ZFD insgesamt bedeutet. Dabei wird dies in einigen Organisationen als ein sehr wichtiges Element und Kernstück des ZFD angesehen.

Analyse und Interpretation der Geschichte

Die Frage der Neutralität oder Allparteilichkeit ist sowohl in der Literatur als auch unter den ZFD-Organisationen ein viel diskutiertes Thema, siehe dazu auch Abschnitt 4.4.2.1. (Verständnis, Rolle und Aufgaben der Fachkräfte). Allgemein versteht die Bundesregierung, in der das BMZ den ZFD verantwortet, die Rolle von externen Akteur*innen in Konflikten und damit die Rolle der ZFD-Fachkräfte als Unterstützung und Begleitung für subsidiäre, friedenserhaltende oder friedensschaffende Prozesse. Alleine diese Ausgestaltung der Rolle führt dazu, dass es im Machtdiskurs zu einer „hierachization" und „depolitization" (Ziai, 2015, S. 12) kommt. Denn es wird davon ausgegangen, dass das vor Ort vorhandene Wissen nicht ausreicht, um Friedensprozesse zu gestalten und dass das extern hineingetragene Wissen „richtig" ist, um Wirkung zu erzielen. Diese soll durch Nichtparteinahme und kulturelle Sensibilität erfolgen (Die Bundesregierung, 2004, S. 10). Somit wird davon ausgegangen, dass die Fachkräfte eine produktive Fremdheit mitbringen (Gemeinschaftswerk ZFD, 2014c, S. 5). Durch diese produktive Fremdheit sollen sie die verschiedensten Seiten in einem konfliktiven Umfeld betrachten und mit allen Parteien in gleichem Maße agieren können (Luithlen, 2014, S. 8). Sie werden so zu einem „objektive[n] Insider" (Meintjes, 2006, S. 12). Durch diese Rolle werden sie zu handlungsmächtigen Akteur*innen im Friedensprozess. Jedoch hat dieses Innen- und Außenseiter*innentum auch viel mit Selbst- und Fremdwahrnehmung zu tun. Je nach Position einer Person kann eine Fachkraft ein *Insider*, aber auch *Outsider* sein (Bernhard, 2013, S. 9). Sie kann auch beide Rollen gleichzeitig einnehmen (Reimann, 2007, S. 104). Wie wichtig diese Rolle als *Outsider* im ZFD sein kann, zeigt ein Bericht über Wahlen in der Demokratischen Republik Kongo. Danach hat die *Outsider*-Rolle der ZFD-Fachkräfte geholfen, die während der Wahlen aufkommenden Konflikte mit Abstand zu betrachten, sodass mit verschiedenen Akteur*innen gesprochen werden konnte (Kumba, 2011). Dabei ist wichtig anzumerken, dass produktive Fremdheit nicht mit Neutralität gleichzusetzen ist. In den Interviews mit den ZFD-Trägerorganisationen in Deutschland ist schnell klar geworden, dass es hier zwei sehr verschiedene Sichtweisen gibt. So gibt es einige Organisationen, die schon in ihrem Grundsatz davon ausgehen, dass die Fachkräfte immer eine produktive Fremdheit oder Allparteilichkeit mitbringen. Und zwar, bedingt durch die Tatsache, dass sie von außen kommen, während andere davon ausgehen, dass diese nie ganz vorhanden sein kann. Diese unterschiedlichen Meinungen ließen sich auch in Kenia, Sierra Leone und Liberia wiederfinden. Hierbei ist jedoch anzumerken, dass die Meinungen nicht immer mit der Perspektive übereinstimmten, welche von den jeweiligen Programmverantwortlichen in Deutschland eingenommen wurde. Vielmehr handelt es sich um persönliche Meinungen und

Einstellungen, die sich sowohl bei den Fachkräften als auch bei den lokalen Partner*innen vor Ort durch Erlebnisse und Erfahrungen entwickelt haben. In allen drei Ländern betonten sowohl die Fachkräfte als auch die lokalen Partner*innen, dass die Fachkräfte einen Blick von außen mitbringen und eine Art „externe Brille" tragen. Eine Brille, die es ermöglicht, Konflikte und Themen aus einem anderen Blickwinkel zu betrachten. Dabei wurde besonders positiv betont, dass die Fachkräfte durch diese externe Position Dinge sagen können, die Personen vor Ort nicht sagen können, da sie außerhalb der Konflikte stehen und neue Ideen einbringen. „Most positive about CPS is to listen to an outsider and get a new perspective and to be able to compare different standards of operation f.e. different work ethic is different and can have a good impact" (anonymes Interview mit ZFD-Organisation in Kenia). Hier wird besonders deutlich, dass die Rolle der Fachkräfte allein durch den Fakt, dass sie eine externe Person aus dem Globalen Norden sind, mit einer mächtigen Position einhergeht. Allein durch ihre Herkunft und Rolle als externe Person erhalten sie Handlungsmöglichkeiten, die lokale Personen nicht nutzen können. So kommt es zu einer Hierarchisierung der Personen (Ziai, 2015, S. 12), die für eine partnerschaftliche Arbeit höchst problematisch ist.

Dennoch wurde immer wieder diskutiert, ob es sich bei diesem Blick von außen tatsächlich um einen neutralen Blick handelt. Hier lässt sich keine klare Tendenz aufzeigen. Es stellt sich jedoch die Frage, ob diese vermeintliche Neutralität tatsächlich benötigt wird oder ob nicht allein ein anderer Blickwinkel entscheidend ist. „In der Konfliktbearbeitung ist es trotzdem hilfreich, eine Perspektive von außen zu haben, nicht neutral, aber die andere Ideen, eventuell aus anderen Ländern und andere Dinge anders sieht – als zusätzlicher Blickwinkel" (anonymes Interview mit ZFD-Fachkraft in Kenia). Auch in der wissenschaftlichen Literatur wird diese Neutralität diskutiert. Die Fachkräfte leben und arbeiten vor Ort, was eine komplette Allparteilichkeit oder Neutralität nicht ermöglicht (Ropers, 2001, S. 524). Es ist „[...] immer schwierig, in diesen Konfliktländern nicht Teil des Konflikts zu werden. Das ist natürlich, gerade wenn man in einer Organisation ist und sich stark damit identifiziert, eine größere Gefahr, dass man sich da auch vereinnahmen lässt" (anonymes Interview mit ZFD-Organisation in Deutschland). Wie die Diskussionen nach der oben beschriebenen Fußballsituation gezeigt haben, fällt es Fachkräften sogar sehr schwer, sich aus bestimmten Themen herauszuhalten und Neutralität zu bewahren. Allein dadurch, dass man das Land selbst kennt, integriert arbeitet und Kolleg*innen hat, ist man ein Stück weit vereinnahmt.

> „Man vertritt ja immer auch eine Position, also ich glaube persönlich nicht an ein Neutralitätsgebot, an die realistische Umsetzung eines Neutralitätsgebots, weil ich glaube der Mensch ist so nicht. Aber es wird nun immer wieder vor allen Organisationen hergetragen, ich bin da nicht so ein großer Verfechter von“ (anonymes Interview mit ZFD-Organisation in Deutschland).

So wird der Neutralitätsgedanke in Frage gestellt, wenn man sich das Mandat und die Arbeit der Fachkräfte anschaut. Sie ergreifen mit ihrer Arbeit Partei für Werte wie Menschenrechte oder Rechtsstaatlichkeit, beziehen politisch Stellung (Méndes, 2011, S. 7) und sind parteiisch in Bezug auf bestimmte Themen und Prinzipien (Evers, 2007, S. 158). Diesen kritischen Blick auf die Neutralität oder Allparteilichkeit teilen auch Fachkräfte und lokale Partner*innen, jedoch mit unterschiedlichen Argumentationen. Die Fachkräfte berichteten, dass sie zwar als *Expats* immer eine Sonderrolle haben, die vor Ort mit Macht einhergeht, dass sie diese Rolle in ihrer Arbeit aber nicht verlassen können. Allein deshalb sind sie nie komplett neutral oder allparteilich. Einige Fachkräfte berichteten, dass sie durch ihre Stellung und Sozialisation Themen wie zum Beispiel Menschenrechten nicht neutral gegenüberstehen können.

> „Als Fachkraft kann man nicht neutral sein, soll man zum Beispiel zwischen Slum und Regierung vermitteln, ist Neutralität schwer. Auch da man für eine Nichtregierungsorganisation arbeitet, ist man nicht komplett neutral, auch ein persönlicher Bias ist immer gegeben“ (anonymes Interview mit ZFD-Fachkraft in Kenia).

Gerade auf diesen Bias haben auch einige der lokalen Fachkräfte hingewiesen: „Everybody is biased but it is about work ethics and have guiding principles and keep conflict sensitive“ (anonymes Interview mit lokaler ZFD-Fachkraft in Kenia). Doch gerade diese „Guiding Principles“ sind oft nicht ausreichend vorhanden und es ist schwer, sie für ein so persönliches Thema aufzustellen.

Einen weiteren Blickwinkel auf Neutralität oder produktive Fremdheit brachten einige lokale Partner*innen ein. Es wurde darauf hingewiesen, dass es im ZFD darum geht, dass die Fachkräfte aus Deutschland mit den Partner*innen vor Ort zusammenarbeiten. So käme es zu einer Vermengung der Perspektiven von außen und von innen und zu gegenseitigem Lernen. Es gab lokale Partner*innen, die die generelle Idee von Fachkräften als Personen, die von außen kommen, in Frage gestellt haben. So werde nur versucht, Lösungen von außen zu finden. „We don’t need people to come to save us“ (anonymes Interview mit ZFD-Organisation in Kenia). Hier wird deutlich, dass sich auch die Partner*innen vor Ort des Machtungleichgewichts in der Arbeit des ZFD, in der Arbeit zwischen ihnen und den Fachkräften bewusst sind. Denn letztendlich wird immer Wissen von außen hineingetragen. Das impliziert aber, dass das vor Ort vorhandene Wissen nicht ausreicht und externes Wissen benötigt wird. Gerade diese Perspektive wirft die Frage auf, warum ZFD-Fachkräfte erforderlich sind. Denn im ZFD wird davon ausgegangen, dass Frieden von innen wachsen muss.

> „Und das hat für uns genau damit zu tun, zu fragen: wo sind denn die Partner vor Ort, was sind deren Themen und was möchten sie und wie kann das weitergehen – und nicht einfach von außen zu kommen mit der Botschaft ‚wir wissen das und sagen euch, worum es geht'" (Interview AGIAMONDO in Deutschland).

Im Zuge dieser starken Partner*innenorientierung, wie sie im ZFD gerne genannt wird,

> „[...] interessiert uns [im ZFD] die Perspektive von ‚local people's peace'. Die Frage ist, ob Menschen, die in Konfliktgebieten leben und von Konflikten betroffen sind, in ihrem Alltag einen Unterschied feststellen. Ist das Leben sicherer geworden als zuvor? Sprechen auf lokaler Ebene lange verfeindete Menschen wieder miteinander? An solchen beobachtbaren Veränderungen zeigen sich Wirkungen, über die wir gerne gemeinsam mit Partnern reflektieren" (Interview BfdW Deutschland).

Daraus ergibt sich folgender Grundsatz der ZFD-Arbeit: Ziele und Ideen sollen für die Arbeit in den Organisationen entwickelt werden und nicht durch Fachkräfte hereingetragen werden. Diese leisten vielmehr unterstützende Arbeiten. Die Orientierung verläuft nicht entlang des Konflikts, sondern entlang der Kapazitäten, die es vor Ort gibt (Kayser, 2018, S. 9). Wie sich hier deutlich zeigt, können diese Idealvorstellung von der Arbeit und die Art und Weise, wie sie tatsächlich stattfindet, auseinandergehen. Dieser Punkt kam auch in Interviews mit lokalen Partner*innen immer wieder zur Sprache. Es wurde hervorgehoben, dass Frieden im ZFD von innen wächst. Dieser Frieden von innen aber, so wurde angemerkt, ist nicht immer ganz einfach. „People need to learn again that peace needs to come from within them and not form the outside" (anonymes Interview mit ZFD-Organisation in Kenia). Der Grund dafür, so die Aussage von Mitarbeitenden lokaler Organisationen, liegt darin, dass über viele Jahre hinweg Organisationen aus dem Globalen Norden die Themen diktiert haben. Sie waren stärker in die Arbeit involviert und müssen diese Rolle im ZFD nun für sich selber neu definieren. Anhand weiterer Geschichten wird diese Schwierigkeit in der tatsächlichen Zusammenarbeit in diesem Kapitel detaillierter geschildert. Sie rührt auch daher, dass die Arbeit von Fachkräften beratend sein soll. Die Erwartungen in der Praxis aber sehen oft anders aus (Abschnitt 8.2.1.). Es wird davon ausgegangen, dass

Fachkräfte in der Arbeit Neutralität verkörpern. Deren Relevanz wurde in der eingangs geschilderten Geschichte beschrieben.

Im Zuge der Betrachtung der Friedensarbeit lohnt ein Blick auf die Entstehung des ZFD, der aus der Friedensbewegung entstanden ist, und darauf, was sich in der praktischen Umsetzung seit seiner Entstehung verändert hat. So wurde mir in einem Interview in Deutschland mitgeteilt, dass „[...] was von der Gründung gleichgeblieben ist, sind: Personalentsendung, mit *Working-on-Conflict*, also wirklich Konfliktbearbeitung und dass das mit oder in Partnerorganisationen stattfindet und natürlich die Friedensarbeit und Gewaltfreiheit" (anonymes Interview mit ZFD-Organisation in Deutschland). Wie betont wurde, gibt es in der ZFD-Arbeit nicht nur eine richtige Methode. Vielmehr gibt es verschiedene Arbeitsfelder, in denen gängige und anerkannte Methoden verwendet werden. Diese Arbeit vollzieht sich vor allem in den Ländern vor Ort und, wie es mir gegenüber lokale Partner*innen immer wieder geäußert haben, durch „[...] mainstreaming peace in every aspect of the normal work" (anonymes Interview mit ZFD-Organisation in Sierra Leone). Daraus resultiert auch das ZFD-Verständnis von Frieden und Friedensarbeit, das in der Zivilen Konfliktbearbeitung (ZKB) verankert ist. Diese befasst sich mit der gewaltfreien Bearbeitung von soziopolitischen Konflikten, mit der Beendigung und Vorbeugung von Gewalt und bearbeitet tiefere Konfliktursachen (Heinemann-Grüder & Bauer, 2013b, S. 19). Somit steht ZKB für eine kontinuierliche, gewaltfreie Austragung eines Konfliktes (Weller & Kirschner, 2005, S. 10). Im Zentrum der Handlungen stehen Krisenprävention, Konfliktlösungen und der Abbau von Gewalt- und Konfliktursachen (Nachtwei, 2008, S. 1). Die Bundesregierung betont in ihren Dokumenten, dass es darum geht, die wirtschaftlichen, sozialen, ökologischen und politischen Verhältnisse in den betroffenen Ländern zu verbessern. So dass sie zum Abbau struktureller Konfliktursachen beitragen und Mechanismen gewaltfreier Konfliktbearbeitung fördern können (Die Bundesregierung, 2004, S. 8). Dieses Arbeitsverständnis konstruiert ein „gutes Wir" im Globalen Norden und „hilfsbedürftige Andere". Dies wird als „Othering" (Ziai, 2015, S. 9) in Entwicklungsdiskursen bezeichnet und findet sich so auch in der Friedensarbeit wieder. Auf diese Weise manifestiert sich in der Programmsteuerung und -ausgestaltung die mächtigere Stellung der Akteur*innen im Globalen Norden.

Allgemein betrachtet, beruht der ZKB auf dem Verständnis eines positiven beziehungsweise nachhaltigen Friedens (Rieche, 2006a, S. 14). Auf diese Definition griffen in meinen Gesprächen und Beobachtungen in Kenia, Sierra Leone und Liberia viele lokale Partner*innen zurück. „Peace means the absence of war and conflict, unity and freedom. [...] Peace is not only when the guns are silent" (anonymes Interview mit ZFD-Organisation in Sierra Leone). Auch meine

Umfrage zeigte deutlich, dass einem Großteil der befragten Fachkräfte und lokalen Partner*innen bekannt ist, mit welchen Ansätzen der ZFD arbeitet (32 % stimmen komplett zu, 51 % stimmen zu, 14 % lehnen die Aussage weder ab noch stimmen sie ihr zu und 3 % stimmten der Aussage nicht zu). Um diesen Frieden zu erreichen, bekämpft der ZFD strukturelle, kulturelle und personelle Gewalt und hat das Ziel, sie zu überwinden und Verhaltensänderungen herbeizuführen (Senghaas, 1997, 560 ff.). Wie eine Fachkraft formulierte, geht es darum, einen „sozialen Frieden als Grundlage für anderen Frieden" zu schaffen (anonymes Interview mit ZFD-Fachkraft in Kenia). Gleichzeitig belegte meine Umfrage, dass ein Großteil der Befragten sich dafür aussprechen würde, Friedensarbeit breiter zu definieren (25 % stimmen komplett zu, 48 % stimmen zu, 15 % lehnen die Aussage weder ab noch stimmen sie ihr zu, 8 % stimmten der Aussage nicht zu, 3 % stimmen gar nicht zu und 1 % wissen es nicht). Dies deckt sich auch mit Beobachtungen und Gesprächen in Kenia, Sierra Lone und Liberia. Hier ist mir gerade im Vergleich der drei Länder aufgefallen, dass Frieden und Friedensarbeit im ZFD oft Definitions- uns Auslegungssache ist. So gibt es zum Beispiel einige Projekte, in denen Fachkräfte an Schulen oder Berufsschulen arbeiten, dort zum Teil unterrichten oder Weiterbildungen anbieten. Andere Fachkräfte, die in einem anderen Land oder für andere Träger*innen die gleiche Arbeit machen, berichten jedoch, dass ihre Koordinator*in ihre Arbeit nicht als ZFD-Arbeit bezeichnet.

Wie die Ausführungen zeigen, gibt es ein grundsätzliches Verständnis über die Definition von Frieden und Friedensarbeit im ZFD. Die Umsetzung aber ist immer situations- und personenabhängig. Gleichzeitig spielen inhärente und gewachsene Machtdynamiken eine nicht zu unterschätzende Rolle. Die Geschichte und die weiteren Ausführungen haben gezeigt, wie kritisch Trainer*innen, lokale Mitarbeitende und Fachkräfte Neutralität und produktive Fremdheit betrachten. Sie haben gezeigt, wie ambivalent diese Punkte auch hinsichtlich der Machtaspekte in der Zusammenarbeit diskutiert werden. Zwar wird im ZFD oft die Relevanz von Neutralität und produktiver Fremdheit betont, doch zeigen die Diskussionen, dass es fraglich ist, inwieweit sie in der Praxis vorkommen. Es stellt sich die Frage, ob der ZFD diesen Ansatz nicht kritischer reflektieren muss.

8.1.3 Legitimität des ZFD

Die Geschichte

Ich bin mit einer Fachkraft und einigen Mitarbeiter*innen einer lokalen Organisation für einen Tag in einer ländlichen Gemeinde, in der der ZFD schon seit einiger Zeit arbeitet. Die Arbeit behandelt sensible Themen wie zum Beispiel sexualisierte Gewalt, körperliche Gewalt gegen Kinder und Frauen* oder weibliche Genitalverstümmelung. Der heutige Workshop findet in einer Schule statt und wird von den Mitarbeiter*innen der lokalen Organisation und von einigen ehrenamtlichen, örtlich ansässigen Personen durchgeführt. Die Fachkraft hält sich im Hintergrund und dokumentiert die Arbeit. Nach dem Workshop sind wir alle gemeinsam bei einem*einer der Ehrenamtlichen zum Essen nach Hause eingeladen. Es wird groß gekocht und gemeinsam auf der Veranda gegessen. Während des Essens wird nicht nur über den Workshop, sondern auch über persönliche Themen gesprochen. Dabei geht es auch um die Freundschaft, die zwischen den Ehrenamtlichen und einer Person aus der lokalen Organisation besteht. Diese hat sich dadurch entwickelt, dass die Person aus der lokalen Organisation schon seit acht Jahren in dieser ländlichen Region gearbeitet hat, also schon vor dem Arbeitsbeginn mit dem ZFD, und für verschiedene Projekte immer wieder gekommen ist. Dabei war er*sie immer wieder auch für zwei Wochen am Stück vor Ort und hat in den Gemeinden gelebt, um das Leben und die Menschen kennenzulernen, aber auch um Vertrauen aufzubauen, da dies wichtig ist, um offen über sensible Themen sprechen zu können.

Meine Rolle als Forscherin

Ich bin in der Situation während des Workshops genau wie die Fachkraft im Hintergrund geblieben und habe nicht interagiert. Dennoch hat gerade bei einem so sensiblen Thema meine bloße Anwesenheit sicher einen Einfluss auf die Teilnehmenden gehabt. Zwar haben die Personen vor Ort betont, dass das nicht der Fall sei, da die Teilnehmenden wissen, dass die Fachkraft und ich die lokale Sprache nicht verstehen und sie sich somit nicht in den Aussagen gehemmt fühlen, zudem kannten sie die Fachkraft bereits. Dennoch kannten sie mich nicht und gerade als weiße Person werde ich automatisch mit Geberorganisationen assoziiert. Damit geht eine gewisse Macht von mir aus. Bei dem gemeinsamen Mittagessen sind lockere Gespräche zustande gekommen und es fand ein sehr persönlicher Austausch statt. Hier habe ich mich als Forscherin geöffnet und war ein aktiver Teil des Gespräches.

Reflexion und kritische Diskussion

Die Geschichte hat gezeigt, dass gerade in der ZFD-Arbeit zu sensiblen Themen wie sexualisierte Gewalt, körperliche Gewalt gegen Kinder und Frauen* oder weibliche Genitalverstümmelung, der enge Kontakt und die Akzeptanz der lokalen Bevölkerung wichtig sind. Durch diesen engen Kontakt wird die Arbeit vor Ort erst ermöglicht. Dies hat auch viel mit Legitimität zu tun. Warum ist der

ZFD legitimiert, diese Arbeit durchzuführen? Welche Personen sind legitimiert, Aussagen zu treffen? In diesem Beispiel wurden dazu zwei Wege gefunden. Zum einen hat ein*e lokale*r Mitarbeiter*in viel Zeit in den Gemeinden verbracht, in denen er*sie arbeitet, er*sie hat immer wieder vor Ort gelebt, die Menschen kennengelernt und so Vertrauen aufgebaut. Dies geschah, bevor mit der eigentlichen inhaltlichen Arbeit begonnen wurde. Zusätzlich wurden in den Gemeinden Personen gefunden, welche ehrenamtlich mit der Organisation zusammenarbeiten, die Workshops moderieren und auch zwischen den Anwesenden der Organisation als Ansprechpersonen vor Ort fungieren. Durch diese enge Zusammenarbeit konnte in den Gemeinden Legitimation aufgebaut werden. Die Arbeit richtet sich an den Bedürfnissen der Menschen vor Ort aus und wird von Menschen vor Ort durchgeführt. So kann lokale Legitimität der ZFD-Projekte wachsen. Fraglich ist jedoch, warum die deutsche Fachkraft bei der Arbeit dabei sein muss. Offiziell ging es um Projektdokumentation. Es stellt sich die Frage, wodurch diese Anwesenheit legitimiert wird. Dadurch, dass die Fachkraft auch ein*e Mitarbeiter*in der lokalen Organisation ist oder dadurch, dass durch ihn*sie die Finanzierung der Workshops und der Arbeit sichergestellt wird? Darauf gibt es keine klare Antwort. Denn dies wird von Personen unterschiedlich empfunden und sicherlich spielen beide Aspekte eine Rolle. Die mächtige Rolle der Fachkraft aber zeigt sich hier dadurch, dass sie ohne echten Legitimationsgrund und ohne eigenen Beitrag vor Ort nur durch ihre Anwesenheit den Prozess beeinflusst. Allein die Tatsache, dass eine Person von außen kommt und an etwas Gutem mitarbeiten möchte, erzeugt nur eine vermeintliche Legitimation und ist aus machtkritischer Sicht problematisch (Ziai, 2015).

Analyse und Interpretation der Geschichte

Fragen der Legitimität werden seit Jahrzehnten in der wissenschaftlichen Literatur sowohl mit Blick auf CSOs als auch auf externes Eingreifen in Friedensprozessen diskutiert (siehe auch Abschnitt 4.2.). Aber die Debatte verliert nicht an Relevanz. Sie beleuchtet die Legitimität von CSOs auf drei Ebenen: Dies ist erstens die empirische, tatsächlich vorhandene Anerkennung des Handelns durch Menschen vor Ort. Oft wird sie mit dem Vertrauen in ihre Erfahrungen, Expertise und Handlungen im Rahmen bestimmter Normen begründet (Mandt, 1998, S. 383; Schrader, 2007, S. 3). Auf der zweiten Ebene entsteht Legitimität durch Zugänge und Zugehörigkeit zu (zivilgesellschaftlichen) Netzwerken (Bourdieu, 1985, S. 248; Schrader, 2007, S. 3). Dies geschieht in Übereinstimmung mit dem im hybriden Frieden verfolgten Ansatz eines Konsensus, der lokales Wissen und lokale Handlungen nutzt und deswegen die Chance bietet, auf der *Grasroot*-Ebene erhöhte Legitimität zu erzielen (Mac Ginty, 2008, S. 155). Drittens kann sich Legitimität auf bestimmte Ressourcen wie zum Beispiel Wissen oder Geld gründen (Schrader, 2007, S. 3). Diese Formen von Legitimität existieren zunächst unabhängig davon, ob es sich um Akteur*innen aus dem Globalen Norden oder aus dem Globalen Süden handelt.

Im ZFD sind alle drei Legitimationsebenen zu beobachten. Sie werden unterschiedlich begründet.

> „Das Mandat oder die Legitimation für unser Handeln kriegen wir sicherlich von unterschiedlichen Seiten. Sei es von der Bundesregierung hier in Deutschland, die uns Gelder gibt – das legitimiert uns in gewisser Weise, Dinge da zu tun. Dann werden wir ggf. legitimiert dadurch, dass die Arbeit, die wir machen, durch die Aufnahme in Regierungsverhandlungen zwischen der Bundesregierung und dem jeweiligen Ministerium in einem Land Thema ist und verbal dokumentiert wird" (anonymes Interview mit ZFD-Organisation in Deutschland).

In Gesprächen mit lokalen Partner*innen und Fachkräften waren sich alle einig, dass die Legitimation auf Regierungsebene wichtig ist. Denn sowohl in Kenia, Sierra Leone als auch in Liberia ist es problematisch, ohne Legitimation zu arbeiten. Es wird eine gewisse „Koexistenz" benötigt, um arbeiten zu können. Die jeweiligen Landesregierungen nutzen ihre Macht, um Arbeit, die in ihrem Land und Souveranitätsbereich ausgeführt wird, in Bahnen zu lenken, die zu ihren Strategien und Themen passen. Aus Regierungsperspektive betrachtet, dient diese Vorgehensweise der eigenen Souveränität und soll externe Akteur*innen verständlicherweise davon abhalten, eine Art Freifahrtschein für ihre Arbeit zu haben. Eher sollte es kritisch hinterfragt werden, warum dies in einigen Ländern erst jetzt verstärkt geschieht. Über viele Jahre hinweg konnten internationale CSOs relativ unabhängig und frei agieren und somit ihre mächtige Position vor Ort ausbauen. Dabei wurde dies durchaus kritisch gesehen. Denn auch (gerade in Kenia) werden immer mehr staatliche Institutionen zu lokalen Partner*innen in der ZFD-Arbeit. Dies ist für regierungskritische lokale Organisationen, welche mit dem ZFD zusammenarbeiten, eine Herausforderung.

> „CPS cooperates with the government but there was no choice as the government puts a lot of pressure on international organizations. They complement the work of the government and put them on checks and balances. Learning to cooperate with the government but blaming them at the same time" (anonymes Interview mit ZFD-Organisation in Kenia).

In Gesprächen wurde immer wieder eine kritischere und reflektiertere Betrachtungsweise eingefordert. Und zwar, den Gesprächspartner*innen zufolge, nicht nur vonseiten der Menschen in den Ländern vor Ort. Es müsse vielmehr auch bei den Programmverantwortlichen in Deutschland und im BMZ immer wieder hinterfragt werden.

„Eine andere Form von Legitimierung kommt aus dem direkten Handeln mit den Partnerorganisationen, mit denen wir immer wieder sehr genau aushandeln, was wollt ihr, das wir tun, und was wollen wir, das wir tun" (anonymes Interview mit ZFD-Organisation in Deutschland). In dieser Form werden die drei Legitimitätsformen (Anerkennung, Zugehörigkeit und Ressourcen) vermischt. In den Interviews in Deutschland wird besonders diese Zusammenarbeit immer wieder als Legitimationsgrund angeführt. Diese zivilgesellschaftliche Legitimität kann auch durch soziale und politische Interaktion zwischen CSOs und anderen Akteur*innen wachsen (Schrader, 2007, S. 4). Dabei ist es besonders legitimitätsfördernd, wenn lokale zivilgesellschaftliche Akteur*innen (Zanker, 2018, S. 207) in alle Schritte (Vorbereitung, Umsetzung und Evaluation) eingebunden werden (Schrader, 2007, S. 3). Beispielsweise können offene Austauschplattformen mit der lokalen Bevölkerung die Legitimität steigern (Zanker, 2018, 207 f.). In Kenia, Sierra Leone und Liberia wurde besonders betont, dass es wichtig ist, in diese Austauschprozesse verschiedene Stakeholder vor Ort einzubinden und lokale Autoritäten, also Älteste oder *Chiefs* nicht zu vergessen. Sie spielen vor Ort eine bedeutende und machtvolle Rolle.

In den Interviews in Deutschland mit den ZFD-Programmverantwortlichen wurde noch ein weiterer Legitimationsgrund hervorgehoben. Dass beispielsweise Legitimation auch durch gegenseitige Wertschätzung der Arbeit, durch Nähe in der Arbeit, durch Offenheit und Dialog erwächst. Generell wurde immer wieder von den Interviewpartner*innen in Deutschland, aber auch von den Fachkräften die Partnerschaft als Legitimationsgrund genannt. Auch der Fakt, dass der ZFD sich nicht als *Donor*/Geber*in sieht, sondern als Partner*in, spielt bei der Legitimation eine wichtige Rolle. Dieser Aussage – der ZFD ist mehr ein*e Partner*in als ein*e Geber*in – stimmen in meiner Umfrage 30 % komplett zu, 46 % stimmen zu, 17 % lehnen die Aussage weder ab noch stimmen sie ihr zu, 6 % stimmten der Aussage nicht zu und 1 % weiß es nicht. Daraus wird zwar nicht deutlich, inwieweit dies zu Legitimität führt, doch es zeigt, dass die Aussage generell akzeptiert wird (die kritischen Stimmen werden im weiteren Verlauf beleuchtet). Gerade kirchliche ZFD-Träger*innen sehen zudem ihre Legitimität in kirchlichen Strukturen verankert, die ohnehin schon bestehen und in denen der ZFD vor Ort arbeitet. Insofern werden Strukturen nicht erst geschaffen, für die eine Legitimation noch gefunden werden muss. Gleiches gilt laut Aussage eines*einer Interviewpartner*in für die Arbeitsinhalte:

> „Unser Mandat kommt daher, dass die Kirche vor Ort sagt, in diesem Bereich, wollen wir uns als Kirche engagieren und da wollen wir Gesellschaft mitgestalten und Verantwortung übernehmen. Deshalb ist unser Zugang zur Friedensarbeit über die lokalen katholischen Strukturen“ (Interview AGIAMNDO in Deutschland).

Geld als Legitimationsgrund wurde in den Interviews weder klar bestätigt noch verneint. Oftmals wurde jedoch auf die Arbeit der Fachkräfte verwiesen. Sie werden für die lokalen Organisationen vielfach gewinnbringender als das Geld bewertet, das der ZFD zur Verfügung stellt. Gerade die Fachkräfte wurden in den Interviews in Deutschland als legitimierender Faktor kritisch diskutiert. Es wurde vor allem betont, dass die Legitimation der Fachkräfte und ihrer Arbeit durch ihre Neutralität entsteht. Wie im vorherigen Kapitel erwähnt, ist dies aus machtkritischer Perspektive problematisch.

> „Legitimation der Arbeit im ZFD entsteht durch Gespräche mit allen Parteien vor Ort und zu allen Seiten. Man ist selber ein Akteur, aber einer bei dem deutlich ist, dass er von außen kommt und in den Netzwerken deswegen erstmal eine andere Rolle hat und erstmal einfacher oder anders zu den verschiedenen Gruppen gehen kann. Es gibt eine eigene, andere Chance auf Akzeptanz, da man deutlich von außen kommt“ (Interview AGDF in Deutschland).

Die Fachkräfte in Sierra Leone, Liberia und Kenia haben sich in der Regel nicht als Legitimationsquelle verstanden. Vielmehr wurde von ihnen mehrfach betont, dass sie in ihrer Arbeit immer wieder selbst nach Legitimationsquellen suchen. Einigen half dabei ihr Wissen, das sie in Organisationen einbringen. Auch dies ist problematisch, weil davon ausgegangen wird, dass Wissen vor Ort fehlt. In der Friedenspraxis aber ist dies ein häufiger Legitimationsgrund. „The genesis of high-end knowledge which lends authority to the external experts vis-à-vis the knowledge of the 'local' person“ (Swaine, 2017, S. 221). Eine andere Fachkraft betonte, dass sein*ihr Alter und Berufserfahrung eine große Rolle bei der Legitimation spielten. Wieder andere betonten die Bedeutung von Partizipationsprozessen für die Legitimation der Arbeit. Gerade Partizipation hebt den ZFD, einer Fachkraft zufolge, von anderen örtlichen Organisationen ab.

Legitimität hat, wie beschrieben, viele Facetten und wird auf unterschiedliche Art und Weise angegangen. Sie birgt in unterschiedlichen Settings unterschiedliche Herausforderungen oder wird nicht in demselben Maße gefordert oder benötigt. Es darf in diesem Zusammenhang nicht vergessen werden, warum Legitimität überhaupt notwendig ist: Ein*e externe*r Akteur*in greift in den Aufgabenbereich oder die Zuständigkeiten eines*r anderen lokalen Akteur*in ein. Dadurch zeigt sich, dass die*der externe Akteur*in in einer mächtigen Position ist, die ihn*sie zu diesem Eingreifen führt und befähigt. Der Machtaspekt wird in der Legitimationsfrage oftmals vernachlässigt. Denn es wird dieses Eingreifen als quasi natürlich angesehen, da es schon so lange gelebt und gehandhabt wird (Ziai, 2015). Wie die folgenden Geschichten zeigen, spielt Legitimität immer wieder unterschwellig eine Rolle.

8.1.4 Netzwerkarbeit

Die Geschichte

In einem begrünten Hinterhof sind Stände aufgebaut, an denen sich alle ZFD-Partnerorganisationen eines Landes präsentieren können. Heute steht eine große Feierlichkeit an und bevor die offiziellen Reden beginnen, haben alle Organisationen die Möglichkeit, sich und ihre Arbeit darzustellen. Eingeladen zum Besuch dieses „Marktes“ (wie die Veranstaltung im Programm betitelt wird) sind nicht nur alle Mitarbeitenden des ZFD, sondern auch andere Personen von Organisationen, welche in dem Land in der Friedensarbeit aktiv sind. Dabei sind die Stände der Organisationen sehr unterschiedlich gestaltet. Die meisten haben Flyer, Broschüren und Bilder ihrer Arbeit mitgebracht, einige stellen Dinge aus ihrer Region oder aus ihrer Arbeit aus, andere haben auf Flipcharts und Poster gemalt und bei wieder anderen gibt es Mitmachaktionen. Es sind viele Personen anwesend und auch ich gehe von Stand zu Stand und lerne die Organisationen kennen, was für mich sehr praktisch ist, da die Feierlichkeit zu Beginn meiner Forschung stattfindet. Auch die Mitarbeitenden der lokalen Organisation gehen von Stand zu Stand und tauschen sich über ihre Arbeit aus. Einige Personen und Organisationen kennen sich bereits seit einer längeren Zeit, wohingegen sich andere erst heute kennenlernen. Auch wenn nicht alle Partnerorganisationen anwesend sind, so sind es doch alle Fachkräfte. Auch diese gehen umher und tauschen sich mit verschiedenen Personen aus. Einige beteuern jedoch, dass sie es sehr schade finden, dass „ihre“ Partnerorganisation nicht anwesend ist und dass somit eine wirklich gute Chance zum Netzwerken verloren geht, da dies für die gemeinsame Arbeit im Land so wichtig sei. Sie begründen dies unter anderem damit, dass die Organisationen die Wichtigkeit von Netzwerken nicht verstanden haben oder ernst nehmen.

Meine Rolle als Forscherin

Das Ziel dieses „Marktes“ war es, dass Personen die Organisationen und die Arbeit des ZFD kennenlernen können. Ich bin wie viele andere Personen, die noch nicht mit dem ZFD vertraut sind, zu den einzelnen Organisationen gegangen, habe mich vorgestellt und über die Organisationen und die Arbeit informiert und Kontakte ausgetauscht. Damit habe ich kein Verhalten gezeigt, dass von dem anderer Besucher*innen abwich. Ich persönlich war vor diesem Tag jedoch etwas aufgeregt. Denn ich wusste, dass Netzwerken hier für mich besonders wichtig ist, um Kontakte zu verschiedenen Personen und Organisationen aufzubauen.

Reflexion und kritische Diskussion

Die Geschichte zeigt, wie ein klassisches Netzwerkevent aussieht, wie Organisationen sich präsentieren, aufeinander zugehen und über ihre Arbeit informieren. Dabei ist die Art, wie Netzwerken stattfindet, in höchstem Maße politisch und persönlich zugleich. Politisch in dem Sinne, dass in Netzwerken immer wieder wichtig ist, mit wem man in Kontakt tritt, sei es, dass man als Organisation selbst auf Personen oder Organisationen zugeht oder dass Personen und Organisationen auf einen zukommen. Persönlich in dem Sinne, dass jede Person anders netzwerkt, es einigen Personen leichter fällt, auf Fremde zuzugehen, etwas zu präsentieren und Small Talk zu halten als anderen. Da es sich jedoch bei dem Event um einen relativ geschlossenen und bereits untereinander vernetzten Kreis handelt, zu dem jedoch einige Personen von außen eingeladen wurden, kann davon ausgegangen werden, dass sich die meisten über die Relevanz des Netzwerks für den ZFD bewusst sind. Umso erstaunlicher fanden es einige Fachkräfte, dass „ihre" Partnerorganisationen nicht an dem Event teilgenommen haben. Dies wurde von den entsprechenden Fachkräften direkt als verlorene Chance zum Netzwerken betitelt und davon ausgegangen, dass die Relevanz des ZFD-Netzwerks nicht erkannt wird. Hier gilt es jedoch zu fragen, ob dem wirklich so ist. Oder ob dies nicht nur eine Annahme aus Sicht einer Person aus dem Globalen Norden ist, die so nicht bestätigt werden kann, sondern sich vielmehr auf Interpretationen stützt. Es kann durchaus andere Gründe dafür geben, dass die lokalen Organisationen sich dagegen entschieden haben, an dem Treffen teilzunehmen. Zum Beispiel kann dies etwas mit der Prioritätensetzung zu tun haben. Falls gleichzeitig andere Aktivitäten stattfinden oder damit, dass es zum Beispiel negative Vorerfahrungen in diesem oder einem anderen Netzwerk oder mit einer Organisation gibt. Auch denkbar ist, dass eine Organisation sich nicht wohl damit fühlt, die Arbeit zu präsentieren, da sie sich als zu klein im Vergleich zu anderen Organisationen empfindet. Ein weiterer Faktor könnte sein, dass die meisten Organisationen aus dem Großraum Mombasa und Nairobi kommen und dieses Netzwerk für Organisationen aus einer anderen Region tatsächlich weniger Relevanz hat.

Analyse und Interpretation der Geschichte
Der Netzwerkgedanke spielt im ZFD eine besondere Rolle. So versteht sich der ZFD nicht nur in Deutschland über das Konsortium ZFD als Netzwerk, sondern auch in den einzelnen Ländern vor Ort und geht dabei über die Vernetzung einer Trägerorganisation hinaus (Djateng et al., 2009b, S. 75) (siehe auch Abschnitt 4.4.3.). Besonders positiv wurde in den Interviews in Deutschland mit den ZFD-Programmverantwortlichen hervorgehoben, dass es Länder und Programme gibt, in denen der ZFD ganz aktiv als vernetzt wahrgenommen wird, wobei verschiedene Organisationen zusammengeführt werden und eine Austauschplattform geschaffen wird. Es wurde auch betont, dass diese Vernetzung besonders gut auf Arbeitsebene gelingt und dadurch Abstimmungsprozesse und Synergien erzeugt werden können. In der Forschung zu nachhaltiger Friedensarbeit wird dieser Netzwerkcharakter sehr positiv und als friedensfördernd bewertet. Denn durch das Teilen von Ressourcen und Wissen kann ein größerer Mehrwert entstehen (Simon Fisher & Zimina, 2009). Auch in meiner Umfrage unter Fachkräften und lokalen Partner*innen in verschiedenen Ländern wurde der Netzwerkcharakter des ZFD als sehr hilfreich beschrieben (21 % stimmen dem komplett zu, 43 % stimmen zu, 30 % lehnen die Aussage weder ab noch stimmen sie ihr zu, 3 % stimmten der Aussage nicht oder gar nicht zu und 3 % wissen es nicht). Dabei wird das Netzwerk nicht als starres Konstrukt verstanden, sondern vielmehr als Plattform für die unterschiedlichen ZFD-Akteur*innen, die gegenseitigen Austausch fördert, um die Arbeit sichtbarer zu machen (Djateng et al., 2009b, S. 75). Die positiven Effekte des ZFD-Netzwerks wurden dabei auch immer wieder in Kenia, Sierra Leone und Liberia hervorgehoben. Dabei wurde besonders darauf eingegangen, dass durch das Netzwerk Synergieeffekte entstehen, die die Arbeit an bestimmen Themen stärken können. „It is easier to mobilize people when speaking with this united voice" (anonymes Interview mit ZFD-Organisation in Sierra Leone). Demnach brachte das Netzwerk auch Vorteile im Wissensmanagement, im Ressourcenaustausch und in der *Advocacy*-Arbeit. Der ZFD definiert Vernetzung als das ständige Bemühen darum, sowohl auf persönlicher als auch auf institutioneller Ebene wertschätzende und vertrauensvolle Beziehungen aufzubauen (Gemeinschaftswerk ZFD, 2014c, S. 9). „We benefit a lot from the meetings that are happening. The exchange with the organizations is very helpful – you see your work form a different perspective" (anonymes Interview mit ZFD-Organisation in Liberia). Davon profitieren nicht nur die lokalen Organisationen, in denen eine Fachkraft tätig ist. Auch Organisationen ohne Fachkraft können Teil des ZFD-Netzwerkes sein. „The network is about exchanging knowledge and ideas so even partners can benefit" (anonymes Interview mit ZFD-Organisation in Sierra Leone). Die Personen im ZFD-Netzwerk profitieren

nicht nur auf professioneller, sondern auch auf persönlicher Ebene davon. So berichteten zum Beispiel mehrere Fachkräfte, dass durch das Netzwerk der Austausch zwischen den Fachkräften gestärkt wird. Dies könne zu mehr persönlicher Reflexion führen. Aber auch die lokalen Partner*innen betonten, dass der persönliche Austausch sehr wichtig ist, Freundschaften geschlossen werden und dadurch die Zusammenarbeit erleichtert wird. Der ZFD arbeitet mit seinem Netzwerkcharakter sowohl vertikal (Bindeglied zwischen Akteur*innen über hierarchische Ebenen hinweg) als auch horizontal (über wahrgenommene Konfliktlinien hinweg) (Reich, 2005, S. 477). Besonders die vertikale Vernetzung spielt im ZFD eine große Rolle. Denn es sind die unterschiedlichsten lokalen Organisationen ein Teil des ZFD und arbeiten so zumindest von der Idee her gleichberechtigt im ZFD. Beispielsweise betonte ein*e Mitarbeiter*in einer Regierungsorganisation, die Teil des ZFD ist: „We do not close the door for civil society, we must work together. Get to know what is happening day-to-day" (anonymes Interview mit ZFD-Organisation in Kenia). In Kenia, Sierra Leone und Liberia funktionieren diese Netzwerke mit Bezug auf den ZFD sehr unterschiedlich. So wurde beispielsweise in Kenia besonders oft betont, dass gerade eine Vernetzung mit anderen internationalen Akteur*innen oder Netzwerken im Land sehr wünschenswert wäre und das ZDF-Netzwerk auf das ganze Land ausgeweitet werden sollte. In Sierra Leone und Liberia wurde hingegen stärker der Aspekt betont, dass der ZFD hilfreich darin ist, Kontakte zu den Netzwerken der Deutschen Botschaft oder zu internationalen Delegationen zu knüpfen. Zwar bieten Netzwerke viel Positives, von dem wiederum viele profitieren können, doch muss die Art der Netzwerke mehr an die lokalen Kontexte angepasst werden, um tatsächlich für die lokalen Partner*innen funktionieren zu können.

Generell werden zur besseren Vernetzung von einzelnen Organisationen Partner*innentreffen, Vernetzungstreffen oder Tagungen organisiert. Diese finden jedoch in teilweise unregelmäßigen Abständen statt. Oft hängen sie auch vom jeweiligen Landesprogramm ab. Zum Teil finden diese Vernetzungstreffen nicht nur in einem Land oder mit Nachbarländern statt. Immer wieder gibt es auch überregionale (Vernetzungs-)Treffen, die in der Regel ein bestimmtes Thema behandeln.

> „Also es gibt eine gewisse Öffnung, über Landesgrenzen hinweg, uns und unsere Arbeit zu reflektieren, auszutauschen und Lernfelder zu haben untereinander, und daraus entstehen dann häufig auch viele Freundschaften oder zumindest kollegiale Beziehungen – ach, du machst doch dasselbe wie ich, lass uns mal im E-Mail-Kontakt bleiben" (anonymes Interview mit ZFD-Organisation in Deutschland).

Im Zuge dieses Austausches und in Bezug auf das Netzwerken über Grenzen hinweg, wurde in den Interviews auch immer wieder die Süd-Süd-Vernetzung und die Süd-Nord-Personalentsendung angesprochen.

> „Es kann sich echte Partnerschaft und Freundschaft entwickeln, gerade bei Partnerarbeit über einen langen Zeitraum. Dies ist ein Punkt, der im ZFD noch viel zu wenig genutzt wird. Die Partnerschaftsbeziehungen könnten nochmal ganz anders im Sinne von globalen Nutzen und Süd-Partnerschaften genutzt werden. Man könnte von den Partnern noch viel mehr lernen. Das Wissen um Friedensprozesse liegt ja nicht nur hier und die einzige Chance ist zu schauen, wie kommt man gemeinsam weiter." (Interview AGDF)

Hier wurde von den ZFD-Programmverantwortlichen in Deutschland, aber auch von lokalen Partner*innen in Kenia, Sierra Leone und Liberia immer wieder betont, wie wichtig diese Aspekte sind und wie viel Expertise damit gewonnen werden könnte. „South-south exchange is interesting and attractive but is different from what westerns can bring in, namely international-networks and connections to Germany and access to trainings" (anonymes Interview mit ZFD-Organisation in Kenia). Deutlich wurde auch in meiner globalen Umfrage der Bedarf nach mehr (internationalen) Austauschtreffen (46 % stimmen komplett zu, 25 % stimmen zu, 17 % lehnen die Aussage weder ab noch stimmen sie ihr zu und 12 % stimmten der Aussage nicht zu) und mehr Süd-Süd-Austausch (38 % stimmen komplett zu, 44 % stimmen zu, 11 % lehnen die Aussage weder ab noch stimmen sie ihr zu und 7 % wissen es nicht). Diese Austauschformate können dazu beitragen, die Dichotomie zwischen Globalem Norden und Globalem Süden aufzuheben, indem Wissen und Ressourcen zwischen Akteur*innen im Globalen Süden geteilt werden. Jedoch liegt es vielfach an fehlendem Geld und an nicht vorhandenen Strukturen, dass ein solcher Austausch nicht institutionalisiert existiert. Hier zeigt sich ein in der Friedensarbeit und Vernetzung inhärentes Problem: Um einen Süd-Süd-Austausch zu ermöglichen, sind die Akteur*innen aufgrund mangelnder finanzieller Möglichkeiten in den jeweiligen Ländern häufig auf Unterstützung aus dem Globalen Norden angewiesen. Doch stellen die Akteur*innen oftmals nicht die dafür benötigten Mittel zur Verfügung, da andere, nicht selten konträr laufende Prioritäten gesetzt werden.

Generell spielt auch die Vernetzung zwischen den ZFD-Trägerorganisationen eine wichtige Rolle.

> „Also ich glaube, vor Ort ist das oft sehr pragmatisch und praktisch, also wenn mehrere Träger in einem Land sind, da ist das auch sehr hilfreich so ein Gegenüber zu haben, wie macht ihr das, wie machen wir das oder sich auch zu ergänzen und zu

> sagen ,Wir sind da unterwegs, da gibt es noch ein paar NGOs, die passen nicht so recht zu uns, könnt ihr mal gucken, ob das bei euch passt'" (anonymes Interview mit ZFD-Organisation in Deutschland).

Jedoch wird diese Vernetzung von den Programmverantwortlichen in Deutschland zum Teil auch kritisch gesehen. Denn alle Organisationen arbeiten mit leicht anderen Herangehensweisen, zum Teil integriert und zum Teil nicht. Einige Interviewpartner*innen betonten, dass zu viel Vernetzung auch die Gefahr birgt, Profile zu verwässern.. Gerade hierzu wurden in den Interviews in Deutschland Herausforderungen in der Netzwerkarbeit beschrieben. Es wurde etwa betont, dass sich die Organisationen mehr in der „Vereinzelung befinden" (anonymes Interview mit ZFD-Organisation in Deutschland). Dieses Bild hat sich besonders in Liberia gezeigt. Hier sind zwei deutsche ZFD-Trägerorganisationen tätig, doch kommt es nur zu verhältnismäßig wenig Kooperation und gemeinsamen Aktivitäten. Eine ZFD-Fachkraft berichtete: „Die Kooperation mit der anderen deutschen ZFD-Organisation wurde beendet" (anonymes Interview mit ZFD-Organisation in Liberia). Dies ist laut Aussagen von verschiedenen Fachkräften, aber auch von Koordinator*innen darauf zurückzuführen, dass es in der Vergangenheit Unstimmigkeiten über gemeinsame Veranstaltungen gab und es zu unterschiedliche Arbeitsansätze gab. Jedoch wurde auch betont, dass der Grundsatz gilt,

> „[...] die Gemeinsamkeit und das Netzwerk so lange stattfinden zu lassen, wie es für die Partner*innen nützlich ist, und zwar aus deren Perspektive. Wir wollen und können ja niemanden zwingen, an allen möglichen Zusatztreffen teilzunehmen und seine Zeit da zu verschwenden, wenn Partner nicht selber sagen, wir haben da was von, nämlich einen Mehrwert" (anonymes Interview mit ZFD-Organisation in Deutschland).

Doch auch in den anderen Ländern wurde immer wieder berichtet, dass das Netzwerk zwar einen wichtigen ZFD-Bestandteil darstellt, es aber eigentlich nur zwischen den lokalen Organisationen eines ZFD-Trägers gut funktioniert, nicht aber zwischen den lokalen Organisationen verschiedener Träger*innen. Dies ist einigen lokalen Partner*innen zufolge darauf zurückzuführen, dass die verschiedenen Trägerorganisationen dem Netzwerk eine jeweils andere Bedeutung zumessen. Der Aussage eines*einer Interviewpartner*in aus Deutschland nach, liegt dies nicht zuletzt daran, dass es eigentlich immer auch um Ressourcen geht. Dass sich nicht alle Organisationen in gleichem Maße an dem Netzwerk beteiligen, empfinden einige Interviewpartner*innen als sehr bedauernswert, da es ein wichtiger Teil des ZFD ist.

> „Ich finde, das müsste ein Anspruch auch aus dem Charakter des Gemeinschaftswerks und des Konsortiums sein, dass man nicht nur versucht, als Koordinatoren da zu sitzen, sondern natürlich auch die Partner zusammenbringt. Das wäre hervorragend. Vor Ort eine Netzwerkbildung der friedensfördernden lokalen Organisationen hinzukriegen, finde ich eigentlich selbstverständlich, aber scheint leider nicht so zu sein" (anonymes Interview mit ZFD-Organisation in Deutschland).

Gerade diesen Wunsch nach einer erweiterten Netzwerkbildung haben auch Fachkräfte und lokale Partner*innen in Kenia, Sierra Leone und Liberia immer wieder geäußert. Als erstrebenswert genannt wurden zum Beispiel eine Harmonisierung von bestimmten Themen (zwischen Organisationen, aber auch über Landesgrenzen hinweg), der Austausch von Ressourcen, mehr gemeinsame Treffen, gemeinsame Implementierungen und noch größere Synergieeffekte.

Es zeigt sich, dass es zum Teil sehr gut funktionierende Netzwerke in den einzelnen Ländern, besonders innerhalb der einzelnen Trägerorganisationen gibt, die für einige Personen ausreichend sind, für andere jedoch noch ausbaufähig. Generell besteht jedoch der Wunsch, die Netzwerke trägerübergreifend weiter auszubauen. Dies zählt eigentlich zum Grundverständnis des ZFD, funktioniert aber in der Umsetzung noch nicht richtig. In einigen Gesprächen wurde diese Netzwerkarbeit zwar als sehr gut beschrieben, jedoch galt es als fraglich, warum dafür der ZFD benötigt wird:

> „Ich fand das [den Austausch] vor Ort extrem positiv, wobei man sich auch fragen kann, warum könnten das nicht auch private Träger unabhängig von einem ZFD. Also braucht es den ZFD, um sich vor Ort abzustimmen? Das würde ich in Zweifel ziehen, ich glaube das bräuchte es nicht" (anonymes Interview mit ZFD-Organisation in Deutschland).

Wie diese Ausführungen zeigen, ist die Netzwerkarbeit ein elementarer Grundgedanke des ZFD, der von verschiedenen Akteur*innen verschieden bewertet und gehandhabt wird. Hier wird deutlich, wie unterschiedlich mit der Thematik umgegangen wird. So lassen einige Organisationen den lokalen Organisationen mehr Freiraum, während andere eine klare Erwartungshaltung haben.

8.1.5 Administrative Komponenten der Zusammenarbeit

Die Geschichte

Alle Mitarbeitenden einer lokalen Organisation und die dort integriert arbeitende Fachkraft sitzen zusammen und halten das regelmäßig stattfindende Teammeeting ab. Dieses Meeting wurde vor einigen Monaten als regelmäßige Instanz eingeführt. Es wird durch eine Anwesenheitsliste überprüft, da viele Absprachen zwischen Tür und Angel stattgefunden haben, nicht immer alle Personen Bescheid wussten und Informationen verloren gegangen sind. Um dem vorzubeugen, finden nun alle zwei Monate diese Meetings statt. Sie haben eine Agenda, die vorher vom Team zusammengetragen wird. Neben wechselnden Punkten auf der Agenda informieren die verschiedenen Arbeitsbereiche jeweils über Neuigkeiten. Dabei berichten sie auch von der Arbeit, die in den eher administrativen ZFD-Arbeitsbereich fällt. Aus dem Bereich „Programme" wird zum Beispiel erklärt, dass derzeit mit verschiedenen Schulen zusammengearbeitet wird. Es sollen eine bestimmte Anzahl an Schulen und Personen erreicht werden, um die Vereinbarungen im PM&E-Dokument zu erfüllen (in dem Dokument zur Programmplanung werden zur Erreichung bestimmter Ziele Indikatoren und zum Teil auch Planzahlen festgelegt). Der Bereich „Finanzen" berichtet, dass es Probleme mit den Abrechnungen der ZFD-Gelder gab, was wohl zum wiederholten Male vorgekommen ist. Deswegen wird nun nochmals gemeinsam mit der Koordination und den zuständigen Personen in Deutschland das Budget überprüft und schon ein neuer, angepasster Finanzplan für das kommende Jahr geschrieben. Der Bereich „Medien" kündigt an, dass Ausweise für Mitarbeitende erstellt werden sollen, um ihre Identifikation bei Besuchen in Gemeinden vor Ort besser zu regeln. Derzeit erfolgt die Umsetzung, und es wird ein Foto von jeder Person benötigt. Der Bereich „Administration" berichtet, dass die Registrierung als CSO oder NGO nun für drei weitere Jahre erfolgreich abgeschlossen wurde. Außerdem wird derzeit mit finanzieller Hilfe des ZFD in einer anderen Stadt ein weiteres Büro eröffnet, wozu noch einige Registrierungen und Verifizierungen notwendig sind. Dabei werden die einzelnen Punkte kritisch hinterfragt, es findet eine Diskussion statt und nächste Schritte und Deadlines werden besprochen.

Meine Rolle als Forscherin

Im Zuge einer anderen Veranstaltung wurde ich eingeladen, einen Tag im Büro zu verbringen und auch an dem Teammeeting teilzunehmen. Ich kannte bereits alle Mitarbeitenden, und es wurde meiner Teilnahme zugestimmt. Während des Meetings habe ich nur zugehört und keine Redebeiträge gebracht. Es wurde in dem Meeting sowohl positiv als auch kritisch über den ZFD gesprochen. Von daher gehe ich davon aus, dass mir gegenüber Vertrauen bestanden hat, was deutlich meine privilegierte Rolle als Forscherin zeigt.

Reflexion und kritische Diskussion

Wie die Situation deutlich zeigt, wurde die Arbeit der Organisation in administrativer Weise durch den ZFD verändert. Und zwar derart, dass die lokalen Gegebenheiten zu den Vorgaben des ZFD aus dem Globalen Norden passen. Dadurch, dass mehr Absprachen zu verschiedenen Themen getroffen werden müssen und sie nicht mehr auf dem kurzen Dienstweg möglich sind, wurden regelmäßige Meetings für das gesamte Team eingeplant. Dass die Mitarbeitenden mit einer Anwesenheitsliste überprüft werden, hat verschiedene Implikationen. Dies kann zum einen sein, um eine faire Arbeitsverteilung sicherzustellen und also alle Mitarbeitenden über das Jahr verteilt an gleich vielen Meetings teilnehmen. Oder es kann dazu dienen, den Druck für die Teilnahme zu erhöhen und Verbindlichkeit zu erzeugen, die nicht ohne Kontrolle auskommt. Hier zeigen sich in der Organisation interne Hierarchien. Denn bei einer solchen Art der Kontrolle ist immer die Frage, wer wen überprüft. In einem Gespräch mit der Fachkraft nach dem Meeting wurde von ihm*ihr betont, dass diese Überprüfung nötig ist. Viele Menschen in dem Land seien sehr traumatisiert und könnten die Bedeutung solcher Arbeitsabläufe und Meetings deswegen gar nicht richtig verstehen oder priorisieren. Die Entscheidung für die Teilnahmelisten wurde von der Fachkraft zusammen mit dem*der Leiter*in der Organisation getroffen. Dabei stellt sich jedoch die Frage, ob ein solches festes Treffen der richtige Arbeitsrahmen ist, wenn die Traumatisierung so hoch ist. Oder ob nicht eigentlich andere Maßnahmen nötig wären, um gut zusammenarbeiten zu können.

Während des Meetings erhalten alle Bereiche der Organisation in gleichem Maße die Möglichkeit, über relevante Themen zu sprechen. Die Diskussionen finden sehr offen und unter Beteiligung aller statt. Jedoch ist auffällig, dass in allen Bereichen administrative Veränderungen oder Herausforderungen angesprochen werden. Etwa die Herausforderung aus dem Bereich „Programme", eine bestimmte Anzahl an Schulen und Personen zu erreichen und die Vereinbarungen im PM&E-Dokument zu erfüllen. Aber auch die Probleme mit den Abrechnungen der ZFD-Gelder, die aus dem Bereich „Finanzen" berichtet werden, die Ausweise von Mitarbeitenden oder die Eröffnung eines weiteren Büros in einer anderen Stadt; all dies sind administrative Faktoren, die direkt mit dem ZFD zusammenhängen. Diese administrative Arbeit wäre ohne den ZFD nicht auf die Organisation zugekommen. Hier zeigt sich deutlich der Einfluss des ZFD und welche Veränderungen er für Organisationen mit sich bringen kann. Und zwar, ohne dass inhaltlich gearbeitet wird, sondern rein auf administrativer Ebene.

Gleichzeitig hätte die Organisation ohne den ZFD weniger Möglichkeiten, operativ zu arbeiten. Ähnliche oder andere administrative Herausforderungen wären auf die Organisation auch mit anderen Geberorganisationen als dem ZFD zugekommen. Die Frage ist jedoch, inwieweit diese oder auch andere Organisationen den administrativen Anforderungen des ZFD gewachsen sind oder inwieweit der ZFD einzelne Organisationen in ihrer Struktur verändert. Ebenfalls stellt sich die Frage, warum diese Veränderungen nötig sind. Oder ob sich der ZFD nicht an die Strukturen und Gegebenheiten vor Ort anpassen kann, anstatt dass er seine mächtigere Position nutzt, damit die anderen sich anpassen. Diesen Punkt hat auch die integrierte Fachkraft der Organisation kritisch hervorgehoben. Er/sie stellte in einem Gespräch fest, dass die Veränderungen, die durch die ZFD-Arbeit in Organisationen bewirkt werden, eine Bevormundung der Menschen bedeuten. Weil es der ZFD ist, der die Vorgaben liefert und vermeintlich besser weiß, wie etwas funktioniert.

Analyse und Interpretation der Geschichte

Nicht nur in dieser Geschichte, sondern auch in den Interviews in Deutschland war die administrative Arbeit beziehungsweise die Bürokratie, die der ZFD mit sich bringt, immer wieder ein Thema. Dieses genauer zu betrachten, ist in einer partnerschaftlichen Zusammenarbeit besonders wichtig. Denn so werden die Voraussetzungen der Zusammenarbeit definiert und ausbuchstabiert. Die administrative Arbeit und die Bürokratie tragen spezifische Werte, Definitionen und Auffassungen über Prozesse in sich und bilden den relativen Wert von Fähigkeiten und Fertigkeiten ab (Wallace, 2003, S. 211). In vielen Gesprächen wurde betont, dass die administrative Arbeit relativ viel Zeit in Anspruch nimmt, sowohl in den Organisationen in Deutschland als auch in den jeweiligen Ländern vor Ort. Es hieß, dass dieser Verwaltungsaufwand in den vergangenen Jahren gestiegen ist, denn „mit jeder Umdrehung zieht irgendeiner die Schraube an, die uns wirklich einfach Zeit kostet“ (anonymes Interview mit ZFD-Organisation in Deutschland). Dies ist durchaus kein neues Phänomen, sondern wurde schon in früheren ZFD-Publikationen formuliert: „As many projects have to deal with limited resources they are suffering from a heavy workload. Often there are too many things to work on in combination with a limited number of staff“ (Willmutz, 2013, S. 23). Jedoch scheint sich in dem Bereich wenig zu verändern. Es wurde sogar betont, dass sich von der ZFD-Reform und dem Reformdokument mehr Verwaltungsvereinfachung erhofft wurde, die jedoch nicht in erwünschtem Maße stattgefunden hat. Einige Interviewpartner*innen betonten, dass sie den Aufwand sehr hoch finden, gerade im Verhältnis zu dem vergleichsweise geringen Finanzvolumen, das im ZFD fließt. Es berichten zum Beispiel mehrere Fachkräfte, dass sie in ihrer

Arbeit bis zu 20 % Verwaltungsaufgaben übernehmen müssen. Sie sehen das eigentlich nicht als ihre Aufgabe vor Ort an und sagen, dass dadurch ihre eigentliche Arbeit zu kurz kommt. Dieser hohe Aufwand kommt nach Berichten der Fachkräfte und der lokalen Partner*innen zum einen daher, dass administrative Aufgaben nicht immer klar und einheitlich sind, sie sich immer wieder verändern und jeder kleine Schritt mit den Koordinator*innen abgesprochen werden muss. Zum anderen rührt dieser Aufwand auch daher, dass sehr wenig digital stattfindet. Andere Fachkräfte und lokale Partner*innen betonen, dass gerade im ZFD alles Administrative reibungslos und in angemessener Art und Weise funktioniert und es eine größere Flexibilität als bei anderen Geberorganisationen gibt. Hier sind die Empfindungen sehr individuell. Sie hängen sicherlich auch mit bisherigen Arbeitserfahrungen und der allgemeinen Arbeitsbelastung zusammen. Allgemein wird jedoch Verständnis für den Verwaltungsaufwand geäußert. Denn gerade viele lokale Organisationen nehmen es laut eigener Aussage eben hin und können es nicht ändern. Da auch die Bundeshaushaltsordnung gilt und die Umsetzung zu den Vorgaben des Bundesrechnungshofes passen muss. Jedoch wurde auch immer wieder geäußert, dass Prozesse vereinfacht werden könnten: „[Der] Verwaltungsaufwand könnte um einiges effizienter gestaltet werden, zum Beispiel füllen sich die Formulare nicht nach Vorgaben selber aus. Es ist viel Aufwand, die Abrechnungen zu machen, und nicht für meine Motivation förderlich, aber notwendig" (anonymes Interview mit ZFD-Fachkraft in Liberia).

Die Finanzen sind in der Administration ein großes Thema. Sie werden laut Aussagen einiger lokaler Partner*innen beim ZFD strenger gehandhabt als bei anderen großen Geldgeber*innen. Diesbezüglich wurde in Gesprächen mit lokalen Partner*innen immer wieder deutlich, dass nicht immer klar ist, für welche Art von Aktivitäten oder Anschaffungen Gelder des ZFD verwendet werden können und für welche nicht. „The administration is not so clear. How do they support CPS activities as they don't pay them?" (anonymes Interview mit ZFD-Organisation in Kenia). Als Beispiel wurde angeführt, dass der ZFD mit einer Organisation zusammenarbeitet, die sich in der Friedensbildung engagiert, über Demonstrationen und Banner an verschiedenen Orten auf ihre Arbeit aufmerksam macht, sich regierungskritisch äußert oder politischen Einfluss nehmen möchte. Diese Arbeit wird vom ZFD generell unterstützt. Allerdings nicht mehr bei allzu kritischen Äußerungen – dann müssen zum Beispiel ZFD-Logos von den Bannern entfernt werden. Der Grund dafür ist, dass im ZFD laut Vereinbarungen mit den jeweiligen Regierungen und laut den TLS nur an bestimmten Themen gearbeitet werden darf. In der praktischen Umsetzung und bei der Finanzierung der Arbeit führt dies jedoch teilweise zu Unmut und zu Missverständnissen über die Mittelverwendung. Im Bereich der Finanzen und Abrechnungen treten noch weitere praktische Herausforderungen auf. So wird in einem Interview berichtet, dass zum Beispiel bei Anschaffungen, die ein bestimmtes Finanzvolumen überschreiten, in den jeweiligen Ländern drei Angebote eingeholt werden müssen und dies in der Praxis nur schwer möglich ist. Es hieß, dass es in einigen Ländern zum Beispiel beim Kauf von Autos ohnehin nur eine geringe Auswahl beziehungsweise wenige Anbieter gibt, die dann nach schriftlichen Angeboten befragt werden sollen. „Und das machen sie zweimal, dann kriegen sie von keinem mehr ein Vergleichsangebot, weil die wissen, die kaufen sowieso nicht bei mir" (anonymes Interview mit ZFD-Organisation in Deutschland). Auch die Anschaffung von Büroausstattung kann zur Herausforderung werden. Aber je nachdem, wer das Budget der ZFD-Projekte verwaltet (die Fachkraft, die Partner*innen oder die Koordination), ist dies sehr unterschiedlich. So war ich beispielsweise dabei, als in einer Organisation neue Bürostühle gekauft wurden. Dies geschah „ganz unbürokratisch" einfach in einem Möbelhaus, während es in einer anderen Organisation vier Monate dauerte, einen neuen Laptop zu kaufen, da viele Anträge an verschiedenen Stellen gestellt werden mussten. Die deutsche Bürokratie trifft hier in anderen Ländern auf Realitäten, die nicht immer ganz zusammenpassen, aber möglichst trotzdem umgesetzt werden. Sowohl die Mitarbeitenden in Deutschland als auch in Kenia, Sierra Leone und Liberia wünschen sich mehr Verständnis für die die lokalen Situationen. „Because of BMZ regulations there are a lot of technical issues, that are stumbling stones, for example – yes we need to be accountable but often there is little understanding of the local and cultural context for example getting a receipt can be difficult" (anonymes Interview mit ZFD-Fachkraft in Kenia). Dabei werden je nach Organisation diese Regularien etwas strenger ausgelegt als bei anderen. So berichteten mir Fachkräfte, die bei verschiedenen ZFD-Träger*innen gearbeitet haben, dass Dinge bei einem*einer Arbeitgeber*in möglich sind, die bei einem anderen nicht möglich sind oder die nicht kontrolliert werden.

Der ZFD weiß um den administrativen Aufwand, welcher ohne weitere Ressourcen nicht für alle Fachkräfte und lokale Organisationen zu stemmen ist. Deswegen gibt es in bestimmten Fällen die Möglichkeit, lokales Personal anzustellen oder zusätzliche Arbeitsstunden zu finanzieren, um die administrative Arbeit durchzuführen (Gemeinschaftswerk ZFD, 2014a, Abschn. 5.3 S. 2). So haben einige der größeren ZFD-Träger*innen, die mit mehreren Fachkräften in einem Land sind, zum Teil eigene Verwaltungsfachkräfte in den Ländern,

> „[...] die sozusagen auf der Verwaltungsebene mit dem Partner arbeiten und das führt häufig dazu, dass die Fachkräfte und unsere Verwaltungsleute *badcop* und *goodcop* spielen. Da hat man einmal die saubere Verwendung der Mittel und die Fachkräfte

dann eher sozusagen als Vermittelnde“ (anonymes Interview mit ZFD-Organisation in Deutschland).

In Bezug auf diese Beschäftigungsverhältnisse wurde häufig berichtet, dass ihre Finanzausstattung nicht sehr gut und teilweise geringer als landesübliche Gehälter ausfällt. Der Aussage, dass die Bezahlungen durch den ZFD für lokale Fachkräfte und Mitarbeitende fair ist, stimmen 3,5 % der Mitarbeitenden lokaler Organisationen komplett zu, 21 % stimmen zu, 34,5 % lehnen die Aussage weder ab noch stimmen sie ihr zu, 17 % stimmten der Aussage nicht zu, 14 % stimmen gar nicht zu und 10 % wissen es nicht. Außerdem wurde mir immer wieder berichtet, dass eine Person, deren Stelle in einer lokalen Organisation über den ZFD finanziert wird, keine weitere Unterstützung der lokalen Organisation erhält. Somit besteht zum Beispiel kein Versicherungsschutz.

„Lokale und nationale Fachkräfte haben eine unterschiedliche Bezahlung, das ist problematisch. Ist das fair und auf Augenhöhe? Das Problem ist, dass der ZFD die hochausgebildeten [Personen] möchte, aber schlecht bezahlt und nicht versichert und sie oft weniger bekommen als den Mindestlohn bei den Organisationen. [Sie] sind im Team dann nicht gleichgestellt, [dies ist] kein *Do-no-Harm*“ (anonymes Interview mit ZFD-Fachkraft in Kenia).

Wie sich so zeigt, bleibt der ZFD trotz aller Ansprüche, vor Ort keinen negativen Einfluss auszuüben und auf Augenhöhe partnerschaftlich zu arbeiten, hinter diesen Anforderungen zurück und beschäftigt aus einer Machtposition heraus Personen zu schlechten Arbeitsbedingungen. Gleichwohl bleibt bei vielen Interviewpartner*innen der allgemeine Wunsch nach einem größeren Verständnis gegenüber den lokalen Strukturen und Gegebenheiten bestehen – gerade vonseiten des BMZ.

„Im BMZ gibt es erschreckend wenig Verständnis für die tatsächliche Verfasstheit lokaler Strukturen und Stellung lokaler Kulturen und lokaler Verhaltensweisen. Da wird so mit einer Selbstverständlichkeit häufig vorausgesetzt, dass man das alles draufhat, und da wo es nicht gerade so gut läuft, liegt es eben auch daran, dass die Leute nicht am deutschen Wesen genesen wollen. Da würde ich mir noch sehr viel mehr Offenheit wünschen für die Notwendigkeit, das Lokale auch zu sehen, es aber mit großen Augen und langem Atem anzuschauen und sich auch Lernphasen zu gönnen. Das halte ich für sehr wichtig“ (anonymes Interview mit ZFD-Organisation in Deutschland).

In Gesprächen haben sich einige Personen in Deutschland, Kenia, Sierra Leone und Liberia gefragt, inwieweit der ZFD durch diese administrativen Vorgaben die Struktur einer Organisation vor Ort verändert. Hier ist festzustellen, dass es durch die administrative Arbeit im Rahmen des ZFD zu Veränderungen in den Organisationen kommt. So wurde von verschiedenen Mitarbeitenden lokaler Organisationen berichtet, dass die Arbeit in der Organisation durch den ZFD professionalisiert wurde. Dass es deutliche Lerneffekte gibt und es zu einer besseren Büroausstattung gekommen ist, um im ZFD mitarbeiten zu können. Jedoch sind mit diesem positiven Bild des ZFD-Einflusses auf die institutionelle Entwicklung einer Organisation in meiner Umfrage nur 6 % sehr unzufrieden, 16 % etwas unzufrieden, 52 % etwas zufrieden, 15 % sehr zufrieden und 11 % machten keine Angabe. Diese kritische Einschätzung hat zwei Ursachen: Zum einen gibt es Organisationen, die sich nicht im großen Maße entwickeln wollen, da sie effektiv und zufrieden mit ihrer Arbeit sind. Zum anderen gibt es Organisationen, die sich keine fremdbestimmte Entwicklung wünschen. In dieser Debatte zeigt sich deutlich, dass der ZFD als Akteur aus dem Globalen Norden den Diskurs um die administrative Arbeit diktiert und davon ausgeht, dass die Expertise vor Ort nicht ausreicht, um die administrativen Vorgaben zu erfüllen und deswegen angepasst werden muss. Diese Prozesse passieren so inhärent, dass sie zum natürlichen Bestandteil der Arbeit geworden sind (Ziai, 2015). Auf hierarchische Weise wird das Wissen über administrative Prozesse aus Deutschland über das lokale Wissen und die lokalen Kapazitäten gestellt. Weil dies schon so lange so abläuft, wurde die Handlungsmacht der ZFD-Akteur*innen aus dem Globalen Norden gegenüber den Akteur*innen im Globalen Süden immer weiter ausgebaut. In vielen Gesprächen, die ich geführt habe, wurde die Professionalisierung des ZFDkritisch hinterfragt und warum er nur bestimmten Organisationen offensteht, die diesen Verwaltungsaufwand bewältigen können. Diese Frage stellt sich bereits bei dem administrativen Prozess der Antragsstellung. In die Antragsstellung sind verschiedene Akteur*innen eingebunden, und es müssen mehrere Prozesse durchlaufen werden. Zunächst müssen sich (gerade bei neuen Organisationen) die lokale Organisation und der ZFD-Träger*innen kennenlernen und eine gemeinsame Idee entwickeln, aus der ein Antrag formuliert wird. Der Antrag muss Beschreibungen der Situation, der Projektidee und des Nutzens und der Aufgaben der Fachkraft enthalten. Oftmals aber werden die Ziele und Erwartungen an den ZFD zu hoch gesteckt (Karanja, 2000), was später in der Projektumsetzung zu Problemen und enttäuschten Erwartungen führen kann. In den Gesprächen mit ZFD-Träger*innen in Deutschland wurde deutlich, dass gerade im Zuge der Antragsstellung das Thema *Ownership* eine wichtige Rolle spielt. So wurde in einem Interview der Prozess der Antragsstellung sehr genau beschrieben. Doch kann er bei anderen Träger*innen auch anders ablaufen. In einem ersten Schritt wird überlegt und analysiert, wie die Situation vor Ort aussieht, was mögliche

Entry-Points sind oder welche Prozesse unterstützt werden sollen. Dabei ist es besonders wichtig, dass nicht nur beschrieben wird, wie das Projekt ablaufen soll, sondern auch, was unter einzelnen Aspekten verstanden wird. Beispielsweise muss gemeinsam der Begriff Frieden definiert werden (Goetschel & Hagmann 2009, S. 65). Ist das für alle Beteiligten klar benannt, stellt sich die nächste Frage. Wie kann die Umsetzung erfolgen, wer sind die friedens- oder gewaltfördernden Kräfte im Land und wer die wichtigen Akteur*innen auf den verschiedenen Ebenen der Lederach-Pyramide (siehe Abschnitt 4.4.2.2.). Mit wem zusammengearbeitet wird, hängt im nächsten Schritt oft von Kontakten und Zugängen ab, die bereits bestehen. Diese Beteiligung ist im Sinne eines Mehrebenansatzes wichtig.

> „Wenn wir dann für uns den Kreis von Akteuren definiert haben, gehen wir auf die zu, also jetzt auf die Frage, wie kommen wir zu den Zielen. In aller Regel gehen wir auf die zu, stellen ihnen vor, was unsere Überlegungen sind, was wir tun wollen, was unser Beitrag sein kann und fragen sie, was ihre Erwartungen an uns wären, was sie brauchen im Detail und ob für sie eine Kooperation mit uns von Interesse sein könnte. Und aus dieser Diskussion, Verhandlungsprozess, wenn wir uns annähern, entstehen dann gemeinsame Ziele" (anonymes Interview mit ZFD-Organisation in Deutschland).

Dass Friedensarbeit und somit der ZFD immer mehr reglementiert werden und die Arbeit einem Projekt-Zyklus folgen muss, hat oftmals zur Folge, dass die lokalen Partner*innen die thematischen Prioritäten der Geber*innen umsetzen müssen (Schuller, 2012). Zwar werden im ZFD die Projektanträge gemeinsam erarbeitet, doch auch sie müssen bestimmten Richtlinien und Vorgaben von BMZ, AA und TLS entsprechen. Dies verdeutlicht die mächtigere Stellung der Akteur*innen aus dem Globalen Norden im ZFD. „Es gibt inhaltliches Brainstorming mit den Partner*innen für die Projektanträge. Allerdings muss es auch in das ZFD-Programm passen und die Methoden müssen passen und zu den Schwerpunkten der Partner*innen" (anonymes Interview mit ZFD-Fachkraft in Sierra Leone). Somit ist die ZFD-Arbeit auch immer politisch und vertritt die Interessen Deutschlands in den jeweiligen Ländern oder Regionen. Dieser Aspekt wird in der praktischen Umsetzung jedoch vielfach vernachlässigt oder nicht beachtet, was dazu führt, dass die Arbeit nur vermeintlich gleichberechtigt erfolgt. Zu diesem Punkt wurde von einigen lokalen Partner*innen hervorgehoben, dass der Prozess sehr partizipativ ablief und sie ihre Meinungen und auch die von der breiten Bevölkerung einbringen konnten. Andere Personen hingegen erlebten den Prozess als weniger partizipativ. „In the application process it is not important for our voices to be heard but to find somebody, to help with our needs" (anonymes Interview mit ZFD-Organisation in Sierra Leone). Dass ein Prozess nicht als partizipativ empfunden wird, liegt auch daran, dass die verschiedenen benötigten Dokumente sehr reglementiert sind. Gerade lokale Organisationen, die zum Beispiel noch nicht mit Akteur*innen aus dem Globalen Norden zusammengearbeitet haben oder noch wenig Erfahrung bei der Antragsstellung haben, können den Aufwand selbst gar nicht bewältigen. Hier wird die Dominanz der administrativen Vorgaben aus Deutschland deutlich, an die sich lokale Organisationen anpassen müssen. In meiner Umfrage stimmten 66 % der Mitarbeitenden lokaler Organisationen der Aussage zu oder komplett zu, dass sie die Themen, die ihnen wichtig sind, in den ZFD-Antrag mit einbringen können. Dies zeigt klar, dass der Prozess der Antragstellung stark von den Bedürfnissen der lokalen Organisation abhängt, aber auch von der Herangehensweise der ZFD-Träger*innen. Neben dem Antrag wird außerdem ein Vertrag oder *Memorandum of Understanding* unterzeichnet. Dies wird je nach Träger*in unterschiedlich gehandhabt. Zudem muss die lokale Organisation nachweisen, dass sie ein gewisses Maß an Verwaltungsstandards erfüllen kann. Generell wurde von dem Großteil der lokalen Partner*innen der Prozess als aufwendig, aber machbar beschrieben. Diese Aussage wird auch in meiner in verschiedenen Ländern unter lokalen Mitarbeitenden durchgeführten Umfrage bestätigt. Der Aussage, dass der Bewerbungsprozess für den ZFD zu schwierig ist, stimmen 7 % komplett zu, 14 % stimmen zu, 31 % lehnen die Aussage weder ab noch stimmen sie ihr zu, 27 % stimmten der Aussage nicht zu, 7 % stimmen gar nicht zu und 14 % wissen es nicht (Angaben nur von Mitarbeitenden lokaler Organisationen). Zudem betonten lokale Partner*innen, wie wichtig es ist, dass der Prozess von der*dem Koordinator*in und/oder den Verantwortlichen in Deutschland gut begleitet wird. Viele merkten an, dass der Prozess ohne diese Hilfestellungen nicht zu bewältigen gewesen wäre.

Sobald alle Dokumente bereit sind – was in der Regel mehrerer interner Rücklaufschleifen bedarf –, können die Unterlagen an das BMZ gesendet werden. Von dort erfolgt dann die Ablehnung oder Bewilligung. Anschließend erst kann die Auswahl einer Fachkraft beginnen. Vom ersten Kontakt bis zum Eintreffen der Fachkraft kann also sehr viel Zeit vergehen.

> „Von diesem Erstkontakt und dem ZFD-Antrag vergeht sehr viel Zeit, bis wirklich eine Fachkraft bei der Partnerorganisation landet. Das ist auch eine [...] Entscheidung, die sie treffen müssen, wollen wir so mittel- bis langfristig eine Zusammenarbeit auf dem Gebiet in Angriff nehmen und können wir jetzt auch noch also mindestens eineinhalb Jahre auf eine Fachkraft warten. Es kann auch länger dauern, bis überhaupt mal jemand hier ist" (anonymes Interview mit ZFD-Organisation in Deutschland).

Der Zeitfaktor wurde auch von den lokalen Partner*innen als größter Kritikpunkt an dem Prozess der Antragsstellung genannt. Demnach hieß es, dass einerseits die Organisation an sich sehr zeitaufwendig ist und dass andererseits der Prozess von der Antragsstellung bis zur Ankunft der Fachkraft zu lange dauert. Teilweise sogar so lange, dass sich zwischenzeitlich Bedarfe vor Ort verändern. „The application process takes too long, the context changes during that time, so it can be difficult to find a person that can do what is needed so there is modification and it can happen that the person does not fit anymore" (anonymes Interview mit ZFD-Organisation in Sierra Leone). Auch mit dem dann anstehenden Auswahlprozess der Fachkräfte zeigen sich nicht alle lokalen Partner*innen zufrieden. Generell wird dieser Prozess je nach ZFD-Trägerorganisation unterschiedlich gestaltet. In der Regel werden auf Grundlage der mit den Partner*innen erarbeiteten Kriterien Ausschreibungen erstellt, auf die sich Personen bewerben können. Diese Bewerbungen werden in der Regel von den Personen in Deutschland gesichtet, die eine Auswahl treffen. Die lokalen Partner*innen werden in unterschiedlichem Maße eingebunden. Einige berichteten, dass sie aus Deutschland einen Lebenslauf erhalten, dem sie zustimmen oder ihn ablehnen können, ohne andere Bewerbungen gesehen oder mit der Person gesprochen zu haben. Andere berichteten, dass sie verschiedene Lebensläufe zugesendet bekommen und einige berichteten auch, dass sie bei Bewerbungsgesprächen digital dabei waren. Generell bestand in allen drei Ländern beim Großteil der lokalen Partner*innen der Wunsch nach einer stärkeren Einbindung in den Auswahlprozess der Fachkräfte. Dieser Wunsch wurde auch bereits in bestehenden Forschungen formuliert (Meintjes, 2006, S. 12). Gerade die digitalen Gespräche wurden vielfach als gute Möglichkeit zur Teilhabe erwähnt: „In the selection process the skype interview was very important as you get a first impression and the person showed that she*he is experienced and worked in Kenya and will adapt easily" (anonymes Interview mit ZFD-Organisation in Kenia). Allgemein werden die lokalen Partner*innen nur minimal in die Auswahl der Fachkräfte eingebunden, obwohl sie am Ende mit ihnen zusammenarbeiten. Daran wird deutlich, dass die ZFD-Träger*innen die Expertise klar für sich in Anspruch nehmen und sie ihren „Partner*innen" im Globalen Süden absprechen. Somit wird die Konstruktion des „wissenden Wir" im Globalen Norden und des „unwissenden Anderen" im Globalen Süden verfestigt.

Abschließend lässt sich feststellen, dass die administrative Arbeit im ZFD eine wichtige Rolle einnimmt. Denn es handelt sich um öffentliche Gelder, mit denen gearbeitet wird. Deswegen (so die immer wiederkehrende Begründung) ist es umso wichtiger, dass ihre Verwendung nachvollziehbar und wirksam ist. Gleichzeitig führt der als hoch empfundene administrative Arbeitsaufwand immer wieder zu Frustration und die eigentliche Arbeit kommt dabei manchmal zu kurz. Besonders der administrative Bereich und die Auswahl der Fachkräfte bergen eine Vielzahl an Verbesserungsmöglichkeiten, die sich oftmals an den Wünschen und Bedürfnissen der lokalen Partner*innen orientieren und bestehende Machtdynamiken durchbrechen könnten.

8.2 Die Rolle der Fachkraft im ZFD

Dieses Kapitel befasst sich mit der Rolle von Fachkräften im ZFD. Als relevantes Thema wurde dies bereits in Abschnitt 6.3. unter dem Stichpunkt „Rolle und Aufgabe der Fachkräfte" erwähnt. Die Rolle der Fachkräfte ist zentral, da sie als das Herzstück des ZFD gelten. Dabei sei direkt zu Beginn angemerkt, dass es nicht nur eine Rolle für eine Fachkraft gibt, sondern vielmehr eine Vielzahl an verschiedenen Rollen und Rollenerwartungen. Diese hängen von der jeweiligen ZFD-Organisation, der Fachkraft, den lokalen Akteur*innen, den Aufgaben und Selbst- und Fremdzuschreibungen ab. Um diese vielfältigen Rollen besser einordnen und beschreiben zu können, werden zunächst verschiedene Erwartungen skizziert, die an Fachkräfte gestellt werden (Abschnitt 8.2.1.). Das Thema dieses Unterkapitels wurde so gewählt, weil in den meisten Gesprächen von Erwartungen an die Fachkräfte berichtet wurde. Diese werden beispielsweise von verschiedenen Seiten wie zum Beispiel durch die Träger*innen, die Koordinator*innen oder die Partner*innen gestellt. In dem Kapitel werden sie exemplarisch an einer Geschichte geschildert und anschließend in einem größeren Rahmen analysiert. Die folgenden Kapitel (8.2.2. und 8.2.3.) betrachten positive und negative Effekte der Arbeit und der Präsenz der Fachkräfte in einer Partnerorganisation. Dabei spiegelt das Kapitel sowohl Beschreibungen von Partner*innen über die Fachkräfte wider als auch Selbstbeschreibungen der Fachkräfte. Die zwei Kapitel wurden so gewählt, da sowohl Fachkräfte als auch Mitarbeitende von lokalen Organisationen immer wieder betont haben, dass eine Fachkraft positive und negative Effekte haben kann. Das konnte ich auch während der Forschung beobachten. Zuletzt wird in Unterkapitel 8.2.4. auf die Rolle von Koordinator*innen eingegangen. Dieses Thema wird als Unterkapitel des Kapitels „Die Rolle der Fachkraft im ZFD" behandelt. Denn Koordinator*innen sind oftmals selbst entsandte Fachkräfte und nehmen eine Sonderrolle unter den Fachkräften ein. Bei der Codierung der Forschungsmaterialien wurde deutlich, dass ihre Rolle sehr ambivalent betrachtet und deswegen hier genauer analysiert wird.

8.2.1 Erwartungen an Fachkräfte

Die Geschichte

In der Übungsküche einer Bildungseinrichtung werden Pfannkuchen gebacken. Hier werden normalerweise Personen angelernt und ausgebildet, die in der Gastronomie arbeiten, doch heute sind Personen eines Kurses anwesend, welche eine Weiterbildung im Bereich des Kleinunternehmer*innentums durchlaufen. Dieser Kurs wird von einer ZFD-Fachkraft und verschiedenen Mitarbeitenden der lokalen Organisation begleitet und es wird ein speziell darauf abgestimmtes Currikulum entwickelt. Viele der Teilnehmenden haben noch nie Pfannkuchen gebacken und freuen sich auf diese Aufgabe. Die Aufgabe dient dazu, ihnen zu verdeutlichen, wie Kosten für ein Produkt berechnet werden können, welche Kosten einkalkuliert werden müssen und wie gewinnbringend kalkuliert wird. Diese praktische Übung ergänzt eine vorhergehende theoretische Einheit, in der bereits variable Kosten und Fixkosten berechnet wurden. Die Fachkraft vor Ort hat dabei zunächst die theoretische Unterrichtseinheit durchgeführt und dabei Arbeitsblätter verteilt, auf denen die Teilnehmenden die Berechnungen selbst durchführen konnten. Die Erklärungen finden in englischer Sprache statt und werden danach zusammenfassend von einer*einem lokalen Mitarbeiter*in der Organisation in den lokalen Dialekt übersetzt. Die praktische Übung der Pfannkuchenherstellung wird von einer*einem lokalen Mitarbeiter*in durchgeführt und die Fachkraft schaut dabei zu. Dabei richtet sich die Fachkraft in der Durchführung dieser Trainings nach einem Handbuch, welches von der vorherigen Fachkraft erarbeitet wurde. Sie/Er soll nun dieses Handbuch umsetzten, noch etwas praxisnaher und nutzbarer gestalten und einen anderen inhaltlichen Schwerpunkt in einer zweiten Version des Handbuchs herausarbeiten. Gleichzeitig sollen die Kolleg*innen in der Anwendung dieses und des neuen Handbuchs trainiert werden.

Meine Rolle als Forscherin

Während des theoretischen Teils über die variablen Kosten und Fixkosten und bei der Bearbeitung der Arbeitsblätter habe ich wie die Teilnehmenden am Unterricht teilgenommen, an einem Unterrichtstisch gesessen und meine Arbeitsblätter bearbeitet. Dabei habe ich jedoch keine Ergebnisse vorgetragen oder Fragen gestellt. Bei der praktischen Übung habe ich zusammen mit der Fachkraft zugeschaut. Einige der Teilnehmenden an dem Kurs kannten mich bereits aus vorherigen Besuchen bei der Organisation, andere kannten mich noch nicht. Mit einigen bin ich ins Gespräch gekommen, mit anderen nicht. Dies hat sich auf natürliche Art und Weise ergeben. Da ich den Unterricht nicht mit meiner Anwesenheit weiter stören wollte, habe ich nicht das Gespräch mit Teilnehmenden gesucht, sondern gewartet, ob jemand auf mich zukommt. Dies ist zum Teil geschehen und so sind in den Pausen Gespräche über den Unterricht, Pfannkuchen und persönliche Lebensgeschichten geführt worden.

Reflexion und kritische Diskussion

Wie die Geschichte gezeigt hat, können die Aufgaben einer Fachkraft und damit auch ihre Rollen sehr vielfältig sein. In der beschriebenen Situation ist es zum einen die Aufgabe, theoretische Grundlagen des Unternehmer*innentums und der Kosten-Nutzen-Rechnung zu vermitteln, zum anderen, diese mit einer praktischen Übung zu verbinden. In der Situation hat sich die Fachkraft zusammen mit den Kolleg*innen der lokalen Organisation dazu entschieden, die Rollen aufzuteilen. So war die Fachkraft verstärkt für den theoretischen Teil zuständig, während die praktische Übung von einer*einem lokalen Mitarbeiter*in durchgeführt wurde. Dennoch zeigte sich in der Umsetzung, dass die Fachkraft Unterstützung bei den theoretischen Einheiten benötigte, da es eine Sprachbarriere gab. Hier stellt sich die Frage, inwieweit diese Rollenaufteilung sinnvoll war und ob es nicht effektiver gewesen wäre, alles von dem*der lokalen Mitarbeiter*in durchführen zu lassen. Auch ist fraglich, warum die Rollen so verteilt wurden: Weil die Expertisen im Team so verteilt sind? Weil es ein gleichberechtigtes Team ist, in dem jede*r einen Teil der Aufgaben übernimmt? Oder weil eine externe Fachkraft vor Ort ist, von deren Expertise profitiert werden soll und die örtlichen Expertisen nur zweitranging sind? Sicherlich war es in dem konkreten Fall eine Mischung aus allen Möglichkeiten. Zusätzlich hat die Fachkraft in dieser Geschichte noch die Aufgabe, ein Handbuch praxisnaher und nutzbarer zu gestalten, einen neuen inhaltlichen Schwerpunkt zu erarbeiten und die Kolleg*innen in der Anwendung des alten und neuen Handbuchs zu trainieren. Diese Aufgabe findet über einen längeren Zeitraum hinweg statt. Die beobachtete Situation skizziert zudem ausschnittsweise, wie das Handbuch direkt in der Praxis entwickelt wird. Arbeitsblätter und Ideen werden direkt mit den Teilnehmenden besprochen und getestet. Dies findet bewusst im Tandem zwischen der Fachkraft und lokalen Mitarbeiter*innen statt, bei dem die Rollen klar verteilt sind. Es hat zum Ziel, dass die lokalen Mitarbeiter*innen diese Aufgaben beim nächsten Mal allein übernehmen können. In einem Gespräch mit lokalen Mitarbeiter*innen im Nachgang zu der beobachteten Situation wurde mir erklärt, dass die Fachkraft eigentlich überall in der Organisation eingesetzt werden könnte. Dass sie aber in diesem Arbeitsbereich eine feste Aufgabe hat und seine*ihre Rolle darin besteht, das Handbuch anwendbar zu machen und umzuarbeiten. Aber wie das geschieht, ob im Tandem oder mit anderen Methoden, sei der Fachkraft überlassen. In einem Gespräch über die Rolle und die Aufgaben der Fachkraft teilte mir die Fachkraft selbst mit, dass er*sie die Aufgabe besonders im Bereich „Train the Trainer" sieht, dazu Materialien wie zum Beispiel das Handbuch entwickelt und die Aufgabe im Tandem umsetzt, um die lokalen Mitarbeiter*innen zur eigenen Umsetzung zu befähigen. Dabei soll sie*er eigentlich nur als Berater*in tätig sein, mehr im Hintergrund planen und vorbereiten als selbst Dinge durchzuführen. Doch schon zu Beginn der Arbeit hat er*sie gemerkt, dass dies nicht zielführend ist, da es mehr Einsatz benötigt, damit das Geplante auch umgesetzt wird. Hier zeigt sich, dass die Fachkraft als externe Person eine mächtige Stellung in der Organisation innehat beziehungsweise ausfüllt. Denn er*sie kann einfach über die Aufgaben entscheiden, ohne dies vorher abzusprechen. Diese Übernahme von Verantwortung und von konkreter Arbeit abseits von Beratung liegt – laut der Fachkraft – unter anderem an der hohen Arbeitsbelastung der lokalen Mitarbeiter*innen. Aber vor allem auch an einer überforderten Führung und unklaren Zuständigkeiten in der Organisation. Dass er*sie mehr in die Umsetzung der Arbeit geht, scheint – laut seiner/ihrer Aussage – kein Problem für die Kolleg*innen zu sein, da sie ihre*seine Rolle ohnehin nicht kennen. Hier muss kritisch hinterfragt werden, ob dies wirklich so ist. Oder ist dies eine Interpretation von Handlungen und Aussagen einer Person aus dem Globalen Norden, die auch anders gedeutet werden könnten. In einem meiner Gespräche mit den lokalen Kolleg*innen stellte sich heraus, dass diese sehr wohl die Rolle und die eigentlichen Aufgaben der Fachkraft kennen. Da sie die Arbeit der Fachkraft jedoch als qualitativ hoch einschätzen und selbst überlastet sind, freuen sie sich, dass von der Fachkraft mehr Aufgaben übernommen werden.

Analyse und Interpretation der Geschichte

Die Situation zeigt deutlich, wie unterschiedlich die Aufgaben und die Rolle einer Fachkraft sein können. Aber auch, wie wichtig die Kommunikation über die Rolle zwischen der Fachkraft und den lokalen Kolleg*innen ist, damit es nicht zu Missverständnissen kommt. Dass sich das Verständnis über die Rolle der Fachkräfte unterscheidet, zeigt sich schon daran, wie sie betitelt werden. So wurden die Fachkräfte in Kenia, Sierra Leone und Liberia in der Regel als *CPS-Worker*, *CPS-Personell* oder *Seconded Personell* bezeichnet. Ein ähnliches Phänomen lässt sich in einer früheren Forschung über den ZFD finden, in der die Fachkräfte vermehrt als *Project Manager* oder *Program Manager* betitelt wurden (Klotz, 2008, S. 46). Diese unterschiedlich verwendeten Begriffe zeigen bereits, dass es die eine Tendenz gibt, die Personen als Fachkräfte für den Frieden zu sehen und eine andere Tendenz, die Personen als Fachkräfte für den ZFD oder ein bestimmtes Projekt zu sehen. Mit diesen unterschiedlichen Bezeichnungen gehen bestimmte Erwartungen an Rollen und Aufgaben einher, die in der Arbeitspraxis ausbuchstabiert werden.

Generell sind die Rolle und die Aufgaben einer Fachkraft sehr vielfältig. Auch wenn es bestimmte vertragliche Rollenerwartungen gibt, ist die Ausdifferenzierung der Rolle doch immer unterschiedlich, sie ist abhängig von den Träger*innen und vor allem von den Personen (siehe dazu Abschnitt 4.4.2.1. Verständnis, Rolle und Aufgaben der Fachkräfte). Es ist wichtig, klar zu benennen, dass sich der ZFD im Kern als Instrument der Personalentsendung versteht. Somit werden die ZFD-Fachkräfte zu einem Alleinstellungsmerkmal und üben eine Schlüsselfunktion aus (Gemeinschaftswerk ZFD, 2014a, Abschn. 5.2. S. 3). Durch dieses Alleinstellungsmerkmal rücken die Fachkräfte automatisch in eine mächtigere Position als die Mitarbeiter*innen der lokalen Organisationen. So wird anstelle der lokalen Organisationen und ihrer Arbeit, die im Zentrum stehen sollten, die Fachkraft zum Herzstück des ZFD. Da den Fachkräften eine Position mit machtvollen Implikationen zugeschrieben wird, kann keine Rede mehr von einer gleichberechtigten Partnerschaft sein.

Generell ist anzumerken, dass es bestimmte festgelegte Handlungsfelder im ZFD gibt, in deren Rahmen die Fachkräfte agieren. Dazu zählen der Aufbau von Dialog- und Kooperationsstrukturen vor Ort, die Schaffung gesicherter Räume für gegenseitige Unterstützung und Begegnung, die Stärkung von Informations- und Kommunikationsstrukturen zum Thema, Vernetzung, Monitoring, psychosoziale Unterstützung, Traumabearbeitung, Trainings zu Ziviler Konfliktbearbeitung, Friedenspädagogik, Schutz vor Menschenrechtsverletzungen und die Stärkung lokaler Institutionen (Gemeinschaftswerk ZFD 2008, S. 3). Diese Idee der Handlungsfelder wurde in der ZFD-Reform aktualisiert, und es wird nun der Begriff Arbeitseinsatz verwendet. Die Operationalisierung einer ZFD-Fachkraft verläuft nicht mehr entlang bestimmter Themen, sondern entlang bestimmter Methoden und Aktivitäten. Somit wird die Arbeit auf die Projektebene und auf die jeweiligen Stärken des ZFD, die je nach Organisation unterschiedlich sind, heruntergebrochen (Gemeinschaftswerk ZFD, 2014a, Abschn. 5.1. S. 1). Diese Handlungsfelder, Themen und Methoden definieren die Rollen, die eine Fachkraft einnehmen kann. Die Durchführung von Projekten zu unterstützen und in einer oder mehreren Organisationen vor Ort Organisationsentwicklung und Vernetzung zu betreiben, wurden als allgemeine Aufgaben der Fachkräfte in den Interviews in Deutschland genannt. Für diese Aufgaben sind die Fachkräfte demnach geeignet, da sie über spezifisches Wissen verfügen, das in die Arbeit vor Ort eingebracht werden kann. Der Akzent auf dieses Wissen ist eine Grundidee des ZFD, die gleichzeitig von der Auffassung zeugt, dass das vor Ort existierende Wissen nicht ausreicht oder nicht gut genug ist. Genauso vielfältig, wie die formal gesetzten Handlungsfelder waren oder wie es nun die Themen sind, sind auch die Felder, die in Kenia, Liberia und Sierra Leone als Aufgaben für die Fachkräfte definiert wurden. Um die Vielfalt zu zeigen, seien hier nur einige Beispiele aufgezählt: technische Beratung, Planung und Durchführung von Aktivitäten, Öffentlichkeitsarbeit, Ergebnisse für die Zielgruppe zu erreichen, Organisationsentwicklung, Forschung, psychosoziale Beratung, Konfliktanalysen, Administration, Projektanträge und Finanzierung, Wissensmanagement. Diese Anforderungen an die Fachkräfte werden in den Stellenausschreibungen zusammen mit den lokalen Partner*innen für die jeweiligen Projekte angepasst. Viele lokale Partner*innen merkten kritisch an, dass sie die Anforderungen sehr gering halten, da es sonst schwierig ist, eine Person zu finden, die alle Kriterien erfüllt. Hier ist die kritische Frage angebracht, ob dies daran liegt, dass die Kriterien zu vielfältig oder zu hoch angesetzt sind oder daran, dass geeignete Personen es vorziehen, in anderen Arbeitsfeldern als dem ZFD tätig zu sein. Daran anknüpfend hinterfragten einige Fachkräfte den Auswahlprozess:

> „Das Auswahlverfahren muss [Name der deutschen Organisation] ernster nehmen. Ich habe vieles angesprochen und Fragen gestellt, auf die es keine Antworten gab. Ich habe das Gefühl, dass es einfach gut ist, jemanden zu haben, der eine ‚unbequeme' Stelle macht" (anonymes Interview mit ZFD-Fachkraft in Kenia).

Somit wurde der Fachkraft das Gefühl vermittelt, eingestellt worden zu sein, ohne wirklich gut auf die Stelle zu passen. Und auch die lokalen Partner*innen haben immer wieder das Gefühl, ihre eigenen Anforderungen anpassen zu müssen. So stellt sich die Frage, ob die Aufgaben für die Fachkräfte realistisch sind, ob sie nicht in anderen Bereichen liegen sollten oder ob andere Fachkräfte benötigt werden, zum Beispiel mehr lokal ausgebildete Personen. Hier zeigt sich, wie die ZFD-Träger*innen in der Auswahl und Besetzung der Fachkraftstellen ihre im Auswahlprozess mächtigere Position gegenüber den Partner*innen im Globalen Süden geltend machen, da sie über die Entscheidungskompetenzen verfügen.

Doch gibt es nicht nur Erwartungen an die inhaltliche Arbeit einer Fachkraft, sondern auch an persönliche Eigenschaften. So ist in ZFD-Dokumenten zu lesen, dass eine Fachkraft eine solidarische Grundhaltung, Werteorientierung und einen angemessenen Lebensstil mitbringen soll (Gemeinschaftswerk ZFD, 2014a, Abschn. 5.2. S. 1 f.). Ergänzt werden diese Eigenschaften in der wissenschaftlichen Literatur von Flexibilität, Selbstreflexion, Belastbarkeit, Empathie, Geduld, Engagement, Selbstmotivation, Zurückhaltung, Sprachkenntnissen, Offenheit, Erfahrungen im Umgang mit Angst und Bedrohung und der

Bereitschaft, Verantwortung an Lokale zu übergeben (Autesserre, 2021, S. 153; Evers, 2007, S. 145; Kramer, 2001, S. 359). Diese Eigenschaften wurden in zahlreichen Gesprächen mit Fachkräften in Kenia, Liberia und Sierra Leone um weitere Aspekte ergänzt. Dazu zählen zum Beispiel die Ambiguitätstoleranz und die Fähigkeit, mit Höhen und Tiefen umzugehen. Auch die lokalen Partner*innen nannten noch weitere Eigenschaften, welche nicht in den offiziellen ZFD-Dokumenten aufgeführt sind. An dieser Stelle folgen nur die am häufigsten genannten: Fähigkeit, zwischen zwei Kulturen zu leben, Integrationsfähigkeit und Kreativität. Oftmals wurde der Wunsch geäußert, dass die Fachkraft eine soziale Person sein soll. Ebenfalls gaben einige lokalen Partner*innen an, dass die Erwartungen an die Eigenschaften und Fähigkeiten einer Fachkraft vielfach von denen früherer Fachkräfte geprägt sind. „[We had] a lot of expectations towards the new CPS worker and these made them not to realize that he*she is an individual and not like the old person that was there. We need to ask ourselves what space we created for him*her“ (anonymes Interview mit ZFD-Organisation in Kenia). So kann es für eine neue Fachkraft schwierig werden, die Erwartungen zu erfüllen, die gegebenenfalls sehr hoch sein können.

Ein weiterer wichtiger Aspekt in der Rolle von Fachkräften ist, dass sie sich als Lernende verstehen (Gemeinschaftswerk ZFD, 2014a, Abschn. 5.2. S. 1 f.). Interessanterweise war dieser Aspekt in den Gesprächen in Kenia, Sierra Leone und Liberia für die lokalen Partner*innen wichtiger als für die Fachkräfte selbst. Vermehrt waren es unter den Fachkräften eher die Berufsanfänger*innen, die sich als Lernende bezeichneten oder diesen Punkt ansprachen, wenn es darum ging, eigene Arbeitsweisen anzupassen: „Man muss lernen, den eigenen Anspruch und die eigenen Standards herunterzuschrauben, aber es braucht trotzdem Qualität, es ist schwer, da den Mittelweg zu finden“ (anonymes Interview mit ZFD-Fachkraft in Sierra Leone). Von den lokalen Partner*innen wurde dieser Aspekt hingegen viel öfter erwähnt: „CPS personal are not experts but also learners“ (anonymes Interview mit ZFD-Organisation in Sierra Leone). Dies wurde oftmals damit begründet, dass die Fachkräfte die lokalen Kontexte und Gegebenheiten noch nicht kennen. Sie müssen sie erst kennenlernen und ihre Fähigkeiten und Ansätze daran anpassen. „We should not assume, that CPS workers know it all, we need to tell them the local context that is a problem in a lot of organizations“ (anonymes Interview mit ZFD-Organisation in Kenia). Dass es einen Unterschied zwischen Berufsanfänger*innen, erfahrenen Fachkräften und lokalen Partner*innen gibt, zeigt die sehr unterschiedlichen Erwartungen an die Rolle einer Fachkraft als lernende Person. Fachkräfte, die sich in der Zusammenarbeit nicht als lernende Person verstehen, beziehen so eine Position, die nach Ziai als Hierarchisierung des Wissens beschrieben werden kann (Ziai, 2015, S. 12).

Doch zeigt eine Umfrage unter Mitarbeitenden lokaler Organisationen, dass für die meisten der Lernprozess stattfindet und funktioniert. Der Aussage, dass sich die externe Fachkraft während ihres Aufenthalts im Land weiterentwickelt und gelernt hat, stimmen 79 % zu. Die Fachkräfte selbst geben mit 85 % kompletter Zustimmung oder Zustimmung an, dass der ZFD ihnen hilft, sich auf einer persönlichen Ebene weiterzuentwickeln. 93 % stimmen zu, dass auch eine Entwicklung auf professioneller Ebene stattfindet. Für diesen Lernprozess wird den Fachkräften besonders zu Beginn ihres Einsatzes Zeit eingeräumt. Bei einigen Organisationen wird davon ausgegangen, dass die Fachkräfte nicht gleich zu Beginn ihres Einsatzes voll einsetzbar sind, da sie erstmal einen „reality-check" (Burba & Stanzel, 2015b, S. 219) durchlaufen und etwas Zeit brauchen. So kann es durchaus üblich sein, dass die ersten drei Monate komplett der Orientierung dienen und die Fachkräfte nur beobachten und begleiten. Diese Zeit sollte genutzt werden, um gegenseitiges Vertrauen aufzubauen (Molitor, 2012, S. 19). Wie wichtig diese Zeit ist, zeigt meine Umfrage. Der Aussage, dass es mehr als sechs Monate gedauert hat, bis tatsächlich klar war, was man im Projekt machen soll, stimmen 27,5 % der Fachkräfte komplett zu, 39,5 % stimmen zu, 12 % lehnen die Aussage weder ab noch stimmen sie ihr zu, 9 % stimmten der Aussage nicht zu, 3 % stimmen gar nicht zu und 9 % wissen es nicht. Ein vergleichender Blick auf die Ergebnisse der Mitarbeitenden lokaler Organisationen zeigt ein ähnliches Bild, jedoch mit einer Verschiebung hin zu einer neutralen Aussage. Der Aussage, dass es mehr als sechs Monate gedauert hat, bis die externe Fachkraft eine Hilfe war, stimmen 3 % komplett zu, 17 % stimmen zu, 24 % lehnen die Aussage weder ab noch stimmen sie ihr zu, 21 % stimmten der Aussage nicht zu, 14 % stimmen gar nicht zu und 21 % wissen es nicht. Die Bedeutung der Eingewöhnungszeit wurde auch in Kenia, Sierra Leone und Liberia immer wieder hervorgehoben. „The philosophy that you have three month to really settle and look at everything is very good" (anonymes Interview mit ZFD-Organisation in Liberia). Auch bisherige Veröffentlichungen über den ZFD berichteten, wie wichtig diese Zeit ist. Vielfach findet erst nach mehreren Monaten eine Öffnung aller Beteiligten statt und die Arbeit kann tatsächlich beginnen (Engels, 2005, S. 2). Nur so ist es laut der Mehrheit der Fachkräfte möglich, ein Gefühl für das Land, die Menschen und die Arbeit zu bekommen – „[...] für eine neue Fachkraft ist das Halbjahresziel, integriert zu sein" (anonymes Interview mit ZFD-Fachkraft in Sierra Leone).

Im Zuge der Debatte um persönliche und fachliche Eigenschaften einer Fachkraft ist festzustellen, dass ihre Rolle oft zwischen fachlichen und persönlichen Kompetenzen schwankt. Es stellt sich die Frage, welche Kompetenzen für eine erfolgreiche Arbeit relevanter sind (Kruhonja, 2001, S. 22). Die bislang vorliegende Forschung zu Friedensfachkräften zeigt, dass deren fachliches Wissen von den lokalen Akteur*innen oft hoch geschätzt wird (Autesserre, 2014, S. 75). Demnach wird zertifizierbares Wissen generell höher bewertet (Barnett, 2012). Mit meiner Umfrage in verschiedenen Ländern, an der Mitarbeitende lokaler Organisationen teilnahmen, konnte für diese Frage kein abschließend klares Bild ermittelt werden. Der Aussage, dass es wichtiger ist, dass sich die externe Fachkraft leicht integrieren kann als dass er oder sie relevante Arbeitserfahrungen mitbringt, stimmen 14 % komplett zu, 14 % stimmen zu, 31 % lehnen die Aussage weder ab noch stimmen sie ihr zu, 17 % stimmten der Aussage nicht zu, 7 % stimmen gar nicht zu und 17 % wissen es nicht. Die Gespräche mit den lokalen Partner*innen in Kenia, Sierra Leone und Liberia lieferten sehr unterschiedliche Perspektiven auf diese Frage, was zwei Aussagen exemplarisch darstellen können: „Still the skill and experience is more important than the ability to integrate, as people with less experience are always there, not taking somebody for the sake of taking" (anonymes Interview mit ZFD-Organisation in Kenia); „It is more important for the person to fit in, than to have a lot of knowledge about a topic, as topics can be changed. Acceptance is more important, then they can become a gift" (anonymes Interview mit ZFD-Organisation in Kenia). Insofern unterliegt das, was priorisiert wird, persönlichen und organisatorischen Präferenzen.

Für die ZFD-Träger*innen ist wichtig, dass die Fachkräfte in all diesen Bereichen zwar ihre fachliche Qualifikationen und Ressourcen beisteuern, aber vor allem eine beratende, unterstützende und begleitende Rolle einnehmen (Willmutz, 2005, S. 2). Diese beratende Rolle steht im ZFD für einen Verständniswandel hinsichtlich der Rolle als Entwicklungshelfer*in. Noch vor wenigen Jahren war sie eher eine Rolle als Macher*in (Molitor, 2012). Fachkräfte stellen ihr Wissen und ihre Qualifikationen zur Verfügung, die von den Akteur*innen vor Ort eingesetzt und verwendet werden (AGEH & Brot für die Welt, 2014, S. 9). So kann zumindest in Ansätzen die klassische Machtdynamik (siehe Kapitel 2) in der Entwicklungs- und Friedensarbeit durchbrochen werden. Denn es steht nicht mehr das Handeln losgelöst von Kontexten und Personen vor Ort im Vordergrund, sondern die gemeinsame Arbeit und Unterstützung. Auf diese Weise aber wird die bestehende Machtdynamik noch nicht aufgebrochen, weil auch hier externes Wissen über lokales Wissen gestellt wird. Nach wie vor wird davon ausgegangen, dass ohne das externe Wissen vor Ort keine Veränderungen eintreten können. So fasste eine Fachkraft seine*ihre Rolle wie folgt zusammen: „Ich komme nicht mit Ideen, ich bin ein Facilitator für das empowerment" (anonymes Interview mit ZFD-Fachkraft in Sierra Leone). Allerdings ist gerade diese beratende Rolle nicht klar definiert, denn es gibt nicht nur eine Beratungsart. Sie können sehr unterschiedlich ausfallen und unterscheiden sich auch in der Stärke der Intervention. So gibt es zum Beispiel die Rolle des „reflective observer“, der oder die beobachtet und dann spiegelt, was er oder sie sieht (sehr geringe Intervention); es gibt die Rolle von Trainer*innen (mittlere Intervention), die Lösungen zu bestimmten Themen vermitteln; „hand-on-experts“, die eine Macher*innenrolle einnehmen und durch eigene Handlungen Vorbildcharakter für andere Personen haben; und es gibt die Rolle der Partner*innen (höchste Form der Intervention), in der gemeinsam gearbeitet und gemeinsam voneinander gelernt wird (Champion et al., 1990).

Doch gerade diese im ZFD vorgesehene begleitende Rolle der Fachkräfte wird von manchen lokalen Partner*innen bemängelt, da den Fachkräften somit nur ein sehr geringes Mandat zukommt und es so wirken kann, als würden sie wenig beisteuern. „CPS worker should not feel that he or she is only an observer but make a contribution and start to work from there“ (anonymes Interview mit ZFD-Organisation in Liberia). Andere lokale Partner*innen schätzen gerade deswegen den ZFD so sehr, da sie so mehr *Ownership* über die Arbeit haben und sie fordern diese beratende Rolle in Gesprächen immer wieder ein. „Internationals should see how to support but not how to drive“ (anonymes Interview mit ZFD-Organisation in Kenia); „CPS advisors role is just to advice and should not be extended this role“ (anonymes Interview mit ZFD-Organisation in Kenia); „Teach us how to fish and don’t give us the fish“ (anonymes Interview mit ZFD-Organisation in Liberia). Somit hat eine Fachkraft die eigene Rolle definiert als: „Fachkräfte sind Consultants, Labertaschen ohne Projektpower“ (anonymes Interview mit ZFD-Fachkraft in Liberia). Diese Unklarheit rührt sicherlich auch daher, dass die eigentliche Idee einer beratenden Rolle von Entwicklungshelfer*innen die ist, von außen zu beraten, sich wieder zurückzuziehen und nicht weiter an der Umsetzung beteiligt zu sein (Molitor, 2012). Die Vermischung von Beratung und enger Zusammenarbeit ist für alle Beteiligten ein Balanceakt. Denn ZFD-Fachkräfte können eine Vielzahl von Rollen wie zum Beispiel die als „technical advisor“, „reflective observer“, Gesprächsanstifter*in, Netzwerker*in, Trainer*in, *Coach*, Moderator*in oder Prozessbegleiter*in einnehmen. Oftmals lassen sie sich nicht klar voneinander abgrenzen (Pastoors, 2017, 442 ff.). Es kann auch immer wieder zu einem Wechsel zwischen den verschiedenen Rollen kommen, um sich an die jeweilige Situation anzupassen (Schultze-Gebhardt, 2016). Erstaunlicherweise sind diese unklaren Rollen im ZFD schon seit längerer Zeit bekannt, wie die Studie von Martin Quack (2009, S. 421) zeigt. Fraglich ist also, warum sich diese Rollenunklarheiten in den letzten Jahren nicht verbessert haben. Einige Fachkräfte, mit denen ich während der Forschung in Austausch stand, fanden es schwer, die beratende Rolle umzusetzen. Meine Umfrage unter Fachkräften zeigte, dass der Aussage, dass die Arbeit vor Ort ohne die eigene Unterstützung nicht die gewünschten Ergebnisse erreichen würde, 55 % komplett zustimmen oder zustimmen. Hier zeigt sich deutlich ein Rollenkonflikt. Kritsch wurde in Gesprächen zum Beispiel hinterfragt, wie man eine beratende Rolle einnehmen soll, wenn man nicht auch inhaltlich arbeitet. Für andere ist die eigene Rolle in dieser Frage vollkommen unklar: „[Hat eine] Fachkraft nur beratende Rolle oder [ist sie] auch da, um Sachen selber zu machen?" (anonymes Interview mit ZFD-Fachkraft in Liberia).

In den Interviews, welche ich in Deutschland geführt habe, wurde folgende Aussage immer wieder deutlich hervorgehoben:

> „Grundsatz ist, dass wir die Partner in ihrer Entwicklungsarbeit stärken wollen. Fachkräfte arbeiten deshalb integriert bei den Partnern. Die wesentlichen Entscheidungen müssen dort getroffen werden. Sinn der Sache ist, dass aus den Beiträgen der Fachkraft bei den Partnern ein Mehrwert entsteht" (Interview BfdW Deutschland).

Auch wenn alle Fachkräfte eher beratend tätig sein sollen, lässt sich ein Unterschied zwischen integrierten und nicht integrierten Fachkräften feststellen (siehe dazu Abschnitt 4.4.2.1. Verständnis, Rolle und Aufgaben der Fachkräfte). Ein*e Interviewpartner*in in Deutschland fasste dies sehr treffend zusammen und stellte die verschiedenen Polaritäten dar:

> „Es gibt die wirklich integrierten Fachkräfte, wie es sie bei der AGEH oder BfdW gibt, also dass Leute wirklich nur vermittelt werden, zwar einen Vertrag hier haben, aber ihr fachlicher Vorgesetzter in der Partnerorganisation ist [...]. Und die andere Polarität ist, glaube ich, wie das Forum ZFD seine Rolle beschreibt. Sie haben ein regionales Büro und dort arbeiten sie dann mit verschiedenen Partnern zusammen und sagen, auch das Zusammenbringen von Partnern ist dann schon ein Teil der Aufgabe. Und das sind sehr unterschiedliche Partnerkonstellationen für die Fachkraft [...]. Auch bei EIRENE und WFD sind sie klar schon integriert in den Organisationen, aber nicht unbedingt in die Arbeitsabläufe, es kommt sehr drauf an, da muss man von Fall zu Fall hingucken, dazwischen ist eine ganze Menge möglich. Ich glaube, aus Konfliktbearbeitungsperspektive macht beides Sinn. Es gibt sehr gute Gründe für beide Herangehensweisen. Die eine Position ist zu sagen, der Partner muss klar den Hut aufhaben. Auf der anderen Seite kann ich meine Rolle als Externe, wenn ich nicht in einer Parteiorganisation eingebunden bin, anders ins Spiel bringen" (anonymes Interview mit ZFD-Organisation in Deutschland).[4]

Schon während der Interviews in Deutschland und bei Gesprächen mit Fachkräften während ihrer Vorbereitung wurde als Vorteil für nicht integriert arbeitende

[4] Das Zitat wurde grammatikalisch bereinigt.

Fachkräfte insbesondere genannt, dass man von außen mit einer anderen Perspektive auf Dinge schaut: „[...] man sieht vielleicht auch ein paar Fallstricke, die sich die Organisation selbst manchmal auch machen“ (anonymes Interview mit ZFD-Organisation in Deutschland). Jedoch wurden auch Vorteile der Arbeit einer integrierten Fachkraft aufgeführt. So wurde hervorgehoben, dass

> „es [...] ein ganz anderes Arbeiten [ist], wenn eine Fachkraft in der Organisation ist. Was sie mitbekommt, wie sie sich damit identifiziert, wie sie diese Organisation beraten kann, weil sie sie besser versteht und durchdrungen hat, als wenn jemand von außen immer mal wieder mit der Organisation arbeitet“ (anonymes Interview mit ZFD-Organisation in Deutschland).

Besonders während meiner Forschung in Kenia, wo sowohl integrierte als auch nicht integrierte Fachkräfte arbeiten, konnte ich feststellen, dass die oben ausgeführte beratende Rolle Fachkräften, welche nicht integriert arbeiten, oft leichter fällt. Dies liegt daran, dass sie eine gewisse Distanz zu den lokalen Organisationen haben und für bestimmte Themen zuständig sind. Integrierte Fachkräfte hingegen berichteten immer wieder davon, dass sie in den Organisationen, in denen sie arbeiten, eine Vielzahl von verschiedenen Aufgaben übernehmen (müssen) und sich ihre Rolle somit verlagert. Damit einher geht auch eine unterschiedliche Bedeutung von Machtdynamiken, die mit der Rolle einer Fachkraft zusammenhängen. Weil auch eine integrierte Fachkraft immer aus dem Globalen Norden stammt und somit ein Stück weit extern bleibt, ist ihrer Position eine gewisse Macht inhärent. Dies hat in der integrierten Arbeit mehr Bedeutung.

Für die verschiedenen Rollenverständnisse ist auch die Positionierung des ZFD und der Fachkräfte zu der Frage relevant, ob sie Geber*innen (*Donor*) sind. Insbesondere von den Interviewpartner*innen in Deutschland wurde vielfach betont, dass die Fachkräfte nicht als Geber*innen auftreten, sondern den Fokus in der Arbeit auf die Inhalte legen. Lediglich in einem Interview in Deutschland wurde kritisch angemerkt, dass dies nicht immer einfach ist. Denn in einigen Ländern sind viele Geber*innen mit mehr Geld aktiv und könnten potenziell mit den gleichen Organisationen zusammenarbeiten. Befragt man die Fachkräfte und lokalen Partner*innen hierzu, zeigt sich eine andere Wahrnehmung. Besonders lokale Partner*innen betonten, dass die Fachkräfte und der ZFD wie andere Organisationen auch Geberorganisationen sind. Dies zeigt sich beispielsweise in einigen Interviewaussagen: „CPS is the best donor, it is the mother of their activity“ (anonymes Interview mit ZFD-Organisation in Kenia) oder „CPS is a donor but is doing it participatory and cooperate with so many partners“ (anonymes Interview mit lokaler ZFD-Fachkraft in Kenia). Hier wird deutlich, dass sich der ZFD seiner extern wahrgenommenen Rolle als Geber nicht bewusst ist oder nicht bewusst sein will. Im ZFD fließen Gelder und Mittel, wodurch Abhängigkeiten und ein Geber*innen-Nehmer*innenverhältnis entstehen. Die Umsetzung erfolgt im ZFD jedoch anders als in einigen anderen Organisationen. Dennoch sind in der Folge gewisse Machtpositionen in der Arbeit vorhanden. Weil die Träger*innen des ZFD aus Deutschland für die Finanzierung durch das BMZ zuständig sind, haben sie mächtigere Positionen und können Entscheidungen über Finanzierungen treffen.

Wie die Geschichte und die Ausführungen gezeigt haben, sind die Rollenerwartungen an Fachkräfte vielfältig. Sehr unterschiedliche Meinungen und Auffassungen herrschen inbesondere zu den Fragen, welche Aufgaben übernommen werden sollen, ob es sich um eine beratende Rolle oder mehr handelt, inwieweit Integration gelingt und welche Perspektive auf die Rolle als Geber*innen eingenommen wird. Die Rollenerwartungen ergeben sich teilweise aus unterschiedlichen persönlichen Erwartungen und Haltungen, jedoch auch aus ungleichen Herangehensweisen der beteiligten Organisationen und einer nicht immer eindeutigen Kommunikation über die jeweiligen Rollen. Wie Gespräche und Beobachtungen deutlich gezeigt haben, sind den Beteiligten ihre Rollen und die damit einhergehenden Machtdynamiken selbst nicht immer klar. Trotz teilweise langjähriger Zusammenarbeit gibt es immer wieder lokale Partner*innen, denen die Rolle der Fachkräfte unklar ist: „CPS advisors [as non-ingetrated personell] have an unclear role, often feels like they just observe. Not sure what the support should be" (anonymes Interview mit ZFD-Organisation in Kenia). Auch bei integriert arbeitenden Fachkräften wurde oft betont, dass die Rollen und vor allem die Befugnisse nicht definiert sind:

> „Having a CPS advisor needs to be clear if advise is only on CPS projects or on all projects/ organization. Not so sure from CPS side, it must be very clear in what they advise for example in conflict context they do not need advisors but maybe on tools and institutional strengthening" (anonymes Interview mit ZFD-Organisation in Kenia).

Auch für die Fachkräfte selbst ist ihre Rolle nicht immer eindeutig. Oder es gibt zu viele Aufgaben, die von der eigentlichen Aufgabenbeschreibung abweichen: „Oft muss man sich entscheiden, ob die Menschen in der Partnerorganisation etwas lernen sollen oder ob das Projekt vorangebracht werden soll" (anonymes Interview mit ZFD-Fachkraft in Sierra Leone). Gerade zu Beginn der Arbeit herrscht laut einer Umfrage unter den Fachkräften besonders große Unsicherheit darüber, wie die Arbeit aussieht. Der Aussage, dass von Beginn an klar war, wie die eigene Arbeit aussehen wird, stimmten nur 9 % zu oder komplett zu. Darum sind die weiter oben beschriebenen Monate der Eingewöhnung und des Zurechtfindens besonders wichtig. Diese fehlende Klarheit wirkt sich auch auf die Erwartungshaltung an den ZFD aus. So stimmen nur 65 % der Fachkräfte und Mitarbeitenden von lokalen Organisationen der Aussage, dass die eigenen Erwartungen an die eigene Arbeit erfüllt wurden, zu oder komplett zu. Der Aussage, dass die eigenen Erwartungen an den ZFD erfüllt wurden, stimmen 51 % komplett zu oder zu. Somit zeigt sich, dass unklare Rollen und unklare Aufgaben langfristige Auswirkungen haben können. Wie andere Forschungen es beschreiben, können sie sich auch negativ auf den Friedensprozess auswirken (Hellmüller, 2018, Kapitel 5).

In diesem Zusammenhang wurde auch geäußert, dass Fachkräfte zum Teil in eine Rolle hineingedrängt werden. Jemand berichtete, dass er*sie sich selbst als Person sieht, die gerne die Ärmel hochkrempelt und nicht gern als Redner*in auftritt. Von der „deutsche[n] Trägerorganisation" aber werde er*sie in diese Rolle gedrängt und habe das Gefühl, nicht gewollt zu sein. Manche Personen kommen als mitausreisende*r Partner*in in das Land und der oder die Partner*in arbeitet als Fachkraft vor Ort. Während meiner Forschung haben mir zwei solche Partner*innen berichtet, dass für sie aus dieser Situation heraus eine Stelle als Fachkraft geschaffen wurde. „Dazu wurde von der Koordination mein CV geändert, in einem Maße, dass ich mich selbst nicht mehr wiedererkenne" (anonymes Interview mit ZFD-Fachkraft in Liberia). So kommt es zu falschen Erwartungen bei den lokalen Partner*innen, die an die Fachkraft andere Rollenerwartungen stellen. Allen gemein ist der Wunsch nach eindeutig definierten Rollen, teilweise nach klareren Strukturen und Vorgaben, weil sie zu einem partnerschaftlichen Arbeiten beitragen: „Structures and roles need to be clearer than they are now. It should not be two parties but one cooperation" (anonymes Interview mit ZFD-Organisation in Kenia). An diesen Beispielen zeigt sich deutlich die handlungsmächtige Position der ZFD-Träger*innen in Deutschland, die über Positionen und Rollen der Fachkräfte entscheiden können. Dies betrifft zwar ein Angestelltenverhältnis, in dem eine solche Handlungsmacht naturgemäß vorkommt. Doch ist hier ein differenzierter Blick erforderlich, da sich der ZFD als partnerschaftlich arbeitend definiert und diesen Anspruch auch in Bezug auf die Fachkräfte verwirklichen will.

Rollen und Aufgaben von Fachkräften können vielfältig sein. Sie können sich während der Zeit im Projekt verändern oder durch unterschiedliche Erwartungen von einem selbst oder von außen angepasst werden. Einher mit der Rolle als Fachkraft geht eine machtvolle Position, die bei der Ausdifferenzierung der Rolle ebenfalls wichtig ist. Im Folgenden werden positive und negative Effekte von

Fachkräften skizziert, die eine Folge der unterschiedlichen Rollenerwartungen sind. Es werden die Rollen beschrieben, die Fachkräfte einnehmen können und es wird diskutiert, wie sie zustande kommen und welchen Einfluss sie auf ein Programm wie den ZFD haben.

8.2.2 Positive Effekte einer Fachkraft

Die Geschichte

In einer Provinzhauptstadt steht ein großes, gut bewachtes Haus. Schon beim Vorbeifahren fällt es direkt auf. Betrachtet man das Haus näher, wird klar, dass es dem örtlichen *Paramount-Chief* gehört. Eine Person, die durch das traditionelle, aber auch politische Amt vor Ort über viel Macht und Einfluss verfügt. Nachdem wir – eine Fachkraft, ein*e Mitarbeiter*in der lokalen Organisation und ich – zwei Tage in ländlichen Gemeinden unterwegs waren und dort viel über die Probleme der Bevölkerung erfahren haben, besuchen wir nun den *Paramount-Chief*, um ihm davon zu berichten. Diese Aufgabe versteht die lokale Organisation als Teil ihrer Arbeit und Verantwortung. Wir haben keinen Termin, beziehungsweise kündigen uns nur kurz vorher per Telefon an. Diese Entscheidung wurde bewusst getroffen. Der Fachkraft zufolge haben die Erfahrungen der Vergangenheit gezeigt, dass der *Paramount-Chief* sonst „spontan weg musste“, wenn der Termin stattfinden sollte. Zusätzlich wurde telefonisch ein*e Mitarbeitende*r einer lokalen Firma, auf die*den viele Probleme der Gemeinden zurückgehen, zu dem Treffen gebeten. Diese Person war für die Kommunikation und Verhandlungen zwischen den Gemeinden und der Firma zuständig. Wir werden in das Haus eingelassen und obwohl noch andere Personen warten, werden wir direkt vorgelassen. Das Gespräch wird von der*dem Mitarbeitenden der lokalen Organisation geführt. Gleich zu Beginn wird betont, dass die Besuche in den Gemeinden ein Teil der Arbeit des ZFD sind, dass die Fachkraft dabei ist und in Deutschland darüber informieren wird, dass ich als Forscherin teilnehme und darüber berichten werde. Im weiteren Gespräch wird betont, dass sich Deutschland für die Belange und Probleme der Menschen vor Ort interessiert und die Handlungen der Firma kritisch betrachtet. Wie ich nach dem Gespräch erfahre, wurde diese Strategie gewählt, um sowohl auf die Firma als auch auf den *Paramount-Chief* einen gewissen Druck auszuüben. Denn Personen aus dem Ausland hätten eine andere Wirkung und würden die Wichtigkeit der Problemlage hervorheben. Grundsätzlich ist es die Aufgabe des *Paramount-Chief*, auf die Probleme der Menschen einzugehen und Lösungen zu finden. Während des Gesprächs aber kann keine klare Einigung für die Probleme gefunden werden. Vielmehr stimmt der *Paramount-Chief* immer wieder dem/der Firmenvertreter*in zu. Dennoch zeigen sich im anschließenden Auswertungsgespräch die Fachkraft und der*die Mitarbeitende der lokalen Organisation zufrieden. Sie hätten keine gute Lösung erwartet, da der *Paramount-Chief* von der Firma profitiert und mit ihr eng zusammenarbeitet. Vielmehr war es darum gegangen, darauf aufmerksam zu machen, dass sie weiterhin an den Problemen arbeiteten.

Meine Rolle als Forscherin

In dieser Situation ist meine Rolle als Forscherin eindeutig kritisch zu sehen. Meine Anwesenheit beim *Paramount-Chief* wurde vor ihm besonders betont. Es wurde hervorgehoben, dass ich über die Probleme der Bevölkerung und seine Rolle schreiben werde und also die Welt davon erfahren wird. Dadurch wurde mir als weiße Forscherin aus dem Globalen Norden alleine durch meine Herkunft und meine Arbeit eine mächtige Position zugeschrieben. Dies geschah, wie ich erfuhr, nicht etwa in der Erwartung, dass ich dies wirklich alles tun werde, sondern um den Druck auf ihn zu erhöhen. Ob sich der *Paramount-Chief* davon hat beeinflussen lassen, ist schwer zu sagen. Während des Gesprächs habe ich nichts gesagt oder dazu beigetragen, sondern nur zugehört. Im Schreibprozess habe ich mich entschieden, die Geschichte zu erzählen. Ob ich mich genau für diese Geschichte entschieden habe, weil die Bitte an mich herangetragen wurde oder weil sie den vermeintlich positiven Effekt einer Fachkraft sehr gut beschreibt, habe ich für mich reflektiert. Die Antwort liegt wohl dazwischen. Beide Faktoren haben die Auswahl der Geschichte beeinflusst.

Reflexion und kritische Diskussion

Wie die geschilderte Situation sehr deutlich zeigt, wurde die Fachkraft zu dem Treffen beim *Paramount-Chief* mitgenommen, um Druck auf ihn auszuüben. Die Fachkraft repräsentiert dabei die internationale Gemeinschaft, die Geber*innenlandschaft und Deutschland. Es wird davon ausgegangen, dass ihre bloße Präsenz und die Betonung des internationalen Interesses an der Arbeit und der Thematik beim *Paramount-Chief* dazu führt, sich mit den Problemen zu beschäftigen oder sie sich zumindest anzuhören. Insofern wird der Fachkraft eine machvolle Position aufgrund seiner*ihrer Herkunft zugeschrieben und nicht etwa aufgrund bestimmte Kompetenzen. So wird ersichtlich, wie sehr sich Machtdynamiken verfestigt haben und ein Bestandteil der Arbeit geworden sind. Obwohl in dem Gespräch keine Lösung für das Problem gefunden wurde, zeigte sich der*die lokale Mitarbeitende sehr zufrieden, angehört worden zu sein, was nicht immer selbstverständlich ist. Sowohl die Fachkraft als auch der*die lokale Mitarbeitende fand das Vorgehen nicht ungewöhnlich. Die Vorteile, die Fachkräfte mit sich bringen, könnten sehr gut für solche Zwecke genutzt werden. Darin sahen sie nichts Negatives. Auch wenn die Fachkraft die Situation und die Arbeit vor Ort positiv beeinflusst, wird sehr deutlich, welche Rolle Macht bei Nord-Süd-Dynamiken im ZFD spielt. In der Situation wird die Fachkraft als Vertreter*in des Globalen Nordens in eine Position gehoben, die so mächtig ist, dass sogar der *Paramount-Chief* vor Ort sich mit dem Anliegen befassen muss. Die Fachkraft wird so über den*die lokale*n Mitarbeitende*n gestellt, welche*r über das eigentliche Fachwissen verfügt. Es wird mit einem Machtungleichgewicht in der Friedensarbeit agiert, um eigene Ziele zu erreichen. Dies ist sicherlich nicht verwerflich, da die involvierten Personen ein Teil des Systems sind. Kritisch ist, dass weder die Handlung noch die Implikationen reflektiert werden.

Analyse und Interpretation der Geschichte

Die ZFD-Fachkräfte werden in ihrer Arbeit nicht nur von den Menschen vor Ort als positiver, internationalisierender Faktor wahrgenommen. Vielmehr ist dieser Aspekt ihrer Arbeit auch durch das Gemeinschaftswerk ZFD festgeschrieben. Dort sind ZFD-Fachkräfte bewusst als Ausländer*innen definiert, die durch ihre spezifische Rolle mit Gruppen oder Personen arbeiten oder dort vermitteln können, wo es die lokalen Personen nicht können. Somit wird ihre Herkunft als positives Faktum interpretiert: „ZFD-Fachkräfte leisten durch ihre Herkunft […] wertvolle Beiträge zur Vernetzung, besonders international“ (Gemeinschaftswerk ZFD, 2014a, Abschn. 5.2. 1). In der wissenschaftlichen Literatur gelten Fachkräfte als Vertreter*innen der Weltöffentlichkeit, die über symbolisch-moralische Macht verfügen und in deren Arbeit es zu Zuschreibungen von politischer und wirtschaftlicher Macht kommt (Evers, 2007, S. 155). Berichtet wird in der Literatur zudem oftmals von einer „quasi natürlichen Autorität und Expertise“ (Ziai, 2013, S. 18) von externen Friedensfachkräften, die sich allein durch einen europäischen Pass oder ihre weiße Hautfarbe ergibt. Diese festgeschriebene Hierarchisierung der Hautfarbe der Fachkräfte – die nicht unbedingt weiß sein muss, nur weil sie aus Deutschland kommt, was in den ZFD-Ausführungen aber wohl vergessen wird – hebt die Fachkraft automatisch in eine machtvolle Position. Es werden Hierarchien in der Zusammenarbeit gebildet und das Credo „Arbeit auf Augenhöhe“ (Gemeinschaftswerk ZFD, 2014a, Abschn. 5.2. S. 3) wird direkt obsolet. Augenhöhe ist hier ein regelrechter Trugschluss. Diesen Trugschluss machen sich viele lokale Organisationen zunutze. Und zwar, indem sie – wie beispielsweise in der eingangs geschilderten Geschichte – Fachkräfte zu Treffen mitnehmen, bei denen ein „internationales Gesicht“ einen positiven Effekt bewirken kann. In der wissenschaftlichen Literatur wird vielfach argumentiert, dass so „die Friedensfachkraft […] von den Einheimischen mit Macht im Vorschuss ausgestattet" (Kurschat, 2000, S. 65) wird. Auf Grundlage meiner Beobachtungen und Gespräche bezeichne ich dies nicht als Machtvorschuss, sondern als gezielten Nutzen, den die Fachkräfte und der ZFD mit sich bringen. Dies untermauert zum Beispiel die folgende Aussage: „International partners and local NGOs value you more if you bring the CPS personnel as it is additional knowledge – they learn directly. That is not something bad, it just adds value for the institution and everybody wants to benefit" (anonymes Interview mit ZFD-Organisation in Liberia). Wenn die Internationalität einer Fachkraft gezielt von den lokalen Partner*innen genutzt wird, ist dies sicherlich als positiv einzustufen. Die lokalen Partner*innen machen sich die Situation, die sie vorfinden, zunutze und verschaffen sich einen Vorteil. Jedoch muss dies in jeder Situation genau analysiert werden. Denn erfolgt diese bewusste Nutzbarmachung nicht, kann schnell der Eindruck entstehen, dass die Fachkraft aufgrund ihrer Herkunft den lokalen Akteur*innen übergeordnet ist. Dass sie alleine durch ihre*seine Anwesenheit beeinflusst, wer Aufmerksamkeit erhält und so auf die Realitäten vor Ort (auch negativ) einwirken kann (Barnett & Weiss, 2008, S. 42). Beispielsweise, wenn durch ihr Auftreten Hoffnungen auf Gelder oder Arbeit erweckt werden (Auer-Frege, 2003, S. 267).

Neben der Internationalisierung können jedoch auch noch andere positive Effekte der Arbeit einer Fachkraft genannt werden. Generell scheint unter den Partner*innen Zufriedenheit mit der Arbeit der ZFD-Fachkräfte verbreitet. Der generellen Aussage, dass die internationalen Kolleg*innen fähig sind, ihre Arbeit zu machen, stimmen 21 % der Mitarbeitenden lokaler Organisationen komplett zu und 45 % stimmen zu. Neben der Internationalisierung nennen Mitarbeitende der lokalen Organisationen am häufigsten den Aspekt, dass sie persönlich etwas von der Fachkraft gelernt haben oder sich durch diese in der Organisation etwas zum Positiven gewandelt hat. Dies geschieht nach Aussagen der Personen vor Ort aus den folgenden Gründen: 1) Die Fachkräfte sind in der Regel sehr gut ausgebildet, haben einen hohen Bildungsabschluss und Arbeitserfahrung, die sie weitergeben können; 2) die Fachkräfte haben eine hohe Arbeitsmoral, welche auch immer wieder als deutsche Arbeitsmoral bezeichnet wurde und als sehr effizient eingestuft wird; 3) durch die Fachkraft werden neue Dinge ausprobiert und Denkanstöße gegeben. „He*She challenges the co-workers to try new things and push you beyond your comfort zone" (anonymes Interview mit ZFD-Organisation in Kenia). Begründet wurden diese positiven Effekte oftmals mit dem partnerschaftlichen ZFD-Ansatz. Insbesondere aber wurde hervorgehoben, wie sehr es auf die Individuen ankommt, ob man miteinander gut zusammenarbeiten kann und ob es ein gegenseitiges Verständnis gibt. Dann kann es zu einem sehr engen Verhältnis kommen, wie das folgende Zitat zeigt: „CPS worker has blended in and feel like a Kenyan father/mother and is leading the organization. He*She plays a major role and it would work different without him*her“ (anonymes Interview mit ZFD-Organisation in Kenia).

Trotz einer generellen Zufriedenheit mit der Arbeit der Fachkräfte, kam immer wieder die Frage auf, warum externe Fachkräfte gebraucht werden und ob die Arbeit nicht auch von lokalen Mitarbeitenden ausgeführt werden könnte. Dies wird sehr ambivalent diskutiert, da auch die Machtdynamiken und die Frage, wie weit Partnerschaft stattfindet, eine Rolle spielen. Der Aussage, dass die Idee der internationalen Fachkraft überholt ist und restrukturiert werden sollte, stimmen 14 % komplett zu, 16 % stimmen zu, 16 % lehnen die Aussage weder ab noch stimmen sie ihr zu, 30 % stimmten der Aussage nicht zu, 19 % stimmen gar nicht zu und 5 % wissen es nicht (die Angaben beziehen sich auf Zustimmung oder Ablehnung sowohl von Fachkräften als auch von lokalen Mitarbeiter*innen). Dieses gemischte Bild verdeutlicht die verschiedenen Meinungen zu diesem Aspekt. In der Regel wurden in der Diskussion die folgenden Vorteile von externen Fachkräften aufgeführt: Sie bringen ein globales Verständnis, neue Ideen und einen externen Blick auf Situationen und Konflikte in die Organisation. Alles Aspekte, in denen sich die in Kapitel 2 geschilderten Merkmale einer mächtigen Rolle von externen Akteur*innen wiederfinden. Folgende Argumente wurden genannt, die für eine verstärkte Einstellung lokaler ZFD-Fachkräfte sprechen: Sie können besser mit den Menschen vor Ort kommunizieren, sie kennen die lokalen Gesetze besser und verstehen die kulturellen Hintergründe. Besonders in Kenia, wo es immer schwieriger wird, Arbeitserlaubnisse für internationale Mitarbeitende zu erhalten, wurden vermehrt auch lokale ZFD-Fachkräfte nicht nur zur administrativen Arbeit eingestellt. Wie mir in einem Interview berichtet wurde, ist dies jedoch nicht so einfach. Denn das ZFD-Programm ist eigentlich nicht darauf ausgerichtet und entsprechend ist in den Projektanträgen viel Erklärungsarbeit gegenüber dem BMZ zu leisten. So entstehen immer öfter gemischte Teams. Gerade diese Art der Zusammenarbeit als gleichberechtigte Kolleg*innen wurde insbesondere von lokalen Mitarbeitenden immer wieder gewünscht, weil auf diese Weise das Machtungleichgewicht langsam abgebaut werden kann. „There is beauty in diversity and that should be celebrated in the CPS, beyond skin color or nationality“ (anonymes Interview mit ZFD-Organisation in Kenia).

8.2.3 Negative Effekte einer Fachkraft

Die Geschichte

Für etwa 15 Jugendliche und junge Erwachsene wird ein Workshop organisiert. Darin sollen verschiedene Inhalte vermittelt werden, die zu der inhaltlichen

Ausrichtung der Jugendlichen passen, die sonst praxisnah in dieser Gruppe an ähnlichen Inhalten arbeiten. Der Workshop wurde von einer Fachkraft zusammen mit einer Person aus der lokalen Organisation vorbereitet und gemeinsam durchgeführt. Die Teilnehmenden treffen nach und nach ein und das Programm kann beginnen. Den größten Teil des Programms übernimmt der*die Mitarbeitende der lokalen Organisation. Nach einer Begrüßung wird ein kurzer inhaltlicher Input gegeben. Es werden einige Diskussionsfragen gestellt, welche in Kleingruppen und in der großen Gruppe besprochen werden. Die Diskussionen werden dann von erneuten inhaltlichen und theoretischen Inputs unterbrochen und strukturiert. Dabei finden die Inputs in einer Mischung aus der englischen und der lokalen Sprache statt. Den letzten Teil des Workshops übernimmt die Fachkraft. Für diesen Teil werden verschiedene Bilder ausgelegt und die Teilnehmenden sollen sich zu den Bildern positionieren und diese reflektieren. Hierbei erfolgt die Anleitung auf Englisch. Nachdem keine*r der Jugendlichen eine Reaktion auf die Anleitung zeigt, wird klar, dass die Aufgabe nicht verstanden wurde. Deswegen findet eine Übersetzung durch die*den lokale*n Mitarbeitende*n statt. Daraufhin starten die Teilnehmenden mit der Auswahl der Bilder und beginnen anschließend mit den Präsentationen. Einige präsentieren auf Englisch, andere in ihrer lokalen Sprache oder mit einer Mischung. Bei einigen Präsentationen gibt es Gelächter oder Rückfragen und Diskussionen entstehen. Diese können aufgrund der Sprachbarriere nicht von der Fachkraft aufgefangen werden. Somit muss wieder die*der lokale Mitarbeitende übernehmen. Nach dem Workshop findet ein gemeinsames Feedbackgespräch zwischen den beiden statt, die den Workshop durchgeführt haben. Wie sich herausstellt, sind solche Situationen schon öfter vorgekommen. Die*der lokale Mitarbeitende stellt den wirklichen Nutzen der Inputs der Fachkraft in Frage, weil sie sprachlich von den Teilnehmenden nicht verstanden werden, sie sich in ihren Antworten gehemmt fühlen und sich allgemein anders verhalten, wenn die Fachkraft anwesend ist, weil sie sie beeindrucken wollen. Die Fachkraft äußert ihr Verständnis über die Situation, betont jedoch, dass dies Teil der Arbeitsaufgabe ist.

Meine Rolle als Forscherin

Ich habe als aktive Teilnehmerin an dem Workshop teilgenommen. Ich wurde von dem*der lokalen Mitarbeitenden dazu angehalten, in Kleingruppen mitzudiskutieren und mir wurde immer eine Person oder Gruppe zugewiesen, von der für mich übersetzt werden konnte. Auch an der Übung der Fachkraft habe ich teilgenommen und diese verstanden, mich jedoch zurückgehalten und nicht mit der Übung begonnen, als ich gemerkt habe, dass die anderen Teilnehmenden diese nicht verstehen. Allgemein lässt sich feststellen, dass ich in dieser Situation auf jeden Fall einen Einfluss auf das Feld hatte. Dadurch, dass mir bestimmte Personen in Kleingruppen zugewiesen wurden, wurde die natürliche Gruppendynamik aufgebrochen. Da wie bereits erläutert schon die Anwesenheit der Fachkraft das Verhalten der Jugendlichen verändert, ist davon auszugehen, dass meine Anwesenheit, also die einer fremden Person, die Jugendlichen ebenfalls beeinflusst hat. Dennoch habe ich mich entschieden, in der Situation zu bleiben. Hätte ich den Workshop verlassen, hätte sich dies negativ ausgewirkt und als respektlos gegolten. Mich im Vorfeld gegen den Workshop zu entscheiden, wäre sicherlich eine Möglichkeit gewesen. Doch habe ich mich auch deswegen dagegen entschieden, weil ich die Situation vorher nicht in vollem Umfang einschätzen konnte. Meine Teilnahme an dem Workshop wurde mir von Mitarbeitenden der lokalen Organisation nach einigen Gesprächen angeboten und als bedenkenlos eingestuft. In meiner Forschung ist es mir wichtig, auf die lokalen Stimmen zu hören und die Personen in der Forschung ernst zu nehmen. Deswegen habe ich mich für eine Teilnahme entschieden. Diese habe ich im Anschluss mit der Fachkraft und dem*der lokalen Mitarbeiter*in reflektiert. Wie sie meinten, hätte ich keinen größeren zusätzlichen Einfluss gehabt, da ohnehin die Fachkraft anwesend war.

Reflexion und kritische Diskussion

Die Situation zeigt deutlich, vor welchen sprachlichen Herausforderungen eine Fachkraft stehen kann. Die Fachkraft plant und bereitet die Arbeit beziehungsweise den Workshop zusammen mit einer Person aus der lokalen Organisation vor. Sie könnte ihn auch allein durchführen, doch wird sie*er von den Jugendlichen, der Zielgruppe des Workshops, nicht komplett verstanden, da sie dann auf Englisch stattfindet, das nicht alle Jugendlichen verstehen oder sprechen. Aufgrund von Sprachbarrieren kommt es immer wieder zu Missverständnissen oder dazu, dass an Aktivitäten nicht teilgenommen wird. Dies kann durch den*die lokale*n Mitarbeiter*in aufgefangen werden. Jedoch bedeutet dies gleichzeitig mehr Arbeit für diese Person und führt zu Verwirrungen bei den Jugendlichen. In der beschriebenen Situation haben sowohl die Fachkraft als auch der*die lokale Mitarbeiter*in sehr professionell reagiert und die Situation gut aufgefangen. Aber in der Nachbesprechung wurde klar, dass dies deshalb so gut funktionieren konnte, weil es schon öfter vorgekommen ist. In Bezug auf die Sprachbarriere sind sie also ein eingespieltes Team. Gleichzeitig wurde in der Nachbesprechung deutlich, dass der*die lokale Mitarbeiter*in den Sinn der Arbeit der Fachkraft bei den Workshops in Frage stellt. Und zwar nicht nur aufgrund der Sprachbarriere, sondern auch weil die Jugendlichen durch die Anwesenheit der Fachkraft gehemmt sind und nicht so frei diskutieren. Dies ist eine sehr elementare Kritik. Sie ist aber nicht zwangsläufig auf die Fachkraft persönlich zurückzuführen. Sie gilt vielmehr der ZFD-Arbeit, in der, auch wenn es nicht die Grundidee ist, die Fachkräfte direkt bei der Umsetzung und Implementierung von Maßnahmen mitwirken. Fraglich ist, inwieweit sich die Fachkräfte dieses negativen Einflusses bewusst und bereit sind, deshalb ihre Arbeitsweise zu verändern. In diesem Fall zeigte sich die Fachkraft zwar verständnisvoll, wollte aber an der eigentlichen Aufgabe festhalten. Sie hat somit ihre eigene Arbeitsweise über das Wohlergehen der Jugendlichen während dieser Arbeit gestellt, wodurch sich deutlich ihre mächtigere Position äußert. Er*Sie entscheidet sich bewusst, so weiterzuarbeiten und nutzt eine handlungsmächtige Position aus beziehungsweise reflektiert sie nicht und sucht auch nicht nach Alternativen.

Analyse und Interpretation der Geschichte

Allgemein liegt der Arbeit des ZFD der *Do-no-Harm*-Ansatz zugrunde, siehe dazu auch Abschnitt 4.4.1. (Historische Entwicklung und Ziele des ZFD). So wird vom BMZ definiert, dass der ZFD sich kontextbezogen und auf die lokalen Bedürfnisse zugeschnitten engagiert, sich mit Zielkonflikten auseinandergesetzt wird, verlässliche Ziele formuliert werden, Risiken und der Umgang mit ihnen bekannt sind, explizit das Konzept des *Do-no-Harm* angewendet wird, die Arbeit auf die lokalen Strukturen zugeschnitten ist und schnelle Projekterfolge, aber immer mit langfristigen Perspektiven ermöglicht werden (BMZ, 2013, 16 ff.). Somit geht es im ZFD und damit auch in der Arbeit der Fachkräfte darum, dass der Kontext vor Ort verstanden wird. Es müssen aber auch die Interventionen und Interaktionen in dem Kontext verstanden werden und das eigene Handeln muss nach diesem Verständnis ausgerichtet werden (Anderson, 1999).Trotz dieses Ansatzes kann es nicht gänzlich verhindert werden, dass die Arbeit oder schon die Anwesenheit einer ZFD-Fachkraft einen negativen Effekt hervorruft. Dies kann schon durch die bloße Anwesenheit einer externen Person in einer bestimmten Situation geschehen oder auch durch bewusste Handlungen herbeigeführt werden. In der Literatur lassen sich verschiedene Bereiche des negativen Einflusses von Friedensfachkräften finden. Zum Beispiel die Verschlechterung oder vertiefte Trennung von Konflikt-oder Akteur*innengruppen, das Aufkommen von Gefahrensituationen für Teilnehmende an Friedensaktivitäten, das Verstärken von (struktureller) Gewalt, das Ausnutzen oder falsche Nutzen von Ressourcen, fehlende *Agency*, Arbeit nur aus Selbsterhaltungswillen oder die Entmachtung von lokalen Personen (Anderson & Olson, 2003, 21 ff.).

Dieser negative Effekt wurde in der obigen Geschichte unter anderem am Beispiel der Sprache deutlich. Sprache stellt für die Fachkräfte im ZFD einen entscheidenden Schlüssel zur Kommunikation und Durchführung ihrer Arbeit dar. Wird eine Sprache nicht in dem Ausmaß beherrscht, dass damit gearbeitet werden kann, stellt sich die Frage, mit welcher Legitimität die Fachkraft diese Arbeit trotzdem durchführt. Hier zeigt sich deutlich die mächtige Position der Fachkraft. Weil es eine fortgesetzte Überlegenheit der Friedensfachkräfte (Rolle als Expert*innen, Geldgeber*innen, weiße Europäer*innen, ...) gibt und sie von ihnen zunehmend verinnerlicht wird, kann es dazu kommen, dass diese strukturelle Macht gegenüber den Menschen vor Ort zum Vorteil der Fachkräfte genutzt wird (auch unbewusst) (wfd, 1999, S. 5). Sprache ist sicherlich nur ein Aspekt, der Herausforderungen in der Arbeit von Fachkräften mit sich bringen kann und sich dann wiederum negativ auf die Arbeit mit den Zielgruppen auswirkt. Im Folgenden werden noch einige weitere negative Effekte aufgeführt und kritisch diskutiert. Die lokalen Mitarbeitenden vor Ort erwähnten neben der Sprache vor allem zwei Punkte: zum einen Aspekte rund um das Thema Geld und zum anderen die Integration und das kulturelle Verständnis von Fachkräften.

Generell begrüßten die meisten im ZFD involvierten Personen in Kenia, Liberia und Sierra Leone, dass über den ZFD Gelder in die lokalen Organisationen fließen. Doch überall, wo Geld eine Rolle spielt, spielt auch Macht eine Rolle (wfd, 1999, S. 19). Dies äußert sich in den ZFD-Projekten auf unterschiedliche Art und Weise. Zum einen steigt die Erwartungshaltung von Personen, die an Aktivitäten der lokalen Organisationen teilnehmen, wenn der ZFD involviert ist. „If they go to the communities it can be a hindrance as there are perceptions that they will bring money" (anonymes Interview mit ZFD-Organisation in Kenia). Dies geschieht zum Beispiel schon allein durch das Auftreten der ZFD-Fachkraft in einem Auto der CSOs, wodurch die Aufmerksamkeit auf die Person gelenkt wird. „The frequent sight of costly sports utility vehicles (SUVs) on dirt roads, in which IGO and NGO personnel are chauffeured and shielded behind tinted glass, highlights how disconnected NGOs can be from the masses they are supposed to serve" (Carey, 2012, S. 11). Dieses Auftreten wurde bereits in Kapitel 2 deutlich beschrieben und lässt sich im ZFD immer wieder finden. Es stellt sich die Frage, inwieweit der *Do-no-Harm*-Ansatz des ZFD durch dieses Auftreten und den Lebensstil der ZFD-Fachkräfte eingehalten werden kann oder ob beides nicht von Grund auf konträr zueinander steht. Dazu reflektierte eine*r der lokalen Partner*innen: „You do harm, even by the way you show up for example drinking bottled water in a water project or drive with a lot of new cars and then telling you do not have any money for projects" (anonymes Interview mit ZFD-Organisation in Kenia). Sicherlich kann hier argumentiert werden, dass das Wohlergehen der Fachkräfte eine wichtige Rolle spielt und sie sich, auch wenn sie integriert arbeiten, nicht völlig an den lokalen Lebensstil anpassen können. Dennoch ist es schwer, dieses Verständnis allen – zum Beispiel an ZFD-Projekten teilnehmenden Menschen – zu vermitteln. Personen in Gesprächen in den drei Ländern stellten sich oft die Frage, wofür die externen Personen benötigt werden oder ob das Geld nicht anders sinnvoller eingesetzt werden könnte. Im Zusammenhang mit dem Thema Geld wurde oft auch die Nachhaltigkeit erwähnt (siehe dazu ausführlich Abschnitt 8.6.2.). Vielfach wurde berichtet, dass Projekte aufgrund zu geringer oder abgebrochener ZFD-Finanzierungen nicht fertiggestellt werden konnten. Dass es aber auch keine weiteren Mittel gab, um dies aus eigener Kraft zu schaffen. Vereinzelt wurde des Weiteren betont, dass der ZFD aufgrund bestimmter Interessen, nämlich deutscher Interessen durchgeführt wird und die Fachkräfte als eine Art Handlanger*innen fungieren. „I do not see them as people doing what is really expected form them, often they have a bigger aspect behind their work. Often they have a hidden agenda“ (anonymes Interview mit ZFD-Organisation in Sierra Leone). Auch der ZFD ist also Teil der sogenannten *Peace-Industry*, die infolge der langjährigen finanziellen Unterstützung lokaler CSOs gewachsen ist (Fisher & Zimina, 2009, 25 f.; Schuller, 2012, S. 110; Weller & Kirschner, 2005, S. 25). Weil Frieden zu einem kommerziellen Gut geworden ist (Fahrenhorst, 2007, 83 f.), entstand eine Art Marktplatzsituation und es können verschiedene Dienstleistungen abgerufen werden. Diese Situation hat zwei Effekte: Erstens erfolgt kaum eine Orientierung an den Bedürfnissen der Akteur*innen im Globalen Süden (Ropers, 2001, S. 525), und zweitens passen lokale CSOs ihre Arbeit zunehmend den Wünschen der Geber*innen aus dem Globalen Norden an. Beide Effekte lassen sich (zum Teil jedoch abgeschwächt) auch im ZFD wiederfinden. Also ist der ZFD nicht frei von den Problemen, die im Rahmen einer Intervention durch externe Friedensakteur*innen entstehen können. Obwohl der ZFD andere Herangehensweisen hat und den *Do-no-Harm*-Ansatz verfolgt, ist er nicht frei von Machtdynamiken, die sich durch Gelder oder Personen manifestieren und in der Folge negative Einflüsse hervorrufen können.

Integration und kulturelles Verständnis sind gleichfalls oft genannte Aspekte, bei denen ein negativer Einfluss spürbar ist (was auch in der eingangs geschilderten Geschichte deutlich wird). Denn Fachkräfte haben „in den meisten Fällen nur sehr unzureichende Kenntnisse über die Kultur, die Lebensgewohnheiten und die Konflikthintergründe in den Gastgesellschaften“ (Auer-Frege, 2003, S. 267). Dies kann das Arbeiten erschweren und den tatsächlichen Nutzen der Arbeit minimieren. So wird deutlich, dass Fachkräfte vom ZFD mit inhärenter Macht ausgestattet werden. Sie lernen und arbeiten in einem Kontext, den sie in der Regel nur wenig kennen oder verstehen. Dennoch wird ihnen auf Grundlage anderer Kompetenzen zugetraut, effektive Arbeit zu leisten. Diese Position wird der Grundidee des ZFD zufolge dadurch abgeschwächt, dass die Fachkräfte – wie weiter oben beschrieben – als Lernende gesehen werden. Auch wenn die lokalen Partner*innen Lernerfolge feststellten, wurden doch vielfach Schwierigkeiten mit den Fachkräften benannt. Eine bezieht sich darauf, dass Fachkräfte mit einem bestimmten Wissen und Ideen in die jeweiligen Länder reisen. Dieses Wissen soll nutzbar gemacht werden, indem es den Akteur*innen vor Ort zu Verfügung gestellt und in deren Verantwortung gelegt wird (AGEH & Brot für die Welt, 2014, S. 9). Doch diese Übertragung funktioniert nicht immer gut.

> „Knowledge of the expert needs to be transformed to the local context. You can take them to the field with a checklist and sit together and evaluate it. From there understand the context and develop the input. You need to go to the field and talk a lot, you cannot get that information in the offices" (anonymes Interview mit ZFD-Organisation in Kenia).

Oftmals wurde betont, dass diese Herausforderung besonders bei älteren Fachkräften auftritt. Generell hieß es, dass diese Schwierigkeit daher rührt, weil Fachkräften das Verständnis für den lokalen Kontext fehlt. Sicherlich gilt das nicht für alle Fachkräfte. Allerdings lässt sich ein entsprechender allgemeiner Trend in der Wahrnehmung der Mitarbeitenden lokaler Organisationen aufzeigen. Der Aussage, dass internationale ZFD-Fachkräfte die lokalen Kontexte verstehen, stimmen 17 % zu, 45 % lehnen die Aussage weder ab noch stimmen sie ihr zu, 28 % stimmten der Aussage nicht zu und 10 % wissen es nicht (Angaben nur von Mitarbeitenden lokaler Organisationen).

Viele Herausforderungen oder negativen Effekte einer Fachkraft hängen damit zusammen, inwieweit die Fachkraft vor Ort integriert ist. Denn im Fall einer gelungenen Integration könnten viele Probleme frühzeitig angesprochen werden. Bei einer Umfrage unter Fachkräften zur Frage, ob sie sich in ihren Arbeitsplatz integriert fühlen, stimmen 73 % komplett zu oder zu. Betrachtet man vergleichend die Einschätzungen von Mitarbeitenden lokaler Organisationen zu der Aussage, ob es einfach ist, die externe Fachkraft in das neue Arbeitsumfeld zu integrieren, zeigt sich, dass nur 38 % komplett zustimmen oder zustimmen. Die Integration von Fachkräften ist demnach kein einfaches Unterfangen. Der Bericht von zwei lokalen Organisationen, die ich in ihrer Arbeit begleitet habe, veranschaulicht diesen Eindruck: Sie haben zwar offiziell eine Fachkraft, doch weil sie diese schon lange nicht mehr gesehen haben, wurde sich darauf verständigt, dass die Fachkraft sehr selbstständig arbeitet. Dies war auch anderen in den ZFD involvierten Personen vor Ort bekannt. Die Fachkraft wurde oftmals einfach als „individual consultant" (anonymes Interview mit ZFD-Organisation in Sierra Leone) bezeichnet. An diesem Beispiel wird deutlich, wie die Akteur*innen vor Ort ein für sich passendes Muster der Zusammenarbeit gefunden haben und produktiv mit dem Konzept der *Frictions* umgegangen sind. Anstatt weiterhin eng zusammenzuarbeiten, wurde eine losere Form der Zusammenarbeit gewählt, welche für die beteiligten Akteur*innen gut passt. Schwierig dabei ist jedoch, dass dies gegen die Vorgaben und Regularien des ZFD verstößt und streng genommen nicht förderungswürdig ist. Andere Organisationen haben das Problem, dass die Fachkraft nicht an dem Ort lebt, wo sie eigentlich integriert arbeiten soll. Dies hat unter anderem mit der Sicherheitslage vor Ort, aber auch mit persönlichen Präferenzen zu tun. Bei nicht integrierten Fachkräften ist dies häufig der Fall, bei integrierten Fachkräften jedoch eine große Herausforderung. Wie sich hier erneut zeigt, können Fachkräfte durch ihre Herkunft in bestimmten Kontexten nicht leben und arbeiten. Es stellt sich die Frage, warum dennoch mit dem Fachkräfte-Konzept weitergearbeitet wird. Es stellt sich das

> „Problem, that the advisor doesn't live in the city of the organization but in [name of the city] and that is a bit too far and can bring challenges, [he*she is] not really integrated. He*She often only comes for a short time and for events and they [the organization] feel like he*she is monitoring them" (anonymes Interview mit ZFD-Organisation in Kenia).

Einige der lokalen Partner*innen sagen sogar aus, dass sie eigentlich gar keine Fachkraft integriert bei sich im Büro haben möchten:

> „Don't like the idea to have somebody with them in the office, due to previous experiences with other organizations. It is more work having them here, brings more requirements and gives more work, also they don't understand the local contexts that can give more work"(anonymes Interview mit ZFD-Organisation in Kenia).

Sie nehmen trotzdem eine Fachkraft auf, da sie davon ausgehen, dass es ein Pflichtteil des ZFD-Programms ist, das sie aufgrund der Finanzierung nicht aufgeben möchten. Immer wieder also entwickeln lokale Partner*innen eine Resilienz (Chandler, 2015) und es vollzieht sich gleichzeitig eine Aneignung (Ziai, 2015). Also die Fähigkeit, sich erfolgreich an externe Gegebenheiten anzupassen, die sie als Probleme oder Bedrohungen wahrnehmen oder auch an externe Maßnahmen, gegen die sie eigentlich sind (Chandler, 2015). Das bestätigt zum Beispiel folgende Umfrage: Der Aussage, dass es mehr Möglichkeiten für langfristige Finanzierungen ohne den Einsatz einer deutschen Fachkraft geben sollte, stimmen 22 % komplett zu, 31 % stimmen zu, 22 % lehnen die Aussage weder ab noch stimmen sie ihr zu, 13 % stimmten der Aussage nicht zu, 5 % stimmen gar nicht zu und 7 % wissen es nicht. Diese Zustimmung zeigt deutlich, dass vor

Ort die Bedarfe anders sind als es die ZFD-Realität darstellt. Oftmals sehen die lokalen Organisationen jedoch keine Möglichkeit, das zu kommunizieren oder sie trauen sich nicht, ihre Wünsche zu äußern, da sie Bedenken haben, aus dem ZFD ausgeschlossen zu werden. Dieses Beispiel zeigt deutlich, dass die Träger*innen in einer machtvollen Position sind. Denn sie können Entscheidungen über den Einsatz von Fachkräften treffen, ohne dass diese von den lokalen Organisationen jeweils gewollt sind. Im Sinne des ZFD sollte hier stärker das Konzept der Partnerschaftlichkeit greifen. Die Mitarbeitenden der lokalen Organisationen sollten klar ihre Bedürfnisse und Wünsche formulieren können. Aber die Realität sieht anders aus. Denn es besteht in gewissem Maße ein Abhängigkeitsverhältnis, das diese erwünschte offene Kommunikation behindert. Zwar gibt es bereits die Möglichkeit, die lokale Partnerorganisation komplementär zu fördern, zum Beispiel, um bestimmte Voraussetzungen in einer Organisation, Infrastruktur, Weiterbildungen oder Unterstützung bei der Projektplanung, -entwicklung und -sicherung zu schaffen (Gemeinschaftswerk ZFD, 2014c, S. 6). Doch dies findet nicht immer statt. Nicht alle Organisationen kennen diese Möglichkeiten. Oftmals besteht eher der Wunsch nach einer Finanzierung von Projekten und Stellen als nach einer Finanzierung der Organisation an sich. Auch gibt es die Möglichkeit, mit nicht integrierten Fachkräften zusammenzuarbeiten – eine Möglichkeit, über die, wie der Austausch mit den lokalen Organisationen gezeigt hat, nicht alle Bescheid wussten. Die Vorteile dieser Art der Zusammenarbeit wurden von einer nicht integriert arbeitenden Fachkraft so zusammengefasst:

> „Not having a partner makes things more dynamic and you can react faster to challenges. You can have as well local subsidiary contracts, now with direct funding. That is even more time consuming, but you are more free and do not need to consult more people" (anonymes Interview mit ZFD-Fachkraft in Kenia).

Durch diese Art der Zusammenarbeit fühlen sich viele lokale Organisationen in ihrer Autonomie gestärkt. Sie agieren freier und arbeiten nur dann eng mit dem ZFD zusammen, wenn für ein bestimmtes Projekt oder eine bestimmte Aufgabe Unterstützung benötigt wird. Gleichzeitig haben andere lokale Organisationen bemängelt, dass es bei dieser Art der Zusammenarbeit oft zu einem Arbeiten kommt, welches sehr losgelöst voneinander stattfindet. Letztendlich bleibt es eine persönliche Präferenz der lokalen Organisationen, welche Art der Zusammenarbeit mit dem ZFD sie vorziehen. Dazu ist jedoch mehr Austausch über die verschiedenen Möglichkeiten erforderlich.

8.2.4 Die Rolle von Koordinator*innen

Die Geschichte

Ich sitze mit zwei Fachkräften von zwei unterschiedlichen ZFD-Träger*innen in einem Café, wir haben uns an einem Nachmittag für ein lockeres Beisammensein getroffen. Nachdem wir das zweite Getränk bestellt und uns über politische Themen in dem Land ausgetauscht haben, kommen wir auf die Arbeit zu sprechen und vor allem auf die Rolle der Koordinator*in. Diese liegt im ZFD allgemein in der Unterstützung der Fachkräfte und Partner*innen, aber auch im administrativen Bereich und in der Vernetzung. Dabei berichtet eine*r der beiden Fachkräfte, dass er*sie immer unzufriedener mit der Arbeit vor Ort wird und um Hilfe und Dialog bei dem*der Koordinator*in gebeten hat, dort jedoch keine Hilfe erhalten hat. Die Fachkraft äußert, dass dies ihn*sie eigentlich wenig überrascht, da der*die Koordinator*in in der gesamten Zeit, in der er*sie als Fachkraft vor Ort ist, generell nur sehr wenig für den ZFD gemacht habe. Der*die Koordinator*in habe kaum Treffen organisiert, wenig mit dem anderen ZFD-Träger*innen kooperiert und sich auch nicht um die Fachkräfte gekümmert. Es fand nur eine unzureichende persönliche Einführung statt und die Parteiorganisation habe kaum Informationen erhalten. Trotz alledem würde der*die Koordinator*in Gelder des ZFD-Trägers für die Aufgaben kassieren und wäre somit korrupt. Aus diesen Gründen würde das Vertrauen in ihn*sie als Person fehlen. Das Problem des mangelnden persönlichen Vertrauens bestätigte die andere Fachkraft. Auch wenn er*sie für einen anderen ZFD-Träger*innen arbeitet und somit ein*e andere Koordinator*in zuständig ist, wurde das fehlende persönliche Vertrauen bemängelt. Zu Beginn der Tätigkeit als Fachkraft sei dies noch vorhanden gewesen und er*sie habe den persönlichen Austausch sehr geschätzt. Jedoch sei mit der Zeit eine Situation entstanden, in der die*der Koordinator*in immer nur die lokalen Partner*innen verteidigt und nicht mehr versucht habe, die Perspektive der Fachkraft zu verstehen und diese zu unterstützen.

Meine Rolle als Forscherin

Was als lockeres Treffen geplant war, wurde für meine Forschung zu einer spannenden inhaltlichen Diskussion. So ein Moment kann klassischerweise während einer teilnehmenden Beobachtung im Feld auftreten. Als Forscherin ist man Teil des Feldes und beobachtet und forscht permanent. Wie sich deutlich zeigt, muss es keine geplante Situation für eine teilnehmende Beobachtung geben. Sie kann einfach im Alltag auftreten. Da ich die Inhalte der Diskussion nicht beeinflussen oder in eine bestimmte Richtung lenken wollte, habe ich mich in dem Gespräch zurückgehalten, nichts gesagt und einfach zugehört. Jedoch wurde in bestimmten

Momenten im Gespräch deutlich, dass die beiden Fachkräfte auch mich in das Gespräch einbeziehen wollten. Um möglichst wenig Einfluss zu nehmen, habe ich dann Dinge gesagt wie „Das ist sehr schade, dass du so fühlst“ und habe versucht, keine Wertung der Aussagen über den*die Koordinator*in vorzunehmen, sondern auf die persönliche Reflexion der Fachkräfte zu setzen. Vor diesem Gespräch hatte ich die Koordinatoren der beiden ZFD-Träger*innen noch nicht kennengelernt. Bevor ich sie also kennenlernte, hatte ich schon negative Dinge über die Koordination gehört. Um nicht mit einem negativen Bias in die Begegnungen mit den Koordinator*innen zu gehen, habe ich mir vor dem ersten Treffen diese erlebte Situation nochmal ganz bewusst in Erinnerung gerufen, sie reflektiert und bestmöglich versucht, mich in meiner Haltung gegenüber den Personen nicht beeinflussen zu lassen.

Reflexion und kritische Diskussion

Das persönliche Verhältnis zwischen Fachkräften und Koordinator*innen ist komplex und je nach Träger*in und Land formal anders ausgestaltet. In der hier geschilderten Situation handelt es sich um die Meinungen von zwei Fachkräften über die Koordinator*innen, und es ist wichtig darauf hinzuweisen, dass andere Personen in dem Land über die gleichen Personen andere negative, aber auch sehr positive Aussagen getroffen haben. Auch muss kritisch reflektiert werden, dass in der Situation die Koordinator*innen, über die gesprochen wird, selber nicht zur Sprache kommen. Um ein vollständiges Bild der Beziehung zwischen den beiden Fachkräften und den Koordinator*innen zu haben, wäre dies jedoch notwendig. In meinen Gesprächen mit den Koordinator*innen habe ich mich aufgrund des Schutzes der Daten der Personen im Feld dazu entschieden, nicht auf die Vorwürfe einzugehen oder zu erwähnen, dass ich mit den beiden Personen über sie gesprochen habe. Spannenderweise sind in beiden Fällen die Koordinator*innen jedoch genau auf die beiden Personen zu sprechen gekommen und haben ebenfalls von einer schwierigen persönlichen Beziehung gesprochen. Am liebsten hätte ich hier zwischen den jeweiligen Personen vermittelt. Doch dies hätte meine Rolle als Forscherin überschritten, zeigt jedoch, wie wichtig ein offener und gemeinsamer Dialog ist.

Analyse und Interpretation der Geschichte

Im ZFD gibt es verschiedene Möglichkeiten, wie die Rolle der ZFD-Koordination in den einzelnen Ländern ausgestaltet ist, siehe dazu auch Abschnitt 4.4. So können diese Rolle entweder Personen einer lokalen Organisation übernehmen, welche dies für eine finanzielle Aufwandsentschädigung neben ihrem normalen Beruf ausüben. Es können gerade bei Träger*innen, die nur wenig Präsenz vor

Ort haben, Fachkräfte sein, die diese zusätzlichen Aufgaben übernehmen. Oder es werden gezielt Koordinator*innen entsendet, was jedoch auch über einen Fachkräftevertrag geschieht – diese können auch trägerübergreifend arbeiten. Der Aspekt, ob ein*e Koordinator*in aus Deutschland kommt oder eine Person aus einer Organisation vor Ort ist, macht für viele Fachkräfte und lokale Partner*innen einen großen Unterschied. So wurde zum Beispiel betont, dass sich eine Koordination aus Deutschland besser in die Lage und die Gefühle der Fachkräfte hineinversetzten kann, wohingegen ein*e lokale*r Koordinator*in besser die Sichtweisen der Partner*innen vor Ort versteht. Dies hat mit den vor Ort erlebten Situationen und der eigenen Sozialisation zu tun. Aber auch damit, wie die jeweiligen Personen in für vor Ort relevanten Diskursen verortet sind und sich in andere Diskurse und Personen hineinversetzen können. Ein weiteres Thema, in dem Unterschiede benannt wurden, ist das der Vernetzung. Demnach sind lokale Koordinator*innen besser auf einer regionalen Ebene vernetzt, während Koordinator*innen aus Deutschland oft mehr Kontakte zu internationalen Organisationen haben: „The German coordinator gets more information form the German government than the local coordinator for example because of cultural visits or the Germany embassy, so it is important that the coordinators share, also mailing lists and meetings“ (anonymes Interview mit ZFD-Organisation in Sierra Leone). Wie diese Unterscheidung zeigt, wird Personen aufgrund ihrer Herkunft und ihrer Stellung im System der Friedensarbeit beziehungsweise der *Peace Industry* direkt ein bestimmter Platz in diesem System zugewiesen. Dies geschieht in der Praxis oftmals auf Grundlage vorangegangener Diskurse und Aushandlungen (siehe zur Erklärung dieser Diskurse Abschnitt 2.2.).

Generell umfassen die Aufgaben der Koordinator*innen: die strategische und inhaltliche Weiterentwicklung des ZFD, die operative Steuerung beziehungsweise Begleitung der ZFD-Projekte vor Ort, Lobby- und Öffentlichkeitsarbeit, die Unterstützung und Begleitung von Fachkräften und Partner*innen, die administrative und finanzielle Abwicklung, Personalverantwortung und -führung, Dienst- und Fachaufsicht, Strategie- und Projektentwicklung, PM&E, Partner*innengewinnung und Schnittstelle zu anderen Trägerorganisationen (Gemeinschaftswerk ZFD, 2014c, S. 4). In meinen Gesprächen in Kenia, Liberia und Sierra Leone wurden immer wieder klare Erwartungen an die oder den Koordinator*in formuliert. „The coordinator should facilitate the partners and visit every partner at least once a month [and] should motivate the personnel and the organizations“ (anonymes Interview mit ZFD-Organisation in Liberia). Aber auch die Rolle als begleitende und beratende Person wurde immer wieder genannt. Die genaue Aufgabenbeschreibung ist jedoch je nach Träger*in, Größe des ZFD im Land und Rolle der Koordinator*in unterschiedlich. Wichtig ist es zu erwähnen, dass die Weisungsbefugnis und Personalverantwortung nicht immer bei den Koordinator*innen liegt. Es kommt darauf an, welches Modell der Personalverantwortung die jeweilige Trägerorganisation verfolgt.

Je nachdem, ob die Fachkraft integriert oder nicht integriert arbeitet und wie die ZFD-Organisation vor Ort aufgestellt ist, haben unterschiedliche Personen die Personalverantwortung und unterschiedliche Personen können die Rolle des oder der Chef*in beziehungsweise der Dienstaufsicht über die Fachkräfte einnehmen. Dies kann der oder die Koordinator*in sein, bei der*dem die Dienst- und Fachaufsicht liegt (Gemeinschaftswerk ZFD, 2014a, Abschn. 5.4 S. 1), oder aber die Leitung der lokalen Organisation, bei der eine Fachkraft integriert arbeitet (Quack, 2006, 18). Gerade bei den nicht integrierten Fachkräften ist es in der Regel der Fall, dass sie einem*einer Koordinator*in vor Ort zugeordnet sind und hier die Weisungsbefugnis liegt. Das gleiche Modell gibt es auch bei integriert arbeitenden Fachkräften. Dort ist in der Regel nochmal eine Person aus der lokalen Organisation zwischengeschaltet. Zudem gibt es die Möglichkeit, dass die Fachkraft lokale Vorgesetzte aus der Organisation hat, in der er*sie arbeitet. Der oder die Vorgesetzte ist sowohl disziplinarisch als auch inhaltlich für die Person verantwortlich. Laut Aussagen der*des betreffenden Interviewpartner*in fördert dies nochmal die Integration in eine Organisation. Diese unterschiedlichen Möglichkeiten der Personalverantwortung bringen unterschiedliche Machtpositionen mit sich. Dadurch, dass die Rolle der Koordination, unabhängig davon, ob sie von einer Person aus Deutschland oder einer Person einer lokalen Organisation durchgeführt wird, eine wirkungsmächtige Position im ZFD ist, wird diese Rolle nochmals gestärkt, wenn mit ihr Personalverantwortung verknüpft ist. Liegt die Personalverantwortung jedoch bei den Mitarbeitenden der lokalen Organisationen, bei denen die Fachkräfte arbeiten, dann wird ein Stück dieser Macht an lokale Strukturen abgegeben. Dies hat dann wiederum Einfluss auf die Machtdynamik zwischen dem*der Chef*in der lokalen Organisation und den dort arbeitenden Fachkräften. Gerade die Fachkräfte betonten, dass es einen sehr großen Unterschied für die eigene Arbeit und die eigene Rollenfindung macht, wer diese Führungsverantwortung ihnen gegenüber übernimmt. So wurde öfter hervorgehoben, dass es schwierig ist, eine beratende Rolle als integrierte Fachkraft einzunehmen, wenn der*die Vorgesetzte auch der*die Chef*in der Organisation ist. In solchen Fällen wurde es als schwierig empfunden, wenn zum Beispiel Kritik geäußert wurde. „Ich finde das System, wo Koordinatoren auchr Chef*in sind, angenehmer, da die Koordinatoren stärker in Konfliktfälle reingehen kann, aber der Fachkraft trotzdem Vorgesetzte*r ist. Mit dem anderen System ist es schwieriger von der Rollenverteilung her“ (anonymes Interview mit ZFD-Fachkraft in Kenia). Es wurde die Herausforderung beschrieben, dass es zu Missverständnissen kommt, wenn der*die Chef*in der lokalen Organisation auch die Rolle der*des Dienstvorgesetzten der Fachkraft einnimmt, da dem*der Koordinator*in oft, gerade von anderen Mitarbeitenden, automatisch die Vorgesetztenrolle zugewiesen wird. Auch wenn das System der integrierten Fachkraft klassischerweise die hauptsächliche Verantwortung für Fachkräfte bei den Personen in der lokalen Organisation sieht, stellen sich in der Praxis einige Herausforderungen.

Unabhängig davon, welche formale Beziehung zwischen den Fachkräften oder den Mitarbeitenden der lokalen Organisationen und dem*der Koordinator*in besteht, zeigt sich, dass die eigenen Ideen und Meinungen im ZFD-Programm und von den Koordinator*innen ernst genommen werden (82 % der Befragten stimmen komplett zu oder stimmen zu). Dennoch wurden einige Herausforderungen benannt, die sich auch in der eingangs geschilderten Geschichte wiederfinden. Zu den am häufigsten genannten Herausforderungen in der Zusammenarbeit zählen, dass nicht immer ganz klar ist, was Rolle und Aufgaben der Koordination sind, dass es Kommunikationsprobleme gibt und deswegen Probleme nicht gelöst werden können, dass es zu wenig Feedback gibt und kein Vertrauen aufgebaut werden konnte. Auch wenn dies die am häufigsten genannten Herausforderungen in der Zusammenarbeit sind, ist es wichtig anzumerken, dass sie oft von einer persönlichen Ebene abhängen. Zum Beispiel kam es immer wieder vor, dass über ein*e Koordinator*in schlecht gesprochen wurde oder eine andere Person den*die Koordinator*in sehr lobte.

8.3 Die Rolle lokaler Partner*innen im ZFD

Nun werden die verschiedenen Rollen der lokalen Partner*innen diskutiert. Dies ist ein Thema, das bereits in Abschnitt 6.3. unter dem Stichpunkt „Rolle und Aufgabe der Partner*innen" erwähnt wurde. Es spielt im ZFD eine zentrale Rolle, da ohne die lokalen Partner*innen keine partnerschaftliche Arbeit möglich ist. Somit gibt dieses Kapitel empirische Antworten auf die Fragen „Wer sind die lokalen Akteur*innen?" und „Was ist als ‚lokal' zu verstehen?". Sie waren, wie in Kapitel 3 gezeigt wurde, in der konzeptionellen Debatte offen geblieben. Die Struktur des Kapitels lässt erkennen, dass in Bezug auf die Partner*innen andere Themen in der Forschung relevant sind als in Bezug auf die Fachkräfte. Standen bei den Fachkräften Erwartungen und positive und negative Effekte durch ihre Arbeit im Vordergrund, so sind es mit Bezug auf die Partner*innen strukturelle Themen und die Umsetzung der Arbeit. Dieser Schwerpunkt wurde bei der Auswertung der Datenmaterialien herausgearbeitet. Dabei wird deutlich, dass die

Themen die Partner*innen weniger auf einer persönlichen Ebene als auf einer organisatorischen Ebene darstellen. Unterkapitel 8.3.1. beschreibt den Aufbau und das Selbstverständnis der lokalen Organisationen. Unterkapitel 8.3.2. hat die konkreten Aufgaben der Partner*innen in der Arbeit zum Inhalt. Es werden zum einen Beschreibungen von Fachkräften über Partner*innen aufgeführt und zum anderen Selbstdarstellungen der Partner*innen. Beide werden kritisch diskutiert, da sie im Rahmen der Forschung auf sehr unterschiedliche Weise thematisiert und beobachtet wurden.

8.3.1 Aufbau und Verständnis der Organisationen

Die Geschichte

14 junge Menschen sitzen gemeinsam mit der ZFD-Fachkraft und dem*der Leiter*in einer lokalen Organisation, für die sie ehrenamtlich engagiert sind, an einem großen Tisch und diskutieren. Doch sie führen nicht irgendeine Diskussion. Sie haben sich dazu entschlossen, ein Wochenende gemeinsam miteinander zu verbringen, um über den Aufbau der Organisation, über Ziele, Werte, Pläne, Wünsche und konkrete Aktivitäten für die Zukunft zu sprechen. Dabei standen zu Beginn des Wochenendes persönliche Wünsche und Kompetenzen der jungen Menschen im Fokus und die Frage, wie sie diese in die Arbeit in der Organisation einbringen können. Außerdem wurde darüber gesprochen, wie Ziele gesetzt und Entscheidungen getroffen werden können. Danach wurde verstärkt mit den bisherigen Unterlagen und Dokumenten der Organisation gearbeitet. Es wurden bisherige Programmpläne gesichtet sowie die Mission und Vision der Organisation besprochen. Dabei wurde vor allem ein Planungsdokument aus dem ZFD verwendet, welches vor gut einem Jahr ausgearbeitet wurde. Dieses Dokument gilt der Orientierung der Arbeit und beinhaltet konkrete Indikatoren, Ziele und Ideen zur Umsetzung in der Arbeit. Es wurde kritisch darauf geblickt, ob die Organisation in alle Phasen, die damals geplant wurden, passte und was verändert werden sollte. Gleiches geschah mit der Aktivitätenmatrix, die in den ZFD-Projekten eine übersichtliche Darstellung verschiedener Aktivitäten bietet. Weiter ging es darum, welche Aktivitäten gut liefen oder welche verbesserungsfähig wären. Zudem wurden weitere Aktivitäten geplant. Dabei fiel immer wieder auf, dass die Organisation, gerade da sie weitestgehend auf ehrenamtlicher Arbeit basiert, schnell an ihre Grenzen stößt und diese aber oft übergangen werden. Während des Wochenendes zeigte sich, dass mehr in die eigene Organisationsentwicklung investiert werden muss. So wurde beschlossen, dass verschiedene Personen für bestimmte Organisationsbereiche verantwortlich

sind: so zum Beispiel für Technik, Projekte, Logistik, Finanzen, Administration und Mitarbeitende. Die Aufteilung dazu wurde in Absprache mit dem*der Leiter*in der Organisation und der ZFD-Fachkraft vorgenommen. So sollte es erst einmal für sechs Monate bleiben. Anschließend sollte eine Evaluierung folgen. Die einzelnen Aufgaben und Verantwortlichkeiten wurden erklärt und es wurde beschlossen, Arbeitspläne mit Zielen und Zuständigkeiten für jeden Aufgabenbereich zu erstellen. Zusätzlich wurden von da an zwei Personen für ihre Arbeit vom ZFD finanziert. Um dies möglichst fair zu gestalten, sollte diese Finanzierung zwischen den Personen rotieren: zunächst wurde zum Beispiel Person A für sechs Monate finanziert und anschließend würde Person B die Aufgabe inklusive der Finanzierung übernehmen.

Meine Rolle als Forscherin

Ich wurde zu dem Wochenende eingeladen und habe daran teilgenommen. Zu den einzelnen Inhalten, in denen es um Planungen, Organisationsinterna oder Absprachen ging, habe ich nichts beigetragen, sondern nur beobachtet. Doch hatte ich zu Beginn des Wochenendes eine andere Rolle inne. Im Vorfeld hatten mich die ZFD-Fachkraft und der*die Leiter*in der Organisation gefragt, ob ich nicht auch eine Seminareinheit gestalten könnte. Die Idee kam während eines gemeinsamen Gespräches im Büro der Organisation zustande, als wir uns über kreative Seminarmethoden austauschten. Da ich in der Vergangenheit bereits viele Workshops und Seminare mit Jugendlichen gegeben habe und eine Vielzahl von Methoden kenne, sind mir direkt einige Methoden eingefallen, als ich danach gefragt wurde. Diese habe ich sehr gerne mitgeteilt und dies als eine Art kollegialen Austausch erlebt. Ich hatte nicht die Intention, sie dann selbst anzuwenden. Als ich gefragt wurde, ob ich diese Einheit im Seminar selbst geben möchte, habe ich mich wohlwissend, dass ich damit einen Einfluss auf das Forschungsfeld nehme, trotzdem dafür entschieden. Dieser Entschluss beruhte darauf, dass ich den Personen in der Organisation für die vielen Einblicke dankbar war, die ich in ihre Arbeit nehmen durfte, und dass ich an dem ganzen Wochenende kostenfrei teilnehmen konnte. Somit war die Übernahme der Workshopeinheit für mich auch eine Möglichkeit, etwas zurückzugeben. Die Einheit, die ich gestaltet habe, drehte sich vor allem um persönliche Entwicklung und persönliche Zielsetzung. Sie diente dazu, dass die jungen Menschen sich in einer Selbstreflexionseinheit ihrer eigenen Ziele, Wünsche und Kompetenzen bewusstwerden. Diese Einheit betraf zwar nicht direkt den Organisationsaufbau oder die Veränderungen in der Organisation, doch auf jeden Fall indirekt, da die Organisation ja genau von diesen Menschen getragen wird. Auch wurde in dem Workshop immer wieder deutlich, dass diese Seminareinheit einflussreich war, da bestimmte Themen immer wieder aufkamen, und zwar positiv konnotiert. Es lässt sich also festhalten, dass ich einen Einfluss auf das Forschungsfeld und auch auf den Workshop hatte.

Reflexion und kritische Diskussion

Im Rahmen des ZFD gibt es die Möglichkeit, dass sich Organisationen zu Planungs-, Monitoring- oder Evaluierungs-Wochenenden treffen. Diese Möglichkeit wurde hier in Anspruch genommen. Sie fand im Gegensatz zu einigen anderen Workshops oder Wochenenden in dem Bereich ohne Begleitung der ZFD-Koordination oder einer PM&E-Fachkraft statt. Diese Reflexion soll nicht vertieft auf das Thema PM&E eingehen. Dies erfolgt anhand einer anderen Geschichte in Abschnitt 8.6.1. Vielmehr werden hier die Organisation und Verantwortlichkeiten in den Blick genommen. Durch die Evaluation und Betrachtung der bisherigen Programmpläne, des Planungsdokuments und der Aktivitätenmatrix wurde herausgearbeitet, dass die Organisation, gerade durch ihre ehrenamtliche Struktur, immer wieder an die eigenen Grenzen der Umsetzung stößt. Dies war das erste Treffen dieser Art nach Beginn der Zusammenarbeit mit dem ZFD. Es wurde beschlossen, dass verstärkt die eigene Organisationsentwicklung in den Blick genommen werden muss, um Aktivitäten gut und sinnvoll durchführen zu können, und um den administrativen Voraussetzungen gerecht zu werden. Somit wurde eine Anpassung der eigenen Struktur und Arbeit der Organisation an den ZFD beschlossen. Diese Anpassung zeigt, dass nicht jede Organisation in ihrer Struktur und Verfasstheit den ZFD durchführen beziehungsweise alle Anforderungen des ZFD erfüllen kann. Die Anpassungen, die hier vorgenommen werden, sind einerseits als Organisationsentwicklung im Rahmen des ZFD zu sehen und können positiv bewertet werden, da die Organisationen so effektiver arbeiten können. Andererseits können sie auch aus einer kritischen Perspektive bewertet werden. Es kann in Frage gestellt werden, warum diese Anpassungen überhaupt notwendig sind und warum sich der ZFD nicht an die Gegebenheiten vor Ort anpasst. Betrachtet man dies unter Berücksichtigung der Machtdynamiken im ZFD, zeigt sich, dass Vorgaben aus dem Globalen Norden nicht immer mit den Realitäten im Globalen Süden übereinstimmen. Zudem stößt der ohnehin schon mächtigere Akteur, in dem Fall der ZFD, Handlungen auf lokaler Ebene an, damit lokale Akteur*innen an den Projekten und Prozessen beteiligt werden können. Dies zeigt sich in dem hier genannten Beispiel auch an der Idee, verschiedene Rollen und Aufgabenbereiche an verschiedene Personen in der Organisation zu übertragen, um klarere Verantwortungen und Zuständigkeiten zu erreichen. Diese Idee wurde nicht erst in dem Workshop entwickelt, sondern bereits im Vorfeld von der Fachkraft, dem*der Leiter*in der Organisation und einem*einer Ehrenamtlichen besprochen. Die Details wurden dann im Workshop geklärt und die Aufgabenverteilung wurde von den anderen Ehrenamtlichen akzeptiert. Da die Organisation – wie bereits erwähnt – erst vergleichsweise kurz mit dem ZFD zusammenarbeitet, hat sich gezeigt, dass die Organisationsstruktur angepasst werden muss. Einerseits, um besser im Rahmen des ZFD arbeiten zu können, und andererseits, um insgesamt als ehrenamtliche Organisation besser aufgestellt zu sein. Hier stellt sich die Frage, inwieweit es der ZFD gerade kleineren oder ehrenamtlichen Organisationen mit weniger Kapazitäten zumuten kann, in vollem Maße bestimmte Rahmenbedingungen des ZFD zu erfüllen oder ob es keine anderen Lösungen gibt. Zudem wird die Frage aufgeworfen, inwieweit die Organisationsentwicklung tatsächlich intrinsisch motiviert ist und von innen heraus geschieht. Oder ob sie die Folge eines inhärenten Drucks durch den ZFD ist. Ersteres wäre sicherlich wünschenswerter, da sonst im zweiten Fall der ZFD sein *Do-no-Harm-Ziel* deutlich verfehlt hätte. Kritisch ist auch, dass die Möglichkeit geschaffen wurde, die Arbeit von zwei Personen durch den ZFD zu finanzieren. Zwar wurde dies sehr positiv aufgenommen, was für eine ehrenamtliche Organisation von Jugendlichen durchaus verständlich ist. Doch natürlich bleibt die Frage offen, inwieweit so nicht eine starke Abhängigkeit geschaffen wird und wie nachhaltig diese Finanzierung wirklich ist. Wie geht es weiter, wenn der ZFD nicht mehr mit der Organisation zusammenarbeitet?

Analyse und Interpretation der Geschichte

Wie die eingangs geschilderte Geschichte gezeigt hat, gibt es für Organisationen immer wieder Herausforderungen und Bedarf an Organisationsentwicklung. Dies kommt zum einen daher, dass Organisationsentwicklung eine der zentralen Aufgaben des ZFD ist. Sie soll dazu dienen, dass die lokalen Organisationen auf lange Sicht selbst Strategien erarbeiten können. Zum Beispiel dazu, wie bei Krisen- oder Notsituationen reagiert werden kann oder wie externe Unterstützung für bestimmte Zwecke beantragt werden kann (giz, 2015, S. 16). Der Aussage, dass externe Fachkräfte mit ihrem Wissen zur Organisationsentwicklung beitragen, stimmen 24 % der Mitarbeitenden lokaler Organisationen komplett zu, 59 % stimmen zu, 10 % lehnen die Aussage weder ab noch stimmen sie ihr zu, niemand lehnt die Aussage ab und 7 % wissen es nicht. Das Thema ist auch deshalb relevant, weil Organisationen, die mit dem ZFD zusammenarbeiten, und besonders die mit einer integrierten Fachkraft, bestimmte Voraussetzungen erfüllen müssen. Doch diese Voraussetzungen sind häufig nicht eindeutig und auch nicht immer klar formuliert. Generell spiegeln diese Voraussetzungen auch die Nord-Süd- beziehungsweise Geber*innen-Nehmer*innen-Beziehung, die im ZFD besteht. So werden vor Ort in den Organisationen Anpassungen und Änderungen vorgenommen, um in das ZFD-Gesamtkonzept zu passen und die administrativen und organisatorischen Rahmenbedingungen erfüllen zu können.

In dem für die ZFD-Umsetzung maßgeblichen Reformdokument ist vergleichsweise wenig zu lokalen Organisationen zu finden. Dies liegt mit Sicherheit daran, dass je nach ZFD-Träger*innen sehr unterschiedliche lokale Organisationen ausgewählt werden. Aber auch daran, dass der ZFD ein Instrument der Personalentsendung ist und die Fachkräfte stärker im Fokus stehen. Es wurde jedoch festgehalten, dass die Partner*innen zivilgesellschaftliche Akteur*innen (zum Beispiel Verbände, Vereine oder Initiativen), kirchliche Organisationen oder öffentliche Institutionen (zum Beispiel Ämter, Ministerien oder Universitäten) sein können (Gemeinschaftswerk ZFD, 2014a, Abschn. 5.5. S. 1 f.) – siehe dazu auch Abschnitt 4.4.2.2. (Verständnis, Rolle und Aufgaben der lokalen Partner*innen). In der Praxis wird häufig diskutiert und von der Bundesregierung eingefordert, mit anderen Akteur*innen in der Friedenarbeit zusammenzuarbeiten. So zum Beispiel mit Konfliktparteien oder Akteur*innen ohne klare juristische Verfasstheit (Strohscheidt et al., 2017, S. 4). Diese zusätzliche Ausrichtung an anderen Akteur*innen als den bisherigen, kann im ZFD zu einer größeren Reichweite der Arbeit führen. Gleichzeitig beeinflusst diese Öffnung die Machtdynamiken vor Ort, weil sich zum Beispiel Geld- und Ressourcenflüsse auf andere Akteur*innen als die bisherigen verteilen. Die Interviews in Deutschland haben gezeigt, dass die Auffassung vom Aufbau der lokalen Organisationen keiner klaren Linie folgt. Sie orientiert sich jedoch oftmals an für die Friedensarbeit klassischen Akteur*innen und daran, wie die eigene Organisation aufgebaut ist. Dies fängt schon bei der Auswahl der Organisationen an. So ist zum Beispiel die GIZ durch die direkte Nähe zum BMZ etwas eingeschränkter bei der Wahl der lokalen Organisationen. Nicht alle Vorschläge erwachsen von innen heraus. Denn es gibt zum Beispiel konkrete Bitten seitens des BMZ, in einem bestimmten Land, an einem bestimmten Thema oder mit einer bestimmten Organisation (die nicht zivilgesellschaftlich sein muss) zu arbeiten. Die kirchlichen Träger*innen hingegen schränken sich selbst ein, indem sie in der Regel nicht mit Organisationen zusammenarbeiten, die komplett konträr zur Kirche eingestellt sind.

> „Aber sie müssen auch nicht unbedingt kirchlich sein, und das ist manchmal auch eine Dialogarbeit für uns, dann auch zu sagen, wo habt ihr wirklich ein Problem, und wo habt ihr auch eine Offenheit zu sagen, wenn wir das voranbringen wollen, ist das gut, wenn jemand, der nah an der Kirche ist, durchaus auch fördert und unterstützt" (anonymes Interview mit ZFD-Organisation in Deutschland).

Für alle gilt jedoch, wie mir in den Interviews mitgeteilt wurde, dass im Prozess der Antragsstellung gerade für neue Projektländer eine Unbedenklichkeitserklärung der jeweiligen deutschen Botschaft und der BMZ-Länderreferate benötigt wird. Dies hängt mit den Abkommen zwischen den Regierungen des jeweiligen Landes und der Bundesregierung Deutschland (über die jeweilige Botschaft) zusammen, in deren Rahmen die Arbeit des ZFD erlaubt ist. Es wird auch geprüft, ob lokale Organisationen von einer Zusammenarbeit ausgeschlossen sind. Wie die Interviews gezeigt haben, ist dies der Fall bei außenpolitischen Bedenken, zum Beispiel, wenn es sich um eine Terrororganisation handelt.

> „Das hört sich jetzt erstmal so einleuchtend an, in Konfliktkontexten gibt es aber unter Umständen eine solche Vielzahl an Akteuren, bei denen viele auf den ersten Blick nicht bedenklich scheinen, aber durchaus außenpolitisch bedenklich sind. Also, es ist nicht so selbstverständlich und einfach, wie sich es erst anhört, und das wird durchaus geprüft" (anonymes Interview mit ZFD-Organisation in Deutschland).

All dies führt oftmals dazu, dass sich die ZFD-Arbeit nicht sehr politisch ausrichten kann. Denn einige Akteur*innen werden ausgeschlossen, und es wird in den Abkommen mit den jeweiligen Ländern festgehalten, dass keine Einmischung in interne politische Angelegenheiten erfolgt. Dieses Phänomen taucht häufig in der Arbeit von CSOs auf: „In this way, the work of NGOs in post-conflict countries is depoliticized: it becomes uncritical of structural issues and power imbalances, whether domestically or internationally" (Verkoren & van Leeuwen, 2013, S. 161). Dies ist zum einen positiv, da so die Souveränität gewahrt bleibt. Andererseits ist es auch kritisch, da bestimmte Probleme so oft nicht angegangen werden können. So wurde mir zum Beispiel in Kenia von mehreren lokalen Organisationen berichtet, dass sie gerne bei Wahlen im Land mehr politische Aufklärungsarbeit leisten würden, um Konflikten vorzubeugen. Dass sie dies aber im Rahmen des ZFD nicht dürfen.

Neben dieser strukturellen Verfasstheit gibt es weitere Kriterien, die die lokalen Organisationen erfüllen sollten. So wird gefordert, dass die internen Strukturen, Prozesse und Arbeitsansätze der Akteur*innen konfliktsensibel ausgerichtet sind. Es müssen methodische Kompetenzen der Konfliktbearbeitung vorhanden sein, die Struktur der Mitarbeitenden muss divers sein, und die Organisationen müssen von der thematischen Ausrichtung her zu der externen, deutschen Organisation passen (FriEnt, 2005, S. 2). Wissenschaftliche Texte weisen darauf hin, dass folgende Kriterien bei der Auswahl der lokalen Partner*innen hilfreich sein können: Effizienz, das internationale Ansehen, die lokale Unterstützung und Legitimation durch andere Akteur*innen, das Kapital und die Kapazitäten

(Jansen, 2008, 43 f.). Diese Voraussetzungen liegen zum einen an den Vorgaben des BMZ. Aber auch in hohem Maße daran – wie bisherige Forschungen gezeigt haben –, dass sich Geberorganisationen in der partnerschaftlichen Arbeit sicherer fühlen, wenn lokale Partner*innen ähnliche Strukturen wie sie selbst aufweisen und durch sie zur Rechenschaft gezogen werden können (Cohen, 2014, S. 71). Dieses Auswahlkriterium für Partner*innen wird teilweise bewusst, teilweise unbewusst gewählt. Es ist jedoch problematisch, da somit zahlreiche potenzielle Organisationen von Beginn an ausgeschlossen werden. So werden nur Partner*innen gewählt, die in etwa dem idealem CSO-Vorbild entsprechen, das sich an den Vorstellungen von CSOs aus dem Globalen Norden orientiert. Aussagen von Mitarbeitenden der ZFD-Träger*innen in Deutschland zufolge wird bei der Auswahl auch darauf geachtet, dass die Organisationen den Verwaltungsaufwand im ZFD (siehe auch Abschnitt 8.1.5.) bewältigen können. In mehreren Interviews wurde bestätigt, dass Partner*innen immer eine eingetragene Organisation sein müssen. Sie müssen vor Ort registriert sein und bestimmte Verwaltungsstandards wie zum Beispiel eine vorgesetzte Person, ein Bankkonto und ein Büro haben. „Es ist auf jeden Fall manchmal hinderlich, dass die Partnerorganisation eine gewisse Verfasstheit braucht. Zum Beispiel ist es schon dann hinderlich, wenn die Organisation aus politischen Gründen keinen Status bekommt" (Interview pbi Deutschland). Hier wären laut Interviewpartner*innen flexiblere Fördermodelle angebracht. Sie sollten besser an die Situation und Realitäten in den Ländern angepasst sein. Außerdem zeigt sich dadurch, dass der ZFD genauso wie viele andere Friedensakteur*innen auch lokale Organisationen nach westlichen Denkmodell und Vorbild aussucht (Hellmüller, 2020, S. 411). Gleichzeitig wird deutlich, dass manche lokale Organisationen zur Zusammenarbeit den ZFD aussuchen, da sie gezielt mit einer zivilgesellschaftlichen Organisation aus dem Globalen Norden arbeiten möchten. Dies ist ein in der Forschung bekanntes Phänomen. Es wird mit ihrem Ruf begründet, wonach sie mehr um tatsächliche Partnerschaft bemüht sind und lokale Bedarfe ernster nehmen als andere internationale Organisationen (Lee, 2020, S. 124).

Noch ein letzter Punkt wurde als entscheidendes Element von Mitarbeitenden der ZFD-Träger*innen in Deutschland genannt: Dass die lokalen Organisationen nicht nur Interesse am Geld, sondern tatsächlich Lust auf die interkulturelle Erfahrung haben sollen,

> „denn die kleinen Peinlichkeiten und Missverständnisse passieren einfach, das gehört dazu. Wenn so interkulturell Leute miteinander arbeiten, das muss man mit Humor und ein bisschen Spass an der Sache und vor allem auch als Mehrwert nehmen" (anonymes Interview mit ZFD-Organisation in Deutschland).

Wichtig ist ein Bewusstsein dafür, dass dieses interkulturelle Interesse und eine interkulturelle Offenheit sich den gesamten Zeitraum des ZFD hindurch halten müssen. Eine ZFD-Fachkraft berichtete in einem Interview, dass kulturelle Unterschiede oft erst mit der Zeit zutage treten (Karanja, 2000). Gleichzeitig ist es wichtig, dass auch die ZFD-Träger*innen und Fachkräfte dieses Interesse teilen. Ansonsten werden die interkulturellen Themen nur einseitig bearbeitet, was nicht im Sinne einer partnerschaftlichen Zusammenarbeit ist.

Diese genannten Kriterien werden auch von den Fachkräften als relevant wahrgenommen. Der Aussage, dass die lokale Organisation bestimmte Standards wie eine bestimmte Größe oder eigene Finanzen braucht, um erfolgreich ein ZFD-Projekt umzusetzen, stimmen 21 % komplett zu, 24,5 % stimmen zu, 12 % lehnen die Aussage weder ab noch stimmen sie ihr zu, 24,5 % stimmten der Aussage nicht zu, 9 % stimmen gar nicht zu und 9 % wissen es nicht. Zwar sind in dieser Frage die Standards nicht genauer definiert, doch können Aussagen aus Gesprächen der Feldforschung Hinweise darauf geben. Dennoch herrscht über diese „Minimalanforderungen" keine Einigkeit. Manche Fachkräfte äußerten sich dazu kritisch, da so sehr unterschiedliche Arbeitsbedingungen geschaffen werden. Besonders in Sierra Leone und Liberia stellten viele Fachkräfte die Frage, ob Organisationen in den Ländern schon „so weit sind", den ZFD umsetzen zu können. „Liberia ist für vieles nicht so weit, Organisationen funktionieren hier oft nicht linear, sondern, wenn ein Feld aufpoppt, was wichtig ist, wird dieses bearbeitet und auch viel Energie reingesteckt" (anonymes Interview mit ZFD-Fachkraft in Liberia). Dabei wird ebenfalls vergessen, dass viele lokale Organisationen durch Nachkriegssituationen in ihren Strukturen geschwächt sein können. Dies muss nichts mit der Organisation an sich zu tun haben (Burba & Stanzel, 2015b, S. 219). Solche Aussagen sind also sehr kritisch zu bewerten. Denn sie sprechen zum einen dem ZFD die Kapazität der Organisationsentwicklung ab und eröffnen zum anderen eine Dichotomie zwischen *entwickelt* und *nicht entwickelt*. So kommt es im Zuge der bestehenden Machtdynamiken zu einer Trennung zwischen *wir* und *den anderen*. Solche Aussagen betten den ZFD und seine Umsetzung in die vielfach kritisierte Debatte um eine *nachholende Entwicklung* ein. Diese These davon aus, dass sich bestimmte Länder erst *entwickeln* müssen, um mit anderen Ländern mitzuhalten (Escobar, 2012 [1995], S. 8). Zudem wird so deutlich, dass sich einige Fachkräfte anmaßen, über das Entwicklungsniveau eines Landes zu urteilen und darüber, was in dem Land gut funktionieren kann und was nicht. Beide Aspekte erwachsen aus einer privilegierten und mächtigen Position heraus. Diese Debatte ist nur scheinbar überholt. Sie ist in den Köpfen einiger Fachkräfte noch immer verankert und führt zu hegemonialer Dominanz, wenn es darum geht, den ZFD auszugestalten. Daran zeigt sich die diskursive Macht in der Friedensarbeit und wie sie mit Aussagen und Handlungen die Praxis beeinflusst.

In meiner Forschung traf ich immer wieder auf unterschiedliche Arten von lokalen Organisationen, mit denen der ZFD zusammenarbeitet. Diese Diversität bringt auch Herausforderungen mit sich, da in der Regel von allen Organisationen das Gleiche erwartet wird. Einige ZFD-Träger*innen teilen die Organisationen, mit denen sie zusammenarbeiten, in drei Kategorien ein, die ihre formelle Beziehung zu den lokalen Organisationen definieren. Dabei gilt diese Einteilung nicht nur für die Organisationen, die Partner*innen im Sinne einer Fachkraftentsendung werden. Sie gilt vielmehr für alle Akteur*innen, die an ZFD-Projekten beteiligt sind. Dies sind erstens direkte Partner*innen, also Akteur*innen mit denen das Projekt direkt interagiert, um Veränderungen zu bewirken. Zweitens sind dies strategische Partner*innen, also Akteur*innen, die zum Erfolg des Projektes beitragen, das Projekt jedoch nicht auf eine Verhaltensänderung bei ihnen ausgelegt ist. Drittens sind dies indirekte Partner*innen, also Akteur*innen, die langfristig von dem Projekt mithilfe der direkten Partner*innen in ihrem Verhalten beeinflusst werden sollen (Kuijstermans, 2019, S. 100). Eine detailliertere Aufteilung findet sich im ZFD-Reformdokument. Dort werden Möglichkeiten eines gemeinsamen Kooperationsabkommens im Rahmen eines bestimmten Projektes oder für die Vermittlung einer ZFD-Fachkraft oder die Finanzierung von lokalen Maßnahmen genannt (Gemeinschaftswerk ZFD, 2014a, Abschn. 5.5. S. 2). Es wird häufig betont, dass die Art der Kooperation je nach Träger*in sehr unterschiedlich ist, immer gleich ist jedoch „[c]harakteristisch für alle Durchführungsmodelle […] die gemeinsame Verantwortung von Träger und Partnern dafür, dass ZFD-Mittel entsprechend den vereinbarten Zielen und lokalen Friedensbedarfen verausgabt werden und eine entsprechende Rechenschaftslegung erfolgt" (Gemeinschaftswerk ZFD, 2014a, Abschn. 5.5. S. 2). Hier erfolgt eine klare Inverantwortungnahme sowohl der ZFD-Träger*innen als auch der lokalen Organisationen für die Arbeit in den ZFD-Projekten. In der Praxis wird versucht, diese gemeinsame Verantwortung zum Beispiel durch gemeinsame PM&E-Prozesse zu gestalten. Doch wie sich zeigt, kommt durch inhärente Machtdynamiken die gemeinsame Verantwortung ins Wanken. Keine gemeinsame Verantwortung gibt es dort, wo zum Beispiel Fachkräfte alleine für die Abrechnung und Verwendung von Mitteln in einer Organisation tätig sind oder Anträge für Mittelverwendungen immer von der Koordination abgesegnet werden müssen. Partner*innen erhalten so lediglich ein Mitbestimmungsrecht.

Während meiner Forschung, aber auch in der Literatur über den ZFD, wurde immer wieder deutlich, dass die lokalen Akteur*innen im ZFD in die

Akteur*innenpyramide von Lederach (Lederach, 2001, S. 146) einsortiert werden (Brinkmann, 2000, S. 39; forumZFD/ Akademie für Konflikttransformation, 2017, S. 28; Schrader, 2008, S. 16) – siehe dazu auch Abschnitt 4.4.2.2. (Verständnis, Rolle und Aufgaben der lokalen Partner*innen). Dabei finden auf Level 1 der Pyramide (*Top-Leadership*) sogenannte *Top-Level-Approaches* statt, also *Top-down*-Ansätze in der Friedensarbeit. Im ZFD sind dies zum Beispiel Verhandlungen oder kooperative Formate mit der UN oder staatlichen Institutionen. Auf Level 2 (*Middle-range-Leadership*) finden Aktivitäten statt, bei denen ein *Middle-out*-Ansatz verfolgt wird. Die Führungspersonen der Ebene nehmen eine zentrale und vermittelnde Rolle ein. Im ZFD sind dies beispielsweise Workshops und Trainings oder die Mitarbeit in Friedens- und Versöhnungskommissionen. Auf Level 3 (*Grassroot-Leadership*) kann eine Vielzahl von Menschen erreicht werden, und es wird in der Regel mit dem *Bottum-up*-Ansatz gearbeitet. Dazu gibt es zahlreiche Beispiele des ZFD wie zum Beispiel Beratungs- und Betreuungsangebote, Mediation oder Gemeindearbeit. In der Wissenschaft wird die starre Einteilung in Akteur*innenkategorien immer wieder kritisiert. Denn die Praxis und auch die Praxis im ZFD zeigt, dass lokale Akteur*innen aufgrund der alltäglichen Interaktionen andere Identitätskategorien schaffen. Diese sind häufig fließend, transversal, flexibel und beweglich und können sich in Laufe der Prozesse immer wieder ändern (Kappler, 2015, S. 876). Ein entscheidender Kritikpunkt ist außerdem, dass durch diese Pyramide die ZFD-Fachkräfte losgelöst von den lokalen Organisationen betrachtet werden. Der ZFD wird nicht als große Einheit gedacht, wie es die Idee einer partnerschaftlichen Zusammenarbeit vermuten lassen würde. Dabei ist es, wie eine Fachkraft betonte, so wichtig, dass „Partnerorganisationen [...] nicht als verselbstständigte kleine Satelliten gesehen werden“ (anonymes Interview mit ZFD-Fachkraft in Sierra Leone).

8.3.2 Aufgaben der Partner*innen

Die Geschichte

Wir – das sind die ZFD-Fachkraft und ein*e Mitarbeiter*in von einer Organisation vor Ort – fahren von Gemeinde zu Gemeinde in einem ländlichen Bereich des Landes. Zwei Tage lang ist es die Aufgabe des ZFD, mit Personen in verschiedenen ländlichen Gemeinden zu sprechen. Mehr über ihre Probleme und Herausforderungen zu erfahren, welche in den letzten Jahren durch Landraub, sich ansiedelnde internationale Firmen und daraus resultierende Umweltzerstörung gewachsen sind. Schon seit vielen Jahren ist die Organisation vor Ort in dem Bereich aktiv, macht auf die Probleme aufmerksam, bietet Unterstützung und

Weiterbildungen an. Der*Die Mitarbeitende der Organisation vor Ort ist selbst in einer der Gemeinden aufgewachsen. Auch wenn er*sie heute nicht mehr dort lebt, besteht doch ein guter Kontakt, er*sie versteht die lokale Sprache und es gibt familiäre Verbindungen. Während der zwei Tage besteht ihre*seine Aufgabe vor allem darin, die Kommunikation zu führen und alles zu dokumentieren, sei es bei einer Informationsveranstaltung oder in Gesprächen mit den Menschen vor Ort. Des Weiteren zählt zu den Aufgaben, vor den Besuchen die Planung zu übernehmen, die Gemeinden über den anstehenden Besuch zu informieren, die Route zu planen (was aufgrund der sich verändernden Wege und Überflutungen durch den Landabbau nicht einfach ist), das Auto zu fahren und die Logistik zu organisieren, wie zum Beispiel Verpflegung für den Workshop oder eine Übernachtungsmöglichkeit für uns. Gerade in diese logistischen Aufgaben bindet der*die Mitarbeitende der lokalen Organisation auch seine*ihre Familie ein. So machen wir beispielsweise bei der Familie Mittagspause und bekommen dort Essen. Es soll nicht in einer der betroffenen Gemeinden gegessen werden, da dies eine Gemeinde bevorzugen würde. Die Fachkraft ist die ganze Zeit dabei, dokumentiert mit audiovisuellen Methoden und schaut zu.

Meine Rolle als Forscherin

Ich wurde eingeladen, an den zweitägigen Besuchen in den Gemeinden teilzunehmen. Hier war ich genauso wie die Fachkraft einfach dabei, habe mir alles angeschaut und nicht in die Aufgaben der*des Mitarbeitenden – wie zum Beispiel Planung oder Gespräche – eingegriffen. Die Gespräche fanden in einer lokalen Sprache statt, so dass hinterher im Auto für mich und die Fachkraft übersetzt wurde. In den einzelnen Gemeinden stieg immer erst der*die lokale Mitarbeitende aus dem Auto und fragte vor Ort in der Regel eine für die Gemeinde wichtige Person, ob es in Ordnung sei, dass die Fachkraft und ich an dem Gespräch teilnehmen. Dem wurde fast immer zugestimmt, lediglich in einem Fall nicht, hier sind wir im Auto geblieben. In den Fällen, in denen ich während der Gespräche anwesend war, wurde schnell klar, dass ich die Sprache nicht verstehe und dass frei gesprochen werden konnte. Dennoch kann ich nicht ausschließen, dass ich die Gesprächsinhalte durch meine Anwesenheit beeinflusst habe. Auch gab es eine Aufgabenteilung zwischen der*dem lokalen Mitarbeitenden und der Fachkraft. Hier war es für mich interessant zu wissen, ob diese durch meine Anwesenheit verändert wurde. Auf meine Nachfrage, ob die zwei Tage in den Gemeinden repräsentativ für die Arbeit und die Aufgabenteilung seien oder ob dies sonst anders verläuft, wurde geantwortet, dass alles so sei wie immer.

Reflexion und kritische Diskussion

Die erzählte Geschichte zeigt deutlich, dass eine Person, die für die lokale Organisation arbeitet, viele verschiedene Aufgaben hat. In diesem Fall sind es aufgrund der (persönlichen) Kontakte vor allem die Kommunikation, aber auch die Planung, Logistik und Durchführung der Aktivität. Die Aufgabe der Fachkraft liegt in der audiovisuellen Dokumentation. Somit kommen der Fachkraft deutlich weniger Aufgaben sowohl vor Ort als auch in der Vorbereitung zu. Es stellt sich die Frage, warum er*sie an beiden Tagen anwesend ist. In einem Gespräch wird deutlich, dass die Fachkraft einfach immer dabei ist und es sich so eingespielt hat. Dass es in diesem speziellen Fall aber tatsächlich der audiovisuellen Dokumentation dient, da der*die lokale Mitarbeiterin diese Aufgabe nicht auch noch übernehmen kann. Auf den ersten Blick erscheint die Aufgabenverteilung hier nicht fair und ausgeglichen. Denn die Fachkraft übernimmt weniger Aufgaben, dabei sollten sie im Sinne einer partnerschaftlichen Arbeit ausgeglichen verteilt sein. In Gesprächen erfahre ich jedoch, dass der*die lokale Mitarbeiter*in diese vielfältigen Aufgaben gerne übernimmt und die Aufgabenverteilung zum Beispiel in der Nachbereitung anders aussieht. Er*Sie kommt selbst aus der Region und hat so das Gefühl, den Menschen etwas zurückgeben zu können. Außerdem spricht es für ihn*sie und die Familie, einen so wichtigen Beruf auszuüben. Insofern geht es auch um das Sehen und Gesehen-Werden. Das ist durchaus nicht verwerflich, da es sich tatsächlich positiv auf die Arbeit auswirken kann. Gleichzeitig gehört dazu auch, die eigene Familie zu unterstützen. Dass zum Beispiel diese für die Verpflegung zuständig ist, ermöglicht ihnen einen kleinen Zuverdienst, da der ZFD für die Verpflegung finanziell aufkommt. Hier wird der*die lokale Mitarbeitende durch seine*ihre Arbeit im ZFD in eine vor Ort mächtige Rolle gehoben. Er*Sie hat die Möglichkeit, Familien und Gemeinden nicht nur inhaltlich, sondern auch finanziell zu unterstützen und kann aus einer privilegierten Rolle heraus handeln und entscheiden. Jedoch können so auch Abhängigkeiten entstehen. Auch wenn diese Aufgaben und Handlungen vom BMZ sicher so nicht vorgesehen sind, bleibt in der sehr ländlichen Region kaum eine andere Möglichkeit. Auch sagt die Situation nichts darüber aus, wie die Aufgabenverteilung in anderen Arbeitsbereichen der Fachkraft und der*des lokalen Mitarbeiter*in aussieht. Es bleibt also ein Einblick in eine einzelne Situation, die jedoch zeigt, wie vielfältig und unterschiedlich die Aufgaben sein können.

Analyse und Interpretation der Geschichte

Es ist zunächst festzustellen, dass die Partner*innen vor Ort für die Friedensarbeit Deutschlands als unverzichtbar angesehen werden, da sie als Mittler*innen zwischen den Kulturen fungieren (Auswärtiges Amt/ Die Bundesregierung, 2017,

44 ff.). Somit sind die Personen in den lokalen Organisationen ein Schlüssel zur Zivilen Konfliktbearbeitung (Ropers, 2000a), denn auch im ZFD geht es darum, die lokalen Partner*innen in ihren Handlungen zu stärken. Dabei werden die lokalen Organisationen als Partner*innen für eine gemeinsame Durchführung definiert (Gemeinschaftswerk ZFD, 2014a, Abschn. 2.2. S. 2). Zunächst verschafft diese Idee, dass Friedensarbeit nicht ohne lokale Partner*innen funktionieren kann, den Akteur*innen vor Ort eine wichtige Position und spricht ihnen Handlungsmacht zu. Gleichzeitig aber liegt der Fokus der Arbeit wieder darin, dass die lokalen Akteur*innen durch externe Fachkräfte befähigt werden. Dies wiederum bringt die ZFD-Fachkräfte in eine handlungsmächtigere Position und spricht sie gleichzeitig den lokalen Organisationen ab.

Wie schon bei der Definition der Organisationen, mit denen zusammengearbeitet wird, werden Definition und Rolle der Aufgaben der lokalen Partner*innen nicht genau festgelegt. Es hängt sehr von den jeweiligen ZFD-Träger*innen und den Projekten ab, wie diese Aufgaben und die Umsetzung aussehen. Dieses Kapitel legt den Fokus auf eine rein empirische Sicht. Ein*e Interviewpartner*in in Deutschland zählte eindeutige Aufgaben auf, so zum Beispiel die Unterstützung von Ein- und Ausreise, Visaangelegenheiten, Arbeitsgenehmigung, Sicherheitsfragen und Personalverantwortung gegenüber den Fachkräften. Aufgaben, die bei anderen Organisationen nicht zum Profil gehören. Diese Thematik wurde stets mit Bezug zu anderen Fragestellungen diskutiert und die Antworten finden sich in den jeweiligen Kapiteln wieder (siehe dazu auch Abschnitt 4.4.2.2.: Verständnis, Rolle und Aufgaben der lokalen Partner*innen). Es wurde jedoch in den Interviews in Deutschland immer wieder betont, dass die Aufgaben gemeinsam festgelegt werden. Dass sie sich an den Bedürfnissen der Partner*innen orientieren und sich im Laufe der Projektzeit immer wieder ändern können. Somit werden die Aufgaben für lokale Mitarbeiter*innen in der Regel bereits im Planungsworkshop festgehalten. Sie ergeben sich oftmals aus den Aufgabenbereichen, die sie ohnehin in der Organisation übernehmen. Zum Teil ergeben sie sich aus den Erwartungen von Fachkräften oder von leitenden Personen in den jeweiligen Organisationen. Somit können sie sehr individuell sein. In der Regel liegen somit die Aufgaben in der konkreten ZFD Projektumsetzung und Zielerreichung gemeinsam bei ihnen und den ZFD-Fachkräften. Eine Aufgabe, die besonders die lokalen Partner*innen betonten, ist die Sorge für die Sicherheit und das Wohlergehen der Fachkräfte. In Gesprächen wurde mir immer wieder berichtet, dass es Fachkräfte in gesundheitlichen Notlagen gab, Personen ausgeflogen werden mussten oder eine Fachkraft verstorben ist. Oftmals wurden Bedenken bei sehr jungen Fachkräften geäußert, da diese laut der lokalen Partner*innen mehr Risiken ausgesetzt sind und öfter alleine ausreisen: „Welfare and security of the seconded personal is important.

Especially when they are young, they do not have their parents here, so we are their families“ (anonymes Interview mit ZFD-Organisation in Sierra Leone). Um solche Notlagen zu verhindern und die große Verantwortung umzuverteilen, wünschen sich viele Partner*innen und Fachkräfte bessere Sicherheitspläne, um gezielter agieren zu können.

Einer Sonderrolle bei den lokalen Organisationen kommen den sogenannten *Focal Points* oder *Counterparts* zu. Diese gibt es nicht bei allen ZFD-Träger*innen, jedoch bei einigen. Dies sind Personen in den lokalen Organisationen, die besonders eng mit der ZFD-Fachkraft zusammenarbeiten. Diese Personen werden je nach Organisation anders ausgewählt. Zum Teil wird der*die Direktor*in bestimmt (was bei den Fachkräften in der Regel weniger gut ankommt, da oft keine direkte Zusammenarbeit stattfindet), zum Teil werden es die Personen, die am motiviertesten sind oder die Personen, bei denen die Organisationen ohnehin die Projektverantwortung verorten. Die Aufgaben dieser Personen liegen zum Beispiel darin, die Fachkraft bei der Integration zu unterstützen und lokale Kontexte zu erklären. „Counterpart should make sure, the person is comfortable and knows the way of working, integrate them at the local level“ (anonymes Interview mit ZFD-Organisation in Kenia). Gleichzeitig ist die Idee dieses Systems, dass auch die Person etwas von der Fachkraft lernt und das Wissen so in der Organisation bleibt. Dies kann zum Beispiel durch ein *Jobshadowing* oder die Begleitung bei der Arbeit geschehen. Dies scheint in vielen Organisationen gut zu klappen: „The local counterparts always stayed and are still using what they have learned from previous CPS workers“ (anonymes Interview mit ZFD-Organisation in Sierra Leone). Andere Organisationen wiederum berichten, dass die *Counterparts* auch die Organisationen verlassen, da sie durch den ZFD weitergebildet wurden und sich ihnen neue Möglichkeiten eröffnen. Hier ist es ein Wunsch von vielen ZFD-Partner*innen, mehr Anreize für die Personen zu schaffen, in den Organisationen zu bleiben und das durch den ZFD vermittelte Wissen nachhaltig nutzbar zu machen: „After a CPS worker leave the counterpart should be funded by the CPS so that he or she stays. Otherwise they leave for a better position with a different organization“ (anonymes Interview mit ZFD-Organisation in Sierra Leone).

8.4 Ausgestaltung der Zusammenarbeit

Wie die beiden vorherigen Kapitel gezeigt haben, gibt es sowohl für die Fachkräfte als auch für die Partner*innen eine Vielzahl an verschiedenen Rollen, Aufgaben, Erwartungen und ihre Arbeit kann unterschiedliche Effekte haben.

Deswegen wird in diesem Kapitel nochmals genauer auf diese verschiedenen Rollenverständnisse, insbesondere unter dem Fokus der Zusammenarbeit geschaut. Dabei werden drei Themen angesprochen, welche schon in Abschnitt 6.3. als relevant identifiziert wurden: *Ownership* und Legitimität im ZFD, die Ausgestaltung der Zusammenarbeit (inklusive Herausforderungen) und Machtdynamiken in der Zusammenarbeit und in den Strukturen des ZFD. Zu Beginn geht das Unterkapitel 8.4.1. der Frage nach, inwieweit eine gemeinsame oder auch partnerschaftliche Zusammenarbeit stattfindet. Dieses Thema wurde ausgewählt, da die partnerschaftliche Zusammenarbeit laut eigener Definition des ZFD das Grundverständnis der eigenen Arbeit darstellt. Gleichzeitig aber während der teilnehmenden Beobachtung festgestellt werden konnte, dass sie oftmals nicht partnerschaftlich stattfindet. Daran schließt das Abschnitt 8.4.2. an. Es befasst sich erneut mit dem Aspekt Zusammenarbeit und geht darauf ein, was geschieht, wenn sie scheitert und es zu einer Kündigung kommt. Dieses Thema wurde ausgewählt, da während der teilnehmenden Beobachtung eine Reihe von Kündigungen beobachtet werden konnten. Eigentlich sollten sie einen Sonderfall darstellen, doch wurden sie durch ihr gehäuftes Auftreten für die empirische Untersuchung zu einem spannenden Aspekt. In Unterkapitel 8.4.3. folgt eine Diskussion um Hierarchien im ZFD, da sie inhärente Machtdynamiken aufzeigen können und weil in der Forschung immer wieder deutlich wurde, wie sie die Arbeit im ZFD beeinflussen. Abschließend wird in Unterkapitel 8.4.4. die Rolle von *Ownership* im ZFD beleuchtet. Dieses Thema wurde ausgewählt, da im ZFD davon ausgegangen wird, dass *Ownership* von Prozessen bei lokalen Organisationen liegt. Dass sie aber auch in der Zusammenarbeit entstehen kann und ein zentrales Element der Partnerschaftlichkeit im ZFD ist, das in der praktischen Arbeit oftmals zu Herausforderungen führt.

8.4.1 Gemeinsame Zusammenarbeit?

Die Geschichte

Für den alljährlich stattfinden Friedenstag wurde eine große, öffentlichkeitswirksame Veranstaltung organisiert. Es wurden Personen aus verschiedenen Gemeinden eingeladen, welche in Konflikt miteinander stehen. Es wurden Reden organisiert und lokale Musiker*innen sind an dem Tag aufgetreten, außerdem wurde für alle Anwesenden Verpflegung in einem Restaurant organisiert. Die Fachkraft lebt in der Hauptstadt des Landes, während die Organisation, für die er*sie integriert arbeitet, in einem anderen Ort mehrere Stunden Autofahrt entfernt ihren Sitz hat. Die Veranstaltung wiederum fand an einem dritten Ort statt.

Ich bin mit der Fachkraft zu der Veranstaltung angereist, als wir angekommen sind, war bereits alles vor Ort organisiert. Während der Veranstaltung sagte die Fachkraft ein paar Worte zur Begrüßung und hatte einen Platz am Tisch mit den Ehrengästen, hielt sich sonst jedoch im Hintergrund. Die Mitarbeitenden der Organisation kümmerten sich um Technik, Moderation, Musik, Logistik und die Teilnehmenden. Nach der Veranstaltung machte sich die Fachkraft wieder auf den Heimweg in die weit entfernte Hauptstadt. Wie die Fachkraft erklärte, sei dies ganz normal, er*sie sei immer mal wieder beziehungswiese bei Bedarf im Büro der Organisation anwesend oder komme zu solch besonderen Veranstaltungen. Dies hat auch etwas damit zu tun, welche Rollen er*sie als Fachkraft für die deutsche ZFD-Organisation in dem Land übernehmen muss und welche weiteren Zuständigkeiten es bei anderen lokalen Organisationen gibt. Er*Sie selbst versteht sich laut eigener Aussage als Organisationsentwickler*in, bereitet die lokale Organisation auf eine neue Fachkraft vor (da sein*ihr Fokus bei einer anderen Organisation liegt) und überlässt gerne dem Team die Planung und Verantwortung bei solchen Veranstaltungen, da dies nicht in seinem*ihrem Aufgabenbereich liegt und eine zu starke Einmischung wäre. Die Mitarbeitenden der Organisation hingegen hätten sich, wie sie mir in einem Gespräch mitteilten, eine engere Zusammenarbeit auch bei solch administrativen Prozessen gewünscht. Sie erhoffen sich von der neuen Fachkraft, dass ebenfalls so viele Freiheiten in der Arbeit bestehen bleiben, aber gleichzeitig mehr Zusammenarbeit stattfindet.

Meine Rolle als Forscherin

Ich war weder in die Vor- oder Nachbereitung der Veranstaltung eingebunden, sondern lediglich zu der Veranstaltung selbst eingeladen. Hierbei wurde mir freigestellt, ob ich bei den Teilnehmenden oder auf einem Ehrenplatz sitzen möchte. Ich habe erklärt, dass ich gerne nur teilnehmen möchte, da ich nichts beizutragen habe, was von den Veranstaltenden akzeptiert wurde. Während der Veranstaltung wurde für mich immer wieder übersetzt, da große Teile in lokaler Sprache stattgefunden haben. Dies zeigt deutlich meine privilegierte Rolle als Forscherin, da für mich extra Anstrengungen unternommen wurden. Neben der Fachkraft war ich nicht die einzige anwesende weiße Person, auch der*die Techniker*in war weiß. Somit ist davon auszugehen, dass meine Anwesenheit keinen größeren Einfluss hatte als die der anderen weißen Personen. Es wurde darauf hingewiesen, dass an den Veranstaltungen zum Friedenstag bisher immer weiße Personen teilnahmen. Sicherlich verändert dies die Dynamik vor Ort, gerade wenn drei weiße Personen ca. 120 lokalen Teilnehmenden gegenüberstehen. Doch muss ich diese

Dynamik als einen Teil meiner Forschung akzeptieren und kann in den jeweiligen Momenten nur versuchen, die bestehende Dynamik so wenig wie möglich zu beeinflussen, zum Beispiel indem ich mich nicht aktiv am Programm beteilige.

Reflexion und kritische Diskussion

Die Geschichte zeigt sehr gut, dass das Verständnis von der Zusammenarbeit zwischen Fachkraft und der lokalen Organisation sehr unterschiedlich aussehen kann. In diesem Fall sieht die Fachkraft die eigene Aufgabe besonders in den Bereichen der Organisationsentwicklung, der Vorbereitung der lokalen Organisation auf eine neue Fachkraft, aber nicht in der Veranstaltungsplanung und der Verantwortung für diese. Deswegen ist es nach Aussage der Fachkraft auch in Ordnung, bei den Veranstaltungen keine große Rolle zu spielen. Die Mitarbeitenden der lokalen Organisation hingegen würden sich eine engere Zusammenarbeit auch bei Veranstaltungen und administrativen Prozessen wünschen. Gleichzeitig betonen sie aber auch, wie gut es ist, so viele Freiheiten in der Arbeit zu haben. Diese unterschiedlichen Erwartungen an die Zusammenarbeit zwischen Fachkraft und lokaler Organisation zeigen sehr gut, wie wichtig es ist, dass sich die verschiedenen Akteur*innen darüber austauschen und Arbeitsprozesse gemeinsam gestalten. Nur durch einen gemeinsamen und vorlaufenden Austausch kann klar definiert werden, wie die Zusammenarbeit gestaltet werden kann, damit alle zufrieden sind und es langfristig deswegen nicht zu Konflikten kommt.

Analyse und Interpretation der Geschichte

Wie die Geschichte gezeigt hat, kann es immer wieder Situationen geben, in denen Fachkräfte und lokale Partner*innen unterschiedliche Vorstellungen von Rollen haben, die sowohl lokale Mitarbeitende als auch ZFD-Fachkräfte einnehmen können. Diese Rollen sind vielfältig und je nach Projekt und Organisation sehr unterschiedlich, siehe dazu auch Kapitel 4. Gleichfalls belegt ein Blick in die wissenschaftliche Literatur, in der es um die Rollen von Akteur*innen in der Zivilen Konfliktbearbeitung geht, ihre Vielfältigkeit. So können zivile Friedensakteur*innen die Rolle eine*r Vermittler*in einnehmen, beschwichtigend wirken, Gespräche initiieren, verschiedene Interessen repräsentieren, neue Denkanstöße geben, konkrete Dinge umsetzen oder implementieren, sie können dies überprüfen und versöhnend wirken (Mitchell, 2006). Darüber hinaus können sie Rollen in der Krisenprävention, Konfliktfrüherkennung, Vertrauensbildung, Wahlbeobachtung, im Minderheitenschutz und in der Versöhnung einnehmen (Auer-Frege, 2003, 34 ff.). Gerade CSOs können Rollen und Aufgaben in Bereichen übernehmen, in denen internationale oder staatliche Organisationen an ihre Grenzen kommen. Sie können so die Arbeit auf die Mikroebene bringen (Barnes 2009, S. 140).

Die Geschichten zeigen, dass trotz einiger formeller ZFD-Vorgaben und der Freiheit der einzelnen Träger*innen, diese umzusetzen, in der direkten Arbeit die Rollendefinitionen und -erwartungen oft unklar sind. Insbesondere in Forschungssituationen, in denen ich nachgefragt habe, warum etwas gemacht wird, so wie es gemacht wird oder warum Zuständigkeiten auf eine bestimmte Art und Weise verteilt sind, wurde aus vielen Antworten schnell ersichtlich, dass dies nicht geschieht, weil die Aufgaben klar definiert sind, sondern weil es sich oftmals so ergeben hat bzw. es bestimmte (auch informelle) Aushandlungsprozesse dafür gab. Solche natürlich gewachsenen Prozesse können im Sinne des *Friction*-Konzepts sehr positiv sein. Wie sich aber in den Gesprächen zeigte, wurden sie nicht aufgearbeitet oder ausreichend begleitet. Insofern galten sie eher als müßig und negativ und die Rollen wurden dadurch in der Regel nicht klarer.

> „Partnership is there but it is not clear and also roles are not clear, even the job descriptions are not so clear and in the contracts it is also confusing and in practice you need to report some things to the [name of the German organization] coordinator and some to the coordinator of the local organization, it is not so clear where you belong and you personally need to make sure that there is no clash“ (anonymes Interview mit ZFD-Organisation in Kenia).

Ein vielfacher Wunsch war mehr Klarheit in den Rollen und Strukturen: „Structures and roles need to be clearer than they are now. It should not be two parties but one cooperation“ (anonymes Interview mit ZFD-Organisation in Kenia). Eine Fachkraft betonte: „Rollen sind oft unklar und müssen auf beiden Seiten besser verstanden werden. Rollen klar auf den Tisch zu legen, ist deutsches Denken, in Kenia wird mehr verhandelt“ (anonymes Interview mit ZFD-Fachkraft in Kenia). Auch bei meiner Umfrage unter lokalen Partner*innen und Fachkräften, in der es um Rollen geht, zeigte sich ein gemischtes Bild. Der Aussage, dass die eigene Rolle im ZFD klar ist und dass die Rollen der Kolleg*innen im ZFD klar sind, stimmen jeweils 85 % beziehungsweise 77 % zu oder komplett zu. Somit scheint es zumindest formell eine relativ hohe Klarheit über Rollen im ZFD zu geben. Der Aussage hingegen, dass die Kolleg*innen die Rolle der befragten Personen verstehen, und der Aussage, dass immer klar ist, wer im ZFD für welche Aufgaben zuständig ist, stimmen nur 58 % beziehungsweise 52 % zu oder komplett zu. Hier scheint es einen deutlichen Unterschied zwischen der formellen Anerkennung der Rolle und ihrer Anwendung und dem Verständnis für sie zu geben. Als ein Grund, warum es immer wieder zu diesen Unklarheiten kommt, lässt sich fehlende Kommunikation identifizieren. Viele Fachkräften, aber auch zahlreiche lokale Partner*innen berichteten, dass häufig der*die Chef*in der lokalen Organisation die offiziellen Absprachen rund um den ZFD trifft. Sie werden dann jedoch nicht immer an die anderen Mitarbeitenden weitergegeben, wodurch es von Anfang an zu Unklarheiten kommt. Besonders Fachkräfte klagten über mangelnde klare Kommunikationswege auch in der täglichen Arbeit. Lokale Partner*innen berichteten, dass viele Absprachen informell über WhatsApp laufen. „As a team they have a WhatsApp group so decisions can be made when not everybody is around, there is no problem that people cannot be reached" (anonymes Interview mit ZFD-Organisation in Kenia). Diese Art der Kommunikation wurde also als hilfreich empfunden, während die Fachkraft der gleichen Organisation sie als mühsam einstufte. Dies hat sicherlich mit persönlichen Präferenzen zu tun, jedoch auch mit der vorherrschenden Kommunikationskultur. Natürlich spielt es auch eine Rolle, wie im Team generell kommuniziert wird, ob Kompromisse gefunden werden oder eine Person Dinge festlegt und die anderen Personen folgen.

Diese Beispiele zeigen, dass der Umgang mit der Interkulturalität ein entscheidender Faktor für die Zusammenarbeit ist. Denn alltägliche interkulturelle Begegnungen lassen Beziehungen und gegenseitiges Vertrauen entstehen (Boege & Rinck, 2019, S. 235). Auch die friedenswissenschaftliche Literatur betont, dass Kultur und Identität friedensfördernde Beziehungen beeinflussen (Brigg, 2016; Lederach, 1997; Mac Ginty, 2008; Richmond, 2011a) und es so sogar zu neuen Definitionen der Friedensarbeit kommen kann: „We conceptualize internationally supported peacebuilding as an inherently cross-cultural relational endeavour, with international and local actors engaged in multiple forms of cross-cultural interactions in a local everyday context" (Boege & Rinck, 2019, S. 217). Es wird angenommen, dass die Art und Weise, wie Menschen ihre Realität wahrnehmen, darüber nachdenken und ihr Bedeutung verleihen und wie sie sich in dieser Realität verhalten oder auf sie reagieren, von ihrem (sozio-)kulturellen Hintergrund beeinflusst wird. In dieser Denkweise nimmt Kultur Einfluss auf die Wahrnehmung eines Konflikts und die Reaktion darauf. Deswegen ist es gerade in einer gemeinsamen Friedensarbeit wie der des ZFD so wichtig, dass es Raum für Gespräche über Kultur und Identität gibt.

> „The question is, if there is a line drawn in some of the relations in international teams, for example [something is] culturally not accepted, so it is very important that they understand and always ask if something is acceptable and that also helps to improve professional working and they are role models" (anonymes Interview mit lokaler ZFD-Fachkraft in Kenia).

Doch um solche Fragen zu stellen, sind Offenheit, Vertrauen und ein sensibler Umgang miteinander notwendig. Sie sind nicht in allen Formen der Zusammenarbeit gegeben, gleichwohl eine elementare Voraussetzung für partnerschaftliche Zusammenarbeit (Cohen, 2014, S. 68). Besonders von erfahrenen lokalen Partner*innen wurde betont, dass nicht nur Interkulturalität, sondern auch die Persönlichkeit eine wichtige Rolle spielt. Generell zeigte sich in meinen Gesprächen, dass die meisten Fachkräfte und lokalen Partner*innen zum Austausch bereit sind. Besonders die lokalen Partner*innen forderten wiederholt, dass die Fachkräfte ihr Wissen an die lokalen Gegebenheiten anpassen. Dies bedeutet auch, Machtdynamiken zu verändern und einen Schritt in Richtung Partnerschaftlichkeit zu gehen. Viele Fachkräfte beschrieben dies jedoch als Herausforderung: „Ich finde selber die Arbeit schwierig, wenn es um Werte, Reflexion und so weiter geht, da es eine ganz andere Sozialisation ist“[5] (anonymes Interview mit ZFD-Fachkraft in Sierra Leone). Bisherige Publikationen von Fachkräften haben gezeigt, dass gerade im Bereich Interkulturalität oftmals sehr verschiedene Perspektiven aufeinandertreffen und gerade dort oftmals keine Lösungen gefunden werden können: „Es gibt hier oft ganz andere Denkweisen, die einfach kulturell und sozial begründet sind. Manche Unterschiede kann man einfach nicht überwinden“ (Karanja, 2000). Dabei darf nicht vergessen werden, dass diese Unterschiede sowohl von den ZFD-Fachkräften als auch von den lokalen Mitarbeitenden wahrgenommen werden und für alle Beteiligten relevant sind. Aus machtkritischer Perspektive stellt sich die Frage, warum es diese überhaupt überwunden oder angepasst werden müssen und wer seine Denkweisen an wen anpassen sollte.

Interkulturalität ist generell ein wichtiges Element in der Friedensarbeit, die gemeinsam von externen und lokalen Akteur*innen geleistet wird: „Working across, and with, cultural difference is the overarching feature of externally supported peacebuilding, which is fundamentally relational and procedural“ (Boege & Rinck, 2019, S. 217). Grundsätzlich wird im ZFD versucht, sich zu diesen Rollenfragen und Fragen der Interkulturalität durch partnerschaftliche Zusammenarbeit auf Augenhöhe zu begegnen (Gemeinschaftswerk ZFD, 2014a, Abschn. 5.2. S. 3). Alle Interviewpartner*innen in Deutschland waren sich einig, dass die partnerschaftliche Zusammenarbeit das Herzstück der ZFD-Arbeit ist und die Arbeit von den Partner*innen geschätzt wird. „Die hohe Wertschätzung der Partner im ZFD liegt an der Nähe, die wir zum Partner haben, an der Offenheit, am offenen Dialog, den wir pflegen“ (Interview GIZ Deutschland). Und auch von den Personen in Kenia, Liberia und Sierra Leone wurde immer wieder betont, wie wichtig die persönliche Zusammenarbeit und die Teamarbeit für den Erfolg der

[5] Das Zitat wurde grammatikalisch bereinigt.

Arbeit sind. „The composition of the team and the structure make everything easy or difficult. Also has to do with the attitudes in the team and hierarchies and also how educated the team is“ (anonymes Interview mit lokaler ZFD-Fachkraft in Kenia). Doch muss in dieses Herzstück noch mehr investiert werden, damit es in der Praxis gut umgesetzt werden kann. Denn sowohl Fachkräfte als auch Mitarbeitende lokaler Organisationen (45 % komplette Zustimmung oder Zustimmung) gaben in meiner Umfrage an, dass die unterschiedlichen Arbeitsethiken der lokalen beziehungsweise internationalen Kolleg*innen ein Hindernis sind.

In den Interviews in Deutschland wurde oftmals die langjährige vertraute Zusammenarbeit mit den Partner*innen betont, in die die Fachkraft hineinkommt, sie ausbaut und von ihr bei der Arbeit profitieren kann. Jede*r Mitarbeiter*in bringe ihre/seine eigene Sicht auf bestimmte Themen ein und so könnten Diskussionen stattfinden. „Das führt natürlich zu Spannungen und zu Vorwürfen im Sinne von ‚Du aus Deutschland kannst das doch gar nicht nachvollziehen, du weißt doch gar nicht, was hier passiert ist, du hast doch selbst nur deinen verklärten deutschen Blick auf uns'“ (anonymes Interview mit ZFD-Organisation in Deutschland). Diese Vorwürfe sind gerade mit Blick auf die bereits diskutierten Themen Neutralität oder diskursives Machtwissen sehr gut nachvollziehbar. In diesem Setting kann sich im Team eine Reihe von Spannungsfeldern (*Frictions*), Diskussionen und Dynamiken entwickeln. Denn laut der Interviewpartner*innen in Deutschland bilden die Teams letztendlich das Gefüge und die Spannungen innerhalb der Gesellschaft ab und sie müssen damit produktiv umgehen. Wie in einem Interview mit einer*r ZFD-Mitarbeiter*in in Deutschland geschildert wurde, ist in diesem Zusammenhang die immer wiederkehrende Rollenklärung aller Beteiligten wichtig:

> „Wer hat mich geschickt? Bin ich willkommen, weil ich Geld oder Beziehungen mitbringe? Warum wird sich das Externe eingekauft? Das ist immer eine Frage. Es bedarf einer ständigen Rollenklärung. Deswegen finde ich es wichtig, dass die Eigenmotivation und das Eigeninteresse klar sind […]. So eine Rollenklärung ist immer wieder notwendig. Nicht nur im Projekt, sondern auch mit jeder Person einzeln. Das sind oft viele Diskussionen und die gehören einfach auch dazu. Eine humanitäre Hilfe muss sich aber auch genau fragen, warum gehe ich dahin. Dass ich Leute nicht verhungern lassen sollte, ja, okay. Aber die Frage, wer einen gerufen hat, bleibt. Ganz wichtig sind die Eigenmotivation und die eigenen Interessen in der Konflikt- und Friedensarbeit“ (anonymes Interview mit ZFD-Organisation in Deutschland).

Findet dieses kritische Hinterfragen jedoch nicht statt, können diese *Frictions*, diese Unklarheiten in den Rollen sich auf die Zusammenarbeit negativ auswirken. Dies wird in der wissenschaftlichen Literatur oft als das größte Hindernis für erfolgreiche Friedensarbeit bezeichnet (Ameln, 2006, S. 92; Pastoors, 2017, S. 436; Wenzler-Cremer & Cremer, 2006). Dadurch kommt es zu Problemen in der Zusammenarbeit. So gibt es zum Beispiel immer wieder Spannungen bei den Aufgaben der Fachkräfte, die für die finanzielle Projektabwicklung zuständig sind. Diese Aufgabe liegt nicht bei allen ZFD-Träger*innen bei den Fachkräften, jedoch bei einigen. So arbeiten die Fachkräfte in die Organisation integriert und zumindest theoretisch auf Augenhöhe. Gleichzeitig aber sind sie für die Verwaltung und Abrechnung der Gelder hauptverantwortlich. Dadurch ist es „[…] schwierig rüberzubringen, dass man nicht zur Kontrolle da ist, sondern auf der gleichen Ebene ist" (anonymes Interview mit ZFD-Fachkraft in Kenia). Es kommt hier zu einer deutlichen Verschiebung der Machtposition der Fachkräfte weg von einer beratenden Rolle hin zu einer aktiven Rolle in Organisation und Durchführung. Dadurch haben viele Fachkräfte das Gefühl, zwischen den Stühlen zu sitzen. Auch einige lokale Partner*innen sehen darin einen Rollenkonflikt. Weil die Fachkraft so in die Geber*innenrolle gelangt und mit einem*einer Geber*in nicht so frei gesprochen werden kann wie mit einem*einer Kolleg*in. Denn es gibt immer inhärente Machtdynamiken, die dies verhindern. Daran knüpft das generelle Rollenproblem im ZFD an. Die Mehrheit der ZFD-Träger*innen betrachtet sich und den ZFD nicht als klassischen Geber, obwohl sie vor Ort immer wieder so wahrgenommen werden und lokale Organisationen den ZFD vielfach so bezeichnen. Es wird in Frage gestellt, warum die ZFD-Träger*innen keine Geberorganisation sein sollten: „[Name of the German organization] says they want to be a supporter and be called like it, but he*she is not sure about this" (anonymes Interview mit lokaler ZFD-Fachkraft in Kenia). Diese Rolle als Geber*in bewirkt eine verstärkte Trennung des „Wir" als ZFD/ Geber von den „Anderen" als Empfänger*innen. Dies beeinflusst wiederum im Sinne einer diskursiven Macht die praktischen Handlungen. Dadurch, dass der ZFD also als klassische Geberorganisation wahrgenommen wird, nennen viele lokale Organisationen vorranging als Mehrwert das Geld, das der ZFD mitbringt. Dafür zeigte ein*e Interviewpartner*in in Deutschland wenig Verständnis:

> „Es gibt aber auch Stinkstiefelpartner, die wirklich nur unser Geld wollen, die die Sprache toll und aufwendig gelernt haben, die genau wissen, was wir hören wollen und wenn es in den Vollzug geht, geht es ihnen eigentlich nur ums Geld oder sie sind ganz anders strukturiert als wir" (anonymes Interview mit ZFD-Organisation in Deutschland).

Diese unterschiedlichen Auffassungen rühren daher, dass vielen lokalen Partner*innen nicht bei jedem Detail klar ist, um was es im ZFD geht. So habe ich mit Personen gesprochen, die zwar die Verträge für den ZFD abgeschlossen haben, aber kein Verständnis für die Arbeit hatten, die Struktur als undurchsichtig beschreiben und denen die Zielsetzung des ZFD unklar ist. Einige Fachkräfte berichteten, dass ihnen lange gar nicht bewusst war, dass sie für den ZFD arbeiten werden: „Es war ganz lange unklar, dass die Arbeit für den ZFD stattfinden soll, das ist bei dem Vorbereitungsseminar erst klar geworden" (anonymes Interview mit ZFD-Fachkraft in Sierra Leone). Durch diese zwei sehr unterschiedlichen Rollenverständnisse kommt es in der täglichen Zusammenarbeit zu weiteren Spannungen.

> „Partner*innen haben nicht erkannt, dass [Name der Deutsche Organisation] einen anderen Ansatz hat als andere Donor – keine Rechenschaft ablegen, sondern Weiterbildung. Es ist sehr schwer zu verstehen, schwer klarzumachen, dass [Name der Deutsche Organisation] keine Vorgaben macht bei Projekten, sondern man selbst entscheiden darf. Gewohnheit ist, dass andere Donor planen und die Organisation nur noch durchführt. Sie sind gar nicht mehr entscheidungsfähig, sondern total fremdbestimmt in den Handlungen" (anonymes Interview mit ZFD-Fachkraft in Kenia).

Ein weiteres Beispiel ist das Bild, das die Fachkräfte von ihren lokalen Kolleg*innen haben. Die Idee des ZFD ist es, dass das Wissen der ZFD-Fachkraft vor Ort eingesetzt wird und übernommen werden kann. Dies ist – wie bereits erwähnt – problematisch, weil so das externe Wissen höher eingeschätzt wird als das lokal vorhandene Wissen. ZFD-Fachkräfte äußerten hingegen wiederholt, dass es vor Ort gar keine Lernbereitschaft gibt oder die Mitarbeitenden der lokalen Organisation nicht die Arbeitsmoral an den Tag legten, die dafür notwendig ist. So wurde zum Beispiel berichtet: „Es ist ein Problem, dass die Leute nicht gelernt haben, zu reflektieren oder kritisch zu hinterfragen, so wird die Arbeit oft schwierig" (anonymes Interview mit ZFD-Fachkraft in Sierra Leone). Auch wenn nicht alle Fachkräfte solche Aussagen tätigen, sind sie doch erstaunlich oft erfolgt. Sie zeigen deutlich, dass die eigene Rolle oder die Situation vor Ort nicht reflektiert wird und dass nicht versucht wird, die Beweggründe herauszufinden. Stattdessen werden aus einer privilegierten Position heraus vorschnelle Schlussfolgerungen getroffen. Es wird „über die Anderen" gesprochen, was die mächtigere Rolle der Fachkräfte beweist. Dabei wäre diese Reflexion für die Arbeit sehr wichtig. Denn „[...] nur, wenn man die Menschen hier versteht, kann man auch hier arbeiten, zum Beispiel kann jemand faul wirken, aber in Wirklichkeit ist es Überlastung und Nicht-Verständnis" (anonymes Interview mit ZFD-Fachkraft in Liberia).

All die hier angeführten Beispiele haben gezeigt, dass die Zusammenarbeit nicht immer einfach ist und es zu Unklarheiten und Reibungen kommen kann. Es ist eine der Herausforderungen, dass diese Reibungen nicht immer angesprochen werden. Selbst in den Fällen, in denen die lokalen Partner*innen zum Beispiel mit der Agenda, Fachkraft oder Finanzierung nicht einverstanden sind oder Bedenken haben, erfolgt nicht immer eine klare Ansprache der Problematik oder eine gezielte Suche nach Alternativen. In der Literatur werden dazu einige behindernde Faktoren genannt, die auf die Machtdynamiken in der Arbeit zurückzuführen sind. Dazu gehören das Risiko, die laufende Unterstützung zu verlieren, die mögliche Reibung mit anderen beteiligten Akteur*innen, mangelndes Vertrauen in die eigenen Ideen und die schlichte Abneigung, substanzielle Änderungen am Status quo vorzunehmen (Lee, 2019, S. 109). Dies kann sogar Mechanismen in Gang setzen, um gezielt solchen Reibungen zu umgehen (Lee, 2019, S. 111; Philipsen, 2016). Diese Beispiele zeigen, wie wichtig es ist, diese durch den ZFD mandatierte Partnerschaft kritisch zu hinterfragen. Denn wenn Ressourcen transferiert werden (Borries von, 2007, S. 199) oder wenn eine Person mit westlichen Vorstellungen arbeitet, die oft unbewusst transferiert werden (Richter, 2010, S. 20), stehen Augenhöhe und Partnerschaftlichkeit in Frage. In der wissenschaftlichen Literatur, aber auch in Veröffentlichungen von Personen aus dem ZFD wird argumentiert, dass eine solche Partnerschaft eher „Rhetorik" (Brinkerhoff, 2002; Crawford, 2003; Menashy, 2019) oder ein „Schlagwort" ist (Ashman, 2001; Cornwall & Brock, 2005; Mohiddin, 1998). Demnach ist sie weniger zu verstehen als Begrifflichkeit mit starken normativen Obertönen dazu, wie eine Beziehung zwischen Partner*innen aussehen sollte (Harrison, 2007). Weiter heißt es, dass durch diese Gleichsetzung in der Sprache das Ungleichgewicht der Macht verschleiert wird (Hately, 1997, S. 22). Denn auch wenn die Begriffe verwendet werden und es Ideen gibt, sie anzuwenden, bestehen Ungleichheiten und Machtverhältnisse, die eine wirkliche Partnerschaft nahezu unmöglich machen, in der Realität fort (glokal e. V., 2016). Durch dieses Ungleichgewicht und die enge Zusammenarbeit der Fachkräfte mit den lokalen Partner*innen kann es schneller zu Reibungen kommen. Eine Studie hat gezeigt, dass die größten Stressfaktoren für Friedensfachkräfte nicht auf das kollektive Umfeld, sondern konkret auf organisatorische Faktoren, Teambeziehungen, hohe Arbeitsbelastung, schlechte Führung, Probleme mit Ressourcen oder Bürokratie und Entscheidungsprozesse zurückzuführen sind (Wiesenthal & Rößler, 2015). 24 % der Fachkräfte stimmten der Aussage zu oder komplett zu, dass es persönliche Frustration auf der Arbeit wegen des ZFD-Projekts und der ZFD-Logistik gibt. Weitere 23 % stimmten der Aussage zu oder komplett zu, dass es persönliche Frustration aufgrund der Umstände auf der Arbeit und im jeweiligen Land gibt. Dies ist zwar nicht die Mehrheit der Fachkräfte, dennoch fast ein Viertel von ihnen, die dadurch in der Arbeit beeinträchtigt werden.

8.4.2 Von der Zusammenarbeit zur Kündigung

Die Geschichte

Ich verbringe ein paar Tage bei einer Organisation, in der eine ZFD-Fachkraft seit einigen Wochen arbeitet. Die Organisation deckt mehrere Arbeitsbereiche ab, und verschiedene Referent*innen arbeiten an inhaltlichen Projekten. Zudem sind Personen in der Administration tätig und zwei Personen übernehmen die Rolle der Leiter*innen. Es ist das erste Mal, dass in der Organisation eine ZFD-Fachkraft arbeitet. Aber es gibt einen eine*n Projektmitarbeiter*in, welche*r schon früher in einem anderen Projekt mit ZFD-Fachkräften zusammengearbeitet hat. Die Absprachen für den Start des ZFD erfolgten weitgehend mit dieser Person und einem*einer Leiter*in. In der Folge aber hat diese*r Leiter*in das Projekt verlassen und eine neue Person trat an die Stelle. Während meiner Zeit in dem Projekt habe ich die Fachkraft und die Projektmitarbeitenden soweit wie möglich bei der Arbeit begleitet, am Organisationsleben teilgenommen und Gespräche geführt. Dabei ist immer wieder aufgefallen, dass es zu Meinungsverschiedenheiten gekommen ist. Eine*r der beiden Leiter*innen war an der Arbeit der ZFD-Fachkraft nicht wirklich interessiert. In einem Gespräch erfuhr ich, dass die Person geschätzt wird, es jedoch nicht ganz klar ist, warum er*sie vor Ort ist. Der*Die zweite Leiter*in, welche*r von dem*der Vorgänger*in den Projektantrag übernommen hat und in gewisser Weise für die Fachkraft zuständig war, zeigte sich in Gesprächen immer wieder sehr enttäuscht von der Arbeit der Fachkraft. Von der Fachkraft hieß es, er*sie sei nicht erfahren, reflektiert, anpassungsfähig und reif genug für eine solche Arbeit. Gleichzeitig wurde dem ZFD als Gesamtprogramm vorgeworfen, die Gutmütigkeit der lokalen Organisationen auszunutzen und viel zu wenig Finanzen zur Verfügung zu stellen. Die Fachkraft wiederum warf in Gesprächen diesem*dieser Chef*in vor, trotz mehrerer Erklärungs- und Interventionsversuche vonseiten der ZFD-Koordination die Aufgaben des ZFD nicht verstehen zu wollen, nur das Geld im Blick zu haben und generell korrupt mit dem Geld der Organisation umzugehen. Die Mitarbeitenden in den einzelnen Bereichen sind dem*der Leiter*in unterstellt. Sie haben in Gesprächen angemerkt, dass die Zusammenarbeit mit dieser Person schwieriger ist als mit der vorherigen Person und es schon einige Vermittlungsversuche durch die ZFD-Koordination gab. Während meines Aufenthaltes konnte ich beobachten, dass immer wieder Gespräche zwischen dem*der Leiter*in und der Fachkraft geführt wurden. Diese haben letztendlich zur Beurlaubung beziehungsweise Kündigung der Fachkraft seitens der Organisation geführt. Die Fachkraft berichtete, dass diese Beurlaubung sicher erfolgte, um der deutschen ZFD-Organisation „Angst zu machen, ein Projekt zu verlieren“, ohne dass der*die Chef*in sich bewusst darüber war, dass der ZFD in einer solchen Situation ein Projekt auch aufgeben kann. Der*Die andere Leiter*in wurde darüber jedoch erst am kommenden Tag informiert und auch die anderen Mitarbeitenden der Organisation wurden nicht direkt informiert. Am Abend der Kündigung waren die Fachkraft, Mitarbeitende aus der Organisation und ich beim Abendessen. In dem Gespräch wurde klar, dass sich viele Mitarbeitende mit dem*der neuen Leiter*in nicht wohl fühlen, sie jedoch wenig Handlungsspielraum haben. Stellen sie sich gegen die Person, verlieren auch sie ihren Job und haben nicht die Möglichkeit, wie die Fachkraft über ein größeres System aufgefangen zu werden. Nehmen sie es hin und setzen ihre Arbeit fort, werden sie nicht glücklich mit dem, was sie machen. Hier wurde deutlich ausgedrückt, dass die Fachkraft zwar eine Vorbildfunktion einnehmen kann, indem sie sich gegen den*die Leiter*in stellt, dies jedoch für die lokalen Mitarbeitenden ganz andere Konsequenzen hat.

Meine Rolle als Forscherin

Ich wurde von der Fachkraft dazu eingeladen, die Organisation zu besuchen und dort einige Tage zu verbringen. Da die Stadt, in der sich die Organisation befindet, nicht gut an den öffentlichen Nahverkehr angebunden ist, musste ich aufgrund der angespannten während der Krisensituation im ZFD Projekt Lage vor Ort bleiben. Vor meinem Besuch wies mich die Fachkraft darauf hin, dass es Probleme mit dem*der Chef*in, nicht aber mit den anderen Kolleg*innen gibt. Insofern war der Kontakt mit den anderen Kolleg*innen von meiner Seite aus nicht anders als in anderen Organisationen. Dem*Der Chef*in gegenüber habe ich versucht, genauso werturteilsfrei aufzutreten, wie ich es auch in anderen Organisationen gemacht habe. Da ich nicht in die eigentlichen Konflikte involviert war und es für mich als Forscherin spannend war, die Situation und beide Positionen zu verstehen, ist mir dies gelungen. Aus heutiger Sicht kann ich mit Abstand die Situation reflektieren und sagen, dass ich beide Seiten verstehen kann. In den einzelnen Gesprächen habe ich keine Meinung zu den Konflikten geäußert, um die Situation nicht zu beeinflussen.

Reflexion und kritische Diskussion

Wie aus der Geschichte zu erkennen ist, ist die Situation sehr komplex, die schließlich zur Beurlaubung der ZFD-Fachkraft und zur Einstellung der Zusammenarbeit geführt hat. Auch wenn ich einige Tage in der Organisation verbrachte, einige beteiligte Personen zuvor bereits kannte und mit allen Parteien Gespräche geführt habe, kann ich nicht beurteilen, wer im Recht oder im Unrecht war. Das ist auch nicht meine Aufgabe als Forscherin. In einer solchen Situation ist jedoch davon auszugehen, dass alle Parteien bestimmte Empfindungen,

Gefühle und Erwartungen einbrachten. Erwartungen, die nicht oder nur teilweise erfüllt wurden, sodass es zu Fehlkommunikation und enttäuschten Erwartungen gekommen ist und kein gemeinsamer Nenner gefunden werden konnte. Die Hintergründe dafür sind vielfältig. Die Situation zeigt jedoch viele Elemente auf, die für eine erfolgreiche Zusammenarbeit wichtig sind. Dies sind zum einen klare Absprachen über Finanzen, Rollen und Aufgaben, nicht nur der Fachkraft und der Mitarbeitenden vor Ort, sondern auch über Zuständigkeiten und Verantwortlichkeiten der Leiter*innen einer lokalen Organisation. Zum anderen zeigt sich, wie wichtig die Kommunikation und gemeinsame Reflexion zwischen den beteiligten Personen ist. Und dass eine erfolgreiche Zusammenarbeit es erfordert, dass das Zwischenmenschliche zwischen den im ZFD arbeitenden Personen stimmt.

Der hier geschilderten Situation waren eine Vielzahl an Gesprächen und Konflikten vorausgegangen, bis es zur Eskalation während eines Gesprächs kam. In der Folge wurde die Fachkraft beurlaubt, was wiederum dazu geführt hat, dass der*die ZFD-Koordinator*in sich entschloss, die Kooperation einzustellen. Diese Handlungen brachten verschiedene Nachwirkungen mit sich. Die Fachkraft hat das Projekt am nächsten Tag verlassen, konnte jedoch im Land bleiben, zunächst die ZFD-Koordination bei der Arbeit unterstützen und dann in einer anderen Organisation als integrierte Fachkraft beginnen. Für die Personen, die in der lokalen Organisation arbeiteten, bedeutete das Ende der ZFD-Kooperation nicht nur den Verlust der Zusammenarbeit mit der Fachkraft, sondern vor allem Einbußen bei finanziellen Mitteln für schon geplante oder begonnene Projekte. Als weitere Konsequenz konnte die Zielgruppe nicht mehr in gewünschter und notwendiger Weise erreicht werden und die Arbeit nicht nachhaltig zu Ende geführt werden. Jedoch zeigt sich in der Situation noch ein weiterer wichtiger Aspekt, der reflektiert werden muss. In einem Gespräch wurde klar, dass sich viele Mitarbeitende mit dem*der neuen Leiter*in und seiner*ihrer Arbeitsweise nicht wohl fühlten und eigentlich gerne die Arbeit wechseln würden. Weil ihnen oftmals Alternativen fehlen, ist dies jedoch nicht so einfach möglich. Einerseits ist zwar die Fachkraft vorbildhaft vorgegangen, indem er*sie die Konfrontation mit dem*der Leiter*in gesucht hat. Doch ist dies den lokalen Mitarbeiter*innen in der Umsetzung nicht möglich. Sie stehen in stärkeren Abhängigkeitsverhältnissen zu der lokalen Organisation und haben keine externe Absicherung wie die Fachkraft. Es zeigt sich abermals, welche mächtige Rolle die Fachkraft gegenüber den lokalen Mitarbeiter*innen einnimmt und wie sie im ZFD-System aufgefangen wird, die lokalen Mitarbeiter*innen, die zum Teil seit Jahren für den ZFD arbeiten, aber nicht.

Analyse und Interpretation der Geschichte

Im Verlauf meiner Forschung war dies nicht die einzige Kündigung oder das einzige frühzeitige Vertragsende, das ich erlebt habe. Ich lernte eine andere Fachkraft kennen, die sich in der Partnerorganisation systematisch ausgegrenzt fühlte. Sie*Er hatte nach eigener Aussage zu wenige Aufgaben. Seine*Ihre Arbeit wurde von der Organisation als nicht gut oder als irrelevant eingestuft. Gleichzeitig fühlte er*sie sich von der ZFD-Koordination im Land nicht unterstützt, empfand die gesundheitliche Versorgung als unangemessen beziehungsweise erlebte diesbezügliche Einschränkungen seitens des ZFD-Trägers aus Deutschland. Somit entschloss sich die Fachkraft, den Vertrag nach etwa der Hälfte der Zeit zu kündigen. Eine andere Fachkraft wiederum fühlte sich in der Partnerorganisation und mit der Arbeit sehr gut. Jedoch betonte er*sie immer wieder, dass die ZFD-Koordination im Land ihn*sie benachteiligen würde. Es würden besonders viele administrative Aufgaben an ihn*sie abgegeben, geplante Aktivitäten würden als nicht ZFD-relevant abgesagt oder verändert und er*sie erfahre vom ZFD-Träger in Deutschland wenig Unterstützung. Die Fachkraft entschied sich deshalb, den Vertrag nicht zu verlängern. Eine andere Fachkraft, die ich kennenlernte, ließ den Vertrag nicht verlängern, obwohl es möglich gewesen wäre, da er*sie sich in dem Projekt alleingelassen gefühlt hat. Eine weitere Fachkraft beendete den Vertrag schon nach einigen Monaten aufgrund von gesundheitlichen Problemen. Jedoch betonte sie*er, dass sicherlich auch eine andere Lösung hätte gefunden werden können, wenn er*sie sich in dem Projekt wohlgefühlt hätte. Aber es habe ein grundsätzlich anderes Arbeitsverständnis geherrscht. Auch ihre*seine Erwartungen an die Arbeit unterschieden sich von denen der lokalen Organisation und es konnte kein gemeinsamer Nenner gefunden werden. Diese unterschiedlichen Erwartungen können zum Teil daraus resultieren, dass aufgrund vorheriger Erfahrungen mit einer Fachkraft hohe Erwartungen gestellt werden: „A lot of expectations towards the new CPS worker and these made them not to realize that he*she is an individual and not like the old person that was there. We need to ask yourself what space we crated for him*her" (anonymes Interview mit ZFD-Organisation in Kenia). Zum anderen können diese unterschiedlichen Erwartungen daraus resultieren, dass den Mitarbeitenden der lokalen Organisationen und sogar denen, die Verträge mit dem ZFD geschlossen haben, gar nicht klar ist, um was genau es im ZFD geht.

In einem anderen Bespiel fand eine lokale Organisation zusammen mit einer Fachkraft einen anderen Weg, eine vorzeitige Vertragsbeendigung zu vermeiden. *Frictions* wurden hier in einer produktiven Weise gelöst, die mit den Regeln des ZFD allerdings nicht konform geht. Da keine Einigung über gemeinsame Projekte und eine gemeinsame Zusammenarbeit erzielt werden konnte, wurde beschlossen, dass jede*r für sich an eigenen Projekten arbeitet und keine wirkliche Zusammenarbeit stattfindet. Die Organisation wusste zum Beispiel nicht, wo die Fachkraft lebt oder was diese macht. Diese Lösung erfolgte nicht in Absprache mit der ZFD-Koordination und Berichte und Abrechnungen wurden gemeinsam eingereicht. Dies sind nur die Fälle, die ich während meiner sechsmonatigen Forschung erlebt habe. Es ist davon auszugehen, dass die tatsächliche Fallzahl von Personen, die den ZFD frühzeitig beenden oder die Verträge nicht verlängern, obwohl sie eigentlich gerne weiterarbeiten würden, viel höher ist. Dies ist sehr erstaunlich, da im ZFD das Thema der frühzeitigen Vertragsauflösung kaum erwähnt wird. Fachkräfte berichteten mir aus ihrer Vorbereitung, dass das Thema fast tabuisiert und nur als extreme Ausnahmesituation geschildert wird. In einem Interview in Deutschland kam jedoch deutlich zur Sprache, dass Kündigungen oder Personalwechsel sehr wohl vorkommen. Laut Interviewpartner*in erfolgen Personalwechsel vor allem dann, wenn ein Projekt ausläuft und neu bewilligt wird, die Fachkraft aber aus den unterschiedlichsten Gründen nicht mehr im Land oder bei der Organisation bleiben möchte. Dies zeigt deutlich, wie auswechselbar die lokalen Partnerorganisationen für die ZFD-Träger*innen sind. Ein weiterer Aspekt, der zu Kündigungen oder Stellenwechseln führen kann und der in dem Interview genannt wurde, ist, wenn sich eine neue Leitung in einer lokalen Organisation gegen die Zusammenarbeit mit einer Fachkraft ausspricht. Hier wird in der Regel die Fachkraft in einem anderen ZFD-Projekt, zum Teil auch in einem anderen Land untergebracht.

> „Da versucht man dann erstmal zu sagen, wir schauen da erstmal miteinander hin, findet sich da irgendwo auch ein Mittelweg und wir haben dann aber auch schon Stellen beendet, weil es keinen Sinn macht und haben es dann versucht, woanders anzusiedeln" (anonymes Interview mit ZFD-Organisation in Deutschland).

Hier wird deutlich, dass der ZFD ein Instrument der Personalentsendung ist. Das Wohlergehen der Fachkräfte wird teilweise höher bewertet als das der lokalen Mitarbeiter*innen oder als die Nachhaltigkeit von Projekten. Es wird kaum thematisiert, welche Konsequenzen der Fortgang einer Fachkraft für die lokalen Mitarbeitenden hat. Der *Do-no-Harm*-Ansatz wird hier nur begrenzt angewendet. Dieses Vorgehen zeigt deutlich die machtvolle Stellung von Fachkräften. Sie treffen die bewusste Entscheidung, in einem konfliktiven Umfeld zu arbeiten und zu leben. Gleichzeitig aber haben sie die Gewissheit, wieder ausreisen zu können (Kurschat, 2000, S. 65) oder dass sie in Gefahrensituationen evakuiert werden können (Köhler, 2005, S. 90). Es stellt sich die Frage, was eine Person dazu motiviert, diese Arbeit zu leisten. Hier werden in der Forschung idealistische, individuell-lebensbezogene, kulturelle, politische, historische, ökonomische Faktoren oder die Suche nach dem „Kick“ genannt (Kramer, 2001, 354 f.). Werden diese Faktoren nicht in vollem Maße erfüllt oder kommt es zu großen Diskrepanzen zwischen den Erwartungen und der Realität, können in der Arbeit vor Ort Probleme und Herausforderungen entstehen, die zu einer Vertragsbedingung führen können, aber nicht müssen.

Die Interviews in Deutschland, aber auch Beobachtungen in Kenia, Liberia und Sierra Leone lieferten einige Aussagen, die für eine solch komplexe Situation wie eine Kündigung Erklärungsmuster beinhalten. Dies ist zum einen der Fall, wenn es zu großen Unstimmigkeiten zwischen der Fachkraft und den Partner*innen kommt. Jedoch wurde in einem Interview auch betont, dass die Fachkräfte „[...] dort genauso klarkommen [müssen] wie jeder von uns bei seinem Arbeitgeber hier klarkommt. Man ist in einer Struktur, man hat einen Vorgesetzten, man muss bestimmte Dinge auch mal klären“ (anonymes Interview mit ZFD-Organisation in Deutschland). Diese Aussage zeigt deutlich, dass mögliche Reibungspunkte – *Frictions* (siehe Abschnitt 3.4.) – bekannt sind. Es sollte jeweils genau analysiert werden, woher sie kommen und woran sie sich entzünden. Denn wenn es zu solch starken Auseinandersetzungen kommt, kann es hilfreich ein, das *Friction*-Konzept heranzuziehen. Unter *Frictions* wird ein Reibungsprozess verstanden, der durch (konflikthafte) Begegnungen entstehen kann. Das Ergebnis dieser Reibung muss nicht zwangsläufig negativ sein, sondern kann – wie zum Beispiel bei der Reibung von zwei Feuerhölzern – auch etwas positives hervorbringen (Tsing, 2005, S. 5). *Frictions* werden im ZFD jedoch viel zu wenig produktiv genutzt und nicht ausreichend konzeptualisiert. Es findet in Situationen wie der hier beschriebenen zwar ein Dialog statt und es wird versucht, zwischen den Konfliktparteien zu vermitteln. Doch geschieht dies in der Regel punktuell und nur bei Bedarf, aber nicht in einem systematischen Verfahren, das etwa von Anfang an Machtdynamiken, Erwartungen und Rollen berücksichtigt, um *Frictions* vorzubeugen und/oder sie produktiv nutzen zu können.

8.4.3 Diskussionen um Hierarchie im ZFD

Die Geschichte

Den Tag habe ich zusammen mit einer Fachkraft und dem*der Mitarbeiter*in einer lokalen Organisation verbracht. Es wurden verschiedene Aktivitäten für Erwachsene und Jugendliche durchgeführt, welche ein Teil der Arbeit des ZFD-Projektes sind. Am Abend sollte für eine weitere Jugendgruppe ein Film gezeigt werden. Der Film sollte in einer leerstehenden Halle auf dem Gelände einer

Kirche vorgeführt werden. Als wir vor Ort ankommen, sind wir etwas früher als geplant da, werden in das Pfarrhaus gebeten und bekommen dort Verpflegung und Getränke. Die Zeit der Filmvorführung rückt näher und die Fachkraft will mit dem Aufbau der Technik beginnen. Der*Die Mitarbeiter*in einer lokalen Organisation weist jedoch darauf hin, dass es noch zu früh sei. Daraufhin wird noch etwas gewartet und erst mit dem technischen Aufbau begonnen, als die ersten Jugendlichen bereits eingetroffen sind. Diese äußern sich etwas verwundert darüber, dass es noch nicht losgeht, da es so sehr spät werden würde und sie sich dann zu einer unsicheren Zeit auf den Heimweg machen müssten. Der Aufbau wurde zusätzlich dadurch erschwert, dass zunächst der Beamer und dann die Lautsprecher nicht funktionierten. Der*Die lokale Mitarbeiter*in überließ den Aufbau weitestgehend der Fachkraft und schickte die Jugendlichen in das Pfarrhaus, um zum Beispiel ein Verlängerungskabel oder Stühle zu holen. Dann wurde festgestellt, dass einige technische Teile fehlten, von denen die Fachkraft ausgegangen war, dass der*die Mitarbeiter*in einer lokalen Organisation diese eingepackt hatte, während diese*r davon ausging, die Fachkraft habe sie eingepackt. Gleichzeitig wurde festgestellt, dass für die Jugendlichen keine Verpflegung gekauft wurde, was eigentlich üblich ist. So wurden diese selbst losgeschickt, um Verpflegung zu kaufen. Die Fachkraft teilte mir immer wieder mit, dass er*sie sich darüber ärgerte, dass er*sie sich nicht durchgesetzt hatte, als er*sie mit dem Technikaufbau beginnen wollte. Doch hatte er*sie nicht vor den anderen Personen der Gemeinde den*die lokale*n Mitarbeiter*in in einer Entscheidung hinterfragen und bloßstellen wollen. Nach einiger Zeit konnte der Film dann gestartet und geschaut werden. Jedoch entschied der*die lokale Mitarbeiter*in dann, den Film zu unterbrechen und die Jugendlichen nach Hause zu schicken, da es sehr spät geworden war. Die Jugendlichen äußerten etwas Enttäuschung, da sie den Film gerne gesehen hätten und es nun aufgrund von anderen Terminen in der Schule und der Gemeinde schwierig wurde, einen neuen Termin zu finden, um den Film weiteranzusehen.

Meine Rolle als Forscherin

Nachdem ich schon den Tag über an den anderen Aktivitäten teilgenommen hatte, wurde ich abends auch zu dem Film eingeladen. Auf dem Gelände der Gemeinde gehen viele weiße Personen ein und aus und ich habe hier nicht für große Aufmerksamkeit gesorgt. Den Jugendlichen wurde ich vorgestellt und meine Teilnahme wurde zur Kenntnis genommen. Gerade in der Wartezeit haben mir einige der Anwesenden Fragen zu meinem Studium gestellt und die jungen Erwachsenen haben von ihrem Studium erzählt. Hierbei handelte es sich um einen offenen

Austausch. Von der Fachkraft wurde ich nach einiger Zeit wegen der technischen Probleme um Hilfe gebeten und so habe ich versucht, ihr bei der Lösung zu helfen – was nicht erfolgreich war. Sicherlich habe ich somit einen Einfluss auf das Feld genommen, doch wäre dieser Einfluss negativer gewesen, wenn ich meine Hilfe verweigert hätte, da in der Situation alle Personen mit technischen Kenntnissen versucht haben, das Problem zu lösen. Hätte ich es nicht auch versucht, wäre ich sehr negativ aufgefallen, so war ich im Sinne einer teilnehmenden Beobachtung Teil der Gruppe und der Situation.

Reflexion und kritische Diskussion

Die erzählte Geschichte zeigt verschiedene Hierarchien, die mit Macht zusammenhängen. Eine erste Hierarchie lässt sich klar erkennen, als wir bei der vorzeitigen Ankunft im Pfarrhaus verpflegt werden. Ein Service, der den Jugendlichen, die zum Teil auch zu früh kommen, nicht zuteil wird. Diese Gastfreundschaft hat zum einen damit etwas zu tun, dass die lokale Organisation und die Fachkraft schon länger mit der Gemeinde zusammenarbeiten, aber auch mit Seniorität und dem in dem Land vorherrschenden Verständnis von Gastfreundschaft. Die Jugendlichen werden nicht dazu gebeten, da dies auch sonst, wenn sie in der Gemeinde anwesend sind, nicht der Fall ist. Verständlicherweise soll nicht nur durch die Anwesenheit der ZFD-Mitarbeitenden dieses Schema durchbrochen werden. Eine weitere Hierarchie zeigt sich zwischen den Jugendlichen und den ZFD-Mitarbeitenden. Die Jugendlichen äußern der*dem Mitarbeitenden gegenüber Unmut darüber, dass der Film später startet, da sie so erst später nach Hause gehen können. Dennoch liefert der*die lokale Mitarbeitende keine Erklärung für die Verzögerung und die Jugendlichen fragen auch nicht weiter nach. Eine gewisse Hierarchie zeigt sich auch, als die Jugendlichen von dem*der lokalen Mitarbeiter*in geschickt werden, um Materialien für den Aufbau oder Verpflegung zu besorgen und er*sie nicht etwa selbst geht. Das kann zum einen auf Seniorität zurückgeführt werden, zum anderen auf die Rollenverteilung. Beides sind Hierarchien, die unabhängig vom ZFD in dem Land herrschen und gelebt werden. Eine weitere Hierarchie lässt sich zwischen der Fachkraft und dem*der lokalen Mitarbeiter*in feststellen. Die Fachkraft hatte darauf hingewiesen, dass es gut wäre, frühzeitig mit dem Aufbau der Technik zu beginnen. Er*Sie wollte darauf jedoch nicht zu sehr beharren, um den*die lokale*n Mitarbeiter*in nicht vor den anderen anwesenden Personen der Gemeinde zu hinterfragen oder bloßzustellen. Während des Films, der von der Fachkraft und dem*der lokalen Mitarbeiter*in gemeinsam ausgewählt und vorbereitet worden war, entschied die Fachkraft zwar nicht mit, ihn frühzeitig zu beenden, mischte sich jedoch auch nicht in die Entscheidung ein. Diese Hierarchie ist durch die Zusammenarbeit der

Fachkraft mit dem*der lokalen Organisation entstanden und über einen bestimmten Zeitraum gewachsen. Da die Fachkraft in der Organisation integriert arbeitet und der*die lokale Mitarbeiter*in in der Organisationsstruktur über ihm*ihr steht, sind die beobachteten Handlungen als relativ üblich anzusehen. Jedoch hat die Fachkraft in den Situationen jeweils bewusst so gehandelt, um diese Hierarchie in der Organisation einzuhalten und den*die lokale*n Mitarbeitende*n nicht bloßzustellen. Dies zeugt durchaus von einem Bewusstsein der Fachkraft über diese Hierarchien. Es zeigt, dass er*sie als integrierte Fachkraft zwar ein Teil der Hierarchien ist, sie jedoch gleichzeitig durchbrechen kann.

Analyse und Interpretation der Geschichte

Das Thema Hierarchie, gerade mit Bezug auf Machtdynamiken, hat in den vergangenen Kapiteln immer wieder eine Rolle gespielt. Im Anschluss an diese Geschichte wird in diesem Kapitel vertieft auf diese Hierarchien eingegangen. Es werden vor allem Gespräche, die auf einer eher normativen oder Metaebene dazu geführten wurden, kritisch reflektiert. Wie die Geschichte zeigt, gibt es im ZFD verschiedene Hierarchie-Ebenen. Eine zwischen allen an der Umsetzung des ZFD beteiligten Akteur*innen und anderen Akteur*innen im Land. Eine zwischen den ZFD-Mitarbeitenden und den „Nutznießer*innen" der Arbeit[6] und eine weitere zwischen der ZFD-Fachkraft und den lokalen Partner*innen. Dies liegt daran, dass es auch in einer partnerschaftlichen Zusammenarbeit natürliche Hierarchien gibt (Bächtold et al., 2013, S. 10). Diese Hierarchien lassen sich über situationsbezogene Macht definieren. Diese entsteht, wenn Akteur*innen in einem bestimmten Zusammenhang die Fähigkeit haben, die Ströme von zum Beispiel Ressourcen oder Bedeutungen in und aus einer „Situation" gemäß der von ihr definierten Logik zu kanalisieren und sie für sich flexibel nutzbar zu machen (Latham, 2001, S. 83). Dabei müssen die Hierarchien nicht so verlaufen wie in der eingangs geschilderten Geschichte. Sie können auch anders und zum Beispiel umgekehrt verlaufen. Dies ist immer sehr von den beteiligten Akteur*innen, der bisherigen Zusammenarbeit und Ausdifferenzierung der Rollen abhängig. Wie unterschiedlich dies sein kann, zeigt ein Blick auf die Umfrage unter Fachkräften und lokalen Partner*innen. Der Aussage, dass der ZFD niedrige Hierarchien hat, stimmen 9 % komplett zu, 36 % stimmen zu, 25 % lehnen die Aussage weder ab noch stimmen sie ihr zu, 22 % stimmten der Aussage nicht zu, 5 % stimmen gar nicht zu und 3 % wissen es nicht. Gerade die Personen, die den ZFD als hierarchisch erleben, betonen, dass dies eigentlich gegen das Selbstverständnis

---

[6] Untersuchungen zu diesen Dynamiken werden in der wissenschaftlichen Literatur unter dem Thema „local-local" zusammengefasst, siehe: Martin (2020).

des ZFD spricht: „CPS claims to work with participatory approaches, but they are very hierarchical and top-down and don't do what they promote“ (anonymes Interview mit ZFD-Organisation in Kenia). Somit zeigt sich ein sehr diverses Bild, wenn es um diese Thematik geht. In den Gesprächen, die auf Grundlage von Beobachtungen in der empirischen Forschung stattgefunden haben, konnten einige Thematiken herausgearbeitet werden, bei denen Hierarchien eine Rolle spielen. Dies sind zum einen die Ungleichbehandlung von Fachkräften und lokalen Partner*innen, die inhärent mächtigere Rolle des ZFD als Geldgeber, unterschiedliche Behandlung von lokalen Partner*innen sowie Macht, die von den lokalen Partner*innen ausgeübt wird. Diese Themen werden im Folgenden genauer beschrieben.

Damit Fachkräfte aus dem Globalen Norden in der Friedensarbeit im Globalen Süden tätig sind, werden gute und attraktive Gehaltspakete benötigt. Dies hat zur Folge, dass die Löhne zwischen lokalen und internationalen Fachkräften weit auseinanderliegen (Ryerson, 2013, S. 56). Zwar wird immer wieder betont, wie wichtig es ist, dass die Fachkräfte sich vor Ort anpassen. Doch macht diese Anpassung die Fachkraft nicht zu einer lokalen Person. Es bleiben Unterschiede bestehen, die nicht geleugnet werden dürfen, weil es den Aufbau einer ehrlichen Beziehung gefährden würde (Kurschat, 2000, S. 65). Doch nicht nur das Gehalt macht einen Unterschied, sondern auch die damit finanzierte Lebensweise. Studien haben gezeigt, dass die Anwesenheit von internationalen Fachkräften Auswirkungen zum Beispiel auf die Kaufkraft und Güternachfrage in einem Land haben und dass neue Anstellungsverhältnisse im privaten Sektor geschaffen werden. Doch kann auch beispielsweise der Zugang zu bezahlbarem Wohnraum für die lokale Bevölkerung erschwert werden. Nahrung und Wasser können aufgrund der gesteigerten Nachfrage knapp oder teurer werden (Ryerson, 2013, S. 57). Auch die Gesundheits- und Sicherheitslage ist für die Fachkräfte vorteilhafter. So wurde in einem Interview mit einem*einer ZFD-Träger*in in Deutschland zum Beispiel der Fall beschrieben, dass Fachkräfte für ein paar Monate in ein anderes Land gehen oder das Land komplett wechseln, wenn es die Sicherheitslage in einem Land Fachkräften nicht mehr erlaubt, dort zu arbeiten. Gerade diesen Umstand haben lokale Partner*innen in vielen Gesprächen in Liberia und Sierra Leone immer wieder betont. Viele berichteten mir, dass sie mit einer Fachkraft zusammengearbeitet hatten, die bei Ausbruch der letzten großen Ebola-Pandemie evakuiert wurde. „One CPS worker was here only for four months and had to leave because of Ebola. The existing problems have not been solved and the person just left“ (anonymes Interview mit ZFD-Organisation in Liberia). Gerade dieser Ausreiseservice ist ein Angebot, das lokalen Mitarbeitenden nicht zur Verfügung steht, obwohl sie unter den gleichen Bedingungen arbeiten und leben und gegebenenfalls sogar vom ZFD finanziert werden. Trotz dieser Möglichkeiten und Leistungen haben einige Fachkräften vielfach bekräftigt, dass sie mit den Möglichkeiten der medizinischen Versorgung unzufrieden sind: „Die medizinische Versorgung muss ernster genommen werden. Schauen, ob es wirklich gut zusammenpasst, zum Beispiel war es im Ausreisekurs schon klar, dass der Standort die Kriterien nicht erfüllt" (anonymes Interview mit ZFD-Fachkraft in Kenia). Zwar stimmten in meiner Umfrage 76 % der Fachkräfte der Aussage zu oder komplett zu, dass sich sie sich sicher fühlen und in den ZFD vertrauen, dass Unterstützung (zum Beispiel im Bereich Gesundheit) gestellt wird. Dennoch fühlt sich fast ein Viertel der Fachkräfte nicht sicher. Besondere Kritikpunkte waren zum Beispiel lange Wege zu europäischen Krankenhäusern, keine Möglichkeiten für Rettungsflüge und die fehlende Option, in ein sicheres und gutes Krankenhaus zu gehen. Dies lässt sich an einem Beispiel zeigen. Während meines Aufenthalts wurden unabhängig vom ZFD im Rahmen eines vom BMZ geförderten Projektes mehrere Krankenhäuser auf verschiedene Standards hin evaluiert. Dabei wurde ein Krankenhaus als sehr unzureichend eingestuft, das jedoch für die ZFD-Fachkräfte empfohlen wurde. Insofern bedarf es einer besseren Koordination und Absprache der verschiedenen Träger*innen vor Ort.

Es gibt viele Sicherheitsaspekte, die lokalen Mitarbeitenden nicht zur Verfügung stehen. Gerade Personen, die in gefährlichen Settings arbeiten und in ihrer Arbeit von Gewalt bedroht werden, vermissen oft Schutzräume im ZFD. „Wish for the CPS program is to have concern for the security of the local staff and not only for the CPS personnel for example housing, transport and trainings" (anonymes Interview mit ZFD-Organisation in Kenia). Betrachtet man diese Unterschiede und die unterschiedliche Behandlung, ist es fraglich, inwieweit tatsächlich von einer partnerschaftlichen Zusammenarbeit auf Augenhöhe gesprochen werden kann. Denn in der Realität der involvierten Personen bestehen Ungleichheiten und Machtverhältnisse weiter fort. Hier zeigen sich in der Zusammenarbeit inhärente Machtungleichgewichte, wobei in diesem Fall die Macht in strukturelle und indirekte Handlungen eingebettet ist (Galtung, 1969, S. 171). In diese inhärenten Dynamiken werden Personen, die mit guten Absichten im ZFD arbeiten, oftmals hineingezogen und in ihrem Handeln beeinflusst. Dies ist ein Phänomen, das sich in der Friedensarbeit immer wieder beobachten lässt: „Their position of superiority turns otherwise well-meaning, down-to-earth individuals into arrogant know-it-alls. For these and many other reasons, critics of peacebuilding accuse it of possessing a colonial mentality" (Barnett, 2016, S. 23).

Dieses inhärente Machtungleichgewicht tritt besonders hervor, wenn der ZFD in seiner Verfasstheit und Struktur betrachtet wird. Wie mir berichtet wurde, hatten einige Fachkräfte große Probleme mit ihrem Arbeitsvisum, obwohl sie bereits im Land waren und schon gearbeitet haben. Zudem gab es Organisationen, die sich nach Gesetzeslage in dem jeweiligen Land registrieren müssten, um dort operativ arbeiten zu können. Weil einige dabei Schwierigkeiten hatten, beschlossen sie, auch ohne Registrierung bereits vor Ort zu arbeiten. „Not being registered did not really bring challenges on the daily work, but more on a psychosocial issue. During this time they did not get checked if and how they work" (anonymes Interview mit ZFD-Fachkraft in Kenia). Auf diese Weise setzen sich deutsche ZFD-Träger*innen und Fachkräfte über das vor Ort geltende Recht hinweg und operieren auf patriarchale Art. Daran knüpft die Diskussion an, ob und inwieweit der ZFD eine klassische Geberorganisation ist. Wie weiter oben ausgeführt, sieht sich der ZFD selbst nicht als Geber*in, wird aber von den meisten lokalen Partner*innen so gesehen. Wiederholt berichteten lokale Partner*innen, dass sie im Rahmen der ZFD-Projektanstellung zwar immer wieder ermutigt werden, ihre Meinungen und Ideen einzubringen, doch können sie dies nicht wirklich tun. Denn sie wissen aus Erfahrung, dass mit dem Geld die Interessen des ZFD und Deutschlands verknüpft sind und ihre Arbeit sich dem anpassen muss. „Negotiation with the donors is difficult sometimes if they have money for something that the community don't need. We do need assessments before we do it and then come back to the donor to negotiate if they still want it" (anonymes Interview mit ZFD-Organisation in Liberia). Dennoch spielen sie dieses Spiel mit, wie viele Personen berichteten, da es eine gute Chance ist, in der Friedensarbeit zu arbeiten. Auch zahlreiche Fachkräfte sind sich bewusst, dass die lokalen Partner*innen so arbeiten.

> „[Es ist ein] Problem, dass viele NGOs vor Ort die Programme den Geldgebern anpassen, […], ist auf lange Sicht nicht zielführend, aber so funktioniert die Industrie. Es wird etwas gemacht und das dann in den vorgegebenen Rahmen reingepresst beziehungsweise es wird passend gemacht" (anonymes Interview mit ZFD-Fachkraft in Kenia).

Somit ist das Bewusstsein für die Problematik auf beiden Seiten vorhanden. Gleiches gilt dafür, dass der ZFD Teil der „Peace-Industry" (Fisher & Zimina, 2009, 25 f.; Schuller, 2012, S. 110; Weller & Kirschner, 2005, S. 25) ist. Aber es bleibt die Frage offen, wie sich der Umgang damit ändern kann. „[Die] alten Bilder der Entwicklungszusammenarbeit müssen auf beiden Seiten weg, aber das dauert lange" (anonymes Interview mit ZFD-Fachkraft in Kenia).

Zwar ist der ZFD bemüht, diese Bilder von sich als Teil der *Peace Industry* durch partnerschaftliche Arbeit zu übertünchen. Doch es wurde in vielen

Beobachtungen und Gesprächen deutlich, dass der ZFD immer wieder in dieses Muster verfällt und es so zu einer Ungleichbehandlung der verschiedenen lokalen Partner*innen kommt. Dies kann zu Spannungen und zu einem Ungleichgewicht führen, das wiederum zu einer Verschiebung von lokalen Dynamiken beitragen kann. Der Aussage, dass alle Partnerorganisationen gleich behandelt werden, stimmen 13 % der Fachkräfte und Mitarbeitende lokaler Organisationen komplett zu, 34 % stimmen zu, 18 % lehnen die Aussage weder ab noch stimmen sie ihr zu, 18 % stimmten der Aussage nicht zu, 7 % stimmten der Aussage gar nicht zu und 10 % wissen es nicht. Diese Beobachtungen knüpfen an Arbeiten zum *Do-no-Harm*-Ansatz an:

> „Most peace agencies seek to empower local people to take action for peace. However, they can unintentionally and unconsciously disempower local people and communicate an implicit message that local people cannot make peace without outside help" (Collaborative Learning Projects (CDA) 2004, S. 20).

Diese Ungleichbehandlung äußerte sich für die lokalen Partner*innen vor allem in der Frage, welche Organisation vor Ort eine Fachkraft bekommt und welche nicht. Dieser Prozess wurde als intransparent beschrieben. Doch auch wenn es darum geht, wie oft die lokalen Partner*innen zum Beispiel von der ZFD-Koordination oder aus Deutschland besucht werden, wurden Unterschiede kritisiert.

> „Feeling that [name of German organization] is giving priorities to some partners for example it comes to giving speeches etc. and events. There is the wish that the network each more when it comes to things like this or bring a person that benefits form the CPS" (anonymes Interview mit ZFD-Organisation in Kenia).

Von einer lokalen Organisation wurde sogar geäußert, dass sie sich komplett vergessen fühlt: „The coordinator only came once in the last year to see the organization and did not provide so much information about the CPS program, we feel forgotten" (anonymes Interview mit ZFD-Organisation in Liberia).

Bei all diesen Punkten stellt sich die Frage, wer dazu in welcher Art und Weise beiträgt. Darauf gibt es keine pauschale Antwort. Zum Teil gehen Handlungen auf das bestehende inhärente Machtungleichgewicht zurück und folgen bereits bestehenden Dynamiken. So lautet die Frage vielmehr, was jede und jeder Einzelne dazu beiträgt, sie zu durchbrechen oder zu verändern. Denn gerade das *Do-no-Harm*-Prinzip, mit dem der ZFD arbeitet, verlangt, diese Handlungen immer wieder zu hinterfragen. In einem Interview in Deutschland wurde deutlich thematisiert, dass es durch die Anwesenheit des ZFD und vor allem der Fachkräfte Abhängigkeiten und Asymmetrien gibt. Es könnte durch eine reflektierte und wertschätzende Arbeit versucht werden, sie in den Blick zu nehmen. Es ist wichtig,

> „alles dafür zu tun, dass wir nicht in eine Abhängigkeit, Asymmetrie [kommen], die es gibt aufgrund der Tatsache, dass wir als Gast dorthin kommen, dass wir anderen finanzielle Möglichkeiten haben. Da entstehen Abhängigkeiten und Asymmetrien, die wir nicht ausblendenden können, aber im Wissen um diese alles dafür zu tun, dass es eine Kooperation auf Augenhöhe gibt und eine Kooperation, die geprägt ist oder gestützt wird durch gegenseitigen Respekt und Wertschätzung […] zu verstehen aus welcher Perspektive sie und wir bestimmte Dinge einbringen, den Zusammenhang" (anonymes Interview mit ZFD-Organisation in Deutschland).

Es bleibt abschließend festzuhalten, dass die bestehenden Machtungleichgewichte nicht dadurch verdeckt werden sollten, dass ein Bild gleichberechtigter Partnerschaft gezeichnet wird. Vielmehr kann das Bewusstsein, dass ein Ungleichgewicht herrscht, Raum dafür schaffen, es zu transformieren (Reich, 2006, S. 22).

8.4.4 Die Rolle von *Ownership*

Die Geschichte

In jeder ZFD-Organisation findet in regelmäßigen Abständen ein PM&E-Treffen statt. Dieses dient dazu, gemeinsam mit den Beteiligten in der Organisation, der Fachkraft und gegebenenfalls mit den PM&E-Verantwortlichen der deutschen ZFD-Organisation und dem*der Koordinator*in die Arbeit zu evaluieren, auf Indikatoren zu schauen, Aktivitäten zu bewerten und generell zu evaluieren, wo das Projekt beziehungsweise die Arbeit gerade steht und wie sie fortgesetzt soll. Ich wurde zu einem PM&E-Workshop eingeladen. In der Regel werden sie von der deutschen ZFD-Organisation auf zwei Tage angesetzt. Da es in der Organisation, für die der Workshop geplant war, einige Herausforderungen bei der Terminplanung gab, wurde er auf einen halben Tag verkürzt. Gleichzeitig wurde beschlossen, dass neben der PM&E-Fachkraft, die organisationsübergreifend arbeitet, auch die*der Koordinator*in anwesend sein sollte. Denn die Fachkraft sollte bei diversen Herausforderungen mit dem *Counterpart* und dem*der Verantwortlichen in der Organisation unterstützen. Während des Workshops wurden unter anderem die Aktivitäten für das kommende Jahr besprochen. Es wurde mit dem bisherigen Aktivitätenplan gearbeitet, der in einem Planning-Workshop entwickelt worden war. Betrachtet wurden die noch offenen Aktivitäten und ob Aktivitäten ergänzend zu den bereits geplanten stattfinden konnten. Letztere müssen im Rahmen der allgemeinen Ausrichtung der Aktivitäten liegen. Im Zuge dessen ergriff der*die Leiter*in der lokalen Organisation die Chance, von einem sich verschlimmernden und weiter zuspitzenden Konflikt zu berichten. Dieser Konflikt hing mit Themen zusammen, zu denen die Organisation ebenfalls arbeitet. Es wurde erklärt, dass in einem ersten Schritt vor allem humanitäre Unterstützung für Menschen benötigt wurde, die in eine Notlage geraten sind. Von dort aus konnte mit einer Konflikt- und Akteur*innenanalyse weitergearbeitet werden, um zu einer Konfliktlösung zu kommen. Der*Die Leiter*in der lokalen Organisation betonte, dass von anderen Akteur*innen erwartet werde, dass er*sie und der ZFD an der Lösung des Konflikts arbeiteten. Schon vor dem Workshop hatte die Fachkraft die*den Koordinator*in darüber informiert, dass dieses Thema als mögliche Aktivität vorgetragen würde. Somit reagierte der*die Koordinator*in auf diese Anfrage und betonte, dass es nicht die Aufgabe des ZFD sei, humanitäre Hilfe zu leisten. Ein so großes neues Projekt könne nicht in den bestehenden Aktivitätenplan aufgenommen werden. Es wurde jedoch angeboten, dass in der kommenden Arbeit das Thema der Öffentlichkeitsarbeit, der *Advocacy* zu diesem Konflikt eine Rolle spielen könnte. Letztendlich gab es keine klare Einigung in dieser Frage. Vielmehr wurde geprüft, wie es mit dem Thema weitergehen und was genau gemacht werden konnte.

Meine Rolle als Forscherin

Der Workshop fand ziemlich zu Beginn meiner Forschung statt. Doch hatte ich alle Anwesenden schon kurz bei einer anderen Veranstaltung kennengelernt. Vorab wurde das Einverständnis eingeholt, ob ich bei dem Workshop dabei sein kann. Während des Workshops habe ich nicht an Gesprächen teilgenommen, sondern nur beobachtet und zugehört. Lediglich in den Pausen habe ich mich an Gesprächen beteiligt, die nicht zu den Inhalten des Workshops gehörten. Es wurde ebenfalls angeboten, dass ich den Raum verlasse, falls sensible Themen besprochen würden, bei denen ich nicht dabei sein sollte. Dieses Angebot wurde nicht angenommen. Einerseits ist also davon auszugehen, dass alle trotz meiner Anwesenheit offen reden konnten, andererseits muss ich trotzdem erwägen, dass meine Anwesenheit einen nicht klar benennbaren Einfluss auf die Diskussionen hatte.

Reflexion und kritische Diskussion

Die beschriebene Situation zeigt deutlich, wie ein*e Leiter*in einer lokalen Organisation den PM&E-Workshop und insbesondere die Aktivitätenplanung dazu nutzen wollte, ein neues Thema für die Organisation im Rahmen des ZFD zu platzieren. Generell ist es bei einer solchen Aktivitätenplanung möglich, Aktivitäten und Themen anzupassen, solange diese im Rahmen der Grundidee des ursprünglichen Projektes und des TLS bleiben. Das hier vorgestellte Thema ging jedoch darüber hinaus und bewegte sich stark in Richtung der humanitären Hilfe. Aus diesem Grund wurde die Anfrage von dem*der Koordinator*in nicht aufgenommen, sondern es wurde der Gegenvorschlag gemacht, sich zwar weiter mit dem Thema zu befassen, jedoch im Rahmen von *Advocacy* zu diesem Konflikt. Hier zeigt sich deutlich, dass der*die Koordinator*in in einer mächtigeren Position ist, da er*sie die letztendlichen Entscheidungen über Inhalte und Programme im ZFD fällt. Gerade, da der*die Leiter*in betont, dass von anderen Akteur*innen erwartet wird, dass er*sie und der ZFD an der Lösung des Konflikts arbeiten und sich dem Thema annähern, werden die Dringlichkeit des Anliegens, aber auch der Druck, der auf dem*der Leiter*in lastet, deutlich. Wenn Themen und Anliegen der Partner*innen im Sinne von *Ownership* der lokalen Organisationen und Mitarbeitenden über die Prozesse ernst genommen werden, wäre es hier durchaus erwartbar gewesen, dass eine andere Lösung für das Anliegen gefunden wird. Dies hätte aus einer machtkritischen Perspektive nicht nur zu dem tatsächlichen Zustandekommen von *Ownership* beigetragen, sondern auch dazu geführt, Machtdynamiken der ZFD-Programmgestaltung aufzubrechen. Doch weil die Fachkraft und die ZFD-Koordination das Thema bereits vorbesprochen hatten und die lokale Organisation und die Mitarbeitenden als generell eher schwierig eingestuft wurden, ist davon auszugehen, dass sowohl Gespräch als auch Entscheidungsfindung mit einem gewissen Bias erfolgten, der in dem Gespräch als klare Linie beibehalten wurde.

Analyse und Interpretation der Geschichte

So wichtig die Rolle von *Ownership* im ZFD und im lokal verankerten *Peacebuilding* generell ist, so schwierig kann die Umsetzung sein. Für eine bessere Einordnung ist zunächst die Frage wichtig, wie *Ownership* definiert werden kann (siehe dazu auch Abschnitt 3.3.1.). Allgemein ist unter dem Begriff *Local Ownership* der Grad der Einbeziehung von lokalen Akteur*innen in das Aktivitätengefüge zu verstehen (Donais, 2012, S. 1). Gerade in der kritischen Friedensforschung wird *Local Ownership* als aktuelles Schlagwort aller Akteur*innen für internationale Zusammenarbeit präsentiert, das angeblich eine Neuausrichtung in der Herangehensweise widerspiegelt, nach der die Notwendigkeit für lokale Lösungen bei Konflikten und von Partnerschaften auf lokaler Ebene höher bewertet werden (Reich, 2006, S. 3). Für den ZFD ist *Local Ownership* in den Reformdokumenten fest verankert. Dort wird die Entstehung von *Local Ownership* beschrieben als die Kooperationsanfrage einer lokalen Organisation an eine*n ZFD-Träger*in, die in der Folge den Einsatz einer ZFD-Fachkraft oder Finanzierungen vor Ort legitimiert. Solche Kooperationsanfragen sind nicht unüblich. Denn wie bisherige Forschungen betonen, bevorzugen lokale Akteur*innen oft eine Partnerschaft mit externen Akteur*innen, die andere ideologische Hintergründe als zum Beispiel die VN haben, die mit Handlungsprinzipien und langfristigen Visionen für den Frieden arbeiten und den lokalen Akteur*innen mehr Freiraum lassen. Oftmals sind dies zivilgesellschaftliche oder religiöse Organisationen aus dem Globalen Norden (Lee 2019, S. 94 f.). Allerdings ist der starke Fokus auf eine alleinige Kooperationsanfrage kritisch zu bewerten. Es stellt sich die Frage, wie dadurch bereits *Ownership* entstehen kann. Denn wie Abschnitt 8.1.5. und 8.3.1. bereits gezeigt haben, sind bestimmte inhaltliche und strukturelle Voraussetzungen oder Vorerfahrungen erforderlich, damit ein solcher Antrag überhaupt gestellt werden kann. Somit werden im ZFD gewisse Voraussetzungen und Kapazitäten als Grundlage festgehalten, damit *Local Ownership* in der Praxis tatsächlich initiiert werden und dieser erste Schritt durch lokale Akteur*innen gegangen werden kann. Dass diese Voraussetzungen für *Ownership* geschaffen werden, ist in der Friedensarbeit immer wieder zu finden (Wilén, 2009, S. 341). Allerdings ist es problematisch, weil so oftmals nur die Art von *Ownership* geschaffen oder zugelassen wird, die in die Konzepte der CSOs aus dem Globalen Norden passt.

Local Ownership soll im ZFD zudem projektübergreifend stattfinden, indem zum Beispiel örtliche Friedensnetzwerke gefördert werden (Gemeinschaftswerk ZFD, 2014a, Abschn. 5.5 S. 1). Es wird also davon ausgegangen, dass durch eine gemeinsame Umsetzung von Projekten *Ownership* entsteht. Und zwar im Sinne von *Ownership* an Projektzielen, Nachhaltigkeit und Wirksamkeit (Gemeinschaftswerk ZFD, 2014c, S. 4). Interessanterweise wurde auch in den Gesprächen mit ZFD-Träger*innen und Fachkräften *Ownership* der lokalen Partner*innen mehr in der gemeinsamen Projektdurchführung verortet. Alle Interviewpartner*innen der ZFD-Träger*innen in Deutschland waren sich einig, dass *Ownership* im ZFD nicht bei ihnen oder den Fachkräften, sondern bei den Organisationen und Partner*innen vor Ort liegt.

> „Für uns war immer völlig klar, dass wir selbst keine Ownership die Entwicklungs- oder Friedensarbeit vor Ort betreffend, also über die Arbeit in den Projekten haben. Unsere Arbeit dient dazu, die Partnerorganisationen zu stärken oder bei ihrer Vernetzung zu unterstützen, die die Entwicklungs- und Friedensarbeit machen und verantworten“ (Interview BfdW Deutschland).

Dieses Verständnis entspringt einem*einer Interviewpartner*in einer Trägerorganisation in Deutschland zufolge vor allem einem solidarischen Verständnis von

Friedensarbeit. Sie steht dafür, deutlich zu machen, dass die ZFD-Träger*innen die lokalen Anliegen mittragen und nicht vor Ort sind, um eine eigene Agenda zu verfolgen. Inwieweit dies tatsächlich umsetzbar ist, ist fraglich. Allein deshalb, weil der ZFD vom BMZ finanziert wird und somit immer Interessen Deutschlands und des jeweiligen ZFD-Trägers vertritt. Doch für die Mitarbeitenden der lokalen Organisationen stehen gerade diese lokalen Anliegen in der Regel im Vordergrund. Wenn ich nach der Rolle von *Ownership* gefragt habe, ging es in der Regel nicht so sehr darum, ob und wie sie selbst *Ownership* erfahren, sondern inwieweit dies an die Personen, mit denen sie in den Projekten zusammenarbeiten, weitergegeben wird. „Community ownership is very key to [name of the German organization]. Not controlling and don't bring in ideas but their voices are [name of the German organization] decision" (anonymes Interview mit lokaler ZFD-Fachkraft in Kenia). Genau hierin sehen die Mitarbeitenden der ZFD-Träger*innen in Deutschland den großen Vorteil des ZFD gegenüber anderen Programmen und Projekten. Klar zu sagen, dass die Verantwortung und das Wissen nicht in Deutschland, sondern vor Ort liegen, trägt den Interviewten zufolge erheblich zu Motivation und Nachhaltigkeit bei. Dass Prozesse verhindert werden, die vor Ort gar nicht mitgetragen werden, kann den Interviewten nach nicht von außen, sondern nur von innen heraus angestoßen werden. Dies ist jedoch in der Praxis nicht immer einfach umzusetzen. Zum einen, weil im ZFD mit externen Fachkräften gearbeitet wird, die zwar theoretisch nur eine beratende Rolle innehaben, in der Praxis jedoch oftmals in die Umsetzung gehen. Zum anderen muss im Sinne einer partnerschaftlichen Arbeit, bei der die lokalen Akteur*innen in der Implementation tätig sind, Vertrauen herrschen und sie müssen sich von den Akteur*innen aus dem Globalen Norden ernst genommen fühlen. Wie ein Ergebnis meiner Umfrage unter Mitarbeitenden lokaler Organisationen zeigt, ist dies im ZFD nicht immer der Fall. Denn nur etwas mehr als die Hälfte gab an, sich als lokale Mitarbeitende im ZFD ernst genommen zu fühlen.

Von der Grundidee her versteht sich der ZFD als Partner*in der lokalen Organisationen, die in ihrer Arbeit unterstützt werden. Immer wieder aber stellt sich wie in der Diskussion um *Ownership* die Frage, inwieweit die lokalen Organisationen ihre eigenen Ideen und Handlungen konzipieren und umsetzen können. Oder vielmehr die Ideen und die Agenda ihrer Geber*innen übernommen werden und deren Idee von Frieden gefördert wird (Pearce 2005). Wie in der Geschichte gezeigt, stellt sich zudem die Frage, bis zu welchem Maße *Ownership* umsetzbar oder gewünscht ist und wo *Ownership* an seine Grenzen stößt. In der Regel dann, wenn Ideen oder Wünsche nicht mehr zu den ZFD-Vorgaben passen. So wurde bei den Interviews in Deutschland mit ZFD-Träger*innen angemerkt, dass eine komplette Übertragung von *Ownership* problematisch für die Zusammenarbeit ist.

> „Wenn wir da nicht sehr genau drauf achten, dass unser externer Impuls, der sich gegebenenfalls auch sehr deutlich unterscheidet von dem, was Partner beschreiben, irgendwo Nährboden findet und auf Personen trifft, die das weitertragen, agieren wir losgekoppelt von lokalen Bemühungen, lokalen Interessen oder von Personen, die dieses weitertragen können" (anonymes Interview mit ZFD-Organisation in Deutschland).[7]

Das Konzept von *Local Ownership* soll in seiner Umsetzung nicht dazu führen, dass sich die internationalen Akteur*innen zurückziehen und ihre mächtige Rolle vor Ort und in der Friedensarbeit aufgeben. Es bedeutet nicht die völlige Autonomie der lokalen Akteur*innen, sondern es geht dabei um eine Übertragung von Verantwortung (Donais, 2012, S. 7). Dadurch kann es jedoch auch, zumindest theoretisch, zu einer Machtverschiebung kommen. Denn *Local Ownership* beschreibt den Grad der Kontrolle, den lokale Akteur*innen über lokale Prozesse haben (Donais, 2012, S. 1). Dennoch zeigen sich in der Arbeit des ZFD immer wieder das zwar *Local Ownership* generiert werden soll, es aber Hindernisse für Machtverschiebung gibt. Hierfür kann eine Begründung in bisherigen Untersuchungen zum ZFD gefunden werden: „People in power are often not easily persuaded to give up that control, to share. People who engage with and work in peacebuilding activities often neglect this aspect of the politics of change" (Djateng et al., 2009a, S. 26). Somit steht und fällt *Ownership* in der Praxis oftmals damit, inwieweit Macht abgegeben wird und nicht damit, inwieweit *Ownership* übernommen wird.

8.5 Trainings, Weiterbildungen und Vorbereitung

Schon in den Abschnitten 4.4. und 6 wurde dargestellt, welche wichtige Rolle Trainings, Weiterbildungen und Vorbereitung im ZFD spielen. Weil diese Themen auch in der Feldforschung in den drei Ländern immer wieder relevant waren, werden sie in diesem Kapitel diskutiert. Die Vorbereitung der Fachkräfte (Unterkapitel 8.5.1.) und der Partner*innen (Unterkapitel 8.5.2) wird getrennt beleuchtet, da sie in sehr unterschiedlicher Art und Weise stattfindet. Zwar konnte die Vorbereitung der Partner*innen und Fachkräfte in den drei Ländern nicht immer beobachtet werden, aber sie wurde in Gesprächen und Interviews wiederholt angesprochen und insofern ist sie sehr wichtig. Das Unterkapitel 8.5.3. geht abschließend auf Weiterbildungen und Trainings sowohl für Fachkräfte als auch für Partner*innen ein, die nicht im Rahmen einer Vorbereitung, sondern

[7] Das Zitat wurde grammatikalisch korrigiert.

begleitend stattfinden. Diese Themen wurden ausgewählt, weil sie während der teilnehmenden Beobachtung bei den Workshops und Trainings in Deutschland besprochen wurdenhabe und sie in Gesprächen und Interviews als besonders relevant bezeichnet wurden.

8.5.1 Vorbereitung für die Fachkräfte

Die Geschichte

Während eines Workshops, der zur Weiterbildung der Fachkräfte und Mitarbeitenden der lokalen Organisationen angeboten wird, sitzen verschiedene Fachkräfte in einer Pause zusammen. Zwei Fachkräfte sind erst seit einigen Wochen im Land und arbeiten in den lokalen Organisationen, während andere schon auf eine mehrjährige Arbeitserfahrung zurückblicken können. Weil über den Workshop gesprochen wird, kommt das Gespräch auch auf die Workshops, die in Deutschland zur Vorbereitung besucht wurden. Eine neue Fachkraft erwähnt, dass er*sie noch gar nicht weiß, wie das Wissen, das während der Workshops erlernt wurde, in die tatsächliche Arbeit vor Ort integriert oder wie es angewendet werden kann. Für die erfahrenen Fachkräfte ist es ähnlich. Es wird diskutiert, dass ein Großteil des Wissens aus der Vorbereitung gar nicht auf die eigentliche Arbeit übertragbar ist. Es wird betont, dass es vielmehr darum geht, einen allgemeinen Überblick über verschiedene *Tools* und Themengebiete zu erhalten und man in der Arbeit dann selbst entscheiden muss, was davon passend ist. Darüber wird Missmut geäußert. Denn es hieß vor der Vorbereitung, dass die Kurse während der Vorbereitungszeit individuell auf Bedürfnisse und bereits vorhandene Fähigkeiten zugeschnitten werden. Dies hat jedoch nicht bei allen Fachkräften gleichermaßen funktioniert. In dieser Diskussion berichten Fachkräfte, dass sie Medien-Workshops besuchen mussten, obwohl sie in der Regel selbst solche Workshops abhalten, oder Rettungssanitäter*innen mussten an Erste-Hilfe-Kursen teilnehmen. Die Diskussion dreht sich speziell auch um einige Kurse, die alle besucht haben. Dabei wird deutlich, dass einige Fachkräfte bestimmte Kurse oder Workshops sehr gut fanden und andere wiederum nicht. Dies liegt den Fachkräften zufolge an den persönlichen Vorerfahrungen, aber zu einem großen Teil auch an den Inhalten und der Didaktik der Trainer*innen.

Meine Rolle als Forscherin

Zum Zeitpunkt des beobachteten Gespräches kannte ich bereits alle Fachkräfte, entweder durch vorherige Begegnungen oder durch Kontakte auf diesem mehrtägigen Workshop. Während der Diskussion war auch die*der Koordinator*in anwesend, der*die aber in ein anderes Gespräch vertieft war und sich nicht weiter beteiligte. Außerdem einige Partner*innen, die aufgrund der Sprache nicht an der Diskussion teilnehmen konnten. Da generell auf dem Workshop und zwischen den Fachkräften eine sehr offene Diskussionskultur herrschte, wurde in den Pausen weiter diskutiert. Trotz meiner Anwesenheit hatte ich nicht das Gefühl, dass Personen anders miteinander sprachen oder bestimmte Themen nicht erwähnt wurden. Ganz auszuschließen ist es jedoch nicht. Viele der Fachkräfte wussten auch, dass ich an einigen dieser Workshops und Trainings zur Vorbereitung teilgenommen hatte. Dort war ich bereits mit ähnlichen Aussagen konfrontiert worden. Deswegen kann ich davon ausgehen, dass ich in dieser Situation einen Bias hatte, da ich die negativen Aussagen über die Vorbereitung bereits mehrfach gehört hatte.

Reflexion und kritische Diskussion

Das beobachtete Gespräch zeigt sehr gut, dass die Vorbereitung auch während der Zeit als ZFD-Fachkraft eine Rolle spielt. Dies ist im Sinne der Ziele der Vorbereitung positiv zu bewerten. In der Situation wurde kritisch diskutiert, inwieweit einzelne Inhalte aus der Vorbereitung für die Arbeit tatsächlich relevant und vor allem anwendbar sind. Allgemein herrschte die Meinung vor, dass die Vorbereitung eher ein sehr breites Wissen vermittelt. Individuell müsste die Fachkraft während der Arbeit entscheiden, wie verschiedene Tools und Themengebiete angepasst werden können. Es wurde betont, dass nicht alle Inhalte aus der Vorbereitung übertragbar sind. Oft seien sie nicht individuell genug und sehr standardisiert. Das führe dazu, dass Kurse besucht würden, die für einen persönlich nicht relevant seien. In der Diskussion gingen die Meinungen darüber sehr auseinander, welcher Kurs und welche Inhalte gut oder nützlich und welche eher weniger nützlich waren. Die Wahrnehmung und Bedürfnisse der Fachkräfte sind sehr individuell. Sicherlich ist es eine Herausforderung, in der Vorbereitung individuell angepasste Pläne für alle Personen zu entwickeln. Vor allem werden oftmals erst im Projekt die genauen Aufgaben definiert. Viele Fachkräfte aber wünschen sich eine inhaltlich bessere und genauer zugeschnittene Vorbereitung.

Analyse und Interpretation der Geschichte

Die Vorbereitung der Fachkräfte ist ein elementarer Bestandteil des ZFD, aber bei jedem*jeder ZFD-Träger*in sieht sie etwas anders aus, siehe dazu auch Abschnitt 4.4.2.1. (Verständnis, Rolle und Aufgaben der Fachkräfte). Die Vorbereitungskurse finden alle nach bestimmten Standards statt, doch jede*r ZFD Träger*in gestaltet diese unterschiedlich. In Deutschland sind laut den Mitarbeitenden der ZFD-Träger*innen die Standards für die Ausbildungskurse weit gefasst. Einige führen sie hausintern durch, andere in Kooperation und wieder andere komplett extern. Die generelle Idee der Vorbereitung ist, dass die Fachkräfte durch eine in der Regel mehrmonatige Vorbereitung, durch inhaltliche Ausbildung, Sprachkurse und Informationen zu dem Gastland auf ihren Einsatz vorbereitet werden (Evers, 2000, S. 17). So soll eine mögliche Diskrepanz zwischen dem notwendigen und dem vorhandenen Wissen verringert werden (Truger, 2001a, S. 337).

In der Vorbereitung werden einige Themen behandelt, die für alle Fachkräfte durch das Entwicklungshelfer*innengesetz vorgeschrieben und von besonderer Bedeutung sind. Diese sind zum Beispiel das Trägersystem mit den ZFD-Strukturen, Verfahren im ZFD, Sprachkompetenz, interkulturelle Kommunikation, Sicherheit, Stressbewältigung, Landeskunde und fachliche beziehungsweise methodische Kompetenzen für die Arbeit (Gemeinschaftswerk ZFD, 2014a, Abschn. 9.1 S. 4). Methodische und fachliche Themen, die in vielen Vorbereitungskursen der unterschiedlichen Träger*innen vorkommen, sind zum Beispiel Mediation, humanitäre Unterstützung, Monitoring, Administration, Rollenverständnis der Akteur*innen vor Ort, psychische Gesundheit und Traumaarbeit, Konflikt-*Mappings*, Empowerment, Fragen von Distanz und Nähe, Kontext- und Methodenwissen, aber auch Informationen über die Reintegration nach dem Einsatz (Evers, 2007, S. 145; Truger, 2001b). Dabei verfolgt die Vorbereitung in der Friedensarbeit in der Regel einen eher normativ-prozessorientierten, und weniger einen ergebnisorientierten Ansatz (Evers, 2007, S. 145). So wird auch von der Mehrheit der Interviewpartner*innen der ZFD-Träger*innen in Deutschland betont, dass diese vergleichsweise kurze Zeit einer intensiven Beschäftigung mit einem Spezialthema über einige Wochen hinweg in der Regel nur eine Kompetenz stärken, aber keine ganz neuen Kompetenzen oder Inhalte vermitteln kann. Als Teil dieser individuellen Vorbereitung gibt es einige Komponenten, die für alle Fachkräfte gleich sind. Dies sind zum Beispiel das Sicherheitstraining, ein Grundlagenkurs zu den jeweiligen Organisationen, der Rahmen der personellen Entwicklungszusammenarbeit, Informationen zum ZFD, PM&E oder Finanzen und praktische Projektplanung. Von allen ZFD-Träger*innen in Deutschland wurde betont, dass es ein wichtiges Element der Vorbereitung ist, sich damit auseinanderzusetzten, was es bedeutet, als Fachkraft zu arbeiten, und was in diesem Kontext partnerschaftliches Arbeiten bedeutet. Dabei geht es oftmals um das Grundverständnis der personalen Entwicklungszusammenarbeit und darum, was die eigene Rolle und die der Partner*innen ist. Dies erfolgt, wie in Kapitel 6 gezeigt, jedoch oftmals unzureichend. Denn den Fachkräften liegen in der Vorbereitung zu wenige Informationen über ihre tatsächliche Arbeit vor. Wichtige

Aspekte wie zum Beispiel Machtdynamiken werden vernachlässigt. Die Fachkräfte erachten auch nicht alle Themen als sinnvoll beziehungsweise liegen ihre Bedürfnisse zum Teil woanders. Als größte Kritikpunkte nannten die Fachkräfte wiederholt, dass die Vorbereitung oftmals sehr abstrakt blieb. Oftmals war gar nicht klar, mit welchem Ziel man einen bestimmten Kurs besuchte. „Es ist in der Vorbereitung nicht immer klar, warum mancher Kurs besucht werden muss, zum Beispiel der Medienkurs oder Erste Hilfe [ist] für Fachleute auf dem Gebiet trotzdem verpflichtend" (anonymes Interview mit ZFD-Fachkraft in Kenia). Dies kann dazu führen, dass die Vorbereitung als sehr losgelöst von der tatsächlichen Arbeit im ZFD-Projekt empfunden wird.

Dennoch gibt es – wie in der Geschichte bereits erwähnt – neben den Themen, die relativ feststehen, auch eine individuelle Vorbereitung beziehungsweise sollte es sie im Idealfall geben. Während der Interviews in Deutschland wurde besonders von AGIAMONDO und BfdW betont, wie wichtig diese individuelle Vorbereitung ist. Den Interviewpartner*innen zufolge ist es wichtig, dass zusammen mit den Partner*innen die Bedarfe der Stelle herausgearbeitet und mit den Kenntnissen der ausgewählten Fachkraft abgeglichen werden. Dies kann zum Beispiel die Vermittlung von Sprach- und Landeskenntnissen sein. Gerade die Sprachvorbereitung kann für Fachkräfte sehr herausfordernd sein, zum Beispiel, wenn sie noch gar keine Sprachkenntnisse haben. Folglich kann die sprachliche Vorbereitung mehrere Monate dauern. Oder es wird eine fachliche Weiterqualifikation für die Tätigkeit benötigt, wie zum Beispiel interkulturelle Kommunikation, praktische Konfliktbearbeitung oder die Auseinandersetzung mit Theorien der Konfliktbearbeitung, eine Analyse der Situationsstrategien, Menschenrechte, Gender oder *Advocacy*. Wie schon erwähnt, ist dies der Idealzustand, der in der Praxis nicht immer erreicht wird. Insofern stellt sich die Frage, inwieweit die Themen aus der Vorbereitung tatsächlich für die Arbeit im ZFD relevant sind. Der Aussage, dass die Inhalte der Vorbereitung in der täglichen Arbeit angewendet werden können, stimmen 9 % der Fachkräfte komplett zu, 46 % stimmen zu, 36 % lehnen die Aussage weder ab noch stimmen sie ihr zu, 6 % stimmten der Aussage nicht zu und 3 % stimmen gar nicht zu. Hier zeigt sich eine Diskrepanz zwischen der Vorbereitung, den Ideen der Träger*innen und der Realität der Fachkräfte. Die Vorbereitung sollte auf die Fachkräfte spezifischer zugeschnitten werden. Am häufigsten profitierten die Fachkräfte von den Einheiten und konnten am meisten praxisrelevante Inhalte mitnehmen, wenn Trainer*innen von persönlichen Erfahrungen berichteten: „Von den persönlichen Erfahrungen der Trainer wurde am meisten profitiert" (anonymes Interview mit ZFD-Fachkraft in Kenia). Oder wenn sie einen Einblick in die praktische Arbeit erhielten.

Generell ist die Dauer der Vorbereitung je nach Organisation, aber auch je nach Fachkraft sehr unterschiedlich. So kann bei ein und derselben Organisation zum Beispiel eine Fachkraft mit noch wenig Berufserfahrung, die neu im Gebiet der Friedensarbeit tätig ist, eine dreimonatige Vorbereitung erhalten. Während eine Fachkraft, die zum Beispiel schon als ZFD-Fachkraft über eine andere Organisation ausgereist war, nur noch eine organisations- und landesspezifische Vorbereitung von drei Wochen durchläuft. Generell zeigte sich jedoch der größte Teil der Fachkräfte während meiner Umfrage mit der Vorbereitungsdauer relativ zufrieden. Der Aussage, dass die Vorbereitung auf den ZFD kürzer sein könnte, stimmen 9 % komplett zu, 12 % stimmen zu, 15 % lehnen die Aussage weder ab noch stimmen sie ihr zu, 39,5 % stimmten der Aussage nicht zu, 21,5 % stimmen gar nicht zu und 3 % wissen es nicht. Obwohl diese Zeit einigen Personen lang vorkam, zeigten sie dennoch Dankbarkeit für diese Vorbereitung: „Drei Monate sind ein sehr großes Investment und große Wertschätzung der Entwicklungshelfer-Person“ (anonymes Interview mit ZFD-Fachkraft in Kenia). Mehrere Fachkräfte erzählten, dass ihre Vorbereitung länger gedauert hat als eigentlich angedacht. Denn sie mussten noch auf das Arbeitsvisum warten und konnten so die Zeit sinnvoll nutzen, da ihr Vertrag ja schon lief. Trotz einer allgemeinen Zufriedenheit mit der Vorbereitungsdauer, wünschen sich viele Fachkräfte, dass sie besser aufgeteilt wird und nicht am Stück stattfindet. „Es gibt einige Kurse, die besser wären, wenn man sie macht, wenn man schon im Projekt war, zum Beispiel *Project Planning* oder Veränderungsmanagement, da man mehr rausholen kann“ (anonymes Interview mit ZFD-Fachkraft in Kenia). Nach den Fachkräften in Deutschland könnten diese Kurse gebündelt im Land oder auch virtuell stattfinden. Gerade wenn diese vertiefte Vorbereitung vor Ort stattfindet, könnten die lokalen Partner*innen stärker einbezogen werden: „Es wäre gut, wenn die Fachkräfte eine kürzere Vorbereitungszeit hätten und nach drei Monaten im Land nochmal ausreisen würden und dann zusammen mit den Partner*innen nochmal gezielt für bestimmte Themen vorbereitet werden“ (anonymes Interview mit ZFD-Fachkraft in Liberia).

Allgemein stimmten der Aussage, dass einige Elemente der Vorbereitung erst nach einigen Monaten im Projekt stattfinden sollten, 27,5 % der Fachkräfte komplett zu, 39,5 % stimmen zu, 12 % lehnen die Aussage weder ab noch stimmen sie ihr zu, 9 % stimmten der Aussage nicht zu, 3 % stimmen gar nicht zu und 9 % wissen es nicht. Die GIZ setzt dies bereits so um, was die Fachkräfte als sehr positiv wahrnehmen: „Es gibt nach einigen Monaten im Projekt einen erneuten Kurs in Deutschland, es ist ein Wiedersehen und gut für den Austausch“ (anonymes Interview mit ZFD-Fachkraft in Kenia).

Bei allen ZFD-Träger*innen wird nach der Vorbereitung und der Einreise in das jeweilige Land in kleinen Schritten die Vorbereitung vor Ort fortgesetzt. So findet zum Beispiel eine Einführung durch den*die Koordinator*in statt oder die lokalen Partner*innen organisieren einen Einführungsworkshop. Doch sind diese Elemente in der Regel nur sehr kurz und ergänzend: „Purpose of the introduction workshop for the seconded personal – last around two hours – is the orientation, introduction of coordinators, focal person and basic information and different or new viewpoints" (anonymes Interview mit ZFD-Organisation in Sierra Leone). Diese Maßnahmen könnten stärker mit der eigentlichen Vorbereitung verknüpft werden, um größere Synergien herzustellen und die Partner*innen vor Ort besser in die Fachkräftevorbereitung einzubeziehen.

8.5.2 Vorbereitung für die Partner*innen

Die Geschichte

Nachdem eine neue Fachkraft schon einige Wochen im Land ist und bei der Partnerorganisation mitarbeitet, findet ein durch die ZFD-Koordination im Land organisierter *Orientation-Workshop* statt. Dieser dient in der Regel dazu, neuen Fachkräfte wichtige Informationen über das Land und die Organisation zu geben und offene Fragen zu besprechen. Zwar ist der Workshop für die Fachkraft konzipiert, doch nimmt auch eine Person aus der Partnerorganisation teil, die als *Counterpart* fungiert. Gleich zu Beginn wird betont, dass die Person aus der lokalen Organisation dabei ist, um die wichtigsten Punkte vor allem im administrativen Bereich mitzubekommen und auch, um der Fachkraft Input zu geben. Zunächst findet eine Einführung in den ZFD und das Landesprogramm statt, es wird auf die verschiedenen Akteur*innen eingegangen und das TLS diskutiert. Es wird besonders darauf hingewiesen, wie wichtig das ZFD-Netzwerk ist. Von gemeinsamen Veranstaltungen wird zudem berichtet, die in der Vergangenheit stattgefunden haben. Auch die Rollen der Fachkraft und des *Counterpart* werden angesprochen. Für die Fachkraft heißt es, dass er*sie aktiv an Programmen teilnehmen soll, bei der Planung unterstützen kann, und es werden die konkreten Bereiche der Organisation genannt, die Unterstützung benötigen. Der *Counterpart* wird an den ZFD-Meetings teilnehmen und als Bindeglied zwischen dem ZFD und der lokalen Organisation fungieren, indem er*sie Informationen weiterträgt. Es wird auf den wichtigen Wissenstransfer zwischen der Fachkraft und dem *Counterpart* hingewiesen, so dass das Wissen in der Organisation bleiben kann. Gleichzeitig hat der *Counterpart* die Aufgabe, für die Fachkraft da zu sein und zum Beispiel als Bindeglied zwischen ihm*ihr und den anderen Kolleg*innen zu dienen. Im weiteren Verlauf des Workshops wird über Sicherheit gesprochen. Hier geht es vor allem darum, wie der *Counterpart* die Fachkraft unterstützen kann und wie wichtig ein Sicherheitsplan ist. Auch bei den Diskussionen um administrative Themen zum Beispiel über das Auto und dessen Nutzung oder über das ZFD-Reporting, steht in der Regel die Fachkraft im Fokus und wie der *Counterpart* sie*ihn unterstützen kann. Zum Schluss geht es noch um die Integration der Fachkraft in die lokale Organisation. Hier wird dem *Counterpart* geraten, die Fachkraft immer wieder zu fragen, wie er*sie sich fühlt und wo Unterstützung gebraucht wird. Gemeinsam wird diskutiert, dass die Fachkraft in der Vorbereitung in Deutschland darauf vorbereitet wurde, sich in die lokale Organisation zu integrieren. Dass der *Counterpart* und die anderen Mitarbeitenden der lokalen Organisation jedoch keine Vorbereitung durchlaufen haben und dieser kurze Workshop nicht ausreicht, diese Lücke zu schließen, aber eine erste Anregung sein kann.

Meine Rolle als Forscherin

Ich wurde von der*dem Koordinator*in zu dem Workshop eingeladen. Dies geschah in Absprache mit der Fachkraft und dem *Counterpart*, welche ich zu dem Zeitpunkt schon beide kannte. Den Ablauf des Workshops habe ich durch meine Anwesenheit nicht beeinflusst. Er ist für alle *Orientation-Workshops* gleich und wird von der*dem Koordinator*in mit den verschiedenen Themen vorgegeben. Zu Beginn wurde von der*dem Koordinator*in betont, dass der Workshop in einem geschützten Raum stattfindet, in dem alle Themen angesprochen werden dürfen. Auch wenn kritisch diskutiert wurde, kann ich nicht ausschließen, dass meine Anwesenheit die Diskussion beeinflusst hat und einige Themen anders oder nicht abgesprochen wurden.

Reflexion und kritische Diskussion

Die geschilderte Situation zeigt zuallererst, dass es für die lokalen Partner*innen eigentlich keine Vorbereitung gibt. Das ist aus partnerschaftlicher Perspektive sehr kritisch zu bewerten. Denn so sind von Beginn an die Voraussetzungen in der Partnerschaft verschieden. Der *Counterpart* nimmt an dem *Orientation-Workshop* für die Fachkraft teil, wird so vorbereitet und soll das erworbene Wissen an die anderen Personen der lokalen Organisation weitergeben. Dies kann als eine Art Vorbereitung für sie angesehen werden. Es gibt einige Themen wie zum Beispiel die Einführung in den ZFD und das Landesprogramm, die Darstellung der verschiedenen Akteur*innen, das TLS, das Netzwerk des ZFD und die Informationen über die Rollen der Fachkraft und des *Counterpart*, die sicherlich gleichermaßen für die Fachkraft und für den *Counterpart* relevant sind. Doch die Diskussionen der einzelnen Punkte erfolgen stets aus Blickrichtung der Fachkraft. Bei Aspekten wie zum Beispiel die Autonutzung oder Fragen der Sicherheit sind sie nochmals mehr auf die Fachkraft zugeschnitten. Generell geht es immer darum, wie der *Counterpart* oder die lokale Organisation die Fachkraft unterstützen kann. Es geht aber nicht darum, wo der *Counterpart* oder die lokale Organisation Unterstützung bekommen können (im Idealfall bei der ZFD-Koordination) oder wie mit möglichen Herausforderungen wie zum Beispiel einem Kulturschock von lokalen Mitarbeitenden (da sie mit einer deutschen Fachkraft zusammenarbeiten), unterschiedlichen Arbeitsweisen oder Kommunikationsproblemen umgegangen werden kann. Diese Art der Vorbereitung unterscheidet sich grundsätzlich von der Vorbereitung in Deutschland für die Fachkräfte vor ihrer Ausreise. Wie schon in der Geschichte betont, kann so ein kurzer Workshop diese Vorbereitungslücke weder schließen noch ausgleichen.

Analyse und Interpretation der Geschichte

Es wurde in allen Gesprächen mit Mitarbeitenden der ZFD-Träger*innen in Deutschland hervorgehoben, dass es keine Partner*innenvorbereitung ähnlich der für die Fachkräfte gibt. „Im ZFD zumindest war es schon öfter mal ein Thema, dass wir sagen, eigentlich müsste ein Partner auch auf die Fachkraft vorbereitet werden“ (anonymes Interview mit ZFD-Organisation in Deutschland). Auch in Publikationen von ZFD-Träger*innen taucht vermehrt die Frage auf, wie es um die Vorbereitung der lokalen Partner*innen bestellt ist und welche Rolle sie in Bezug auf die Themen der Vorbereitung spielen können. Es stellt sich die Frage, ob sie selbst Vorbereitung leisten können oder eher benötigen (Rieder, 2019, S. 66). Eine erste wissenschaftliche Umfrage in ausgewählten ZFD-Projekten der GIZ hat ergeben, dass diese Aspekte einer Vorbereitung der lokalen Partner*innen nicht immer umgesetzt werden. Es fehlt demnach Raum für offene Dialoge und Reflexion (Rieder, 2019, S. 70). Die Mitarbeitenden lokaler Organisationen stimmen gleichfalls in meiner Umfrage mit knapp 90 % zu oder komplett zu, dass für sie eine Vorbereitung hilfreich wäre, bevor die ZFD-Fachkraft in die Organisation kommt. In der Praxis haben unterschiedliche ZFD-Träger*innen und lokale Organisationen verschiedene Handlungsstrategien gefunden, um damit umzugehen.

Einige ZFD-Träger*innen zum Beispiel sehen diese Aufgabe bei den Koordinator*innen vor Ort. Dort erfolgt die Vorbereitung nicht im Sinne eines Kurses, sondern durch Gespräche. In ihnen werden die Partner*innen darauf vorbereitet, was es bedeutet, wenn eine Fachkraft kommt, wer welche Rollen hat und was die lokalen Organisationen zum Beispiel in Bezug auf Sicherheit beachten müssen.

„Das haben wir jetzt aber nicht irgendwie standardisiert oder ein Orientierungspapier dafür, wobei man dazusagen muss, ich finde auch an manchen Stellen muss man einfach sagen, dass müssen die auch ohne hinkriegen. Wir kommen sonst irgendwann da an, wenn die nur noch in Bücher gucken“ (anonymes Interview mit ZFD-Organisation in Deutschland).

Doch gerade dieses unkoordinierte Vorgehen spiegelt das Problem der mangelnden Vorbereitung. „Die Koordinatoren sind für die Vorbereitung der lokalen Organisationen zuständig. Hier findet jedoch nicht genügend Absprache statt. Oft findet dies auch mit zu kurzer Ankündigung statt“ (anonymes Interview mit ZFD-Fachkraft in Sierra Leone). In anderen Gesprächen wurde betont, dass es in vielen Ländern bereits Organisationen gibt, die Erfahrungen mit Fachkräften haben. Sie können also neue lokale Organisationen im Sinne einer *Peer*-Beratung vorbereiten und sich im weiteren Verlauf miteinander austauschen. Andere Interviewpartner*innen betonten, dass sie von Deutschland aus versuchen, die Partner*innen vorzubereiten oder bei Dienstreisen in die jeweiligen Länder.

Als zusätzliche Möglichkeit der Vorbereitung wird der Partner*innenworkshop genannt, den einige Organisationen zu Beginn eines Projektes veranstalten. Darin wird zum Beispiel definiert, wie Rollen und Aufgaben verteilt werden oder was in der Arbeit realistisch umgesetzt werden kann. Es wurde betont, dass immer wiederkehrende Veranstaltungen in den Ländern für neue Partner*innen eine Art thematische Vorbereitung sein können. So zum Beispiel – wie in der Geschichte geschildert – die Vorbereitung für die Fachkraft. Doch reichen diese „Zwischenlösungen“ oftmals nicht aus, um die lokalen Partner*innen tatsächlich auf die Zusammenarbeit mit einer Fachkraft vorzubereiten: „The second personal is prepared how to integrate but there is no training for the host organization. The short meetings that they have now, ‘introduction meetings’, cannot bridge that gap, the responsibilities are on both sides“ (anonymes Interview mit ZFD-Organisation in Sierra Leone). Nur in einzelnen Fällen wurde die Möglichkeit erwähnt, Personen aus den lokalen Organisationen eine gezielte thematische oder inhaltliche Vorbereitung zu ermöglichen. Dies waren dann in der Regel thematische Weiterbildungen (siehe nächstes Kapitel) oder in seltenen Fällen Workshops, die die ZFD-Träger*innen vor Ort organisierten. „[We do] in house-training for local staff as an orientation. That is the same for international staff. They all need to understand CPS Kenya. It is about expectations and tasks are made clear. Finding out what capacity is still needed“ (anonymes Interview mit lokaler ZFD-Fachkraft in Kenia).

Die beschriebene Situation zeigt sicherlich nur ein Beispiel, wie mit der Vorbereitung der Partner*innen umgegangen wird. Doch ist sie kein Einzelfall, wie hier aufgezeigt werden konnte. In vielen Gesprächen wurde mir sowohl von lokalen Mitarbeitenden als auch von Fachkräften über die mangelnde Vorbereitung der Mitarbeitenden vor Ort berichtet, die oftmals ein Auslöser für Konflikte oder Missverständnisse war. Weil für die lokalen Partner*innen keine gezielte Vorbereitung stattfindet, wird der Partnerschaftsgedanke ein Stück weit obsolet. Denn so treffen die Fachkräfte und die Mitarbeitenden der lokalen Organisationen mit unterschiedlichen Voraussetzungen aufeinander. Weil zudem die ZFD-Fachkräfte im Sinne der Personalentsendung für den ZFD zentral sind, haben sie dadurch eine mächtigere Position. Erneut betont dies die Trennung in ein „Wir" und „die Anderen". Aus diesen Gründen ist eine bessere Vorbereitung der lokalen Partner*innen erforderlich. So haben sich viele Fachkräfte in herausfordernden Situationen mit lokalen Partner*innen gefragt, ob sie nicht auch auf deren unzureichende Vorbereitung und Rollenklärung zurückzuführen sind: „Vorbereitung für Partner wäre gut, klare Fakten auf den Tisch. Eine Woche Einweisung, zum Beispiel auch [als] erste Woche zusammen, das hilft, gemeinsam Rolle und Finanzen und Positionen zu klären und was bedeutet es, Partnerorganisation zu sein, vor Planungsworkshop schon wichtig" (anonymes Interview mit ZFD-Fachkraft in Kenia).

8.5.3 Weiterbildungen und Trainings

Die Geschichte

In einer lokalen Organisation wurde ein *Capacitybuilding*-Prozess für die Mitarbeitenden angestoßen, der über einen längeren Zeitraum laufen sollte. Die Entscheidung dazu fiel, um die Arbeit der Organisation effizienter und professionaler zu gestalten, aber auch, um die Mitarbeitenden weiterzubilden. Dabei werden in einzelnen Workshops oder Trainings verschiedene Themen behandelt. Während eines etwa einstündigen Workshops saßen alle Mitarbeitenden inklusive der integriert arbeitenden Fachkraft gemeinsam in einer großen Runde im Büro zusammen. Dabei ging es in dem kurzen Workshop um die Nutzung eines E-Mail-Programms. Dazu hatte bereits einige Wochen zuvor ein erster Workshop stattgefunden, und es sollte in der kommenden Woche ein Follow-up stattfinden. Der Workshop wurde von einer ZFD-Fachkraft einer anderen Organisation geleitet und durchgeführt. Wie mir die integrierte Fachkraft der Organisation berichtete, hätte er*sie zwar auch selbst das Training durchführen können, doch war die andere Fachkraft versierter im Umgang mit der Technik. Zudem bewertet er*sie es als sinnvoller, dass eine externe Person das Training abhielt, so dass er*sie selbst in der Rolle des*der Teilnehmer*in sein konnte. Über einen Beamer wurde ein E-Mail-Account gezeigt und verschiedene Einstellungen erklärt, die zum Beispiel dazu dienen können, E-Mails zu strukturieren und zu priorisieren oder E-Mails mit mehreren Empfänger*innen in der Organisation zu bearbeiten. Das Programm war dabei in deutscher Sprache eingestellt. Die Mitarbeitenden nutzten auf ihren eigenen Laptops das gleiche Programm in englischer Sprache und führten nach jeder Erklärung kleine Übungen oder Aufgaben in ihrem Account durch. Wenn es zu einzelnen Einstellungen Fragen gab, kam der*die Trainer*in zu den Personen und erklärte einzelne Schritte nochmal. Am Ende des Trainings wurde eine klare Aufgabe für das gesamte Team formuliert: Es sollten gemeinsame Labels für das Sortieren von E-Mails entwickelt werden, damit es ein einheitliches System in der Organisation gibt. Außerdem sollten alle ihr eigenes Profil im E-Mail-System anlegen. Das Training wurde mit einem Ausblick auf das kommende Training beendet, bei dem es um Abwesenheitsnachrichten, Signaturen und Adresslisten gehen sollte.

Meine Rolle als Forscherin

Ich wurde zu den Workshops eingeladen, habe aber nur an diesem einen Workshop aus der Reihe teilgenommen, was zeitlich begründet war und an Terminüberschneidungen lag. Die Teilnahme an mehreren Trainings oder Workshops aus dem *Capacitybuilding*-Prozess wäre sicherlich spannend gewesen, um einen noch tieferen Einblick zu erhalten. So blieb es eine sehr punktuelle Beobachtung. Über diese konnte ich jedoch in anschließenden Gesprächen mit der Fachkraft und Mitarbeitenden der Organisation sprechen und sie reflektieren. Vor meiner Teilnahme kannte ich sowohl die externe ZFD-Fachkraft als auch die Mitarbeitenden der Organisation, die auch um ihr Einverständnis zu meiner Teilnahme gebeten wurden.

Reflexion und kritische Diskussion

Die Geschichte liefert ein Beispiel, wie Weiterbildungen für Mitarbeitende einer lokalen Organisation aussehen können. So wurde in der Organisation intern herausgearbeitet, dass ein *Capacitybuilding*-Prozess notwendig ist, um die Organisation effizienter und professioneller zu gestalten. Dies gilt nicht nur mit einem Blick auf den ZFD, sondern laut Aussage der Mitarbeitenden der lokalen Organisation generell für die eigene Arbeit. In dem besuchten Workshop zum E-Mail-Programm sind die einzelnen Anwendungen, Aufgaben und Ausführungen in den Erklärungen nicht als fortgeschritten, sondern eher als *basic* zu beschreiben. Dennoch waren sie für die Mitarbeitenden von hoher Relevanz, da dieses Wissen gefehlt hat. Das Beispiel zeigt deutlich, dass Weiterbildungen nicht immer zu Themen, die für die Arbeit des ZFD relevant sind, stattfinden müssen.

Vielmehr sind Weiterbildungen relevant, die Arbeitsprozesse oder Büroorganisation umfassen, also im Sinne der Organisationsentwicklung erfolgen. Dabei ist es immer wichtig zu hinterfragen, aus welchem Grund diese Organisationsentwicklung notwendig wird. Geschieht dies aus einer intrinsischen Motivation heraus, die eigenen Arbeitsprozesse zu verbessern, oder aus dem Grund, dass bestimmte Voraussetzungen geschaffen werden müssen, um die administrativen Vorgaben der ZFD-Träger*innen zu erfüllen? Das hier geschilderte Training fand aus beiden Gründen statt. Das Training wurde inhouse durchgeführt, da es von einer anderen ZFD-Fachkraft durchgeführt wurde, die das nötige Wissen mitbrachte. Fraglich ist jedoch, warum das E-Mail-Programm, welches als Beispiel genutzt wurde, nicht auf die englische Sprache umgestellt wurde. Ich gehe davon aus, dass es sich hierbei nicht um böse Absicht gehandelt hat, sondern einfach um ein Versäumnis. Zusätzlich stellt sich die Frage, warum der gesamte Prozess, welcher für die Organisation nötig ist, um effizienter zu arbeiten, nicht von außen begleitet wird. Hier ist die schnelle Antwort, dass dies eine zu hohe finanzielle Bürde mit sich bringt, die die Organisation nicht tragen kann und die auch nicht im ZFD-Budget vorgesehen ist. Somit hat die Organisation mithilfe der Fachkraft selbst den Prozess organisiert und kümmert sich je nach Thema um interne oder externe Input-Geber*innen oder Referierende. Schaut man sich diese schnelle Antwort jedoch vertieft an, stellt sich die Frage, warum der ZFD kein Budget für solche Prozesse zur Verfügung stellt, wenn sie doch notwendig sind, damit lokale Organisationen erfolgreich im ZFD arbeiten können.

Analyse und Interpretation der Geschichte

Solche selbst organisierten Trainings oder Inputs durch ZFD-Fachkräfte habe ich während meiner Forschung immer wieder erlebt. Oft fanden sie zu Themen statt, welche sehr nah an der täglichen Arbeitspraxis lagen und befassten sich mit E-Mail-Organisation, Einführung in Computerprogramme oder der Frage, wie man einen formellen Brief scheibt. Alles Themen im Feld der Organisationsentwicklung. Dennoch gibt es im ZFD auch die Möglichkeit sowohl für Fachkräfte als auch für lokale Mitarbeitende, an inhaltlichen Weiterbildungen teilzunehmen, welche für die Arbeit des ZFD und der Organisationen relevant sind. Auf diese wird im Folgenden eingegangen. Zusätzlich besteht für Fachkräfte die Möglichkeit beziehungsweise sogar die Verpflichtung, an individuellen Coachings teilzunehmen. Auch auf diese wird im Folgenden beispielhaft eingegangen.

Im Rahmen des ZFD besteht die Möglichkeit, dass die lokalen Partner*innen komplementär gefördert werden. Dies kann zum Beispiel durch Workshops und Weiterbildungen geschehen (Gemeinschaftswerk ZFD, 2014c, S. 6). So gibt es bestimmte flankierende Komponenten der Projekte, wozu unter anderem

> „Maßnahmen zur Qualitätssicherung und -entwicklung beim Partner: interne und externe Fortbildungen und Workshops [...oder...] Maßnahmen zur Gewährleistung einer breitenwirksamen und lokal verankerten zielgruppenorientierten Arbeit: Begegnungen, Fortbildungen und Workshops mit stakeholdern [zählen]“ (Gemeinschaftswerk ZFD, 2014a, Abschn. 5.6. S.1)

Dabei gibt es jedoch immer wieder Unklarheiten darüber, wie die Trainings finanziert werden sollen. Dies kann zum Beispiel direkt durch die ZFD-Koordination, den*die ZFD-Träger*in oder über das Projektbudget geschehen: „Funds for trainings for CPS workers and staff for the organizations are not always clear in the projects and [there are] no clear guidelines on staff capacity building“ (anonymes Interview mit lokaler ZFD-Fachkraft in Kenia). Dies wird in den ZFD-Rahmendokumenten nicht eindeutig festgelegt und lässt den Träger*innen somit eine gewisse Freiheit. Diese ist zum einen positiv zu bewerten, da somit ein großer Handlungsspielraum entsteht, zum anderen muss sie auch kritisch betrachtet werden, weil sie auch eine gewisse Willkür ermöglicht.

Schaut man auf die inhaltlichen Schwerpunkte der Weiterbildungen und Trainings, die angeboten werden, kommen diese sowohl bei den Fachkräften als auch bei den lokalen Mitarbeitenden relativ gut an. Der Aussage, dass die Trainings, welche vom ZFD angeboten werden, sinnvoll sind und dort neues Wissen erlernt wurde, stimmen 24 % komplett zu, 49 % stimmen zu, 20 % lehnen die Aussage weder ab noch stimmen sie ihr zu, 4 % stimmten der Aussage nicht oder gar nicht zu und 3 % wissen es nicht. Besonders positiv unter den Weiterbildungsangeboten wurde der Workshop zum Thema interkulturelles Lernen hervorgehoben, welcher länderübergreifend in Kenia stattgefunden hat. Des Weiteren wurde besonders positiv betont, dass die Trainings praxisnah sind und viel Raum für Fragen lassen. Zudem wurde lobend hervorgehoben, dass einige Personen die Möglichkeit hatten, an Weiterbildungen in Deutschland teilzunehmen: „I took part in a two month course in Germany. Conflict analysis and exchange with other countries, case studies for other countries have been the most interesting“ (anonymes Interview mit ZFD-Organisation in Kenia). Trotz der vorhandenen Angebote wurden besonders von den lokalen Partner*innen in Gesprächen immer wieder konkrete Themen genannt, die sie sich für Trainings wünschen würden. Diese sind: Gleichberechtigung der Geschlechter, Management, PM&E, Konfliktprävention, Selbstfürsorge, Teambuilding und partizipative Ansätze in der Friedensarbeit. Die Fachkräfte nannten mir gegenüber auch bestimmte Themen, in denen sie Weiterbildungsbedarf sehen. Sie sind thematisch etwas anders ausgerichtet: Interkulturelles Lernen und *Capacitybuilding* für Teams waren häufig genannte Schwerpunkte.

In der wissenschaftlichen Literatur wird der Aspekt der Workshopangebote durch die internationalen CSOs jedoch auch kritisch betrachtet. Demnach ist eine kritische Prüfung wichtig, welches Wissen bei den Trainings und Workshops vermittelt wird. Oftmals sind es Konzepte und Methoden, die im Globalen Norden oder von Personen aus dem Globalen Norden entwickelt wurden (Wallace, 2003, S. 212). Dies gilt besonders dann, wenn externe Trainer*innen involviert sind. Sie verfügen oft nicht über Kontextwissen, was zu einer Verzerrung von Inhalten führen kann und sich letztendlich womöglich negativ auf die Umsetzung und Anwendung des erworbenen Wissens und den Lernprozess auswirkt (Fahrenhorst, 2007, S. 80). Eine kritische Prüfung sollte auch erfolgen, wenn Personen mit sehr unterschiedlichem Wissensstand zu einem Thema zusammentreffen. Dies kann je nach Workshopgestaltung sehr positiv nutzbar gemacht werden, jedoch auch zu Über- oder Unterforderung führen.

> „Vom Austauschwert ist das [Anmerkung der Autorin: Weiterbildungen] gut, aber ganz oft haben die ganz viele Niveaus dann zusammen, das macht es nicht unbedingt so effizient. Da müsste man manchmal noch fast genauer hingucken und sagen, brauchen die eher ein Training oder brauchen die eher Austausch auf der Ebene dann" (anonymes Interview mit ZFD-Organisation in Deutschland).

Ein Beispiel dafür war eine gemeinsame Weiterbildung für Fachkräfte und lokale Mitarbeitende, an der ich teilgenommen habe. Hier haben sich im Anschluss die lokalen Partner*innen sehr begeistert geäußert, während die Mehrheit der Fachkräfte die lokalen Trainer*innen vor allem didaktisch nicht gut fanden und an einigen Stellen der*die Koordinator*in den Input übernommen hat, um andere Schwerpunkte zu setzen. Zwar bedeutete die Übernahme des Inputs eine Intervention in das Training und lässt klar die selbstverständliche Handlungsmacht der Koordination erkennen, jedoch ist anzumerken, dass der*die Koordinator*in fachliche Expertise einbringen konnte, die in diesem Fall kontextunabhängig war. Dennoch ist fraglich, ob es wirklich ein so unterschiedliches Vorwissen der Teilnehmenden gab. Oder ob es etwas damit zu tun hatte, dass in dem Land Kritik anders geäußert wird oder es sich einfach um persönliche Vorlieben handelte. Dies konnte in den anschließenden Gesprächen nicht abschließend beantwortet werden. Vermutlich trifft eine Mischung aus allem zu.

Generell werden im ZFD sehr viele Workshops angeboten. Und zwar sowohl für ZFD-Fachkräfte als auch für lokale Partner*innen und die Teilnehmenden an konkreten ZFD-Aktivitäten. Dabei stellt sich gerade bei den Zielgruppen die Frage, was sie dazu motiviert, an den Angeboten teilzunehmen. Möchten sie sich weiterbilden und schaffen diese Workshops die Hoffnung auf einen Mehrwert, wie zum Beispiel auf einen Arbeitsplatz (Dieltiens, 2015; Fuest, 2010) oder beruflichen Aufstieg? Nehmen sie aus reiner Perspektivlosigkeit (Bangura, 2016), praktisch als „Überlebensstrategie" teil (Berents & McEvoy-Levy, 2015) oder gibt es verdeckte Macht-Abhängigkeits-Mechanismen, die zur Teilnahme bewegen (Duckworth, 2016; Irrera, 2011)? Im Zuge dessen stellt sich auch die Frage, ob es nicht schon zu viele Workshops sind, die im ZFD angeboten werden und ob die Ressourcen nicht anders verteilt werden könnten. Der Aussage, dass das Geld, welches für Workshops im Rahmen des ZFD verwendet wird, besser verwendet werden könnte, stimmen 10,33 % der Mitarbeitenden lokaler Organisationen komplett zu, 17 % stimmen zu, 38 % lehnen die Aussage weder ab noch stimmen sie ihr zu, 10,33 % stimmten der Aussage nicht zu, 14 % stimmen gar nicht zu und 10,33 % wissen es nicht. Hier zeigt sich ein sehr gemischtes Bild. Sicher hängt es damit zusammen, welche Erfahrungen bereits mit den Workshops gemacht wurden und wie viel man jeweils persönlich davon profitiert hat. Dennoch sollte immer kritisch überprüft werden, für wen, auf welcher Grundlage und mit welchen Ressourcen ein Workshop angeboten wird. Dabei sollte jeweils die Frage gestellt werden, welche Person die Inhalte des Workshops als relevant eingestuft hat. Ist dies eine Person des ZFD aus dem Globalen Norden oder zum Beispiel ein*e Mitarbeiter*in einer lokalen Organisation? Dies macht einen Unterschied, wenn es zum Beispiel um das Thema *Ownership* von Prozessen oder um Bedürfnisse geht. Zudem ist es aber auch entscheidend, wenn darauf geachtet wird, wer für wen welche Entscheidungen trifft.

Dieser persönliche Profit aus den Workshops wird für die Fachkräfte nochmals durch begleitende Supervision vertieft. Die Fachkräfte erhalten nicht nur eine Vorbereitung, sondern auch eine Begleitung während ihres Einsatzes, sie haben die Möglichkeit zu Supervision und Coaching (Gemeinschaftswerk ZFD, 2014c, S. 5; Neumann, 2016, S. 14). Somit soll eine psychosoziale Begleitung der Fachkräfte im Einsatz sichergestellt werden. Sie ist wichtig, da sie in konfliktiven Settings arbeiten, so ein*e Interviewpartner*in in Deutschland. „Es geht primär darum, mehr Reflexionsräume zu bieten, um das eigene Handeln, die Situation und das Beziehungsgeflecht im Beratungssystem immer wieder neu zu überdenken" (Pastoors, 2017, S. 445). Im Zuge der zunehmend erkannten Relevanz der Themen Mitarbeiterfürsorge und Selbstfürsorge im ZFD werden – je nach Organisation etwas unterschiedlich –Möglichkeiten von individuellem oder Gruppencoaching, *Peergroup-Meetings*, Kurse in Deutschland nach einer bestimmten Zeit im Land oder virtuelle Meetings angeboten (Gemeinschaftswerk ZFD, 2014a, Abschn. 9.1 S. 5 f.). Dabei werden bestimmte Themen behandelt, die die wissenschaftliche Literatur als relevant einstuft: psychosoziale Vorbereitung und Begleitung, Thematisierung von Konflikten in Organisationen, Selbstevaluierung und Reflexion, bestimmte Feedbackmechanismen oder die Thematisierung von Stressauslösern (Ribeiro Andres et al., 2005, S. 47). Dieses Angebot kommt bei einigen Fachkräften sehr gut an: „Persönliches Monitoring/Supervision einmal im Monat hilft sehr gut, Frust abzubauen und neue Ideen zu bekommen" (anonymes Interview mit ZFD-Fachkraft in Sierra Leone). Andere hingegen betonten, dass sie darin wenig Nutzen sehen: „Personal coaching is not very helpful, but it depends with the person and the work. I never struggled mentally with the work, often don't know what to talk about" (anonymes Interview mit ZFD-Fachkraft in Kenia). Dies hängt sicherlich damit zusammen, wie unterschiedlich die Reflexion über die eigene Arbeit erfolgt, vor wie vielen Herausforderungen man in der Arbeit steht und welche Einstellung man im Allgemeinen zu Coachings hat. Die Mehrheit, die das Angebot positiv findet, betonte jedoch, dass das Angebot zu gering sei. Denn mit etwa zehn Stunden im Jahr könnte kein wirkliches Coaching stattfinden. Für die lokalen Mitarbeitenden der Organisationen, aber auch für die lokal angestellten ZFD-Fachkräfte gibt es dieses Angebot nicht. Hier zeigt sich abermals die im ZFD fehlende Partnerschaft auf Augenhöhe. Ansonsten würde auch diesen Personen ein solches Angebot gemacht werden. Deutlich wird erneut die Unterscheidung in „Wir" aus dem Globalen Norden, die vor Ort extra Betreuung benötigen, und „die Anderen", die Partner*innen aus dem Globalen Süden. Nur, weil Letztere aus dem lokalen Kontext kommen, bedeutet dies nicht automatisch, dass sie durch ihre Friedensarbeit nicht vor Herausforderungen stehen. Gerade für lokale Mitarbeitende können die Herausforderungen ebenso vielfältig sein wie für ZFD-Fachkräfte aus Deutschland.

8.6 Effektivität des ZFD

Besonders in den letzten Jahren haben die Themen Effektivität und Nachhaltigkeit im ZFD nochmals an Bedeutung gewonnen (siehe auch Abschnitt 4.4.4.). Aus diesem Grund, und da ich während der teilnehmenden Beobachtung an mehreren PM&E-Prozessen teilnehmen konnte, die eine wichtige Grundlage im ZFD sind, analysiert dieses Kapitel zunächst die Umsetzung und Machbarkeit von PM&E-Maßnahmen in der Arbeit des ZFD (Unterkapitel 8.6.1.). Anschließend beleuchtet Abschnitt 8.6.2. Aspekte der Nachhaltigkeit der ZFD-Arbeit. Dieses Thema wurde ausgewählt, da besonders in Interviews und Gesprächen immer wieder kritisch hinterfragt wurde, wie nachhaltig die eigene Arbeit tatsächlich ist.

8.6.1 Planung, Monitoring und Evaluation (PM&E)

Die Geschichte

In einem Raum stehen Snacks und Tee bereit, es hängen verschiedene Flipcharts an den Wänden und Diskussionspapiere wurden auf die Plätze der Teilnehmenden gelegt. Es findet ein PM&E-Workshop mit dem Schwerpunkt Projektmonitoring statt. Diese Workshops gibt es im ZFD in regelmäßigen Abständen. Sie werden je nach ZFD, aber auch je nach lokaler Organisation etwas anders gestaltet und dienen dazu, gemeinsam mit den Beteiligten in der Organisation, mit der Fachkraft und – falls vorhanden – mit der*dem PM&E-Verantwortlichen der deutschen ZFD-Organisation und dem*der Koordinator*in die Arbeit zu evaluieren, Indikatoren zu prüfen, Aktivitäten zu evaluieren und zu planen und zu prüfen, an welchem Punkt das Projekt gerade steht. Dieser PM&E-Workshop dauert zwei Tage und es sind die*der PM&E-Verantwortliche der deutschen ZFD-Organisation, die Fachkraft und verschiedene Mitarbeitende der lokalen Organisation anwesend. Der*Die Chef*in der lokalen Organisation kann aufgrund von terminlichen Überschneidungen nur punktuell an dem Workshop teilnehmen. Zu Beginn werden die Ziele des Workshops formuliert. Dies erfolgt durch die*den PM&E-Verantwortliche*n der deutschen ZFD-Organisation (die Person ist eine regionale Fachkraft) und durch eine Erwartungsabklärung unter den Teilnehmenden. Es wird festgelegt, den Projektfortschritt aus dem letzten Jahr zu betrachten sowie Erfolge und Herausforderungen in der Projektimplementation und die verbleibende Zeit des Projektes zu evaluieren. Dabei sollen die Finanzen und der *Progressmarker*, der für das Projekt festgelegt wurde, berücksichtigt werden. Dazu werden in einem ersten Schritt die Aktivitäten des vergangenen Jahres betrachtet. Den einzelnen Aktivitäten werden die jeweils beteiligten direkten oder indirekten Projektpartner*innen und *Progressmarker* zugeordnet. Bei den *Progressmarkern* wird geprüft, bis zu welchem Prozentsatz sie erreicht wurden. Hier liegt die Erfüllungsquote zwischen 40 % und 100 %, wobei sich die meisten bei über 80 % bewegen. Generell werden von den Mitarbeitenden der lokalen Organisation die *Progressmarker* als sehr hilfreich für die Arbeit empfunden. Auch wenn sie sich nach eigener Aussage damit schwertun, die Monitoring-Dokumente regelmäßig auszufüllen, da sie in ihrem Arbeitsalltag wenig Zeit dafür haben, wertschätzen sie PM&E an sich. Vor allem die *Progressmarker* helfen, den Fortschritt des Projektes festzustellen. Das liegt daran, dass Veränderungen in *Peacebuilding*-Projekten, die oft mit Verhaltensänderungen einhergehen, oft schwer zu erkennen sind. Generell wird in der Diskussion über die Aktivitäten und das Projekt deutlich, dass die meisten Aktivitäten sehr erfolgreich waren und die einzelnen Ziele erfüllt oder sogar übererfüllt wurden.

Im Anschluss wird nachgefragt, was besonders erfolgreiche Aktivitäten waren und wo es Herausforderungen bei der Umsetzung gab. Die Diskussion wird schriftlich festgehalten, um so die Frage beantworten zu können, was von den erfolgreichen Aktivitäten auch in der Zukunft umgesetzt werden sollte, um den Herausforderungen zu begegnen.

Generell wird von allen positiv angemerkt, dass es keine Herausforderungen im internen Team gibt und die Zusammenarbeit sehr gut funktioniert. Um der Herausforderung einer geringen Teilnehmendenzahl entgegenzuwirken, wird in der Diskussion unter anderem im Team beschlossen, dass noch mehr in das Netzwerken und die Werbung investiert werden soll, um noch mehr Personen erreichen zu können. An weiteren kleineren Herausforderungen in der Administration oder Kooperation konnte direkt durch interne Umstrukturierung und einen erreichten größeren Meilenstein des Projekts gearbeitet werden. Die meisten Herausforderungen werden im Bereich der Finanzen identifiziert. Zum Beispiel wieviel Geld für interne Trainings verwendet werden kann, wie Geld im Projekt umverteilt werden kann oder wie Geld für Aktivitäten genutzt werden kann, die für die Organisation relevant, aber nicht direkt im Projekt vorgesehen sind. Auf diese Punkte wird im Finanz-Monitoring am zweiten Tag nochmals genauer eingegangen. Hier wird deutlich, dass die ursprüngliche Aufteilung der Kostenpunkte in Projektaktivitäten, lokale Mitarbeitende, laufende Projektkosten, Equipment, Miete und weitere Kosten oft nicht sehr hilfreich ist. Denn es ist manchmal nicht klar, ob eine Aktivität bei einer Projektaktivität oder bei laufenden Projektkosten abgerechnet werden und wie dies in den Excel-Tabellen erfasst werden soll, mit denen die Abrechnungen gemacht werden. Hier wird von der*dem PM&E-Verantwortlichen der deutschen ZFD-Organisation ein praktischer Vorschlag zur Umsetzung gemacht und angeboten, in regelmäßigeren Abständen die Abrechnungen zu kontrollieren. Auf Grundlage der Diskussionen werden dann die kommenden Aktivitäten geplant. In der abschließenden Feedbackrunde wird von allen Beteiligten betont, dass dies ein sehr erfolgreicher Workshop war, dass der*die PM&E-Verantwortliche der deutschen ZFD-Organisation sehr gut moderiert hat und alle offenen Fragen beantworten konnte. Außerdem wird nochmals betont, wie gut alle im Team zusammenarbeiten. Sei es der*die Chef*in, eine Person, die*der erst ganz neu im Team ist oder die Fachkraft – alle diskutieren gleichberechtigt und offen zu allen Themen mit. Selbst wenn Entscheidungen nur von dem*der Chef*in und der Fachkraft getroffen werden dürfen, wird betont, wie gut die Einbeziehung der anderen Mitarbeiter*innen funktioniert. Ebenfalls wird positiv betont, dass in den Situationen im Workshop, in denen der*die Chef*in nicht anwesend sein konnte, die Fachkraft stellvertretend agiert hat und dass dies zeigt, wie gut die Zusammenarbeit funktioniert.

Meine Rolle als Forscherin

Ich wurde von der*dem PM&E-Verantwortlichen der deutschen ZFD-Organisation zu dem Workshop eingeladen, jedoch erst nach Rücksprache mit den anderen Beteiligten, ob dies für sie in Ordnung ist. Zu dem Zeitpunkt des Workshops kannte ich bereits alle Anwesenden von vorherigen Treffen. Während des Workshops habe ich nur beobachtet und zugehört und mich nicht aktiv eingebracht. Somit konnte ich vermeiden, durch Aussagen oder Mitarbeit die Diskussion und die Ergebnisse zu beeinflussen. Dennoch kann ich nicht davon ausgehen, dass meine Anwesenheit gar keinen Einfluss hatte. Jedoch schätze ich ihn als gering ein, da bei vorherigen PM&E-Workshops bereits andere externe Personen wie zum Beispiel Mitarbeitende aus Deutschland oder andere PM&E-Fachkräfte dabei waren. In der Regel verlaufen die Workshops transparent und sind für externe Personen offen.

Reflexion und kritische Diskussion

Da ich während meiner Forschung an verschiedenen PM&E-Workshops teilnehmen konnte, kann ich rückblickend sagen, dass der hier geschilderte Workshop sicherlich ein positives Musterbeispiel war. Dies liegt zum einen daran, dass von der lokalen PM&E-Fachkraft eine klare Tagesordnung vorbereitet wurde, aber auch daran, dass von ihm*ihr die relevanten Dokumente für die Organisation nochmals übersichtlich zusammengefasst wurden und klar war, welche Erwartungen und Ziele an den Workshop gestellt wurden. Des Weiteren hat zum Erfolg des Workshops beigetragen, dass es in der Organisation und unter den Mitarbeitenden und der Fachkraft keine größeren Konflikte gab, was mir in zahlreichen Gesprächen mit den Mitarbeitenden und der Fachkraft immer wieder bestätigt wurde. Oftmals sind PM&E-Workshops eine Art Katalysator, in dem sich Konflikte und Herausforderungen zeigen, die den PM&E-Prozess begleiten und erschweren, da die Anwesenden immer wieder auf die Konflikte zu sprechen kommen. Dies war in diesem Workshop nicht der Fall. Vielmehr wurde das Team gelobt, wie gut es zusammenarbeitet, und auch das Team selbst hat immer wieder die gute Zusammenarbeit hervorgehoben. Dies hat sich auch auf die Arbeit in den ZFD-Projekten ausgewirkt. Wie das Monitoring feststellen konnte, wurden sie sehr erfolgreich durchgeführt. Die Punkte, in denen die Arbeit noch ausbaufähig war oder wo es Herausforderungen gab, wurden durch konstruktive Lösungsvorschläge im gesamten Team diskutiert und sollten in der kommenden Zeit angegangen werden. Generell lässt sich feststellen, dass das PM&E-System des ZFD als sehr hilfreich empfunden wird, da es dazu dient, die eigene Arbeit zu strukturieren, Aktivitäten zu planen und vor allem auch Erfolge und Fortschritte festzuhalten und zu evaluieren, was im Bereich der Friedensarbeit nicht immer einfach ist.

Dennoch wird kritisiert, dass für PM&E im Alltag relativ viele Dokumente auszufüllen sind, um über Fortschritte, Aktivitäten und Finanzen zu berichten, was herausfordernd ist, da im Arbeitsalltag oft zu wenig Zeit dafür bleibt.

Analyse und Interpretation der Geschichte

Auch wenn in der eingangs beschriebenen Geschichte der PM&E-Prozess sehr positiv bewertet wurde, wurde dennoch angemerkt, dass die Einbindung von PM&E in den Alltag eine Herausforderung darstellt. So geht es nicht nur dieser, sondern einer Vielzahl von Organisationen. Um die Bedeutung, aber auch die Herausforderungen besser einordnen zu können, wird nun ein allgemeiner Blick auf PM&E im ZFD geworfen. Seit dem Reformprozess sind Projektmonitoring und Evaluation im ZFD nochmals wichtiger geworden, siehe dazu auch Abschnitt 4.4.4. Alle Organisationen müssen PM&E-Prozesse für ihre Projekte nachweisen können. Denn wie eine interviewte Person sagte, ist es nicht das Ziel des ZFD, ein Projekt mit den Partner*innen einfach nur umzusetzen, sondern einen *Impact* zu haben. Dabei muss das Verständnis dieser *Impacts* genau betrachtet werden. Denn wie bisherige Publikationen zum ZFD gezeigt haben, ist es in der Friedensarbeit nicht zielführend, schlichtweg nur Zahlen beispielsweise über Workshopteilnahmen zu erheben: „Achieving a result, provoking a change in the field of peacebuilding is not restricted to the number of people trained in confict transformation techniques. Nor is it the number of lectures on peace education, or the number of petitions signed to denounce violence against women“ (Djateng, 2013, S. 9). Deswegen ist dieser *Impact* in der Arbeit des ZFD oft das veränderte Verhalten von Menschen in Konfliktsituationen. Dies können schon kleine (Fort-)Schritte sein (Burba & Stanzel, 2015b, S. 225). Insofern ist es wichtig, das „[...] veränderte Verhalten von Menschen zu beobachten und Veränderung von Strukturen zu dokumentieren“ (anonymes Interview mit ZFD-Organisation in Deutschland). Dabei ist zunächst festzuhalten, dass Wirkung im ZFD als Veränderung von Strukturen und Zuständen, von Verhalten oder von Haltungen verstanden wird. Diese Veränderungen können jedoch nicht direkt eintreten, sondern sie ergeben sich aus den verschiedenen Impulsen, Handlungen oder Ereignissen, die im Rahmen des ZFD stattfinden, aber auch durch die Ressourcen des ZFD. Dabei ist es wichtig, dass diese Wirkungen sowohl intendiert als auch nicht intendiert sein können. Doch nicht nur die Veränderung an sich wird im ZFD als Wirkung gesehen, sondern auch die Stabilisierung eines Zustandes (Gemeinschaftswerk ZFD, 2014c, S. 6). Auch im individuellen Bereich können dabei Veränderungen auftreten. So können sich zum Beispiel Einstellungen, Verhalten, Sichtweisen und Beziehungen verändern (Gemeinschaftswerk ZFD, 2014a, Abschn. 4.1 S. 1).

Weitere Veränderungen können direkte strukturelle Veränderungen zum Beispiel bei Institutionen oder indirekte strukturelle Veränderungen in Bezug etwa auf Ungleichheit, Ungerechtigkeit und Benachteiligung sein (Gemeinschaftswerk ZFD, 2014a, Abschn. 4.1 S. 2). Zuletzt lassen sich im ZFD direkte Wirkungen im kulturellen Bereich ausmachen, die sich durch veränderte Werte, Normen und Diskurse zeigen (Gemeinschaftswerk ZFD, 2014a, Abschn. 4.1 S. 2). Um diese Verhaltensänderungen ergebnisorientiert zu messen, ist es wichtig, Kontextanalysen vor, während und nach den Maßnahmen durchzuführen (Djateng, 2013, S. 10). Daran anknüpfend sind in allen Projekten Indikatoren festzulegen, für die im Projektverlauf ein Monitoring stattfindet. „Wir haben also nicht die massive Fixierung auf irgendwelche Zahlen, sondern eher auf beobachtbare Ergebnisse" (anonymes Interview mit ZFD-Organisation in Deutschland). Dazu haben alle Organisatoren ihre eigenen Systeme entwickelt, die in Abschnitt 4.4.4. bereits beschrieben wurden. In einigen Projekten ist schon die bloße Erhaltung des Status quo ein immenser Erfolg. In den Gesprächen mit den ZFD-Träger*innen in Deutschland wurde allerdings betont, dass dies schwer zu erläutern ist, weil es keine quantifizierenden Indikatoren gibt. Dies wird bereits in den Anträgen festgehalten.

> „Ich glaube, wenn man die Anträge nur liest und vor Ort nichts kennt, fragt man sich sehr oft, was passiert da. Es sollen und müssen in den Anträgen keine konkreten Aktivitäten benannt sein, was auch nicht sinnvoll wäre in fragilen Kontexten, denn die zur Zielerreichung nötigen Aktivitäten können sich ändern; da muss ein Träger nicht exakt sagen, ‚wir machen zum Beispiel drei Workshops', das ist überholt. Wir arbeiten heute mit einer anderen Wirkungslogik. Die Wirkungen, die erreicht werden sollen, werden hier benannt, und dann wird uns hinterher berichtet, welche erreicht wurden. Es ist nicht quantitativ unterlegt, weil es qualitative Wirkungen sind und sie möglichst exakt beschrieben werden" (Interview BMZ).

Da die Wirkungen im Zentrum des ZFD stehen, erfolgt auch der PM&E-Prozess im Sinne einer Wirkungsorientierung (je nach Träger*in mit unterschiedlichen Methoden) und ist bereits im Antrags- und Berichtswesen abgebildet und verbindlich vereinbart (Gemeinschaftswerk ZFD, 2014c, S. 7). Dazu finden in der Regel sogenannte *Planning Meetings* statt, zum Beispiel zu Beginn eines Projektes. Darin wird festgelegt, welche Wirkungen erzielt werden sollen und wie diese festgehalten und gemonitort werden. Um Prozesse oder Aktivitäten nachzuhalten, ist es im Sinne der Wirkungslogik nicht unbedingt notwendig, Details wie die Anzahl der Aktivitäten aufzuführen. Dennoch wird in der Praxis daran festgehalten. Es ist wichtig, dass diese konkreten Aktivitäten nicht als Wirkung verstanden werden, sondern vielmehr als Momentum der Durchführung, um Wirkung zu erzielen. Bei diesen Planungstreffen müssen klare Ziele und Erwartungen diskutiert und festgelegt werden: „With every indirect partner desired outcomes and progress markers are made, what you expect to see, give a skill. [...] What you like to see, what you love to see and use the skills and transfer it" (anonymes Interview mit ZFD-Organisation in Kenia). Doch nicht nur zu Beginn finden diese Planungsworkshops statt, auch während des Projekts können PM&E-Workshops stattfinden, um bestimmte Pläne oder Indikatoren auf den Fortschritt hin anzupassen.

> „There is often the need to have follow-up workshops on the project planning document before the next evaluation is taking place. In this follow-up workshops there comes a detailed activity plan, with short descriptions and budgets. It needs to be submitted by October for the next year and then at the beginning of the year you can crosscheck and make small changes" (anonymes Interview mit ZFD-Organisation in Sierra Leone).

Dass dies relativ erfolgreich geschieht, zumindest wenn es darum geht festzulegen, welche Ergebnisse mit den Projekten erreicht werden sollen, zeigt ein Blick auf meine Umfrage unter Fachkräften und Mitarbeitenden lokaler Organisationen. Der Aussage, dass bekannt ist, was die erwarteten Ergebnisse (*Outcomes*) des ZFD sind, stimmen 32 % komplett zu, 49 % stimmen zu, 16 % lehnen die Aussage weder ab noch stimmen sie ihr zu und 3 % stimmen der Aussage nicht zu. Während der Planung werden in den Dokumenten zu jeder direkten Wirkung die Ausgangssituationen beschrieben und Prozessindikatoren festgelegt, die klare Beobachtungsfelder benennen und es werden Annahmen über wichtige Wirkungszusammenhänge formuliert (Gemeinschaftswerk ZFD, 2014c, S. 8). Bei der Formulierung dieser Wirkungslogik sollen auch linear-kausale Bezüge und nicht intendierte Wirkungen berücksichtigt werden. Es sollte keine zu große Komplexität an den Tag gelegt werden und es ist Flexibilität erforderlich, damit zum Beispiel Anpassungen im Projektverlauf vorgenommen werden können (Gemeinschaftswerk ZFD, 2014c, 7 ff.). Der ZFD sieht vor, die Prozesse auf Projektebene stattfinden zu lassen, sie partizipativ unter Einbeziehung aller Akteur*innen zu gestalten und dass sie komplementär sind, in regelmäßigen zeitlichen Abständen stattfinden und immer kontextspezifisch sind (Gemeinschaftswerk ZFD, 2014c, S. 8). Ein entscheidendes Element ist die Selbstevaluation. In der Regel wird viel von den ZFD-Mitarbeitenden und lokalen Organisationen selbst evaluiert, also nicht mit externen Consultants, wie es in der Friedensarbeit oft üblich ist. „Everything is based on self-evaluation. That is good, as it is organizational learning and self-reflection of the team, learn about own strength and weakness“ (anonymes Interview mit ZFD-Fachkraft in Kenia). Dies geschieht im Sinne der lokal verankerten und partnerschaftlichen Friedensarbeit, bei der alle an den Projekten beteiligten Akteur*innen ihre eigene Arbeit evaluieren. Um diese Selbstevaluation erfolgreich durchführen zu können, ist es wichtig, dass auch während des Prozesses die eigene Arbeit reflektiert wird, und zwar als ein integraler Prozessbestandteil.

> „Reflection requires to step out of the normal direction and thinking. [...] Also the difference is to include yourself in the process. It seeks to identify and articulate diverse situations of peace action, including challenges, as learning space for the practitioners, the intended outcomes include learning, change of attitudes, behavior and practice, transformation and professional growth and development. Informed and reflected learning“ (anonymes Interview mit ZFD-Organisation in Kenia).

Wie in dem Zitat bereits angemerkt wurde, findet diese Selbstreflexion und damit auch PM&E als fortlaufender Prozess statt. Damit PM&E nicht nur bei den hier beschriebenen Meetings stattfindet, sondern ein im Projekt inhärenter Prozess wird, werden mit den beteiligten Akteur*innen Monitoring-Strategien erarbeitet. Dabei sollten möglichst viele von dem Projekt betroffene Personen einbezogen werden. Einige Organisationen betonten, dass dies in der praktischen Umsetzung sehr gut gelingt und erfolgreich ist: „We have an effective monitoring strategy, people take ownership of the program and ask them to structure a group of people who will manage the project. The communities are involved and have the right to select facilitators“ (anonymes Interview mit ZFD-Organisation in Liberia). Andere Organisationen hingegen betonten, dass sie lieber nur in kleinem Rahmen direkt mit der deutschen Trägerorganisation zusammenarbeiten, da sie dies als effektiver empfinden. Dies hat viel mit eigenen Kapazitäten und dem Selbstverständnis der Organisationen unter anderem in Bezug auf Partizipation zu tun. Doch nicht nur die Einbindung verschiedener Akteur*innen spielt eine wichtige Rolle dabei, dass PM&E als inhärenter Prozess und damit als Teil des Projekts verstanden wird, sondern auch die Regelmäßigkeit, mit der über das Thema in den Organisationen gesprochen wird. „Regelmäßige Projektmeetings wurden eingeführt, sind jedoch schwer in der Praxis zu implementieren. Leute nehmen es nicht ernst, da sie eventuell schon viele langweilige Meetings an dem Tag hatten“ (anonymes Interview mit ZFD-Fachkraft in Sierra Leone). In vielen Gesprächen wurde deutlich, dass Zeit ein entscheidender Faktor ist, der der Umsetzung von PM&E im Alltag im Wege steht. „Es ist zu wenig Zeit in der täglichen Arbeit, um die PM&E-Tabelle vierteljährlich auszufüllen, es gibt zu viele andere Aufgaben im Alltag“ (anonymes Interview mit ZFD-Fachkraft in Kenia). Einerseits wird der PM&E-Prozess des ZFD weitestgehend als hilfreich angesehen (15 %

stimmen komplett zu, 44 % stimmen zu, 23 % lehnen die Aussage weder ab noch stimmen sie ihr zu, 8 % stimmen der Aussage nicht zu, 5 % stimmen gar nicht zu und 5 % wissen es nicht). Es wird betont, dass er zur Professionalität beiträgt („PM&E was a challenge but it helps to become more professional and restructure the won work“ [anonymes Interview mit ZFD-Organisation in Kenia]) und dass er im Vergleich zu anderen Träger*innen als positiv gilt („In the CPS you do not pretend you do something like it is with other funding“ [anonymes Interview mit ZFD-Organisation in Kenia]). Andererseits steht er in der praktischem Umsetzung jedoch vor Herausforderungen, welche vor allem auf fehlende Kapazitäten und mangelnde Zeit zurückzuführen sind. Eine weitere Herausforderung in der Praxis, die besonders in Liberia und Sierra Leone von Fachkräften und lokalen Partner*innen erwähnt wurde, ist, dass sie zu wenig Rückmeldungen dazu erhalten, was sie im Rahmen des PM&E machen oder zum Beispiel an die Koordinator*innen weiterleiten. Dieses Gefühl wirkt sich negativ auf ihre Motivation aus und trägt nicht zur Nachhaltigkeit des PM&E-Systems bei. Weil das Gefühl vorherrscht, an PM&E-Prozessen zu arbeiten, die ohne Feedback bleiben oder irrelevant sind. Deswegen ist es wichtig, dass PM&E eingebettet in einen Gesamtkontext stattfindet.

8.6.2 Nachhaltigkeit der Arbeit

Die Geschichte

In einem ärmeren Stadtteil der Hauptstadt des Landes hat eine lokale Organisation ihren Sitz, in der auch eine integrierte ZFD-Fachkraft arbeitet. In der Organisation werden verschiedene Aktivitäten für Kinder und Jugendliche aus dem Stadtteil durchgeführt, welche auch Teil der ZFD-Arbeit sind. Diese reichen von Sportaktivitäten hin zu Lernangeboten und Freiraum. Organisiert wird das Angebot von einigen Hauptamtlichen, aber vor allem von vielen Ehrenamtlichen, welche selbst Jugendliche oder junge Erwachsene aus dem Stadtteil sind. Ein paar Mal im Jahr findet ein größeres Fest statt. Hier haben die Kinder und Jugendlichen die Möglichkeit, Dinge vorzuführen. Zu dem Fest kommen Personen aus dem ganzen Stadtteil, und es sind ungefähr 500 Menschen anwesend. Von der lokalen Organisation werden die Technik und die Moderation gestellt und das Programm geplant. Die Vorführungen sind sehr vielfältig. Es treten Gruppen auf, die sich regelmäßig treffen wie zum Beispiel Tanzgruppen oder Selbstverteidigungsgruppen und es gibt musikalische Darbietungen oder Gymnastikvorführungen. Die einzelnen Vorführungen finden auf dem Sportplatz statt und die Zuschauer*innen sitzen und stehen drumherum. Nach jeder Darbietung haben die Zuschauer*innen die Möglichkeit, für die Personen, die vorgeführt haben, Geld zu spenden. Dies geschieht in der Regel dadurch, dass während oder nach der Vorführung das Geld in die Mitte geworfen wird. Dies ist eine übliche Praxis und wird oft bei Vorführungen auch in anderen Kontexten so gemacht. Dabei ist aus dem Publikum zu erkennen, dass die Geldbeträge sehr unterschiedlich hoch ausfallen. Gerade Kinder und Jugendliche, welche einen sehr professionellen Auftritt hatten, bekommen mehr Geld. Neben diesen Auftritten gibt es auch noch einen „Wissensteil". Dieser wird von dem*der Leiter*in der Organisation durchgeführt, der*die während des restlichen Teils nur punktuell anwesend ist. Die Jugendlichen haben die Möglichkeit, an einem Wettbewerb zu Gegensatzpaaren und Synonymen teilzunehmen. Die Gewinner*innen erhalten im Anschluss einen Preis.

Meine Rolle als Forscherin

Da die Fachkraft während der Aktivität nicht anwesend war, war ich die einzige weiße Person und bin somit aufgefallen. Zwar sind die Anwesenden damit vertraut, dass weiße Personen vor Ort sind und durch vorherige Besuche kannten mich auch schon einige Personen, dennoch wurde über mich gesprochen und mir wurde sowohl mit Distanz als auch mit Freude begegnet. Beide Reaktionen habe ich als normal und verständlich empfunden. Während der Vorführungen habe ich mich bei den Ehrenamtlichen des Projektes aufgehalten. Als die ersten Personen begonnen haben, Geld für die Vorführenden in die Mitte zu werfen, habe ich die Ehrenamtlichen gefragt, wie ich mich verhalten soll, ob auch von mir erwartet wird, dass ich Geld gebe. Diese wiesen mich darauf hin, dass es besser ist, wenn ich kein Geld gebe, da ich als Teil der Organisation gesehen werde und von ihnen nie jemand Geld gibt. So habe ich mich daran gehalten. Jedoch wurde ich bei der Preisverleihung des „Wissensteils" der Veranstaltung von dem*der Chef*in gebeten, die Preise zu überreichen und Fotos mit den Preisträger*innen zu machen. Dies sei eigentlich eine Aufgabe, welche die Fachkraft übernimmt, aber da er*sie nicht anwesend sein konnte, sollte ich dies übernehmen. Auch wenn es mir etwas unangenehm war, die Preise zu verleihen, da ich mit der Veranstaltung nichts zu tun hatte, habe ich die Aufgabe übernommen. Diese Aufgabe wurde mir nur aufgrund meiner Rolle als Forscherin aus dem Globalen Norden zuteil. Sicherlich hatte ich so Einfluss auf die Veranstaltung, da ich in den Mittelpunkt gerückt wurde und zum Gesprächsthema wurde. Vor allem, da ich zu dem Zeitpunkt eine Verletzung am Bein hatte und ein großer Verband offen sichtbar war. Hätte ich jedoch vor allen Zuschauer*innen abgelehnt, den Preis zu übergeben, wäre ich noch mehr und vor allem negativer aufgefallen. Ich hätte den*die Chef*in vor Ort vor den Kopf gestoßen und bloßgestellt, was ich vermeiden wollte.

Reflexion und kritische Diskussion

Die hier beschriebene Situation ist ein fester Bestandteil der Arbeit der lokalen Organisation. Wie erwähnt, haben während der Veranstaltung Kinder und Jugendliche die Möglichkeit, Dinge aufzuführen. In der Regel haben sie ihre Aufführungen schon Wochen zuvor in der Organisation eingeübt oder sind Teil zum Beispiel einer Selbstverteidigungsgruppe in der Organisation, die regelmäßig übt. Dadurch, dass zu der Veranstaltung viele Menschen aus der Nachbarschaft kommen, haben die Kinder und Jugendlichen nicht nur die Chance, ihr Können unter Beweis zu stellen, sondern sich durch das Geld, welches ihnen zugeworfen wird, ein kleines Taschengeld zu verdienen oder mit dem Geld ihre Familien zu unterstützen. Geld, auf das in dem Stadtteil viele Menschen angewiesen sind. Dies hat den positiven Effekt, dass die Kinder und Jugendlichen gerne in die Organisation kommen, dort ihre Freizeit verbringen und an Aktivitäten teilnehmen. Sie haben so eine sinnvolle Beschäftigung, lernen mit dieser Beschäftigung sogar etwas für die Zukunft und können sich durch Aufführungen etwas dazuverdienen. Gleichzeitig schaffen diese Aufführungen auch Abhängigkeiten. Was geschieht zum Beispiel, wenn sie nicht mehr möglich sind? Da das Augenmerk der Organisation jedoch darauf liegt, die Kinder von der Straße zu holen, wird das Ziel zunächst kurzfristig erreicht.

Analyse und Interpretation der Geschichte

Was unter nachhaltiger Arbeit verstanden wird, ist je nach ZFD-Träger*in und lokaler Organisation sehr unterschiedlich. Es orientiert sich sicher auch immer an der jeweiligen Zielgruppe und der jeweiligen Arbeit. Gerade die hier geschilderte Situation lässt verschiedene Interpretationen und Sichtweisen zu. Dennoch gibt es einige Aspekte der Nachhaltigkeit, die auch im Rahmen von PM&E im ZFD eine Rolle spielen. Auf diese wird im Folgenden eingegangen.

Um über Nachhaltigkeit im ZFD zu reflektieren, ist es zunächst wichtig zu verstehen, wie Nachhaltigkeit im ZFD verstanden wird. Im Reformdokument von 2014 ist das Wort „nachhaltig" an verschiedenen Stellen zu finden. Es wird betont, dass bestimmte Aspekte der Arbeit nachhaltig gestaltet werden sollen, doch ist nicht festgelegt, was genau darunter zu verstehen ist. So bleibt es den einzelnen Träger*innen überlassen, dies genauer auszudifferenzieren. Diese haben in den Gesprächen in Deutschland hervorgehoben, dass partnerschaftliche Arbeit und *Ownership* wichtige Aspekte sind, die zur Nachhaltigkeit im ZFD beitragen. Gerade dadurch, dass *Ownership* bei den Personen vor Ort gesehen wird, geht der ZFD davon aus, dass Nachhaltigkeit entstehen kann und dass das Wissen durch die partnerschaftliche Arbeit vor Ort bleibt, wenn der ZFD nicht mehr anwesend ist.

> „Wenn man gute und geeignete Partner hat, mit denen es auch eine Konkurrenz an Erwartungen und an Ideologie und Wünschen hat, dann ist das phantastisch mit dem Partnerprinzip zu arbeiten, weil da bleibt was zurück, auch wenn wir nicht mehr da sind und die Partnerstrukturen werden das auch weiterhin umsetzten" (Interview GIZ Deutschland).

Also wird im ZFD davon ausgegangen, dass Friedensprozesse nachhaltiger sind, je intensiver die lokalen Akteur*innen eingebunden sind und persönliche Zusammenarbeit stattfindet: „Es gibt Nachhaltigkeit in der direkten Zusammenarbeit mit den Kolleg*innen, da die Arbeit mit einer anderen Person viel persönlich bewegen kann" (anonymes Interview mit ZFD-Fachkraft in Kenia). Dies knüpft an bisherige Forschungen an, welche unter Nachhaltigkeit von Friedensarbeit den Einbezug der Zivilgesellschaft (Paffenholz & Spurk, 2018, S. 39) und die Berücksichtigung der Bedürfnisse und Fähigkeiten der lokalen Partner*innen verstehen (Reich, 2005, S. 473). In der wissenschaftlichen Literatur wird davon ausgegangen, dass Friedensprozesse nachhaltiger sind, wenn sie von lokalen Akteur*innen bearbeitet werden, die ein nachhaltiges Interesse an einer konstruktiven Konflikttransformation haben. Deswegen ist soziale Partizipation von verschiedenen lokalen Akteur*innen der Weg zur Nachhaltigkeit (Lederach, 1997, S. 94). Dies kann noch verstärkt werden, wenn die lokalen Akteur*innen in möglichst viele Prozesse der Friedensarbeit einbezogen werden (Erasmus, 2001, S. 249) und *Capacitybuilding* tatsächlich stattfinden kann: „CPS supports institutional capacity building, designed to make local organizations stable as if they pull out we will have provided knowledge for example what we learned from the previous programs and cooperation" (anonymes Interview mit ZFD-Organisation in Liberia). Daran knüpft das Verständnis von Nachhaltigkeit im Konzept des hybriden Friedens an. Es geht davon aus, dass Nachhaltigkeit durch die stückweise Übergabe der Verantwortung an lokale Akteur*innen, die Vermischung von Arbeitsansätzen, die lokale Initiierung von Projekten und vor allem durch die lokale Übernahme von Verantwortung von Beginn an entstehen kann (Wilén & Chapaux, 2011, S. 534).

Zwar ist im ZFD vorgesehen, Nachhaltigkeit durch lokale Prozesse sicherzustellen. Doch die Ausführungen in Kapitel 8 haben deutlich gemacht, dass diese lokalen Prozesse immer an externe Fachkräfte, externe Gelder oder Inputs des ZFD gebunden sind. Es geht zwar diesem Verständnis von Nachhaltigkeit entsprechend darum, zu verhindern, dass durch die Intervention, also das externe Eingreifen des ZFD, neue Abhängigkeiten geschaffen werden (Rieche, 2006a, S. 18) oder Probleme durch die ZFD-Projekte entstehen, doch dies gelingt nicht auf allen Ebenen. Meine Umfrage zeigt, dass nur 40 % der befragten Fachkräfte und der Mitarbeitenden lokaler Organisationen der Aussage zustimmen oder komplett zustimmen, dass die Implementierung der ZFD-Projekte nachhaltig ist. Zwei wichtige Faktoren können benannt werden, warum Nachhaltigkeit nicht vollständig erreicht wird: Projektdauer und Finanzierung. Trotz dieser kritischen Stimmen, die im Folgenden ausgeführt werden, darf nicht vergessen werden, dass auch viele lokale Partner*innen die Zusammenarbeit mit dem ZFD als nachhaltiger als bei anderen Programmen oder Organisationen einschätzen. „A lot of donors are focused on activities, but CPS is focusing on sustainability and access of the organization – that is more positive as other calls of proposals are always biased and CPS focuses on what the local NGO really needs to get stronger“ (anonymes Interview mit ZFD-Organisation in Liberia).

Ein entscheidender Faktor für die Nachhaltigkeit ist die Dauer der ZFD-Projekte. Beziehungsweise die Dauer des Aufenthaltes einer ZFD-Fachkraft in einer Organisation oder als nicht integrierte Fachkraft in der Zusammenarbeit mit einer Organisation. Der Regelzeitraum für eine Förderung beträgt zwei bis drei Jahre, mit Option auf eine Verlängerung. Jedoch gibt es auch Projekte, die für einen kürzeren Zeitraum bewilligt werden. Dies ist in der Regel der Fall, wenn keine Fachkraft in einer Organisation arbeitet, sondern die lokale Organisation für ein bestimmtes Projekt Gelder zur Verfügung gestellt bekommt. Hier gibt es auch Förderzeiträume von zum Beispiel sechs Monaten. Es stellt sich die Frage, wie nachhaltig ZFD-Projekte unter dem Blickwinkel ihrer Dauer sein können. Zwar spricht die Bundesregierung davon, dass friedensfördernde Projekte und Programme langfristig ausgerichtet sein müssen (Die Bundesregierung, 2004, S. 9), doch ist es fraglich, ob drei Jahre ausreichend sind. Forschungen gehen davon aus, dass Transformationsprojekte, gerade wenn sie in der Implementierung mit lokalen Akteur*innen zusammenarbeiten, mehr als zwei und maximal zehn Jahre brauchen, um nachhaltig wirksam sein zu können (Zunzer, 2004, S. 165). Es heißt, dass mehr Zeit benötigt wird, um tatsächlich Wirkungen und Veränderungen beobachten zu können (Autesserre, 2021, S. 99). Drei Jahre reichen oft nicht aus, um ein Projekt tatsächlich nachhaltig zu gestalten. Wenn Projekte nicht mit voller Sicherheit über einen längeren Zeitraum durchgeführt werden können, und dies ist beim ZFD oftmals der Fall, ist es wichtig, sie so anzulegen, dass sie nach Projektende mit intern verfügbaren Ressourcen weitergeführt werden können (Ropers, 2000a, S. 74). Dass sie zudem nach dem *Do-no-Harm*-Ansatz designed sind (Anderson, 1999) und es eine Ausstiegsstrategie für den ZFD gibt (Leach, 2018, S. 4). Dieser Ansatz wurde auch von den Interviewten in Deutschland als sehr positiv bewertet.

> „Nichtsdestotrotz sind wir sehr davon überzeigt, dass unsere Arbeit frühestens beginnt zu greifen, wenn wir mit langem Atem mal mindestens zwei Jahre gearbeitet haben. Diese Zeitperspektive ist unterschiedlich von den Zeitrahmen, innerhalb derer Zusammenarbeit sonst funktioniert" (Interview GIZ Deutschland).

Doch auch hier stellt sich die Frage, wie dies in drei Jahren erreicht werden kann und wie es nach dem Ausstieg des ZFD weitergeht. „Question – so what? After the empowerment, it would be important to link them up with the opportunity to get funds, training on life-skills" (anonymes Interview mit ZFD-Organisation in Kenia). Nachhaltig *Ownership* zu schaffen, braucht Zeit, denn die Maßnahmen vor Ort verlaufen nicht linear und können schwer vorab in einen fixen zeitlichen Rahmen gebettet werden. Daraus ergibt sich eine zeitliche Ambivalenz, welche sich in Friedensprozessen aller Art finden lässt: „Reform processes are long-term endeavors that marry short-term crisis management tasks with the long-term development of institutions, capacity and culture" (Jansen 2008, S. 39). Im 2015 erschienenen VN-Bericht *Challenge of sustaining peace* werden diese vorgesehenen oft engen Zeitrahmen für gegenwärtige VN-Friedensmissionen kritisiert. Die damit einhergehende Erwartungshaltung wird als „completely unrealistic" (UN 2015, S. 18) eingestuft. Die oft zeitlich zu knapp gefassten Projekte führen zu einer sehr *Output*-orientierten Ergebnishaltung bei den involvierten Geldgeber*innen und internationalen Organisationen. Sie begrenzen dadurch zeitintensivere, deliberative Methoden, die tatsächlich zu einer Etablierung von Zusammenarbeit führen können und die Interessenslage aller Akteur*innen berücksichtigen. Durch diese engen Zeitfenster und Beschränkungen bei den zur Verfügung stehenden Ressourcen zum Beispiel im finanziellen Bereich wird Folgendes deutlich: friedenskonsolidierende Maßnahmen sind trotz ihrer Anforderungen wie *Local Ownership* und *Capacitybuilding* immer noch wesentlich von bestehenden Machtdynamiken abhängig. Diese sind etwa einseitiger Ressourcentransfer oder das Gefühl einer Einseitigkeit von Nord nach Süd (Girgis 2007, S. 354). Auch wirft das Konzept von *Capacitybuilding* generell die Frage auf, wer entscheidet, ob und in welchem Maße dies möglich ist. Oftmals findet dieser Kapaziätenaufbau zum Beispiel nur statt, um Organisationen oder Projekte an die Standards der Geberorganisationen anzupassen und suggeriert somit von Beginn an fehlende Kapazitäten vor Ort, ohne diese weiter zu erörtern (Peace Direct, 2020, S. 5).

Diese Ausführungen aus bisherigen Forschungen lassen sich im ZFD eindeutig wiederfinden. So stimmen der Aussage, dass ZFD-Projekte länger laufen sollten als bisher, 81 % der Fachkräfte und lokalen Mitarbeitenden zu oder komplett zu. Auch in zahlreichen Gesprächen mit Fachkräften und lokalen Partner*innen in

Kenia, Liberia und Sierra Leone wurde dieser Aussage zugestimmt. Dabei lassen sich verschiedene Begründungen und Argumentationen finden. Viele Personen betonten, dass die ZFD-Projekte oft dann enden, wenn sie an ihrer Klimax stehen. Dies wurde besonders von den Organisationen hervorgehoben, die nicht mit einer integrierten Fachkraft arbeiten, sondern direkt Gelder für Projekte vom ZFD erhalten. Auch der zeitliche Ablauf der Projekte ist problematisch, da es zwischen einzelnen Förderphasen Pausen gibt, in denen auch angefangene Projekte pausieren:

> „Often funded too short, only for a year. Problem is that if you apply for the next year and want to start in January the money only gets there by March and ends October because the evaluation needs to take place – you cannot implement in such a short time, seven months is too short“ (anonymes Interview mit ZFD-Organisation in Kenia).

Dieses Problem zeigt sich auch immer wieder bei Organisationen, die mit einer integrierten Fachkraft arbeiten, denn es können mehrere Monate oder sogar Jahre zwischen dem Einsatz von zwei Fachkräften vergehen. „CPS invest time and money in a place and then leave the people behind when CPS worker leaves. Would be good to get a fast replacement and not wait long“ (anonymes Interview mit ZFD-Organisation in Kenia). Generell ist es ein Problem, dass Fachkräfte und lokale Organisationen zunächst Zeit benötigen, um sich und den ZFD gegenseitig kennenzulernen und dann richtig mit der Arbeit starten zu können. Dies verringert die Zeit für die eigentliche Umsetzung der Arbeit, ist jedoch gleichzeitig wichtig, um sie besser ausgestalten zu können. „Es braucht mindestens sechs Monate, um zurechtzukommen, da sind zwei oder drei Jahre sehr kurz und in so einer kurzen Zeit zeigen sich kaum Veränderungen, fünf Jahre wären hilfreich für alle“ (anonymes Interview mit ZFD-Fachkraft in Kenia). Einige wenige Personen betonten allerdings, dass sie diesen Förderzeitraum sehr gut finden, da durch eine längere Zusammenarbeit die Abhängigkeit größer werden würde: „Two years is okay to establish, don't stay too long as it creates dependence, more work towards empowerment is needed“ (anonymes Interview mit ZFD-Organisation in Kenia). Somit bewegt sich der ZFD zwischen der Schaffung von Abhängigkeiten durch lange Projektzeiträume und der Herausforderung, in den jetzigen kurzen Zeiträumen *Ownership* zu schaffen, um Projekte nachhaltiger zu gestalten.

Wie eingangs erwähnt, ist die Finanzierung die zweite große Herausforderung. Während der drei Jahre gibt es für die Organisationen eine relative finanzielle Planungssicherheit. Denn die Gelder werden von Beginn an beantragt und laut

Interviewpartner*innen in Deutschland wird klar über die zum Teil angepassten Bewilligungssummen kommuniziert. Jedoch wurde auch betont, dass nicht immer das beantragte volle Finanzvolumen bewilligt wird, doch gebe es eine gewisse Flexibilität. „Also ich würde erstmal sagen, dass der ZFD jetzt aus einer eher finanzadministrativen Brille geguckt eine Langfristigkeit und eine Flexibilität bietet, die in Deutschland kein anderes Programm bietet, also zumindest kein Regierungsprogramm“ (anonymes Interview mit ZFD-Organisation in Deutschland). Zwar kann der Aussage zugestimmt werden, dass der ZFD ein einmaliges Instrument darstellt. Dennoch stehen Fachkräfte und lokale Mitarbeitende immer wieder vor finanziellen Herausforderungen. In meiner Umfrage gaben 48 % der Fachkräfte und der Mitarbeitenden von lokalen Organisationen an, dass die finanzielle Unterstützung der ZFD-Projekte nicht ausreicht und 88 % gaben an, dass es einen Bedarf an der Schaffung von Strukturen gibt, die nachhaltiger sind als die reine Finanzierung von Aktivitäten (bei beiden Aussagen komplette Zustimmung oder Zustimmung). Ein Grund für diese Aussagen ist unter anderem – wie schon erwähnt –, dass es oft keine Finanzierungsmöglichkeiten zwischen zwei einzelnen Projekten oder Fachkräften gibt. Die lokalen Partner*innen nannten als weitere große Herausforderung, dass das ZFD-Geld oft weniger ist als beantragt wurde. Dies liegt an Kürzungen im Rahmen der Antragsbewilligung. Daher und durch den hohen Bedarf sind Projekte oft nicht wie gewünscht durchführbar. „Funding is often too tight for activities. And it would need more flexibility to what to use the funds for“ (anonymes Interview mit ZFD-Organisation in Kenia).

Damit wird direkt eine weitere Herausforderung angesprochen: Im ZFD sind die Finanzen zweckgebunden. Zwar gibt es eine gewisse Flexibilität, Mittel zu verschieben oder umzuwidmen, jedoch nur in einem bestimmten Rahmen. Dem müssen immer die jeweiligen Koordinator*innen und/oder Finanzverantwortlichen (bei den ZFD-Träger*innen) zustimmen. Betrachtet man diese Aspekte der Finanzen in Bezug auf Nachhaltigkeit stechen viele Aussagen besonders der lokalen Partner*innen hervor, wonach mehr und für einen längeren Zeitraum bewilligtes Geld die Projekte nachhaltiger machen würde. Allerdings widersprechen dem Aussagen von Fachkräften, die in Gesprächen immer wieder hinterfragt haben, ob zu viel Geld nicht die Abhängigkeiten erhöht und sich so langfristig negativ auswirkt. Gerade diese finanziellen Aspekte, Abhängigkeiten und Unklarheiten sind große Herausforderungen bei einer Partnerschaft. Denn immer bleibt ein*e Akteur*in über den*die andere gestellt (S. B. Cohen, 2014, S. 69). Jedoch stellt sich auch die Frage, was mögliche Alternativen sein könnten: „Ohne Funding ist ZFD auch schwierig […], hier ist das Problem, dass das Geld zur Umsetzung fehlt oder schon Probleme, dass es keine Büroausstattung gibt“ (anonymes Interview mit ZFD-Fachkraft in Kenia). Der ZFD bewegt sich auf dem dünnen Grat zwischen Abhängigkeit und der Umsetzung von nachhaltigen Projekten. „If there is no CPS program anymore not much would change as much is learned already. But the budget will be the problem as it can provide things that would need to be improvised otherwise“ (anonymes Interview mit ZFD-Organisation in Sierra Leone).

8.7 Kritische Diskussion der Analyse

Das Kapitel hat bisher gezeigt, wie die ZFD-Grundlagen in der Praxis Anwendung finden, wie unterschiedliche Rollenverständnisse für Fachkräfte und lokale Organisationen aussehen, welche Bedeutung Trainings und Vorbereitungen haben und wie es um die Effektivität des ZFD gestellt ist. Dabei ist in den einzelnen Abschnitten deutlich geworden, dass es nicht die eine richtige Antwort oder Sichtweise auf ein Thema gibt. Vielmehr machen gerade diese unterschiedlichen Sichtweisen und Meinungen den ZFD in seiner Vielfalt aus. Es werden Themen diskutiert, die in der Arbeit immer wiederkehren und sowohl negative als auch positive Effekte auf die Arbeit des ZFD haben können. Diese Themen wurden in den einzelnen Kapiteln durch kurze ethnografische Geschichten beschrieben und anschließend kritisch diskutiert und analysiert. Dieses Kapitel fasst nun die kritischen Diskussionen der Analyse zusammen. Für eine gezielte Diskussion der einzelnen Punkte werden die in der Einleitung zu diesem Kapitel und in Abschnitt 6.3. genannten Themen als Rahmen verwendet. Diese sind: 1) Selbstverständnis der ZFD-Organisationen; 2) Verortung des ZFD in der Friedensarbeit; 3) die Rolle und Aufgabe der Fachkräfte; 4) die Rollen und Aufgaben der Partner*innen; 5) die Bedeutung der Vorbereitung für die Arbeit der Fachkräfte und Partner*innen vor Ort; 6) *Ownership* und Legitimität im ZFD; 7) die Ausgestaltung der Zusammenarbeit (inklusive Herausforderungen); 8) Machtdynamiken in der Zusammenarbeit und den Strukturen des ZFD.

1) Das Selbstverständnis der ZFD-Organisationen ist von partnerschaftlicher Arbeit auf Augenhöhe geprägt. Dass dies ein Idealbild ist und es in der Praxis zu Abweichungen kommt, haben die in Kapitel 8 geschilderten Situationen gezeigt. Gleichzeitig versteht sich der ZFD als Instrument der Personalentsendung, wodurch die ZFD-Fachkräfte zu einem entscheidenden Element für die ZFD-Arbeit werden. Sie werden von den ZFD-Träger*innen als eine Legitimationsquelle der Arbeit gesehen. Die Fachkräfte wiederum sehen sich nicht immer als solche. Sie sind vielmehr selbst auf der Suche nach Legitimation und versuchen sie etwa durch Wissen, Bildung, Alter oder Partizipation zu erlangen. Wie die Geschichte in Abschnitt 8.1.1. gezeigt hat, soll diese Legitimation auch

über die TLS erreicht werden, was in der tatsächlichen Ausgestaltung der Arbeit jedoch oftmals zu abstrakt bleibt. Die Fachkräfte erzielen die Legitimation ihrer Arbeit eher über eine direkte Zusammenarbeit und Teilnahme an Aktivitäten. Dies hat zum Beispiel die Geschichte der Herstellung von Pfannkuchen in einer Bildungseinrichtung in Abschnitt 8.2.1. gezeigt. Durch diese unterschiedlichen Sichtweisen auf das Thema Legitimation kann sich ein Interessenskonflikt zwischen den Fachkräften und den ZFD-Träger*innen ergeben. Thematisiert wird dies jedoch nur selten. Als weitere Legitimationsquelle gilt die Zusammenarbeit mit lokalen Organisationen. Diese Art der Legitimation ist – wie Abschnitt 8.1.3. gezeigt hat – besonders gegenüber den an den ZFD-Programmen Teilnehmenden wichtig. Wie in der Geschichte des Kapitels geschildert, kann der ZFD zu sensiblen Themen arbeiten, da er vor Ort anerkannt und legitimiert ist. Dazu konnte es nur kommen, da eine*r lokale*r Mitarbeitende über einen langen Zeitraum hinweg Kontakte geknüpft und gepflegt hat.

Generell versteht der ZFD sich in seiner Arbeit als Partner*in in der Zusammenarbeit. Für die Personen aber, die ganz praktisch in diese Zusammenarbeit involviert sind, also die Fachkräfte und Mitarbeitenden der lokalen Organisationen, ist der ZFD eher eine Geberorganisation als ein*e Partner*in. Hier gehen Selbst- und Fremdwahrnehmung deutlich auseinander. Sogar die Selbstwahrnehmung im ZFD ist nicht stringent, wenn auch Fachkräfte den ZFD und ihre Arbeit als Geber*innenrolle sehen. Diese Rolle als Geber*in zeigte sich in der Forschung immer wieder in Aussagen von Mitarbeitenden lokaler Organisationen. Sie bezeichneten den ZFD zum Beispiel als besseren *Donor* als andere Organisationen. Oder in Aussagen von Fachkräften, die sich selbst als Geber*in erlebten, da sie Geld in die Projekte mitbringen. Viele der lokalen Partner*innen zeigten sich auch nicht verwundert über diese Rolle des ZFD. Denn es wurde immer wieder betont, dass der ZFD in seiner Arbeit als Teil der *Peace-Industry* wahrgenommen wird. Dies hat besonders die Analye in Abschnitt 8.4.3. gezeigt. Diese Wahrnehmung ist nicht unbedingt direkt negativ besetzt. Denn jede Organisation, die Teil der *Peace-Industry* ist, kann einen eigenen Weg gehen. Dieser Weg aber, den der ZFD im Sinne der Partnerschaftlichkeit gewählt hat, muss realistisch ausgestaltet werden.

Ein wichtiger Teil des Selbstverständnisses des ZFD ist auch 2) die Verortung des ZFD in der Friedensarbeit. Generell wird im ZFD davon ausgegangen, dass Friedensprozesse nachhaltiger sind, je intensiver die lokalen Akteur*innen eingebunden sind. Damit knüpft der ZFD an kritische Forschungen an, die den gleichen Ansatz wählen. Somit liegt der Fokus des ZFD auf der Zusammenarbeit mit lokalen Organisationen und in der Gestaltung von lokalen Friedensprozessen. Der ZFD arbeitet also im Sinne eines „alltäglichen Frieden“, eines *Everyday-Peace,* der auf den Ideen und Bewältigungsmechanismen der sogenannten einfachen Menschen basiert (Mac Ginty, 2014, S. 551). Gleichzeitig möchte der ZFD mit seiner Arbeit zu positivem Frieden und zu Veränderungen in den Gesellschaften beitragen. Viele dieser Elemente, besonders die der Einbindung der lokalen Akteur*innen und die Umsetzung eines „alltäglichen Friedens", lassen sich immer wieder an unterschiedlichen Stellen im ZFD finden. Dies haben die verschiedenen Geschichten in Kapitel 8 gezeigt. Jedoch führt dies nicht unbedingt dazu, dass der ZFD immer nachhaltig arbeitet. Wie die Geschichte und die weiteren Ausführungen in Abschnitt 8.6.2. gezeigt haben, besteht hier nicht immer ein Zusammenhang. Wie in der Geschichte beschrieben, wird zum Beispiel im Rahmen von Veranstaltungen des ZFD-Projektes Geld von Zuschauer*innen an Kinder und Jugendliche gegeben, die etwas darbieten oder vorführen. Dies entspricht den lokalen Gegebenheiten. Gleichzeitig ist es jedoch nur bedingt nachhaltig, da es fraglich ist, was passiert, wenn der ZFD nicht mehr vor Ort ist. Diese Frage muss sich der ZFD in allen Projekten stellen. Es muss sichergestellt werden, dass es eine Exitstrategie gibt.

Um diese Veränderungen messbar zu machen, wurden bestimmte Wirkungslogiken im ZFD für verschiedene Bereiche und Ebenen entwickelt. Sie werden – wie Abschnitt 8.1.1. gezeigt hat – unter anderem mit den TLS oder eigenen Trägerstrategien abgeglichen und müssen zu den generellen Zielen des ZFD passen. Dies bringt – wie oben erwähnt – immer wieder Herausforderungen mit sich, da die TLS oder eigene Trägerstrategien oftmals sehr abstrakt oder zu weit von den Realitäten vor Ort entfernt sind. Um sie konkreter zu gestalten, werden sie in die jeweiligen Projektanträge aufgenommen, wie in Abschnitt 8.1.5. gezeigt wurde. Es muss jeweils überprüft werden, ob diese Ziele und Wirkungen tatsächlich von den lokalen Partner*innen vor Ort gewünscht und gewollt sind. Oder ob sie extern vom ZFD gesetzt werden, um das jeweilige Projekt für den ZFD passend zu gestalten. Damit in den ZFD-Projekten diese gewünschten Veränderungen stattfinden können, braucht es jedoch Zeit. Wie die Forschung und besonders Abschnitt 8.6.2. gezeigt hat, ist die übliche ZFD-Projektdauer mit meist zwei bis drei Jahren oft zu kurz. Es bräuchte längere Zeiträume von bis zu zehn Jahren, damit der ZFD nachhaltig wirken kann (Zunzer, 2004, S. 165). Vor allem die Partner*innen betonen immer wieder, dass die kurze Projektdauer oftmals dazu führt, dass Projekte angefangen, aber nicht fertiggestellt werden. Dies ist nicht im Sinne eines *Do-no-Harm*-Ansatzes (Anderson, 1999), weil negative Effekte hervorgerufen werden können. Dadurch sind nicht alle ZFD-Projekte so angelegt, dass sie nach ihrem Ende mit intern verfügbaren Ressourcen weitergeführt werden können und es eine Ausstiegsstrategie für den ZFD gibt. Problematisch ist auch, dass zwischen der Entsendung von zwei Fachkräften oder zwischen zwei Projektförderungen zu viel Zeit vergeht und dadurch Friedensprozesse unterbrochen werden. Wie in Abschnitt 8.6.2. gezeigt wurde, kann diese lange Pause dazu führen, dass sich Realitäten und Bedarfe vor Ort verändern. Hier gibt es einen eindeutigen Nachsteuerungsbedarf, um die Friedensprozesse tatsächlich nachhaltig zu gestalten. Weiteren Nachsteuerungsbedarf gibt es bei der Stringenz der ZFD-Projekte, die zu Frieden beitragen sollen. So gibt es zum Beispiel (Abschnitt 8.1.2.) einige Projekte, in denen die Fachkräfte an Schulen oder Berufsschulen arbeiten, dort zum Teil unterrichten oder Weiterbildungen anbieten. Anderen Fachkräften zufolge, die in einem anderen Land oder für eine*n andere*n Träger*in die gleiche Arbeit machen, ist dies dem*der jeweiligen Koordinator*in nach keine Aufgabe des ZFD.

Die Ausführungen belegen ein grundsätzliches Verständnis von der Definition von Frieden und Friedensarbeit im ZFD. Doch ist die Umsetzung immer projekt- und personenabhängig. Dies erschwert zwar eine Verallgemeinerung der Reglementierung des ZFD, kann jedoch auch als sehr positiv angesehen werden. Denn so können individuelle, hybride Räume geschaffen werden. Hybride Räume bezeichnen Situationen, in denen durch das Zusammentreffen von internationalen und lokalen Normen, Akteuren und Praktiken neue Arrangements entstehen, die hybride Merkmale aufweisen, also zum Beispiel liberale und illiberale Normen nebeneinander bestehen (Björkdahl und Höglund 2013, S. 290). Um diese Räume und auch mögliche Reibungen im Sinne des *Friction*-Konzepts für den ZFD nutzbar zu machen, muss er in seinem Selbstverständnis als lokal verankerter, extern begleiteter Friedensprozess genauer betrachtet werden. Vor allem die Beziehung zwischen lokalen und externen Akteur*innen. Denn dort zeigt sich, ob und wie die Handlungsmacht geteilt oder nicht geteilt wird und inwieweit partnerschaftliche Zusammenarbeit erfolgen kann oder nicht (Reich, 2006, S. 4). Dass dies von hoher Relevanz ist, beschrieb die Geschichte in Abschnitt 8.4.2., in der die gemeinsamen Räume nicht genutzt und ausgestaltet wurden und die Zusammenarbeit frühzeitig beendet wurde. Wie in der Analyse der Geschichte erwähnt, hängt dies auch mit unterschiedlichen Rollenerwartungen zusammen, deren Betrachtung im Folgenden vorgenommen wird.

3) Die Rollen und Aufgaben der Fachkräfte im ZFD sind vielfältig. Auch wenn sie je nach ZFD-Träger*innen unterschiedlich sind, gibt es einige Gemeinsamkeiten. Mit Bezug auf das Thema Frieden wird bei einigen ZFD-Träger*innen davon ausgegangen, dass die Fachkräfte eine gewisse Neutralität mitbringen. Diese Neutralität aber wird von anderen Träger*innen und vor allem von den Fachkräften selbst infrage gestellt. Diese unterschiedlichen Ansichten wurden besonders in der Geschichte in Abschnitt 8.1.2. deutlich, in der geschildert wird,

wie während eines Seminars das Thema Neutralität anhand von Fans eines fiktiven Fußballspiels geschildert und anschaulich gemacht wird. Gerade im Zuge der Frage einer vermeintlich vorhandenen Neutralität berichteten mir Fachkräfte immer wieder, dass Handlungen und Herangehensweisen von ihren westlichen Vorstellungen geprägt sind und die Partner*innen sich vor Ort diese Rolle auch zunutze machen. Ein Beispiel ist die Geschichte in Abschnitt 8.2.2., in der eine Fachkraft das Gespräch mit einem *Paramount-Chief* begleitet. Hintergrund ist die Hoffnung, dass durch die Anwesenheit der Fachkraft als externe Person aus dem Globalen Norden das Thema ernster genommen wird. Auch in einem Zeitschriftenartikel einer Fachkraft lässt sich diese Reflexion finden. Darin wird deutlich, wie wichtig es ist, die eigene Arbeit immer wieder zu hinterfragen: „Wie finden wir eine Verbindung zu dieser Welt und zu den Menschen, mit denen wir hier leben und arbeiten? Wie können wir da wirksam werden als Friedensarbeiter?“ (Richter, 2010, S. 20). Diese Prägung und diese immer wiederkehrenden Fragen dürfen im ZFD nicht vernachlässigt werden und müssen systematischer angegangen werden: „Everybody is biased but it is about work ethics and have guiding principles and keep conflict sensitive.“, (anonymes Interview mit lokaler ZFD-Fachkraft in Kenia). Doch gerade diese „guiding principles“ sind oft nicht ausreichend vorhanden und es ist schwer, diese für ein solch persönliches Thema aufzustellen.

Die Arbeit einer Fachkraft ist sehr persönlich und ihre Profile und Themen sind sehr breit angelegt. Daher ist es für sie oftmals schwierig, aber auch für die Partner*innen vor Ort, klar zu definieren, was genau ihre Rolle ist. Dass sowohl die Fachkräfte als auch die Partner*innen vor Ort unterschiedliche Vorstellungen von der Arbeit der Fachkräfte haben, stützen zum Beispiel Abschnitt 8.4.1. und 8.4.2. Allgemein kommt den Fachkräften eine begleitende Rolle zu. Sie sollen vor Ort weniger in die Umsetzung von Projekten gehen, als vielmehr Prozesse, Personen und Organisationen begleiten. Wie die Geschichten gezeigt haben, ist dies jedoch nicht immer einfach. Oftmals kommt es dazu, dass auch die Fachkräfte in die Implementierung gehen, dies wurde weiter oben am Beispiel der Umsetzung von verschiedenen Workshops deutlich. Grundsätzlich sollen die Fachkräfte ihr Wissen übertragen und es vor Ort nutzbar machen. Dies ist machtkritisch zu sehen, weil dieser Ansatz davon ausgeht, dass das vorhandene Wissen vor Ort nicht ausreicht, um Friedensprozesse zu gestalten. Auch stellt sich die Frage, inwieweit so *Agency* übertragen werden kann. Dies erfolgt oftmals so, dass die lokalen Partner*innen dieses Wissen eigenständig, jedoch genau nach Vorgabe umsetzen (Paffenholz, 2015, S. 858). Es wurde in der Forschung zum Beispiel dann deutlich, wenn es um PM&E-Prozesse ging, die nach einem klaren, von den ZFD-Träger*innen vorgegebenen Muster ablaufen müssen. Somit wird weiter an liberalen Denkmustern in Friedensinterventionen festgehalten (Mac Ginty, 2010). Dabei kommt es jedoch immer wieder zu Herausforderungen. Die Idee der Begleitung und Wissensvermittlung klappt zum Beispiel nicht immer gut, da die Fachkräfte zum Teil nicht in der Lage sind, ihr Wissen auf lokale Kontexte herunterzubrechen, da sie diese nicht vollkommen verstehen. Dies zeigte die Geschichte in Abschnitt 8.2.3., als eine Fachkraft Methoden in einem Workshop nutzte, die aufgrund bestimmter Kontexte nicht funktionierten. Auch ist es für viele Fachkräfte eine Herausforderung, tatsächlich in einer beratenden Rolle zu bleiben. Immer wieder werden Fachkräfte zu sehr zentralen Figuren in der Projektdurchführung und in der Arbeit der Organisationen. Kritisch wurde von Fachkräften zum Beispiel hinterfragt, wie sie eine beratende Rolle einnehmen sollen, wenn sie auch inhaltlich arbeiten. Immer wieder wurde der Wunsch geäußert (sowohl von Fachkräften als auch von lokalen Partner*innen), dass es verschiedene Einsatzmöglichkeiten für Fachkräfte geben sollte. Etwa im Sinne einer externen Beratung, einer Mitarbeit in der Organisation, bei der Übernahme von Projekten oder zur kurzzeitigen Zusammenarbeit.

> „Da ist natürlich das Modell Entsendung von einer Fachkraft in eine Organisation wieder nicht flexibel genug. Also könnte man ja auch andere Modelle anwenden, von Kurzzeitberatern, die in verschiedene Organisationen gehen und dort Aktivitäten durchführen können, ohne dass die Organisation vor Ort registriert sein muss oder ein Konto haben muss" (anonymes Interview mit ZFD-Organisation in Deutschland).

Die Forschung zeigte, dass gerade zu Beginn der Arbeit bei den Fachkräften besonders große Unklarheit darüber herrscht, wie die Arbeit aussieht. Dies ist eine normale und verständliche Herausforderung. So werden die ersten Monate der Arbeit bei den meisten Träger*innen dafür genutzt, dass die Fachkräfte eher weniger arbeiten, sondern bei der Arbeit der lokalen Organisationen dabei sind und so Zeit zur Eingewöhnung haben. In der Analyse von Abschnitt 8.2.1. etwa wurde deutlich, dass oftmals in dieser Zeit die Grundlagen für die weitere gemeinsame Arbeit gelegt werden. Denn die Fachkräfte können sich die Arbeit vor Ort anschauen und sie kennenlernen. Jedoch ist es wichtig, diese Zeit sinnvoll zu nutzen und die Rollen zu klären. Diese Rollenklärung sollte auch schon bei der Vorbereitung und Auswahl der Fachkräfte stattfinden. Gerade für die Auswahlverfahren forderten Partner*innen, mehr einbezogen zu werden. Da positive Zusammenarbeit davon abhängt, ob man sich persönlich versteht und ob den Partner*innen an der Fachkraft eher die persönliche Ebene oder das fachliche Wissen wichtig ist. Auch die Fachkräfte wiesen immer wieder darauf hin, dass die Auswahlverfahren anders gestaltet werden müssen und vor allem ernster genommen werden sollten. Einige Fachkräfte haben das Gefühl geäußert, in dem Prozess nur ausgewählt worden zu sein, weil sonst keine Person diese Stelle ausfüllen wollte. Die Herausforderung, dass Stellen, gerade im ländlichen Raum nicht besetzt werden können, erwähnten auch die Partner*innen, die berichteten, dass sie ihre Anforderungen heruntersetzten, da sonst keine Fachkraft zu ihnen kommt. Diese Einbußen bei der Auswahl der Fachkräfte werden jedoch in Kauf genommen, da der Antrags- und Auswahlprozess für Fachkräfte ohnehin sehr lange dauern kann und sich in der Zwischenzeit Bedarfe ändern können.

Doch nicht nur bei der Definition und Ausgestaltung der Rollen der Fachkräfte gibt es kritische Punkte, sondern ebenso bei 4) den Rollen und Aufgaben der Partner*innen. Hier lässt sich zunächst feststellen, dass die Rollen und Aufgaben der Partner*innen in den Dokumenten des ZFD noch weniger klar definiert sind als die der Fachkräfte. Dies lässt den einzelnen ZFD-Träger*innen sehr viel Spielraum, was sehr positiv ist, jedoch auch zu Herausforderungen führt, da somit in der praktischen Zusammenarbeit Zuständigkeiten oft unklar sind. Dies zeigt sich auf verschiedenen Ebenen. Zum einen bei der Auswahl der einzelnen lokalen Organisationen. Hier haben die Träger*innen freie Hand und oftmals erfolgt die Orientierung daran, welche lokalen Organisationen zu dem eigenen Profil passen. So arbeiten zum Beispiel kirchliche ZFD-Träger*innen in der Regel mit kirchlichen oder kirchennahen Organisationen in dem Land zusammen. Dies funktioniert in der Regel sehr gut. Jedoch kann es dadurch, dass die Auswahl zwischen den Träger*innen kaum abgesprochen wird, auch zu Konflikten führen. So gibt es zum Beispiel ZFD-Träger*innen, die trotz der zivilen Natur des ZFD auch mit Regierungsorganisationen zusammenarbeiten. Dies geschieht – wie während der Forschung immer wieder betont wurde – aus der Notwendigkeit heraus, diese Akteur*innen in die Arbeit einzubeziehen. Zum Teil ist dies eine der Voraussetzungen für den ZFD, um in dem Land arbeiten zu können. Das ist wiederum ein Ergebnis von Regierungsverhandlungen. Jedoch gibt es andere Träger*innen, die mit sehr regierungskritischen Organisationen zusammenarbeiten. So kommt bei gemeinsamen Veranstaltungen für diese zum Beispiel ein gewisser Druck oder das Gefühl auf, überwacht zu werden. Andere Veranstaltungen (Abschnitt 8.3.1.) zum Beispiel in Bezug auf das Thema Wahlen konnten gar nicht erst ermöglicht werden.

Zum anderen zeigt sich die Herausforderung bei der Umsetzung des ZFD in den einzelnen lokalen Organisationen. Dadurch, dass oftmals die Rollen nicht klar sind und auch keine Rollenklärung stattfindet, gibt es immer wieder Mitarbeitende in den lokalen Organisationen, die wenig über den ZFD wissen und somit falsche Erwartungen haben. Dies wiederum kann zu internen Konflikten führen. So sind mir in der Forschung immer wieder Personen begegnet, die zum Beispiel den Vertrag zwischen ihrer Organisation und dem ZFD geschlossen haben, jedoch nicht wissen, für was genau der ZFD steht oder wie die Struktur und die Ziele des ZFD aussehen. Dies hatte besonders in der Geschichte in Abschnitt 8.4.2. starke Konsequenzen. Weil es neben anderen Gründen zur Vertragsauflösung zwischen ZFD-Träger*innen und einer lokalen Organisation geführt hat. Dieses Problem einer Rollenklärung der verschiedenen im ZFD beteiligten Akteur*innen findet sich auch bei lokalen Mitarbeitenden, die über ZFD-Mittel finanziert werden. Auch wenn der ZFD als Programm nicht darauf ausgerichtet ist, lokale ZFD-Fachkräfte anzustellen, wurde diese Möglichkeit geschaffen, um zum Beispiel die administrative Arbeit oder PM&E-Prozesse zu unterstützen, vereinzelt aber auch, um inhaltliche Arbeit zu leisten. Dies wird grundsätzlich von allen Seiten sehr positiv aufgenommen, jedoch gibt es hier einige elementare Kritikpunkte. So wurde mir (Abschnitt 8.1.5.) wiederholt berichtet, dass diese Personen nicht immer Versicherungsschutz erhalten und oftmals schlechter als andere in der Organisation angestellte Personen bezahlt werden, wenn sie über den ZFD finanziert werden. Hier stellt sich die Frage, inwieweit diese Anstellungen dem Gedanken der Partnerschaft folgen oder ob sie aus der Notwendigkeit entstehen, jemanden zu haben, der*die die ZFD-Arbeit erledigt. Die Frage einer partnerschaftlichen Ausgestaltung der Zusammenarbeit stellt sich jedoch auch, wenn die Personen nicht über den ZFD angestellt sind. So wurde zum Beispiel in Gesprächen immer wieder betont, dass die Personen, die in den lokalen Organisationen arbeiten, oftmals für den ZFD in prekären und gefährlichen Situationen arbeiten. Dass sie jedoch keine Sicherheit oder keinen Schutz (sicheres Haus oder sichere Autos) haben, wie zum Beispiel die ZFD-Fachkräfte. Dadurch können sie potenziell in gefährliche Situationen geraten und es können Abhängigkeiten geschaffen werden. Dies wurde unter anderem in der Geschichte in Abschnitt 8.3.2. deutlich, in der ein*e Mitarbeiter*in einer lokalen Organisation die eigenen Familienstrukturen nutzt, um die Arbeit des ZFD sinnvoll ausführen zu können.

Viele dieser Herausforderungen bei der Definition und Ausgestaltung der Rollen und Aufgaben lassen sich sicherlich erst in der tatsächlichen Zusammenarbeit klären. Dennoch gibt es einige Aspekte, welche schon in der Vorbereitung geklärt werden können. Somit ist es wichtig, sich 5) die Bedeutung der Vorbereitung für die Arbeit der Fachkräfte und Partner*innen vor Ort anzuschauen. Generell haben sich die meisten Fachkräfte zufrieden mit der Länge der Vorbereitung gezeigt. Wie in zahlreichen Gesprächen deutlich wurde, wünschen sich jedoch viele, die Vorbereitung zeitlich aufzuteilen, zum Beispiel ein paar Monate nach Ausreise nochmal einen zweiten Teil zu machen. Hier wurde als guter Zeitrahmen eine zweite Vorbereitung nach etwa drei Monaten als passend empfunden. Das ähnelt dem, was GIZ-Fachkräfte erleben (Abschnitt 8.5.1.). Dadurch könnte sichergestellt werden, dass die Themen, die in der Vorbereitung durchgenommen werden, eine tatsächliche Relevanz für die Praxis der Fachkräfte haben und individuell auf sie zu geschnitten sind. Wie Fachkräfte mir immer wieder berichtet haben, ist dies nämlich ein großer Kritikpunkt an der Vorbereitung. Den Fachkräften zufolge wurden während der Vorbereitung immer wieder Themen behandelt, die für ihre eigene Arbeit gar keine Relevanz hatten. Oder jemand wurde zur Teilnahme an Themen verpflichtet, in denen er*sie schon Expert*in war. Beispielsweise mussten medizinisch ausgebildete Fachkräfte an Erste-Hilfe-Kursen teilnehmen. Eine gezieltere individuelle Vorbereitung, welche von einigen ZFD-Träger*innen zwar beworben, jedoch nicht immer ausgestaltet wird, kann die Arbeit der Fachkräfte erleichtern. Denn wie die Forschung gezeigt hat, kann nur die Hälfte der Fachkräfte die Themen aus der Vorbereitung tatsächlich anwenden. Somit besteht eine Diskrepanz zwischen der Vorbereitung, den Ideen der Träger*innen und der Realität der Fachkräfte. Diese Diskrepanz gilt es kritisch zu betrachten und zu prüfen, welches Wissen bei den Trainings und Workshops vermittelt wird, was die Fachkräfte genau brauchen und welche Trainer*innen dies gut vermitteln können. Von den Fachkräften wurde in Gesprächen und Interviews (Abschnitt 8.5.1.) immer wieder hervorgehoben, dass die besten Inhalte der Vorbereitung die waren, in denen erfahrene Personen von der eigenen Arbeit berichteten. Wie während der Forschung deutlich geworden ist, ist dieser Austausch mit erfahrenen Personen gerade auch für neu ankommende Fachkräfte sehr wichtig. Diese berichteten wiederholt, wieviel sie von den Erfahrungen der erfahrenen Fachkräfte profitieren und sie ihnen eine Reflexion der Arbeit ermöglichen. Um diese Reflexion zu festigen, gibt es im ZFD die Möglichkeit einer professionellen Begleitung der Fachkräfte; sie können an einem persönlichen Coaching teilnehmen. Dies beschrieb ein Großteil der Fachkräfte als positiv (Abschnitt 8.5.3.), da es so die Möglichkeit zu einer vertieften Diskussion über persönliche oder arbeitstechnische Herausforderungen gibt. Bemängelt wurde von Fachkräften jedoch, dass dieses Coaching in der Regel nicht auf individuelle Bedarfe angepasst stattfindet, sondern im Rahmen einer vorgegebenen Anzahl an Sitzungen durchgeführt wird, was für einige Fachkräfte zu viel und für andere Fachkräfte zu wenig ist.

Sowohl Coaching als auch Vorbereitung sind zwei Elemente, die den lokalen Partner*innen, aber auch – falls vorhanden – den lokal über den ZFD angestellten Personen nicht in dem Maße zur Verfügung steht. Die Vorbereitung wird zum Beispiel (Abschnitt 8.5.2.) von der Koordination vor Ort so durchgeführt, dass die lokalen Personen zu einem Teil des Einführungsworkshops für die Fachkräfte dazukommen. Somit ist diese Vorbereitung und Begleitung mehr eine Randnotiz. Sie erfolgt neben dem eigentlichen ZFD-Programm oder im Rahmen von Angeboten für Fachkräfte. Dies zeugt nicht davon, dass die Partner*innen tatsächlich als Partner*innen auf Augenhöhe ernstgenommen werden. Vielmehr zeigt es, dass sie in diesem wichtigen Bereich weitestgehend auf sich allein gestellt sind. Allerdings haben die Partner*innen die Möglichkeit, zu bestimmten Themen an Aus- und Weiterbildungen teilzunehmen. Dies kann zum Beispiel die Teilnahme an inhaltlichen Weiterbildungen sein. Viele lokale Partner*innen bezeichneten besonders ein für verschiedene Organisationen aus verschiedenen Ländern in Kenia durchgeführtes interkulturelles Training als positiv. Solche Trainings können jedoch auch auf administrative Komponenten oder Aspekte der Organisationsentwicklung abzielen. Wie die Geschichte in Abschnitt 8.5.3. gezeigt hat, wurde für eine lokale Organisation zum Beispiel ein Training zum Umgang mit E-Mail-Programmen durchgeführt. Auch viele Fachkräfte berichteten wiederholt, dass sie *On-the-Job* immer wieder zeigen, wie zum Beispiel bestimmte Programme oder Einstellungen am Computer funktionieren. Diese Trainingsbedarfe können sowohl von den Fachkräften als auch von den lokalen Partner*innen klar benannt werden. Sie werden aber durch den ZFD in der Regel nicht abgefragt. Zudem herrschen Unklarheiten darüber, wie zum Beispiel externe Trainings finanziert werden können. Gerade bei inhaltlichen Weiterbildungen und Trainings setzen die Koordinator*innen oftmals festgelegte oder von den ZFD-Träger*innen aus Deutschland vorgeschriebene Themen auf die Agenda. In Workshops vor Ort sollen sie dann bearbeitet werden. Es ist fraglich, wie sinnvoll dieses Vorgehen ist und ob Geld und Ressourcen so gut eingesetzt werden.

Die Frage, wer eine Vorbereitung und Begleitung durch den ZFD erhält, hat auch etwas mit den Fragen von *Ownership* und Legitimität im ZFD allgemein zu tun. Wie in den Ausführungen in Abschnitt 8.4.4. deutlich geworden ist, gibt es im ZFD verschiedene Herangehensweisen, um 6) *Ownership* zu definieren. Dabei gibt es jedoch einen besonders starken Fokus auf die reine Kooperationsanfrage der lokalen Organisationen an die ZFD-Träger*innen. Dies ist kritisch zu bewerten. Hier stellt sich die Frage, wie dadurch bereits *Ownership* entstehen kann. Denn alleine um diese Anfrage zu stellen, braucht es bestimmte Vorrausetzungen, Strukturen und Kontakte in den Organisationen. Diese sind – wie die Geschichten in Abschnitt 8.1.5. und 8.3.1. – gezeigt haben, nicht immer gegeben und werden oftmals erst durch gezielte Trainings oder Workshops geschaffen. Somit werden manche Organisationen gleich zu Beginn ausgeschlossen. Zu dem weiteren Prozess der Antragsstellung wurde von einigen lokalen Partner*innen hervorgehoben, dass der Prozess sehr partizipativ ablief und sie ihre Meinungen und auch die der breiten Bevölkerung einbringen konnten. Andere Personen hingegen erlebten den

Prozess als weniger partizipativ. Dies zeigt deutlich, dass der Prozess der Antragstellung in starkem Maße von den Bedürfnissen der lokalen Organisation, aber auch vom Herangehen der ZFD-Träger*innen abhängig ist. Die Forschung hat klar gezeigt, dass die lokalen Partner*innen wissen, dass ihre Arbeit zum ZFD-Programm und zu den Interessen Deutschlands passen muss. Sie richten ihre Arbeit dahingehend entsprechend aus, was nicht wirklich partizipativ ist. Dies hat sich besonders in der Geschichte in Abschnitt 8.4.4. gezeigt. Ein*e lokale*r Partner*in wollte ein Thema in dem bereits bestehenden ZFD-Projekt platzieren und *Ownership* für dieses Thema und die Arbeit übernehmen. Allerdings wurde dies von der Koordination vor Ort nicht angenommen beziehungsweise so in den Aufgaben verändert, dass es nichts mehr mit den ursprünglichen Ideen der Person zu tun hatte. Dafür aber passte es in den Rahmen, in dem der ZFD agieren kann und darf. Viele der Fachkräfte und Partner*innen haben ein Bewusstsein dafür, dass diese Aushandlunsgprozesse aufgrund von Vorgaben oftmals schwierig sind. Doch bleibt es fraglich, wie sich das ändern könnte. Es besteht besonders bei den Fachkräften und lokalen Partner*innen – weniger bei den Träger*innen – ein Bewusstsein dafür, dass der ZFD Teil der *Peace-Industry* (Simon Fisher & Zimina, 2009, 25 f.; Schuller, 2012, S. 110; Weller & Kirschner, 2005, S. 25) ist. Offen bleibt die Frage, wie sich der Umgang damit ändern kann.

Auch zeigt sich in der Praxis des ZFD, dass *Ownership* mehr als gemeinsame Projektdurchführung verstanden wird und die Partner*innen *Ownership* nicht so sehr in Bezug auf sich verstehen, sondern in Bezug auf die Menschen, mit denen sie in den Projekten zusammenarbeiten. Dies zeigt sich zum Beispiel in der Geschichte in Abschnitt 8.2.1., in der es klar darum geht, dass durch die Aktivitäten des ZFD – in dem Fall die Erstellung und Berechnung von Preisen von Pfannkuchen – *Ownership* an die Teilnehmenden abgegeben werden soll. Sie sollen in dem Prozess lernen, was es bedeutet, Kosten zu kalkulieren und so langfristig befähigt und handlungsmächtig in ihren eigenen kleinen Unternehmen werden. Somit spielt *Ownerhsip* auf verschiedenen Ebenen im ZFD eine wichtige Rolle und ist ein Element, über das der ZFD die eigene Nachhaltigkeit definiert. Jedoch haben in meiner Umfrage nur 40 % der Fachkräfte und der Mitarbeitenden der lokalen Organisationen komplett zugestimmt oder zugestimmt, dass sie den ZFD nachhaltig finden. Dies hat sicherlich auch damit zu tun, dass *Ownership* zwar in der ZFD-Arbeit nachhaltig etabliert werden soll, dies aber oft mehr Zeit benötigt als zur Verfügung steht. Werden jedoch längere Projektzeiträume geschaffen, trägt dies wiederum zu größeren Abhängigkeiten bei und damit zu weniger *Ownership*. Auf dieser Gratwanderung zwischen der Schaffung von Abhängigkeiten durch lange Projektzeiträume und der Schaffung von *Ownership* bewegt sich der ZFD.

Es ist diese im ZFD durch *Ownership* angestrebte Implementierung von innen heraus in der Praxis nicht immer einfach umzusetzen. Denn der ZFD arbeitet vom Grundprinzip her mit externen ZFD-Fachkräften. Wie die Analyse in Abschnitt 8.2.1. gezeigt hat, pendelt die Rolle der Fachkräfte immer zwischen der Beratung, was die Implementierung vor Ort fördern würde, und der eigenständigen Umsetzung. Somit stellt sich die Frage, wie eine Implementierung von innen heraus funktionieren kann, wenn Fachkräfte vor Ort anwesend sind und in ihren Aufgaben über die Beratung hinausgehen. Im Verlauf der Forschung haben wiederholt lokale Partner*innen die generelle Idee von Fachkräften als Personen, die von außen kommen, infrage gestellt. Demzufolge werde so nur versucht, Lösungen von außen zu finden. Gerade diese Perspektive wirft die Frage auf, warum die ZFD-Fachkräfte benötigt werden. Denn es wird im ZFD davon ausgegangen, dass Frieden von innen wachsen muss. Wie in Abschnitt 8.2.3. geschildert, sind mir in der Forschung eine Reihe von lokalen Organisationen begegnet, die eigentlich keine Fachkraft im Büro haben wollten. Sie haben dennoch eine, da sie davon ausgehen, dass es im ZFD verpflichtend ist. Dies ist nicht der Fall. Sie wünschen sich vielmehr eine institutionelle Anbindung an den ZFD, finanzielle Unterstützung und gelegentliche Beratung. Dieses Phänomen, dass sich Organisationen aus dem Globalen Süden auf etwas einlassen, das ihnen nicht komplett recht ist, kann in der Forschung schon länger beobachtet werden: „The predominant trend is for Northern and Southern-practitioners to take on whatever comes their way in order to sustain them-selves, hoping those projects will do some good" (Cohen 2014, S. 75). Hier zeigt sich deutlich die diskursive Macht des ZFD über die lokalen Organisationen.

Dieses Dilemma zeigt deutlich, dass die Zusammenarbeit im ZFD nicht immer einfach ist. Deswegen findet nun 7) eine kritische Reflexion der Ausgestaltung der Zusammenarbeit (inklusive Herausforderungen) statt. Zunächst lässt sich feststellen, dass durch nicht eindeutige Rollen und unklare Erwartungen gegenüber der Arbeit des ZFD und den eigenen Aufgaben oftmals eine generelle Unruhe aufkommt und Unklarheit über die ZFD-Arbeit herrscht. Ein Beispiel ist die Geschichte in Abschnitt 8.4.1. Sie hat aufgezeigt, dass die Mitarbeitenden der lokalen Organisation und die Fachkraft von Grund auf ein unterschiedliches Verständnis von den Aufgabenverteilungen haben. Sie reichen von Beratung und Begleitung durch die Fachkraft bis hin zu einer Implementierung von Maßnahmen. Wie die Analyse gezeigt hat, lassen sich diese unterschiedlichen Erwartungen an Aufgaben und Rollen auf verschiedene Faktoren zurückführen. Dies ist zum einen der fehlende kontinuierliche Austausch über Aufgaben und Rollen, zum anderen aber auch der Tatsache geschuldet, dass die Fachkräfte in der Vorbereitung gewisse Ideen von ihrer Arbeit entwickeln, die in der Regel nicht gut mit den Partner*innen abgesprochen werden. Zuletzt liegt dies auch daran, dass oftmals Aufgaben und Zuständigkeiten unklar sind. Meine Umfrage hat gezeigt, dass nur für 9 % der Fachkräfte und lokalen Mitarbeitenden vorher klar war, wie die ZFD-Arbeit aussehen wird. Folglich wurden auf beiden Seiten eigene Erwartungen an die Arbeit, an Kolleg*innen und an den ZFD nur von der Hälfte der Befragten mit kompletter Zustimmung oder Zustimmung in der Umfrage als erfüllt beschrieben. Unklare Rollen können zu unklaren Erwartungen führen, wodurch wiederum möglicherweise Frustration und Herausforderungen entstehen. Diese Herausforderungen in der Zusammenarbeit werden durch weitere Elemente, die in der Arbeit des ZFD eine Rolle spielen, oftmals noch verstärkt. Die Frage, wer die Personalverantwortung für die ZFD-Fachkraft hat, ist ein Faktor, der zu unklaren Rollen beitragen kann. Diese Verantwortung kann – wie die Analyse in Abschnitt 8.2.4. – gezeigt hat, entweder bei der*dem Koordinator*in vor Ort liegen – eine Rolle, welche entweder von einer lokalen Person oder einer Fachkraft aus Deutschland begleitet wird – oder, gerade bei integriert arbeitenden Fachkräften, bei den lokalen Organisationen selbst. Wie die Analyse beschreibt, kann es jedoch für die Fachkräfte in ihrer Arbeit herausfordernd sein, wenn der*die Chef*in der lokalen Organisation ihr Personalverantwortliche*r ist und gleichzeitig sie zum Beispiel für die Verwaltung der ZFD-Gelder verantwortlich sind. Hier treffen unterschiedliche Rollen, welche in einer Person gebündelt werden, aufeinander, was zu Unklarheiten in den Zuständigkeiten führen kann. Interkulturalität bildet einen wichtigen Faktor in den Rollenaushandlungen und in der Zusammenarbeit. Die Forschung hat wiederholt die kulturellen Unterschiede bei der Rollenverteilung deutlich gemacht. Sie zeigt, wie und nach welchem Anforderungen Rollen verteilt werden und wie darüber kommuniziert wird. Ein Beispiel ist die Geschichte in Abschnitt 8.4.3. Sie beschreibt, wie ein Filmabend für Jugendliche in einem ZFD-Projekt durchgeführt wird und der*die Mitarbeitende der lokalen Organisation und die ZFD-Fachkraft verschiedene Herausforderungen bei der Umsetzung meistern müssen. Hier wurde deutlich, dass die Fachkraft in ihrem Heimatland in der Situation anders gehandelt hätte, dies aber aufgrund von Strukturen, Hierarchien und Gegebenheiten vor Ort nicht gemacht hat. Die Kommunikation erfolgte entlang der Rollenverteilungen und gleichzeitig hat die Fachkraft interkulturelle Fähigkeiten gezeigt. Gerade diese Fähigkeiten werden von den lokalen Partner*innen geschätzt. Mehrfach wurde hervorgehoben, dass die Zusammenarbeit umso besser klappt, je integrierter die Fachkraft und je besser sein*ihr interkulturelles Verständnis ist. Insofern ist die Persönlichkeit der Fachkräfte ein entscheidendes Merkmal für den ZFD-Erfolg.

Doch nicht immer läuft diese Zusammenarbeit so reibungslos. Es gibt auch Fachkräfte (Beispiel in Abschnitt 8.2.3.), die an ihrer Rolle festhalten und einen

Workshop durchführen, obwohl sich dieser negativ auf die anwesenden Personen vor Ort auswirkt und den auch die lokalen Partner*innen kritisch sehen. Nicht immer wird dies von den lokalen Partner*innen kommuniziert. Neben dem generellen Problem nicht klar definierter Rollen verursacht zudem mangelnde Kommunikation Rollenprobleme. Die Rollen ergeben sich oft in gemeinsamen Aushandlungsprozessen. Zwischen der formellen Anerkennung der Rolle und ihrem Verstehen und Anwenden aber, scheint es einen großen Unterschied zu geben. Im ZFD ist daher eine durchgehende Rollenklärung erforderlich. Dies kann (Beispiel in Abschnitt 8.3.1.) auf gemeinsamen Workshops oder Planungswochenenden erfolgen, in denen Zuständigkeiten und Rollen gemeinsam erarbeitet und verteilt werden. Geschieht dies nicht, können diese unklaren Rollen zu Spannungen und *Frictions* führen. *Frictions* können aus ihrer Interaktionen und Prozesshaftigkeit heraus als „[…] the unexpected and unstable aspects of global interaction“ (Tsing, 2005, S. xi) definiert werden. Sie können positiv nutzbar gemacht werden. Findet kein kritisches Hinterfragen der Spannungen statt, können diese *Frictions* die Zusammenarbeit negativ beeinflussen und ein Hindernis für die erfolgreiche Friedensarbeit bilden (Ameln, 2006, S. 92; Pastoors, 2017, S. 436; Wenzler-Cremer & Cremer, 2006).

Auch wenn diese Rollen die Grundlage der Zusammenarbeit sind, ist es wichtig, konkret einige Elemente der Zusammenarbeit zu betrachten. Die Arbeit des ZFD erfolgt sowohl mittels der praktischen Durchführung von Projekten als auch durch die administrative Verwaltung der Projekte. Herausforderungen betreffen besonders den zweiten Bereich. Der ZFD ist ein vom BMZ finanziertes Programm. Daher müssen administrative Komponenten wie zum Beispiel die Dokumentation oder die Projektabrechnung nach bestimmten Vorgaben stattfinden. Wie Abschnitt 8.1.5. gezeigt hat, kann dies einige lokale Organisationen vor größere Herausforderungen stellen, da sie nicht alle Anforderungen erfüllen. Dabei ist in der Forschung deutlich geworden, dass je nach ZFD-Träger*in diese Regularien etwas strenger ausgelegt werden als bei anderen. So berichteten mir Fachkräfte, die bei verschiedenen ZFD-Träger*innen gearbeitet haben, dass Dinge bei einem*einer Arbeitgeber*in möglich sind, bei einem anderen jedoch nicht oder gar nicht erst kontrolliert werden. Auch wurde von lokalen Partner*innen berichtet, dass sie von diesen Unterschieden wissen. Dass es manchmal selbst für ihren ZFD-Träger*innen nicht klar ist, was auf welche Weise abgerechnet werden kann. In diesen Fällen kann ein gemeinsames Finanz-Monitoring hilfreich sein. Wie die Geschichte in Abschnitt 8.6.1. gezeigt hat, wird dadurch ein besserer Überblick über die vorhandenen und verausgabten Finanzen ermöglicht und gleichzeitig die Möglichkeit geboten, offene Fragen zu stellen. Wiederholt wurde deutlich, dass der ZFD durch die aufwendige Administration

Lerneffekte in den Organisationen (Organisationsentwicklung) und Veränderungen in den Organisationen bewirkt hat. Es ist jedoch die Frage, inwieweit dies das Ziel des ZFD sein kann, da keine speziellen Ressourcen dafür zur Verfügung stehen.

Bei den Ressourcen ist auch die Frage zu stellen, inwieweit sie gleichmäßig verteilt werden. Deswegen ist es wichtig, dass 8) Machtdynamiken in der Zusammenarbeit und den ZFD-Strukturen in den Blick genommen werden. Wie sich zeigt, sind finanzielle Ressourcen zwischen den Fachkräften, den lokalen ZFD-Mitarbeitenden und den Geldern für das Projekt ungleich verteilt. Fachkräfte erhalten mehr Geld als lokal Mitarbeitende. Im Verhältnis zu den Projektgeldern bekommen Fachkräfte relativ viel Geld für Gehalt und Unterkunft und zusätzlich eine soziale und gesundheitliche Absicherung. Dies ist absolut verständlich, denn der ZFD muss und möchte natürlich die eigenen Mitarbeitenden schützen, attraktive Angebote zur Arbeit im Ausland schaffen und Fachkräfte motivieren, in konfliktiven Kontexten zu arbeiten. Dennoch sollte es nicht zu einer Ungleichbehandlung zwischen verschiedenen Mitarbeitenden in einer Organisation kommen. Weil es zum Beispiel keine Sicherheitsmaßnahmen für lokale ZFD-Fachkräfte oder die Mitarbeitenden der lokalen Organisationen gibt, wird eine klare Hierarchisierung deutlich. Wiederholt wurde in der Forschung berichtet (Abschnitt 8.4.3.), dass es für die Fachkräfte bestimmte Sicherheitsnetze und Strukturen gibt. Sie können in Gefahrensituationen jederzeit das Land verlassen. Für die lokalen Mitarbeitenden gibt es diese Möglichkeiten nicht.

Es wird klar, dass hier Partnerschaft und Augenhöhe nur Schlagworte sind und nur bis zu einem bestimmten „Level" mitgetragen werden. Ein Problem ist dabei die Entsendung der ZFD-Fachkräfte als Entwicklungshelfer*innen. Wie eine Fachkraft mir mitteilte, erleichtert das Entwicklungshelfer*innengesetz zwar die Entsendung, aber die ZFD-Fachkräfte sind keine Helfer*innen. So entsteht zwischen den Mitarbeitenden in den Organisationen ein Ungleichgewicht. Es setzt das Narrativ von der helfenden Person aus dem Globalen Norden fort. Ein Grund dafür ist sicherlich, dass das Entwicklungshelfer*innengesetz (Bundesministerium der Justiz, 2012) seit seiner Entstehung vor gut 50 Jahren kaum verändert und nicht an die aktuellen Realitäten angepasst wurde (Fricke, 2019, S. 8). Außerdem ist es fraglich, warum nur Europäer*innen entsendet werden dürfen und nicht zum Beispiel ein Süd-Süd-Austausch stattfinden kann. Dieser wurde besonders im Zuge der Netzwerkarbeit, wie in Abschnitt 8.1.4. geschildert, immer wieder von lokalen Partner*innen eingefordert und dort, wo er punktuell stattfindet, als sehr positiv bewertet. So wurde von einer Fachkraft zusammengefasst: „Personalentsendung in seiner jetzigen Form ist ein Patriachat und gehört abgeschafft" (anonymes Interview mit ZFD-Fachkraft in Kenia). Auch im Reformdokument des ZFD wird das Problem deutlich: „ZFD-Fachkräfte leisten durch ihre Herkunft und Kontakte wertvolle Beiträge zur Vernetzung, besonders international" (Gemeinschaftswerk ZFD, 2014a, Abschn. 5.2. 1). Dies ist ein auf sehr vielen Ebenen problematischer Ansatz. Einerseits werden Fachkräfte auf Grundlage ihrer Herkunft, aber nicht aufgrund ihres Wissens oder ihrer Erfahrungen lokalen Mitarbeitenden übergeordnet. Zum anderen findet eine Hierarchisierung der Herkunft statt, indem davon ausgegangen wird, dass nur Personen mit einer bestimmten Herkunft diese Arbeit gut machen können. Es bleibt offen, welche „Art der Herkunft" damit gemeint ist. Sind damit Personen aus Deutschland gemeint? Wie steht es um Personen, die in Deutschland leben, aber einen Migrationshintergrund haben? Es muss für den ZFD geprüft werden, inwieweit er rassismuskritisch mit der eigenen Arbeit umgeht. Der WFD stellte sich diese Frage in seiner Publikation *Partnerschaft und Dominanz* schon im Jahr 1999: „Und jener Rassismus wiederum, mit dem sich Personalentsendeorganisationen wie der WFD von Zeit zu Zeit beschäftigen müssen – Rassismus als sog. Ausrutscher eines überforderten Kooperanten – dieser Rassismus hat mit uns als Organisation nichts zu tun. Oder etwa doch?" (wfd, 1999, S. 3). Dennoch ist es fraglich, ob diese Frage von allen ZFD-Träger*innen bearbeitet und fortlaufend reflektiert wird. Dieses grundlegende Problem zieht sich durch die gesamte ZFD-Arbeit.

Abschließend lässt sich mit Blick auf Machtdynamiken im ZFD zusammenfassen, dass immer hinterfragt werden muss, wer zu ihnen in welcher Art und Weise beiträgt, wer die Dynamiken verstärkt oder sich ihrer durch Reflexion bewusst wird. Zwar lässt sich dies nicht pauschal beantworten, doch ist festzustellen, dass die Handlungen von Akteur*innen zum Teil auf bestehende inhärente Machtdynamiken zurückgehen. Somit ist es wichtig herauszuarbeiten, was Einzelne dazu beitragen und wie diese Dynamiken durchbrochen oder verändert werden können. Zwar ist es die Idee des ZFD, dass die Fachkräfte vor Ort auf Augenhöhe arbeiten und Beziehungen zu den Personen vor Ort aufbauen (Gemeinschaftswerk ZFD, 2014a, Abschn. 5.2. S. 3). Doch haben die Ausführungen gezeigt, dass dieses Arbeiten auf Augenhöhe nicht immer leicht umzusetzen ist. Teilweise entwickelt sich eine regelrechte Farce, es ist eher „Rhetorik" (Brinkerhoff, 2002; Crawford, 2003; Menashy, 2019) oder fungiert als „Schlagwort" (Ashman, 2001; Cornwall & Brock, 2005; Mohiddin, 1998). Der Begriff Augenhöhe verschleiert das Machtungleichgewicht mit der Sprache der Gleichheit (Hately, 1997, S. 22). Aus der Praxis, aber auch aus der wissenschaftlichen Forschung ist bekannt, dass internationale CSOs, auch in der ZKB, durch ihre Arbeit Abhängigkeiten geschaffen und verstetigt haben (Brannan, 2003; Marchetti & Tocci,

2009; Roy, 2008). Diese Abhängigkeiten und die dadurch entstandenen Rivalitäten zwischen CSOs stehen konträr zu dem eigentlichen Ziel der Arbeit, Frieden zu schaffen. Es entsteht eine Art Geberfrieden, der einem Frieden vor Ort seine emanzipatorischen Bedeutungen abspricht und in hohem Maße präskriptiv und instrumentalistisch zu sehen ist (Goetschel & Hagmann, 2009, S. 64). Auch die Handlungen des ZFD reproduzieren dieses Bild. In diesem Bild definiert und finanziert der Globale Norden – repräsentiert durch den ZFD und die Fachkräfte – den Frieden. Gleichzeitig wird von den Mitarbeitenden der lokalen Organisationen, also den Personen im Globalen Süden erwartet, dass sie den ZFD akzeptieren, in ihre Organisationen aufnehmen und sich an dessen Prozessen beteiligen. Der ZFD widerspricht seinem eigenen Credo, wonach es notwendig ist, lokale Akteur*innen zu ermächtigen und auf partnerschaftliche Art und Weise zu arbeiten.

Nachdem die Analyse zusammengefasst und kritisch betrachtet wurde, stellt sich nun die Frage, welche Konsequenzen sie für die Handlungen und die Arbeit des ZFD, aber auch darüber hinaus für Friedensprozesse und die Zusammenarbeit zwischen lokalen und internationalen Friedensfachkräften hat. Diese Konsequenzen werden im Rahmen von Handlungsempfehlungen im folgenden Kapitel diskutiert und mit der übergeordneten Fragestellung verknüpft.

9 Fazit

Die zu Beginn der Einleitung geschilderte Geschichte hat gezeigt, wie bei einer ZFD-Organisation die gemeinsamen Absprachen gut funktionieren, es kurze Dienstwege gibt und gemeinsam gearbeitet wird. Doch auch bei dieser Organisation gab es Herausforderungen in der Arbeit. So ging es zum Beispiel einmal darum, einen Workshop für ein größeres Publikum durchzuführen. Inhaltlich sollte die Frage behandelt werden, wie die Geschichte des Landes medial aufgearbeitet werden kann. Diesen Workshop hätten verschiedene Mitarbeitende der Organisation, mit verschiedenen Kompetenzen, halten können. Allerdings wurde entschieden, dass ihn die ZFD-Fachkraft hauptverantwortlich hält und eine andere Person der Organisation als Beobachter*in und lernende Person dabei ist. Sicherlich hat die ZFD-Fachkraft den Workshop methodisch gut gestaltet. Aus machtkritischer und postkolonialer Perspektive aber ist es fraglich, warum eine Person aus Deutschland einen Workshop zur Landesgeschichte hält. Hier zeigt sich, dass auch Organisationen, welche in vielen Bereichen bereits partnerschaftlich zusammenarbeiten und in denen diese Zusammenarbeit gut funktioniert, nicht von Problemen und Machtdynamiken frei sind.

Die vorliegende Arbeit hat herausgearbeitet, wie partnerschaftliche Zusammenarbeit in der Friedensarbeit des ZFD aussieht. Es wurde dazu folgenden Fragestellungen nachgegangen: „Inwiefern liegt im Kontext der Zivilen Konfliktbearbeitung eine gleichberechtige Partnerschaft der Akteur*innen vor? Inwiefern ist die Zusammenarbeit in der Zivilen Konfliktbearbeitung von Machtasymmetrien geprägt?“ Durch eine Analyse des ZFD in Deutschland, Kenia, Liberia und Sierra Leone wurde deutlich gemacht, wie Friedensarbeit zwischen lokalen und internationalen Akteur*innen ausgestaltet wird. Die Arbeit legte dabei ein besonderes Augenmerk auf folgende Bereiche der ZKB und des ZFD: die Einbeziehung lokaler Akteur*innen, den *Local Turn* und das *Friction*-Konzept in

S. Ruppel, *Lokal verankerte Zivile Konfliktbearbeitung zwischen Partnerschaft und Machtungleichgewicht*, Studien des Leibniz-Instituts Hessische Stiftung Friedens- und Konfliktforschung,
https://doi.org/10.1007/978-3-658-41693-5_9

der Friedensarbeit, die besonderen Merkmale einer vermeintlich gleichberechtigten partnerschaftlichen Zusammenarbeit und die Herausforderungen und Grenzen einer solchen Friedensarbeit. Es war das Ziel der Forschung mithilfe dieser Betrachtungen, in dreierlei Hinsicht zur Weiterentwicklung der kritischen Friedensforschung beizutragen – konzeptionell, methodisch und empirisch: (1); durch die konsequente Nutzung ethnografischer Forschungsmethoden in der kritischen Friedensforschung, um Muster der Zusammenarbeit und Abhängigkeiten aufzudecken – nicht nur mit Blick auf die Akteur*innen der Untersuchung, sondern auch mit Blick auf mich als forschende Person –; (2) durch die Entwicklung und Operationalisierung eines machtkritischen Untersuchungsrahmens auf Grundlage von Konzepten zum hybriden Frieden, zum *Local Turn* und zu *Frictions* und (3) durch die Entwicklung von praxisnahen Handlungsempfehlungen für die Friedenskonsolidierung. Dabei konnte die vorliegende Arbeit (1) herausarbeiten, wie Theorien der kritischen Friedensforschung in Wissenschaft und Praxis zu verstehen und anzuwenden sind; (2) Zivile Konfliktbearbeitung und insbesondere die Arbeit des ZFD auf Aspekte der partnerschaftlichen Zusammenarbeit hin untersuchen; (3) aufzeigen, was mögliche Strategien sind, um partnerschaftlich zu arbeiten; (4) analysieren, ob, und wenn ja, wie angesichts der bestehenden Machtdynamiken eine lokal verankerte und partnerschaftliche Friedensarbeit möglich ist; (5) Handlungsempfehlungen entwickeln, wie CSOs eine lokal verankerte und partnerschaftliche Friedensarbeit gestalten können. Dabei sind besonders mit Blick auf Machtdynamiken, Partnerschaft und das *Friction*-Konzept folgende Ergebnisse hervorzuheben:

- Friedensfördernde Praktiken wie der ZFD sind nicht nur ein Ergebnis von organisatorischen Vorhaben und Richtlinien, sondern sie entwickeln sich auch aus der Organisationspraxis von Menschen innerhalb einer Organisation in Interaktion mit Menschen in den Gemeinschaften vor Ort und sind somit immer individuell.
- Eine gleichberechtigte partnerschaftliche Ausgestaltung der Friedensarbeit bleibt auch in der Zivilen Konfliktbearbeitung zumeist ein Lippenbekenntnis und wird nur in Ansätzen umgesetzt.
- Zivile Konfliktbearbeitung ist eingebettet in inhärente Machtdynamiken, welche eine wirkliche partnerschaftliche Zusammenarbeit auf Augenhöhe verhindern.

- Konflikte und Herausforderungen sind in einer personellen Zusammenarbeit vorprogrammiert. Diese werden jedoch nicht in produktiver Weise im Sinne des *Friction*-Konzepts nutzbar gemacht.

Um zu diesen Ergebnissen zu gelangen, hat sich die Arbeit zunächst den Themen Partnerschaft und Macht in der Friedensarbeit genähert, ist dann auf hybride und lokale Friedensarbeit und das *Friction*-Konzept eingegangen, hat Zivile Konfliktbearbeitung und den ZFD eingeführt und anschließend in einem empirischen Teil Forschungsergebnisse aus Deutschland, Kenia, Liberia und Sierra Leone präsentiert. Um einen besseren Überblick über die einzelnen Schritte und Zwischenergebnisse der Arbeit zu erhalten, werden diese im Folgenden skizziert.

Zu Beginn wurden in der Einleitung (Kapitel 1) das Argument der Arbeit und die Fragestellung herausgearbeitet. Beide ergeben sich aus der Tatsache, dass sowohl in der Praxis als auch in der wissenschaftlichen Literatur immer stärker die Einbeziehung lokaler Akteur*innen in Friedensprozesse gefordert wird. Diese Einbeziehung verstärkt die Zusammenarbeit zwischen lokalen und internationalen Akteur*innen in der Friedensarbeit, welche bereits auf verschiedenen Ebenen und mit verschiedenen Ansätzen untersucht wurde. Diese Forschung untersuchte jedoch gezielt eine partnerschaftlich angelegte Zusammenarbeit und kann an bereits existierende Forschungen anknüpfen. Des Weiteren wurde in der Einleitung aufgezeigt, was in der FuK bereits über Partnerschaften bekannt ist. Es wurden verschiedene Konzepte und Möglichkeiten der Zusammenarbeit dargestellt. Hier wurde deutlich, dass es nicht nur „das eine Konzept“ oder „die eine Definition“ gibt, sondern sie oftmals angepasst an die jeweiligen Interaktionen entstehen. In der Einleitung wird auch in die Zivile Konfliktbearbeitung und den ZFD als Forschungsthema eingeführt. Es wird kurz die Forschungsmethode der Arbeit vorgestellt und ein Ausblick auf ihren Aufbau gegeben.

Kapitel 2 führt in die Themen Macht und Partnerschaft in der Zivilen Konfliktbearbeitung und speziell im ZFD ein. Dazu wurden wissenschaftliche, aber auch praxisnahe Diskussionen geschildert. Eine ethnografische Geschichte aus der Forschung schilderte, welche Machtdynamiken es auf verschiedenen Ebenen gibt. Zum einen wurden sie zwischen mir als Forscherin und den Personen des ZFD, aber auch zwischen den Personen, die an Aktivitäten des ZFD teilnehmen, deutlich. Zum anderen zeigten sich Machtdynamiken zwischen den verschiedenen Akteur*innen, die im ZFD arbeiten, und zwischen ihnen und den Personen, die an den Aktivitäten teilnehmen. Diese Machtdynamiken wurden kritisch reflektiert und mit verschiedenen Machttheorien und Diskursen verknüpft. Dabei wurde besonders auf die Theorien und Argumentationen von Foucault zurückgegriffen. Betrachtet wurde der Begriff Diskurs, der als eine kollektive Praxis der Ordnung und des Framings in den Köpfen von Akteur*innen verstanden wird, die versuchen, komplexe Themen zu organisieren und Sinn aus ihren Erfahrungen zu gewinnen. Dadurch kann nicht nur ein systematisierter Wissensbestand bei den Akteur*innen erwachsen. Vielmehr kann es zu Handlungen kommen, die sich wiederum auf die Praxis auswirken. Unter postkolonialen Bezügen wurde herausgearbeitet, wie diese diskursive Macht die Arbeit von CSOs beeinflusst und sich über Jahre hinweg immer weiter verstetigt hat.

Kapitel 3 beschreibt den konzeptionellen Rahmen der Arbeit. Ausgehend von einer Kritik am liberalen Frieden werden die Konzepte zum *Local Turn*, zum hybriden Frieden und zu *Frictions* eingeführt. Durch diese konzeptionelle Grundlage, die für die weitere Analyse in der Arbeit grundlegend ist, konnte ein wichtiger Beitrag zur Debatte um ZKB geleistet werden. Denn in der wissenschaftlichen Literatur wird häufig bemängelt, dass ZKB nicht genügend theoretisch unterfüttert ist (Debiel et al. 2011; Gulowski und Weller 2017; Müller 2013). In der Diskussion zu diesen Konzepten wurde konkretisiert, dass sie folgende Fragen offen lassen: Wer sind die lokalen Akteur*innen? Was ist als „lokal" zu verstehen? Wie lässt sich Prozesshaftigkeit darstellen und wann kann sie wirklich helfen, etwas in der Praxis zu verändern? Welche Eigenschaften von *Frictions* bestimmen das Ergebnis? Welche Rolle spielen Machtdynamiken (beziehungsweise Machtasymmetrie) in Friedensprozessen?

Kapitel 4 stellt die Zivile Konfliktbearbeitung allgemein und den ZFD im Speziellen vor, da sie den Untersuchungsrahmen bilden. Zunächst wurde verdeutlicht, was unter Ziviler Konfliktbearbeitung zu verstehen ist und welche Rolle CSOs darin spielen. Wie sich zeigte, können CSO-Akteur*innen wichtige Beiträge zur Friedensarbeit leisten und tun dies gerade durch Zivile Konfliktbearbeitung in der Regel in Anlehnung an ein positives Verständnis von Frieden. In diesem Verständnis verortet sich auch der ZFD. Es wird seine historische Entstehung in den 1990er Jahren aus der Friedensbewegung heraus bis hin zu seiner heutigen Umsetzung als Instrument der Personalentsendung des BMZ beschrieben. Dabei wird genau in die Strukturen und Akteur*innen und deren Zusammenspiel eingeführt, was es in dieser Form bisher weder in der wissenschaftlichen Literatur noch beim ZFD selbst gibt. Außerdem werden sowohl die Rollen und Aufgaben der Fachkräfte als auch die der lokalen Partner*innen betrachtet. Wie sich zeigte, lassen Rollen und Aufgaben für beide Akteur*innen viel Handlungs- und Ausgestaltungsspielraum offen. Jedoch wurde auch deutlich, dass es im ZFD deutlich mehr Informationen zu den Fachkräften als zu den lokalen Partner*innen gibt. Dies ist damit zu begründen, dass die Fachkräfte über das Entwicklungshelfer*innengesetz entsendet werden, die ZFD-Träger*innen für sie zuständig sind und sie somit im Zentrum des ZFD stehen. Fraglich ist, warum den lokalen Partner*innen, ohne die die Arbeit nicht durchgeführt werden kann, so wenig Aufmerksamkeit gewidmet wird. Wird im ZFD über lokale Partner*innen gesprochen, bleibt oftmals unklar, wie diese vor Ort eingebettet sind und was genau unter „lokal" zu verstehen ist. In vielen Fällen findet ein Versuch dieser Einbettung über die Akteurspyramide von Lederach statt. Sie wurde in der wissenschaftlichen Literatur bereits vielfach kritisiert, wird im ZFD jedoch immer noch angewendet.

Kapitel 5 behandelt die methodischen Forschungsgrundlagen und ist als ein Appell für die Nutzung ethnografischer Methoden zu verstehen. Nachdem allgemein in ethnografische Methoden eingeführt wurde und die teilnehmende Beobachtung und Expert*inneninterviews stattgefunden haben, wird dies auf die FuK übertragen. Es konnte aufgezeigt werden, dass es in der FuK bereits eine Vielzahl von ethnografischen Forschungen gibt. Anschließend werden die verschiedenen Forschungsphasen beschrieben, wobei sie jedoch nicht als starre Konstrukte zu verstehen sind, sondern flexibel gestaltet werden. Die verschiedenen Phasen werden durch eigene Forschungsberichte anschaulich beschrieben. Es wurde deutlich, dass auch ich als Forscherin eine Rolle in der Forschung spiele. Diese Rolle wird auf forschungsethische Überlegungen hin überprüft. Dabei ist deutlich geworden, dass sowohl machtkritische Überlegungen als auch ethische Fragen zur Wissensproduktion eine entscheidende Rolle in ethnografischer Forschung spielen. Abschließend werden in dem Kapitel eine Reihe von ethischen Fragen herausgearbeitet. Diese habe ich mir als Forscherin vor, während und nach der Forschung gestellt und es wird transparent beantwortet, wie ich mit diesen Fragen umgegangen bin.

Kapitel 6 liefert erste empirische Ergebnisse aus der Forschung in Deutschland. Sie werden als Innenansichten aus dem ZFD dargestellt. Zunächst werden Ergebnisse der Interviews mit Mitarbeitenden der ZFD-Träger*innen diskutiert. Es hat sich deutlich gezeigt, dass es zwischen den ZFD-Träger*innen, welche in einem Konsortium zusammenarbeiten, viele Gemeinsamkeiten und gleiche Vorstellungen über die Arbeit des ZFD und vor allem der Fachkräfte gibt. Jedoch wurde auch klar, dass es Punkte gibt, die sehr unterschiedlich gesehen und umgesetzt werden. Dies betrifft unter anderem die Ansätze, mit integrierten oder nicht integrierten Fachkräften in den jeweiligen Einsatzländern zu arbeiten sowie unterschiedliche Verständnisse von *Ownership* oder von Neutralität in der Friedensarbeit. Anschließend werden Ergebnisse aus der teilnehmenden Beobachtung analysiert, die bei fünf Vorbereitungsseminaren für ZFD-Fachkräfte durchgeführt wurde. Es wird deutlich, dass die Vorbereitungen für die Fachkräfte wichtig sind und relevante Inhalte vermittelt werden. Jedoch zeigt sich auch, dass maßgebliche Aspekte wie Machtdynamiken in der Arbeit oder eine vertiefte Auseinandersetzung mit den Rollen vor Ort nur ungenügend behandelt werden. Diese beiden empirischen Teile werden abschließend zusammengeführt. Es werden Themen aufgeführt, die in den Interviews und Seminaren immer wiederkehren: (1) Selbstverständnis der ZFD-Organisationen, (2) Verortung des ZFD in der Friedensarbeit, (3) die Rolle und Aufgabe der Fachkräfte, (4) die Rolle und Aufgabe der Partner*innen, (5) die Bedeutung der Vorbereitung für die Arbeit der Fachkräfte und Partner*innen vor Ort, (6) *Ownership* und Legitimität im ZFD, (7) die Ausgestaltung der Zusammenarbeit (inklusive Herausforderungen) und (8) Machtdynamiken in der Zusammenarbeit und den Strukturen des ZFD. Diese Themen wurden als Leitgedanken in die weitere empirische Forschung übernommen und dienen ebenfalls der empirischen Auswertung.

Kapitel 7 führt in das nächste empirische Kapitel der Arbeit ein und beschreibt die Fallauswahl, die sich auf Kenia, Liberia und Sierra Leone beschränkt. Es wird dargestellt, warum der afrikanische Kontinent für die FuK relevant ist und im Speziellen für die Friedens- und Entwicklungsarbeit Deutschlands und damit auch des ZFD. Es werden Hintergründe zu vergangenen und aktuellen Konflikten in den drei ausgewählten Ländern geliefert, um Verständnis dafür zu wecken, in welchem Umfeld der ZFD vor Ort arbeitet. Ergänzend folgt eine Darstellung der Lage der Zivilgesellschaft und der CSOs in den drei Ländern und der dortigen ZFD-Arbeit. Dabei wurde deutlich, wie unterschiedlich die jeweiligen Länder, lokalen Partnerorganisationen und Themen und Kontexte vor Ort sind, in denen der ZFD arbeitet.

Der empirische Teil der Arbeit in Kapitel 8 stellt verschiedene exemplarische Geschichten dar, die in der Forschung erlebt wurden. Ihre Analyse zeigt, wie der deutsche ZFD versucht, mit lokaler, partizipativer Friedensförderung zu arbeiten und welche Herausforderungen, Spannungen und Probleme sich aus diesem Ansatz ergeben können. Die empirischen Ergebnisse zeigen, dass es im ZFD eine starke Hinwendung zum Lokalen gibt, dass lokale Akteur*innen in die ZFD-Arbeit eingebunden werden und eine im Vergleich zu anderen Programmen und Projekten relativ enge Zusammenarbeit stattfindet. Nichtsdestotrotz kann die vom ZFD angestrebte partnerschaftliche Zusammenarbeit nur bis zu einem gewissen Grad erfolgen. Sie wird oftmals von bestehenden Machtdynamiken und Ungleichgewichten in der Zusammenarbeit überschattet. Diese Machtdynamiken ergeben sich aus dem Design des ZFD selbst und aus der Tatsache, dass persönliche Beziehungen und Kooperationen eine entscheidende Rolle bei der Umsetzung spielen. Dadurch entstehen zum Teil sehr offensichtliche Probleme in der Zusammenarbeit, aber auch unterschwellige und inhärente Konflikte, die oft nur als die Spitze des Eisbergs sichtbar werden. Der ZFD agiert vielfach im

Sinne eines hybriden Friedens. In Friedensprozessen, in denen lokale und internationale Akteur*innen mitarbeiten, kommt es im Sinne der Idee des hybriden Friedens dazu, dass nicht westliche Ideen einbezogen und mit Ideen von zum Beispiel externen Akteur*innen kombiniert werden (Yamashita, 2014, S. 1). Insofern sind Friedensprozesse als dynamische Prozesse anzusehen. Sie sind in ständiger Bewegung und Veränderung begriffen und lassen Kooperationen, jedoch auch Auseinandersetzungen zu (Mac Ginty, 2010, S. 403). Somit kann es zu Spannungen, Aushandlungsprozessen und Divergenzen kommen (Mac Ginty, 2016b, S. 56). Doch gerade durch diese dynamischen Interaktionen zwischen lokalen und internationalen (externen) Akteur*innen können neue und passgenauere Ansätze in der Friedensarbeit entstehen.

Die Geschichten zeigen, dass Friedensarbeit im ZFD aus einer Vielzahl von lokalen und globalen Prozessen besteht. Sie erfolgen in einer gemeinsamen Arbeit, verlaufen zum Teil parallel und zum Teil jedoch auch auf unterschiedlichen Ebenen. Friedensarbeit ist daher nicht in einem bestimmten Raum verortet, sondern an den Schnittstellen, wo das Universelle und das Partikulare zusammenwirken (Björkdahl et al., 2016a, S. 209). Somit kann der ZFD als „traveling package" bezeichnet werden (Tsing, 2005, S. 237). Denn es gibt bestimmte Vorgaben und Ideen des ZFD, welche in den jeweiligen Kontexten, von den jeweiligen Träger*innen und den jeweilig involvierten Akteur*innen übersetzt werden, um ihm lokale Bedeutung zu verleihen. Der ZFD kann also verschiedene Erscheinungsformen haben. Die Interaktion des internationalen Projekts ZFD und der Paradigmen der lokalen Akteur*innen erzeugt „[…] 'contingent articulations' which are unplanned and unplannable, unique to the setting and emerging in response and reaction to the travelling 'universal'" (Millar et al., 2013, S. 139).

Deshalb ist es wichtig, in der Friedensarbeit das Lokale und das Globale nicht losgelöst voneinander zu betrachten. Vielmehr sollte der geteilte Raum, in dem die Interaktionen stattfinden, in den Blick genommen werden. Während dieser Interaktionen kann immer wieder Reibung (*Frictions*) entstehen. Die Geschichten und Analysen in Kapitel 8 zeigen jedoch, dass diese *Frictions* nicht einfach nur als Auseinandersetzung zwischen verschiedenen friedensfördernden Ideen und Akteur*innen oder als Konfrontation zwischen globalen und lokalen Praktiken mit vorbestimmtem Ausgang angesehen werden dürfen. Vielmehr sind sie ein unerwarteter und ungewisser Prozess, in dem globale und lokale Akteur*innen sowie universalistische und partikularistische Diskurse interagieren, um Differenz und Affinität zu vermitteln und auszuhandeln (Björkdahl et al., 2016b, S. 5). Diese Reibungen sind nicht vorhersehbar, weil sich die involvierten Akteur*innen und jeweiligen Settings ständig ändern. „While friction always occurs between the actors, ideas, and practices engaging in or circulating within the peacebuilding endeavour, the nature of those frictions, and the outcomes that will emerge as a product of the process of friction, will be unpredictable“ (Björkdahl et al., 2016b, S. 5). Daran schließt das von Thania Paffenholz vorgeschlagene Konzept des *Perpetual Peacebuilding* an, um die fortwährende Linearität von liberalen Modellen abzuwenden. „I propose that peacebuilding [...] must be viewed as entailing continuous negotiations, and re-negotiations, of the social and political contract of a society and polity, with pathways to peace marked by opportunities, setbacks, catalysts, friction and resistance“ (Paffenholz, 2021, S. 2). Somit wird der Fokus nochmals verstärkt auf den dynamischen Prozess an sich gelenkt. Diese dynamischen Prozesse der Aushandlung stehen im Zentrum der Analyse und werden in diesem Kapitel zunächst erneut unter dem Aspekt Partnerschaftlichkeit zusammengefasst. Dabei liegt der Fokus auf der Frage, ob – und wenn ja, inwieweit und wenn nein, warum nicht – partnerschaftliche Zusammenarbeit in der Friedensarbeit möglich ist. Es werden verschiedene Handlungsempfehlungen für die ZFD-Arbeit und Friedensarbeit allgemein formuliert, bevor abschließend die Forschung und ihre Ergebnisse kritisch reflektiert werden.

9.1 Das Märchen von der gleichberechtigten Partnerschaftlichkeit – Lehren aus der Forschung über den ZFD

Wie die hier vorliegende Arbeit zeigt, geht der ZFD in den Grundzügen seiner Arbeit von einer gleichberechtigen Partnerschaft auf Augenhöhe aus. Dies ist im Sinne einer ZKB und des theoretischen Konzepts des *Local Turn*. Der ZFD ist seinem Selbstverständnis zufolge am ehesten in der Kategorie der partnerschaftlich orientierten Beziehung (Dibley, 2014) oder einer partnerschaftlich orientierten Partnerschaft mit Elementen der vertragsbasierten Partnerschaft (Lee, 2019, 53 ff.) einzuordnen. Dennoch sind diese Einordnungen und Konzepte nicht ausreichend, um die tatsächliche Komplexität dieser Partnerschaft zu beschreiben. Die empirische Analyse hat für die praktische Umsetzung eine Reihe von Herausforderungen herausgefunden. Sie kommen unter anderem durch inhärente Machtdynamiken zum Tragen, die eine gleichberechtige Partnerschaft erschweren und zum Teil unmöglich – zu einem bloßen Märchen – machen. Um dieses Märchen von einer gleichberechtigen Partnerschaft auch in Bezug auf Machtdynamiken einordnen zu können, werden im Folgenden die wichtigsten Punkte zusammengefasst und mit einer konzeptionellen Ebene verknüpft. Es werden offene Fragen beantwortet, die sich in Kapitel 3 aus dem konzeptionellen Rahmen entwickelt haben: Wie lässt sich Prozesshaftigkeit darstellen und wann kann sie wirklich helfen, etwas in der Praxis zu verändern? Welche Eigenschaften von *Frictions* bestimmen das Ergebnis? Welche Rolle spielen Machtdynamiken (beziehungsweise Machtasymmetrien) in Friedensprozessen?

Zunächst ist festzustellen, dass Projekte der Friedensförderung mit externen Akteur*innen immer Orte erfordern, an denen das „Internationale" auf das „Lokale" trifft. Oftmals bleiben dabei das „Lokale" und das „Internationale" zwei binäre Oppositionen oder Einheiten, die nicht wirklich zusammenarbeiten. Auch im Falle des ZFD bleiben diese beiden Einheiten zunächst bestehen. Dabei wird das „Internationale" durch ZFD-Fachkräfte und ZFD-Träger*innen repräsentiert und das „Lokale" durch lokale Mitarbeitende und Organisationen vor Ort. In der praktischen Zusammenarbeit lassen sich – wie in Kapitel 8 geschildert – immer wieder Elemente finden, an denen diese dichotome Gegenüberstellung klar wird. Zum Beispiel, wenn es um Themen wie administrative Programmbedingungen, den Schutz der Mitarbeitenden oder Möglichkeiten zur Vorbereitung geht. Es finden sich im ZFD aber auch zahlreiche Beispiele, in denen diese beiden Einheiten nicht komplett als binäre Optionen auftreten, die hermetisch getrennt voneinander agieren. Vielmehr sind sie wechselseitig durchlässig, sie sind „[...] co-constitutive of each other and as such cannot be seen as separate parts of a binary. They are relational concepts [...]" (Mac Ginty, 2016c, S. 207). Dies wurde zum Beispiel in den Geschichten in Abschnitt 8.3.1 oder 8.6.1 deutlich, in denen alle beteiligten Akteur*innen gemeinsam an einer Ausgestaltung des ZFD gearbeitet haben. Für die Idee einer partnerschaftlichen Zusammenarbeit ist eine Auflösung der dichotomen Darstellung von lokal und global/extern wichtig. Denn dieser Darstellung zufolge dominiert die eine Ebene permanent die andere oder scheint ihr überlegen. „Das Lokale wird vom Globalen beeinflusst, geformt und gegebenenfalls verändert, ebenso wird aber auch das Globale durch das Lokale konstituiert. Es gibt demnach nicht nur eine globale Konstruktion des Lokalen, sondern gleichwohl eine lokale Konstruktion des Globalen" (Buckley-Zistel, 2021, S. 28). Es kommt dann dazu, sich gegenseitig zu konstituieren. Das Lokale wird ebenfalls zu einem*einer handlungsmächtigen Akteur*in, in dem Sinne, dass auch er*sie beeinflusst, wie das Globale definiert wird (siehe Abschnitt 8.2.). Im Zuge dieses gegenseitigen Konstituierens wird deutlich, dass Kontextfaktoren und der Einfluss von Einzelpersonen die Art der partnerschaftlichen Zusammenarbeit mitprägen. Das wurde zum Beispiel in Abschnitt 8.4.1. deutlich, als beschrieben wird, dass die ZFD-Fachkraft und die lokalen Mitarbeitenden sehr unterschiedliche Erwartungen an die Arbeitsverteilung hatten. „Actors situate others, but also themselves, in a relational position, based on the respective context in time and space" (Kappler, 2015, S. 876). Dadurch kann es zu dialogischer Friedensarbeit kommen. Dialogisch bezieht sich dabei auf die Art und Weise, wie Beziehungen zwischen verschiedenen Akteur*innen aufgebaut und gestaltet werden, und auf die Prinzipien, auf denen sie beruhen (Bernhard, 2013, S. 12). Dialogisch bedeutet im Allgemeinen, sich kontinuierlich und wechselseitig zu informieren und zu transformieren. Es impliziert Begegnung, Kommunikation, Interaktion, Austausch, Verständnis und Transformation, sieht dabei den eigenen Standpunkt nicht als endgültig an und hat nicht das Ziel einer Einigung (Isaacs, 1999, S. 19). Vielmehr zielt dieser Dialog auf den Aufbau einer Beziehung zwischen den Akteur*innen ab. Er versucht, alle unterschiedlichen Ansichten, Ideen und Interessen für eine Zusammenarbeit nutzbar zu machen. Das geschieht, indem nicht die Energie und Polarisierung unterschiedlicher Ansichten im Vordergrund stehen und ein gezielter Dialog geführt wird (Isaacs, 1999, S. 19). Ein Ergebnis dieser dialogischen Friedensarbeit sind hybride Konstrukte. Hybridität manifestiert sich also in der Akzeptanz, Übernahme und Vermischung unterschiedlicher Sichtweisen, Ziele, Interessen und Normen der beteiligten Akteur*innen (Bernhard, 2013, S. 13). Durch diese Ausführungen lässt sich feststellen, dass diese Forschungsergebnisse wichtige Implikationen für die Theoriebildung haben. Denn sie verdeutlichen die Komplexität des Nexus zwischen Theorie und Praxis der Friedensförderung. Wie diese Forschung gezeigt hat, interagieren Kontext, institutionelle Finanzierungsstrukturen und Menschen in unterschiedlichen Konstellationen über das Medium einer Organisation und deren Partnerschaft mit anderen Institutionen miteinander. Diese Faktoren wirken wie ein Filter, der beeinflusst, welche Ideen priorisiert und wie sie interpretiert und angewendet werden.

Durch diese Interaktionen wird der im *Local Turn* verankerte ZFD zu einem Beispiel für den hybriden Frieden. Denn er vollzieht sich in der Zusammenarbeit von verschiedenen Akteur*innen, und das Lokale und das Globale konstituieren sich gegenseitig. In dieser Konstitution kann zwischen einem positiven und einem negativen hybriden Frieden unterschieden werden. Ein positiver hybrider Frieden spiegelt nach (O. P. Richmond, 2015) kontextuell verwurzelte Prozesse wider, in denen soziale und politische Ungerechtigkeiten auf internationaler und lokaler Ebene angesprochen werden, und er kann nur durch Partnerschaft entstehen (Mac Ginty & Richmond, 2016, S. 231). Positiver hybrider Frieden schafft ein Gleichgewicht zwischen internationalen Präferenzen und lokalisierten Machtstrukturen, bleibt aber im Alltäglichen (*Everyday-Peace*) verortet. Wichtig dabei ist, dass er empathisch und emanzipatorisch ist, weil er Ansätze verfolgt, die letztlich nicht von externen Akteur*innen definiert werden. Nur so ist wirkliche Partnerschaft möglich. Im Gegensatz dazu hat negativer hybrider Frieden unterdrückerische soziale, politische oder militärische Strukturen, mit denen Eliteninteressen und der Status quo bewahrt werden (Richmond, 2015). Er entsteht aus Problemen und Spannungen, die sich aus liberal-lokalen Begegnungen ergeben. In seiner Konsequenz bleiben internationale und lokale Akteur*innen, Normen und Interessen entgegengesetzt zueinander. Negativer hybrider Frieden beruht auf einer hybriden Politik, in der strukturelle Gewalt aufrechterhalten und liberale Normen untergraben werden. „Tensions from international-local encounters result in a negative hybrid peace" (Simangan, 2017, S. 195). Er ist instrumentalisiert, künstlich, hegemonial und einseitig, da er entweder zu internationalisiert oder zu lokalisiert ist (Mac Ginty & Richmond, 2016, S. 230). Anstatt lokales Empowerment und Emanzipation zu bringen, lagert ein negativer hybrider Friedensprozess einfach Macht und Normen von der internationalen auf die lokale Ebene aus (Richmond, 2015, S. 51). Auch wenn in der wissenschaftlichen Literatur der positive und der negative hybride Frieden oftmals gegenübergestellt werden, zeigt sich aber im ZFD, dass beide gleichzeitig existieren können. So lassen sich im ZFD Elemente des positiven hybriden Friedens dann finden, wenn zum Beispiel ZDF-Fachkräfte kritisch über ihre Rolle und ihren Einfluss diskutieren. Oder wenn sie (Abschnitt 8.1.2.) das Verständnis von Neutralität hinterfragen, wenn (Abschnitt 8.3.2.) Aufgaben von Fachkräften übernommen werden, die sie emanzipieren und dadurch *Agency* entsteht, oder wenn (Abschnitt 8.1.3.) Legitimität durch Alltäglichkeit und die lokalen Akteur*innen erwächst. Gleichzeitig lassen sich im ZFD auch Merkmale des negativen hybriden Friedens finden. Dies ist zum Beispiel dann der Fall, wenn Spannungen zwischen lokalen Akteur*innen und ZFD-Akteur*innen aufkommen, welche (Abschnitt 8.4.2.) sogar zu Kündigungen führen können. Oder wenn (Abschnitt 8.4.4.) *Ownership* von lokalen Akteur*innen untergraben wird. Insofern kann im ZFD von einer Parallelität von negativem und positivem hybriden Frieden gesprochen werden, der sich jeweils unterschiedlich und abhängig von Kontexten und Personen ausdifferenziert. Das Auftreten dieser beiden Elemente ist damit zu erklären, dass es sich beim ZFD um sogenannte „*Travelling Packages*" handelt. Ein vermeintlich universelles Konzept, das von Deutschland als internationalem Akteur an verschiedenen Orten umgesetzt und vor Ort lokal übersetzt wird (Tsing, 2005, S. 237).

Gerade Interaktionen, welche zu negativem hybriden Frieden führen, tun dies, weil Interaktionen zwischen internationalen und lokalen Akteur*innen und Normen nicht immer gleichberechtigt sind und ihre asymmetrischen Beziehungen Formen von Macht (re)produzieren können. „Hybrid peace can be seen as a framework in which power circulates between its constituent actors" (Mac Ginty & Richmond, 2016, S. 229). Der ZFD zeigt jedoch auch, warum der hybride Frieden in der Praxis problematisch ist. Es werden Machtasymmetrien und Hierarchien in den Interaktionen reproduziert und Logiken von Inklusion und Exklusion setzen sich fort. Die meisten Herausforderungen, die sich auch durch Machtdynamiken im Rahmen der partnerschaftlichen Arbeit im ZFD ergeben, betreffen Rollendefinitionen, die Zusammenarbeit im Arbeitsalltag, Gleichbehandlung der involvierten Akteur*innen, die Finanzierung und die Wirkung der Projekte. Dies sind Themen, zu denen Reibungen (*Frictions*) entstehen. Dies wurde anhand der empirischen Beispiele in Kapitel 6 und 8 gezeigt. Deswegen ist es wichtig, mit dem *Friction*-Konzept zu arbeiten, wenn es um Themen wie Machtdynamiken und Partnerschaftlichkeit geht. Dabei kann es besonders im Rahmen des ZFD und von partnerschaftlich und lokal angelegten und verankerten Maßnahmen und Projekten in der Friedensarbeit hilfreich sein, nochmals das Konzept der *Everyday-Frictions* (Schia & Karlsrud, 2013, S. 243) heranzuziehen. Das Alltägliche wird verstanden als: „[…] everyday is regarded as the normal habitus for individuals and groups" (Mac Ginty 2014, S. 550). Demnach beziehen sich Reibungen auf alltägliche Meinungsverschiedenheiten, die in der gemeinsamen Zusammenarbeit in Projekten häufig auftreten, und auf ambivalente und asymmetrische Beziehungen und Hierarchien, die dazu führen, dass Meinungen unbeabsichtigte Auswirkungen haben. Diese werden weder allein von den lokalen noch von den internationalen/externen Akteur*innen definiert, sondern vielmehr durch deren Zusammenspiel, weil der alltägliche Frieden dialogisch in dem Sinne ist, dass er auf Interaktion beruht (Skeggs, 2002, S. 4).

Im Kontext von ambivalenten Beziehungen zwischen globalen und lokalen Akteur*innen (mit inhärenten Machtasymmetrien) kann dies bei friedensfördernden Interventionen wie dem ZFD unbeabsichtigt auch zu negativen Ergebnissen führen. Dabei können *Frictions* auf verschiedenen Ebenen entstehen, nämlich auf vertikaler und auf horizontaler Ebene. „Peacebuilding interaction can thus be said to hold both vertical frictions upholding asymmetrical relations between the international and the local and horizontal frictions as these interactions impact the mutual relationships between different actors in the post-conflict landscape altering local power relations" (Björkdahl & Höglund, 2013, S. 298). So lassen sich im ZFD beide Sorten *Frictions* finden. Vertikale *Frictions* kommen zum Beispiel dann vor, wenn die Einstellung eines ZFD-Projektes für die Fachkraft keine negativen Konsequenzen mit sich bringt und sogar zu einer neuen Stelle führen kann, während gleichzeitig für die lokalen Mitarbeitenden negative Konsequenzen zum Beispiel durch fehlende Finanzen und begonnene und nicht zu Ende geführte Projekte entstehen (siehe Abschnitt 8.4.2.). Horizontale *Frictions* treten zum Beispiel dann auf, wenn die Anwesenheit einer Fachkraft auch im ZFD nicht involvierte Akteur*innen beeinflusst. Als Beispiel dient die Geschichte in Abschnitt 8.2.2., in der eine Fachkraft bewusst zu einem Treffen mitgenommen wurde, um gegenüber einem mächtigen lokalen Akteur Macht zu demonstrieren. Arbeitet man in der Praxis mit dem Konzept der *Frictions*, ist es wichtig, sie nicht als eine Art verbindliches Element zu verstehen, das im Verlauf erfolgreicher Friedensarbeit abgehakt werden muss. Vielmehr geht es darum, individuelle Prozesse zu betrachten, welche durch regelmäßiges *Feedback* gemeinsam bearbeitet werden können (Björkdahl et al., 2016a, 211 f.). Erst so können *Frictions* als produktive Elemente für Veränderungen dienen (Björkdahl et al., 2016b, S. 9). Um den *Local Turn* mit Elementen der *Frictions* im Sinne einer partnerschaftlichen Arbeit des ZFD effektiv umzusetzen, ist es wichtig, dass die Akteur*innen diese Reibungen berücksichtigen, ihre Ursachen und ihr Schadenspotenzial verstehen und letztlich produktiv mit ihnen umgehen. Dieser produktive und proaktive Umgang mit Reibungen ist für Akteur*innen in jedem einzelnen Projekt relevant. Er ist ein zentrales Element und stellt eine ständige Herausforderung in der Arbeitsphilosophie jeder einzelnen involvierten Person dar. Die Art und Weise, wie Reibungen in einer bestimmten Intervention aufgelöst werden, hängt stark von den Gewohnheiten, Idealen und Verhaltensweisen der einzelnen Akteur*innen ab und stellt diese in den Mittelpunkt des Friedensförderungsprozesses. „The quality of the relations and interactions between the different actors and stakeholders is central to the effectiveness and sustainability of the peacebuilding process“ (Bernhard, 2013, S. 10). Dies bedeutet für die tatsächliche Arbeit, dass es wichtig ist, dass sowohl Berichts- als auch Feedback-Mechanismen genutzt werden. Zudem sollten aus den Erfahrungen, Rückmeldungen und Schlussfolgerungen der involvierten Akteur*innen Konsequenzen gezogen und untereinander abgeglichen werden.

Jedoch hat sich in den empirischen Untersuchungen zum ZFD gezeigt, dass diese produktive Nutzung von Reibungen oftmals nicht erfolgt. Dies hat verschiedene Gründe. Beispielsweise liegt es daran, dass wenig über diese produktive Nutzung bekannt ist. Aber auch daran, dass die vermeintlich partnerschaftliche Friedensarbeit auf asymmetrischen und gestörten Beziehungen basiert, dass es ein inhärentes Machtungleichgewicht in der Arbeit gibt und dadurch partnerschaftliches Arbeiten nicht gleichberechtigt erfolgen kann. So lassen sich im ZFD – wie in Abschnitt 8.7. gezeigt – folgende Machtdynamiken immer wieder finden: „1) Naturalization, 2) Othering, 3) Legitimization, 4) Hierarchization, 5) Depolitization, 6) Appropriation“ (Ziai, 2015, S. 8). Diese Dysfunktion zeigt sich schon an dem einfachen Fall, dass in der Friedensarbeit meistens die internationalen CSOs die Macht haben, zu wählen, mit wem sie arbeiten. Dies ist auch im ZFD so. Zwar können sich lokale Organisationen bei den ZFD-Träger*innen melden, doch obliegt den Träger*innen (Kapitel 8) letztendlich die Auswahl der Organisationen. Der Zugang zu ihnen wird außerdem durch administrative Hürden erschwert.

Anders als ihre lokalen Kolleg*innen haben die ZFD-Träger*innen das Privileg, sich aussuchen zu können, welche Organisationen sie als Partner*innen auswählen. Etwa diejenigen, die ähnliche Ideen haben oder in der Lage sind, ihre Ideen in einer Weise zu artikulieren, die mit denen der internationalen CSOs übereinstimmen. Dies zeigt sich auch immer wieder im ZFD, wenn kirchliche ZFD in der Regel nur mit kirchlichen oder kirchennahen Organisationen zusammenarbeiten. Ein anderes Element, das die Dysfunktion des Systems verdeutlicht, ist die Ressourcenkontrolle von CSOs aus dem Globalen Norden. Indem sie Ressourcen anbieten oder damit drohen, sie zurückzuhalten, Bedingungen für die Verwendung dieser Ressourcen aufstellen und sie einsetzen, um das Denken von Einzelpersonen und Organisationen zu beeinflussen, sind sie in der Lage, erhebliche Kontrolle über die Ausrichtung der Projekte auszuüben. Dies wird im ZFD deutlich, wenn Gelder wiederholt nicht in dem gewünschten Maß bewilligt werden oder Ressourcen nur nach bestimmten Absprachen und Prozessen verwendet werden dürfen. Auch wenn der Prozess der Programmgestaltung und Budgetierung aus Sicht der ZFD-Träger*innen partnerschaftlich abläuft, zeigt sich klar, dass die lokalen Partner*innen ihn nicht als komplett partnerschaftlich erleben. Sie passen (Abschnitt 8.1.5. und 8.3.1.) ihre Projektideen an die Ideen des ZFD und Vorgaben des BMZ an, damit sie zum Bild der Deutschen Friedensarbeit und der jeweiligen Landesstrategie passen. Gleichzeitig dürfen die lokalen Organisationen und Partner*innen aber nicht als machtlos angesehen werden. Bei näherer Betrachtung wird offensichtlich, dass lokale CSOs Macht über die Ausrichtung ihrer Projekte ausüben. Und zwar durch ihr Verständnis des Kontextes, ihre (wenn auch begrenzte) Fähigkeit, bestimmte Finanzierungsstrukturen anzunehmen oder abzulehnen, und über Zugänge, die sie haben. Dies erfolgt im ZFD zum Beispiel dadurch, dass die lokalen Organisationen Legitimität vor Ort schaffen, Zugänge zu Personen und lokalen Akteur*innen haben oder die Fachkräfte bei der Arbeit in bestimmte Richtungen lenken. Es ist also wichtig, die Wahrnehmung der Akteur*innen in der Friedensarbeit in Bezug auf Machtstrukturen und ihre eigene Position in der Friedensförderung zu verstehen. Dies impliziert nicht nur die Anerkennung der Komplexität zwischen den beteiligten lokalen und internationalen Akteur*innen, sondern auch die Anerkennung der Komplexität und der vielfältigen Formen des Handelns in deren Interaktionen (Schierenbeck, 2015, S. 1027).

Die empirischen Darstellungen haben gezeigt, dass dennoch in der gemeinsamen Friedensarbeit Abhängigkeiten und Interdependenzen zwischen den interagierenden Akteur*innen entstehen, die das Idealbild einer Partnerschaft beeinflussen. Oftmals entstehen sie durch diskursive Praktiken (siehe Kapitel 2), die als kollektive Praktiken der Ordnung und des *Framings* in den Köpfen der

Friedensakteur*innen entstehen. Mit ihnen wird versucht, komplexe Themen zu organisieren, Sinn zu bilden und dadurch bestimmte Akteur*innen zu privilegieren und andere zu entmachten. Allein schon, weil sich externe Akteur*innen wie im ZFD anmaßen, davon auszugehen, dass Fachkräfte vor Ort benötigt werden, die Friedensakteur*innen und -prozesse beraten, wird deutlich, dass „[…] auch im Ideal der Partnerschaft auf Augenhöhe eine Absicht besteht, zu beeinflussen, Veränderungen anzustoßen oder anders formuliert: zu intervenieren" (Pastoors, 2017, S. 442). Viele Praktiker*innen der Friedensarbeit aus dem Globalen Norden beschreiben ihre Partnerschaften generell zunächst als Möglichkeiten, ihre lokalen Partner*innen im Globalen Süden zu ‚ermächtigen', anzuleiten oder zu unterstützen, um die idealerweise für beide Seiten vorteilhaften Ziele der Friedensförderung zu erreichen (Cohen 2014, S. 68). Für die CSOs aus dem Globalen Norden ist die partnerschaftliche Zusammenarbeit ein Mittel, um ihre Projektziele zu erreichen. Dies wird im Sinne der Unterstützung lokaler Organisationen formuliert, damit diese qualifizierter und effektiver werden. Eine Formulierung, die mit einem zentralen Anliegen der liberalen Friedensförderung übereinstimmt. Der Partnerschaftsdiskurs selbst reproduziert Bilder eines passiven Anderen (*Othering*), dessen Verantwortung und Handlungsfähigkeit aktiviert werden muss (*Capacitybuilding*) (Baaz, 2007). Während der Partnerschaftsdiskurs in diesem Sinne alte, aus der Kolonialgeschichte stammende Bilder recycelt, spiegelt er auch neue Ideen darüber wider, was zum Beispiel passende Strategien der Friedensbildung oder des Monitorings sind. Die erzählten Geschichten spiegeln dies wider. Sie zeigen, dass durch diese Interessen die friedensfördernden Partnerschaften zwischen Akteur*innen aus dem Globalen Norden und dem Globalen Süden es erforderlich machen, dass die Interdependenz zwischen *Outsidern* und *Insidern* in Konfliktsituationen anerkannt wird. Die Frage, ob Außenstehende aus dem Norden an der Förderung von Frieden und Entwicklung im Globalen Süden beteiligt sein sollten, muss kritisch angegangen werden. Geht man davon aus, dass Partnerschaften jedoch bestehen und weiter bestehen werden, ist es wichtig, zu prüfen, wie sie verbessert werden können und wie sich die erwähnte Interdependenz in Konflikt- und Post-Konfliktsituationen manifestiert. Partnerschaften werden von Praktiker*innen profitieren, die erkennen, dass Wissen, Ressourcen und Macht untrennbare Komponenten sind. Die die vielen Schichten der Partnerschaft durchdringen und von den Akteur*innen erkannt und anerkannt werden müssen, da sie sich in den Beiträgen sowohl von *Insidern* als auch von *Outsidern* manifestieren.

Dennoch wird Partnerschaft oft zu einer leeren Worthülse. Es ist fraglich, wie Partnerschaft entstehen oder funktionieren soll, wenn es inhärente, zwischenmenschliche und strukturelle Machtungleichheiten gibt. Wenn das Denken und Handeln in der Friedensarbeit stark durch das ideologische Erbe des Kolonialismus geprägt sind. Wenn sie Teil einer neokolonialen Friedensarbeit bleibt und dadurch unterbewusst auf zwischenmenschlicher Ebene Ungleichheiten reproduziert. Wenn durch bestehende liberale Systeme und die Struktur der Friedensindustrie der Globale Norden immer weiter bevorteilt wird und in den jeweiligen Organisationen in der Durchführung diese Ungleichheiten immer weiter reproduziert werden. Es ist wichtig, diese Schieflagen anzuerkennen, um die ungleichen Strukturen zu transformieren. Erst dann kann die eigentlich so wichtige Idee der partnerschaftlichen Zusammenarbeit tatsächlich in einem gemeinschaftlichen Dialog zwischen den beteiligten Akteur*innen entwickelt werden. Dies liegt unter anderem daran, dass die Arbeit des ZFD paternalistische Züge aufweist. Wobei Paternalismus – wie in Abschnitt 2.2. beschrieben – als „mixture of care and control" (Barnett, 2016, S. 24) verstanden wird. Dabei lassen sich bestimmte Kriterien (Barnett, 2015, S. 221), die Paternalismus definieren, im ZFD beobachten: So ist 1) die notwendige Bedingung bei einem Großteil der ZFD-Fachkräfte erfüllt, dass die Motivation, im ZFD zu arbeiten, zumindest teilweise durch Mitgefühl, Fürsorge oder Wohlwollen getragen ist. 2) haben die angeführten Geschichten aufgezeigt, dass dem ZFD durch die Entsendung von Fachkräften als Berater*innen die Annahme zugrunde liegt, dass die Personen vor Ort selbst nicht in der Lage sind, eine bestimmte Arbeit zu machen. Woraus 3) geschlussfolgert wird, dass das Urteil der externen ZFD-Fachkräfte besser ist als dasjenige der Menschen vor Ort und sich dadurch 4) für einige ZFD-Fachkräfte eine Art Verantwortungsgefühl für die Arbeit entwickelt. Es kommt im ZFD jedoch nicht dazu, dass lokale Akteur*innen nicht einbezogen werden, was auch als ein Merkmal gesehen werden kann (Barnett, 2016, S. 24). Ebenfalls spielen die Fragen nach Legitimität und Zustimmung in der Arbeit eine entscheidende Rolle bei der Definition von Paternalismus. Ist beides nicht vorhanden, liegt eindeutig Paternalismus vor. Doch auch bei geringer Zustimmung oder geringer Legitimität kann von Paternalismus gesprochen werden (Barnett, 2016, 30 ff.), da so eine zumindest zum Teil ungewollte Einmischung erfolgt. Diese lässt sich, wie die Geschichten in Kapitel 8 gezeigt haben, zum Teil auch im ZFD finden. Es ist fraglich, ob Friedensarbeit, die durch externe Akteur*innen geleistet wird, überhaupt diesem Vorwurf entgehen kann, da vor Ort immer ein Eingreifen stattfindet. „It is because of their ignorance, that good intentions almost always go away" (M. Barnett, 2016, S. 26). Paternalismus offenbart sich nicht nur durch bestimmte Arten, Programme zu gestalten oder Ziele festzulegen, sondern vielfach über konkrete Handlungen (Autesserre, 2017, S. 164). Anders als oftmals in der Friedensarbeit bemängelt, ist das Hauptproblem im ZFD aber nichtdie

Ignoranz gegenüber lokalen Akteur*innen und dass einem bestimmten Muster gefolgt wird. Vielmehr ist es die Ignoranz der Tatsache gegenüber, dass trotz einer vermeintlich partnerschaftlichen Arbeit Machtdynamiken weiterhin eine entscheidende Rolle in der Zusammenarbeit spielen. Zentral ist dabei der Fakt, dass das externe Wissen einer Fachkraft über das lokale Wissen gestellt wird, was ein klares Zeichen von Paternalismus ist. Besonders die Rolle von Expert*innen kann als „evidence-based paternalism" (Barnett, 2016, S. 29) gesehen werden. Paternalismus vollzieht sich somit in alltäglichen Handlungen (auch unterbewusst), und es kann von einem *Everyday-Paternalism* gesprochen werden (Autesserre, 2017, S. 164).

Es ist wichtig, diese paternalistischen Züge zu erkennen und die Schieflagen der Partnerschaft anzuerkennen, um die ungleichen Strukturen zu transformieren. Erst dann kann die eigentlich so wichtige Idee der partnerschaftlichen Zusammenarbeit tatsächlich in einem gemeinschaftlichen Dialog zwischen den beteiligten Akteur*innen entwickelt werden. Es lässt sich also festhalten, dass jede Art der Partnerschaft in der Friedensarbeit in ihren individuellen und institutionellen Beziehungen und Zeitrahmen so einzigartig ist, dass eine eindeutige Definition von „Partnerschaft" problematisch ist und einschränkend wirken würde. Dennoch haben die hier dargestellten Geschichten und Diskussionen gezeigt, dass kritische Momente und Wendepunkte der Partnerschaft immer wieder auftreten können. Deswegen ist es wichtig, die eigene Arbeit immer wieder zu reflektieren und daraus Handlungen abzuleiten. In diesem Sinne können Partnerschaften als dynamische Prozesse verstanden werden, durch die alle beteiligten Partner*innen das Potenzial haben, zu lernen und dadurch neue Formen und Praktiken zu fördern. Die Partner*innen haben dabei komplementäre Rollen, die wiederum auf Differenzen beruhen. Diese können als Treiber der Partnerschaft gesehen werden, wenn sie nutzbar gemacht werden. „A partnership encompasses mutual influence, with a careful balance between autonomy and synergy, incorporating equal participation in decision-making, mutual accountability and transparency, and mutual respect" (Kassem et al., 2021, 2).

Somit kann diese Forschung das Fazit ziehen, dass es keine Partnerschaft auf Augenhöhe geben kann. Es kann auch nicht von einer gleichberechtigten Partnerschaft gesprochen werden. Vielmehr muss die Rede von dynamischen Partnerschaften und gemeinsamen Aushandlungsprozessen sein. Diese können durch längerfristige Beziehungen entstehen, die so strukturiert sind, dass Fragen der Verantwortlichkeit dezentralisiert werden und mehr Raum für den Austausch von Ideen geboten wird. Um diese Art der Partnerschaft zu erreichen, ist die Idee der gemeinsamen Verantwortung (*Shared Ownership*) wichtig. Und zwar im Sinne der Anerkennung der Bedürfnisse der lokalen Bevölkerung, die sowohl in die Planung als auch in die Umsetzung von friedensfördernden Projekten involviert sein muss. Sowie im Sinne der Verantwortung der internationalen Akteur*innen – und insbesondere der Geber*innen – dafür, dass ihre Ressourcen auf verantwortungsvolle Weise eingesetzt werden (Donais, 2012). Darüber hinaus helfen Aktivitäten, die speziell darauf ausgerichtet sind, Ideen aus dem Globalen Süden zu eruieren. Aktivitäten, die alle beteiligten Akteur*innen dazu ermutigen, gemeinsam Rahmenbedingungen zu entwickeln, Analysen durchzuführen und sicherzustellen, dass lokale Ideen in die Projektgestaltung einfließen.

9.2 Handlungsempfehlungen für die Friedensarbeit

Der ZFD versucht in seiner Arbeit, andere Maßstäbe anzulegen als die traditionellen Geberorganisationen, indem den lokalen Akteur*innen eine aktive und einflussreiche Rolle zugewiesen wird. Jedoch bleibt es hier bei einer Zuweisung dieser Rolle, und es kommt vonseiten der lokalen Akteur*innen nicht zu einer eigenen Übernahme dieser Rolle. Dies ist schon darauf zurückzuführen, dass der ZFD als Organisation in ein Land geht und dort mit lokalen Organisationen zusammenarbeitet. Die Rollenverteilung findet nicht in einem Aushandlungsprozess statt, sondern ist durch den ZFD vordefiniert. Dennoch gibt es viele positive Beispiele innerhalb des ZFD, wie lokale Akteur*innen aktiv in den Prozess der Friedenskonsolidierung eingebunden sind: die gemeinsame Projektgestaltung und -evaluierung, der Netzwerkcharakter als Mittel der lokalen Zusammenarbeit und die Idee der Schaffung von *Ownership* für lokale Akteur*innen im Prozess der Friedenskonsolidierung. Dennoch reichen diese Elemente nicht aus, um tatsächlich von einem *Local Turn* und von Partnerschaftlichkeit im ZFD zu sprechen. Weitere Veränderungen sind notwendig, um bestehende Machtdynamiken in Frage zu stellen. Um solche Veränderungen zu erreichen, ist an vielen Stellen in der Architektur der Friedensförderung und Entwicklungszusammenarbeit ein grundlegender Stilwechsel erforderlich (Mannitz, 2014). Dieser kann nur in kleinen Schritten stattfinden, um langfristig und nachhaltig Frieden zu schaffen. In der deutschen Friedens- und Entwicklungszusammenarbeit zeigt sich diese Veränderung derzeit an der Einführung einer feministischen Außen-, Sicherheits- und Entwicklungspolitik aber an der neun Afrika-Strategie des BMZ. Dieser Ansatz ist sehr zu begrüßen und kann sich positiv auf Programme wie den ZFD, aber auch auf die Beziehung zwischen den beteiligten Akteur*innen auswirken. „Feministische Entwicklungspolitik nimmt alle Menschen in den Blick und setzt an den Wurzeln der Ungerechtigkeiten an: den Machtverhältnissen zwischen den

Geschlechtern, sozialen Normen und Rollenbildern“ (BMZ n. d. a). Dabei berücksichtigt die neu ausgerichtete feministische Entwicklungspolitik Aspekte wie gleichberechtigte Teilhabe, Diversität, Transformation von Machtverhältnissen, partizipative und intersektionale Ausrichtung, dekoloniale und anti-rassistische Ausrichtung, Repräsentation, faire Ressourcenverteilung und einen ausgerägten Netzwerkgedanken (BMZ 2022).

Mit Blick auf Änderungen in der Arbeit und die Ausrichtung der Friedens- und Entwicklungszusammenarbeit bieten die hier anschließenden Schlussfolgerungen Empfehlungen für bestimmte ZFD-Arbeitsbereiche. Aber auch für andere Organisationen, die lokale, partizipative Ansätze anwenden wollen, um den Eisberg der Machtdynamiken in Angriff nehmen zu können. In diesen 23 Handlungsempfehlungen geht es darum, das Bewusstsein für die Themen zu schärfen und es folglich in Aktionen und Handlungen umzusetzen. Es geht darum, sie für die „everyday-practices, habits and narratives“ (Autesserre, 2014, S. 253) nutzbar zu machen. Diese finden oft in einer informellen Sphäre statt. Dies kann zu einem organisationalen Lernprozess der ZFD-Träger*innen, aber auch zu einem Lernprozess für andere Friedensakteur*innen führen. Dieser ist in der Friedensarbeit besonders relevant, da Friedensarbeit immer in sich wandelnden Strukturen stattfindet (Campbell, 2018, S. 39). Die 23 Handlungsempfehlungen wurden auf Grundlage der Forschungsergebnisse entwickelt. Sie beziehen konkrete Wünsche ein, die Personen in Interviews geäußert haben. Dadurch sind manche Handlungsempfehlungen zum Teil auf einer Metaebene formuliert, andere hingegen sind sehr kleinteilig und gehen ins Detail. Dennoch werden hier alle Handlungsempfehlungen gleichrangig behandelt. Allen wird die gleiche Relevanz eingeräumt, da alle Empfehlungen, wenn sie umgesetzt werden, Implikationen für die ZFD-Praxis, aber auch für zivile und partnerschaftlich verankerte Friedensarbeit allgemein haben können. Um die einzelnen Handlungsempfehlungen zu sortieren, werden sie den in der Empirie bereits verwendeten Themen zugeordnet. Es gibt Handlungsempfehlungen, die mehrere verschiedene Themen betreffen. Sie werden jedoch nur einmal aufgeführt, und zwar in dem Themenbereich, den sie am meisten ansprechen. Die einzelnen Numerierungen der Empfehlungen stellen keine Wertung dar, sondern dienen lediglich der Übersicht. Eine Sortierung der Empfehlungen innerhalb der einzelnen Themenkategorien findet, wenn überhaupt, nur in dem Sinne statt, dass mit sehr kleinteiligen Empfehlungen begonnen wird, die dann immer breiter werden und nicht zwangsläufig aufeinander aufbauen.

Handlungsempfehlungen zum Thema: Selbstverständnis der ZFD-Organisationen

1. Anerkennung der Rolle als Geber*in

Die meisten ZFD-Träger*innen definieren sich nicht als Geber*innen. Dennoch sehen viele lokale Partner*innen und auch Fachkräfte den ZFD als Geber*in und als Teil der *Peace-Industry*, die nicht solidarisch und partnerschaftlich ausgerichtet ist. Es ist nicht hilfreich, die eindeutig vorhandene Geber*innenbeziehung einfach in Partnerbeziehung umzubenennen. Denn die Strukturen bleiben gleich. Vielmehr muss der ZFD sein eigenes Profil schärfer in den Blick nehmen und die eigene Rolle als Geber*in authentischer reflektieren. Ein Dialog mit den lokalen Partner*innen und Fachkräften kann dem ZFD behilflich sein, zu verstehen, an welchen Aspekten die Rolle des ZFD als Geber*in festgemacht wird. Solange das Geld im ZFD fließt, wird er allerdings seine Rolle nicht verlassen können. Umso wichtiger ist es, diese Rolle des ZFD und die damit verbundenen Implikationen einzugestehen, die nicht intendierten Folgen zu reflektieren und diese kritische Reflexion stärker in die ZFD-Programme und -Strategien einzubeziehen. Denn durch die externe Intervention und die Auswahl von bestimmten Partner*innen und Zielgruppen können politische und ökonomische Strukturen in den jeweiligen Ländern sowohl negativ als auch positiv beeinflusst werden.

2. Partnerschaft gemeinsam definieren

Wirklich partnerschaftliches Arbeiten kann es nur geben, wenn eine gleichberechtige Partnerschaft herrscht. Dazu ist es notwendig, dass alle beteiligten Akteur*innen die gleichen Rechte und Pflichten, aber auch die gleichen Mittel und monetäre Ressourcen haben. Dies ist durch bestehende inhärente Machtdynamiken und die Strukturen des internationalen Systems oft nur schwer umsetzbar. Weil partnerschaftliche Arbeit auch immer Intervention bedeutet, wird diese Machtdynamik verstärkt. Deswegen muss aktiv in Frage gestellt werden, ob von einer partnerschaftlichen Arbeit gesprochen werden kann. Es muss deutlich hinterfragt werden, in welchen Bereichen partnerschaftliches Arbeiten überhaupt möglich und in welchen es nicht möglich ist. Dazu ist eine Definition des Begriffes „Partnerschaft" erforderlich, die Träger*innen und lokale Organisationen gemeinsam teilen. Diese Definition muss beinhalten, in welchen Bereichen partnerschaftliches Arbeiten möglich ist, wie dies aussehen kann und welche Elemente dabei relevant sind. Die Definition muss immer wieder neu gefasst werden. Zudem muss die Tatsache anerkannt werden, dass im ZFD lokale und externe Akteur*innen nach wie vor als binäre Oppositionen dargestellt werden. Diese Konzepte lassen sich im ZFD in seiner jetzigen Form nicht auflösen. Das aber ist für einen vollständigen *Local*

Turn wünschenswert. Sehr wichtig ist daher die Anerkennung, dass es kein einheitliches "local" und kein einheitliches "extern" gibt und dass alle Akteur*innen nach bestimmten analytischen Kategorien definiert werden.

Handlungsempfehlungen zum Thema: Verortung des ZFD in der Friedensarbeit

3. PM&E muss die kleineren Wirkungen genauer in den Blick nehmen
Die PM&E-Arbeit im ZFD ist sowohl für die ZFD-Fachkräfte als auch für die lokalen Partner*innen eine Herausforderung. Denn oft schlagen sich Wirkungen, die evaluiert werden, in Details nieder, sie erfolgen auf einer Mikroebene oder auf persönlicher Ebene von Akteur*innen. Der PM&E-Prozess muss diese kleinteiligen Veränderungen genauer untersuchen. Diese kleinen Veränderungen, die dennoch größere Wirkung haben können, müssen vor Projektbeginn genauer diskutiert werden. Sowohl die Fachkräfte als auch die lokalen Partner*innen müssen in der Vorbereitungszeit beziehungsweise bei der Ausgestaltung des Projektantrages schon genauer darüber informiert werden, dass es womöglich nur zu kleinen Veränderungen in den Projekten kommen wird, damit keine falsche Erwartungshaltung entsteht.

4. Klarere Ausdifferenzierung des Verständnisses von Nachhaltigkeit
Nachhaltigkeit ist eines der entscheidenden Themen, wenn es um Friedenprozesse geht. Auch im ZFD ist Nachhaltigkeit sehr wichtig. Sie wird zwar oft in den Dokumenten zur letzten ZFD-Reform erwähnt, doch wird nicht klar definiert, was darunter zu verstehen ist. Um nachhaltig arbeiten zu können, muss eindeutig definiert werden, was unter Nachhaltigkeit verstanden wird. Eine solche Definition muss in Zusammenarbeit mit den Personen in den betroffenen Ländern erarbeitet werden. Dabei ist zu berücksichtigen, welches Verständnis von Nachhaltigkeit dort existiert. Diese Nachhaltigkeitsdefinition muss zudem Aspekte der Projektfinanzierung, eine Ausstiegsstrategie und die Projektdauer enthalten.

Handlungsempfehlungen zum Thema: die Rolle und Aufgabe der Fachkräfte

5. Reform der Idee einer externen Friedensfachkraft
Der ZFD, aber auch alle anderen Organisationen, die Fachkräfte entsenden, müssen verstärkt die Selbstverständlichkeit hinterfragen, mit der sie dies tun. Personen werden aufgrund gewisser Bildungsabschlüsse, ihrer Berufserfahrung und kurz-

oder mittelfristiger Auslandserfahrung zu Fachkräften, die im Rahmen des Entwicklungshelfer*innengesetzes „Hilfe“ leisten sollen. In diesem Zusammenhang ist schon das Entsendungsmodell als „Helfer*in“ an sich ambivalent. Denn es geht im ZFD eigentlich darum, dass Fachkräfte begleiten und beraten. Da dies jedoch oftmals schwer umzusetzen ist und Fachkräfte als „Helfer*innen“ mandatiert sind, kommt es in der Realität häufig dazu, dass sie stärker in der eigentlichen Umsetzung agieren. Entsprechend ist es erforderlich, das Entwicklungshelfer*innengesetz eindeutig zu überarbeiten und an die aktuellen Realitäten anzupassen. Dies kann einen Beitrag zur Dekolonialisierung der Friedensarbeit leisten. Wenn der ZFD komplett von dieser Entsendung von Entwicklungshelfer*innen losgelöst würde, könnte dies viele der benannten Rollenprobleme lösen. Zwar würde dies strukturelle und administrative Veränderungen mit sich bringen, jedoch positive Effekte auf die Handlungsfähigkeit haben. Generell ist es empfehlenswert, die beratende Rolle auszubauen und von dem Gedanken des Helfens und des Machens abzulassen. Es sollte die beratende Rolle als elektive beratende Rolle definiert werden. Sie ist an sich nicht neu, wird jedoch in der Praxis nicht konsequent angewendet. Der Fokus liegt hier auf dem Prozess, den Akteur*innen an sich und auf der Nutzung bereits vorhandener Strukturen und lokalen Wissens (Lederach, 2008, S. 65). „Der Fokus liegt auf der Haltung der Beraterin*des Beraters und dem Anspruch, sich selbst, das eigene Handeln und die eigene(n) Rolle(n) zu reflektieren“ (Pastoors, 2017, S. 440).

Eine ähnliche Ambivalenz herrscht in Bezug auf die Neutralität von Fachkräften, die von den ZFD-Träger*innen als gegeben und wichtig eingestuft wird. Sobald im ZFD inhärente Machtdynamiken und die Rolle als Geber*in anerkannt sind, wird klar, dass es diese Neutralität nicht geben kann. Es muss von den ZFD-Träger*innen die Frage gestellt werden, ob die Realität der Fachkräfte mit dem Entsendungsmodell tatsächlich übereinstimmt. Dass dieses Modell der Entsendung nicht mehr zeitgemäß ist, zeigt sich unter anderem auch daran, dass darin davon ausgegangen wird, dass die Fachkräfte ihr vor Ort erworbenes Wissen mit nach Deutschland bringen und hier damit weiterarbeiten (Konsortium Ziviler Friedensdienst 2016, S. 15). Dies geschieht sicher auf persönlicher Ebene, doch bei den wenigsten ehemaligen Fachkräften auf strukturierte Art und Weise. Dies liegt unter anderen am Interesse und an den Möglichkeiten in Deutschland, jedoch auch daran, dass sich nicht jede Fachkraft als lernende Person versteht. Wenn eine Fachkraft vor Ort selbst eine lernende Person sein soll, muss dieser Anspruch in der Arbeit fest etabliert werden und es wird ein ausdifferenzierter Lernrahmen benötigt. Ein weiteres Problem die Entsendung der Fachkräfte betreffend, ist, dass sie von den Entsendeorganisationen oft allein durch ihre Herkunft legitimiert werden. „ZFD-Fachkräfte leisten durch ihre Herkunft […] wertvolle Beiträge zur Vernetzung, besonders international“ (Gemeinschaftswerk

ZFD 2014, Abschn. 5.2., S. 1). Dieser Weg, Legitimität herzustellen, ist äußert problematisch, weil diese Auffassung die Fachkräfte allein aufgrund ihrer Herkunft über lokale Mitarbeitende stellt. Auf Grundlage dieser Punkte muss selbstkritisch hinterfragt werden, ob dieses System der Entsendung noch zeitgemäß ist. Generell ist es ratsam für den ZFD, nicht mehr über das Entwicklungshelfer*innengesetz zu entsenden, da es vielfach an den Realitäten der Fachkräfte vorbeigeht. Darüber hinaus sollte grundsätzlich überdacht werden, ob in jedem Fall eine Entsendung unbedingt nötig ist oder ob nicht andere Mechanismen greifen können. Auf jeden Fall muss individuell mit den lokalen Partner*innen eine Analyse dessen durchgeführt werden, was sie benötigen: reine Finanzierung, kurzzeitige personelle Unterstützung, eine integrierte Fachkraft, flexiblere Einsätze von Fachkräften, eine Fachkraft, die punktuell mit ihnen zusammenarbeitet, Gelder für lokale Fachkräfte oder Weiterbildung für lokale Mitarbeitende. Diese „angemessene Mischung von Kooperationsmodalitäten" (Paffenholz, 2011, S. 7) wurde bereits vor zehn Jahren im Rahmen der Evaluierung gefordert. Doch bis heute lässt die Umsetzung zu wünschen übrig. Deswegen ist diese Forderung heute umso dringlicher.

Handlungsempfehlungen zum Thema: die Rolle und Aufgabe der Partner*innen

6. Aufnahme von lokalen Partner*innen in Entscheidungsgremien
Um mehr lokale Stimmen in den gesamten Prozess der ZFD-Projekte und -Programme einzubeziehen, sollten Vertreter*innen aus verschiedenen Regionen der Welt im ZFD-Konsortium vertreten sein. Dies gibt dem ZFD die Möglichkeit, lokale Partner*innen in die politischen Prozesse und die Projektgestaltung einzubeziehen. Gleiches gilt für die einzelnen Träger*innen des ZFD, bei denen auch lokale Partner*innen zum Beispiel in Beratungsgremien oder im Vorstand sitzen sollten, um dort an wichtigen Entscheidungen teilhaben zu können. Dadurch wird ein gemeinsames, strategisches Arbeiten am ZFD möglich, und es können alle Beteiligten an wichtigen Entscheidungsprozessen teilhaben.

7. Verstärkt lokale Friedensfachkräfte fördern
Wenn die Idee der externen Friedensfachkraft reformiert wird, ist es ebenfalls wichtig, die Potenziale von Fachkräften in den entsprechenden Ländern zu analysieren. Könnte die Arbeit, welche von einer externen Fachkraft durchgeführt wird, nicht ebenso gut oder sogar besser von einer lokalen Fachkraft durchgeführt werden? Diese verstehen den kulturellen Kontext, haben in der Regel weniger sprachliche Verständigungsprobleme und können lokales Wissen zielgerichtet einsetzen. So kann mehr *Ownership* bei den Menschen vor Ort liegen und es kommt zu einem tatsächlichen *Local Turn*. Zwar gibt es im ZFD bereits einige lokal besetzte Stellen.

Doch sind sie oftmals in der Administration oder bei Querfinanzierungen von Mitarbeitenden der lokalen Partnerorganisationen, aber sehr selten ist es die Stelle einer Fachkraft. Es müssen die Bedingungen gut sein, zu denen die Personen arbeiten, die schon über den ZFD finanziert werden. Deswegen müssen Gehalt und Leistungen – wie zum Beispiel Versicherungsschutz – kritisch überprüft werden. Sie dürfen nicht unter landesüblichen Standards liegen. Im Sinne des Dialoges mit den Partnerorganisationen muss der offene Dialog darüber gesucht werden, ob nicht eine lokale Friedensfachkraft die geeignetere Wahl für die entsprechende Stelle ist. Ebenfalls sollte in Betracht gezogen werden, ein Modell für Süd-Fachkräfte zu entwickeln, wonach zum Beispiel Fachkräfte aus Kenia als Fachkraft in Uganda leben und arbeiten können.

8. Klare Definition des Begriffs „Lokal"
Im ZFD gibt es nur wenige Anhaltspunkte dafür, wer oder was unter der Kategorie „Lokal" zu verstehen ist. In den offiziellen ZFD-Dokumenten lassen sich dazu nur unzureichende Hinweise finden. Dies ist einerseits positiv, da so eine große Offenheit gewahrt bleibt, andererseits auch problematisch, da es zu einer Unschärfe beiträgt. Das „Lokale" wird im ZFD als selbstverständlich wahrgenommen, und es lassen sich immer wieder romantisierende Tendenzen finden. Von dieser Auffassung muss sich der ZFD befreien. Denn nicht alle lokalen Organisationen wollen zum Beispiel mit dem ZFD zusammenarbeiten und es ist keine Selbstverständlichkeit, die internen Strukturen im Rahmen der Zusammenarbeit nach außen zu öffnen. Zu dieser Redefinition des Lokalen im ZFD gehört auch, sich von der Darstellung über die Lederach-Pyramide zu distanzieren. Trotz wissenschaftlicher Kritik wird sie im ZFD noch immer verwendet. Es ist deswegen wichtig, anzuerkennen, dass „das Lokale" im ZFD durch Praktiken der Repräsentation sowohl genutzt als auch produziert wird und derzeit als binärer Counterpart zum „Externen" besteht. Es muss genau evaluiert werden, welche Bedeutung dies für die Repräsentation des Lokalen und die Anerkennung seiner Komplexität im Rahmen der friedenspolitischen Agenda des ZFD hat.

Handlungsempfehlungen zum Thema: Bedeutung der Vorbereitung für die Arbeit der Fachkräfte und Partner*innen vor Ort

9. Reform der Vorbereitung und Begleitung für Fachkräfte und lokale Partner*innen
Die Vorbereitung der Fachkräfte ist ein elementarer Bestandteil des ZFD und für viele andere Friedensfachkräfte in anderen Programmen. Die Vorbereitung ist umso erfolgreicher, je praxisnaher und individueller sie gestaltet ist. Deswegen ist es wichtig, vor der eigentlichen Vorbereitung die Bedürfnisse der Fachkräfte genau

zu ermitteln, um die Vorbereitung möglichst individuell an die Personen anzupassen. Zu dieser individuellen Vorbereitung gehört es, sowohl zu ermitteln, welche Fähigkeiten die Fachkraft bereits mitbringt, als auch ein Dialog mit den lokalen Partner*innen darüber, welche Fähigkeiten und Kompetenzen ihnen wichtig sind. Auch konkrete Einblicke in die Arbeit, welche die Fachkraft vor Ort erwarten wird, können die Vorbereitung konkreter machen. Hilfreich kann der Austausch mit der Partnerorganisation oder dem*der Koordinator*in vor Ort, aber auch mit ehemaligen Fachkräften sein. Ebenfalls ist es wichtig, Trainer*innen auszuwählen, welche möglichst viel Praxiserfahrung mitbringen, um über konkrete Themen der Arbeit zu berichten. Aber auch Trainer*innen, die einen diversen Hintergrund mitbringen und nicht nur Aspekte behandeln können, die in Diskursen im Globalen Norden diskutiert werden. Neben der Vorbereitung für Fachkräfte ist es ebenso wichtig, Vorbereitung für lokale Partner*innen anzubieten. Der Wunsch der lokalen Partner*innen nach mehr Vorbereitung und Ausbildung im ZFD und zu ZFD-Themen sollte berücksichtigt werden. Vorbereitungsschulungen für lokale Akteur*innen sollten verpflichtend sein und konzeptioniert werden, um strukturiert stattfinden zu können. Für diese Konzeption ist es wichtig, neben generellem Wissen über den ZFD auch Wissen zu anderen Themen zu vermitteln. Entsprechend muss der Trainingsbedarf präzise ermittelt werden, um passende Angebote machen zu können. Bei der Themenwahl ist es mehr als empfehlenswert, interkulturelle Trainings in regelmäßigen Abständen durchzuführen. Eine Möglichkeit, diese beiden Veränderungen in die Vorbereitung zu integrieren, kann es sein, die Vorbereitungszeit für die Fachkräfte in zwei Blöcke zu teilen. Ein erster, eher allgemeiner Vorbereitungsteil könnte zum Beispiel in Deutschland und ein zweiter Teil könnte nach einiger Zeit in dem jeweiligen Land stattfinden. Dieser kann zum Beispiel gemeinsam mit den lokalen Partner*innen abgehalten werden. So könnte gemeinsam an Rollendefinitionen, der Rolle des ZFD für die Arbeit und an Themen gearbeitet werden, zu denen Weiterbildungsbedarf identifiziert wurde. Dadurch wird die Vorbereitung für alle Beteiligten praxisnäher. Ebenfalls könnten gemeinsam Machtaspekte diskutiert werden, die in der ZFD-Arbeit immer wieder eine Rolle spielen. Es können Mechanismen entwickelt werden, sie zu identifizieren und mit ihnen umzugehen.

Handlungsempfehlungen zum Thema: *Ownership* und Legitimität im ZFD

10. Auswahlprozesse der Fachkräfte dialogisch gestalten

Oftmals werden die lokalen Partner*innen nicht vollständig in den Auswahlprozess für die ZFD-Fachkräfte einbezogen. Einige erhalten nur die Lebensläufe nach der Auswahl durch die ZFD-Träger*innen in Deutschland. Nur wenige nehmen an den Vorstellungsgesprächen teil. Es bedarf einer stärkeren Einbeziehung aller Partner*innen in den Auswahlprozess, da sie diejenigen sind, die mit den Fachkräften arbeiten werden. Dabei ist es wichtig, dass die gemeinsamen Absprachen schon vor dem eigentlichen Auswahlprozess stattfinden. So ist es relevant, dass die lokalen Partner*innen die für sie wichtigen Kriterien benennen können, die dann Teil der Ausschreibung werden, aber auch im Bewerbungsprozess berücksichtigt werden. Dazu gehört zum Beispiel die Diskussion der Frage, ob eher das fachliche Wissen oder die persönliche Eignung für die lokalen Partner*innen relevanter in der Zusammenarbeit ist. Ebenfalls muss zu Beginn dieses Prozesses deutlich geklärt werden, dass Fachkräfte unterschiedliche Rollen im ZFD einnehmen können und dass sie integriert oder nicht integriert arbeiten können. ZFD-Träger*innen sollten ihre zum Teil starren Konstrukte hinter sich lassen, wonach sie nur mit einer Entsendeweise arbeiten. Vielmehr sollten sie intensiver mit den lokalen Partner*innen vor Beginn des Auswahlprozesses der Fachkräfte klären, welche Art von Fachkraft für sie geeignet ist. Doch nicht nur der Einbezug der lokalen Partner*innen muss überdacht werden, sondern das ganze Auswahlsystem, das oft zu lange dauert, was dazu führt, dass sich Realitäten vor Ort ändern können. Hier kann es hilfreich sein, einen Pool an Fachkräften zu haben, die flexibel einsetzbar und abrufbar sind und Stellen somit schneller besetzt werden können.

11. Überdenken des Konzepts *Ownership*

Ownership als Konzept spielt im ZFD, aber auch in anderen Formen der Friedensarbeit eine wichtige Rolle, um partnerschaftlich und nachhaltig zu arbeiten. Es muss klarer definiert werden, wie diese *Ownership* erzeugt werden kann. Eine Fokussierung darauf, dass *Ownership* bereits allein durch eine Kooperationsanfrage definiert wird, wie es im ZFD der Fall ist, reicht nicht aus. Ein erster wichtiger Schritt auf dem Weg zu *Ownership* ist es, die lokalen Partner*innen in ihrer vollen Relevanz für die Friedensarbeit zu berücksichtigen. Lokale Partner*innen sind entscheidend für den ZFD, werden jedoch nicht immer ihrer Bedeutung entsprechend behandelt. Zum Beispiel werden die ZFD-Fachkräfte in den ZFD-Strategie- und -Verwaltungspapieren viel ausführlicher beschrieben als die lokalen Partner*innen, und der ZFD wird als Instrument der Personalentsendung immer wieder in den Fokus gerückt. Um die lokalen Partner*innen angemessen zu berücksichtigen, sollten sie stärker in den Strategie- und Verwaltungspapieren und gleichbedeutend mit den ZFD-Fachkräften erwähnt werden. Ein weiterer wichtiger Aspekt zur Schaffung von *Ownership* ist es, mit den betroffenen Personen einen Dialog aufzunehmen. Dabei können folgende Fragen hilfreich sein: Sehen Sie eventuell schon *Ownership* bei sich? In welchem Maße ist Ihnen *Ownership* wichtig? Was wird unter dem Begriff verstanden? – Dazu gehört es auch, das ZFD-Konzept oder eine andere Form der Friedensarbeit transparent zu erklären und verschiedene Optionen der Zusammenarbeit aufzuzeigen. Es darf nicht dazu kommen, dass lokale Partner*innen eigentlich gar keine Fachkraft im Büro haben wollen, sich aber darauf einlassen, weil sie denken, dass es verpflichtend ist. Hier müssen alle Möglichkeiten gemeinsam besprochen werden und *Ownership* in den Entscheidungsprozessen angewendet werden.

12. Überdenken des Konzepts von *Capacitybuilding*
Das Konzept des *Capacitybuilding* spielt im ZFD, aber auch in der Friedensarbeit allgemein eine wichtige Rolle. So sollen vor Ort bei den Menschen, aber auch ganz konkret bei den Organisationen, mit denen zusammengearbeitet wird, Kapazitäten aus- und aufgebaut werden, damit diese „gut" arbeiten können. Dabei ist eines der Hauptargumente für *Capacitybuilding*, dass es den CSOs des Globalen Nordens erlaubt, gleichberechtigtere Beziehungen zu ihren Partner*innen im Süden aufzubauen (Lewis, 1998). Die Praxis des ZFD zeigt jedoch, dass die Art und Weise, wie es umgesetzt wird, problematisch ist. Diese Praxis sieht so aus, dass eine Organisation aus dem Globalen Norden die Fähigkeiten einer Organisation aus dem Globalen Süden beurteilt und an die eigenen Fähigkeiten und Bedürfnisse anpasst. Somit ist *Capacitybuilding* zu einem Mittel geworden, das sicherstellt, dass nördliche CSOs in der Lage sind, sich auf ihre lokalen Partner*innen einzulassen, um effektiv arbeiten zu können. Dazu wird zum Beispiel viel Arbeit in administrative Prozesse gesteckt. Es dient also nicht dazu, die Organisationen zu befähigen und zu ermächtigen, Fähigkeiten zu entwickeln, die sie dringender brauchen. Aus diesen Gründen muss die Umsetzung des Konzeptes überdacht werden. Es bedarf einer genauen Analyse mit den lokalen Partnerorganisationen, in welchen Bereichen sie ihre Kapazitäten ausbauen möchten, wo Lernbedarfe identifiziert werden können und wo sie keine Veränderung wünschen. Dazu ist es wichtig, diese Elemente unabhängig vom ZFD zu formulieren. Ebenfalls ist es wichtig, dass die Akteur*innen im ZFD ihre Kapazitäten selbst ausbauen, um sich den lokalen Gegebenheiten anzupassen.

Handlungsempfehlungen zum Thema: Ausgestaltung der Zusammenarbeit

13. Einführen einer gegenseitigen Rechenschaftspflicht
Nicht nur im ZFD, sondern in der Friedensarbeit generell ist eine gegenseitige Rechenschaftspflicht erforderlich. Dies bedeutet, dass die Organisationen aus dem Globalen Norden, im dem Fall die ZFD-Träger*innen, gegenüber ihren Partner*innen Rechenschaft ablegen. Dies darf nicht nur über die normalen und gängigen Rechenschaftsberichte geschehen, sondern sollte in regelmäßigen Abständen

auf individueller Ebene stattfinden. Dabei sollte darüber berichtet werden, warum und wie welche Entscheidungen getroffen wurden. Mittel und Ziele sollten ebenso wie die damit zusammenhängenden politischen Entscheidungen dargelegt werden. Zudem kann eine Einordnung einzelner Projekte in ein größeres System erfolgen und eine größere Transparenz entstehen. Im Zuge dieser Rechenschaftspflicht ist es auch wichtig, dass die lokalen Organisationen vor Ort die Möglichkeit haben, die ZFD-Träger*innen zur Rechenschaft zu ziehen, wenn zum Beispiel etwas nicht wie besprochen verläuft oder negative Konsequenzen auftreten. Es müssen Strukturen und Wege gefunden werden, damit diese Rechenschaftsmechanismen greifen können.

14. Gemeinschaftliche Koordination
Im ZFD und auch in vielen anderen Friedenseinsätzen gibt es in den Ländern eine Koordination vor Ort. Diese kann zum Teil bei Personen aus dem jeweiligen Land liegen, aber auch – und das ist meist der Fall – bei externen Personen aus dem Globalen Norden. Beide Arten der Koordination haben ihre Vorteile. Oftmals verstehen im ZFD Koordinator*innen aus Deutschland die Fachkräfte besser und Koordinator*innen aus den jeweiligen Ländern die Partner*innen. Aber damit die Koordinator*innen ihrer Arbeit gut nachgehen und für alle vor Ort beteiligten Akteur*innen in gleicher Art und Weise als Ansprechperson fungieren können, ist es wichtig, dass sie alle Akteur*innen verstehen und einbinden können. Deswegen sollte es eine gemeinschaftliche Koordination geben. Eine Koordination sollte im Tandem mit einer externen und einer lokalen Person besetzt werden.

15. Administrative Prozesse vereinheitlichen, entschlacken und digitalisieren
Die administrativen Verwaltungsprozesse im ZFD können sehr komplex sein. Hier bedarf es zielgerichteter Schulungen für Personen, welche für administrative Prozesse zuständig sind. So können Prozesse vereinheitlicht werden, was Absprachen untereinander vereinfacht. Gleichzeitig müssen die Prozesse so entschlackt werden, dass sie vor Ort gut durchführbar sind. Dazu gehört auch eine Verschlankung von Dokumenten, welche für bestimmte Prozesse im ZFD ausgefüllt werden müssen. Zu diesem Zweck kann ein *Assessment* durchgeführt werden, in dem herausgearbeitet wird, was gut funktioniert und welche Hindernisse es gibt. Für die administrativen Prozesse sind Schulungen erforderlich, die zum Beispiel mithilfe von *E-Learnings* stattfinden können. Daran schließt sich das Bedürfnis der administrativ arbeitenden Personen an, Prozesse stärker zu digitalisieren. Durch diese Maßnahmen können die administrativen Prozesse noch besser in die Arbeit der jeweiligen lokalen Organisationen eingebunden werden und der hohe administrative Aufwand kann zu zielgerichteten Lernprozessen in den Organisationen führen. Hierbei ist es wichtig,

dass diese Lernprozesse als Teil des ZFD und der Wirkungen des ZFD verstanden werden und nicht nur als Nebeneffekt gelten.

16. Dezentrale Handlungs- und Entscheidungsprozesse nutzen
Für eine partnerschaftlichere Zusammenarbeit kann es hilfreich sein, neue, dezentrale Handlungs- und Entscheidungsprozesse anzustreben. Jedes Projekt im ZFD, jedes Projekt in der Friedensarbeit findet an unterschiedlichen Orten mit unterschiedlichen Menschen statt und hat deswegen sehr individuelle Charakteristika, auf die dezentraler und individueller als bisher eingegangen werden muss. Dazu kann es zum Beispiel nützlich sein, in die Erarbeitung von Projektzielen nicht nur die lokalen Partner*innen einzubeziehen, sondern auch die Personen, mit denen und für die die Projekte durchgeführt werden sollen.

17. Kommunikationsprozesse unter die Lupe nehmen
Die Kommunikation zwischen den ZFD-Büros in Deutschland und den lokalen Partner*innen ist mit viel Bürokratie verbunden. Lokale Partner*innen fühlen sich manchmal bevormundet und nicht ernst genommen. Es wäre hilfreich, diese Kommunikationsprozesse genauer zu evaluieren und in die ohnehin schon stattfindenden regelmäßigen PM&E-Mechanismen aufzunehmen. Dadurch können die Kommunikationswege besser verstanden, die Herausforderungen herausgearbeitet und dagegenwirkende Mechanismen etabliert werden.

18. Klare Rollenklärungen durchführen
Oftmals werden die Rollen der entsandten ZFD-Fachkräfte sowie der lokalen Partner*innen in den Projektanträgen sehr weit gefasst. Positiv ist, dass dies allen beteiligten Akteur*innen ein hohes Maß an Flexibilität gibt. Gleichzeitig kann es aber auch für die Akteur*innen verwirrend sein. Denn diese Offenheit führt dazu, dass Rollen und Aufgaben oft nicht klar sind. Folglich besteht Bedarf an einer genaueren Definition der Rollen und Aufgaben der lokalen Partner*innen sowie der entsandten ZFD-Fachkräfte. Dabei ist anzuerkennen, dass es je nach Aufgabenbereich vielleicht nicht „die eine" Rolle gibt. Sondern, dass es zur Ausübung verschiedener Rollen kommen kann, die definiert und bestimmt werden müssen. Dies sollte bereits für die Vorbereitungstrainings der Fachkräfte berücksichtigt werden und beim Projektantrag mit den lokalen Partner*innen besprochen werden. Generell muss mehr Zeit für alle Beteiligten zur Verfügung stehen, um ihre eigene Rolle je nach Projektbedarf zu definieren. Zwar sind bei einigen ZFD-Träger*innen dafür zu Beginn der Arbeit drei Monate vorgesehen, doch werden sie oftmals nicht zur Rollendefinition genutzt. In der Rollenklärung ist es wichtig, dass die Rollen so ausgestaltet werden, dass es nicht zu internen Rollenkonflikten kommen kann. So sollten integriert arbeitende Fachkräfte zum Beispiel nicht die Verantwortung für

die Verwaltung der ZFD-Gelder in der Organisation übernehmen. Weil sie sonst in eine andere Machtposition geraten als sie es eigentlich ihrer Rolle nach sollten.

19. Klärung des Selbst- und Fremdbildes

Das Selbst- und das Fremdbild über den ZFD und seine Arbeit kann zwischen den ZFD-Träger*innen, den Fachkräften und den lokalen Organisationen sehr unterschiedlich sein. Hier ist es empfehlenswert, immer wieder den Dialog über Rollen und Erwartungen zu suchen. Dabei kann es besonders wichtig sein, den einzelnen Akteur*innengruppen Raum für sich zu schaffen, in dem sie sich untereinander austauschen können. Zum Beispiel können bei gemeinsamen Meetings extra *Safe-Spaces* für die lokalen Partner*innen und die Fachkräfte geschaffen werden, in denen sie sich über die jeweils anderen Personen und die ZFD-Träger*innen austauschen. Aus diesem sicheren Raum heraus können im Anschluss die wichtigsten Punkte gesammelt werden. Dabei ist es wichtig, dass alle zu Kritik bereit und offen sind.

20. Friedensakteur*innen Raum für persönliche Reflexion geben

Die lokale Friedensförderung und der ZFD stehen im Spannungsfeld zwischen Partnerschaft und Machtdynamiken. Einige Handlungen im ZFD werden von der übergreifenden Architektur der Friedensförderung und Entwicklungszusammenarbeit beeinflusst, deren Teil die lokale Friedensförderung und der ZFD sind. Gleichzeitig kann ein erheblicher Teil der Aktivitäten von allen im ZFD involvierten Akteur*innen selbst beeinflusst werden. Um lokale Akteur*innen aktiv einzubinden und ihnen sogar tatsächlich den Friedensprozess zu überlassen, ist es notwendig, den Eisberg der Machtasymmetrien anzugehen, über den Tellerrand zu schauen und das Konzept der produktiven Reibung (*Frictions*) zu nutzen. Dazu müssen alle beteiligten Akteur*innen bereit sein, auch unkomfortable Unterhaltungen zu führen, sich selbst in Frage zu stellen und in Frage gestellt zu werden. Um dies strukturiert angehen zu können, ist es wichtig, dass ausreichend Raum zur gemeinsamen, angeleiteten Reflexion vorhanden ist. Alle beteiligten Akteur*innen müssen sich selbst als Individuum in dem größeren Gefüge verstehen lernen und die Implikationen der eigenen Handlungen auf das große Ganze betrachten. Dazu ist besonders die Selbstreflexion wichtig: „Understand yourself and your personality, than you can understand others" (anonymes Interview mit ZFD-Organisation in Kenia). Gleichzeitig muss diese Reflexion begleitet werden. Dies kann zum Beispiel durch Trainings zu eigenen Bias stattfinden, in denen sich Teilnehmende ihrer selbst und ihrer Umwelt bewusster werden.

21. Probleme konstruktiv und strukturiert zum Positiven wenden
Es gibt unterschiedliche Rollenverständnisse, die aber nicht immer produktiv genutzt werden und so zu Frustration und Missverständnissen führen. Mehr Anleitung, mehr Reflexion und die Einführung von Konzepten wie *Everyday-Frictions* als positive Nutzung der Reibung können helfen, unterschiedliche Rollenverständnisse produktiver zu nutzen. Diese positive Nutzung bedeutet nicht zwangsläufig, dass das Ergebnis dieser Reibungen ein vorher erwartbares Ergebnis ist. Dazu sind – vor allem zu Beginn – stärkere Feedback-Mechanismen in der täglichen Arbeit erforderlich, die auch Rollendefinitionen und -beschreibungen beinhalten. Dieses verstärkte Feedback, das mit einer vertieften Reflexion einhergeht, kann dabei helfen, durch *Frictions* entstandene neue Realitäten produktiv zu nutzen und wiederum Rückkopplungsschleifen zu erzeugen, die neue Begegnungen schaffen können (Outcome – Encounter – Responce (Björkdahl & Höglund, 2013, S. 297). Zusätzlich sollten inhärente Machtdynamiken in der Rollenklärung und der Einarbeitung thematisiert werden und Teil der späteren Projektreflexion sein. Oft ist unklar, wie Rolle und Arbeit aussehen werden. Das führt dazu, dass Erwartungen enttäuscht werden. Folglich müssen Rollen klarer kommuniziert werden. Rollenklärung muss kontinuierlich als interkultureller Kommunikationsprozess stattfinden, der begleitet werden muss. Handlungen der Akteur*innen basieren zum Teil auf bestehenden inhärenten Machtdynamiken. Somit ist es wichtig herauszuarbeiten, was Einzelne dazu beitragen und durch welche Handlungen diese Dynamiken durchbrochen oder verändert werden können. Der ZFD arbeitet in komplexen Situationen. Deswegen kann es hilfreich sein, in die Arbeit analytische Konzepte einzubeziehen, die sowohl mit der Komplexität als auch mit der vorhandenen Unvorhersehbarkeit umgehen können (Millar et al., 2013, S. 142). Hier empfiehlt sich besonders das *Friction*-Konzept. Wenn *Frictions* auftreten, sollte der ZFD tiefer über diese Prozesse und die dahinterliegenden Faktoren in seiner Arbeit reflektieren und verstehen, wie Reibung auf produktive Weise genutzt werden kann. Einige lokale und internationale Friedensfachkräfte nutzen dieses Produktivitätspotenzial bereits, andere hingegen tun sich schwer damit. *Frictions* können unter anderem auch dann auftauchen, wenn die Fachkraft und die lokale Organisation unterschiedliche Vorstellungen über die Zusammenarbeit haben. Wie in Abschnitt 8.4.2. (Von der Zusammenarbeit zur Kündigung) beschrieben wurde, lassen sich unterschiedliche Wege finden, damit umzugehen. Ein Weg, der in dem Kapitel skizziert wurde, war der, dass es keine richtige Einigung über gemeinsame Arbeit gab und beschlossen wurde, dass jede*r für sich an eigenen Projekten arbeitet und keine wirkliche Zusammenarbeit stattfindet. Hier wurden *Frictions* zwar produktiv nutzbar gemacht, jedoch nicht im eigentlichen Sinne des ZFD. Insofern sollte für den ZFD geprüft werden, inwieweit *Frictions* auch zu Programmveränderungen führen dürfen. Dazu sind Reflexionsfragen und

Handlungsempfehlungen seitens des ZFD erforderlich. Auch sollte diese Thematik in die Vorbereitungsschulungen aufgenommen und mit den lokalen Partner*innen thematisiert und gemeinsam *Best Practices* herausgearbeitet werden.

Handlungsempfehlungen zum Thema: Machtdynamiken in der Zusammenarbeit und den Strukturen des ZFD

22. Netzwerke ausbauen, um Süd-Süd-Komponenten erweitern und Fachkräfte in Deutschland einsetzen
Der Netzwerkcharakter des ZFD wird besonders auf der Ebene der lokalen Organisationen positiv bewertet und sollte ausgebaut werden. Es zeigt sich, dass es zum Teil sehr gut funktionierende Netzwerke in den einzelnen Ländern gibt. Besonders innerhalb der einzelnen Trägerorganisationen, und dass diese für einige Personen ausreichend, für andere jedoch noch ausbaufähig sind. Generell besteht jedoch der Wunsch, die Netzwerke trägerübergreifend noch weiter auszubauen. Dabei sollte auch ein Fokus auf die Süd-Süd-Kooperation gelegt werden und zum Beispiel mit der Bildung von mehr thematischen Arbeitsgruppen über verschiedene Länder hinweg gestärkt werden. Auch ist es denkbar, dass Partner*innen aus dem Globalen Süden die ZFD-Träger*innen in Deutschland direkt beraten. So gibt es gerade im Globalen Süden eine Vielzahl an sehr qualifizierten und in der praktischen Arbeit erfahrenen Personen, zum Beispiel zum Thema Mediation, Migration oder Extremismus, welche auch in Deutschland oder in anderen klassischen Geber*innenländern eine beratende Rolle einnehmen können. Dieser Wissensaustausch würde auch zum Gedanken der *Sustainable Development Goals* der Vereinten Nationen passen. Darin wird allen Ländern Entwicklungspotenzial zugeschrieben und ein reziproker Wissensaustausch gefordert.

23. Anerkennung des kolonialen Erbes und seiner Kontinuität in der Friedensarbeit
Das koloniale Erbe der Friedens- und Entwicklungszusammenarbeit muss anerkannt werden. Es muss thematisch mit Mitarbeitenden reflektiert werden, denn Definition und Umsetzung von Friedensarbeit steht in einer kolonialen Kontinuität. Erforderlich ist eine ganzheitliche Aufarbeitung der kolonial gewachsenen Strukturen, Dynamiken, Denk- und Handelsweisen, welche die Dialektik des Globalen Nordens und des Globalen Südens hervorgerufen haben und immer weiter bestehen lassen. Nur durch diese grundlegende kritische Reflexion und darauf aufbauende Handlungen kann das von Grund auf ungleiche Fundament in Frage gestellt werden. Dazu gehören unter anderem ein Dialog über die historisch bedingte Verantwortung des Globalen Nordens und eine gemeinsame Reflexion darüber, wie sie sich

auf die gegenwärtige Zusammenarbeit und politisch-ideologische Intentionen auswirkt. Notwendig ist aber auch eine Auseinandersetzung mit der Frage, inwieweit sich koloniale Kontinuitäten zum Beispiel in Finanzierung, Personalauswahl, in der Idee von Organisations- und Kapazitätsaufbau und Strategien widerspiegeln. Es muss untersucht werden, wie die tief verwurzelten rassistischen, diskriminierenden oder voreingenommenen Annahmen und Handlungen die Beziehung der Akteur*innen beeinflusst haben und welche Auswirkungen sie auf Machtungleichgewichte im System haben. Gespräche zu diesen Themen müssen mit allen beteiligten Akteur*innen geführt werden.

9.3 Kritische Reflexion und Ausblick

Im Rahmen einer ethnografischen Arbeit muss immer kritisch reflektiert werden, wie die Ergebnisse zustande gekommen sind, welchen Einfluss der*die Forscher*in hatte und welche Ergebnisse zum Beispiel durch eine andere Person oder durch eine Forschung zu einem anderen Zeitraum zustande gekommen wären. Dabei sei den folgenden Erläuterungen vorangestellt, dass im Sinne einer ethnografischen Forschung die Forschungsergebnisse entsprechend der Annahme multipler Wirklichkeiten sozial konstruiert sind. Generell können empirische Untersuchungen anhand ihres Nutzens, ihrer Glaubwürdigkeit, ihrer Resonanz und Originalität bewertet werden (Charmaz, 2006). Der Nutzen dieser Untersuchungen konnte klar durch die Handlungsempfehlungen herausgestellt werden. Mit Blick auf die Resonanz, also auf die Frage, ob die Interpretationen und besonders die Handlungsempfehlungen für Akteur*innen der Friedensarbeit Sinn ergeben und Anwendung finden, kann noch keine Aussage getroffen werden. Diese Bewertung obliegt vielmehr den Friedensfachkräften und lokalen Organisationen in den zahlreichen Ländern, in denen Konfliktbearbeitung stattfindet. Hinsichtlich der Glaubwürdigkeit der Forschungsergebnisse sei anzumerken, dass hier bewusst das Element des Geschichtenerzählens verwendet wurde, um die Arbeit nachvollziehbarer zu machen und die durch mich subjektiv konstruierte Wirklichkeitsdarstellung abzubilden. Diese wurde immer wieder reflektiert, dokumentiert und intersubjektiv nachvollziehbar aufbereitet. Dazu dienen ebenfalls die hier anschließenden Bemerkungen.

Zunächst ist anzumerken, dass ich als Forscherin einen Einfluss auf die Forschungsergebnisse habe. Ich bin mit einem bestimmten Vorwissen, einer bestimmten Fragestellung und nicht zuletzt auch einer bestimmten analytischen

Brille in das Feld des ZFD eingestiegen, was trotz meiner offenen Beobachtungsweise meinen Blick in bestimmte Richtungen gelenkt hat. Außerdem spielt auch meine Persönlichkeit als Forscher*in eine Rolle in dem Forschungsprozess, denn ich als Person habe Zugänge in das Feld bekommen, ich habe interagiert und Personen getroffen. Durch diese Tatsachen ist es wichtig, die eigene Rolle im Forschungsprozess immer wieder zu reflektieren und zu hinterfragen, wie es in den jeweiligen Geschichten geschehen ist. Somit hätte eine andere Person, die die Forschung durchgeführt hätte, sicherlich an einigen Stellen andere Ergebnisse herausgearbeitet, an anderen Stellen die gleichen Ergebnisse. Gleiches gilt für den Zeitpunkt der Forschung. Hätte ich zum Beispiel die Forschung in Kenia, Sierra Leone oder Liberia in anderen Monaten durchgeführt, hätte ich andere Aktivitäten und Situationen beobachtet und analysieren können. Da diese jedoch unter den gleichen oder sehr ähnlichen Bedingungen stattgefunden hätten, die Akteur*innen gleich sind und sich der Kontext nur minimal verändert hätte, wären die Ergebnisse der Forschung in Teilen gleichgeblieben und hätten sich nur mit Blick auf die einzelnen Geschichten verändert. Somit konnte durch die Forschung im Sinne der qualitativen, ethnografischen Forschungen ein dialogkonsenstheoretisches Wahrheitskriterium entstehen, welches davon ausgeht, dass ich mich als Forscher*in den Ergebnissen durch einen Diskurs annähere. Somit sind die Ergebnisse der Forschung nicht als konstante Wirklichkeit zu verstehen, sondern sie entwickeln sich immer im Diskurs.

Nach dieser kritischen Reflexion der Forschung wird nun auf die aus meiner Sicht wichtigsten Forschungsanregungen eingegangen, die sich aus den hier dargestellten empirischen Ergebnissen und Handlungsempfehlungen ergeben haben. Ein wichtiges Forschungsfeld, welches sich bei der Betrachtung von lokaler und externer Zusammenarbeit ergibt, ist das des Widerstandes. Lokale Akteur*innen stehen globalen Interventionen nicht hilflos gegenüber. Vielmehr machen sie sich immer mehr den Diskurs der Friedensarbeit zunutze, um den vermeintlichen Universalismus in Frage zu stellen und sich auf alternative Formate zu berufen, um den externen Kräften zu widerstehen oder Widerstand zu leisten.

So wurde in einem Interview berichtet: „Es gibt einen unausgesprochenen Widerstand gegen das Aufoktroyieren von Dingen, zum Beispiel werden Sachen nicht gemacht“ (anonymes Interview mit ZFD-Fachkraft in Sierra Leone). Aufgrund bestehender Macht- und Abhängigkeitsverhältnisse haben viele lokale Partner*innen Wege gewählt, um möglichen Herausforderungen oder *Frictions* aus dem Weg zu gehen und den Einfluss externer Akteur*innen, in dem Fall des ZFD, akzeptiert, um weiterhin von ihnen finanziert zu werden. Dadurch werden jedoch taktischere und subtilere Strategien gefunden, um ihre eigenen Bedürfnisse und Ideen in die Friedensförderungsprogramme zu integrieren. Dies kann zum Beispiel in Form von Widerstand gegen bestimmte Ideen oder Arbeitsweisen geschehen, aber auch durch die Suche nach anderen Geber*innen oder eine andere Mittelverwendung. Hier kann es für weitere Forschungen sehr interessant sein, diese offenen und verdeckten Widerstände in der Friedensarbeit zu betrachten und zu analysieren, welche Auswirkungen sie auf die Zusammenarbeit haben. Im Zuge der Betrachtung von Widerständen kann es für weitere Forschungen ebenfalls interessant und relevant sein, sich mit der Frage der Handlungsmacht von lokalen Akteur*innen zu befassen, gerade unter Berücksichtigung von Raumtheorien in Bezug auf Akteurskategorien.

Ein weiteres Untersuchungsfeld ergibt sich aus dem Fakt, dass der Globale Norden noch immer von globalen Wirtschaftsstrukturen profitiert, die durch den Kolonialismus und die daran anschließende Ausdehnung des liberalen Systems und westlichen Imperialismus gewachsen sind. Hier unterstreichen postkoloniale Theorien den historischen Einfluss kolonialer Systeme und die bestehende Kontinuität von polit-ökonomischen Machtstrukturen, welche zu einer Marginalisierung des Globalen Südens führen. Für weitere Forschungen im Rahmen der Zusammenarbeit in der Friedensarbeit kann es wichtig werden, diese Strukturen genauer in den Blick zu nehmen und zu analysieren, wie sie die Zusammenarbeit beeinflussen.

Des Weiteren ergibt sich gerade infolge der Covid-19-Pandemie eine Reihe von weiteren relevanten Forschungsfeldern für Fragen der Zusammenarbeit in der Friedensarbeit. Gesellschaften, welche aufgrund von Konflikten oder Post-Konflikt-Gefügen bereits destabilisiert sind, wurden besonders von der Pandemie betroffen. Dadurch können sich Themen für die Friedensarbeit verschieben, neue Themen werden relevant, und es muss überprüft werden, ob bisherige Schwerpunkte der Friedensarbeit weiterhin relevant sind oder verschoben werden müssen. Hier kann es für weitere Forschungen interessant sein, zu prüfen, wie flexibel auf solche Themenverschiebungen reagiert wird und wie schnell Anpassungen in der Arbeit vorgenommen werden. Sie können einen Beitrag zur Friedensforschung leisten, indem eine genaue Analyse der Zusammenarbeit für solche unvorhersehbaren Situationen vorgenommen wird. Ein weiteres Forschungsfeld, welches sich durch die Covid-19-Pandemie eröffnet hat, ist das der digitalen Friedensarbeit. Digitale Friedensarbeit erfolgt hierbei auf verschiedene Weisen. So kommt es zum Beispiel zu einer Verschiebung der Zusammenarbeit. Es gibt einige Fachkräfte, die nun im Globalen Norden leben, jedoch noch mit einer lokalen Organisation zusammenarbeiten. Hier ist es spannend zu untersuchen, ob dieser Fakt zu einer weiteren Verschiebung oder Entfernung von der Idee der partnerschaftlichen Zusammenarbeit führt oder ob es dadurch zu einer größeren *Ownership* der lokalen Organisationen kommt. Des Weiteren wurden durch die zunehmende Digitalisierung neue Möglichkeiten entwickelt, auch digital mit den Zielgruppen der Friedensarbeit zusammenzuarbeiten. Einige Beispiele aus dem ZFD lassen sich in einem Onlinedossier finden (Konsortium Ziviler Friedensdienst, o. J.). Darin wird zum Beispiel darüber berichtet, wie das Radio oder *Social Media* als Kommunikationsmittel genutzt werden oder wie Workshops nun digital stattfinden. Daraus ergeben sich zum einen Forschungsfragen, welche analysieren können, was für eine nachhaltige, digitale Friedensarbeit benötigt wird. Zum anderen aber auch Fragen, welche herausarbeiten, ob dadurch einige Zielgruppen nicht mehr erreicht werden können und sich somit Situationen erneut verschlechtern können.

Literaturverzeichnis

Abdi, A. (2017). *Kenya, Again, Represses Civil Society: Government Board Targets Groups Critical of Elections Process.* https://www.hrw.org/news/2017/11/07/kenya-again-represses-civil-society

Abdulai, E. S. (2020). Sub-Saharan Africa Country Reports. Sierra Leone. *The International Journal of Not-for-Profit Law, 12*(2).

Abdullah, I. (Hrsg.). (2004). *Between democracy and terror: The Sierra Leone Civil War.* CODESRIA.

Abramowitz, S. A. (2010). Trauma and humanitarian translation in Liberia: The Tale of Open mole. *Culture, medicine and psychiatry, 34*(2), 353–379. https://doi.org/10.1007/s11013-010-9172-0

Abu-Lughod, L. (2002). Do Muslim Women Really Need Saving? Anthropological Reflections on Cultural Relativism and Its Others. *American Anthropologist, 104*(3), 783–790.

Acharya, A. (2004). How Ideas Spread: Whose Norms Matter? Norm Localization and Institutional Change in Asian Regionalism. *International Organization, 58*(02), 239–275. https://doi.org/10.1017/S0020818304582024

Ackerly, B. & True, J. (2008a). An Intersectional Analysis of International Relations: Recasting the Discipline. *Politics & Gender, 4*(01), 129. https://doi.org/10.1017/S1743923X08000081

Ackerly, B. & True, J. (2008b). Reflexivity in Practice: Power and Ethics in Feminist Research on International Relations. *International Studies Review, 10*(4), 693–707. https://doi.org/10.1111/j.1468-2486.2008.00826.x

Adler, E. & Pouliot, V. (Hrsg.). (2011). *Cambridge studies in international relations: Bd. 119. International Practices.* Cambridge University Press. https://doi.org/10.1017/CBO9780511862373

Adler, P. & Adler, P. (1994). Observational Techniques. In Denzin, Norman and Lincoln, Yvonna (Hrsg.), *Handbook of Qualitative Research.* (S. 377–392). SAGE.

Adler, P. A. & Adler, P. (1987). *Membership roles in field research. Qualitative research methods: v. 6.* SAGE.

S. Ruppel, *Lokal verankerte Zivile Konfliktbearbeitung zwischen Partnerschaft und Machtungleichgewicht*, Studien des Leibniz-Instituts Hessische Stiftung Friedens- und Konfliktforschung,
https://doi.org/10.1007/978-3-658-41693-5

Adorno, T. W., Dahrendorf, R. & Habermas, J. (1972). *Der Positivismusstreit in der deutschen Soziologie*. Luchterhand.

Agamben, G. (1998). *Sovereign power and bare life. Meridian: Bd. 1*. Stanford University Press.

Agar, M. H. (1980). *The professional stranger: An informal introduction to ethnography*. Emerald Group Publishers.

AGEH & Brot für die Welt. (2014). *„Oh Herr, mach mich zu einem Werkzeug Deines Friedens": Der Zivile Friedensdienst (ZFD) als ein Instrument christlicher Friedensarbeit*. AGHE; Brot für die Welt.

Ake, C. (1979). *Social Science as Imperialism: The Theory of Political Development*. Ibadan University Press.

Alaga, E. (2011). *Background Brief. "Pray the Devil Back to Hell:" 1 Women" s ingenuity in the peace process in Liberia. Peacebuild: The Canadian Peacebuilding Network*. https://www.peacebuild.ca/Alaga%20-%20Participation%20FINAL.pdf

Alber, E. (2013). Within the Thicket of Intergenerational Sibling Relations: A Case Study from Nothern Benin. In E. Alber, C. Coe & T. Thelen (Hrsg.), *The Anthropology of Sibling Relations – Shared Parentage, Experience and Exchange* (S. 73–96). Palgrave Macmillan. https://doi.org/10.1057/9781137331236.0009

Aleman, U. & Tönnesmann, W. (1995). Grundriss: Methoden in der Politikwissenschaft. In U. Aleman (Hrsg.), *Politikwissenschaftliche Methoden: Grundriss für Studium und Forschung* (S. 17–140). Westdeutscher Verlag.

Alemu, M. M. (2016). Youth Unemployment Challenges and Opportunities: the Case of Sierra Leone. *International Journal of Social Science Studies*, *4*(10), 15–28. https://doi.org/10.11114/ijsss.v4i10.1818

Allison, S. (2016). *Think again: Civil society in Kenya is down, but not out*. https://issafrica.org/iss-today/think-again-civil-society-in-kenya-is-down-but-not-out

Amborn, H. (2009). Ethnologen aus Lehre und Forschung: Veröffentlichung zum Diskussionsforum der DGV. In Deutsche Gesellschaft für Sozial- und Kulturanthropologie (Hrsg.), *Texte zu Ethnologen in Krisen- und Kriegsgebieten: Ethische Aspekte eines neuen Berufsfeldes* (S. 3–5).

Ameln, F. von (2006). Organisationsentwicklung in der Entwicklungszusammenarbeit. *Gruppe. Interaktion. Organisation. Zeitschrift für Angewandte Organisationspsychologie (GIO)*(37), 85–100.

Amit, V. (2000). Constructing the Field: Introduction. In V. Amit (Hrsg.), *Constructing the Field: Ethnographic Fieldwork in the Contemporary World* (S. 1–18). Routledge.

Amnesty International. (2016). *Report 2016/17. The State of the World's Human Rights*. Amnesty International.

Amnesty International. (2019). *Laws Designed to Silence: The Global Crackdown on Civil Socitey Organizations*. https://reliefweb.int/sites/reliefweb.int/files/resources/ACT3096472019ENGLISH.PDF

Amnesty International. (2020). *Sierra Leone: Rape and murder of child must be catalyst for real chang*. https://www.amnesty.org/en/latest/news/2020/06/sierra-leone-rape-and-murder-of-child-must-be-catalyst-for-real-change/

Amnetsy International. (2019). *Sierra Leone: Regional court ruling gives hope to thousands of pregnant girls banned from school*. https://www.amnesty.org/en/latest/news/2019/12/sierra-leone-regional-court-ruling-gives-hope/

Anderson, M. B. (1999). *Do No Harm: How Aid Can Support Peace – or War*. Lynne Rienner.
Anderson, M. B. & Olson, L. (2003). *Confronting war: Confronting War: Critical Lessons for Peace Practitioners*. Collaborative for Development Action, Inc.
APA News. (2019). *Sierra Leone: Renewed call for review of new NGO policy*. http://apanews.net/en/news/sierra-leone-renewed-call-for-review-of-new-ngo-policy
Ashman, D. (2001). Strengthening North-South Partnerships for Sustainable Development. *Nonprofit and Voluntary Sector Quarterly, 30*, 74–98.
Assal, M. A. (2016). *Civil society and peace building in Sudan: A critical look*. Khartoum. Sudan working paper.
Atwood, K. A., Kennedy, S. B., Barbu, E. M., Nagbe, W., Seekey, W., Sirleaf, P., Perry, O., Martin, R. B. & Sosu, F. (2011). Transactional sex among youths in post-conflict Liberia. *Journal of health, population, and nutrition, 29*(2), 113–122. https://doi.org/10.3329/jhpn.v29i2.7853
Auer-Frege, I. (2003). *Der Zivile Friedensdienst: Anwendungsmöglichkeiten eines entwicklungspolitischen Konzepts am Fallbeispiel Ruanda* [Dissertation]. Freie Universität Berlin., Berlin.
Auer-Frege, I. (Hrsg.). (2010a). *Wege zur Gewaltfreiheit : Methoden der internationalen zivilen Konfliktbearbeitung*. Büttner Verlag.
Auer-Frege, I. (2010b). Zivile Konfliktbearbeitung im Kontext der Friedensarbeit in Deutschland. In I. Auer-Frege (Hrsg.), *Wege zur Gewaltfreiheit : Methoden der internationalen zivilen Konfliktbearbeitung* (S. 15–29). Büttner Verlag.
Auswärtiges Amt/ Die Bundesregierung (2017). Kriesen verhindern, Konflikte bewältigen, Frieden fördern: Leitlinien der Bundesregierung. www.auswaertiges-amt.de/blob/283636/d98437ca3ba49c0ec6a461570f56211f/leitlinien-krisenpraevention-konfliktbewaeltigung-friedensfoerderung-dl-data.pd
Autesserre, S. (2010). *The trouble with the Congo: Local violence and the failure of international peacebuilding. Cambridge studies in international relations*. Cambridge University Press. https://doi.org/10.1017/CBO9780511761034
Autesserre, S. (2014). *Peaceland: Conflict Resolution and the Everyday Politics of International Intervention. Problems of International Politics*. Cambridge University Press.
Autesserre, S. (2017). Paternalism and Peacebuilding: Capacity, Knowledge, and Resistance in International Intervention. In M. N. Barnett (Hrsg.), *Paternalism beyond borders* (S. 161–184). Cambridge University Press.
Autesserre, S. (2021). *The frontlines of peace: An insider's guide to changing the world*. Oxford University Press.
Auyero, J. (2012). Poor people's lives and politics: The things a political ethnographer knows (and doesn't know) after 15 years of fieldwork. *New Perspectives on Turkey, 46*, 95–127. https://doi.org/10.1017/S0896634600001527
Avruch, K. (2001). Notes Toward Ethnographies of Conflict and Violence. *Journal of Contemporary Ethnography, 30*(5), 637–648.
Azar, E. E. (1990). *The Management of Protracted Social Conflict: Theory and Cases*. Dartmouth.
Baaz, M. E. (2007). Paternalism: The 'Outside' or 'Rejected Inside' of Partnership? *Glocal Times*(7).
Baaz, M. E. (2008). *The paternalism of partnership: A postcolonial reading of identity in development aid*. Zed Books.

Bachmann, G. (2009). Teilnehmende Bobachtung. In S. Kühl, P. Strodtholz & A. Taffertshofer (Hrsg.), *Handbuch Methoden der Organisationsforschung: Quantitative und Qualitative Methoden* (1. Aufl., S. 248–272). VS Verlag für Sozialwissenschaften.

Bächtold, S., Dittli, R. & Servaes, S. (2013). *Help or Hindrance? Result-orientation in conflict-affected situations* (Working Paper Series Nr. 1). swisspeace.

Badasi Sesay, A. (2012). *Civil Society Organisations' Cluster Engagement in Sierra Leone: The Rationale and Progress to Date.* UNIPSIL. https://unipsil.unmissions.org/sites/default/files/old_dnn/policy_paper_cso.pdf

Bah, C. M. (2016). Economic Growth, Institutions, and the Natural Resource Curse in Sierra Leone: an Empirical Investigation. *International Journal of Business and Social Science*(7), Artikel 5, 100–124.

Baker, B. (2010). *Security in Post-Conflict Africa: The Role of Nonstate Policing. Advances in police theory and practice series.* CRC Press.

Baldus, J., Berger-Kern, N., Hetz, F., Poppe, A. E. & Wolff, J. (2019). *Preventing Civic Space Restrictions. An Exploratory Study of Successful Resistance Against NGO Laws: PRIF Report 1/2019.* https://www.hsfk.de/fileadmin/HSFK/hsfk_publikationen/prif0119.pdf

Banerjee, I. (2005). Village Voices: Basic Steps In Political Ethnography. *Jadavpur Journal of International Relations*, *9*(1), 182–201. https://doi.org/10.1177/0973598405110011

Bangura, I. (2016). We Can't Eat Peace: Youth, Sustainable Livelihoods and the Peacebuilding Process in Sierra Leone. *Journal of Peacebuilding & Development*, *11*(2), 37–50. https://doi.org/10.1080/15423166.2016.1181003

Bansal, P. & Corley, K. (2011). The Coming of Age for Qualitative Research: Embracing the Diversity of Qualitative Research. *Academy of Management Journal*(54), 233–237.

Barakat, S., Chard, M., Jacoby, T. & Lume, W. (2002). The Composite Approach: Research Design in the Context of War. *Third World Quarterly*, *23*(5), 991–1003.

Barnes, C. (2009). Civil Society and Peacebuilding: Mapping Functions in Working for Peace. *The International Spectator*, *44*(1), 131–147.

Barnes, C. (2018). Agents for change: civil society roles in preventing war and building peace. In C. Kayser & F. Djateng (Hrsg.), *Civilian peace workers and conflict prevention: Building Peace* (S. 24–36). Brot für die Welt.

Barnett, C. & Watson, A. (2018). The Impetus for Peace Studies to Make a Collaborative Trun: Towards Community Collaborative Reserach. In G. Millar (Hrsg.), *Ethnographic Peace Research: Approaches and Tensions* (S. 89–114). Palgrave Macmillan.

Barnett, M. (2012). International paternalism and humanitarian governance. *Global Constitutionalism*, *1*(3), 485–521. https://doi.org/10.1017/S2045381712000135

Barnett, M. (2015). Paternalism and Global Governance. *Social Philosophy and Policy*, *32*(1), 216–243. https://doi.org/10.1017/S026505251500014X

Barnett, M. (2016). Peacebuilding and paternalism. In T. Debiel, T. Held & U. Schneckener (Hrsg.), *Routledge global cooperation series. Peacebuilding in crisis: Rethinking paradigms and practices of transnational cooperation* (S. 23–40). Routledge.

Barnett, M., Kim, H., O'Donnell, M. & Sitea, L. (2007). Peacebuildig: What is in a name? *Global Governance*, *Vol. 12*, 35–58.

Barnett, M. & Zürcher, C. (2010). The Peacebuilder's Contract. How External Statebuilding Reinforces Weak Statehood. In R. Paris & T. D. Sisk (Hrsg.), *Security and governance series. The dilemmas of statebuilding: Confronting the contradictions of postwar peace operations* (S. 23–52). Routledge.

Barnett, M. N. & Weiss, T. G. (2008). Humanitarianism: A Brief History of the Present. In M. N. Barnett & T. G. Weiss (Hrsg.), *Cornell paperbacks. Humanitarianism in question: Politics, power, ethics* (S. 1–48). Cornell University Press.

Baumann, M. M. (2008). *Zwischenwelten: weder Krieg noch Frieden: Über den konstruktiven Umgang mit Gewaltphänomenen im Prozess der Konflikttransformation* (1. Aufl.). VS Verlag für Sozialwissenschaften / GWV Fachverlage, Wiesbaden.

Beck Koloma, T. (2012). *The Normality of Civil War. Armed Groups and Everyday Life in Angola*. Campus-Verlag.

Becker, H. S. & Geer, B. (1957). Participant observation and interviewing: A comparison. *Human Organisation*, *3*(16), 28–32.

Beevers, M. D. (2016). Forest governance and post-conflict peace in Liberia: Emerging contestation and opportunities for change? *The Extractive Industries and Society*, *3*(2), 320–328. https://doi.org/10.1016/j.exis.2015.07.007

Beevers, M. D. (2019). *Peacebuilding and Natural Resource Governance After Armed Conflict: Sierra Leone and Liberia*. Springer International Publishing. https://doi.org/10.1007/978-3-319-63166-0

Bekoe, D. A. (2008). *Implementing Peace Agreements: Lessons from Mozambique, Angola, and Liberia. New York*. Palgrave Macmillan US. https://doi.org/10.1057/9780230611672

Belloni, R. (2012). Hybrid Peace Governance: Its Emergence and Significance. *Global Governance: A Review of Multilateralism and International Organizations*, *18*(1), 21–38. https://doi.org/10.1163/19426720-01801004

Belmont Report. (1979). *Ethical Principles and Guidelines for the Protection of Human Subjects of Research: The National Commission for the Protection of Human Subjects of*. https://www.hhs.gov/ohrp/regulations-and-policy/belmont-report/index.html

Bendaña, A. (1996). Conflict Resolution: Empowerment and Disempowerment. *Peace & Change*, *21*(1), 68–77.

Benoit, K. (2016). Democracies Really Are More Pacific (in General). *Journal of Conflict Resolution*, *40*(4), 636–657. https://doi.org/10.1177/0022002796040004006

Berents, H. & McEvoy-Levy, S. (2015). Theorising youth and everyday peace(building). *Peacebuilding*, *3*(2), 115–125. https://doi.org/10.1080/21647259.2015.1052627

Berger, P. L. & Luckmann, T. (1966). *The social construction of reality: A treatise in the sociology of knowledge* (First edition). Doubleday & Company.

Berger, R. (2015). Now I See It, Now I Don't: Researcher's Position and Reflexivity in Qualitative Research. *Qualitative Research*, *15*(2), 219–234. https://doi.org/10.1177/1468794112468475

Berndt, H. (2006). Wurzeln und Geschichte der zivilen, gewaltfreien Konfliktbearbeitung. In AGDF (Hrsg.), *zivil statt militärisch: Erfahrungen mit ziviler, gewaltfreier Konfliktbearbeitung im Ausland* (S. 5–8). AGDF (Aktionsgemeinschaft Dienste für den Frieden e.V.).

Bernhard, A. (2013). *Dynamics of Relations between different Actors when Building Peace. The Role of Hybridity and Culture*. Berghof Foundation Operations GmbH.

Bertelsman Stiftung. (2018). *Sierra Leone. BTI 2018 Country Report*. https://www.ecoi.net/en/file/local/2015256/BTI_2018_Sierra_Leone.pdf

Bessiere, L. (2017). Tactical versus Critical: Indigenizing Public Ethnography. In D. Fassin (Hrsg.), *If Truth be Told: The Politics of Public Ethnography* (S. 139–159). Duke University Press.

Beuchling, O. (2015). Partizipation als Forschungsmodus: Aus der Praxis des teilnehmenden Beobachtens: Participation as research mode: From the praxis of participant observation. *International Dialogues on Education: Past and Present*, *2*(1), 6–25.

Bhabha, H. K. (1994). *The Location of Culture*. Routledge. https://doi.org/10.4324/9781912281701

Bindi, I. T. & Tufekci, O. (2018). Sierra Leone: A Critical Exploration. *Journal of Asian & African Studies*, 1–5.

Binns, T. (2006). Doing Fieldwork in Development Countries: Planning and logistics. In V. Desau & R. Potter (Hrsg.), *Doing Development Research* (S. 13–24). SAGE.

Bio, J. M. (2019). *Statement for the Declaration of Rape and Sexual Violence as a National Emergency by His Excellency President Julius Maada Bio on Thursday, 7th December 2019, at State House, Freetown*. http://www.sierra-leone.org/Speeches/bio-120718.pdf

Björkdahl, A. & Höglund, K. (2013). Precarious peacebuilding: friction in global–local encounters. *Peacebuilding*, *1*(3), 289–299. https://doi.org/10.1080/21647259.2013.813170

Björkdahl, A., Höglund, K., Millar, G., van Lijn der, J. & Verkoren, W. (2016a). Conclusion: Peacebuilding and the significance of friction. In A. Björkdahl, K. Höglund, G. Millar, J. van Lijn der & W. Verkoren (Hrsg.), *Routledge studies in peace and conflict resolution. Peacebuilding and Friction: Global and local encounters in post conflict societies* (S. 203–216). Routledge.

Björkdahl, A., Höglund, K., Millar, G., van Lijn der, J. & Verkoren, W. (2016b). Introduction: Peacebuilding through the lens of friction. In A. Björkdahl, K. Höglund, G. Millar, J. van Lijn der & W. Verkoren (Hrsg.), *Routledge studies in peace and conflict resolution. Peacebuilding and Friction: Global and local encounters in post conflict societies* (S. 1–16). Routledge.

Björkdahl, A., Höglund, K., Millar, G., van Lijn der, J. & Verkoren, W. (Hrsg.). (2016c). *Routledge studies in peace and conflict resolution. Peacebuilding and Friction: Global and local encounters in post conflict societies*. Routledge.

BMZ (n.d.). *Ziviler Friedensdienst – Fachleute im Einsatz für den Frieden*. Zugriff am 10. März 2023, verfügbar unter https://www.bmz.de/de/themen/ziviler-friedensdienst

BMZ (2010). *Krisenprävention mit zivilen Mitteln: Ein Beitrag zu Frieden und Sicherheit*. Bundesministerium für wirtschaftliche Zusammenarbeit und Entwicklung (BMZ).

BMZ (2013). Entwicklung für Frieden und Sicherheit. Entwicklungspolitisches Engagement im Kontext von Konflikt, Fragilität und Gewalt. *BMZ-Strategiepapier*(4).

BMZ (2014). Die neue Afrika-Politik des BMZ – Afrika auf dem Weg vom Krisen- zum Chancenkontinent. https://www.bmz.de/resource/blob/23512/strategiepapier344-06-2014.pdf

BMZ (2017a). *Afrika und Europa – Neue Partnerschaften für Entwicklung, Frieden und Zukunft. Eckpunkte für einen Marshallplan mit Afrika*. https://www.bmz.de/resource/blob/23392/d4a9a25994c0b817c1a78a55d0ea170d/materialie310-afrika-marshallplan-data.pdf

BMZ (2017b, 11. April). *Neue OECD-Zahlen: Deutsche ODA-Quote steigt bedingt durch die Flüchtlingsausgaben im Inland erstmals auf 0,7 Prozent* [Press release]. Berlin. http://www.bmz.de/de/presse/aktuelleMeldungen/2017/april/170411_pm_040_Deutsche-ODA-Quote-steigt-erstmals-auf-0-7-Prozent/index.jsp

BMZ (2020). *Reformkonzept „BMZ 2030"*. https://www.bmz.de/resource/blob/24906/smaterialie510-bmz2030-reformkonzept.pdf

Bockari, H. (21. April 2015). National Consultative Workshop Reviews NGO Policy Regulations. *Sierra Express Media*. https://sierraexpressmedia.com/?p=73500

Boege, V. (2015). Hybridisation of Peacebuilding at the Local-Internatiopnal Interface: The Bougainville Case. In S. Bose, S. Dinnen, M. Forsyth, L. Kent & J. Wallis (Hrsg.), *Hybridity on the Ground in Peacebuilding and Development* (S. 115–128). Australian National University Press.

Boege, V., Brown, A., Clements, K. & Nolan, A. (2008). *On Hybrid Political Orders and Emerging States: State Formation in the Context of 'Fragility'*. Berghof Research Center for Constructive Conflict Management.

Boege, V., Brown, A., Clements, K. & Nolan, A. (2009). Building Peace and Political Community in Hybrid Political Orders. *International peacekeeping, 16*(5), 599–615. https://doi.org/10.1080/13533310903303248

Boege, V. & Rinck, P. (2019). The Local/International Interface in Peacebuilding: Experiences from Bougainville and Sierra Leone. *International peacekeeping, 26*(2), 216–239.

Bogner, A., Littig, B. & Menz, W. (2014). *Interviews mit Experten: Eine praxisorientierte Einführung*. Springer VS.

Bogner, A. & Menz, W. (2005). Expertenwissen und Forschungspraxis: die modernisierungstehoretische und die methodische Debatte um die Experten: Zur Einführung in ein unübersichtliches Problemfeld. In A. Bogner, B. Littig & W. Menz (Hrsg.), *Das Experteninterview: Theorien, Methoden, Anwendungsfelder* (S. 7–30). VS Verlag für Sozialwissenschaften.

Bohnet, M. (2004). Entwicklungspolitische Instrumente der Konfliktbearbeitung. In U. Blanke (Hrsg.), *Krisen und Konflikte. Von der Prävention zur Friedenskonsolidierung* (S. 105–139). Berliner Wissenschaftsverlag.

Bolten, C. (2014). Social Networks, Resources, and International NGOs in Postwar Sierra Leone. *African Conflict and Peacebuilding Review, 4*(1), 33–59.

Bonacker, T. (2011). Forschung für oder Forschung über den Frieden? Zum Selbstverständnis der Friedens- und Konfliktforschung. In P. Schlotter & S. Wisotzki (Hrsg.), *Friedens- und Konfliktforschung* (S. 46–77). Nomos.

Boone, C. (2012). *Land Conflict and Distributive Politics in Kenya. ASR Focus: The Political Economy of Democratic Reform in Kenya.*

Borovnik, M., Leslie H. & StoreyD. (2003). Practical Issues. In R. Scheyvens & D. Storey (Hrsg.), *Development Fieldwork: A Practical Guide, Volume 1* (S. 103–124). SAGE.

Borries von, B. (2007). Partnerschaften strategischer denken? Erfahrungen mit der „Multiakteursperspektive" in der Krisenprävention. In A. Klein & S. Roth (Hrsg.), *NGOs im Spannungsfeld von Krisenprävention und Sicherheitspolitik* (S. 191–204). VS Verlag für Sozialwissenschaften.

Bortz, J. & Döring, N. (2006). *Forschungsmethoden und Evaluation für Human-und Sozialwissenschaftler* (4. Aufl.). *Springer Lehrbuch*. Springer Medizin Verl.

Bose, S., Dinnen, S., Forsyth, M., Kent, L. & Wallis, J. (Hrsg.). (2015). *Hybridity on the Ground in Peacebuilding and Development*. Australian National University Press.

Boulding, K. E. (1978). *Stable peace*. University of Texas Press.

Bourdieu, P. (1985). The Forms of Capital. In J. Richardson (Hrsg.), *Handbook of Theory and Research for the Sociology of Educations* (S. 241–258). Greenwood.

Bourdieu, P. (1992). *Language and Symbolic Power*. Polity Press.

Bourdieu, P. (1993). *The Field of Cultural Production: Essays on Art and Literature*. Polity Press.

Bourgois, P. (1990). Confronting Anthropological Ethics: Ethnographic Lessons from Central America. *Journal of Peace Research, 27*(1), 43–54. https://doi.org/10.1177/0022343390027001005

Boutros-Ghali, B. (1992). *An agenda for peace: Preventive diplomacy, peacemaking and peace-keeping : report of the Secretary-General pursuant to the statement adopted by the summit meeting of the Security Council on 31 January 1992*. United Nations. www.un-documents.net/a47-277.ht

Boutros-Ghali, B. (1996). *An Agenda for Democratization*. New York.

Boyce, C. & Neale, P. (2006). *Conducting in-Depth Interviews: A Guide for Designing and Conducting in-Depth Interviews for Evaluation Input. Pathfinder International tool series. Monitoring and evaluation: Bd. 2*. Pathfinder International.

Bracic, A. (2018). For Better Science: The Benefits of Community Engagement in Research. *American Political Science Association*, 550–553.

Branch, D. (2011). *Kenya: Between hope and despair, 1963-2011*. Yale University Press.

Brannan, T. (2003). *From antipolitics to anti-politics: What became of east European civil society*. London School of Economics and Political Science.

Bräuchler, B. (2017). Social engineering the local for peace. *Social Anthropology, 25*(4), 437–453. https://doi.org/10.1111/1469-8676.12453

Bräuchler, B. (2018). Contextualizing Ethnographic Peace Research. In G. Millar (Hrsg.), *Ethnographic Peace Research: Approaches and Tensions* (S. 21–42). Palgrave Macmillan.

Brehm, V. M. (2004). *Autonomy or dependence? Case studies of North-South NGO partnerships*. INTRAC.

Breidenstein, G., Hirschauer, S. & Kalthoff, H. und Nieswand, B. (2013). *Ethnografie: Die Praxis der Feldforschung. UTB : Sozialwissenschaften, Kulturwissenschaften: Bd. 3979*. UVK.

Breuer, F., Mruck, K. & Roth, W.-M. (2002). Subjektivität und Reflexivität: Eine Einleitung. *Forum Qualitative Sozialforschung/ Forum Qualitative Social Research, 3*(3). http://nbn-resolving.de/urn:nbn:de:0114-fqs020393 (Art. 9).

Bricke, D., Every, T., Quack, M., Rosen, A. & Schrader, L. (Hrsg.). (2006). *Ziviler Friedensdienst: >>Frieden schaffen ohne Waffen!<<*. Wissenschaft und Frieden: Lateinamerika im Umbruch? (52. Aufl.).

Brigg, M. (2016). Relational Peacebuilding. Promise Beyond Crisis. In T. Debiel, T. Held & U. Schneckener (Hrsg.), *Routledge global cooperation series. Peacebuilding in crisis: Rethinking paradigms and practices of transnational cooperation* (S. 56–69). Routledge.

Brinkerhoff, J. M. (2002). *Partnership for International Development: Rhetoric or Results?* Lynne Rienner Publishers.

Brinkmann, C. (2000). Zivile Konfliktbearbeitung – Friedensfachdienst – Ziviler Friedensdienst. In T. Evers (Hrsg.), *Ziviler Friedensdienst: Fachleute für den Frieden* (S. 35–47). Leske + Budrich.

Brinkmann, C. (2014). *Lehren aus 10 Jahren Aktionsplan „Zivile Krisenprävention, Konfliktlösung und Friedenskonsolidierung" – wie weiter? Öffentliche Anhörung des Unterausschusses Zivile Krisenprävention, Konfliktbearbeitung und vernsetztes Handeln am 5. Mai 2014*. steps for peace.

Brock, L. (1990). 'Frieden'. Überlegungen Zur Theoriebildung. *Politische Vierteljahreszeitschrift*(21), 71–89.

Brock, L. (2006). Kriege der Demokratien. Eine Variante des demokratischen Friedens. In Geis, Anna (Hrsg.), *Den Krieg überdenken. Kriegsbegriffe und Kriegstheorien in der Kontroverse.* (S. 203–228). Nomos Verlagsgesellschaft.

Brown, D. & Korten, D. C. (1991). Working More Effectively with Nongovernmental Organizations. In S. PAUL & A. ISRAEL (Hrsg.), *Nongovernmental Organizations and the World Bank* (S. 44–93). The World Bank.

Brühl, T. (1999). Konfliktbearbeitung durch NGOs: Chancen und Grenzen. In W. Vogt (Hrsg.), *Friedenskultur statt Kulturkampf: Strategien kultureller Zivilisierung und nachhaltiger Friedensstiftung* (S. 105–114). Nomos Verlagsgesellschaft.

Brunner, C. (2018). Epistemische Gewalt: Konturierung eines Begriffs für die Friedens- und Konfliktforschung. In C. Dittmer (Hrsg.), *Dekoloniale und Postkoloniale Perspektiven in der Friedens- und Konfliktforschung* (S. 25–59). Nomos Verlagsgesellschaft mbH & Co. KG.

Brunner, C. (2020). *Epistemische Gewalt: Wissen und Herrschaft in der kolonialen Moderne* (1. Aufl.). *Edition Politik.*

Bruyn, S. (1963). The Methodology of Participant Observation. *Human Organization*, *22*(3), 224–235.

Bryman, A. & Bell, E. (2015). *Business Research Methods* (Fourth edition). Oxford University Press.

Buckley-Zistel, S. (2008). *Conflict Transformation and Social Change in Uganda: Remembering After Violence.* Palgrave Macmillan UK. https://doi.org/10.1057/9780230584037

Buckley-Zistel, S. (2012). »Ich bin dann mal weg.« Feldforschung im Studium der Friedens- und Konfliktforschung. *Zeitschrift für Friedens- und Konfliktforschung*, *1*(2), 315–323. https://doi.org/10.5771/2192-1741-2012-2-315

Buckley-Zistel, S. (2016). Frictional spaces: Transitional justice between the global and the local. In A. Björkdahl, K. Höglund, G. Millar, J. van Lijn der & W. Verkoren (Hrsg.), *Routledge studies in peace and conflict resolution. Peacebuilding and Friction: Global and local encounters in post conflict societies* (S. 17–31). Routledge.

Buckley-Zistel, S. (2021). *Raum in den Internationalen Beziehungen: Ein Überblick* (1. Aufl.). *essentials.* Springer Fachmedien Wiesbaden; Imprint: Springer VS. https://doi.org/10.1007/978-3-658-32951-8

Bundesministerium der Justiz. (2023). Entwicklungshelfer-Gesetz. https://www.gesetze-im-internet.de/ehfg/

Die Bundesregierung. (2000). *Gesamtkonzept der Bundesregierung: „Zivile Krisenprävention, Konfliktlösung und Friedenskonsolidierung".* Die Bundesregierung. https://www.cpti.ws/conf/02/ger/zusatz/gesamtkonzept.pdf

Die Bundesregierung. (2004). *Aktionsplan. „Zivile Krisenprävention, Konfliktlösung und Friedenskonsolidierung".* Die Bundesregierung.

Die Bundesregierung. (2014). *Vierter Bericht der Bundesregierung über die Umsetzung des Aktionsplans „Zivile Krisenprävention, Konfliktlösung und Friedenskonsolidierung": Berichtszeitraum: Juni 2010 – Mai 2014.* Die Bundesregierung.

Die Bundesregierung. (2017). *Krisen verhindern, Konflikte bewältigen, Frieden fördern: Leitlinien der Bundesregierung.*

Bunzel, R. & Topoar, W. E. (2013). *Large-Scale Land Acquisitions in Liberia Case studies and some legal aspects on the palm oil sectorBerlin: Brot für die Welt.*

Burawoy, M. (1998). The extended case method. *Sociological Theory*(16), 4–33. https://doi.org/10.4135/9781412957397.n140

Burawoy, M. (2005). For Public Sociology. *American Sociological Review, 70*(1), 4–28.

Burba, H. & Stanzel, R. (2015a). *Change for Peace.* giz.

Burba, H. & Stanzel, R. (2015b). Der Zivile Friedensdienst im Kontext von „Transitional Justice": Fachkräfte zwischen Theorie und Praxis. In M. Bös, L. Schmitt & K. Zimmer (Hrsg.), *Konflikte vermitteln?* (S. 215–246). Springer Fachmedien Wiesbaden.

Buro, A. (2006). Die deutsche Friedensbewegung nach 1945: Zwischen Expertenarbeit, gesellschaftlichen Lernprozessen, Mobilisierung und drohender Marginalisierung. In A. Sahm, M. Sapper & V. Weichsel (Hrsg.), *Die Zukunft des Friedens: Band 1: Eine Bilanz der Friedens- und Konfliktforschung.* (S. 131–160). VS Verlag für Sozialwissenschaften.

Büttner, C. W. (1995). *Friedensbrigaden: Zivile Konfliktbearbeitung mit gewaltfreien Methoden.* Zugl.: Berlin, Freie Univ., veränd. Diplomarbeit, 1994. *Studien zur Gewaltfreiheit: Bd. 2.* LIT.

Calließ, J. & Weller, C. (2004). Friedenstheorie: Fragen, Ansätze, Möglichkeiten. *Loccumer Protokolle, 31*(03).

Campbell, M. L. & Gregor, F. M. (2004). *Mapping Social Relations: A Primer in Doing Institutional Ethnography* (U.S. ed.). AltaMira Press.

Campbell, S. P. (2018). *Global governance and local peace: Accountability and performance in international peacebuilding.* Cambridge University Press. https://doi.org/10.1017/9781108290630

Carey, H. F. (2012). *Privatizing the democratic peace: Policy dilemmas of NGO peacebuilding. Rethinking peace and conflict studies.* Palgrave Macmillan.

Carothers, T. & Brechenmacher, S. (2014). *Closing space: Democracy and human rights support under fire.* Carnegie Endowment for International Peace.

Carter Center. (1997). *Observing the 1997 Special Elections Process in Liberia.* https://www.cartercenter.org/documents/electionreports/democracy/FinalReportLiberia1997.pdf

Castel de Saint-Pierre, C.-I. (1712). *Projet pour rendre la paix perpétuelle en Europe.* https://gallica.bnf.fr/ark:/12148/bpt6k105087z.image.f1

Catholic Relief Services. (2016). *State of Peace, Reconciliation and Conflict in Liberia.*

CDA. (2004). *Reflecting on Peace Practice Project.* CDA.

Cernicky, J. (2017). *Neue Rechte für lokale Bevölkerungsgruppen? Eine Chronologie der Landkonflikte in Kenia.: Länderbericht.* https://www.kas.de/de/web/kenia/laenderberichte/detail/-/content/neue-rechte-fuer-lokale-bevoelkerungsgruppen-

Champion, D., Kiel, D. & McLendon, J. (1990). Choosing a Consulting Role. *Training and Development Journal, 44*(3), 66–69.

Chandler, D. (2010). *International Statebuilding.* Routledge. https://doi.org/10.4324/9780203847329

Chandler, D. (2015). Resilience and the 'everyday': beyond the paradox of 'liberal peace'. *Review of International Studies, 41*(1), 27–48. https://doi.org/10.1017/S0260210513000533

Charmaz, K. (2006). *Constructing grounded theory: A practical guide through qualitative analysis.* SAGE.

Chatzifotiou, S. (2000). Conducting Qualitative Research on Wife Abuse: Dealing with the Issue of Anxiety. *Sociological Research Online*, *5*(2), 1–10. https://doi.org/10.5153/sro.472

Cheng, C. (2018). *Extralegal groups in post-conflict Liberia: How trade makes the state* (First edition). Oxford University Press.

Chiapello, E. & Fairclough, N. (2002). Understanding the new management ideology: a transdisciplinary contribution from critical discourse analysis and new sociology of capitalism. *Discourse & Society*, *13*(2), 185–208. https://doi.org/10.1177/0957926502013002406

Christensen, D., Hartman, A. & Samii, C. (2020). *Legibility and External Investment:: An Institutional Natural Experiment in Liberia.* https://darinchristensen.com/publication/liberia-tenure/

Christmann, G. B. (2007). *Robert E. Park. Klassiker der Wissenssoziologie: Bd. 5.* UVK Verlagsgesellschaft.

Clark, I. (2003). Legitimacy in a Global Order,. *Review of International Studies*, *29*, 75–98.

Clausewitz, C. von. (1832). *Vom Kriege* [Bibliotheca Augustana]. Ullstein Verlag. http://www.hs-augsburg.de/~harsch/germanica/Chronologie/19Jh/Clausewitz/cla_kri0.html

Clements, K. P., Boege, V., Brown, A., Foley, W. & Nolan, A. (2017). State Building Reconsidered: the Role of Hybridity in the Formation of Political Order. *Political Science*, *59*(1), 45–56. https://doi.org/10.1177/003231870705900106

Clifford, J. (1997). *Routes: Travel and Translation in the late 20th Century.* Harvard University Press.

Clifford, J. & Marcus, G. E. (1986). *Writing culture: The poetics and politics of ethnography: a School of American Research advanced seminar. Experiments in contemporary anthropology.* Univ. of California Press.

Cohen, D. K. (2016). *Rape During Civil War.* Cornell University Press.

Cohen, S. B. (2014). The Challenging Dynamics of Global North-South Peacebuilding Partnerships. *Journal of Peacebuilding & Development*, *9*(3), 65–81.

Comaroff, J. & Comaroff, J. (1992). *Ethnography and the Historical Imagination.* Westview Press.

Cooley, A. & Ron, J. (2002). The NGO scramble: Organizational insecurity and the political economy of transnational action. *International security*, *27*(1), 5–39.

Cornwall, A. & Brock, K. (2005). What Do Buzzwords Do for Development Policy? A Critical Look at 'Participation', 'Empowerment' and 'Poverty Reduction'. *Third World Quarterly*, *26*(7), 1043–1060.

Cornwall, A. & Eade, D. (Hrsg.). (2010). *Deconstructing Development Discourse: Buzzwords and Fuzzwords.* Practical Action Publishing.

Cotterill, P. (1992). Interviewing women: Issues of friendship, vulnerability, and power. *Women's Studies International Forum*, *10*(5 und 6), 593–606. https://doi.org/10.1016/S0277-5395(03)00070-0

Counter Extremism Project. (o.J.). *Kenya: Extremism and Counter-Extremism.* https://www.counterextremism.com/countries/kenya

CountryWatch. (2019). *Political Overview.: Government Structure.*

Crawford, G. (2003). Partnership or Power? Deconstructing the "Partnership for Governance Reform" in Indonesia. *Third World Quarterly*, *24*(1), 139–159.

Crisis Group. (2008). *Kenya in Crisis: Africa Report N.137*. https://www.crisisgroup.org/africa/horn-africa/kenya/kenya-crisis

Cronin-Furman, K. & Lake, M. (2018). Ethics Abroad: Fieldwork in Fragile and Violent Contexts. *American Political Science Association*, 607–614.

Crowther, S. (2001). The Role of NGOs, Local and International, in Post-War Peacebuilding, *Committee for Conflict Transformation Support Newsletter*, Artikel 15.

Cubitt, C. (2012). *Local and global dynamics of peacebuilding: Post-conflict reconstruction in Sierra Leone*. Routledge.

Cummings, S. K. (2011). : Liberia's New War: Post-Conflict Strategies for Confronting Rape and Sexual Violence. *Arizona State Law Journal*, *43*(1), 223–262.

Cunha, M. I. (2017). Addressing Policy-Oriented Audiences: Relevance and Persuasiveness. In D. Fassin (Hrsg.), *If Truth be Told: The Politics of Public Ethnography* (S. 96–116). Duke University Press.

Curle, A. (1994). New challenges for citizen peacemaking. *Medicine and War*, *10*(2), 96–105. https://doi.org/10.1080/07488009408409148

Currier, A. & Cruz, J. M. (2017). The politics of pre-emption: mobilisation against LGBT rights in Liberia. *Social Movement Studies*, *19*(1), 82–96. https://doi.org/10.1080/14742837.2017.1319265

Czempiel, E.-O. (1986). Der Stand der Wissenschaft von den Internationalen Beziehungen und der Friedensforschung in der Bundesrepublik Deutschland. In K. Beyme (Hrsg.), *Politikwissenschaft in der Bundesrepublik Deutschland* (S. 250–263). VS Verlag für Sozialwissenschaften. https://doi.org/10.1007/978-3-663-11075-0_15

Czempiel, E.-O. (1996). Kans Theorem: Oder Warum sind die Demokratien (noch immer) nicht friedlich? *Zeitschrift für Internationale Beziehungen*, *3*(1), 79–101.

Czempiel, E.-O. (2000). Eine Welt ohne Feinde. *Der Spiegel: Die Welt im 21.Jahrhundert*, *7*(5), 156–160.

Daase, C. (2004). Demokratischer Frieden, demokratischer Krieg. In C. Schweitzer, B. Aust & P. Schlotter (Hrsg.), *Demokratien im Krieg* (S. 53–71). Nomos.

Daase, C. & Moltmann, B. (1991). Frieden und das Problem der erweiterten Sicherheit. In H. Diefenbacher (Hrsg.), *Zum Verhältnis von Frieden und Sicherheit* (S. 35–46). Forschungsstätte d. Ev. Studiengemeinsch.

Dahlberg, K., Drew, N. & Nystrom, M. (2002). *Reflective lifeworld research*. Studentlitteratur.

Daniel, E. V. (1997). Mood, Moment and Mind. In V. Das, K. Arthur, M. Ramphele & P. Reynolds (Hrsg.), *Violence and subjectivity* (S. 333–363). University of California Press.

Danielzik, C.-M. & Bendix, D. (2016). Mit dem postkolonialen Pflug über entwicklungspolitische Felder.: Die Beispiele Tourismus- und reproduktive Bevölkerungspolitik. In A. Ziai (Hrsg.), *Edition Politik: Bd. 27. Postkoloniale Politikwissenschaft* (S. 273–291). transcript Verlag.

Darby, P. (2009). Rolling Back the Frontiers of Empire: Practicising the Postcolonial. *International peacekeeping*, *16*(5), 699–716.

Das, V. (1990). Introduction: Communities, Riots, Survivors – The South Asian Experience. In V. Das (Hrsg.), *Mirrors of Violence: Communities, Riots and Survivors in South Asia* (S. 1–36). Oxford University Press.

Davenport, C., Melander, E. & Regan, P. M. (2018). *The peace continuum: What it is and how to study it*. Oxford University Press.

Davies, I. (2017). *Achieving justice for child victims of sexual violence in Sierra Leone. After being sexually abused, two sisters received help from the Family Support Unit of the Sierra Leone Police.* https://www.unicef.org/stories/achieving-justice-child-victims-sexual-violence-sierra-leone

Davis, D. E. (2009). Non-State Armed Actors, New Imagined Communities, and Shifting Patterns of Sovereignty and Insecurity in the Modern World. *Contemporary Security Policy, 30*(2), 221–245.

Debiel, T. & Rinck, P. (2016). Rethinking the local in peacebuilding: moving away from the liveral/post-liberak divide. In T. Debiel, T. Held & U. Schneckener (Hrsg.), *Routledge global cooperation series. Peacebuilding in crisis: Rethinking paradigms and practices of transnational cooperation* (S. 240–256). Routledge.

Debiel, T. & Sticht, M. (2005). *Towards a new profile? Development, humanitarian and conflict-resolution NGOs in the age of globalization. INEF-Report: Bd. 79.* Inst. für Entwicklung und Frieden der Univ. Duisburg-Essen.

Debiel, T. & Sticht, M. (2007). (Ohn-)Mächtige Samariter: Humanitäre NGOs zwischen Intervention, Kommerz und Barmherzigkeit. In A. Klein & S. Roth (Hrsg.), *NGOs im Spannungsfeld von Krisenprävention und Sicherheitspolitik* (S. 165–178). VS Verlag für Sozialwissenschaften.

Dellwing, M. & Prus, R. (2012). *Einführung in die interaktionistische Ethnografie: Soziologie im Außendienst.* VS Verlag für Sozialwissenschaften.

Denney, L. & Ibrahim, A. F. (2012). *Violence against women in Sierra Leone.: How women seek redress.Politics and Governance,.* UKaid.

Denskus, T. & Kosmatopoulos, N. (2015). Anthropology and Peacebuilding: An Introduction. *Peacebuilding, 3*(3), 219–223.

Dequirez, G. & Hersant, J. (2013). The virtues of improvisation: Ethnography without an ethics protocol. *Current Sociology, 61*(5-6), 646–660. https://doi.org/10.1177/0011392113484454

Gasper D. & Apthorpe, R. (1996). Discourse Analysis and Policy Discourse. *The European Journal of Development Research, 8*(1), 1–15. https://doi.org/10.1080/09578819608426650

Deutsche Gesellschaft für Völkerkunde. (2008). *Frankfurter Erklärung zur Ethik in der Ethnologie.* https://www.dgska.de/wp-content/uploads/2016/07/DGV-Ethikerklaerung.pdf

Deutsche UNESCO-Kommission. (2010). *Weltbericht „Bildung für alle".: Kurzfassung. Ausgeschlossene einbinden.* https://www.unesco.de/sites/default/files/2018-01/efareport2010dt.pdf

Deutsche Vereinigung für Politikwissenschaft. (2017). *Ethik-Kodex der Deutschen Vereinigung für Politikwissenschaft.* https://www.dvpw.de/fileadmin/docs/2017-06-15_Ethik-Kodex__DVPW.pdf

Die deutschen Bischöfe. (2013). *Gerechter Friede.* Sekretariat der Deutschen Bischofskonferenz.

DEval. (2015). *Entwicklungshelferinnen und Entwicklungshelfer. Ein Personalinstrument der deutschen Entwicklungszusammenarbeit.* Deutsches Evaluierungsinstitut für Entwicklungszusammenarbeit.

DeVault, M. (2006). Introduction: What is Institutional Ethnography? *Social Problems, 53*(3), 294–298. https://doi.org/10.1525/sp.2006.53.3.294

DeVault, M. (2013). Institutional Ethnography: A Feminist Sociology of Institutional Power. *Contemporary Sociology: A Journal of Reviews*, *42*(3), 332–340. https://doi.org/10.1177/0094306113484700a

Devereux, S. & Hoddinott, J. (1992). The concept of fieldwork. In S. Devereux & J. Hoddinott (Hrsg.), *Fieldwork in Developing Countries* (S. 3–24). Harvester Wheatsheaf.

DeWalt, K. M. & DeWalt, B. R. (2002). *Participant observation: A guide for fieldworkers*. AltaMira Press.

DeWalt, K. M., DeWalt, B. R. & Wayland, C. B. (2000). Participant observation. In H. R. Bernard (Hrsg.), *Handbook of methods in cultural anthropology* (1. Aufl., S. 259–299). AltaMira Press.

Diamond, L. & McDonald, J. W. (1996). *Multi-track diplomacy: A systems approach to peace* (3. Aufl.). *Kumarian Press books for a world that works*. Kumarian Press.

Dibley, T. (2014). *Rethinking peace and conflict studies. Partnerships, Power and Peacebuilding: NGOs as Agents of Peace in Aceh and Timor-Leste* (T. Dibley, Hg.). Palgrave Macmillan UK; Imprint; Palgrave Macmillan.

Dickinson, L. A. (2003). The promise of Hybrid Courts. *American journal of international law*, *97*(2), 295–309.

Dieltiens, V. (2015). A foot in the door: are NGOs effective as workplace intermediaries in the youth labour market? *Econ3x3*.

Dilthey, W. (1924). *Gesammelte Schriften: Bd. 5: Die geistige Welt*. Teubner.

Dingwall, R. (2008). The ethical case against ethical regulation in humanities and social science research. *Twenty-First Century Society*, *3*(1), 1–12. https://doi.org/10.1080/17450140701749189

Dinnen, S. & Kent, L. (2015). *Hybridity in Peacebuilding and Development: A Critical Interrogation*. https://www.academia.edu/19543952/Hybridity_in_Peacebuilding_and_Development_a_critical_interrogation

Dittrich, E. & Lentz, A. (1994). Die Fabrikation von Ethnizität. In Kößler, Reinhart und Schiel, Tilman (Hrsg.), *Umbrüche der Moderne: Bd. 5. Nationalstaat und Ethnizität, IKO-Verlag für Interkulturelle Kommunikation, Frankfurt am Main* (S. 23–43). IKO-Verlag für Interkulturelle Kommunikation.

Divon, S. & Bøas, M. (2016). Negotiating justice:: legal pluralism and gender-basedviolence in Liberia. *Third World Quarterly*(38), Artikel 6, 1381–1398.

Dixon, W. & Paul, S. (2002). Democracy, Dispute, and Negotiated Settlements. *Journal of Conflict Resolution*, *46*(4), 457–471.

Djateng, F. (2013). How can we make peacebuilding visible? In C. Kayser & F. Djateng (Hrsg.), *Our work for change* (S. 9–14). Evangelischer Entwicklungsdienst.

Djateng, F., Kayser, C. & Mavinga, M. J. (2009a). *Building the Peace: Advocacy for Change: Our Struggle for Peace*. Evangelischer Entwicklungsdienst.

Djateng, F., Kayser, C. & Mavinga, M. J. (2009b). *Our contribution to peace: a patchwork of complementary actions*. Evangelischer Entwicklungsdienst.

Donais, T. (2012). *Peacebuilding and local ownership: Post-conflict and consensus-building. Studies in conflict, development and peacebuilding: Bd. 5*. Routledge.

Dopoe, R. (2019, 10. Juni). *Internet Shutdown on June 7, Cost Liberia Over US$100K*. https://www.liberianobserver.com/news/internet-shutdown-on-june-7-cost-liberia-over-us100k/

Dougherty, B. K. (2004). Right-Sizing International Criminal Justice: The Hybrid Experiment at the Special Court for Sierra Leone. *International Affairs*, *80*(2), 311–328.

Dowd, C. & Clionadh, R. (2012). Mapping conflict across Liberia and Sierra Leone. In E. Drew & Ramsbotham, Alexander (Hrsg.), *Consolidating peace. Liberia and Sierra Leone: Accord an international review of peace initiatives* (S. 13–18). Conciliation Resources.

Doyle, M. (1986). Liberalism and World Politics. *The American Political Science Review*, *80*(4), 1151–1169.

Dreher, A. & Langlotz, S. (2017). Budgethilfe und Ownership – ein Paradigmenwechsel in der Entwicklungspolitik. In ifo Institut – Leibniz-Institut für Wirtschaftsforschung an der Universität München (Hrsg.), *Ein Marshallplan mit Afrika: Geeignetes Konzept für eine nachhaltige Entwicklung?* (70. Aufl., S. 11–14).

DuBois, M. (1991). The Governance of the Third World: A Foucauldian Perspective on Power Relations in Development. *Alternatives: Global, Local, Political*, *16*(1), 1–30.

Dubois, V. (2017). Policy Ethnography as a Combat Sport: Analyzing the Welfare State against the Grain. In D. Fassin (Hrsg.), *If Truth be Told: The Politics of Public Ethnography* (S. 184–202). Duke University Press.

Duckworth, C. L. (2016). Is peacebuilding donor-driven? Inside the dynamics and impacts of funding peace. *Journal of Peacebuilding & Development*, *11*(1), 5–9. https://doi.org/10.1080/15423166.2016.1150692

Dudouet, V. (2006). *Transitions from violence to peace*. Berghof Forschungszentrum für konstruktive Konfliktbearbeitung.

Duffield, M. (1997). *Evaluating Conflict Resolution: Context, Models and Methodology*. Chr Michelsen Institute, Development Studies and Human Rights.

Duffield, M. (2000). *Global Governance and the New Wars: The Merging of Development and Security*. Zed Books.

Duffield, M. (2003). The Symphony of the Dammed: Racial Discourse, Complex Political Emergencies and Humanitarian Aid. *Disasters. The Journal of Disaster Studies, Policy and Management*, *20*(3), 173–193.

Dunning, T. (2004). Conditioning the Effects of Aid: Cold War Politics, Donor Credibility, and Democracy in Africa. *International Organization*(58), 409–423.

Dupuy, K., Ron, J. & Prakash, A. (2016). Hands off my regime! Governments' restrictions on foreign aid to non-governmental organizations in poor and middle-income countries. *World development : the multi-disciplinary international journal devoted to the study and promotion of world development*, *84 (2016)*, 299–311.

Dworkin, G. (1972). Paternalism. *The Monist*, *56*(1), 64–84.

Eade, D. (2007). Who builds whose capacity? *Development in Practice*, *17*(4-5), 630–639.

Ebert, T. & Benedict, H.-J. (1968). *Macht von unten: Bürgerrechtsbewegung, außerparlamentarische Opposition und Kirchenforum*. Fischer-Verlag.

Eckert, A. (2000). Tradition – Ethnizität – Nationsbildung.: Zur Konstruktion politischer Identitäten in Afrika im 20. Jahrhundert. *Archiv für Sozialgeschichte*(4), 1–27.

Economywatch. (2012). *Why Liberia has not been able to break its resource curse*. https://oilprice.com/Geopolitics/Africa/Why-Liberia-Has-Not-Been-Able-to-Break-its-Resource-Curse.html

Eddy, E. M. & Partridge, W. L. (1978). *Applied Anthropology in America*. Columbia University Press.

Edwards, M. & Hulme, D. (1997). *NGOs, States and Donors: Too Close for Comfort?* Earthscan.

Edwin, V. (o.J.). *CIVICUS Civil Society Index Report for the Republic of Sierra Leone: A Critical Time for Civil Society in Sierra Leone: Campaign for Good Governance in Collaboration with Christian Aid – Sierra Leone*. CIVICUS Civil Society Index.

Eguren, L. E. (2001). Who Should Go Where? Examples from Peace Brigades International. In L. Reychler & T. Paffenholz (Hrsg.), *Peacebuilding: A field guide* (S. 28–34). Lynne Rienner Publishers.

Eisewicht, P. & Grenz, T. (2018). Die (Un)Möglichkeit allgemeiner Gütekriterien in der Qualitativen Forschung: Replik auf den Diskussionsanstoß zu „Gütekriterien qualitativer Forschung" von Jörg Strübing, Stefan Hirschauer, Ruth Ayaß, Uwe Krähnke und Thomas Scheffer. *Zeitschrift für Soziologie*, *47*(5), 364–373. https://doi.org/10.1515/zfsoz-2018-0123

Elfversson, E. & Höglund, K [Krisitine] (2019). Violence in the city that belongs to no one:: urban distinctiveness and interconnected insecurities in Nairobi (Kenya). *Conflict, Security and Development*, *19*(4), 347–370.

Ellis, S. (1999). *The mask of anarchy: The destruction of Liberia and the religious dimension of an African civil war*. Hurst & Company.

Emerson, R. M. (1981). Observational field work. *Annual Review of Sociology*(7), 351–378.

Emerson, R. M. (2001). *Contemporary Field Research: Perspectives and Formulations* (Second edition). Waveland Press.

Emerson, R. M., Fretz, R. I. & Shaw, L. L. (Hrsg.). (1995). *Writing Ethnographic Fiedlnotes*. The University of Chicago Press.

Engels, B. (2014). Repräsentationen, Diskurse und Machtfragen: Postkoloniale Theorieansätze in der Friedens- und Konfliktforschung. *Zeitschrift für Friedens- und Konfliktforschung*, *3*(1), 130–150. https://doi.org/10.5771/2192-1741-2014-1-130

Engels, K. (2005). Fit für Streetwork. *Contacts*(3), 1–3.

Engwicht, N., Hennings, A. & Prause, L. (2019). *"Wie Erforschen wir Konflikte?" Herausforderungen Ethischer Feldforschung im Kontext von Ressourcenkonflikten* (CCS Working Paper Nr. 22). Marburg.

Erasmus, V. (2001). Community Mobilization as a Tool for Peacebuilding. In L. Reychler & T. Paffenholz (Hrsg.), *Peacebuilding: A field guide* (S. 246–257). Lynne Rienner Publishers.

Erickson, F. (1988). Ethnographie Description. In Ulrich Arnmon (Hrsg.), *Sociolinguistics: An International Handbook of the Science of Language and Society* (S. 1081–1095). de Gruyter.

Erl, W. (2000). Zum Verhältnis von Humanitärer Hilfe und Zivilen Friedensdienst; in: epd-Dokumentation Tagung über „Humanitäre Hilfe" und „Zivilen Friedensdienst, Humanitäre Hilfe und Ziviler Friedensdienst: Gemeinsamkeit und Differenz, Gemeinschaftswerk der Evangelischen Publizistik. *Evangelischer Pressedienst*(29), 14–22.

Ernstorfer, A. (2018). *Peacebuilding Networks and Alliances in Kenya:: A Retrospective Look at Collective Peacebuilding Effectiveness*. CDA Collaborative Learning Projects.

Escobar, A. (1991). Anthropology and the Development En- counter: The Making and Marketing of Development Anthropology. *American Ethnologist*(18), 658–682.

Escobar, A. (2012 [1995]. *Encountering Development: The making and unmaking of the Third World. Princeton studies in culture/power/history*. Princeton University Press.

EU. (2017). *EU Roadmap for Engagement with Civil Society in Liberia*. https://europa.eu/capacity4dev/file/86370/download?token=N3BWRgMK

European Commission. (2013). *Empowering Local Authorities in partner countries for enhanced governance and more effective development outcomes. Communication from the Commission of the European Parliament, the Council, the European Economic and Social Committee and the Committee of the Regions.* https://eur-lex.europa.eu/legal-content/EN/TXT/?uri=celex%3A52013DC0280

Evangelischen Kirche in Deutschland. (2007). *Aus Gottes Frieden leben – für gerechten Frieden sorgen: Eine Denkschrift des Rates der Evangelischen Kirche in Deutschland.* Gütersloher Verlagshaus.

Evans, L., Robson, S. E. & Willis, K. (1997). The logistics of undertaking fieldwork in 'developing areas'. In E. Robson & K. Willis (Hrsg.), *Postgraduate Fieldwork in Developing Areas: A Rough Guide* (S. 7–18). Keele University Press.

Evans-Pritchard, E. E. (1940). *The Nuer: A description of the modes of livelihood and political institutions of a Nilotic people.* Oxford University Press.

Evers, T. (2000). Vorwort. In T. Evers (Hrsg.), *Ziviler Friedensdienst: Fachleute für den Frieden* (S. 17–22). Leske + Budrich.

Evers, T. (2006). Arbeit an Konflikten – Der Zivile Friedensdienst nach sechs Jahren. In D. Bricke, T. Every, M. Quack, A. Rosen & L. Schrader (Hrsg.), *Ziviler Friedensdienst: >>Frieden schaffen ohne Waffen!<<. Wissenschaft und Frieden: Lateinamerika im Umbruch?* (52. Aufl., S. 2–13).

Evers, T. (2007). Working on Conflict. Der Zivile Friedensdienst nach sechs Jahren. In A. Klein & S. Roth (Hrsg.), *NGOs im Spannungsfeld von Krisenprävention und Sicherheitspolitik* (S. 141–164). VS Verlag für Sozialwissenschaften.

Evers, T. (2011). Zwölf Jahre Ziviler Friedensdienst: »Das Potential ist längst nicht ausgeschöpft«. *Frieden braucht Fachleute – Zeitung des Forum Ziviler Friedensdienst e. V.* –(3), 1.

Exo, M. (2017). *Das übergangene Wissen: Eine dekoloniale Kritik des liberalen Peacebuilding durch basispolitische Organisationen in Afghanistan* (1. Aufl.). *Global Studies.* Transcript.

Ezeh, P.-J. (2003). Integration and its challenges in participant observation. *Qualitative Research, 3*(2), 191–205.

Fabian, J. (1983). *Time and the Other: How Anthropology makes its Object.* Columbia University Press. https://doi.org/10.7312/fabi16926

Fagerholm, N. (2014). Whose knowledge, whose benefit? Ethical challenges of participatory mapping. In J. Lunn (Hrsg.), *Fieldwork in the Global South: Ethical challenges and dilemmas* (S. 158–169). Routledge.

Fahrenhorst, B. (2007). Von der Friedensbewegung zur Friedensförderung – Reichweite zivilgesellschaftlicher Aktivitäten in Gewaltkonflikten. In A. Klein & S. Roth (Hrsg.), *NGOs im Spannungsfeld von Krisenprävention und Sicherheitspolitik* (S. 69–90). VS Verlag für Sozialwissenschaften.

Faier, E. (2002). Domestic Matters: Feminism and Activism among Palestinian Women in Israel. In C. J. Greenhouse, E. Mertz & K. B. Waren (Hrsg.), *Ethnography in Unstable Places: Everyday Lives in Contexts of Dramatic Political Change* (S. 178–209). Duke University Press.

Fairclough, N. (2010). *Language and power* (2. Aufl.). *Language in social life series.* Longman.

Fanon, F. (1967). *Black Skin, White Mask.* Pluto Press.

Fanon, F. (1981). *Die Verdammten dieser Erde* (T. König, Übers.). *Suhrkamp-Taschenbuch*. Suhrkamp.

FAO. (o.J.). *Family Farming Knowledge Platform. National Association of Farmers of Sierra Leone NAFSL.* http://www.fao.org/family-farming/network/network-detail/en/c/180954/

Farrall, J. (2013). Recurring Dilemmas in a Recurring Conflict: Evaluating the UN Mission in Liberia (2003–2006). In D. Druckman & P. F. Diehl (Hrsg.), *Peace Operation Success* (S. 111–148). Brill | Nijhoff. https://doi.org/10.1163/9789004245082_007

Fassin, D. (2015). The public afterlife of ethnography. *American Ethnologist*, *42*(4), 592–609. https://doi.org/10.1111/amet.12158

Fassin, D. (2017). *If Truth be Told: The Politics of Public Ethnography*. Duke University Press.

Fenno, R. F. (1978). *Home style: House members in their districts*. Scott, Foresman and Company.

Ferdowsi, M. A. & Matthies, V. (2003). *Den Frieden gewinnen: Zur Konsolidierung von Friedensprozessen in Nachkriegsgesellschaften. EINE Welt: Bd. 15*. Dietz.

Fernández, M. & Guerra, L. (2020). Peacebuilding and Postcolonial Subject. In O. Richmond & G. Visoka (Hrsg.), *The Palgrave Encyclopedia of Peace and Conflict Studies* (S. 1–12). Springer International Publishing. https://doi.org/10.1007/978-3-030-11795-5_81-1

Fetherston, A. B. (2000). Peacekeeping, conflict resolution and peacebuilding: A reconsideration of theoretical frameworks. *International peacekeeping*, *7*(1), 190–218. https://doi.org/10.1080/13533310008413825

Finlay, L. (2016). Negotiating the Swamp: The Opportunity and Challenge of Reflexivity in Research Practice. *Qualitative Research*, *2*(2), 209–230. https://doi.org/10.1177/146879410200200205

Fischer, H. (1992). *Ethnologische Paperbacks. Ethnologie: Einführung und Überblick* (3. Aufl.). Reimer.

Fischer, M. (2011). Civil Society in Conflict Transformation: Strengths and Limitations;: Strenghts and limitations. In Giessmann, Hand/ Austin, Betrix and Fische, Martina (Hrsg.), *Advancing Conflict Transformation.: The Berghof Handbook II* (S. 287–313). Budrich.

Fisher, R. J. & Kelman, H. C. (2003). Conflict Analysis and Resolution. In D. O. Sears, L. Huddy & R. Jervis (Hrsg.), *Oxford Handbook of Political Psychology* (S. 315–353). Oxford University Press.

Fisher, S. (2011). Knock, knock, knocking on closed doors: Exploring the difficult ideal of the collaborative research relationship. *Area*, *43*(3), 456–462.

Fisher, S. & Zimina, L. (Hrsg.). (2009). *Just Wasting our Time? Provocative Thoughts for Peacebuilders*. Berghof Foundation.

Flick, U. (Hrsg.). (1995). *Rowohlts Enzyklopädie: Bd. 546. Qualitative Forschung: Theorie, Methoden, Anwendung in Psychologie und Sozialwissenschaften*. Rowohlt Taschenbuch.

Flick, U. (Hrsg.). (1999). *Qualitative Forschung: Theorie, Methoden, Anwendung in Psychologie und Sozialwissenschaften*. Rowohlt Taschenbuch.

Flick, U., Kardorff, E. von & Steinke, I. (2000). Was ist qualitative Forschung? Einleitung und Überblick. In U. Flick, E. von Kardorff & I. Steinke (Hrsg.), *Qualitative Forschung: Ein Handbuch* (S. 13–29). Rowohlt Taschenbuch.

Fog Olwig, K. & Hastrup, K. (Hrsg.). (1997). *Siting Culture: The Shifting Anthropological Object*. Routledge.
Forrest, M. D. (2017). Engaging and Disrupting Power: The Public Value of Political Ethnography. *PS: Political Science & Politics*, *50*(01), 109–113. https://doi.org/10.1017/S1049096516002250
Forti, D. & Lesley, C. (2018). *The Mission Is Gone, but the Un Is Staying:: Liberia's Peacekeeping Transition.*
Fortune, F. & Bloh, O. (2012). Electing for peace in Liberia and Sierra Leone. In Drew, Elizabeth and Ramsbotham, Alexander (Hrsg.), *Consolidating peace.: Liberia and Sierra Leone. Accord an international review of peace initiatives.* (S. 26–29). Conciliation Resources.
forumZFD (2011). Zwölf Jahre Ziviler Friedensdienst: »Das Potential ist längst nicht ausgeschöpft«. *Frieden braucht Fachleute – Zeitung des Forum Ziviler Friedensdienst e. V.* –(3), 1.
forumZFD. (2019, 26. März). *ForumZFD fordert vom Europäischen Parlament mehr Einsatz für Friedensförderung* [Press release]. https://www.forumzfd.de/de/europaeisches-parlament-muss-friedensfoerderung-staerken
forumZFD/ Akademie für Konflikttransformation. (2017). *Akademie für Konflikttransformation: Programm 2018 – Weiterbildungen und Seminare*. Forum ZFD/ Akademie für Konflikttransformation.
Foucault, M. (1980). *Power – Knowledge: Selected Interviews and other Writing 1972-1977*. Pantheon Books.
Foucault, M. (1981). *The History of Sexuality: Volume 1: An Introduction. Pelican books*. Penguin Books.
Foucault, M. (1982). The Subject and Power. *Critical Inquiry*, *8*(4), 777–795.
Foucault, M. (2015). *Archäologie des Wissens* (U. Köppen, Übers.) (17. Aufl.). *Suhrkamp-Taschenbuch Wissenschaft: Bd. 356*. Suhrkamp.
Foucault, M. (2016). *Überwachen Und Strafen: Die Geburt Des Gefängnisses*. Suhrkamp.
Foucault, M. & Ewald, F. (1978). *Dispositive der Macht: Über Sexualität, Wissen und Wahrheit. IMD: Bd. 77*. Merve Verl.
Fowler, A. (1998). Authentic NGDO Partnerships in the New Policy Agenda for International Aid: Dead End or Light Ahead? *Development and Change*, *29*, 137–159.
Frangonikolopoulos, C. A. (2005). Non-governmental organisations and humanitarian action: the need for a viable change of Praxis and Ethos. *Global Society*, *19*(1), 49–72. https://doi.org/10.1080/1360082042000316040
Frank, E. (2002). A participatory approach for local peace initiatives: The Lodwar Border Harmonization Meeting. *Africa today*, *49*(4), 69–87.
Freedom House. (2020a). *Freedom in the World 2020. Kenya.* https://freedomhouse.org/country/kenya/freedom-world/2020#CL
Freedom House. (2020b). *Freedom in the World 2020. Liberia.* https://freedomhouse.org/country/liberia/freedom-world/2020
Freedom House. (2020c). *Freedom in the World 2020. Sierra Leone.* https://freedomhouse.org/country/sierra-leone/freedom-world/2020
Freilich, M. (1970). *Marginal natives: Anthropologists at work*. Harper & Row.
Freire, P. (1990). *Pedagogy of the Oppressed*. Peace Research Institute Frankfurt.

Freytag, A. & Fricke, S. (2017). Gezielte Bekämpfung der Fluchtursachen statt entwicklungspolitischer Potpourris!;. In ifo Institut – Leibniz-Institut für Wirtschaftsforschung an der Universität München (Hrsg.), *Ein Marshallplan mit Afrika: Geeignetes Konzept für eine nachhaltige Entwicklung?* (70. Aufl., S. 6–8).

Fricke, E. (2019). Wenn es das EhfG nicht gäbe, müsste man es erfinden: Entstehung und Geschichte desEntwicklungshelfer-Gesetzes. In AGdD Förderungswerk für rückkehrende (Hrsg.), *50 Jahre Entwicklungshelfer- Gesetz* (S. 6–9). AGdD Förderungswerk für rückkehrende.

Friedrichs, J. (1982). *Methoden empirischer Sozialforschung* (10. Aufl.). *WV-Studium: 28 : Sozialwiss.* Westdeutscher Verlag.

FriEnt. (2005). *Projektpartner in Konfliktsituationen: Machen wir das Richtige mit den Richtigen?* Gruppe Friedensentwicklung (FriEnt).

FriEnt. (2013). *Entwicklung für Frieden: Berichte 2011–2012.* Arbeitsgemeinschaft Frieden und Entwicklung (FriEnt).

Front Page Africa. (2017). *Liberian Senate Amends Rape Law –: Makes It Bailable Offense.* https://frontpageafricaonline.com/news/2016news/liberian-senate-amends-rape-law-makes-it-bailable-offense/

Front Page Africa. (2019a). *Liberia: Alliance For Transitional Justice Urges Gov't to Take Practical Steps in Addressing Protesters' Demands.* https://frontpageafricaonline.com/news/liberia-alliance-for-transitional-justice-urges-govt-to-take-practical-steps-in-addressing-protesters-demands/

Front Page Africa. (2019b). *Liberia: International Justice Group Submits Petition for The Implementation of TRC Recommendations.* https://frontpageafricaonline.com/liberia-war-crimes-trial/liberia-international-justice-group-submits-petition-for-the-implementation-of-trc-recommendations/

Fuest, V. (2010). Contested inclusions: Pitfalls of NGO peace-building activities in Liberia. *Africa-Spectrum, 45*(2), 3–33.

Fuest, V. (2014). Workshopping Owners: Policies, Procedures and Pitfalls of Peace-Building in the Non-State Sector of Liberia. In A. Behrends, S.-J. Park & R. Rottenburg (Hrsg.), *Travelling Models in African Conflict Management* (S. 43–75). BRILL. https://doi.org/10.1163/9789004274099_003

Fujii, L. A. (2008, 4. Dezember). *Ethical challenges of micro-level fieldwork.* Graduate Center of the City University of New York. Workshop on Field Research and Ethics in Post-Conflict Environments, University of New York.

Fujii, L. A. (2009). *Killing neighbors: Webs of violence in Rwanda.* Cornell University Press.

Fujii, L. A. (2010). Shades of Truth and Lies: Interpreting Testimonies of War and Violence. *Journal of Peace Research, 47*(2), 231–241.

Fujii, L. A. (2012). Research Ethics 101: Dilemmas and Responsibilities. *Political Science and Politics, 45*(4), 717–723.

Fujii, L. A. (2015a). Fice stories of accidental ethnography: turning unplanned moments in the field into data. *Qualitative Research, 15*(4), 525–539.

Fujii, L. A. (2015b). Politics of the "Field". In D. Kapiszewski, L. M. MacLean & B. L. Read (Hrsg.), *Strategies for social inquiry. Field Research in Political Science* (1. Aufl., S. 1146–1152). Cambridge Univ. Press.

Galtung, J. (1969). Violence, Peace and Peace Research. *Journal of Peace Research, 6*(3), 167–191.

Galtung, J. (1976). Three Approaches to Peace: Peacekeeping, Peacemaking and Peacebuilding. In J. Galtung (Hrsg.), *Peace, War and Defence: Essays in Peace Research* (S. 282–304). Christian Ejlers.

Galtung, J. (1996). *Peace by peaceful means: Peace and conflict, development and civilization.* International peace research Institute.

Galvanek, J. B. (2013). *Translating Peacebuilding Rationalities into Practice: Local Agency and Everyday Resistance.* Berghof Foundation.

Galvin, K. M. (2009). Transitions: Pastoralists living with change. *Annual Review of Anthropology, 38*, 185–198.

Gardner, K. (1997). Mixed Messages; Contested 'Development' and the Plantation Rehabilitation Project. In R. Grillo (Hrsg.), *Explorations in anthropology. Discourses of development* (S. 133–156). Berg.

Gberie, L. (2005). *A dirty war in West Africa: The RUF and the destruction of Sierra Leone.* Indiana University Press.

Gebauer, T. (2007). Hilfe oder Beihilfe? Die Arbeit von humanitären Hilfsorganisationen zwischen Hilfeleistung und Instrumentalisierung. In A. Klein & S. Roth (Hrsg.), *NGOs im Spannungsfeld von Krisenprävention und Sicherheitspolitik* (S. 205–214). VS Verlag für Sozialwissenschaften.

Geertz, C. (1973). *The Interpretation of culture: selected essays.* Fontana Press.

Geertz, C. (1997). *Spurenlesen: Der Ethnologe und das Entgleisen der Fakten.* C.H. Beck.

Geis, A. (2001). Diagnose: Doppelbefund – Ursache: ungeklärt? Die kontroversen um den „demokratischen Frieden". *Politische Vierteljahresschrift, 42*(2), 282–298. https://doi.org/10.1007/s11615-001-0040-y

Geis, A., Brock, L. & Müller, H. (Hrsg.). (2006). *Democratic Wars: Looking at the Dark Side of Democratic Peace.* Palgrave Macmillan. https://doi.org/10.5860/CHOICE.44-2364

Gemeinschaftswerk ZFD. (2008). *Standards für den Zivilen Friedensdienst. Gemeinsame Grundlage des Konsortiums Ziviler Friedensdienst bei der Entwicklung von Projekten. Überarbeitete Fassung.* Gemeinschaftswerk ZFD.

Gemeinschaftswerk ZFD. (2014a). *Ziviler Friedensdienst (ZFD): Grundlagen, Akteure und Verfahren des ZFD.*

Gemeinschaftswerk ZFD. (2014b). *Ziviler Friedensdienst (ZFD): Grundlagen, Akteure und Verfahren des ZFD.* Gemeinschaftswerk ZFD.

Gemeinschaftswerk ZFD. (2014c). *Ziviler Friedensdienst (ZFD) kompakt: Grundlagen, Akteure und Verfahren des ZFD.* Gemeinschaftswerk ZFD.

Gereke, M. & Brühl, T. (2019). Unpacking the unequal representation of Northern and Southern NGOs in international climate change politics. *Third World Quarterly, 40*(5), 870–889. https://doi.org/10.1080/01436597.2019.1596023

Gerholm, L. (1985). *Kulturprojekt och projektkultur.* Liber.

Gershoni, Y. (1985). *Black colonialism: The Americo-Liberian scramble for the Hinterland. Westview special studies on Africa.* Westview Press.

Gibbon, M. (2002). Doing a doctorate using a participatory action research framework in the context of community health. *Qualitative health research, 12*(4), 546–558. https://doi.org/10.1177/104973202129120061

Gillis, A. & Jackson, W. (2002). *Research methods for nurses: Methods and interpretation.* F.A. Davis Company.

Girgis, M. (2007). The Capacity-Building Paradox: Using Friendship to build capacity in the South. *Development in Practice, 17*(3), 353–366.

Girtler, R. (1989). Die „teilnehmende unstrukturierte Beobachtung" – ihr Vorteil bei der Erforschung des sozialen Handelns und des in ihm enthaltenen Sinns. In R. Aster, H. Merkes & M. Repp (Hrsg.), *Teilnehmende Beobachtung: Werkstattbericht und methodologische Reflexion* (S. 103–113). Campus Verlag.

Girtler, R. (2001). *Methoden der Feldforschung* (4. Aufl.). *UTB für Wissenschaft: Bd. 2257*. Böhlau.

Girtler, R. (2009). *10 Gebote der Feldforschung* (2. Aufl.). LIT.

Githiora, C. (2018). *Sheng: Rise of a Kenyan Swahili Vernacular*. Boydell & Brewer Ltd. https://ebookcentral.proquest.com/lib/gbv/detail.action?docID=5607109

Given, L. M. (Hrsg.). (2008). *The Sage Encyclopedia of Qualitative Research Methods*. SAGE.

giz. (2015). *Capacity Development in Situations of Conflict and Fragility: German Approaches and Lessons Learned by GIZ*. giz.

giz. (2017). *Planning, Monitorin, Evaluation: PME Guidelines for Projects and Programms of GIZ's Civil Peace Service.*

giz Kenya. (2019). *Our Innovative Methods and Concepts for Transforming Conflicts in Africa: A Collection of Articles written by Peacebuilding Advisors Summary of Topics of the CPS Africa Regional Conference in Kenya (2018)*. giz Kenya.

Glasfeld, P. (1992). Konstruktion der Wirklichkeit und des Begriffs der Objektivität. In E. Foerster (Hrsg.), *Einführung in den Konstruktivismus*. (S. 9–39). Piper Verlag.

Glesne, C. (1989). Rapport and friendship in ethnographic research. *International Journal of Qualitative Studies in Education, 2*(1), 45–54. https://doi.org/10.1080/714858243

glokal e.V. (2016). *Das Märchen von der Augenhöhe: Macht und Solidarität in Nord-Süd-Partnerschaften*. glokal e.V.

Goedeking, U. (2014). Developing multi-stakeholder strategies Experiences of the German Civil Peace Service Group. In FriEnt (Hrsg.), *How do I know? Strategic planning, learning and evaluation for peacebuilding* (S. 23–25). Arbeitsgemeinschaft Frieden und Entwicklung (FriEnt).

Goertz, G., Balas, A. & Diehl, P. F [Paul Francis]. (2016). *The puzzle of peace: The evolution of peace in the international system*. Oxford University Press.

Goetschel, L. & Hagmann, T. (2009). Civilian peacebuilding: peace by bureaucratic means? *Conflict, Security & Development, 9*(1), 55–73. https://doi.org/10.1080/14678800802704911

Goffman, A. (2015). *On the run: Fugitive life in an American city* (First Picador edition). Picador/Farrar, Straus and Giroux.

Gold, R. (1958). Roles in sociological field observation. *Social Forces*(36), 217–223.

Goodhand, J. (2000). Research in conflict zones – ethics and accountability. *Forced Migration Review*(8), 12–15.

Goodhand, J. & Hulme, D. (1999). From Wars to Complex Political Emergencies: Understanding Conflict and Peace-Building in the New World Disorder. *Third World Quarterly, 20*(1), 13–26.

Government of Kenya. (2016). *The Community Land Act.: Kenya Gazette Supplement No. 148 (Acts No.27)*. http://kenyalaw.org/kl/fileadmin/pdfdownloads/Acts/CommunityLandAct_27of2016.pdf

Government of Sierra Leone. (2018). *Education Sector Plan 2018–2020*. https://www.globalpartnership.org/sites/default/files/2018-10-sierra-leone-esp.pdf

Gowa, J. (1994). *Ballots and Bullets: The Elusive Democratic Peace*. Princeton University Press.

Graf, W. (2001). Konflikttransformation mit friedlichen Mitteln: Auf der Suche nach einem komplexen Paradigma ziviler Konfliktbearbeitung. In A. Truger (Hrsg.), *Studien für europäische Friedenspolitik: Bd. 8. Zivile Konfliktbearbeitung: Eine internationale Herausforderung* (S. 46–63). Agenda-Verl.

Gramsci, A. & Meinert, J. (2012). *Gefängnishefte* (R. Graf, P. Jehle, G. Kuck & L. Schroeder, Übers.) (K. Bochmann & W. Fritz Haug, Hg.) (Kritische Gesamtausgabe auf Grundlage der von Valentino Gerratana im Auftrag des Gramsci-Instituts besorgten Edition, Reprint der Erstausgabe). Argument.

Green Advocates International. (2017). *Largescale Land Acquisitions in Liberia: A Case Study based on the publication of the report titled: "Women: The Least secure Tenure"*. Green Advocates International. https://rightsandresources.org/wp-content/uploads/2017/04/Green-Advocates_-Gender-case-study-on-womens-land-tenure-in-Liberia-_-Feb-2017.pdf

Greenhouse, C. J., Mertz, E. & Waren, K. B. (2002). *Ethnography in Unstable Places: Everyday Lives in Contexts of Dramatic Political Change*. Duke University Press.

Greiner, C., Bollig, M. & McCabe, J. T. (2011). Notes on Land-based Conflicts in Kenya's Arid Areas. *Africa Spectrum*, *46*, 77–81.

Grenz, T. (2017). *Mediatisierung als Handlungsproblem: Eine wissenssoziologische Studie zum Wandel materialer Kultur*. *Medien – Kultur – Kommunikation*. Springer VS.

Grillo, R. (1997). Discourses of Development: The View from Anthropology. In R. Grillo (Hrsg.), *Explorations in anthropology. Discourses of development* (S. 1–34). Berg.

Gulowski, R. & Weller, C. (2017). Zivile Konfliktbearbeitung. Kritik, Konzept und theoretische Fundierung. *PERIPHERIE*, *37*(3), 386–411. https://doi.org/10.3224/peripherie.v37i3.01

Gupta, A. & Ferguson, J. (1997). Discipline and Practice: „The Field" as Site, Method, and Location in Anthropolgy. In A. Gupta & J. Ferguson (Hrsg.), *Anthropological Locations: Boundaries and Grounds of a Field Science* (S. 1–46). University of California Press.

Gusterson, H. (2008). Ethnographic Research. In A. Klotz & D. Prakash (Hrsg.), *Qualitative Methods in International Relations: A Pluralist Guide* (S. 93–113). Palgrave Macmillan UK. https://doi.org/10.1057/9780230584129_7

Häberlein, T. (2014). Einleitung: Teilnehmende Beobachtung weiter gedacht: Erkenntnisgewinne durch Reflexionen zur eigenen Rolle in der ethnologischen Feldforschung. *Sociologus : journal for social anthropology*, *64*(2), 117–126.

Habermas, J. (1989). *The Structural Transformation of the Public Sphere: An Inquiry into a Category of Bourgeois Society*. MIT Press.

Habermas, J. (1997). Kant's Idea of Perpetual Peace, with the Benefit of Two Hundred Years' Hindsight. In J. Bohman & M. Lutz-Bachmann (Hrsg.), *Studies in contemporary German social thought. Perpetual Peace: Essays on Kants' Cosmopolitan Ideal* (S. 113–153). MIT Press.

Haer, R. & Becher, I. (2012). A methodological note on quantitative field research in conflict zones: Get your hands dirty. *International Journal of Social Research Methodology*, *15*(1), 1–13. https://doi.org/10.1080/13645579.2011.597654

Hage, G. (2017). What Is a Public Intervention? Speaking Truth to the Oppressed. In D. Fassin (Hrsg.), *If Truth be Told: The Politics of Public Ethnography* (S. 47–68). Duke University Press.

Hagene, T. (2018). The Power of Ethnography: A Useful Approach to Researching Politics. *Forum for Development Studies, 45*(2), 305–325. https://doi.org/10.1080/08039410.2017.1366360

Hahn, N. (2013). The experience of land grabbing in Liberia. In John, Allan (Hrsg.), *Handbook of land and water grabs in Africa:: Foreign direct investment and food and water security.* (S. 71–88). Routledge.

Hall, S. (1992). The West and the Rest: Discourse and Power. In S. Hall & B. Gieben (Hrsg.), *Formations of modernity* (S. 185–227). Polity Press in association with the Open University.

Hall, S. (1994). Der Westen und der Rest: Diskurs und Macht. In S. Hall (Hrsg.), *Ausgewählte Schriften / Stuart Hall: Bd. 2. Rassismus und kulturelle Identität* (1. Aufl., S. 137–179). Argument Verlag.

Hamdy, S. (2017). How Public Shape Ethnographers: Translating across Divided Audiences. In D. Fassin (Hrsg.), *If Truth be Told: The Politics of Public Ethnography* (S. 288–309). Duke University Press.

Hammersley, M. (1992). *What's wrong with Ethnography? Methodological explorations.* Routledge.

Hammersley, M. & Atkinson, P. (2007). *Ethnography: Principles in practice* (3rd ed.). Routledge.

Hardy, C., Phillips, N. & Clegg, S. (2001). Reflexivity in Organization and Management Theory: A Study of the Production of the Research 'Subject'. *Human Relations, 54*(5), 531–560. https://doi.org/10.1177/0018726701545001

Harneit-Sievers, A. (2008). Kenia: Wahlen und die Eskalation der Gewalt. *GIGA Focus Afrika*(1/2008).

Harrison, T. (2007). The Role of Contestation in NGO Partnerships. *Journal of International Development, 19*, 389–400.

Hately, L. (1997). The Power in Partnership. In L. Hately & K. Malhotra (Hrsg.), *Between Rhetoric and Reality: Essays on Partnership in Development* (S. 3–36). North-South Institute.

Hays-Mitchell, M. (2001). Danger, fulfillment and responsibility in a violenceplagued society. *Geographical Review, 91*(1-2), 311–321. https://doi.org/10.2307/3250832

Hayward, C. R. (2000). *De-facing power. Contemporary political theory.* Cambridge University Press. https://doi.org/10.1017/CBO9780511490255

Heinemann-Grüder, A. (2013). Friedensethik und zivile Konfliktbearbeitung. In A. Heinemann-Grüder & I. Bauer (Hrsg.), *Zivile Konfliktbearbeitung: Vom Anspruch zur Wirklichkeit* (S. 62–85). Verlag Barbara Budrich.

Heinemann-Grüder, A. & Bauer, I. (2013a). Konzepte und Handlungsfelder ziviler Konfliktbearbeitung. In A. Heinemann-Grüder & I. Bauer (Hrsg.), *Zivile Konfliktbearbeitung: Vom Anspruch zur Wirklichkeit* (S. 33–52). Verlag Barbara Budrich.

Heinemann-Grüder, A. & Bauer, I. (2013b). Was will zivile Konfliktbearbeitung? In A. Heinemann-Grüder & I. Bauer (Hrsg.), *Zivile Konfliktbearbeitung: Vom Anspruch zur Wirklichkeit* (S. 17–21). Verlag Barbara Budrich.

Heinze, T. (1987). *Qualitative Sozialforschung: Erfahrungen, Probleme und Perspektiven.* Springer VS.

Hellmüller, S. (2016). Connections for peace.: Frictions in peacebuilding encounters in Ituri, Democratic Republic of Congo. In A. Björkdahl, K. Höglund, G. Millar, J. van Lijn der & W. Verkoren (Hrsg.), *Routledge studies in peace and conflict resolution. Peacebuilding and Friction: Global and local encounters in post conflict societies* (S. 172–187). Routledge.

Hellmüller, S. (2018). *The Interaction Between Local and International Peacebuilding Actors.* Springer International Publishing. https://doi.org/10.1007/978-3-319-65301-3

Hellmüller, S. (2020). The Changing Role of Civil Society Actors in Peacemaking and Peacebuilding. In F. O. Hampson, A. Özerdem & J. Kent (Hrsg.), *Routledge handbook of peace, security and development* (S. 407–419). Routledge Taylor & Francis Group.

Henry, F. (1966). The Role of the Fieldworker in an Explosive Political Situation. *Current Anthropology*(7), 552–559.

Herman, J. & Martin-Ortega, O. (2011). Narrowing Gaps in Justice: Rule of Law Programming in Liberia. In J. Herman, C. L. Sriram & O. Martin-Ortega (Hrsg.), *Peacebuilding and the Rule of Law in Africa* (S. 142–160). Routledge.

Hertz, R. (1997). Introduction: Reflexivity and voice. In R. Hertz (Hrsg.), *Reflexivity and voice: Thousand Oaks* (vi–xviii). SAGE. https://doi.org/10.2307/j.ctt1t89347.7

Hilhorst, D. (2003). *The real world of NGOs: Discourses, diversity, and development. Development Studies.* Zed Books.

Hirblinger, A. T. & Simons, C. (2015). The good, the bad, and the powerful: Representations of the 'local' in peacebuilding. *Security Dialogue, 46*(5), 422–439. https://doi.org/10.1177/0967010615580055

Hitzler, R. (2000). Die Erkundung des Feldes und die Deutung der Daten: Annäherungen an die (lebensweltliche) Ethnographie. In W. Lindner (Hrsg.), *Ethnographische Methoden in der Jugendarbeit* (S. 17–31). Leske + Budrich.

Hobsbawm, E. & Ranger, R. (Hrsg.). (2013). *The Invention of Tradition.* Cambridge University Press.

Höffe, O. (1995). Ausblick: die Vereinten Nationen im Lichte Kants. In O. Höffe (Hrsg.), *Immanuel Kant: Zum Ewigen Frieden* (S. 245–271). De Gruyter Akademie Forschung.

Hoffman, D. (2003). Frontline Anthropology: Research in Times of War. *Anthropology Today, 19*(3), 9–12.

Hoffmann-Riem, C. (1980). Die Sozialforschung einer interpretativen Soziologie. *Kölner Zeitschrift für Soziologie und Sozialpsychologie*(32), 339–372.

Hofmann, C. (2006). Engaging Non-State Armed Groups in Humanitarian Action. *International peacekeeping, 13*(3), 396–409.

Hoksbergen, R. (2005). Building civil society through partnership: Lessons from a case study of the Christian Reformed World Relief Committee. *Development in Practice, 15*(1), 16–27.

Honer, A. (1993). *Lebensweltliche Ethnographie: Ein explorative-interpretativer Forschungsansatz am Beispiel von Heimwerker-Wissen.* DUV.

Hong, J. F. & Lao, S. (2006, 20. Juni). *Sustaining Sensemaking in Practices: A Case Study of a Higher Educational Institution.* Warwick University. International Conference on Organizational Learning, Knowledge and Capabilities,

Hooks, B. (1994). *Teaching to Transgress: Education as the Practice of Freedom.* Routledge.

Hopf, C. (2004). Forschungsethik und qualitative Forschung. In U. Flick, E. von Kardorff & I. Steinke (Hrsg.), *Qualitative Forschung: Ein Handbuch. :* (S. 589–600). Rowohlt.

Howard, I. (2018). *Doing Research in Conflict-Affected Areas: Five Lessons for Peacebuilders.* https://www.saferworld.org.uk/resources/news-and-analysis/post/798-doing-research-in-conflict-affected-areas-five-lessons-for-peacebuilders

Howell, J. T. (1973). *Hard Living on Clay Street: Portraits of Blue Collar Families.* Anchor Press. https://doi.org/10.2307/2077066

Howell, J. & Pearce, J. (Hrsg.). (2001). *Civil Society and Development: A Critical Exploration.* Lynne Rienner Publishers.

Hughes, C., Öjendal, J. & Schierenbeck, I. (2015). The struggle versus the song – the local turn in peacebuilding: an introduction. *Third World Quarterly, 36*(5), 817–824. https://doi.org/10.1080/01436597.2015.1029907

Hughes, J., King, V., Rodden, T. & Andersen, H. (1994). Moving out of the Control Room: Ethnography in System Design. In R. Futura & C. Neuwirth (Hrsg.), *Transcending Boundaries: Proceeding of the Conference on Computer Supported Cooperative Work* (S. 429–439). CPSR.

Human Rights Watch. (2000). *U.N. Action on Sierra Leone Court Welcomed: But "Mixed" Tribunal Has Shortcomings.* Human Rights Watch.

Human Rights Watch. (2017). *Kenya: Police Killed, Beat Post-Election Protesters.: Authorities Should Rein in Law Enforcement for Repeat Election.* Human Rights Watch. https://www.hrw.org/news/2017/10/15/kenya-police-killed-beat-post-election-protesters

Humanitarian Policy Group. (2008). *Crisis in Kenya:: and, displacement and the search for 'durable solutions'* [HPG Policy Brief 31]. Humanitarian Policy Group (HPG). https://land.igad.int/index.php/documents-1/countries/kenya/conflict-3/544-crisis-in-kenya-land-displacement-and-the-search-for-durable-solutions/file

Huntington, S. P. (1968). *Political Order in Changing Societies.* Yale University Press.

Huyse, L. (1995). Justice after transition:: On the choices successor elites make in dealing with the past. *Law and Social Inquiry, 20*(1), 51–78.

Inclusive Peace and Transiation Initative. (2018). *Women in Peace and Transiation Processes.* https://www.inclusivepeace.org/content/women-peace-and-transition-processes

Initiativkreis Plattform Zivile Konfliktbearbeitung e.V. (2003). *Frieden braucht Gesellschaft! Gesellschaftliche Ansätze in der Zivilen Konfliktbearbeitung – Eine Bestandsaufnahme.* Wahlenau.

International Center for Human Rights. (2019). *Civic Freedom Monitor.: Sierra Leone.* International Center for Human Rights. 10.03.2023

International Crisis Group. (2003). *Tackling Liberia: The eye of the regional storm. ICG Africa report: Bd. 62.*

International Crisis Group. (2011). *Liberia:: How Sustainable if the Recovery?* Africa Report no. 177. International Crisis Group.

International Institute for Strategic Studies. (2018). *Conflict Transformation in Kenya:: What Raila Odinga-Uhuru Kenyatta Handshake Should Mean* [Horn Policy Brief, No. 5]. International Institute for Strategic Studies (HORN). https://horninstitute.org/wp-content/uploads/2019/02/Conflict-Transformation-in-Kenya-What-Raila-Odinga-Uhuru-Kenyatta-Handshake-Should-Mean.pdf

Irrera, D. (2011). Civil Society and Humanitarian Action: NGOs' Roles in Peace Support Operations. *Perspectives, 19*(1), 85–106.

Isaacs, W. (1999). *Dialogue and the art of thinking together: A pioneering approach to communicating in business and in life* (1. ed.). Currency.

Jabri, V. (2013). Peacebuilding, the local and the international: a colonial or a postcolonial rationality? *Peacebuilding, 1*(1), 3–16. https://doi.org/10.1080/21647259.2013.756253

Jabri, V. (2016). Post-Colonialism: A Post-Colonial Perspective on Peacebuilding. In O. P. Richmond, S. Pogodda & Ramović (Hrsg.), *The Palragve Handbook of Disciplinary and Regional Approaches to Peace* (S. 154–167). Palgrave Macmillan.

Jackson, E. A. (2017). Phronesis and Resource Curse Hypothesis in Post-Independent Sierra Leone. *Ilorin Journal of Economic Policy, 3*, 1–11.

Jackson, M. (1996). *Things as They Are: New Directions in Phenomenological Anthropology*. Indiana University Press.

Jansen, A. S. (2008). Local Ownership in Peace Operation. In T. Donais (Hrsg.), *Local Ownership and Security Sector Reform* (S. 39–58). LIT.

Jaye, T. (2009). *Transitional Justice and DDR:: The Case of Liberia.*

Jerolmack, C. & Khan, S. (2014). Talk is cheap: Ethnography and the attitudinal fallacy. *Sociological Methods & Research*(9), 178–209. https://doi.org/10.1177/004912411452 3396

Johnson, H. & Wilson, G. (2006). North–South/South–North partnerships: closing the 'mutuality gap'. *Public Administration and Development, 26*(1), 71–80. https://doi.org/10.1002/pad.396

Jones, S. (2014). Can you please all of the people some of the time? Ethical challenges in making research relevant to academia, policy and practice. In J. Lunn (Hrsg.), *Fieldwork in the Global South: Ethical challenges and dilemmas* (S. 240–248). Routledge.

Juma, M. K. (2009). African mediation of the Kenyan post-2007 election crisis. *Journal of Contemporary African Studies, 24*(3), 407–430.

Kacen, L. & Chaitin, J. (2006). The times are a changing: understanding qualitative research in ambiguous, conflictual and changing contexts. *Qualitative Report, 11*(2), 209–228.

Kahlenberg, V. (2014). Sprechen wir über Kühlschränke? Was die Konfliktforschung von der kritischen entwicklungs-politischen Bildungsarbeit lernen kann. *Zeitschrift für Friedens- und Konfliktforschung,, 3*(2), 284–295.

Kaldor, M. (2003). *Global Civil Society: An Answer to War*. Policy.

Kamatsiko, V. V. (2017). Civil society organizations, Africa's Great Lakes Region conflict, and attempts at regional peacebuilding. *JOURNAL OF CIVIL SOCIETY, 13*(1), 54–70.

Kang, S. (2017). What the Documents Can't Tell You: Participant Observation in International Relations. *PS: Political Science & Politics, 50*(01), 121–125. https://doi.org/10.1017/S1049096516002274

Kant, I. (2005). *Zum ewigen Frieden: Ein philosophischer Entwurf*. Reclam.

Kanu, M. I. (2016). The Fight against Corruption in Sierra Leone: Challenges and Opportunities in the Jurisprudence. *African journal of international criminal justice, 2*, 1–22.

Kanyako, V. (2011). The Check Is Not in the Mail:: How Local Civil-Society Organizations Cope with Funding Volatility in Postconflict Sierra Leone. *Africa today, 28*(2), 2–16.

Kapiszewski, D., MacLean, L. M. & Read, B. L. (Hrsg.). (2015). *Strategies for social inquiry. Field Research in Political Science* (1. Aufl.). Cambridge Univ. Press.

Kappel, R. (2017). *Deutschlands neue Afrikapolitik vor dem Aufbruch. GIGA Focus Afrika: Bd. 1.*

Kappler, S. (2015). The dynamic local: delocalisation and (re-)localisation in the search for peacebuilding identity. *Third World Quarterly*, *36*(5), 875–889. https://doi.org/10.1080/01436597.2015.1025740

Karanja, I. (2000). *„Man muss bereit sein, seine Werte zu hinterfragen": ZFD-Fachkraft Iris Karanja über Arbeitsalltag und Leben in Kenia*. https://www.agiamondo.de/detail/man-muss-bereit-sein-seine-werte-zu-hinterfragen-zfd-fachkraft-iris-karanja-ueber-arbeitsalltag-und-leben-in-kenia/

Kassem, H. S., Bagadeem, S., Alotaibi, B. A. & Aljuaid, M. (2021). Are partnerships in non-profit organizations being governed for sustainability? A partnering life cycle assessment. *PloS one*, *16*(3), e0249228. https://doi.org/10.1371/journal.pone.0249228

Katzenstein, S. (2003). Hybrid tribunals: Searching for justice in East Timor. *Harvard human rights journal*, *16*, 245–278.

Kayser, C. (2018). Sustaining peace: from reactive to proactive, based on local capacities. In C. Kayser & F. Djateng (Hrsg.), *Sustaining Peace: Building Peace* (S. 8–10). Brot für die Welt.

Keen, D. (2005). *Conflict and collusion in Sierra Leone*. Palgrave Macmillan US.

Kent, L. (2015). Engaging with 'The Everyday': Towards a more Dynamic Conception of Hybrid Transitional Justice. In S. Bose, S. Dinnen, M. Forsyth, L. Kent & J. Wallis (Hrsg.), *Hybridity on the Ground in Peacebuilding and Development* (S. 145–162). Australian National University Press.

Kenya National Bureu of Statistics. (2019). *2019 Kenya Population and Housing Census.: Volume IV: Distribution of Population by Socio-Economic Characteristics*. http://housingfinanceafrica.org/app/uploads/VOLUME-IV-KPHC-2019.pdf

Khisa Caleb & Oesterdekhoff, P. (2012). *Regional Disparities and Marginalisation in Kenya*. Friedrich-Ebert-Stiftung.

Kindon, S. & Cupples, J. (2014). Anything to Declare? The Politics and Practicalities of Leaving the Field. In R. Scheyvens (Hrsg.), *Development Field Work: A Practical Guide: Volume 2* (S. 217–235). SAGE Publications, Ltd. https://doi.org/10.4135/9781473921801.n11

Kirk, J. & Miller, M. L. (Hrsg.). (1986). *Reliability and Validity in Qualitative Research*. SAGE Publications. https://doi.org/10.4135/9781412985659.n2

Klaus, B. (2017). *Ein Marshall-Plan für Afrika? Neoliberale Erneuerung der Entwicklungspolitik im Vorfeld des G20-Afrika-Gipfels*. Informationsstelle Militarisierung e.V. Online. http://www.imi-online.de/download/Ausdruck84-BK-G20.pdf

Klein, M. (2016). *Democratizing Leadership: Counter-Hegemonic Democracy in Communities, Organizations, and Institutions*. Information Age Publishing.

Klein, M. (2018). Institutional Ethnography as Peace Resarch. In G. Millar (Hrsg.), *Ethnographic Peace Research: Approaches and Tensions* (S. 65–88). Palgrave Macmillan.

Kleining, G. (1988). *Das rezeptive Interview*.

Kleinman, S. (1991). Field-Workers' Feelings: What We Feel, Who We Are, How We Analyze. In W. Shaffir & R. Stebbins (Hrsg.), *Experiencing Fieldwork: An Inside View of Qualitative Research*. SAGE Publications, Inc.

Klopp, J. M., Githinji, P. & Karuoya, K. (2010). *Internal displacement and local peacebuilding in Kenya. Special report: Bd. 251*. U.S. Institute of Peace.

Klotz, S. (2008). *Der Beitrag des Zivilen Friedensdienstes zur zivilen Konfliktbearbeitung in Bosnien-Herzegowina und im Kosovo*. Deutsche Stiftung Friedensforschung.

Knoblauch, H. (2001). Fokussierte Ethnographie: Soziologie, Ethnologie und die neue Welle der Ethnographie. *Sozialer Sinn, 2*(1), 123–141.

Knott, E. (2019). Beyond the Field: Ethics after Fieldwork in Politically Dynamic Contexts. *American Political Science Association, 17*(1), 140–153. https://doi.org/10.1017/S1537592718002116

Koddenbrock, K. (2016). *The Practice of Humanitarian Intervention: Aid workers, agencies and institutions in the Democratic Republic of the Congo. Routledge studies in intervention and statebuilding*. Routledge.

Köhler, H. (2005). *Zivile Konfliktbearbeitung als Friedensstrategie: Chancen und Grenzen. Schriftenreihe des Fritz-Küster-Archivs*. Bis.

Kohls, A. (2019). CPS Knowledge Management: An Innovative Approach with Stumbling Blocks. In giz Kenya (Hrsg.), *Our Innovative Methods and Concepts for Transforming Conflicts in Africa: A Collection of Articles written by Peacebuilding Advisors Summary of Topics of the CPS Africa Regional Conference in Kenya (2018)* (S. 78–81). giz Kenya.

Koltermann, F. (2013). Vom Hier und Dort – Lernen für die Praxis der Feldforschung. Eine Replik auf Susanne Buckley-Zistel. *Zeitschrift für Friedens- und Konfliktforschung, 2*(1), 130–140. https://doi.org/10.5771/2192-1741-2013-1-130

Konsortium Ziviler Friedensdienst. (o.J.). *Dossier Corona-Pandemie*. https://www.ziviler-friedensdienst.org/de/themen/corona-pandemie

Konsortium Ziviler Friedensdienst (2010). Der zivile Friedensdienst. http://www.ziviler-friedensdienst.org/sites/ziviler-friedensdienst.org/files/anhang/material/zfd-der-zfd-stellt-sich-vor-info-broschuere-153.pdf

Konsortium Ziviler Friedensdienst. (2011, 14. Juni). *Ein Friedensprogramm scheut keine Konflikte – Evaluierung des Zivilen Friedensdienstes (ZFD) hebt positive Wirkungen hervor* [Press release]. Berlin/Bonn. https://www.ziviler-friedensdienst.org/de/aktuelles/evaluierung-hebt-positive-wirkungen-hervor

Konsortium Ziviler Friedensdienst. (2012). *Krieg und Frieden: Was sind eigentlich Erfolge in der Arbeit des ZFD?* Konsortium Ziviler Friedensdienst.

Konsortium Ziviler Friedensdienst (Hrsg.). (2016). *Ein Lesebuch des Zivilen Friedensdienstes: Berichte, Artikel und Dokumente 2014/2015*. Konsortium Ziviler Friedensdienst.

Kontinen, T. (2003). Partnership and Trusteeship in Management of Development Co-Opoperation Projects: Case of Finish NGO Development Co-Operation in Tanzania. In T. Kontinen & M. Seppänen (Hrsg.), *Development – Concepts, Policies, Practices: Essays in the Memory of Michael Cowen* (S. 131–159). Helsingfors.

Koolwijk von, J. (1974). Die Befragungsmethode. In J. Koolwijk von & M. Wieken-Mayser (Hrsg.), *Techniken der empirischen Sozialforschung. Techniken der empirischen Sozialforschung: Band 4: Erhebungsmethoden: Die Befragung*. Oldenbourg.

Kopsieker, F. (2008). *Die Rolle externer Akteure bei der Bewältigung der „Post Election Crisis" in Kenia*. Friedrich-Ebert-Stiftung Referat Afrika. http://library.fes.de/pdf-files/iez/05821.pdf

Kovats-Bernat, C. (2002). Negotiating dangerous fields. *American Anthropologist, 104*(1), 208–222.

Kramer, G. (2001). Zur Vermittlung und Entsendung ziviler Fachkräfte. In A. Truger (Hrsg.), *Studien für europäische Friedenspolitik: Bd. 8. Zivile Konfliktbearbeitung: Eine internationale Herausforderung* (S. 351–372). Agenda-Verl.

Krause, J. (2021). The ethics of ethnographic methods in conflict zones. *Journal of Peace Research*, 002234332097102. https://doi.org/10.1177/0022343320971021

Krause, U. & Williams, T. (2020). Flexible Ethikgremien. Impulse zur Institutionalisierung ethisch verantwortlicher Feldforschung in der Konflikt- und Fluchtforschung. *Soziale Probleme*. Vorab-Onlinepublikation. https://doi.org/10.1007/s41059-020-00072-z

Krawczyk, K. (2018). The Relationship Between Liberian CSOs and International Donor Funding: Boon or Bane? *VOLUNTAS: International Journal of Voluntary and Nonprofit Organizations*, *29*(2), 296–309. https://doi.org/10.1007/s11266-017-9922-5

Kraybill, R. (2001). Principles of Good Process Design. In L. Reychler & T. Paffenholz (Hrsg.), *Peacebuilding: A field guide* (S. 173–183). Lynne Rienner Publishers.

Kreikemeyer, A. (2018). Hybridity revisited. Zum Stellenwert von Hybriditätsperspektiven in der Friedensforschung. *Zeitschrift für Friedens- und Konfliktforschung*, *7*(2), 287–315. https://doi.org/10.5771/2192-1741-2018-2-287

Kruhonja, K. (2001). Selecting People. Motivation and Qualifications. In L. Reychler & T. Paffenholz (Hrsg.), *Peacebuilding: A field guide* (S. 21–27). Lynne Rienner Publishers.

Kubik, J. (2009). Ethnography of politics: Foundations, applications, prospects. In E. Schatz (Hrsg.), *Political Ethnography: What Immersion Contributes to the Study of Power* (S. 25–53). Univ. of Chicago Press.

Küchler, M. (1983). >>Qualitative Sozialforchung<< – ein neuer Königsweg? In D. Garz & L. Kraimer (Hrsg.), *Monographien : Pädagogik: Bd. 33. Brauchen wir andere Forschungsmethoden? Beiträge zur Diskussion interpretativer Verfahren* (S. 9–30). Scriptor.

Kuijstermans, C. (2019). *Managing Outcomes: A Practitioner's Manual for Analysis, Planning, Monitoring and Self-Evaluation based on Outcome Mapping*. Köln. https://www.ziviler-friedensdienst.org/de/publikation/managing-outcomes

Kumba, M. J. M. (2011). The elections and identity issues: what role can CPS peace workers play? In F. Djateng & C. Kayser (Hrsg.), *Peace work during election periods: challenges and opportunities* (S. 67–71). Evangelischer Entwicklungsdienst.

Kurschat, R. (2000). Wir, Die und Ich: Fremd- und Selbstbilder als Ansatz multikollektiver Sozialarbeit. In T. Evers (Hrsg.), *Ziviler Friedensdienst: Fachleute für den Frieden* (S. 57–67). Leske + Budrich.

Kusenbach, M. (2003). Street Phenomenology: The go-along as ethnographic research tool. *Ethnography*, *4*(3), 455–485. https://doi.org/10.1177/146613810343007

Kušić, K. & Záhora, J. (2020). Introdcution: Fieldwork, Failure, IR. In K. Kušić & J. Záhora (Hrsg.), *Fieldwork as failure: Living and knowing in the field of international relations* (S. 1–17). E-International Relations.

Labonte, M. T. (2008). Same Car, Different Driver? The Impact of Peacebuilding Partnership and the Chiefdom System in Sierra Leone. *Journal of Peacebuilding & Development*, *4*(1), 1–15.

Lamnek, S. & Krell, C. (2016). *Qualitative Sozialforschung*. Beltz Verlag.

Lamont, M. & Swidler, A. (2014). Methodological Pluralism and the Possibilities and Limits of Interviewing. *Qualitative Sociology*, *37*(2), 153–171. https://doi.org/10.1007/s11133-014-9274-z

Latham, R. (2001). Identifying the contours of transboundary political life. In R. Kassimir, R. Latham & T. M. Callaghy (Hrsg.), *Intervention and transnationalism in Africa: Global-local networks of power* (S. 69–92). Cambridge University Press.

Lawrence, M. (2014). United Nations Peacebuilding in Sierra Leone – Towards vertical integration? *CIGI Paper, 49.*
Layne, C. (1994). Kant or Cant: The Myth of the Democratic Peace. *International security*(2), 5–49.
Leach, S. (2018). *Aid Exits and Locally-led Development: Key insights from a global consultation convened by Peace Direct, CDA Collaborative Learning Projects and Search for Common Ground.* USAID.
Leander, A. (2008). Thinking Tools. In A. Klotz & D. Prakash (Hrsg.), *Qualitative Methods in International Relations: A Pluralist Guide* (S. 11–27). Palgrave Macmillan UK.
Learning Science in Informal Environments. (2009). National Academies Press. https://doi.org/10.17226/12190
Leck, H. (2014). Whose voice? Ethics and dynamics of working with interpreters and research assistants. In J. Lunn (Hrsg.), *Fieldwork in the Global South: Ethical challenges and dilemmas* (S. 59–68). Routledge.
Lederach, J. P. (1997). *Building peace: Sustainable reconciliation in divided Societies.* United States Instittue of Peace Press.
Lederach, J. P. (2001). Levels of Leadership. In L. Reychler & T. Paffenholz (Hrsg.), *Peacebuilding: A field guide* (S. 145–156). Lynne Rienner Publishers.
Lederach, J. P. (2008). *Preparing for peace: Conflict transformation across cultures* (1. Aufl.). *Syracuse studies on peace and conflict resolution.* Syracuse Univ. Press.
Lee, R. (1995). *Dangerous Fieldwork.* SAGE Publications, Inc. https://doi.org/10.4135/9781412983839
Lee, S. (2020). Local Peacebuilder's Ownership Development in Southeast Asia. In S. Byrne, T. Matyók, I. M. Scott & J. Senehi (Hrsg.), *Routledge companions. Routledge companion to peace and conflict studies* (S. 120–130). Routledge, Taylor & Francis Group.
Lee, S. (2019). *Local Ownership in Asian Peacebuilding: Development of Local Peacebuilding Models. Rethinking peace and conflict studies.* Springer International Publishing. https://doi.org/10.1007/978-3-319-98611-1
Leenders, R. (2007). 'Regional conflict formations': Is the Middle East next? *Third World Quarterly, 28*(5), 959–982. https://doi.org/10.1080/01436590701371660
Leib, J. (2020). *Patterns of Sustaining Peace: A Systematic Comparative Case Analysis of Institutional Configurations and their Impact on Peacebuilding Success* [Inauguraldissertation]. Goethe-Universität Frankfurt, Frankfurt am Main.
Lenz, C. (1995). „Tribalismus" und Ethnizität in Afrika – ein Forschungsrückblick. *Leviathan – Zeitschrift für Sozialwissenschaften*(1), 115–145.
Leonardsson, H. & Rudd, G. (2018). The 'Local Turn' in Peacebuilding: A Literature Review of Effective and Emancipatory Local Peacebuilding. In J. Öjendal, I. Schierenbeck & C. Hughes (Hrsg.), *The 'Local Turn' in Peacebuilding* (S. 9–23). Routledge.
Leonhardt, M. (2001). The Challenge of Linking Aid and Peacebuilding. In L. Reychler & T. Paffenholz (Hrsg.), *Peacebuilding: A field guide* (S. 238–245). Lynne Rienner Publishers.
LeVine, R. A. (1961). Anthropology and the Study of Conflict: An Introduction. *The Journal of Conflict Resolution, 5*(1), 3–15.
Levitsky, S. & Way, L. A. (2012). Beyond patronage: Ruling party cohesion, and authoritarian durability. *Perspectives on Politics, 10*(4), 869–889.
Lewin, K. (1968). *Die Lösung sozialer Konflikte.* Christian Verlag.

Lewis, D. (1998). Development NGOs and the Challenge of Partnership: Changing Relations between North and South. *Social Policy & Administration, 32*(5), 501–512. https://doi.org/10.1111/1467-9515.00111

Lind, J., Mutahi, P. & Oosterom, M. (2017). 'Killing a mosquito with a hammer': Al-Shabaab violence and state security responses in Kenya. *Peacebuilding, 5*(2), 118–135. https://doi.org/10.1080/21647259.2016.1277010

Lindeman, E. (1924). *Social Discovery: An Approach to the Study of Functional Groups.* Republic Pub. Co.

Lister, S. (2000). Power in Partnership? An Analysis of an NGO's Relationships with Its Partners. *Journal of International Development, 12*(2), 227–239.

Lofredo, G. (1995). Help Yourself by Helping The Poor. *Development in Practice, 5*(4), 342–345.

Lottholz, P. (2018). Critiquing Anthropological Imagination in Peace and Conflict Studies: From Empiricist Positivism to a Dialogical Approach in Ethnographic Peace Research. *International peacekeeping, 25*(5), 695–720. https://doi.org/10.4324/9780429282034-6

Lucey, A. & Kumalo, L. (2017). *Partnering for sustainable peace in Liberia.* Institute for Security Studies. ISS PAPER. https://issafrica.org/research/papers/partnering-for-sustainable-peace-in-liberia

Lüders. (2000). Beobachten im Feld und Ethnographie. In U. Flick, E. von Kardorff & I. Steinke (Hrsg.), *Qualitative Forschung: Ein Handbuch* (S. 384–401). Rowohlt Taschenbuch.

Lueger, M. (2000). *Grundlagen qualitative Feldforschung.* WUV-Universitätsverlag.

Luithlen, S. (2014). *Unwirksam und hilflos? Zivile Konfliktbearbeitung als Handlungsprinzip in eskalierten Gewaltkonflikten.* Forum Ziviler Friedensdienst e.V.

Lundqvist, M. O. & Öjendal, J. (2018). Atomised and Subordinated? Unpacking the role of International Involvement in 'The Local turn' of Peacebuilding in Nepal and Cambodia. *Journal of Peacebuilding & Development, 13*(2), 16–30. https://doi.org/10.1080/15423166.2018.1470023

Lunn, J. (2014). Rethinking ethics in field research: integral, individual, and shared. In J. Lunn (Hrsg.), *Fieldwork in the Global South: Ethical challenges and dilemmas* (S. 1–10). Routledge.

Mac Ginty, R. (2008). Indigenous Peace-Making Versus the Liberal Peace. *Cooperation and Conflict, 43*(2), 139–163. https://doi.org/10.1177/0010836708089080

Mac Ginty, R. (2010). Hybrid Peace: The Interaction Between Top-Down and Bottom-Up Peace. *Security Dialogue, 41*(4), 391–412. https://doi.org/10.1177/0967010610374312

Mac Ginty, R. (2011). *International Peacebuilding and Local Resistance.: Hybrid forms of peace. Rethinking peace and conflict studies.* Palgrave Macmillan.

Mac Ginty, R. (2014). Everyday peace: Bottom-up and local agency in conflict-affected societies. *Security Dialogue, 45*(6), 548–564. https://doi.org/10.1177/0967010614550899

Mac Ginty, R. (2016a). *Alternative and Bottom-up Peace indicators.* Routledge. https://doi.org/10.4324/9781315761145

Mac Ginty, R. (2016b). *International Peacebuilding and Local Resistance.: Hybrid forms of peace* (2. Aufl.). *Rethinking peace and conflict studies.* Palgrave Macmillan.

Mac Ginty, R. (2016c). What do we mean wehn we use the term *local*? Imagining and framing the local and the international in relation to peace and order. In T. Debiel, T.

Held & U. Schneckener (Hrsg.), *Routledge global cooperation series. Peacebuilding in crisis: Rethinking paradigms and practices of transnational cooperation* (S. 193–209). Routledge.

Mac Ginty, R. & Richmond, O. (2013). The Local Turn in Peacebuilding: A critical agenda for peace. *Third World Quarterly, 34*(4), 763–783.

Mac Ginty, R. & Richmond, O. (2016). The fallacy of constructing hybrid political orders: a reappraisal of the hybrid turn in peacebuilding. *International peacekeeping, 23*(2), 219–239. https://doi.org/10.1080/13533312.2015.1099440

MacDonald, C. (2012). Understanding Participatory Action Research: A Qualitative Research Methodology Option. *Canadian Journal of Action Research*(13), Artikel 2, 34–50. https://doi.org/10.4135/9781483385679.n1

Mack, A. (2002). Civil War: Academic Research and the Policy Community. *Journal of Peace Research, 39*(5), 515–525.

MacKay, J. & Levin, J. (2015). Hanging Out in International Politics: Two Kinds of Explanatory Political Ethnography for IR. *International Studies Review, 17*(2), 163–188. https://doi.org/10.1111/misr.12208

Madden, R. (2010). *Being Ethnographic: A Guide to the Theory and Practice of Ethnography.* SAGE Publications Ltd. https://doi.org/10.4135/9781529716689

Madge, C. (1997). Ethics of Research in the Third World. In E. Robson & K. Willis (Hrsg.), *Postgraduate Fieldwork in Developing Areas: A Rough Guide* (S. 113–124). Keele University Press.

Mahmood, C. K. (2001). Terrorism, Myth, and the Power of Ethnographic Praxis. *Journal of Contemporary Ethnography, 30*(5), 520–545. https://doi.org/10.1177/089124101129024259

Mahoney, C. (2007). Review: Help versus Harm: The Impact of NGO Interventions: Reviewed Work: Aiding Peace? The Role of NGOs in Armed Conflict by Jonathan Goodhand. *International Studies Review, 9*(2), 286–289.

Malejacq, R. & Mukhopadhyay, D. (2016). The 'Tribal Politics' of Field Research: A Reflection on Power and Partiality in 21st-Century Warzones. *American Political Science Association, 14*(4), 1011–1028. https://doi.org/10.1017/S1537592716002899

Malhotra, K. (1997). Something Nothing Words: Lessons in Partnership from Southern Experience. In L. Hately & K. Malhotra (Hrsg.), *Between Rhetoric and Reality: Essays on Partnership in Development* (S. 37–56). North-South Institute.

Malinowski, B. (1967). *A Diary in the strict Sense of the Term.* Routledge & Kegan Paul.

Malinowski, B. (1973). *Magie, Wissenschaft und Religion und andere Schriften.* Fischer.

Malkki, L. H. (2007). Tradition and Improvisation in Ethnographic Field Research. In A. Cerwonka & L. H. Malkki (Hrsg.), *Improvising theory: Process and temporality in ethnographic fieldwork* (S. 162–188). University of Chicago Press.

Mandt, H. (1998). Stichwort Legitimität. In D. Nohlen (Hrsg.), *Wörterbuch Staat und Politik.* Bundeszentrale für politische Bildung.

Manfreda, K. L., Bosnjak, M., Berzelak, J., Haas, I. & Vehovar, V. (2008). Web surveys versus other survey modes.: A meta-analysis comparing response rates. *International Journal of Market Research, 50*(1), 79–104.

Mangold, W. (1959). *Gegenstand und Methode des Gruppendiskussionsverfahrens.* Dissertation.

Mannitz, S. (2009). Ethnologische Ethik in neuen Berufsfeldern: Friedens- und Konfliktforschung. In Deutschen Gesellschaft für Völkerkunde (Vorsitz), *Texte zu Ethnologen in Krisen- und Kriegsgebieten: Ethische Aspekte eines neuen Berufsfeldes*, Campus Westend/ Frankfurt am Main.

Mannitz, S. (2014). From Paternalism to Facilitation. SSR Shortcomings and the Potential of Social Anthropological Perspectives. *International peacekeeping*, *21*(2), 269–285.

Mansfield, E. D. & Snyder, J. (1995). Democratization and the Danger of War. *International security*, *20*(1), 5–38. https://doi.org/10.2307/2539213

Maoz, Z. & Russett, B. (1993). Normative and Structural Causes of Democratic Peace, 1946–1986. *American Political Science Review*, *87*(3), 624–638. https://doi.org/10.2307/2938740

Marchetti, R. & Tocci, N. (2009). Conflict society: understanding the role of civil society in conflict. *Global Change, Peace & Security*, *21*(2), 201–217. https://doi.org/10.1080/14781150902872091

Marcus, G. E. (1995). Ethnography in/of the World System: the Emergence of Multi-sited-Ethnography. *Annual Review of Anthropology*(24), 95–117.

Marfurt, F., Käser, F. & Lustenberger, S. (2016). Local Perceptions and Vertical Perspectives of a Large Scale Land Acquisition Project in Northern Sierra Leone. *Homo Oeconomicus*, *33*(3), 261–279. https://doi.org/10.1007/s41412-016-0020-5

Martin, L. S. (2020). Deconstructing the local in peacebuilding practice: representations and realities of Fambul Tok in Sierra Leone. *Third World Quarterly*, 1–17. https://doi.org/10.1080/01436597.2020.1825071

Massey, D. (2007). *Place, Space and Gender*. Polity.

Matthies, V. (2002). Krisenprävention und Friedenskonsolidierung. In M. A. Ferdowsi (Hrsg.), *Internationale Politik* (S. 123–145). Wilhelm Fink Verlag.

Mayer, H. (2002). *Interview und schriftliche Befragung: Entwicklung, Durchführung und Auswertung*. Oldenburg Wissenschaftsverlag.

Mayring, R. (2000). *Einführung in die qualitative Sozialforschung*. Beltz Verlag.

McGraw, L. A., Zvonkovic, A. M. & Walker, A. J. (2000). Studying Postmodern Families: A Feminist Analysis of Ethical Tensions in Work and Family Research. *Journal of Marriage and Family*, *62*(1), 68–77. https://doi.org/10.1111/j.1741-3737.2000.00068.x

Mead, M. (1930). *Social organization of Manu'a*. Bernice P. Bishop Museum.

Meintjes, B. (2006). „Er sah sehr deutsch aus": Der Blick des Partners aus dem Süden. *Querbrief, Weltfriedensdienst*(3), 12–13.

Menashy, F. (2018). Multi-Stakeholder Aid to Education: Power in the Context of Partnership. *Globalisation, Societies and Education*, *16*(1), 13–26.

Menashy, F. (2019). *International Aid to Education: Power Dynamics in an Era of Partnership*. Teacher College Press.

Méndes, R. L. (2011). Offen, ehrlich und kritisch: Was unsere Partner von Friedensfachkräften erwarten. *EIRENE-Rundbrief*(1), 6–7.

Menzel, A. (2014). Zwischen Herrschaftswissen und Irrelevanz? Feldforschung und das Ringen mit der Policy-Relevanz. *Zeitschrift für Friedens- und Konfliktforschung*, *3*(2), 264–283. https://doi.org/10.5771/2192-1741-2014-2-264

Menzel, A. (2015). *Was vom Krieg übrig bleibt: Unfriedliche Beziehungen in Sierra Leone. Kultur und soziale Praxis*. Transcript.

Merkens, H. (1989). Einleitung. In R. Aster, H. Merkes & M. Repp (Hrsg.), *Teilnehmende Beobachtung: Werkstattbericht und methodologische Reflexion* (S. 9–18). Campus Verlag.
Merkens, H. (1992). Teilnehmende Beobachtung: Analyse von Protokollen teilnehmender Beobachter. In J. H. P. Hoffmeyer-Zlotnik (Hrsg.), *Analyse verbaler Daten: Über den Umgang mit qualitativen Daten* (S. 216–247). Westdeutscher Verlag.
Merton, R. K. & Kendall, P. (Hrsg.). (1956). *The focussed interview*. Free Press.
Mertus, J. (2009). Maintenance of Personal Security: Ethical and Operational Issues. In C. L. Sriram (Hrsg.), *Surviving Field Research: Working in Violent and Difficult Situations* (S. 165–176). Routledge.
Mertz, E. (2002). The Perfidy of Gaze and the Pain of Uncertainity: Anthropological Theorey and the Search for Closure. In C. J. Greenhouse, E. Mertz & K. B. Waren (Hrsg.), *Ethnography in Unstable Places: Everyday Lives in Contexts of Dramatic Political Change* (S. 355–378). Duke University Press.
Mesquita, B. B. de, Morrow, J. D., Siverson, R. M. & Smith, A. (1999). An Institutional Explanation of the Democratic Peace. *American Political Science Review*, *93*(4), 791–807. https://doi.org/10.2307/2586113
Meuser, M. & Nagel, U. (1991). Experteninterveweis – vielfach erprobt, wenig bedacht: Ein Beitrag zur qualitativen Methodendiskussion. In D. Garz & K. Kraimer (Hrsg.), *Qualitative-empitische Sozialforschung* (S. 441–468). Verlag für Sozialwissenschaften.
Meyrick, J. (2006). What is good Qualitative Research? *Journal of Health Psychology*, *11*(5), 799–808. https://doi.org/10.4135/9781473978362
Mgbeoji, I. (2003). *Collective insecurity: The Liberian crisis, unilateralism, and global order. Law and society series*. UBC Press.
Miall, H. (2004). Conflict Transformation: A Multi-Dimensional Task. In Berghof Research Center for Constructive Conflict Management (Hrsg.), *The Berghof Handbook for Conflict Transformation*. http://www.berghof-handbook.net/
Michelitch, K. (2018). Whose Research Is It? Political Scientists Discuss Whether, How, and Why We Should Involve the Communities We Study. *PS: Political Science & Politics*, *51*(03), 543–545. https://doi.org/10.1017/S1049096518000422
Millar, G. (2013). Expectations and Experience of Peacebuilding in Sierra Leone: Parallel Peacebuilding Processes and Compound Friction. *International peacekeeping*, *20*(2), 189–203.
Millar, G. (2014a). Disaggregating Hybridity: Why Hybrid Institutions Do Not Produce Predictable Experiences of Peace. *Journal of Peace Research*, *51*(4), 501–514. https://doi.org/10.1177/0022343313519465
Millar, G. (2014b). *An Ethnographic Approach to Peacebuilding: Understanding Local Experiences in Transitional States*. Routledge. https://doi.org/10.4324/9780203701270
Millar, G. (2016a). Local experiences of liberal peace: Marketization and emergent conflict dynamics in Sierra Leone. *Journal of Peace Research*, *53*(4), 569–581.
Millar, G. (2016b). Respecting complexity: Compound friction and unpredictability in peacebuildng. In A. Björkdahl, K. Höglund, G. Millar, J. van Lijn der & W. Verkoren (Hrsg.), *Routledge studies in peace and conflict resolution. Peacebuilding and Friction: Global and local encounters in post conflict societies* (S. 32–47). Routledge.
Millar, G. (2018a). Decentering the intervention experts: Ethnographic peace research and policy engagement. *Cooperation and Conflict*, *53*(2), 259–276.

Millar, G. (2018b). Engaging Ethnographic Peace Research: Exploring an Approach. *International peacekeeping*, *25*(5), 597–609. https://doi.org/10.1080/13533312.2018.1521700
Millar, G. (Hrsg.). (2018c). *Ethnographic Peace Research: Approaches and Tensions*. Palgrave Macmillan.
Millar, G., van der Lijn, J [Jaïr] & Verkoren, W. (2013). Peacebuilding Plans and Local Reconfigurations: Frictions between Imported Processes and Indigenous Practices. *International peacekeeping*, *20*(2), 137–143. https://doi.org/10.1080/13533312.2013.791556
Mitchell, C. R. (2006). Conflict, social change and conflict resolution. An enquiry. In David Bloomfield, Martina Fischer & Beatrix Schmelzle (Hrsg.), *Social change and conflict transformation* (S. 13–36). Berghof Forschungszentrum für konstruktive Konfliktbearbeitung.
Mitton, K. (2013). Where is the War? Explaining Peace in Sierra eone. *International peacekeeping*, *20*(3), 321–337.
Mkutu, K. (2019). *Pastoralists, politics and development projects: Understanding the layers of armed conflict in Isiolo County, Kenya* (Bicc Working Paper Nr. 7). BICC.
Mohiddin, A. (1998). Partnership: A New Buzzword or Realistic Relationship? *Development*, *41*(4), 5–12.
Mol, A. & Law, J. (2006). Complexities: An Introduction // Complexities. In J. Law & A. Mol (Hrsg.), *Science and cultural theory. Complexities: Social studies of knowledge practices* (S. 1–22). Duke University Press. https://doi.org/10.1215/9780822383550-001
Molitor, C. (2012). Vom Macher zum Berater. *Contacts*, *2*, 17–19.
Motari, L. (2015). Reflectivity in Research Practice: An Overview of Different Perspectives. *International Journal of Qualitative Methods*, 1–9.
Moywaywa, C. (2018). Management of Religious Conflicts in Kenya: Challenges and opportunities. *International Journal of Education and Research*, *6*(1), 129–142.
Mühlfeld, C. (1981). Auswertungsprobleme offener Interviews. *Soziale Welt*(32), 325–252.
Mukhtarov, F., Jong, M. de & Pierce, R. (2017). Political and ethical aspects in the ethnography of policy translation: Research experiences from Turkey and China. *Environment and Planning*, *49*(3), 612–630. https://doi.org/10.1177/0308518X16674935
Mulbah, E. & Dennis, J. R. (2017). *Mapping opportunities for the consolidation of peace in Liberia.: "Voices from the countryside"*. Liberia Peace Building Office Ministry of Internal Affairs. https://reliefweb.int/sites/reliefweb.int/files/resources/ACCORD-Mapping-Peace-Liberia-Popular.pdf
Mules, I. (2019). *Sierra Leone grapples with spike in sexual violence*. Deutsche Welle. https://www.dw.com/en/sierra-leone-grapples-with-spike-in-sexual-violence/a-47482017
Müller, H. (2002). „Antinomien des demokratischen Friedens". *Politische Vierteljahresschrift*, *43*(1), 46–81. https://doi.org/10.1007/s11615-002-0004-x
Müller, H. (2004). Demokratien im Krieg: Antinomien des demokratischen Friedens. In C. Schweitzer, B. Aust & P. Schlotter (Hrsg.), *Demokratien im Krieg* (S. 35–52). Nomos.
Müller, H. (2005). Theories of peace. In M. Evangelista (Hrsg.), *Peace Studies. Critical Concepts in Political Science*. (S. 53–87). Routledge.
Müller, H. (2008). Der „demokratische Frieden" und seine außenpolitischen Konsequenzen. *APuZ (Aus Politik und Zeitgeschichte)*, 41–46.
Musante, K. (2014). Participant Observation. In Russel H., Bernard und Gravlee, Clarence C. (Hrsg.), *Handbook of Methods in Cultural Anthropology* (S. 238–276). Rowman & Littlefield Publishers.

Mwiandi, S. (2008). *Moving beyond relief: The challenges of settling Kenya's internally displaced. USIPeace briefing*. United States Institute of Peace. https://www.usip.org/publications/2008/08/moving-beyond-relief-challenges-settling-kenyas-internally-displaced

Nachtwei, W. (2004). *Aktionsplan Krisenprävention: Großer Fortschritt an Friedensfähigkeit*. http://nachtwei.de/pdf/ak_plan_ziv_wn.pdf

Nachtwei, W. (2008). *Viel beschworen, wenig bekannt:: Zivile Krisenprävention, Konfliktlösung + Friedenskonsolidierung*.

Nadarajah, S. & Rampton, D. (2015). The limits of hybridity and the crisis of liberal peace. *Review of International Studies*, *41*(1), 49–72. https://doi.org/10.1017/S0260210514000060

National Council for Law Reporting. (2012a). *The Land Act*. http://www.parliament.go.ke/sites/default/files/2017-05/LandAct2012.pdf

National Council for Law Reporting. (2012b). *Land Registration Act*. http://extwprlegs1.fao.org/docs/pdf/ken112133a.pdf

National Council for Law Reporting. (2012c). *The Prevention, protection and Assistance to Internally Displaced Persons and Affected Communities Act*. Laws of Kenya. https://www.ilo.org/dyn/natlex/docs/ELECTRONIC/94530/110957/F830487426/KEN94530.pdf

National Council for Law Reporting. (2016). *National Land Commission Act.: Revised*. http://www.landcommission.go.ke/media/erp/upload/nationallandcommission5of2012.pdf

Neiburg, F. (2017). Serendipitous Involvement: Making Peace in the Geto. In D. Fassin (Hrsg.), *If Truth be Told: The Politics of Public Ethnography* (S. 119–137). Duke University Press.

Neumann, J. (2016). Konfliktvermeidung ist keine angemessene Strategie! In Konsortium Ziviler Friedensdienst (Hrsg.), *Ein Lesebuch des Zivilen Friedensdienstes: Berichte, Artikel und Dokumente 2014/2015* (S. 12–14). Konsortium Ziviler Friedensdienst.

NGO Board Kenya. (2019). *Annual NGO Sector Report 2018/2019.: Non-Governmenatal Organizaions Co-ordination Board*. https://ngobureau.go.ke/wp-content/uploads/2020/02/ANNUAL-NGO-SECTOR-REPORT-2018-2019.pdf

Nichols, N. (2014). *Youth work: An Institutional Ethnography of Youth Homelessness*. University of Toronto Press.

Nilsson, A. (2017). *Child Labour Remaining Status Quo? – A Case Study of Child Labour in Sierra Leone´s Mining Sector*. Lunds universitet/Sociologi.

Nilsson, D. (2012). Anchoring the Peace: Civil Society Actors in Peace Accords and Durable Peace. *International Interactions*(38), 243–266.

Nipkow, K. E. (2013). Der „ethische Imperativ" des Friedensengagements externer Akteure. In A. Heinemann-Grüder & I. Bauer (Hrsg.), *Zivile Konfliktbearbeitung: Vom Anspruch zur Wirklichkeit* (S. 54–61). Verlag Barbara Budrich. https://doi.org/10.2307/j.ctvddzpr3.5

Niyiragira, Y. (2015). *Current Challenges Facing the Civil Society in Kenya*. Rosa Luxemburg Stiftung. https://www.rosalux.de/fileadmin/rls_uploads/pdfs/sonst_publikationen/rls-onl_current-challenges-kenya.pdf

Njogu, K. (2018). Confronting Partisanship and Division in Kenya. In S. Brechenmacher & Carothers, Thomas (Hrsg.), *Examining Civil Society Legitimacy*. (S. 4–15).

Nordstrom, C. & Robben, A. C. G. M. (Hrsg.). (1995). *Fieldwork under Fire: Contemporary Studies of Violence and Survival*. University of California Press.

Novelli, M. & Higgins, S. (2017). The violence of peace and the role of education:: insights from Sierra Leone. *Compare*, *47*(1), 32–45.

Nullmeier, F., Pritzlaff, T. & Wiesner, A. (2003). *Mikro-Policy-Analyse: Ethnographische Politikforschung am Beispiel Hochschulpolitik*. Campus.

Nustad, K. G. (2001). Development: The Devil We Know? *Third World Quarterly*, *22*(4), 479–489.

Obarrio, J. (2011). Traditional justice as rule of law in Africa: An anthropological perspective. In J. Herman, C. L. Sriram & O. Martin-Ortega (Hrsg.), *Peacebuilding and the Rule of Law in Africa* (S. 23–43). Routledge.

Ochoche, S. A. (2009). Post-Conflict Peacebuilding: The Role of the UN integrated Office in Sierra Leone (UNIOSIL). In H. Besada (Hrsg.), *Studies in international governance series. From civil strife to peace building: Examining private sector involvement in West African reconstruction* (S. 129–143). Wilfrid Laurier University Press.

OECD. (1997). *DAC Guidelines on Conflict, Peace and Development Cooperation*. OECD Publishing. https://fas.org/asmp/campaigns/smallarms/eguide.pdf

OECD. (2001). *DAC Guidelines Helping Prevent Conflict Violence*. OECD. https://www.oecd-ilibrary.org/development/helping-prevent-violent-conflict_9789264194786-en https://doi.org/10.1787/19900864

Öjendal, J. & Ou, S. (2013). From friction to hybridity in Cambodia: 20 years of unfinished peacebuilding. *Peacebuilding*, *1*(3), 365–380. https://doi.org/10.1080/21647259.2013.813178

Okely, J. (2010). Fieldwork as Free Association and Free Passage. In M. Melhuus, J. P. Mitchel & H. Wulff (Hrsg.), *Ethnographic Practice in the Present* (S. 28–41). Berghahn.

Okoli, A. C., Atelhe, G. A. & Alphonsus, T. A. (2019). Liberia: Civil War and the Complications SALWs Proliferation. *Conflict Studies Quarterly*, *29*, 43–61.

Öksüzoglu-Güven, G. (2016). Objectivity and Research Ethics in Participant Observation. *The Anthropologist*, *25*(1-2), 52–59. https://doi.org/10.1080/09720073.2016.11892088

Sardan de , O. J.-P. (2005). *Anthropology and development: Understanding Contemporary Social Change*. Zed Books.

Omar, S. M. (2012). Rethinking Development from a Postcolonial Perspective. *Journal of Conflictology*, *3*(1), 42–49. https://doi.org/10.7238/joc.v3i1.1296

Opongo, E. O. (2011). *NGO Peacebuilding in Northern Uganda: Interrogating Liberal Peace from the Ground* [Dissertation]. University of Bradford, Bradford.

Orvis, S. (2003). Kenyan Civil Society: Bridfing the urban-rural divide?;. *Modern African Studies*, *41*(2), 247–268.

Osaghe, E. E. (2000). Applying Traditional Methods to Modern Conflict: Possibilities and Limits. In I. W. Zartman (Hrsg.), *Traditional Cures for Modern Conflicts: African Conflict "Medicine"* (S. 201–217). SAIS African Studies Library; Lynne Rienner Publishers.

Osito Odiyo, W. J. (2013). *Synergies created by a strategic fit between business and human resource strategies: An assessment of transnational tea firms in Kenya*. Cambridge Scholars Publishing.

Othieno, T. & Samasuwo, N. (2007). A Critical Analysis of Africa's Experiments with Hybrid Missions and Security Collaboration. *African Security Review*, *16*(3), 25–39. https://doi.org/10.1080/10246029.2007.9627429

Ottendörfer, E. (2014). *The fortunate ones and the ones still waiting: reparations for war victims in Sierra Leone. PRIF report: number 129*. Peace Research Institute Frankfurt.

Oucho, J. O. (2002). *Undercurrents of ethnic conflict in Kenya. African social studies series: v. 3*. BRILL.

Owen, J. M. (1994). How Liberalism Produces Democratic Peace. *International security, 19*(2), 87–125. https://doi.org/10.2307/2539197

Owiti, J. (2014). Political Drivers of Inequality in Kenya. *Development, 57*(4-4), 547–558.

Paffenholz, T. (2001a). Ansätze ziviler Konfliktbearbeitung. In A. Truger (Hrsg.), *Studien für europäische Friedenspolitik: Bd. 8. Zivile Konfliktbearbeitung: Eine internationale Herausforderung* (S. 15–26). Agenda-Verl.

Paffenholz, T. (2001b). Peacebuilding: A Comprehensive Learning Process. In L. Reychler & T. Paffenholz (Hrsg.), *Peacebuilding: A field guide* (S. 535–543). Lynne Rienner Publishers.

Paffenholz, T. (2001c). Thirteen Characteristics of Successful Mediation in Mozambique. In L. Reychler & T. Paffenholz (Hrsg.), *Peacebuilding: A field guide* (S. 121–127). Lynne Rienner Publishers.

Paffenholz, T. (2010a). Civil Society and Peacebuilding. In T. Paffenholz (Hrsg.), *Civil Society and Peacebuilding: A Critical Assessment* (S. 43–64). Lynne Rienner Publishers.

Paffenholz, T. (2010b). What Civil Society Can Contribute to Peacebuilding. In T. Paffenholz (Hrsg.), *Civil Society and Peacebuilding: A Critical Assessment* (S. 381–404). Lynne Rienner Publishers.

Paffenholz, T. (2011). *Evaluierungsbericht 054: Der Zivile Friedensdienst. Syntheseberich. Kurzfassung der Evaluierung*. www.bmz.de/de/mediathek/publikationen/themen/evaluierungsberichte/EvalBericht054.pdf

Paffenholz, T. (2013). International Peacebuilding Goes Local: Analysing Lederach's Conflict Transformation Theory and Its Ambivalent Encounter with 20 Years of Practice / / International peacebuilding goes local: analysing Lederach's conflict transformation theory and its ambivalent encounter with 20 years of practice. *Peacebuilding, 2*(1), 11–27. https://doi.org/10.1080/21647259.2013.783257

Paffenholz, T. (2014). Critical Peace Research and Policy. In L. Goetschel & S. Pfluger (Hrsg.), *Siwsspeace Working Papers. Challenges of Peace Research* (S. 43–48).

Paffenholz, T. (2015). Unpacking the Local Turn in Peacebuilding: A critical Assessment towards an Agenda for Future Research. *Third World Quarterly, 36*(5), 857–874.

Paffenholz, T. (2016a). Conflict Sensitivity – 20 Years of Practice: A Critical Reflection. In S. Handschin, E. Abitbol & R. Alluri (Hrsg.), *Conflict Sensitivity: Taking it to the Next Level* (S. 6–10). swisspeace.

Paffenholz, T. (2016b). Peacebuilding goes local and the local goes peacebuilding: conceptual discourses and empirical realities of the local turn in peacebuilding. In T. Debiel, T. Held & U. Schneckener (Hrsg.), *Routledge global cooperation series. Peacebuilding in crisis: Rethinking paradigms and practices of transnational cooperation* (S. 210–226). Routledge.

Paffenholz, T. (2021). Perpetual Peacebuilding: A New Paradigm to Move Beyond the Linearity of Liberal Peacebuilding. *Journal of Intervention and Statebuilding*, 1–19. https://doi.org/10.1080/17502977.2021.1925423

Paffenholz, T. & Spurk, C. (2018). Civil society, civic engagement, and peacebuilding. In C. Kayser & F. Djateng (Hrsg.), *Civilian peace workers and conflict prevention: Building Peace* (S. 37–42). Brot für die Welt.

Paris, R. (1997). Peacebuilding and the Limits of Liberal Internationalism. *International security*, *22*(2), 54–89.

Paris, R. (2002). International Peacebuilding and the 'mission civilisatrice'. *Review of International Studies*, *28*(4), 637–656. https://doi.org/10.1017/S026021050200637X

Paris, R. (2004). *At War's End: Building Peace after Civil Conflict*. Cambridge University Press.

Paris, R. (2010). Saving liberal peacebuilding. *Review of International Studies*, *36*(2), 337–365.

Paris, R. (2011). Ordering the world: Academic research and policymaking on fragile states. *International Studies Review*, *13*(1), 58–71.

Park, R. E. & Hughes, E. C. (Hrsg.). (1950 [1928]. *The collected papers of Robert Ezra Park / ed. by Everett Cherrington Hughes: vol. 1. Race and culture*. Free Press.

Parkinson, S. E. (2015). *Reflections on Researching Violence in the War on Terror* [Presented at the American Political Science Association Annual Conference]. San Francisco.

Parnarouskis, L., Stevenson, A., Lange, B. C. L., Pullen, S. J., Petruzzi, L. J., Dominguez, S., Quiterio, N., Harris, B., Lekpeh, G. G., Manobah, B., Henderson, D. C. & Borba, C. P. C. (2017). The impact of transactional sex with teachers on public school students in Monrovia, Liberia – a brief report. *Vulnerable children and youth studies*, *12*(4), 328–333. https://doi.org/10.1080/17450128.2017.1300721

Pastoors, D. (2017). Berater*in im Konflikt – Verschiedene Rollen in der Friedens- und Konfl iktarbeit. *PERIPHERIE*, *37*(148), 435–448.

Peace Direct. (2020). *Dekolonisierungshilfe und Friedensförderung*. London. Peace Direct.

Peacock, J. L. (2005). Collaborative Ethnography and Public Anthropology. *Current Anthropology*, *46*(1), 83–106.

Pearce, J. (2005). The International Community and Peacebuilding. *Development in Practice*, *48*(3), 41–49.

Pence, E. (2001). Safety for Battered Women in a Textually Mediated Legal System. *Studies in Cultures, Organizations and Societies*, *7*(2), 199–229.

Peterson, J. H. (2012). A Conceptual Unpacking Of Hybridity: Accounting For Notions Of Power, Politics And Progress In Analyses Of Aid-Driven Interfaces. *Journal of Peacebuilding & Development*, *7*(2), 9–22. https://doi.org/10.1080/15423166.2012.742802

Pfadenhauer, M. (2009). Das Experteninterview – ein Gespräch zwischen Experte und Quasi-Experte. In A. Bogner, B. Littig & W. Menz (Hrsg.), *Experteninterviews: Theorien, Methoden, Anwendungsfelder.* (S. 99–116). VS Verlag für Sozialwissenschaften.

Pfadenhauer, M. (2017). Grenzziehungen, Grenzverläufe, GrenzgängerInnen. Zum kulturanalytischen Potenzial der Ethnografie. *Forum Qualitative*, *18*(1). http://nbn-resolving.de/urn:nbn:de:0114-fqs1701121 (Art. 12).

Pham, J. P. (2004). Lazarus rising: civil society and Sierra Leone's return from the grave. *The International Journal of Not for Profit Law*, *7*.

Philipsen, L. (2016). Escaping friction: practices of creating non- frictional space in Sierra Leone. In A. Björkdahl, K. Höglund, G. Millar, J. van Lijn der & W. Verkoren (Hrsg.), *Routledge studies in peace and conflict resolution. Peacebuilding and Friction: Global and local encounters in post conflict societies* (S. 64–83). Routledge.

Philpott, D. (2010). Introduction: Searching for a Strategy in an Age of Peacebuilding. In D. Philpott & G. F. Powers (Hrsg.), *Studies in strategic peacebuilding. Strategies of peace: Transforming conflict in a violent world* (S. 3–18). Oxford University Press.

Pickard, M. (2010). Reflections on Relationships: The Nature of Partnership According to Five NGOs in Southern Mexico. In A. Cornwall & D. Eade (Hrsg.), *Deconstructing Development Discourse: Buzzwords and Fuzzwords* (S. 135–142). Practical Action Publishing.

Pieke, F. N. (1995). Accidental Anthropology: Witnessing the 1989 Chinese People's Movement. In Carolyn und Robben, Antonius C. G. M. (Hrsg.): (Hrsg.), *Fieldwork under Fire. Contemporary Studies of Violence and Survival.* (S. 62–79). University of California Press.

Plattform Zivile Konfliktbearbeitung & Evangelisch. (2020). *Demokratie braucht den konstruktiven Umgang mit Konflikten.* Berlin. Plattform Zivile Konfliktbearbeitung.

Plattform Zivile Konfliktbearbeitung & Evangelische Akademie Loccum. (2020). *"Konflikt findet Stadt": Wie können Konflikte im kommunalen Kontext besser bearbeitet werden? Jahrestagung Plattform Zivile Konfliktbearbeitung.* Rehburg-Loccum.

Ponsford, M. (2016). *Land rights at root of palm oil conflict in Liberia, campaigners say.* Reuters online. https://www.reuters.com/article/us-liberia-land-palmoil-idUSKCN0XX17U

Posner, D. (2020). Be Prepared (To Go Off Script). In P. Krause & O. Szekely (Hrsg.), *Stories from the field: A guide to navigating fieldwork in political science* (S. 88–92). Columbia University Press.

Poulet, W. (2017). *Ein Marshall-Plan löst Afrikas Probleme nicht.* Frankfurter Allgemeine Zeitung Online. https://www.faz.net/aktuell/politik/ausland/entwicklungshilfe-ein-marshall-plan-loest-afrikas-probleme-nicht-14677751.html

Preissle, J. & Han, Y. (2012). Feminist Research Ethics. In S. Hesse-Biber (Hrsg.), *Handbook of Feminist Research: Theory and Praxis* (S. 583–605). SAGE Publications, Inc. https://doi.org/10.4135/9781483384740.n28

Pritzlaff, T. (2006). Ethnographische Politikforschung. In J. Gschwend, T. Schindler, D. Schnapp & Kai-Uwe (Hrsg.), *Empirische Methoden der Politikwissenschaft. Neure qualitative und quantitative Analyseverfahren.* (S. 125–132). Nomos.

Pugel, J. (2007). *What the Fighters Say: A Survey of Ex-Combatants in Liberia. Monrovia.* UNDP Liberia.

Pugh, M. (2005). The political Economy of Peacebuilding: A critical Theory Perspective. *International Journal of Peace Studies, 10*(2), 23–42.

Pugh, M. (2013). The Problem-Solving and Critical Paradigms. In R. Mac Ginty (Hrsg.), *Handbook of Peacebuilding* (S. 11–24). Routledge. https://doi.org/10.4324/9780203068175.ch1

Pugh, S. D., Dietz, J., Brief, A. P. & Wiley, J. W. (2008). Looking inside and out: the impact of employee and community demographic composition on organizational diversity climate. *The Journal of applied psychology, 93*(6), 1422–1428. https://doi.org/10.1037/a0012696

Putnam, R. D. (1993). *Making Democracy Work: Civic Traditions in Modern Italy.* Princeton University Press.

Quack, M. (2002). *Von der ultima ratio zur prima ratio? Gründe für die Unterstützung des Zivilen Friedensdienstes durch die Bundesregierung.* Eberhard Karls Universität Tübingen, Tübingen.

Quack, M. (2006). Zwischen Allparteilichkeit und »ownership«. In D. Bricke, T. Every, M. Quack, A. Rosen & L. Schrader (Hrsg.), *Ziviler Friedensdienst: >>Frieden schaffen ohne Waffen!<<. Wissenschaft und Frieden: Lateinamerika im Umbruch?* (52. Aufl., 17–20).

Quack, M. (Hrsg.). (2009). *Ziviler Friedensdienst: Exemplarische Wirkungsanalysen.* VS Verlag für Sozialwissenschaften. https://doi.org/10.1007/978-3-531-91864-8

Radcliffe-Brown, A. R. (1951). The Comparative Method in Social Anthropology. *The Journal of the Royal Anthropological Institut of Great Britain and Ireland, 81*(1/2), 15–22.

Ramsbotham, O., Woodhouse, T. & Miall, H. (2016). *Contemporary conflict resolution: The prevention, management and transformation of deadly conflicts* (Fourth edition). Polity Press.

Randazzo, E. (2017). *Beyond Liberal Peacebuilding. A Critical Exploration of the Local Turn.* Routledge.

Rapoport, A. (1992). *Peace: An idea whose time has come.* University of Michigan Press.

Ratelle, J.-F. (2013). Making sense of violence in civil war: challenging academic narratives through political ethnograph. *Critical Studies on Security, 1*(2), 159–173.

Rauch, C. (2005). *Die Theorie des Demokratischen Friedens: Grenzen und Perspektiven* (1. Aufl.). *Studien der Hess. Stiftung Friedens- u. Konfliktforschung: Bd. 49.* Campus Verlag GmbH.

Reich, H. (2005). Konflikttransformation durch lokale Friedenskräfte und –allianzen. In E. Jahn, S. Fischer & A. Sahm (Hrsg.), *Die Zukunft des Friedens: Band 2. Die Friedens- und Konfliktforschung aus der Perspektive der jüngeren Generation.* (S. 473–493). VS Verlag für Sozialwissenschaften.

Reich, H. (2006). *„Local Ownership" in Conflict Transformation Projects: Partnership, Participation or Patronage?* (1. Aufl.). *Arbeitspapiere der Berghof-Stiftung für Konfliktforschung: Bd. 27.* Berghof-Stiftung für Konfliktforschung.

Reichertz, J. (2009). Die Konjunkturen der qualitativen Sozialforschung und Konjunkturen innerhalb der qualitativen Sozialforschung.Forum Qualitative Sozialforschung. *Forum Qualitative Social Research*(10).

Reimann, C. (2007). Doing good? Herausforderungen für die NGOs in der Friedensförderung. In A. Klein & S. Roth (Hrsg.), *NGOs im Spannungsfeld von Krisenprävention und Sicherheitspolitik* (S. 91–112). VS Verlag für Sozialwissenschaften.

Reimann, K. D. (2005). Up to No Good? Recent Critics and Critiques of NGOs. In H. F. Carey & O. P. Richmond (Hrsg.), *Subcontracting Peace* (S. 37–53). Routledge. https://doi.org/10.4324/9781351148405-3

Republic of Liberia. (2018). *National Policy on Non-Governmental Organizations (NGOs).* https://www.emansion.gov.lr/doc/NGOPolicguidelines.pdf

Reuber, P. & Pfaffenbach, C. (2005). *Methoden der empirischen Humangeographie: Beobachtung und Befragung* (1. Aufl.). *Das Geographische Seminar.* Westermann.

Andres, A., Behboud, S., Behrens, M., Klotz, C., Krauskopf, A., Nolte, I., Schwarz, C. & Voss, M. (2005). *Motivation und Arbeitsbedingungen von Friedensfachkräften: Methoden und Konzepte zu ihrer Betreuung.* peace brigades international (pbi) Deutscher Zweig e.V.

Richards, P. (2005). To Fight or to Farm? Agrarian Dimensions of the Mano River Conflict (Liberia and Sierra Leone). *African Affaris, 104*(417), 571–590.

Richmond, O. P. (2018). The green and the cool: Hybridity, Relationality and Ethnographic-Biographical Responses to Intervention. *Mediterranean Politics, 23*(4), 479–500.

Richmond, O.P. (2006a). Patterns of Peace. *Global Society, 20*(4), 367–394. https://doi.org/10.1080/13600820600929705

Richmond, O.P. (2006b). The problem of peace: understanding the 'liberal peace'. *Conflict, Security & Development, 6*(3), Artikel Paper No. 21, 291–314. https://doi.org/10.1080/14678800600933480

Richmond, O. P. (2008). *Peace in international relations* (1. Aufl.). *Routledge studies in peace and conflict resolution.* Routledge.

Richmond, O. P. (2009a). Becoming Liberal, Unbecoming Liberalism: Liberal-Local Hybridity via the Everyday as a Response to the Paradoxes of Liberal Peacebuilding. *Journal of Intervention and Statebuilding, 3*(3), 324–344. https://doi.org/10.1080/17502970903086719

Richmond, O. P. (2009b). A Post-Liberal Peace: Eirenism and the Everyday. *Review of International Studies, 35*(3), 557–587.

Richmond, O. P. (2010). Resistance and post-liberal peace. *Millenium- Journal of International Studies, 38*(3), 665–692.

Richmond, O. P. (2011a). *A post-liberal peace: The infrapolitics of peacebuilding. Routledge studies in peace and conflict resolution.* Routledge.

Richmond, O. P. (2011b). The rule of law in liberal peacebuilding. In J. Herman, C. L. Sriram & O. Martin-Ortega (Hrsg.), *Peacebuilding and the Rule of Law in Africa* (S. 44–59). Routledge.

Richmond, O. P. (2015). *The Dilemmas of a Hybrid Peace: Negative or Positive?* http://www.eir.info/2012/12/23/the-dilemmas-of-a-hybrid-peace/#_ftn4

Richter, U. (2010). »Auch wir müssen uns verändern lassen«: Wirkung aus der Innensicht einer Friedensarbeiterin. *Contacts*(2), 20–21.

Rieche, B. (2006a). 1 x 1 der zivilen, gewaltfreien Konfliktbearbeitung. In AGDF (Hrsg.), *zivil statt militärisch: Erfahrungen mit ziviler, gewaltfreier Konfliktbearbeitung im Ausland* (S. 14–21). AGDF (Aktionsgemeinschaft Dienste für den Frieden e.V.).

Rieche, B. (2006b). Möglichkeiten des Engagements für zivile, gewaltfreie Konfliktbearbeitung. In AGDF (Hrsg.), *zivil statt militärisch: Erfahrungen mit ziviler, gewaltfreier Konfliktbearbeitung im Ausland* (S. 34–38). AGDF (Aktionsgemeinschaft Dienste für den Frieden e.V.).

Rieder, H. (2019). Staff Care in GIZ Civil Peace Service Programmes and their Partner Organisations. In giz Kenya (Hrsg.), *Our Innovative Methods and Concepts for Transforming Conflicts in Africa: A Collection of Articles written by Peacebuilding Advisors Summary of Topics of the CPS Africa Regional Conference in Kenya (2018)* (S. 66–70). giz Kenya.

Ries, M. (2012). Der Zivile Friedensdienst in der GIZ: „Konflikte sind gut. Wichtig ist, wie man mit ihnen umgeht.". *giz Entwicklungsdienst-Newsletter*(2), 1–2.

Rift Valley Forum. (2017). *Violent Extremism in Kenya Risk and resilience.* https://riftvalley.net/sites/default/files/publication-documents/Violent%20Extremism%20in%20Kenya%20-%20RVI%20Rift%20Valley%20Forum%20Meeting%20Report%20%282017%29.pdf

Rink, A. & Sharma, K. (2018). The Determinants of Religious Radicalization : Evidence from Kenya. *Journal of Conflict Resolution, 62*(6), 1229–1261.

Risse-Kappen, T. (1995). Democratic Peace – Warlike Democracies? A Social Constructivist Interpretation of the Liberal Argument. *European Journal of International Relations, 1*(4), 491–517. https://doi.org/10.1177/1354066195001004005

Roberts, D. (2011). *Liberal Peacebuilding and Global Governance: Beyond Metropolis.* Routledge. https://doi.org/10.4324/9780203825815

Robson, E. (1997). From Teacher to Taxi Driver: Reflections on Research Roles in Developing Areas. In E. Robson & K. Willis (Hrsg.), *Postgraduate Fieldwork in Developing Areas: A Rough Guide, London: Developing Areas Research Group of the Royal Geographical Society* (S. 51–74). Developing Areas Research Group of the Royal Geographical Society.

Rocco, T. S. (2010). Criteria for Evaluating Qualitative Studies. *Human Ressource Development International, 13*(4), 375–378.

Rodgers, B. L. & Cowles, K. V. (1993). The qualitative research audit trail: a complex collection of documentation. *Research in nursing & health, 16*(3), 219–226. https://doi.org/10.1002/nur.4770160309

Roethlisberger, F. J. & Dickson, W. J. (1970 (1939). *Management and the worker: An account of a research program ; conducted by the Western Electric Company*. Harvard Univ. Press.

Rohrschneider, R. & Dalton, R. J. (2002). A Global Network? Transnational Cooperation among Environmental Groups. *The Journal of Politics, 64*(2), 510–533. https://doi.org/10.1111/1468-2508.00137

Roller, M. R. (2014). *Reflections from the Field: Questions to Stimulate Reflexivity Among Qualitative Researchers*. https://researchdesignreview.com/2014/03/30/reflections-from-the-field-questions-to-stimulate-reflexivity-among-qualitative-researchers/

Ropers, N. (1998). Eight Critical Statements on the Contribution of NGOs to Conflict prevention and Transformation. *Conflict Prevention Newsletter*(1), 10–11.

Ropers, N. (2000a). Die internen Akteure stärken! Krisenprävention und Konflikttransformation durch Friedensallianzen. In T. Evers (Hrsg.), *Ziviler Friedensdienst: Fachleute für den Frieden* (S. 68–77). Leske + Budrich.

Ropers, N. (2000b). Konfliktbearbeitung in der WeltbürgerInnengesellschaft.: Friedensförderung durch Nichtregierungsorganisationen. In U. Menzel & D. Senghaas (Hrsg.), *Vom ewigen Frieden und vom Wohlstand der Nationen.* (S. 70–100). Suhrkamp.

Ropers, N. (2001). Enhancing the Quality of NGO Work in Peacebuilding. In L. Reychler & T. Paffenholz (Hrsg.), *Peacebuilding: A field guide* (S. 520–532). Lynne Rienner Publishers.

Roth, W.-M. (2005). Ethics as social practice: Introducing the debate on qualitative research and ethics. *Forum Qualitative Sozialforschung/ Forum Qualitative Social Research, 6*(1), 66–88. https://doi.org/10.4135/9780857029034.d5 (Art. 9).

Roy, I. (2008). Civil society and good governance: (Re-) conceptualizing the interface. *World Development,, 36*(4), 667–705.

Rummel, R. J. (1997). *Power Kills: Democracy as a Method of Nonviolence*. Transaction.

Rupesinghe, K. (1995). Transformation innerstaatlicher Konflikte: Von den „Problemlösungs-Workshops" zu Friedensallianzen. In N. Ropers (Hrsg.), *Friedliche Konfliktbearbeitung in der Staaten- und Gesellschaftswelt* (S. 304–320). Stiftung Entwicklung und Frieden.

Ruppel, S. & Sander, A. (2019). Ab in den Süden: Herausforderungen der Feldforschung im globalen Süden. *Zeitschrift für Politikwissenschaft*. Vorab-Onlinepublikation. https://doi.org/10.1007/s41358-019-00206-2

Russett, B. (1993). *Grasping the Democratic Peace: Principles fora Post-Cold War World*. Princeton University Press. https://doi.org/10.1515/9781400821020

Russett, B. M. & Oneal, J. R. (2001). *Triangulating peace: Triangulating Peace. Democracy, Interdependence, and International Organization*. Norton.

Ryerson, C. (2013). *Peacebuilding and NGOs : state-civil society interactions*. Routledge.
Sabaratnam, M. (2013). Avatars of Eurocentrism in the critique of the liberal peace. *Security Dialogue*, *44*(3), 259–278. https://doi.org/10.1177/0967010613485870
Said, E. (1978). *Orientalsim*. Pantheon Books.
Sanjek, R. (1990). *Fieldnotes: The makings of anthropology*. Cornell University Press.
Sayndee, D. T. (2009). The role of civil society in post-conflict peacebuilding in Liberia: A policy approach. In K. Omeje (Hrsg.), *War to peace transition: Conflict intervention and peacebuilding in Liberia* (S. 171–192). Univ. Press of America.
Schade, J. (2007). Neutralität humanitärer NGOs in Kriegs- und Nachkriegssituationen: Ein frommer Wunsch? In A. Klein & S. Roth (Hrsg.), *NGOs im Spannungsfeld von Krisenprävention und Sicherheitspolitik* (S. 179–190). VS Verlag für Sozialwissenschaften.
Schatz, E. (2009). Ethnographic immersion and the study of politics. In E. Schatz (Hrsg.), *Political Ethnography: What Immersion Contributes to the Study of Power* (S. 1–22). Univ. of Chicago Press.
Scheffer, T. & Niewöhner, J. (2010). Thickening Comparison: On the Multiple Facts of Comparibility. In dies. (Hrsg.), *Thick Comparison: Reviving the Ethnographic Aspiration*. (S. 1–16). BRILL. https://doi.org/10.1163/ej.9789004181137.i-223
Scheye, E. (2008). Unknotting Local Ownership Redux: Bringing Non-State/ Local Justice Networks Back. In T. Donais (Hrsg.), *Local Ownership and Security Sector Reform* (S. 59–81). LIT.
Scheyvens, R. & McLennan, S. (2014). Introduction. In R. Scheyvens (Hrsg.), *Development Field Work: A Practical Guide: Volume 2* (1-16). SAGE Publications, Ltd.
Schia, N. N. & Karlsrud, J. (2013). 'Where the Rubber Meets the Road': Friction Sites and Local-level Peacebuilding in Haiti, Liberia and South Sudan. *International peacekeeping*, *20*(2), 233–248. https://doi.org/10.1080/13533312.2013.791581
Schierenbeck, I. (2015). Beyond the Local Turn Divide: Lessons Learnt, Relearnt and Unlearnt. *Third World Quarterly*, *36*(5), 1023–1032.
Schimmelpfenning, E. (2019). *Die Anfänge des Zivilen Friedensdienstes: Im Umbruch der Friedensbewegung entspringt die Idee eines Erfolgsmodells*. https://www.forumzfd.de/de/die-anfaenge-des-zivilen-friedensdienstes
Schlee, G. (1985). Mobile Forschung bei mehreren Ethnien: Kamelnomaden Nordkenias. In H. Fischer (Hrsg.), *Ethnologische Paperbacks. Feldforschungen: Erfahrungsberichte zur Einführung* (S. 203–218). Reimer.
Schlee, G. (2011). Territorializing Ethnicity: The Imposition of a Model of Statehood on Pastoralists in Northern Kenya and Southern Ethiopia. *Ethnic and Racial Studies*, 1–18.
Schmid, H. (1968). Peace Research and Politics. *Journal of Peace Research*, *5*(3), 217–232.
Schneckener, U. (2005). Frieden Machen. *Die Friedens-Warte*, *80*(1/2), 17–39.
Schnegg, M. & Lang, H. (2001). Netzwerkanalyse: Eine praxisorientierte Einführung. *Methoden der Ethnographie*(1).
Schöne, H. (2005). Die teilnehmende Beobachtung als Datenerhebungsmethode in der Politikwissenschaft: methodologische Reflexion und Werkstattbericht. *Historical Social Research*, *30*(1), 168–199.
Schönhuth, M. & Kievelitz, U. (1993). *Partizipative Erhebungs- und Planungsmethoden in der Entwicklungszusammenarbeit. Schriftenreihe der GTZ: Nr. 231*. Deutsche Gesellschaft für Technische Zusammenarbeit.

Schrader, L. (2007). *In wessen Namen? Die Legitimationsgrundlage von NGOs in der transnationalen Friedens- und Konfliktarbeit. Reihe Arbeitspapiere: Bd. 3*. Akademie für Konflikttransformation im Forum Ziviler Friedensdienst e.V.

Schrader, L. (2008). *Zivilgesellschaftliche Identitätsarbeit: Ein Handlungsfeld des Zivilen Friedensdienstes im westlichen Balkan*. Forum Ziviler Friedensdienst e.V.

Schuller, M. (2012). *Killing With Kindness: Haiti, International Aid, and NGOs*. Rutgers University Press.

Schultze-Gebhardt, K. (2016). 'Gut beraten' – Beratungsrollen stimmig und aktiv gestalten. *transfer, 3*.

Schulze, U. W. (2010). *Kenia-- Jenseits der Touristenmeile*. Edition Winterwork.

Schumpeter, J. A. (1950). *Capitalism, socialism, and democracy*. Harper.

Schütz, A. (1971). *Das Problem der sozialen Wirklichkeit: Gesammelte Aufsätze*. Martinus Nijhoff.

Schütz, A. (2011 [1942]. Der Fremde. Ein sozialpsychologischer Versuch. In A. Göttlich & Sebald, Gerd und Weyand, Jan (Hrsg.), *Alfred Schütz Werkausgabe. Relevanz und Handeln 2. Gesellschaftliches Wissen und politisches Handeln.* (2. Aufl., S. 59–86). UVK.

Schütz, F. (1977). *Die Technik des narrativen Interviews in Interaktionsfeldstudien dargestellt an einem Projekt zur Erforschung von kommunalen Machtstrukturen (MS).: Arbeitsberichte und Forschungsmaterialien, Nr. 1 [*Universität Bielefeld, Fakultät für Soziologie,]. Bielefeld.

Schwank, N., Trinn, C. & Wencker, T. (2013). Der Heidelberger Ansatz der Konfliktdatenerfassung. *Zeitschrift für Friedens- und Konfliktforschung*(1), 32–63.

Schwartz, M. & Schwartz, C. (1955). Problems in Participant Observation. *American Journal of Sociology, 60*(4), 343–353.

Schwartz-Shea, P. & Yanow, D. (2013). *Interpretive Research Design: Concepts and Processes*. Routledge. https://doi.org/10.4324/9780203854907

Schwarz, M. & Ruppel, S. (2022). *Have the Tables Turned? What to Expect from Kenya's New "Hustler" President William Ruto* (Nr. 11). Frankfurt am Main.

Schwehm, J. (2010). Friede, demokratischer. In D. Nohlen (Hrsg.), *Beck'sche Reihe: Bd. 1463. Lexikon der Politikwissenschaft: Theorien, Methoden, Begriffe* (4. Aufl., S. 284). Beck.

Schweitzer, C. (2004). Zivile Konfliktintervention. In G. Sommer & Albert Fuchs (Hrsg.), *Krieg und Frieden. Handbuch der Konflikt- und Friedenspsychologie.* (S. 508–521). Beltz, Psychologie-Verl.-Union.

Schweitzer, C. (2010). Introduction: Civilian Peacekeeping – A Barley Tapped Resource. In R. Carrière, R. Julian, C. Schweitzer & T. Wallis (Hrsg.), *Civilian Peacekeeping: A Barley Tapped Ressource* (S. 7–16). Sozio-Publishing.

Schweitzer, C., Aust, B. & Schlotter, P. (Hrsg.). (2004). *Demokratien im Krieg*. Nomos.

Scott, J. C. (1985). *Weapons of the Weak: Everyday forms of Peasant Resistance*. Yale University Press.

Scotto, G. (2002). *Die Rolle von externen Nicht-Regierungsorganisationen im Friedensprozess in Bosnien-Herzegowina am Beispiel der Stadt Mostar* [Dissertation]. Freie Universität Berlin., Berlin.

Selby, J. (2013). The Myth of Liberal Peace-Building. *Conflict, Security and Development, 13*(1), 57–68.

Sending, O. J. (2011). The Effects of Peacebuilding: Sovereignity, Patronage and Power. In S. Campbell, D. Chandler & M. Sabaratnam (Hrsg.), *A Liberal Peace? The Problems and Practicses of Peacebuidling* (S. 55–68). Zed Books.

Sendolo, J. (2019). *'Ritual Killings' Spark Riot in Kingsville.* Daily Observer. https://allafrica.com/stories/201906250479.html

Senghaas, D. (1997). Frieden – ein mehrfaches Komplexprogramm. In D. Senghaas (Hrsg.), *Frieden machen* (S. 560–575). Suhrkamp.

Shiffrin, S. (2000). Paternalism, Unconscionability Doctrine, and Accommodation. *Philosophy and Public Affairs, 29*(3), 205–250.

Shour, A. R., Anguzu, R., Zhou, Y. & Beyer, K. (2020). Examining the Factors Associated With Sexual Violence Against Women in Sierra Leone: A Nationwide Cross-Sectional Study. *Journal of Interpersonal Violence*, 088626052092234. https://doi.org/10.1177/0886260520922344

Simangan, D. (2017). A Detour in the Local Turn: Roadblocks in Timor-Leste's Post-Conflict Peacebuilding. *Asian Journal of Peacebuilding, 5*(2), 195–221.

Simons, A. (1996). The Begining of the End. In Nordstrom, Carolyn und Robben, Antonius (Hrsg.), *Fieldwork under fire.: Contemporary Studies of Violence and Survival.* (S. 42–61). University of California Press.

Sireleaf, M. (2009). Regional Apprache to transitional Justice? Examing the Special Court for Sierra Leone and the truth and Reconciliation Commission for Liberia. *Florida Journal of International Law, 21*, 209–284.

Skeggs, B. (2002). *Formations of class and gender: Becoming respectable. Theory, culture & society.* SAGE.

Skinner, C. (2014). You can be jailed here by even me talking to you': dilemmas and difficulties relating to informed consent, confidentiality and anonymity. In J. Lunn (Hrsg.), *Fieldwork in the Global South: Ethical challenges and dilemmas* (S. 183–191). Routledge.

Slim, H. (1997). *International Humanitarianism's Engagement With Civil War in the 1990s: A Glance at Evolving Practice and Theory: A Briefing Paper for Action Aid.* CENDEP.

Sluka, J. (1990). Participant observation in violent social context. *Human Organization, 49*(2), 859–883.

Small, M. & Singer J. (1976). The War-Proneness of Democratic Regimes. *Jerusalem Journal of International Relations, 1*(4), 50–69.

Smidt, H. (2018). *Shrinking Civic Space in Africa: When Governments Crack Down on Civil Society.*

Smilie, I. (1995). *The Alms Bazaar: Altruism Under Fire – Non-Profit Organizations and International Development.* IDRC.

Smillie, I. (Hrsg.). (2001). *Patronage or partnership: Local capacity building in humanitarian crises.* Kumarian Press.

Smith, D. (2003). *Getting their act together : towards a strategic framework for peacebuilding: Synthesis report of the Joint Utstein Study of Peacebuilding.* The Royal Norwegian Ministry of Foreign Affairs.

Smith, D. (2004). *Towards a Strategic Framework for Peacebuilding: Getting Their Act Together: Overview Report of the Joint Utstein Study of Peacebuilding. Evaluation report: 1/2004.* Roayl Norwegian Ministry of Foreign Affairs.

Smith, D. (1990). *Texts, Facts, and Femininity: Exploring the Relations of Ruling.* Routledge.

Smith, D. (2005). *Institutional ethnography: A Sociology for People. The gender lens series.* AltaMira Press.

Smith, L. T. (2012). *Decolonizing methodologies: Research and indigenous peoples* (2nd ed.). Zed Books.

Snodgrass, L. & Achieng, A. O. (2019). Mediating Post-electoral Violence in Kenya, 2007–2008. In M. Hove & Harris, Geoff (Hrsg.), *Infrastructures for Peace in Sub-Saharan Africa.* (S. 185–202). Springer Nature.

Sola'–Martín, A. (2009). Is peacebuildiung sustainable in Sierrea Leone? *Global Change, Peace & Security, 21*(3), 291–307.

Solomon, T. & Steele, B. J. (2017). Micro-moves in International Relations theory. *European Journal of International Relations, 23*(2), 267–291. https://doi.org/10.1177/1354066116634442

Spiro, D. E. (1994). The Insignificance of the Liberal Peace. In M. Brown, S. Lynn-Jones & S. Miller (Hrsg.), *Debating the Democratic Peace* (S. 202–238). The MIT Press.

Spittler, G. (2001). Teilnehmende Beobachtung als Dichte Teilnahme. *Zeitschrift für Ethnologie, 126*(1), 1–25.

Spitulnik, V. & Peterson, M. (2012). Ethnography as theory and method in the study of political communication. In H. A. Semetko & M. (. Scamell (Hrsg.), *The Sage Handbook of Political Communication.* (S. 264–275). SAGE.

Spivak, G. C. (2008). *Can the Subaltern peak? Postkolonialität und subaltern Artikulation.* Verlag Turia + Kant.

Spradley, J. P. (1979). *The ethnographic interview.* Wadsworth, Thomson Learning; Holt, Rinehart and Winston.

Spradley, J. P. (1980). *Participant observation.* Harcourt Brace Jovanovich; Holt, Rinehart and Winston.

Spurk, C. (2010). Understanding Civil Society. In T. Paffenholz (Hrsg.), *Civil Society and Peacebuilding: A Critical Assessment* (S. 3–28). Lynne Rienner Publishers.

St. Pierre, K. (2007). Hybridizing UN Peace Operations: The Role of the European Union and Canada. *Review of European and Russian Affairs, 3*(2), 20–37.

Stanley, L. & Wise, S. (1993). *Breaking Out Again: Feminist ontology and epistemology.* Routledge.

Statistics Sierra Leone. (2014). *2013 Non-Governmental Organizations (NGOs) Survey for National Accounts Compilation.* https://www.statistics.sl/images/StatisticsSL/Documents/Publications/2013/2013_ngo_survey_for_national_accounts_compilation.pdf

Steier, F. (1995). *Research and reflexivity* (1. Aufl.). *Inquiries in social construction.* SAGE.

Steinke, I. (2012). Gütekriterien qualitativer Forschung. In U. Flick, E. von Kardorff & I. Steinke (Hrsg.), *Qualitative Forschung: Gütekriterien Qualitativer Forschung* (S. 319–331). Rowohlt. https://doi.org/10.2307/j.ctvhhhh9c.11

Stengel, F. A. & Weller, C. (2008). Vier Jahre Aktionsplan „Zivile Krisenprävention" – war das alles? *GIGA Focus Global*(11).

Sterpka, M. K. (2007). Anthropology and Intelligence Gathering. *Anthropology News, 48*(5), 11. https://doi.org/10.1525/an.2007.48.5.11.1

Steward-Withers, R., Banks, G., McGregor, A. & Meo-Sewabu, L. (2003). Qualitative Research. In Scheyvens, Regina (Hrsg.), *Development Fieldwork. A Practical Guide,* (2. Aufl., S. 59–80). SAGE.

Stiles, K. (2000). Grassroots Empowerment: States, Non-State Actors and Global Policy Formulation. In R. Higgott (Hrsg.), *Non-State Actors and Authority in the Global System* (S. 32–47). Routledge.

Stoddard, A. (2003). Humanitarian NCOs: Challenges and Trends. In J. Macrae & A. Harmer (Hrsg.), *Harmer (eds) Hu manitarian Action and the 'Global War on Terror': A Review of Trends and Issues* (S. 25–36). HGP Report.

Strauss, A. & Corbin, J. (1998). *Basics of Qualitative Research: Grounded Theory Procedures and Techniques*. SAGE.

Strohscheidt, E., Dietrich, A., Lammers, C., Vehrenberg, M. & Voß, N. (2017). *Deutschlands Verantwortung in der Welt? Friedensförderung! Hintergrundpapier.*

Strübing, J., Hirschauer, S., Ayaß, R. & Krähnke, Uwe und Scheffer, Thomas (2018). Gütekriterien qualitativer Sozialforschung: Ein Diskussionsanstoß. *Zeitschrift für Soziologie*, *47*(2), 83–100.

Sunstein, C. & Thaler, R. *Libertarian Paternalism Is Not an Oxymoron* (University of Chicago Public Law & Legal Theory Working Paper Nr. 43).

Svensoon, K. (2008). Women hold up half the sky:: Peace and security lessons from Liberia. *African Security Review*, *17*(4), 178–183.

Swaine, A. (2017). Enabling or Disabling Paternalism: (In)attention to Gender and Women's Knowledge, Capacity, and Authority in Humanitarian Contexts. In M. N. Barnett (Hrsg.), *Paternalism beyond borders* (S. 185–223). Cambridge University Press.

Sylvester, C. (2006). Bare life as development: Post colonial problematic. *The geographical journal*, *172*(1), 66–77.

Szántó, D. (2016). The NGOization of Civil Society in Sierra Leone.: A Thin Dividing Line between Empowerment and Disempowerment. In Mustapha, Marda und Bangura, Joseph J. (Hrsg.), *Democratization and Human Security in Postwar Sierra Leone* (S. 133–161). Palgrave Macmillan.

Tadjbakhsh, S. (2011). *Rethinking the Liberal Peace: External Models and Local Alternatives*. Routledge. https://doi.org/10.4324/9780203819050

Tahirou, S. & Eberlein, M. (2019). Development of a Joint Civil Peace Service (CPS)-Strategy (TLS) for the Great Lakes Region. In giz Kenya (Hrsg.), *Our Innovative Methods and Concepts for Transforming Conflicts in Africa: A Collection of Articles written by Peacebuilding Advisors Summary of Topics of the CPS Africa Regional Conference in Kenya (2018)* (S. 26–27). giz Kenya.

Taussig, M. (1987). *Shamanism, Colonialism, and the Wild Man: A Study in Terror and Healing*. University of Chicago Press. https://doi.org/10.7208/chicago/9780226790114.001.0001

Tax, S. (1965). The Uses of Anthropology. In Tax, Sol (Hrsg.), *Horizons of Anthropology.* (S. 248–258). Alle and Unwin.

Tax, S. (1975). Action Anthropology. *Current Anthropology*, *16*(4), 514–517.

Taylor, C. C. (1999). *Sacrifice as Terror : The Rwandan Genocide of 1994*. Bloomsbury Academic. https://doi.org/10.5040/9781474215459

Theobald, A. (2012). *The Role of Women in Making and Building Peace in Liberia: Gender Sensitivity Versus Masculinity*. ibidem-Verlag.

Thomas, A. R. (2019, 23. Juli). *Child labour on the increase in Sierra Leone: weak and unimplemented laws*. https://www.thesierraleonetelegraph.com/child-labour-on-the-increase-in-sierra-leone-weak-and-unimplemented-laws/

Thomas, A. R. (2020). *I am not afraid of the COI White Paper: says Dr Samura Kamara*. https://www.thesierraleonetelegraph.com/i-am-not-afraid-of-the-coi-white-paper-says-dr-samura-kamara/

Thomson, S. (2013). Academic Integrity and Ethical Responsibilities in Post- Genocide Rwanda: Working with Research Ethics Boards to Prepare for Fieldwork with 'Human Subjects'. In S. Thomson, A. Ansoms & J. Murison (Hrsg.), *Emotional and Ethical Challenges for Field Research in Africa* (S. 139–154). Palgrave Macmillan UK.

Thomson, S., Ansoms, A. & Murison, J. (2013). Introduction: Why Stories Behind the Finding? In dies. (Hrsg.), *Emotional and Ethical Challenges for Field Research in Africa. The Story Behind the Findings*. (S. 1–11). Palgrave Macmillan.

Tittensor, D. (2016). Doing political ethnography in a difficult climate: A Turkish case study. *Ethnography*, *17*(2), 213–228. https://doi.org/10.1177/1466138116631999

Tocqueville, A. de. (1996/ 1864). *Democracy in America, Hertfordshire*. Wordsworth Editions.

Tom, P. (2013). In search for emancipatory hybridity: the case of post-war Sierra Leone. *Peacebuilding*, *1*(2), 239–255. https://doi.org/10.1080/21647259.2013.783256

Tom, P. (2014). Youth-traditional authorities' relations in post-war Sierra Leone. *Children's Geographies*, *12*(3), 327–338. https://doi.org/10.1080/14733285.2014.922679

Tongeren van, P. (1998). Exploring the Local Capacity for Peace – The Role of NGOs. In P. Tongeren van (Hrsg.), *Prevention and management of violent conflicts: An international Directory* (S. 21–26). Europ. Platform for Conflict Prevention and Transformation.

Transparency International. (2019a). *Blood Diamonds and Land Corruption in Sierra Leone*. https://www.transparency.org/en/news/blood-diamonds-and-land-corruption

Transparency International. (2019b). *Understanding Land Corruption as a basis for prevention. Findings from Liberia, Sierra Leone and Zambia*. https://images.transparencycdn.org/images/2019_Report_UnderstandingLandCorruption_English.pdf

TRC Sierra Leone. (2004). *Witness to truth: Report of the Sierra Leone Truth and Reconciliation Commission*. GPL Press.

Treiber, M. (2014). Becoming by moving. Khartoum and Addis Ababa as stages between Eritrea and ‚something'. In M. Abdalla, D. Dias Barros, Berthet & M. Ribeiro (Hrsg.), *Spaces in Movement: New Perspectives on Migration in African Settings* (S. 189–205). Rüdiger Köppe Verlag.

Trittmann, U. (2000). Geschichte einer Idee – Das Forum Ziviler Friedensdienst. In T. Evers (Hrsg.), *Ziviler Friedensdienst: Fachleute für den Frieden* (S. 145–156). Leske + Budrich.

Truger, A. (2001a). Ausbildung ziviler Fachkräfte. In A. Truger (Hrsg.), *Studien für europäische Friedenspolitik: Bd. 8. Zivile Konfliktbearbeitung: Eine internationale Herausforderung* (S. 336–350). Agenda-Verl.

Truger, A. (2001b). Training Peacebuilders and Peackeepers. In L. Reychler & T. Paffenholz (Hrsg.), *Peacebuilding: A field guide* (S. 35–42). Lynne Rienner Publishers.

Truger, A. (2001c). Zivile Konfliktbearbeitung – Eine internationale Herausforderung. In A. Truger (Hrsg.), *Studien für europäische Friedenspolitik: Bd. 8. Zivile Konfliktbearbeitung: Eine internationale Herausforderung* (S. 9–14). Agenda-Verl.

Tsing, A. L. (2005). *Friction: An Ethnography of Global Connections*. Princeton University Press.

Tully, M. (2014). Conflict Resolution and Reconciliation through Recognition:: Assessing an Integrated Peace Media Strategy in Kenya. *Journal of Applied Communication Research, 42*(1), 41–59.

Tzouvala, N. (2019). A false promise? Regulating land-grabbing and the post-colonial state. *Leiden journal of international law, 32*(2), 235–253.

UNDP. (2019). *Global Multidimensional Poverty Index 2019: Illuminating Inequalities.* http://hdr.undp.org/sites/default/files/mpi_2019_publication.pdf

UNFPA o.J. *Sierra Leone. What we Do. Young People.* https://sierraleone.unfpa.org/en/node/6134#_ftn1

Unger von, H. (2014). Forschungsethik in der qualitativen Forschung: Grundsätze, Debatten und offene Fragen. In H. Unger von, P. Narimani & M'Bayo, Rosaline (Hrsg.), *Forschungsethik in der qualitativen Forschung: Reflexivität, Perspektiven, Positionen.* (S. 15–40). Springer VS.

Unger von, H., Dilger, H. & Schönhuth, M. (2016). Ethics Reviews in the Social and Cultural Sciences? A Sociological and Anthropological Contribution to the Debate. *Form: Qualitative Social Research, 17*(3) (Art. 20).

Unger von, H., Narimani, P. & M'Bayo, Rosaline (Hrsg.). (2014). *Forschungsethik in der qualitativen Forschung: Reflexivität, Perspektiven, Positionen.* Springer VS.

UNHCR. (2008). *Supplementary Appeal for IDPs in Kenya 2008.* https://www.unhcr.org/uk/479eed1f2.pdf

UNHCR Kenya o.J. *Figures at a Glance.* https://www.unhcr.org/ke/figures-at-a-glance

United Nations. (1992). *An Agenda for peace: A/47/277.* www.un-documents.net/a47-277.htm

United Nations. (1993). *Resolution 866.: Liberia (22 Sept)* [S/RES/866 (1993)]. http://unscr.com/en/resolutions/866

United Nations. (1996). *Peace Agreement between the Government of the Republic of Sierra Leone and the Revolutionary United Front of Sierra Leone: signed at Abidjan on 30 November 1996. S/1996/1034.* https://peacemaker.un.org/sites/peacemaker.un.org/files/SL_961130_PeaceAgreementSierraLeone-RUFSL.pdf

United Nations. (1999a). *: Peace Agreement Between the Government of Sierra Leone and the Revolutionary United Front of Sierra Leone.: S/1999/77.* https://peacemaker.un.org/sites/peacemaker.un.org/files/SL_990707_LomePeaceAgreement.pdf

United Nations. (1999b). *Resolution 1270.: The situation in Sierra Leone* [S/RES/1270]. http://unscr.com/en/resolutions/1270

United Nations. (2001). *Prevention of armed conflict: Report of the Secretary-General* [A/55/985|S/2001/574]. https://www.un.org/unispal/document/auto-insert-183014/

United Nations. (2003). *Peace Agreement between the Government of Liberia, the Liberians United for Reconciliation and Democracy, the Movement for Democracy in Liberia and the political parties.: S/2003/850.* https://peacemaker.un.org/sites/peacemaker.un.org/files/LR_030818_Peace%20Agreement%20btwn%20GovLiberia%2CLURD%2CMODEL%20and%20the%20Political%20Parties.pdf

United Nations. (2005). *Resolution 1620: S/RES/1620.* https://daccess-ods.un.org/tmp/5063472.39017487.html

United Nations. (2007). *Fifteenth progress report of the Secretary-General on UNMIL.: S/2007/479.* https://digitallibrary.un.org/record/202917

United Nations. (2015a). *The challenge of sustaining peace: Report of the advisory group of experts*. https://www.un.org/pga/wp-content/uploads/sites/3/2015/07/300615_The-Challenge-of-Sustaining-Peace.pdf

United Nations. (2015b). *Transforming our world: the 2030 Agenda for Sustainable Development: A/RES/70/1*. https://documents-dds-ny.un.org/doc/UNDOC/GEN/N15/291/89/PDF/N1529189.pdf?OpenElement

United Nations. (2018). *The Sustainable Development Goals: What Local Governments Need to Know*. https://www.uclg.org/sites/default/files/the_sdgs_what_localgov_need_to_know_0.pdf

United Nations (2020). Compilation on Liberia: Report of the Office of the United Nations High Commissioner for Human Rights. https://www.ohchr.org/en/documents/reports/compilation-liberia-report-office-united-nations-high-commissioner-human-rights

United Nations Office for Project Services (2010). Peace in Liberia–Challenges to consolidation of peace in the eyes of the communities. https://www.interpeace.org/resource/challenges-to-the-consolidation-of-peace-in-the-eyes-of-the-communities-english/

United Nations Office of the High Commissioner for Human Rights. (2013). *Kenya. Statute Law Bill Poses Grave Threat to Civil Society and Must be Rejected. UN Rights Experts*. United Nations Office of the High Commissioner for Human Rights (OHCHR). http://newsarchive.ohchr.org/en/NewsEvents/Pages/DisplayNews.aspx?NewsID=14055&LangID=E

UNMIL o.J. *Stop Mob Violence*. https://unmil.unmissions.org/stop-mob-violence

UNOCHA. (2012). *Kenya: 42 killed, 11,000 displaced in Samburu conflict*. https://reliefweb.int/sites/reliefweb.int/files/resources/KEN_Samburu_Conflict_Map_29Nov2012%20copy.pdf

USAID. (2019). *2018 Civil Society Organization Sustainability Index. For Sub-Saharan Africa*. USAID.

van der Lijn, J. (2016). Frictions in illusionstan: engagement between the 'global' and the 'local' in Afghanistan's imagi- nation-building. In A. Björkdahl, K. Höglund, G. Millar, J. van Lijn der & W. Verkoren (Hrsg.), *Routledge studies in peace and conflict resolution. Peacebuilding and Friction: Global and local encounters in post conflict societies* (S. 155–171). Routledge.

van Leeuwen, M. (2009). *Partners in Peace : Discourses and Practices of Civil-Society Peacebuilding*. Ashgate Publishing Ltd.

van Maanen, J. (1995). *Representation in ethnography* (1 [Dr.]. Sage Publ.

van Manen, M. (1977). Linking Ways of Knowing with Ways of Being Practical. *Curriculum Inquiry*(6), 205–228. https://doi.org/10.2307/1179579

van Willigen, J. (1986). *Applied anthropology: An introduction* (1. publ). Bergin & Garvey.

Verband Entwicklungspolitik deutscher Nichtregierungsorganisationen. (2010). *Stellungnahme zum ressortübergreifenden Afrika-Konzept der Bundesregierung*. http://www.ag-friedensforschung.de/regionen/Afrika/venro.pdf

Verband Entwicklungspolitik deutscher Nichtregierungsorganisationen. (2017). *Die Entwicklung der deutschen ODA bis 2020: Was muss die Bundesregierung tun, um das 0,7-Prozent-Ziel zu erreichen?* Berlin. https://venro.org/fileadmin/user_upload/Dateien/Daten/Publikationen/VENRO-Dokumente/Studie_ODA_2017_final2_DIGITAL.pdf

Verkoren, W. (2006). Knowledge Networking: Implications for Peacebuilding Activities'. *International Journal of Peace Studies*, *11*(2), 27–62.

Verkoren, W. & van Leeuwen (2013). Civil Society in Peacebuilding: Global Discourse, Local RealityCivil Society in Peacebuilding: Global Discourse, Local Reality. *International peacekeeping, 20*(2), 159–172.

Vidich, A. J. (1955). Participant Observation and the Collection and Interpretation of Data. *American Journal of Sociology, 60*(4), 354–360. https://doi.org/10.1086/221567

Wachter, M. & Howe, J. (2017). >>Marshallplan mit Afrika<< – Großer Wurd oder vertane Chance? In ifo Institut – Leibniz-Institut für Wirtschaftsforschung an der Universität München (Hrsg.), *Ein Marshallplan mit Afrika: Geeignetes Konzept für eine nachhaltige Entwicklung?* (70. Aufl., S. 17–20).

Waldman, T., Barakat, S. & Varisco, A. (2014). *Understanding influence: Summary Report for DfID*. Ashgate.

Walker G., Woods, J. & Allemano, E. (2009). *Liberian youth fragility assessment [Internet]*. United States Agency for International Development. http://pdf.usaid.gov/pdf_docs/Pnadq258.pdf

Wallace, T. (2003). NGO Dilemmas: Trojan Horses for Glocal Neoliberalism? In L. Panitch & C. Leys (Hrsg.), *Socialist Register 2004. The New Imperial Challenge* (S. 202–219). The Merlin Press.

Wallensteen, P. (2015). *Quality Peace: Peacebuilding, Victory & World Order*. New York University Press.

Wanie, R. & Hartmann, H. (2000). Schöner intervenieren. Gewaltfreie Inter-vention – ein verkappter Friedenskolonialismus? In T. Evers (Hrsg.), *Ziviler Friedensdienst: Fachleute für den Frieden* (S. 86–93). Leske + Budrich.

Wax, M. L. (1982). Research reciprocity rather than informed consent in fieldwork. In J. E. Sieber (Hrsg.), *The Ethics of Social Research: Fieldwork, Regulation, and Publication* (S. 33–48). Springer.

Weber, M. (1921). *Wirtschaft und Gesellschaft*. J.C.B. Mohr (P. Siebeck).

Wedeen, L. (2010). Reflections on Ethnographic Work in Political Science. *Annual Review of Political Science, 13*(1), 255–272. https://doi.org/10.1146/annurev.polisci.11.052706.123951

Weingardt, M. A. (2007). Religionsbasierte Akteure der zivilen Konfliktbearbeitung. In C. Weller (Hrsg.), *Zivile Konfliktbearbeitung: Aktuelle Forschungsergebnisse* (S. 45–52). Institut für Entwicklung und Frieden (INEF).

Weißköppel, C. (2005). Kreuz und quer. Zur Theorie und Praxis der multi-sited-ethnography. *Zeitschrift für Ethnologie, 130*(1), 45–68.

Weller, C. (2004). Zivile Konfliktbearbeitung im Aufwind? Regierung und Nichtregierungsorganisationen formulieren ehrgeizige Pläne. In C. Weller, U. Ratsch, R. Mutz, B. Schoch & C. Hauswedell (Hrsg.), *Friedensgutachten 2004* (S. 279–288). LIT Verlag.

Weller, C. & Kirschner, A. (2005). Zivile Konfliktbearbeitung – Allheilmittel oder Leerformel? Möglichkeiten und Grenzen eines viel versprechendes Konzepts. *Internationale Politik und Gesellschaft*(4), 10–29.

Wenzler-Cremer, H. & Georg Cremer. (2006). Beratung in der Entwicklungszusammenarbeit. In C. Steinbach (Hrsg.), *Handbuch Psychologische Beratung* (S. 374–384). Klett-Cotta.

Werthes, S. (2017). Krisenprävention durch transnationale Zivilgesellschaft und internationale Organisationen. In Jackson, Paul und Albrecht, Peter (Hrsg.), *Security Sector Reform in Sierra Leone 1997–2007:: Views from the Front Line.* (S. 451–471). LIT Verlag.

Werthmann, K., Grätz, T. & Hahn, H. P. (2004). Mobilität in Afrika: Multilokale Feldforschungen. *Mobilität in Afrika, 39*(3), 325–333.

wfd. (1999). *Partnerschaft und Dominanz*. Berlin.

Whyte, W. (1951). Observational Field-Work Methods. In M. Jahoda, M. Deutsch & S. Cook (Hrsg.), *Research Methods in the Social Science*. (S. 393–514). Dryden Press.

Whyte, W. F. (1981 [1943]. *Street corner society: The social structure of an Italian slum* (3rd ed., rev. and expanded.). University of Chicago Press.

Wiegnik, N. (2018). Violent Spirits and a Messy Peace: Against Romanticizing Local Understandings and Practices of Peace in Mozambique. In G. Millar (Hrsg.), *Ethnographic Peace Research: Approaches and Tensions* (S. 137–158). Palgrave Macmillan.

Wiesenthal, C. & Rößler, M. (2015). *Stress Management in Peace Operations*. Center for International Peace Operations (ZIF).

Wilén, N. (2009). Capacity-building or Capacity-taking? Legitimizing Concepts in Peace and Development Operations. *International peacekeeping, 16*(3), 337–351. https://doi.org/10.1080/13533310903036392

Wilén, N. & Chapaux, V. (2011). Problems of Local Paricipation and Collaboration with the UN in a Post-conflict Environement: Who Are the 'Locals'? *Global Society. Journal of Interdisziplinary International Relations, 25*(4), 531–548.

Willis, P. (1997). TIES: Theoretically informed ethnographic study. In S. Nugent & C. Shore (Hrsg.), *Anthropology and cultural studies* (S. 182–192). Pluto Press.

Willis, P. & Trondman, M. (2016). Manifesto for Ethnography. *Ethnography, 1*(1), 5–16. https://doi.org/10.1177/14661380022230679

Willmutz, S. (2005). Der Zivile Friedensdienst: Zwischenbilanz nach fünf Jahren. *Contacts*(4), 1–4.

Willmutz, S. (2013). Challenges of result orientation in Civil Peace Service Projects. In C. Kayser & F. Djateng (Hrsg.), *Our work for change* (S. 21–28). Evangelischer Entwicklungsdienst.

Wilson, S. (2012). Sierra Leone's illicit diamonds: the challenges and the way forward. *Geo Journal, 76*, 191–212.

Wilson, S. A. (2019). Mining-induced displacement and resettlement: The case of rutile mining communities in Sierra Leone. *Journal of Sustainable Mining, 18*(2), 67–76. https://doi.org/10.1016/j.jsm.2019.03.001

Winter, P. (2001). A Glossary for New Samaritans. In O. Barrow & M. Jennings (Hrsg.), *The charitable impulse: NGOs & development in East & North-East Africa* (S. 31–44). Currey.

Wissenschaftsrat. (2020, 12. Juli). *Empfehlungen zur Weiterentwicklung der Friedens- und Konfliktforschung* (Drucksache 7827–19). Gießen. https://www.wissenschaftsrat.de/download/2019/7827-19.pdf;jsessionid=3C9A913BAC033F4FCADA61503B4F7824.delivery2-master?__blob=publicationFile&v=7

Witzel, A. (1982). *Verfahren der qualitativen Sozialforschung: Überblick und Alternativen. Campus : Forschung: Bd. 322*. Campus-Verl.

Wolf, M. (1992). *A thrice-told tale: Feminism, postmodernism, and ethnographic responsibility*. Stanford University Press.

Wolff, J. (2011). Theorie des Demokratischen Friedens: Politik der internationalen Demokratieförderung. Eine Skizze des Aufschwungs und der Fusion zweier Paradigmen. In J. Dülffer & G. Niedhart (Hrsg.), *Frieden durch Demokratie? : Genese, Wirkung und Kritik eines Deutungsmusters* (S. 227–242). Klartext Verl.

Wolff, S. (2007). Wege ins Feld und ihre Varianten. In E. von Kardorff, I. Steinke & U. Flick (Hrsg.), *Qualitative Forschung: Ein Handbuch* (S. 334–349). Rowohlt.

Wood, E. (2000). *Forging democracy from below: Insurgent transitions in South Africa and El Salvador.* Cambridge University Press.

Wood, E. J. (2003). *Insurgent collective action and civil war in El Salvador. Cambridge studies in comparative politics.* Cambridge University Press.

Wood, E. J. (2007). Field Research During War: Ethical Dilemmas. In L. Joseph, M. Mahler & J. Auyero (Hrsg.), *New Perspectives in Political Ethnography* (S. 205–223). Springer Science and Business Media.

The Word Bank. (2018). *Pathways for Peace: Inclusive Approaches to Preventing Violent Conflict.* https://openknowledge.worldbank.org/handle/10986/28337

Yamashita, H. (2014). Briefing Memo: Peacebuilding and 'Hybrid' Peace. *The National Institute for Defense Studies News Issue*(185), 1–4. https://doi.org/10.32388/MH2EZ4

Yelloway, A. W. (2020). *Access to Justice in Liberia: A Critical Analysis of Corruption in the Liberian Judicary and its Nexus to Pretrail Detention From 2004–2019. Master Thesis, Faculty of Law, Lund University.* https://lup.lub.lu.se/luur/download?func=downloadFile&recordOId=9013175&fileOId=9013181

Zanker, F. (2018). *Legitimacy in Peacebuilding: Rethinking Civil Society Involvement in Peace Negotiations.* Routledge. https://doi.org/10.4324/9781315543260

Zaum, D. (2012). Beyond the "Liberal Peace". *Global Governance, 18*(1), 121–132. https://doi.org/10.4337/9781781002537.00010

ZFD. (n.d.). *Projektsuchmaschine.* Zugriff am 02.05.19, verfügbar unter www.ziviler-friedensdienst.org/de/projekte

ZFD. (2019a). *Frieden leben: Konflikte gewaltfrei schlichten, den Schwachen beistehen.* https://www.ziviler-friedensdienst.org/de/projekt/frieden-leben-konflikte-gewaltfrei-schlichten-den-schwachen-beistehen

ZFD. (2019b). *Friedensarbeit optimieren: Begleitung und Vernetzung der ZFD-Projekte in der DR Kongo, der Mano-River-Region und Kamerun.* https://www.ziviler-friedensdienst.org/de/projekt/friedensarbeit-optimieren-begleitung-und-vernetzung-der-zfd-projekte-der-dr-kongo-der-mano-river

ZFD. (2019c). *Lokale Gemeinschaften stärken, religiöse Toleranz wahren.* https://www.ziviler-friedensdienst.org/de/projekt/lokale-gemeinschaften-starken-religiose-toleranz-wahren

ZFD. (2022). *Fachkräfte im Zivilen Friedensdienst.* https://www.ziviler-friedensdienst.org/sites/default/files/media/file/2022/zfd-infografikfachkraefte2022jpg-488019.jpg

ZFD. (2023). *Budget des Zivilen Friedensdienstes.* https://www.ziviler-friedensdienst.org/sites/default/files/media/file/2022/infografik-budget-des-zfd-1999-bis-2023-732451.jpg

Ziai, A. (2009). "Development": Projects, Power, and a Poststructuralist Perspective. *Alternatives: Global, Local, Political, 34*(2), 183–201. https://doi.org/10.1177/030437540903400204

Ziai, A. (2010). Postkoloniale Perspektiven auf Entwicklung. *Zeitschrift Peripherie*(120), 400–426.

Ziai, A. (2013). Frohe Weihnachten Afrika! Rassismus in der Entwicklungszusammenarbeit. *Zeitschrift für internationale Bildungsforschung und Entwicklungspädagogik, 36*(2), 15–19.

Ziai, A. (2015). *The contribution of discourse analysis to development studies*. DPS Working Paper Series.

Ziai, A. (Hrsg.). (2016). *Edition Politik: Bd. 27. Postkoloniale Politikwissenschaft*. transcript Verlag.

Zunzer, W. (2004). Zivile Konflikttransformation: Akteure, Aktivitäten und Chancen der Kooperation. In U. Blanke (Hrsg.), *Krisen und Konflikte. Von der Prävention zur Friedenskonsolidierung* (S. 163–202). Berliner Wissenschaftsverlag.

Printed by Printforce, the Netherlands